Le Routard

Maroc

Directeur de collection et auteur
Philippe GLOAGUEN

Cofondateurs
Philippe GLOAGUEN
et Michel DUVAL

Rédacteur en chef
Pierre JOSSE

Rédacteurs en chef adjoints
Amanda KERAVEL
et Benoît LUCCHINI

Directrice de la coordination
Florence CHARMETANT

Directrice administrative
Bénédicte GLOAGUEN

Direction éditoriale
Catherine JULHE

Rédaction
Isabelle AL SUBAIHI
Mathilde de BOISGROLLIER
Thierry BROUARD
Marie BURIN des ROZIERS
Véronique de CHARDON
Gavin's CLEMENTE-RUÏZ
Fiona DEBRABANDER
Anne-Caroline DUMAS
Géraldine LEMAUF-BEAUVOIS
Olivier PAGE
Alain PALLIER
Anne POINSOT
André PONCELET

Administration
Carole BORDES
Solenne DESCHAMPS

2013

hachette

Remarque importante aux hôteliers et restaurateurs

Les enquêteurs du *Routard* travaillent dans le plus strict anonymat. Aucune réduction, aucun avantage quelconque, aucune rétribution n'est jamais demandé en contrepartie. Face aux aigrefins, la loi autorise les hôteliers et restaurateurs à porter plainte.

Avis aux lecteurs

Le *Routard,* ce n'est pas comme le bon vin, il vieillit mal. On ne veut pas pousser à la consommation, mais évitez de partir avec une édition ancienne. Les modifications sont souvent importantes.

Les réductions accordées à nos lecteurs ne sont jamais demandées par nos rédacteurs afin de préserver leur anonymat. Les hôteliers et restaurateurs sont sollicités par une société de mailing, totalement indépendante de la rédaction, qui reste donc libre de ses choix. De même pour les autocollants et plaques émaillées.

routard.com, le voyage à portée de clics !

✓ Rejoignez la plus grande communauté francophone de voyageurs : plus de **2 millions** de visiteurs !

✓ Échangez avec les routarnautes : forums, photos, avis sur les hôtels...

✓ Retrouvez aussi toutes les informations actualisées pour choisir et préparer vos voyages : plus de 200 fiches pays, une centaine de dossiers pratiques et un magazine en ligne pour découvrir tous les secrets de votre destination.

✓ Enfin, comparez les offres pour organiser et réserver votre voyage au meilleur prix.

Pictogrammes du *Routard*

Établissements

- Hôtel, auberge, chambre d'hôtes
- Camping
- Restaurant
- Boulangerie, sandwicherie
- Glacier
- Café, salon de thé
- Café, bar
- Bar musical
- Club, boîte de nuit
- Salle de spectacles
- Office de tourisme
- Poste
- Boutique, magasin, marché
- Accès internet

Sites

- Plage
- Site de plongée
- Piste cyclable, parcours à vélo

Transports

- Aéroport
- Gare ferroviaire
- Gare routière, arrêt de bus
- Station de métro
- Station de tramway
- Parking
- Taxi
- Taxi collectif
- Bateau
- Bateau fluvial

Attraits et équipements

- Présente un intérêt touristique
- Recommandé pour les enfants
- Adapté aux personnes handicapées
- Ordinateur à disposition
- Connexion wifi
- Inscrit au Patrimoine mondial de l'Unesco

Mille excuses, on ne peut plus répondre individuellement aux centaines de CV reçus chaque année.

Le *Routard* est imprimé sur un papier issu de forêts gérées.

I.S.B.N. 978-2-01-245618-1

TABLE DES MATIÈRES

COMMENT Y ALLER ?

QUITTER LE MAROC

MAROC UTILE

HOMMES, CULTURE, ENVIRONNEMENT

LE NORD DU MAROC

LE RIF

VERS LA FRONTIÈRE ALGÉRIENNE

RABAT, CASA ET LA ZONE CÔTIÈRE

LA ROUTE CÔTIÈRE D'EL-JADIDA À SAFI

LA ROUTE CÔTIÈRE D'ESSAOUIRA À IMSOUANE

LA RÉGION DES VILLES IMPÉRIALES DE FÈS ET MEKNÈS

LE MOYEN ATLAS ET LE HAUT ATLAS CENTRAL

AU SUD D'AZROU

AU SUD-OUEST D'AZROU

MARRAKECH ET LES MONTAGNES DU HAUT ATLAS OCCIDENTAL

LES MONTAGNES DU HAUT ATLAS OCCIDENTAL

VERS LE GRAND SUD

D'AGADIR À TAN-TAN

LES PROVINCES SAHARIENNES

L'ANTI-ATLAS

DE TAROUDANT À OUARZAZATE PAR TALIOUINE OU PAR LES ROUTES DU SUD

DE TAROUDANT À OUARZAZATE PAR LE DJEBEL SIROUA

DE TAROUDANT À AGADIR PAR LES ROUTES DU SUD

OUARZAZATE ET LES OASIS DU SUD

AU SUD DE OUARZAZATE

La vallée du Drâa

Les routes au départ de Zagora

À L'EST DE OUARZAZATE

Recommandations à nos lecteurs qui souhaitent profiter des réductions et avantages proposés dans le *Routard* par les hôteliers et les restaurateurs : à l'hôtel, prenez la précaution de les demander **à l'arrivée,** et au restaurant, **au moment** de la commande (pour les apéritifs) et surtout **avant** l'établissement de l'addition. Poser votre *Routard* sur la table ne suffit pas : le personnel de salle n'est pas toujours au courant et une fois le ticket de caisse imprimé, il est difficile pour votre hôte d'en modifier le contenu. En cas de doute, montrez la notice relative à l'établissement dans le guide et ne manquez pas de nous faire part de toute difficulté rencontrée.

NOS NOUVEAUTÉS

NOS MEILLEURS SITES POUR OBSERVER LES OISEAUX EN FRANCE (octobre 2012)

Pour répondre à l'attente des amoureux de la nature et de ceux qui souhaitent mieux connaître les oiseaux, *Le Routard*, en partenariat avec la Ligue de protection des oiseaux, a sélectionné dans toute la France plus de 70 sites pour approcher et observer les voyageurs du ciel. À travers différents milieux (forêt, parc, étang, montagne...), c'est l'occasion de prendre conscience de la richesse et de la diversité du monde des oiseaux et de la nécessité de le protéger. Pour vous aider à les identifier, vous trouverez des planches en couleur, des conseils et des informations surprenantes sur nos amis à plumes, sans oublier les hébergements et restos à proximité. Que vous soyez *bird watcher* occasionnel ou ornithologue averti, ce guide vous prendra sous son aile.

DUBLIN (novembre 2012)

Dublin, une ville grise tout en couleurs. Autant dire une ville qui en surprend plus d'un avec ses contrastes inattendus. On passe, tout d'un coup, d'un Dublin aristocratique à un Dublin populaire. Quant à la gastronomie, bonne nouvelle, l'offre a progressé de manière spectaculaire ces dernières années, et les Irlandais ont redécouvert les vertus de leurs produits naturels. Sans oublier, bien sûr, les pubs : il y en a... jusqu'à plus soif. Côté culture, la ville s'enorgueillit de posséder plusieurs musées nationaux qui, non seulement sont gratuits, mais renferment des collections somptueuses ; sans parler du prestigieux Trinity College, avec des pièces rares comme le fameux livre de Kells. Ville à l'empreinte littéraire également, labellisée Cité de la littérature par l'Unesco. À découvrir d'urgence.

Remerciements

Nous tenons à remercier tout particulièrement Loup-Maëlle Besançon, Thierry Bessou, Gérard Bouchu, François Chauvin, Grégory Dalex, Stéphanie Déro, Fabrice Doumergue, Cédric Fischer, Carole Fouque, Michelle Georget, David Giason, Claude Hervé-Bazin, Emmanuel Juste, Dimitri Lefèvre, Sacha Lenormand, Fabrice de Lestang, Romain Meynier, Éric Milet, Pierre Mitrano, Jean-Sébastien Petitdemange, Thomas Rivallain, Dominique Roland et Solange Vivier pour leur collaboration régulière.

Et pour cette nouvelle collection, nous remercions aussi :

Emmanuelle Bauquis
Jean-Jacques Bordier-Chêne
Michèle Boucher
Lisa Buchter
Stéphanie Condis
Agnès Debiage
Jérôme Denoix
Tovi et Ahmet Diler
Clélie Dudon
Sophie Duval
Clara Favini
Alain Fisch
Mathilde Fonteneau
Adrien et Clément Gloaguen
Xavier Haudiquet
Bernard Hilaire
Sébastien Jauffret
Anaïs Kerdraon
Jacques Lemoine
Béatrice Macé de Lepinay
Jacques Muller
Caroline Ollion
Nicolas et Benjamin Pallier
Martine Partrat
Odile Paugam et Didier Jehanno
Prakit Saiporn
Jean-Luc et Antigone Schilling
Camille Veillard

Direction : Nathalie Pujo
Contrôle de gestion : Héloïse Morel d'Arleux et Virginie Laurent-Arnaud
Secrétariat : Catherine Maîtrepierre
Direction éditoriale : Catherine Julhe
Édition : Matthieu Devaux, Géraldine Péron, Olga Krokhina, Gia-Quy Tran, Julie Dupré, Pauline Fiot, Julien Hunter, Camille Loiseau, Emmanuelle Michon, Marion Sergent et Clémence Toublanc
Préparation-lecture : Agnès Petit
Cartographie : Frédéric Clémençon et Aurélie Huot
Fabrication : Nathalie Lautout et Audrey Detournay
Relations presse France : COM'PROD, Fred Papet. ☎ 01-70-69-04-69. • *info@comprod.fr* •
Direction marketing : Muriel Widmaier, Adrien de Bizemont, Lydie Firmin et Laure Illand
Contacts partenariats : André Magniez (EMD). • *andremagniez@gmail.com* •
Édition des partenariats : Élise Ernest
Informatique éditoriale : Lionel Barth
Couverture : Clément Gloaguen et Seenk
Maquette intérieure : le-bureau-des-affaires-graphiques.com, Thibault Reumaux et npeg.fr
Relations presse : Martine Levens (Belgique) et Maureen Browne (Suisse)
Régie publicitaire : Florence Brunel-Jars

Remerciements

Pour cette nouvelle édition, nous tenons à remercier particulièrement :

– Zakkia Ridda et toute son équipe pour des informations toujours précieuses ;
– Patrick Manac'h de la Maison de la photographie pour sa profondeur de champ sur de nouveaux lieux culturels à Marrakech et dans les environs ;
– Hamid Belcaïd, guide 205 (comme la Peugeot, dit-il avec autodérision), qui orienta nos premiers pas dans l'écheveau des *derb, douar* et autres souks de Marrakech ;
– Quentin pour de jolies découvertes sur l'architecture des *riad* ;
– Françoise, Abdelatif, Wadie et Olive pour quelques bons conseils bien sentis ;
– Mostafa Aghrib, de la Maison de France, et sa hiérarchie, pour leur passion à nous faire découvrir ce lieu nouvellement aménagé qu'est la Maison Denise-Masson ;
– Claudia Treyvaud, pour ses témoignages qui ont guidé nos pas vers quelques bijoux cachés de Marrakech ;
– Abderahim Mandili, pour son éclairage sur les montagnes du Haut Atlas, leurs chemins muletiers et leur beau ciel étoilé ;
– et pour son aide tout feu tout flamme, une mention toute spéciale à Nico : un fidèle qui en connaît un rayon (de supermarché) sur le *Routard,* de Madagascar à Marrakech...

NOUVEAU ET IMPORTANT : DERNIÈRE MINUTE

Sauf exception, le Routard bénéficie d'une parution annuelle à date fixe. Entre deux dates, des événements fortuits (formalités, taux de change, catastrophes naturelles, conditions d'accès aux sites, fermetures inopinées...) peuvent modifier vos projets de voyage. Pour éviter les déconvenues, nous vous recommandons de consulter la rubrique « Guide » par pays de notre site ● ***routard.com*** ● et plus particulièrement les dernières ***Actus voyageurs.***

??? LES QUESTIONS QU'ON SE POSE LE PLUS SOUVENT

Quels sont les papiers indispensables pour se rendre au Maroc ?
Les voyageurs individuels doivent présenter un passeport, valable encore 6 mois après la date d'entrée au Maroc. Une carte d'identité en cas de voyage organisé peut être tolérée. Toujours se renseigner auprès de son voyagiste, de l'office de tourisme ou du consulat du Maroc de son pays d'origine.

Quelle est la meilleure saison pour aller dans le pays ?
L'idéal consiste à adapter la région à la saison : au printemps et à l'automne, on visite Fès, Meknès et Marrakech. Pour les régions sahariennes, mieux vaut partir entre octobre et février. En été, il peut y faire excessivement chaud, de même qu'à Marrakech. Dans l'Atlas, les hivers peuvent être rudes et les nuits fraîches tout au long de l'année.

Quels sont les vaccins indispensables ?
Aucun vaccin obligatoire. Mais, au fait, êtes-vous à jour pour le DTP (diphtérie-tétanos-polio) ? Vaccination conseillée contre l'hépatite B.

Quel est le décalage horaire ?
En hiver et pendant le ramadan, la France et le Maroc n'ont que 1h de décalage. Lorsqu'il est 12h à Paris, il est 11h à Rabat. Le reste de l'année, 2h les séparent.

La vie est-elle chère ?
La vie est moins chère que chez nous. Mais attention à l'inflation galopante dans certaines villes touristiques (notamment Marrakech, Essaouira et Fès). Pour établir un budget de base, prévoir 50-60 € par jour pour deux personnes (la moitié pour un hôtel correct, le reste pour se nourrir... et boire du thé à la menthe).

Et dormir dans un *riad* ?
Ces maisons traditionnelles, souvent élégantes, se louent une petite fortune, mais il en existe encore à prix raisonnables. Idéal quand on est à deux ou entre copains mais pas toujours adapté aux familles (pas de piscine, tranquillité à respecter...). C'est malgré tout une excellente façon de s'immerger dans la ville.

Quel est le meilleur moyen pour se déplacer ?
La voiture garantit, bien sûr, plus de liberté. Mais le train est une bonne option pour les grands axes. Et le bus couvre assez bien le pays, même les coins reculés.

Est-ce un pays sûr ?
Le Maroc est un pays sûr. En revanche, dans certaines régions, les touristes naïfs ont plus de risques de se faire arnaquer au détour d'une ruelle ou d'une piste, sous des formes parfois très imaginatives. Restez vigilant, sans virer à la parano !

Et lors du ramadan, alors ?
Pour les musulmans, jeûne et abstinence de l'aurore au coucher du soleil ! Pendant la journée, la vie tourne au ralenti. Moins pratique pour déjeuner ou visiter, cette période est néanmoins intéressante culturellement et les rapports avec les gens plus sincères.

Peut-on se baigner sur la côte atlantique ?
L'océan Atlantique est assez froid sur toute la côte marocaine, et certains secteurs sont dangereux (vagues, courants...). Quelques sites sont sans danger (on les indique).

LES COUPS DE CŒUR DU ROUTARD

- **Siroter un thé à la menthe** sur une terrasse dominant **la place Jemaa-el-Fna à Marrakech** à la tombée du jour, en observant l'animation et en écoutant monter la rumeur. .... p. 450
- **Vivre le temps d'une nuit comme un pacha** en dormant dans un *riad* restauré selon des techniques centenaires. Puis s'en souvenir pendant 1 001 nuits... p. 59
- Flâner dans **le ksar d'Aït-Benhaddou** à la rencontre de ses habitants. Puis prendre de la hauteur en grimpant jusqu'au grenier fortifié. .... p. 494
- Humer l'atmosphère baignée dans les embruns d'**Essaouira,** corsetée de remparts, aux allures de la lointaine Saint-Malo. .... p. 287
- Assister au retour affairé des chalutiers à **Essaouira**, dans une ambiance folle de mouettes rieuses et de chats lutins.. p. 310
- Parcourir **Fès,** ville impériale à plus d'un titre, embellie par les dynasties successives et abritant toujours l'un des plus fascinants souks du pays............. p. 318
- Arpenter de bon matin **les ruines romaines de Volubilis,** inscrites au Patrimoine mondial de l'Unesco.......... p. 369
- Suer tout son soûl au **hammam** et se faire masser la couenne dans un univers embué de vapeurs magiques....... p. 108
- Déambuler dans **la kasbah des Oudaïa, au cœur de Rabat,** un dédale de ruelles blanc et bleu qui dominent les flots de l'Atlantique...................... p. 247
- Effectuer une promenade nocturne dans **le petit souk de Larache** pour partager le *paseo* (promenade apéritive) avec les habitants........................ p. 217
- Se perdre dans les ruelles grouillantes de **la médina de Tanger** et monter jusqu'à la *kasbah* pour admirer le panorama sur Gibraltar. .... p. 167
- Apprécier **les gestes millénaires des artisans tanneurs à Tétouan,** devant le camaïeu des bassins de teintures creusés dans le sol.............................. p. 183
- Découvrir **l'étonnante vitalité de Casablanca,** en allant visiter la mosquée Hassan-II à l'architecture impressionnante. ... p. 266
- Se faufiler dans **la vallée des Aït-Bougmez,** appelée aussi « la Vallée heureuse », refuge contre les affres de la vie moderne et paradis pour randonneurs, dans des paysages époustouflants. .... p. 398
- Partir en trekking dans **la vallée des Ammeln,** au cœur de l'Anti-Atlas, pour gravir la Tête du Lion et rugir de plaisir. ... p. 558
- Se laisser bercer par le bruissement de l'eau qui sourd dans l'atrium de **la grande source de Lalla Mimouna** à Tinejdad, puis pousser la curiosité jusqu'au **musée des Oasis.** Pour en savoir plus sur les Berbères du Maroc à travers les siècles. ...... p. 625
- Sillonner **la route entre Rich (ou El-Ksiba) et Imilchil,** alternance de paysages arides et verdoyants : l'Atlas dans toute sa splendeur. .... p. 392
- Grimper jusqu'au col qui domine **la vallée des Roses** pour la vue sur les cimes enneigées du M'Goun........... p. 606
- Partir à la découverte de **la palmeraie de Tineghir,** de ses vergers et ses cours d'eau qui alimentent tout un réseau de petits villages.............................. p. 615
- S'égarer le dimanche dans **les allées du souk de Rissani,** entre les montagnes de dattes, le marché aux bestiaux et la pharmacopée traditionnelle berbère. .... p. 635
- Se sentir tout petit au creux des **majestueuses gorges du Dadès ou de celles de Todgha.**......................... pp. 614-615

ITINÉRAIRES CONSEILLÉS

UNE SEMAINE

Marrakech et Essaouira

– ***Marrakech et environs (4 jours) :*** place Jemaa-el-Fna (dîner sur la place) ; les souks, les monuments de la médina et un tour des remparts en calèche ; les vallées du Haut Atlas occidental : Imlil (superbes paysages !), les environs du barrage de Lalla-Takerkoust (magnifique plateau !), l'Oukaïmeden ou la vallée de l'Ourika. Alternativement, on peut faire une excursion de 2 jours jusqu'à Aït-Benhaddou par la très belle route montagneuse qui passe par le Tizi'n-Tichka, le plus haut col du Maroc.
– ***Essaouira (2 jours) :*** déjeuner sur la plage, visite du port, de la sqala, du souk, de la place aux Grains, du mellah, excursion à Sidi-Kaouki.
– Retour sur Marrakech.

Variante : la région des villes impériales

– ***Fès (3 jours) :*** les souks, monuments et musées de la médina, grimper au borj nord pour embrasser une vue stratégique sur la ville ; excursion à ***Sefrou (1 jour)*** pour sa grouillante médina peu touristique ; ***Meknès (1 jour),*** sa médina bien calme et la ville impériale ; les ruines romaines de ***Volubilis*** et la ville sainte de ***Moulay Idriss (1 jour).*** Retour par Fès.

Variante : le Nord

– ***Tanger (2 jours) :*** la *kasbah,* ses musées ; ***Tétouan (2 jours)*** et sa médina inscrite au Patrimoine mondial de l'Unesco, ***Chefchaouen (1 jour),*** « la ville bleue », ***Larache (1 jour),*** la médina et l'ancienne ville d'Asilah. Retour sur Tanger.

Variante : la côte atlantique nord, de Rabat à El-Jadida

– ***Rabat (2 jours),*** la *kasbah* des Oudaïa, la médina et la nécropole de Chellah ; ***Casablanca (2 jours),*** la mosquée Hassan-II, le quartier des Habous ; ***El-Jadida (1 jour),*** la cité portugaise et sa citerne ; retour sur Casablanca par la médina d'***Azemmour (1 jour).***

DIX JOURS

Prolongation de l'itinéraire Marrakech et Essaouira

– Depuis Aït-Benhaddou, possibilité de rejoindre ***Taroudant (1 jour)*** par la route du Safran, superbe elle aussi, entre Haut et Anti-Atlas et visiter les coopératives

de Taliouine. Si vous avez choisi le secteur d'Imlil, vous pouvez aussi rejoindre Taroudant, mais par la route du Tizi-n-Test.
- ***Taroudant (1 jour) :*** les souks ; le tour des remparts ; le marché berbère. Dans les environs : la palmeraie de Tioute.
- ***Agadir (1 jour) :*** baignade dans l'océan.
- ***Essaouira (2 jours) :*** flâner dans la ville ; le port ; le mellah ; le marché.
- Retour sur Marrakech.

Prolongation de l'itinéraire des villes impériales

- Vers ***Rabat (2 jours)*** et ***Casablanca (1 jour).***

Prolongation de l'itinéraire dans le Nord

- soit vers ***Meknès (1 jour)*** et ***Fès (2 jours)*** ; vol retour depuis Fès ;
- soit en faisant une incursion jusqu'au ***cap Spartel,*** non loin de Tanger et en poursuivant jusqu'à ***Ceuta (1 jour),*** enclave espagnole où il est agréable de se poser, puis en allant randonner dans les environs de Chefchaouen dans le très beau ***parc national de Talassemtane (1 jour),*** descendre ensuite jusqu'à ***Moulay-Bousselham*** et sa lagune ***(1 jour)*** avant de remonter sur Tanger.

Prolongation de l'itinéraire de la côte atlantique nord

- soit vers le sud, jusqu'à ***Essaouira (2 jours),*** en passant par ***Oualidia et Safi (1 jour)*** ;
- soit vers l'est depuis Rabat en rejoignant ***Meknès*** et les ***villes impériales (3 jours).***

Autre variante, le Sud

- Un classique : Marrakech – Ouarzazate – Mhamid (erg Lehoudi) – Tansikht – Rissani (et les dunes de Merzouga) – Tineghir (les gorges et la palmeraie du Todgha) – Boumalne (la haute vallée du Dadès) et retour à Marrakech.
- Vous pouvez tenter également le ***tour de l'Atlas*** : Marrakech – cascades d'Ouzoud – El-Ksiba – Imilchil – Rich – gorges du Ziz – Merzouga – Tineghir (les gorges du Todgha) – Dadès – Ouarzazate – Marrakech.

TROIS SEMAINES

Tout est possible ! C'est le temps à consacrer pour voyager convenablement au Maroc et sortir des sentiers battus !
- En été, préférez les circuits des villes impériales, les Atlas (Haut et Moyen) et le littoral.
- En hiver, prenez plutôt la route du Sud et du Souss (à partir d'Agadir), car la température y est plus clémente.

Et si vous êtes plutôt...

... culture : n'oubliez pas la légation des États-Unis et le musée de la Kasbah à *Tanger* ; le Musée archéologique de *Tétouan* ; le musée Dar-Belghazi à *Sidi-Bouknadel* (près de Rabat) pour sa collection de métiers d'art marocains, la *kasbah* des Oudaïa à *Rabat,* et non loin, la nécropole de Chellah ; la mosquée Hassan-II à *Casablanca,* la cité portugaise d'*El-Jadida* ; à *Fès,* la medersa Bou Inania, le musée Dar-Batha et surtout le musée Nejjarine des Arts et Métiers du bois ; le musée Dar-Jamaï à *Meknès,* ainsi que le mausolée de moulay Ismaïl, un des rares mausolées accessibles aux non-musulmans et le remarquable Hri Moulay Ismaïl (grenier à grains), les ruines romaines de *Volubilis* (près de Meknès) ; à *Marrakech* :

la médersa Ben-Youssef, le musée de Marrakech et celui de la Photographie, la koubba almoravide, le palais de la Bahia, les tombeaux saadiens, Dar Si-Saïd et Dar Tiskiwin, le *riad* Denise-Masson, le festival international du Film, le jardin Majorelle et les galeries d'art, nombreuses également à *Essaouira,* la *kasbah* de Taourirt à *Ouarzazate,* le ksar de Tissergate près de *Zagora* ; mais aussi la culture au sens agricole avec les *palmeraies de Tioute* (près de Taroudant), *de Skoura* abritant encore de magnifiques *kasbah* ; le musée des Oasis et des Sources Lalla-Mimouna à *Tinejdad,* le ksar de *Goulmima.*

... pour une immersion dans les médinas et les souks : découvrez les 1 001 artisans, l'animation qui y règne, les senteurs et les couleurs qui envahissent le promeneur. Ne manquez pas à côté des plus grandes et des plus connues que sont les médinas de *Marrakech* et de *Fès,* celles de *Tétouan* (dans le Nord, à l'est de Tanger), de *Sefrou* (au sud de Fès, beaucoup moins touristique) ou de Meknès (plus tranquille), de *Larache* (au sud de Tanger), de *Rabat* (authentique), le quartier des Habous à *Casablanca,* la médina d'*Essaouira,* le souk de *Guelmim,* pour le plus grand marché aux dromadaires du Sud marocain, ou encore celui de *Taroudant* dans l'Anti-Atlas.

... en famille : pensez au parc aquatique de Oasiria à *Marrakech,* à vous offrir un bon goûter dans une des pâtisseries de la ville, à rencontrer les artisans dans les souks, à faire le tour des remparts en calèche, à pique-niquer au bord du *lac de Lalla-Takerkoust,* à attendre le retour des pêcheurs sur le port d'*Essaouira* et assister à la criée, à vous balader à dos de dromadaire à *Sidi-Kaouki,* et, en barque, à observer les oiseaux dans la lagune de Merdja Zerga à *Moulay-Bousselham.* Voir de loin les singes magots qui peuplent les forêts de cèdres près d'*Azrou,* piquer une tête dans les vasques en aval des *cascades d'Ouzoud,* partir à la recherche des empreintes de dinosaures, près de *Demnate* et *dans la vallée des Aït-Bougmez,* entreprendre une méharée dans le désert, de *Mhamid* ou de *Merzouga* et dormir sous tente.

... en amoureux : n'oubliez pas de dormir mille et une nuits dans *un riad* enchanteur et de dîner dans un autre, à la lueur des bougies et au son du *oûd* ; au *cap Spartel* (près de Tanger) assistez au mariage de la Méditerranée et de l'Atlantique ; à Marrakech, évoluez dans *l'univers poétique du peintre Majorelle* dans le jardin qui lui est consacré, mais évitez la Ménara et son grand bassin où, selon la légende, le sultan noyait ses conquêtes au petit matin. Mieux vaut filer vers le sud et admirer le *ksar d'Aït-Benhaddou* au coucher et si affinités, au lever du soleil, galoper au crépuscule sur les plages d'Essaouira ou de Mirleft... on sait, ça fait cliché !

... nature : pensez aux réserves et parcs nationaux, nombreux au Maroc, comme celui de *Tazzeka,* à l'est de Fès, réputé pour son gouffre du Friouato, celui de *Talassemtane,* dans le Rif, ou encore d'Al-Hoceima, plus à l'ouest, sanctuaire marin et terrestre ; *la lagune de Merdja Zerga,* à Moulay-Bousselham, est une réserve naturelle d'oiseaux, tout comme celle de *Sidi-Bourhaba* (non loin de la capitale) ou encore celle de *l'oued Massa* (au sud d'Agadir).

Admirez aussi la côte méditerranéenne depuis le petit port de *Cala Iris,* les paysages somptueux du *cap des Trois-Fourches* (sur la côte, en allant vers la frontière algérienne) ; dans le Moyen Atlas *l'aguelmame* (le lac) *de Sidi-Ali,* près d'Ifrane, et celui *d'Azigza* au sud d'Azrou, *les forêts de cèdres* près d'Azrou, le village de *Zaouïa d'Ifrane, la région d'Imilchil, la vallée des Aït-Bougmez* (« la vallée heureuse ») et *les cascades d'Ouzoud, le pont naturel d'Imi n'Ifri,* près de Demnate.

Les vallées de l'Oukaïmeden, de l'Ourika (visites du jardin du Safran et des jardins bioaromatiques d'Ourika, l'Écomusée berbère), *la route d'Imlil et celle du Tizi n-Test, le lac de Lalla-Takerkoust, le ksar d'Aït-Benhaddou* au bout de la magnifique route du *Tizi n-Tichka, Telouet* et la nouvelle route entre Telouet et Aït-Benhaddou, *la route du Miel et du Paradis* (au nord d'Agadir), *le littoral* de Mirleft à Sidi Ifni et jusqu'à la plage Blanche ; *la lagune de Naïla,* au sud d'Akhfenir, *Amtoudi,* l'approche du désert à *l'erg Lehoudi* ou dans *les dunes de Chigaga* (au sud de Mhamid) ou *l'erg Chebbi, la vallée des Roses et celle des Gorges du Dadès, les gorges du Todgha et les gorges du Ziz.*

... amateur de musique : pour le jazz, n'oubliez pas les festivals de *Tanger* (Tanjazz), *Rabat* (Jazz au Chellah) et de *Fès* (Jazz in Riad) ; pour les musiques du monde, à Fès le « festival des Musiques sacrées du monde », à Tanger les « Nuits de la Méditerranée », à Rabat le « festival Mawazine » et à *Essaouira* le « festival de Musique gnaoua et de Musiques du monde » ; le classique également à Essaouira avec le « Printemps musical des Alizés » (musique de chambre). À *Casablanca,* les musiques urbaines sont à l'honneur, rap, hip-hop, metal, etc., dans le cadre du festival « L'Boulevard ».

... sports : pensez à une randonnée dans les parcs naturels de *Talassemtane* et *d'Al-Hoceima* (au nord), *la région d'Imilchil et d'El-Ksiba, dans la vallée des Aït-Bougmez* au cœur du Moyen Atlas, *la vallée de l'Ourika, celle des Ammeln* près de Tafraoute ; dans les environs d'*Amtoudi* à la découverte des greniers fortifiés et de superbes gorges ; à *du ski* dans celle de *l'Oukaïmeden* ; à une ascension du *djebel Toubkal* pour les plus entraînés ; à de la planche ou du kite à *Essaouira,* du surf à *Mehdia* (près de Rabat), *Oualidia* et *Sidi-Kaouki* (au sud d'Essaouira), du bodyboard au sud de *Sidi-Ifni,* de l'équitation à *Essaouira, Mirleft* et dans *les gorges du Todgha,* une méharée dans le *désert* (à partir de Mhamid ou de Merzouga), sans oublier le trek urbain... à *Marrakech, Tanger, Fès, Rabat ou Casa*, pas de tout repos !

... plage : malgré ses milliers de kilomètres de côtes le long de la Méditerranée et de l'Atlantique, la baignade est souvent dangereuse en raison des courants. Voici quelques plages propices à la baignade : Rose-Marie-Plage (à *Skhirat,* au sud de Rabat) est protégée. Celle d'*Essaouira,* longue, magnifique, mais là encore pas mal de vent et surtout de courants, préférez celle d'*Agadir* où l'on peut se baigner sans problème, également près de *Mirleft,* quelques criques surveillées en été et la plage très prisée du marabout Sidi-Mohammed ; encore plus sûre, optez pour la plage Sauvage toujours dans les environs de Mirleft ; également la plage Blanche au sud de *Sidi-Ifni.*

COMMENT Y ALLER ?

EN AVION

Les compagnies régulières

▲ AIR FRANCE

Rens et résas : ☎ 36-54 (0,34 €/mn – tlj 6h30/22h), sur • airfrance.fr •, dans les agences Air France et dans ttes les agences de voyages. Fermées dim.

➢ Au départ de Paris-Charles-de-Gaulle, Air France propose 3 vols directs/j. pour Casablanca et 2 vols directs/j. pour Rabat. Casablanca sera également desservi au départ de Paris-Orly à compter du 31 mars 2013 à raison de 1 vol/j.

Air France assure 3 vols directs/sem vers Casablanca et Marrakech au départ de Marseille, ainsi que 3 vols directs/sem vers Casablanca et 2 vols directs/sem vers Marrakech au départ de Toulouse.

Air France propose à tous des tarifs attractifs toute l'année. Vous avez la possibilité de consulter les meilleurs tarifs du moment sur Internet, directement sur la page d'accueil « Nos meilleures offres ».

Le programme de fidélisation Air France – KLM permet d'accumuler des *miles* à son rythme et de profiter d'un large choix de primes. Avec votre carte *Flying Blue,* vous êtes immédiatement identifié comme client privilégié lorsque vous voyagez avec tous les partenaires.

Air France propose également des réductions Jeunes. La carte *Flying Blue Jeune* est réservée aux jeunes âgés de 2 à 24 ans résidant en France métropolitaine, dans les départements d'outre-mer, au Maroc, en Tunisie ou en Algérie. Avec plus de 900 destinations et plus de 100 partenaires, *Flying Blue Jeune* offre autant d'occasions d'accumuler des *miles* partout dans le monde.

▲ ROYAL AIR MAROC

– Paris : 38, av. de l'Opéra, 75002. Rens et résas : ☎ 32-60 (0,15 €/mn), dites « Royal Air Maroc ». • royalairmaroc.com • Ⓜ Opéra. Lun-ven 9h30-18h.

Royal Air Maroc dessert tous les aéroports marocains au départ des principales villes françaises.

➢ Depuis Paris, en vols directs et réguliers, la compagnie assure 7 vols/j. sur Casablanca, 3 vols/j. également à destination de Marrakech, 2 vols/j. vers Agadir, 1 vol/j. vers Oujda, 1 vol/j. à destination de Fès et de Tanger, ainsi que 2 vols/sem pour Essaouira et Ouarzazate.

➢ Au départ de la province : de nombreux vols directs sur Marrakech au départ de Bordeaux, Lyon, Marseille, Nantes, Nice et Toulouse, ainsi que depuis Bruxelles. Marrakech est également desservi via Casablanca au départ de Strasbourg.

Il existe également une ligne directe entre Agadir et Nantes. Le Maroc est également accessible via Casablanca depuis de nombreuses villes françaises et depuis Bruxelles avec des connexions adaptées sur Fès, Agadir, Tanger, Essaouira, Ouarzazate et Oujda.

Les compagnies *low cost*

Ce sont des compagnies dites « à bas prix ». De nombreuses villes de province sont desservies, ainsi que les aéroports limitrophes des grandes villes. Ne pas trop espérer trouver

facilement des billets à prix plancher lors des périodes les plus fréquentées (vacances scolaires, week-ends...). À bord, c'est service minimum. Afin de réduire les files d'attente dans les aéroports, certaines font même payer l'enregistrement aux comptoirs d'aéroport. Pour éviter cette nouvelle taxe qui ne dit pas son nom, les voyageurs ont intérêt à s'enregistrer directement sur Internet où le service est gratuit. La résa se fait souvent par Internet et parfois par téléphone (pas d'agence, juste un numéro de réservation et un billet à imprimer soi-même) et aucune garantie de remboursement n'existe en cas de difficultés financières de la compagnie. En outre, les pénalités en cas de changement d'horaires sont assez importantes et les taxes d'aéroport rarement incluses.

Il faut aussi rappeler que plusieurs compagnies facturent maintenant les bagages en soute ou limitent leurs poids. En cabine également le nombre de bagages est strictement limité. À bord, tous les services sont payants (boissons, journaux...). Ne pas oublier non plus d'ajouter le prix du bus pour se rendre à ces aéroports, souvent assez éloignés du centre-ville.

Au final, même si les prix de base restent très attractifs, il convient de prendre en compte tous ces frais annexes pour calculer le plus justement son budget.

▲ AIR ARABIA

Représentée par Aviareps : 11, rue Auber, 75009 Paris. Centre d'appel Air Arabia : ☎ 0899-19-00-23 (1,34 € l'appel, puis 0,34 €/mn). • airarabia.com •

➢ La compagnie dessert Casablanca 3 fois/sem au départ de Lyon, Bâle/Mulhouse, Montpellier, Bruxelles et 2 fois/sem au départ de Toulouse. Montpellier est également relié à Nador et Fès 2 fois/sem et à Marrakech 1 fois/sem. Au départ de Bruxelles, la compagnie assure 2 vols/sem sur Nador et Tanger.

▲ BRUSSELS AIRLINES

Rens et résas : ☎ 0892-640-030 (0,34 €/mn). • brusselsairlines.com •

La compagnie belge propose 1 vol/sem (en principe, le sam) à destination de Marrakech au départ de Bruxelles. Et 1 vol/sem (en principe, le dim) vers Agadir.

▲ EASYJET

Résas : ☎ 0820-420-315 (0,12 €/mn). • easyjet.com •

➢ Au départ de Paris-Charles-de-Gaulle, la compagnie assure des liaisons tlj à destination de Casablanca et de Marrakech, 3-4 fois/sem vers Tanger et Agadir, 3 fois/sem à destination de Fès. Depuis Lyon, 4 vols/sem vers Casablanca et Marrakech, ainsi que 2 vols/sem vers Agadir. Depuis Mulhouse/Bâle, 3 vols/sem pour Marrakech.

▲ JET4YOU

Rens et résas : ☎ 0899-19-00-43 (1,34 € l'appel, puis 0,34 €/mn). • jet4you.com •

➢ La compagnie marocaine assure au départ de Paris-Orly-Sud, 1 vol/j. à destination de Marrakech, 4 vols/sem vers Agadir, ainsi que 3 vols/sem pour Oujda. Également pour Marrakech 4 vols/sem depuis Lyon et Marseille, 2 vols/sem au départ de Toulouse et Bordeaux. À destination d'Agadir, 2 vols/sem de Bordeaux et Nantes. En partenariat avec Jetairfly, Bruxelles est relié 3 fois/sem à Agadir, Casablanca, Fès, Marrakech, Rabat et Tanger.

▲ RYANAIR

Rens : ☎ 0892-562-150 (0,34 €/mn). • ryanair.com •

➢ Ryanair assure au départ de Paris-Beauvais 4 vols/sem vers Marrakech, 3 vols/sem vers Fès, 2 vols/sem à destination de Tanger et Nador. À partir de Marseille, 5 vols/sem pour Marrakech, 6 vols/sem pour Fès, 2 vols/sem pour Agadir, Tanger, Oujda et Nador. Au départ de Charleroi (Belgique), la compagnie dessert 4 fois/sem Nador, 3 fois/sem Marrakech, Tanger et Fès, 2 fois/sem Agadir et Oujda.

▲ TRANSAVIA.COM

Rens et résas : ☎ 0892-058-888 (0,34 €/mn). • transavia.com/fr • Lun-ven 8h-22h ; w-e 9h30-18h.

➢ Au départ de Paris-Orly-Sud, Transavia.com, compagnie du groupe *Air France-KLM,* dessert Agadir et Oujda à raison de plusieurs vols réguliers/sem. Marrakech est desservi 2 fois/j.

La compagnie assure également 2 liaisons/sem entre Nantes et Marrakech.

LES ORGANISMES DE VOYAGES

– Ne pas croire que les vols à tarif réduit sont tous au même prix pour une même destination à une même époque : loin de là. On a déjà vu, dans un même avion partagé par deux organismes, des passagers qui avaient payé 40 % plus cher que les autres. De plus, une agence bon marché ne l'est pas forcément toute l'année (elle peut n'être compétitive qu'à certaines dates bien précises). Donc, contactez tous les organismes et jugez vous-même.

– Les organismes cités sont classés par ordre alphabétique, pour éviter les jalousies et les grincements de dents.

EN FRANCE

▲ BOURSE DES VOLS/BOURSE DES VOYAGES

☎ 01-42-61-66-61. • bdv.fr • Lun-sam 9h-20h.

Agence de voyages en ligne, BDV.fr propose une vaste sélection de vols secs, séjours et circuits à réserver en ligne ou par téléphone. Pour bénéficier des meilleurs tarifs aériens, même à la dernière minute, le service de Bourse des Vols référence en temps réel un large panel de vols réguliers, charters et dégriffés au départ de Paris et de nombreuses villes de province. Bourse des Voyages propose des promotions toute l'année sur une large sélection de destinations (séjours, circuits...).

▲ COMPTOIR DU MAROC

– Paris : 8, rue Saint-Victor, 75005. ☎ 0892-237-737 (0,34 €/mn). • comptoir.fr • Ⓜ Cardinal-Lemoine. Lun-ven 9h30-18h30, sam 10h-18h30.

– Lyon : 10, quai Tilsitt, 69002. ☎ 0892-230-465. Ⓜ Bellecour. Lun-sam 9h30-18h30.

– Marseille : 12, rue Breteuil, 13001. ☎ 0892-236-636. Ⓜ Estrangin. Lun-sam 9h30-18h30.

– Toulouse : 43, rue Peyrolières, 31000. ☎ 0892-232-236 (0,34 €/mn). Ⓜ Esquirol. Lun-sam 9h30-18h30.

Week-ends de charme dans un *riad* exclusif à Marrakech ou à Fès, autotours pour découvrir les mille et une facettes du royaume chérifien, de l'Atlantique au Grand Sud... L'équipe du Comptoir spécialiste du Maroc est à votre écoute pour créer votre voyage sur mesure et vivre en toute liberté un Maroc authentique.

21 Comptoirs, plus de 60 destinations, des idées de voyages à l'infini. Comptoir des Voyages s'impose depuis 20 ans comme une référence incontournable pour les voyages sur mesure, accessible à tous les budgets. Membre de l'association ATR (Agir pour un tourisme responsable), Comptoir des Voyages a obtenu en 2010, pour la seconde année, la certification Tourisme responsable AFAQ AFNOR.

▲ COMPTOIRS DU MONDE (LES)

– Paris : 22, rue Saint-Paul, 75004. ☎ 01-44-54-84-54. • comptoirsdumonde.fr • Ⓜ Saint-Paul ou Pont-Marie. Lun-ven 9h30-19h, sam 11h-18h.

C'est en plein cœur du Marais, dans un décor chaleureux, que l'équipe des Comptoirs du Monde traitera personnellement tous vos désirs d'évasion : circuits et prestations à la carte pour tous les budgets sur toute l'Asie, le Proche-Orient, les Amériques, les Antilles, Madagascar, l'île Maurice et l'Italie. Vous pouvez aussi réserver par téléphone et régler par carte de paiement, sans vous déplacer.

▲ DÉSERTS : HOMMES ET MONTAGNES

– Paris : 75, rue de Richelieu, 75002. ☎ 01-55-42-78-42. • deserts.fr • Ⓜ Bourse ou 4-Septembre. Lun-ven 9h30-18h30 ; sam 10h-14h.

Des voyages avec itinéraires « faits maison » par de véritables voyageurs responsables et curieux. Voyages de caractère, inédits et discrets. Cette équipe de professionnels aide à accomplir ses rêves de déserts, en groupe, en individuel ou sur mesure, à travers la plupart des déserts du monde.

POUR LE PRIX
CHOISIR NOMADE
POUR L'ESPRIT
NOMADE
Aventure

▲ FRAM

• fram.fr •

– Paris : 4, rue Perrault, 75001. ☎ 0826-46-61-38 (0,15 €/mn). Ⓜ Châtelet ou Louvre-Rivoli. Lun-ven 9h-19h ; sam 9h30-13h, 14h-18h30.

– Toulouse : 3, rue du Poids-de-l'Huile, 31008. ☎ 0826-46-37-27 (0,15 €/mn). Mar-ven 9h-19h, lun et sam 9h-18h30.

FRAM programme 60 destinations, 14 formules de vacances et 29 villes de départ. Au choix : des autotours au Maroc, des vols secs, des circuits, des week-ends, des courts séjours et des séjours en club *Framissima* à Agadir, Marrakech, Fès et Ouarzazate.

▲ HUWANS CLUBAVENTIRE

☎ 0826-88-20-80 (0,15 €/mn). • clubaventure.fr •

– Paris : 18, rue Séguier, 75006. Ⓜ Saint-Michel ou Odéon. Mar-sam 10h-19h.

– Lyon : 2, rue Vaubecour, 69002. Ⓜ Bellecour ou Ampère. Mar-ven 9h30-13h, 14h-18h30 ; sam 10h30-13h, 14h-18h.

Spécialiste du voyage d'aventure, ce tour-opérateur privilégie la randonnée en petits groupes, en famille ou entre amis pour parcourir le monde hors des sentiers battus. Leur site offre 1 000 voyages dans 90 pays différents, à pied, en pirogue ou à dos de chameau. Ces voyages sont encadrés par des guides locaux et professionnels.

▲ LOOK VOYAGES

Les brochures sont disponibles dans ttes les agences de voyages. Infos et résas : • look-voyages.fr •

Ce tour-opérateur propose une grande variété de produits et de destinations pour tous les budgets : séjours tout inclus en clubs *Lookéa,* séjours classiques, circuits, vols charters exclusifs et vols réguliers à tarifs négociés.

▲ MARMARA

Résas dans les 35 agences Marmara : ☎ 0892-161-161 (0,34 €/mn). • marmara.com • Et dans ttes les agences de voyages.

Tour-opérateur numéro 1 en France en nombre de clients, Marmara fait voyager plus d'un million de personnes par an. Pour cela, Marmara affrète en totalité une moyenne de 27 vols par jour, toute l'année (dont 60 % au départ de la province) vers le Maroc, la Tunisie, la Grèce, Crète, Rhodes, l'Égypte, l'Espagne, la Turquie, la Sardaigne, mais aussi vers des destinations lointaines qu'il a pour ambition de démocratiser : la République dominicaine et l'île Maurice. Et pour apporter une solution à toutes les envies de vacances, Marmara étoffe chaque année sa production. Ainsi, sa brochure propose également, en plus des formules club, une gamme complète de produits : séjours prestige en hôtels 5 étoiles luxe, circuits aventure, croisières, vacances en famille, en solo, escapades thalasso et spa ou voyages culturels... Nouveauté : Marmara lance les *Cosy Clubs,* une déclinaison des clubs Marmara en cosy pour une ambiance plus zen.

▲ NOMADE AVENTURE

Infos et résas : ☎ 0825-701-702 (0,15 €/mn). • nomade-aventure.com • Lun-sam 9h30-18h30.

– Paris : 40, rue de la Montagne-Sainte-Geneviève, 75005. Ⓜ Maubert-Mutualité.

– Lyon : 10, quai Tilsitt, 69002.

– Marseille : 12, rue Breteuil, 13001.

– Toulouse : 43, rue Peyrolières, 31000.

Référence, depuis plus de 35 ans, du voyage d'aventure, ***Nomade Aventure*** se distingue par 3 aspects principaux : ses **prix**, (sans pour autant sacrifier la qualité, certification « Agir pour un Tourisme Responsable » oblige), ses **voyages** particulièrement originaux tant en terme de destinations que d'approches, et l'état d'**esprit décontracté,** de ses équipes comme de ses... clients ! Des montagnes de l'Atlas, aux grandes dunes du Sud, jusqu'à la côte Atlantique, en groupe, en famille, en individuel ou sur mesure, ***Nomade Aventure*** propose un large éventail d'aventures et de randonnées à pied, à dos de chameau, en 4x4 et même au clair de lune... des nuits chez l'habitant, en bivouac ou en riad... grâce à une équipe locale partenaire efficace et toujours aux petits soins depuis plus de 10 ans.

▲ NOUVELLES FRONTIÈRES

Rens et résas dans tte la France : ☎ 0825-000-747 (0,15 €/mn). • nouvelles-frontieres.fr • Les brochures Nouvelles Frontières sont disponibles gratuitement dans les 300 agences du

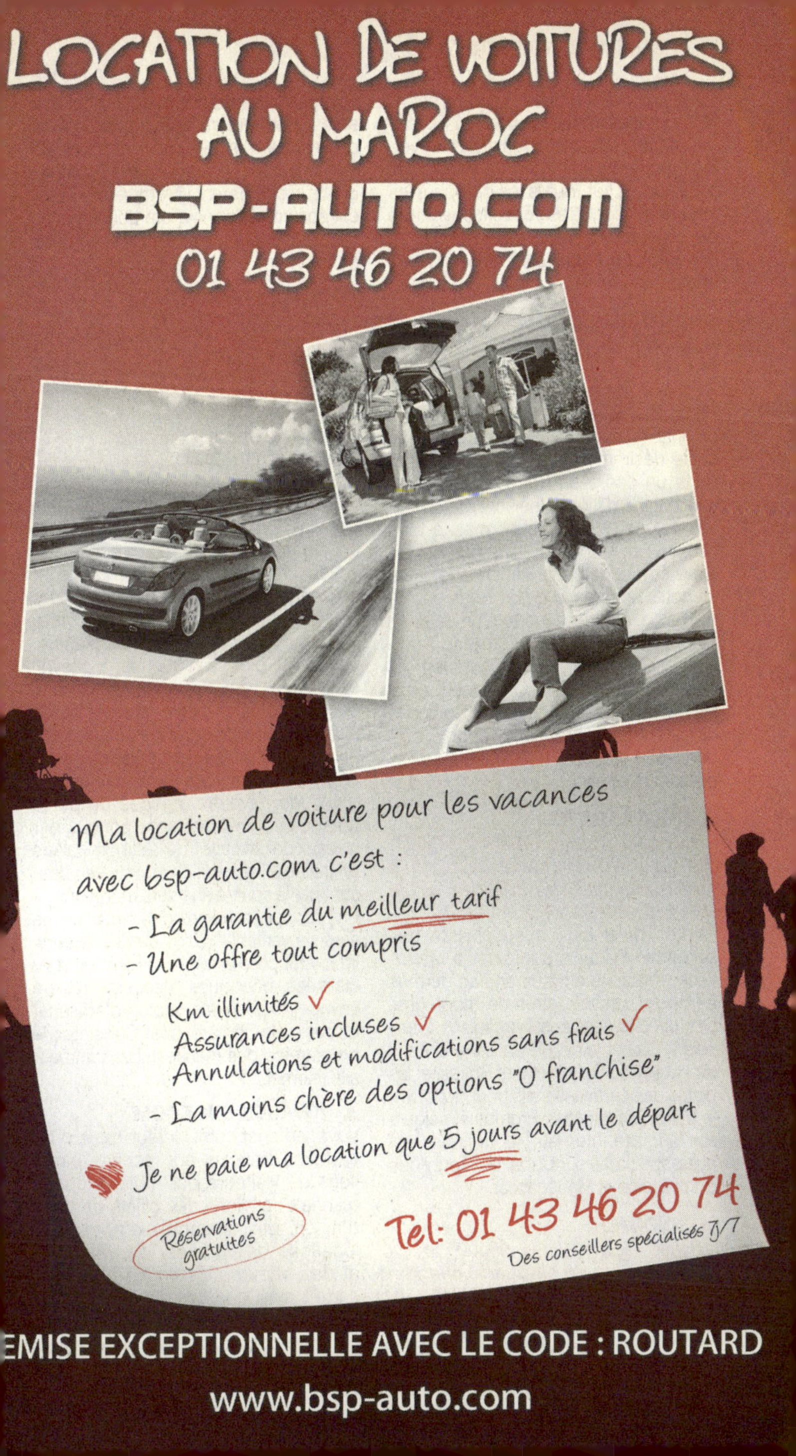
LOCATION DE VOITURES
AU MAROC
BSP-AUTO.COM
01 43 46 20 74
Ma location de voiture pour les vacances
avec bsp-auto.com c'est :
- La garantie du meilleur tarif
- Une offre tout compris
Km illimités
Assurances incluses
Annulations et modifications sans frais
- La moins chère des options "0 franchise"
Je ne paie ma location que 5 jours avant le départ
Réservations gratuites
Tel: 01 43 46 20 74
Des conseillers spécialisés 7j/7
EMISE EXCEPTIONNELLE AVEC LE CODE : ROUTARD
www.bsp-auto.com

réseau, par téléphone et sur Internet.
Nombreuses formules : vols sur *Corsair International,* la compagnie de Nouvelles Frontières, au départ de Paris et de province, et sur toutes les compagnies aériennes régulières ; circuits, aventure ou organisés ; séjours en hôtels, en hôtels-clubs et en résidences ; week-ends, formules à la carte.

▲ PARTIRSEUL.COM
– Le Perreux-sur-Marne : 71, quai de l'Artois, 94170. ☎ 09-51-77-39-94. 06-86-56-75-98. • partirseul.com •
Partirseul.com est un concept de voyage original qui s'adresse à toute personne seule désirant voyager collectivement dans un cadre amical. Ces voyages, souvent thématiques, ne sont pas adressés aux seuls célibataires mais à tous ceux qui se retrouvent dans l'impossibilité d'être accompagnés. Des voyages en petits groupes, avec un guide depuis la France, à la découverte d'un pays de façon ludique, sportive ou plus traditionnelle. À noter, pas de supplément chambre individuelle. Organisent également des week-ends et des sorties le dimanche (acrobranches, buggy, randonnées à cheval...). Catalogue sur Internet exclusivement.

▲ ROOTS TRAVEL
– Paris : 17, rue de l'Arsenal, 75004. ☎ 01-42-74-07-07. • rootstravel.com • Ⓜ Bastille. Lun-ven 10h-13h, 14h-19h (18h lun) ; sam 11h-13h, 14h-19h.
Roots Travel est un spécialiste des séjours individuels à la carte à Marrakech : maisons d'hôtes en *riad,* fermes berbères, *kasbah,* gîtes de montagne. Des circuits sont aussi organisés à travers l'Atlas et le désert du Sahara, dans les vallées du Safran et des Roses, et les pistes des caravansérails pour découvrir le Maroc traditionnel. Promos et séjours sur leur site internet. Roots Travel est aussi spécialisé sur Cuba, la République dominicaine et Madagascar.

▲ SINDBAD
– Pantin : 5, rue Hoche, 93500. ☎ 01-41-50-86-55. • sindbad-voyages.com • Ⓜ Hoche. Lun-ven 9h30-13h, 14h30-18h ; sam 10h-14h.
Persuadée que le contact entre les gens est aussi important que le pays visité, l'équipe de Sindbad propose des voyages très branchés sur l'ethnologie et la nature autant que sur les vieilles pierres. Le tout par petits groupes de 8 à 12 personnes, avec un accompagnateur compétent. Le tour-opérateur est également spécialiste des voyages à la carte et sur mesure à partir de deux personnes.

▲ TERRES D'AVENTURE
N° Indigo : ☎ 0825-700-825 (0,15 €/mn). • terdav.com •
– Paris : 30, rue Saint-Augustin, 75002. Ⓜ Opéra ou 4-Septembre. Lun-sam 9h30-19h.
Agences également à Bordeaux, Chamonix, Grenoble, Lille, Lyon, Marseille, Nantes, Rennes, Rouen, Strasbourg et Toulouse.
Depuis 1976, Terres d'Aventure, spécialiste du voyage à pied, propose aux voyageurs passionnés de marche et de rencontres des randonnées hors des sentiers battus à la découverte des grands espaces de notre planète. Voyages à pied, à raquettes, à cheval, en bateau... Sur tous les continents, des aventures en petits groupes ou en individuel encadrés par des professionnels expérimentés. Les hébergements dépendent des sites explorés : camps d'altitude, bivouac, refuges ou petits hôtels. Les voyages sont conçus par niveaux de difficulté : de la simple balade en plaine à l'expédition sportive en passant par la course en haute montagne.
En province, certaines de leurs agences sont de véritables *Cités des Voyageurs.* Tout y rappelle le voyage : librairies spécialisées, boutiques d'accessoires de voyage, expositions-ventes d'artisanat et cocktails-conférences. Consultez le programme des manifestations sur leur site internet.

▲ VOYAGES-SNCF.COM
Voyages-sncf.com, acteur majeur du tourisme français qui recense 9 millions de visiteurs par mois, propose d'acheter en ligne des billets de train, d'avion, des chambres d'hôtel, des locations de voitures, de vacances et des séjours clés en main ou Alacarte®, ainsi que des spectacles, des excursions et des visites de musées. Un large choix et des prix avantageux sont offerts toute l'année, pour tous types de voyages dans le monde

entier : SNCF, 180 compagnies aériennes, 84 000 hôtels référencés et les principaux loueurs de voitures.
Le site ● *voyages-sncf.com* ● permet d'accéder tous les jours, 24h/24 à plusieurs services : envoi gratuit des billets à domicile, Alerte Résa pour être informé de l'ouverture des réservations et profiter du plus grand choix, calendrier des meilleurs prix (TTC), mais aussi des offres de dernière minute et des promotions...
Pratique : ● *voyages-sncf.mobi* ●, le site mobile pour réserver, s'informer et profiter des bons plans n'importe où et à n'importe quel moment.
Et grâce à l'ÉcoComparateur, en exclusivité sur ● *voyages-sncf.com* ●, possibilité de comparer le prix, le temps de trajet et l'indice de pollution pour un même trajet en train, en avion ou en voiture.

▲ **VOYAGEURS AU MAROC**
– Paris : La Cité des Voyageurs, 55, rue Sainte-Anne, 75002. ☎ 01-42-86-17-90. ● voyageursdumonde.com ● Ⓜ Opéra ou Pyramides. Lun-sam 9h30-19h. Également des agences à Bordeaux, Caen, Grenoble, Lille, Lyon, Marseille, Montpellier, Nantes, Nice, Rennes, Rouen, Strasbourg et Toulouse.
Le spécialiste du voyage en individuel sur mesure. Parce que chaque voyageur est différent, que chacun a ses rêves et ses idées pour les réaliser, Voyageurs du Monde conçoit, depuis plus de 30 ans, des projets sur mesure. Les séjours proposés à travers 120 destinations sont des suggestions élaborées par leurs 180 conseillers voyageurs. Spécialistes de leur pays, ils vous aideront à personnaliser les voyages présentés à travers une trentaine de brochures d'un nouveau type et sur le site internet où vous pourrez également découvrir des hébergements exclusifs et consulter votre espace personnalisé. Chacune des 15 Cités des Voyageurs est une invitation au voyage : librairies spécialisées, accessoires de voyage, expositions-ventes d'artisanat et conférences. Voyageurs du Monde est membre de l'association ATR (Agir pour un tourisme responsable) et a obtenu en 2008 sa certification Tourisme responsable AFAQ AFNOR.
Au cœur de la médina, entourée des parfums de menthe et d'orange du souk, la *Villa Nomade* est un authentique écrin de volupté. Ce *riad* a été restauré dans la pure tradition marocaine : sols en terre cuite naturelle, murs patinés au *tadelakt*, décoration finement soignée. Voyageurs du Monde ajoute à sa gamme d'hébergements exclusifs les camps de l'Oasis et du Désert, une approche nomade et luxueuse du désert marocain, qui laisse la part belle au confort et à la contemplation. Les hébergements exclusifs ont été entièrement repensés pour réduire leur empreinte écologique au strict minimum.

Comment aller à Roissy et à Orly ?

Bon à savoir :
– Le ***pass Navigo*** est valable pour Roissy-Rail (RER B, zones 1-5) et Orly-Rail (RER C, zones 1-4).
– Le ***billet Orly-Rail*** permet d'accéder sans supplément aux réseaux métro et RER.

À Roissy-Charles-de-Gaulle 1, 2 et 3

Attention : si vous partez de Roissy, pensez à vérifier de quelle aérogare votre avion décolle car la durée du trajet peut considérablement varier en fonction de cette donnée.

En transports collectifs

🚌 ***Les cars Air France :*** *☎ 0892-350-820 (0,34 €/mn). ● lescarsairfrance.com ● Paiement par CB possible à bord.*
Le site internet diffuse les informations essentielles sur le réseau (lignes, horaires, tarifs...) permettant de connaître en temps réel des infos sur le trafic afin de mieux planifier son départ. Il propose également une boutique en ligne, qui permet d'acheter et d'imprimer les billets électroniques pour accéder aux bus.

➢ *Paris-Roissy :* départ pl. de l'Étoile (1, av. Carnot), avec un arrêt pl. de la Porte-Maillot (bd Gouvion-Saint-Cyr). Départs ttes les 20 mn, 5h45-23h. Durée du trajet : 35-50 mn env. Tarifs : 15,50 € l'aller simple, 26 € l'A/R ; réduc enfants 2-11 ans.
Autre départ depuis la gare Montparnasse (arrêt rue du Commandant-Mouchotte, face à l'hôtel *Pullman*), ttes les 30 mn, 6h-21h30, avec un arrêt gare de Lyon (20 bis, bd Diderot). Tarifs : 17 € l'aller simple, 26 € l'A/R ; réduc enfants 2-11 ans.
➢ *Roissy-Paris :* les cars *Air France* desservent la pl. de la Porte-Maillot, avec un arrêt bd Gouvion-Saint-Cyr, et se rendent ensuite au terminus de l'av. Carnot. Départs ttes les 20-30 mn, 5h45-23h, des terminaux 2A et 2C (porte C2), 2E et 2F (niveau « Arrivées », porte 3 de la galerie), 2B et 2D (porte B1), et du terminal 1 (porte 34, niveau « Arrivées »).
À destination de la gare de Lyon et de la gare Montparnasse, départs ttes les 30 mn, 6h-21h30, des mêmes terminaux. Durée du trajet : 1h env.

Roissybus : ☎ *32-46 (0,34 €/mn).* • *ratp.fr* • Départs de la pl. de l'Opéra (angle rues Scribe et Auber) ttes les 15 mn (20 mn à partir de 20h), 5h45-23h. Durée du trajet : 60 mn. De Roissy, départs 6h-23h des terminaux 1, 2A, 2B, 2C, 2D et 2F, et à la sortie du hall d'arrivée du terminal 3. Tarif : 10 €.

Bus RATP nº 351 : de la pl. de la Nation, 5h35-20h20. Solution la moins chère mais la plus lente. Compter 3 tickets ou 5,70 € et 1h40 de trajet. Ou ***bus nº 350,*** de la gare de l'Est (1h15 de trajet). Arrivée Roissypôle-gare RER.

RER ligne B + navette : ☎ *32-46 (0,34 €/mn).* Départ ttes les 15 mn (4h55-0h20) depuis la gare du Nord et à partir de 5h26 depuis Châtelet. À Roissy-Charles-de-Gaulle, descendre à la station (il y en a 2) qui dessert le bon terminal. De là, prendre la navette adéquate. Compter 50 mn de la gare du Nord à l'aéroport (navette comprise). Tarif : 10,90 €.

Si vous venez du nord, de l'ouest ou du sud de la France en train, vous pouvez rejoindre les aéroports de Roissy sans passer par Paris, la gare SNCF Paris-Charles de Gaulle étant reliée aux réseaux TGV.

En taxi

Compter au moins 50 € du centre de Paris, en tarif de jour.

En voiture

Chaque terminal a son propre parking. Compter 34 € par tranche de 24h. Également des parkings longue durée (PR et PX), plus éloignés des terminaux, qui proposent des tarifs plus avantageux (forfait 24h 25 €, forfait 7 j. pour 151 €). Possibilité de réserver sa place de parking via le site • *aeroportsdeparis.fr* • Stationnement au parking Vacances (longue durée) dans le P3 Résa (terminaux 1 et 3) situé à 2 mn du terminal 3 à pieds ou le PAB (terminal 2). Formules de stationnement 1-30 j. (120-205 €) pour le P3 Résa. De 2 à 5 j. dans le PAB 13 € par tranche de 12h et de 6 à 14 j. 24 € par tranche de 24h. Réservation sur Internet uniquement. Les P1, PAB et PEF accueillent les deux-roues : 15 € pour 24h.

Comment se déplacer entre Roissy-Charles-de-Gaulle 1, 2 et 3 ?

Les rames du CDG-VAL font le lien entre les 3 terminaux en 8 mn. Fonctionne tlj, 24h/24. Gratuit. Accessible aux personnes à mobilité réduite. Départ ttes les 4 mn, et ttes les 20 mn, minuit-4h. Desserte gratuite vers certains hôtels, parkings, gares RER et gares TGV. *Infos au :* ☎ *39-50.*

À Orly-Sud et Orly-Ouest

En transports collectifs

Les cars Air France : ☎ *0892-350-820 (0,34 €/mn).* • *lescarsairfrance.com* • *Tarifs : 11 € l'aller simple, 18 € l'A/R ; réduc 2-11 ans. Paiement par CB possible dans le bus.*
➢ *Paris-Orly :* départs de l'Étoile, 1, av. Carnot, ttes les 30 mn 5h-22h40. Arrêts au terminal des Invalides, rue Esnault-Pelterie (Ⓜ Invalides), Gare Montparnasse (rue du Commandant-Mouchotte, face à l'hôtel *Pullman* ; Ⓜ Montparnasse-Bienvenüe, sortie

Savone
Gênes
Sète
Marseille
Livourne
Tarifa
Algésiras
Tanger
Ceuta
Barcelone
Rome
Salerne
Alicante
Trapani
Malaga
Almeria
Alger
Tunis
Oran
Al Hoceima
Melilla
Nador
1671
Maroc
Euro Mer & Ciel
VOYAGES
EURO-MER & CIEL CENTRALE DE RESERVATIONS FRANCE :
(ferries/hôtels): 04 67 65 95 11/04 67 65 67 30 - www.euromer.net
Spécialiste des traversées maritimes : Corse, Sicile, Grèce, Iles Grecques, Maroc, Tunisie, Islande, Iles Baléares...

ROOTS TRAVEL
L'Autre Voyage au Maroc
RIADS & CASBAHS
Essaouira
Marrackech
Ouarzazate
...
BILLETS D'AVION ET VOLS INTERIEURS
WEEK-ENDS ET SEJOURS A LA CARTE
CASBAHS, RIADS, FERMES BERBERES
LOCATION DE VOITURES
Autres destinations, forfaits et promos sur
http//:www.rootstravel.com
17, rue de de l'Arsenal 75004 Paris
Tel : 01 42 74 07 07 / Fax : 01 42 74 01 01
E-mail : info@rootstravel.com

Gare SNCF) et Porte d'Orléans (arrêt facultatif uniquement dans le sens Orly-Paris). Compter env 1h.

➢ *Orly-Paris :* départs ttes les 20 mn, 6h-23h40 d'Orly-Sud, porte L, et d'Orly-Ouest, porte H, niveau « Arrivées ».

RER C + navette : *☎ 01-60-11-46-20.* • *parisparletrain.fr* • Prendre le RER C jusqu'à Pont-de-Rungis (un RER ttes les 15-30 mn). Compter 25 mn depuis la gare d'Austerlitz. Ensuite, navette pdt 15-20 mn pour Orly-Sud et Orly-Ouest. Compter 6,45 €. Très recommandé les jours où l'on piétine sur l'autoroute du Sud (w-e et jours de grands départs) : on ne sera jamais en retard. Pour le retour, départs de la navette ttes les 15 mn depuis la porte G à Orly-Ouest (5h40-23h14) et la porte F à Orly-Sud (4h45-0h55).

Bus RATP Orlybus : *☎ 0892-687-714 (0,34 €/mn).* • *ratp.fr* •

➢ *Paris-Orly :* départs ttes les 15-20 mn de la pl. Denfert-Rochereau. Compter 20-30 mn pour rejoindre Orly (Ouest ou Sud). Orlybus fonctionne tlj 5h35-23h, jusqu'à minuit ven, sam et veilles de fêtes dans le sens Paris-Orly ; et tlj 6h-23h20, jusqu'à 0h20 ven, sam et veilles de fêtes dans le sens Orly-Paris.

➢ *Orly-Paris :* départ d'Orly-Sud, porte H, quai 4, ou d'Orly-Ouest, porte J, niveau « Arrivées ». Compter 7 € l'aller simple.

Orlyval : *☎ 32-46 (0,34 €/mn).* • *ratp.fr* • Compter 10,90 € l'aller simple entre Orly et Paris. Ce métro automatique est facilement accessible à partir de n'importe quel point de la capitale ou de la région parisienne (RER, stations de métro, gare SNCF). La jonction se fait à Antony (ligne B du RER) sans aucune attente. Permet d'aller d'Orly à Châtelet et vice versa en 40 mn env, sans se soucier de la densité de la circulation automobile.

➢ *Paris-Orly :* départs pour Orly-Sud et Ouest ttes les 6-8 mn, 6h-22h15.

➢ *Orly-Paris :* départ d'Orly-Sud, porte K, zone livraison des bagages, ou d'Orly-Ouest, porte W, niveau 1.

En taxi

Compter au moins 35 € en tarif de jour du centre de Paris, selon circulation et importance des bagages.

En voiture

À proximité d'Orly-Ouest, parkings P0 et P2. À proximité d'Orly-Sud, P1, P2 et P3 (à 50 m du terminal, accessible par tapis roulant). Compter 28,50 € pour 24h de stationnement. Les parkings P0 et P2, à proximité immédiate des terminaux, proposent un forfait intéressant « week-end », valable du ven 0h01 au lun 23h59 (45 €). Forfaits disponibles aussi pour les P4, P5 et P7 : 15,50 € pour 24h et 1 € par jour supplémentaire au-delà de 8 j. (45 j. de stationnement max). Il existe pour le P7 des forfaits Vacances 1 à 30 j. (15-130 €).
Les P4, P7 (en extérieur) et P5 (couvert) sont des parkings longue durée, plus excentrés, reliés par navettes gratuites aux terminaux. *Rens : ☎ 01-49-75-56-50.* Comme à Roissy, possibilité de réserver en ligne sa place de parking (P0 et P7) sur • *aeroportsdeparis.fr* • Les frais de résa (en sus du parking) sont de 8 € pour 1 j., de 12 € pour 2-3 j. et de 20 € pour 4-10 j. de stationnement pour le P0. Les parkings P0-P2 à Orly-Ouest, et P1-P3 à Orly-Sud accueillent les deux-roues : 6,20 € pour 24h.

Liaisons entre Orly et Roissy-Charles-de-Gaulle

Les cars Air France : *☎ 0892-350-820 (0,34 €/mn).* • *lescarsairfrance.com* • Départs de Roissy-Charles-de-Gaulle depuis les terminaux 1 (porte 32), 2A et 2C, 2B et 2D, 2E et 2F (galerie de liaison entre les terminaux 2E et 2F) vers Orly 5h55-22h30. Départs d'Orly-Sud (porte K) et d'Orly-Ouest (porte H) vers Roissy-Charles-de-Gaulle 6h30 (7h le w-e)-22h30. Ttes les 30-45 mn (dans les 2 sens). Durée du trajet : env 50 mn. Tarif : 18 € ; réduc.

RER B + Orlyval : *☎ 32-46 (0,34 €/mn).* Depuis Roissy, navette puis RER B jusqu'à Antony et enfin Orlyval entre Antony et Orly, 6h-22h15. Tarif : 19,50 €.

Tout pour partir*
*bons plans, concours, forums,
magazine et des voyages à prix routard.
> www.routard.com
routard.com
Chacun
sa route
synergencemajeure - photo : Digital Stock

En taxi

Compter 50-55 € en journée.

EN BELGIQUE

▲ AIRSTOP

Pour ttes les adresses Airstop, un seul numéro de tél : ☎ 070-233-188. • airstop.be • Lun-ven 9h-18h30 ; sam 10h-17h.

– Bruxelles : bd E.-Jacquemain, 76, 1000.
– Anvers : Jezusstraat, 16, 2000.
– Bruges : Dweersstraat, 2, 8000.
– Gand : Maria Hendrikaplein, 65, 9000.
– Louvain : Tiensestraat, 5, 3000.

Airstop offre une large gamme de prestations, du vol sec au séjour tout compris à travers le monde.

▲ CONNECTIONS

Rens et résas : ☎ 070-233-313. • connections.be • Lun-ven 9h-19h ; sam 10h-17h.

Fort d'une expérience de plus de 20 ans dans le domaine du voyage, Connections dispose d'un réseau de 30 *travel shops* dont un à Brussels Airport, et propose des vols dans le monde entier à des tarifs avantageux et des voyages destinés à des voyageurs désireux de découvrir la planète de façon autonome et de vivre des expériences uniques. Connections propose une gamme complète de produits : vols, hébergements, location de voitures, autotours, vacances sportives, excursions, assurances « protections »...

▲ NOUVELLES FRONTIÈRES

– Nombreuses agences dans le pays dont *Bruxelles, Charleroi, Liège, Mons, Namur, Waterloo, Wavre* et au *Luxembourg.*

Voir texte dans la partie « En France ».

▲ PAMPA EXPLOR

– Bruxelles : av. Brugmann, 250, 1180. ☎ 02-340-09-09. • pampa.be • Lun-ven 9h-19h ; sam 10h-17h. Également sur rdv, dans leurs locaux ou à votre domicile.

Spécialiste des voyages « à la carte », Pampa Explor propose plus de 70 % de la « planète bleue », selon les goûts, attentes, centres d'intérêt et budget de chacun. Du Costa Rica à l'Indonésie, de l'Afrique australe à l'Afrique du Nord, de l'Amérique du Sud aux plus belles croisières, Pampa Explor privilégie des découvertes authentiques et originales, pleines d'air pur et de chaleur humaine. Pour ceux qui apprécient la jungle et les Pataugas ou ceux qui préfèrent les voyages de luxe. En individuel ou en petits groupes, mais toujours « sur mesure ».

▲ SERVICE VOYAGES ULB

22 agences dont 11 à Bruxelles. • servicevoyages.be •

– Bruxelles : campus ULB, av. Paul-Héger, 22, CP 166, 1000. ☎ 02-650-40-20.
– Bruxelles : rue Abbé-de-l'Épée, 1, Woluwe, 1200. ☎ 02-742-28-80.
– Bruxelles : hôpital universitaire Érasme, route de Lennik, 808, 1070. ☎ 02-555-38-63.
– Bruxelles : chaussée d'Alsemberg, 815, 1180. ☎ 02-332-29-60.
– Ciney : rue du Centre, 46, 5590. ☎ 083-216-711.
– Marche (Luxembourg) : av. de France, 11, 6900. ☎ 084-31-40-33.
– Wepion : chaussée de Dinant, 1137, 5100. ☎ 081-46-14-37.

Service Voyages ULB, c'est le voyage à l'université. Billets d'avion sur vols charters et sur compagnies régulières à des prix compétitifs.

▲ TERRES D'AVENTURE

– Bruxelles : chaussée de Charleroi, 23, 1060. ☎ 02-543-95-60. • terdav.com • Lun-sam 10h-19h.

Voir texte dans la partie « En France ».

▲ VOYAGEURS DU MONDE

– Bruxelles : chaussée de Charleroi, 23, 1060. ☎ 0900-44-500 (0,45 €/mn). Le spécialiste du voyage en individuel sur mesure. • voyageursdumonde.com •

Voir texte « Voyageurs au Maroc » dans la partie « En France ».

EN SUISSE

▲ HUWANS CLUB AVENTURE

– Genève : 51, rue Prévost-Martin, 1205. ☎ 022-320-50-80.

Voir texte dans la partie « en France ».

▲ **STA TRAVEL**
☎ 058-450-49-49. • statravel.ch •
– Fribourg : rue de Lausanne, 24, 1701. ☎ 058-450-49-80.
– Genève : rue de Rive, 10, 1204. ☎ 058-450-48-00.
– Genève : rue Vignier, 3, 1205. ☎ 058-450-48-30.
– Lausanne : bd de Grancy, 20, 1006. ☎ 058-450-48-50.
– Lausanne : à l'université, Anthropole, 1015. ☎ 058-450-49-20.
Agences spécialisées notamment dans les voyages pour jeunes et étudiants. 150 bureaux STA et plus de 700 agents du même groupe répartis dans le monde entier sont là pour donner un coup de main *(Travel Help)*.
STA propose des voyages avantageux : vols secs *(Blue Ticket)*, hôtels, écoles de langues, Work & Travel, circuits d'aventure, voitures de location, etc. Délivre la carte internationale d'étudiant et la carte Jeune.
STA est membre du fonds de garantie de la branche suisse du voyage ; les montants versés par les clients pour les voyages forfaitaires sont assurés.

▲ **TERRES D'AVENTURE**
– Genève : Neos Voyages, *rue des Bains, 50, 1205. ☎ 022-320-66-35. • geneve@neos.ch •*
– Lausanne : Neos Voyages, *rue Simplon, 11, 1006. ☎ 021-612-66-00. • lausanne@neos.ch •*
Voir texte dans la partie « En France ».

▲ **TUI – NOUVELLES FRONTIÈRES**
– Genève : rue Chantepoulet, 25, 1201. ☎ 022-716-15-70.
– Lausanne : bd de Grancy, 19, 1006. ☎ 021-616-88-91.
Voir texte dans la partie « En France ».

AU QUÉBEC

▲ **CLUB AVENTURE VOYAGES**
– Montréal : 757, av. Mont-Royal, H2J 1W8. • clubaventure.qc.ca •
Club Aventure développe une façon de voyager qui lui est propre : petits groupes, contact avec les populations visitées, utilisation des ressources humaines locales, visite des grands monuments mais aussi et surtout ouverture de routes parallèles. Ces circuits ont reçu la griffe du temps et de l'expérience ; ils sont devenus les « circuits griffés » du Club Aventure.

▲ **EXOTIK TOURS**
Rens sur • exotiktours.com • ou auprès de votre agence de voyages.
Exotik Tours propose la destination Maroc aussi bien en été qu'en hiver. Exotik Tours est membre du groupe Intair.

▲ **RÊVATOURS**
• revatours.com •
Ce voyagiste, membre du groupe Transat A.T. Inc., propose quelque 25 destinations à la carte ou en circuits organisés, dont le Maroc. Le client peut soumettre son itinéraire à Rêvatours qui se charge de lui concocter son voyage.

▲ **TOURS CHANTECLERC**
• tourschanteclerc.com •
Tours Chanteclerc est un tour-opérateur qui publie différentes brochures de voyages, dont une consacrée au Bassin méditerranéen en circuit ou en séjour.

EN VOITURE

De Paris, voici les deux itinéraires les plus rapides :
➢ ***Paris-Algésiras via Barcelone :*** env 2 300 km. Cet itinéraire emprunte les autoroutes A 6 (autoroute du Soleil) et A 9 (la Languedocienne). De Paris, compter 940 km pour atteindre Le Perthus, la frontière espagnole.
➢ ***Paris-Algésiras via Bayonne et Madrid :*** 1 987 km. De Paris, emprunter d'abord l'autoroute A 10 (l'Aquitaine). La frontière est à 770 km de Paris. C'est évidemment la route la plus courte et la moins encombrée en été.
Il faut ensuite passer par Cordoue, Séville et Cadix au lieu de Jaén, Grenade et Málaga. On évite ainsi toutes les villes, la route côtière, les cols, et il y a peu de touristes. Les autoroutes espagnoles étant assez chères, on peut leur préférer les *autovías*, routes à deux voies séparées, qui sont bonnes et gratuites.

EN BATEAU

Pour le Maroc, on a le choix entre : Sète - Tanger, Sète - Nador, Port-Vendres - Tanger depuis la France, Almería - Nador, Almería - Melilla, Málaga - Melilla, Algésiras - Ceuta, Algésiras - Tanger, Barcelone - Tanger et Tarifa - Tanger depuis l'Espagne. Également Gênes - Tanger depuis l'Italie. Il y a de plus en plus de périodes de pointe et pas assez de bateaux (vivement un pont ou un tunnel !). Bien sûr, vous pouvez faire la traversée avec votre véhicule.

LES DIFFÉRENTES LIAISONS

Au départ de Sète

Sète – Tanger

■ ***Euromer :*** *5, quai de Sauvages, 34078 Montpellier Cedex 03. ☎ 04-67-65-67-30. • euromer.net • Et bureau d'embarquement à Sète, à la gare maritime d'Orsetti, 34200. Résa conseillée.* 3 départs/sem toute l'année. Durée : 36h. Ferries « grand confort » avec restaurant et cafétéria à bord. Réductions spéciales pour les groupes et les membres d'associations de camping-cars et de 4x4.

■ ***Comarit-Comanav :*** *représentés en France entre autres par* ***Euromer*** *(coordonnées ci-dessus) et* ***Biladi Voyages.*** *Central de résas : ☎ 0800-73-31-31 (n° Vert). • comarit.es • biladivoyages.com • Vente par tél ou dans l'une des 13 agences* Biladi Voyages *présentes en France. Appelez le central de résas pour connaître l'agence la plus proche de chez vous. Également sur • euromer.net • Voir coordonnées ci-dessus.* Env 3 liaisons/sem. Traversée : 36h.

■ ***Grandi Navi Veloci :*** *représenté par Acciona-Trasmediterranea (voir coordonnées plus bas).* 1 départ/sem (juin-oct). Durée : 29h.

Sète – Nador

■ ***Euromer :*** *voir coordonnées ci-dessus.* 1 départ/sem tte l'année avec des ferries « grand confort ». Prévoir 27h de traversée. Restaurant et cafétéria à bord.

■ ***Comarit-Comanav :*** *voir coordonnées ci-dessus.* Liaisons 1-2 fois/sem. Traversée : 36h.

■ ***Grandi Navi Veloci :*** *représenté par Acciona-Trasmediterranea (voir coordonnées plus bas).* 2 départs/sem. Durée : 32h.

Au départ d'Almería

En direction de Nador ou de Melilla, avec une grande préférence pour Nador où le débarquement est plus simple et la douane facilitée. À Melilla, ville espagnole, il faut passer la douane au débarquement et encore une autre en passant au Maroc : long et fatigant !

Almería – Nador

■ ***Acciona-Trasmediterranea-Iberrail :*** *57, rue de la Chaussée-d'Antin, 75009 Paris. ☎ 01-40-82-63-63. • trasmediterranea.es • Ⓜ Chaussée-d'Antin. Au 1er étage.* La compagnie propose 1-2 départs/j., 1 départ/j. hors saison. Durée : 6h. Résa conseillée. Notez que les formalités douanières sont effectuées à bord du bateau.

■ ***Comarit-Comanav :*** *voir coordonnées plus haut.* Liaisons tlj. Trajet : 6-8h.

■ ***Euromer :*** *voir coordonnées plus haut.* Plusieurs départs/j., de jour comme de nuit. Résa à l'avance. Env 6h de traversée. Prix très intéressants. Prestations fauteuils, cabines intérieures ou extérieures. Nombreuses réductions. Frais de dossier offerts en cas de résa en ligne. *Euromer* représente *Acciona-Trasmediterranea, Ferrimaroc* et *Euroferrys,* ainsi que la *Comarit-Comanav.*

Almería – Melilla

■ ***Acciona-Trasmediterranea :*** *voir coordonnées plus haut.* 1 départ/j. en hte saison ; tlj sf sam hors saison. Également un bateau rapide 4 fois/sem.

■ ***Euromer :*** *voir coordonnées plus haut.* Mêmes prestations et conditions que pour la traversée Almería – Nador.

Au départ de Málaga

Málaga – Melilla

■ ***Acciona-Trasmediterranea :*** *voir coordonnées ci-dessus.* 2 départs/j. en hte saison, soit avec le *fast ferry* (traversée : 5h), soit avec le ferry (traversée : 8h). 1 liaison/j. hors saison. Résa conseillée. Pour revenir de Melilla vers Almería ou Málaga, il faut réserver 2-4 sem à l'avance, voire plusieurs mois à l'avance en hte saison.

■ ***Euromer :*** *voir coordonnées et conditions plus haut.* Traversées en ferries classiques et rapides.

Au départ d'Algésiras

Attention, les retards des bateaux sont considérables toute l'année, plus encore lors des grands départs entre juillet et août. Il est conseillé de réserver ses billets avant de partir.

Algésiras – Ceuta

Nombre de départs en fonction de la demande.

■ ***Acciona-Trasmediterranea :*** *voir coordonnées ci-dessus. Également représentée par* Euromer. En hte saison, liaisons pratiquement ttes les heures : 6h-22h. Traversée : 35 mn.

■ ***Euroferrys :*** *représentée en France par* Acciona-Trasmediterranea *et* Euromer. *Voir coordonnées plus haut.* Nombreux départs quotidiens.

■ ***Ferrimaroc :*** *représentée en France par* Euromer *(voir coordonnées plus haut).* 2 départs/j. en saison.

■ ***Euromer :*** *voir coordonnées plus haut.* Traversée ttes les heures. Durée : 35 mn. Frais de dossier offerts en cas de résa en ligne. Agent général de toutes les compagnies du détroit. Nombreuses réductions.

Algésiras – Tanger-Med

Gare aux agences de voyages d'Algésiras. Certaines, peu scrupuleuses, ajoutent une taxe au prix de la traversée sans en avertir le passager. Attention, les bateaux arrivent au nouveau port de Tanger-Med, à 35 km à l'est de la ville.

■ ***Comarit-Comanav :*** *représentées en France par* Biladi Voyages *(voir coordonnées plus haut).* Départs tte l'année, plusieurs traversées/j. Trajet : 1h30 et 1h en ferry rapide.

■ ***Acciona-Trasmediterranea :*** *voir coordonnées plus haut.* Se renseigner sur les tarifs promotionnels (valable uniquement avec un achat anticipé). Traversée : 1h en bateau rapide. Départs ttes les heures : 6h-22h en été.

■ ***Euroferrys :*** *représentée en France par* Acciona-Trasmediterranea *et* Euromer *(voir coordonnées plus haut).* Plusieurs départs/j.

■ ***Euromer :*** *voir coordonnées plus haut.* Traversée ttes les 30 mn du matin au soir très tard. Avec un billet Euromer, on embarque sur toutes les compagnies, quasi sans attente. Frais de dossier offerts en cas de résa en ligne. Nombreuses réductions.

■ ***Ferrimaroc :*** *représentée en France par* Euromer *(voir coordonnées plus haut).* 2 départs/j. en saison.

Au départ de Tarifa et de Barcelone

Tarifa – Tanger

■ ***Marruecotur :*** *6, av. de la Constitución, à Tarifa.* ☎ *(00-34) 956-68-12-42.* • *mcotur1@mcotur.e.telefonica.net* • Il y a toujours quelqu'un qui parle le français. Cette agence espagnole vend les billets pour les 6 départs/j., tte l'année. Traversée : 35 mn.

■ ***Euromer :*** *voir coordonnées plus haut.* Plusieurs départs/j. Nombreuses réductions. Euromer représente la compagnie *FRS.*

Barcelone – Tanger

■ ***Grandi Navi Veloci :*** *représenté par* Acciona-Trasmediterranea *et* Euromer *(voir coordonnées plus haut).* 2 traversées/sem. Durée : 29h.

■ ***Euromer :*** *voir coordonnées plus haut.* 4 départs/sem tte l'année. Traversée en 24h. Pension complète (classes « Économique », « Confort » ou « Luxe »). Navires récents et confortables. Nombreuses réductions. Frais de dossier offerts en cas de résa en ligne.

RENSEIGNEMENTS DIVERS

La traversée la moins chère

Sujet épineux. Le prix de la traversée elle-même varie en fonction de :
- l'achat du billet sur place avant le départ ;
- l'achat du billet avec résa auprès du siège de la compagnie ;
- l'achat par l'intermédiaire d'une agence.

Les réservations

Les réservations (on utilise parfois le terme anglais *booking*) sont surtout conseillées en période de forte affluence (notamment début juillet) ; et toute l'année pour les lignes au départ de Sète.

L'embarquement

Le gros ennui avec la réservation, c'est qu'il faut arriver, le jour dit, BIEN AVANT l'heure d'embarquement. Mieux vaut prévoir dans votre voyage une journée libre à passer au port d'embarquement afin d'être sûr de ne pas rater le bateau. Sachez qu'en période de pointe (début juillet et début août), il n'est pratiquement pas tenu compte de la date de réservation ; il faut se placer le plus tôt possible. En dehors de ces périodes, la date de réservation fait référence.

EN BUS

Eh oui ! c'est possible ! Il faut s'armer d'un peu de patience, de pas mal de lecture, de musique, d'eau, de quelques gâteaux pour grignoter et d'un pull (la nuit, il peut faire un peu froid...).

▲ **EUROLINES**

☎ 0892-89-90-91 (0,34 €/mn), lun-sam 8h-21h, dim 10h-17h. • eurolines.fr • Vous trouverez également les services d'Eurolines sur • routard.com • Eurolines propose 10 % de réduc pour les jeunes (12-25 ans) et les seniors. 40 kg gratuits pour le Maroc.

– Gare routière internationale à Paris : 28, av. du Général-de-Gaulle, 93541 Bagnolet Cedex. Ⓜ Gallieni.

Première *low cost* par bus en Europe, Eurolines permet de voyager vers plus de 500 destinations en Europe et au Maroc, avec des départs quotidiens depuis 90 villes françaises.

UNITAID

UNITAID a été créé pour lutter contre le VIH/sida, le paludisme et la tuberculose, principales maladies meurtrières dans les pays en développement. UNITAID intervient dans 94 pays en facilitant l'accès aux médicaments et aux diagnostics, en en baissant les prix, dans les pays en développement. Le financement d'UNITAID provient principalement d'une contribution de solidarité sur les billets d'avion mise en place par six pays membres, dont la France, dont la taxe est de 1 € sur les vols intérieurs et de 4 € sur les vols internationaux (ce qui représente le traitement d'un enfant séropositif pour 1 an). Depuis 2006, UNITAID a déjà réuni plus d'un milliard de dollars. Les financements de UNITAID ont permis à près d'un million de personnes atteintes du VIH/sida de bénéficier d'un traitement et de délivrer plus de 19 millions de traitements contre le paludisme. Moins de 5 % des fonds sont utilisés pour le fonctionnement du programme, 95 % sont utilisés directement pour les médicaments et les tests. Pour en savoir plus : • *unitaid.eu* •

QUITTER LE MAROC

EN AVION

Pas de taxe d'aéroport.
Il est possible de changer ses derniers dirhams à l'aéroport. Pour les coordonnées des compagnies aériennes, reportez-vous à la rubrique « Arriver – Quitter » de chaque grande ville.

EN BATEAU

De Tanger-Med

■ ***Comanav :*** *3, rue Ibn-Rochd ou à la gare maritime.* ☎ *05-39-93-12-90.* • *comanav.ma* • Liaisons avec Sète.
■ ***Comarit :*** *à Tanger-Med.* ☎ *05-39-32-00-32.* • *comarit.com* •
■ ***Acciona-Trasmediterranea :*** *av. Youssef Ibn-Tachfine.* ☎ *05-39-34-39-80.* Liaisons fréquentes avec Algésiras et 2 liaisons/sem avec Barcelone.
■ ***FRS :*** *gare maritime.* ☎ *05-39-93-10-10.* • *frs.ma* • Liaisons rapides entre Tanger et Algésiras.

➢ Liaisons en ferry entre Tanger et ***Algésiras*** (Espagne) toutes les heures (7h-22h) de mi-juin à mi-sept, moins fréquentes en hiver. Traversée : 2h-2h30. Rotation des compagnies maritimes en fonction des horaires, mais billetterie commune.
Également des hydrofoils au moins 2 fois/j. pour ***Algésiras*** (env 1h) et ***Tarifa*** (35 mn), notamment avec la *FRS.*

➢ La *Comanav* et la *Comarit* assurent la liaison avec ***Sète*** tous les 4 j.

De Ceuta

Le trafic est assuré par 3 compagnies, aux prix et aux prestations similaires : *Acciona-Trasmediterranea, Balearia* et *FRS.* Liaisons avec :
➢ ***Algésiras*** (Espagne) ***:*** env 20 traversées/j., presque toutes les heures. Compter 35 mn.

De Melilia

➢ Traversées quotidiennes vers ***Málaga*** ou ***Almería*** avec *Acciona-Trasmediterranea.* ☎ *(0034) 952-69-08-35.* Prévoir 6h30 de trajet d'Almería et 5h (en bateau rapide) ou 8h (en ferry) de Málaga. Juin-sept : *fast ferry* vers Málaga.

De Nador

➢ Départs toute l'année pour ***Sète*** (avec la *Comarit*) ou mars-déc (avec la *Comanav*), 1-2 fois/sem. Prévoir 34h de traversée. Pour ***Almería,*** plusieurs départs/j. avec la *Comarit,* la *Comanav, Ferrimaroc* et *Trasmediterranea.* Env 7h de traversée.

D'Al-Hoceima

➢ La compagnie *Comarit* assure une liaison quotidienne, mais en été slt, avec ***Almería*** (Espagne). Traversée en 7h.

MAROC UTILE

◗ Pour le plan général du Maroc, se reporter au cahier couleur 1.

ABC DU MAROC

◗ *Population :* 32 309 000 hab. (estimation 2012).
◗ *Superficie :* 710 850 km² avec le Sahara occidental et 446 550 km² sans.
◗ *Capitale :* Rabat (1 750 000 hab.).
◗ *Villes principales :* Casablanca (plus de 3 000 000 hab.), Fès (plus de 1 000 000 d'hab.), Marrakech (env 900 000 hab.), Tanger (env 750 000 hab.).
◗ *Densité de population :* env 72 hab./km² (sans le Sahara occidental).
◗ *Langues :* arabe classique et amazigh (langues officielles). Parmi les langues véhiculaires : arabe dialectal, idiomes berbères (rifain, braber, chleuh et zénète), français (courant dans l'administration), espagnol (utilisé localement dans le Nord).
◗ *Régime :* monarchie constitutionnelle.
◗ *Chef de l'État :* le roi Mohammed VI.
◗ *Monnaie :* le dirham (Dh).
◗ *Indice de développement humain* (espérance de vie, éducation, niveau de vie) : 0,582. Rang mondial : 130 sur 187 pays.
◗ *Salaire minimum garanti :* 2 110 Dh (env 192 €) net.

AVANT LE DÉPART

Adresses utiles

En France

■ ***Office de tourisme marocain :*** *161, rue Saint-Honoré, 75001 Paris. ☎ 01-42-60-47-24 ou 63-50. • accueil@onmtfrance.fr • visitmorocco.com • Ⓜ Palais-Royal ou Pyramides. Lun-ven 9h-18h ; horaires restreints pdt le ramadan.*

■ **Consulat du Maroc :** *12, rue de la Saïda, 75015 Paris. ☎ 01-56-56-72-00. • cgm-paris.fr • Ⓜ Convention. Lun-ven 9h-14h.*

– ***Autres consulats :*** à Bastia, Bordeaux, Colombes, Dijon, Lille, Lyon, Marseille, Montpellier, Orléans, Orly, Pontoise, Rennes, Strasbourg, Toulouse et Villemomble.

■ ***Institut du monde arabe :*** *1, rue des Fossés-Saint-Bernard, 75005. ☎ 01-40-51-38-38. • imarabe.org • Ⓜ Jussieu. Tlj sf lun 10h-18h (19h pour la librairie). Mobile Art, le nouveau pavillon qui accueille des expositions temporaires d'art contemporain, ouv tlj sf lun 10h-18h (en principe, 19h w-e et j. fériés). Le musée et les grandes expositions (quand il y en a) font nocturne 1 fois/sem. Bibliothèque ouv tlj sf dim, lun et j. fériés 13h-20h. Accès payant.* Nombreux spectacles, conférences et belles expos. Un lieu idéal pour découvrir et apprécier la culture arabe, et pour se préparer au voyage. Ensuite, aller boire un thé à la menthe au café de la mosquée, à deux pas.

En Belgique

■ ***Office de tourisme du Maroc :*** *av. Louise, 402, Bruxelles 1050.*

☎ 02-646-63-20. • visit.morocco@onmt.org • visitmorocco.com • Lun-ven 9h-17h ; pdt le ramadan lun-ven 9h-15h.

■ **Consulat du Maroc :** rue des Vétérinaires, 55, Anderlecht 1070. ☎ 02-349-51-80 ou 81. • consulatmarocbruxelles@hotmail.com • consulat.ma • En principe, lun-ven 9h-13h (15h par tél).

■ **Autre consulat :** quai Saint-Léonard, 54, 4000 Liège. ☎ 04-227-41-59. • consumaliege@skynet.be • consulat.ma • Lun-ven 9h-14h.

En Suisse

Office de tourisme du Maroc : Schifflande, 5, 8001 Zurich. ☎ 044-252-77-52. • info@marokko.ch • visitmorocco.com • Lun-ven 9h-17h30.

■ **Ambassade du Maroc :** Helvetiastrasse, 42, 3005 Berne. ☎ 031-351-03-62. • consulat.ma • Service consulaire lun-ven 9h-13h.

Au Canada

Office national marocain de tourisme : pl. Montréal-Trust, 1800, av. McGill College, suite 2450, Montréal (Québec) H3A 3J6. ☎ (514) 842-81-11 ou 12. • onmt@qc.aira.com • visitmorocco.com • Lun-ven 9h-16h.

■ **Consulat général du royaume du Maroc :** 2192, bd René-Lévesque Ouest, Montréal (Québec) H3H 1R6. ☎ (514) 288-87-50. • info@consulatdumaroc.ca • consumam@videotron.ca • consulatdumaroc.ca • Lun-ven 9h-15h.

Formalités

– Le **passeport** en cours de validité est exigé et doit être valable 3 mois après le retour du Maroc. Néanmoins, pour les ressortissants français voyageant vers le sud du pays et en groupe organisé, la **carte d'identité** peut être tolérée. ***Toujours se renseigner auprès de son voyagiste, de l'ambassade ou du consulat du Maroc de son pays d'origine avant le départ, ainsi qu'auprès de l'office de tourisme ou de la compagnie aérienne (certaines refusent la carte d'identité).*** Car nombreux sont ceux qui, munis d'une simple carte d'identité, se font encore chaque année refouler au moment de l'enregistrement en Europe, ou, pire, à leur arrivée sur le sol marocain. Sachez toutefois qu'un passeport est parfois nécessaire dans les banques pour faire du change (des chèques de voyage notamment), en cas de rapatriement individuel en urgence ou de demande de prolongation de séjour. Il est donc plus prudent de partir avec un passeport. Pour les Canadiens, passeport obligatoire dans tous les cas.

– Pas de ***visa*** pour les ressortissants de l'Union européenne (de même pour les Suisses et les Canadiens), mais le séjour ne peut excéder 3 mois. Pour ceux qui souhaitent rester plus longtemps (avec un maximum de 3 autres mois), la demande de prolongation doit être effectuée sur la base de justificatifs de résidence et de ressources, si possible dès l'arrivée, auprès du bureau de police le plus proche, au minimum 2 semaines avant l'expiration du délai initial de validité (passeport obligatoire).

Pensez à scanner passeport, visa, carte de paiement et *vouchers* d'hôtel. Ensuite, adressez-les-vous par mail, en pièces jointes, avec votre billet électronique. En cas de perte ou vol, rien de plus facile pour les récupérer depuis un cybercafé. Les démarches administratives en seront bien plus rapides.

– ***Pour louer une voiture*** au Maroc, le permis de conduire national suffit. Mais il faut avoir 1 an de permis et une carte de paiement. Celle-ci servira lors de la prise en charge du véhicule pour une empreinte de caution. Sachez aussi qu'en cas de non-rachat de la franchise, la plupart des compagnies bloquent le montant de ladite franchise jusqu'à la remise du véhicule (et celle-ci, qui varie toutefois selon le loueur et la catégorie de la voiture,

peut être très élevée !). L'opération est ensuite annulée. Il est conseillé de bien ***se renseigner avant le départ*** sur les conditions de location auprès du loueur pressenti et de prévoir, le cas échéant, la disponibilité du montant sur sa carte.
– Si vous vous rendez au Maroc en voiture, sachez qu'en plus de l'équipement habituel et obligatoire dans un véhicule de l'Union européenne (relire le code de la route !), vous devez désormais avoir impérativement à bord un gilet fluo (deux pour les camping-cars), ainsi que deux triangles de signalisation.
– ***Pour tous les types de véhicules automobiles (voitures, 4x4, camping-cars) et motos immatriculées normalement,*** se munir de son passeport, de la carte grise aux nom et prénom du propriétaire (sinon, prévoir une procuration légalisée et une photocopie de la carte d'identité du propriétaire) et d'une assurance internationale couvrant le Maroc. Si votre assurance (carte verte) ne couvre pas ce pays, il est obligatoire de prendre une assurance complémentaire au poste-frontière. Le délai de séjour d'un véhicule avec plaques d'immatriculation françaises sur le sol marocain ne peut dépasser 6 mois par année civile.
Prévoir aussi une déclaration d'admission temporaire (« D 16 ter »). Il est possible de télécharger et d'imprimer le formulaire sur le site de la douane marocaine : ● *douane.gov.ma* ● Onglet « Services en ligne », puis « Déclaration d'un véhicule ». Il suffit ensuite de le présenter à l'agent de douanes à bord du bateau. Votre véhicule personnel entrant au Maroc sera inscrit sur le fichier informatique du contrôle des voyageurs.
Si vous devez quitter le pays en urgence par avion, en cas d'accident ou de vol (rare), rapprochez-vous des correspondants locaux de votre assurance qui se chargent, en principe des formalités et n'hésitez pas à consulter le site clair et détaillé de la douane marocaine : ● *douane.gov.ma* ●
– ***Ariane, le fil à suivre :*** Ariane est un service gratuit mis à disposition par le Centre de crise du ministère des Affaires étrangères et européennes. Il permet aux voyageurs français qui le souhaitent de s'enregistrer à l'occasion de leurs séjours à l'étranger. Les informations déposées sur Ariane sont utilisées en cas de crise, par exemple pour contacter des voyageurs dans l'hypothèse où des opérations de secours sont organisées, ou encore pour joindre rapidement les familles ou les proches en France si une situation le nécessite. Être inscrit sur Ariane, c'est voyager l'esprit tranquille. Pour en savoir plus : ● *pastel.diplomatie.gouv.fr/fildariane* ●

Assurances voyage

■ ***Routard Assurance*** *(c/o AVI International)* **:** *106, rue de la Boétie, 75008 Paris. ☎ 01-44-63-51-00. ● avi-international.com ● Ⓜ Saint-Philippe-du-Roule ou Franklin-Roosevelt.* Depuis 1995, *Routard Assurance,* en collaboration *avec AVI International,* spécialiste de l'assurance voyage, propose aux routards un tarif à la semaine qui inclut une assurance bagages de 2 000 €, dont 300 € pour les appareils photo. Pour les séjours longs (de 2 mois à 1 an), il existe le contrat *Marco Polo.* Ces 2 contrats sont également disponibles à un prix forfaitaire pour les familles en courts et longs séjours. Les seniors ont aussi leur contrat *Routard Assistance Senior*. *Routard Assurance* est aussi disponible en version « light » (durée adaptée aux week-ends et courts séjours en Europe). Vous trouverez un bulletin de souscription dans les dernières pages de chaque guide.
■ ***AVA :*** *25, rue de Maubeuge, 75009 Paris. ☎ 01-53-20-44-20. ● ava.fr ● Ⓜ Cadet.* Un autre courtier fiable pour ceux qui souhaitent s'assurer en cas de décès-invalidité-accident lors d'un voyage à l'étranger, mais surtout pour bénéficier d'une assistance rapatriement, perte de bagages et annulation. Attention, franchises pour leurs contrats d'assurance voyage.
■ ***Pixel Assur :*** *18, rue des Plantes, 78600 Maisons-Laffitte. ☎ 01-39-62-28-63. ● pixel-assur.com ● RER A : Maisons-Laffitte.* Assurance de matériel photo et vidéo tous risques dans

le monde entier. Devis basé sur le prix d'achat de votre matériel. Garantie à l'année.

Douane

– ***Si vous arrivez d'Espagne,*** les formalités de police (tamponnage du passeport) s'effectuent sur le bateau, ce qui fait gagner du temps, ou à l'arrivée (tout dépend des liaisons).
Quant aux formalités douanières proprement dites (déclaration d'importation temporaire du véhicule D 16 ter), elles deviennent de moins en moins tatillonnes, sauf excès de zèle des fonctionnaires de service. Encore faut-il que vous soyez en règle. Si les formalités vous semblent longues et pointilleuses, surtout restez patient. Votre irritation n'arrangerait rien, bien au contraire !

Bon à savoir

– Les amateurs d'*alcool* peuvent apporter une bouteille de 75 cl d'alcool (vin ou autres).
– Les accros au *tabac* ont droit à une cartouche.
– L'utilisation par les camping-caristes de la *CB* (non, on ne parle pas de carte bancaire, mais de *Citizen Band,* fréquences radios) est soumise à l'autorisation de l'Agence nationale de réglementation des télécommunications (ANRT) à Rabat *(● anrt.ma ●).* Le formulaire de demande d'autorisation est téléchargeable sur le site de l'ambassade *● amb-maroc.fr ●,* rubrique « Vos questions ». Il faut ensuite l'adresser directement à l'ANRT, soit par fax, soit par e-mail (voir coordonnées sur le site de l'ambassade).
– Sont ***proscrites*** les *publications « légères »* et toute *littérature politique* susceptible de contenir un article portant atteinte à l'ordre public (et surtout au souverain du Maroc).
– Les douaniers vous confisqueront les *bombes de défense,* considérées comme des armes (dont l'entrée est strictement prohibée), ainsi que les *fusées de détresse* (que vous aviez prises pour parcourir le désert).

Carte d'adhésion internationale aux auberges de jeunesse (carte FUAJ)

Cette carte, valable dans plus de 90 pays, vous ouvre les portes des 4 000 auberges de jeunesse du réseau Hostelling International réparties dans le monde entier. Les périodes d'ouverture varient selon les pays et les AJ. À noter, la carte est souvent obligatoire pour séjourner en auberge de jeunesse, donc nous vous conseillons de vous la procurer avant votre départ. Adhérer en France vous reviendra moins cher qu'à l'étranger.

Vous pouvez adhérer

– En ligne, avec un paiement sécurisé, sur le site *● fuaj.org ●*
– Dans toutes les auberges de jeunesse, points d'informations et de réservations en France.
– Auprès de l'antenne nationale : *27, rue Pajol, 75018 Paris. ☎ 01-44-89-87-27. ● fuaj.org ● Ⓜ Marx-Dormoy ou La Chapelle. Horaires d'ouverture du point accueil sur le site internet rubrique « Nous contacter ».*
– Par correspondance, en envoyant la photocopie d'une pièce d'identité et un chèque à l'ordre de la FUAJ du montant correspondant à l'adhésion. Ajoutez 2 € de plus pour les frais d'envoi. Vous recevrez votre carte sous 15 jours.

Les tarifs de l'adhésion 2013

– Carte internationale FUAJ - de 26 ans : 7 €.
Pour les mineurs, une autorisation parentale et la carte d'identité du parent tuteur sont nécessaires pour l'inscription.
– Carte internationale FUAJ + de 26 ans : 11 €.
– Carte internationale FUAJ Famille : 20 €.

Seules les familles ayant un ou plusieurs enfants de moins de 16 ans peuvent bénéficier de la carte Famille sur présentation du livret de famille. Les enfants de plus de 16 ans devront acquérir une carte individuelle.

– La carte donne également droit à des réductions sur les transports, les musées et les attractions touristiques dans plus de 90 pays mais ces avantages varient d'un pays à l'autre, ce qui n'empêche pas de la présenter à chaque occasion. Liste de ces réductions disponible sur • *hihostels.com* • et pour les réductions en France sur • *fuaj.org* •

En Belgique

La carte d'adhésion est obligatoire. Son prix varie selon l'âge : entre 3 et 15 ans, 3 € ; entre 16 et 25 ans, 9 € ; après 25 ans, 15 €.

Renseignements et inscriptions

■ ***À Bruxelles :*** *LAJ, rue de la Sablonnière, 28, 1000.* ☎ *02-219-56-76.* • *info@laj.be* • *laj.be* •

■ ***À Anvers :*** *Vlaamse Jeugdherbergcentrale (VJH), Van Stralenstraat, 40, B 2060 Antwerpen.* ☎ *03-232-72-18.* • *info@vjh.be* • *vjh.be* •

– Votre carte de membre vous permet d'obtenir de 3 à 20 € de réduction sur votre première nuit dans les réseaux LAJ, VJH et CAJL (Luxembourg), ainsi que des réductions auprès de nombreux partenaires en Belgique.

En Suisse (SJH)

Le prix de la carte dépend de l'âge : 22 Fs pour les moins de 18 ans, 33 Fs pour les adultes et 44 Fs pour une famille avec des enfants de moins de 18 ans.

Renseignements et inscriptions

■ ***Schweizer Jugendherbergen (SJH) service des membres :*** *Schaffhauserstr. 14, 8006 Zurich.* ☎ *41-44-360-14-14.* • *booking@youthhostel.ch* • et • *contact@youthhostel.ch* • *youthhostel.ch* •

Au Canada

La carte coûte 35 $Ca pour une durée de 16 à 28 mois et 175 $Ca pour une validité à vie. Gratuit pour les enfants de moins de 18 ans qui accompagnent leurs parents.

■ ***Auberges de jeunesse du Saint-Laurent / St Laurent Youth Hostels :***
– ***À Montréal :*** *3514, av. Lacombe, Montréal (Québec) H3T 1M1.* ☎ *(514) 731-10-15. Sans frais (au Canada) :* ☎ *1-800-663-5777.*

■ ***Canadian Hostelling Association :*** *205, Catherine Street, bureau 400, Ottawa, Ontario, Canada K2P 1C3.* ☎ *(613) 237-78-84.* • *info@hihostels.ca* • *hihostels.ca* •

– Il n'y a pas de limite d'âge pour séjourner en AJ. Il faut simplement être adhérent.

– La FUAJ offre à ses adhérents la possibilité de réserver en ligne grâce à son système de réservation international • *hihostels.com* • jusqu'à 12 mois à l'avance, dans plus de 1 600 auberges de jeunesse dans le monde. Et si vous prévoyez un séjour itinérant, vous pouvez réserver plusieurs auberges en une seule fois.

Ce système permet d'obtenir toutes les informations les plus utiles sur les auberges reliées au système, de vérifier les disponibilités, de réserver et de payer en ligne.

ARGENT, BANQUES, CHANGE

Monnaie

La monnaie marocaine est le ***dirham,*** qui signifiait « pièce d'argent » en persan. Mi-2012, ***1 € valait environ 11 dirhams (Dh),*** ce taux étant assez stable depuis plusieurs années. Cette monnaie n'est pas convertible et vous êtes censé quitter le Maroc sans dirham en poche (vous pouvez changer vos dirhams à l'aéroport si vous avez conservé précieusement le ticket de change ou le ticket de retrait par carte). À noter qu'au souk, parfois, les petites sommes sont données en *riels*

(1 dirham = 20 riels ; autrement dit, 1 riel = 5 centimes marocains). Donc, si l'on vous annonce 600 pour le prix d'un vêtement, pas de panique, ça ne fait que 30 Dh ! Toutefois, lorsqu'ils s'adressent aux étrangers, les vendeurs ont tendance à convertir d'eux-mêmes de riels en dirhams. À l'autre extrémité de la gamme des prix, les grosses sommes (maison, voiture) sont parfois exprimées... en centimes marocains ! On vous parlera donc, peut-être, d'une voiture à 10 millions lorsqu'elle a coûté 100 000 Dh...
Attention, les pièces de 1 Dh et de 2 Dh se ressemblent un peu : on a vite fait de se tromper. Par ailleurs, dans certains hôtels, et lors de vos achats dans les grandes médinas comme Marrakech, il est souvent possible de régler en euros. Dans ce cas, prenez bien sûr garde au taux de change.

Change

Dans les grandes villes, il y a des bureaux de change un peu partout, rattachés ou non à une banque. En principe, ils sont ouverts tous les jours sauf (parfois) le dimanche après-midi ; leurs horaires d'ouverture sont larges. Très pratiques. Sinon, les banques elles-mêmes font le change, mais leurs horaires sont plus limités : du lundi au vendredi de 8h15 à 15h30 ou 15h45, avec parfois une pause plus ou moins longue au moment de la prière du vendredi (de 9h15 à 14h30 pendant le ramadan). Depuis la loi sur la libéralisation du taux de change en 2007, chaque organisme peut appliquer son propre taux. Mais dans la réalité, il varie assez peu d'un endroit à l'autre (banques et bureaux de change confondus). De plus, aucune commission. En bref, il n'y a jamais de difficultés pour effectuer du change, sauf dans des endroits très reculés. Il peut encore arriver qu'on vous demande de présenter votre passeport. Toujours exiger un reçu et bien vérifier la somme, certains agents s'octroyant d'office une commission.
– À noter que les ***billets de banque*** doivent être en bon état pour le change, faute de quoi ils peuvent être refusés.
– ***Les chèques de voyage,*** eux, sont rarement acceptés par les bureaux de change, mais certaines banques les prennent. Se munir de l'original de la preuve d'achat et de son passeport.

Western Union Money Transfer

• *westernunion.com* •
En cas de besoin urgent d'argent liquide (perte ou vol de billets, chèques de voyage, cartes de paiement), vous pouvez être dépanné en quelques minutes grâce au système ***Western Union Money Transfer.*** Pour cela, demandez à quelqu'un de vous déposer de l'argent en euros dans l'un des bureaux *Western Union* ; les correspondants en France de *Western Union* sont *La Banque postale* (*fermée sam ap-m, n'oubliez pas !* ☎ *0825-00-98-98 ; 0,15 €/mn*) en collaboration avec la *Société financière de paiements* (*SFDP ;* ☎ *0825-825-842 ; 0,15 €/mn*). L'argent vous est transféré en moins d'un quart d'heure. La commission, assez élevée, est payée par l'expéditeur. Possibilité d'effectuer un transfert en ligne 24h/24 par carte de paiement (*Visa* ou *MasterCard* émise en France).
Au Maroc, pour le service *Western Union,* vous pouvez vous adresser, muni d'une pièce d'identité, à la *Wafabank.*

Cartes de paiement

Elles sont acceptées par la plupart des hôtels d'un certain niveau, ainsi que dans certains restaurants, magasins et stations-service. Aujourd'hui, les terminaux électroniques de paiement se sont généralisés et l'arnaque au « fer à repasser » est de plus en plus rare (votre carte sert à imprimer deux facturettes et votre compte est débité deux fois ; face à ce genre d'appareil, accompagnez toujours le commerçant avec la carte). À noter que les commissions des banques marocaines étant élevées pour les commerçants, les hôteliers et les restaurateurs, un certain nombre d'entre eux répercutent ces frais sur l'addition.

Avant le départ, si vous vous sentez un peu juste, pensez à demander un relèvement du plafond auprès de votre banque : les franchises pour les voitures de location peuvent être élevées et si un problème de vol (aérien ou autre...) vous oblige à rester 5 ou 6 jours de plus, vous risquez de ne pas apprécier de vous voir doublement bloqué sur place.

La carte la plus largement acceptée est la carte *Visa* (nombreux distributeurs).

– **Carte Visa :** *assistance médicale incluse ; numéro d'urgence (Europe Assistance) : ☎ (00-33) 1-41-85-85-85. • visa-europe.fr • Pour faire opposition, contactez le numéro communiqué par votre banque.*

– **Carte MasterCard :** *assistance médicale incluse ; numéro d'urgence : ☎ (00-33) 1-41-16-65-65. • mastercardfrance.com • En cas de perte ou de vol, composez le numéro communiqué par votre banque pour faire opposition.*

– **Carte American Express :** *téléphonez en cas de pépin au ☎ (00-33) 1-47-77-72-00 (numéro accessible tlj 24h/24). • americanexpress.fr •*

– Pour ttes les cartes émises par **La Banque postale** : *composez le ☎ 0825-809-803 (0,15 €/mn) depuis la France métropolitaine ou les DOM, et le ☎ (00-33) 5-55-42-51-96 depuis les DOM ou l'étranger.*

– Également un numéro d'appel valable depuis la France, ***quelle que soit votre carte de paiement pour faire opposition*** : *☎ 0892-705-705 (serveur vocal à 0,34 €/mn). Ne fonctionne ni en PCV ni depuis l'étranger.*

Quelle que soit la carte que vous possédez, chaque banque gère elle-même le processus d'opposition et le numéro de téléphone correspondant ! Avant de partir, notez donc bien le numéro d'opposition propre à votre banque en France (il figure souvent sur votre contrat, au dos des tickets de retrait ou à côté des distributeurs de billets), ainsi que le numéro à 16 chiffres de votre carte. Bien entendu, conservez ces informations en lieu sûr, et séparément de votre carte. Par ailleurs, l'assistance médicale se limite aux 90 premiers jours du voyage et l'assistance véhicule aux cartes haut de gamme (renseignez-vous auprès de votre banque).

N'OUBLIEZ PAS AUSSI DE VÉRIFIER LA DATE D'EXPIRATION DE VOTRE CARTE BANCAIRE !

Distributeurs automatiques

Ils sont désormais nombreux dans le pays et permettent de retirer des dirhams avec la carte *Visa* ou la *MasterCard*. Quelques conseils cependant, pour éviter les mésaventures.

– Mieux vaut, si vous avez le choix, retirer de l'argent à un distributeur attenant à une agence bancaire pendant les heures d'ouverture de celle-ci, cela permet de demander l'intervention d'un préposé en cas de pépin. En effet, imaginez qu'un vendredi soir, alors que vous n'avez plus un sou, une machine avale votre carte : vous voilà bloqué dans la ville, affamé, jusqu'au lundi matin... en espérant (si vous voulez revoir votre carte) que votre vol de retour ne soit pas programmé dans l'intervalle...

– Sachez aussi que, pour chaque retrait, une commission variable de l'ordre de 2 %, complétée d'une partie fixe de 3,50 à 5 € sera débitée de votre compte bancaire. Du fait de cette partie fixe, mieux vaut éviter de retirer de petites sommes.

– On conseille aussi à ceux qui descendent au sud de Tafraoute et Ouarzazate de faire le plein en liquide ou d'avoir des euros à changer, car les distributeurs se font rares tout au sud du pays.

BUDGET

La vie au Maroc reste moins chère qu'en France, même si elle a bien augmenté dans certains endroits touristiques. On peut, si l'on voyage sans faire d'excès, s'en sortir avec 600 à 700 Dh (environ 55-65 €) par jour pour deux personnes, se décomposant ainsi : 200 à 300 Dh (18-27 €) pour la chambre et le petit déj,

quatre repas à 70 Dh (6-7 €), soit 280 Dh (environ 25 €), le reste étant consacré aux boissons, transports et à la visite des monuments. Mais cela implique des hébergements et des restos assez simples, et l'utilisation des transports en commun. En prévoyant le double, on pourra descendre dans des hôtels plus confortables, s'asseoir à de bonnes tables et passer des vacances dans d'excellentes conditions. Une précision : les fourchettes de prix indiquées ci-dessous ont parfois été nuancées en fonction des villes.
Vous constaterez aussi que pour certains établissements tenus par des Européens (surtout à Marrakech et Essaouira), les prix sont affichés uniquement en euros, leur monnaie de référence. Ils sont donc indiqués dans le guide ainsi. Bien sûr, libre à vous de demander à payer en dirhams selon le cours en vigueur.

Hôtels

Nous vous indiquons les prix pour ***deux personnes*** en chambre double. Pour les villes les plus touristiques, comme Marrakech et Essaouira, ces fourchettes peuvent être revues facilement de 20 à 30 % à la hausse, selon la saison et le type d'hébergement (*riad,* hôtels de charme, etc.). D'ailleurs, les *riad* de Marakech et de Fès ont été classés différemment comme l'indiquent les fourchettes de prix au niveau des catégories. Pensez à toujours vérifier les promos sur les sites !
- ***Très bon marché :*** moins de 100 Dh (9,10 €).
- ***Bon marché :*** de 100 à 200 Dh (9,10 à 18,20 €).
- ***Prix moyens :*** de 200 à 400 Dh (18,20 à 36,40 €).
- ***Chic :*** de 400 à 800 Dh (36,40 à 72,80 €).
- ***Plus chic :*** de 800 à 1 000 Dh (72,80 à 91 €).
- ***Beaucoup plus chic :*** plus de 1 000 Dh (91 €).

Restaurants

Nous avons classé les restaurants en six catégories (repas complet pour une personne sans la boisson).
- ***Très bon marché :*** moins de 50 Dh (4,50 €).
- ***Bon marché :*** moins de 80 Dh (7,30 €).
- ***Prix moyens :*** moins de 150 Dh (13,60 €).
- ***Chic :*** de 150 à 250 Dh (13,60 à 22,70 €).
- ***Plus chic :*** de 250 à 400 Dh (22,70 à 36,40 €).
- ***Beaucoup plus chic :*** plus de 400 Dh (36,40 €).

Le juste prix

Vous trouverez ci-dessous quelques prix de référence qui vous éviteront de vous faire arnaquer. L'inflation au Maroc est d'environ 2 % par an, du moins officiellement.
- Grande bouteille d'eau minérale : 5-6 Dh (environ 0,50 €).
- Verre de thé (ou *Coca*) dans un café : de 5 à 12 Dh (0,50-1,10 €).
- Bière locale (33 cl) : de 12 à 20 Dh (1,10 à 1,80 €).
- Pain (baguette ou galette) : 1,10 Dh (0,10 €).
- Petite course en petit taxi : de 6 à 10 Dh (0,50 à 0,90 €), 50 % plus cher la nuit. Compter le double dans des villes comme Marrakech.
- Kilomètre en grand taxi (6 passagers) : de l'ordre de 0,50 Dh (0,05 €) pour tous les passagers.
- Essence sans plomb (varie selon le prix du brut) : autour de 10,50 Dh (1 €) le litre.
- Gazole (varie selon le prix du brut) : autour de 7,50 Dh (0,70 €) le litre.
- Ticket de bus en ville, par trajet : de 2 à 3,50 Dh (0,20 à 0,30 €).
- Trajet en bus entre Casablanca et Ouarzazate : environ 160 Dh (14,50 €) pour quelque 450 km de route.

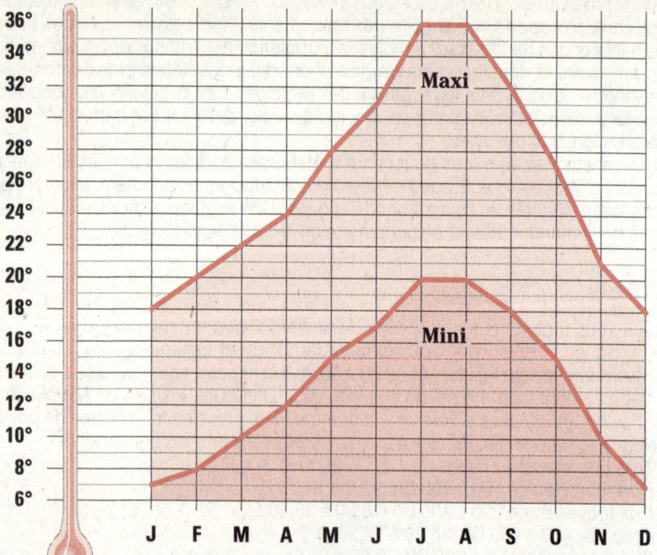

Moyenne des températures atmosphériques

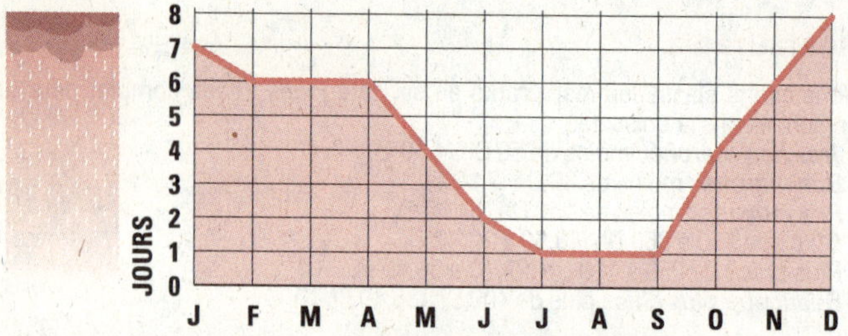

Nombre de jours de pluie

MAROC (Marrakech)

CLIMAT

> **« Au Maroc, il y a tellement de soleil que nous sommes obligés de prier pour qu'il pleuve. »**
>
> **Un météorologiste marocain.**

Le climat du Maroc est très différent selon les régions.

– Le littoral atlantique (où se trouvent Essaouira et Agadir) jouit d'une situation agréable et tempérée, les hivers y sont cléments, les étés chauds et beaux. Seule ombre au tableau : pas mal de vent toute l'année et une eau relativement froide ; ça reste l'océan, ne l'oublions pas. Attention aux courants marins aussi.

– La partie nord du pays offre un climat méditerranéen. S'il peut faire très chaud dans les villes côtières dès le début du printemps, le climat dans le Rif est bien plus frais. Hiver rigoureux à Chefchaouen, cols fermés à la circulation, et parfois d'épaisses nappes de brouillard sur les routes de montagne même assez tard au cours du printemps.
– Vers le centre, le climat est montagnard, les hivers sont particulièrement rudes (en fonction de l'altitude) et les étés arides. Le sommet le plus haut, le djebel Toubkal, point culminant de l'Afrique du Nord, s'élève à 4 167 m. Ainsi, il n'est pas rare que les chutes de neige dépassent 1 m dans certains villages de l'Atlas. De plus, dans cette région, les nuits sont fraîches, et Pâques dans quelques hôtels non chauffés peut vous laisser un souvenir... cuisant !
– Plus au sud, le climat est désertique.
D'une manière générale, partout, les écarts de température peuvent être importants dans une même journée. Le soir en été, par exemple, on supporte un anorak à Essaouira, tandis qu'à Marrakech, à la même heure, la chaleur est à ce point accablante qu'elle vous empêche de dormir. À noter que sur toute la côte atlantique du Maroc, de mai à août, un épais brouillard stagne souvent le matin, avant de laisser la place au soleil vers 13h ou 14h. C'est un phénomène météo appelé le « ciel blanc ».
En conséquence, la panoplie du parfait routard n'existe pas. Prévoyez, quelle que soit la saison, le maillot de bain, une p'tite laine et un imperméable coupe-vent.
La moyenne annuelle d'ensoleillement est supérieure à 8h par jour à Agadir, à Fès, à Marrakech et à Ouarzazate, et la température moyenne dépasse les 17 °C. Le chergui, vent sec et brûlant du levant, souffle parfois du désert, et fait grimper le mercure.
Chaque saison offre ses avantages et une lumière qui lui est propre. Le voyage est donc possible toute l'année. Toutefois, le printemps est de loin la meilleure période pour visiter le pays. Les arbres sont en fleurs, et toute la nature est en majesté. À l'automne en revanche, tout a été grillé par le soleil d'été ; dans ce cas-là, mieux vaut opter pour les villes impériales (Fès, Meknès, Marrakech, Rabat). Pour les régions situées au sud du Haut Atlas, préférez la période d'octobre à mai car, en plein été, la température avoisine les 45 °C.

DANGERS ET ENQUIQUINEMENTS

Le Maroc est un pays relativement sûr, malgré l'attentat dont il a été victime en 2011. Le vol y est rare, car considéré comme un grave délit par la justice marocaine. Les enquiquinements se limitent bien souvent à la lourde insistance de certains chasse-touristes et à des cas d'arnaques dans les régions les plus touristiques du royaume. Voici quelques tuyaux qui, rappelons-le, sont valables partout dans le monde :

Vols

– Porter les sacs de matériel photo en bandoulière. Ne pas mettre de portefeuille dans les poches arrière d'un pantalon. Pour son argent et ses papiers, préférer les vêtements avec poches intérieures. Pour les adeptes de la banane, la porter devant soi quand on est dans les souks. Ne jamais garder la totalité de son argent au même endroit.
– Les pickpockets utilisent une technique universelle, qui généralement s'applique avec l'aide d'un complice. Le premier détourne votre attention, d'une manière ou d'une autre, tandis que le second subtilise votre portefeuille.
– Ne jamais rien laisser d'apparent dans un véhicule. Mettre tout dans le coffre et confier le véhicule à un gardien qui, moyennant quelques dirhams (2 à 5 Dh en journée, 10 à 30 Dh en moyenne si c'est pour toute la nuit), la surveillera.

– ***Papiers d'identité ou autres :*** prévoyez toujours, avant votre départ, des photocopies en plusieurs exemplaires, rangées en différents endroits ou remises aux personnes qui vous accompagnent, ainsi que quelques photos d'identité. Le scannage des papiers d'identité puis l'envoi sur votre adresse mail est aussi très pratique, car vous pourrez ainsi les récupérer depuis n'importe quel hébergement ou cybercafé ! Pensez aussi à relever le numéro tamponné sur le passeport à l'arrivée (la police en a besoin pour vous laisser repartir).
Procédure en cas de vol ou perte : rendez-vous au poste de police (attention, pas de déposition pendant le congé de fin de semaine). L'attestation de déclaration est payante mais peu chère. Demandez qu'on vous remette une copie de votre déclaration en français. On vous répondra qu'il faut faire une demande écrite à la Sûreté nationale. Optez alors pour une attestation provisoire portant la signature du policier et le cachet de la permanence. Ne quittez pas les lieux sans ce papier en français, indispensable pour les compagnies d'assurances. Après le poste de police, il faut vous rendre au consulat, qui pourra vous assister dans vos démarches et vous fournir un laissez-passer si besoin. Si la carte de paiement et même votre portable faisaient partie du lot, n'oubliez pas de faire opposition. Au préalable, pensez à consigner ailleurs que dans votre portefeuille le numéro d'appel de votre banque et notez également quelque part le numéro de votre carte de paiement et sa date d'expiration.

Les arnaques

Dans les régions à forte concentration touristique, il est impossible de recenser tous les cas d'arnaques, car chaque année de nouvelles se font jour, fruits d'une imagination débordante. Celles-ci évoluant avec les technologies, elles font partie des souvenirs les plus mémorables, à condition qu'elles restent dans la limite du supportable, bien sûr. Il faut savoir rester vigilant sans sombrer dans la parano (la police touristique est présente partout, à Marrakech notamment, et veille au grain). La plupart du temps, les divers stratagèmes (panne de voiture, stop, invention d'une nouvelle monnaie – le dirham berbère –, enfant malade à secourir ou autre histoire à dormir debout...) consistent à vous taper quelques billets ou, mieux, à vous vendre quelque chose à tout prix, et à n'importe quel prix. Lire à ce sujet l'introduction de la rubrique « Achats » et plus loin « Marchandage ».
De même, si vous entendez des formules du type : « pas de problème, on s'arrangera après », très courantes entre Marocains qui préfèrent négocier à l'amiable, sachez que sans une bonne connaissance de la culture et des prix, les malentendus surviennent facilement. Moralité : fixez le prix avant ! Ça évitera nombre de conflits et de discussions sans fin.

Rabatteurs et chasse-touristes

Dans les souks les plus fréquentés par les étrangers, on croise de moins en moins de rabatteurs, du fait de la présence de la police touristique. En revanche, ils se concentrent dans les gares et aux portes principales des médinas. Il s'agit pour eux d'essayer de vous emmener dans des hôtels ou des boutiques pour toucher de petites commissions, ou de vous guider dans les médinas quand vous êtes perdu, moyennant une pièce à l'arrivée. Ils sont nombreux à vivre de ce genre d'expédients ; gardez vos distances, sans paraître ni excédé ni intéressé.
Plus enquiquinant, il est parfois difficile de chercher un site touristique dans une médina tout seul. D'un seul coup, plusieurs personnes tiennent à vous guider quand vous leur demandez juste le chemin. Ne leur donnez pas plus de 10 à 20 Dh s'ils vous dépannent. D'autres sont plus tenaces. Ils veulent vous faire grimper sur une terrasse pour avoir la plus belle vue, etc. Ils peuvent se montrer extrêmement insistants. La technique d'approche est toujours la même : grand sourire, main tendue, « d'où tu viens ? De Montpellier/Bordeaux/Saint-Pourçain-sur-Sioule/etc. ;

hé ! C'est le département 34/33/03/etc. (ce qu'ils sont balèzes en numéros de départements !) ; première fois au Maroc ? Ce ne sera pas la dernière ! T'as visité la médina/la palmeraie/le désert/le marchand de tapis/etc. ? Entre dans la boutique, juste pour le plaisir des yeux ! Ceux qui sont pressés sont déjà morts ! », etc. Bref, ça peut devenir lourd à la longue. Pour vous en sortir, détournez la conversation sur le terrain de la plaisanterie, ou ne répondez pas à leurs sollicitations ou à leurs questions. Ils se lasseront !
En revanche, vous trouverez toujours un commerçant, un passant prêt à vous aider si vous le traitez avec respect. Si vous êtes une femme, demandez à une autre femme (les hommes éviteront). Parlez, plaisantez, votre paranoïa s'évanouira vite... Il y a de belles rencontres à vivre !

Voyager au féminin

Si le Maroc est un pays globalement sûr, il peut parfois se révéler un peu éprouvant pour les routardes seules. Certains Marocains ont en effet de la prétendue liberté de mœurs occidentale une idée le plus souvent erronée : toute Européenne se promenant seule devient donc une proie éventuelle, d'où les interpellations très régulières sur son passage. Ces tentatives d'approche, avant tout verbales et rarement agressives, épuisent par leur caractère répétitif (surtout quand elles s'ajoutent à « l'insistance » des commerçants ou rabatteurs). La plupart du temps, les « beaux parleurs » savent garder leurs distances, et ça ne va pas plus loin (la jeune génération peut parfois se montrer verbalement particulièrement grossière). Pour votre tranquillité et votre sécurité, portez des vêtements amples, couvrant les épaules et les genoux (évitez les tenues transparentes !). Notez que si les Marocaines se promènent le soir dans les rues, elles le font en groupe et très rarement seules. Prenez exemple sur elles quand il commence à se faire tard, surtout dans certains quartiers. Demandez-leur votre chemin si vous pensez que vous êtes perdue. En règle générale, évitez les endroits déserts ou peu fréquentés (les parcs, les plages, etc.).
Les voyageuses solitaires éviteront par ailleurs de faire du stop et diront qu'elles vont rejoindre un groupe plus tard. Voilà, mesdames, mesdemoiselles, les petits aléas du voyage en solo. Sachez néanmoins que, sans homme à vos côtés, vous aurez davantage de chances de pénétrer dans l'univers des femmes, et c'est là un très beau cadeau.

Fausses recommandations du *Routard*

Les établissements non cités dans la dernière édition affirment parfois qu'ils sont mentionnés dans le *Routard* pour prouver leur sérieux. De même, attention aux panonceaux anciens, aux fresques avec l'homme au sac à dos peintes sur les façades des hôtels, ou aux cartes de visite portant la mention « Recommandé par le *Routard* » et qui s'avèrent factices.

DÉCALAGE HORAIRE

Le Maroc vit à l'heure T.U. (Temps universel). En hiver, quand il est 12h en France, il est 11h au Maroc. En été, cela se complique car le royaume a adopté l'heure d'été, mais pas aux mêmes dates que nous. En principe, elle entre en vigueur en avril et se termine... au début du ramadan (dont la date fluctue d'année en année). Du coup, entre avril et octobre, il y a 1h ou 2h de moins qu'en France. Ne pas hésiter à consulter le site de l'horloge parlante : • *horlogeparlante.com* •

DROGUE

Le 2e producteur mondial de cannabis

On fait la différence entre les fleurs séchées de cannabis, appelées marijuana, principalement produites en Amérique du Sud, et la résine de cannabis donnant le haschisch, « spécialité » du Maroc. La région productrice est le nord du pays, dans les montagnes du Rif. Sur 172 pays produisant du cannabis, le Maroc est le deuxième producteur et exportateur mondial après l'Afghanistan, avec, selon l'Office des Nations Unies contre la Drogue et le Crime (ONUDC), 47 500 ha de surface cultivable. On estime par ailleurs que 80 % du haschisch en vente sur le marché français vient du Maroc... Or, dans la province d'Al-Hoceima, la culture du cannabis existe depuis des siècles. Pendant une période, le ministère marocain de l'Agriculture classait même cette activité illégale dans les « cultures industrielles » ! C'est dire l'importance économique et agricole, l'enracinement traditionnel quasi idéologique, ainsi que les enjeux de trafic et de corruption liés à cette production.

MÉMOIRE COURTE

La consommation de kif (mélange de tabac et de haschich) fut autorisée pendant longtemps au Maroc. Sous le protectorat, les Français créèrent la Régie marocaine des kifs et tabacs, encaissant des taxes au passage. Le royaume interdit le kif à l'indépendance.

Du kif au béton

Face à un problème de santé publique avant tout national, dans les années 1990, le roi Hassan II lance une vaste campagne d'assainissement qui débouche sur une série d'arrestations et de procès retentissants avec pour cible, entre autres, le « cartel de Tanger ». Depuis lors, les autorités n'ont pas relâché la pression. À partir de 2004, la politique dite de la « main de fer » est mise en place : amendes, peines de prison, champs brûlés (selon le gouvernement, la surface cultivée aurait été réduite de 65 % entre 2003 et 2010)... les sanctions sont diverses et des arrestations spectaculaires révèlent l'étendue des trafics et complicités dans le Rif.

En 2009, un nouveau programme d'assainissement, d'un budget de 900 millions de dirhams (soit environ 82 millions d'euros) a permis la création d'activités et de cultures alternatives au cannabis dans certaines communautés rurales, mais les résultats sont encore loin d'être probants, tous les fermiers n'ayant pas été convertis.

Alors que le Maroc est devenu une véritable plaque tournante depuis l'Amérique du Sud (via l'Afrique sub-saharienne), le trafic vers l'Europe a toujours lieu essentiellement par voie maritime, à partir des enclaves de Melilla ou Ceuta et du port de Tanger. D'où, conjointement à cette tentative d'éradication nationale, des efforts d'investissements réalisés dans le Nord. Le roi Mohammed VI a notamment lancé de vastes chantiers autour de Tanger : construction du plus grand port de commerce d'Afrique (mise en service en 2015 avec une sérieuse prise en compte du risque accru de trafic de drogue), d'autoroutes, de voies ferrées et d'infrastructures touristiques. Au passage, certains prétendent que l'immobilier dans le Nord est le principal débouché du blanchiment de l'argent de la drogue.... Mais l'essor économique, certes essentiel, n'est pas l'unique cheval de bataille. Le durcissement de l'appareil législatif et la lutte contre la corruption font partie des nouveaux objectifs pris en 2011 (dans le sillage de la nouvelle constitution), tandis que le gouvernement travaille toujours plus en coopération avec les pays consommateurs, en particulier l'Espagne, la France et les États-Unis. Pour lire (en anglais) les rapports détaillés de l'ONU, rendez-vous sur • *unodc.org* •

Conseils de prudence

Faites attention, la police veille au grain, les contrôles douaniers sont rigoureux et les barrages à l'entrée des villages fréquents. Lire nos conseils dans l'introduction sur le Rif (partie « Le nord du Maroc »).
Au Maroc comme ailleurs, la consommation de cannabis est passible de prison (8 à 10 ans étant la moyenne). Ce qui n'empêche pas les rabatteurs d'avoir un langage imagé pour aborder les clients potentiels : « Tu veux quelque chose pour faire bronzer la tête ? » (pas de l'ambre solaire !) ou « du chocolat ? » (pas aux noisettes non plus).
Sans compter ceux qui, sous prétexte de boire un thé et de se rouler un joint, vous emmènent chez eux, vous obligeant à acheter quelques grammes. Mais n'allez pas vous imaginer pour autant que toute invitation est forcément louche ! Évidemment, refusez systématiquement de convoyer en France un paquet dont vous ne connaissez pas le contenu. En 2010, 400 étrangers ont été arrêtés et condamnés pour trafic de drogue. Généralement, les condamnés effectuent la totalité de leur peine, dans des conditions souvent précaires et sont également condamnés à des amendes très élevées.

ÉLECTRICITÉ

Tout le pays est équipé en 220 V avec des fiches de standard européen. Pas d'adaptateur à prévoir donc. Dans quelques zones rurales en revanche, les villages reculés (notamment dans certaines vallées des Atlas) sont alimentés par des groupes électrogènes collectifs gérés par la communauté des villageois. Il peut y avoir des risques de surtension pour vos appareils électriques, principalement lorsque vous les mettez en recharge : caméscope, portable, ordinateur. Pensez aussi qu'il vous faudra attendre la nuit pour le faire, lorsque fonctionnent les groupes.

FÊTES ET JOURS FÉRIÉS

Organisation de la vie civile

La vie civile est régie par le calendrier grégorien. À la différence d'autres pays musulmans, le week-end se compose du samedi et du dimanche. Le vendredi n'est pas férié, mais administrations et services publics allongent leur pause-déjeuner pour permettre aux fidèles de se rendre à la grande prière. Dans la médina, les échoppes des souks sont souvent fermées ce jour-là.

Jours fériés

- ***1er janvier :*** Jour de l'an.
- ***11 janvier :*** manifeste de l'Indépendance.
- ***1er mai :*** fête du Travail.
- ***30 juillet :*** fête du Trône. La plus importante fête civile au Maroc, célébrée avec de nombreux feux d'artifice et parades.
- ***14 août :*** commémoration de l'allégeance de l'oued Eddahab.
- ***20 août :*** anniversaire de la révolution du Roi et du Peuple.
- ***21 août :*** fête de la Jeunesse. Correspond également à la date de naissance de Mohammed VI.
- ***6 novembre :*** anniversaire de la marche verte.
- ***18 novembre :*** fête de l'Indépendance (retour d'exil de Mohammed V).

Fêtes religieuses musulmanes

La vie religieuse suit le calendrier musulman, qui débute le 16 juillet 622, jour où le prophète Mahomet quitta La Mecque pour s'établir à Médine (événement connu sous le nom d'*hégire*, c'est-à-dire « expatriation »). L'année de l'hégire, année lunaire, se compose de 12 mois (dont celui du ramadan), mais elle est plus courte que l'année solaire. Les dates des grandes fêtes religieuses varient par rapport au calendrier grégorien (voir plus loin « Calendrier des fêtes musulmanes »). Ce sont :

– ***Aïd el-Kebir*** (« grande fête ») ***ou Aïd el-Adha :*** fête du sacrifice du mouton. Manifestation religieuse et sociale très importante, elle commémore le moment où Abraham, s'apprêtant à sacrifier son fils à Dieu sur ordre de ce dernier, vit s'approcher de lui, à l'ultime minute, un mouton « envoyé du ciel ». En souvenir, chaque famille sacrifie son mouton après l'avoir câliné et bichonné pendant plusieurs jours.

Une semaine avant la fête, d'immenses marchés s'organisent à la périphérie des villes. Le choix du mouton familial est une affaire sérieuse. Une fois acheté, l'animal est engraissé dans le jardin ou sur le balcon jusqu'au jour de la grande fête. Le sacrifice suit la grande prière collective, et tout le monde est sur son trente et un. L'ordre d'abattre la bête est donné par Sa Majesté en personne, dont le geste est retransmis à la télévision. Les rues vides ne sont plus traversées que par quelques hommes maculés de sang, un grand couteau à la main, qui passent de foyer en foyer pour égorger l'animal, laissant ensuite à la famille le soin de le dépecer. Terrasses et balcons des villes s'emplissent alors de peaux mises à sécher, tandis que sur les trottoirs, cornes et sabots demeurent les ultimes traces du sacrifice.

On consomme en premier lieu les viscères et la tête, que l'on fait griller sur des *canoun.* Les morceaux de choix sont gardés pour plus tard. Ceux qui n'ont pas trop de moyens achèteront du mouton en morceaux la veille, pour faire « comme si »... ou auront recours au « crédit mouton » mis en place par certaines banques pour l'occasion ! Mais les familles pauvres se voient souvent offrir des moutons qui arrivent par camion, cadeau des plus riches de la communauté (un mouton coûte entre 1 100 et 4 000 Dh, quand le SMIC est encore à 2110 Dh). La fête est prétexte à exprimer l'unité familiale et à réunir tout le monde. La veille de l'*Aïd,* le jour même et le lendemain, les institutions ne fonctionnent évidemment pas, ni même la plupart des restaurants, y compris dans la capitale.

– ***Ras el-Am :*** premier jour du premier mois *(Muharram)* du calendrier de l'hégire. Le jour est férié.

– ***Achoura :*** 10ᵉ jour du mois de *Muharram,* date vécue de manière très contrastée par les musulmans, en fonction de leurs origines. Les chiites (majoritaires en Iran et en Irak) célèbrent l'anniversaire de la mort d'Hussein, petit-fils du prophète, en un jour de deuil absolu, tandis qu'au Maroc l'*Achoura* dure 2 jours (non fériés). À cette occasion, les démunis et les enfants reçoivent des cadeaux. Le premier soir, vous aurez peut-être du mal à dormir à cause des pétards, qui éclatent tard dans la nuit ! Le second jour, soyez prudent : la coutume veut que les enfants aspergent d'eau les passants ! À l'origine, une rencontre de Mahomet, le 10 de *Muharram,* avec un rabbin jeûnant pour Yom Kippour en souvenir de la traversée de la mer Rouge et de la déroute des armées de Pharaon emportées par les flots. Le Prophète a surenchéri en décrétant 2 jours de jeûne (facultatifs depuis l'instauration du ramadan) à la mémoire de Moïse, reconnu comme prophète par l'islam. De génération en génération, les flots de la mer Rouge se sont « transformés » en douche forcée dans la rue, le second soir de l'*Achoura*... Vous pouvez aussi recevoir des œufs ou de l'eau mélangée à du curcuma, ce qui vous incitera vite à vous ruer sous la douche, de toute façon...

– ***Aïd el-Mouled :*** commémoration de la naissance du prophète Mahomet. Véritable Noël musulman, c'est l'occasion de 2 jours de fête, qu'il est impensable de

ne pas passer en famille. Trains et bus sont pris d'assaut, nombreux bouchons sur les routes à prévoir d'après « Mouton futé » ! Tout ce qui n'est pas fermé fonctionne au ralenti.
– ***Début du ramadan :*** début du jeûne rituel, période qui peut être délicate pour celui qui ne l'observe pas (voir « Religions et croyances »).
– ***Aïd es-Seghir ou Aïd el-Fitr :*** fête de rupture du jeûne, le lendemain de la fin du ramadan. Pour en savoir plus, voir « Religions et croyances » dans « Hommes, culture, environnement ».

Calendrier des fêtes musulmanes

Ce calendrier n'est qu'indicatif, car il a été obtenu à partir de calculs astronomiques. Les fêtes religieuses ne sont décrétées que lorsque l'observateur humain peut voir, de ses yeux, le croissant de lune du mois nouveau. Il s'ensuit une incertitude d'une journée, et ce jusqu'au tout dernier moment (sauf pour l'*Aïd el-Mouled,* qui survient le 12 du mois, et dont la date est donc connue 12 jours à l'avance). Voici les dates prévisionnelles, à 1 ou 2 jours près :
– ***Al-Mawlid an-Nabawi :*** célèbre la naissance du Prophète, le 24 janvier 2013 et le 14 janvier 2014.
– ***Ramadan :*** il débute le 9 juillet 2013.
– ***Aïd el-Fitr (ou Aïd es-Seghir) :*** marque la fin du ramadan, le 8 août 2013.
– ***Aïd el-Kebir (ou Aïd el-Adha) :*** c'est la fête du Sacrifice, le 15 octobre 2013.
– ***Nouvel An (ou Ras el-Am, le 1er Muharram) :*** le 15 novembre 2012 (an 1434) et le 5 novembre 2013 (an 1435).
– ***Achoura (le 10 de Muharram) :*** anniversaire de la mort d'Hussein et commémoration de la traversée de la mer Rouge par Moïse, le 24 novembre 2012 et le 14 novembre 2013.

Les *moussem*

Ce sont de grandes fêtes populaires qui rassemblent souvent jusqu'à plusieurs milliers de personnes, à époque fixe, pour fêter l'événement fondateur d'une région, d'une ville ou d'une communauté. Les *moussem* les plus célèbres du Maroc sont ceux d'Imilchil, dans le Haut Atlas central, et de Tan-Tan.

La fantasia

La fantasia est l'occasion pour le cavalier d'afficher son rang et son lignage, car le cheval est depuis toujours le signe extérieur de richesse des tribus nomades arabo-berbères. C'est un spectacle haut en couleur, simulant les anciennes joutes guerrières. Vous vous devez d'y assister si l'occasion se présente. Les fantasias ont souvent lieu lors des *moussem*. Les cavaliers, richement vêtus, mènent une charge héroïque et acrobatique en ligne, ponctuée par des danses traditionnelles et les youyous des femmes. Le plus spectaculaire, quand les cavaliers sont excellents, est la parfaite synchronisation avec laquelle tonne le *baroud* (la poudre) de leurs longs fusils *(mouqahla)* au manche incrusté de pierreries.

UN SPECTACLE FANTASTIQUE

C'est le peintre Eugène Delacroix, qui, au XIXe s, appela « fantasia » les magnifiques spectacles équestres auxquels il assistait. La prouesse des cavaliers consiste à tirer en même temps ! La tradition a aujourd'hui bien évolué, puisque, réservée autrefois aux seuls cavaliers, elle est depuis 2000 accessible aux femmes ! Une petite révolution...

GUIDES

L'hospitalité marocaine a considérablement contribué au développement du tourisme. L'accueil chaleureux que des générations de voyageurs ont reçu a probablement fait beaucoup plus que toutes les campagnes publicitaires.

Suivez le guide !

Il existe différents guides, de ville ou de montagne, les professionnels et les autres. Suivez le guide :

– ***Les guides officiels :*** ils sont soit locaux (ils portent en principe une djellaba marron), soit nationaux (djellaba blanche), offrant sensiblement les mêmes prestations. S'ils portent de moins en moins la djellaba, ils ont tous un badge (rouge pour les premiers et vert pour les seconds) et une carte de guide officiel du ministère du Tourisme marocain. Cette carte, avec photo, est toujours écrite en français (et non en arabe !). La différence majeure se trouve dans leur tarification officielle (voir plus loin « Pour une plus juste rémunération » dans « Guides et pratiques »).

En général, en ville, les ***guides nationaux*** sont habilités à vous conduire à travers le pays et à vous faire visiter leur ville de rattachement (qui figure sur leur carte). Exemple : un guide national basé à Marrakech peut vous accompagner durant votre séjour, mais devra laisser sa place à un guide local à Casablanca, par exemple. Les ***guides locaux*** (ou guides de tourisme) ne peuvent pas vous accompagner en dehors de leur province.

En principe, les offices de tourisme peuvent vous fournir une liste de guides (à contacter vous-même) ; sinon, renseignez-vous dans les *bureaux des guides* des villes touristiques ou à la réception des grands hôtels.

– ***Les guides de moyenne montagne,*** *appelés* ***« guides des espaces naturels » :*** leur centre national de formation est à Tabant, dans la vallée des Aït-Bougmez. Un apprentissage ardu, soit dit en passant, auquel les candidats accèdent sur concours après le bac. Tout guide diplômé possède une carte professionnelle (avec photo).

Attention, certains guides officiels sous-traitent parfois la visite ou la randonnée montagnarde à un frère ou un cousin, lequel, pour sa part, n'est pas un guide officiel. Refusez systématiquement.

– ***Les faux guides :*** ils sont encore nombreux dans les grandes villes, malgré la chasse que leur fait la police touristique. On les reconnaît à leur baratin, leur envie de vous conduire de magasin en magasin dans l'espoir de toucher une commission. Évitez d'être désagréable, hautain ou dédaigneux, c'est souvent leur seul moyen de subsistance. Si vous souhaitez effectuer la visite seul, éconduisez-les en douceur et, surtout, avec le sourire (ça va tellement mieux avec le sourire). De même en montagne, les faux guides pullulent, conseillés aux touristes par des hôteliers, chauffeurs de taxis ou de bus, et on en passe. Certes, il est délicat de généraliser. En ville, la visite avec un guide non officiel peut aussi se terminer par une vraie rencontre. Quel que soit votre choix, pour éviter toute embrouille, toujours se mettre d'accord sur le prix et sur ce que vous souhaitez voir avant d'entamer la visite.

– ***Les gamins :*** des enfants proposent parfois de vous guider dans le dédale des ruelles ; très clairement, on vous les déconseille. Certes, ils sont souvent débrouillards, mais leur place est d'abord dans une école, et puis gare à eux si la police leur tombe dessus. Dans les grandes villes, les gamins des rues sont un vrai problème de société. Ils sont encouragés par leurs aînés à mendier ou à servir les touristes pour subvenir aux besoins de la famille. Encourager ces pratiques, c'est valider leur déscolarisation. Et quand ils sont orphelins ou fugueurs, il n'existe que très peu de structures d'accueil.

– ***S'aventurer seul :*** en montagne, jamais ! En ville, c'est tout le contraire. Il faut quelquefois savoir se perdre dans le dédale d'un souk. Rabatteurs et faux guides sont moins nombreux au centre des médinas, et la balade est d'autant plus authentique.

Guides et pratiques

Les guides marocains professionnels ont, pour certains, une formation universitaire et sont absolument passionnants. Tous doivent passer un examen pour devenir guide et la loi les oblige à repasser des tests tous les 3 ans. Visiter une médina avec un bon guide est l'assurance de vraiment aller à la rencontre de la culture du pays et d'apprendre de savoureuses anecdotes.
Leur rémunération est faible, d'où certaines dérives ; ainsi au cours de la promenade, s'ils vous font découvrir les artisans les plus authentiques ou les *foundouk* les plus cachés, ils espèrent faire craquer leurs clients pour quelques achats. Les guides ont leurs boutiques préférées, où ils vous conduiront automatiquement même si vous ne leur demandez rien. Quand le guide (officiel ou non, d'ailleurs) marchande le prix en arabe avec le vendeur, ce n'est pas seulement pour baisser le tarif, mais pour fixer sa commission. Même si les prix sont toujours plus avantageux que ce que vous pourriez obtenir seul (quoique...), vous perdez en plaisir du marchandage ce que vous gagnez en dirhams. Ou en impression de sécurité. À vous de voir ce qui vous importe le plus.
Aussi qualifiés et compétents soient-ils, les guides participent et se nourrissent de ce système sans lequel ils n'auraient simplement pas de travail. Car s'il refuse de placer dans sa visite telle boutique, s'il ne « joue pas le jeu », il ne travaillera pas longtemps. Difficile pour les voyageurs en groupe d'y échapper, car ils ne maîtrisent pas l'itinéraire de leur guide. Mais au moins, ils le savent. Pour les individuels, autant mettre les choses au point avant le début de la visite : indiquez-lui tous les sites que vous souhaitez visiter, la durée de cette visite, et mettez-vous d'accord sur le prix. Attention aux réponses du genre : « C'est fermé » ou « C'est sans intérêt ». Rien ne vous empêche à la fin, si tout s'est bien déroulé, de lui verser un (solide) pourboire.

Pour une plus juste rémunération

– ***Un guide national*** touche 150 Dh la demi-journée et 250 Dh la journée (repas en sus) pour la visite de la ville. Pour une excursion à travers le pays, prévoir 350 Dh la journée (logement et nourriture en sus).
– Les services d'un ***guide local*** sont moins chers : environ 120 Dh la demi-journée et 150 Dh la journée (toujours avec le repas en plus) pour une excursion en ville ; 200 Dh pour une escapade d'une journée à la campagne.
– Le ministère du Tourisme fixe le tarif d'un ***guide de montagne,*** (appelé désormais « ***guide des espaces naturels*** ») à 200 Dh par jour, repas en sus. Sachez que c'est peu. On vous demandera d'ailleurs plutôt 400 Dh/j. (hors nourriture) pour un petit groupe (2 à 4 personnes). Compter 100 Dh de plus en hiver. Pour un mulet avec son muletier, compter 200 Dh par jour (hors nourriture), 250 Dh si le muletier fait aussi office de cuistot.
En principe, pour les randonnées en groupe de plusieurs jours, le guide propose un forfait tout compris (portage, guidage, hébergement et repas) : compter 500 Dh par jour et par personne (plus en hiver). Toujours se faire préciser ce qui est inclus et ce qui ne l'est pas. À discuter en toute amitié, simplement pour que tout soit clair, histoire aussi de ne pas vous retrouver au régime boîtes de conserve pendant 8 jours ! Les guides trouvent insuffisante cette rémunération (fixée par le ministère), car il s'agit d'une rentrée irrégulière. Les commissions et les pourboires des touristes sont un complément de revenu apprécié. Regroupés en un syndicat national depuis 2008, les guides militent pour défendre leurs droits, faire reconnaître leurs

compétences et leur formation par rapport aux « faux guides ». Ils revendiquent également une augmentation de leur taux journalier à 500 Dh. Affaire à suivre...

HÉBERGEMENT

Campings

Si certains d'entre eux, pas très nombreux, sont correctement aménagés – avec épicerie et quelquefois piscine –, la plupart des campings marocains s'avèrent basiques, avec juste des douches et w-c et un sol en terre ou rocailleux (sans beaucoup d'ombre) pour planter sa tente. Nous vous indiquons les plus recommandables. En arabe, camping se dit *moukhayyem*.
Le camping sauvage n'est pas interdit par la loi mais est vivement déconseillé. Sachez aussi que beaucoup de maisons d'hôtes, auberges et petits hôtels (surtout dans le Sud et les régions touristiques) proposent un matelas en terrasse et une douche pour environ 30 Dh par personne et par nuit. Pensez-y quand vous établissez votre budget ! De plus, une tente, c'est lourd ! Dernier petit conseil : prévoyez une recharge de bonbonne de gaz, car le système n'est pas le même au Maroc.

Auberges de jeunesse

On en compte une douzaine au Maroc, dans les principales villes. En général, la carte des AJ n'est pas nécessaire et il n'y a pas de limite d'âge pour y séjourner.

■ ***Fédération royale marocaine des auberges de jeunesse :*** *6, pl. Ahmed-el-Bidaoui (ancienne médina), Casablanca 21000. ☎ et fax : 05-22-22-05-51. ● lesauberges@menara.ma ● hihostels.com ●* Dans les locaux de l'auberge de jeunesse de Casablanca.

Hôtels

Il existe une classification officielle établie par le ministère du Tourisme, avec un cahier des charges pour chaque catégorie. Dans les hôtels classés, le prix des chambres est toujours affiché à la réception. Ce prix peut toutefois se négocier, surtout en basse saison. S'il y a beaucoup d'hôtels de catégorie supérieure, les établissements de moyen standing (2 étoiles) sont peu nombreux. En effet, lorsque les Marocains voyagent, ils se rendent dans leur famille, et de ce fait, le réseau des petits hôtels ne s'est pas développé (sauf dans les sites touristiques).
Les établissements non classés, surtout ceux situés à l'écart des routes touristiques ou dans les villes-étapes, sont, quant à eux, souvent sommaires. Si vous décider d'y loger, prévoir un sac à viande, ainsi que des serviettes et du papier toilette (rarement fournis). Les bouchons d'oreilles ne sont pas superflus non plus, dans bien des cas. D'une manière générale, la plomberie y est défaillante.
Lorsque l'on monte en gamme, ça s'arrange... en principe, car on a vu des hôtels 4 étoiles, en particulier ceux réservés aux grands groupes de touristes, un peu vieillots et négligés.
Quelques conseils en vrac :
– Attention aux réservations mal enregistrées. Essayez de ne pas arriver trop tard à l'hôtel... ou téléphonez pour prévenir de votre arrivée tardive.
– Dans les grandes villes, les restaurants des hôtels ne sont pas à la hauteur de leurs prétentions, sauf heureuse exception.
– De nombreux établissements, modestes la plupart du temps, possèdent une terrasse où vous pouvez vous installer pour la nuit, à condition d'avoir un sac de couchage. C'est nettement moins cher. N'oubliez pas cependant que les nuits sont parfois fraîches.
– Quelle que soit la catégorie de l'établissement, sachez que les établissements à étage donnant sur un patio central peuvent être bruyants, et si vous êtes près

d'une mosquée, vous entendrez sûrement l'appel du muezzin à la prière au tout petit matin, souvent entre 4h et 5h !

Note importante concernant les couples binationaux non mariés

Pour les couples binationaux, dont l'un est arabe (franco-marocain, par exemple), non mariés, l'accès à l'hôtel, et même au camping (!), n'est pas simple. Lire à ce sujet notre rubrique « Sexe » dans « Hommes, culture, environnement ».

Prix spéciaux routards

Nos lecteurs peuvent parfois bénéficier d'avantages spéciaux. Dans le cours du texte, nous vous signalons les établissements qui consentent des remises. Toutefois, celles-ci ne s'appliquent pas toujours en haute saison : fin d'année, Pâques ou fête locale.

Maisons d'hôtes, location d'appartements privés ou logement chez l'habitant

Dans une maison d'hôtes, le propriétaire vous reçoit chez lui, et vous mangez sa cuisine. Une maison d'hôtes ne compte souvent pas plus de cinq ou six chambres, même si, officiellement, elles peuvent en compter une quinzaine. Avec les auberges et *riad* (voir ci-dessous), ce sont les formes d'hébergement les plus agréables et celles qui offrent le meilleur rapport charme-confort-prix.
Les locations d'appartements, quant à elles, constituent une formule économique quand on voyage à plusieurs et que l'on reste quelques jours au même endroit. Ces locations sont très répandues dans les stations balnéaires comme Essaouira. Pour ce type d'hébergement, vous aurez intérêt à passer par une agence qui vous offrira des garanties.
Dans certains sites, les capacités hôtelières étant insuffisantes en saison, les habitants proposent aussi de vous louer une chambre ou un appartement. De jeunes rabatteurs se chargent de vous indiquer les adresses dès votre arrivée à la gare routière. Visitez les lieux et négociez les prix de manière claire avant de conclure. Ces locations sont généralement illégales et vous n'obtiendrez aucune aide de la part des autorités en cas de pépin. Cela dit, en louant une chambre chez l'habitant, vous partagerez la vie de la famille et aurez, peut-être, la chance de découvrir l'hospitalité marocaine. Dans le Sud, on vous proposera même parfois de vous héberger amicalement. Vous êtes bien sûr libre d'accepter ou de refuser, mais sachez que, la plupart du temps, la proposition est désintéressée et formulée sans arrière-pensée.

Riad et dar

Cette formule d'hébergement est née à Marrakech et s'est étendue à d'autres villes comme Essaouira, Fès, Rabat, El-Jadida et même Safi. On en trouve aussi dans certains villages du Sud. Ces maisons, souvent anciennes, ont été achetées et (très) joliment restaurées, en grande majorité par des Français qui ont lancé ce qu'il faut bien appeler une mode (surtout à Marrakech et à Essaouira). Certains propriétaires vivent toujours sur place, et on peut vraiment parler dans ce cas de « maisons d'hôtes » : ce sont celles qui ont nos préférences.
Généralement très confortables et parfois même luxueuses, ces demeures, nichées au cœur de la médina, possèdent un charme indéniable. Mais attention, dans un *riad,* si merveilleux soit-il, on ne touche pas du doigt la vie « à la marocaine », contrairement à ce que certains peuvent croire, puisque très rares sont les Marocains qui les louent et y habitent. En revanche, la décoration soignée procure souvent un vrai sentiment de dépaysement. Attentionné et discret, un personnel de maison sera à votre disposition tout au long de votre séjour.

Pour en savoir encore plus sur les *riad* et les *dar*, lire nos commentaires plus loin dans la rubrique « Habitat » dans « Hommes, culture, environnement » et, à Marrakech, dans la rubrique « Où dormir ? ».
Dans le Sud enfin, de nombreuses ***kasbah*** traditionnelles en pisé ont été aménagées en petits hôtels, souvent pleins de charme.

Taxes

Les hôtels et chambres d'hôtes sont tenus d'appliquer une taxe de promotion touristique (TPT) par nuit et par personne. Son montant varie en fait selon la catégorie de l'établissement. Dans la majorité des hôtels, elle est déjà incluse dans le prix affiché, sauf parfois, pour les établissements les plus chic et certains *riad* qui l'ajoutent sur la facture. À cela s'ajoute parfois une taxe de séjour communale. Le principe est le même. Difficile, voire impossible, de préciser un montant pour ces deux taxes car elles changent d'un coin à l'autre et les autorités les modifient souvent, parfois dans de fortes proportions. En principe, chacune d'elles ne dépasse pas 30 Dh par nuit et par personne pour les établissements les plus luxueux. À cela, il faut ajouter une taxe de « débit de boissons », que tous les hôteliers doivent acquitter.

LANGUES

– ***L'arabe :*** il a été importé du Moyen-Orient. Comme dans tous les pays arabes, on distingue l'arabe classique, la langue du Coran (ou littéraire, accessible aux lettrés), langue de l'éducation, de l'administration et des médias, de l'arabe dialectal, langage parlé qui varie selon les régions et selon les classes sociales. Un autre dialecte, très différent de l'arabe classique, est parlé dans les régions de Guelmim (Goulimine) et Tan-Tan, ainsi qu'en Mauritanie, le *hassaniya*.
Le système phonologique de l'arabe est totalement différent de celui des langues européennes. Avec seulement trois sons vocaliques (a, i, ou) mais 26 consonnes, dont certaines difficilement prononçables pour nous, l'arabe, littéraire ou dialectal, est une langue difficile. Mais au fait, comment se débrouille-t-on avec trois voyelles ? Et comment fait-on pour prononcer *Mahomet* lorsqu'on ne dispose ni du « e » (le « e » des transcriptions sert surtout à éviter des groupes de lettres imprononçables), ni du « o » ? En fait, *Mahomet* est une transcription occidentalisée de l'arabe *Muhammad*. En effet, les sons arabes ne correspondent pas exactement aux sons français. Le « a » arabe est souvent prononcé de manière intermédiaire entre notre « a » et notre « è ». Dans le même journal francophone, vous pourrez voir le même nom propre transcrit de deux manières différentes. Ce qui explique pourquoi, sur les plans de villes ou sur les cartes (y compris les nôtres !), les transcriptions peuvent différer : un peu d'indulgence donc, car ce n'est pas facile de transcrire au plus juste. La seule transcription exacte utilise des signes complexes, telles des barres horizontales au-dessus de certaines voyelles ou des points sous certaines consonnes. Nous vous en faisons grâce !

FRANÇAIS-MAROCAIN : KIF-KIF

Le français familier est truffé de mots arabes : bakchich, baraka, baroud (d'honneur...), barouf (vacarme), bled, caïd (chef), chouïa, caoua, kif-kif, klebs, fissa, flouz, nouba (une suite chantée et dansée de poèmes, signifiant aujourd'hui « méga fête »), ramdam, toubib, walou (rien, des clopinettes). Sans compter tous les mots français dérivés de l'arabe (alcool, algèbre, chimie, épinards, fardeau, jupe, magasin, etc.) et qui peuvent parfois surprendre (zob !).

PLANS ET CARTES EN COULEURS

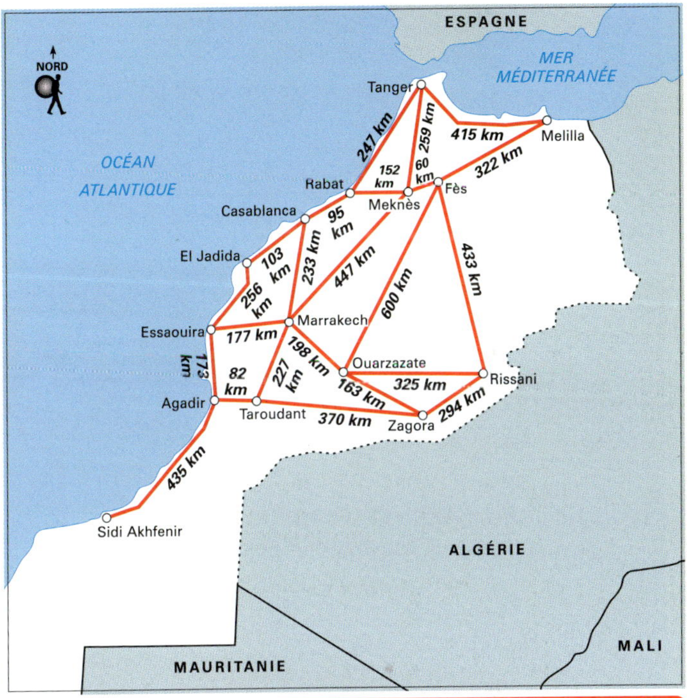

CARTE DES DISTANCES

Cahier couleur 1

Cahier couleur 2

sites inscrits au Patrimoine mondial de l'Unesco
NORD
OCÉAN ATLANTIQUE
★ CASABLANCA
★Azemmour
★★El-Jadida
La cité portugaise
LA ZONE CÔTIÈRE p. 207
Oualidia
Safi
MARRAKECH ET LES MONTAGNES DU HAUT ATLAS OCCIDENTAL p. 406
★★★ Essaouira
La médina
MARRAKECH
La médina
★★★
Tizi-n-Tichka
★ Oukaïmeden
Ksar d'Aït-Benhaddou
★★★
Tizi-n-Test
Taghazout
Agadir
Taroudant ★★★
Taliouine ★
Tazenakht
L'ANTI-ATLAS p. 535
Foum Zguid
★ Tiznit
★ Mirflet
Sidi-Ifni
Tafraoute ★★
Tata
Guelmim
LE GRAND SUD p. 496
Tan-Tan
Tarfaya
Akhfenir
0
100
200 km

ESPAGNE
MER MÉDITERRANÉE
★★ Tanger
Sebta (Ceuta)
★Asilah
Tétouan ★★★
La médina
★Larache
Chefchaouen★★
Al-Hoceima★
Melilla★
Moulay-Bousselham
LA CÔTE MÉDITERRANÉENNE
p. 142
Oujda
LA ZONE CÔTIÈRE
p. 207
Volubilis
La médina
★★★ Fès
Taza
★★ Meknès
La médina
RABAT★★
LA RÉGION DES VILLES IMPÉRIALES
p. 318
Ifrane
★ Azrou
Khénifra
LE MOYEN ATLAS ET LE HAUT ATLAS CENTRAL
p. 375
Midelt
Beni-Mellal
Rich
Figuig
★★★ Imilchil
★ Er-Rachidia
★★★ Gorges du Dadès
Gorges du Todgha ★★★
Erfoud ★★
Tineghir★
Boumalne-du-Dadès
Rissani
Ouarzazate
★★ Merzouga
ALGÉRIE
★★ OUARZAZATE ET LES OASIS DU SUD
p. 567
Agdz
★ Zagora
Tamegrout★
Mhamid
Laâyoune
OCÉAN ATLANTIQUE
LE GRAND SUD
Dakhla
Tropique du Cancer
MAURITANIE
0
100
200 km
Nouâdhibou

MAROC

■ **Adresses utiles**

- 6 Infos tourisme – Kiosque d'informations touristiques
- Gare ferroviaire Casa-port *(E3)*
- Gare ferroviaire Casa-voyageurs *(H5)*
- Gare routière CTM *(E3)*
- Gare routière des Ouled-Ziane *(par H6)*
- 10 Institut français du Maroc

Où dormir ?

- 33 East-West Hotel
- 34 Hôtel Idou Anfa
- 38 Maison d'hôtes Jnane Sherazade

Où manger ?

- 45 Restaurant Luigi
- 48 Paul

CASABLANCA – PLAN D'ENSEMBLE

49 La Sqala
54 À Ma Bretagne
56 Restaurant Zayna
58 Le Trica

Où déguster une pâtisserie ou une glace ?

48 Paul
60 Pâtisserie Amoud
63 Venezia Ice

Où boire un thé, un jus ?

49 La Sqala
64 Milk Bar N° 6

Où sortir ?

67 Rick's Café
69 Le Kazbar
70 Le Petit Rocher et le B'Rock
71 Armstrong Jazz Café

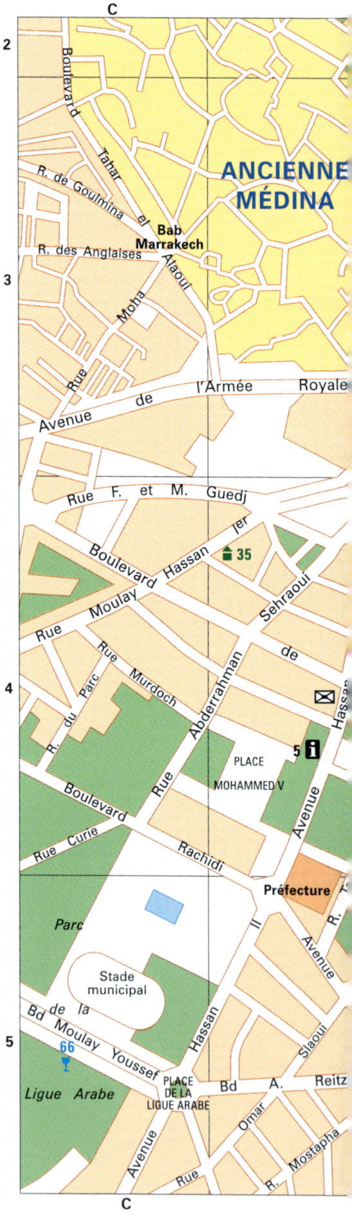

■ Adresses utiles

1 Royal Air Maroc
2 Air France
3 Iberia
4 Syndicat d'Initiative
5 Infos tourisme – Kiosque d'informations touristiques
9 Consulat de France

Où dormir ?

20 Auberge de jeunesse
21 Hôtel Coli
22 Hôtel Rialto
23 Hôtel Mon Rêve
24 Hôtel des Négociants
25 Hôtel Touring
26 Hôtel Galia
27 Hôtel Astrid
28 Hôtel de Lausanne
29 Hôtel Amoud
30 Hôtel Maâmoura
32 Hôtel Manar
35 Hôtel Kenzi Basma
36 Hôtel Diwan
37 Hôtel Guynemer

Où manger ?

40 Marché central
41 La Marina
42 Snack Rouge et Blanc
43 Snack Amine Adam et Rôtisserie Centrale
44 Snack Anwal
46 La Bodega
47 La Corrida
50 La Taverne du Dauphin
51 Le Port de Pêche
52 Al-Mounia
55 La Brasserie Bavaroise
57 Restaurant de l'Étoile Centrale

Où manger une pâtisserie ?

62 Boulangerie-pâtisserie L'Opéra
68 Pâtisserie Triomphe

Où boire un thé, un jus ?

66 Café du parc Yasmina

CASABLANCA - ZOOM

CASABLANCA - ZOOM

FÈS – PLAN D'ENSEMBLE

■ **Adresses utiles**

- Délégation régionale du tourisme
- Taxis collectifs
- 1 Institut français du Maroc
- 2 Papeterie El-Fikr-el-Moaser
- 4 Librairie Nouvelle
- 5 Nausikaa
- @ 7 Cyber Net
- 8 Royal Air Maroc
- 9 Station-service Total
- 12 Cinéma Rex
- 113 Piscine

Où dormir ?

- 20 Camping du Diamant Vert
- 21 Camping International
- 22 Auberge de jeunesse
- 24 Hôtel du Maghreb
- 25 Hôtel Olympic
- 26 Hôtel Volubilis
- 28 Splendid Hotel
- 29 Hôtel de la Paix
- 30 Hôtel Mounia

Où manger ?

- 60 Sicilia
- 62 Chez Ismaïl
- 63 Restaurant-sandwicherie Bajelloul
- 65 La Grillardière
- 66 Boucherie Debbagh
- 67 Belvédère Café
- 68 Restaurant Marrakech
- 69 Vesuvio
- 73 Restaurant Zagora
- 78 Maison Blanche et Kaï Taï

Où prendre un petit déj ? Où déguster une pâtisserie ou une glace ? Où boire un verre ?

- 67 Belvédère Café
- 73 La Noblesse Fassie
- 91 Café Lausanne
- 93 Pâtisserie Assouan
- 95 La Villa

Où danser ?

- 26 Le Volubilis
- 110 Le Palais Médina
- 111 L'hôtel Parc Zallagh
- 113 Le Menzeh Zallagh

Achats

- 120 Centre artisanal
- 122 Orientalist Art Gallery

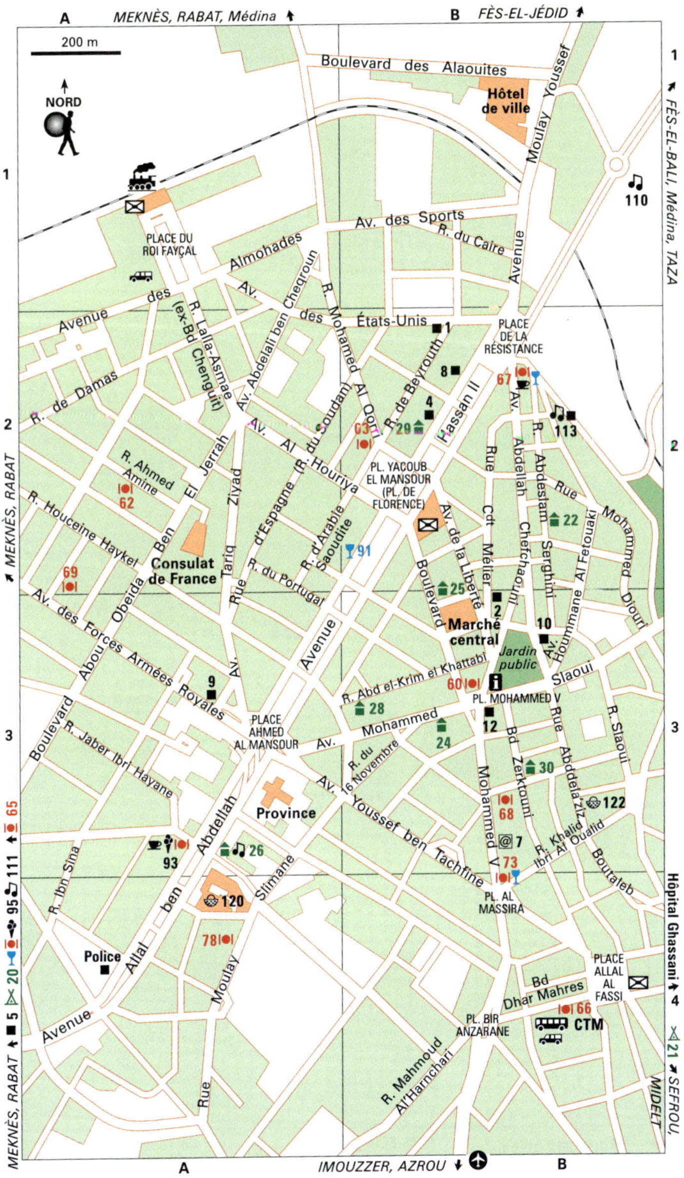

FÈS – LA VILLE MODERNE (PLAN I)

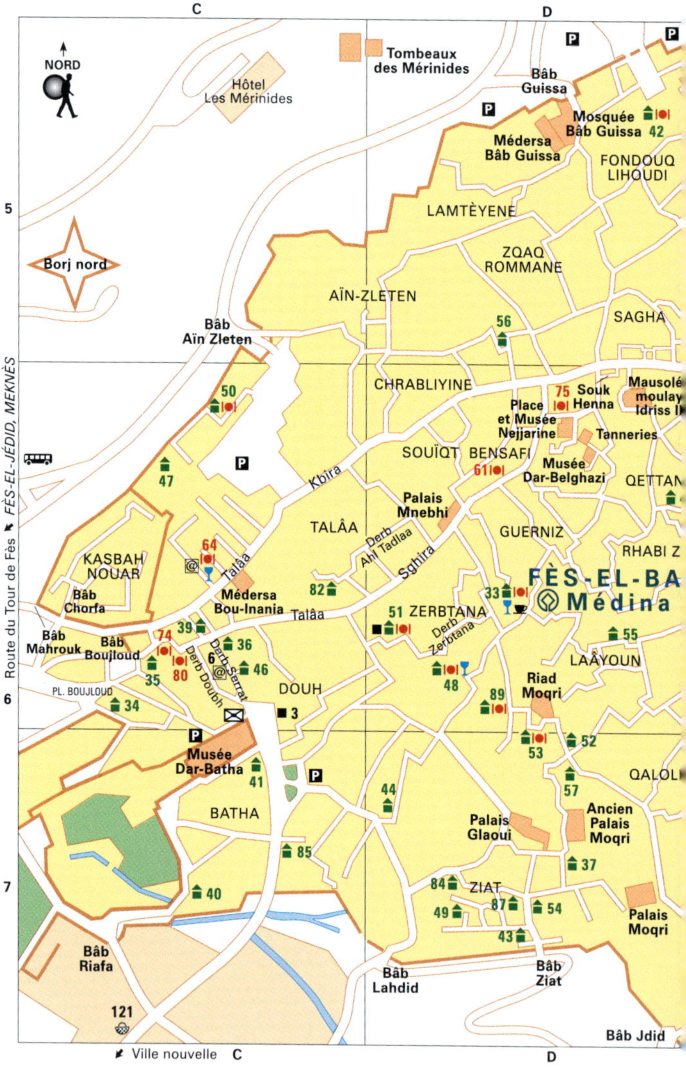

■ Adresses utiles

3 Bureau de tabac Batha
@ 6 Cyber Batha
51 Spa Cinq Mondes Riad Fès
@ 64 Café Clock

Où dormir ?

32 Pension-Hôtel Tijani
33 Riad Idrissy
34 Hôtel Erraha
35 Hôtel Cascade et Hôtel Mouritania
36 Pension Talâa
37 Fès et Gestes
38 Pension Hôtel Dalila
39 Hôtel Lamrani
40 Pension Campini
41 Hôtel Batha
42 Le Palais Jamaï
43 Riad-al-Bartal
44 Riad Lune et Soleil
45 Dar Bensouda
46 Riad Louna
47 Ryad Mabrouka
48 Le Jardin des Biehn
49 Riad Norma
50 Maison Bleue « Le Riad »
51 Riad Fès
52 Riad Souafine
53 Jnane Souafine
54 Riad Dar Chrifa
55 Riad Laayoun
56 Dar Attajalli

FÈS – LA MÉDINA FÈS-EL-BALI (PLAN II)

57 Dar Al Safadi
58 Riad Victoria
59 Riad Ghita
82 Riad Boujloud
84 Riad La Perle de la Médina
85 Riad Ibn Battouta
86 Riad Attarine
87 Riad Salam
88 Riad El Amine Fès
89 Riad Alkantara

Où manger ?

42 Restaurant marocain Al-Fassia, Palais Jamaï
48 Fez Café
51 Riad Fès
53 Najmat Souafine
61 Restaurant Sekaya
64 Café Clock
70 Restaurant Zohra
74 Restaurant Bouayad
75 Nejjarine
77 Restaurant Asmae
79 Restaurant Palais Tijani
80 Chez Thami

Où boire un verre ou un thé ?

33 Riad Idrissy
48 Fez Café
64 Café Clock

Achats

121 Centre artisanal

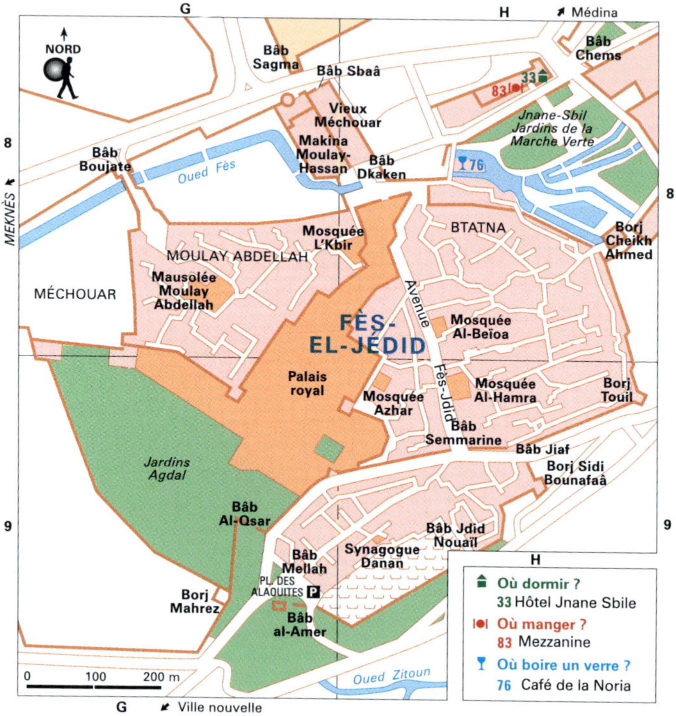

FÈS – FÈS-EL-JÉDID (PLAN III)

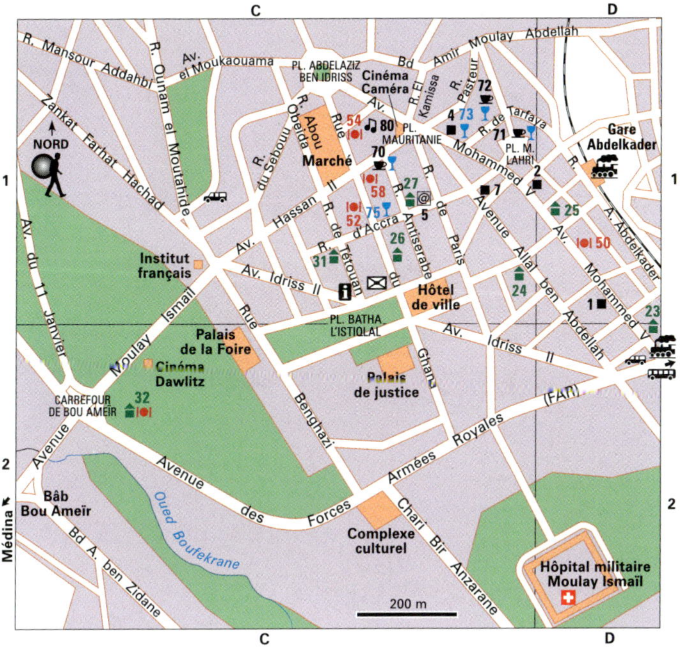

MEKNÈS – LA VILLE NOUVELLE (ZOOM I)

Adresses utiles

- Délégation régionale du tourisme
- Stations de taxis
- 1 Crédit du Maroc
- 2 Pharmacie centrale
- 4 Royal Air Maroc
- @ 5 Cyber de Paris
- 7 Presse étrangère

Où dormir ?

- 23 Hôtel Toubkal
- 24 Touring Hôtel
- 25 Hôtel Majestic
- 26 Hôtel Palace
- 27 Hôtel de Nice
- 31 Hôtel Rif
- 32 Hôtel Ibis Moussafir

Où manger ?

- 50 Marhaba
- 52 L'As D-Lys Restaurant
- 54 Restaurant Gambrinus
- 58 La Coupole

Où déguster une pâtisserie ? Où boire un verre ?

- 70 Pâtisserie Agadir
- 71 Café La Tulipe
- 72 Les Palmiers d'Aziza
- 73 Café L'Opéra
- 75 Glacier-pâtisserie Chahrayar

Où sortir ?

- 80 Night-Club de l'hôtel le Malta

■ **Adresses utiles**

- Gare CTM
- Gare routière
- Station de taxis
- 3 Polyclinique Cornette-de-Saint-Cyr
- 33 Piscine de l'hôtel Transatlantique

Où dormir ?

- 21 Auberge de jeunesse

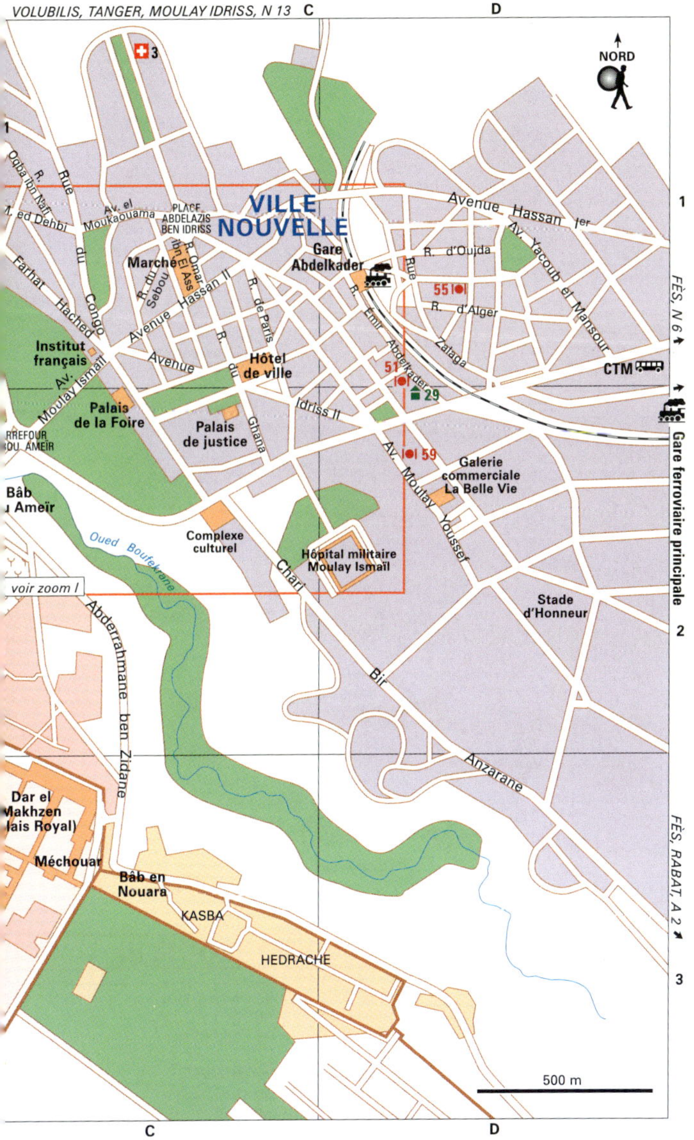

MEKNÈS – PLAN D'ENSEMBLE

29 Hôtel Bâb-Mansour
33 Hôtel Transatlantique

Où manger ?

51 Pizzeria NRJ
55 La Grillardière
59 La Case

Où sortir ?

81 La Bodega

MEKNÈS – LA MÉDINA (ZOOM II)

Adresses utiles

- Conseil régional du tourisme
- 6 Cyber Jdid
- 8 Hammam Haï Ammal dar Lakbira

Où dormir ?

- 30 Riad Safir
- 36 Hôtel de Paris
- 38 Hôtel Agadir
- 39 Hôtel Maroc
- 40 Chambres d'hôtes Sweet Sultana et Ryad Bahia
- 41 Riad Felloussia
- 42 Maison d'hôtes Palais Didi
- 43 Riad d'Or
- 44 Riad Lahboul
- 45 Ryad Zahraa
- 46 Riad Yacout
- 48 Riad Idrissi

Où manger ?

- 40 Ryad Bahia
- 46 Riad Yacout
- 60 Restaurant Oumnia
- 61 Le Collier de la Colombe
- 62 Les Mille et Une Nuits
- 63 Restaurant Salma
- 64 Chez Kenza

Où déguster une pâtisserie ? Où boire un verre ?

- 63 Restaurant Salma
- 74 Pâtisserie-laiterie
- 76 Café-restaurant Lahdim

Vous remarquerez que l'arabe dialectal marocain reprend directement du français beaucoup de noms modernes ou d'expressions courantes.

– ***Le berbère :*** pratiqué dans de nombreuses régions du Maroc, le berbère, tout comme l'arabe, est une langue de la famille chamito-sémitique (l'hébreu appartient au même groupe). Pour les Berbères, l'arabe est une langue étrangère, au même titre que le français.

Le berbère, langue essentiellement parlée, se décline en plusieurs idiomes : le rifain *(tarifift)* dans la région du Rif, le braber *(tamazight)* dans le Haut et le Moyen Atlas, le chleuh *(tachelhit),* la plus ancienne langue connue de l'Afrique du Nord, parlée dans le Haut Atlas, dans l'Anti-Atlas et dans le Souss, et le zénète parlé dans le Nord-Est, près de la frontière algérienne. Il existe bien un alphabet, d'origine très ancienne, le *tifinagh,* encore en usage chez les Touareg, mais le berbère demeure avant tout une tradition orale. Tout comme l'arabe, le berbère reprend du français beaucoup de noms modernes ou d'expressions courantes.

Nombre de villages ou de villes berbères commencent et se terminent par la lettre « t » (Tiznit, Taroudant...) : c'est tout simplement la marque du féminin.

Grande avancée pour les berbérophones, la langue est désormais enseignée à l'école primaire.

– ***Le français :*** dans de nombreuses entreprises employant du personnel de niveau universitaire, le français est la langue quotidienne de travail, y compris entre Marocains. Selon l'interlocuteur qu'elle a en face d'elle, la même personne peut privilégier soit l'arabe, soit le français. Vous serez parfois étonné d'entendre une phrase commencée en arabe, poursuivie en français, puis terminée en arabe. Le résultat est surprenant ! En effet, la majorité des Marocains ayant fréquenté l'école parlent notre langue. Dans les grandes villes, les établissements français de la mission culturelle (familièrement appelée « la mission ») dispensent dès la maternelle un enseignement général en français, permettant aux enfants de la bourgeoisie de devenir parfaitement bilingues. Pour les autres, le français est enseigné comme langue étrangère dès l'âge de 8 ans. Évidemment, le niveau obtenu ne sera pas le même ! Dans les régions reculées, notamment à mesure que l'on descend vers le Sud (vers Tata et Akka par exemple, voire aussi à Ouarzazate), le français est loin d'être toujours parlé, en particulier par les femmes (surtout les anciennes générations), puisque nombreuses sont celles qui n'ont pas pu aller à l'école.

– ***L'espagnol :*** autre vestige de la colonisation. La langue est parlée principalement dans le Nord.

Et pour vous aider à communiquer, n'oubliez pas notre *Guide de conversation Routard en arabe du Maghreb.*

Prononciation

H	Très fortement expiré.
R	Doit être roulé.
Gh	« R » grésillé, comme un gargarisme.
Kh	Raclement énergique au fond de la gorge, comme la *jota* espagnole.
Q	Explosion sourde au fond de la gorge.
' *(ayn)*	Comme un « h » expiré émis du plus profond de la gorge, avec vibration des cordes vocales.

Vocabulaire de base

Les mots indiqués ci-dessous sont ceux de l'arabe dialectal marocain le plus couramment pratiqué.

Oui	*ayeh* ou *naâm*
Non	*o-o* ou *la*

Formules de politesse

Bonjour (le matin)	*sbah el kheir*
Bonsoir	*msa el kheir*
Bonne nuit	*lila saïda*
Au revoir	*bslâma*
Merci	*choukrane, barak allahou fik*
Soyez le bienvenu	*marahbabek*
S'il vous plaît	*afak* ou *min fadlak*

Très souvent, vous entendrez la formule « *salaam alaikoum* », littéralement « que la paix soit avec toi », formule de politesse signifiant à la fois le bonjour et la bienvenue qu'on emploie à tout moment de la journée. On répond « *wa alaikoum salaam* ».

Expressions courantes

Si Dieu le veut	*Inch' Allah*
Ça suffit	*safi*
Comment dit-on... en arabe ?	*kif tkoulbal... Arbia ?*
Je ne sais pas	*ma araftchi*
Je ne comprends pas	*ma fhamtchi*

Abréviations usuelles

Deux abréviations reviennent très fréquemment, par exemple dans les adresses :

Med	pour Mohammed
May ou *My*	pour moulay (titre des sultans alaouites et, par extension, d'une personne respectable)

Nombres

Zéro	*ziro* ou *sifr* : ٠	Sept	*seb'aa* : ٧
Un	*wâhed* : ١	Huit	*tmania* : ٨
Deux	*zouj* ou *tnine* : ٢	Neuf	*ts'oud* : ٩
Trois	*tlâta* : ٣	Dix	*'achra*
Quatre	*arb'aa* : ٤	Cent	*mya*
Cinq	*khamsa* : ٥	Mille	*alf*
Six	*setta* : ٦		

LIVRES DE ROUTE

– ***L'Enfant de sable*** et ***La Nuit sacrée*** (1985 et 1998), de Tahar Ben Jelloun (éd. du Seuil, coll. « Points », 1995). Deux livres contant le curieux destin de cet « enfant de sable », petite fille que son père, humilié, en bon musulman, de n'avoir pas d'héritier mâle, va faire passer pour un garçon. 20 ans après, son histoire lui est racontée par le même père mourant ; elle décide alors de quitter sa mère et ses sœurs pour vivre en femme dans un corps trop longtemps opprimé.
– ***Les Berbères*** (2003), de Jean Servier (PUF, coll. « Que sais-je ? »). Un ouvrage essentiel pour appréhender les différentes facettes d'un des peuples les plus mythiques du Bassin méditerranéen.
– ***Les Voix de Marrakech*** (1968), d'Élias Canetti (Le Livre de Poche, 2002). Ce petit livre, sous-titré *Journal d'un voyage,* relate le séjour que fit Élias Canetti (futur Prix Nobel de littérature) à Marrakech en 1953. Que ce soit dans les souks ou dans le mellah, au contact des écrivains publics ou à celui des chameaux promis à l'abattoir, Canetti sait capter l'atmosphère de la vie marrakchie. Un beau témoignage.

– ***Au Maroc*** (1890), de Pierre Loti (Christian Pirot Éditeur, coll. « Autour de 1900 », 2002). Loti est invité chez le sultan de Fès. C'est d'abord la traversée du pays, au rythme des chameaux, qui impose au récit une lenteur sereine, chargée d'émotions. Écrit en 1890, ce livre est l'un des plus beaux textes qui existent consacrés au Maroc.
– ***L'Esprit de sérail. Mythes et pratiques sexuels au Maghreb*** (1995), de Malek Chebel (Payot, coll. « Petite Bibliothèque Payot », 2003). La sexualité au Maghreb, ses tabous et ses rites, analysée par l'anthropologue Malek Chebel, auteur du *Dictionnaire amoureux de l'Islam* (Plon, 2004) et du *Kama-sutra arabe* (Pauvert, 2006).
– ***Le Maroc à nu*** (1990), de Michel Van der Yeught (L'Harmattan, 1990). Un ouvrage indispensable pour mieux comprendre le Maroc. L'auteur lève le voile sur la popularité réelle du trône alaouite, sur la prostitution des garçons à Marrakech, sur l'alcool tant interdit et tant consommé... Avec lui, découvrons la valeur symbolique du pain, le sens profond de la fantasia et ce qui se cache sous le grand silence des Berbères.
– ***Une enquête au pays*** (1981), de Driss Chraïbi (éd. du Seuil, coll. « Points », n° 656, 1999). Un récit tragico-burlesque annonçant l'entrée en scène de l'inspecteur Ali, personnage que Driss Chraïbi réutilisera au fil des décennies pour dénoncer, avec un humour tendre et ravageur, l'évolution de la société marocaine. Lire aussi un des derniers de la série : *L'Homme qui venait du passé,* publié en « Folio » en 2006.
– ***Méfiez-vous des parachutistes*** (1999), de Fouad Laroui (J'ai Lu, 2002). L'individu, l'identité et la tolérance, trois valeurs mises à mal au Maroc. Elles sont au centre de ce roman loufoque qui dresse un portrait sans concession, à la fois tendre et cruel, de la société marocaine contemporaine, son archaïsme et ses contradictions. Une lecture réjouissante.
– ***Zaynab reine de Marrakech*** (2004), de Zakya Daoud (L'Aube, coll. « L'Aube Poche », 2006). Roman historique contant la création de Marrakech en l'an 1062 par Zaynab et son mari Youssef Ibn Tachfin. Ce livre où se mêlent faits historiques et fiction (il fallait bien combler les trous !) est une peinture vivante, humaine et colorée du Maroc sous les Almoravides.
– ***L'Islam expliqué aux enfants*** (2002), de Tahar Ben Jelloun (éd. du Seuil). L'histoire de l'islam et de la civilisation arabe. Un livre destiné à tous les petits curieux (musulmans et autres) qui ont envie de comprendre l'histoire d'une religion et, plus encore, d'une civilisation.
– ***Morceaux de choix*** (2005), de Mohamed Nedali (L'Aube, 2006). Un roman vif, au verbe truculent, où, au travers des émois d'un jeune boucher de la médina de Marrakech très sensible aux attraits féminins, on lit les fantasmes et les tribulations d'une jeune génération aux prises avec une société encore régie par les traditions et où le sexe reste un tabou.
– ***Le Griot de Marrakech*** (2005), de Mahi Binebine (L'Aube, 2006). Petit recueil de nouvelles sur Marrakech, ville d'origine de l'auteur. On oscille entre la nouvelle, l'anecdote et l'histoire dite par un talentueux conteur qui aime sa ville. Ça se boit comme du petit lait !
– ***Le Pain nu*** (1980), de Mohamed Choukri (éd. du Seuil, coll. « Points », n° 365, 1997). Le récit autobiographique sans tabou de l'un des auteurs majeurs de la littérature marocaine. Mohamed Choukri évoque avec une écriture alerte et brute une jeunesse sacrifiée entre violence familiale et pauvreté. Censuré, ce livre n'est paru au Maroc qu'en 2000.
– ***Maroc*** (2007), d'Éric Milet (Arthaud, coll. « Guide des merveilles de la nature »). Un livre qui répondra à toutes vos questions sur la géologie, la faune et la flore que vous rencontrerez au Maroc. Très bien illustré, ce livre constitue une excellente mise en bouche avant le départ et peut vous aider à construire votre itinéraire.
– ***L'Orient rêvé*** (2008), d'Éric Milet (Arthaud). Loin des clichés et des mythes, Éric Milet vous invite à redécouvrir le Maroc à travers le regard qu'ont posé sur lui les premiers photographes. Un catalogue de petits événements qui, de la religion à

l'histoire, des arts à la cuisine en passant par la vie des gens ordinaires, vous fera redécouvrir un pays trop souvent méconnu. Un livre richement illustré de photographies rares et souvent inédites, qui replace le Maroc dans son contexte africain, méditerranéen, arabo-berbère.

– ***Dictionnaire insolite du Maroc*** (2011), de Latéfa Faïz (Cosmopole). De l'aïd au zellige, en passant par le henné, la Marche verte ou moins connu, la nayda, l'auteur peint un tableau aux différentes facettes et nuances pour, en quelques pages ponctuées de notes d'humour, nous faire pénétrer au cœur de la société marocaine.

– ***Marrakech,*** de Patrick de Panthou (EDL, coll. « Géo Ville », 2004). On ne compte plus les albums consacrés à cette ville impériale. Celui-ci a retenu notre attention par la beauté de ses images et la qualité de son texte. L'auteur, à la fois photographe et écrivain, nous fait partager son amour de cette « Perle du Sud » sertie dans un corset de remparts roses, au pied de l'Atlas.

– ***La Médina de Marrakech,*** « Formation des espaces urbains d'une ancienne capitale du Maroc » (2002). Thèse publiée de Quentin Wilbaux, L'Harmattan. Pas toujours facile d'accès, mais il y a plein de renseignements à chiner sur l'histoire de la ville. Et surtout, on comprendra que la médina de Marrakech, c'est pas trop le souk finalement...

MARCHANDAGE

C'est à la fois un plaisir, un jeu, un sport nécessitant beaucoup d'humour, de bagou, de ruse, de subtilité, de patience et de sang-froid (eh oui !). Le temps passé dépend du prix de l'objet. Pas d'illusions, vous paierez de toute façon plus cher qu'un Marocain, car vous êtes perçu comme possédant, à priori, un pouvoir d'achat plus élevé que les habitants. Mais ça aussi, c'est le jeu.

– Le principe de base est de ne pas laisser trop rapidement percer votre intérêt pour l'objet que vous convoitez.

– Un autre principe est de ne jamais dire son prix le premier. Laissez le marchand l'annoncer, puis fixez celui que vous désirez mettre. Si tout le monde dit non, changez votre prix de départ.

– Évitez d'acheter un objet la première fois que vous entrez dans la boutique. Si vous revenez, le marchand vous connaîtra déjà et aura plus de sympathie pour vous que pour le touriste lambda. Mais s'il vous devine « mordu » d'un objet, il risque de ne pas baisser son prix, quitte à ne pas faire affaire. Le mieux est d'en marchander âprement plusieurs autres, tour à tour, avant de revenir au premier : par magie, son prix sera devenu plus flexible... N'hésitez pas à raconter votre vie (même à en rajouter).

– Autre moyen : partez de la boutique, mais lentement. Il y a de grandes chances pour que le commerçant vous rappelle.

– Essayez d'apprendre les chiffres en arabe. Le prix de vente des objets est parfois inscrit au dos. Ça aide, comme point de départ à la négociation. Et annoncer votre prix en arabe vous donne tout de suite plus de crédit : vous n'êtes plus un « Américain », mais devenez presque un connaisseur.

– N'oubliez pas que bon nombre de commerçants sont superstitieux. Si vous êtes le premier client, le vendeur se montrera beaucoup plus indulgent, car c'est un présage qui lui permettra de faire une bonne journée.

– Sachez encore que le troc remplace parfois avantageusement l'argent sonnant et trébuchant. Vêtements, chaussures, objets usuels (téléphone portable, lampe de poche...) pourront s'échanger contre des souvenirs. Cependant, cette pratique tend à disparaître.

Enfin, si vous voulez être certain de ne pas vous faire avoir, n'achetez RIEN (ou rabattez-vous sur les boutiques à prix fixes que nous citons, où, là, on ne marchande pas). Mais vous passerez alors à côté d'une institution qui fait partie intégrante de la vie locale.

MUSÉES

Les horaires sont variables selon les musées et parfois un peu fantaisistes. En général, tous les jours sauf mardi de 9h à 12h et de 15h à 17h30 environ ; certains font la journée continue de 9h à 18h. Pendant le ramadan : de 9h à 16h. Ils ferment pour l'*Aïd el-Kebir et* l'*Aïd es-Seghir* ainsi que, souvent, le 1er mai.
Le prix de l'entrée varie de 10 à 50 Dh ; gratuit généralement pour les enfants. La carte d'étudiant donne parfois droit à une réduc. Vous trouverez souvent à l'entrée quelques guides, officiels ou non. Faites-vous toujours indiquer à l'avance le prix d'une visite guidée (le tarif officiel est normalement de 30 Dh pour les guides des monuments).

PHOTO

Les amateurs seront comblés. Les paysages et les monuments sont magnifiques et la lumière exceptionnelle. Dans le Sud, méfiez-vous du vent qui charrie de la poussière et bloque le mécanisme des zooms et autres mises au point autofocus des appareils. Sachez qu'en cas de panne, hormis dans les grandes villes, il vous sera difficile de faire réparer votre appareil sur place.
On trouve sans problème des cartes mémoire quasi au même tarif qu'en Europe. En ville, décharger sa carte mémoire d'appareil photo numérique dans les labos photo ou dans les cafés Internet ne pose aucun problème. Les amateurs d'appareils argentiques prévoiront suffisamment de pellicules. Sur place, elles se font rares ou sont souvent périmées !
On peut photographier librement partout, sauf dans les zones militaires. Un droit de photographier est exigé dans certains musées. Photographier une personne sans son consentement explicite (souvent difficile à obtenir), et à fortiori quand elle exécute sa prière, est très mal considéré.
En cas de refus, ne jamais insister. En cas d'acceptation, attendez-vous à ce qu'on vous demande une petite rétribution. À Marrakech, place Jemaa-el-Fna, chaque déclic est même payant et âprement négocié, mais c'est la règle du jeu. C'est le gagne-pain des porteurs d'eau, des charmeurs de serpents, des bonimenteurs et autres acrobates.

POSTE

La *Poste Maroc* arbore un logo jaune et bleu. Transferts d'argent liquide avec *Western Union,* service *Chronopost,* etc.
Horaires des principaux bureaux de poste : du lundi au vendredi de 8h à 16h15 (service réduit le vendredi au moment de la grande prière) ; parfois le samedi de 8h à 12h. Si les guichets sont trop fréquentés, vous trouverez dans la plupart des grandes postes des distributeurs automatiques de timbres.
Compter 8,40 Dh pour acheminer une carte postale ou une lettre de moins de 20 g. Tout courrier insuffisamment affranchi ne partira pas, alors en cas de doute, faites peser votre lettre. Prévoir une petite semaine pour que le courrier arrive à bon port. Les problèmes d'acheminement, notamment en provenance de petits bureaux, se sont nettement améliorés.
Les boîtes aux lettres de couleur jaune poussin sont nombreuses et facilement identifiables.

Pour les amateurs de beaux timbres, il existe un comptoir philatélique dans beaucoup d'agences. Le service de poste restante fonctionne bien. Demandez à vos correspondants d'écrire en majuscules votre nom de famille suivi du prénom. Cela facilite le travail du postier. Se munir, comme partout, d'une pièce d'identité pour retirer son courrier. De plus en plus de bureaux de poste disposent d'un distributeur de billets.

SANTÉ

Vaccinations

Aucune vaccination n'est exigée pour les voyageurs en provenance d'Europe. Certains vaccins sont néanmoins utiles pour la protection individuelle du voyageur.
– Être à jour pour ses vaccinations « universelles », recommandées en Europe pour tout le monde : tétanos, polio, coqueluche, diphtérie, hépatite B.
– Les maladies transmises par l'eau et l'alimentation étant fréquentes au Maroc, l'OMS recommande – en plus des mesures d'hygiène alimentaire universelles – de se faire vacciner contre l'hépatite A et la fièvre typhoïde (dans les deux cas, une injection plus de 15 jours avant le départ). En cas de séjours ruraux prolongés, il est très fortement recommandé de se faire vacciner préventivement contre la rage.
Rens : • astrium.com/centres-de-vaccinations-internationales.html •

Quelques règles de base

■ ***Catalogue Santé Voyages :*** les produits et matériels utiles aux voyageurs, assez difficiles à trouver, peuvent être achetés par correspondance sur le site *• sante-voyages.com •* Infos complètes toutes destinations, boutique web, paiement sécurisé, expéditions Colissimo Expert ou Chronopost. ☎ *01-45-86-41-91 (lun-ven 14h-19h).*

Pas de risques particuliers, le Maroc n'étant pas un pays au climat malsain. Néanmoins, dans beaucoup d'endroits règnent la mauvaise hygiène et le manque d'eau. Donc, méfiez-vous des maladies transmises par l'eau (les amibes ne font pas de bons amis) et les aliments mal lavés ou mal cuits. Voici donc quelques règles universelles à suivre, surtout si vous allez dans de petits villages.
– Pensez à vous ***laver les mains*** régulièrement, surtout avant les repas. N'importe quel savon est efficace contre les bactéries, pourvu que le lavage soit vigoureux. Privilégiez les ongles courts.
– Selon l'OMS, « la distribution d'eau potable est assurée dans toutes les grandes villes et dans certains villages, mais il est recommandé de boire de l'***eau minérale*** ». Exigez qu'elle soit décapsulée devant vous. Lorsque l'eau est impropre et qu'il est impossible de boire de l'eau en bouteille, purifiez-la avec des comprimés de *Micropur® DCCNa* ou portez-la à ébullition, ou passez-la dans des ultrafiltres microbiens (type *Katadyn*).
Pour les boissons chaudes (thé notamment), l'eau doit être bouillie. Proscrire les boissons non industrielles, les glaçons, le lait et ses dérivés non industriels, les coquillages.
– Avant toute chose, le flair est le meilleur ami du routard. Quand vous ne « sentez » pas le coup, trouvez tous les prétextes, mais refusez de manger ! Quoi qu'on en dise au sujet des usages, aucun Marocain ne s'offusquera de voir un roumi décliner une cuisse de pigeon faisandée baignant dans une huile rance !
– ***Fruits et légumes :*** d'après l'OMS, « lavez-les, pelez-les, faites-les bouillir ou laissez-les ». Mais, si le risque est réel dans les coins où l'eau potable n'est pas garantie, il est réduit dans les grandes villes. Ce serait dommage de passer à côté des délicieuses salades marocaines et des jus de fruits frais.

SOUVENIRS DE VACANCES
TOILETTES
Gros Baisers de Vacances !
Toilettes
ACTION RAPIDE ET EFFICACE
Diarrhée aiguë passagère, en complément des mesures diététiques
Avec Imodiumlingual®, ne gardez que de bons souvenirs de vacances !
Bises ensoleillées
Imodium lingual®
Diarrhée aiguë
12 Lyophilisats oraux

– Consommez les ***viandes*** bien cuites et servies fumantes, bannissez les viandes saignantes et rabattez-vous donc sur les couscous, tajines et méchouis, qui ne posent pas de problème.
– Pensez au riz blanc ! Mieux : consommez-en (quand il y en a...).
– Consultez un médecin en cas de ***diarrhée*** contenant des glaires, du pus, du sang et/ou qui s'accompagne d'une fièvre. Pour de simples selles molles et fréquentes, utiliser un antibiotique, de l'azithromycine, (*Zithromax®*), deux comprimés en une seule prise, une seule fois, allié à un ralentisseur du transit intestinal, type *Tiorfan®* : une gélule d'emblée puis une gélule trois fois par jour, si possible avant les trois principaux repas. Durée maximum : 7 jours.
– Le ***sida*** est bien présent. Sortez couvert ! On trouve des préservatifs dans toutes les pharmacies marocaines.
Pour le reste :
– évitez de vous baigner ou de patauger en ***eaux douces stagnantes*** ;
– méfiez-vous du ***soleil,*** partout et encore plus en montagne ;
– évitez les contacts avec les ***chiens*** ;
– en cas de petit bobo, pas de panique : les pharmacies marocaines sont souvent correctement approvisionnées et les médecins bien formés ;
– contre les ***moustiques*** et autres insectes piqueurs, munissez-vous d'une bonne lotion antimoustiques *(repellent),* active pendant 3 ou 4h ;
– pour conjurer le mauvais sort, souscrivez donc, avant le départ, une assurance « assistance-rapatriement ».
Pour plus d'informations, consultez aussi le site • *sante-voyages.com* •

Tatouages au henné

Des femmes vous abordent parfois de manière insistante (comme sur la place Jemaa-el-Fna à Marrakech), pour vous proposer des tatouages au henné.
– ***ATTENTION :*** on ajoute parfois au henné du PPD (paraphénylène-diamine, plus exactement) afin de le rendre plus résistant. Cette substance, qui est également utilisée pour les teintures capillaires, peut provoquer chez certaines personnes des réactions allergiques potentiellement graves.
En tout cas, si vous craquez pour vous en faire réaliser un, faites-vous bien préciser le motif, et surtout le prix, AVANT qu'on vous fasse le travail. Certaines tatoueuses demandent des tarifs déments une fois le travail terminé, sachant qu'il est trop tard pour refuser ! Il faut compter 20 Dh pour un petit tatouage et le double pour un grand... Vous pouvez aussi demander à votre hôtel de vous conseiller quelqu'un de sérieux.
Dans tous les cas, soyez conscient du risque de transmission de l'hépatite C, de l'hépatite B (vous êtes vacciné, bien sûr), voire du VIH.

Action humanitaire

■ ***ALCS :*** ☎ *0810-025-25 (prix d'une communication locale).* • *alcsmaroc.ma* • Une des rares associations de lutte contre le sida au Maroc qui compte des antennes dans toutes les grandes villes. Ils travaillent très activement sur des projets de prévention de proximité auprès de groupes marginalisés. N'hésitez pas à aider les membres de cette association, leurs moyens sont limités et votre contribution, aussi minime soit-elle, sera la bienvenue.

SITES INTERNET

Infos pratiques

• ***routard.com*** • Rejoignez la plus grande communauté francophone de voyageurs ! Échangez avec les routarnautes : forums, photos, avis d'hôtels. Retrouvez aussi toutes les informations actualisées pour choisir et préparer vos voyages : plus de 200 fiches pays, une centaine de dossiers pratiques et un magazine en ligne pour découvrir tous les secrets de votre destination. Enfin, comparez les offres pour organiser et réserver votre voyage au meilleur prix. Routard.com, le voyage à portée de clics !

• ***diplomatie.gouv.fr*** • Cliquer sur « Conseils aux voyageurs ». Le site du ministère des Affaires étrangères, mis à jour régulièrement, répertorie les régions déconseillées et donne aux voyageurs, selon un classement par pays, des conseils généraux de sécurité, les formalités d'entrée et de séjour. Un site à consulter avant votre départ.

Sites généralistes

• ***maroc.ma*** • Le site officiel du gouvernement marocain. Très généraliste !
• ***meteoma.net*** • Prévisions météo pour les grandes villes marocaines.

Cuisine

• ***cuisine-marocaine.com*** • Un site de partage de recettes marocaines entre internautes.
• ***travel-in-morocco.com/cuisine.htm*** • Un éventail très complet de la cuisine marocaine. Également des infos généralistes et touristiques sur le pays en revenant à l'accueil du site.

Société

• ***lamarocaine.com*** • Tout sur et pour la femme marocaine. La simple existence d'un tel site n'est-elle pas déjà une révolution ?

Culture

• ***maghrebarts.ma*** • Toute l'actualité des arts marocains (cinéma, musique, théâtre, etc.), mise régulièrement à jour.
• ***festival-gnaoua.net*** • Ce festival, qui a lieu chaque année fin juin à Essaouira, accorde une large place au talent des Gnaoua (artistes descendant des anciens esclaves) et aux autres musiques traditionnelles marocaines. Biographie des artistes, présentation des Gnaoua et de la ville d'Essaouira.
• ***mutualheritage.net*** • Pour tout savoir sur le patrimoine architectural et urbain récent (XIXe et XXe s) au Maroc et dans le monde méditerranéen, les influences européennes et régionales, sa place dans l'histoire du pays et la manière dont il est intégré par la population. Une approche qui éclaire le royaume chérifien sous un angle différent.
• ***art-maroc.co.ma*** • Une présentation des artistes peintres marocains.

Actualités

• ***ambafrance-ma.org*** • Aller dans « Espace Communication », « Revue de la presse marocaine ». Réalisée quotidiennement par l'ambassade de France à Rabat.
• ***telquel-online.com*** • Site internet du magazine *Tel Quel,* hebdomadaire traitant de l'actualité marocaine avec une vivacité de ton très rare. Sur place, on vous recommande de plonger votre nez dans ses feuilles pour prendre la température du pays.
• ***comfm.com*** • Une sélection de radios et de TV qui diffusent sur le Web.
• ***menara.ma*** • Un portail assez complet sur le Maroc, avec actu, infos pratiques, pages culturelles, articles divers, médias, etc.

TÉLÉPHONE ET TÉLÉCOMS

Les communications sont chères, beaucoup plus qu'en Europe. Pour connaître les derniers tarifs, composer le ☎ *126.* Méfiez-vous si vous appelez d'un hôtel, les prix sont bien souvent multipliés de façon astronomique ! Renseignez-vous avant à la réception.

- ***Renseignements nationaux :*** ☎ *160.*
- ***Renseignements internationaux :*** ☎ *126.*

– Il existe des ***cabines à cartes*** ou ***publiphones.*** Les cartes (à 10, 20 et 50 Dh surtout) sont vendues dans les téléboutiques, les bureaux de poste, les bureaux de tabac et chez quelques commerçants.
– *Maroc Telecom* a aussi mis en place un système de ***téléboutiques,*** ouvertes du matin jusqu'au soir. On les reconnaît à leur enseigne bleue. Il s'agit de lieux abritant des cabines où l'on peut téléphoner avec des pièces et des cartes. Un gérant vous fera de la monnaie. Il y en a un paquet dans chaque ville et même dans les villages, et tout le monde vous les indiquera. Certaines de ces téléboutiques font également point Internet.
Malheureusement, comme il n'y a pas de petit profit, on a assisté à une nouvelle dérive : certaines téléboutiques ont des téléphones trafiqués pour que vous y engloutissiez un maximum de pièces. Ou bien, après avoir mis une pièce de 5 Dh, le téléphone affiche curieusement : « hors service » et votre pièce ne retombe pas ! Enfin, méfiez-vous si une téléboutique propose une carte prépayée, car souvent elle ne sera pas utilisable dans une autre boutique.
– Avec votre ***téléphone portable,*** pas de problème si vous avez contracté une option « monde », « international » ou « sans frontière ». Attention, bien se renseigner auprès de son opérateur avant le départ car chacune des options peut recouvrir des zones et des pays différents. La couverture s'est nettement améliorée ces derniers temps, et dans les principales villes, pas de souci.
Sur place, trois compagnies se partagent le gâteau : *Maroc Telecom, Méditel* et *Inwi*. Pour l'Union européenne, il vous en coûtera un peu plus de 1 €/mn en *roaming,* avec votre opérateur national donc. N'oubliez pas que vous payez aussi à l'étranger les appels reçus du territoire d'origine.
Si vous comptez téléphoner à l'intérieur du Maroc, on ne saurait trop vous conseiller d'***acheter une carte SIM,*** pour une vingtaine de dirhams (même pas 2 €...), à l'un des opérateurs cités plus haut. Pas mal de petits points de vente dans la plupart des villes, partout disséminés. Une fois installée dans votre téléphone, elle vous permettra d'avoir un numéro marocain. Mais attention ! Si vous avez acheté votre portable auprès d'un opérateur français, il faut le faire débloquer avant votre départ pour faire fonctionner cette nouvelle puce. Cela n'est possible sans frais qu'après 6 mois de forfait. Sinon, vous pouvez le faire débloquer sur place, dans nombre de médinas, moyennant 20 à 50 Dh selon le type de votre appareil. Une fois la carte installée et opérationnelle, il suffit d'acheter des recharges à partir de 10 Dh. Pour appeler à l'intérieur du pays, cette solution est bien plus économique que votre puce habituelle, surtout en période de promotion (ramadan, Aïd...) où le prix peut être divisé par deux !

Urgence : en cas de perte ou de vol de votre téléphone portable, suspendre aussitôt la ligne permet d'éviter de douloureuses surprises au retour du voyage ! Voici les numéros des quatre opérateurs français, accessibles depuis la France et l'étranger :
– ***SFR :*** *depuis la France,* ☎ *1023 ; depuis l'étranger,* 📱 *+ 33-6-1000-1900.*
– ***Bouygues Télécom :*** *depuis la France comme depuis l'étranger,* ☎ *0800-29-1000 (remplacer le 0 initial par + 33 depuis l'étranger).*
– ***Orange :*** *depuis la France comme depuis l'étranger,* 📱 *+ 33-6-07-62-64-64.*
– ***Free :*** *depuis la France,* ☎ *3244 ; depuis l'étranger,* 📱 *+ 33-1-78-56-95-60.*

Vous pouvez aussi demander la suspension depuis le site internet de votre opérateur.

Maroc → Maroc

Depuis mars 2009, *Maroc Telecom* a mis en place une nouvelle numérotation téléphonique. Les numéros sont passés à 10 chiffres (au lieu de neuf), ce qui n'est pas toujours indiqué sur certaines brochures ou même sur Internet.
Si les numéros ne fonctionnent pas, n'hésitez pas à contacter sur place les renseignements téléphoniques marocains (☎ *160*). Ils sont efficaces. En France, pour le service des renseignements internationaux d'*Orange* par exemple, il faut composer le ☎ *118-700*. Également • *telecontact.ma* •
– ***Conséquence de ces changements :*** les numéros marocains se présentent de la même façon que les numéros français. La confusion est encore plus facile avec les numéros de portable, qui commencent dans les deux pays par « 06 ». Ça se complique lorsque certains propriétaires au Maroc indiquent des coordonnées... en France. Dans ce cas, on le précise. Pour tous les autres (la grande majorité), nous avons ajouté l'indicatif du pays « 212 » (à composer, bien sûr, uniquement si on appelle de l'étranger), suivi du numéro de portable commençant par (0)6. On rappelle que le « 0 » est à composer quand on se trouve déjà dans le pays mais est supprimé depuis l'étranger.

France, Belgique ou Suisse → Maroc

00 + 212 (indicatif du pays) + numéro d'appel à neuf chiffres (depuis la nouvelle numérotation) sans le 0 initial.

Maroc → France et autres pays francophones

On ne compose jamais le 0 qui précède le numéro.
– ***Vers la France :*** 00 + 33 + numéro du correspondant à neuf chiffres.
– ***Vers la Belgique :*** 00 + 32 + numéro du correspondant à huit chiffres.
– ***Vers la Suisse :*** 00 + 41 + numéro du correspondant à huit ou neuf chiffres.
– ***Vers le Canada :*** 00 (tonalité) + 1 + indicatif de la ville + numéro du correspondant.

Internet

Il y a des cybercafés un peu partout, y compris dans les petites villes. 1h revient à moins de 10 Dh et même, parfois, à moins de 5 Dh. À certaines heures, ils sont pleins à craquer, fréquentés notamment par de jeunes étudiant(e)s qui en font un sport national. Sinon, la plupart des hébergements pour touristes sont désormais équipés du wifi, qu'ils proposent gratuitement à leurs clients.

TRANSPORTS

COLLECTIFS

Avion

Des vols relient l'Europe à 10 aéroports marocains : Agadir, Casablanca, Essaouira, Fès, Marrakech, Nador, Ouarzazate, Oujda, Rabat et Tanger. Il existe d'importantes disparités de prix : un vol d'une compagnie régulière vers Marrakech ou Agadir (liaisons où la concurrence est vive) est beaucoup moins cher qu'un vol vers Rabat. Dans certains cas, selon votre destination, la formule consistant à arriver à Marrakech et à terminer le trajet en train ou en bus peut être très économique par rapport au vol direct.

La *RAM* dessert également l'intérieur du pays. Vous trouverez des aéroports à Casablanca, Tanger, Rabat, Tétouan, Al-Hoceima, Nador, Oujda, Fès, Marrakech, Essaouira, Ouarzazate, Agadir, Er-Rachidia, Zagora, Goulimine, Dakhla et Laâyoune.

■ ***Office national des aéroports :*** ☎ *08-01-00-02-24.* • *onda.ma* • Pour toute question relative à votre voyage aérien, sur les liaisons nationales et internationales.

Train

L'ONCF *(Office national des chemins de fer)* dispose de trains express relativement rapides, propres, climatisés et, en principe, non-fumeurs (mais cette disposition n'est pas respectée). Des lignes TGV se profilent même dans le nord du pays... Un bon moyen, donc, de circuler sur les grands axes. En 1re classe, vous bénéficierez de la musique et de l'annonce des gares, ainsi que d'une plus grande probabilité de trouver une place assise si vous n'avez pas réservé (la 2de classe étant souvent prise d'assaut !).
Les horaires et les tarifs sont en consultation sur le site • oncf.ma • Du Maroc, centre d'appel : ☎ 0890-20-30-40.
Le réseau, hérité du protectorat, est peu développé (1 900 km) :
– *La ligne de l'Est* relie Casablanca, Rabat, Kénitra, Meknès, Fès, Oujda. Une nouvelle ligne relie Taourirt à Nador.
– *La ligne du Nord* relie Casablanca à Tanger-Méditerranée, via Tanger. Compter 6h30 environ.
– *La ligne de l'Ouest* relie Casablanca à Marrakech. Compter 3h.
Vous pouvez acheter une carte de fidélité, valable 1 an, permettant d'obtenir des réductions allant jusqu'à 50 % sur 16 voyages. Pour les 12-26 ans et les plus de 60 ans, il existe des cartes valables 6 mois ou 1 an donnant droit, là encore, à des réductions pouvant atteindre 50 %. Par ailleurs, réductions pour les groupes (à partir de six personnes) et familles. Les enfants ne sont pas oubliés : gratuit pour les moins de 4 ans ; 50 % de réduction pour les 5-12 ans. À signaler également, la carte *Rail Pass,* destinée aux touristes sans limitation d'âge, qui permet de prendre librement certains trains durant une période de 7, 15 ou 30 jours. Enfin, on peut obtenir 25 % de réduction sur certaines lignes en achetant le billet 48h à l'avance. Pour plus d'infos et pour connaître les pièces à présenter afin de bénéficier de ces avantages, consulter le site internet de l'ONCF.
Les billets sont valables le jour de leur émission. Si vous n'avez pas pu vous procurer votre billet au guichet, demandez un ticket d'accès délivré gratuitement à l'entrée du quai de la gare ou avisez le contrôleur avant d'emprunter le train. Dans tous les cas, un billet acheté dans le train vous coûtera plus cher.
Si l'on veut une place assise, il faut apprendre à courir vite, ou arriver très longtemps à l'avance si l'on part d'une tête de ligne... ou tout simplement réserver ! Vous pouvez vous procurer vos billets 6 jours à l'avance, sauf pour les billets combinés train + autocar (1 mois à l'avance) et les billets avec réservation de voiture-lit ou de couchettes (2 mois à l'avance).
– ***Attention aux vols,*** surtout dans les trains de nuit. Dormez sur votre sac ou restez éveillé !

Bus

Ils sillonnent tout le pays et vous mènent dans les coins les plus reculés pour un prix modique. Demandez systématiquement un reçu ou un titre de transport, les bus sont contrôlés.
Trois grandes sociétés de bus, *CTM, SATAS* et *Supratours,* ont des gares routières (ou de simples bureaux d'où partent leurs bus) dans les villes importantes, mais il en existe de nombreuses autres de tailles diverses. Les compagnies locales, sur

TÉTOUAN	TAROUDANT	TANGER	SAFI	RABAT	OUARZAZATE	MEKNÈS	MARRAKECH	KÈNITRA	FÈS	ESSAOUIRA	EL-JADIDA	CASABLANCA	AGADIR	Distances en km
933	82	900	294	626	381	732	270	754	752	173	448	516	0	AGADIR
386	469	353	253	95	444	257	233	160	316	371	99	0		CASABLANCA
485	418	452	154	209	393	356	195	259	415	272	0			EL-JADIDA
757	258	724	118	481	370	628	177	578	654	0				ESSAOUIRA
280	705	336	569	206	600	67	482	166	0					FÈS
226	629	193	413	50	604	53	406	0						KÈNITRA
632	227	599	159	356	198	462	0							MARRAKECH
250	685	259	510	152	660	0								MEKNÈS
830	299	797	357	554	0									OUARZAZATE
276	579	247	363	0										RABAT
639	376	606	0											SAFI
56	822	0												TANGER
1 015	0													TAROUDANT
0														TÉTOUAN

DISTANCES ENTRE LES PRINCIPALES VILLES

les mêmes destinations, sont souvent meilleur marché, mais le service plus irrégulier et inégal. Certaines utilisent de vieux véhicules qui sont rafistolés d'année en année, avant de finir à la casse lorsqu'il n'y a vraiment plus moyen de faire autrement... Malgré tout, si vous voulez vous plonger au cœur du pays, rien ne remplace ces compagnies locales. En principe, les bagages sont facturés en fonction du poids (surtaxe au-dessus de 10 kg par personne). Présentez-vous longtemps à l'avance, car vous ne serez pas seul. Les cars s'arrêtent partout (s'ils ne sont pas complets, bien sûr). À propos, s'il fait très chaud, faites donc comme les Marocains : empruntez les bus qui partent très tôt le matin. Et prévoyez votre propre bouteille d'eau. Pour piquer un somme, pensez aux bouchons d'oreilles, ça atténue la musique à plein volume relayée par la voix de stentor du chauffeur. En zones de montagne, pour parer au mal des transports, n'oubliez pas les sacs plastiques !

– La ***CTM*** couvre presque tout le territoire marocain, d'Oujda à Dakhla, et dessert aussi plusieurs pays européens, dont la France et la Belgique, en partenariat avec *Eurolines* notamment (voir « Comment y aller ? »). *Centre d'appel : ☎ 05-22-54-10-10. • ctm.ma •* (site internet officiel mais pas toujours opérationnel...).

Pour un prix légèrement supérieur, vous aurez droit à un bus confortable, en principe avec l'AC (parfois tellement efficace qu'une petite laine n'est pas superflue), et à un trajet plus direct.

Les bus sont souvent complets, réservez 24h à l'avance et évitez de les prendre en cours d'itinéraire. L'enregistrement du bagage doit être fait 1h avant le départ. Conservez le billet et le reçu du bagage jusqu'à l'arrivée. On peut, le cas échéant, faire voyager ses bagages avant ou après son départ. Il suffit de fermer ses sacs avec un cadenas, de les faire peser et de les enregistrer.

– La ***Supratours*** est une filiale de l'*ONCF*. *• supratours.ma •* On peut d'ailleurs acheter des billets combinés train + bus. Ses services sont excellents. Pour de longs trajets, nous vous la conseillons car deux chauffeurs se relaient systématiquement, question de sécurité.

– La ***SATAS*** dessert pratiquement tout le Sud marocain jusqu'à Tan-Tan et dispose de cars confortables sur certaines lignes. *Rens : ☎ 05-28-24-20-07 (direction d'exploitation) ou, à Agadir, ☎ 05-28-23-09-73.*

Consignes

Vous en trouverez dans la plupart des stations de bus *CTM* (accessibles sur présentation d'un titre de transport *CTM*). En revanche, les consignes tendent à disparaître des gares *ONCF*. Quoi qu'il en soit, les bagages doivent être cadenassés, sans quoi ils sont refusés. Sinon, confiez votre sac à l'hôtel où vous avez logé, c'est toujours possible en échange de quelques dirhams, voire gratuitement. N'y laissez toutefois pas d'objets de valeur.

Stop

C'est une pratique courante chez les Marocains, ils sont nombreux sur le bord des routes à indiquer avec le doigt la direction qu'ils veulent prendre. On vous demandera parfois de participer aux frais d'essence. Une bonne formule consiste à demander à d'autres touristes motorisés. Le stop est en revanche déconseillé aux filles seules. En tant qu'automobiliste, soyez vigilant ! Une pratique assez répandue consiste à entraîner les touristes vers des boutiques ou embrouilles organisées...

Taxis

Les petits taxis

Ailleurs, on classerait illico les taxis dans la catégorie : « Transports individuels ». Ici, non, et vous allez vite comprendre pourquoi, même si vous prenez un « petit taxi ».

Les petits taxis n'ont pas le droit de sortir des villes. Les tarifs sont très abordables, surtout si on connaît les règles du jeu. Dans les grandes villes, ils sont toujours munis d'un compteur. Le cas échéant, rappelez-leur poliment leur obligation à ce sujet. En cas de refus de l'enclencher, deux possibilités : essayer avec un autre taxi ou... prendre le taxi en négociant le prix de la course avant d'embarquer. Cette seconde solution vous fera gagner du temps sans perdre vraiment d'argent. Si vous avez trouvé un chauffeur qui met son compteur, sachez que le coût de la prise en charge s'élève à 1,60 Dh en journée et à 2,40 Dh à partir de 20h ou 21h jusqu'à 5h ou 6h du matin (la course minimale étant fixée à 5-6 Dh de jour, 10 Dh de nuit).

- Si vous prenez votre taxi directement à la sortie d'un grand hôtel, ne vous étonnez pas de payer le prix fort.
- Vous voyant planté sur le trottoir en quête désespérée d'un véhicule, un chauffeur proche de sa destination peut vous prendre même s'il a déjà un passager. Charge à vous de mémoriser dès votre arrivée le prix affiché, qui sera votre zéro à vous. Parfois aussi, le chauffeur remet de lui-même le compteur à zéro quand il a déposé le premier passager. Ça dépend. Les compteurs électroniques, eux, permettent de mesurer deux ou même trois courses en parallèle.
- Si vous connaissez un tant soit peu la ville, n'hésitez pas à rappeler au conducteur que la ligne droite reste le plus court chemin d'un point à un autre.
- La nuit (de 20h-21h à 5h-6h du matin), il y a une majoration légale de 50 %. Les compteurs électroniques intègrent directement l'augmentation. Cette particularité peut être très utile pour vous appliquer de jour le tarif de nuit, ne vous laissez pas endormir !
- En cas de litige important avec un chauffeur, dites-lui que vous allez à la police touristique porter plainte avec son numéro de taxi (inscrit sur les portières avant). Le problème se règlera très souvent immédiatement. N'en abusez donc pas, c'est sérieux pour eux : les chauffeurs vivent dans la hantise d'une dénonciation, avec une sanction souvent arbitraire qui peut les priver de leur gagne-pain pendant 2 ou 3 jours, voire plusieurs semaines dans des cas extrêmes.
- On ne peut pas monter à plus de trois personnes dans les petits taxis, enfants compris. N'insistez pas trop, le chauffeur, là encore, risquerait de se faire retirer sa licence pendant un temps.
- Ayez toujours de la monnaie. Payer avec un billet de 200, voire de 100 Dh est une gageure.
- Dans le fond, il y a plus de chauffeurs intègres et honnêtes que de véritables escrocs. Et si vous vous agacez que certains en aient tant après votre argent, souvenez-vous qu'un chauffeur moyen, les meilleurs jours, gagne 350 Dh, desquels il déduit 200 Dh de location du véhicule ainsi que le gazole. Il lui reste environ 150 Dh pour faire vivre sa famille, avec 12 ou 14h de travail quotidien et, dans les meilleurs cas, une journée de repos hebdomadaire... Alors, un peu d'indulgence !

Les grands taxis

Ils sont effectivement plus grands que les précédents (parfois encore de vieux 504 Break). Ce sont les seuls à pouvoir sortir de leur ville d'attache. Autre différence de taille avec leurs petits cousins : ***ils sont dépourvus de compteur.*** Commencez par chercher le courtier, simple à reconnaître, c'est le seul muni d'un carnet. Il est habilité à vous vendre un billet et à vous placer dans une voiture. Les prix ne sont que légèrement supérieurs à ceux des bus (et encore, pas toujours), et les taxis sont plus confortables. On s'y entasse jusqu'à six (deux devant et quatre derrière), plus le chauffeur. N'hésitez pas à les utiliser, en essayant de payer le même prix que les autres passagers. ***Les grands taxis partent quand ils sont complets*** ; si vous êtes pressé et que le taxi tarde à se remplir, vous pouvez payer pour les places vides afin de partir immédiatement.

Les minibus

On voit de plus en plus ces moyens de transport pour 10 à 12 personnes, intermédiaires entre le grand taxi et le bus. Plus récents que les grands taxis, ils devraient en principe être plus fiables, mais en pratique, c'est loin d'être le cas.

TRANSPORTS INDIVIDUELS

Voitures de location

Louer une voiture est une excellente solution. Une voiture permet de pénétrer à l'intérieur du pays et de profiter au maximum du séjour. Tous les grands loueurs sont présents au Maroc.

■ ***Auto Escape :*** *☎ 0820-150-300 (n° gratuit). • autoescape.com • Vous trouverez également les services d'Auto Escape sur • routard.com • Auto Escape offre 5 % de remise sur la loc de voiture aux lecteurs du* Routard *pour tte résa par Internet avec le code de réduction « GDR13 ».* L'agence *Auto Escape* réserve auprès des loueurs de véhicules de gros volumes d'affaires, ce qui garantit des tarifs très compétitifs. Il est recommandé de réserver à l'avance.

■ ***BSP Auto :*** *☎ 01-43-46-20-74 (tlj). • bsp-auto.com •* Les prix proposés sont attractifs et comprennent le kilométrage illimité et les assurances. *BSP Auto* propose exclusivement les grandes compagnies de location sur place, assurant un très bon niveau de services. Les plus : vous ne payez votre location que 5 jours avant le départ + réduction spéciale aux lecteurs de ce guide avec le code « routard ».

– N'hésitez pas non plus à contacter les grandes compagnies internationales avant votre départ et à comparer leurs tarifs : ***Avis,*** *☎ 0820-05-05-05 ou 0821-230-760 (0,12 €/mn), • avis.fr • ;* ***Hertz,*** *☎ 0825-030-040 (0,15 €/mn) • hertz.com • ;* ***Europcar,*** *☎ 0825-358-358 (0,15 €/mn), • europcar.fr •*

Il existe des sociétés marocaines pratiquant des prix plus doux (voir notre sélection dans les « Adresses utiles » des principales villes). Les véhicules de base sont plutôt destinés à la conduite en ville, et peuvent se révéler fragiles si vous avez l'intention de faire un long périple dans le Sud. Il est alors préférable de louer un modèle plus cher mais plus résistant (les voitures plus anciennes et rudimentaires ont néanmoins l'avantage d'être assez hautes pour éviter de racler le ventre du véhicule sur les gros cailloux des pistes que vous n'êtes pas censé prendre, d'ailleurs !).

ATTENTION, une location de voiture est une affaire délicate. Quelques tuyaux.

– Les contrats d'assurance (même tous risques !) ne vous garantissent plus si vous quittez une voie goudronnée pour emprunter une piste avec un véhicule de tourisme. Ne l'oubliez pas.

– Demandez un exemplaire vierge de constat à l'amiable.

– Assurez-vous que le tarif sur lequel vous vous êtes mis d'accord inclut bien l'assurance de base et les taxes de 20 % (que de nombreux lecteurs oublient et que les loueurs rajoutent au dernier moment, une fois le contrat signé). Vérifiez également les éventuels frais de prise en charge à l'aéroport, ainsi que ceux applicables à une restitution de la voiture dans une autre agence. Bref, toujours vérifier si d'autres montants n'ont pas été ajoutés en marge du contrat.

– Si vous louez depuis l'étranger, faites-vous confirmer par mail ou par fax le maximum d'informations (prix TTC incluant les assurances, kilométrage illimité ou non...).

– Au moment de la prise du véhicule, le loueur vous demandera une empreinte de carte de paiement internationale en caution. C'est une procédure habituelle, au Maroc comme ailleurs. Mais attention à ne pas la signer sans montant indiqué dessus (ça peut coûter cher !). Insistez pour la récupérer à la remise du véhicule.

– Concernant l'***assurance,*** il faut savoir que les petites compagnies locales prévoient une franchise d'au moins 6 000 Dh, tandis que les grandes compagnies réclament jusqu'à 13 000 Dh pour une voiture... de catégorie A. C'est important à savoir car si vous décidez de ne pas racheter la franchise, ce montant sera bloqué sur votre carte de paiement le temps de la location !
– Même si vous rachetez la franchise, sachez qu'il est de plus en plus fréquent qu'il reste une petite part incompressible imposée par les compagnies d'assurances.
– Ne signez pas votre contrat avant d'avoir vu le véhicule et de l'avoir vérifié, surtout l'état des pneus (y compris la roue de secours) et celui des phares : en effet, conduire de nuit dans un pays où 90 % des vélos n'ont pas de lumière et dont nombre d'entre eux roulent à gauche, où vaches et chèvres se baladent allègrement, devient une aventure que nous vous déconseillons vivement !
– Vérifiez bien le niveau d'essence. Le réservoir doit, en principe, être plein et vous devrez le rendre avec le même niveau. Attention aux loueurs qui vous donnent une voiture dont le réservoir est plein aux deux tiers, car, dans ce cas, il n'est pas facile d'évaluer la bonne quantité restante au retour. Risque d'embrouille.

Conduite sur route

Comme nous tenons à conserver nos lecteurs le plus longtemps possible, nous devons les mettre en garde contre la façon très spéciale dont les Marocains interprètent le code de la route. D'ailleurs, devant le nombre d'infractions et surtout d'accidents mortels, le pays s'est doté d'un nouveau code de la route... non sans mal. En effet, beaucoup plus répressif et responsabilisant davantage les conducteurs, il a engendré de vastes polémiques, reportant sa mise en application. Celle-ci est effective depuis octobre 2010 et devrait, à terme, aboutir à une amélioration des comportements sur route. En attendant, les recommandations suivantes sont toujours d'actualité.

FEU VERRE

Afin de rendre les routes du Maroc plus sûres et moins meurtrières, la Chambre des représentants du pays a mis en place, fin 2010, un nouveau code de la route. Il inclut deux nouveautés : la création du permis à points (24) et la mise en service d'alcootests. Plutôt étonnant pour un pays dont la religion interdit la consommation d'alcool... Les mœurs changent !

D'emblée, on est frappé par l'anarchie totale qui règne aussi bien sur la route que dans les rues des villes. Il y a trois concepts fondamentaux que le conducteur méconnaît complètement : celui de niveau de risque, celui d'anticipation et celui de respect d'autrui. Conséquence : de nombreux automobilistes ne respectent pas toujours les stops, doublent en général n'importe où et n'importe comment, changent de direction sans clignotant, démarrent quand ça leur chante (et tant pis si vous aviez la mauvaise idée d'arriver à ce moment-là), et n'ont aucune, mais alors vraiment aucune notion de distance de sécurité.
Ajoutons qu'il faut se méfier des conducteurs qui font un écart pour un oui ou pour un non, en particulier pour éviter les nombreux nids-de-poule. Sachez que dans ce dernier cas, ils s'estiment dans leur plein droit, même s'ils viennent largement empiéter sur votre côté de la chaussée, et qu'ils s'attendent à ce que vous réagissiez en conséquence... Quand la route se réduit à une bande asphaltée (dans le Sud ou dans certaines régions moins bien desservies), les taxis ou les camions qui arrivent en face, pour vous impressionner, restent au milieu et, dans ce cas, à vous le bas-côté ! Quant au piéton ou au cycliste, sa principale préoccupation est de se déplacer le plus vite et le plus en ligne droite possible ; faire un détour de 30 m pour prendre un passage pour piétons n'est pas plus concevable que d'attendre l'arrêt des voitures au feu.
Conduire de nuit est vivement déconseillé. La quasi-totalité des cycles sont dépourvus de tout éclairage. Les carrioles suivent le mouvement. Certains véhicules n'ont qu'un phare qui fonctionne.

En dehors des villes, tout le danger vient des INIT (individus non identifiés traversant), et ils sont nombreux : l'âne, la vache, les moutons et biquettes, le dromadaire, etc. Dans tous les cas, l'usage du klaxon est appréciable. Règle de base : ne jamais passer entre un animal isolé et ses congénères : son instinct grégaire lui fera toujours rejoindre son troupeau au moment où vous passez...

Et ce n'est pas tout. Personne ne semble apprendre aux jeunes enfants qu'il faut toujours regarder à gauche et à droite avant de traverser. La spontanéité est reine, ce qui les conduit à jaillir d'une maison et à traverser sous vos roues (et on ne vous parle pas des autoroutes où l'on voit des piétons traverser !). Attention aussi aux enfants qui se plantent au beau milieu de la route pour vous obliger à vous arrêter. Un vrai bonheur, quoi ! Une règle absolue : dès qu'il y a quelqu'un sur la route, mettez le doigt sur le klaxon (c'est d'ailleurs ce que font les Marocains).

Ayez une conduite vigilante et préventive. Ne croyez pas qu'on exagère ! Les routes du Maroc sont parmi les plus meurtrières du monde, et on les déconseille à tout conducteur inexpérimenté. Alors, n'aggravez pas les statistiques ! Même si vous êtes bloqué derrière un camion, inutile de doubler dangereusement.

En cas d'accident, en particulier avec des blessés, dès que les secours sont prévenus, téléphonez au consulat puis à la gendarmerie (à l'occasion, on vous y enferme d'abord et on discute après). On peut éventuellement acheter (quand ils sont disponibles) des constats à l'amiable chez certains petits commerçants, genre bureau de tabac. Mais bien sûr, mieux vaut avoir le sien.

Limitation de vitesse et contrôles de police

La vitesse sur route est limitée à 100 km/h. Dans la traversée des agglomérations, il est interdit de dépasser les 60 km/h et, en centre-ville, les 40 km/h. Attention aux panneaux qui se succèdent de façon fantaisiste (100, 80, 60, 40...). À vous de vous y retrouver... De toute façon, on ne saurait trop vous conseiller de ne pas rouler trop vite et de faire preuve de la plus grande vigilance.

Compte tenu du grand nombre d'accidents mortels de la circulation, la police marocaine est très présente sur les routes (y compris en campagne) et autoroutes, et de plus en plus sévère. Les « halte police » ou « halte gendarmerie » sont nombreuses, notamment aux entrées et sorties de villes, grandes ou petites, ainsi qu'aux ronds-points. Arrêtez-vous toujours avant le panneau et attendez le geste du gendarme qui vous fait signe d'avancer. Dans la grande majorité des cas, il se contentera de vous regarder ou d'échanger quelques mots. Une règle générale : un grand sourire. S'il vous reproche quelque chose, n'hésitez pas à reconnaître votre erreur et à vous excuser.

Attention ! Les radars fleurissent, même sur les petites routes peu fréquentées, et la limitation de vitesse indiquée est strictement appliquée. Le contrôle est sévère. Pas de photo. Et du coup, c'est souvent à la tête du client... Plus question alors de politesse ou d'arrangement à l'amiable : il faut dorénavant payer entre 700 et 1 400 Dh d'amende (nouveau code de la route oblige !) si la vitesse dépasse de 30 à 50 km/h la limite légale et entre 500 et 1 000 Dh pour une vitesse supérieure de 20 à 30 km/h. Attention, n'oubliez pas de payer vos amendes, sous peine de vous faire bloquer à la sortie du territoire, le système informatique de la police étant désormais relié à celui de la douane. Les automobilistes se préviennent mutuellement de la présence policière par de discrets (!) appels de phares quand ils se croisent. Sachez aussi que le port de la ceinture de sécurité est obligatoire sur route et que téléphoner en conduisant est interdit.

Conduite sur piste (ou comment faire pour que les vacances restent des vacances...)

Si vous avez opté pour le 4x4, sachez qu'un périple sur piste ne s'improvise pas. Nous vous donnons ci-dessous quelques conseils généraux, mais ceux-ci ne vous dispensent pas, bien au contraire, de vous tourner vers des professionnels avant le départ ou même sur place.

- Sur piste, les distances ne se mesurent pas en kilomètres, mais en heures de conduite (entre 5 et 20 km/h de moyenne pour les pistes de l'Atlas, entre 20 et 50 km/h de moyenne pour les pistes roulantes au sud de l'Anti-Atlas).
- De manière générale, attention aux gués, aux lits d'oued à sec, aux mauvais fonds de route, aux tas de pierres, aux bosses de sable et à l'étroitesse des routes, problèmes qui s'aggravent quand on descend dans le Sud.
- Ne vous engagez jamais sur une piste inconnue sans vous être renseigné au départ sur l'état de celle-ci, sur les éventuelles montées des eaux et sur les noms des villages qu'elle dessert. Toutes les pistes ne mènent pas forcément à un village d'ailleurs, elles peuvent déboucher sur des zones d'extraction de matériaux. Au moindre doute (en particulier s'il n'y a pas d'indications), n'hésitez pas à prendre (s'il y en a) un Marocain en stop.
- Ne vous fiez pas trop au tracé des cartes routières.
- À l'époque de la fonte des neiges ou après les pluies d'orage, de nombreuses pistes sont rendues impraticables, avec des fondrières et des passages à gué. Il faut alors essayer de sonder la profondeur de l'oued, puis s'engager au pas dans la cuvette. Ne vous fiez pas trop à ce que vous disent les gamins, qui parfois attendent de vous voir en panne au milieu du gué avec un moteur noyé afin de vous proposer leurs services, moyennant finances bien entendu.
- Ne vous engagez jamais sur une piste de montagne quand l'orage menace, et cela surtout en seconde partie d'après-midi.
- Ne prenez pas de piste de montagne de nuit et ne vous engagez pas sur une piste l'après-midi sans être certain d'en sortir avant la tombée de la nuit. Un GPS peut alors s'avérer très utile. Attention tout de même : certes, il vous indique où vous vous trouvez, mais il ne sait pas que la piste a peut-être été coupée à la suite d'un orage la semaine précédente !
- Dans les zones désertiques, nous ne saurions trop vous recommander de prendre la piste à deux véhicules 4x4 minimum, et de vous munir d'eau en quantité suffisante. Ne partez en solitaire que très bien équipé et avec une longue expérience, en veillant à rester au maximum à une demi-journée de marche des secours possibles (en espérant que vous sachiez dans quelle direction ils se trouvent !). On oublie trop souvent que le désert est un milieu hostile qui ne pardonne pas, et il faut considérer, sauf exception, que l'on n'y commet qu'une seule erreur mais qui est juste fatale.
- Vérifiez l'état des pneus avant de partir.
- Prévoyez au moins une bonne roue de secours et une réserve de carburant.
- En traversant les villages isolés, prenez garde aux enfants qui, espérant toujours quelque chose, s'accrochent au véhicule en montant sur le pare-chocs ou en s'agrippant aux portières.
- Dans les villages, pensez à ralentir : outre le danger que cela représente, les nuages de poussière ne sont ni agréables ni respectueux pour les habitants.
- Veillez à ne pas traverser les oueds (dans le Sud, par exemple) en amont de l'endroit où des femmes lavent leur linge ou prélèvent l'eau pour boire.
- Méfiez-vous aussi des nombreux animaux qui traversent les routes et des troupeaux de chèvres et de vaches, surtout au coucher du soleil, quand les bergers les ramènent des champs.

Carburant

Le pays dispose de stations en nombre de plus en plus important. Attention toutefois, dans les coins perdus, on trouve plus facilement du gazole que de l'essence, et le sans-plomb se fait parfois rare, sorti des grands axes. Certaines stations-service acceptent les cartes de paiement étrangères, mais n'en attendez pas tant du petit pompiste local, pour lequel les frais liés à la transaction sont jugés trop lourds (cela dit, même quand les cartes sont acceptées, il peut arriver qu'il y ait des problèmes de connexion avec le terminal). Compter entre 12 et 12,5 Dh le litre d'essence et autour de 8-8,5 Dh pour le diesel. Certaines stations-service font aussi « resto » et proposent une petite boutique.

Cartes

Sur route, la signalisation est faite à l'économie. La plupart du temps, les panneaux sont plantés dans un seul sens. Pratique quand on arrive en sens inverse ! Une bonne carte routière est de toute façon indispensable, même si l'on voyage en bus ou en train. On conseille la *Michelin* n° 742. C'est la meilleure. L'acheter avant le départ, car elle est beaucoup plus chère au Maroc (quand on la trouve).
Pour les pistes en revanche, la carte *Michelin* n'est pas d'un grand secours. Voyez alors les conseils d'achat que nous donnons au paragraphe « Randonnée » de la rubrique « Sports et loisirs » dans « Hommes, culture, environnement ». Vos cartes doivent indiquer la longitude et la latitude, utiles pour les calculs de points en coordonnées GPS.
Et si ça ne suffit pas pour vous orienter, n'hésitez pas à demander aux habitants, toujours prêts à vous aider... même s'il est vrai que nous n'avons manifestement pas les mêmes rapports aux distances (méfiez-vous notamment des « non, non, c'est pas loin ! »), ni les mêmes repères. Évitez par ailleurs les questions entraînant une réponse par « oui » ou par « non » ; sinon, vous remarquerez qu'invariablement on vous répondra « oui ».
– « C'est à droite ?
– Oui.
– Ce ne serait pas plutôt à gauche ?
– Oui »...
Pas toujours facile de s'y retrouver. Préférez les alternatives : « C'est à droite ou à gauche ? » Allez, bonne route !

Stationnement

En ville, dès que vous stoppez votre voiture, l'arrêt du moteur fait surgir, comme par miracle, un gardien. Reconnaissable à sa blouse bleue ou à son gilet fluo. Si vous vous trouvez sur une zone de stationnement payante, soit le gardien vient vous proposer un ticket (que vous paierez le même prix qu'à l'horodateur), soit vous allez le chercher vous-même. Dans les grandes villes, on vous conseille vivement d'être ponctuel, le sabot est rapidement placé. Pas de panique si cela vous arrive, contre moins de 50 Dh le gardien vous libérera.
Sur une zone de stationnement non réglementé, le gardien, en échange de 2 à 5 Dh, fera en sorte que personne n'approche du véhicule. Compter 10 à 30 Dh pour toute la nuit. Dans les secteurs très touristiques, le système de forfait tend à se développer et peut grimper jusqu'à 5 Dh/h. Un conseil : ne payez le gardien qu'à votre retour, de jour comme de nuit, pour vous assurer de sa présence. C'est une pratique courante, en définitive peu onéreuse et bien pratique, contre laquelle il est inutile de s'insurger, ça procure des p'tits boulots. Dans certains villages, ce sont des enfants qui proposent leurs services. Ne laissez évidemment jamais rien d'apparent dans votre voiture.
Dans les villes, attention à la mise en fourrière pour stationnement interdit (la récupération est parfois kafkaïenne !). Les panneaux ne sont pas toujours visibles. Une règle cependant : lorsque le trottoir est rayé en rouge et blanc, c'est interdit.

Moto

Le Maroc est un royaume et, en particulier, un royaume pour le motard. La vitesse étant limitée à 100, 60 et 40 km/h, on a tout le temps d'admirer les paysages et ses figurants. OK, ce n'est pas bon pour la moyenne, mais c'est génial pour les souvenirs.
La piste est partout. En tant que réseau secondaire, elle distribue tous les villages, et avec trois mots d'arabe, on retrouve toujours son chemin.
Néanmoins, pour profiter au maximum de ce voyage, ne pas perdre de vue les points suivants :

– Les pistes sont généralement très cassantes, en particulier celles qui bordent les oueds. Ce sont carrément des lits de cailloux, ce qui implique de partir avec du matériel en bon état, surtout les pneus. Le port des bottes est obligatoire.
– ***Le port du casque est obligatoire,*** même si cela ne paraît pas évident à première vue.
– Toujours faire le plein d'essence avant de s'engager dans une virée, même si le nombre de stations a beaucoup augmenté.
– Pas de problème pour laisser sa moto dans un parking gardé, moyennant environ 1 Dh/h. Il y en a dans tous les centres-ville.
– La bombe anticrevaison se trouve difficilement sur place, mieux vaut l'acheter avant le départ.

TRAVAIL BÉNÉVOLE

■ ***Concordia :*** *64, rue Pouchet, 75017 Paris.* ☎ *01-45-23-00-23.* • *concordia-association.org* • Ⓜ *Guy-Môquet ou Brochant.* En tout, 8 délégations en Île-de-France et en province. Travail bénévole. Logé, nourri. Chantiers très variés : restauration du patrimoine, valorisation de l'environnement, travail d'animation... Places limitées. Également des stages de formation à l'animation et des activités en France. Attention, voyage à la charge du participant.

URGENCES

Numéros d'urgence

Il s'agit de numéros gratuits.

■ ***Police :*** ☎ *19 (en ville depuis un tél fixe).*
■ ***Gendarmerie royale :*** ☎ *177 (hors des villes depuis un tél fixe).*
■ ***Pompiers, ambulance et protection civile :*** ☎ *15 (depuis un tél fixe).*
■ ***Pharmacie de garde :*** en principe, les pharmacies affichent sur leur devanture la liste des pharmacies de garde.

HOMMES, CULTURE, ENVIRONNEMENT

Le Maroc, un nom qui évoque les palais chérifiens entourés de somptueux jardins, les souks desquels s'échappe l'odeur mystérieuse des épices, la fantasia et ses rites éclatants. Mais il serait dommage d'en rester à ce décor de théâtre haut en couleur. L'important, c'est ce qui se passe en coulisses. Ainsi, dans une médina, c'est en quittant les rues les plus larges que l'on s'immergera dans la vie populaire, puis en osant quitter les ruelles pour accéder à de sombres impasses que l'on trouvera les plus belles portes de la ville, celles derrière lesquelles s'épanouissent les plus luxueux palais... De même, c'est en allant respectueusement à la rencontre des gens que vous découvrirez le vrai Maroc : une fois mis en confiance par votre attitude, le pays vous laissera entrevoir, l'un après l'autre, ses secrets les plus profonds. Mais, comme le suggère Michel Van der Yeught, c'est affaire de temps et d'humilité :

« Derrière cette façade occidentale, [le voyageur] découvre un pays arabo-musulman très attaché à ses traditions. C'est ce que le tourisme appelle "un pays de contrastes"... C'est peut-être pourquoi "connaître le pays" ne signifie pas ici la même chose qu'ailleurs. Il me semble que l'on ne connaît pas le Maroc. [...] Ce n'est pas un pays que l'on peut appréhender dans un mouvement continu. Il faut chaque fois franchir un nouveau mur, et derrière celui-ci, il s'en trouve toujours un autre.

Il importe d'y être accueilli et guidé. L'un des aspects les plus caractéristiques de l'hospitalité marocaine est précisément d'introduire le visiteur étranger dans une intimité, comme si on lui faisait partager un mystère. On n'apprend pas à connaître le Maroc, on ne peut qu'y être graduellement initié. »

(Extrait de l'ouvrage de Michel Van der Yeught, *Le Maroc à nu,* L'Harmattan.)

ACHATS

Le Maroc possède un artisanat florissant et un savoir-faire ancestral. Impossible de ne pas y succomber ! Sachez toutefois qu'en pays musulman, l'acte d'achat n'est pas anodin, il relève d'un engagement réciproque. Alors, avant de dépenser, n'hésitez pas à vous renseigner, à comparer, à discuter avec ceux qui connaissent le pays. Acheter n'importe quoi à n'importe quel prix favorise des dérives inflationnistes et parfois surréalistes. Prenez-vous au jeu du marchandage (voir plus haut cette rubrique dans « Maroc utile »). Au final, le prix payé sera souvent plus élevé que le prix « marocain », mais également le reflet de deux réalités économiques différentes.

Les tapis

C'est la grande affaire du Maroc et peut-être ce que vous pourrez acheter de plus beau. Tissés, noués ou brodés, les tapis sont, au Maroc, l'apanage des femmes. Ils constituent en quelque sorte les « sicav » de la famille berbère. Les femmes tissent pendant les longues périodes d'hiver. Lorsque l'ouvrage est terminé, il sert de dot à l'occasion d'un mariage, ou est offert au *Hajj* quand il revient de son pèlerinage à La Mecque. En cas de coup dur (perte d'une récolte), il est troqué au souk contre monnaie sonnante et trébuchante, ou échangé contre du grain. Le tapis est la carte de visite de l'artisanat marocain. Il incarne également sa diversité culturelle. Presque tout le monde en vend et en vit ; le meilleur côtoyant souvent le pire. Sans vous faire un cours sur les tapis, voici quelques indications...

ALADIN N'A QU'À BIEN SE TENIR

Les motifs brodés du tapis berbère possèdent leur langage. S'inspirant parfois de la forme des organes sexuels humains, ils jouent sur la rencontre des deux sexes, devenant alors l'expression de la fertilité. Ainsi, les dessins du tapis permettent de connaître les différentes étapes de la vie de la tapissière, notamment familiale : vierge, mariée, enceinte et mère. L'ancêtre de l'état civil, en somme !

Dans certains villages comme Tazenakht, les panneaux signalant une coopérative de femmes poussent comme des champignons. Derrière la plupart d'entre eux, les commerçants se frottent les mains. Certains tenteront de vous vendre un vieux tapis, qui n'a d'ancien que la quantité d'eau de javel dans laquelle il a trempé ! Essayez de dégoter les véritables coopératives gérées par des femmes et sans intermédiaire à la vente.

Il existe deux sortes de tapis au Maroc : les citadins et les ruraux.

Les tapis citadins sont le plus souvent noués. Selon la légende, pendant qu'un groupe de tisseuses arabes s'affairaient au travail, un oiseau laissa tomber sur leurs ouvrages des morceaux de laine multicolore. Ne sachant pas quelle couleur choisir, elles décidèrent de tisser tous les brins ensemble. C'est pour cela que les tapis citadins sont toujours composés des sept couleurs de l'arc-en-ciel. Ceux de Rabat, inspirés des tissages d'Anatolie, dont les premiers spécimens ont été introduits au Maroc il y a deux siècles, comportent généralement un motif central, la *koubba,* d'une chaude tonalité, entouré de motifs floraux ou géométriques.

Les tapis ruraux ont des couleurs en rapport avec leur origine. Ceux de teintes vives, garance et cochenille, proviennent de Tazenakht, dans le Sud. Il s'agit le plus souvent d'un tissé-noué-brodé, appelé *glaoua* (du pays du Glaoui). Les femmes utilisent désormais des produits chimiques pour réaliser plusieurs couleurs, mais la composition du bleu reste encore naturelle. Une mixture à base de figues, de dattes et de henné révèle un indigo chatoyant.

Les tapis du Haouz, à fond rouge garance, sont chargés de mystérieux dessins qui leur confèrent un style Art déco. Dans le Moyen Atlas, on préfère les couleurs beiges. Leur fabrication est surveillée par un organisme d'État et des prix officiels sont établis au mètre carré. L'étiquette orange garantit un tapis de qualité extra-supérieure (360 000 points/m^2), la bleue désigne un tapis de qualité supérieure, la verte indique une qualité courante, alors que la jaune est réservée à la qualité moyenne.

Quelques trucs pour jauger cette qualité :

- tremper un bout du tapis dans un bol d'eau, pour voir si les couleurs tiennent ou déteignent ;
- brosser la laine au niveau des dessins, avec la main, pour bien la mettre droite, puis regarder : le dessin doit vous apparaître net et non flou, ou du moins avec des lignes droites et non ondulantes (pour un très bon tapis, il est inutile de brosser) ;
- les bords du tapis doivent être droits ;
- les nœuds d'un bon tapis doivent être très serrés. On peut le vérifier en grattant le tapis avec son ongle.

Enfin, souvenez-vous que si sa valeur provient essentiellement de sa qualité, de son ancienneté ou encore de sa région de production, sa beauté et son charme relèvent avant tout d'une question de coup de cœur.

Avant tout achat, prenez votre temps. Allez voir les ateliers où les ouvrières travaillent avec une dextérité étonnante. Ne vous laissez pas impressionner par le temps de travail passé à sa réalisation : la matière première compte autant dans le prix final. Si vous faites une bonne affaire, vous le paierez quatre à six fois moins cher qu'en France. Emportez-le avec vous. Si vous l'expédiez, vous avez de grandes chances de payer des taxes à l'arrivée (voir plus loin la sous-rubrique « Douane »). Les commerçants acceptent souvent les cartes de paiement.
On trouve aussi des tapis tissés, les *henbel* (ou *hendira* pour désigner la couverture servant de manteau chez les Berbères), que tous les bazaristes appellent *kilim*, ce mot étant plus familier aux touristes.
Mais attention, certains tapis sont en matière synthétique. Principalement dans la région de Ouarzazate, où l'on vous les fera payer le prix d'un dromadaire en vous faisant croire qu'ils ont été fabriqués par d'authentiques Touareg. Pour vérifier si la laine est bien naturelle, arrachez-en un bout à l'envers du tapis (n'ayez crainte, tous les marchands de tapis le font). Mettez-y le feu (pas au tapis !). Contrairement au synthétique, la laine ne se consume pas et cela doit sentir le mouton grillé. Quant aux vendeurs filous qui prétendent qu'il y a de la soie dans leurs tapis... il n'y a jamais eu de soie au Maroc !

Les plateaux et la dinanderie

Alors qu'il a contribué à la pérennisation des échanges caravaniers avec le Soudan (l'actuel Mali) au Moyen Âge, le cuivre n'est plus produit au Maroc depuis des lustres. Reste le savoir-faire... Il y a peu de différence de prix entre un plateau de cuivre martelé, un autre gravé et un troisième ciselé. Les motifs des tableaux reproduisent très souvent des œuvres d'art existantes (plafonds, portes de monuments, etc.). Le bronze (en fait, du laiton oxydé) coûte plus cher que le cuivre, car les matières premières sont onéreuses. Pour faire la différence, faites sonner avec un ongle le plateau tenu en équilibre sur trois doigts. Si le son s'éteint tout de suite, c'est du cuivre, sinon c'est du bronze. De nombreux artisans arborent un diplôme de qualité obtenu dans les foires du pays. C'est un gage de qualité qui ne justifie pas pour autant des prix majorés.
Si le plateau reste la pièce la plus classique, n'oubliez pas non plus les boîtes à sucre ou à thé, les chandeliers, les aiguières, les bouilloires et les lanternes ciselées équipées de verres multicolores. Évidemment, avec la mondialisation et le sens du commerce des Marocains, une grande majorité du cuivre vendu dans les souks provient d'Inde ou du Pakistan !

Le cuir

D'où viennent, selon vous, les mots « maroquinerie » et « maroquin » (ce portefeuille dont rêvent les ministrables) ? Le travail du cuir compte parmi les plus vieilles traditions marocaines. Les techniques de travail varient selon les régions : à Marrakech, on le brode avec des fils de couleur ou de fines lanières de peau (les *filali*) ; à Fès, les artisans sont réputés pour les dorures appliquées sur les maroquins teints en vert ou en rouge ; à Rabat, on est plutôt spécialisé dans le cuir repoussé. Contrairement à ce qu'on voit en Europe, le cuir est très bon marché, mais la qualité souvent médiocre. Ouvrez l'œil, et le bon, avant d'acheter.
Abandonnez l'espoir de rapporter un « pouf en cuir de gazelle », les souks n'en recèlent guère. Les marchands devisent sur leur marchandise avec force bagou, mais tout est du mouton ou de la chèvre, et après tout, tant mieux !
Autre produit phare, les babouches. Elles sont toujours faites à la main, comme vous pourrez le constater dans le souk des maroquiniers de Marrakech. Les babouches pointues sont d'origine arabe ; les babouches à bout rond, berbères. Cet achat est incontournable à Tafraoute. Messieurs, vous en porterez des jaunes. Pour ces dames, le rouge sera de rigueur. La semelle, du pneu bien souvent, est

soit cousue, soit collée (moins cher, car moins résistant). Les babouches sans semelle sont conçues pour être portées chez soi et pas dans la rue.
Les routardes se laisseront séduire par la *choukhara,* cette sorte de petite gibecière que les anciens portent encore en bandoulière pour se rendre au souk. Certaines, bien travaillées, peuvent faire de jolis sacs à main. Et pourquoi ne pas acheter des sandales, pour un prix bien plus intéressant que chez nous ?

Les étains, les poinçons

Les véritables étains sont poinçonnés d'une mouche au fond (mais les Marocains imitent très bien les poinçons de mouche !). D'ailleurs, tous les produits en métal noble doivent être frappés d'un poinçon : argent, or, étain, etc., en sachant que les tolérances sont plus larges qu'en France en ce qui concerne la qualité.

Les minéraux et les fossiles

Le Maroc est un paradis pour les géologues, et il est bien souvent tentant de rapporter des pierres constituant de jolis souvenirs (mais c'est officiellement interdit). Ainsi, un peu partout au bord des routes, en particulier dans le Sud et dans les régions montagneuses du Haut Atlas, on vous proposera des pierres. Un gros pourcentage des minéraux et fossiles vendus s'avère pourtant faux ou acheté en masse au Brésil. Il en faut du savoir-faire pour transformer un pamplemousse ou une orange en véritable géode en les trempant dans du plâtre ! Et quelle dextérité nécessaire pour faire naître sous ses doigts habiles un fossile du Permien ! Aux alentours de Midelt, vous trouverez des vanadinites et des barytines. Vers Rissani-Erfoud-Merzouga, de magnifiques goniatites (mollusques fossiles à coquille enroulée), vieilles de plusieurs millions d'années. Sur la route Marrakech-Ouarzazate, de belles améthystes (souvent teintées à l'encre rouge, il est vrai). Entre Rissani et Alnif, c'est le royaume des trilobites (environ 500 millions d'années). Dans la région de Tazzarine, attention aux étudiants en géologie qui demandent des prix aussi élevés que l'âge des fossiles !

Les bijoux et l'orfèvrerie

Près de 90 % des bijoux vendus au Maroc proviennent d'Inde, d'Indonésie ou du Niger ! Les bijoux dits touareg, les plus typiques (et les plus chers) sont en thaler (c'est une monnaie datant de l'impératrice Marie-Louise d'Autriche, importée en masse en Afrique au XIXe s), ce qui équivaut à de l'argent 800 millièmes (l'argent massif étant à 925 millièmes). Pour le reste, la proportion d'argent par rapport au nickel dépasse rarement 50 %. En principe, les bijoux d'argent se négocient au poids. Les pièces anciennes sont pour ainsi dire inexistantes, mais certains artisans joailliers ont su reproduire des motifs traditionnels et réaliser de belles copies, essentiellement dans la région de Tiznit. Même chose pour les lourds colliers de pierres semi-précieuses que portent les femmes du Sud. Quant aux fameux poignards, il s'agit plus d'un élément du costume que d'une arme. Comme pour les bijoux, la plupart des poignards sont des copies, mais là encore, quel travail de ciselure ! Quelle maîtrise de la patine et de la contrefaçon pour faire d'un objet d'à peine 3 semaines une antiquité de plusieurs siècles !

Les poteries

On trouve un peu partout un grand choix de faïences et de céramiques. Les pièces les plus réputées sont les faïences de Fès, principalement les plats (*ghotar* ou *mokfia*), les jarres *(khabia),* les pots à beurre *(gellouch)* ou encore les pichets *(ghorraf),* que l'on peut admirer dans les musées. Mais les potiers savent les copier avec beaucoup de talent. C'est ainsi qu'ils font revivre sous leurs pinceaux des motifs traditionnels datant parfois de plusieurs siècles. À El-Oulja, près de Salé, des

potiers peuvent vous exécuter un service de table sur commande avec le décor que vous leur soumettez. Tamegrout, au sud (région de Zagora), est réputée pour ses faïences et céramiques d'un vert mat.
Dans les boutiques, on trouve surtout des plats agrémentés de belles couleurs comme le bleu de Fès, ainsi que des potiches qui peuvent se transformer, au retour, en pied de lampe. Les artisans réussissent aussi dans la réalisation de pièces contemporaines très décoratives. Si la poterie artisanale est répandue dans tout le Maroc, c'est surtout à Fès, à Meknès, à Safi et à Marrakech que les potiers ont plus d'un tour... pour vous séduire. Préférez les poteries cuites au four à gaz. C'est plus solide et surtout moins polluant, car, la plupart du temps, faute de bois, les Marocains brûlent de vieux pneus pour faire monter leurs fours en température...

Les couvertures en laine et les tissus en coton

Avant d'acheter, vérifiez par transparence la qualité du tissage. Les couvertures parfaites sont quasiment opaques. Le second grand critère de qualité est la matière première. Les couvertures en laine sont bien sûr plus chaudes que celles en coton.
Il existe deux tailles de base : 1,50 m x 2 m et 2 m x 3 m. Les prix ne sont pas exactement proportionnels à la surface. Une petite couverture nécessite comparativement un peu plus de boulot qu'une grande. Les motifs et les dessins innombrables varient suivant les régions. En général, il s'agit de motifs géométriques caractéristiques des tissages berbères.
La *fouta* ou drap de hammam est un coton traditionnel, bon marché et de couleurs variées. Fort utile sur la plage ou près d'une piscine. Doux au toucher, il a l'avantage de sécher rapidement au soleil, de ne pas retenir le sable et d'être plus léger qu'une serviette de bain.

Le bois travaillé

Les artistes marocains ont toujours été très habiles dans le travail du bois. Il suffit de regarder les magnifiques plafonds des tombeaux saadiens de Marrakech ou les lourdes portes des anciennes demeures. On peut voir, dans les souks de Marrakech, la fabrication d'échiquiers et le tournage des éléments destinés aux moucharabiehs, ou encore les incrustations de lamelles de bois de différentes essences qui feront d'un plateau de table une véritable broderie. Mais c'est à Essaouira que l'ébénisterie et la marqueterie sont les plus remarquables. On y travaille la loupe de thuya, un bois chaud et odorant qui, malheureusement, se raréfie en raison de son exploitation abusive (voir la rubrique « Achats » à Essaouira).

La vannerie

Pourquoi ne pas acheter un grand couffin comme celui utilisé par les ménagères marocaines pour transporter vos achats ou servir de coffre à jouets aux enfants ? Les vanniers tressent aussi des sacs de différentes tailles, des corbeilles, des dessous-de-plat et des chapeaux. Très originales aussi sont les panières berbères en doum (sorte de palmier nain). De base cylindrique et fermées par un cône formant le couvercle, elles servent à conserver les pains ronds et les plats au chaud. Toujours faites de paille tressée, certaines ont des motifs colorés et une petite décoration de cuir au sommet. Pour les fêtes, les femmes berbères portent ces « sac à dos » piqués de pompons de couleur.
À Inezgane, à la sortie d'Agadir, on trouve de nombreux objets en roseau : fauteuils, suspensions, etc., pour un prix dérisoire.

Santé et beauté au naturel

– ***Le fliou :*** du menthol qu'on utilise quand on est enrhumé. Peut remplacer la menthe pour la préparation du thé.
– ***Le ghassoul :*** pour la vie des cheveux (argile qui les fortifie) ou la douceur de la peau (très efficace en massages sous la douche... essayez !). Il fait partie du rituel lorsqu'on se rend au hammam.
– ***Le souak :*** écorce de noyer qui sert à se nettoyer les dents (peine à remplacer la brosse et le dentifrice).
– ***Le khôl :*** plus qu'un produit de maquillage, c'est un antiseptique, car il lave l'œil de toutes les impuretés. Il est élaboré à partir d'un minerai appelé antimoine.
– ***Le sanouge :*** graines de la nigelle, calme le rhume et la sinusite. Prise avec du miel, cette plante est efficace contre les toux bronchitiques et les douleurs de la colonne vertébrale (à ce qu'on dit...).
– ***L'ambre gris :*** parfume le thé et calme aussi certaines douleurs.
– ***Le musc :*** sécrétion des glandes de la civette, utilisée comme parfum.
– ***La cantharide :*** ce coléoptère pilé donne une poudre autrefois utilisée comme aphrodisiaque et abortif. On la prend sous forme de poudre dissoute dans du miel ou versée dans le caoua. Ne pas en abuser...
– ***L'huile d'argan :*** aussi bien utilisée dans la cuisine que comme cosmétique. Elle est réputée pour ses effets revitalisants sur la peau et les cheveux. Lire également plus loin le texte consacré à l'arganier dans la rubrique « Faune et Flore ».
– ***Le henné :*** pour teindre cheveux, ongles et peau. Il est dit que le henné est une plante du paradis. Par conséquent, il est illicite de le brûler. La tradition de la technique du henné est très ancienne. Le Moyen-Orient et l'Inde connaissaient son usage depuis l'Antiquité. Une fille qui a la chance d'être accueillie par une famille peut demander à se faire teindre les pieds au henné (la teinture dure 15 jours et en fortifie la plante), quoiqu'il ne soit destiné en règle générale qu'aux femmes mariées.
En revanche, sur les mains, le henné est destiné aux jeunes filles et par extension à toutes les femmes. Si vous vous décidez à le faire, c'est un succès garanti auprès des Marocains, qui vous considéreront dès lors comme l'une des leurs ! Idéal pour un accueil encore plus chaleureux dans les villages, et un peu plus de tranquillité dans les villes. L'opération est assez longue. On peut aussi la réaliser soi-même en se procurant du henné fort et des bandelettes prédécoupées (genre scotch noir) pour les dessins. Mélangez le henné à de l'eau tiède jusqu'à l'obtention d'une pâte. Collez les bandelettes dans le creux de vos mains et étalez la pâte (monter assez haut jusqu'au poignet et ne pas oublier les espaces interdigitaux). Ne plus bouger et patienter environ 2h jusqu'au séchage complet. Attention au henné mélangé avec de l'encre noire indélébile qui comporte des risques d'allergie potentiellement graves ! Lire à ce propos le texte consacré au henné à la rubrique « Santé » dans « Maroc utile ».

Les épices dans la cuisine

– ***La cannelle :*** elle s'achète en poudre ou en bâton et s'utilise dans la cuisson de la viande et dans certains desserts, comme la salade d'orange.
– ***La noix de muscade :*** elle se râpe au dernier moment. Son parfum se marie bien à celui de la cannelle.
– ***Le safran :*** il se présente en pistils (stigmates, plus précisément). Provenant de la fleur de crocus, il ne se récolte qu'à la main, d'où son prix très élevé. Il parfume agréablement les légumes et le riz.
– ***Le gingembre :*** il s'utilise en poudre au Maroc. On le mélange souvent au safran ou au curcuma pour relever le goût des viandes.
– ***Le paprika :*** c'est en fait du poivron rouge séché et réduit en poudre. Il entre également dans la confection de nombreux plats de viande.

– ***Le curcuma :*** on l'appelle aussi le « safran des Indes ». Il s'agit en fait d'un petit rhizome peu goûteux (contrairement aux stigmates parfumés du crocus), reconnu pour ses vertus anti-inflammatoires et son pouvoir colorant très puissant. Il donne sa couleur jaune au curry.
– ***Le cumin :*** il facilite la digestion. En poudre, il s'utilise indifféremment pour la viande et les légumes.
– ***Le ras-el-hanout :*** littéralement « la tête de l'épicerie ». Comprenez que sa composition varie, allant d'un mélange d'une dizaine à une quarantaine d'épices différentes. On l'utilise dans le couscous ou le tajine. C'est aussi un stimulant qui doit « réchauffer » tous les organes.

DES VENDEURS STIGMATISÉS

Qu'il soit cité dans la Bible comme une des épices les plus exquises, qu'il teinte la robe des moines bouddhistes en signe de sagesse, ou que la racine de son nom donne à la langue arabe sa couleur jaune (asfar), *le safran a toujours été un produit rare et cher. Pour en vérifier l'authenticité, le marchand devait plonger la main dans le sac de safran qu'il vendait. Si les stigmates (extrémité du pistil) collaient aux doigts, c'était une contrefaçon. Pris la main dans le sac, le vendeur en portait d'autres stigmates : bastonnade, voire peine de mort !*

Souk des villes et souk des champs

Le terme *souk* signifie « marché » et définit un élément fondamental de la vie marocaine. Carrefour commercial, c'est l'endroit où les gens se rencontrent régulièrement.
En ville, le souk est un ensemble de rues commerçantes où les produits de l'artisanat sont groupés par corps de métier. Il y a le souk des marchands de tissus, celui des bijoutiers, celui des marchands de tapis, des cordonniers, des potiers, des dinandiers (marchands de cuivre). Chaque corporation a ses règles qu'elle ne peut enfreindre sans encourir la vindicte publique et le châtiment de son *amin,* représentant du prévôt des marchands.
À la campagne, où que vous soyez, il y a presque toujours un souk hebdomadaire. Son importance est variable selon la loi de l'offre (les denrées produites localement) et de la demande (les débouchés commerciaux possibles). Généralement, le souk rural se trouve sur un lieu passant : voie de communication, carrefour, voire à un col en montagne.
Parfois, le nom de la localité mentionne le jour du souk. Ainsi, à Souk-el-Arba-du-Rharb, le marché a lieu le mercredi, et à Khémisset, il a lieu le jeudi !
Le souk a toujours lieu le matin. Inutile d'y aller l'après-midi, il n'y a plus rien à voir. Il suit aussi le cours des saisons, et l'animation diminue en hiver.
Pour en apprécier les plaisirs dans les meilleures conditions, les femmes éviteront le port du short et du débardeur, jugés provocants.

Les coopératives d'État

Elles sont situées dans les centres artisanaux (Fès, Tétouan, Marrakech, Rabat, Agadir...). On paie parfois un peu plus cher que dans les souks, mais on est sûr de ne pas se faire rouler sur la qualité. Les prix sont généralement fixes.

Les magasins

Les échoppes des médinas ouvrent tôt le matin et vous pourrez y faire vos achats jusqu'à des heures indues. Le vendredi, elles restent fermées ou n'ouvrent qu'en fin d'après-midi. Les autres magasins n'ont pas d'horaires fixes, mais ils ferment aussi soit le vendredi, soit le samedi, et toujours le dimanche. Dans les centres touristiques, les magasins destinés aux touristes sont ouverts tous les jours et ferment tard dans la soirée. Les grands magasins suivent un horaire équivalent à celui de la France.

Douane

C'est bien connu, en vacances, la puce de la carte de paiement remplace parfois une partie du cerveau. On craque pour un beau tapis négocié à grands coups de thé à la menthe, et, la veille du départ, le spectre du douanier vous apparaît en rêve. Pas de panique ! Tout se passe généralement très bien... à condition de savoir à quoi s'en tenir.

Objets autorisés

Si vous avez jeté votre dévolu sur un objet de valeur, assurez-vous que ce produit est autorisé à l'exportation. Ne comptez surtout pas sur les vendeurs pour vous renseigner, ils manquent souvent d'objectivité ! Trop de personnes se font encore confisquer des « souvenirs » au moment de l'embarquement : bijoux anciens, œuvres d'art et autres denrées considérées comme faisant partie du patrimoine marocain... Pensez donc à vous renseigner avant le départ, par exemple sur le site de la douane marocaine, fort bien fait : • *douane.gov.ma* •
De même, attention aux articles contrefaits. Il est tentant de s'acheter une *Cartier,* un T-shirt *Chanel,* une chemise *Lacoste* ou une montre *Rolex* pour trois fois rien. Mais, naturellement, ces objets de luxe sont des imitations. La loi Longuet de 1994 punit sévèrement la contrefaçon et vous risquez d'être ennuyé à la douane. Mieux vaut épater vos amis avec d'authentiques souvenirs du pays.

Réglementation à l'import

En France, la franchise douanière est de 430 € pour les voyageurs de plus de 15 ans utilisant un mode de transport aérien ou maritime (sinon, elle est de 300 €) et 150 € pour les moins de 15 ans. Elle n'est pas cumulable d'une personne à l'autre. Si la valeur des objets que vous rapportez est supérieure à cette somme, vous devez vous acquitter de la taxe sur la valeur ajoutée (TVA) et des droits de douane normalement exigibles. Ils s'appliquent sur la totalité du prix mentionné sur la facture. Pas de facture ? Alors vous négocierez de gré à gré avec le personnel de douane. Certains vendeurs vous proposeront de fausses factures, mais soyez prudent : les douaniers en épluchent tous les jours, et une facture de 35 € pour un tapis de haute laine de 4 m sur 3 a peu de chance de passer. Soyez réaliste ! *Pour plus d'infos : ☎ 0811-20-44-44 (coût d'un appel local) ou • douane.gouv.fr •*

Les frais de port

Votre tapis est vraiment très, très gros, et lourd en plus. Votre vendeur propose donc de vous l'expédier. Dans ce cas, c'est la même chose... ou presque. Pour les objets dont la valeur dépasse le montant de la franchise douanière (voir ci-dessus), votre vendeur fera appel à un déclarant en douane pour expédier le colis (en port dû, évidemment). Il vous demandera de régler les frais inhérents à cette opération (emballage, frais de transitaire, taxi pour l'aéroport, etc.). Mais ce n'est pas fini.
À l'aéroport d'arrivée, on vous demandera de venir retirer l'objet placé sous douane. En dessous du montant de la franchise douanière, vous pourrez effectuer vous-même le retrait auprès du service des douanes (droits et taxes dus, évidemment). Sinon, il faut, là encore, faire appel à un déclarant en douane (transitaire) pour pouvoir retirer l'objet. Il vous refacturera ses prestations. La surprise est bien souvent là. En général, une fois arrivé à destination, votre tapis aura coûté pas loin du double du prix que vous aurez négocié sur place ! Autant le savoir.

BAKCHICH

À l'origine du mot, qui se perd un peu dans la nuit des temps, le *bakchich* était le cadeau de bienvenue, en signe d'hospitalité et d'amitié ; c'était la façon la plus simple et la plus commode de prouver à son invité que l'on n'était pas insensible à sa venue.
Désormais, le bakchich est employé à tort et à travers. C'est un pourboire, une rétribution en échange d'un service rendu. En revanche, l'aumône légale (le *zakat*) est l'un des piliers de l'islam et n'a rien à voir avec le bakchich. De même, la commission perçue lors d'un échange commercial n'est pas un bakchich non plus (pris ici dans le sens d'un dessous-de-table). Cette pratique remonte très loin dans l'histoire, à la période où les Berbères qui assuraient le commerce transsaharien devaient s'affranchir de quelques grammes d'or auprès des tribus rebelles pour garantir l'arrivée à bon port de la marchandise confiée aux caravaniers.

BOISSONS

Eau

L'eau du robinet est garantie potable et les Marocains la boivent quotidiennement. Mais on ne vous conseille pas d'en faire autant, surtout qu'elle a un fort goût de désinfectant, qui peut rebuter. Rabattez-vous plutôt sur les ***eaux minérales*** plates ou gazeuses en bouteille.
Gare aussi à l'eau de source, très souvent polluée. Si vous ne pouvez pas faire autrement que de la boire, désinfectez-la avec des pastilles de *Micropur® DCCNa* ou d'*Hydroclonazone*.

Sodas et jus de fruits

On trouve des sodas partout. Selon les endroits, vous pourrez boire de délicieux jus de fruits frais (jus d'orange surtout, mais aussi jus de banane, d'avocat, lait d'amande, etc.). Veillez toujours à ce que les oranges soient pressées sous vos yeux et servies dans des verres essuyés, certains vendeurs n'hésitant pas à couper le jus avec de l'eau. Le résultat peut être désastreux pour les intestins.

Alcool

Les musulmans, théoriquement, ne boivent pas d'alcool : le Coran le leur interdit. Ainsi, la grande majorité des restaurants marocains ne disposent pas de licence de débit de boissons alcoolisées. On vous signale ceux qui en bénéficient.
Au Maroc, l'alcool est vendu dans les supermarchés ou dans des débits de boissons qui sont toujours situés en dehors de la médina. En général, leur façade est anonyme et la bouteille vous sera toujours remise enveloppée dans du papier journal et placée dans un sac de plastique noir, car il est vrai que, sur le strict plan religieux, il s'agit d'un péché...
Au moment des fêtes religieuses, ces rayons sont autorisés aux seuls étrangers munis de leur passeport. N'achetez pas d'alcool à un jeune Marocain qui vous solliciterait, vous risquez des poursuites judiciaires.
– ***La bière :*** la bière locale, la *Flag Special*, est assez légère et brassée sous licence à Casablanca. Un peu plus forte, la *Casablanca* a plus de goût. La *Stork* est une bonne bière, brassée à Marrakech, Casa et Fès (où la pureté de l'eau locale la rendrait meilleure, paraît-il !). Enfin, la *Heineken*, brassée aussi à Casablanca, est moins chère que les bières importées que l'on peut se procurer dans les centres touristiques.

– ***Le vin :*** les vins locaux sont produits dans la région de Meknès (région de Volubilis) depuis l'époque romaine, et présentent bien des qualités. Les conditions de vinification se sont bien améliorées, au grand plaisir des papilles. On retiendra :
– dans les rouges, les cépages cabernet : la cuvée-du-président (eh oui !), le médaillon, le domaine-de-sahari, le ksar, le guerrouane, l'amazir ou le siroua ;
– dans les blancs : le val-d'argan, chaud-soleil, valpierre et le muscat de Beni-Snassen et encore le président ;
– dans les rosés : le président, le guerrouane. Les rosés sont, en général, un peu forts. On préfère de loin le gris comme le domaine-de-sahari et surtout le gris de Boulaoúane, plus léger. À boire frais, bien sûr !
Depuis quelques années, un producteur français de châteauneuf-du-pape produit à côté d'Essaouira un vin qui sort vraiment du lot : le val-d'argan. Il existe en blanc, rosé et rouge.

Café et pousse-café

Le café marocain est souvent préparé avec du café soluble. Un nombre croissant de restos disposent toutefois d'une machine à café permettant de faire de vrais espressos. Dans ces endroits, vous pouvez aussi, si vous aimez votre café avec un nuage de lait, demander un « café cassé » ou, si vous aimez le café au lait, un « *noss-noss* », qui signifie moitié-moitié.
La *mahia* est un alcool de figues qui titre 40°. Auparavant produite par de petites entreprises familiales, elle est maintenant distillée d'une manière industrielle à Casablanca. Excellente pour conclure un bon repas, à condition de ne pas en abuser. Mélangée à des jus de fruits, elle permet de faire de très bons cocktails.

Thé

Au Maroc, on consomme généralement du thé vert de Chine avec beaucoup de menthe. En 150 ans, c'est devenu une véritable institution, une cérémonie à laquelle on n'échappe pas. Il est généralement préparé par le maître de maison. En son absence, le fils ou le doyen de la famille officient. Si l'on veut vous faire honneur, on vous confiera la tâche.

HISTORICI-THÉ

Jusqu'au XIXe s, les Marocains consommaient des infusions de menthe, de verveine, de sauge ou de marjolaine ! C'est pendant la guerre de Crimée, en 1854, que le thé se généralise. En effet, les Anglais, ne pouvant plus vendre sur le marché russe, cherchent de nouveaux débouchés pour écouler leur production venant d'Inde et de Ceylan. Ils se tournent donc vers le Maroc, proche de Gibraltar. Depuis, le thé est devenu la boisson nationale.

Quand vos mains seront lavées, quelqu'un apportera la bouilloire remplie d'eau, la boîte à thé vert, la boîte à sucre (pain de sucre concassé en gros morceaux) et, sur un plateau, la théière et les verres avec un bouquet de menthe fraîche. Pendant que l'eau de la bouilloire chauffe, vous mettrez dans la théière une cuillerée à café de thé vert pour deux verres. Lorsque l'eau sera à ébullition, vous en verserez une petite quantité sur le thé et donnerez à la théière un petit mouvement tournant afin de faire gonfler le thé, puis vous verserez ce premier jet dans un verre (c'est pour éliminer la théine). Vous recommencerez l'opération deux fois. Tout se fait toujours trois fois dans les rituels marocains. Ensuite, vous verserez le contenu du premier verre dans la théière en rajoutant de l'eau bouillante sur le thé et porterez la théière sur le feu. Quand le thé sera à ébullition (plus vous le laisserez bouillir, plus il sera fort), vous retirerez la théière du feu et mettrez la menthe, que vous aurez préalablement équeutée, en poussant avec un gros morceau de sucre. Vous compléterez jusqu'à atteindre un morceau

par tasse. Commencera alors l'opération d'aération. Vous verserez le thé dans un verre et reverserez le contenu du verre dans la théière deux ou trois fois de suite, en prenant soin à chaque fois de lever la théière pour que le jet s'étire et fasse de la mousse. Il ne vous restera plus qu'à vérifier si le thé est suffisamment sucré, à remplir définitivement les verres et à les passer aux convives en prononçant *Bismillah,* ce qui signifie « à la grâce de Dieu ».
En hiver, lorsque la menthe est rare, on fait du thé avec du *chiba* (de l'absinthe) ou du *fliou* (du menthol). Le parfum est étonnant.
Chez les Berbères, on accompagne le thé de pain chaud que l'on trempe dans de l'huile d'olive ou d'argan, dans du miel ou de l'*amlou* (une pâte à tartiner, composée d'amandes broyées, de miel et d'huile d'argan aromatisée d'une pincée de cannelle). Au-delà de Guelmim, la menthe disparaît et on vous sert le thé des Sahraouis, bouilli et rebouilli. Il est si fort qu'au troisième verre, vous grimpez aux arbres !

Les cafés et bars

La fréquentation des cafés traditionnels (souvent appelés salons de thé) est très masculine. Un soir de match, quand tous les hommes sont alignés face au poste de télé, l'ambiance n'est pas triste.
Les filles, non accompagnées d'un homme, choisiront plutôt les terrasses des cafés modernes et des brasseries (présents dans les grandes villes) ou les crémeries-laiteries.
Dans les villes touristiques (du Nord, à Marrakech et Essaouira), quelques bars (branchés) servent de l'alcool. En revanche, évitez les bars des petits hôtels où viennent s'encanailler les hommes du coin. Ambiance un peu glauque.

CINÉMA

La production marocaine

Longtemps, la production marocaine s'est cantonnée à quelques comédies à succès ne dépassant pas les frontières du pays. À partir des années 1970 apparaît un timide cinéma d'auteur porté par Souheil ben Barka *(Noces de sang),* Moumen Smihi *(El Chergui ou le Silence violent, Chroniques marocaines)* ou encore Abdelkader Lagtâa *(Le Grand Voyage).* L'émergence d'un cinéma marocain pluriel et d'envergure internationale ne prend réellement de l'ampleur qu'au début des années 2000, grâce à la volonté du nouveau roi Mohammed VI et grâce à la création d'un fonds de soutien, à l'instar du CNC en France.
La multiplication des coproductions, avec la France, les États-Unis, l'Italie et la Belgique principalement, offre plus de fonds aux réalisateurs et une visibilité plus importante à leurs œuvres. Parmi la nouvelle vague de cinéastes, on signalera Nabil Ayouch *(Mektoub, Ali Zaoua),* Hakim Belabbes *(Les Fibres de l'âme)* et Mohamed Zineddaine *(Réveil).* Les sujets traités sont personnels ou abordent des faits de société comme le déracinement (le beau documentaire *My Land* de Nabil Ayouch sorti en 2011 revient sur le problème palestinien), la place des jeunes et des femmes, etc. En 2006, *Marock,* le premier long métrage de la réalisatrice Laïla Marrakchi, a été l'objet d'une vive polémique. L'histoire raconte la relation amoureuse de deux jeunes de la bourgeoisie de Casablanca, une musulmane et un juif. On y découvre à cette occasion les talents de Morjana Alaoui. En 2007, *En attendant Pasolini,* du réalisateur Daoud Oulad Syad, a remporté le prix du meilleur film arabe au Festival international du Caire.
Toutes ces productions sont désormais célébrées à l'occasion, entre autres, du Festival international du film de Marrakech en décembre *(● festivalmarrakech.info ●),* du Festival national du film marocain de Tanger en janvier *(● maghrebarts.*

ma/cinema/fnfm.html ●) ou encore du FICAM, Festival international du film d'animation de Meknès (qui devrait devenir... du Maroc, ● *ficam-maroc.com* ●), vitrine du réseau des Instituts français, par ailleurs très actifs dans tout le pays.

Le Maroc comme décor

Outre les films mythiques prenant pour sujet le Maroc (*Casablanca* avec Humphrey Bogart et Ingrid Bergman s'il ne fallait en citer qu'un seul), le Maroc est aussi un cadre idyllique pour de nombreuses productions étrangères. Le tournage de ces longs métrages génère un chiffre d'affaires supérieur à 100 millions de dollars par an et offre un travail régulier à des milliers d'artisans, figurants, techniciens et commerçants, principalement dans la région de Ouarzazate. La ville abrite les plus grands studios du pays, créés en 1983. *Le Diamant du Nil, Lawrence d'Arabie, Un thé au Sahara, Gladiator, Alexandre, Astérix et Cléopâtre, Indiana Jones et le Royaume du Crâne de cristal, Indigènes* ou encore, plus récemment, *Prince of Persia, Les Sables du temps* et *Inception* y ont été tournés.

CUISINE

Les spécialités

La cuisine est ici affaire de femmes et les recettes se transmettent de mère en fille. Les hommes, eux, s'occupent du thé et n'ont pas accès aux fourneaux. Pour déguster les véritables spécialités marocaines, il faut être invité dans une famille. Vous verrez alors toute la différence. Sachez aussi que les recettes de cuisine marocaine demandent une longue préparation. Dans les restaurants, pensez à les commander au moins quelques heures à l'avance !

– ***Les salades*** sont généralement servies en début de repas. Une simple salade de tomates, d'oignons et de poivrons a une saveur particulière grâce à la coriandre ou au *kamoun* (le cumin) qui entre dans la composition de nombreux plats marocains. La salade *mechouia*, consommée de Tunis à Tanger, est réalisée à base de tomates et de poivrons cuits, d'ail, d'huile d'olive et de jus de citron. Dans les restaurants respectant la tradition, on vous apportera une variété de salades d'olives *(meslalla)*, de fenouil, de carottes râpées parfois parfumées au jus d'orange, de *feggous* (des petits concombres longs et fins). Outre la *mechouia* très répandue, on vous proposera d'autres salades de légumes cuits : de betteraves, de mauve *(bekkoula)*, plante printanière assez proche des épinards, de patates douces, de fèves fraîches, de petits pois ou de courgettes, le tout parfumé au safran, à la cannelle, au cumin, à la fleur d'oranger, à la coriandre hachée, ou mariné à l'ail pilé, au jus de citron ou à l'huile d'olive. Ces salades, servies dans de petites soucoupes, se dégustent avec du pain et ouvrent l'appétit.

– ***Le tajine*** est le plat le plus répandu au Maroc, facilement reconnaissable à son « chapeau pointu » en terre cuite. Le terme « tajine » désigne à la fois le contenant et le contenu. Dans les repas de fête et les grands restaurants, il est servi entre la salade et le couscous. Ce n'est pas tant une recette particulière qu'un mode de cuisson. Rarement pimenté mais toujours épicé, parfois sucré, il est préparé à base de légumes et de poisson ou de viande. C'est le plat familial par excellence, mais c'est également une tradition rurale d'une population méditerranéenne ayant adopté très tôt l'usage du blé, car il ne saurait y avoir de tajine sans pain. De la ville au fin fond de la campagne, il est toujours consommé en commun. On mange à même le plat, en y trempant son bout de pain.

Dans les campagnes, les tajines sont généralement très simples. Il faut aller dans les restaurants sophistiqués des villes pour les trouver plus élaborés, avec pruneaux, amandes, bourgeons de figuier... En saison, ne manquez pas le tajine aux coings et au miel (un régal).

– ***Le couscous*** est le plat que l'on mange traditionnellement en famille le vendredi après la prière de *dhuhr* (de midi). Contrairement au couscous tunisien, algérien ou pied-noir, le couscous marocain n'est pas très épicé. Il est même un peu fade. La semoule de blé ou d'orge est roulée par des mains expertes et cuite à la vapeur. Elle accompagne des légumes : potiron, courgettes, navets... ou des légumineuses telles que les fèves, les pois, les lentilles. On y trouve également de la viande de bœuf ou de mouton, rarement du poulet et jamais de merguez. Chaque famille a sa recette, toujours composée en fonction des légumes disponibles sur les marchés. N'hésitez pas, si l'occasion se présente, à goûter le couscous à l'orge, beaucoup plus facile à digérer.

– ***Les brochettes grillées*** sur les braises offrent l'avantage de constituer un repas rapide et bon marché, en plein air ou dans le souk. Elles se mangent avec du pain. Préférez toujours les endroits très fréquentés (les relais routiers, par exemple), la viande y est en général de bonne qualité et tout ce qui est grillé est recommandé en cas de turista.

– ***Les keftas*** sont des brochettes ou boulettes de viande hachée épicée. Il existe aussi les ***keftas de sardines,*** assaisonnées à l'huile d'olive et que l'on achète en petites boîtes dans n'importe quelle épicerie. Excellent et introuvable chez nous. Impeccable en sandwich.

HALAL, MODE D'EMPLOI

Les viandes en conformité avec le Coran sont halal. Les bêtes doivent être saignées rituellement (ni assommées ni étouffées), sous l'égide des mosquées qui mandatent des contrôleurs dans les abattoirs. Pas de viande de porc, jadis source d'épidémies dans les pays chauds (le porc ne peut d'ailleurs être égorgé : il n'a pas de cou !). L'élevage en batteries est théoriquement proscrit. Tant mieux !

– ***Les soupes*** sont servies dans la plupart des petits restaurants, principalement la célèbre *harira* qui, pendant le ramadan, sert à rompre le jeûne quotidien. C'est une soupe à base de tomates, de farine, de lentilles ou de pois, dans laquelle on trouve quelques morceaux de viande. On y ajoute un peu de jus de citron au moment de la servir dans un grand bol. La *bissara* agrémente également les repas marocains. Il s'agit d'une soupe populaire très épaisse à base de fèves concassées, d'huile et d'épices. Plat du pauvre, elle n'apparaît jamais dans les menus touristiques. Les plus curieux devront passer commande.

– ***Les briouate*** sont des petits beignets constitués de feuilles de pâte de pastilla et farcis de viande hachée, de cervelle, de saucisses, de poisson, d'amandes, etc. Frits et dorés à souhait, ils se laissent croquer avec délice en guise d'amuse-gueule.

– ***La pastilla*** est un plat exceptionnel : grand gâteau de pâte feuilletée aux amandes, fourré généralement de hachis de pigeon ou de poulet, et saupoudré légèrement de sucre et de cannelle. Plus rare, la pastilla de poisson est à découvrir. Ce plat assez cher n'est servi que dans certains restaurants, souvent uniquement sur commande.

– ***Le méchoui*** est un plat de fête. Il marque souvent le dénouement d'un événement quelconque. Au Maroc, il est souvent cuit à l'étouffée dans un four en argile spécialement construit à cet effet. Rares sont les méchouis embrochés comme chez nous. Selon que la bête ait pâturé en plaine ou en montagne, sa chair est plus ou moins parfumée.

– ***Le trid*** fait partie des plats familiaux au sens strict. Au troisième jour de la naissance, les femmes se retrouvent entre elles pour apporter chance et prospérité au bébé, et redonner des forces à la jeune mère : elles dégustent ensemble ce plat à base de poulet (ou de pigeon) et de crêpes épaisses coupées en petits morceaux. Un plat succulent qu'on ne peut découvrir que dans les restaurants respectant une longue tradition.

– ***La tanjia*** est un plat de la région de Marrakech. Les hommes le préparaient (à l'origine) le jour où leur femme allait au hammam pour retrouver ses amies et se faire belle. Il était mis à cuire dans le four du hammam. La viande (du bœuf, généralement) mijotait sur les braises durant 6h, s'imprégnant de tous les parfums (citron confit, safran, cumin). Aujourd'hui, il fait le bonheur des bonnes tables.

– ***Le poisson*** est excellent... Grâce au courant froid qui baigne les côtes atlantiques, le littoral marocain est très poissonneux. Mieux vaut tout de même le consommer dans les villes côtières, car, exception faite des restaurants des grandes villes, dans l'intérieur des terres, la chaîne du froid est rarement respectée. Prudence donc, et sentez toujours votre poisson avant de le goûter ! De toute façon, une seule règle : demandez aux locaux où ils mangent la friture !

– ***Les escargots*** sont aussi appréciés par les Marocains. On les mange sur le pouce auprès de marchands ambulants dans les rues de Marrakech avec une sauce au cumin, ou de manière plus raffinée quand ils sont au menu de certains restaurants.

– ***Le pain*** est presque toujours rond comme une galette. Encore fait à la maison dans bien des cas et cuit dans le four du boulanger moyennant une petite pièce, il se conserve dans des *tbikat* pendant plusieurs jours. Dans le Sous, il est cuit à même les galets, ce qui lui donne un aspect bosselé très particulier. Il est généralement excellent, surtout à la sortie du four.

– On ne saurait conclure sans parler des ***pâtisseries.*** Les plus connues sont les *kaab el ghzal* ou cornes de gazelle, mais vous pouvez essayer les *briouate* au miel et aux amandes, les *griouch,* le *haloua rhifa* (gâteau en forme de cône servi à l'occasion d'un mariage, d'une naissance ou d'une circoncision), les *ghoriba* aux amandes ou aux graines de sésame, les *bechkito* (des petits-beurre croustillants), les *mhanncha* (sorte de serpents lovés et recouverts de cannelle en poudre), les *shebbakia* (rubans de pâte frits avec du miel chaud et des graines de sésame grillées, typiques du ramadan). Pour nous, la palme revient à la pastilla au lait, dite *ktéfa.* Ce dessert succulent est fait de feuilles de *ouarka* (pâte à base de farine et d'eau, qui doit être élastique) parfumées à la fleur d'oranger, superposées les unes sur les autres avec des amandes pilées, sur lesquelles on verse avant de servir un peu de lait refroidi. Il existe aussi une version à la crème pâtissière. Impossible de résister à ce dessert, qui n'est le plus souvent servi que dans les familles et dans les tables d'hôtes. Dans le Sud, *sucre et miel disparaissent.* On ne trouve quasiment que des biscuits sablés (en hommage à la proximité du désert ?).

TOUT LE MONDE SE SUCRE...

Le sucre est un ingrédient fondamental de la cuisine marocaine. D'ailleurs, un Marocain consomme sept fois plus de sucre qu'un Européen ! Un véritable fléau sanitaire. Or, si ne pas goûter aux cornes de gazelle, makrouds *et autres* baklawas *est un crime, en abuser est un suicide... bien agréable, il est vrai.*

Les emprunts culinaires

Si le trio couscous-tajine-brochettes devient lassant au bout d'un certain temps, rien ne vous empêche, si vous vous trouvez dans une ville assez importante (ailleurs, c'est difficile...), de varier les plaisirs. Comme toutes les cuisines, celle du Maroc a adopté, çà et là, quelques éléments qui lui sont étrangers pour l'accommoder au goût des Marocains. C'est notamment le cas de la *pizza,* de la *salade niçoise,* du *chawarma,* sandwich libanais à la viande de bœuf chaude servie avec une sauce fortement vinaigrée et citronnée, devenu lui aussi très populaire et servi dans de nombreuses gargotes bon marché. Dans les restaurants gastronomiques, de nombreux chefs français représentent tous les terroirs en les accommodant d'épices, d'huile d'olive, voire d'huile d'argan : la cuisine méditerranéenne au sens large est à l'honneur, et vous découvrirez pourquoi le Maroc, faisant le grand écart entre tradition et modernité, est si tendance aujourd'hui !

Les restaurants

En règle générale, les prix sont affichés ou figurent sur un menu. En revanche, lorsque les tarifs ne sont pas mentionnés, mieux vaut toujours demander les prix à l'avance, même s'il n'y a généralement pas de grosses surprises. En principe, le service et les taxes sont compris. Dans le cas contraire, ils sont indiqués sur le menu (écrits en tout petit, bien sûr !). Il est courant de laisser un petit pourboire au serveur (2 à 5 Dh), selon le montant de l'addition.
Dans les zones rurales, préférez les petits restaurants aux abords des gares routières. La nourriture y est en général fraîche en raison de la fréquentation des lieux. C'est plus par la vaisselle que vous risquez d'attraper quelque chose, alors n'hésitez pas à manger « à la marocaine », en trempant votre bout de pain dans le frichti ! Prudence tout de même avec les salades et les oranges pressées dans les gargotes. Privilégiez les grillades et les petits tajines qui cuisent sur le *canoun* (brasero). Hors des grandes villes, on dîne tôt ; après 21h, il peut être difficile de se faire servir.

Savoir-vivre

Si vous êtes invité à prendre un repas avec des Marocains (ou simplement à participer à la fameuse cérémonie du thé, installé sur un tapis tout en dégustant des biscuits ou des dattes), la tradition veut que vous mangiez avec la main droite : la main gauche est réservée à la toilette, sage précepte du Coran datant d'une époque où l'hygiène n'était pas ce qu'elle est aujourd'hui. Traditionnellement, tout ustensile est superflu. Le repas commence par un rapide lavage des mains. Utilisez ensuite des morceaux de pain pour saisir légumes et viande de votre tajine, et n'hésitez pas à attraper l'os pour en arracher la chair qui s'y colle. Le repas terminé, on se lave les mains et la bouche, et vous vous doutez bien que ce n'est pas un luxe !
Enfin, il ne faut pas gâcher de pain, ni en entamer plus que l'on en mangera. En effet, le pain est respecté au plus haut point par les Marocains, qui le surnomment « don de Dieu ».

DROITS DE L'HOMME

Boycottées par une partie de l'opposition et remportées par le Parti de la Justice et du Développement (PJD, islamiste et proche du roi Mohammed VI), les élections législatives de novembre 2011 semblaient avoir sonné le glas des aspirations de la rue marocaine. Ils étaient, de fait, peu nombreux au sein du Mouvement du 20-février à souhaiter le départ du roi, mais beaucoup appelaient à une évolution vers une forme de monarchie constitutionnelle. Habile, Mohammed VI a joué sur les divisions au sein de cette coalition – entre jeunes laïcs et islamistes de « Justice et Bienfaisance » opposés au PJD – et proposé de très légères modifications à la Constitution, conservant de fait un pouvoir quasi absolu.
Mais la crise sociale – rappelons-le à l'origine de toutes les révolutions arabes – n'a pas pour autant disparu. Pire, la montée du chômage a encore été aggravée cette année par la sécheresse et, en mai 2012, à l'appel de nombreuses organisations et du Mouvement du 20-février – à l'exception notable des islamistes qui s'en sont depuis retirés –, une manifestation monstre a réuni plusieurs dizaines de milliers de personnes à Rabat, un événement rare au Maroc.
Est-ce en raison de ce succès que le régime semble avoir décidé de durcir le ton ? Cinq militants ont en effet été condamnés à des peines de prison ferme en

septembre 2012, pour avoir participé à une manifestation interdite 2 mois plus tôt. Et même si la parole s'est quelque peu libérée, avec l'émergence de nombreux groupes de blogueurs, la censure demeure toujours omniprésente (voir plus loin la rubrique « Médias »).
Mais ce sont surtout les voix qui s'élèvent contre la corruption qui sont aujourd'hui les plus menacées. Ceux qui s'en prennent aux activités économiques de la famille royale subissent un harcèlement judiciaire permanent, à l'image du très populaire rappeur L7a9d. Si les Berbères ont obtenu quelques concessions dans la nouvelle Constitution, avec la reconnaissance officielle du tamazight, la situation au Sahara occidental est, quant à elle, toujours dans l'impasse, et les populations sahraouies continuent de subir une répression importante.
Enfin, la réforme du code du statut personnel *(Moudawana)*, adoptée en 2004, a apporté une réelle amélioration pour les Marocaines, mais les freins sociétaux demeurent très vivaces. Le suicide d'une jeune Marocaine de 16 ans, contrainte par ses parents à se marier à son violeur, a cependant provoqué un mouvement national d'indignation qui a fragilisé la position du PJD au pouvoir. De nombreuses organisations féministes demandent en effet la suppression de ce genre d'« arrangement » encore prévu dans le code pénal.

Pour plus d'informations, contacter :

■ ***Fédération internationale des Droits de l'homme (FIDH) :*** *17, passage de la Main-d'Or, 75011 Paris. ☎ 01-43-55-25-18. • fidh.org • Ⓜ Ledru-Rollin.*

■ ***Amnesty International*** *(section française) :* *76, bd de la Villette, 75940 Paris Cedex 19. ☎ 01-53-38-65-65. • amnesty.fr • Ⓜ Belleville ou Colonel-Fabien.*

N'oublions pas qu'en France aussi, les organisations de défense des Droits de l'homme continuent de se battre contre les discriminations, contre le racisme et en faveur de l'intégration des plus démunis.

ÉCONOMIE

À son arrivée au pouvoir, Mohammed VI a hérité d'une économie en crise, empêtrée dans des lourdeurs administratives et douanières, sans oublier la corruption, principale gangrène du pays.
La volonté de réformes du jeune roi et une situation macro-économique plus favorable dans les années 2000 ont permis l'amélioration significative de certains indicateurs : baisse du chômage qui s'élève à environ 10 % des actifs, taux de croissance avoisinant les 5 % (c'est le taux de croissance le plus élevé du Maghreb) et inflation en forte baisse (2 % en moyenne). Ajoutez à cela des investissements étrangers, qui ont fortement augmenté jusqu'en 2007.
Bien entendu, l'économie marocaine n'a pas été épargnée par la crise financière de 2008 et par la crise économique qui frappe l'Europe. Et pour cause, l'Union européenne représente près de 60 % des exportations et importations du royaume (la France est le premier partenaire économique du Maroc, suivie par l'Espagne).
Pour faire face à cette conjoncture internationale, les autorités marocaines ont mis l'accent sur les investissements publics, via de grands travaux d'aménagement du territoire, et sur le désendettement de l'État, notamment à travers une vague de privatisations. Aujourd'hui, force est de constater que l'économie du pays résiste plutôt bien. Après un ralentissement en 2010, le taux de croissance a frôlé les 5 % en 2011, mais devrait redescendre à 3 % en 2012. Le déficit commercial du Maroc représente un peu moins de 15 % du PIB, le déficit budgétaire s'élève à 3 % et l'inflation reste stable.

Un secteur primaire encore prépondérant

– Le domaine agricole constitue l'un des piliers de l'économie marocaine (environ 16 % du PIB). Hélas ! diront certains. Très dépendante de son agriculture, l'économie marocaine n'en est que plus fragile. En cause : la structure des exploitations, de type familial, extrêmement morcelée (moins de 2 ha en moyenne), l'archaïsme des méthodes, la surexploitation des ressources naturelles, la gabegie hydraulique avec une céréaliculture qui consomme 80 % de l'eau du pays (car totalement inadaptée au climat) et occupe les trois quarts des surfaces cultivables ! Pour moderniser le secteur, les autorités ont mis en place le plan « Maroc vert » en 2008. Il s'agit d'un ambitieux programme de réforme de l'agriculture, qui donne notamment la priorité à la culture de l'olivier, de l'amandier, du figuier de barbarie et du caroubier.
Ne perdons pas de vue que 40 % de la population réside en milieu rural, et l'agriculture emploie également près de 40 % de la population active. Les aléas climatiques peuvent avoir des conséquences dramatiques. Une mauvaise année, et c'est toute une partie de l'économie du pays qui flanche, comme ce fut le cas en 2008. Mais l'inverse est tout aussi vrai ! Les fortes pluies tombées au début de 2009 ont généré des récoltes exceptionnelles qui ont dopé la croissance nationale.
– La pêche, autre branche du secteur primaire, représente une manne financière non négligeable. Avec plus de 3 000 km de côtes, les pêcheurs travaillent dans des eaux riches (Agadir est le port sardinier le plus important au monde) mais un peu trop prisées par leurs voisins espagnols, français ou portugais. Fin 2011, l'Union européenne n'a pas renouvelé l'accord avec le Maroc, entre autres pour une meilleure prise en compte des intérêts du peuple sahraoui. L'accord devait être renégocié fin 2012.

Des filières en perte de vitesse

– Le textile et le secteur de l'habillement représentaient, jusqu'en 2005, le premier poste des exportations (près de 40 %). Mais la concurrence des pays asiatiques à laquelle s'est ajoutée la crise mondiale a fait mal. Entre 2008 et 2010, les exportations ont connu une érosion régulière d'environ 10 % par an, tandis que près du tiers des emplois du secteur a disparu. Mais dans ce climat morose, la hausse de près de 5 % des exportations survenue en 2011 a redonné un peu de baume au cœur à toute une filière.
– Les phosphates constituent la seule richesse minière. Le pays détient 50 % des réserves mondiales, ce qui en fait le premier producteur et exportateur au monde. L'activité a connu toutefois une baisse importante de ces exportations, en raison notamment de la crise internationale.

« Le printemps du tourisme marocain »

Le tourisme au Maroc représente 7 % du PIB. C'est donc un secteur-clé de l'économie, bouleversé en 2011 d'abord par le « printemps arabe » et l'attentisme des voyageurs, et surtout par l'attentat perpétré à Marrakech fin avril 2011. Il faut dire que beaucoup d'argent a été investi dans le secteur touristique. Le plan « Vision 2010 » visait les 10 millions de touristes en 2010, à travers notamment l'aménagement de six nouvelles stations balnéaires (le plan « Azur ») et l'augmentation de la capacité d'hébergement (160 000 lits). Malgré la mauvaise conjoncture internationale et le retard de certains projets, l'objectif a pratiquement été atteint puisque en 2010 et 2011, près de 9,3 millions de visiteurs sont entrés au Maroc. Les touristes se sont concentrés pour la plupart sur les villes de Marrakech, Agadir et Casablanca. Un nouveau plan a déjà été annoncé : « Vision 2020 », 200 000 nouveaux lits et un doublement du nombre de touristes étrangers d'ici 2020, l'objectif étant fixé à 18 millions. Ce plan prévoit également d'insister sur le tourisme culturel, histoire d'échapper au syndrome du « tout-balnéaire », et de veiller à la durabilité des installations. Si un tel espoir est fondé sur le tourisme, c'est qu'il constitue la première source de devises du pays, avec près de 5 milliards d'euros de recettes en 2010 et 2011. Sur le podium, les Français sont toujours les plus nombreux à visiter le royaume, avec près de 3 millions de voyageurs, suivis par les Espagnols, les Britanniques – de plus en plus nombreux – et les Allemands.

La manne étrangère

Autre source de devises non négligeable, les Marocains résidant à l'étranger (les MRE) rapportent chaque année plus de 3 milliards d'euros dans les caisses. Sur les 10 dernières années, cette manne étrangère représente près de 7 % du PIB.
Par ailleurs, de plus en plus d'étrangers s'installent au Maroc, et l'immobilier connaît un certain essor grâce aux résidences secondaires. Ce sont soit d'anciens *riad* rénovés à grands frais par leurs nouveaux propriétaires, soit de vastes demeures édifiées autour de Rabat, Casablanca, Tanger et Marrakech pour un marché d'acheteurs européens. Véritables réussites écologiques et architecturales, exemple d'intégration au pays avec de larges espaces clôturés et sécurisés où ronronnent villas pourvues de piscines et de golfs dans le désert... oui, on ironise ! La fiscalité marocaine est bien généreuse avec les étrangers, puisqu'elle exonère les droits de succession sur les biens immobiliers. Dans une société qui fonctionne déjà à plusieurs vitesses, fallait-il un traitement de faveur de plus ? Et des exclusions supplémentaires pour les Marocains qui doivent subir les incidences inévitables sur la hausse des prix du logement ?

Les exclus de la modernisation

Aujourd'hui, selon la Banque mondiale, 9 % de la population vit en dessous du seuil de pauvreté nationale. De fait, le revenu annuel par habitant est l'un des plus bas du pourtour méditerranéen. Les jeunes diplômés eux-mêmes estiment que leur avenir au Maroc est compromis par le népotisme et la corruption. Une poignée de proches du palais accapare le contrôle de l'économie marocaine et des grandes entreprises nationales. Pas étonnant, donc, que près de 70 % des Marocains instruits soient tentés par l'émigration. Une fuite de la matière grise préjudiciable au pays.
Par ailleurs, l'entassement dans les bidonvilles menace la sécurité du pays et favorise criminalité et intégrisme islamiste. Un vaste programme d'éradication, « Villes sans bidonvilles », a été lancé en 2004, visant leur disparition et le relogement des familles dans des immeubles flambant neufs. La tâche est énorme : 480 bidonvilles répertoriés pour la seule ville de Casablanca, abritant un demi-million de personnes. En 2010, le ministère de l'Habitat a déclaré que ce plan était achevé à 70 %. Sur le papier, ces chiffres sont encourageants. Sur le terrain, la réalisation d'un programme aussi ambitieux se heurte à un certain nombre de problèmes. Le chemin vers un Maroc sans bidonvilles semble encore bien long...
Mohammed VI, « le roi des pauvres » comme on le surnomme (septième monarque le plus riche au monde tout de même...), semble avoir pleinement conscience de ces enjeux socio-économiques et politiques. Ce n'est pas un hasard s'il fait de la lutte contre le chômage, l'analphabétisme et la pauvreté ses priorités. Si l'on en croit les chiffres du ministère de l'Éducation, le taux d'analphabétisme serait passé de 43 % en 2004 à 30 % en 2010, ce qui représente tout de même encore 8 millions de personnes analphabètes, en majorité des femmes.

Le développement humain

Selon le PNUD, en 2011, le Maroc se classe au 130e rang sur 187, juste derrière des pays comme le Vietnam ou le Tadjikistan ; pas très glorieux, c'est sûr... Quand on sait que la plupart des spécialistes considèrent ce facteur comme véritablement révélateur du niveau de vie d'un pays (à contrario du sacro-saint PIB par habitant), il y a de quoi s'inquiéter. Plus de 50 ans après l'indépendance, un certain constat d'échec dans ce domaine se fait durement ressentir.

ENFANTS ET ÉDUCATION

Avec près du tiers de la population âgée de moins de 15 ans (et la moitié de moins de 25 ans), le Maroc est un pays « jeune ». Néanmoins, le taux de fertilité décroît depuis plusieurs années (à peine 2,2 enfants par femme aujourd'hui), entraînant progressivement un ralentissement de la croissance de la population. Le Maroc est donc confronté à l'important défi de la scolarisation et de l'alphabétisation.

Un système public défaillant

Selon une étude récente, plus de 300 000 enfants ne vont pas à l'école. Quoique gratuit, l'enseignement en école primaire devient vite inaccessible, la scolarité d'un enfant représentant le quart du budget d'une famille modeste. D'ailleurs 9 % des gamins sont obligés de travailler (chiffre peu reluisant). De plus, en milieu rural, les écoles manquent. On fonctionne alors par rotation et les enfants sont scolarisés à mi-temps ! Au final, un peu moins de 15 % des jeunes parviennent au baccalauréat. Par ailleurs, la disparité est importante entre milieu rural et milieu urbain, mais aussi selon les tranches d'âge et surtout le sexe. Pour positiver un chouia, le taux d'alphabétisation va croissant... si l'analphabétisme touche actuellement 40 % de la population parmi les 25-34 ans, il n'est « plus que » de 13,3 % pour les 10-14 ans. Mais, là aussi, les filles sont laissées pour compte : chez les 15-24 ans, 72 % d'entre elles sont alphabétisées contre 87 % chez les garçons. Même si l'État consacre au système éducatif 20 % de son budget, les plus hautes autorités du pays ont reconnu la défaillance du système éducatif public. Les causes sont multiples : maintes réformes menées sans stratégie claire et définie, pas de système d'évaluation de l'apprentissage, vétusté des infrastructures, etc.
En 2009, un plan d'urgence a été lancé avec à la clef : l'allongement de l'école obligatoire jusqu'à 15 ans, la construction d'établissements scolaires, le recrutement et la formation des enseignants. L'ambitieux taux de scolarisation de 92 % des 12-14 ans a été atteint en 2012 pour les garçons, les filles ne l'étant qu'à 88 %. Le chemin est encore long...

Le travail des enfants

Le constat est encore plus alarmant quand il s'agit du travail des enfants. Au Maroc, ils seraient 123 000 entre 7 et 15 ans à travailler, soit 2,5 % des mineurs de cette tranche d'âge, principalement en milieu rural. Et même si le chiffre décroît depuis 1999, il existe encore plus de 30 000 domestiques mineures, « des petites bonnes de moins de 15 ans », selon le rapport du Haut Commissariat au Plan publié en juin 2012.

Stylo Missié !

Dans les villages, les enfants pourront vous demander de l'argent, des bonbons, un stylo ou un cahier. La plupart du temps, il s'agit de comportements induits par les touristes eux-mêmes. La multiplication anarchique des raids en 4x4, le plus souvent non encadrés, ou, plus grave encore, mal encadrés, a contribué à accroître l'insistance des enfants envers les touristes. Alors de grâce, ne donnez RIEN aux enfants. Leur place est sur les bancs de l'école et non sur les bords des

routes à quémander. Rangez votre culpabilité au vestiaire, on ne « sauve » pas l'Afrique en distribuant des stylos aux gamins.
Si vous souhaitez donner aux plus démunis, allez voir l'instituteur du village ou le responsable du dispensaire qui, eux, connaissent les besoins et sauront répartir les dons avec plus de pertinence.

ENVIRONNEMENT

Le Maroc se développe et les causes de pollution avec. Heureusement, comme toujours, il n'y a pas que des ombres au tableau ! Le Maroc s'est engagé dans des programmes de développement durable et de sauvegarde de l'environnement, notamment dans le cadre de ses relations avec l'Union européenne. En 2010, il a même commencé à élaborer une charte de l'Environnement et du Développement durable. Reste à passer de la charte à l'acte.

Les principaux défis : pollution et déforestation

Avec l'augmentation considérable du nombre de véhicules, parfois aggravée par leur vétusté et leur manque d'entretien, la qualité de l'air s'est nettement dégradée dans les grandes villes. On vous laisse imaginer la pollution qui flotte dans les villes de l'intérieur, à Marrakech en particulier, où aucun vent ne vient balayer les odeurs de gaz d'échappement ni alléger l'atmosphère étouffante accentuée par les grosses chaleurs. Certains jours chauds et sans vent, il devient difficile de respirer, la bouche et le nez s'irritent facilement. Asthmatiques, prudence ! Toutefois, le contrôle technique des véhicules est désormais obligatoire et le parc tend à se renouveler.
Autre problème majeur auquel est confronté le Maroc : la dégradation du couvert forestier. Une politique de reboisement est certes menée, avec des chiffres ambitieux, parfois atteints. Alors qu'on replantait 20 000 ha par an de forêt dans les années 1990, 41 300 ha l'ont été en 2010 et 48 000 ha en 2011 (l'objectif du programme pour 2005-2014 étant de reboiser 500 000 ha). Mais ces efforts ne parviennent pas à compenser suffisamment la dégradation du milieu forestier, liée à la pression anthropique et à l'aridité du climat dans les zones à reboiser.
Le bois est en effet une des ressources majeures du pays, puisqu'il assure 30 % de la consommation en énergie. Il est utilisé pour la cuisson des aliments, le chauffage des hammams et dans les fours collectifs. La déforestation pose de sérieux problèmes, notamment celui de l'érosion des sols et du maintien de la biodiversité.
À noter aussi que depuis quelque temps sévit un important trafic de cèdres du Maroc et autres palmiers-dattiers, victimes de la mode. L'itinéraire est bien connu, tout comme les intermédiaires. Si certains arbres, arrachés de façon illégale avec leurs racines, partent en direction de l'Espagne, beaucoup font le bonheur des promoteurs et des riches propriétaires de villas et palais, souvent inoccupés, dans les banlieues de grandes villes comme Marrakech. Bien que 90 % ne survivent pas, les arrachages se multiplient malgré tout dans les palmeraies... Tragique !

La gestion des déchets et de l'eau

Dans un autre registre, vous vous apercevrez vite que les paysages aux abords des lieux fréquentés, comme de nombreux sites urbains (ou même parfois en montagne), restent fort sales. La négligence et l'absence de sensibilité écologique des gestionnaires locaux en sont les causes premières. Difficile parfois de trouver une simple poubelle en ville. De même, une grande partie de la population se sent peu concernée par les problèmes liés à l'environnement. Alors, pour ne pas aggraver la situation, remballez vos papiers gras et vos sacs plastique jusqu'à la prochaine poubelle.

Dans cette rubrique, on ne vous fera pas la morale, mais rappelez-vous que l'eau également est précieuse. Même Marrakech, toute proche de l'Atlas (un immense réservoir), connaît ses problèmes urbanistiques liés à l'évacuation des eaux usées. Les systèmes ancestraux sont dépassés par l'augmentation des rejets, en partie liés à l'affluence touristique...
En appui avec la Banque mondiale, le Maroc planche actuellement sur un ensemble de dispositifs visant à améliorer la gestion des ressources en eau. Une priorité, car la quantité d'eau disponible par habitant ne cesse de diminuer. Elle a même été divisée par 3,5 entre 1960 et 2011, passant de 2 560 m^3 à 730 m^3, une situation qui classe le Maroc parmi les pays les plus « stressés » sur le plan hydrique !
Notons toutefois, la bonne qualité des eaux de baignade. Les derniers contrôles effectués en 2010 révèlent que 94,5 % de celles-ci sont conformes à la norme nationale en la matière, laquelle a été remplacée en 2012 par une nouvelle directive européenne.

Quelle énergie pour demain ?

Autre *casus belli* pour les défenseurs de l'environnement : les projets en matière d'énergie nucléaire. Encore essentiellement dépendant du fioul, du gaz et du charbon étrangers, et sans ressources naturelles (si ce n'est le vent et le soleil, on en parle plus bas), le Maroc envisage de se doter d'un réacteur nucléaire. Si le projet aboutit, malgré les questionnements posés partout dans le monde après l'accident nucléaire au Japon, début 2011, on assistera peut-être à l'horizon 2022 à la première fission d'un atome marocain.
Quant aux énergies renouvelables, sa part doit représenter, d'ici à 2020, environ 42 % de la consommation globale d'énergie du pays. L'accent est mis sur le parc éolien, comme à Sidi-Kaouki (au sud d'Essaouira), sur les contreforts du Rif (triangle Tanger-Ceuta-Tétouan) et, en cours de développement, à Tarfaya, Taza et Laâyoune, entre autres. Mais aussi sur l'énergie solaire avec, en projet, la construction de 5 parcs photovoltaïques, dont le premier devrait être inauguré à Ouarzazate en 2015.

FAUNE ET FLORE

Faune

Les éléphants ont disparu, et le lion de l'Atlas, que prétendait défier Tartarin de Tarascon, s'est éteint au début du XXe s. La chasse, pratiquée d'une manière intensive par les Romains, a privé le Maroc d'une partie de sa faune sauvage. Pourtant, quelques singes magots, chacals et lynx hantent encore certaines régions montagneuses. En bordure du désert, les outardes, les gazelles et les fennecs se font rares.
Ce sont les volatiles et les reptiles que vous aurez le plus souvent l'occasion d'observer. Ornithologues et herpétologistes sont ici au paradis. L'avifaune marocaine est extrêmement variée. On y dénombre plus de 300 espèces d'oiseaux, dont

LA BOSSE DU COMMERCE

Le chameau traîne ses deux bosses en Asie centrale. Le dromadaire, lui, roule son unique bosse en Afrique du Nord et au Proche-Orient, d'un pas lent et chaloupé en posant sur le sol ses pieds mous qui font office de coussins. Insensible au vent de sable, le dromadaire pince ses narines pendant que, vous, vous suffoquez ! Il peut rester des jours sans boire, mais engloutira jusqu'à 100 l au premier point d'eau ! Voilà les secrets des grandes routes caravanières, avec leurs chapelets de dromadaires charriant leurs marchandises sur des centaines de kilomètres.

deux tiers nichent au Maroc. Plusieurs zones humides figurent sur la liste de la convention Ramsar (zone reconnue d'intérêt international pour la migration des oiseaux d'eau). Le Maroc abrite de nombreuses espèces de canards, plusieurs espèces d'hirondelles et de martinets, et les cigognes font partie du paysage. Parmi les espèces sédentaires, citons la perdrix, de nombreuses variétés de fauvettes, le ganga, le faisan, la caille, l'ibis chauve, le merle bleu et ces magnifiques oiseaux que sont le guêpier et le rollier. Les amateurs de rapaces observeront le percnoptère, le vautour fauve, les faucons, busards et milans, sans oublier l'aigle botté ou l'aigle royal dans son envol majestueux. Dans les régions désertiques, les reptiles se distinguent : tortues, uromastyx (fouette-queue), agame, vipère, cobra. Rien que du beau monde ! Sans oublier les arachnides, le solifuge et le scorpion, au tempérament si câlin !
Au printemps, éclosion massive de papillons dans la région d'Ifrane. À tel point qu'il est parfois nécessaire de mettre les essuie-glaces pour voir la route !

Commerce illégal, espèces menacées

Certaines espèces menacées, et pourtant protégées par différentes conventions internationales dont le Maroc est signataire, font l'objet d'un commerce illégal. À commencer par les petites tortues terrestres *(Testudo graeca)* en vente dans certains souks. N'en achetez pas ! De toute façon, la plupart meurent en quelques mois ! Évoquons aussi le sort des serpents manipulés sur de nombreuses places (et notamment la plus célèbre, celle de Jemaa-el-Fna à Marrakech). Il s'agit de cobras, de vipères heurtantes, de couleuvres de Montpellier et d'autres espèces dont la plupart sont menacées d'extinction en Afrique du Nord. Les reptiles sont malmenés, leurs crochets arrachés, et leur espérance de vie est bien courte... Ils meurent après quelques mois de « spectacles ».

Flore

La flore marocaine est d'une extrême diversité. Selon les régions, elle est méditerranéenne, montagnarde ou saharienne.
Dans le Nord méditerranéen, on trouve des essences aromatiques ou de bruyère, des oliviers, des lentisques et des palmiers nains, auxquels se mêlent genévriers, chênes verts et chênes-lièges. Aux abords des massifs poussent le pin d'Alep, le thuya (la tétraclinaie marocaine est très réputée), le cèdre de l'Atlas. Plus on monte en altitude, plus la végétation se nanifie, elle se développe la plupart du temps sous forme de tapis de xérophytes (des plantes capables de s'adapter aux milieux secs). Subsistent également quelques beaux spécimens de genévrier thurifère. Dans les vallées d'altitude poussent les trembles, les peupliers et les noyers. Passé l'Atlas et à l'instar des piémonts, les succulentes phagocytent les versants, offrant à leur floraison des paysages sans pareils. Dans le Sud, le grand tamaris et le palmier-dattier garantissent l'ombre aux oasiens, tandis que dans les steppes à alfa subsiste une végétation rabougrie d'épineux. Dans cette nature généreuse, l'homme a planté de profitables citronniers, orangers, bigaradiers, amandiers, figuiers, bananiers et arganiers.

L'arganier

Les régions d'Essaouira, d'Agadir et de Tafraoute sont célèbres pour leurs arganiers *(Argana spinosa)*, endémiques dans le Sud-Ouest marocain. Ses 828 000 ha de forêts bénéficient d'une mesure de protection datant de 1925. Mesure qui a longtemps été bafouée. Combien d'hectares ont été abattus au profit de cultures plus rentables avant que la valeur de l'arbre et de son fruit ne soit reconnue par tous ? Or, les arganeraies représentent dans le Sud marocain le dernier « rideau vert », l'ultime rempart face à l'avancée du désert. Sa préservation était donc vitale. Au milieu des années 1990, les scientifiques, en démontrant les vertus de l'huile extraite du fruit, ont valorisé l'arbre, qui fait aujourd'hui l'objet d'une campagne de plantation. Les habitants ont compris leur intérêt à protéger le végétal. L'arganier a ainsi été sauvé, même si la qualité de la récolte est de plus en plus compromise par les années de sécheresse et par une main-d'œuvre pas toujours expérimentée pour la cueillette du fruit.

L'arbre, très prisé des chèvres qui grimpent sur ses branches pour en déguster les fruits, ressemble un peu à l'olivier, mais il résiste beaucoup mieux aux conditions climatiques que son cousin. Ses très longues racines lui permettent en effet d'aller puiser l'eau profondément. S'il a l'air mort, ne vous y fiez pas, c'est qu'il se repose : il peut ainsi survivre 7 ans sans une goutte d'eau !

Quant à son fruit, la noix d'argan, qui peut ressembler aussi bien à une olive qu'à une datte selon son degré de maturité, il produit une huile d'une qualité exceptionnelle, qu'elle soit culinaire ou cosmétique.

Outre ses vertus anticholestérol et vitaminique, l'huile diminuerait les risques de maladies cardio-vasculaires. On l'utilise aussi contre les dermatoses, brûlures, rhumatismes, etc., ainsi que pour la fabrication de nombreux produits cosmétiques occidentaux pour ses bienfaits revitalisants sur la peau et les cheveux. Mélangée à du miel et des amandes, elle donne le délicieux *amlou*. Autant de raisons pour l'adopter.

DE LA NOIX D'ARGAN À L'HUILE

Contrairement à l'extraction aisée de l'huile d'olive, celle de l'argan est complexe car entièrement manuelle. Les fruits sont séchés et débarrassés de leur écorce tandis que le noyau est recyclé comme combustible. C'est l'amande à l'intérieur du noyau qui sera grillée, puis réduite en pâte pour en extraire une huile succulente. Donc rien à voir avec l'olive dont on utilise la pulpe qui entoure le noyau. Son grand plus : un goût de noisette incomparable.

Attention toutefois à certains vendeurs à la sauvette et à certaines boutiques. Cette huile est très souvent « coupée » et donc sans intérêt (on le remarque en agitant la bouteille : l'huile d'olive se dissocie alors de l'huile d'argan) ; les amandes mal torréfiées donnent au produit un arrière-goût de brûlé. Certaines huiles coupées ou allongées d'eau présentent un dépôt noirâtre qui se forme au bout d'un certain temps. Ce qui altère bien sûr l'huile.

Concernant les prix, tout dépend évidemment de la qualité, label bio (certifié « Ecocert ») ou pas. Mais ne vous faites pas trop d'illusions, quand une bouteille est très bon marché, l'huile risque d'être coupée ou de qualité médiocre. Disons que les prix varient entre 250 et 350 Dh le litre pour une huile alimentaire de bonne qualité.

Pour découvrir la *route de l'arganier*, voir la rubrique « Achats. Huile d'argan » à Essaouira.

FEMMES

En 2004, le gouvernement a provoqué une petite révolution en décidant d'abroger les textes les plus discriminatoires de la *Moudawana*, le code de la famille, instaurant une égalité de droits entre l'homme et la femme. Adoptée par les députés marocains, la nouvelle législation émancipe les Marocaines et modernise toute une société. Désormais, la femme n'est plus sous la tutelle patriarcale, elle peut choisir librement son époux (alignement de l'âge du mariage des filles sur celui des garçons, 18 ans et non plus 15), voyager seule, établir des contrats de partage des biens acquis durant le mariage, divorcer sans perdre la garde des enfants en cas de remariage (sous certaines conditions), refuser la polygamie. Bref, un véritable bouleversement.

Cette réforme est directement inspirée (et c'est là toute la subtilité du gouvernement) des préceptes du Coran : « Dans l'opinion, réformer la *Moudawana* équivalait à toucher aux textes sacrés du Coran. Ce tabou est brisé », affirme la parlementaire Nouzha Skalli. Depuis, on sent chez de nombreuses Marocaines le désir de s'exprimer et de souligner la nécessaire égalité des sexes dans un pays qui, notamment en ville, adopte chaque jour un peu plus des modes de vie proches de ceux des Occidentaux.
Cependant, si en milieu urbain on compte aujourd'hui quelques femmes policiers, chauffeurs de taxi, et même dans la politique (femmes députés ou maires), on constate à contrario que bien des lieux leur sont encore interdits d'accès ; c'est notamment le cas des cafés. Rares, en effet, sont les Marocaines qui osent s'y aventurer.
De plus, les disparités sont énormes entre la ville et la campagne, selon les milieux sociaux et les générations. Si l'émancipation des femmes des grandes villes est évidente, elle tarde dans le reste du pays à dominante rurale, qui demeure très traditionnel, et où les femmes ont encore peu accès à l'éducation. Dans les grandes villes, le niveau de vie est désormais tel que deux salaires dans un ménage ne sont pas de trop. Une réalité économique qui, par voie de conséquence, donne à l'épouse une place non négligeable dans le couple.
Les traditions pèsent encore lourd. Pas étonnant qu'en 2009, un sondage rapportait que 16 % de la population seulement estimait que les femmes pouvaient prétendre à encore plus de droits. La majorité des Marocains jugent cette avancée excessive et la regrettent.
La *hchouma,* la loi silencieuse et informelle des sociétés maghrébines, impose encore son diktat à l'individu en définissant une ligne de conduite conforme à la loi du père. Les mères célibataires n'ont pas leur place dans la société marocaine. Avoir un enfant en dehors du mariage est même puni d'emprisonnement.
La réalité, c'est aussi cet événement tragique survenu en mars 2012 et qui a profondément bouleversé une grande partie de l'opinion publique : le suicide d'Amina Filali, adolescente de 16 ans, mariée de force à son violeur. Conformément à l'un des articles du code pénal, le tribunal avait en effet donné la possibilité à son agresseur d'épouser sa victime afin d'échapper à la prison ! De nombreuses voix se sont élevées pour demander une réforme du code pénal.
Le chemin est encore long, et on ne peut qu'encourager des associations telles que l'*Association démocratique des femmes du Maroc (ADFM),* qui lutte en faveur des droits de la femme, ou *Solidarité féminine,* à Casablanca, qui se bat pour leur réinsertion sociale. Malgré tout, il faudra du temps pour que les mentalités changent, notamment le regard des hommes sur les femmes.

Une révolution pour les femmes : la pilule du lendemain

Il aura fallu 10 ans de combat pour que le Maroc autorise mi-2008 la mise sur le marché de la pilule du lendemain. À la tête du ministère de la Santé, une femme. Est-ce cela, ou l'évolution générale des mœurs et des mentalités, qui a permis ce changement capital pour les femmes ? Sans doute un peu des deux. Même les cadres du parti islamiste ont fini par modérer leurs propos. Petit problème quand même, elle n'est délivrée que sur ordonnance, quand l'OMS en préconise la vente libre. Et son prix, autour de 100 Dh, la rend inaccessible à beaucoup de femmes. Quand on sait qu'elle doit être prise dans les 72h, il reste des freins à l'efficacité de cette nouvelle mesure.
Notez qu'au Maroc, la pilule contraceptive est autorisée, mais que l'avortement est illégal. 400 femmes avortent donc dans la clandestinité tous les jours au Maroc, et nombreuses sont celles qui en meurent. La loi punit de 1 à 5 ans de prison toute personne ayant provoqué un avortement. Seul cas où il est autorisé, une maladie grave de la mère pouvant mettre en danger sa vie en début de grossesse.

GAZELLES

C'est fou ce qu'il y a comme « gazelles » au Maroc. Chaque touriste femme est ainsi baptisée. Quant aux hommes, ce sont des « gazeaux » ou plus souvent des « gazous ». On n'ose pas vous dire qui est traité parfois de « gazinière », sans respect pour les cheveux blancs. Ne vous offusquez pas si on vous appelle « gazelle » : c'est une formule amicale, et même affectueuse. Le mot *ghouzel* signifie « joli » en arabe, son féminin *ghzala* signifiant aussi « gazelle ». C'est en quelque sorte une métonymie (figure de style) de la beauté, de l'amour, qui remonte à la poésie bédouine d'avant l'islam, du temps où étaient évoqués sans tabou, le corps, les sens, l'ivresse...

GÉOGRAPHIE

Al-Jazirat Al-Maghreb, « l'île du Couchant », comme l'avaient baptisé les Arabes, le Maroc, pays montagneux, est entouré de trois mers : l'océan Atlantique, la Méditerranée et la grande mer de sable du Sahara. Il dessine la continuité géologique de l'Europe par l'intermédiaire du Rif, avant de se perdre, en longeant l'Atlantique, jusque dans les sables du désert mauritanien. D'une exceptionnelle diversité de terrains naît une grande variété de paysages.

Les chaînes de montagnes furent longtemps un obstacle à la communication entre le Nord et le Sud, engendrant des différences culturelles notables, qui confèrent encore aujourd'hui au voyageur qui découvre le Maroc le sentiment de changer de pays quand il change de région. Le Maroc est un pays résolument montagneux. Sur ses 710 850 km^2, dont 252 000 km^2 pour le seul Sahara occidental, soit plus d'un tiers, 100 000 km^2 du territoire se situent au-dessus de 2 000 m d'altitude.

Le Moyen Atlas se déploie tantôt dans un relief tabulaire essentiellement calcaire parsemé de cônes volcaniques, tantôt à travers une zone plissée d'où se détache le djebel Bou-Naceur (3 340 m). C'est le château d'eau du Maroc, car il arrête en premier les perturbations atlantiques et les restitue grâce à son important système hydrographique. C'est le pays des sources. Les bergers transhumants le savent. Ils viennent y faire pâturer leurs troupeaux.

Le Haut Atlas, le plus célèbre, étire sur 700 km une succession de sommets dont 400 environ dépassent les 3 000 m et une dizaine atteignent les 4 000 m. Il culmine à 4 167 m, au djebel Toubkal, le sommet le plus élevé d'Afrique du Nord. La neige y persiste tout l'hiver. Dans sa partie centrale, son versant méridional est entaillé par deux événements majeurs : les gorges du Todgha et les gorges du Dadès, fleurons du tourisme marocain.

L'Anti-Atlas est une chaîne aride, géologiquement très ancienne, qui s'étend de l'embouchure de l'oued Drâa jusqu'au Tafilalet, en bordure du désert. La végétation se fait rare dans ce massif austère et aride.

Quant au Rif, il n'est autre que le prolongement de la cordillère Bétique du sud de l'Espagne. C'est une région verdoyante car très arrosée, couverte de forêts, et culminant au djebel Tidighine (2 450 m). Sa côte rocheuse, longue de 530 km, est particulièrement belle.

Le bassin du Sebou, l'une des principales régions agricoles du pays, fait communiquer la Méditerranée avec l'Atlantique, dont la côte s'étale sur plus de 2 800 km. Bordé de plaines, le littoral compte les régions les plus urbanisées et les plus riches du pays.

Vers l'intérieur se développent le plateau des phosphates et, en limite des piémonts, la grande plaine à blé du Tadla.

Au sud, de l'autre côté de l'Anti-Atlas, commencent les étendues désertiques du Sahara. Des kilomètres de terrain rocailleux, parfois sablonneux, et de massifs érodés, sculptés par le vent, dans lesquels sont disséminées les oasis. Deux grandes vallées se distinguent : le Tafilalet, berceau des Alaouites, qui fut longtemps

le terminus des caravanes en provenance du « Bilad as-Sudan » (le pays des Noirs), et la vallée du Drâa, dont les gravures rupestres attestent sa très ancienne occupation par l'homme. Un pays pratiquement sans eau, où nomadisent les bergers Aït-Atta et où s'activent les oasiens récolteurs de dattes. Encore plus au sud, allant vers les confins mauritaniens, c'est le « Sahara atlantique », une étendue monotone, où l'homme s'est fixé sur le littoral : Laâyoune, Dakhla. Peu de touristes s'aventurent sur ce territoire sauvage. Enfin, le Maroc oriental, à l'écart des chemins touristiques, est composé de terres pauvres et mal arrosées, culminant en quelques hauts plateaux qui s'étendent jusqu'à la frontière algérienne.
Côté mer, le Gulf Stream ne réchauffe pas les eaux marocaines. Se baigner dans l'Atlantique relève toujours d'un exploit d'autant plus méritoire qu'à l'extérieur, la température de l'air est cuisante, sauf dans la région d'Essaouira, où un vent glacé vous attend à la sortie du bain.

HABITAT

Des pays du Maghreb, le Maroc est certainement le plus riche dans le domaine du patrimoine architectural. En ville, les réalisations datant des grandes dynasties urbaines mérinides ou saadiennes se trouvent en médina : toits recouverts de tuiles vernissées, plafonds de cèdre enluminés, moucharabiehs, arc outrepassé des baies, zelliges courant sur les murs, autant d'expressions du savoir-faire des *maalem,* les maîtres artisans marocains. À la campagne, quelques belles *kasbah* typiques de l'architecture berbère jalonnent l'ancien parcours des caravanes. Sur les hauteurs, ce sont les greniers fortifiés (*tighremt* ou *agadir* selon les régions) qui se dressent encore ici et là.

Les kasbah

Dans le Sud, vous rencontrerez au milieu des palmeraies ces superbes bâtisses fortifiées en pisé. Autrefois résidence du seigneur, la *kasbah* joua un rôle fondamental pendant des siècles. Elle servait à la fois d'abri pour les récoltes et de refuge aux oasiens quand les pillards du désert devenaient menaçants.
Comme toutes les maisons traditionnelles du Sud marocain, les *kasbah* sont construites en pisé, mais sur des fondations en pierre. Cette technique consiste en l'empilage de grosses briques coffrées (les *leuhs*), faites de terre et de paille et présentant une légère inclinaison du mur pour éviter que la pluie ne détruise la façade. Ses murs épais en terre offrent en particulier une excellente isolation thermique. En été, grâce aux modifications de cristallisation de la chaux qui sert de liant et à l'évaporation de l'eau, ils isolent de la chaleur extérieure. Et c'est tout l'inverse en hiver où celle-ci est conservée.
Les *kasbah* comprennent trois niveaux : le rez-de-chaussée est consacré aux animaux, avec une étable et une pièce pour les activités agricoles ; le 1er étage est l'espace central, réservé aux femmes, avec sa cuisine à ciel ouvert ; le 2e étage est constitué du salon de réception, réservé aux hommes, l'ensemble étant coiffé d'une terrasse.
Autrefois, le Glaoui de Marrakech régnait sur les plus belles *kasbah* le long des rives du Drâa et du Dadès. En 1956, avec l'indépendance et le retour du roi, ses biens furent confisqués. Pratiquement laissées à l'abandon, les *kasbah* ont beaucoup souffert. Certaines d'entre elles, inscrites au Patrimoine mondial de l'humanité par l'Unesco à la fin des années 1980, font l'objet d'un programme de conservation. Les plus célèbres sont celles d'Amridil (à côté de Skoura), de Telouet (sur la route du Tichka), de Tamnougalt (au sud d'Agdz) et le ksar d'Aït-Benhaddou (dans la région de Ouarzazate).
Plusieurs *kasbah* forment un *ksar* (au pluriel *ksour*), c'est-à-dire un village fortifié aux ruelles couvertes.

Les riad et les dar

Ne pas confondre : le terme *riad* signifie en fait « jardin clos », tandis que *dar* veut dire « maison ». Le *riad* est toujours de plain-pied. C'est en quelque sorte la maison bourgeoise de la médina. Dans un *dar*, on compte deux étages maximum, un salon de réception au rez-de-chaussée et une terrasse. Par abus de langage, dans les médinas très touristiques des villes impériales comme Marrakech ou Fès, on utilise le terme *riad* pour qualifier des maisons traditionnelles construites autour de cours intérieures. En effet, la plupart de ces cours étaient plantées de quatre parterres ou de quatre arbres entourant une fontaine sur le modèle du jardin arabe, ce qui explique l'utilisation abusive du terme. La vie familiale s'organise autour de ces cours intérieures. Les différentes pièces ne communiquent pas nécessairement : il faut repasser par l'espace central. Les fenêtres s'ouvrent sur la cour intérieure alors que les murs donnant sur la rue ne disposent d'aucune fenêtre. Rien ne permet donc, depuis la rue, de deviner la splendeur de certains *riad* cachés derrière des murs aveugles.

Selon la richesse de son propriétaire, la grandeur et le nombre des pièces d'une maison varient, mais c'est surtout la décoration intérieure qui fera la différence. Les *zelliges* (céramiques à motifs géométriques), le plâtre sculpté (le stuc) et le *tadelakt* donnent aux murs un cachet inimitable. Le *tadelakt* est un enduit réalisé à partir de chaux. Sachez que seule la chaux de Marrakech utilisée pure permet d'obtenir l'authentique *tadelakt*. Si on utilise une chaux d'une autre provenance, il faut obligatoirement des additifs comme la poudre de marbre. Appliqué à l'aide d'un galet, il permet d'habiller les murs d'un revêtement lisse, brillant et étanche. Originaire du Sud, il est tout d'abord apparu dans les hammams, où il remplaçait le marbre.

NE CHERCHEZ PAS À ENTRER PAR LA GRANDE PORTE !

Pas toujours facile de savoir où frapper. Vous verrez parfois deux mains de Fatima en guise de heurtoir. Regardez bien, il doit y avoir une petite porte découpée discrètement dans le bois de la grande, cette dernière ne s'ouvrant que pour les grandes occasions. Chaque main délivre un son différent, pour permettre aux femmes de savoir qui arrive (visiteur ou familier). La troisième petite porte, tout en bas, est une chatière pour l'animal-roi. Et la sonnette, direz-vous ? Ajout des temps modernes, elle change tout !

La tente berbère

Bien sûr, c'est l'habitat utilisé par les nomades en transhumance avec leurs troupeaux. La tente *(khaïma)* de couleur marron est tissée en laine de mouton ou en poil de chèvre. Elle est décorée de motifs géométriques. À l'instar des maisons en dur, on retrouve l'espace réservé aux femmes et aux enfants, et un autre espace de réception, que les hommes utilisent pour dormir. Le sol est recouvert de nattes, de tapis et de coussins. Certains hôtels, surtout dans le Sud, proposent de dormir dans des tentes berbères. À ne pas confondre avec les tentes dites caïdales, beaucoup plus hautes, que l'on trouve dans certains restaurants : ces tentes en toile claire parsemée de motifs noirs servaient à l'origine à honorer les invités de marque du sultan.

HAMMAM

Au Maroc, où il n'y a pas toujours de salles de bains dans les maisons, le hammam tient une place importante.

En créant les thermes, les Romains furent les véritables inventeurs du hammam. Construits un peu partout sur l'ensemble de l'Empire romain, les thermes furent ensuite considérés comme des endroits de débauche par la très prude morale judéo-chrétienne et, de ce fait, disparurent progressivement d'Europe occidentale. À l'autre extrémité de l'empire, les musulmans les adoptèrent d'autant mieux qu'ils permettaient l'ablution totale, conformément au Coran, ce qui leur conférait une grande importance religieuse.

La signification sociale est tout aussi essentielle. Autrefois, une ville se jugeait par la beauté et la magnificence de son hammam (un peu comme les églises chez nous). Dans les anciennes médinas, chaque quartier a ainsi sa mosquée, mais aussi son hammam, reconnaissable de loin grâce à sa cheminée noircie par la suie. À l'époque, il s'agissait aussi d'épater le visiteur, en lui montrant la richesse et la prospérité de la ville à travers l'abondance de l'eau.

Le hammam est un lieu où hommes et femmes viennent se laver et se détendre pour passer le temps. Mais attention, jamais en même temps bien sûr, même s'il s'agit du même lieu. Alors, inutile de fantasmer : le hammam n'est pas mixte et un minimum de décence y est toujours requis. Généralement, les hommes se baignent matin et soir, et les femmes l'après-midi, certains hammams disposant, grand luxe, de deux parties distinctes réservées aux hommes et aux femmes. Les bains ferment plus tard les veilles de fête.

Aujourd'hui encore, le hammam représente pour de nombreuses femmes l'occasion d'abandonner, le temps d'un bain, leur cercle familial pour rencontrer des amies. C'est également au hammam que les mères viennent juger des qualités de leur future belle-fille ! Quant aux mâles, ils sont admis dans ce gynécée jusqu'à 7 ans et leur exclusion est une épreuve psychologique redoutable en même temps qu'un passage initiatique.

En tant que touriste, pour une première expérience, l'idéal serait de s'y rendre avec des amis marocains. Pour vous intégrer facilement à ce rendez-vous social, prenez votre maillot de bain, apportez un morceau de savon noir et un gant pour vous frotter vigoureusement (on en trouve dans les épiceries proches des bains ou à la caisse de l'établissement). Pensez aussi au shampooing ou au *ghassoul,* cette argile qui fortifiera vos cheveux. Si vous demandez un massage, un gommage ou les deux, quelqu'un s'occupera de vous de A à Z, sous les regards rieurs et bientôt complices de vos acolytes. Les femmes pudiques devront laisser ce sentiment de côté quelques instants pour en retirer très vite un certain bien-être ! Attention aux champignons qui prolifèrent parfois : pour éviter tout risque de mycose, ne vous asseyez jamais à même la pierre sans protection. Une serviette de bain fait très bien l'affaire.

Dans les hammams populaires, les tarifs sont fixés par l'État et s'élèvent à environ 10 Dh. C'est en général plus cher pour les femmes qui y viennent avec leurs enfants. Pour le massage ou le gommage du corps, prévoir 20 Dh. Il est évident que dans les lieux touristiques ou dans les hôtels, les prix chauffent sérieusement : les hammams n'ont plus rien d'authentique et se transforment souvent en spa. On se retrouve entre routards de différentes nationalités, mais de Marocains, *makache* !

N'hésitez pas à vous faire recommander un hammam par le pharmacien de la ville ou la réception de votre hôtel.

Une tradition pas très écolo

Omniprésents dans les médinas, les hammams ne sont pas facilement identifiables de la rue. Mais parfois, on surprend des hommes assis sur des tonnes de copeaux qui alimentent les chaudières. Un signe qui ne trompe pas, car les hammams sont voraces en énergie. Ce sont les plus gros consommateurs de bois en milieu urbain. Certes, pour limiter cette consommation, on pourrait remplacer les vieilles chaudières par des machines plus modernes, à la durée de vie trois fois plus longue et trois fois moins gourmandes en bois. On économiserait 10 000 ha de bois par an, et 200 t de bois par hammam et par an, sans parler de la réduction des rejets de CO_2. Seulement, les installateurs n'ont pas vraiment intérêt à les proposer. Et puis, pour les dimensionner, les gérants des hammams devraient livrer le chiffre exact de leur clientèle, au risque de payer plus d'impôts...

HAMMAM-MIA !

En hiver, un hammam peut consommer quotidiennement entre 800 kg et 1,5 tonne de bois, brûlé dans des chaudières à très faible rendement... Beaucoup de gaspillage donc, et une pratique qui favorise la déforestation du pays : la forêt marocaine perd ainsi 30 000 ha chaque année ! De plus, un hammam consomme aussi 5 000 l d'eau... par jour ! Écologie et hammam ne font définitivement pas bon ménage.

HISTOIRE

Le Maroc antique

Les Berbères comptent parmi les premiers habitants identifiés du Maroc, mais leur origine et leur histoire sont assez mal connues. On sait en revanche que les ***Phéniciens*** (originaires du Liban actuel) s'établissent dès le XIIe s av. J.-C., d'une part sur les côtes méditerranéennes du Maroc, fondant ce qui deviendra Melilla, d'autre part sur la côte atlantique à Lixus, près de Larache, et jusqu'à l'île de Mogador en face d'Essaouira. Ils sont relayés par les ***Carthaginois*** à partir du Ve s av. J.-C. Véritable puissance africaine, Carthage établit des relations étroites avec les royaumes numides, et contribue à la sédentarisation d'une partie des populations berbères jusque-là nomades. À la fin du IVe s av. J.-C., quelques tribus berbères créent dans le nord du Maroc le royaume de Maurétanie.

Après la chute de Carthage (milieu du IIe s av. J.-C.), les ***Romains*** s'implantent au Maghreb. Au milieu du Ier s apr. J.-C., ils fondent dans le nord du Maroc la Maurétanie Tingitane (d'après le nom romain *Tingis,* aujourd'hui Tanger), province qu'ils administrent avec leur efficacité coutumière : n'étant pas de grands explorateurs, ils cherchent en premier lieu à consolider les frontières de leur territoire. Aussi construisent-ils un *limes* (système de fortifications) afin de se prémunir des invasions nomades. En outre, ils apportent avec eux un invité de marque : ***le dromadaire.*** Grâce à cet animal, les nomades, qui jusqu'alors se déplaçaient à cheval, acquièrent une grande autonomie. Sous les Romains, le développement économique, architectural et culturel du Maroc prend de l'ampleur, particulièrement au tournant de notre ère, sous le règne de ***Juba II*** ; ce roi, éduqué à la cour impériale d'Auguste, époux de la fille d'Antoine et de Cléopâtre, favorise grandement les arts et les lettres.

MAIS QUI SONT CES « BARBARES » ?

Pour les Grecs de l'Antiquité, les peuples qui ne parlaient pas leur langue étaient nommés « barbares ». Pour les Romains, ils représentaient tous les ennemis de leur empire. Bien plus tard, l'évolution du langage désignera par « Berbères » les étrangers à la civilisation gréco-romaine peuplant les terres de la Numidie (une partie de l'Afrique du Nord). Aujourd'hui, il s'agit uniquement des populations du Maghreb qui ne sont pas d'origine arabe.

La ville de ***Volubilis*** en est le témoignage. Cet âge de grâce durera jusqu'au milieu du IVe s apr. J.-C. Puis c'est l'effondrement de l'empire. Au début du Ve s de notre ère, les Romains entrent en conflit avec Byzance et sollicitent l'aide des Vandales, qui ne se font pas prier pour intervenir. Ils prennent Carthage en 439, mais finissent à leur tour par succomber aux attaques des Byzantins. Dans le même temps, les tribus nomades du désert se font plus belliqueuses que jamais. C'est donc dans une Afrique méditerranéenne très affaiblie que pénètrent les Arabes.

La conquête arabe

Partie de la péninsule arabique, ***l'expansion arabe vers l'ouest*** atteint l'Égypte en 640, progresse en Cyrénaïque (l'actuelle Libye), pour atteindre l'Ifriqiya (actuelle Tunisie) vers 670 (fondation de Kairouan). Les Arabes assimilent, tout en la repoussant vers l'ouest, une tribu berbère nomade : les Zénètes. Parmi eux s'individualise un groupe important : les Sanhadja, qui, contrairement aux Zénètes, sont restés exclusivement berbérophones. La conquête du Maghreb proprement dite se heurte à une vive résistance des ***Berbères sanhadja*** et s'achève vers 705. On raconte que Oqba ben Nafi, le chef arabe, atteignant la côte atlantique à Massa, pénétra à cheval dans la mer et prit Dieu à témoin que seule celle-ci l'empêchait d'aller combattre plus loin... La conquête du Maroc servira de point d'appui à celle de l'Espagne.
Les Arabes possèdent alors un empire allant de la Perse à l'Atlantique. À l'évidence, un territoire trop difficile à contrôler de Bagdad ; des révoltes berbères amènent la constitution de royaumes indépendants.

Le royaume idrisside

Idriss ibn Abdallah, descendant du prophète Mahomet par sa fille Fatima, échappant au massacre de sa famille par le calife abbasside de Bagdad, arrive à Volubilis en l'an 788. Il réussit à séduire une tribu berbère - les ***Aouraba*** - et à s'en faire élire chef : il est le premier d'une longue série à user d'une autorité religieuse pour s'imposer.
Son fils, né de sa concubine berbère deux mois après sa mort, est reconnu par la même tribu comme héritier et chef. ***Idriss II*** fonde la ville de ***Fès*** et parvient à rassembler les Berbères du nord du Maroc en un seul royaume. Mais, à sa mort, ce royaume est partagé entre ses fils.

Les grandes dynasties berbères

Désireux de propager leur conception d'un islam orthodoxe, le kharijisme, mais aussi poussés par un besoin d'expansion économique, de grands nomades caravaniers originaires du Sahara occidental progressent vers le nord par la force des armes. Remontant des rives du fleuve Sénégal, ils s'emparent tout d'abord de Sijilmassa, carrefour du commerce transsaharien, puis de Taroudant, capitale du Sous.
- ***Les Almoravides :*** en 1061, leur chef, Youssef ben Tachfin, établit la dynastie des Almoravides (en arabe : *al-morabitoun*, « les fidèles du *ribat* », un monastère fortifié). Ils fondent la ville de ***Marrakech*** (1062 ou 1070) et étendent leur domination sur tout le Maroc et une grande partie de l'Espagne : en 1103, ils s'emparent de Valence, défendue par un certain Rodrigue, qui ne manque ni de cœur ni de courage (le Cid, c'est lui !). Amollis par la douceur andalouse, en butte aux offensives chrétiennes en Espagne et à de redoutables contestations au Maroc, les successeurs de Youssef sont rapidement confrontés à une nouvelle puissance venue elle aussi du Sud. En 1125, Mohammed ibn Toumert - un Berbère originaire d'une tribu de l'Anti-Atlas - s'installe à Tinmel, dans le Haut Atlas, et commence à prêcher une réforme des pratiques musulmanes et de la théologie : pour lui, les Almoravides sont des impies. Cet homme lettré, puritain et intransigeant, se sent investi d'une mission divine. Avant sa mort, il nomme ***Abd al-Moumin,*** un Berbère d'Alger, comme successeur.

– ***Les Almohades :*** excellent soldat et homme d'État, Abd al-Moumin instaure la dynastie des Almohades (de l'arabe *al-muwahiddun,* les « unitaires », car Ibn Toumert, entre autres, prêchait la doctrine de l'unicité de Dieu) à la place des Almoravides. Pendant plus d'un siècle, à l'apogée de la puissance berbère, les Almohades règnent sur un empire s'étendant de l'Espagne à la Libye. Bon nombre de monuments civils ou religieux datent de cette époque et sont l'œuvre du plus fameux des sultans, ***Yacoub el-Mansour.*** Là encore, un mouvement très strict au départ donne naissance à une civilisation brillante et raffinée qui attire de grands esprits (le philosophe Averroès meurt en 1198 à Marrakech, où il s'est établi). Mais les succès de la reconquête chrétienne en Espagne provoquent l'effondrement des Almohades, auxquels succèdent, de 1269 à 1421, les *Mérinides.*

– ***Les Mérinides :*** Abou Youssef Yacoub, chef d'une tribu zénète, les Beni-Merine, ne peut accepter cette défaite contre les chrétiens. Après s'être emparé de Marrakech en 1269, il entraîne ses troupes à la reconquête de l'Espagne et fonde, au passage, en 1276, ***Fès-el-Jédid,*** qui aura la particularité de posséder un quartier juif placé sous la protection du sultan. Dans la première moitié du XIVe s, deux grands souverains, ***Abou el-Hassan*** et ***Abou Inan,*** rétablissent, pour peu de temps, l'unité du Maghreb : Tunis est conquise en 1347. Mais les Mérinides doivent affronter d'autres tribus rivales, très supérieures en nombre, et lutter contre les troupes catholiques espagnoles. De plus, l'infant du Portugal, Henri le Navigateur, s'empare d'un certain nombre de villes de la côte et fonde des comptoirs fortifiés, notamment à Ceuta (1415). Enfin, contrairement à leurs prédécesseurs, les Mérinides ne sont pas investis d'une haute mission religieuse et ne peuvent galvaniser leurs troupes à l'évocation d'un au-delà empli de félicités éternelles. À l'expansion succède le repli.

– ***Les Wattassides :*** une autre dynastie zénète finit par supplanter les Mérinides en 1472 (elle régnera dans une période de troubles jusqu'en 1554). Dans le même temps, l'Occident chrétien affiche des visées expansionnistes. Ferdinand d'Aragon et Isabelle de Castille reprennent la ville de Grenade en 1492, parachevant ainsi la *Reconquista* de la péninsule Ibérique. Les Andalous regagnent en masse l'Afrique du Nord, migrant jusqu'aux confins du Sahara. Simultanément, Portugais et Espagnols se font agressifs sur les côtes marocaines et multiplient l'implantation de comptoirs.

– ***Les Saadiens :*** c'est de cette famille originaire d'Arabie et implantée dans la vallée du Drâa que viendra la réaction. Ils se proclament *chorfa* (pluriel de *chérif,* qui signifie « descendant du Prophète »). Ils décident de chasser l'envahisseur chrétien et organisent une véritable guerre sainte. Ils réussissent à reprendre la totalité des comptoirs portugais, à l'exception de celui de Mazagan, l'actuel El-Jadida. Et en 1578, c'est le coup de grâce : les troupes portugaises sont défaites à la bataille d'Alcaçar-Quivir (nom portugais de la ville d'El-Ksar el-Kébir, dans l'arrière-pays de Larache), et leur jeune souverain, Sébastien, est tué. Cet événement marque le début du déclin du Portugal, qui tombe rapidement sous la coupe de l'Espagne de Philippe II. Les Saadiens triomphent. Ils pratiquent une politique d'expansion vers le sud, qui se concrétise en 1591 par la ***prise de Tombouctou*** et le ***déclin de l'Empire songhaï au Mali,*** alors appelé « pays des Noirs » *(Bilad as-Sudan),* notamment grâce à de petits canons montés sur une armada de 4 000 dromadaires. Le bénéfice est immense : le Maroc prend le contrôle des mines de sel du Sahara central, source de revenus très importante. De plus, l'or produit dans les mines du Bambouk et du Bouré, ainsi que les esclaves, remontent vers le nord. Le principal souverain de la dynastie saadienne, Ahmed el-Mansour, est surnommé *Ed-Dehbi* (« le Doré »).

Mais ce court âge d'or ne dure qu'un quart de siècle car, rongée par des querelles intestines et la médiocrité des souverains, leur dynastie ne peut conserver le pouvoir. Leur dernier chef, Mohammed XII (1636-1654), exerce une politique extrêmement favorable au monde chrétien, ce qui, en réaction, favorise l'influence des confréries religieuses, les zaouïas.

La dynastie alaouite

Les Alaouites : originaires du Tafilalet (région d'Erfoud-Rissani), ils se proclament descendants d'Ali, gendre du Prophète. Ils mènent une vie pauvre, méditative et vertueuse. C'est la dynastie régnant encore aujourd'hui, et représentée par l'actuel roi du Maroc.

C'est ***moulay Ismaïl*** (1672-1727), en succédant à moulay Mohammed et à moulay Rachid, qui réorganise le Maroc. Pendant plus d'un demi-siècle de règne, il ne cessera de batailler contre les tribus insoumises, les Turcs ottomans et les chrétiens. Moulay Ismaïl est surnommé par les historiens « l'Assoiffé de sang » ! C'est un peu le ***Louis XIV marocain*** : longévité exceptionnelle, grand appétit de puissance dans tous les domaines (il avait un harem de 500 femmes, dit-on...). À son époque, ***Meknès*** est privilégiée comme ville impériale. Il met en place un système politique centralisé appelé *makhzen* (littéralement, le « magasin »), qui se maintiendra jusqu'au protectorat. On opposera longtemps le *bled makhzen* (le pays soumis au pouvoir central) au *bled saïba,* les régions dissidentes, comme les régions de montagne qui conservent une farouche indépendance. Le makhzen désigne encore familièrement aujourd'hui le microcosme de ceux qui détiennent le pouvoir. Mais le XVIIIe s voit le Maroc s'enfoncer dans une longue période de troubles : sécheresse, famine et épidémies (la peste notamment, entre 1797 et 1800) déciment la population, l'économie va mal et le pays se replie sur lui-même, favorisé par l'émergence d'une forme de caïdat. De son côté, l'Europe, engagée dans la voie de la révolution industrielle, prend pied en Afrique du Nord. Par son immobilisme et ses richesses supposées, le Maroc excite les convoitises.

L'ère coloniale

Le débarquement des troupes françaises à Alger en 1830 suscite de vives réactions au Maroc. Moulay Abd er-Rahman, en nouant des intrigues avec l'émir Abd el-Kader, alors en rébellion contre l'autorité française en Algérie, se laisse entraîner dans une guerre ouverte contre la France. ***L'armée française,*** conduite par le général Bugeaud (sa casquette en poil de chameau fit l'objet d'une inénarrable chanson !), ***pénètre au Maroc en 1844,*** écrasant les troupes chérifiennes à la bataille d'Isly. Dans le même temps, les Espagnols s'emparent de Tétouan (1860). ***Moulay Hassan*** (1873-1894) réussit à maintenir la barre du royaume, mais l'entrée en dissidence de nombreuses confréries et l'accentuation de la crise financière poussent l'État marocain à l'endettement. Des traités commerciaux régaliens sont alors conclus, qui suppriment pratiquement les droits de douane pour les produits européens. Tout en reconnaissant la souveraineté du Maroc, la conférence de Madrid (1880) autorise les étrangers à acquérir des terres. Les grandes entreprises anglaises, allemandes et françaises s'implantent alors en masse.

Algésiras : un contrat d'ingérence totale

Intronisé à l'âge de 14 ans, ***Abd el-Aziz*** (1894-1908) hérite d'une situation inextricable. Des mouvements de révolte éclatent un peu partout. Dès ***1905,*** la France envisage l'installation d'un protectorat, ce qui entraîne une ***vive réaction allemande*** : un débarquement à Tanger avec l'empereur Guillaume II à sa tête, qui prononce un retentissant plaidoyer pour l'indépendance du Maroc... Le jeune souverain marocain, manipulé, soumis aux influences occidentales, ne s'occupe guère du sort de son pays. Réunies à Algésiras en 1906, les grandes puissances occidentales tiennent une conférence internationale et règlent le sort du Maroc. La France abandonne ses prétentions sur l'Égypte, obtenant, en contrepartie, le champ libre au Maroc. En 1907, sous prétexte de juguler des émeutes, les troupes françaises occupent Oujda, puis, l'année suivante, Casablanca et son arrière-pays. En 1911, Fès est occupée à son tour : grosse crispation avec l'Allemagne. La Première Guerre mondiale n'est pas loin d'éclater avec 3 ans d'avance, lorsque

Guillaume II envoie un navire de guerre dans la baie d'Agadir ! L'installation d'un protectorat français est imminente.

Les années de tutelle française

Le ***traité de protectorat*** est signé le ***30 mars 1912*** entre le sultan et la France, représentée par Lyautey. La France et l'Espagne se partagent le gâteau. Les Ibères obtiennent le Rif, le sud du Sahara et les enclaves de Ceuta, Melilla, Tarfaya et Ifni, et les Français le reste du territoire, à l'exception de Tanger qui devient zone franche internationale.

Lyautey assure, pour la France, les fonctions de ***résident général*** (gouverneur, en quelque sorte) ***de 1912 à 1925.*** Son profond respect pour l'islam n'ayant d'équivalent que ses qualités humaines, il réorganise le pays en intégrant les notables locaux. En se portant garant des valeurs traditionnelles du pays, Lyautey conquiert l'estime du peuple marocain, tout en établissant les ***bases économiques du Maroc moderne.*** Toutefois, sa vision progressiste dérange. À l'occasion d'un discours à Rabat en 1925, il évoque la décolonisation. Visionnaire et professionnellement suicidaire, Lyautey est remercié la même année. Le protectorat permit au Maroc – selon certains – d'accéder aux infrastructures et aux avantages des pays dits « développés ». À contrario, cette mainmise de l'Europe en territoire musulman, cette occupation par une puissance étrangère, bouleverse les équilibres sociaux. Dans le domaine agricole, les cultures intensives d'exportation remplacent les cultures vivrières. Dans le commerce et l'industrie, les produits manufacturés, importés en masse, tuent une partie de l'artisanat local. Cette combinaison de facteurs engendre un appauvrissement d'une partie de la population, qui entame un exode massif vers les villes. Commence alors la paupérisation des laissés-pour-compte. La grogne monte.

« INDIGÈNES »

Pendant la Première Guerre mondiale, les troupes coloniales représentaient 7 % des combattants alliés. Le taux de mortalité totale de l'armée française fut de 17 %. En revanche, les soldats marocains, avec les Bretons, dépassèrent les 26 % de tués. Pourquoi ? Parce que la plupart ne parlant pas français, ils étaient placés en première ligne ; ils ne pouvaient pas crier à la rébellion.

Une des tâches principales du protectorat est donc la ***soumission des campagnes.*** Ce qui ne se fait pas sans mal. Mais le pire reste à venir du côté espagnol : dès 1919, des foyers d'insurrection éclatent dans le Rif où une république est proclamée en 1922. La révolte menaçant de s'étendre aux régions contrôlées par la France, celle-ci intervient alors aux côtés de l'Espagne. Deux généraux s'illustrent particulièrement sur le champ de bataille : Pétain, vainqueur de Verdun, et un inconnu nommé Franco... Malgré la débauche de moyens militaires, la « pacification » ne prendra fin qu'en 1926, avec la reddition du chef des insurgés, Abd el-Krim.

L'accession à l'indépendance

Malheureusement, tous les résidents généraux, dont le pouvoir était, en fait, supérieur à celui du sultan, n'ont pas les qualités stratégiques de Lyautey. Maladroitement, la Résidence joue la carte des Berbères contre les Arabes. En 1930, la promulgation d'un *dahir* accordant aux Berbères un statut juridique fondé sur leur propre code traditionnel, au détriment du droit coranique, soulève un flot de protestations dans la bourgeoisie citadine, et des aspirations nationalistes commencent à apparaître.

En sortant affaiblie de la ***Seconde Guerre mondiale,*** la France perd son aura aux yeux des Marocains. En novembre 1942, les Alliés débarquent à Casablanca et, l'année suivante, une conférence y réunit Churchill, de Gaulle et Roosevelt. En marge de celle-ci, Roosevelt assure le ***sultan Mohammed ben Youssef*** de son soutien dans sa lutte pour l'émancipation et l'affranchissement de la tutelle française. Du coup, le sultan rallie illico la cause du parti de l'*Istiqlal* (indépendance). En 1947, il prononce un discours assurant l'avenir arabe et musulman du Maroc et commence la *grève du sceau* en refusant de signer les *dahir.* La Résidence organise sa destitution par une assemblée de notables, où s'illustre le pacha de Marrakech, le célèbre El-Glaoui, qui joue dans le camp des Français. Le sultan et ses fils sont exilés à Madagascar en 1953. C'est un cadeau pour le parti nationaliste, derrière lequel le peuple se soude, exigeant le retour du sultan. Au Maroc, on assiste à des manifestations, boycotts des produits français, attentats, actions commandos, tandis qu'en métropole, après la débâcle en Indochine et devant les troubles qui montent en Algérie, la France préfère rappeler Mohammed V, qui fait un retour triomphal au pays en novembre 1955. ***L'indépendance du Maroc*** est proclamée le ***2 mars 1956.***

Le règne d'Hassan II

Arrivé au pouvoir en 1961 à la suite de la mort de son père, victime d'un accident d'anesthésie, Hassan II est un ***monarque absolu*** qui s'acharne à détruire toute forme possible d'opposition ; en témoignent, entre autres, l'assassinat de Medhi ben Barka (lire plus loin « Personnages ») et les prisons secrètes (à Agdz et El-Kelaa des M'Gouna, notamment) où seront enfermés arbitrairement sous son règne des centaines d'opposants réels ou supposés. Les deux tentatives d'attentat dont il fait l'objet en 1971 et 1972 ne sont pas là pour lui donner tort. Et c'est grâce à un coup de génie politique que le roi va faire l'unité des forces vives de la nation : la Marche verte (justifiée par le découpage colonial) lui permet de s'emparer pacifiquement du ***Sahara occidental,*** jusqu'alors aux mains des Espagnols (voir plus loin la rubrique « Sahara occidental »).
Mais le Sahara ne permet pas d'oublier les difficultés économiques. Pour ceux qui, en juin 1981, découvrent la flambée des prix de l'huile et de la farine après la libération des prix demandée par le FMI, le souvenir de la Marche verte est désormais bien lointain. Les ***émeutes de Casablanca*** sont durement réprimées par les blindés : on parle d'un millier de morts.
Il faut attendre plus d'une dizaine d'années pour que la situation commence à se décrisper. En juillet 1994, 400 détenus, pour la plupart politiques, sont libérés. En septembre ***1996,*** adoption par référendum du ***nouveau texte de la Constitution*** instaurant deux assemblées : une Chambre des députés (ou des représentants) et un Sénat (ou Chambre des conseillers), qui seront chargés de contrôler l'action gouvernementale. En mars 1998, le mécontentement grandissant à l'encontre de la politique menée par le Palais amène une alternance politique assez inattendue : un ancien opposant au roi, emprisonné quelque temps, accède au poste de Premier ministre d'un gouvernement d'alternance de centre gauche. Il s'agit d'Abderrahmane Youssoufi. Les ministères-clés restent toutefois aux mains des fidèles du roi.
Hassan II meurt subitement le 23 juillet 1999, après 38 ans de règne. Son fils aîné lui succède sous le nom de Mohammed VI.

Mohammed VI : le règne du renouveau ?

Avant même d'accéder au trône, « ***Sidi Mohammed*** » avait séduit les Marocains par son dynamisme, la simplicité de son comportement public et son intérêt pour les déshérités. Même les plus grands adversaires de son père ont mis d'emblée tous leurs espoirs en lui. Car le peuple avait grand soif de changement, et Mohammed VI semblait décidé à faire bouger les choses et à sortir l'administration de sa léthargie.

Ainsi, dès son accession au trône, il libère 46 000 prisonniers, pour la plupart politiques. Quelques mois plus tard, il limoge Driss Basri, ministre de l'Intérieur et âme damnée de Hassan II pendant plus de 20 ans, haï du peuple. Encore 6 autres mois, et c'est la libération du chef islamiste intégriste Cheikh Yassine. C'est un réel vent de liberté qui souffle alors : le retour au pays d'Abraham Serfaty, exilé pendant 8 ans pour avoir remis en cause l'appartenance du Sahara occidental au Maroc historique, en a été le principal symbole... Le roi s'attire aussi l'affection de son peuple de multiples manières. Il s'affirme comme le souverain de toutes les régions : à l'opposé de son père, terré dans son palais depuis les attentats dont il fut victime, Mohammed VI parcourt le Maroc, participe à la prière ici ou là, visite telle ou telle localité éloignée.
Il rend public son mariage, une première dans l'histoire de la monarchie (les mauvaises langues diront qu'il s'agissait de faire taire certaines rumeurs). En somme, la monarchie apparaît soudain humanisée, démythifiée, comme en témoigne le surnom familier de « M6 » donné par ses sujets téléphiles. Mohammed VI entreprend d'autres tâches de fond, comme la ***moralisation de la vie publique*** : des gestionnaires d'établissements publics sont mis en examen et écroués pour détournement de fonds.
Mais les forces conservatrices issues de la vieille garde d'Hassan II sont toujours influentes, et le chemin reste long. Ainsi, beaucoup de secteurs échappent encore à l'autorité du Premier ministre, en particulier les quatre ministères dits « de souveraineté », l'Intérieur, la Justice, les Affaires étrangères et les Affaires religieuses. Dommage, car l'année 2002 a vu l'organisation d'élections les plus libres et les plus transparentes que le Maroc ait jamais connues. À la suite de ces élections, qui ont vu un éclatement des suffrages et une notable percée des islamistes modérés du PJD (Parti de la Justice et du Développement), « M6 » a nommé Premier ministre Driss Jettou, un grand commis de l'État sans appartenance partisane, en insistant sur « la nécessité impérieuse de mettre en place un gouvernement d'action ».

LE COLLÈGE ROYAL

Pour Hassan II, l'éducation du prince héritier devait éviter l'isolement, le décalage avec les réalités du pays. Il décide donc d'entourer son fils d'autres élèves choisis parmi les plus doués du royaume. Aujourd'hui, ces quinquas, parfois d'origine modeste, ont pris le pouvoir. Très proches de « M6 », ils sont tournés vers la modernité et affaiblissent les potentats vieillissants et conservateurs. Une nouvelle « noblesse », souvent accusée de noyauter l'économie du pays parfois à son profit. Les acteurs changent, pas toujours le jeu.

2003-2008 : attentats et malaise social

Mi-mai ***2003,*** 8 jours après la naissance du prince héritier moulay El-Hassan, les fanatiques intégristes commettent ***à Casablanca cinq attentats-suicides*** simultanés visant des intérêts occidentaux, avec un lourd bilan : plus de 40 morts.
Les ***élections législatives de septembre 2007,*** qualifiées de « transparentes », ont été marquées par une courte victoire du parti nationaliste Istiqlal face aux islamistes du PJD. Cela dans un contexte de forte abstention (63 %), la plupart des Marocains s'interrogeant sur la portée de leur vote, vu la toute-puissance du Palais. Le roi nomme au poste de Premier ministre Abbas el-Fassi, du parti de l'Istiqlal, qui forme un gouvernement s'alliant plutôt avec la gauche, sans les représentants islamistes, arrivés pourtant seconds aux élections.
En juin ***2008,*** des jeunes sans emploi bloquent le port de ***Sidi-Ifni,*** dans le sud du pays, pour protester contre un chômage endémique. La ***répression, violente et d'envergure,*** a entraîné des centaines d'arrestations. La chaîne de télévision *Al-Jazira* a même été jusqu'à évoquer des morts, ce qu'ont démenti les autorités

marocaines. Puis le correspondant de la chaîne qatarie s'est vu retirer son accréditation pour « diffusion de fausse information » et a été condamné à verser une amende ; un militant des Droits de l'homme a, quant à lui, été condamné à 6 mois de prison pour les mêmes faits.

2009-2010 : après la pluie... la récolte !

En ***2009,*** la pluviométrie bat des records. Mais les tempêtes et les inondations causent la mort de plus de 50 personnes. En même temps, après une longue période de sécheresse récurrente, cette abondance d'eau remplit les barrages et annonce des récoltes exceptionnelles : de quoi faire face, partiellement mais sûrement, à la crise.
Mohammed VI célèbre ses ***10 ans de règne.*** Si, de l'étranger, le bilan s'avère mitigé, notamment en matière de Droits de l'homme, les Marocains, quant à eux, portent un regard complaisant sur leur souverain, comme le montre un sondage réalisé par l'hebdomadaire *Tel Quel* : 91 % des personnes interrogées soutiennent le roi, un vrai plébiscite ! Elles approuvent sa politique de proximité des services (construction d'écoles, d'hôpitaux, de routes, etc.) qui a permis de désenclaver les zones reculées et d'améliorer leur quotidien. De plus, elles ont le sentiment d'avoir acquis une plus grande liberté de ton. L'autoritarisme, la richesse affichée et sa participation dans la vie économique du pays ne lui sont pas reprochés, bien au contraire. C'est envers la *Moudawana,* nouveau code de la famille accordant plus de liberté aux femmes, et l'éradication de la pauvreté que les Marocains sont les plus critiques. La pauvreté est loin de décroître, et le roi s'est montré trop... féministe.
Malgré ce bilan, largement positif vu de l'intérieur, le numéro du magazine *Tel Quel* a été pilonné sur ordre du ministre de l'Intérieur...

2011 : Printemps arabe et attentat

Les révolutions arabes en Tunisie et en Égypte inspirent les Marocains. Le ***20 février 2011,*** des dizaines de milliers de mécontents investissent les rues de Casablanca, Rabat, Agadir, Fès, Al-Hoceima... Ils défilent pacifiquement pour réclamer l'accélération des réformes promises : plus de démocratie, plus de liberté d'expression, un gouvernement élu et pleinement responsable, une justice vraiment impartiale, une limitation des pouvoirs du roi, moins de corruption, la fin de la collusion entre pouvoir et argent (la holding du roi, tentaculaire, s'étend à tous les marchés porteurs du royaume)... Pour calmer le jeu et reprendre la main, Mohammed VI surprend tout le monde en tenant, le ***9 mars,*** un ***discours très audacieux.*** Mais une partie des Marocains reste sceptique sur l'ampleur des réformes promises (vers une monarchie parlementaire ?) et maintient la pression à travers des manifestations régulières. Fin mai, elles sont réprimées par la police dans les principales villes du pays. Les autorités justifient leur intervention par le fait que le Mouvement du 20-Février serait manipulé par les islamistes et les gauchistes.
Dans ce contexte bouleversé, le ***28 avril 2011, un attentat à la bombe*** détruit le café *Argana,* situé sur la place Jemaa-el-Fna, haut lieu du tourisme à Marrakech. Bilan : 17 morts (dont 8 Français) et une vingtaine de blessés. Malgré cet acte terroriste qui vise à déstabiliser le Maroc et son économie via le tourisme, le pouvoir marocain poursuit les réformes engagées et ne se laisse pas intimider par cette démonstration de barbarie.

Une nouvelle constitution en trompe l'œil ?

Le ***17 juin 2011, le monarque*** présente la réforme promise de la constitution et ***énonce les principaux changements*** (qui devront être validés par référendum en

juillet) : il transfère une partie de ses pouvoirs au nouveau « président du gouvernement », un Premier ministre au pouvoir renforcé. Ce dernier sera issu du parti vainqueur des élections législatives. Le rôle du Parlement est accru et une plus grande indépendance de la justice affirmée, afin de mettre en place une séparation des pouvoirs. L'égalité entre la femme et l'homme est désormais inscrite dans la Constitution. La liberté de pensée et d'expression est garantie, la torture bannie. La langue amazigh devient, à côté de l'arabe, langue officielle.
D'un autre côté, le roi demeure chef de l'État, chef des armées et commandeur des croyants ; le terme « sacré » n'est toutefois plus attaché à sa personne. Il préside un nouveau « Conseil de sécurité intérieure » et l'ancien Conseil supérieur de la justice (on la croyait devenue indépendante ?). Il peut toujours destituer un ministre.
Analystes et contestataires estiment qu'avec le rôle à la fois politique et religieux conservé par le roi, les réformes sont finalement très limitées, le souverain conservant l'essentiel de ses prérogatives. En outre, la séparation des pouvoirs n'est pas encore assumée. Bref, ils considèrent la nouvelle constitution comme un pas vers la démocratie, mais elle ne garantit pas la démocratie.
La victoire au ***référendum du 1er juillet*** est éclatante et entérine les réformes annoncées en mars : 98,5 % de « oui » et 27 % d'abstention. Un véritable plébiscite ? Des chiffres qui rappellent des pratiques d'un autre temps ? Toujours est-il que la nouvelle constitution est promulguée le 29 juillet 2011 par décret.

2012 : les islamistes modérés au pouvoir

Les élections ***législatives anticipées du 25 novembre 2011*** (un an avant la date prévue) voient la victoire des islamistes modérés du Parti de la Justice et du Développement (PJD) qui occupent plus d'un quart des sièges au parlement, malgré une abstention toujours aussi élevée (55 %). Conformément à la nouvelle constitution, le secrétaire général du parti majoritaire au parlement, ***Abdelilah Benkirane*** est nommé ***Premier ministre*** par le roi. Sa volonté de réformes est manifeste, mais survient dans un contexte économique peu porteur : sécheresse exceptionnelle durant l'hiver 2011-2012 et crise sociale toujours profonde. Parmi les premiers dossiers sur le feu, on relève la libération des détenus salafistes, la réforme de la santé et de la justice et le chômage qui touche de plus en plus les jeunes (30 % des 15-29 ans selon Banque mondiale)... Le suicide d'Amina Filali, mariée de force à celui qui l'avait violée quand elle était mineure, et la nouvelle immolation d'un homme à Casablanca cristallisent à eux seuls tous les écueils sociaux et politiques qui restent encore à franchir sur le chemin espéré du « renouveau » du pays.
Pour preuve que le malaise est toujours palpable, la manifestation en mai 2012 qui a réuni des dizaines de milliers de personnes à Rabat. Dirigée contre le gouvernement, elle était menée par l'opposition et de jeunes chômeurs. Quelques jours plus tard, la hausse de 20 % du prix de l'essence (10 % pour le diesel) ne pouvait pas conduire à l'apaisement. De nouveau, en juillet, le Mouvement du 20-février réunissait plusieurs milliers de manifestants pour plus de justice sociale et contre la corruption.
Une corruption que le Premier ministre s'était engagé à combattre, mais la lutte semble pour l'instant être restée au stade des intentions.

INSTITUTIONS

Le Maroc est l'une des plus anciennes monarchies du monde, fondée il y a 12 siècles. Mohammed VI est le 23e monarque issu de la lignée des Alaouites, originaire de la côte d'Arabie. De nature héréditaire, la monarchie est régie par une Constitution, révisée et approuvée par référendum en 2011, à la suite de mouvements contestataires qui ont secoué le monde arabe. Elle affirme que le royaume est à la fois « un État musulman souverain » et « une monarchie constitutionnelle, démocratique, parlementaire et sociale ». L'arabe et le tamazight sont les deux langues officielles de l'État. Elle précise également qu'il ne peut pas y avoir de parti unique ; que l'islam, religion d'État, garantit néanmoins le libre exercice des cultes ; que « l'homme et la femme jouissent, à égalité, des droits et libertés à caractère civil, politique, économique, social, culturel et environnemental » ; que « sont garanties les libertés de pensée, d'opinion et d'expression sous toutes leurs formes » ; enfin que « la liberté de la presse est garantie et ne peut être limitée par aucune forme de censure préalable ».

LA BRANCHE FRANÇAISE

Jusqu'en 1912, le drapeau marocain était complètement rouge, symbole de la dynastie alaouite (rien à voir avec les sanguinaires Syriens. Ouf !). Pour le différencier des autres drapeaux de la même teinte, le protectorat français décida de lui apposer un signe distinctif. Le maréchal Lyautey y rajouta ainsi une étoile verte à cinq branches en référence aux cinq piliers de l'islam. Le drapeau sera conservé après l'Indépendance.

Concernant la succession du roi, la Constitution est très claire : « La couronne du Maroc se transmet de père en fils aux descendants mâles en ligne directe et par ordre de primogéniture, à moins que le roi ne désigne, de son vivant, un successeur parmi ses fils, autre que son fils aîné. » S'il n'y a pas de descendance mâle directe, la succession est dévolue à la ligne collatérale mâle la plus proche. Personnage « inviolable et respect lui est dû », le roi est aussi le chef suprême des forces armées et, en tant qu'*Amir Al-Mouminine* (c'est-à-dire « commandeur des croyants »), il « veille au respect de l'islam (...) et de la Constitution ». Il est aussi « le garant de l'indépendance du pouvoir judiciaire ».

Le monarque reste au cœur du pouvoir exécutif. Il nomme le chef du gouvernement parmi le parti arrivé en tête lors des élections de la chambre des Représentants. Il nomme également les ministres proposés par le chef du gouvernement. Il préside le Conseil des ministres et le Conseil supérieur du Pouvoir judiciaire dont il nomme également les membres. En revanche, la politique générale de l'État est débattue au sein de Conseil du gouvernement, présidé par le chef du gouvernement.

Le roi a le pouvoir d'ordonner la révision de mesures législatives et de dissoudre les deux chambres du Parlement, organe du pouvoir législatif : la chambre des Représentants élue pour 5 ans au suffrage universel direct (c'est un peu l'équivalent de l'Assemblée nationale en France) et la chambre des Conseillers élus pour 6 ans au suffrage indirect (leur fonction se rapproche de celle de nos sénateurs). La chambre des Représentants peut déposer une motion de censure qui, si elle est votée, oblige le gouvernement à démissionner. La Constitution précise également qu'aucun membre du Parlement ne peut être détenu ou jugé pour ses opinions, sauf si celles-ci remettent en cause la monarchie ou la religion musulmane.

Enfin, il existe une Cour des comptes, un Conseil économique, social et environnemental, un Conseil supérieur du Pouvoir judiciaire, un Conseil supérieur de l'Enseignement. Sans oublier une Cour constitutionnelle dont le président et la moitié des membres sont nommés par le roi, l'autre moitié étant désignée par le Parlement. Le Maroc compte une trentaine de partis politiques autorisés.

MÉDIAS

Votre TV en français : TV5MONDE

TV5MONDE est reçue partout dans le monde par câble, satellite et sur Internet. Voyage assuré au pays de la francophonie avec films, fictions, divertissements,

sport, informations internationales et documentaires. En voyage ou au retour, restez connecté ! Le site internet • *tv5monde.com* • et sa déclinaison mobile • *m.tv5monde.com* • offrent de nombreux services pratiques et permettent de prolonger ses vacances à travers des blogs et des visites multimédias.
Demandez à votre hôtel sur quel canal vous pouvez recevoir TV5MONDE et n'hésitez pas à faire vos remarques sur le site • *tv5monde.com/contact* •

Radio

Depuis 2004, la libéralisation des ondes a donné naissance à une douzaine de nouvelles stations privées régionales et nationales, comme *Atlantic* (généraliste), *Aswat, Chada FM* (divertissement) ou encore *Hit Radio* (musique, jeunesse), *Radio Mars* (sport, musique) et *Luxe Radio* (art de vivre, tendances), à côté des deux chaînes publiques *RTM* et *Radio 2M,* et de *Medi 1* (privée) déjà existantes. Les stations marocaines diffusent de nombreuses émissions en langue française. Le sud du Maroc reçoit somme toute assez mal les fréquences, voire pas du tout en dehors des villes.

Télévision

Il existe deux grandes chaînes publiques nationales, *Al Aoula* et *2M* (avec davantage de programmes en français sur *2M*). En plus de leurs divertissements et fictions, ces chaînes détaillent le programme des inaugurations et autres visites officielles du roi et des membres du gouvernement. D'autres canaux étatiques existent tels qu'*Assadissa,* appelée aussi « Chaîne Mohamed VI » et ses programmes religieux, la chaîne culturelle *Arrabiâ* ou encore, la régionale *TV Laâyoune* qui mise sur la proximité et entretient la position officielle sur la souveraineté marocaine au Sahara occidental. Parmi les dernières venues sur satellite, *Aflam TV,* une fenêtre sur le cinéma étranger et un levier pour la production marocaine ; ou encore la chaîne privée sportive *Arriyadiya* et la chaîne privée généraliste *Medi 1 Sat,* basée à Tanger. Ainsi que, depuis 2010, *Tamazight TV,* la première chaîne marocaine en langue amazighe.
La majorité des Marocains préfère les chaînes satellitaires du Golfe, surtout depuis la nationalisation de *2M. Al-Jazeera* suscite un véritable engouement, malgré la suspension des activités de la chaîne dans le pays par les autorités marocaines en octobre 2010. Les chaînes françaises sont principalement regardées par une élite francophone de plus en plus minoritaire, mais toujours influente. Le satellite accueille aussi une chaîne publique marocaine, *Al-Maghribiya,* qui se veut la voix du Maroc à l'attention des Marocains installés à l'étranger. Le journal télévisé est diffusé en arabe, amazigh, français et espagnol.

Journaux

Dans les grandes villes, on trouve tous les quotidiens français, le jour même (comme *Le Figaro,* imprimé au Maroc) ou le lendemain (comme *Libération* et *Le Monde*).
Pour les nouvelles locales, une vingtaine de quotidiens sont disponibles, dont plusieurs en français. Les principaux sont : *Le Matin du Sahara et du Maghreb, L'Opinion, Libération* et *Al-Bayane.* Ces quotidiens sont les organes officiels des partis politiques, voire de la monarchie, ce qui ne laisse aucun doute sur leur marge de manœuvre.
Les seuls quotidiens francophones indépendants sont *L'Économiste* ou *Le Soir Échos. Tel Quel* est un hebdo au ton vif, engagé et audacieux, proposant des enquêtes fouillées. Parmi les autres hebdomadaires francophones, on trouve *Le Reporter, L'Observateur, Actuel* et *Le Temps du Maroc. Femmes du Maroc,* magazine féminin dirigé par une femme et militant pour les droits des femmes, est

indépendant et délicieusement subversif. *Le Magazine littéraire du Maroc* aborde des faits de société sur un ton indépendant, à travers la présentation de livres, d'expos, de groupes de musique, etc. La revue *Economia* se consacre à l'analyse de l'évolution économique et sociale du pays, sous un angle assez novateur.

Liberté de la presse

La situation s'est dégradée depuis 2000, avec une réaffirmation des « lignes rouges » par le Palais, notamment sur la question de l'image du roi et de la famille royale. Les reculs et crispations se sont intensifiés à la suite des attentats de 2003. Multiplication des poursuites judiciaires, amendes exorbitantes et condamnations de journalistes à des peines de prison ferme, la justice marocaine a déployé tout un arsenal visant à intimider et à asphyxier financièrement la presse indépendante. Depuis 2009, l'étau se resserre encore un peu plus.

Ainsi, les auteurs d'articles contredisant le bulletin de santé officiel du roi sont condamnés à des peines de prison et à plusieurs milliers de dirhams de dommages et intérêts. Ce fut le cas fin 2009 pour Driss Chahtane, du journal *Al-Michaal* (1 an de prison), Rachid Mahamid et Mustapha Hayrane (3 mois de prison), Ali Anouzla, directeur du quotidien *Al-Jarida Al-Oula* (1 an de prison avec sursis) et la journaliste Bouchra Eddou (3 mois de prison avec sursis).

En 2010, *Le Journal hebdomadaire,* premier journal indépendant du Maroc, et l'hebdomadaire arabophone indépendant *Nichâne* ont dû cesser leurs activités à la suite de la politique d'asphyxie financière orchestrée par le Palais depuis des années.

Fin 2010, les autorités marocaines ont décidé de suspendre dans le royaume les activités d'*Al-Jazeera,* accusant la chaîne d'« altérer sérieusement l'image du Maroc et de porter manifestement préjudice à ses intérêts supérieurs, en premier lieu la question de l'intégrité territoriale ». Les journalistes de la chaîne ont vu leur accréditation retirée.

En outre, une politique de répression sévère à l'encontre des net-citoyens a été lancée, se soldant par l'arrestation des blogueurs El-Bachir Hazzam et Boubaker Al-Yadib pour avoir couvert les manifestations étudiantes du 1er décembre 2009 dans la ville de Taghjijte (à 200 km au sud d'Agadir), et avoir notamment commenté sur leurs blogs la manière dont les autorités avaient réprimé par la force ces manifestations. Après respectivement 2 mois et 6 mois de prison, ils ont été libérés.

Depuis, le printemps arabe est passé par là. Le Mouvement du 20-Février milite désormais pour des réformes démocratiques dans le cadre d'une monarchie parlementaire.

Mais malgré les promesses de Mohammed VI, notamment dans le domaine des médias, les acquis constitutionnels que sont notamment la liberté de la presse et la liberté d'expression, tout comme le droit d'accès à l'information, sont loin d'être devenus des droits fondamentaux dans les faits.

En effet, le directeur du quotidien *Al-Massae,* condamné en 2011 à 1 an de prison ferme, a purgé l'intégralité de sa peine, malgré les demandes de grâce. Quant au ministre de l'Information, Khalid Naciri, il a obtenu en juin 2011 le licenciement de deux journalistes de la chaîne *Dubaï TV,* accusant l'un d'eux d'être proche du Mouvement du 20-Février. Les deux journalistes étant frères, ils ont été tous deux licenciés. Ceci illustre parfaitement à quel point les mauvaises habitudes ont la vie dure...

Au lendemain de la victoire du PJD aux élections législatives de novembre 2011, 29 journaux étrangers ont été interdits de distribution au Maroc entre janvier 2011 et février 2012, dont 22 journaux et magazines français censurés (d'après l'agence de presse espagnole *EFE).*

Par ailleurs, le blogueur marocain Mohamed Dawas, interpellé en septembre 2011, a été condamné à 19 mois de prison et 20 000 Dh d'amende par le tribunal de Tétouan. Lors de son arrestation pour un prétendu trafic de drogue, il aurait été frappé, puis contraint de signer un procès-verbal. Son avocat avait alors déclaré à Reporters sans frontières que « son arrestation était purement politique ». Le 27 mars 2012, le net-citoyen Walid Bahomane a vu sa peine de prison confirmée, et même prolongée de 6 mois en appel pour « atteinte à la sacralité du roi » sur Internet ; 18 mois de prison au total. Quelques jours plus tôt, la cour d'appel de Taza (nord-est) confirmait la condamnation d'Abdelsamad Haydour à 3 ans de prison ferme, pour le même chef d'accusation. Mohamed Sokrate, membre du Mouvement du 20-Février et blogueur connu pour ces commentaires critiques à l'égard du régime, a quant à lui été condamné, le 14 juin 2012, à 2 ans de prison ferme et à 5 000 Dh d'amende, officiellement accusé de « possession et de trafic de drogue ».

Ce texte a été réalisé en collaboration avec ***Reporters sans frontières.*** Pour plus d'informations sur les atteintes aux libertés de la presse, n'hésitez pas à les contacter :

■ ***Reporters sans frontières :*** *47, rue Vivienne, 75002 Paris.* ☎ *01-44-83-84-84.* • *rsf@rsf.org* • *rsf.org* • Ⓜ *Grands-Boulevards ou Bourse.*

MUSIQUE ET DANSE

Les musiques

La musique, qui s'exprime sous de nombreuses formes, fait partie de la vie quotidienne du Maroc.

La musique populaire

Variée et imaginative, la musique populaire est en constante évolution. Ce sont des chansons légères, en langue arabe dialectale. Il en existe plusieurs types, parmi lesquels trois que vous entendrez plus souvent que les autres. Le *griha* (appelé plus populairement *malhoun*) est une improvisation poétique, à l'origine purement vocale, qui s'est ensuite discrètement accompagnée de *oûd* (sorte de luth arabe) ou de violon avant de laisser place aux percussions. La musique de cortège fait la part belle à une sorte de hautbois très criard, le *ghaïta* (qui rappelle la bombarde du bagad de Lan-Bihoué), et au tambour *tabala.* Lors d'événements importants, on utilise aussi une longue trompette droite, le *nafir.* Enfin, la *ghounia* est une chanson légère qui utilise des thèmes d'actualité et une musique orientale.
En marge de cette dernière, notons en particulier le *raï,* d'origine algérienne, qui a fait des émules au Maroc et qui possède désormais ses chanteurs-compositeurs populaires ; leur chef de file est Cheb Amrou, qui allie les sonorités raï et techno.
Il faut aussi citer les Nass el-Ghiwane, groupe formé à la fin des années 1960 à Casablanca et dont le nom renvoie à une confrérie religieuse. Ils se sont fait connaître par des textes engagés chantés sur des rythmes traditionnels (accompagnement au *guembri,* une sorte de luth à deux ou trois cordes originaire de la boucle du Niger).
Moins nombreuses sont les chanteuses : raison de plus pour en citer, comme Najat Aâtabou, la voix des jeunes Marocaines criant leur ennui (*J'en ai marre,* en français dans le texte, a été son plus grand succès) ou le groupe B'net Houariyat (*Les Filles de l'Houara,* plaine du sud de Marrakech), composé de six chanteuses-percussionnistes qui ont à leur répertoire différentes traditions musicales du Sud marocain.

La musique classique

Connue sous le nom de musique arabo-andalouse, c'est une musique de cour jouée et chantée généralement dans les grandes villes du Nord, à Fès, à Tétouan et à Rabat. Elle est surtout un divertissement pour les hommes de lettres et les savants, les textes étant toujours d'une grande qualité. Originaire de l'Arabie

(Médine, La Mecque), elle s'est propagée jusqu'en Espagne, via le Maroc où elle a fait son apparition au IXe s.
Après la chute de Cordoue, beaucoup de musulmans arabes sont venus s'installer à Fès et à Tétouan, devenus ainsi les foyers de la musique arabo-andalouse au Maroc, dont le grand maître fut Ziryab, arrivé à Cordoue en 822. L'orchestre est composé d'instruments à cordes frottées et pincées : *rébab* (ou rebec, vieil instrument de la famille des violes, connu au Moyen Âge et disparu des orchestres occidentaux modernes, qui tient le registre grave de l'orchestre), violon quart de ton, *oûd* (luth typique à six cordes des pays arabes), cithare *(qânûn)* ; et aussi de percussions, le *tar* (tambour sur cadre porteur de cymbalettes, instrument de haute virtuosité conducteur rythmique de l'orchestre) et la *derbouka* (tambour en céramique). Les poèmes sont chantés en arabe classique ou en dialectal andalou. Les Marocains ont même développé une forme de poème qui leur est propre : le *malhun,* où le chanteur tient la place centrale. Cette musique traditionnelle n'est pas notée mais se transmet par l'enseignement auditif. Un grand nom en est Abdelkrim Raïs, disparu en 1996, dont un disque propose un excellent concert enregistré à Paris (distribution Harmonia Mundi).
Classique également est la musique d'inspiration sacrée qui relève du soufisme. Pour les orthodoxes musulmans, la pratique des instruments est une hérésie, notamment dans les lieux sacrés, mais le soufisme, autre expression de l'islam sous forme de confréries, a développé l'art du chant sacré (pour voix d'hommes). On passe de la *nouba* (suite de poèmes chantés) au *dikhr* (*ladkar* au pluriel), forme incantatoire où l'on répète une formule jusqu'à la transe. Comme vous n'aurez sans doute pas l'occasion d'assister à ce genre de séance, le disque *Les Voix de Fès* (chants sacrés du soufisme marocain chez Sony Music) peut vous permettre d'approcher cette spiritualité.

La musique berbère ou rurale

La musique rurale, notamment berbère, est souvent indissociable de la danse et de la poésie, et a gardé, dans son isolement pastoral, toute son authenticité. Elle est inspirée de la campagne marocaine, au seul rythme résonnant du *bendir* (cadre circulaire en bois tendu de peau de chèvre) ; les chants et danses des paysans sont de magnifiques spectacles. Ils changent de caractère selon l'endroit et la tribu mais ont très souvent une fonction religieuse, puisque le nom de Dieu est invoqué de façon répétitive afin de prévenir du gel, du vent, de la sécheresse... Yuba est un chanteur qui fait connaître la culture amazighe, en chantant l'amour mais aussi les problèmes actuels de la société marocaine, notamment l'immigration clandestine.

La musique du monde arabe

Enfin, le Maroc est très ouvert aux grands chanteurs égyptiens ou proche-orientaux, tels Oum Kalthoum, Fairuz et Mohammed Abdel Wahab dont vous entendrez souvent les airs, peut-être sans le savoir, en particulier dès qu'un joueur de *oûd* viendra agrémenter un dîner au restaurant.

Les danses

Il vous sera certainement donné d'assister à quelques danses folkloriques, le plus souvent collectives. La plus répandue, dans la région du Moyen Atlas, est l'*ahidous,* qui rassemble plusieurs dizaines d'hommes et de femmes autour d'un meneur de jeu. Les battements de mains scandent la mélodie.
Dans le Haut Atlas, en pays chleuh, on peut observer l'*ahouach,* dansée par des femmes alors que les hommes donnent le rythme en frappant les *bendir.*
À Guelmim et dans une partie de la région saharienne, on assiste à la *guedra,* danse qui tire son nom de la marmite ou des pots de terre sur lesquels on a tendu une peau de chèvre. Pour plus de détails, reportez-vous à l'introduction torride de « Guelmim (Goulimine) ».

Les Gnaoua, dont la présence au Maroc remonte aux premières caravanes en provenance du Soudan (l'actuel Mali), ont conservé leurs rythmes africains. Ils s'étourdissent, sautent, voltigent en suivant la cadence frénétique des crotales (rassurez-vous ! ce sont de grosses castagnettes métalliques). On peut assister à leur démonstration à Essaouira ou à Marrakech (place Jemaa-el-Fna notamment et dans certains restaurants). Dommage, ces « spectacles » sont adaptés pour les touristes et de plus en plus dénués d'authenticité (lire la rubrique qui leur est consacrée à propos de la ville d'Essaouira).

PERSONNAGES

– ***Nabil Ayouch :*** cinéaste casablancais né en 1969. Il a déjà réalisé trois films importants : *Mektoub, Ali Zaoua* et *Whatever Lola wants.* Il a également tourné pour Arte un téléfilm intitulé *Une minute de soleil en moins,* qui aborde le thème de la corruption, et le documentaire *My Land* sur la question palestinienne. À lui seul, il a modernisé le cinéma marocain.
– ***Abdelatif Benazzi :*** né à Oujda en 1968. Plusieurs fois capitaine de l'équipe de France de rugby, il s'illustre dans les années 1990 en remportant à plusieurs reprises le Tournoi des Cinq Nations, puis en disputant la finale de la Coupe du monde en 1999. Débarqué à Agen en 1988, où il fit l'essentiel de sa carrière, il n'en garde pas moins des relations très fortes avec son pays natal. Depuis 2005, il préside une association qui aide les jeunes Marocains de la région d'Oujda à s'insérer grâce au sport.
– ***Mehdi ben Barka :*** né en 1920, ce professeur de mathématiques fonde, en 1950, l'Union nationale des forces populaires (UNFP) qui devient le principal parti d'opposition au régime. Exilé, il est condamné à mort par contumace en 1963 pour avoir pris position en faveur de l'Algérie contre le Maroc. Il est enlevé à Paris en 1965 par des policiers français travaillant pour le compte du général Oufkir, chef de la police marocaine. Il a sans doute été assassiné dans les jours qui suivirent son enlèvement. Cette affaire, symbolique de la répression des opposants au régime d'Hassan II, a longtemps gelé les relations franco-marocaines, et des zones d'ombre subsistent encore aujourd'hui.
– ***Tahar Ben Jelloun :*** né à Fès en 1944, c'est sans doute l'un des écrivains marocains les plus connus en France et en Europe. Tour à tour journaliste (au *Monde*) et écrivain, il révèle à ses débuts les failles sociologiques et psychologiques de son pays d'origine. Son œuvre devient au fil des ans de plus en plus romanesque, s'installant dans la tradition merveilleuse des contes arabes. Quelques thèmes toutefois continuent de le hanter : l'errance, la solitude et la sensualité des corps. Il a obtenu en 1987 le prix Goncourt pour *La Nuit sacrée,* une suite au livre qui le fit connaître : *L'Enfant de sable.*
– ***Bziz :*** né à El-Jadida en 1960, de son vrai nom Ahmed Sanoussi, cet humoriste a la particularité d'être une star dans son pays sans pouvoir y être médiatisé : son humour engagé et incisif traitant des problèmes de société lui a fermé les portes des radios, des TV et des grandes salles de spectacles sans qu'il soit toutefois officiellement interdit...
– ***Mohammed Choukri :*** né dans le Rif marocain en 1935. Il débarque à Tanger à l'âge de 7 ans avec ses parents qui fuient la famine. Il mène une vie de vagabond et n'apprend à lire et à écrire qu'à l'âge de 20 ans. Ami de Paul Bowles, qui l'a fait connaître dans le monde anglophone, et de Jean Genet, c'est un écrivain reconnu, auteur de romans, de poèmes et de nombreux articles. Son œuvre la plus célèbre est *Le Pain nu* où il retrace sa jeunesse tumultueuse. Tahar Ben Jelloun le traduira en français dans les années 1980. Mohammed Choukri est décédé en novembre 2003.
– ***Driss Chraïbi :*** né en 1926 à Mazagan (aujourd'hui El-Jadida), il s'installe à Paris en 1945. Son premier roman, *Le Passé simple* (éd. du Seuil ; coll. « Points

Roman »), paraît en 1954. Il stigmatise la condition féminine et le poids des traditions en terre d'islam. Très bien accueilli par la critique française, il a longtemps été interdit au Maroc. L'œuvre de Chraïbi compte une quinzaine d'ouvrages aux thèmes variés, parmi lesquels une série de romans policiers un tantinet loufoques dont le personnage central est l'inspecteur Ali. Driss Chraïbi s'est éteint en avril 2007 dans le sud-ouest de la France, où il résidait.

– ***Jamel Debbouze :*** né à Paris en 1975 de parents marocains, il fait ses débuts de comédien à la Ligue d'improvisation française. Il est repéré par *Radio Nova* et passe au petit écran, d'abord sur *Paris-Première,* puis sur *Canal +* en 1998. C'est aujourd'hui un humoriste, un producteur et un acteur accomplis. En 2006, il reçoit le prix d'interprétation masculine à Cannes, pour sa performance dans *Indigènes* de Rachid Bouchareb. Film à la suite duquel il s'implique personnellement pour une meilleure reconnaissance des soldats nord-africains intégrés aux forces armées françaises pendant la Seconde Guerre mondiale. Après le succès rencontré en France avec son *Comedy Club,* il organise un festival international d'humour, le *Marrakech du rire,* dont la seconde édition s'est déroulée en juin 2011... hasard du calendrier, un mois et demi après l'attentat de la place Jemaa-el-Fna. Sa célébrité a su redonner espoir à de nombreux « rebeus » français... ainsi qu'aux handicapés. Respect !

– ***Hicham el-Guerrouj :*** né en 1974 à Berkane, cet athlète, quadruple champion du monde (1997, 1999, 2001 et 2003) et recordman du monde à de multiples reprises, a dominé sans conteste la discipline du 1 500 m. Parmi ses quatre seules défaites entre 1995 et 2003, deux d'entre elles eurent lieu en finale olympique – à Atlanta et Sydney. Les Jeux d'Athènes en 2004 sonneront le glas de cette malchance olympique : il y remporte la médaille d'or sur 1 500 m et 5 000 m, devenant ainsi héros national et porte-drapeau de l'athlétisme marocain. Il a pris sa retraite sportive en 2006.

– ***Gad Elmaleh :*** né en 1971 à Casablanca. Fils d'un mime, il interrompt une scolarité chaotique pour partir au Québec, où il fait ses premières armes sur les planches. À 21 ans, il retraverse l'Atlantique pour suivre le cours Florent à Paris. Aujourd'hui acteur de cinéma *(A+ Pollux, La Doublure, Hors de prix...)* comme de théâtre, il explose dans ses one man shows riches en personnages très méditerranéens (on se souvient de *Chouchou*) ou directement issus de notre vie quotidienne.

– ***Jilali Ferhati :*** né à Tanger en 1948, c'est l'un des plus grands et des plus poétiques cinéastes du monde arabe. Il a réalisé six films dont *La Plage des enfants perdus,* sélectionné dans tous les grands festivals de la Méditerranée et souvent primé. *Mémoire en détention,* tourné en 2004, revisite les années de plomb à travers un personnage amnésique.

– ***Ibn Battuta :*** né à Tanger en 1304, c'est sans doute l'un des personnages les plus fascinants du Maroc. Cet infatigable voyageur et routard avant l'heure a parcouru en 29 ans 116 800 km correspondant à 44 pays actuels (avec les moyens de l'époque !), soit un périple trois fois plus long que celui de Marco Polo. Ses pas l'ont mené de l'Afrique occidentale et orientale à la Chine, à Ceylan et à Sumatra, en passant par la Syrie, l'Iran, l'Irak et l'Inde, sans oublier Byzance et la Russie ! Il y rencontra des centaines de peuples ayant tous un point commun : leur foi en l'islam. Il a rapporté de ses voyages l'un des plus fabuleux témoignages sur les us et coutumes de l'époque, intitulé *Présent à ceux qui aiment à réfléchir sur les curiosités des villes et les merveilles des voyages.* Après toutes ses pérégrinations, il revint se fixer au Maroc et mourut vers 1369.

POPULATION

Les Berbères

Les différentes communautés berbères se répartissent sur l'ensemble de l'Afrique du Nord. Au Maroc, ils comptent parmi les plus anciens habitants du pays et

représentent aujourd'hui deux tiers de la population. Au nord vivent les Rifains, plus au sud les Brabers et les Chleuh. Tous ont en commun la culture berbère. Entre eux, ils s'appellent *Imazighen,* c'est-à-dire « hommes libres ». Cette étymologie, qui sonne bien pour les touristes, est toutefois controversée ; l'étymologie serait en fait : « les fils de Mazigh », l'ancêtre mythique. Pour beaucoup, il serait plus juste de parler de berbérophones, car il n'y a pas de type berbère. Même si les dialectes berbères diffèrent, il est possible, avec une certaine bonne volonté, de se comprendre de l'un à l'autre.
On distingue donc plusieurs groupes.
– ***Les Rifains,*** habitants du Rif et qui parlent le *tarifift,* ont subi de nombreuses invasions, ce qui explique pourquoi certains ont les yeux bleus et les cheveux blonds... De tout temps, les Berbères du Rif ont été des rebelles, voire des insurgés. La guerre du Rif en 1921 demeure dans toutes les mémoires. Une guerre coloniale qui opposa les tribus rifaines aux armées françaises et espagnoles.
– ***Les Chleuh*** vivent dans la plaine du Sous, la vallée du Drâa, le Haut Atlas et l'Anti-Atlas. Ils parlent le *tachelhit* (l'un des trois principaux dialectes berbères) et forment probablement, avec les Rifains, le fonds le plus ancien du groupement berbère.
– ***Les Soussis,*** habitants du Sous, sont très connus pour leurs aptitudes commerciales, surtout ceux de la tribu des Ammeln, près de Tafraoute. Les épiciers marocains, qui ont émigré en France ou en Belgique, sont souvent originaires du Sous.

LE CHLEUH, C'EST DU CHINOIS

Quel rapport entre les Chleuh du Maroc et nos voisins allemands ? L'armée française, bien sûr ! Après avoir combattu les Chleuh dont elle ne comprenait pas la langue, l'armée coloniale, fidèle à sa « légendaire ouverture d'esprit », attribua par extension ce sobriquet à son ennemi allemand au langage tout aussi obscur. Bref, pour le troufion de l'époque, le berbère comme l'allemand, c'était du chinois.

– ***Les Braber,*** qui parlent le *tamazight,* sont localisés essentiellement dans le Moyen Atlas et une partie du Haut Atlas, ainsi que dans certaines vallées. Ils transhument avec leurs troupeaux de moutons ou cultivent la terre, assez riche dans le Moyen Atlas, ou desséchée par le soleil le long de la route des Mille-Kasbah (d'Er-Rachidia à Ouarzazate). Beaucoup ont fait des études et occupent des postes importants à travers le Maroc. Mais ils sont toujours liés à leur famille et à leur village d'origine.
– Pour être tout à fait complets, il faut aussi citer les ***Zénètes.*** Ce groupement se rencontre majoritairement en Algérie centrale et occidentale, mais il est représenté dans le nord-est du Maroc.
À l'époque du protectorat, les Français ont voulu favoriser les Berbères au détriment des Arabes, en encourageant, par exemple, la création d'écoles berbères comme le collège d'Azrou, ou en promulguant le *dahir* berbère. Cette politique ne fut pas appréciée par le pouvoir alaouite, qui redoutait une possible sécession des Berbères et une éventuelle opposition musclée au régime. En effet, le makhzen, le « pouvoir central », a de tout temps éprouvé une méfiance exagérée devant toutes les manifestations de la culture berbère, à commencer par la langue. La politique d'arabisation menée depuis les années 1960 a rendu le berbère hors la loi dans les écoles, avec comme conséquence inattendue un taux d'analphabétisme particulièrement élevé (beaucoup plus qu'en Libye, en Tunisie ou en Algérie, par exemple), puisque l'enseignement se faisait dans une langue que bon nombre d'enfants ne comprenaient pas. Toutefois, comme il existait une tradition et une littérature orales, le berbère est devenu, en réaction, un moyen d'expression artistique et même politique.
Dans ce domaine, l'arrivée de Mohammed VI a fait bouger les choses : un Institut royal de la culture amazigh (● *ircam.ma* ●) a été créé en 2001, un an après la

décision officielle d'enseigner à nouveau la langue berbère à l'école. Une chaîne télé en langue berbère, *Tamazight TV*, a par ailleurs commencé à émettre en 2010. Et l'amazighe est érigée au rang de langue officielle dans la nouvelle Constitution de 2011.
Attention toutefois à ne pas tomber dans le piège du gentil Berbère contre le méchant Arabe. Ce raccourci simpliste sert le discours des pensées racistes et xénophobes.

Les Arabes

Les premiers Arabes, originaires d'Arabie, ne sont arrivés qu'à partir du VIIe s. Leur pénétration sur le sol africain va ouvrir la partie nord du continent de manière quasiment unilatérale à la religion musulmane. Mais les Arabes, peu nombreux, n'ont aucune appétence colonisatrice. C'est en enrôlant des Berbères dans leurs troupes qu'ils vont entreprendre la conquête de la péninsule Ibérique, et y rester pendant 7 siècles. Les populations berbères ont été rapidement islamisées, avec plus ou moins de résistance, car le *Moughrabi* (l'Occidental, en arabe) n'éprouve aucune difficulté pour adhérer au monothéisme. En effet, plusieurs siècles de romanisation l'ont déjà familiarisé avec la notion de dieu unique (culte de Saturne, du Soleil, judaïsme ou chrétienté byzantine). Mais les Berbères vont très rapidement se différencier des Arabes en embrassant le *kharijisme* (de l'arabe *kharji* qui signifie « dissidence »), branche orthodoxe de l'islam prônant une doctrine démocratique sur le choix du calife. L'influence la plus notable de la culture arabe dans cette partie de l'Afrique est due aux invasions des Banu Hilal dans la seconde moitié du XIe s. Ces nomades arabes, originaires du Hedjaz, vont déferler en masse sur les campagnes, assimilant une partie des Berbères et obligeant l'autre à se réfugier dans les massifs montagneux. Ces soldats s'installèrent dans les grandes plaines comme le Tadla ou le Haouz, conduisant à ce qu'on a appelé la « bédouinisation » du Maroc, le système de vie pastoral s'imposant aux dépens de l'agriculture sédentaire.
Les Arabes sont cantonnés dans certaines zones, telle la plaine littorale englobant entre autres Rabat et Casablanca, Fès, et dans certaines villes berbères à l'origine, telles Marrakech (ancienne capitale berbère) ou Agadir.

Les juifs marocains

Installés dans cette partie de l'Afrique très certainement à la suite de la destruction du Temple par les Babyloniens en 586 av. J.-C. (qui marque le début de la diaspora), les juifs s'intègrent très rapidement aux populations berbères, tant et si bien qu'à l'arrivée des Arabes et de l'islam, un certain nombre de Berbères étaient convertis au judaïsme. Plus tard, quand en 1492 les juifs furent expulsés d'Espagne, quelque 150 000 d'entre eux appartenant à la communauté séfarade andalouse s'établissent au Maroc. Avec souplesse, ils se font une place dans la société marocaine. Dans les grandes villes, leur quartier, le mellah, ne ressemble guère aux ghettos des pays d'Europe orientale. Il jouxte le plus souvent le palais royal, les conseillers du roi étant souvent juifs.

PAS D'ÉTOILE POUR LE MAROC

Pendant la Seconde Guerre mondiale, Mohammed V assura de sa protection les juifs marocains, refusant le diktat de Vichy qui exigeait le port de l'étoile jaune. « Ou alors prévoyez 150 étoiles supplémentaires pour la famille royale ! », disait-il. Cette protection dure toujours. André Azoulay, journaliste et politologue juif marocain, est l'un des conseillers les plus écoutés du roi actuel.

Malgré quelques épisodes sanglants et une politique du protectorat visant à les opposer aux Arabes, les juifs marocains ont rarement eu à pâtir d'un antisémitisme virulent. L'attitude du roi Mohammed V pendant la Seconde Guerre mondiale en est la preuve irréfutable (lire l'encadré « Pas d'étoile pour le Maroc »).
Après la naissance d'Israël, l'Agence juive envoya d'excellents émissaires, le nouvel État ayant grand besoin de bras. C'est ainsi qu'une partie importante de la communauté juive marocaine prit le chemin d'Israël.
Mais c'est surtout l'indépendance du Maroc, en 1956, puis la guerre des Six Jours entre Israël et l'Égypte, en 1967, qui provoquèrent le départ de la plupart des juifs marocains. Aujourd'hui, l'essentiel de la communauté juive (quelques milliers de personnes) demeure à Casablanca.

Les autres minorités

– ***Les Haratin*** seraient parmi les plus anciens habitants du Maroc, peut-être descendants de populations préhistoriques qui se seraient réfugiées vers le nord lors de l'assèchement progressif du Sahara. Ayant subi très tôt la domination des tribus protoberbères nomades, la plupart d'entre eux se sont métissés avec les esclaves noirs que la traite orientale a abandonnés en servitude aux populations oasiennes commerçantes ou agricoles. Ils habitent toujours les oasis du Sud, et appartiennent aux couches sociales les plus humbles. Leur nom (que l'on prononce « haratine », avec un « h » fortement expiré) est le pluriel de *hartani,* qui est utilisé à la fois pour caractériser une couleur de peau très sombre et pour dénommer des affranchis de second rang. Moulay Ismaïl a aussi employé 150 000 *Songhay,* pour l'essentiel amenés du « pays des Noirs » *(Bilad as-Sudan),* l'actuel Mali, comme soldats de sa garde personnelle, dite « garde noire ». Il les considérait comme les seuls à être sûrs, car restant en dehors des querelles tribales. Cette milice chérifienne existe encore de nos jours.
– ***Les étrangers*** étaient lors du dernier recensement, en 2004, un peu plus de 50 000, dont 28 000 Français. Mais ce nombre a augmenté depuis, en particulier celui des Français, qui seraient en 2012 au moins 42 000. Certains Occidentaux ont monté au Maroc des écoles et orphelinats chrétiens. En 2010, plusieurs d'entre eux ont été fermés et leurs responsables parfois expulsés, accusés (sans procès) de violer une loi proscrivant le prosélytisme. Selon certains analystes, il s'agirait pour le pouvoir de rétablir l'équilibre, après les nombreuses arrestations opérées dans les milieux de l'islam radical à la suite des attentats de 2003.

La famille

La famille constitue la pierre angulaire de la société marocaine. Ce n'est pas la famille moderne européenne, mais plutôt le « clan » composé de nombreux cousins, aux enfants de qui on marie ses propres enfants pour éviter que les biens familiaux ne soient éparpillés. Il existe entre ses membres une très grande solidarité. Ainsi, en cas de difficulté ou de deuil, chacun trouve aide et réconfort. Inutile donc de se tracasser pour le montant de sa future retraite, puisque la communauté familiale pourvoira aux besoins vitaux de la personne âgée. Inutile de s'inquiéter d'un lieu où passer ses vacances, puisqu'il y aura toujours un cousin éloigné chez qui dormir.
Mais, revers de la médaille, la famille fait peser sur chacun de ses membres un poids immense, d'autant que la religion musulmane et la tradition marocaine valorisent le collectif au détriment de l'individuel : hors de l'obéissance au patriarche ou à son représentant, point de salut pour le Marocain, conditionné depuis son plus jeune âge à se conformer à la norme. Cette forme de surveillance caractéristique des sociétés maghrébines porte un nom, la *hchouma.* Elle varie selon les régions, et règle ce qui se fait et ce qui ne se fait pas. C'est le regard de la communauté sur l'individu. Soumis à Dieu, il l'est aussi au père. Et si la ruse

permet d'échapper au regard paternel, comment échapper à celui du voisinage, qui assure un contrôle social d'une terrible efficacité ? Toute révolte du jeune est quasi impossible, puisqu'elle aurait pour effet de l'exclure du groupe. Et pourtant, aujourd'hui, une grande partie de la jeunesse marocaine est confrontée à un choc culturel entre valeurs traditionnelles et occidentales, magistralement illustré par Driss Chraïbi dans son roman *Le Passé simple*.
À titre d'exemple, une des caractéristiques notables de la famille traditionnelle marocaine concerne le refus catégorique de la mixité, pour faire en sorte que les filles encourent le minimum de risques d'être séduites, et cela dans un seul but : leur permettre d'arriver vierges au mariage. Dans toutes les couches sociales, le tabou de la virginité reste incroyablement puissant, avec pour corollaire un refoulement très grand, aussi bien chez les hommes que chez les femmes. Beaucoup de femmes sont convaincues qu'en manifestant un intérêt trop marqué pour l'érotisme, elles courent le risque d'apparaître comme des « filles perdues » aux yeux de leur mari. En effet, la société traditionnelle ne considère l'épouse qu'à l'image d'une génitrice, alors que la loi réformant le code de la famille, votée début 2004 et initiée par Mohammed VI, place désormais la famille sous la responsabilité conjointe des deux époux. Cette avancée (et d'autres du même ordre, voir plus haut la rubrique « Femmes ») est le fruit d'un âpre combat mené par les associations féministes, qui sont parvenues à redéfinir le rôle des femmes dans la société. À présent, celles-ci – pas toutes, loin de là ! – sont immergées dans la vie moderne, travaillent en entreprise, vivent de vraies relations d'amour avec le mari qu'elles ont choisi.
– Lire également plus haut les rubriques « Enfants et éducation » et « Femmes ».

L'immigration clandestine : le nouveau drame du Maroc

Avec l'Algérie et la Libye, le Maroc est un des principaux pays de transit de l'immigration clandestine vers l'Europe. Le mirage d'une vie meilleure en Europe est entretenu par des passeurs peu scrupuleux, agissant comme de véritables trafiquants d'humains (certains immigrants déclarent avoir payé 1 200 € la seule traversée). Les immigrants arrivent principalement de l'Afrique subsaharienne. À ce titre, certains hauts responsables du ministère de l'Intérieur espagnol ont admis que le désert du Sahara s'est transformé en un « gigantesque cimetière de sable » pour les clandestins. Depuis le Maroc, ils essaient de gagner l'Espagne à bord d'embarcations de fortune.
Jusqu'en 2005, les routes classiques de l'immigration au Maroc passaient par les enclaves espagnoles de Ceuta et Melilia : les candidats qui arrivaient à franchir ces deux frontières, au péril de leur vie, avaient l'assurance de l'examen administratif de leur dossier.
Depuis les événements de 2005 (la police a tiré sur la foule prenant d'assaut ces points de passage), le Maroc a renforcé la surveillance de ses côtes au nord, et les migrants tentent à présent de traverser depuis le Sud marocain vers les plus lointaines Canaries, avec encore plus de risques... Ces tentatives désespérées aboutissent souvent à des drames. Deux embarcations ont aussi chaviré au nord, au large de Nador, fin avril 2008, faisant penser à une bavure de la police marocaine, accusée d'avoir délibérément crevé un zodiac avec un couteau. Bilan : 29 noyés.
Au port de Tanger, des candidats à l'immigration vers l'Espagne se font arrêter toutes les nuits. Contre parfois quelques billets, les policiers du port les laissent repartir, puis ils retentent leur chance quelques jours plus tard. Effet pervers, le durcissement de la surveillance policière au Maroc pousse de nombreuses embarcations de clandestins à partir désormais plus au sud, depuis les côtes du Sénégal. La distance accroissant encore les risques de naufrages, qui sait combien de barques sombrent dans l'anonymat ?

RELIGIONS ET CROYANCES

Mahomet, « le Loué »

Le fondateur de la religion islamique est Mahomet (*Muhammad,* « le Loué »). Ce n'est pas un fils de Dieu. Il serait né vers 571 dans une famille de La Mecque. Orphelin à l'âge de 12 ans, il accompagne son oncle en Syrie où, si l'on en croit la *Sunna,* c'est-à-dire la tradition qui rapporte les actions et paroles du Prophète, un moine reconnaît en Mahomet un prophète et lui prédit une grande destinée. Celle-ci commence modestement par un rôle de gardien de moutons. À l'âge de 25 ans, il est engagé par une riche commerçante, Khadija, qui le charge d'aller en Syrie vendre ses marchandises. Ce garçon, qui avait l'habitude de se retirer dans une caverne pour méditer sur la religion, n'en est pas moins homme pour autant : il épouse sa patronne, et quatre filles naissent de cette union, parmi lesquelles Fatima, dont de nombreuses familles revendiquent aujourd'hui la descendance. Faute d'enfant mâle, il adopte un esclave du nom de Zayd, qu'il affranchit.

Lors d'une de ses retraites, vers l'an 610, l'archange Gabriel lui apparaît en songe et lui dicte des versets qu'il répète d'abord à son entourage, puis transmet à ses secrétaires. Au rythme d'une visite par an pendant 23 ans, l'archange dicta encore de nombreux versets, formant le texte du *Coran* (mot arabe signifiant « récitation »).

Le Prophète commence sa vie publique et ses prédications. Les premiers disciples se rassemblent, mais son enseignement dérange le pouvoir de la bourgeoisie mecquoise. Son idée de l'*islam,* c'est-à-dire de « l'abandon volontaire de soi à la toute-puissance divine », autant que le refus du culte polythéiste et idolâtre alors en vigueur choquent les notables. Des persécutions et des guerres religieuses s'ensuivent, principalement dans sa tribu, qui lui est la plus hostile. La situation devenant intenable à La Mecque, il émigre le 16 juillet 622 à Yathrib, avec une soixantaine de partisans : c'est à partir de cette date (*hégire,* c'est-à-dire « expatriation ») que commence l'ère musulmane. La ville est rebaptisée la ville du Prophète, *Madinat al-Nabi,* connue dans notre langue sous le nom de Médine.

L'influence de Mahomet prend très vite une importance considérable. Après de nombreuses péripéties, il conquiert par la force sa ville natale en 630, y entre triomphalement et brise toutes les idoles qui entouraient la Kaaba (grand cube noir au centre du temple de La Mecque). Le Prophète s'éteint 2 ans plus tard, le 8 juin 632. Sa succession est d'abord assurée par ses lieutenants, puis donnera lieu à une scission, Moawiya soufflant à Ali (au prix d'une guerre) la direction de la communauté des croyants. De ce schisme naîtra par la suite l'opposition entre sunnites et chiites, les seconds (éclatés en une myriade de sectes) considérant Ali et ses descendants comme seuls chefs légitimes.

L'islam

La doctrine prêchée par Mahomet s'appelle l'*islam,* c'est-à-dire la « résignation à la volonté de Dieu ». Elle est consignée dans le Coran. Les musulmans croient à la nature divine des Psaumes, de la Torah, des Évangiles, mais considèrent que certains Livres révélés n'ont pas échappé à l'altération apportée par les hommes, altération qui a rendu

TOUS FRÈRES !

Certes, Mahomet est le plus grand des prophètes, puisque c'est lui qui a transmis aux hommes la parole que lui dictait Dieu. Mais, beau joueur, l'islam reconnaît aussi les rôles prophétiques de Jésus, Moïse, Abraham et Adam (cités tous trois dans l'Ancien Testament). Quant à Marie, elle est la seule femme citée dans le Coran.

l'unicité divine moins radicale. La mission de Mahomet est de rétablir la révélation divine dans son intégrité.
Le Maroc observe le rite malékite, l'un des quatre rites de la branche sunnite, se caractérisant par une relative souplesse et une ouverture sur la réalité qui rend la société marocaine plus perméable aux autres cultures, à l'opposé du rite hanbalite, dogmatique et intransigeant, qui a cours dans la péninsule Arabique. Contrairement aux chiites, les sunnites se réfèrent aux *hadiths,* recueils des faits et gestes du Prophète rapportés par des tiers. Coran et hadiths forment la *Sunna.*

Le Coran

Recensé en arabe en 634, le Coran est la transcription des paroles de Dieu dictées à Mahomet. Il enseigne que la durée de la Création est de 6 jours. Les bonnes et les mauvaises actions des hommes jugées au Jugement dernier méritent un paradis et un enfer, où les félicités et les souffrances corporelles tiennent la plus grande place. Car c'est là un des traits dominants de l'islam : il n'y est pas fait abstraction des besoins et des passions du corps humain. Le fatalisme n'y est pas aussi absolu qu'on se l'imagine ; la globalité de ses actions a été écrite d'avance sur les tables de Dieu, mais l'homme peut en modifier la qualité, en bien ou en mal. La morale, évidemment, tient une grande place dans la doctrine de l'islam. La première vertu est la piété ; sans elle, les meilleures actions ne sont pas agréables à Dieu. L'homme vertueux doit donner au pauvre, sans ostentation, le quarantième de son revenu. L'esprit de fraternité et d'égalité interdit le prêt à intérêt, atténue la condition de l'esclavage, laisse la femme mariée gérer sa fortune, ne transmet ni les privilèges ni les titres. L'esprit de castes n'existe pas chez les musulmans, qui vivent dans une sorte de théocratie.
La polygamie a été régulée et limitée rigoureusement, et non créée par l'islam. La condition de la femme a même été l'objet de la sollicitude du législateur, qui lui assure sa part d'héritage dans la famille.

Les mosquées

Si le mot français « mosquée » vient de *masjid,* il ne faut pas se méprendre sur le sens de ce terme. *Masjid* désigne le lieu où l'on se prosterne devant Allah. Ce peut être bien sûr la mosquée, mais aussi n'importe quel endroit, pourvu qu'il soit dans un état de propreté et de sacralisation. Le mot « mosquée » se traduit d'ailleurs en arabe par *jemaa,* qui a le sens de « rassemblement ». Le vendredi est le jour du rassemblement *(yôm el jemaa)* et aussi le jour de la mosquée, puisque c'est là que l'on se rassemble pour la grande prière collective de l'après-midi.
La première mosquée fut érigée à Médine par le prophète Mahomet pour adorer Allah. Il institua ainsi dans ses grandes lignes ce nouveau style architectural.
La mosquée traditionnelle, différente au Maghreb de celle de type persan, se compose, en général, d'une cour au centre de laquelle se trouvent souvent une fontaine, pour les ablutions, et des sortes de préaux. C'est là que les fidèles se mettent en lignes parallèles pour prier ensemble derrière l'imam qui dirige la prière. La direction exacte du temple de La Mecque est indiquée par une niche, le *mihrab,* dont on a pu dire qu'il était « le moule en creux de la présence du Prophète ». Pour effectuer le prêche à la communauté, l'imam monte sur une sorte de chaire en bois, que l'on appelle le *minbar.*
Au Maroc, la visite des mosquées et des lieux de pèlerinage (mausolée, koubba, etc.) est interdite aux non-musulmans. Il est inutile d'insister. Il existe toutefois de très rares exceptions, comme celle de Tin-Mal, à une centaine de kilomètres au sud-ouest de Marrakech, et la mosquée Hassan-II de Casablanca (entrée payante).
Si vous avez la chance de pouvoir pénétrer dans une grande mosquée, vous serez frappé par le volume libre à l'intérieur. On ressent vraiment la notion d'espace,

d'infini, de manière analogue à ce que l'on éprouve au fond de la nef d'une grande cathédrale gothique. Assis, agenouillés un peu partout, des gens prient. L'intérieur est dépourvu de tout élément décoratif, à l'exception de quelques tapis. Très important : tenue décente, bien sûr, et avant d'entrer, déchaussez-vous. Se déchausser avant d'entrer dans un lieu saint est capital. Lavez-vous aussi le visage et les mains ; de toute façon, ça ne leur fera pas de mal.

Les cinq piliers de l'islam

L'islam est basé sur des obligations que chaque musulman doit respecter scrupuleusement : ce sont les cinq *piliers* de l'islam.

La profession de foi (chahada)

Il s'agit en fait d'une double profession de foi : d'un côté, le refus d'admettre qu'il puisse y avoir d'autres divinités que Dieu, et de l'autre, l'affirmation que le prophète est une référence indépassable, ayant reçu, comme « sceau des prophètes », une mission universelle. On doit la réciter chaque jour à l'heure de la prière, et au moment de la mort pour se voir ouvrir les portes de l'au-delà.

PHRASE SACRÉE

Il est pratiquement impossible de se convertir au judaïsme. En revanche, pour devenir musulman, il suffit de prononcer une seule phrase, une profession de foi : « J'atteste qu'il n'y a pas de divinités autres qu'Allah et que Mahomet est son messager. »

La prière (salât)

Elle a lieu cinq fois par jour : à l'aurore, au zénith du soleil, l'après-midi, au coucher du soleil et à la disparition de toutes lueurs à l'horizon, lorsque les étoiles apparaissent. L'heure de la prière est annoncée par l'appel *(azân)* du muezzin, qui tournait jadis autour de la galerie du minaret ; cet appel est aujourd'hui diffusé par haut-parleurs.

Le croyant ne peut accomplir la prière sans s'être purifié, se protégeant des souillures ou les éliminant (tapis de sol pour prier, abandon des chaussures, ablutions du visage, de la barbe, des pieds et des mains avant la prière). Et le Livre saint, qui pense à tout, signale qu'en cas de pénurie d'eau (dans le désert, cela n'a rien d'anormal), on peut se purifier avec du sable.

Dans la mesure du possible, la prière doit se faire dans une mosquée (avec ou sans chaussettes), mais elle peut avoir lieu dans un endroit propre, quand il est difficile de procéder autrement. En l'absence de tapis de prière, les chaussures (propres) peuvent être conservées.

Le jeûne du ramadan

Les Marocains observent scrupuleusement le ramadan. L'islam étant la religion officielle, ils se surveillent mutuellement, et faillir à la règle en public serait une provocation sanctionnée par les forces de l'ordre.

Le jeûne du mois du ramadan est obligatoire à partir de la puberté, sauf pour les femmes indisposées, enceintes ou allaitant, les malades (qui doivent rattraper dès que possible les journées rompues) et les voyageurs. Attention, ces derniers doivent le pratiquer à leur retour, car il serait trop simple de prendre ses vacances à ce moment-là. L'abstinence s'étend à tous les aliments liquides et solides, à la fumée, aux parfums et à tout acte sexuel. On doit rester pur même moralement. Essayez d'être discret si vous êtes au Maroc à cette époque, abstenez-vous de fumer ou de boire de façon trop visible !

Le jeûne dure de l'aurore jusqu'au coucher du soleil, plus précisément tant que l'on peut distinguer un fil noir d'un fil blanc. En soirée, on assiste à un spectacle plutôt insolite : les gens attablés devant leur repas, attendant le signal de la fin du jeûne. Pendant cette période, la vie est transformée et tout fonctionne au ralenti. Non seulement les horaires sont différents, mais les employés présents ne sont guère enclins à travailler, malgré la journée continue qui se termine à 15h. D'un point de vue purement touristique, la période du ramadan n'est pas idéale : beaucoup d'hôtels (1 et 2 étoiles) ainsi que de nombreux cafés et restaurants sont fermés, et ceux qui ne le sont pas augmentent leurs prix. Les Occidentaux travaillant dans le tourisme profitent de cette période pour prendre leurs vacances. Avant de vous rendre dans des endroits peu touristiques, renseignez-vous... Mais le ramadan se révèle justement intéressant, d'une part pour le nombre plus restreint de touristes, et d'autre part parce que cette période encourage une approche plus sociologique du pays. On peut aborder le sujet de la religion avec les habitants. Et puis être invité à un repas de rupture de jeûne *(ftour)* peut devenir un grand moment.

LES FESTIVITÉS DU RAMADAN

À la différence des catholiques avec le Carême, le ramadan est aussi un vrai moment de fête. Dès la rupture du jeûne, on prépare des repas joyeux avec sa famille et ses amis. Les soirées durent tard dans la nuit. Et les jeunes attendent cette période avec plaisir.

En revanche, l'expression « faire le ramadan » (devenu en français « faire du ramdam ») trouve ici sa pleine justification : du coucher du soleil jusqu'à une heure très avancée de la nuit, vous serez le témoin auditif de l'animation qui règne.
Du fait de la mobilité lunaire, le ramadan tombe chaque année environ 11 jours plus tôt. En 2013, il débutera autour du 9 juillet. Ces dates, théoriques, sont validées le jour même après observation de la lune. Le ramadan dure 29 ou 30 jours, auxquels il faut ajouter les 3 ou 4 jours fériés de l'*Aïd es-Seghir,* la « petite fête » (appelée aussi *Aïd el-Fitr,* fête de la rupture du jeûne), qui clôturent la période de jeûne. Le pays est alors fortement paralysé. Rien ne fonctionne.

Le pèlerinage à La Mecque (hadj)

Le pèlerinage aux lieux saints de La Mecque est une obligation pour tout musulman qui en a la possibilité matérielle. Le voyage, coûteux, dure généralement 2 semaines. Il arrive que l'on se cotise pour payer le pèlerinage d'un musulman qui n'en a pas les moyens, tant ce voyage à La Mecque est important.
Le retour des pèlerins est un grand moment : de fierté pour ceux qui reviennent de La Mecque, devenus des *hadj,* et de liesse pour ceux qui les accueillent dans leur quartier ou dans leur village. Dans les campagnes, il est quelquefois de tradition de peindre sur la façade de la maison du pèlerin des scènes de son périple vers La Mecque (avion, bateau, bus...). C'est au cours des rites du pèlerinage qu'a lieu, pour ceux qui restent au pays, le sacrifice du mouton, la fête de l'*Aïd el-Kebir* (voir « Fêtes et jours fériés » dans « Maroc utile »).

L'aumône légale (zakat)

C'est un impôt permanent (ou, si l'on préfère, une dîme) permettant de se purifier de la possession des biens de ce monde, réputés impurs (*zakat* signifie d'ailleurs « purification »). De ce fait, le donneur doit éprouver un sentiment de reconnaissance envers celui à qui il donne !
L'aumône est une obligation pour tout musulman possédant une richesse minimale (le *nisâb*) et

AUMÔNE EN LIGNE !

Ne croyez pas être « branché » parce que vous payez vos impôts en ligne. Aujourd'hui, signe des temps, il existe des sites internet qui permettent à chaque musulman ayant un certain niveau de revenu de calculer lui-même son zakat (un denier du culte obligatoire), et qui le collectent pour les bonnes œuvres. Cartes de paiement acceptées !

doit représenter le quarantième du revenu épargné. On la verse annuellement, spontanément, sans contrôle de quelque autorité, à une personne ou à une œuvre choisie parmi les plus défavorisées.

Pratiques liées à la religion

La circoncision

C'est une tradition abrahamique : la religion ne l'impose pas. C'est un rite qui prend ici un sens tout particulier car, comme pour le baptême catholique, cela marque l'entrée du jeune garçon dans le monde des croyants. L'opération (qui consiste à exciser la peau du prépuce) peut être effectuée sur un nourrisson dès l'âge de 1 mois. Les familles qui en ont les moyens confient l'enfant à un chirurgien dans une clinique privée. Les familles nécessiteuses s'adressent à un hôpital public où les circoncisions se font à la chaîne, la veille des fêtes religieuses. Dans les campagnes, il arrive encore parfois que ce soit le barbier qui procède à l'opération, sans aucune anesthésie, mais c'est de plus en plus rare.
Cette cérémonie donne lieu à des festivités plus ou moins importantes selon les moyens de la famille, et le jeune circoncis reçoit des cadeaux. Lorsque la plaie est cicatrisée, après quelques jours, le jeune intronisé est emmené au hammam pour se purifier.

Les aliments prohibés

Ce sont la chair du porc, celle des carnassiers et de certains reptiles, le sang et la charogne. Pour être *halal*, c'est-à-dire conforme aux prescriptions du Coran, la viande doit être absolument exsangue pour être consommée et l'animal exécuté selon un rite particulier. La consommation d'alcool est interdite.

Les zaouïas

Il existe une autre forme de dévotion populaire qu'on pourrait, en caricaturant un peu, appeler l'islam des campagnes par opposition à l'islam officiel des villes. De nombreuses localités portent le nom d'un marabout (saint) local précédé du terme « zaouïa », qui désigne le sanctuaire où il est enterré. Souvent, autour de ce sanctuaire s'est créée par le passé une fondation ou une confrérie. Une fois par an, un grand pèlerinage est l'occasion pour la population d'affirmer sa ferveur religieuse.

Les marabouts

Un marabout est un musulman sage et respecté qui fait l'objet d'un culte, équivalent d'un saint pour le christianisme. Par extension, ce mot désigne aussi son tombeau, en remplacement du mot arabe *koubba.* Pour beaucoup de femmes musulmanes, ce tombeau est un lieu privilégié où elles se retrouvent entre elles, libérées de la loi des hommes. Ceux-ci n'y font qu'un rapide passage, alors que les femmes peuvent y rester plusieurs heures. En cas de difficulté (mais aussi en cas de maladie, plutôt que d'aller voir un médecin qui lui demande de se déshabiller et utilise des mots qu'elle ne comprend pas), une femme peu instruite préfère s'adresser au marabout. La prière se faisant le plus souvent à voix haute, il se crée entre les femmes présentes une empathie aux vertus thérapeutiques : toutes partagent l'expérience de la souffrance. Les pratiques spontanées qui en résultent sont assez proches, dans leur forme, de celles de la *Gestalt* pratiquée en thérapie de groupe dans les sociétés occidentales. La fréquentation du marabout, à défaut de faire revenir le fils éloigné par ses études ou de guérir la fillette malade, a donc une efficacité par le soulagement qu'elle apporte, ainsi que par l'appui et les conseils reçus des autres femmes.

SAHARA OCCIDENTAL

Jusqu'en 1975, le Río de Oro (la partie méridionale du Sahara occidental) était placé sous tutelle espagnole. Or, depuis la fameuse Marche verte qui a rassemblé 350 000 Marocains le 6 novembre 1975, le territoire, appelé par le Maroc le « Sahara marocain », se trouve en grande partie (à 80 %) rattaché à la Couronne chérifienne, marquant le début d'une longue guerre. Comment en est-on arrivé là ?
Il faut chercher les racines en 1956, au moment où le Maroc se libère du protectorat instauré par la France depuis 1912. À cette époque, Mohammed V, réinstallé à la tête du pouvoir par la France, hérite d'un pays amputé d'un territoire gigantesque : le Sahara espagnol. Une zone dont on sait depuis 1950 qu'elle recèle d'importants gisements de phosphate (la deuxième réserve du monde derrière la Chine), en plus d'avoir des eaux extrêmement poissonneuses. Mais les tractations pour l'indépendance du Maroc menées avec les Français, dont Mohammed V semble se satisfaire, ne sont pas du goût de l'*Istiqlal,* parti de l'indépendance. Celui-ci crée une armée de libération marocaine, comprenant Mauritaniens et Sahraouis, et dont l'action s'inscrit dans une sorte de lutte panmaghrébine de plus grande envergure. Ladite armée sera dissoute par le roi. Le sentiment d'avoir été écartés monte chez les Sahraouis, installés aux confins de la frontière algéro-marocaine mais dont le territoire est toujours sous domination espagnole. Fin de l'acte I.
En 1962, l'Algérie accède à l'indépendance et conteste le tracé des frontières avec le Maroc. Point culminant : la guerre des Sables, qui fait rage en 1963 et 1964. L'Algérie, privée d'une fenêtre sur l'Atlantique que lui aurait accordée l'occupation du Sahara espagnol et redoutant la montée en puissance de son voisin marocain, appuie généreusement les revendications sahraouies. Du côté marocain, pas question de laisser l'Algérie avancer ses pions au sud du pays. Fin de l'acte II.
Au début des années 1970, Hassan II échappe à deux attentats. Seul un geste d'envergure, comme la récupération du Sahara espagnol au nom d'une vindicte populaire, peut lui permettre de rassembler l'ensemble de la classe politique autour de lui. Dans le Sud, une partie du territoire semble avoir pris fait et cause pour le *Front populaire pour la libération de la Saquia el-Hamra et du Río de Oro,* connu aujourd'hui sous son acronyme *Polisario.* Créé en 1973 par des nationalistes sahraouis, le groupe revendique son autodétermination, et s'oppose au rattachement du Sahara espagnol tant au Maroc qu'à la Mauritanie. De son côté, le royaume chérifien exerce de fortes pressions sur l'Espagne afin qu'elle évacue le territoire. Franco propose alors un référendum d'autodétermination, une idée aussitôt rejetée par Hassan II. Finalement, c'est la Marche verte du 6 novembre 1975, véritable coup de génie politique, qui emporte la décision : après l'invasion pacifique du territoire par des centaines de milliers de civils marocains exaltés, Madrid cède les deux tiers nord de sa colonie au Maroc et le tiers sud à la Mauritanie. Il faut dire que l'Espagne, en pleine reconstruction après la mort de Franco, a clairement d'autres priorités que le Sahara. En février 1976, le dernier convoi de militaires espagnols quitte définitivement la zone.
La même année, plusieurs tribus sahraouies se constituent en République arabe sahraouie démocratique (RASD), reconnue alors par 80 États (aujourd'hui, une trentaine d'États seulement reconnaissent encore son existence). Son bras armé, le Polisario, intensifie le conflit avec l'appui des militaires algériens. La Mauritanie, qui n'a pas les moyens de soutenir un effort de guerre, abandonne le morceau en 1979, le Maroc occupant le terrain. Fin de l'acte III.
Le rideau ne retombe pas pour autant. Le Polisario menace les mines de phosphates et les centres urbains, obligeant Hassan II à engager son pays dans une guerre de fond. Il envahit la zone, et fait ériger un mur de sable fortifié, de plus de 200 km de long, protégé par des milliers de soldats, provoquant l'exil des populations civiles vers des camps de réfugiés. En difficulté sur le terrain, le Polisario,

soutenu par l'Algérie, joue la carte diplomatique. En 1984, l'Organisation de l'unité africaine (OUA) lui accorde un siège, le Maroc en claque la porte. L'ONU, sollicitée pour mettre fin au conflit armé, recommande sans originalité la tenue d'un référendum d'autodétermination sous contrôle international et permet ainsi un accord de cessez-le-feu en 1991. Mais le projet de référendum a achoppé sur un « détail » qui vaut son pesant de phosphates : l'identification des votants ! Le nombre de Sahraouis, des nomades pour la plupart, variait de 170 000 à 1 million selon que l'on comptait ou non les réfugiés du Sud installés au Nord, et les Marocains du Nord installés au Sud. Depuis, la mission de l'ONU est reconduite de mois en mois, et le Maroc reste le seul pays africain absent de l'Union africaine.

L'année 2000 aurait pu être propice à un apaisement du conflit avec l'intronisation du jeune roi Mohammed VI et avec l'élection d'Abdelaziz Bouteflika en Algérie ; mais il n'en fut rien, bien au contraire. En 2003, le ton de Rabat s'est durci et le roi a fermement annoncé que le Maroc n'acceptait « aucun marchandage » au nom de la thèse du « grand Maroc », chère au parti de l'*Istiqlal,* qui voyait la carte de l'Empire chérifien s'étendre jusqu'au Mali comme au temps des Saadiens ! Ainsi, le plan qui préconisait une période d'autonomie de 5 ans avant un référendum d'autodétermination a été rejeté. Fin de l'acte IV.

À partir de mai 2005, des manifestations sécessionnistes violemment réprimées par le pouvoir central se sont succédé à Laâyoune, Dakhla et Smara. C'est à cette époque que le Maroc décide d'investir de grosses sommes dans la modernisation de la région (routes, écoles, services publics...), tant et si bien qu'aujourd'hui on est mieux éduqué au Sahara occidental que dans beaucoup de régions du Nord. Cela a d'ailleurs amené de nombreux Marocains du Nord à venir s'installer dans le Sud, où l'État les incite en outre à investir. Ce qui donne évidemment lieu à des tensions, face à de jeunes Sahraouis souvent sans emploi et qui ne goûtent guère aux fruits de la croissance.

En avril 2007, le Maroc présente un plan d'autonomie des territoires à l'ONU. Mais cette autonomie n'est que relative, dans la mesure où le royaume chérifien entend conserver les attributs de sa souveraineté : le drapeau, l'hymne national, la monnaie, les affaires étrangères, la sécurité nationale et le rôle religieux du roi. La région récupérait le contrôle du commerce, de l'industrie, de l'agriculture, ainsi que la gestion des infrastructures dans les domaines tels que la santé, les transports, l'habitat, le tourisme, etc. En face, toute voix sahraouie réclamant l'autodétermination, conformément aux résolutions de l'ONU, est sévèrement réprimée.

En 2008, le conflit prend une autre résonance, lorsque Barack Obama fait part à Mohammed VI de l'engagement de son gouvernement dans les négociations et les débats avec les Sahraouis. L'émissaire américain parvient à relancer les discussions en juillet 2009 entre le Maroc et le Front Polisario. En avril 2010, le Conseil de sécurité de l'ONU adopte, à l'unanimité, la résolution 1920 en soulignant le soutien de la communauté internationale au processus de négociations visant l'autonomie de la région, et rappelle la nécessité de trouver une solution politique mutuellement acceptable. En juillet, le roi Mohammed VI s'est donc senti suffisamment légitimé pour exhorter l'Algérie et le Front Polisario à cesser d'entraver le projet d'autonomie et de « torpiller la dynamique enclenchée ». Des propos qui ne risquent pas d'apaiser les relations avec son voisin algérien.

Les Sahraouis, eux, sont lassés de la situation. La tension est montée d'un cran en novembre 2010 à la suite du démantèlement par la force d'un camp de Sahraouis près de Laâyoune, qui entendaient manifester contre leurs conditions de vie. Le bilan officiel des autorités marocaines fait état d'une dizaine de morts. Malgré les sommes investies par Rabat, l'économie de la région a du mal à décoller. Les Sahraouis sont loin d'accepter la mainmise du Maroc comme un fait accompli, mais se méfient également de l'Algérie et ne soutiennent pas forcément le Polisario, dont les cadres quittent peu à peu le mouvement.

En 2012, les négociations entre le Maroc et le Front Polisario menées sous l'égide de l'ONU, étaient toujours dans l'impasse après de nombreux rounds...

SAVOIR-VIVRE ET COUTUMES

Vous êtes dans un pays musulman, dont certaines traditions et coutumes sont très différentes des nôtres. Il faut donc connaître, en plus de celles mentionnées plus haut à la fin de la rubrique « Cuisine », quelques règles élémentaires.

Ce qu'il faut faire

- Se déchausser avant d'entrer dans une pièce quand on voit des chaussures déposées près de la porte. Les tapis des demeures individuelles sont aussi respectés que ceux des mosquées.
- Si vous êtes invité dans une famille à la campagne, n'hésitez pas à répondre à toutes les questions que l'on vous posera et qui, parfois, vous paraîtront indiscrètes. Est-ce bien votre femme qui vous accompagne ? Combien avez-vous d'enfants ? Que font-ils ? Quel est votre salaire ? Combien vous a coûté votre montre ou votre appareil photo ?
- Prolonger la pause-thé en acceptant plusieurs verres, même si l'on n'a plus soif.
- Si l'on a photographié ses amis marocains, ne pas oublier de leur envoyer les clichés au retour. C'est vrai partout, mais encore plus au Maroc.
- Considérer le fait que tous les jeunes hommes qui se promènent main dans la main (ou plutôt doigt dans la main) est un signe d'amitié et non d'homosexualité.

Ce qu'il ne faut pas faire

- Donner quoi que ce soit en échange de l'hospitalité que l'on vous offre. Si par hasard (comme c'est souvent le cas) votre hôte, que vous soupçonnez d'avoir très peu de moyens, vous somme de rester pour dîner, préférez l'accompagner au marché pour effectuer les achats nécessaires à la préparation du repas (que vous paierez vous-même) plutôt que de donner de l'argent.
- Porter une tenue un tant soit peu dénudée. Les shorts et les vêtements sans manches sont considérés comme indécents dans certaines régions peu touristiques (même pour les hommes). Idem sur les plages (le nudisme est interdit). Autour des piscines des grands hôtels, mesdames, mesdemoiselles, ne vous laissez pas non plus aller aux joies du bronzage topless. C'est une règle de respect élémentaire à l'égard du personnel marocain.
- S'adonner au bronzage intégral sur la terrasse d'un *riad,* même tenu par des Européens. D'une terrasse à l'autre, tout se voit, et le voisinage est outré de ces pratiques. Ne compliquez pas la vie de vos hôtes !
- Se faire des mamours en public.
- Essayer d'entrer dans une mosquée, une koubba, un mausolée qui n'est pas explicitement ouvert aux touristes.
- Se moucher bruyamment en public, surtout pendant un repas.
- Éructer bruyamment en fin de repas, sous prétexte de respecter une vieille coutume maghrébine. Toutes les familles ne pratiquent pas ainsi, et surtout pas celles d'un certain niveau social.
- Refuser le thé que l'on vous offre, sauf si vous avez une bonne raison de le faire.
- Critiquer l'organisation marocaine (vos interlocuteurs ne s'en priveront pas, mais ça ne vous donne pas pour autant le droit de surenchérir), et surtout la religion ou la monarchie. Si votre interlocuteur vous interroge, vous pouvez exprimer franchement votre pensée et vos étonnements, pourvu que vous le fassiez en termes mesurés.

La politesse

Comme on peut le constater dès l'arrivée, les Marocains utilisent des formules de politesse beaucoup plus longues que les nôtres. Elles appartiennent à un ancien code des usages toujours en vigueur. Qui ne connaît le fameux *Inch Allah* (« s'il plaît à Dieu »), qui s'emploie systématiquement dans une phrase qui comporte un verbe au futur, et même parfois au milieu d'une phrase prononcée en français ? Le nom de Dieu revient souvent d'ailleurs dans les formules utilisées.

Lorsque deux Marocains arabisant se rencontrent, cela donne à peu près le dialogue suivant :

– *Salaam aleikum !* (Que la paix soit sur toi !)
– *Wa aleikum Salaam !* (Qu'elle soit sur toi aussi !)
– *Lèbès ?* (Comment ça va ?)
– *Lèbès.* (Ça va.) ou *Bèlkher.* (Bien.).
– *Ach khbârek ?* (Et quelles sont les nouvelles ?)
– *Lèbès.* (Ça va.)
– *La bâs alik ?* (Pas de mal sur toi ?)
– *La bâs el hamdoullah !* (Non, grâce à Dieu, pas de mal sur moi !)

À ce dialogue, inévitable préambule à toute conversation, il faut joindre les gestes à la parole, et en particulier la main droite que l'on pose sur le cœur. La longueur de cet échange, qui a impressionné les premiers Européens en contact avec les Arabes, est à l'origine du mot français *salamalecs,* directement dérivé de ses premiers mots !

Si vous êtes à table, il est de coutume de dire *Bismillah* (« Au nom de Dieu ») avant de manger. Cette formule s'utilise toujours avant de commencer quelque chose.

Pour remercier, ne pas oublier *choukrane* : vous n'avez pas d'excuses, c'est très facile à prononcer !

SEXE

Le Coran interdit formellement aux musulmans d'avoir des rapports sexuels en dehors des liens du mariage. Ce qui est valable entre deux coreligionnaires l'est en principe aussi pour un couple mixte dont l'une des personnes est de confession musulmane. Sans être officiellement transposé dans la loi marocaine, ce précepte est appliqué de fait, et même souvent élargi, et les gérants d'hôtels (même européens), qui redoutent les contrôles de police, sont en général très vigilants. Ils refusent d'accueillir dans une même chambre un couple non marié dont un des conjoints est marocain ou porte un nom à la consonance musulmane évidente. Pas question de mentir, car on vous demande votre certificat de mariage si vous prétendez être marié. La tolérance est plus grande lorsque les deux voyageurs sont porteurs d'un passeport européen. Dans bien des cas, les hôteliers ferment les yeux.

Inutile donc d'imaginer ramener à l'improviste dans votre chambre un sujet de ce beau royaume qu'il vous aura été donné de draguer pendant les vacances ! Si vous voulez être discret et éviter les palabres, la parade consiste à louer une chambre séparément et à arriver en ordre dispersé comme si vous ne vous connaissiez pas. Mais attention ! Restez le plus discret possible : si vous vous faites pincer, vous risquez la prison ! Rien que ça ! De même que le gérant de l'hôtel. Pour le camping, l'équation se pose de la même façon... À chacun sa toile !

Mais un problème important touche le Maroc depuis quelques années : le tourisme sexuel. Dans les grandes villes touristiques, la plupart des lieux nocturnes sont associés à la prostitution. La plupart de ces « filles de l'aurore » ne sont pas membres d'obscurs réseaux financiers souterrains. Elles sont étudiantes pour certaines, sans emploi pour la plupart, mais toutes se sont laissé prendre au piège de l'argent « facile ». Les tarifs leur permettent en effet de gagner l'équivalent d'un SMIC en quelques nuits ou quelques jours. Les autorités ont bien conscience du phénomène mais ne semblent pas vraiment pressées d'agir. Il faut dire que depuis le chauffeur de taxi jusqu'à l'hôtelier crapuleux en passant par le gérant de disco, tout le monde y trouve son compte. Soupape sociale de sécurité, diront certains, phénomène gravissime fauchant une génération tout entière, diront d'autres. La

pédophilie a en revanche essuyé de beaux revers et certains *riad* impliqués ont été fermés. Tout ce joli (im)monde a fini derrière des barreaux avec de lourdes peines de prison à la clé.
Le Maroc est également une destination très prisée pour les Européennes en manque de câlins. Le sida n'en est pas absent, pensez-y ! Quant au sujet de l'attrait que pourraient exercer les Européennes sur les Marocains, sans rien exagérer, il faut reconnaître qu'il existe. Les médias occidentaux véhiculent l'image de femmes libérées et donc réputées « faciles ». Enfin, si un Européen tombe sous le charme d'une Marocaine, la conversion à l'islam est un prélude obligatoire au mariage. Autant être prévenu ! C'est toujours un honneur pour un père de savoir que sa fille a converti un roumi à la religion du Prophète, sachez-le !

SITES INSCRITS AU PATRIMOINE MONDIAL DE L'UNESCO

Organisation des Nations Unies pour l'éducation, la science et la culture

En coopération avec le centre du patrimoine mondial de l'UNESCO

Pour figurer sur la liste du Patrimoine mondial, les sites doivent avoir une valeur universelle exceptionnelle et satisfaire à au moins un des 10 critères de sélection. La protection, la gestion, l'authenticité et l'intégrité des biens sont également des considérations importantes.
Le patrimoine est l'héritage du passé dont nous profitons aujourd'hui et que nous transmettons aux générations à venir. Nos patrimoines culturel et naturel sont deux sources irremplaçables de vie et d'inspiration. Ces sites appartiennent à tous les peuples du monde, sans tenir compte du territoire sur lequel ils sont situés. Pour plus d'informations : ● *whc.unesco.org* ●
– Le Maroc compte huit sites culturels inscrits : les ***médinas de Fès*** (1981) ***et de Marrakech*** (1985), le ***ksar d'Aït-Benhaddou*** (1987), la ville historique ***de Meknès*** (1996) et la ***médina de Tétouan*** (1997), le ***site de Volubilis*** (1997), la ***médina d'Essaouira*** (2001) et la ***cité portugaise d'El-Jadida*** (2004).

SPORTS ET LOISIRS

Comme dans la plupart des pays du monde, le sport roi au Maroc demeure le football, avec quelques-uns des clubs les plus titrés d'Afrique, le *Raja* de Casablanca notamment. Mais d'autres disciplines connaissent un certain engouement, comme l'athlétisme ou le cyclisme. En juin 2007, le Tour du Maroc (inscrit au calendrier de l'Union cycliste internationale) a ainsi fêté son 20e anniversaire. Ne vous étonnez pas si vous croisez un peloton au sommet des cols de l'Atlas à cette époque-là.

FOOT BUSINESS

Dans certains villages du Sud, pour s'octroyer un terrain où bâtir sa future maison, il suffit de le délimiter en disposant un tas de pierres à chaque angle. Seulement voilà, les gamins ont vite fait de récupérer les cailloux pour confectionner d'éphémères cages de foot. Au coup de sifflet final, le futur terrain à bâtir a disparu. Du coup, on remarque désormais des angles de murs en brique autour du terrain convoité. Ces derniers pourront même servir de cages de foot inamovibles. Fair-play !

Sports nautiques

Grâce à ses 3 530 km de littoral répartis entre Méditerranée et Atlantique, le Maroc offre de nombreuses possibilités pour pratiquer les sports nautiques tels que le

surf, la planche à voile, le kitesurf et le jet-ski. Une précision toutefois qui va en refroidir plus d'un : les côtes atlantiques marocaines n'étant pas baignées par le Gulf Stream, la température de l'eau n'excède pas 18 °C, même en plein été !
– Par ailleurs, la houle puissante de l'Atlantique rend la baignade dangereuse et il est recommandé de se baigner dans les endroits aménagés ou surveillés (Oualidia ou Agadir, par exemple). Important : le naturisme est formellement interdit.
– L'*upwelling* (remontée d'eaux froides des profondeurs) associé à un puissant vent thermique rafraîchit considérablement le bord de mer en plein été, notamment dans les environs d'Essaouira. Si le phénomène ravit les véliplanchistes, il est fort désagréable pour ceux qui veulent bronzer sur la plage. Préférer la côte méditerranéenne.

Sports d'eaux vives

Au printemps, le versant nord du Haut Atlas central autorise la pratique des sports d'eaux vives. Cependant, il est prudent de s'informer sur la hauteur des eaux de l'oued Ahanesal et de l'Oum-er-Rbia.

Randonnée

Depuis quelques années, le tourisme rural est en plein boom au Maroc. Les petites infrastructures hôtelières fleurissent un peu partout dans les Atlas, proposant des excursions et des guides. Le Maroc est le paradis des randonneurs. Une randonnée pédestre, équestre ou à VTT est l'occasion rêvée pour un contact avec les gens des montagnes, dont le mode de vie demeure encore très simple. Région du Toubkal, du djebel Siroua, Haut Atlas central, Anti-Atlas, Moyen Atlas et Rif, autant de paysages et d'ambiances à découvrir pour l'amateur de pleine nature. Dans la montagne, la meilleure saison pour une randonnée pédestre s'échelonne d'avril à octobre. En hiver, préférer le désert.
Pour certaines randonnées, les services d'un guide sont utiles, voire indispensables. Mais attention, il y a les vrais guides (demander à voir la carte officielle) et il y a les faux !
Avant d'enfiler vos chaussures de marche, ***lire attentivement*** plus haut la rubrique « Guides » dans « Maroc utile », ainsi que notre texte concernant la randonnée dans la partie « Les montagnes du Haut Atlas occidental ».
Attention, même accompagné d'un guide diplômé, il est prudent de souscrire une assurance couvrant les activités sportives en cas de pépin. Et ce avant votre départ.
Pour tout renseignement complémentaire, voir les « Adresses utiles » de Marrakech et de Ouarzazate. Nous citons plusieurs agences qui proposent toutes sortes de randonnées sérieuses. On peut également contacter :

■ ***Club alpin français de Casablanca :*** *bd Sidi-Abderrahmane (ex-Grande-Ceinture), Beauséjour, Casablanca 20200. ☎ (00-212) 522-99-01-41 ou 46. • caf-maroc.com •* Propose des randos pour les adhérents. Sur leur site : calendrier des sorties, renseignements utiles, adresses de guides, cartes, gîtes, refuges...

Les ouvrages sur le sujet sont rares et les cartes topographiques imprécises et difficiles à se procurer :

■ ***Division de la cartographie :*** *bureau à Rabat (pour les coordonnées, se reporter à cette ville).* Édite des cartes couvrant tout le Maroc, mais les bureaux régionaux (comme à Marrakech) disposent surtout des cartes de leur province (malheureusement pas toujours très à jour). Échelles du 1/1 000 000 au 1/25 000. La quasi-totalité des cartes des zones touristiques au nord d'une ligne de Sidi-Ifni à Zagora est disponible au

1/50 000. Les cartes des régions de Tanger-Ceuta et Meknès-Fès sont disponibles au 1/25 000 (ainsi qu'une large zone au sud de Casa, d'intérêt touristique moindre).

■ Il est aussi possible de se procurer quelques exemplaires sur les régions les plus courues dans les librairies spécialisées à Paris.

■ Se procurer la brochure *Guide de montagne et du désert*, auprès du ***ministère du Tourisme*** : *av. Ennakhil, à Rabat.* ☎ *(00-212) 537-71-50-59 ou (00-212) 537-56-37-29. Fax : (00-212) 537-71-70-96.* Guide très complet sur la pratique de la randonnée en montagne et du désert, classé par régions. Adresses d'hébergement, d'agences et infos en tout genre.

Équitation

L'équitation se pratique à proximité des grands centres touristiques (Tanger, Essaouira, Agadir, Marrakech) et dans les régions où les habitants sont en majorité arabophones (Fès, Meknès).

Ski

Les spécialistes du ski de randonnée connaissent le Maroc depuis longtemps, car le Haut Atlas central offre de nombreuses possibilités de randonnées hors pistes. Les amateurs de ski de fond préféreront le Moyen Atlas et la région d'Ifrane, pour d'authentiques randonnées dans les forêts de cèdres. Pour le ski alpin, la plus haute station d'Afrique se trouve au sud de Marrakech, à l'Oukaïmeden (2 600 m d'altitude) ; malheureusement, l'enneigement y demeure souvent très aléatoire. Elle ouvre théoriquement de mi-décembre à mi-avril, et dispose de plusieurs téléskis et d'un télésiège.

LE NORD DU MAROC

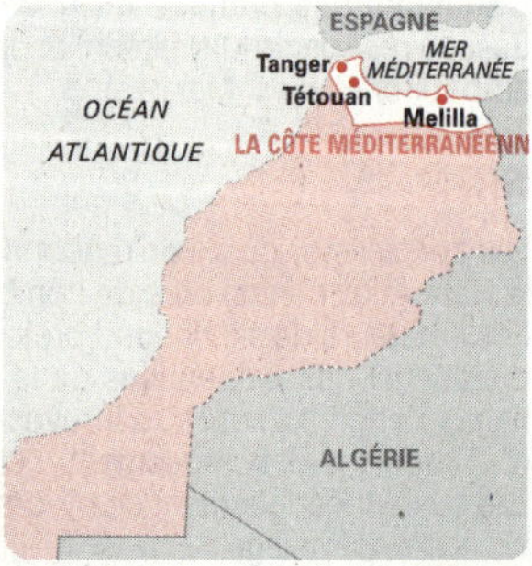

Cette partie du Maroc n'est pas la plus visitée, et c'est cependant l'une des plus intéressantes, un vrai carrefour de civilisations à la charnière de deux mondes : ici finit l'Europe et commence l'Afrique.

Partons de Tanger ; fille de l'eau et de la terre, belle alanguie entre deux continents et entre deux mers, Tanger est un lieu magique qui a fait et continue à faire rêver. Ancien repaire de mauvais garçons et refuge de femmes fatales, Tanger inspira de nombreux romanciers et servit de décor à une profusion de films d'aventures et d'espionnage. Une ville au parfum de scandale, où les intrigues et les extravagances sont de rigueur. Une ville où tout est possible, y compris la rencontre de Tintin et du fameux capitaine Haddock dans *Le Crabe aux pinces d'or.*

Glissons le long de la côte méditerranéenne pour atteindre le Rif. Région secrète, elle fut naguère une terre de résistance fermée à toute pénétration étrangère. Ne fut-elle pas la dernière à se soumettre à Lyautey ? Sur les premiers contreforts du Rif, Tétouan, chargé d'histoire, est un morceau d'Andalousie qui se serait trompé de continent. L'ancienne capitale du protectorat espagnol cache ses merveilles derrière les façades de ses maisons blanches décorées de céramiques et ornées de balcons de fer ouvragés. Sa médina est la plus belle et la plus étincelante de vie qui soit dans le Nord.

Chefchaouen, encastrée dans la montagne qui lui a donné son nom berbère signifiant « cornes », surprend par ses étonnantes couleurs et son atmosphère tranquille. Nappées d'une couche épaisse de chaux bleutée, ses ruelles forment un labyrinthe où la lumière, avec ses jeux d'ombres, modifie sans cesse les volumes des maisons qui semblent taillées dans de grands blocs crayeux.

Le chef-lieu de la province rifaine est Al-Hoceima, ville récente et moderne, au charme typiquement méditerranéen. En fond de décor, de grandes forêts de chênes-lièges et un maquis couvert de lavande qui a donné son nom à Al-Hoceima (« La Lavande »).

Le Nord marocain, ce sont aussi deux petits morceaux d'Espagne exilés de l'autre côté du détroit : les enclaves de Ceuta et Melilia. Ultimes vestiges de la colonisation, ces deux ports au fort tempérament savourent à la fois leur autonomie et leur climat de rêve. Revendiqués par le Maroc, ils affichent d'autant plus fièrement leur hispanité.

De la Méditerranée à l'océan, des montagnes secrètes du Rif à la plaine d'Oujda, le Nord marocain vient nous rappeler que l'Afrique et l'Europe n'ont jamais été aussi proches. Pour s'en convaincre, il suffit de monter au cap Spartel, près de Tanger, pour assister aux noces marines des eaux de la Méditerranée et de l'océan.

TANGER

840 000 hab.

UN TUNNEL POUR DEUX CONTINENTS

Long de 38 km, dont 28 sous la mer, le tunnel de Gibraltar qui devrait un jour relier l'Europe à l'Afrique – Tarifa (en Espagne) à Malabata (près de Tanger) –, peine à voir le jour. Pourtant, le projet ne date pas d'hier. En 1869, l'ingénieur français Laurent de Villedemil présentait déjà les premiers plans. Plus d'un siècle plus tard, en 1979, Hassan II et le roi Juan Carlos signaient un accord pour une étude de faisabilité. L'idée d'un tunnel ferroviaire était finalement adoptée, sur le modèle du tunnel sous la Manche. Mais faute de moyens financiers et devant les difficultés techniques, le projet du tunnel tombe pour l'instant à l'eau.

Comment parler de Tanger ? Comment évoquer cette ville unique, impalpable ? Tanger est avant tout une ambiance. On y a le sentiment de traverser un véritable mythe, qui ne s'effondre pas mais qui s'effrite peu à peu.
Henry de Montherlant l'appelle « Tanger à la gorge bleuâtre, tourterelle sur l'épaule de l'Afrique ». Peintres, photographes, poètes, écrivains, musiciens... tous l'ont assidûment fréquentée et ne l'ont quittée qu'avec tristesse et regret. Le temps semble s'être cristallisé autour de son faste passé. Ce n'est ni une ville culturelle ni une ville d'intellectuels, c'est une ville qui s'intellectualise. Eh oui ! Rien n'y est anodin, pour peu que l'on soit sensible à son charme diffus. Sur les pentes d'une colline qui descend dans les eaux du détroit de Gibraltar, Tanger s'est lovée dans l'une des plus belles baies de la Méditerranée, à cheval sur deux continents. C'est la seule ville d'Afrique où l'on se baigne le matin dans la Méditerranée et le soir dans l'Atlantique. C'est aussi un creuset linguistique et culturel, puisqu'on y parle, selon l'humeur, l'arabe, le français ou l'espagnol. Habitée depuis 2 500 ans, la ville est en effet marquée par les peuples qui se sont successivement établis sur le pourtour méditerranéen, comme les Phéniciens, les Romains et, plus récemment, les Espagnols. Tanger a toujours été le point de passage entre l'Europe et l'Afrique. Aujourd'hui, c'est ici que nombre d'Africains se heurtent à la porte fermée de l'Europe, dans l'attente d'un passage (et d'un passeur), après avoir traversé une bonne partie du continent. Il est difficile de rester insensible à la vue du détroit de Gibraltar, et surtout du continent européen, si loin, si proche.

L'ÂGE D'OR INTERNATIONAL

Tanger, 1923. Alors que le reste du Maroc est aux mains des Français et des Espagnols, la position de Tanger à l'entrée du détroit de Gibraltar en fait un lieu éminemment stratégique et par conséquent très disputé. Elle devient une zone franche internationale. Un sultan débonnaire et une assemblée représentant neuf grandes puissances dirigent la ville. Son régime fiscal exceptionnel attire commerçants, diplomates et aventuriers de tout poil, mais aussi des artistes, trafiquants et milliardaires. Tanger se taille vite une réputation sulfureuse. Liberté des mœurs, homosexualité, maisons closes, *sea, sex and drug*. Le Rif et sa production de kif ne sont pas loin.
Dans cette ville pleine d'audace et de liberté, dopé par le soutien américain, le (futur) roi Mohammed V prononça en 1947 un discours pour réclamer officiellement l'indépendance de son pays.

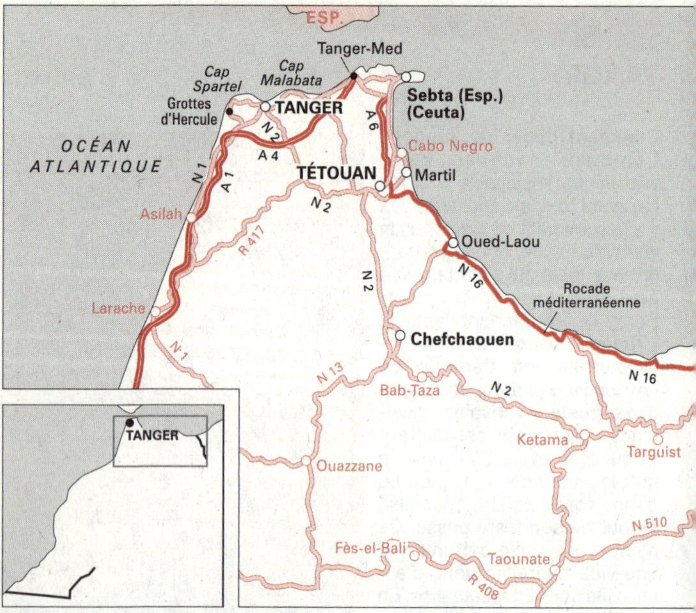

Tanger, 1955. La révolution nationaliste s'enflamme, la débâcle s'installe dans les colonies, et Tanger s'enfonce dans la décadence et les trafics en tout genre. Mais elle continue d'aimanter les personnalités les plus marquantes.

UNE VILLE COSMOPOLITE ET BOUILLONNANTE

Il est des lieux qui de tout temps sont associés à l'aventure, l'intrigue, et qui servent de repaire aux plus intrépides des hommes. Déjà au XIIIe s, un explorateur hors pair naissait à Tanger, Ibn Battuta. Pendant 30 ans, il sillonna la quasi-totalité du monde méditerranéen, s'aventura jusqu'en Asie du Sud en passant par le Moyen-Orient et l'Afrique noire. Humbles routards que nous sommes, aurions-nous trouvé notre maître ?

Tanger la sulfureuse a attiré dans ses bas-fonds des truands certes, mais a aussi envoûté un nombre d'artistes incroyable. Les peintres, comme Delacroix, Matisse, ont pu être attirés par la lumière, les romanciers par l'intrigue permanente, les poètes par son mystère. Le célèbre auteur américain Paul Bowles s'y installa au début des années 1950 et y mourut en 1999. Nombre de ses œuvres se déroulent au Maroc et à Tanger. William Burroughs y rédigea son fameux *Festin nu*. Paul Morand, Tennessee Williams, Barthes, Pasolini, Samuel Beckett, Jean Genet, le peintre Francis Bacon... Le

PIERRES QUI ROULENT

En 1968, Tanger servit de camp de base à Brian Jones. Le plus excentrique des Rolling Stones, à la découverte de nouvelles sonorités, se laissa envoûter par les sons de la flûte de Jajouka dans le Rif. Il écrivit un album et mourut par noyade quelque temps après.

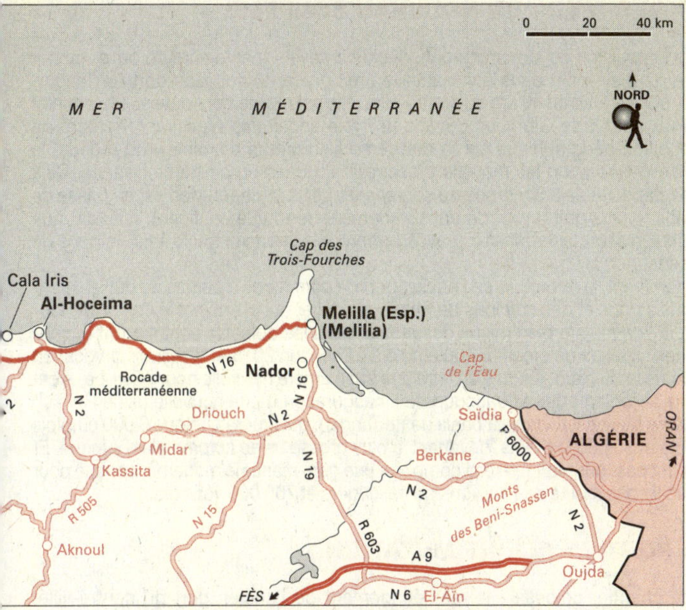

LE NORD DU MAROC

milliardaire Malcolm Forbes a habité dans le quartier Marshan, dans une superbe villa blanche entourée d'un magnifique jardin. Il y organisa les plus belles fêtes de Tanger, plus belles, dit-on, qu'à Hollywood.

LE TEMPS DE LA DÉSILLUSION

Qu'est devenue la fameuse cité des truands, des bars interlopes et de la traite des Blanches ? Qu'est devenu le paradis terrestre des artistes ? Cet âge d'or racoleur et fascinant a laissé la place à une séduction plus diffuse. Le cosmopolitisme décadent a fait place au désœuvrement. Le mythique théâtre Cervantès, construit en 1913 par les Espagnols, est en ruine, ainsi que les arènes sur la route de Tétouan. Comme le dit Tahar Ben Jelloun, natif de la ville, Tanger est « une dame qui n'ose plus se regarder dans un miroir ». Et il suffit justement, lorsque l'on est sensible à ce charme un peu décadent, de passer de l'autre côté de ce fameux miroir.

Mais il faut faire vite car, à l'aube du XXIe s, se dessine déjà un autre décor : le Maroc moderne est à l'œuvre et Tanger bouillonne d'une nouvelle sève. Pour le pire, avec l'explosion démographique qui fait croître la ville de façon anarchique et se côtoyer, en ses faubourgs, bidonvilles et grands immeubles de béton. Ou avec la spéculation qui détruit sans vergogne les zones boisées de sa périphérie. Pour le meilleur, avec le transfert du port marchand loin du centre, la suppression de la voie ferrée qui coupait la ville de sa plage et les grands travaux d'équipement tels ceux du nouveau stade construit en vue de la Coupe d'Afrique des nations 2015. Dès que l'on sort de son centre historique, Tanger apparaît comme un gigantesque chantier. Jour après jour, la ville se réinvente et n'a pas fini de nous surprendre.

TANGER-MED : UN NOUVEAU SOUFFLE

Sous l'impulsion de Mohammed VI, décidé à développer le nord du pays, Tanger entre de plain-pied dans une nouvelle ère : grâce au nouveau port de Tanger-Med, situé à environ 40 km du centre-ville, elle est rapidement devenue le premier port du détroit de Gibraltar, devant sa rivale andalouse Algésiras. Profitant de sa position géographique sur la deuxième « autoroute maritime » du monde, la ville se donne donc les moyens d'accueillir un trafic en pleine croissance. Déjà d'une capacité de 3,5 millions de conteneurs par an, Tanger-Med est en passe de devenir le plus grand port de transbordement de tout le continent, d'autant que les deux nouveaux terminaux prévus porteront la capacité totale à 8,5 millions de conteneurs.
Incidemment, la fermeture de l'ancien port de commerce a permis de dévier le trafic des cargos et des camions de transport routier qui polluaient le centre de Tanger, où l'on respire bien mieux désormais. Mais les objectifs sont surtout économiques : il s'agit de créer 15 000 emplois à l'horizon 2015 et d'asseoir la vocation industrielle du Nord, jusqu'à en faire une base arrière naturelle pour l'Europe. À cet égard, la région attend beaucoup de l'inauguration d'une nouvelle usine Renault (située à Melloussa, dans la banlieue de Tanger), qui créera quelque 6 000 emplois directs et 30 000 indirects, devenant la plus grosse usine automobile d'Afrique. Et ce n'est pas tout : Tanger-Med comporte une gare maritime moderne, conçue pour accueillir pas moins de 7 millions de passagers et 700 000 véhicules.

UN PORT EN PLEINE MUTATION

Autre chantier colossal : le réaménagement de l'ancien port du centre-ville. Exit les entrepôts décatis le long de la mer, place aux voiliers, yachts et centres commerciaux : une marina de 1 600 anneaux est en cours de construction, assortie d'hôtels de luxe, de restos et de magasins, d'un cinéma multiplexe, d'un palais des congrès et enfin d'une annexe du musée du quai Branly qui devrait couvrir 15 000 m². Dernier détail, on pourra se rendre depuis les hauteurs de la *kasbah* jusqu'au nouveau port à bord... d'un téléphérique ! Voilà la définition même d'un projet pharaonique... Entamés au printemps 2011, les travaux s'étaleront jusqu'à la fin 2016, si tout va comme prévu.
Bien sûr, on peut craindre que Tanger ne perde une part de son authenticité dans l'affaire. Le luxe, c'est lisse et pas aussi pittoresque que des ruelles étroites peuplées de marins qui rigolent... Pas sûr non plus que la future marina puisse générer suffisamment de devises pour rentabiliser ces travaux fort coûteux : l'objectif affiché de décupler le nombre de plaisanciers et de croisiéristes d'ici 2016 peut paraître extrêmement ambitieux. Mais ne boudons pas notre plaisir : les espaces verts et les zones commerciales donneront un visage tout beau, tout neuf à ce bord de mer qui fut longtemps laissé à l'abandon. Les nouvelles attractions culturelles et les promenades le long de la mer ont de quoi séduire. Et puis, le joli port de pêche sera toujours là, remanié et agrandi.

Arriver – Quitter

En avion

✈ ***Aéroport Ibn Battuta*** *(hors plan d'ensemble)* ***:*** *à 15 km. ☎ 05-39-39-37-20 ou 0801-000-224.* ***Royal Air Maroc :*** *☎ 05-39-39-41-29 ou 47-17.* Vols en provenance d'Agadir, Al-Hoceima, Casablanca, Fès, Laâyoune, Marrakech, Rabat, Ouarzazate, Tan-Tan, Oujda et des capitales européennes.
Bureaux de change dans le hall des arrivées ; ils ne prennent pas les chèques de voyage. Distributeurs automatiques également.
On trouve plusieurs agences de location de voitures.
Pour rejoindre le centre-ville, il n'y a pas de bus :

– vous avez choisi un hébergement haut de gamme : demandez à ce que l'on vienne vous chercher à l'aéroport ;
– vous logez dans la médina avec un budget serré : essayez le stop ou marchez pour arrêter un des nombreux bus sur la grande route Tanger-Asilah, située à env 2 km de l'aéroport ;
– sinon, un taxi coûte en principe 100 Dh de jour et 150 Dh minuit-6h. Faites-vous bien confirmer le prix de la course avant de monter dans le taxi.

■ ***Royal Air Maroc*** *(plan I, A1, **1**) : 1, pl. de France. ☎ 0890-00-08-00 ou 05-39-93-40-45. ● royalairmaroc.com ● Lun-ven 8h30-12h15, 14h30-19h ; sam 8h30-12h15, 15h-18h.*

■ ***Leyhan Travel*** *(plan I, A1) : 7, rue du Mexique. En face du resto* Al Hamrae *(plan I, A1, **53**).* Cette agence vend des billets pour de nombreuses compagnies : Air France, Lufthansa, Iberia...

En bateau

Tous les bateaux, à l'exception de quelques ferries en provenance de Tarifa, arrivent au nouveau port de ***Tanger-Med.*** De là, les piétons peuvent gagner le centre-ville en grand taxi (env 200 Dh) ou en bus (une navette gratuite relie toutes les heures Tanger-Med à la gare routière CTM).
Pour le retour, on peut acheter son billet soit dans l'une des innombrables agences autour du port ou en centre-ville, soit directement à la gare maritime de Tanger-Med : chaque compagnie y possède un guichet. Ce terminal comprend bureau de change, distributeur de billets, agences de location de voitures et cafétéria.

En train

Une nouvelle ligne de TGV reliera d'ici 2015 Tanger à Casablanca : ce sera alors le train le plus rapide d'Afrique ! En attendant :

Gare ferroviaire de Tanger-ville *(hors plan d'ensemble) : route de Malabata, à 2 km au sud-est. ☎ 0890-20-30-40 (n° national). ● oncf.ma ● Pour s'y rendre en taxi, compter env 15 Dh.* Consigne. Distributeur automatique.
Liaisons avec :
➢ ***Asilah, Rabat et Casablanca :*** 9 départs/j. dans les 2 sens, 5h30-21h30h, d'autres avec changement à Sidi-Kacem pour Rabat et Casa. Trajet : respectivement 40 mn, 4h et 5h.
➢ ***Tétouan :*** avec changement à Asilah. On finit le trajet en bus *Supratours* (4 liaisons/j.). Le bus, lui, est direct !
➢ ***Meknès et Fès :*** 4 trains/j., mais slt 2 directs le mat (sinon, changement à Sidi-Kacem, un l'ap-m, l'autre en soirée). Trajet : env 4h pour Meknès et 5h pour Fès.
➢ ***Marrakech :*** 6 trains/j., 5h30-21h30. Seul le train du soir est direct (couchettes confortables) ; changement à Casablanca pour les autres. Trajet : env 8h30.
➢ ***Oujda :*** 2 trains/j. (milieu de mat et début de soirée). Trajet : env 11h.

TANGER

En bus

Gare CTM *(plan II, E5) : route de Tétouan. ☎ 05-39-93-11-72. ● ctm.ma ● Bureau tlj 5h-minuit. CB acceptées.* Consigne fermée à clé pour les colis. Un bureau également à la gare routière privée (voir ci-dessous). Départ des bus internationaux d'*Eurolines.*
Liaisons avec :
➢ ***Rabat et Casablanca :*** 4 bus/j. Trajet : Rabat 4h, Casa 5h30. Résa min 1 j. avt, surtout en été.
➢ ***Ceuta :*** 4 bus pour Tétouan, puis correspondance en taxi, 10h-20h. Sinon, bus directs de la grande gare routière passant par la nouvelle autoroute Tanger – Port Med – Fnideq.
➢ ***Fès :*** 6 départs/j. dans les 2 sens, 10h-minuit. Trajet : 6h.
➢ ***Meknès :*** 4 départs/j., 15h15-minuit. Trajet : 5h.
➢ ***Tétouan et Chefchaouen :*** 4 bus/j. pour Tétouan et 3 pour Chaouen, 10h-20h. Trajet : respectivement 1h et 3h.
➢ ***Marrakech :*** 5 départs/j., 5h30-minuit. Seul celui de 16h30 est direct. Trajet : env 10h.
➢ ***Agadir :*** 5 départs/j. (slt 1 direct, en milieu d'ap-m ; sinon, correspondance à Casa), 5h30-minuit. Trajet : 14-15h.

Gare routière *(plan d'ensemble) : av. Ludwig-van-Beethoven, près de la pl. de la Ligue-Arabe (Sahat-al-Jamia-al-Arabia). ☎ 05-39-94-66-82. Assez loin de la gare ONCF, du centre et de la*

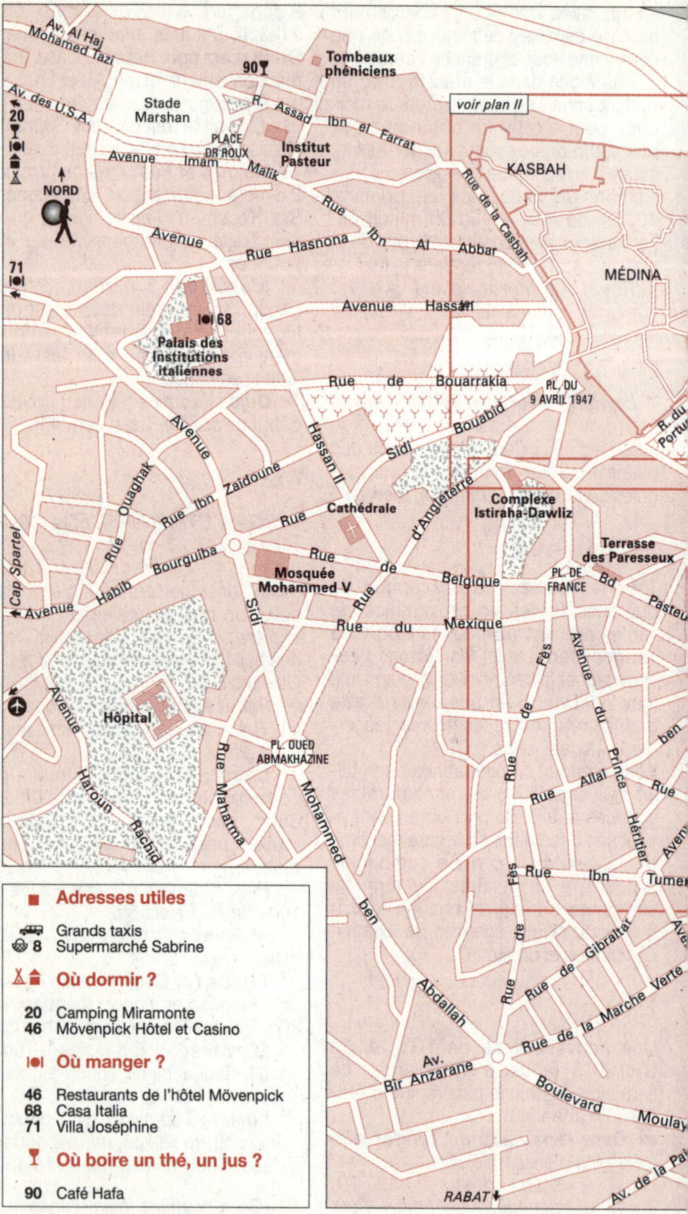

Adresses utiles

Grands taxis
8 Supermarché Sabrine

Où dormir ?

20 Camping Miramonte
46 Mövenpick Hôtel et Casino

Où manger ?

46 Restaurants de l'hôtel Mövenpick
68 Casa Italia
71 Villa Joséphine

Où boire un thé, un jus ?

90 Café Hafa

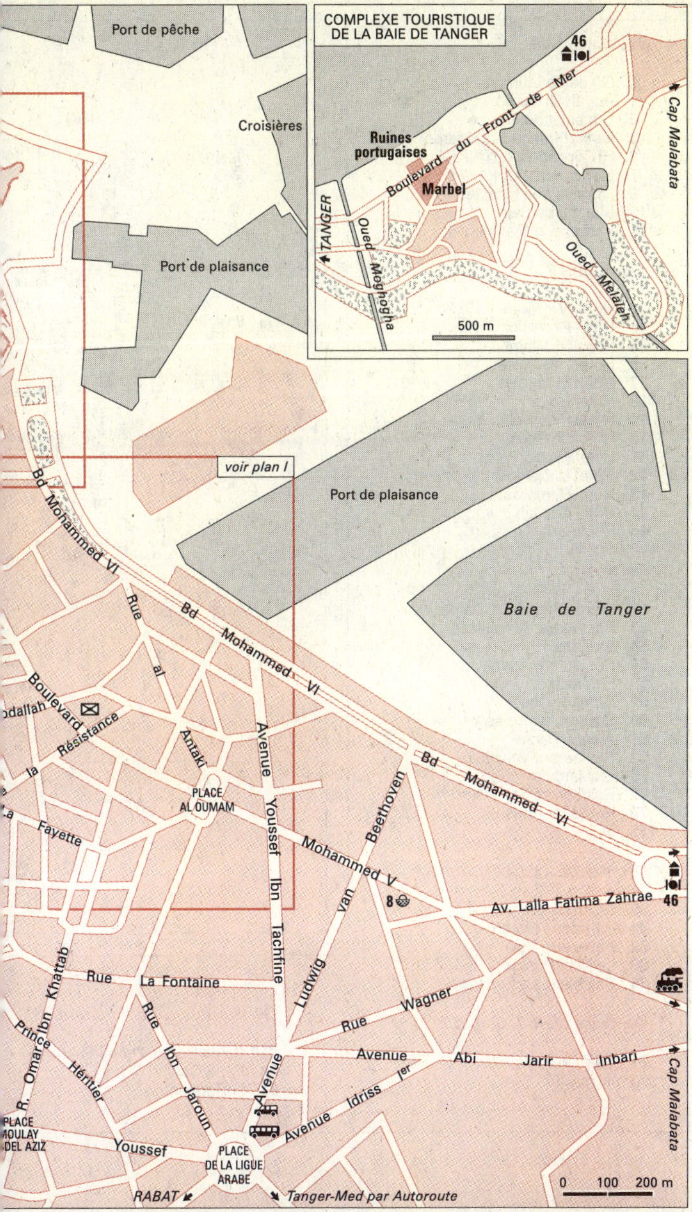

TANGER – PLAN D'ENSEMBLE

■ Adresses utiles

- **i** Office de tourisme
- **1** Royal Air Maroc
- **2** Consulat de France
- **3** Institut français du Maroc
- **6** HIT Voyages
- **7** Librairie des Colonnes
- **9** Librairie Les Insolites
- **10** Marché de Fès
- **11** Parfumerie Madini

Où dormir ?

- **32** Hôtel Magellan
- **33** Hôtel Excelsior
- **35** Pension Miami
- **36** Hôtel L'Île Verte
- **37** Hôtel El Muniria
- **38** Hôtel Royal
- **39** Hôtel Picasso
- **40** Hôtel de Paris
- **41** Hôtel Marco Polo
- **42** Hôtel el Djenina
- **43** Hôtel Rembrandt
- **44** Hôtel Chellah
- **45** El-Minzah

Où manger ?

- **52** Restaurant Hassi Baida
- **53** Restaurant Al Hamrae
- **54** Ali Baba
- **56** Restaurant Agadir
- **58** Eldorado
- **59** Number One
- **60** Saveurs de Poisson
- **61** Anna e Paolo
- **62** Restaurant Valencia
- **65** Le Marquis
- **67** Restaurant San Remo
- **70** Relais de Paris
- **112** 555

Où manger une pâtisserie ?

- **80** Salon de thé Vienne
- **81** Pâtisserie Florence
- **82** Pâtisserie Roxy
- **83** Le Petit Prince
- **84** Pasteleria La Española

Où boire un thé, un jus ?

- **91** Café de Paris
- **93** Ibiza Café

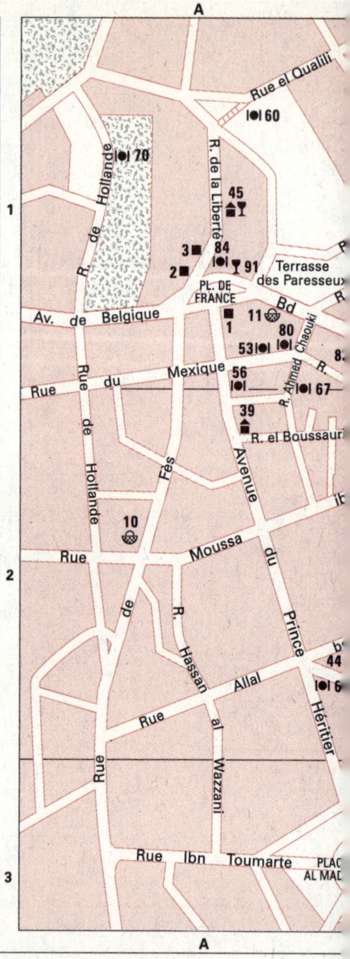

Où boire un verre ? Où écouter de la musique ?

- **45** Caïds Bar de l'hôtel El-Minzah
- **96** Pépé Ocaña
- **97** Le Tanger Inn

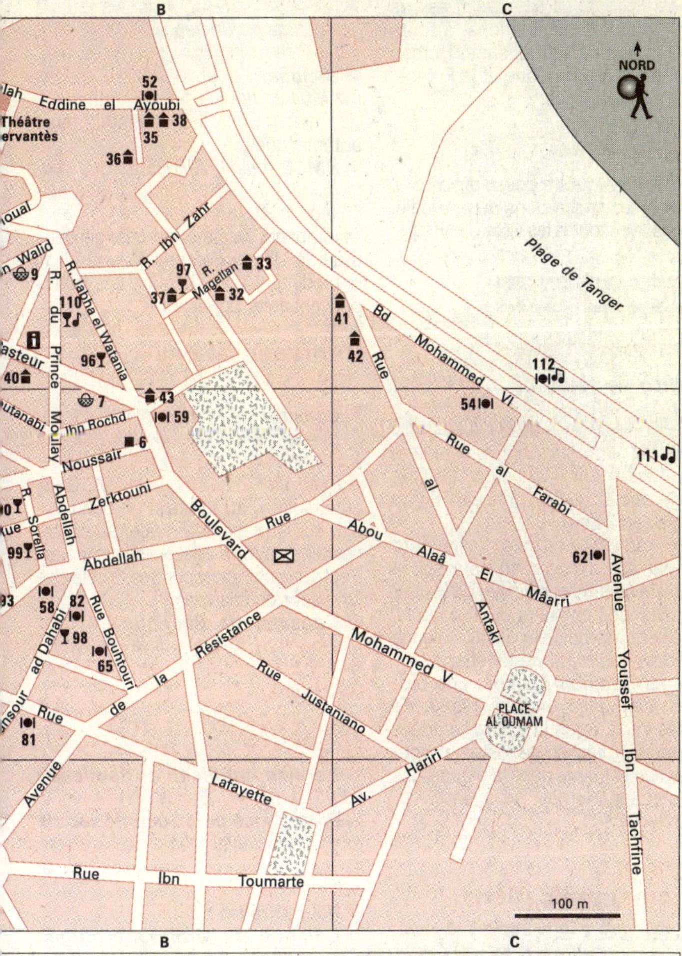

♫ **Où danser ?**

98 London's Pub
99 The Chico's Pub
100 The Pub
110 Morocco Palace

112 555
111 Le Snob et le Cube Club

TANGER – CENTRE (PLAN I)

médina. Prendre un petit taxi. Des bus pour toutes les destinations, à toute heure et à grande fréquence. Bureau *Eurolines* pour l'Espagne et la France. Consigne à bagages.

En grand taxi

À la gare routière *(plan d'ensemble)*, sauf pour les destinations de proximité. Liaisons avec toutes les villes du Nord.

Adresses utiles

Infos touristiques

Office de tourisme *(plan I, B1)* **:** *29, bd Pasteur. ☎ 05-39-94-80-50 ou 86-69. Fax : 05-39-94-86-61. • dttanger@menara.ma • Lun-ven 8h30-16h30 ; pdt le ramadan, 9h-15h.* Pas de doc et peu de conseils. En un mot, ne sert à rien.

• lescoulissesdetanger.com • Site créé par une association pour suivre l'actualité culturelle, culinaire de la ville, découvrir des portraits de Tangérois, participer au forum, à la vie quotidienne de Tanger comme si vous y étiez...

– ***Tanger-Tétouan Pocket* :** une brochure mensuelle gratuite pleine de bonnes infos. Agenda culturel et idées de sorties, adresses de restos et boutiques. On la trouve dans la plupart des hôtels et sur Internet : *• tangerpocket.com •*

Poste et télécommunications

✉ **Poste** *(plan I, B2)* **:** *33, bd Mohammed-V. Lun-ven 8h-16h30, sam 9h-12h.* Téléphone 24h/24. Guichet de change.

■ ***Renseignements téléphoniques* :** *☎ 160.*

@ On trouve des ***cybercafés*** dans presque chaque rue de la ville nouvelle, généralement visibles de loin grâce à des pancartes marquées de grands @. Rarement ouverts le dimanche, toutefois.

Argent, banques, change

■ ***American Express*** *(plan I, A-B1)* **:** ***Voyages Schwartz,*** *54, bd Pasteur. ☎ 05-39-37-48-37. • schwartztng@iam.net.ma • Lun-ven 9h-12h30, 15h-18h30 ; sam 9h-12h.*

■ ***Banques* :** *pour la plupart, situées bd Mohammed-V, bd Pasteur et pl. de France.* Équipées de distributeurs automatiques.

■ ***BMCE*** *(plan I, A-B1)* **:** *21, bd Pasteur. Lun-ven 8h15-15h45. Bureau de change tlj 9h-18h.*

– Nombreux bureaux de change dans toute la ville, y compris à l'entrée de la médina, rue Es-Siâghin. Les hôtels peuvent aussi dépanner.

Représentations diplomatiques

■ **Consulat de France** *(plan I, A1,* ***2****)* **:** *2, pl. de France. ☎ 05-39-33-96-00. • consulfrance-ma.org • Lun-mar et jeu-ven 9h-12h ; mer 14h-16h.* Belle architecture, au milieu d'un beau jardin, sur la place de France, au centre névralgique de la ville. Ne se visite pas. Peut vous assister pour des problèmes juridiques ou financiers.

■ ***Consulat de Belgique* :** *41, bd Mohammed-V, immeuble Al-Waha. ☎ 05-39-32-48-49 ou 47. Fax : 05-39-94-11-30.*

Urgences

■ ***Service médical à domicile* :** *☎ 05-39-33-33-00. Ouv 24h/24.*

■ **Polyclinique de la Sécurité sociale** *(plan d'ensemble)* **:** *route de Malabata. ☎ 05-39-94-01-99.* Urgences jour et nuit.

■ **Hôpital italien :** *☎ 05-39-93-12-88.*

■ ***Clinique du Croissant rouge* :** *6, rue Mansour-ad-Dahabi, en face du* London's Pub *(plan I, B2,* ***98****). ☎ 05-39-94-69-76. 24h/24.*

■ **Service des urgences :** *rue de Fès. ☎ 05-39-93-35-55.*

– Pour les autres urgences (pompiers, pharmacies de garde), reportez-vous à la rubrique « Urgences » dans « Maroc utile » en début de guide.

Culture

■ ***Institut français du Maroc, ex-centre culturel, galerie d'exposition Delacroix*** *(plan I, A1,* ***3****)* **:** *86, rue de la Liberté. ☎ 05-39-93-21-34. • amba*

TANGER – LA MÉDINA (PLAN II)

Adresses utiles

- **4** Cinéma Rif
- **5** Théâtre Darna

Où dormir ?

- **21** Pension Fuentes
- **22** Hôtel Marhaba
- **23** Pension Palace
- **24** Hôtel Olid
- **25** Hôtel Mamora
- **26** Dar el Kasbah
- **27** Hôtel Continental
- **28** La Tangerina
- **29** Dar Nour
- **30** Riad Tanja
- **31** Dar Sultan
- **34** La Maison de Tanger

Où manger ?

- **27** Resto de l'hôtel Continental
- **50** Andalus
- **51** Atlas
- **55** Restaurant de la Maison communautaire des femmes Darna
- **57** Gargotes du port
- **63** Les Passagers de Tanger
- **64** Le Nabab
- **69** Restaurant de l'hôtel Nord Pinus Tanger
- **72** Restaurant Hamadi

Où boire un thé, un jus ?

- **92** Café Baba
- **94** Chorouk

Où boire un verre ? Où écouter de la musique ?

- **95** Le Café de la Cinémathèque
- **101** Les Fils du Détroit
- **103** Café Tingis, Café Fuentès et Café Central

france-ma.org/institut/tanger-tetouan • À côté du consulat de France. Tlj sf lun 11h-13h, 16h-20h. Très nombreuses manifestations. Belles expositions d'artistes français et arabes, surtout axées sur l'art contemporain.

■ ***Cinéma Rif*** *(plan II, D5,* ***4****) : pl. du Grand-Socco. ☎ 05-39-93-46-83. • cinemathequedetanger.com • Tlj sf lun.* Une cinémathèque d'art et essais qui diffuse une excellente sélection de films récents ou anciens. Également des docus et débats. Café très agréable sur place (voir plus loin « Où boire un verre ? »).

■ ***Théâtre Darna*** *(plan II, D5,* ***5****) : 48, rue Salah Eddin-el-Ayoubi. • theatre darna.com •* Ce théâtre associatif promeut l'éducation artistique des enfants des rues. Il propose, dans sa petite salle d'une cinquantaine de place, des spectacles créés en collaboration avec ces enfants et des artistes tangérois.

TANGER

Transports

Grands taxis *(plan d'ensemble) : à côté de la gare routière.*

■ ***Garage Renault :*** *2, av. de Rabat, au km 2. ☎ 05-39-94-14-87 ou 05-39-93-69-38. Sur l'ancienne route de Rabat.*

■ ***Garage Peugeot :*** *37, rue Quevedo. ☎ 05-39-32-22-71.*

■ ***Location de voitures :*** *les principales agences de loc (****Avis,*** *☎ 05-39-93-46-46,* ***Hertz,*** *☎ 05-39-32-21-65 et* ***Europcar,*** *☎ 05-39-94-19-38) sont situées sur le bd Pasteur (plan I, A-B1) et sur le bd Mohammed-V (plan I, B-C2). Sinon,* ***Dany's Car*** *(plan I, B2), 5, rue Moussa-ibn-Noussair ; ☎ 05-39-32-20-72 ; • danys.car@menara.ma • Un des loueurs de voitures les moins chers. La maison* ***Cady Loc*** *(bd Mohammed-V, ☎ 05-39-94-52-31 ou 05-39-32-22-07) pratique à peu près les mêmes tarifs. Également* ***Estrella Car*** *(plan I, B2), 1, rue Allal-ben-Abdellah. ☎ 05-39-94-07-20. Un loueur conciliant.*

– Pour les coordonnées des ***compagnies aériennes,*** se reporter plus haut au chapitre « Arriver – Quitter. En avion ».

Agence de voyages et excursions

■ ***HIT Voyages*** *(plan I, B2,* ***6****) : 4, rue Moussa-ibn-Noussair. ☎ 05-39-93-68-77. • hitvoyage.net • Lun-ven 8h30-19h, sam 9h-12h.* Une excellente adresse pour organiser des excursions ou des séjours au départ de Tanger. Propose également des dîners-spectacles hebdomadaires (chaque jeudi) pour assister à une fantasia. Accueil très chaleureux.

Achats

Supermarché Sabrine *(plan d'ensemble,* ***8****) : 144, bd Mohammed-V. Tlj.* On y trouve tout, même les produits les plus rares au Maroc.

Librairie des Colonnes *(plan I, B2,* ***7****) : 54, bd Pasteur. ☎ 05-39-93-69-55. • librairie-des-colonnes.com • Lun-ven 9h30-12h30, 15h30-19h30 ; sam 9h30-13h.* Une institution tangéroise. Tous les livres sur Tanger et le Maghreb... et de nombreux autres. De temps à autre, projection de documentaires et conférences littéraires. Programme sur le site web.

Librairie Les Insolites *(plan I, B1,* ***9****) : 28, rue Khalid-ibn-Walid. ☎ 05-39-59-29-83. • librairielesinsolites.com • Lun-sam 9h30-12h30, 15h-20h ; dim 12h30-16h.* Une nouvelle librairie qui, en plus d'une bonne sélection de bouquins, propose des expos de photos et un salon de thé.

Marché de Fès *(plan I, A2,* ***10****) : rue de Fès.* Ce petit marché de victuailles est une corne d'abondance : viande, épices, amandes, vendeurs sympas. On n'y est pas du tout sollicité (ça change du Petit Socco). Un îlot apaisant.

Parfumerie Madini *(plan I, A1,* ***11****) : 5, bd Pasteur, en face de la terrasse des Paresseux (plan I, A1), et 14, rue Sebou, dans la médina.* La famille Madini distille les huiles essentielles depuis 14 générations ! Ils ont le secret des mélanges, et leur travail est renommé à travers tout le monde musulman. Les émirs du Koweït se fournissaient chez eux, tout comme la milliardaire américaine Barbara Hutton. Faites comme elle, et abandonnez-vous aux effluves capiteux. Ils invitent aussi à sentir tous les parfums.

Circuler à Tanger

À pied, bien entendu, car les principales adresses sont relativement concentrées. Sinon, ne pas hésiter à prendre un taxi, pas cher du tout. Se reporter, en début de guide, à la rubrique « Transports » dans « Maroc utile », pour quelques conseils utiles.

– ***Bus :*** peu pratiques, car desservant presque exclusivement les quartiers excentrés. Station principale : angle avenue Sidi-Mohammed-ben-Abdallah et rue de la Marche-Verte *(plan d'ensemble)*.

– ***Permanence des taxis :*** ☎ *05-39-94-55-18.* En dehors des heures de pointe, aucune difficulté pour attraper un des petits taxis (turquoise à bande latérale orange) qui pullulent dans la ville. Prise en charge de 1,60 Dh.

– ***Parkings de voitures :*** comme dans toutes les villes du Maroc, les gardiens de parking (en veste fluo orange ou jaune le plus souvent) se partagent les rues du centre. Ils ont parfois un carnet de tickets. Sinon, pour un stationnement de 1h ou de 2h, donnez-leur 2 ou 3 Dh ; pour toute la nuit, env 15 Dh. Grande fantaisie pour les parkings à péage, qui sont aussi gardés par des particuliers. Attention, les contrôleurs patrouillent beaucoup et sont prêts à vous mettre un sabot si vous n'avez pas votre ticket d'horodateur (2 Dh/h). Conseil : renseignez-vous toujours dans la rue où vous garez la voiture auprès d'un passant ou d'un commerçant pour savoir si le stationnement est autorisé ou non.

Sécurité

En principe, il n'y a plus de problèmes majeurs de sécurité dans la médina. Le seul coin un peu interlope, où l'on n'a pas trop envie de traîner la nuit, est le bas de la rue Mokhtar-Ahardan *(plan II, E5)* qui descend du Petit Socco, dans la partie qui suit la grande mosquée, là où elle rejoint la ruelle menant à l'hôtel *Continental.* Une petite faune désœuvrée y traîne, surtout sur la terrasse surplombant le port et à ses abords.

Où dormir ?

La petite hôtellerie n'offre bien souvent que des établissements sur le déclin. Dommage, diront certains : les hôtels sont parfois installés dans des immeubles du début du XXe s ou Art déco et ont dû connaître un passé glorieux. D'autres trouveront que cette décadence ajoute encore à l'ambiance surannée. Réservation fortement conseillée lors des manifestations culturelles, notamment le célèbre festival international de Jazz *(Tanjazz)* en mai ou juin selon les années (voir plus loin la rubrique « Manifestations »).

Campings

▲ ⌂ |●| 🍷 ***Camping Miramonte*** *(hors plan d'ensemble,* ***20****) : à 3 km à l'ouest du centre.* ☎ *05-39-93-71-33 ou 05-34-42-33-22.* • *contact@campingmiramonte.com* • *Suivre la direction de la* kasbah, *longer le stade et contourner le cimetière par la gauche ; puis descendre une petite rue jusqu'à l'entrée* (Club Aqua Park), *la réception est tt en bas de la rampe cimentée. Du Grand Socco, bus n° 1 (le plus pratique) ou n° 12. Pour 2 pers avec tente et voiture, 100 Dh. Douche chaude payante. Doubles 300-400 Dh selon confort ; appart 4 pers avec cuisine et sdb 1 000 Dh. Resto, bar ; menus 70-80 Dh. Piscine payante même pour les résidents (½ tarif). Petits commerces et marché à proximité jeu et dim.* Camping étagé situé au creux d'une jolie vallée à la végétation luxuriante et débouchant sur une plage agréable. Face aux emplacements des tentes, d'agréables chambres bien entretenues dans des bungalows et 2 appartements sur les hauteurs dominent la vallée, avec une vue à couper le souffle. Superbe terrasse-mirador agrémentée de palmiers et de paillotes avec une grande piscine disposant d'un toboggan et d'un plongeoir. Agréable resto *La Cabaña* en bordure d'un bassin proposant de bons plats à prix très abordables. Sanitaires propres mais pas assez nombreux. Accueil sympathique. Très bien aussi pour boire un verre. Attention, c'est bondé en été.

Voir également le ***Camping Achakar,*** au cap Spartel (se reporter plus loin « Dans les environs de Tanger »).

Dans la médina

De très bon marché à bon marché (moins de 200 Dh / 18,20 €)

La place du Petit-Socco, cœur historique et populeux de la médina, très animée et bruyante, abrite quelques pensions ultra-rudimentaires pour les minibudgets. Pour quelques dirhams de plus, on peut avoir une douche et un soupçon de propreté (relative) dans les adresses suivantes : à vous de voir.

Pension Fuentes *(plan II, E5,* ***21****) : 9, pl. du Petit-Socco. ☎ 05-39-93-46-69. Double 100 Dh.* Une pension de plus de 200 ans qui reste assez correcte pour son âge. Jolies céramiques dans les couloirs et les escaliers. Sanitaires communs carrelés et chambres un peu glauques avec des matelas médiocres et un vieux lavabo. Café au rez-de-chaussée, et grande salle au 1er étage pour la retransmission des matchs de foot. Accueil agréable.

Hôtel Marhaba *(plan II, E5,* ***22****) : 14, rue de la Poste. ☎ 05-39-93-88-02. Au fond d'une impasse après l'hôtel Olid. Double 80 Dh ; douche chaude payante.* Petite pension bien tenue, avec chambres à l'étage autour d'un patio calme. Ici, les draps sont propres et la douche (sur le palier) est chaude. Pas de mauvaise surprise, la maison est familiale et l'accueil aimable. Le café en bas peut être bruyant certains soirs.

Pension Palace *(plan II, E5,* ***23****) : 2, rue Mokhtar-Ahardan (ex-rue des Postes). ☎ 05-39-93-61-28. Doubles sans ou avec sdb 100-150 Dh ; prix dégressifs à partir de la 2e nuit.* L'ancienne poste espagnole a gardé son joli patio intérieur et ses coursives... Petit jardin intérieur et belle terrasse. Autour, de nombreuses chambres chaulées de blanc mais humides, de tailles différentes, avec lavabo et matelas pas très net. D'autres, moins bruyantes mais plus sombres, sont dans un bâtiment annexe à l'arrière. En voir plusieurs avant de s'engager. Le tableau n'est pas super joyeux ; pourtant, ça reste une adresse correcte dans cette catégorie ! Accueil inégal.

Hôtel Olid *(plan II, E5,* ***24****) : 12, rue Mokhtar-Ahardan. ☎ 05-39-93-13-10. Doubles 60-100 Dh selon saison.* Ancienne demeure bourgeoise. Après une étonnante réception peinturlurée de manière déjantée, on découvre des chambres très basiques mais assez claires, certaines avec douche privée (froide). Les sanitaires communs sont vétustes, mais dotés d'eau chaude. Bon accueil.

Prix moyens (200-400 Dh / 18,20-36,40 €)

Hôtel Mamora *(plan II, E5,* ***25****) : 19, rue Mokhtar-Ahardan (ex-rue des Postes). ☎ 05-39-93-41-05. Proche du Petit Socco. Doubles sans ou avec sdb (eau chaude) 150-300 Dh selon saison. (payant).* Belle terrasse sur le toit, avec vue sur le détroit de Gibraltar. Hôtel sans grand charme mais mieux entretenu que la moyenne du quartier, avec des chambres en enfilade que distribuent des couloirs carrelés de rose et moquettés de rouge. Rien à voir avec les adresses bon marché citées plus haut ; l'ensemble est propre et calme. Préférez les chambres avec vue sur un petit bout de mer et les toits de tuiles vertes de la mosquée. Un hôtel sérieux, à l'accueil pro.

Chic (400-800 Dh / 36,40-72,80 €)

Dar el Kasbah *(plan II, D4,* ***26****) : 12, rue de la Kasbah. ☎ 05-39-37-13-71. • dar-kasbah.com • Doubles 450-600 Dh, petit déj en sus ; également des apparts à louer à la sem.* Joli hôtel d'une quinzaine de chambres installé dans une ancienne poste anglaise du XIXe s. Beaucoup de charme dans cet établissement bâti autour d'un vénérable escalier de bois patiné. Parquet ancien dans les chambres, clim, salle de bains impeccable, miroirs de fer forgé, literie de qualité et coin salon qui invite à la détente. Il y a même une cour en bas, qui donne sur la partie calme de la rue de la Kasbah. On s'y sent bien et, en plus, l'accueil est adorable.

Hôtel Continental *(plan II, E4, **27**) : 36, rue Dar-el-Baroud. ☎ 05-39-93-10-24 ou 05-39-37-58-51. • continental-tanger.com • Accès par la rue qui grimpe vers la médina à côté du bâtiment des douanes ; c'est fléché. Doubles 635-735 Dh selon saison, taxes et petit déj compris. Parking. Réduc de 15 % sur présentation de ce guide.* L'une des institutions de Tanger, hôtel qui défie le temps, où l'on vient rechercher l'ambiance surannée du Tanger bohème et mythique des années 1950. L'incroyable bâtisse, construite en 1870, a vu défiler du beau monde : Churchill aurait occupé la chambre nº 108, avec son lit à baldaquin et son mobilier rétro... Attention, si certaines chambres ont été restaurées par une décoratrice marocaine qui a su mettre en valeur leur cachet d'antan en osant jouer la carte du modernisme, elles sont toutefois inégales. Mieux vaut visiter avant de vous décider, au risque de vous retrouver dans une petite chambre sans fenêtre. Plein de patios intérieurs et de petits salons décorés d'objets hétéroclites de toutes époques (voir la caverne d'Ali Baba dans le hall !). Vue magnifique sur le port et la médina de la terrasse, d'une folle élégance avec ses vitraux.

Chic et charme (plus de 800 Dh / 91 €)

La Maison de Tanger *(plan II, D5, **34**) : 9, rue Al Mabara, à 100 m au nord-ouest du Grand Socco. ☎ 05-39-93-66-37. • lamaisondetanger.com • Doubles 770-1 200 Dh. Également des suites. Parking juste en face. 10 % de réduc sur présentation de ce guide.* Une maison de notable, qui abrite seulement 5 chambres (TV et AC) et 3 suites. Bâtisse construite au siècle dernier et magnifiquement retapée par un jeune Français. Jardin arboré donnant sur une petite piscine. 4 chambres disposent d'une terrasse plongeant sur le jardin ou la médina. Un îlot de calme loin du tumulte et à deux pas du souk.

La Tangerina *(plan II, D4, **28**) : 19, riad Sultan, dans la kasbah. ☎ 05-39-94-77-31. • latangerina.com • Doubles 500-935 Dh selon vue et saison ; suites avec terrasse 1 100-1 650 Dh ; prix avec petit déj mais sans taxes. Dîner sur commande 200 Dh.* Farida et Jürgen ont restauré cette ancienne bâtisse, devenue une maison confortable à la déco épurée. Ils ont ainsi fait ressurgir les éléments d'origine, comme de belles portes ou le patio intérieur, donnant volume, fraîcheur et clarté à la maison. Intégrant ensuite des éléments d'architecture moderne, le tout est très harmonieux. Les chambres standard des premiers étages donnent sur le patio, tandis que les suites du dernier étage sont en duplex avec terrasse privée et vue superbe. Sur le toit, plusieurs terrasses en escaliers à la vue panoramique époustouflante, idéales pour un petit déjeuner poétique. Hammam (payant). Un vrai coup de cœur.

Dar Nour *(plan II, D4, **29**) : 20, rue Gourna, kasbah. 212 (0)6-62-11-27-24. • darnour.com • De la pl. du Tabor, descendre par la rue Sidi-Ahmed-Boukouja, tourner à droite dans la rue Large puis passer le porche blanc juste en face. Au niveau d'une petite fontaine, la rue est indiquée. Doubles 720-950 Dh selon taille ; suite 1 300 Dh avec terrasse. Taxes en sus. Possède un resto (Le Salon Bleu) sur la pl. de la Kasbah : compter 150-200 Dh le repas, sur résa.* Philippe, dynamique propriétaire de cette maison traditionnelle tangéroise, ouvre la porte du Tanger mythique, fier de ses artistes, et conserve un fort goût pour tout type d'art, insufflant une véritable âme à sa demeure. Maison raffinée, à l'architecture compliquée, chargée de mobilier, de beaux livres et de tableaux. Nombreux salons et escaliers tortueux découpent et relient les étages. Les chambres chaulées, toutes d'inspiration différente, rivalisent de charme. L'accueil y est d'une grande gentillesse, les petits déj délicieux, et la vue de la terrasse sur la médina et la baie imprenable. Une adresse qui sonne juste, un peu intello mais reposante à souhait.

Riad Tanja (plan II, E5, **30**) : *rue du Portugal, escalier américain. ☎ 05-39-33-35-38. • riadtanja.com • Prendre la rue du Portugal par son côté sud-ouest et monter l'escalier pour pénétrer dans la médina. Doubles 800-1 000 Dh ; suites 1 200-1 500 Dh. Table d'hôtes (excellente) le w-e sur résa 250-450 Dh.* La propriétaire italienne, en quête d'authenticité marocaine, est l'âme de cette belle demeure restaurée de matériaux nobles. Belles pièces subtilement meublées et décorées, qui commencent à prendre de la patine. La prestigieuse salle de resto ouvre sur une belle terrasse. Une bonne adresse.

Dar Sultan (plan II, D4, **31**) : *49, rue Touila. ☎ 05-39-33-60-61. • darsultan.com • Fléché depuis la pl. du Tabor à côté de la porte de la kasbah ; quand vous voyez la rue Cheikh-ab-Dessamad-Guennoun, arrêtez-vous, vous y êtes, c'est la porte noire discrète sur la droite. Doubles 990-1 210 Dh, suite avec terrasse privée 1 320 Dh. Possibilité de louer le dar en entier (min 3 j.). Taxes en sus. Repas sur commande 240-330 Dh. Parking gratuit.* Un *dar* dans le pittoresque quartier populaire dominant la médina. Cadre coloré, habillé d'objets de tous horizons. Certains trouveront cette accumulation de bibelots un peu trop tape-à-l'œil, mais la plupart se laisseront prendre au jeu et bercer par cette atmosphère cosy et intime. 4 chambres confortables avec bains entourent un mignon atrium. Au dernier étage, 2 belles suites avec terrasse, l'une privée et l'autre commune. Plantureux petit déj à partir de bons produits maison et superbe vue sur Tanger en prime. Thé et pâtisseries offertes à partir de 16h. Jean-Pierre et Maïté donnent de bons tuyaux sur la ville.

Hors de la médina

Bon marché (100-200 Dh / 9,10-18,20 €)

Hôtel Magellan (plan I, B1, **32**) : *16, rue Magellan. ☎ 05-39-37-23-19. Doubles 100-150 Dh sans ou avec sdb.* Agréable hôtel moderne à la façade claire et pimpante. Couloirs lumineux et carrelage étincelant de propreté. Les chambres, aux murs colorés, possédant une bonne literie et une salle de bains plus que correcte, sont orientées soit vers un coin de verdure, soit, mieux, sur la baie. Certes, la peinture s'écaille par endroits, mais cette maison sérieuse reste de loin la meilleure affaire dans cette catégorie. Petit salon avec TV face à la réception. En prime, un accueil excellent.

Hôtel Excelsior (plan I, B1, **33**) : *17, rue Magellan. ☎ 05-34-43-69-87. Double 100 Dh avec douche commune payante.* Petit et familial. Dans une belle bâtisse aux escaliers décorés de céramiques. Un hôtel bien entretenu, moins glauque que la plupart de ses voisins. Certaines chambres ont un balcon mais toutes restent vraiment très simples et sans charme. Gentil accueil.

Pension Miami (plan I, B1, **35**) : *126, rue Salah-Eddine-el-Ayoubi. ☎ 05-39-93-29-00. Doubles 100-120 Dh sans sdb. Douche payante.* Pension banale mais bien située à proximité des bus et de la médina, dans une des rues les plus animées et bruyantes de la ville (pensez aux bouchons d'oreilles !). Confort sommaire, literie hors d'âge, antique table en formica rouge pour poser son sac, mais sanitaires communs propres au rez-de-chaussée. Toilettes à la turque à chaque étage. On a vu pire.

Prix moyens (200-400 Dh / 18,20-36,40 €)

Hôtel L'Île Verte (plan I, B1, **36**) : *5, rue Ampir. ☎ 05-39-93-53-86. Venant du bd Mohammed-VI, prendre la rue Salah-Eddine-el-Ayoubi, puis la ruelle à gauche après la* Pension Miami. *Doubles avec sdb 180-250 Dh selon saison ; parfois négociable hors saison, devenant alors très bon marché. Pas de chauffage.* Une bonne surprise que ce petit hôtel situé à deux pas de l'entrée sud de la médina, près du bouillonnant marché des Pauvres. Un quartier commerçant particulièrement animé et coloré. Les chambres sont d'une propreté sans faille, avec mobilier et literie en pin, mosaïques dans les couloirs et murs de couleurs vives. Salles de bains correctes malgré, parfois, de petits soucis de plomberie. Sa situation dans une petite ruelle lui assure un peu plus de calme que les autres du quartier. Si c'est complet, ***El Manama,*** juste en face (même proprio), propose des chambres un poil moins bien mais plus économiques. Le meilleur rapport qualité-prix dans ce quartier.

Hôtel El Muniria *(plan I, B1, **37**) : 1, rue Magellan. ☎ 05-39-93-53-37. Résa indispensable l'été. Doubles 250-300 Dh, certaines avec douche (mais w-c communs), d'autres avec sdb complète ; pas de petit déj.* Un lieu chargé d'histoire : c'est dans ce petit hôtel que William Burroughs aurait rédigé *Le Festin nu* et qu'il recevait ses copains de la beat generation. À vrai dire, sans ce glorieux passé, cet établissement serait nettement moins cher ! Rien de génial, mais la propreté est correcte ; serviettes et papier toilette non fournis. Certaines chambres jouissent d'une vue sur la baie. En bas, un bar très populaire la nuit, et très bruyant aussi... éviter donc les chambres juste au-dessus, au 1er étage.

Hôtel Royal *(plan I, B1, **38**) : 144, rue Salah-Eddine-el-Ayoubi. ☎ 05-39-93-89-68. Doubles avec sdb 230-280 Dh selon saison.* Les chambres, propres et classiques, d'aménagement récent, s'organisent sur plusieurs étages autour d'un patio intérieur. Bonne literie en pin, draps impeccables et un effort de déco dans les luminaires ; dommage que les fenêtres sur le patio rendent les chambres si peu lumineuses. Salon TV dans le hall. Très bon accueil.

Hôtel Picasso *(plan I, A2, **39**) : 1, av. du Prince-Héritier (entrée par la rue Khalil-Metrane). ☎ 05-39-33-05-20. Doubles avec sdb 300-360 Dh selon saison.* Hôtel moderne. Autant le hall est sobre, autant les couloirs et les chambres sont repeintes, soit en couleurs flashy, soit en pastel (choix audacieux : d'où le nom de l'hôtel ?). Elles sont propres, spacieuses, disposent d'une bonne literie et d'une salle de bains bien entretenue. Seul hic : le quartier, animé la nuit, peut se révéler bruyant. Grand café au rez-de-chaussée pour un copieux petit déjeuner.

Hôtel de Paris *(plan I, B1, **40**) : 42, bd Pasteur. ☎ 05-39-93-18-77. Fax : 05-39-93-81-26. Doubles avec sdb 320-400 Dh selon saison, petit déj inclus ; certaines partagent des w-c communs.* Adresse d'un bon rapport qualité-prix, surtout hors saison. Les chambres sont grandes, hautes de plafond et propres. Les salles de bains sont vieillottes et parfois exiguës, mais fonctionnelles. L'hôtel est situé en plein centre-ville, alors mieux vaut oublier les grasses matinées... Son entrée décorée donne une idée de sa splendeur passée. Demander une chambre en haut, pour la vue. Très bon accueil, souriant et disponible.

De chic à plus chic (400-1 000 Dh / 36,40-91 €)

Hôtel Marco Polo *(plan I, C1, **41**) : 2, rue Al-Antaki. ☎ 05-39-94-11-24. • marco-polo.ma • Doubles avec sdb 440-620 Dh selon saison, mais réduc possible en saison creuse.* Face à la plage, charmant hôtel tout en paliers épousant la colline escarpée. L'ambiance ici est très balnéaire, et malgré la proximité du centre-ville, on s'y sent au calme. Les chambres, de bon confort, ont toutes TV satellite, AC et une salle de bains impeccable. Celles de la partie haute de l'hôtel sont plus calmes encore et plus claires. Resto, petite terrasse ombragée par une treille, bar, salon marocain avec TV, hammam et salle de gym pour les plus sportifs. Un lieu de repos bien agréable, à l'accueil très pro.

Hôtel El Djenina *(plan I, C1, **42**) : 8, rue Al-Antaki. ☎ 05-39-94-22-44. • eldjenina@menara.ma • Doubles avec sdb 380-460 Dh, sans petit déj.* Ce petit hôtel proche du bord de mer n'impressionne pas par sa personnalité, mais il offre un rapport qualité-prix très honnête et une propreté irréprochable. Chambres toutes blanches avec TV. Rue calme. Accueil pro et sympa.

Hôtel Rembrandt *(plan I, B1-2, **43**) : à la jonction du bd Mohammed-V et du bd Pasteur. ☎ 05-39-93-78-70*

TANGER

ou 72. ● hotel-rembrandt.com ● Résa conseillée à l'avance en hte saison. Doubles env 700-800 Dh selon saison et vue sur baie, avec petit déj ; suites 1 200-1 400 Dh. L'une des institutions de Tanger, dont elle partage le charme suranné. Très beau hall en marbre, chambres spacieuses et tout confort, avec mobilier d'époque. Très classe. Préférer absolument celles jouissant d'une vue sur la baie. Belle piscine et bar élégant, coin de gazon et palmiers. Bon accueil. Une valeur sûre depuis des lustres !

Hôtel Chellah *(plan I, A2,* **44***)* **:** *47-49, rue Allal-ben-Abdellah. ☎ 05-39-32-10-02 ou 03. ● ksarchellah@menara.ma ● Doubles 600-750 Dh selon saison. Petit déj en sus.* Un immense et très ancien hôtel du centre-ville, proche de la plupart des restos. Bien sûr, le vaste hall paraît aujourd'hui totalement ringard. Mais le confort des chambres reste appréciable, surtout celles dont le balcon donne sur le jardin verdoyant et doté d'une piscine cristalline. C'est d'ailleurs le gros « plus » de l'établissement. Bon accueil.

Spécial folies

El-Minzah *(plan I, A1,* **45***)* **:** *85, rue de la Liberté. ☎ 05-39-33-34-44. ● elminzah.com ● Doubles et suites env 1 400-3 000 Dh selon taille et saison, petit déj compris. Promos sur leur site.* L'un des plus beaux hôtels du Maroc et le plus ancien de Tanger. Certaines parties datent de 1830. On ne compte plus les hôtes célèbres qui y ont séjourné : Churchill, Jean Genet, le roi Juan Carlos, Rita Hayworth... Jardin débordant de roses et de bougainvillées, qui surplombe la baie de Tanger. Palmiers autour de la piscine. Après une période délicate, l'établissement a retrouvé de sa superbe. Service d'étage guindé, en habit traditionnel. Le resto est cher mais on peut toujours prendre un verre au *Caïds Bar* (pianiste le soir). Voir « Où boire un verre ? Où écouter de la musique ? ».

Mövenpick Hôtel et Casino *(hors plan d'ensemble,* **46***)* **:** *à 4 km du centre-ville, sur la route de Malabata. ☎ 05-39-32-93-00. ● moevenpick-hotels.com ● Doubles standard env 1 500-2 500 Dh selon vue et saison, petit déj-buffet pantagruélique compris.* Énorme hôtel (240 chambres), ultrachic et moderne, avec tout le confort possible. Beau travail de mosaïques au sol, dans les chambres et les couloirs ; mobilier ethnico-chic alliant l'osier et le bambou. Superbement situé au bout de la baie de Tanger et retiré de l'agitation de la ville. Très belle piscine avec un îlot de verdure. Plusieurs restos et bars (voir « Où manger ? »), casino, etc.

– Voir également « Dans les environs de Tanger. Le cap Spartel. Où dormir ? *Le Mirage* ».

Où manger ?

Tanger est une ville où l'on mange bien, mais on y trouve surtout des restaurants de cuisine étrangère. Goûtez le poisson au gros sel (recette d'origine portugaise ; à commander toujours à l'avance) et la tarte au citron, très différente de celle que l'on fait en France.

Très bon marché (moins de 50 Dh / 4,50 €)

Sur le Grand Socco, ou place du 9-Avril-1947 *(plan II, D5)*, les plus fauchés pourront manger une *harira* ou *bissara* (spécialité du Nord, aux fèves) et toute la cuisine rapide maghrébine.

Deux petites ***rôtisseries*** (sans nom) restent ouvertes toute la nuit : la première se trouve sur le Petit Socco ; la seconde, rue Es-Siaghîn, en montant vers le Grand Socco. Poulet à la broche, foie grillé, etc. Bonne qualité et sans histoires.

Andalus *(plan II, E5,* **50***)* **:** *7, rue du Commerce. Tlj jusqu'à 23h.* À deux pas du Petit Socco, une petite échoppe proprette où l'on mange assis sur de petits tabourets dans l'arrière-boutique. Quelques brochettes ou des poissons frits frais pour une poignée de dirhams.

Atlas *(plan II, E5,* **51***)* **:** *du Petit Socco, prendre le passage couvert en face du café Al-Manara.* Gargote populaire, discrète et bien tenue, réputée pour ses poissons (bonnes sardines pimentées) et crevettes grillés à prix très modérés. Grande salle verte très simple.

|●| ***Restaurant Hassi Baida*** *(plan I, B1,* ***52****) : 81, rue Salah-Eddine-el-Ayoubi. Tlj jusqu'à minuit.* Petit resto à l'allure simple mais au présentoir réfrigéré offrant une belle variété de victuailles fort appétissantes : petites gambas fraîches, côtelettes d'agneau, poissons et brochettes. Ces beaux produits sont cuits au feu de bois et joliment présentés. Salle carrelée et propre, spacieuse, aérée. L'accueil étant chaleureux, c'est une cantine toute trouvée pour les petits budgets.

|●| ***Restaurant Al Hamrae*** *(plan I, A1,* ***53****) : 10, rue du Mexique. Tlj jusqu'à 5h.* Très populaire. Familles nombreuses et travailleurs pressés au coude à coude. Dans leurs 2 petites salles toujours remplies, ça dépote jour et nuit des sandwichs comme des petits plats cuisinés, le tout très frais (pas difficile, vu le débit...).

Bon marché (moins de 80 Dh / 7,30 €)

|●| ***Ali Baba*** *(plan I, C2,* ***54****) : 136, av. Mohammed-VI. Tlj 9h-2h du mat.* Face à la mer, voici un resto tenu avec grand sérieux par un Libanais. Du simple sandwich à l'assiette de friture en passant par les *mezze,* tajines, brochettes et la pêche du jour, tout est frais et convaincant. De plus, le service et l'accueil sont particulièrement agréables et prévenants. Une excellente adresse, stable et fiable, plantée dans un décor apaisant.

|●| ***Restaurant de la Maison communautaire des femmes Darna*** *(plan II, D5,* ***55****) : rue Jules-Cot. ☎ 05-39-94-70-65. À deux pas de la pl. du 9-Avril-1947. Accès par les escaliers depuis la place ou la rue de la Liberté. En face du café Chorouk. Tlj sf dim, 12h-15h30 ; fermé le soir.* C'est d'abord un resto associatif dit « d'insertion économique des femmes ». Cadre fort plaisant (salle propre et agréable, cour intérieure reposante à l'ombre du figuier). Et pour couronner le tout, un intéressant menu. Cuisine familiale à partir de bons produits (délicieuse tarte au citron). Accueil souriant. Idéal pour manger sain et pas trop lourd le midi.

|●| ***Restaurant Agadir*** *(plan I, A1-2,* ***56****) : 21, av. du Prince-Héritier. Tlj jusqu'à 23h. Attention : prix indiqués hors taxes ! Sert de l'alcool.* Petit resto discret mais réputé, et à juste titre. Carte principalement marocaine, avec des spécialités de poulet et de mouton, servies sur des nappes à carreaux. On vient aussi pour l'accueil, très sympathique.

|●| ***Les gargotes du port*** *(plan II, E4,* ***57****) : pas difficile à trouver ; se rendre à l'entrée principale, au bout du bd Mohammed-VI, puis partir à droite. Y aller plutôt le midi ; le soir, le quartier est un peu glauque.* En attendant qu'il ne soit transformé à son tour comme toute la zone, le port de pêche de Tanger aligne ces gargotes où frétillent dans les assiettes les poissons ruisselant encore des eaux de l'océan et de la Méditerranée. Furieusement authentique : une expérience à tenter !

Prix moyens (80-150 Dh / 7,30-13,60 €)

À partir de cette catégorie, la plupart des restaurants servent de l'alcool, sauf mention contraire.

|●| ***Eldorado*** *(plan I, B2,* ***58****) : 21, rue Allal-ben-Abdellah. ☎ 05-39-94-33-53.* Une excellente adresse, en particulier pour le poisson, vendu au kilo. Le serveur vous présente un échantillon de la pêche du jour sur un plateau et vous donne le prix approximatif du poisson choisi. Réputé aussi pour ses copieuses brochettes de viande qu'on peut commander à la douzaine. Bon, copieux et pas cher. On y rencontre surtout des Tangérois. La terrasse en retrait dans une impasse est super agréable, avec ses nappes à carreaux bleus. Service sympa.

|●| ***Number One*** *(plan I, B2,* ***59****) : 1, av. Mohammed-V, juste en face de l'hôtel* Rembrandt. *☎ 05-39-94-16-74.* Resto-bar à l'ambiance bon enfant. Le coin bistrot, très sombre, est séparé de la salle de resto qui, elle, revêt des murs roses décorés de pein-

tures. Musique occidentale (souvent du blues). Bonnes soupes, viandes grillées et tajines. C'est tout simple mais on s'y sent bien grâce à l'accueil de Karim. C'est sans doute pour cela que le *Number One* ravit les Tangérois comme les expatriés.

|●| *Saveurs de Poisson* *(plan I, A1,* ***60****)* **:** *juste après l'hôtel* El-Minzah, *au milieu de l'escalier qui mène au marché des Pauvres. ☎ 05-39-33-63-26. Tlj sf ven 13h-16h, 19h-22h. Menu unique 4 plats 150 Dh, boisson comprise.* Les Tangérois considèrent cette adresse comme l'une des meilleures tables pour le poisson. Ils savent de quoi ils parlent. L'entrée se fait par la cuisine, où un délicieux bouquet d'odeurs titille déjà les narines. Point de carte, mais menu quasi imposé inscrit sur une grande ardoise à l'entrée. Soupe d'orge aux fruits de mer, poisson au choix (bar, saint-pierre, sole...) accompagné d'une brochette de requin, puis fruits de saison avec assiette de céréales au miel. Un vrai festin ! On mange les entrées avec de gros couverts en bois et le poisson avec les doigts. Une belle expérience culinaire et conviviale. Prix justifié.

|●| *Anna e Paolo* *(plan I, A2,* ***61****)* **:** *77, av. du Prince-Héritier. ☎ 05-39-94-46-17. Fermé dim.* Petite salle agréable, animée et bruissante. Rendez-vous d'hommes d'affaires décontractés, d'employés du coin et d'expats. Sérieuse cuisine italienne de qualité constante. Pizzas réputées, lasagnes maison succulentes, belles viandes. Plat du jour sur l'ardoise. Accueil affable, service diligent.

|●| *Restaurant Valencia* *(plan I, C2,* ***62****)* **:** *6, av. Youssef-ibn-Tachfine. ☎ 05-39-94-51-46. Un peu excentré. Fermé mar.* Resto spécialisé dans les paellas (qui, comme chacun sait, est un plat d'origine valencienne) et les fruits de mer. Grand choix de poissons. Quelques viandes aussi. Cuisine très correcte. Accueil cordial.

Chic (150-250 Dh / 13,60-22,70 €)

|●| *Les Passagers de Tanger* *(plan II, D5,* ***63****)* **:** *4, pl. du Grand-Socco, au 2e étage. ☎ 05-39-37-12-51. Tlj jusqu'à minuit.* Très belle situation, à la frontière entre médina et ville nouvelle, pour ce resto de cuisine française où l'on trouve également quelques spécialités marocaines (*seffa,* agneau aux abricots...). Tartines bien garnies, carpaccios et plats du jour variés complètent le menu. Dans l'assiette, tout est raffiné, parfumé et très joliment présenté. Service au choix dans une élégante salle vitrée à la déco moderne ou sur la terrasse qui surplombe le Grand Socco : un nid d'aigle idéal pour observer à loisir la place la plus animée de la ville ! Personnel très aimable et ambiance détendue.

|●| *Le Nabab* *(plan II, E4,* ***64****)* **:** *4, rue Al-Kadiria. 📱 212 (0)6-61-14-82-15.* Situé dans un *riad* en plein cœur de la médina. D'ailleurs, la déco contraste fortement avec le quartier : murs taupe, savants effets de lumière, nappes d'un blanc immaculé et banquettes noires le long des murs. Très tendance, tout ça ! On y déguste une fine cuisine marocaine élaborée à base de produits de qualité (excellents tajines, entre autres). Carte restreinte mais bien maîtrisée, avec chaque jour de nouvelles suggestions en fonction de l'inspiration.

|●| *Le Marquis* *(plan I, B2,* ***65****)* **:** *18, rue Bouhtouri. ☎ 05-39-94-11-32. Service tlj 12h-16h, 19h-minuit.* Lassé de ne pas trouver de resto à sa convenance à Tanger, le propriétaire, un sacré personnage, s'est fabriqué son petit palais. *Le Marquis* s'épanouit au milieu d'abondants tissus aux murs, banquettes de velours rouge et portraits de princes et de duchesses. Fausses poutres en carton-pâte et peintures au plafond encadrées d'épaisses moulures parachèvent ce décor Renaissance d'un pimpant kitsch assumé et délirant. Cuisine française et poisson frais très raffiné, aux sauces travaillées. Une adresse stable, bien connue des Tangérois aisés.

|●| *Restaurant San Remo* *(chez Toni ; plan I, A1-2,* ***67****)* **:** *15, rue Ahmed-Chaouki. ☎ 05-39-93-84-51. Jusqu'à 23h.* Carte italienne, avec notamment des spécialités de poisson *(frito mixto).* Cadre chaleureux et raffiné, en jaune et vert, avec de belles chaises en osier et des tables joliment dressées. La petite mezzanine offre une belle vue sur la salle. Fréquenté par les touristes et par les Tangérois, qui, eux, commandent la veille des plats imprégnés de sauces riches en épices. Faites comme eux ! Accueil très pro mais pas guindé.

I●I ***Casa Italia*** *(plan d'ensemble,* ***68****) : dans le palais des Institutions italiennes.* ☎ *05-39-93-63-48. Accès par l'av. Hassan-II. Tlj sf mar jusqu'à 23h. Parking.* Voici une vraie bouffée de tranquillité dans cette ville agitée. La terrasse étale ses tables sous des arcades à l'arrière du palais des Institutions ; jolie salle cosy décorée de dessins de costumes italiens et d'écussons régionaux. Attirées par l'excellente réputation de la *casa,* les familles chic de Tanger viennent s'y détendre. Cuisine évidemment italienne, bonnes pizzas bien garnies. Viandes et poissons très honorables. Service à la fois attentionné et discret.

I●I ***Resto de l'hôtel Continental*** *(plan II, E4,* ***27****) : 36, rue Dar-el-Baroud.* ☎ *05-39-93-10-24. Pour l'accès, voir plus haut « Où dormir ? ». Fermé dim. CB refusées.* La salle à manger est un vrai petit palais, de bons plats à prix raisonnables y sont servis par un personnel affable. Mais notre coup de cœur reste, bien sûr, la vue exceptionnelle sur le port et la médina depuis la terrasse.

I●I ***Les restos de la plage :*** tout au long du boulevard Mohammed-VI, côté plage, s'échelonnent de nombreux restos chic en terrasse, faisant aussi bar et discothèque, certains ouverts quasi toute l'année (sauf pendant le ramadan), d'autres ouvrant progressivement à partir du printemps. Leurs noms changent avec de celui des propriétaires qui se succèdent à bon rythme, le cadre est élégant, mais l'addition aussi salée que l'eau de la baie. Parmi ceux que l'on a testés, on vous recommanderait bien le bar à tapas au bord de la piscine du ***555*** *(plan I, C1-2,* ***112****),* qui attire une clientèle dorée (cependant, les prix restent abordables). Mais on peut essayer aussi ***La Carbonara*** ou ***Le Chellah Beach,*** un peu plus loin en longeant la plage. Ils servent généralement jusqu'à minuit-1h.

Plus chic (250-400 Dh / 22,70-36,40 €)

I●I ***Restaurant de l'hôtel Nord Pinus Tanger*** *(plan II, D4,* ***69****) : 11, riad Sultan.* 📱 *212 (0)6-61-22-81-40. En haut de la kasbah, à côté de* La Tangerina *(voir « Où dormir ? »). Tlj sf mar. Résa vivement conseillée.* Cette ancienne demeure d'un pacha datant du XVIIIe s est devenue, grâce au talent de sa propriétaire, un lieu hors du temps qui mélange les styles avec brio. Cuir de Cordoue, odeur de cèdre et de mer, tissus anciens et soies indiennes, marbre et zelliges, et, ici et là, quelques touches contemporaines pour un raffinement peu coutumier à Tanger. L'hôtel est très cher, mais le restaurant abordable. Seulement quelques tables dans les somptueux salons, souvent réservées par les clients de l'hôtel, mais aussi en terrasse, sur le toit, avec une vue sidérante sur le détroit de Gibraltar et les jardins du palais Dar-el-Makhzen. Cuisine raffinée et beau choix de tajines au feu de bois, poissons et légumes grillés, citrons confits..., servis avec élégance mais sans chichis.

I●I ***Restaurants de l'hôtel Mövenpick*** *(hors plan d'ensemble,* ***46****) : voir « Où dormir ? ».* Plusieurs formules : d'abord, le ***Paradisier*** propose un formidable buffet du soir en haute saison, somptueux étalage de plus de 50 plats. Flambeaux autour de la piscine, tapis, musique et tout. Vraiment bien. Sinon, le ***Layali,*** installé sous une tente caïdale avec banquettes confortables et poufs, pour une cuisine orientale élaborée : raviolis aux fruits de mer, huîtres de Oualidiya, curry de crevettes à l'indonésienne, etc. Pour les malins, on rappelle le buffet gratuit du casino le vendredi soir.

I●I ***Relais de Paris*** *(plan I, A1,* ***70****) : 42, rue de Hollande.* ☎ *05-39-33-18-19. Au 1er étage du complexe* Dawliz. *Fermé ven soir et sam soir. Vin au verre.* Cadre de bistrot parisien traditionnel et cuisine française pour ceux qui souhaitent varier un peu leur menu. Tables bien séparées, box pour les amoureux. Service particulièrement pro, par des jeunes solidement formés à l'école du patron. Plats classiques servis généreusement dans cette franchise présente dans toutes les grandes villes du pays.

Beaucoup plus chic

|●| ***Villa Joséphine*** *(hors plan d'ensemble,* ***71****) : 231, route de la Vieille-Montagne (Sidi-Masmoudi). ☎ 05-39-33-45-35. Sur la route du cap Spartel. Au resto, compter 550-660 Dh le repas (sans boisson). Imaginez alors les tarifs de l'hôtel, l'un des plus luxueux du Maroc et abordable uniquement si vous avez gagné au loto.* Immense villa toute blanche construite par Walter Harris, fameux éditorialiste du *Times*, puis habitée par un grand d'Espagne, avant de finir comme résidence d'été du Glaoui, pacha de Marrakech. Parc magnifique et somptueux décor intérieur pour une fine cuisine française traditionnelle. Des plats fort classiques certes, mais exécutés avec un professionnalisme sans faille. Atmosphère chic et élégante, service à la française. Pour une petite folie... voilà l'occasion !

Restaurant folklorique

|●| ***Restaurant Hamadi*** *(plan II, D4,* ***72****) : 2, rue de la Kasbah. ☎ 05-39-93-45-14. Tlj midi et soir (à partir de 20h). Plats 55-75 Dh ou carte env 100-120 Dh ; attention : prix indiqués hors taxes !* Une entrée aux couleurs du Maroc et une déco dans les tons rouges très accentués, mais chaleureuse et agréable. Ils reçoivent surtout des groupes (220 couverts). La cuisine, elle, ne suit pas toujours et l'atmosphère très touristique peut vite devenir pesante. Musiciens au déjeuner et au dîner. De nombreux hôteliers considèrent ce restaurant comme un passage obligé pour le touriste étranger, mais vous n'êtes pas forcé de les croire !

Où manger une pâtisserie ?

Énormément de pâtisseries et de salons de thé. En voici une petite sélection :

|●| ***Salon de thé Vienne*** *(plan I, A1,* ***80****) : angle rues du Mexique et El-Moutanabi, à deux pas de la pl. de France.* Décor grandiloquent, avec vélums passés et dorures. Kitschissime !

|●| ***Pâtisserie Florence*** *(plan I, B2,* ***81****) : angle rues Lafayette et Mansour-ad-Dahabi. Tlj 5h-23h.* Excellents gâteaux et pâtisseries marocains, viennoiseries européennes. À emporter seulement.

|●| ***Pâtisserie Roxy*** *(plan I, B2,* ***82****) : 11, rue Mansour-ad-Dahabi. À côté du salon de thé Roxy, qui fait l'angle.* Le matin, la boutique est pleine de lycéens qui raffolent des succulents pains au chocolat ou aux amandes.

|●| ***Le Petit Prince*** *(plan I, A1,* ***83****) : 36, bd Pasteur.* Bel étalage de pâtisseries, glaces et jus de fruits frais.

|●| ***Pasteleria La Española*** *(plan I, A1,* ***84****) : 97, rue de la Liberté. En face de la galerie Delacroix. Jusqu'à 22h.* Belle salle confortable où les Marocaines adorent se retrouver pour savourer de bons gâteaux, tartes et glaces. Spécialité de *rosquitos* (biscuits à la pâte d'amande).

Où boire un thé, un jus ?

🍷 ***Café Hafa*** *(« La Falaise » ; plan d'ensemble,* ***90****) : de la porte nord-ouest de la kasbah, prendre la rue Assad-ibn-el-Farrat qui longe la côte et, lorsque l'esplanade des tombeaux phéniciens apparaît sur la droite, s'y engager, tourner à gauche dans une ruelle, puis à droite : c'est au bout. Tlj jusqu'à 22h. Fermé dans la journée pdt le ramadan.* Depuis 1921, tout le monde y est passé. Impossible de venir à Tanger sans aller y boire un café ou un thé à la menthe. Des jardins en terrasses étagés sur la falaise, des plantes, des tables disséminées entre des arbustes et des balustrades, des chats qui maraudent et des clients qui fument de drôles de cigarettes. On peut simplement passer des journées entières ici, à siroter son verre et à contempler le paysage : la mer, le détroit de Gibraltar et la côte andalouse, juste en face. Un endroit magique qu'il serait dommage de manquer.

Café Baba (plan II, D4, **92**) : *1, rue Sidi-Hosni, près de Bab-el-Assa. Tlj jusqu'à 23h30.* Un café devenu célèbre grâce à ces diables de Rolling Stones, qui venaient s'y relaxer. Vous ne serez pas les seuls à venir en pèlerinage : d'ailleurs, les photos aux murs montrent quelques têtes couronnées qui sont passées par là. L'histoire ne dit pas s'ils ont daigné poser leur sérénissime postérieur sur le mobilier décati du café, aujourd'hui squatté par la jeunesse du quartier, que l'on voit soit vautrée sur les banquettes, soit en pleine partie de petits chevaux. Curieusement, on retrouve un esprit un peu babos transposé à notre époque, tout juste altéré par une musique commerciale récente. La baie vitrée hors d'âge donne sur les toits de la médina et la ville nouvelle au loin.

Café de Paris (plan I, A1, **91**) : *pl. de France. Tlj 6h-23h30 (22h30 en hiver).* C'est un peu le *Flore* de Tanger, avec son charme suranné. Ouvert en 1920, ce serait le premier café à s'être installé en dehors de la médina. Au fond à droite, une grande salle avec vue sur le détroit. Le *Café de Paris* a connu son heure de gloire, et le Tout-Tanger chic s'y retrouvait. Aujourd'hui, le décor craint un peu, mais l'endroit reste populaire.

Ibiza Café (plan I, B2, **93**) : *46, rue Allal-ben-Abdellah. Ouv 24h/24 !* Une adresse typique. On y sert l'un des meilleurs thés à la menthe de Tanger, préparé avec des fleurs d'oranger, de la sauge et de l'aneth. On aime bien ce café qui diffuse des films toute la journée sur sa TV à écran géant. Bout de terrasse sur le trottoir. Possibilité de grignoter.

Chorouk (plan II, D5, **94**) : *en surplomb du Grand Socco, en direction de l'église Saint-Andrew's.* Une minuscule gargote au-dessus de la place, avec une terrasse improvisée et 4 vieilles tables pour siroter un thé à la menthe en dominant la ville. Si les tables sont prises, voir en dessous (sur la place même, à côté de la mosquée) les 2 petits cafés en terrasse également (sans nom) ; idéal poste d'observation pour savourer tranquillement l'animation du Grand Socco.

Où boire un verre ? Où écouter de la musique ?

Pépé Ocaña (plan I, B1, **96**) : *7, rue Jabha-el-Watania. Discrète entrée, derrière l'hôtel* Rembrandt. *Tlj jusqu'à 23h, sf dim.* Fréquenté majoritairement par des hommes, tous accoudés au bar en regardant la TV les soirs de match. Totalement inconnu des touristes, un petit bar tout en longueur, où les tapas se succèdent au rythme des bières. Une ambiance détendue, sans histoires, et un petit morceau d'Espagne qui a dû traverser le détroit...

Le Tanger Inn (plan I, B1, **97**) : *1, rue Magellan. Juste en dessous de l'hôtel* El Muniria. *Ouv 21h-2h.* Malgré son côté touristique et sa clientèle qui se la joue un peu, difficile de ne pas mentionner ce bar, ses banquettes en skaï, ses petites tables Art déco en formica et son piano... Burroughs, qui avait ses appartements dans l'hôtel au-dessus, ne reconnaîtrait pas la déco ! Musique techno, jeunesse internationale survoltée et beaucoup de fumée. Attention, la remontée jusqu'au boulevard Pasteur est sévère au retour !

London's Pub (plan I, B2, **98**) : *15, rue Mansour-ad-Dahabi. Ouv slt le soir, jusqu'à 1h.* Une ambiance feutrée : larges panneaux de bois et moquette vert anglais (forcément). Peu de monde en semaine, une certaine tenue dans le service, quelques expatriés et des jeunes cadres. Sans surprise mais toujours agréable.

The Chico's Pub (plan I, B2, **99**) : *4, rue Sorella. Tlj sf dim, 19h-minuit.* Un lieu chic et feutré, au décor boisé, avec des reproductions de tableaux. Piaf et Aznavour roucoulent en musique de fond. De jeunes cadres viennent y déguster un whisky. Possibilité également de manger. Petites fleurs et bougies de rigueur sur les tables, mais c'est plutôt cher.

The Pub (plan I, B2, **100**) : *10, rue Sorella. Tlj 12h-15h, 19h-2h.* On aime bien son cadre chaleureux. Des dizaines de tableaux aux murs, banquettes confortables. Ambiance cosmopolite. Tenue correcte exigée. Clientèle 30-40 ans. Grand choix d'alcools. Bonne carte de plats bien préparés. Même genre, mêmes tarifs que le *Chico's,* mais avec un cerbère à l'entrée en prime.

Caïds Bar de l'hôtel El-Minzah *(plan I, A1,* ***45****) : 85, rue de la Liberté.* On y vient plus pour le cadre exceptionnel loin du bruit et de l'agitation de la ville que pour le service. Bon choix de cocktails. Si vous avez des goûts de luxe, belle carte de champagnes...

Morocco Palace *(plan I, B1,* ***110****) : 11, rue du Prince-Moulay-Abdellah. ☎ 05-39-93-86-14. Tlj 21h-4h. Entrée gratuite.* Une superbe salle décorée comme un palais marocain. Tous les soirs, un groupe y joue de la musique orientale dans ce décor des *Mille et Une Nuits* à l'éclairage bien pensé. Chants et danses du ventre. C'est très beau, mais la salle est souvent déserte avant 2 ou 3h du matin.

TANGER

Dans la médina

Juste à côté de l'entrée du musée Dar-el-Makhzen, à l'angle de la place de la *kasbah,* se trouve le local de répétition d'un groupe de musique traditionnelle arabo-andalouse, ***Les Fils du Détroit*** *(plan II, D4,* ***101****),* qui jouent pour leur plaisir et celui des gens de passage. Très authentique, on peut se poser en terrasse si elle est dépliée, ou sinon dans le minuscule salon recouvert de tapisseries orientales et de vieilles photos. Ambiance magique. La théière est toujours pleine et on vous en proposera sûrement un verre, mais le thé n'est pas donné et le prix est annoncé un peu à la tête du client.

Café Tingis, Café Fuentès et Café Central *(plan II, E5,* ***103****) : Petit Socco.* Difficile de lire un livre dont l'intrigue se déroule à Tanger sans que l'un des personnages ne se retrouve, à un moment ou un autre, dans l'un des cafés du Petit Socco, et ce quelle que soit l'époque. Il faut dire que les cafés y sont apparus presque en même temps que la place elle-même... Tous les trois ont une terrasse. On aime particulièrement le *Tingis,* qui s'est agrandi en récupérant une boutique (ancien nom en carrelage sur le sol, « À la Samaritaine »). Si l'on n'y croise plus de célébrités comme avant, on y commente toujours l'actualité et les affaires, plus ou moins légales dans ce quartier au passé sulfureux. Une atmosphère que viennent toujours chercher les gens de passage.

Le Café de la Cinémathèque *(plan II, D5,* ***95****) : sur la pl. du Grand Socco. Tlj jusqu'à 23h.* Petit café coloré et sympa où se retrouve la jeunesse cinéphile et cultivée tangéroise. Ambiance jeune et discussions passionnées autour des chefs-d'œuvre du 7e art projetés à la cinémathèque. Fait aussi cybercafé.

Où danser ?

Les boîtes de nuit s'animent très tard dans la nuit (1h ou 2h minimum) et sont souvent fréquentées par des « filles qui travaillent ». Une certaine vigilance s'impose, car il existe un grand nombre de discothèques douteuses. La plupart se trouve derrière le boulevard Pasteur ou sur le boulevard Mohammed-VI, le long de la plage. Elles s'ouvrent et se ferment, et changent régulièrement de noms !

♫ ***555*** *(plan I, C1-2,* ***112****) : av. Mohammed-VI (en face de l'hôtel Rif). 212 (0)6-78-18-10-85. • beachclub555.com • Tlj jusqu'à 4h. Entrée : gratuite en journée, 200-250 Dh pour les soirées spéciales.* Une des boîtes les plus en vue, le rendez-vous des jeunes branchés et yuppies de la ville. Tous les vendredis, une soirée à thème. Quelques DJs de haut rang à l'occasion. Ambiance très chaude autour de la piscine bordée de paillotes. Fait également resto (voir « Où manger ? »).

♫ ***Le Snob*** *(plan I, C2,* ***111****) : av. Mohammed-VI, plus bas que le* 555. *212 (0)6-11-24-20-57. Tlj minuit-4h. Entrée : 100-200 Dh selon soirées.* Autre boîte chic de Tanger. Une ambiance occidentale et jeune, le tout sous un éclairage très flashy. Bonne musique.

♫ ***Le Cube Club*** *(plan I, C2,* ***111****) : av. Mohammed-VI, près du Snob. 212 (0)6-50-82-96-59. Entrée : 100-200 Dh selon soirées.* Encore une boîte très branchée, avec de grosses soirées house, *R'n'B,* latino...

À voir

𝖘 ***Le Grand Socco ou place du 9-Avril-1947*** *(plan II, D5)* **:** vaste place reliant la ville ancienne à la ville moderne, sans intérêt si ce n'est son activité grouillante, puisque c'est le centre névralgique de Tanger. Les jeudi et dimanche sont jours de marché derrière la mosquée Sidi-Bou-Abib, dont on appréciera au passage le beau minaret recouvert de faïences multicolores. Vous verrez les paysannes, encore vêtues de leurs traditionnelles *fouta* rayées, et coiffées de chapeaux de paille à pompons de laine.
C'est sur cette place que le sultan Mohammed ben Youssef prononça, le 9 avril 1947, le discours dans lequel il évoquait l'indépendance du Maroc. Les rues autour accueillent une succession de marchés couverts proposant nourriture et diverses babioles.

La médina et la kasbah : moins intéressante que celle de Tétouan toute proche, la médina de Tanger offre tout de même au routard de passage sa dose de dépaysement, ainsi qu'une immersion dans le passé tangérois. Une fois passés les deux ou trois guides bidons qui attendent à l'entrée, vous ne serez guère embêtés dans vos pérégrinations : ici, chacun vaque à ses petites affaires.
- Le Petit Socco (plan II, E5) : au bout de la rue Es-Siaghîn, c'est-à-dire des Bijoutiers. Place constamment animée, carrefour central des ruelles de la médina, autour duquel s'est peu à peu formée la ville de Tanger, bordée de terrasses de cafés et de pensions bon marché. S'arrêter dans l'un des cafés de la place pour prendre le pouls du quartier (voir « Où boire un verre ? Où écouter de la musique ? »).
- Les borjs (plan II, E4) : anciennes redoutes permettant de surveiller la baie et, au besoin, de tirer quelques boulets sur un bateau ennemi ! Pour les visiter, suivre la rue Dar-el-Baroud depuis le boulevard Mohammed-VI. Remarquer les systèmes d'orientation des canons, encore en place malgré la rouille et les gravats. Du borj El-Baroud, tout au bout, belle vue sur le port et la baie.
- La kasbah (plan II, D4) : ancienne forteresse surplombant la médina. On y accède soit depuis le Petit Socco par des ruelles pentues, jalonnées d'échoppes et d'escaliers, soit depuis le borj El-Baroud par la rue Al-Zaitoun, soit encore par l'extérieur, en remontant la rue d'Italie puis la rue de la Kasbah. Elle n'échappe pas à une certaine « boboïsation », comme en témoignent les maisons d'hôtes chicos qui s'y ouvrent les unes après les autres.

La fondation Lorin *(plan II, D5)* **:** *44, rue Touahine. Tlj sf sam 11h-13h, 15h30-19h30. Gratuit, mais il est conseillé de laisser un petit quelque chose pour l'entretien.* Grande salle où sont entreposées de nombreuses et vieilles photos (certaines du début du XXᵉ s) des personnalités, événements et édifices qui ont fait Tanger à travers les âges.

La légation des États-Unis *(plan II, E5)* **:** *8, rue d'Amérique. ☎ 05-39-93-53-17. Proche du Grand Socco. Frappez à la porte pour qu'on vous ouvre. Lun-ven 10h-13h (12h ven), 15h-17h ; ramadan 10h-15h. Entrée gratuite. Un tronc permet de déposer quelques dirhams pour l'entretien. Si le guide Mohammed est sur place, il vous expliquera d'une manière passionnante et vivante l'histoire des lieux.*
La plus ancienne légation des États-Unis à l'étranger, installée depuis 1821 et en activité jusqu'en 1956. Elle a ensuite abrité le consulat des États-Unis jusqu'en 1962, ainsi qu'une école pour former les diplomates américains à la langue arabe. En 1977, l'endroit a été transformé en musée. C'est aujourd'hui un ensemble de 45 pièces (on ne visite cependant pas tout !), dont le mobilier européen et l'ambiance début XIXᵉ s contrastent fortement avec la médina qui l'entoure. L'occasion d'une excursion étonnante au cœur du Tanger du XIXᵉ s. Plusieurs salles en enfilade avec un très beau mobilier et une riche collection de tableaux orientalistes. Lettre de George Washington adressée au sultan du Maroc en 1789

pour lui assurer la reconnaissance de son pays. Il faut dire que le Maroc avait été le premier pays à reconnaître les États-Unis, et ce dès 1777.
Autre écrit *(in English, of course !)* affiché dans la salle de conférence : une missive désopilante d'un diplomate en poste à Tanger, décrivant ses efforts désespérés et vains pour décliner le don de deux lions fait par le sultan au président des États-Unis. Les miroirs exposés, qui datent du XVIIIe s et viennent de Provence, étaient destinés à l'exportation vers les harems d'Afrique du Nord. Œuvres intéressantes de Mohammed ben Ali R'Bati, un des premiers artistes arabes à avoir rompu le tabou de la représentation humaine. La bibliothèque, très complète, était jadis une maison close. Elle reste d'ailleurs... close en semaine, et ne se visite que le samedi de 15h à 18h et le dimanche de 10h à 13h. De l'autre côté de la rue, un adorable et paisible patio andalou, une salle présentant de belles portes de Fès et une scène de bataille en soldats de plomb offerte par le milliardaire Forbes (*Bataille des Trois Rois,* ou d'Alcazar-Quivir, de 1578, voir « Histoire » dans « Hommes, culture, environnement » en début de guide).

Le musée de la Kasbah *(Dar-el-Makhzen ; plan II, D4)* **:** *dans la kasbah. ☎ 05-39-93-20-97. Tlj sf mar 9h-16h. Fermé ven 11h30-13h30 pour la prière. Entrée : 10 Dh.*
Le palais du sultan, agrémenté d'un patio qu'entourent des arcs décorés de faïence, fut construit au milieu du XVIIe s sur les bases d'une ancienne forteresse portugaise par le sultan moulay Ismaïl, puis agrandi par ses descendants. Il a servi simultanément de siège au pacha de la ville, de palais de justice et de trésorerie. Celle-ci était située dans une salle carrée fermée par de lourdes portes en fer et surmontée d'une incroyable coupole de bois peint et finement ciselé.
La visite commence ici, on y stockait les richesses provenant des prélèvements obligatoires. L'un des coffres-forts, en fer, est fermé par un ingénieux système. Il faut être deux pour l'ouvrir. Celui qui connaissait la combinaison ne pouvait donc pas le voler sans un complice. Passé la galerie des encadrements de fenêtres en bois peint et de portes ciselées avec des restes de polychromie du XVIIIe s, on accède à la partie centrale du palais, autour de laquelle se répartissent les salles. Très beau patio qui servait de cour d'honneur. Delacroix y a été reçu officiellement par le pacha de la ville. Cette cour a reçu la visite des plus grands dignitaires, alors que Tanger fut, du XVIIe s au début du XXe s, la capitale diplomatique du Maroc et le siège du ministère des Affaires étrangères.
Uniques au Maroc, à notre connaissance, les chapiteaux des colonnes du patio sont un curieux millefeuille où se côtoient le disque dorique, les volutes ioniques et les feuilles d'acanthe de l'ordre corinthien : les trois ordres classiques des temples grecs en un seul chapiteau ! Il restait même un peu de place pour caser le croissant turc. Pavement du XVIIIe s d'origine.
Les appartements, caractéristiques des palais princiers, sont reconvertis aujourd'hui en salles d'expo. Ils présentent, dans leurs neuf salles, l'histoire de Tanger du Paléolithique à la libération de la ville. Commençons par la droite, avec la salle des premiers chasseurs et paysans, où l'on peut voir de fines pointes pédonculées et des haches polies, puis celles de la période préromaine et de la romanisation avec une belle collection de lampes helléniques, d'amulettes et de marbres sculptés. Vient ensuite la salle la plus instructive, avec au sol une mosaïque romaine du IIe s intitulée *La Navigation de Vénus.* Aux murs, deux cartes intéressantes : l'une, moderne, détaille les échanges commerciaux autour du Bassin méditerranéen depuis l'Antiquité. L'autre est une copie de la *Tabula Rogeriana,* une carte du monde réalisée au XIIe s par un fameux géographe de Ceuta, Mohammed Al-Idrissi. C'était ce qu'on faisait de mieux à l'époque, mais elle est si imprécise qu'on ne reconnaît absolument rien ! À l'étage, quelques vases à incinération, des sarcophages et les restes d'un enfant inhumé dans une amphore. De retour dans la cour, on découvre une salle couverte de stucs d'une grande complexité et d'un plafond magnifiquement ouvragé, puis des salles consacrées aux grandes dynasties et à l'occupation portugaise au XVe s.

Pour finir, on peut musarder à loisir dans le petit jardin andalou au charme d'un lieu abandonné. Havre de paix rempli de senteurs et de chants d'oiseaux.

Le port de pêche (plan II, E4) : *au bout du bd Mohammed-VI, puis à droite.* Le charmant port de pêche de Tanger offre le spectacle de son animation colorée et ses montagnes de filets de toutes les couleurs à ravauder, au milieu des cris des mouettes, des interpellations des pêcheurs et du choc des caisses sur le quai... Un festival de couleurs, de sons et d'odeurs. Les bâtiments et les quais sont en cours de réhabilitation. Mais qu'on se rassure, les chalutiers ne disparaîtront pas, ils seront juste repoussés dans un nouveau bassin situé plus à l'ouest.

La terrasse des Paresseux (plan I, A1) : *vous ne pouvez pas la manquer, sur le bd Pasteur, proche de la pl. de France.* C'est le surnom de cette place car, du matin au soir, une population hétéroclite se relaie pour se détendre et observer les passants pendant des heures. Il faut dire que la terrasse offre une vue agréable sur le port et la baie. Au loin, on voit même le détroit de Gibraltar et la côte espagnole.

L'église Saint-Andrew's (plan II, D5) : *rue d'Angleterre. ☎ 05-39-93-60-73. Tlj 9h30-12h30, 14h30-18h.* Le gardien peut vous ouvrir les portes de cette petite église construite à la fin du XIXe s dans un style maure-andalou, et qui serait la seule église anglicane du Maroc. Le drapeau anglais, avec sa croix de Saint-Georges, flotte sur le clocher. À l'intérieur, arche gravée d'une prière en arabe. Jouxte un petit cimetière charmant noyé dans la verdure.

Le marché des Pauvres (plan I, A1) : *prendre la rue de la Liberté et, ensuite, descendre le 1er escalier à droite qui débouche sur la rue Oualili.* À gauche, le *marché traditionnel* (fruits et légumes, viandes, épices, pain, etc.). Sur la droite, pittoresque passage étroit (attention aux pickpockets !) bordé de vénérables échoppes (serruriers, horlogers, vendeurs de pièces détachées, récupérateurs de vieux papiers, etc.), au poétique et millénaire désordre... Au no 32, le *souk des tisserands* : au 1er étage d'un ancien caravansérail *(foundouk)*, des tisserands travaillent dans les anciennes chambres, sur des métiers antiques où la navette portant le fil de trame est encore lancée à la main entre les fils de chaîne.

Le théâtre Cervantès (plan I, B1) : ou plutôt ce qu'il en reste. Inauguré en 1913, il fut l'un des plus dignes représentants du faste et de l'activité artistique tangéroise – ses 1 400 places en disent long sur ce qu'il fut. Aujourd'hui, le théâtre (qui ne se visite pas) tombe peu à peu en ruine, mais il garde un charme certain et mystérieux.

Le palais des Institutions italiennes (plan d'ensemble) : *av. Hassan-II, tourner à gauche, rue Mohammed-ben-Abdelouahab. Fermé au public.* Si vous êtes motivé, il est possible de le visiter en en faisant la demande auprès du consulat italien à Casablanca, qui vous accordera peut-être l'autorisation *(☎ 05-22-27-75-58).* Autre possibilité : profiter d'un concert ou d'une représentation théâtrale. Après avoir franchi la porte cochère, on se retrouve dans une sorte de cloître qui entoure un jardin planté de séquoias, de papyrus, d'orangers, etc. Autour, une multitude de colonnes soutiennent le corps du bâtiment, composé de salles en enfilade, toutes ornées de magnifiques cheminées en marbre florentin. Plafonds et murs splendides, en bois sculpté et peint dans un style raffiné et discret. À l'arrière, on y trouve un resto... italien, de bonne réputation (voir « Où manger ? »). Terrasse fort agréable.

Les tombeaux phéniciens (plan d'ensemble) : *de la porte nord-ouest de la kasbah, prendre la rue Assad-ibn-el-Farrat qui longe la côte, jusqu'à ce qu'une esplanade se dégage sur la droite.* Les tombeaux sont des excavations millénaires dans la roche, utilisées aujourd'hui comme poubelles par les familles contemplatives qui, à toute heure de la journée ou de la soirée, se relaient pour un sit-in sur les roches en pente vers la mer. Le regard embrasse le port, la baie jusqu'au cap

Malabata, le détroit et la côte espagnole dont, le soir, les lumières constituent un miroir aux alouettes pour ceux qui rêvent d'une vie meilleure.

Manifestations

– ***Salon international du livre de Tanger :*** *avr ou mai selon les années, au palais des Institutions italiennes.* • *salontanger.org* • Un forum réunit intellectuels, écrivains, philosophes, romanciers et poètes occidentaux et arabes autour de thématiques sociales.
– ***Festival international de Jazz*** *(Tanjazz)* **:** *en sept. Infos à la fondation Lorin (voir plus haut). ☎ 05-39-93-91-03.* • *tanjazz.org* • *Possibilité forfait tt compris avion (de Paris ou Marseille), logement et accès à ts les concerts. Les concerts sont pour la plupart gratuits, à l'exception des scènes Comarit et BMCI, mais interdits aux mineurs. On trouve le programme dans presque ts les hôtels de Tanger.* L'un des grands moments musicaux du Maghreb, qui met la ville à sons et à swing. Il engage pour 5 jours de bonnes pointures d'une dizaine de pays. Éclaté dans la ville, entre bars de grands hôtels et pubs, théâtres de verdure, places publiques, clubs, etc. Et à certaines adresses, jam-sessions mémorables si vous tenez jusqu'aux afters.
– ***Les Nuits de la Méditerranée :*** *en juil, au palais des Institutions italiennes.* Un festival consacré aux musiques du monde en provenance de toute l'Afrique, d'Europe et d'Orient. Plein d'artistes reconnus à se mettre à l'oreille. *Rens auprès de l'ATRAC (☎ 05-39-93-91-46,* • *atrac.ma* •*) ou de l'Institut français (voir plus haut « Adresses utiles »).*

TANGER

DANS LES ENVIRONS DE TANGER

LE CAP SPARTEL ET LES GROTTES D'HERCULE

Comment y aller de Tanger ?

➢ ***En grand taxi :*** *à partir de la rue Fenikiyine, à l'intersection avec la rue d'Angleterre, près de la mosquée Mohammed-V.* En été et le week-end, le nombre de passagers est suffisant pour constituer un taxi collectif, qui revient à env 20 Dh/personne, soit vers le cap, soit vers les grottes. Sinon, vous paierez les places non occupées. Entre le cap et les grottes, prenez un taxi si vous en trouvez un ; sinon, comptez env 1h de marche, de préférence par les plages (attention, peu d'ombre !). Se renseigner pour les trajets retours.
➢ ***En voiture :*** *prendre la direction de l'aéroport, passer le stade et repérer le discret panneau « Cap Spartel » à un rond-point. Ensuite, pour les grottes d'Hercule, il faut continuer quelques km vers le sud.*

Où dormir ? Où manger ? Où boire un verre ?

Camping Achakar Grottes d'Hercule : *entrée juste avt le rond-point. ☎ 05-39-33-38-40. Pour 2 pers avec tente et voiture, 100 Dh. Bungalows avec sdb 300-550 Dh selon saison.* Ce camping de 200 places est le plus recommandable dans les environs. Une végétation luxuriante et un peu en fouillis rend l'endroit rafraîchissant. Sanitaires corrects. Café-snack.
Le Mirage : *à 14 km de Tanger, au-dessus des grottes d'Hercule. ☎ 05-39-33-33-31 ou 32.* • *lemirage-tanger.com* • *Doubles (1re catégorie) avec petit salon 1 800-2 400 Dh selon saison et suites bien plus chères ; petit déj 140 Dh. Plat env 150 Dh.* Magni-

fique hôtel en amphithéâtre sur un site exceptionnel et paradisiaque, organisé en bungalows au-dessus de la mer. Considéré comme l'un des plus beaux hôtels du Maroc. Plus abordable que l'hôtel, le resto propose un panorama fantastique et un bon rapport qualité-prix. Les tables sont disposées autour d'un patio blanc s'ouvrant sur la mer. Bonne cuisine du chef. Spécialités de produits de la mer, en particulier le poisson au four dans sa grosse croûte de sel (uniquement sur commande). Sinon, soupe de poisson de roche au safran, truite fumée de l'Atlas, etc. Cuisine marocaine aussi. À l'intérieur, belle salle avec cheminée pour les soirées d'hiver. Clientèle plutôt européenne. Pour boire un verre, vous avez le choix entre la terrasse et un magnifique bar de style british, avec profonds fauteuils, piano-bar...

I●I À l'entrée des grottes, nombreux ***petits cafés-gargotes*** à la mode locale.

À voir

Le cap Spartel : au pied de la falaise, les eaux de la Méditerranée et celles de l'Atlantique se mélangent. Paysage superbe tout le long de la route du cap, où il fait bon prendre un verre sur la terrasse panoramique orientée au nord. Il n'y a pas vraiment de promenade possible, mais, parfois, moyennant une petite pièce, on peut accéder aux abords du phare.

Les grottes d'Hercule : *tlj 7h-20h. Accès à gauche du parking quand on regarde la mer. Entrée : 5 Dh.* Excursion très prisée des Tangérois le dimanche. Il s'agit d'une série de petites cavernes naturelles où la mer pénètre à marée haute, et dont l'ouverture est censée avoir la forme du continent africain à l'envers (il y a même un petit trou dans la roche pour figurer Madagascar !). On y a trouvé des vestiges préhistoriques. Naguère, on détachait de ces parois des blocs de calcaire dur pour fabriquer des meules. Visite pas franchement intéressante en soi, mais on peut y aller en soirée pour profiter du coucher de soleil. Dommage que la grotte soit envahie par des étalages de colifichets à vendre.

ET DE 11 !

Selon la mythologie grecque, le jardin des Hespérides se trouve à « la limite occidentale du monde ». Ce serait donc près de Tanger que, pour accomplir sa 11e tâche, Hercule lui-même et non Atlas (d'après une des versions) aurait combattu le dragon pour s'emparer des pommes d'or. Il se serait ensuite reposé dans les grottes qui portent aujourd'hui son nom.

LA ROUTE CÔTIÈRE JUSQU'À CEUTA (SEBTA)

Après le cap Malabata, autour duquel fleurissent de gros projets immobiliers, cette belle route surplombe des criques sablonneuses souvent désertes et traverse des paysages vallonnés. Il n'est pas rare de croiser des bergers accompagnant leurs troupeaux dans ces pâturages qui tombent à pic dans la mer, et des paysannes vêtues de leurs habits traditionnels, pièces de coton rayées autour de la taille et portant de grands chapeaux de paille recouverts de laine. Après Ksar-es-Séghir, petit port pas très joli et entouré de constructions modernes, on passe devant le nouveau port Tanger-Med. La voie express continue vers Ceuta dans un paysage encore plus montagneux, à la végétation moins aride.

CEUTA (SEBTA)

79 000 hab. IND. TÉL. (espagnol) : 0034

Fondée par les Phéniciens, Ceuta passa successivement sous domination carthaginoise, romaine, arabe, puis portugaise en 1415. C'est à cette date que la ville perdit son ancien nom de Sebta pour celui, plus occidental, de Ceuta. Les Marocains continuent néanmoins à utiliser le nom de Sebta. Celui-ci serait dérivé du latin *Septem Fratres,* qui désignait dans l'Antiquité les sept collines sur lesquelles la cité est construite. Mais l'origine du nom reste confuse, puisque certains auteurs affirment que Sebta se rapporte en réalité à Saba, supposé être le fondateur de la ville.
En 1580, Ceuta tombe aux mains des Espagnols, ceux-ci ayant annexé le royaume moribond du Portugal. Aujourd'hui encore, la ville demeure une enclave espagnole. Mais pour combien de temps ? Si Ceuta donne l'impression d'une ville tranquille, où la sieste est parfaitement respectée, de nombreux habitants craignent un prochain abandon de la métropole et un rattachement définitif au Maroc.
Bien qu'il y ait peu de choses à voir à Ceuta, la ville fait de nombreux efforts pour satisfaire les touristes. Il n'est pas désagréable de s'arrêter une journée ou une nuit sur ce morceau d'Espagne échoué sur le toit de l'Afrique.

Bon à savoir

– Attention au décalage horaire. Ceuta vit à l'heure espagnole : avancez vos montres de 1h à 2h selon la saison.
– Bien penser à faire l'indicatif téléphonique espagnol (0034) pour passer un coup de fil.

Arriver – Quitter

En voiture

À environ 70 km de Tanger et 45 km de Tétouan. Lire attentivement nos indications dans « Passage de la frontière », ci-dessous.

En taxi et bus

Gare routière : *au centre de Fnideq, la dernière ville marocaine 3 km avt Ceuta.* Grand taxi pour s'y rendre. Liaisons avec ***Casablanca, Rabat, Tanger*** et ***Tétouan.***
Ceuta est également reliée à :
➢ ***Tanger :*** par la nouvelle autoroute. Le plus pratique est de prendre un bus Tanger-Tétouan, puis de finir en taxi collectif.
➢ ***Tétouan :*** en taxi collectif de Tétouan à la frontière. Une fois passée la frontière, prendre le bus nº 7 côté espagnol vers le centre-ville de Ceuta. Pour retourner à Tétouan, de la frontière, on peut reprendre un taxi collectif (6 pers). Le trajet (env 40 km) ne revient pas beaucoup plus cher que le bus. Jalonné de belles plages, dont celle de Cabo Negro.

En bateau

Plusieurs compagnies aux prix et prestations similaires : *Acciona, Balearia* et *FRS.* Liaisons avec :
➢ ***Algésiras*** *(Espagne)* ***:*** env 20 traversées/j., pratiquement ttes les heures. Compter 50 mn.

Passage de la frontière

À pied

Pour les routards motorisés qui viennent du Maroc et qui auraient l'intention de ne rester qu'une journée à Ceuta, ***mieux vaut laisser son véhicule du côté marocain et passer à pied.*** En effet, pour peu qu'il y ait beaucoup de trafic, l'attente et les formalités sont trop longues pour une seule journée de visite. De plus, avec

CEUTA

■ **Adresse utile**	**12** Hostal Central
🅸 Oficina de turismo	**13** Residencia de la Juventud
	14 Tryp Ceuta
Où dormir ?	**Où manger ?**
10 Pensión La Bohemia	**20** La Jota
11 Hostal Plaza Ruiz	**21** El Restaurante

une voiture de location, vous devez présenter à la douane un papier de votre loueur vous autorisant à quitter le territoire avec ce véhicule. Attention, pas de parking officiel côté marocain. Le mieux est de se garer à Fnideq dans un parking surveillé (bon marché) et de rejoindre ensuite la frontière en taxi collectif (moins de 5 Dh). Le passage de la frontière est rapide pour un piéton. Des personnes viennent vous vendre des formulaires à remplir que l'on trouve gratuitement, bien sûr, au guichet. Présentez passeport et fiche remplie. Un coup de tampon, et le tour est joué. Plus qu'à passer à pied la frontière, et vous voilà en Espagne !

– ***Rejoindre Ceuta depuis la frontière :*** Ceuta est à environ 3 km de la frontière *(Frontera Tarajal)*. Une ligne de bus de l'autre côté (n° 7) assure la liaison avec le centre-ville (plaza Constitución). Le trajet coûte moins de 1 € et dure env 15 mn. Un taxi officiel vous coûtera 3-4 €.

– Au retour, n'oubliez surtout pas de

repasser par la douane marocaine pour faire de nouveau tamponner votre passeport. Les douaniers sont parfois distraits et risquent de vous laisser passer sans rien dire.

En voiture

Si malgré tout vous tenez à (ou devez) passer la frontière en voiture, sachez que, lors des grands départs en vacances, le passage de la douane peut prendre plusieurs heures. Vous voilà prévenu ! Si vous êtes deux, faites preuve d'organisation : l'un descendra chercher au poste les papiers à remplir, tandis que l'autre fera la queue. Gain de temps appréciable ! Les formalités douanières sont pointilleuses. Voici la marche à suivre :

1) se procurer une fiche par passeport et la remplir ;

2) aller au guichet des passeports et (si vous arrivez à l'atteindre) y déposer les vôtres avec les fiches remplies ;

3) se procurer un formulaire pour la voiture (dernier guichet avant les douanes), le remplir, puis le faire viser avec les papiers du conducteur, carte grise, etc., ainsi qu'une autorisation du loueur à quitter le territoire pour les voitures de location ;

4) une fois les passeports récupérés (ça peut prendre du temps), allez au guichet avec votre carte grise et votre passeport ;

5) après obtention du tampon, interpellez un douanier qui traîne par là, montrez-lui tout ça et vous pourrez alors passer. Ouf !

Adresses utiles

Oficina de turismo (plan A1) : *Baluarte de los Mallorquines, calle Edrisis. ☎ 856-200-560. • ceuta.es • Un autre bureau Estación Marítima s/n, sur le port à l'arrivée du ferry. ☎ 956-50-62-75. Tlj 8h30-20h30.* Le personnel est très affable, compétent, et donne une belle carte de la ville au touriste égaré.

✉ **Poste** (plan B2) : *plaza de España. Lun-ven 8h30-20h30, sam 9h30-14h.*

■ **Banques :** *lun-ven 8h30-14h ; certaines ouv sam également.* La plupart sont équipées de distributeurs automatiques.

■ **Urgences :** *☎ 061 ou 956-51-15-53.*

■ **Consul honoraire de France :** *Beatriz de Silva, 14-1H, Aptado de correos 75. ☎ et fax : 956-52-84-80.*

Où dormir ?

De bon marché à prix moyens

Pensión La Bohemia (plan B2, **10**) : *12, paseo del Revellin. ☎ 956-51-06-15. • pensionlabohemia@gmail.com • Fort bien placé. La porte de l'hôtel est située dans le passage couvert ; c'est au 1er étage. Double 35 € ; pas de petit déj.* Chambres douillettes et décorées avec des objets hispanisants. Sanitaires et douches communs mais extrêmement propres. Un petit patio vert et blanc joliment décoré et meublé, niché au cœur de l'établissement, éclaire les pièces alentour.

Hostal Plaza Ruiz (plan B2, **11**) : *3, pl. Teniente-Ruiz. ☎ 956-51-67-33. • hostalesceuta.com • Doubles avec sdb 50-66 € selon saison.* En face du musée. Jolie façade aux fenêtres ornementées et bow-windows en ferronnerie. Chambres super propres, climatisées, au mobilier de bois clair.

Hostal Central (plan B2, **12**) : *15, paseo del Revellin. ☎ 956-51-67-16. • hostalesceuta.com • Doubles 50-66 € selon saison.* Pension discrète et très propre. Chambres plaisantes, avec bains. Même propriétaire que l'*Hostal Plaza Ruiz*. Confort identique.

Residencia de la Juventud (plan B2, **13**) : *27, pl. Rafael-Gilbert. ☎ 956-51-51-48. AJ ouv slt juin-sept. Résa conseillée. Prévoir 15 €/pers ; double 30 €.* En plein centre-ville, sur une petite place commerçante que l'on gagne à partir du paseo del Revellin. La résidence, propre et bien tenue, est souvent complète.

Plus chic

Tryp Ceuta (plan A1, **14**) : *3, Alcalde-Sánchez-Prados. ☎ 956-*

51-12-00. • tryp.ceuta@solmelia.com • Double avec sdb 75 € ; petit déj non compris. L'immense hall très épuré, aéré et moderne, augure bien du grand confort des chambres. Comme d'habitude avec cette chaîne d'hôtels design, le mobilier opte pour des lignes épurées. Piscine intérieure.

Où dormir dans les environs ?

Fnideq, en territoire marocain, est la ville frontière aux portes de Ceuta. Aucun intérêt en soi hormis un souk animé, des hôtels bon marché et son positionnement proche de la frontière. Voici nos deux meilleures adresses :

Hôtel Fnideq : *av. Mohammed-V. ☎ 05-39-67-54-67. Fax : 05-39-67-70-61. À côté du souk Massira. Double avec douche et w-c env 200 Dh.* Propre et bien tenu, avec mobilier de bois clair. Certaines ont un balcon sur la rue. Un peu bruyant tout de même.

Hôtel Tarik : *également sur l'av. Mohammed-V, à côté de la grande mosquée. ☎ 05-39-97-64-21. • hotel tarik@hotmail.com • Double avec sdb env 250 Dh sans taxes ni petit déj.* Propre et accueil sympa.

Où manger ?

Nombreux bars à tapas simples et économiques.

La Jota *(plan B2,* ***20****) : 5, Mendez-Nuñez. ☎ 956-51-53-65. Menu du jour et raciones 8 €.* Bar-resto populaire et animé. On mange des tapas, des assiettes de charcuterie ou des sandwichs au bar. Dans la salle du fond, on déguste le très copieux menu du jour.

El Restaurante *(plan A1,* ***21****) : pl. de San-Daniel. ☎ 956-20-01-09. Carte env 15 €.* Petite salle intime (déco marine : maquettes de bateau, etc.) pour une cuisine d'excellente réputation. Bien sûr, spécialités de poisson et fruits de mer.

Achats

Ceuta est un port franc et une enclave espagnole. Les nombreux magasins témoignent de l'activité économique de cette enclave ibérique. On y trouve, hors taxe, tout ce que l'on peut fabriquer dans le monde, principalement ce qui est *made in China*. Mais, en fait, les prix ne sont pas inférieurs à ceux des promotions de nos grandes surfaces.

Attention à la longue sieste espagnole. Tout est fermé entre 14h et 17h (heure espagnole), et le dimanche est sacré.

CEUTA

À voir

Très belle vue en haut du ***mont Hacho,*** 181 m au-dessus de la mer. Par temps dégagé, on aperçoit bien le rocher de Gibraltar.

On peut flâner autour de la ***plaza de Africa,*** longer les *remparts* de la ville, jeter un œil à la ***cathédrale*** et à l'***église Notre-Dame-d'Afrique,*** de style baroque, construite au XVIIIe s.

Le musée de la Basilique *(plan B2) : Queipo de Llano. ☎ 856-200-699. En été : mar-sam 11h-14h, 18h30-21h30 ; dim 11h-14h. Le reste du temps : mar-sam 11h-14h, 16h-20h ; dim 11h-15h. Entrée gratuite.* Musée moderne qui présente de manière attrayante le produit des fouilles locales. Amphores et poteries, petite section préhistoire (pointes de flèches du Néolithique), restes d'un beau sarcophage romain sculpté. Plus loin, on peut observer les fondations de la basilique du VIe s et de sa nécropole, mises au jour en 1987 à l'occasion de travaux urbains. Enfin, une salle retrace le passé musulman de Ceuta, de sa médina et de son école coranique (chapiteaux et poutres sculptés). Peu de pièces à vrai dire, mais bien mises en valeur.

Le Musée municipal *(plan B2) : 30, paseo del Revellin. ☎ 956-51-17-70. Mêmes horaires que le musée de la Basilique. Entrée libre.* Ce tout petit musée (deux salles) présente des expos temporaires souvent consacrées à la peinture (aussi bien ancienne que contemporaine).

Le musée de la Légion (plan B2) : *av. Dean Navarro Acuña. ☎ 956-51-40-57. Lun-sam 9h-13h30. Entrée libre.* Histoire de la Légion étrangère espagnole, dont l'un des chefs fut... un certain Franco !

Parque Marítimo del Mediterráneo (plan B1) : *av. Compania-del-Mar. ☎ 956-51-77-42.* C'est un des poumons verts de la ville et un lieu de promenade des familles. Belle végétation, petits lacs, casino et possibilité de se baigner dans la mer pour les courageux. En hiver, point de départ de balades en bateau. Quelques événements culturels dans l'année (concerts, etc.).

LE RIF

Loin de la civilisation urbaine et des grands axes touristiques, le Rif est un monde à part. En forme de croissant, il étend ses crêtes sur 250 km, des environs de Tanger jusqu'à la frontière algérienne. Il est densément peuplé de tribus berbères sédentarisées. Celles-ci sont très attachées à leurs traditions, au point de se dire rifaines avant d'être marocaines. Pendant le protectorat, les Berbères ont toujours résisté farouchement aux colonisateurs français et espagnols. Aujourd'hui encore, la majorité des Rifains affichent et revendiquent leur identité culturelle via la langue berbère, dans sa variante rifaine, le *tarifift.*

ABD EL-KRIM... ET CHÂTIMENTS

Opposées au protectorat espagnol, les tribus rifaines font éclater des foyers d'insurrection dès 1919. À leur tête de 1921 à 1926, le chef de guerre Abd el-Krim réussit à les unifier avant de mener une révolte sanglante contre l'occupant. Après quelques succès militaires, le rebelle est capturé par les troupes françaises en 1926, puis emprisonné à Chefchaouen, et envoyé en détention sur l'île de La Réunion. Évadé en 1946, l'initiateur de la guerre du Rif mourut en exil dans l'Égypte de Nasser, où il avait trouvé refuge.

UN CADRE ET UN MODE DE VIE PRÉSERVÉS

Le Rif recèle des paysages montagneux superbes et des forêts magnifiques. Suivant l'altitude, le paysage passe du maquis aride, traversé çà et là d'un oued, à des forêts de pins et de chênes verts. Vers Ketama, les cèdres dégagent une odeur caractéristique lorsqu'ils viennent d'être coupés. Cette biodiversité est unique dans le pays.
Par ailleurs, le Rif se distingue des autres régions marocaines par l'habillement caractéristique des femmes berbères. En pleine campagne, la plupart portent encore le costume traditionnel rifain composé de la *fouta,* grand carré de coton à rayures blanches et rouges serré autour de la taille, et du chapeau de paille tressée à large bord orné de cordelières de laine. Les populations s'ouvrent peu à peu sur l'extérieur et s'initient à un dialogue « normal » avec les « non-Rifains ». D'ailleurs, le développement – encore balbutiant – du tourisme rural mérite d'être encouragé : il permet de partir à la rencontre de cet autre Maroc et d'en découvrir les spécificités.

À LA DÉCOUVERTE DU RIF

La meilleure façon de découvrir le Rif est de rayonner à partir de Chefchaouen, qui propose l'offre d'hébergements la plus large. Évitez d'y aller entre novembre et mars, car les pluies et le brouillard alternent avec la neige, et les routes sont souvent fermées. La route de 220 km entre Chefchaouen et Al-Hoceima est superbe mais lente, et le code de la route tel qu'il est interprété par les Marocains la rend peu rassurante. La nouvelle « rocade méditerranéenne » est une bonne alternative, car elle permet de désenclaver cette région autrefois très difficile d'accès et de la relier plus rapidement aux villes côtières. Une bouffée d'air pour le commerce rifain.

LE GRENIER À KIF DE L'EUROPE

Malgré un programme d'éradication mené par les autorités, sous la pression internationale, on continue de cultiver le kif dans cette région où le cannabis est présent depuis plus d'un siècle. Le climat à la fois suffisamment humide et ensoleillé fait pousser les plants comme de la mauvaise herbe.
La reconversion est d'autant plus difficile que les cultures alternatives proposées aux paysans sont loin de posséder une valeur ajoutée comparable à celle du cannabis. Et comme les autorités locales profitent elles aussi de l'argent du trafic, corruption oblige, elles ne sont pas pressées d'accélérer la transition. Alors certes, si l'on en croit les chiffres officiels, la production de kif aurait diminué de 50 % dans les dix dernières années. Mais le problème ne sera pas endigué tant qu'une économie de substitution rentable ne sera pas mise en place dans la région. Lire à ce propos la rubrique « Drogue » dans « Maroc utile » en début de guide.

À BON ENTENDEUR...

Il y a quelques années, on considérait le Rif comme une région dangereuse. Pour le touriste de passage, ce n'est plus le cas. Mais quelques précautions sont néanmoins de mise. Sachez qu'une personne arrêtée par la police ou la douane marocaine en possession d'une quantité de haschisch ou de kif passera un très mauvais moment.
À Chefchaouen, des dealers vous invitent aux paradis artificiels à peu près tous les 10 m... Ce qui peut devenir franchement pénible. Sur les routes rifaines, on croise aussi des vendeurs, postés sur le bord de la route, qui brandissent leurs bouquets de kif et sifflent au passage des voitures. Rien de bien méchant, il suffit de continuer sa route. Aujourd'hui, on constate toutefois une raréfaction de cette pratique, sous l'effet dissuasif de la police, très présente sur les routes et à l'entrée des villages.

TÉTOUAN

321 000 hab.

Dominant la vallée de l'oued Martil, Tétouan compose, avec ses remparts crénelés, ses terrasses et ses jardins, un tableau des plus attachant. Remarquer le contraste entre la ville nouvelle, très hispano-mauresque (on y parle plus volontiers l'espagnol que le français) dans sa conception et son architecture, et la médina, tout en demi-teintes, la plus belle du Nord marocain.
La ville nouvelle, dont le cœur est bâti sur une colline pelée, est un balcon aéré, ouvert sur les contreforts du Rif. Dans la médina, au contraire, c'est l'enchevêtrement des ruelles, l'obscurité, les puits de lumière. Au marché, les

femmes sont vêtues de cotonnades à rayures rouges et blanches, superbes, que l'on ne rencontre que dans cette partie du Maroc. Tétouan est l'une des rares villes du Maroc où la balade dans la ville nouvelle et ses rues pavées chargées d'histoire offre un réel plaisir, une belle entrée en matière avant la découverte de la médina, plus intime et au charme fascinant.
La mauvaise réputation de la ville (surnommée « la cité des voleurs ») s'estompe, heureusement. À moins que la brigade touristique ne relâche sa vigilance, vous ne devriez pas y être ennuyé plus qu'ailleurs.

Arriver – Quitter

En bus

Gare routière *(hors plan par B3)* **:** *au sud de la ville ; s'y rendre en petit taxi.* Consigne à bagages. Forte présence policière. Départs en permanence vers toutes les destinations :
➢ ***Tanger :*** ttes les 20-30 mn ; dernier départ vers 20h45. Trajet : 1h.
➢ ***Rabat et Casablanca :*** env 1 bus/h, 6h-1h. Trajet : respectivement 5h et 6h.
➢ ***Fès et Meknès :*** env 1 bus/h. Trajet : env 6h pour chaque.
➢ ***Chefchaouen :*** env 1 bus/h, 6h30-20h. Trajet : 1h30.
➢ ***Al-Hoceima et Nador :*** env 6 bus/j. Trajet : respectivement 5h et 7h.
➢ ***Larache :*** 1 bus/h, 6h-minuit. Trajet : 2h-2h30.
➢ ***Fnideq (Ceuta) :*** ttes les 30 mn, le dernier à 21h. Trajet : 30 mn.
➢ ***Marrakech :*** 2 bus/j., en soirée, via Casa. Trajet : env 8h.

Supratours *(plan A2,* ***2****)* **:** *18-19, av. du 10-Mai.* ☎ *05-39-96-75-59.* • *supratours.ma* • *Tlj.* Vous pouvez acheter vos billets de bus, d'avion et aussi de train ; des navettes de bus permettent de rejoindre la gare d'***Asilah.*** Très pratique.

Gare routière CTM *(plan B3)* **:** *av. Sidi-Driss.* ☎ *05-39-99-30-41.* Consigne à bagages. Mêmes lignes que celles citées ci-dessus.

En taxi

Taxis collectifs : *bd du Conseil-Municipal, près du marché (plan B2).* Pratique pour gagner ***Oued-Laou, Martil, Cabo Negro, Chefchaouen*** et ***Ceuta.*** D'autres taxis partent de la grande gare routière principale.

En train et bus

La gare la plus proche est celle d'***Asilah,*** située sur la ligne Tanger-Rabat. Correspondance entre Asilah et Tétouan assurée par les bus *Supratours* (voir « Arriver – Quitter »). Train ttes les 2h.

Adresses utiles

Délégation du tourisme *(plan B2)* **:** *30, av. Mohammed-V.* ☎ *05-37-57-78-00.* • *dttetouan@menara.ma* • *Lun-ven 8h30-12h, 14h30-18h30. Ouv à midi en été.*
✉ **Poste** *(plan B2)* **:** *pl. Moulay-el-Mehdi. Tlj sf dim 8h-16h15.*
Royal Air Maroc *(plan B2,* ***1****)* **:** *5, av. Mohammed-V.* ☎ *05-39-96-12-60.*
Police *(plan A3,* ***3****)* **:** *av. Sidi-Driss.*
Hôpital civil *(hors plan par D2)* **:** *route de Martil.* ☎ *05-39-97-24-30.*
Banques : *pl. Moulay-el-Mehdi et av. Mohammed-V.* Distributeurs.
@ ***Cyber Sol*** *(plan B2,* ***4****)* **:** *bd du Prince-Héritier, près du coin avec Sidi-el-Mandri. Tlj jusqu'à 3h.* Plein de petits box, ordis récents.
Parking : *le plus pratique est celui de Bab-Tout (plan B2), situé au pied de la médina, bd Al-Jazair. Ouv 24h/24.*

Où dormir ?

Le camping le plus proche est celui de Martil (voir plus loin).

Bon marché (100-200 Dh / 9,10-18,20 €)

Dans la rue Caïd-Ahmed *(plan C2)*, qui longe le palais royal, on trouve plusieurs pensions destinées aux routards les plus fauchés. La propreté va du crasseux à l'acceptable : plus que jamais, visitez les chambres et les sanitaires au préalable ! Au n° 26, la **Pension Gasela** *(plan C2, **10**)* figure parmi les moins glauques. *(50 Dh/pers.)* Dans une ancienne demeure au patio orné d'une balustrade sculptée, des chambres basiques avec douche chaude à côté de la réception. Stuc dans les chambres et mosaïque au sol.

Pension Iberia *(plan B2, **11**)* **:** *5, pl. Moulay-el-Mehdi (3e étage). ☎ 05-39-96-36-79. À côté de la BMCE. Double sans sdb 100 Dh. Douche chaude payante.* Peu de chambres, mais elles sont propres et calmes. En visiter plusieurs, car certaines possèdent une vue bien dégagée sur la médina, ou sont plus récentes et plus agréables que d'autres. Souvent complet.

Hôtel Bilbao *(plan B2, **12**)* **:** *7, av. Mohammed-V. 212 (0)6-66-15-31-30. Doubles 80-160 Dh avec eau chaude ou froide selon prix ; w-c communs pour tt le monde.* Petite pension dans une ancienne maison espagnole, avec escalier de marbre et céramiques vertes et blanches sur les murs de l'escalier. Chambres modestes à l'entretien inégal. La chambre n° 6 est très spacieuse, avec des meubles anciens, et donne sur la rue piétonne. On ne peut plus central. Bon accueil.

Hôtel Regina *(plan B2, **13**)* **:** *8, rue Sidi-Mandri. ☎ 05-39-96-21-13. Double avec sdb env 130 Dh.* Un vieil hôtel un peu décati mais qui offre encore des prestations intéressantes pour les petits budgets. Murs blancs et dessus-de-lit colorés. Ascenseur (quand il fonctionne !). Les salles de bains commencent tout de même à fatiguer.

Prix moyens (200-400 Dh / 18,20-36,40 €)

Riad Dalia *(plan C2, **18**)* **:** *25, rue Ousaa, à côté de la pl. Gherza-el-Kebira. ☎ 05-39-96-43-18. • riad-dalia.com • Selon saison, chambres avec sdb extérieure 200-250 Dh ou privée 350-400 Dh ; également des suites.* Du charme à revendre, une situation idéale en plein cœur de la médina, des tarifs sages et un excellent accueil : voilà une adresse qui ne manque pas d'atouts. Les 8 chambres sont disséminées sur plusieurs étages autour d'un fantastique patio. Recouvertes de tapis, elles arborent une déco traditionnelle qui sied parfaitement au quartier. Même les chambres les plus petites et basiques sont mignonnes, bien qu'elles soient assez sombres. Accueil familial très sympa. Terrasse sur le toit pour observer l'animation incessante de la médina. Fait aussi resto.

Hôtel Panorama Vista *(plan B3, **16**)* **:** *rue Moulay-al-Abbas. ☎ 05-39-96-49-70 ou 68. • panoramavista.com • Double avec sdb 400 Dh, petit déj compris.* Peu de charme dans cet hôtel moderne, mais excellent confort et entretien sérieux. De plus, les chambres, réparties sur 7 étages, offrent une vue imprenable sur les montagnes du Rif ou sur les toits de la vieille médina.

Hôtel de Paris *(plan A2, **14**)* **:** *31, bd Chakib-Arssalane. ☎ 05-39-96-67-50. Garage avec gardien. Doubles avec sdb 250-300 Dh selon saison.* Déco vieillotte, mais l'ensemble est fonctionnel, même si l'entretien pourrait être amélioré. Petites salles de bains. Accueil quelconque.

Hôtel Oumaima *(plan A2, **15**)* **:** *av. du 10-Mai. ☎ 05-39-96-34-73. Double avec sdb 250 Dh, sans petit déj (café en dessous).* Hôtel classique, sans aucun charme. Chambres correctes et propres. Pour dépanner en période d'affluence.

De chic à beaucoup plus chic (plus de 400 Dh / 36,40 €)

El Reducto *(plan B2, **17**)* **:** *38, Zanqat-Zawya. ☎ 05-39-96-81-20. • riadtetouan.com • Prendre la ruelle à gauche juste avt l'entrée de la pl. Hassan-II ; indiqué. Doubles avec sdb 550-850 Dh selon taille, petit déj compris.* Cette maison traditionnelle, vieille de 3 siècles, a été rénovée tout en conservant son caractère d'origine. Murs couverts de mosaïques d'inspiration andalouse. Magnifique patio intérieur en bois finement sculpté. Les splendides portes des chambres, dont

■ **Adresses utiles**

- Délégation du tourisme
- Taxis collectifs
- 1 Royal Air Maroc
- 2 Supratours
- 3 Police
- @ 4 Cyber Sol

Où dormir ?

- 10 Pension Gasela
- 11 Pension Iberia
- 12 Hôtel Bilbao
- 13 Hôtel Regina
- 14 Hôtel de Paris
- 15 Hôtel Oumaima
- 16 Hôtel Panorama Vista
- 17 El Reducto

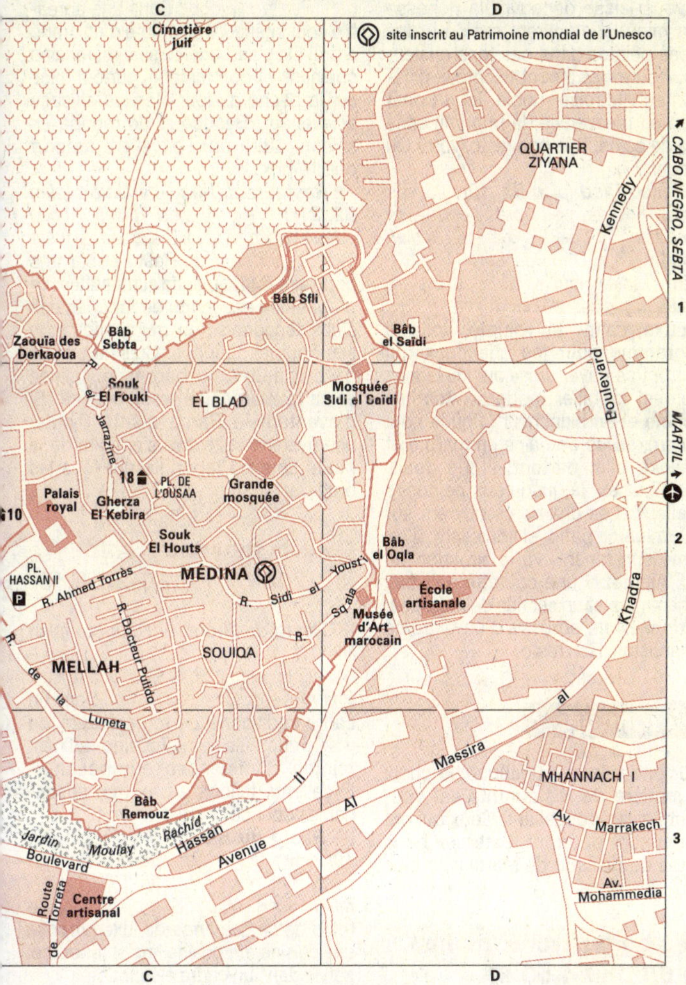

TÉTOUAN

18 Riad Dalia
19 Blanco Riad

Où manger ?

17 Resto de l'hôtel El Reducto
19 Resto du Blanco Riad
20 Al-Jazira Bocadillos
21 Restaurant Tihad-La Union
23 Le Restinga

Où prendre le petit déj ? Où déguster une pâtisserie ?

30 Café de Paris
31 Pâtisserie Rahmouni
32 Café-pâtisserie Smir

Où boire un verre ?

40 Café Nipon

on vous laisse découvrir la richesse et la minutie, s'ouvrent sur de belles pièces peintes dans des tons chaleureux. Toutes les 5 sont décorées différemment. Mobilier noble, ici un petit salon en mezzanine, là une immense salle de bains. Très bon resto (voir « Où manger ? »).

Blanco Riad (plan B2, **19**) : *25, rue Zawiya-Kadiria, peu après l'entrée de la médina. ☎ 05-39-70-42-02. • blancoriad.com • Doubles 800-1 200 Dh selon taille ; suite pour 4-5 pers 2 200 Dh ; petit déj et taxes inclus.* Luxe, calme et volupté, voilà le programme pour les chanceux qui pourront se payer un séjour ici. Lignes épurées, mobilier moderne, tout en sobriété et en blancheur (d'où le nom du *riad*), salles de bains en marbre et *tadelakt*, clim partout, literie douillette. Tout est là, jusqu'aux peignoirs moelleux. Les chambres ouvrent sur un lumineux patio et jouissent d'un calme surprenant, vu la situation du *riad*. Ajoutez-y une courette paisible, un hammam et un service de massage, ça donne une adresse d'un extrême romantisme. Bon resto.

Où manger ?

Pour une ville si touristique, le choix en matière de restaurants est vraiment limité et décevant. Ceux qui ont une voiture pourront tester les bons restos de poisson de Martil (voir plus loin).

Très bon marché (moins de 50 Dh / 4,50 €)

Al-Jazira Bocadillos (plan B2, **20**) : *21, av. Maarakah-Annoual.* Une gargote où l'on compose votre sandwich à la carte. Quelques tables à l'étage. Service rapide.

Bon marché (moins de 80 Dh / 7,30 €)

Le Restinga (plan B2, **23**) : *21, av. Mohammed-V. ☎ 05-39-96-35-76. Ouv jusqu'à 22h. Fermé pdt le ramadan. Sert de l'alcool.* Dans une agréable cour intérieure à l'ombre d'un grand arbre. On y sert une cuisine marocaine copieuse et bon marché, surtout axée sur la pêche du jour. Service efficace et avenant. Beaucoup de monde en saison, attiré par l'excellent rapport qualité-prix.

Restaurant Tihad-La Union (plan B2, **21**) : *1, rue Ahmed-Torrès. Accès par un passage sous les arcades, juste avt la grande place.* Resto et bar très populaire, à l'ambiance surchauffée. Le propriétaire est un fou de foot, fan des clubs espagnols. Aux murs, photos de ses équipes fétiches. Cuisine simple de brochettes au barbecue, tajines et carte marocaine traditionnelle. Si d'aventure le *Barça* plante 5 buts, une hystérie collective s'empare de la petite cour où rebondissent tous les bruits.

De prix moyens à chic (80-250 Dh / 7,30-22,70 €)

Resto de l'hôtel El Reducto (plan B2, **17**) : *voir « Où dormir ? De chic à beaucoup plus chic ». Ouv midi et soir. Prix moyens. Sert de l'alcool.* Dans un cadre traditionnel de toute beauté, on y sert une cuisine marocaine raffinée, teintée d'influences européennes. Excellents tajines à prix très raisonnables pour ce genre d'endroit.

Resto du Blanco Riad (plan B2, **19**) : *voir « Où dormir ? De chic à beaucoup plus chic ». Tlj 13h-16h, 19h30-minuit. Prix « chic ». Sert de l'alcool.* Le resto de ce beau *riad* de luxe propose une cuisine marocaine fine et moderne, servie dans un cadre élégant.

Où prendre le petit déj ? Où déguster une pâtisserie ?

Café de Paris (plan B2, **30**) : *pl. Moulay-el-Mehdi.* Recouvert de mosaïques. Idéal pour le petit déj. Bonnes pâtisseries. Serveurs accueillants.

Pâtisserie Rahmouni (plan B2, **31**) : *10, av. Youssef-ben-Tachfine.*

Tlj 6h-23h. Au rez-de-chaussée d'un immeuble hispano-mauresque. Elle ne désemplit pas le soir à l'heure de la promenade, surtout pour ses excellentes pâtisseries marocaines entassées sous forme de grosses pyramides. Également des glaces, jus de fruits et pâtisseries européennes.

Café-pâtisserie Smir *(plan B2, **32**)* **:** *17, av. Mohammed-V. Tlj jusqu'à 22h30.* Très central et réputé pour ses pâtisseries marocaines et françaises. Terrasse sur la voie piétonne et petite salle en mezzanine.

Où boire un verre ? Où danser ?

Café Nipon *(plan A-B2, **40**)* **:** *7, av. du 10-Mai.* Rien de japonais ici, mais une salle *Old Style* couverte jusqu'à mi-hauteur de mosaïques et de vieux miroirs.

Discothèque de l'hôtel Safir *(hors plan par D1)* **:** *bd Kennedy, sur la route de Ceuta.* Très chaud à partir de minuit. Ça tangue sec au gré de l'orchestre.

À voir

La médina *(plan C2)* **:** inscrite au Patrimoine mondial de l'Unesco. À juste titre, car c'est à notre avis l'une des plus belles médinas du Maghreb, vraiment authentique, où chaque secteur est consacré à une activité particulière. L'idéal est de commencer la visite par *Bâb-Noider (plan A-B1)* d'où l'on s'immerge dans le quartier d'*El-Aïoun,* avec la commerçante rue de Fès, la plus colorée de la ville. Elle mène au souk des ébénistes et des menuisiers (près de la porte Bâb-Sebta, appelée aussi Bâb-M'Kabar ; *plan C1*), dont l'atmosphère, le cadre, les outils et les gestes semblent les mêmes depuis des siècles.

Près de la Bâb-Sebta se découpent, dans un camaïeu de couleurs, des bassins creusés dans le sol. Ce sont les petites tanneries. On y débarrasse les peaux de leurs poils dans les cuves remplies d'excréments de pigeons et de chaux. Elles sont ensuite lavées et teintes. Spectacle unique ! Invitez-vous dans le jeu d'équilibriste des artisans sautant entre les cuves. Et si, sous l'écrasante chaleur, une puissante odeur s'en dégage, ne vous pincez pas le nez pour autant... ça fait aussi partie de cet artisanat, dont on peut alors imaginer les difficiles conditions de travail, et apprécier d'autant mieux ces gestes millénaires.

Celui de la laine n'est, bien sûr, pas loin du quartier des tanneurs. Quelques monuments à ne pas manquer : à droite en descendant de Bâb-Sebta, la *zaouïa des Derkaoua (ou Harakia ; plan C1).* Un peu plus bas, le *mausolée Sidi-Ali-Baraka,* du XVIIe s. Puis, par un dédale de ruelles le plus souvent couvertes, la *grande mosquée.* Itinéraire composé de petits galets noirs et ronds, plafonds rythmés de voûtes d'ogive ou d'arcs romans en brique, avec remplage de treillis de branches. Près de la grande mosquée, jetez un œil ou buvez un thé au resto *Palace Bouhlal (plan C2),* bel exemple de demeure aristocratique ou de riche marchand transformée en resto à touristes (la nourriture n'y vaut pas un clou !). À deux pas de Bâb-el-Saïdi *(plan D1),* une autre petite merveille, la *mosquée Sidi-el-Saïdi (plan D1-2).* Enfin, accès très populaire pour le musée d'Art marocain, la *Bâb-el-Oqla (plan D2),* l'une des plus anciennes entrées de ville. Plus bas, *Bâb-Remouz (plan C3),* s'élève l'*ancien casino,* élégant édifice orné de superbes balcons en ferronnerie et d'un large auvent soutenu par de fines colonnettes de fer. Plus d'inscription, l'immeuble a vieilli, mais il détonne toujours dans le paysage urbain.

À propos, certains marchands de la médina abusent parfois des Européens qui débarquent fraîchement de leur contrée pour leur lancer des prix complètement aberrants... Négociez ferme et ne vous précipitez pas pour acheter si vous êtes néophyte.

Le mellah *(plan C2)* **:** contrairement au reste de la médina, véritable enchevêtrement de ruelles, le mellah (l'ancien quartier juif) présente un plan à angles droits (entre la rue de la Luneta et la rue du Docteur-Pulido), dont toutes les rues sont ornées d'alignements de plantes en pot. Pratiquement aucune trace de la présence juive, pourtant l'une des plus importantes du Maroc (voir l'immense cimetière). Pas d'inscriptions en caractères hébraïques, encore moins de signes de la présence de synagogues. Et pourtant, il y en a encore, mais elles se dissimulent derrière des portes d'habitations. Le seul signe interprétable pourrait être certaines fenêtres géminées en forme de Tables de la Loi. Là aussi, ruelles grouillantes de vie (beaucoup de tailleurs). Au bout de la rue de la Luneta, le *Teatro national* (non loin des hôtels *Salam* et *Souisso*), très dégradé, dont on devine cependant la noblesse d'antan.

La place Hassan-II *(plan C2)* **:** l'une des entrées prestigieuses de la médina est la place Hassan-II, avec le *palais royal,* une ancienne résidence du représentant du sultan sous le protectorat. Architecture à la fois imposante et d'une grande finesse. Noter le beau travail de ferronnerie. À l'autre bout de la place, à l'entrée de l'avenue Mohammed-V, s'élève un bâtiment public avec un immense et étrange personnage ailé ! Le contour nord de la place est bordé de cafés perchés dans des immeubles sur plusieurs étages. De leurs minuscules balcons où l'on pose une chaise et son verre de thé à la menthe, ces cafés deviennent un poste d'observation idéal. Le soir, tout s'anime et bruisse de mille conversations enflammées. Des marchands en tout genre déplient de grands draps garnis de babioles diverses, tandis que s'installent les vendeurs de glaces ou d'escargots à déguster, debout, dans des bols.

LE RIF

L'avenue Mohammed-V *(plan B2)* **:** belle voie piétonne au départ de la place Moulay-el-Mehdi. Elle traverse le quartier colonial d'El Ensanche, à l'architecture typique de l'époque du protectorat espagnol, qui vaut le coup d'œil. Sur l'avenue, admirez le remarquable alignement de façades de style hispano-mauresque du début du XXe s, avec leurs balcons en fer forgé et leurs loggias ouvragées sur colonnettes, et les derniers étages sur arcades. Assez unique au Maroc. Perspective de la colonne de la place Al-Yalâa, au fond.

L'école artisanale *(plan D2)* **:** *lun-ven 9h-12h, 14h30-18h. Fermé pdt les vac scol.* Différents métiers artisanaux sont enseignés ici aux élèves : travail du cuir, du bois, fabrication de tapis et de céramiques... L'occasion de prendre la mesure de l'apprentissage que nécessite la fabrication des objets à rapporter dans vos valises !

Le Musée archéologique *(plan B2)* **:** *lun-sam 10h-18h. Entrée : 10 Dh.* Pour ses mosaïques provenant de Lixus surtout. Dans le jardin, en guise d'apéritif, observez le magnifique Hélios sur son char ; dans les allées, des stèles juives et musulmanes côte à côte (beau message !). Sous le porche d'entrée, les *Trois Grâces* encadrées par les *Quatre Saisons*. Puis dans la première salle à gauche, d'autres mosaïques de grande qualité : les corps gracieux de Vénus et Adonis enlacés, ainsi que ceux des parents de Romulus et Rémus, Mars et Rhéa (il s'agit là de la vestale Rhéa Silvia, et non de la Rhéa grecque, qui était la mère de Zeus). Salle de droite, la section préhistoire : haches polies, meules, poteries puniques, maquette du *cromlech de M'Zora,* vestiges de la période romaine.
À l'étage, témoignages de l'époque maurétanienne à travers les vestiges exhumés sur le site de Tamuda (l'antique Tétouan). Riche collection d'appliques de lit en bronze et de boucles de ceintures militaires. Délicats petits bronzes, bagues en pâte de verre... Insolites, ces « lacrimatoires » en verre où l'on conservait les larmes versées lors des funérailles. Un tour d'horizon rapide mais de qualité.

Le marché couvert *(plan B3)* **:** *derrière la gare routière.* Assez typique, sons et odeurs garantis.

Le musée d'Art marocain *(plan D2)* **:** *à Bâb-el-Oqla. Mar-sam 10h-13h, 15h-18h. Entrée : 10 Dh.* Abrité dans une forteresse bâtie vers 1830, avec salles voûtées en fer à cheval. Idéal pour mieux connaître le folklore et l'art du Maroc du Nord. Entre autres, au rez-de-chaussée, une expo d'armes (fusils incrustés de nacre, os et argent), broderies et vêtements de mariage. Salon « Tétouan » typique, révélateur d'un art de vivre légendaire. Au 1er étage, très belles portes peintes, collection de heurtoirs, tissus, poterie rifaine peinte, artisanat de cuir, céramique de Fès, Safi, Tétouan, etc. Enfin, intéressante section d'instruments de musique avec le *rebab* (petit violon), le *qânoun* (cythare), les *crotales* (petites cymbales), le *hajhouj* (guitare primitive en peau), etc.

Le cimetière juif *(Cimeterio judeo ; plan C1)* **:** *accès depuis la Bâb-Sebta. Marcher env 500 m jusqu'à l'entrée principale.* Il s'étage sur une haute colline. En bas, quelques rares tombes de ces dernières années. En haut, les tombes les plus anciennes, totalement imbriquées dans un pathétique désordre végétal, qui semblent retourner à la terre. Les petites maisons en ruine sont les chapelles qui servaient à laver les corps. De là-haut, panorama exceptionnel sur la médina. Parmi les milliers de tombes, une bizarrerie : des tombes gravées avec des motifs précolombiens. Il s'agirait de juifs espagnols qui, revenus d'Amérique du Sud, se seraient inspirés de ces thèmes pour orner leur tombe, ce qui pourtant ne se fait guère dans la religion juive.

MARTIL

40 000 hab.

Station balnéaire toute vêtue de bleu et blanc, à l'ambiance très familiale. La ville mise sur le développement touristique et s'agrandit en conséquence : le long d'avenues surdimensionnées et bordées de palmiers, des milliers de locations de vacances sont en construction. Une belle promenade longe la mer. La propreté de la plage laisse parfois à désirer, mais on a vu pire. Pas d'hôtels directement sur le front de mer.

Comment y aller ?

➢ ***De Tétouan :*** *les taxis collectifs s'alignent sur l'av. Maarakah-Annoual (plan B2) ainsi qu'à la gare routière (hors plan par B3).* Les bus sont irréguliers et quasi inexistants dans ce secteur.

Où dormir ?

Camping

Camping Al-Boustan : *du centre-ville de Martil, prendre la route principale vers Mdiq (camping indiqué à un rond-point). ☎ 05-39-68-88-22. Fax : 05-39-68-96-82. Pour 2 pers avec tente et voiture, 90-120 Dh selon saison.* Envahi de camping-cars. Pas mal tenu, avec du gazon sur les emplacements, mais peu d'ombre et beaucoup de monde en été. Du coup, on se sent vite entassés. Au fond du terrain, un resto et une piscine (payante, bondée en été car utilisée par tous les enfants du centre de loisirs). Bon accueil.

Prix moyens (200-400 Dh / 18,20-36,40 €)

Hôtel Los Mares : *av. Moulay-al-Hassan. ☎ 05-39-68-87-06. Sur la route principale, côté droit quand on arrive de Tétouan. Doubles 200-250 Dh sans ou avec douche ; réduc hors saison.* Immeuble moderne blanc et bleu en bord de route. L'hôtel est perché au-dessus d'un café, reconnaissable à sa façade représentant un dauphin bleu et une otarie en mosaïque. Les chambres avec douche sont plus grandes. Propre et globalement bien tenu.

Hôtel L'Étoile de Mer : *av. Moulay-al-Hassan, à 50 m de la mer au niveau de la grand-place. ☎ 05-39-97-90-58. Fax : 05-39-97-92-76. Double avec sdb 300 Dh, petit déj compris.* Dans un immeuble des années 1970, les chambres sont réparties sur plusieurs étages autour d'une cour intérieure avec un escalier. De ce fait, peut-être un peu bruyant. Rénové il y a peu et proche de la plage. Chambres assez simples mais spacieuses et agréables, certaines avec vue sur la mer. Un gardien surveille les voitures devant l'hôtel.

Hôtel Addiafa : *av. Hassan-II. ☎ 05-39-68-80-11. À l'entrée de la ville en venant de Tétouan, sur la droite, 100 m après une station-service (et à env 1 km de la plage). Doubles 200-320 Dh selon saison, avec douche, petit déj en sus.* Chambres peu spacieuses mais propres et confortables. Tout de même un peu cher pour ce que c'est. Café en bas.

Chic (400-800 Dh / 36,40-72,80 €)

Hôtel Hacienda : *juste à la sortie de Martil, sur la route de Cabo Negro. ☎ 05-39-68-86-68 ou 60. • haciendamartil.com • À 500 m de la plage mais en bord de route. Double 620 Dh en hte saison, petit déj inclus ; ½ pens possible. Appart 4 pers avec sdb et cuisine 1 000 Dh.* Agréable structure, bien intégrée au paysage. Les chambres confortables sont dispersées dans de petits bâtiments qui donnent sur un jardin verdoyant et fleuri. TV câblée, piscine (avec bassin pour les petits) et resto. Accueil très aimable.

LE RIF

Où manger ?

Cafés, snacks, salons de thé le long de la plage.

Prix moyens (moins de 150 Dh / 13,60 €)

Restaurant Hala : *67, av. Miramar. 212 (0)6-61-39-90-60. Sur l'avenue parallèle au front de mer. Pas d'alcool.* Sert exclusivement du poisson, préparé avec brio. La pêche du jour vous attend en vitrine, avec des yeux de merlan pas encore frit. D'emblée, on vous apporte plein de délicieux amuse-gueules offerts par la maison, tant et si bien que les petits estomacs seront déjà rassasiés avant même que leur commande ne soit servie ! Belle salle propre, aérée, accueil extra et rapport qualité-prix imbattable. Une excellente adresse, chérie par les familles de Tétouan comme par les employés du coin.

De prix moyens à chic (moins de 250 Dh / 22,70 €)

Vitamine de la Mer : *bd Miramar. ☎ 05-39-68-92-12. En venant de Tétouan, continuer sur la route principale vers la mer ; au bout, prendre la rue à gauche juste avt le virage vers la corniche (le resto se trouve à côté de l'hôtel* Nuzha*).* Dans la cuisine du rez-de-chaussée s'élaborent de délicieux plats de poisson et fruits de mer. Au 1er étage, une plaisante petite salle à manger appréciée des familles espagnoles. Ne pas manquer les *conchas* parfumées et goûteuses, le poisson cuit à la perfection. Ici, qualité régulière et service efficace.

Où dormir ? Où manger dans les environs de Martil ?

Chic

La Ferma : *quelques km après la station balnéaire de Cabo Negro, en direction de Mdiq. ☎ 05-39-97-80-75 ou 84-81. • laferma.com • Doubles 530-620 Dh selon saison, petit déj en sus. Également une aire de repos pour camping-cars. Env 150 Dh le repas. CB acceptées. Sert de l'alcool.* Petit complexe touristique de charme, surplombant tranquillement des paysages champêtres. Plaisante architecture locale au calme. Chambres de bon confort et décorées de ferronneries. Pour les repas, on a le choix entre un snack où l'on peut s'exercer au billard et un resto plus rustique (banquettes de pierre ou bois, outils exposés aux murs). Malheureusement, cuisine pas toujours à la hauteur. Jolie vue sur la campagne environnante depuis la terrasse. Centre équestre en contrebas très bien tenu et manège pour débutants. Piscine. En prime, accueil et service impeccables.

Où dormir sur la côte entre Martil et Chefchaouen ?

⛺ ***Camping municipal :** à Oued-Laou, petite station balnéaire pas folichonne à 50 km de Tétouan et de Martil. En plein centre, proche de la plage. Très bon marché. Douche froide.* En fait de camping, c'est plutôt un champ d'herbes hautes planté d'arbres et assorti de sanitaires éventuellement douteux. Pourra toutefois plus que dépanner les campeurs qui longent la côte.

CHEFCHAOUEN (CHAOUEN)

45 000 hab.

À 600 m d'altitude, Chefchaouen s'adosse contre deux montagnes en forme de cornes, dont elle tire d'ailleurs son nom. On ne découvre la ville qu'après avoir franchi les derniers lacets des routes, ce qui la rend, de prime abord, mystérieuse. On profite de la plus belle vue depuis la route de Ouezzane.

Le visage de ce gros bourg montagnard ne peut laisser indifférent : une médina qui s'enfuit dans la montagne, des ruelles pittoresques bordées de maisons blanc et bleu semblables à des maisons de poupée accrochées à flanc de coteau... Il faut grimper pour apprécier la vue superbe sur la vallée, en contrebas.

On l'appelle à juste titre « la ville bleue », tant cette couleur se retrouve partout, du pâle au plus foncé, dans toutes ses nuances, des linteaux des fenêtres aux pas des portes pour éloigner les insectes. Certains habitants vont jusqu'à peindre le sol pavé de leurs ruelles, et aucun ne met la même quantité de bleu dans sa peinture, vous imaginez le camaïeu...

Fondée dans la seconde moitié du XVᵉ s, Chefchaouen servit de base à moulay Ben-Rachid dans sa lutte contre les Portugais. C'est une ville sainte qui fut longtemps interdite d'accès aux chrétiens. Désormais, les touristes y sont presque aussi nombreux que les autochtones. Pourtant, pas de grands marchés, pas de ruelles traditionnelles encombrées de marchands d'épices, pas de souks regroupant d'anciens métiers. Moins bouillonnante et authentique que Tétouan, les voyageurs y viennent pourtant en masse : d'un village isolé et secret, Chaouen est devenu un incontournable des circuits touristiques. Fuir la place principale et ses ruelles alentour, où vendeurs de kif et faux guides se font parfois pressants, pour flâner dans les venelles aux pentes escarpées de la médina.

Le mieux est de venir hors saison : l'atmosphère est bien plus relax, surtout le soir, quand les marchands du temple ont remballé leurs étals et que les rues résonnent à nouveau des miaulements des chats errants et des rires des enfants qui jouent en toute liberté jusque tard dans la nuit.

PERSONA NON GRATA

Chefchaouen fut longtemps interdite aux chrétiens (sous peine de mort), mais non aux juifs. C'est grâce à cette distinction que, en 1883, le premier Occidental réussit à y pénétrer : le Français Charles de Foucauld, ancien militaire (puis prêtre), eut la bonne idée de se déguiser en rabbin. Le missionnaire américain William Summers osa à son tour s'aventurer en ville, avec moins de succès puisqu'il finit empoisonné par les autorités. La conquête de la ville par les Espagnols, en 1920, mit fin à cet interdit qui durait depuis sa fondation.

Arriver – Quitter

En bus

Gare routière *(hors plan par A1)* **:** *env 1 km de descente depuis l'av. Mohammed-V. ☎ 05-39-98-76-69. S'y rendre en taxi. Résa des billets conseillée la veille.* Liaisons avec :

➢ **Tanger :** 3-4 bus/j. via Tétouan. Trajet : 2h30-3h.

➢ **Fès :** 7 bus/j. dans les 2 sens, 7h-18h. Trajet : env 5h.

➢ **Al-Hoceima et Nador :** 2 bus/j. dans les 2 sens, mat et soir. Trajet : 5-6h jusqu'à Al-Hoceima, 9h pour Nador.

➢ **Meknès :** 3 bus/j. Trajet : 6h.

➢ **Tétouan :** ttes les heures, mais très peu de bus le mat. Trajet : 1h30. Préférer les taxis collectifs, plus souples.

En taxi collectif

Liaisons fréquentes avec **Tétouan.** Les grands taxis stationnent à deux pas de la place Mohammed-V *(plan A1)*.

En voiture

Petit avertissement pour les routards qui souhaiteraient gagner ***Al-Hoceima*** par ***Ketama*** en voiture : il s'agit certainement de l'un des plus beaux itinéraires du Maroc, mais la route est aussi sauvage qu'elle est merveilleuse. Prévoir environ 6h pour parcourir les 230 km jusqu'à Al-Hoceima. Cette route des crêtes serpente à flanc de montagne et prend d'assaut les cols les plus hardis durant tout le parcours. Pour un trajet plus rapide et plus sûr, préférez la nouvelle rocade méditerranéenne (N 16). On peut l'attraper à Oued-Laou et longer la côte.

Adresses utiles

✉ **Poste** *(plan A1)* **:** *av. Hassan-II. Lun-ven 8h-16h.*

■ **Journaux** *(plan B1)* **:** *pl. Uta-el-Hamam, face à l'entrée de la* kasbah. On y trouve des revues et quotidiens français.

■ **Librairie Alnahj** *(plan A1,* ***2****)* **:** *15, av. Hassan-II.* Un excellent point de vente qui a toujours le *Routard* en stock. On y trouve aussi les principaux journaux français.

@ **Andalucia.com** *(plan A1,* ***3****)* **:** *rue Moulay-ben-Rachid. Tlj 8h-2h.* Agréable salle climatisée. D'autres adresses Internet cachées dans la médina.

■ **Banques :** *av. Hassan-II (plan A1).* Distributeurs. Nombreux bureaux de change dans la médina.

■ **Pharmacie** *(plan A1)* **:** *dans la rue qui descend à gauche de la poste. ☎ 05-39-98-61-58.*

■ **Chaouen Rural** *(plan B1,* ***4****)* **:** *pl. El-Makhzen, en face de l'*Hôtel Parador *☎ 05-39-98-72-67 ou 05-39-98-93-30. • chaouenrural.org •* Ce réseau associatif promeut le tourisme rural autour de Chefchaouen. Il propose des randonnées, des circuits de découverte des coopératives (poterie, apiculture, huiles essentielles...), mais aussi des hébergements à la ferme pour partager le quotidien des habitants du Rif ; on loge, soit dans la maison familiale en compagnie des hôtes, soit dans une maison privative. Dans tous les cas, il est possible de filer un coup de main aux champs ou à la cuisine. Une belle initiative à laquelle sont associés de nombreux acteurs locaux et qui favorise le maintien d'une population rurale dans la région. Les environs sont magnifiques et valent le coup qu'on s'y attarde un peu. Dans le bureau de l'agence, vente de produits du terroir : huile d'olive, miel, cosmétiques...

Où dormir ?

Ville touristique oblige, les rues de la médina alignent de très nombreux hôtels. Certains sont bruyants. À 5h, vous serez sans doute réveillé par le muezzin, et pendant la journée, les amplis sont si puissants que l'on entend sa voix à plusieurs kilomètres à la ronde. On est dans une ville sainte ! De plus, les bruits sont amplifiés car le site est dans une cuvette.
Attention aux rabatteurs à la descente du bus, qui n'hésitent pas à vous sui-

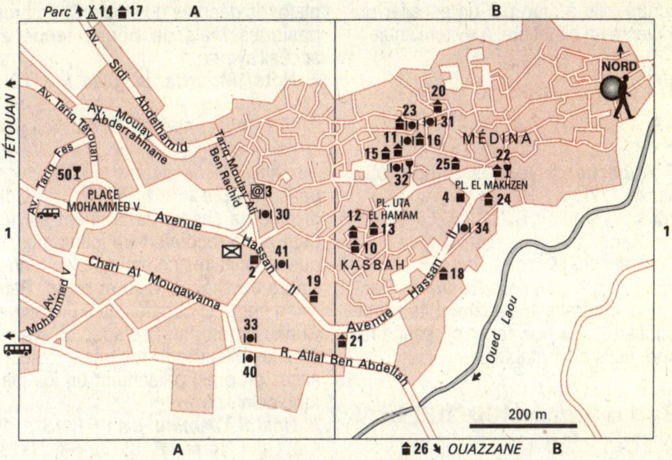

CHEFCHAOUEN

Adresses utiles

- Taxis collectifs
- 2 Librairie Alnahj
- @ 3 Andalucia.com
- 4 Chaouen Rural

Où dormir ?

- 10 Hôtel Mauritania
- 11 Pension Znika
- 12 Hôtel Andaluz
- 13 Hostal Yasmina
- 14 Camping Azilan
- 15 Hôtel Chefchaouen
- 16 Hôtel Barcelona
- 17 Auberge de jeunesse
- 18 Hôtel Marrakech
- 19 Hôtel Rif
- 20 Pension Dar Terrae
- 21 Hôtel Madrid
- 22 Hôtel Parador
- 23 Hôtel Casa Hassan
- 24 Dar Dalia
- 25 Dar Antonio
- 26 Darechchaouen

Où manger ?

- 23 Restaurant Tissemlal
- 30 Restaurant As Saada
- 31 Restaurant Granada
- 32 Restaurant Aladin, la Lampe Magique
- 33 El Achiri
- 34 Resto Chefchaouen

Où déguster une pâtisserie ? Où prendre son petit déj ?

- 40 Café Zahra
- 41 Pâtisserie Aziz

Où boire un verre ? Où sortir ?

- 22 Terrasse de l'hôtel Parador
- 32 Café Zitan
- 50 Café C.T.M.

vre jusqu'à votre hôtel pour réclamer ensuite une commission !
Si vous restez plusieurs jours, possibilité de louer des appartements (pancartes à l'entrée de la médina) ou d'opter pour un séjour en milieu rural (voir ci-dessus, « *Chaouen Rural* »).
L'hiver, il fait froid. C'est pour cela que les « Chaounis » ne quittent jamais leur épaisse djellaba de laine ainsi que leur manteau, même à l'intérieur de leur maison. Il est donc impératif de vérifier si le chauffage fonctionne, car il s'agit souvent d'un élément décoratif.

Camping

Camping Azilan *(hors plan par A1,* ***14****) : à 2 km du centre, sur le piton, en remontant l'av. Sidi-Abdelhamid. ☎ 05-39-98-69-79. Pour 2 pers avec tente et voiture, 100 Dh ; 150 Dh le bungalow pour 2.* Sous les pins, assez ombragé. Propreté des douches et w-c à revoir. Situé au-dessus du village, il surplombe toute la vallée et bénéficie d'une vue superbe lorsque le ciel est dégagé. Bon accueil. Fait aussi resto. Du camping, possibilité de rejoindre le centre-ville à pied par un escalier qui traverse un cimetière. À éviter la nuit.

Très bon marché (moins de 100 Dh / 9,10 €)

Auberge de jeunesse (hors plan par A1, **17**) **:** *à 2 km du centre, juste à côté du camping. 212 (0)6-66-86-53-55. Accès par l'av. Sidi-Abdelhamid. Compter 30 Dh/pers. Appeler avt, au risque de trouver porte close.* Dans une petite bâtisse bleuâtre. Lits superposés (draps non fournis), sanitaires communs acceptables.

Bon marché (100-200 Dh / 9,10-18,20 €)

Pension Znika (plan B1, **11**) **:** *10, rue Znika. ☎ 05-39-98-66-24. Un poil au-dessus de la pl. Uta-el-Hamam, dans la ruelle en pente qui part à gauche de l'hôtel* Barcelona *(puis 50 m plus bas). Double 120 Dh, douche chaude à l'extérieur ; pas de petit déj.* Au fond d'une petite impasse, calme assuré (et pourtant tout proche de l'animation). Une petite dizaine de chambres sommaires mais d'une belle propreté. Petit patio intérieur au centre de cette ancienne demeure. Une excellente adresse dans sa catégorie.

Hôtel Andaluz (plan B1, **12**) **:** *1, rue Sidi-Salem. ☎ 05-39-98-60-34. Double 120 Dh.* Pas loin d'une adorable placette, un populaire point de chute routard. Dans l'ensemble, remarquablement tenu. Là aussi, une maison traditionnelle offrant une dizaine de chambres modestes mais propres. Tout le mobilier est peint, ainsi que les portes : voilà du charme pour pas cher. Préférer celles à l'étage, beaucoup plus claires. Sanitaires communs. Petite cuisine à disposition. Terrasse fort agréable.

Hôtel Chefchaouen (plan B1, **15**) **:** *Zankat Znika, quartier Andalous. 212 (0)6-70-06-90-87. Un peu plus bas que la pens* Znika*, même trottoir. Doubles sans ou avec sdb 120-150 Dh, sans petit déj.* Charme et simplicité caractérisent cette gentille pension. Cadre intérieur pas vilain du tout, avec ses portes peintes et ses plafonds décorés de stucs. Chambres basiques mais de bonne tenue et accueil sympa.

Hôtel Mauritania (plan B1, **10**) **:** *15, rue Kadi-Alami. ☎ 05-39-98-61-84. • h-mauritania@hotmail.fr • Dans la médina, près de la pl. Uta-el-Hamam. Fléché depuis la rue principale. Doubles 120-150 Dh.* Une dizaine de chambres donnent sur un petit patio recouvert de jolies mosaïques. Sanitaires communs bien tenus. Cadre traditionnel bleu et blanc. Petit salon andalou et cafétéria à l'intérieur. Curieusement, au 2e étage, les chambres les plus modestes (mais toujours assez propres) présentent un joli plafond peint.

Hostal Yasmina (plan B1, **13**) **:** *12, rue Lalla-Horra. ☎ 05-39-88-31-18. • pension.yasmina@hotmail.com • Par le sud de la pl. Uta-el-Hamam, prendre la ruelle à gauche du* Crédit Agricole*. Double 150 Dh ; guère plus cher en été.* Un petit *hostal* bien inséré dans le quartier et à deux pas du centre. Propre, murs chaulés de blanc, couvertures colorées ; éviter les chambres sans fenêtre tout de même. Rien d'ébouriffant, mais une super terrasse pour assister au lever ou au coucher du soleil.

Prix moyens (200-400 Dh / 18,20-36,40 €)

Dar Dalia (plan B1, **24**) **:** *9, rue Sidi-Ahmed-el-Ouafi. ☎ 05-39-98-71-83. • dardalia-chefchaouen.com • Prendre la rue qui descend juste à côté de l'hôtel* Marrakech *et continuer jusqu'au bout. Double 385 Dh, petit déj compris.* Un havre de paix niché au fond d'un petit quartier populaire. On y trouve une poignée de chambres claires et agréables réparties autour d'un patio reposant. Jolies salles de bains, dessus-de-lit colorés, propreté sans faille. Du bon confort à prix doux.

Dar Antonio (plan B1, **25**) **:** *36, calle Garmata. ☎ 05-39-98-99-97. • darantonio.com • Du bout de la pl. El-Makhzen, monter les marches, tourner à gauche, c'est au fond d'une impasse tte bleue sur la gauche. Double env 250 Dh.* Une petite adresse mimi tout plein, retirée au calme dans un recoin de la médina. Chambres propres et coquettement décorées, avec mobilier peint. Salle de bains à partager. Celle du bas est particulièrement craquante : c'est un genre de bassin en pierre verte locale intégré dans la roche. Sur le toit, terrasse agrémentée d'un salon.

Hôtel Barcelona *(plan B1, 16) : dans une ruelle au-dessus de la pl. Uta-el-Hamam.* ☎ *05-39-98-85-06. En face de la* Casa Hassan *et du resto* Tissemlal. *Doubles 100-300 Dh sans ou avec sdb et selon saison.* Chambres bien tenues, aux teintes flashy, de 2, 3 ou 4 lits et se fermant par des volets bleus. Sanitaires propres. Terrasse extra et vue sur la *kasbah*.

Hôtel Marrakech *(plan B1, 18) : 41, av. Hassan-II.* ☎ *05-39-98-77-74. Doubles 250-300 Dh sans ou avec douche, petit déj compris ou non selon saison.* Dans cet hôtel aux tons bleus, préférez les chambres du 2e étage qui ont une vue sur la vallée. Intérieur clair, fenêtres en fer forgé. Cabinets de toilette petits mais fonctionnels. Terrasse extra. Bien tenu et excellent accueil.

Hôtel Rif *(plan A1, 19) : rue Hassan-II.* ☎ *05-39-98-69-82. • hotelrif@caramail.com • Double avec sdb 250 Dh, petit déj compris.* Hôtel classique mais correct malgré des salles de bains riquiqui. Reçoit des groupes. Une alternative possible si c'est complet ailleurs. Bons tuyaux sur les randonnées dans le Rif.

Pension Dar Terrae *(plan B1, 20) : M'Daka, quartier Andalous.* ☎ *05-39-98-75-98. • darterrae.com • Un peu plus haut que la* Casa Hassan. *Doubles 350-380 Dh, petit déj compris.* Beaucoup de couleurs, dans le style maison de poupée. Seulement 6 chambres, pas très grandes et étagées autour d'une cour centrale. Mini-terrasse sur le toit. L'ensemble plaira à qui recherche charme, intimité et chaleur de l'accueil. Très bien tenu.

Chic (400-800 Dh / 36,40-72,80 €)

Darechchaouen *(hors plan par B1, 26) : Ras el-Ma.* ☎ *05-39-98-78-24. Prendre la route de Ouezzane, c'est indiqué. • darechchaouen.ma • Double env 600 Dh ; suite 800 Dh.* Grande bâtisse de style vaguement andalou, décorée avec soin et agencée de manière conviviale. Beau jardin qui donne sur les lopins de terre voisins, terrasse panoramique, salon oriental dans la cour... Les chambres, toutes de tons différents, offrent un confort irréprochable. Piscine. Une adresse de qualité et donc très courue : mieux vaut réserver.

Hôtel Madrid *(plan B1, 21) : av. Hassan-II.* ☎ *05-39-98-74-96 ou 97. • hotelmadrid@menara.ma • Dans la montée vers la médina. Double avec sdb 430 Dh, petit déj inclus.* Les chambres, avec eau chaude et chauffage électrique, sont propres et joliment décorées, certaines avec un lit à baldaquin. Salon confortable avec TV et, dans le hall, belle fontaine en mosaïque. Pas mal de groupes.

Hôtel Parador *(plan B1, 22) : pl. El-Makhzen.* ☎ *05-39-98-63-24 ou 61-36. • hotel-parador.com • Fort bien situé dans le 1er cercle de la médina. Double 530 Dh, petit déj inclus. Parking payant, accessible même aux non-résidents.* Grand hôtel tout en longueur. Salles de bains carrelées et mobilier en formica ; bien peu de charme. En fait, on aime surtout la terrasse avec le vélum, la petite piscine, en été, et la vue sur la montagne. Point de chute des groupes.

Hôtel Casa Hassan *(plan B1, 23) : 22, rue Targhi.* ☎ *05-39-98-61-53. • casahassan.com • Vers le haut de la médina, dans une ruelle montant de la grande pl. Uta-el-Hamam, près de l'hôtel* Barcelona. *Résa conseillée. Chambres avec sdb 750-1 200 Dh selon saison, pour 2 pers en ½ pens (obligatoire). Prix négociables en période creuse.* Un décor très réussi dans un joli intérieur marocain avec loggia, fontaine pour l'été et cheminée pour l'hiver. Chambres très propres avec un mobilier « classieux », des objets raffinés, disposées au 1er étage du patio. Le cadre tout à fait ravissant distille une atmosphère de charme. Confortable terrasse intérieure avec petit jardin. Également un bon resto.

Où dormir dans les environs ?

Gîte Talassemtane : *à 12 km de Chefchaouen, dans le village de* **Zaouïa Habtine,** *dans le parc naturel de Talassemtane. 212 (0)6-72-74-33-47. • gitetalassemtane.com • Double 360 Dh avec petit déj, sdb commune. ½ pens possible. Résa de préférence 1 sem avt et se faire expliquer la route. Chemin difficile d'accès mais faisable en voiture de tourisme.* Dans la montagne rifaine, Fatima reçoit avec beaucoup de gentillesse, dans une ambiance familiale. Elle propose des chambres simples et propres, ainsi qu'une très bonne cuisine locale « chamali » (du Nord). Vue magnifique de la terrasse. Organise aussi des randos à pied ou à VTT dans la région. Lire plus loin « Dans les environs de Chefchaouen » les informations relatives au parc naturel.

Où manger ?

D'une manière générale, la région du Rif ne brille pas par sa cuisine. Ne vous attendez donc pas à déguster de bons tajines ni de bons couscous, ce ne seront que de pâles copies. Les Rifains mangent traditionnellement la *bessara* (sorte de purée de fèves) accompagnée de pain, d'huile d'olive et d'œufs. Mais ils raffolent aussi du poisson frais, notamment de ces petits sandwichs à la sardine à consommer sur le pouce. En tout cas, vous remarquerez vite une chose : la rareté des bonnes tables se fait cruellement sentir. Au passage, on ne vous conseille pas les nombreux restos-cafés touristiques qui occupent la majeure partie de la place Uta-el-Hamam *(plan B1)*. La nourriture y est au mieux banale, au pire médiocre.

De très bon marché à bon marché (moins de 80 Dh / 7,30 €)

El Achiri *(plan A1,* ***33****) : rue Allal-ben-Abdellah, en face du Café Zahra (pas d'enseigne). Tlj jusqu'à 21h.* Une gargote dont la renommée n'est plus à faire : très populaire auprès des locaux pour sa cuisine authentique, toujours fraîche (gros débit) et hyper bon marché. Bref, on peut y aller les yeux fermés pour déguster de bonnes brochettes, des tajines, des soupes, etc. Salle modeste, entièrement couverte de mosaïques, loin du microcosme touristique de la médina.

Restaurant As Saada *(plan A1,* ***30****) : de la porte principale de la médina av. Hassan-II, prendre la rue commerçante qui monte tt droit, puis la 1re ruelle à gauche.* Situé sur une très mignonne placette ombragée par une vigne tendue entre les deux côtés de la rue. Tajine, couscous, harira le soir. Frais et pas cher. Terrasse sur la place et aussi en hauteur, au-dessus de la vigne.

Restaurant Granada *(plan B1,* ***31****) : rue Targhi, un peu après le resto Aladin (à ne pas confondre avec le resto de l'Auberge Granada). Tlj midi et soir.* Brochettes, couscous ou tajines pour trois fois rien, mais les portions ne sont pas énormes. Honnête et calme.

Resto Chefchaouen *(plan B1,* ***34****) : 33, av. Hassan-II. Tlj midi et soir.* Un bon rapport prix-cadre : beau salon oriental garni de banquettes chamarrées, de tentures et de mosaïques. Musique de qualité, et en plus on peut mettre le CD qu'on veut. Côté assiette, rien d'extraordinaire mais des plats marocains classiques qui permettent de se caler l'estomac à moindres frais, loin de l'agitation de la médina pourtant toute proche. Accueil très sympa.

Prix moyens (moins de 150 Dh / 13,60 €)

Restaurant Tissemlal *(plan B1,* ***23****) : resto de l'hôtel Casa Hassan (de l'autre côté de la rue).* Harira, couscous et tajines servis copieusement. Très bonne cuisine dans un intérieur raffiné typiquement chaouénien (coupole sur atrium). Peut-être la meilleure table de Chaouen, mais il est vrai que la concurrence n'est pas trop rude.

Restaurant Aladin, la Lampe Magique *(plan B1,* ***32****) : 17, rue Targhi. ☎ 05-39-98-90-71. Tt proche de la pl. Uta-el-Hamam.* Resto essentiellement touristique proposant un menu très classique mais correct. Tons bleu foncé à l'intérieur et lumière tamisée. Terrasse sur la rue (ou salle intime au 1er étage) et une alcôve pour famille ou copains.

Où déguster une pâtisserie ? Où prendre son petit déj ?

Café Zahra (plan A1, **40**) : *rue Allal-ben-Abdellah.* Élégant café au décor néoclassique, sur 2 niveaux. Excellent thé à la menthe aromatisé à la fleur d'oranger ou de citronnier, que l'on peut accompagner de pâtisseries et de gâteaux.

Pâtisserie Aziz (plan A1, **41**) : *av. Hassan-II. Un peu plus loin que l'hôtel* Rif, *même trottoir. Ouv jusqu'à 22h.* Délicieuses pâtisseries et jus de fruits frais. Une succursale plus bas, sur l'avenue El-Afghani.

Où boire un verre ? Où sortir ?

Pas d'alcool, sauf à l'hôtel *Parador* (voir plus haut) et à l'hôtel *Atlas Chaouen,* vers l'entrée du camping.

Café Zitan (plan B1, **32**) : *à l'extrémité nord de la pl. Uta-el-Hamam, à gauche du resto* Aladin. Pas de pancarte, mais impossible à manquer. Un vieux café qui a su conserver son style ancien, et s'intègre bien à la place. Belle salle intérieure à l'andalouse, vitraux colorés. Sur la terrasse couverte, chaises de fer forgé et tables en mosaïques de Fès. Rendez-vous des vieux Chaounis qui observent l'agitation de la place.

Café Kasba (plan B1) : *à gauche de la kasbah.* Pour son calme et ses fleurs.

Terrasse de l'hôtel Parador (plan B1, **22**) : pour sa vue et son cadre luxueux.

Café C.T.M. (plan A1, **50**) : *pl. Mohammed-V.* Terrasse aux couleurs locales. Pour y boire un thé à la menthe.

El Alcazar (hors plan par A1) : *à env 2 km du centre, par la rue Sidi-Abdelhamid. Ouv ts les soirs, le w-e jusqu'à l'aube.* La seule boîte du coin, appartenant à l'hôtel *Atlas Chaouen,* perché sur les hauteurs de la ville. Clientèle surtout marocaine.

LE RIF

À voir

La place du marché (plan A1) **et son souk** : *lun et jeu mat sur l'av. Chari-al-Khattabi, derrière la poste en descendant.* Intéressant pour la couleur locale. Les Berbères qui descendent de la montagne s'y rendent, comme les artisans de Chefchaouen. Tous les jours, grand choix d'épices (piment, gingembre, paprika, poivre). On y trouve la *fouta,* pièce de tissu rayé que les femmes rifaines portent sur leur jupe. Vous en trouverez avec des couleurs superbes. Les épaisses djellabas de laine, avec leur capuche pointue, sont aussi une spécialité locale.

La place Mohammed-V (plan A1) : cette petite place circulaire abrite un élégant jardin parsemé de jolis bancs de céramique et de fer forgé. Au centre, un bassin serti de petites grenouilles en bronze qui crachent de l'eau. Sur la fontaine, une petite plaque indique « Juan Miró, Séville », qui serait l'ingénieur paysagiste du jardin.

La médina (plan B1), avec son dédale de ruelles étroites qui montent et descendent sans cesse, n'est pas très grande. Ne pas hésiter à s'y perdre ; on retrouve facilement son chemin. Demandez où se trouve le plus vieux hammam de la ville. Encore chauffé au feu de bois, il n'a pas bougé depuis des siècles.
Si vous en avez envie, il existe, à quelques minutes de marche au-dessus de la ville, une source (dite « source du Loup ») que l'on vous indiquera. Chouette récompense en redescendant ; vous arriverez inévitablement, après avoir fait le

tour des petits bazars et des marchands de souvenirs, sur la place Uta-el-Hamam, ombragée et bordée de cafés-restos au look tapageur. C'est le centre névralgique de la médina.

Les hammams : *leur accès est strictement réglementé. Hommes : 4h-17h ; femmes : 18h-minuit.* Tous les gens du village viennent se laver dans les différents hammams correspondant à leur quartier : ils font donc partie intégrante de la vie des habitants. Le hammam est composé de trois bains situés dans trois salles en enfilade. L'eau, qui provient d'une cascade située au-dessus de Chaouen (source *Ras-el-Ma,* c'est-à-dire « tête de l'eau »), est chauffée au feu de bois. Dans une sorte de fourneau, on brûle du chêne, mais aussi des têtes et des pieds de mouton (car la corne met longtemps à se consumer). Au Maroc, chaque quartier comprend quatre mosquées, quatre hammams et quatre écoles coraniques.

La place Uta-el-Hamam *(place des Pigeons)* ***et la kasbah*** *(plan B1)* **:** jusqu'en 1970, le souk s'y déroulait. Dès le matin très tôt, les marchands de farine et les paysans berbères s'y installaient, attirant les pigeons avec leur nourriture. D'où son nom. Aujourd'hui, les cafés-restos autour de la place constituent la principale attraction.
Une double porte en bois sculpté, près de la ruelle qui grimpe dans la *kasbah,* abrite un caravansérail *(foundouk)* qui sert toujours, surtout les jours de marché. En effet, les Berbères, qui sont agriculteurs dans les alpages, y passent la nuit avant de tuer leurs ânes et moutons sur le marché.

LE RIF

Le musée de la Kasbah *(plan B1)* **:** *pl. Uta-el-Hamam. Tlj sf mar 9h-13h (12h ven), 15h-18h30. Entrée : 10 Dh.* La *kasbah* est le poumon vert et ombragé de la ville. Sa tour crénelée domine la médina. Elle remonte à 1471, comme la fondation de la ville. Peu d'objets présentés, mais ça donne un aperçu intéressant. Photos de costumes traditionnels, métier à tisser, poterie peinte, mobilier polychrome, armes anciennes, poires à poudre, instruments de musique et tissus. À l'étage, photos anciennes du temps du protectorat espagnol. Dans le jardin planté d'orangers, l'ancienne prison où l'on voit encore les fers aux murs. C'est qu'Abd el-Krim, grand ennemi de Lyautey, fut emprisonné en 1926. Ne pas manquer de grimper dans le donjon pour le panorama sur le verdoyant et paisible jardin et la ville.

La source Ras-el-Ma (à côté de la médina ; *plan B1*) et la ***source Tissemlal,*** situées dans la montagne (chemin d'accès partant dans la pinède, non loin du camping).

DANS LES ENVIRONS DE CHEFCHAOUEN (CHAOUEN)

Le parc naturel de Talassemtane : Chefchaouen se trouve au pied du massif de Talassemtane, qui recèle les seules sapinières du pays. Il s'agit d'une espèce endémique, cousine de celle que l'on trouve en Espagne dans la sierra Nevada. Profitez de l'occasion pour découvrir l'un des plus beaux paysages montagneux du Maroc, encore isolé et peu fréquenté. Avec l'altitude, les forêts de cèdres laissent la place aux sapins et aux chênes verts. Un petit écomusée a été bâti à l'entrée du parc, à 2 km au nord de la ville.
➢ Pour y aller, il est préférable de demander les services d'un guide de montagne. On en rencontre peu à Chaouen, la plupart ne connaissant que la médina, même s'ils vous disent le contraire. S'adresser directement à Hassan, le patron de l'hôtel *Casa Hassan* (voir « Où dormir ? »), ou à l'association *Chaouen Rural* (voir « Adresses utiles ») qui y organise des circuits et peut vous conseiller des gîtes dans le parc (voir également plus haut « Où dormir dans les environs ? »).

AL-HOCEIMA

70 000 hab.

Fondée seulement dans les années 1920, la ville a attendu la fin de la guerre du Rif pour se développer. Appartenant à l'Espagne, elle portait le nom de Villa Sanjurjo. Après l'Indépendance du Maroc en 1956, Al-Hoceima s'est résolument tournée vers le tourisme, nantie d'une situation exceptionnelle, au-dessus d'une baie bordée de hautes falaises. C'est l'une des plus agréables stations balnéaires de la côte méditerranéenne marocaine, tant elle respire le calme et la propreté. Nombreuses plages, criques et promontoires sur ce bout de côte. Certes, le patrimoine culturel de la ville est pauvre et il n'y a pas grand-chose à y voir. Mais c'est néanmoins une halte reposante. Comme toute la région du Nord, la ville connaît une forte expansion, boostée par l'ouverture d'une rocade qui devrait prochainement relier Tétouan à Saïdla. De nouvelles zones balnéaires luxueuses, avec d'immenses complexes hôteliers et villages de vacances, sont en construction. Pour seconder l'activité balnéaire, les efforts se portent aussi sur l'écotourisme. Un parc national a été créé à cheval sur la mer et le massif des Bokkoyas, à l'ouest d'Al-Hoceima.
Al-Hoceima est une ville de saison (de juin à octobre). Le reste de l'année, tout tourne au ralenti.

AL-HOCEIMA EN TREMBLE ENCORE

En février 2004, un séisme d'une intensité de 6,5 sur l'échelle de Richter a touché Al-Hoceima, causant la mort de près de 630 personnes. Le tremblement de terre a provoqué des dégâts matériels importants et laissé plus de 15 000 personnes sans abri, surtout dans les bidonvilles et les villages alentour. La population berbère du Rif a été la plus touchée, elle qui, par ailleurs, est déjà l'une des plus défavorisées du pays.

Arriver – Quitter

En bus et taxi collectif

***Gare routière CTM** (hors plan par B2) : près de la plage de Cala Bonita, au sud du centre-ville.* Toutes les compagnies partent d'ici. Liaisons avec :
➢ ***Tétouan :*** au moins 6 bus/j., 8h-23h. Trajet : 5-6h par la nouvelle rocade (N 16).
➢ ***Chefchaouen :*** 2 bus/j. avec *CTM*, le midi et en début de soirée. Trajet : env 6h. Sinon, se rendre à Derdara en bus puis finir en grand taxi (départs fréquents).
➢ ***Nador (pour rejoindre Melilia) :*** nombreux bus 6h-minuit. Trajet : env 2h.
➢ ***Fès, Meknès, Rabat, Casa :*** 5 bus/j., 18h30-21h. Trajet pour Fès et Meknès en 6-7h ; les bus pour Rabat et Casa arrivent à l'aube.
➢ ***Tanger :*** 1 direct/j. ou plusieurs bus avec changement à Tétouan ; compter 7h de route.

***Taxis collectifs** (hors plan par B2) : à la gare routière de Cala Bonita.*

En voiture

➢ L'accès est devenu bien plus facile grâce à la N 16. Cette route, excellente et peu sinueuse, traverse de jolis paysages coincés entre mer et montagne.

En avion

✈ ***Aéroport Charif-al-Idrissi :*** *à 17 km sur la route d'Oujda. ☎ 05-39-98-20-05. Transfert en taxi.*
■ ***Royal Air Maroc :*** *à l'aéroport. ☎ 05-39-98-20-63.*

➢ Vols tte l'année pour **Casablanca** (2 vols/sem), slt en saison pour **Rabat, Tanger** et **Tétouan.**

En bateau

Liaisons avec l'Espagne (voir en début de guide les chapitres « Comment y aller ? » et « Quitter le Maroc »).

Adresses utiles

Délégation provinciale du tourisme *(hors plan par B2)* : *Zankate Al-Baiha, Cala Bonita. ☎ 05-39-98-11-85. • medtahri@menara.ma • À l'entrée sud de la ville. Au milieu de la montée, dans une ruelle qui descend vers la mer, au niveau du panneau indiquant l'hôtel* Amir Plage. *Ouv tte l'année lun-ven 8h30-16h30.* Bons renseignements.

Poste *(plan A2)* : *rue Moulay-Idriss, devant une belle place arborée. Lun-ven 8h-18h30, sam 8h30-12h.*

@ **Cyber El-Hakouni** *(plan B2)* : *rue Moulay-Youssef, près de la pl. du Rif. Tlj 9h-2h.* Agréable et moderne.

Librairie *(plan A2, **1**)* : *22, rue El-Mourabitine.* Journaux français et magazines marocains en langue française.

Banques : *les principales banques ont leurs bureaux sur l'av. Mohammed-V.* La plupart possèdent des distributeurs automatiques. Change.

Pharmacies : *la plupart se trouvent bd Hassan-II. Pharmacie de nuit : dans la municipalité, bd Hassan-II.*

Hôpital Mohammed-V : *bd Hassan-II. ☎ 05-39-98-28-04.*

Agence de voyages Kétama *(plan A1, **2**)* : *138, av. Mohammed-V. ☎ 05-39-98-51-20. 📱 212 (0)6-10-68-38-10. • ktmahu@menara.ma • Tlj sf dim 8h30-12h, 14h30-18h30 (17h sam).* Correspondant de *Royal Air Maroc.* Billets de bus et de bateau.

Où dormir ?

Camping

On ne peut plus planter sa tente à Al-Hoceima, il faut rejoindre Cala Iris, 60 km à l'ouest.

Camping Amis de Cala Iris : *sur les hauteurs. ☎ 05-39-84-37-97. • amisdecalairis.com • Jusqu'à 4 pers : tente selon taille 85-100 Dh, cabanon-tente caïdale 250-450 Dh, également des bungalows (5 pers) 700 Dh.* Vue grandiose sur Cala Iris. Plusieurs solutions d'hébergement, qu'on soit équipé ou non de son propre matériel. Ensemble propre et agréable. Sur place, un snack, resto et petite épicerie. Possibilité d'acheter du poisson au port juste en bas. Très bon accueil de Mohammed.

De très bon marché à bon marché (moins de 200 Dh / 18,20 €)

Hôtel El Hana *(plan B2, **11**)* : *17, rue Imzouren. 📱 212 (0)6-51-14-11-40. Derrière la pl. du Rif. Double 80 Dh ; douche chaude en sus.* Petit hôtel propret, proposant des chambres vraiment très correctes pour le prix. Café en bas.

Hôtel Al Maghreb *(plan B2, **12**)* : *23, rue Imzouren. 📱 212 (0)6-68-64-21-82. Doubles 120-140 Dh selon saison.* Dans un immeuble rénové, des chambres claires, d'une propreté assez correcte, dont certaines disposent d'un balcon. Sanitaires communs pas mal tenus.

Prix moyens (200-400 Dh / 18,20-36,40 €)

Hôtel Nekor *(plan B2, **14**)* : *20, rue Tahanaoute. ☎ 05-39-98-30-65. À deux pas de la pl. du Rif. Double avec sdb env 200 Dh.* Petit hôtel avec des chambres propres et lumineuses aux salles de bains confortables. Bien tenu et accueil sympa. Café en dessous.

Hôtel Al-Khouzama *(plan A2, **13**)* : *au coin de la rue Al-Andalouss et de la rue Mouahedine. ☎ 05-39-98-56-69. Ultra-central. Doubles 300-380 Dh selon saison, petit déj en sus.* Hôtel bien tenu et fonctionnel avant tout, doté de chambres classiques avec salle de bains. Cafétéria à l'entresol. Accueil gentil et efficace.

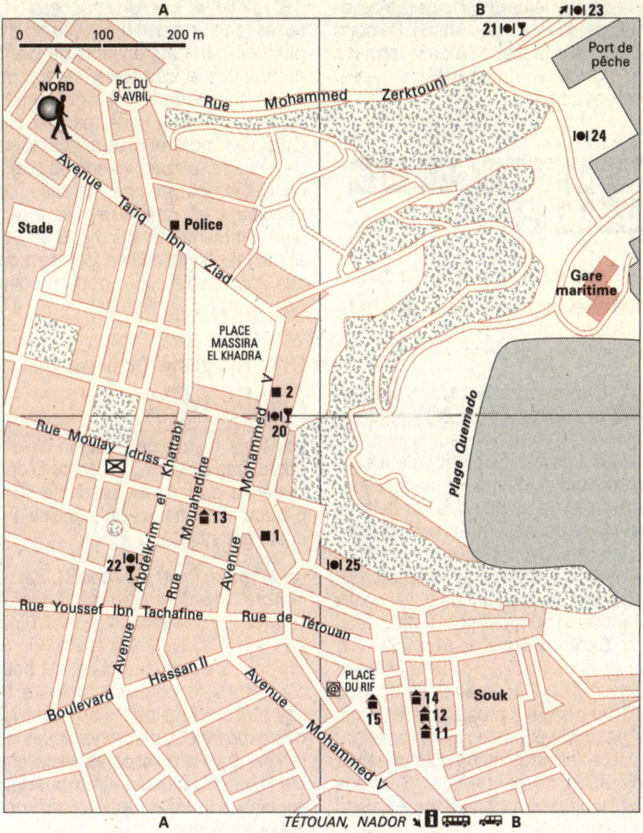

AL-HOCEIMA

Adresses utiles

- Taxis collectifs
- Délégation provinciale du tourisme
- @ Cyber El-Hakouni
- 1 Librairie et journaux
- 2 Agence de voyages Kétama

Où dormir ?

- 11 Hôtel El Hana
- 12 Hôtel Al Maghreb
- 13 Hôtel Al-Khouzama
- 14 Hôtel Nekor
- 15 Hôtel Florido

Où manger ? Où boire un verre ?

- 20 Cafés-restaurants Bellevue et Nejma
- 21 Al Khouzama
- 22 Café La Brise de Mer
- 23 Mimoun
- 24 Le Club Nautique
- 25 Espace Miramar

LE RIF

Chic (400-800 Dh / 36,40-72,80 €)

Hôtel Florido (plan B2, **15**) **:** *40, pl. du Rif.* ☎ *05-39-84-08-47.* • *florido. alhoceima.com* • *Doubles 320-500 Dh selon saison, petit déj non compris.* Cet hôtel à la silhouette toute ronde propose des chambres au confort moderne, avec en prime un réel effort sur la déco, même si certains la trouveront sans doute un peu kitsch. Balcons donnant sur la place et café-terrasse bien agréable au rez-de-chaussée. Excellent accueil.

Où manger ? Où boire un verre ?

De très bon marché à bon marché (moins de 80 Dh / 7,30 €)

Cafés-restaurants Bellevue et Nejma *(plan A1-2,* ***20****) : au bout de l'av. Mohammed-V, face à la pl. du 20-Août.* Les 2 cafés sont côte à côte et disposent du même avantage, c'est-à-dire une vue magnifique sur la baie. Tous deux possèdent un balcon avec des tables souvent prises d'assaut par de jeunes Marocains qui viennent rouler leur joint en profitant du paysage. Ils ne font resto qu'en saison. Sinon, café.

Café La Brise de Mer *(plan A2,* ***22****) : av. Abdelkrim-el-Khattabi, au bord du rond-point.* L'équivalent de nos PMU du coin, les mosaïques en plus. Les petits vieux postés en terrasse ont choisi ce lieu stratégique pour observer l'animation du centre-ville. Sert des sandwichs genre *chawarma* et aussi des pâtisseries.

Al Khouzama *(plan B1,* ***21****) : au port, un peu avt le Mimoun (voir ci-après). Pas d'enseigne. Ouv jusqu'à 23h, parfois plus tard le w-e.* Ici, la salle de resto se révèle quasi vide, tandis que le large comptoir de marbre du bar est pris d'assaut par tous les soiffards du port. Canettes de bière et bouteilles de vin défilent au même rythme que les tapas, poissons frits et petites salades. Atmosphère souvent rugissante.

Espace Miramar *(plan B2,* ***25****) : sur le promontoire situé au bout du bd Moulay-Ismael. ☎ 05-39-98-42-42. Tlj midi et soir.* Une succession de terrasses sur plusieurs niveaux, avec plein de barnums envahis de plantes grimpantes et des aires de jeux pour enfants. L'endroit est rigolo et très prisé des familles, vous imaginez bien ! Cuisine simple et pas chère, à base de burgers, pizzas, viande et poisson grillé. On peut manger en salle (non-fumeurs, c'est rare) ou en terrasse, ou bien simplement venir boire un verre et manger une glace en jouissant de la vue imprenable sur le port en contrebas. Sympa comme tout !

Prix moyens (moins de 150 Dh / 13,60 €)

Dans les restos de poisson cités ci-après, pas de carte. Un échantillon de la pêche du jour est présenté sur un plateau, il n'y a plus qu'à choisir. Fraîcheur garantie.

Mimoun *(hors plan par B1,* ***23****) : sur le port (1re entrée quand on vient par la route), le dernier au fond. ☎ 05-39-98-44-10. Ouv jusqu'à 21h30. Pas d'alcool.* Ce resto populaire est bourré d'habitués, ce qui est toujours bon signe. Il ne faut pas s'attendre ici à des expériences gastronomiques délirantes, mais le poisson est excellent et bien préparé. Resto d'atmosphère présentant un fort bon rapport qualité-prix. Service efficace.

Le Club Nautique *(plan B1,* ***24****) : à la 2e entrée du port, dans le bâtiment rond. ☎ 05-39-98-14-61. Tlj jusqu'à minuit (plus tard le w-e).* N'allez pas imaginer un yacht-club huppé... Familles, bandes de copains ou couples d'amoureux se partagent les tables de la grande salle, avec sa télé bruyante, ou de la terrasse couverte, plus calme. La bière coule à flots. Bien connu, le resto est très fréquenté. Le poisson est généreusement servi et il n'a même pas fait 20 m entre le bateau et votre assiette. Quelques viandes aussi.

À voir. À faire dans la région

Le port de pêche *(plan B1) :* au pied de la falaise. Des kyrielles de bateaux colorés aux noms évocateurs démêlent et chargent leurs filets. Le soir, les pêcheurs étalent sur le sol, devant le *Club nautique,* leur pêche du jour. Crabes, crevettes, soles, rougets, merlus, raies ou petits requins. Sardines grillées au barbecue à toute heure.

– En été, ***soirées musicales et animations*** organisées chaque soir sur les places du centre-ville ou sur la plage de Quemado.

Les souks

– ***Souk de ville :*** *tlj. À 3 rues de la pl. du Rif.* Authentique et paisible, il est consacré à l'alimentation et aux produits de première nécessité. Quartier des volailles intéressant. On assiste à la mise à mort des poulets... âmes sensibles, s'abstenir.
– ***Souk d'Izemmouren :*** *lun. À env 10 km d'Al-Hoceima. Prendre la petite route de Tétouan (la plus à l'ouest).*
– ***Souk Had Rouadi :*** *dim. À 30 km à l'ouest d'Al-Hoceima. Petit et couleur locale.*
– ***Souk de Beni-Boufrah :*** *jeu. À 60 km à l'ouest (accès par la N 16).*
– ***Souk d'Agni :*** *mar. À 65 km près de Beni-Boufrah.* Un petit souk réservé aux femmes. Pas aussi typique qu'autrefois.

Les plages

Comme ailleurs sur cette côte méditerranéenne, les plages sont très sales hors saison et consciencieusement nettoyées fin mai.

Quemado : *en plein centre.* Surpeuplée et bordée sur deux côtés par l'hôtel de luxe Mohammed-V.

Cala Bonita *(hors plan par B2)* ***:*** *à l'entrée sud d'Al-Hoceima.* Belle plage en saison, quand elle est nettoyée. Le quartier se bétonne progressivement.

Les plages d'Asfiha et de Souani : *à 7 km à l'est de la ville, sur la route côtière.* Ces plages de sable gris n'en forment en fait qu'une, de près de 5 km de long. En face, l'îlot *Peñón de Alhucemas,* qui est une résidence surveillée espagnole : on ne peut donc accoster. Plusieurs buvettes et paillotes de bric et de broc à même la plage. L'endroit est toutefois bouleversé par l'édification d'un village-vacances de 1 600 lits qui serait, paraît-il, hautement respectueux de l'environnement. À voir...

La plage du Tala Youssef : *à l'ouest d'Al-Hoceima. Sortir par l'av. Tarik-ibn-Ziad, et continuer sur 5 km.* La route longe la mer, puis remonte quelques kilomètres en montagne avant de rejoindre la plage. Vue superbe du haut des falaises. La plage de sable noir est dominée par le complexe hôtelier de luxe de Chafarina. Apporter son boire et son manger.

DANS LES ENVIRONS D'AL-HOCEIMA

Le parc national d'Al-Hoceima : *accès à env 20 km sur la N 16 vers Cala Iris.* • *parquenacionalalhucemas.com* • L'idée est de protéger ce sanctuaire marin et terrestre tout en permettant un développement homogène de la région. Des circuits balisés traversent le parc d'est en ouest sur 54 km, avec des gîtes d'étape le long du chemin. Pour réserver l'un de ces gîtes ou embaucher un guide, s'adresser à la *Délégation provinciale du tourisme* (voir plus haut les « Adresses utiles »). Le parc abrite la plus grande colonie méditerranéenne de balbuzards pêcheurs, mais aussi des dauphins bleus, des dauphins blancs, des phoques moines (devenus très rares en Méditerranée) et des aigles royaux.

Cala Iris : *il faut compter 1h pour parcourir les 60 km qui séparent Al-Hoceima de Cala Iris. Sortir en direction de Cala Bonita puis de Oued-Laou et rejoindre la N 2 ; au rond-point, prendre la N 16 vers El-Jebha.*

On découvre des paysages de vastes collines, bientôt remplacées par des étendues de roches déchiquetées avec, par endroits, quelques îlots de verdure.
Les dix derniers kilomètres traversent plusieurs hameaux tranquilles avant d'aboutir au village assoupi de ***Torrès-al-Kala.*** Celui-ci repose au bord d'une plage de galets sur laquelle sont installés deux modestes cafés. Ruines d'une ancienne forteresse. Il ne reste que 4 km pour gagner *Cala Iris,* qui apparaît subitement en contrebas, échancrure de toute beauté découpée dans la falaise, avec son minuscule port de pêche au milieu... et aussi, désormais, un gigantesque complexe hôtelier de 14 000 lits, qui devrait être achevé d'ici 2015. Voilà qui va radicalement changer la vie de ce tout petit bled jusque-là très paisible. En attendant, il existe un camping, planté sur la falaise (voir plus haut « Où dormir ? » à Al-Hoceima). Petit café en surplomb du port. Des pêcheurs proposent des balades en barque pour voir les falaises impressionnantes du *massif des Bokkoyas* qui tombent à la verticale dans la mer. Plage de 2 km.
Si vous venez un dimanche, possibilité de visiter au passage le souk de *Had Rouadi* et, le jeudi, celui de *Beni-Boufrah.*

➢ ***La route d'Al-Hoceima à Nador par la côte*** (environ 1h30) permet d'éviter la montagne. Elle longe la mer et ses criques encore sauvages. Par moments, la route fend carrément en deux les derniers contreforts du Rif qui viennent se jeter dans la grande bleue. Le paysage, splendide, est semi-désertique. Alternance de roches rouges cisaillées par le vent et de douces collines à la végétation rase.

VERS LA FRONTIÈRE ALGÉRIENNE

NADOR

180 000 hab.

Grosse ville commerçante, affairée et plutôt moche, ne présentant pas plus d'intérêt que d'être une étape avant de visiter Melilia. L'avenue Mohammed-V, grande perpendiculaire à la mer qui rejoint l'hôtel de ville en plein centre, aligne d'agréables cafés à l'ombre des orangers. La promenade en bord de mer n'est pas déplaisante, mais il n'y a presque pas d'ombre, à part celle dispensée par quelques palmiers. Nombreux taxis pour la frontière.
➢ Des bateaux de la *Comanav-Comarit* effectuent la liaison entre **Sète** (France) et Nador mai-sept, tous les 4 j. Traversée : env 34h (coordonnées en début de guide dans « Comment y aller ? En bateau »).

Où dormir ? Où manger ?

De bon marché à prix moyens (100-400 Dh / 9,10-36,40 €)

☗ Rien de bien reluisant dans la catégorie bon marché. Autour des 2 gares routières, on trouve quelques pensions lugubres, qui affichent souvent complet malgré leur saleté chronique. En général, sanitaires partagés avec eau froide et draps douteux. Parmi les moins moches, citons l'***Hôtel El-Habib*** *(17, rue Al-Khattabi, près de la station des grands taxis)* ou le ***Geranio*** *(rue n° 20, proche du précédent),* qui sont à peu près acceptables.
☗ ***Hôtel Ismael :*** *av. Sidi-Mohammed (qui relie l'av. Mohammed-V et l'av.*

Youssef-ibn-Tachfine). ☎ 05-36-33-26-53. Doubles 250-300 Dh sans petit déj. L'un des premiers prix dans les hôtels recommandables. Chambres assez bien tenues et avec salle de bains. Literie passable, mais au moins les draps sont propres. Eau chaude seulement le matin. Super accueil.

Restaurant Romero : *48-50, av. Youssef-ibn-Tachfine. Près du marché. Repas env 60 Dh.* Un bon petit resto de poisson dans une salle climatisée. Le chef sait y faire lorsqu'il s'agit de préparer les produits de la mer. Modeste mais propre, pas cher et goûteux.

Restaurant Bnou Sina : *face à l'entrée du marché couvert, presque à l'angle de l'av. Youssef-ibn-Tachfine, à 4 rues du front de mer. Env 100 Dh le repas.* Excellent resto de poisson, avec sa pêche du jour exposée dans une vitrine. Littéralement pris d'assaut par les familles marocaines : c'est un signe qui ne trompe pas ! Plusieurs salles carrelées, une terrasse devant et une autre derrière. Soupe de poisson, salade et paella sont offertes en entrée. On vous prévient : vous ressortirez de là avec l'impression d'avoir pris 3 tonnes !

MELILIA (MELILLA)

77 000 hab. IND. TÉL. (espagnol) : 0034

Ville espagnole depuis 1497, Melilia connut son heure de gloire au début du XXe s. Si l'exploitation des mines du Rif fut la principale raison de l'aménagement de son port de 1912 à 1914, son statut de zone franche lui valut un développement fort rapide. La ville est toujours restée espagnole, même pendant la guerre du Rif. C'est depuis Melilia qu'un certain Franco déclencha la guerre civile espagnole, qui le propulsa au pouvoir en 1936. L'Indépendance du Maroc en 1956 devait bientôt la priver des richesses de son arrière-pays. Ce fut le début d'un long déclin pour la ville, consommé aujourd'hui avec la fermeture de la frontière algérienne. Désormais, l'essentiel de son trafic maritime sert à alimenter la contrebande avec le Maroc.

La ville ancienne ne manque pas de charme. Quant à la ville nouvelle, très vivante, construite au début du XXe s, elle comprend plusieurs rues cossues, à l'architecture dite « moderniste » (on dénombre plusieurs centaines d'immeubles de ce type en ville). Cette originalité architecturale fait de Melilia une ville de caractère, finalement bien plus intéressante que sa petite sœur espagnole Ceuta. Une demi-journée suffit à prendre le pouls de la ville. Beau point de vue sur les remparts depuis les hauteurs.

MELILIA OU LE MÉLI-MÉLO DE CULTURES

Melilia affiche fièrement ses quatre visages. À côté des chrétiens, les plus nombreux (conquête espagnole oblige), se côtoient des musulmans, Berbères du Rif, ainsi qu'une importante communauté juive et, plus inattendu, quelques hindous. Si de violentes manifestations ont secoué l'enclave dans les années 1980, la cohabitation se déroule aujourd'hui de façon pacifique.

Bon à savoir

– *Rappel :* ne pas oublier, si vous devez quitter le Maroc en partant de Melilia, que ce port vit à l'heure espagnole, donc avec 1h ou 2h de décalage selon la saison. On en connaît beaucoup qui, faute d'y avoir pensé, ont dû attendre le bateau suivant.
– Bien penser à faire l'indicatif téléphonique espagnol (☎ 0034) pour passer un coup de fil.

Arriver – Quitter

En voiture

Pour ceux qui rentrent à Melilia en voiture, lire attentivement nos indications « Passage de la frontière », ci-dessous.

En bus et taxi

Terminus CTM : *à* ***Nador,*** *près de la place centrale et de l'hôtel* Ryad. Ensuite, prendre un taxi jusqu'à la frontière. Liaisons avec :

➢ ***Al-Hoceima :*** 2 bus/j. dans les 2 sens, 1 le mat et 1 en fin d'ap-m. Trajet : env 2h.
➢ ***Fès :*** 2 bus de nuit et 1 le mat, dans les 2 sens. Trajet en 5h.
➢ ***Rabat et Casablanca :*** 2 bus/j. en soirée. Durée : 10h pour Rabat, 11h pour Casa.
➢ ***Tétouan et Tanger :*** 2 bus en fin d'ap-m depuis Nador. Trajet : env 7h pour Tétouan et 8h pour Tanger par la nouvelle route (N 16).
➢ ***Oujda :*** mieux en taxi.

À la grande ***gare routière*** *(au bout de l'av. Youssef-ibn-Tachfine),* départs d'autres compagnies vers les mêmes destinations, peu ou prou aux mêmes heures.

En train et taxi

Descendre à la ***gare de Nador-ville,*** puis finir en taxi.

➢ ***Casablanca et Fès :*** 3 trains/j. à destination de Casa, 1 direct de nuit, les autres avec changement à Fès ou à Taourirt. Trajet : 6h pour Fès, 10h pour Casa.

En bateau

Pour changer de continent, voir les chapitres « Comment y aller ? » et « Quitter le Maroc » en début de guide.

Passage de la frontière

Le poste frontière de Beni-Enzar se trouve à 2 km du centre-ville. Suivre la direction du port. Même conseil que pour Ceuta, aucun intérêt d'y aller en voiture. En outre, il est plus facile de garer son véhicule à la frontière (sur la grande avenue et dans les rues adjacentes, gardiens présents. Compter environ 10 Dh pour la journée). Mêmes formalités, très rapides pour les piétons. Un bus relie ensuite la frontière espagnole à la plaza de España (ligne n° 2, nommée « Aforos », passages toutes les 10-15 mn, 7h-22h). Attention : il existe un poste frontière secondaire entre Melilia et le cap des Trois-Fourches. Ne pas s'y rendre, car vous n'obtiendrez pas de tampon sur le passeport. Ce poste ne sert que pour les travailleurs marocains.

Entre Afrique et Occident

Le poste frontière de Melilia est un des points de passage privilégiés par l'émigration clandestine. Dans cette zone particulièrement chaude, d'inévitables incidents se sont produits entre septembre et octobre 2005, quand plusieurs milliers de candidats au départ ont tenté de prendre d'assaut la clôture à plusieurs reprises. Les soldats marocains les en ont empêchés par la force et les armes, certains en sont morts. Pénétrer à Melilia ou à Ceuta, même au péril de sa vie, assure à l'immigrant un examen administratif de son dossier. Toujours est-il que les clôtures ont été surélevées...

Adresses utiles

Oficina de turismo *(plan A1) : pl. de la Culturas. ☎ 952-97-61-90. ● melillaturismo.com ● Lun-sam 10h-14h, 16h30-20h30 ; dim 10h-14h.* Excellent matériel touristique et très bonnes infos en tout genre, délivrées avec compétence et bonne humeur.

✉ ***Poste*** *(plan A1) : calle de Pablo-Vallescá. Lun-ven 9h-20h.*

■ ***Banques :*** *sur la pl. de España ou av. Juan-Carlos (plan A1).* Distributeurs d'euros.

@ ***Internet*** *(plan A1,* ***1****) : calle Lopez-Moreno, à l'étage. Tlj sf dim jusqu'à minuit.*

■ ***Police*** *(plan A2,* ***2****) : sur Actor-Tallavi.*

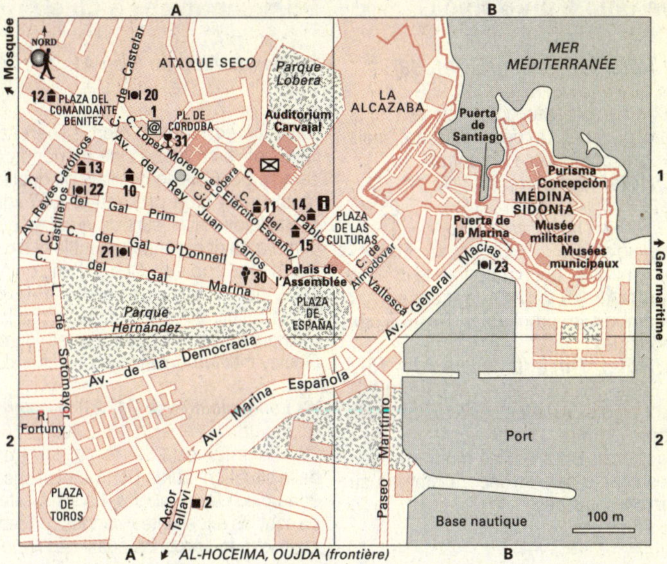

MELILIA

■ **Adresses utiles**

- Oficina de turismo
- @ 1 Internet
- 2 Police

Où dormir ?

- 10 Hostal-residencia Cazaza
- 11 Hostal-residencia Rioja
- 12 Pension La Rosa Blanca
- 13 Hôtel Nacional
- 14 Hôtel Anfora
- 15 Hôtel Rusadir

Où manger ?

- 20 Castelar
- 21 La Cervecería
- 22 Mar de Alboran
- 23 La Pérgola

Où déguster une glace ? Où boire un verre ?

- 30 Heladería La Ibense
- 31 Cafetería Los Arcos

■ ***Consul honoraire de France à Melilla :*** *16, calle Napoles. ☎ 952-67-77-27.*

Où dormir ?

Pas de camping ni de parking pour camping-cars.

Prix moyens

Hostal-residencia Cazaza *(plan A1,* ***10****) : 6, calle Primo-de-Rivera. ☎ 952-68-46-48. Double 38 € ; pas de petit déj.* Quartier sympa, rue tranquille. Pension très propre et d'un excellent rapport qualité-prix. Accueil super. Les chambres avec salle de bains et TV les moins chères de la ville.

Hostal-residencia Rioja *(plan A1,* ***11****) : 6, calle del Ejército-Español. ☎ 952-68-27-09. Double 30 €.* Petite pension basique mais pas mal tenue. Chambres correctes, avec sanitaires communs. Eau chaude.

Pension La Rosa Blanca *(plan A1,* ***12****) : 7, Gran-Capitán. ☎ 952-68-27-38. Double 30 €, sanitaires communs.* Propre dans l'ensemble, céramiques aux murs. Accueil aimable d'un couple marocain.

De chic à plus chic

Hôtel Nacional *(plan A1, **13**) : 10, calle Primo-de-Rivera. ☎ 952-68-45-40. • nacional@terra.es • Double 55 €, sans petit déj.* Un peu vieillissant, mais propre, confortable et central.

Hôtel Anfora *(plan A1, **14**) : 12, calle Pablo-Vallescá. ☎ 952-68-33-40. • hotelanfora.net • Au cœur de la ville. Double env 75 € avec petit déj.* Établissement chic, pourvu de tout le confort moderne : TV, AC, ascenseurs... Chambres irréprochables. Resto à prix modiques.

Hôtel Rusadir *(plan A1, **15**) : 5, calle Pablo-Vallescá. ☎ 952-68-12-40. • hotelrusadir.com • En face de l'hôtel* Anfora. *Double env 90 €, petit déj inclus.* Un 4-étoiles moderne avec des clins d'œil Art déco. Cafétéria au rez-de-chaussée.

Où manger ?

Vous trouverez plein de bars à tapas dans le centre, économiques et conviviaux.

Bon marché

Castelar *(plan A1, **20**) : 18, calle de Castelar.* Excellent et populaire bar à tapas. Fruits de mer très frais à manger dans la salle bruyante, au coude-à-coude avec les travailleurs du quartier, ou sur la terrasse couverte. *Bocadillos* et *platos combinados.* Prix très raisonnable.

La Cervecería *(plan A1, **21**) : 23, calle del General-O'Donnell. Façade discrète, en face du resto* La Onubense. *Tlj 12h-16h, 20h-minuit.* La porte poussée, on atterrit dans un univers à la Gaudí, qui respire l'originalité et un brin de folie. Décor farfelu, mélange de mosaïque, de pierre de taille et de bois aux murs. Clientèle d'habitués détendus. Prix encore corrects (tapas, paella...), bien qu'un peu plus chers que les autres bars à tapas de la ville.

De prix moyens à chic

Mar de Alboran *(plan A1, **22**) : 24, calle del General-Prim. Ouv midi et soir jusqu'à 23h. Repas env 10-15 €.* Salle aérée, tables bien séparées, jolie alcôve en arabesque sur fond de céramique. Cuisine familiale de qualité régulière et bien présentée. Le midi, clientèle de travailleurs du quartier, qui commandent essentiellement le plat du jour bon et copieux. Choix d'une quinzaine de viandes et poissons. Friture d'une belle fraîcheur. Excellente paella, malheureusement pas tous les jours. Gouleyant *vino de la casa* pas cher du tout.

La Pérgola *(plan B1, **23**) : Darsena Pesquera del Puerto. ☎ 952-68-56-28. Compter 20-25 € le repas.* Très belle situation, sur le port de plaisance et au pied des remparts. La spécialité, ce sont les excellentes viandes grillées, mais le menu propose aussi des *raciones* de poisson selon arrivage. Terrasse vitrée pour bien jouir du paysage. Service très efficace.

Où déguster une glace ? Où boire un verre ?

Heladería La Ibense *(plan A1, **30**) : pl. de España, angle calle del General-O'Donnell et av. del Rey-Juan-Carlos.* Excellentes glaces et charmant accueil.

Cafetería Los Arcos *(plan A1, **31**) : sur le côté de l'église del Sagrado Corazón.* Café marocain décoré de mosaïques. Très fréquenté par les habitants, sans distinction d'âge. Pour ceux qui veulent boire un dernier thé à la menthe avant de quitter le pays.

Achats

Comme à Ceuta, il n'y a pas grand-chose d'intéressant en fait, sauf l'essence à moitié prix. On peut aussi y trouver de l'alcool, de la charcuterie et des fromages.

À voir. À faire

Une vieille ville très mignonne, une plage, un ravissant port de plaisance et une base nautique : de jolies balades en perspective. Les façades des maisons de la ville nouvelle sont un mélange désuet de styles espagnol et colonial. Le carillon de la cathédrale est amusant.

🔭🔭 ***La vieille ville*** *(plan B1)* **:** enserrée dans ses remparts, elle a été fortement rénovée, à tel point qu'on a bien du mal à lui trouver une véritable authenticité. Cela dit, ses ruelles sont très agréables et donnent l'occasion d'une belle promenade le long des remparts, au fil des bastions. En entrant par la *puerta de la Marina,* marquer un arrêt sur la *plaza de los Aljibes,* où l'on stockait l'eau de pluie jusque dans les années 1950 (les citernes se cachent derrière les petites portes en bois). Sur la gauche, le Musée militaire. À droite, les deux musées historiques, plutôt intéressants.

🔭🔭 ***Museo Etnografico de las Culturas Amazigh y Sefardi*** *(plan B1)* **:** *4, calle de la Maestranza. Mar-sam 10h-14h, 17h-21h ; dim 10h-14h. Entrée gratuite.* Un hommage à l'apport culturel et historique des Berbères et des juifs de Melilia. Objets de culte hébraïque : vêtements liturgiques, orfèvrerie. Incroyable Torah du XVIIIe s écrite sur un grand parchemin enroulé dans une caisse cylindrique. Dans la section consacrée aux Berbères, plein d'infos sur le passé de ces tribus disséminées dans tout le Nord-Ouest africain, et qui furent difficiles à soumettre, puisqu'ils ont successivement lutté contre les Phéniciens, les Romains, les Byzantins, les Arabes... Poteries peintes, dagues en argent, *khaïma* (tente) traditionnelle, bijoux finement ouvragés.

🔭 **Museo de Historia** *(plan B1)* **:** *2, calle de la Maestranza. Mêmes horaires que le Musée ethnographique. Gratuit.* Surtout des gravures, plans et maquettes pour mieux comprendre la fondation de la ville. Vestiges des époques néolithique, romaine, punique et maure.

🔭 **Museo Militar** *(plan B1)* **:** *pl. de los Aljibes. Mar-dim 10h-14h slt. Gratuit.* Surtout consacré à la guerre du Rif. Armes anciennes, uniformes, etc.

🔭 ***Le palais de l'Assemblée*** *(plan A-B1)* **:** *pl. de España.* Une des œuvres les plus monumentales d'Enrique Nieto.

🔭🔭 ***La mosquée centrale*** *(hors plan par A1)* **:** représentative du style d'Enrique Nieto, elle date de 1945. Mérite le détour.

🔭 ***La calle Lopez-Moreno*** *(plan A1)* **:** on y trouve au n° 8 la *synagogue d'Or Zaruah,* datant de 1924 et réalisée, là encore, par Enrique Nieto. Belle frise en corniche, fenêtres en fer à cheval et à colonnettes. Cette synagogue est désormais occupée par un bazar chinois ! Les six immeubles qui suivent sont typiques du style hispano-mauresque : balcons à consoles élaborées, riche décor en façade, notamment au n° 20, avec ses larges bow-windows. D'autres immeubles intéressants sur l'avenue Rey-Juan-Carlos.

> **OLÉ !**
>
> *La partie la plus récente de la ville a été dessinée par l'architecte Enrique Nieto, un disciple du Barcelonais Antonio Gaudí, pape de l'Art nouveau, au début du XXe s. D'inspiration Art déco et néo-arabe, près de 900 constructions aux extravagantes façades colorées, agrémentées de balcons en fer forgé, fines colonnes et tourelles, composent le visage de la ville nouvelle. Motifs géométriques et végétaux ornent portes et fenêtres. Étonnant.*

🔭 Pour ceux qui disposent de temps, il existe encore un ***Musée automobile*** et un ***centre de fauconnerie,*** tous deux assez excentrés. Se renseigner auprès de l'office de tourisme.

DANS LES ENVIRONS DE MELILIA

Le cap des Trois-Fourches : *à env 35 km de la frontière de Melilia et 42 km de Nador. À l'entrée de Beni-Enzar, prendre la direction Farkana. Attention : les 20 derniers km de route sont dangereux, car très étroits et sinueux ; or les Marocains arrivent en face, lancés comme des fusées, sans se poser de questions. Pas de camping possible sur le cap.* C'est l'un des plus beaux sites naturels du Maroc. On traverse des hameaux perdus où les paysans cultivent des parcelles de blé en terrasses. Agaves et figuiers (de Barbarie ou non) se succèdent. Avant d'arriver au cap, en contrebas, deux ports miniatures, chacun bordé d'une plagette. Tout au bout, un phare où des militaires se consument d'ennui, des moutons (qui, eux, semblent très contents d'être là) et des pentes abruptes qui chutent dans une eau turquoise. Merveilleux !

RABAT, CASA ET LA ZONE CÔTIÈRE

Entre le Rif au nord et l'Anti-Atlas au sud s'étend une longue plaine côtière qui concentre une grande partie des moyens de production du Maroc. C'est le cœur du « Maroc utile », comme le concevait cyniquement le protectorat. On y trouve bien sûr la capitale économique du pays, Casablanca, et sa capitale administrative, Rabat. Ces deux villes eurent leur destin bouleversé par Lyautey. Il fit construire un port dans la première avant qu'elle ne devienne une vaste métropole de plus de 4 millions d'habitants où siègent la plupart des grandes entreprises du pays, et édifier le centre administratif du protectorat dans la seconde, alors cité impériale sur le déclin. La plaine côtière abrite également le port sardinier de Safi, autre richesse économique de la région.

Plus au nord, Asilah, qui vaut surtout pour sa belle médina et ses ruelles évoquant encore l'Andalousie.

Le parcours est jalonné de riches vestiges laissés par les grandes dynasties berbères (notamment à Rabat), ainsi que par les conquérants espagnols et portugais (à Asilah, à Larache, à El-Jadida ou Essaouira), des trésors méconnus (le musée Dar-Belghazi, la ville de Salé, la *kasbah* de Boulâouane), des sites naturels délaissés (comme la lagune de Moulay-Bousselham), sans oublier les belles excursions dans l'arrière-pays.

Plus au sud, Essaouira, ville attachante, enserrée dans ses remparts, est le point de départ d'une côte sublime qui se déroule jusqu'à Agadir.

ASILAH

28 300 hab.

Petite ville à 45 km au sud de Tanger. Si les maisons blanches et les ruelles étroites évoquent une île grecque, les fenêtres en fer forgé rappellent que, pendant longtemps, ce territoire fut espagnol. Très convoitée au cours de son histoire, Asilah assume désormais sa vocation balnéaire et certains routards regretteront sans doute son côté très touristique. Certes, ses remparts construits par les Portugais au XVe s lui donnent un certain charme, mais la rénovation de la médina contribue à lui ôter une certaine authenticité, d'autant que les plus belles maisons sont peu à peu rachetées par des Européens. Asilah peut aussi servir de point de départ pour découvrir les environs, qui offrent des coins de nature particulièrement beaux et sauvages.

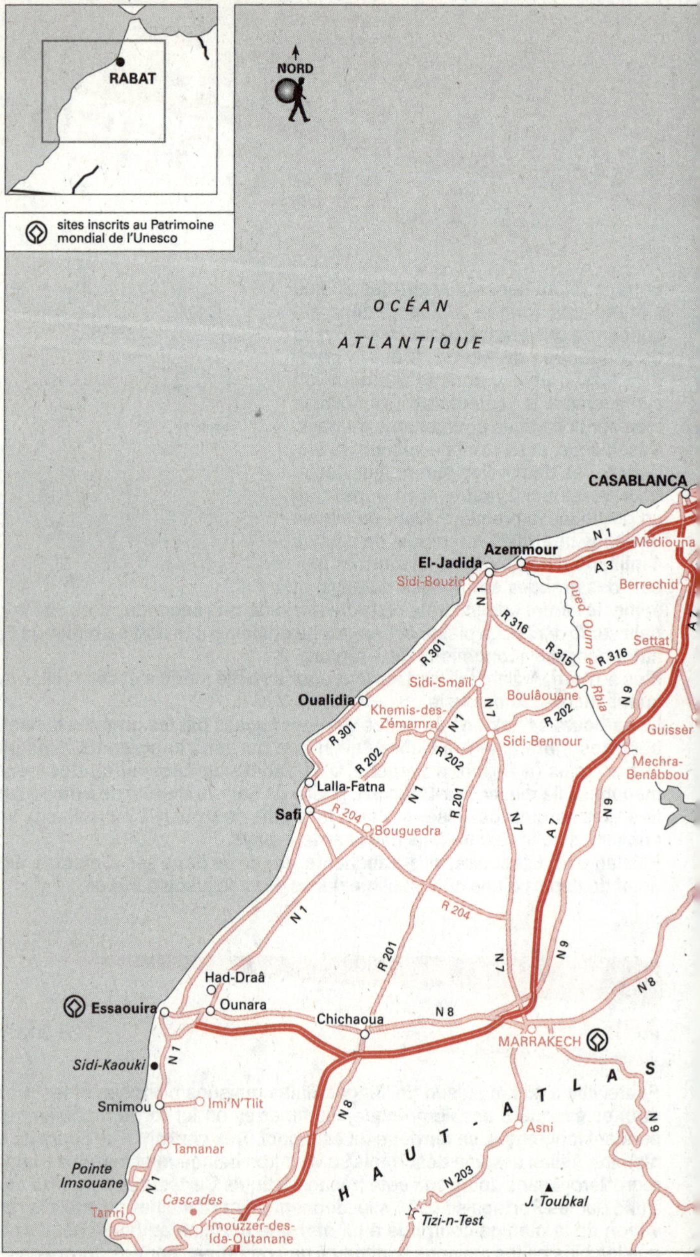
RABAT
NORD
sites inscrits au Patrimoine mondial de l'Unesco
OCÉAN
ATLANTIQUE
CASABLANCA
N 1
Mediouna
Azemmour
El-Jadida
A 3
Sidi-Bouzid
Berrechid
Oued Oum el Rbia
N 1
R 316
R 315
R 316
Settat
A 7
R 301
Sidi-Smaïl
Oualidia
Boulâouane
N 9
Khemis-des-Zémamra
N 7
N 1
R 202
Guissèr
R 301
Sidi-Bennour
R 202
R 202
Mechra-Benâbbou
Lalla-Fatna
N 1
R 201
Safi
R 204
Bouguedra
N 9
N 7
A 7
N 1
R 204
R 201
N 7
N 9
Had-Draâ
N 8
Essaouira
Ounara
Chichaoua
N 8
MARRAKECH
Sidi-Kaouki
N 1
HAUT-ATLAS
Smimou
Imi'N'Tlit
N 8
N 9
Asni
Tamanar
Pointe Imsouane
N 1
N 203
Cascades
J. Toubkal
Tamri
Imouzzer-des-Ida-Outanane
Tizi-n-Test

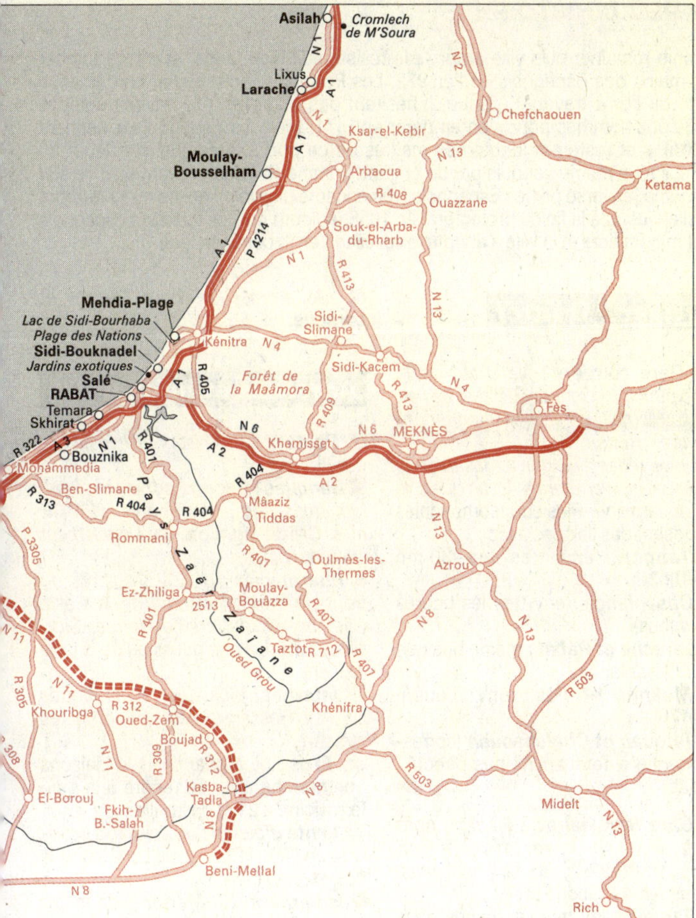
Asilah
Cromlech de M'Soura
Lixus
Larache
Chefchaouen
Ksar-el-Kebir
Moulay-Bousselham
Arbaoua
Ketama
Ouazzane
Souk-el-Arba-du-Rharb
Mehdia-Plage
Lac de Sidi-Bourhaba
Plage des Nations
Sidi-Bouknadel
Jardins exotiques
Salé
RABAT
Temara
Skhirat
Kénitra
Sidi-Slimane
Sidi-Kacem
Forêt de la Maâmora
Fès
MEKNÈS
Khemisset
Bouznika
Mohammedia
Ben-Slimane
Pays Zaër
Zaïane
Mâaziz
Tiddas
Rommani
Oulmès-les-Thermes
Azrou
Ez-Zhiliga
Moulay-Bouâzza
Taztot
Oued Grou
Khénifra
Khouribga
Oued-Zem
Boujad
Kasba-Tadla
El-Borouj
Fkih-B.-Salah
Beni-Mellal
Midelt
Rich
MOYEN-ATLAS
Ar-Rachidia
Goulmina
Tinerhir
Boumalne-Dadès
Erfoud
Ouarzazate
A1
A2
A3
N1
N2
N4
N6
N8
N10
N11
N12
N13
R 322
R 313
R 401
R 404
R 405
R 407
R 408
R 409
R 413
R 503
R 712
R 305
R 308
R 309
R 312
P 3305
P 4214
2513
0 20 40 km

UN PEU D'HISTOIRE

Colonie romaine, puis ville arabe, elle résiste aux Normands, avant de tomber aux mains des Espagnols en l'an 972. Les Portugais, pour ouvrir leur fameuse route de l'or à travers l'Afrique, n'hésitent pas à affréter 477 navires équipés de 30 000 hommes pour s'en emparer en 1471. Mais les Espagnols reviennent au XVIIe s et resteront longtemps maîtres de ce port stratégique. Au début du XXe s, il sera même conquis par un brigand nommé Raissouni, avant qu'il ne soit lui-même renversé par les Espagnols (voir encadré plus loin), qui se maintiendront à Asilah jusqu'à la fin du protectorat en 1956. Aujourd'hui, les touristes espagnols sont majoritaires et la ville a adopté le *castillano* en seconde langue.

Arriver – Quitter

Gare routière : *à l'angle de la route principale Tanger-Rabat et de l'av. Moulay-Ismail, en face d'une station-service. Rens : ☎ 05-39-41-64-64. Les bus reliant Tanger à Casablanca via Rabat ne s'arrêtent à Asilah que s'ils ont de la place.* Plusieurs compagnies proposent des liaisons avec :

➢ ***Tanger :*** env ttes les 30 mn (7h-18h30).
➢ ***Casablanca :*** env ttes les heures (4h-minuit).
➢ ***Larache et Rabat :*** même bus que pour Casablanca.
➢ ***Meknès et Fès :*** env 6 bus/j. (6h-17h).
➢ ***Tétouan et Chefchaouen*** (correspondance à Tétouan) ***:*** 1 bus direct/j., le mat.

Gare ferroviaire : *à 2 km au nord de la ville, sur la route de Tanger. Rens : ☎ 08-90-20-30-40 (n° national).* • *oncf.ma* • Liaisons avec :

➢ ***Tanger :*** env ttes les heures dans les 2 sens (6h-21h30). Trajet : 45 mn.
➢ ***Rabat et Casablanca :*** env ttes les heures dans les 2 sens (6h-22h30), soit direct, soit avec changement à Sidi-Kacem. Trajet : 3h pour Rabat et 4h pour Casa.
➢ ***Fès :*** 5 trains/j. dans les 2 sens (9h-22h30) ; 2 directs, les autres avec changement à Sidi-Kacem. Trajet : env 4h.
➢ ***Marrakech :*** 7 trains/j. dans les 2 sens (6h-22h30) ; 1 train de nuit direct (le dernier) et les autres avec changement à Casablanca. Trajet : env 8h.

Grands taxis : *au départ de l'av. Moulay-Ismail (au-dessus de la pl. Mohammed-V).* Pour ***Tanger*** et ***Larache.***

Adresses et infos utiles

✉ **Poste :** *pl. des Nations-Unies. Lun-ven 8h-16h15.*

■ **Banques :** ***Banque populaire,*** *8, pl. Mohammed-V. La* ***Wafabank,*** *la* ***BMCE*** *et le* ***Crédit Agricole*** *sont également sur cette place.*

■ **Pharmacies :** *pl. Zallaka, près du front de mer et au pied de la vieille ville, ou av. du Prince-Héritier-Sidi-Mohammed, à quelques pas de la gare routière.*

@ **Internet :** *plusieurs téléboutiques sur l'av. Hassan-II (celle qui longe les remparts).*

Taxis : *pl. Mohammed-V.* Liaisons bon marché pour se rendre à la gare ferroviaire, à 2 km de la ville.

Vente d'alcool : *pl. Zallaka, à proximité de l'hôtel* Patio de la Luna, *dans la tte petite épicerie.*

■ **Hammam El Manar :** *dans un quartier populaire. De la pl. Zallaka, remonter assez longuement l'av. Imam-al-Assili, puis tourner à droite dans une rue sans nom, juste en face de la boutique Assili-Marbre ; le hammam se situe dans un imposant bâtiment rose, sur une place.* Entrée distincte pour les hommes et les femmes. Très propre.

– **Souk :** *jeu, sur la route de Tanger, en haut de l'av. du Prince-Héritier-Sidi-Mohammed.*

Où dormir ?

Attention, certains hôtels sont fermés hors saison. Pour les camping-cars, possibilité de rester sur le parking au pied des remparts, près de la plage.

Bon marché (100-200 Dh / 9,10-18,20 €)

Hôtel Sahara : *9, rue de Tarfaya. ☎ 05-39-41-71-85. Près de la pl. Mohammed-V, dans une petite rue qui part de l'av. du Prince-Héritier-Sidi-Mohammed. Double 150 Dh, sans sdb ni petit déj. Douche froide à l'étage et chaude (payante) au rdc.* Simple, mais très propre et tranquille. Certaines chambres ont un balcon sur rue. Préférer celles à l'étage autour du patio, bien plus lumineuses. Les murs joliment carrelés égaient l'ensemble.

Hôtel Marhaba : *9, rue Zallaka. 212 (0)6-77-32-08-41. À côté de l'entrée principale de la médina. Doubles 100-200 Dh selon saison ; sdb commune avec eau chaude (payante).* Petite adresse sans prétention, aux chambres rudimentaires et peu enthousiasmantes. Préférez celles qui donnent sur la rue, plus grandes, ou l'une des 2 sur la terrasse avec vue sur la médina, très calmes. Salles de bains correctes bien que vieillottes, bonne literie. L'ensemble est propre et bien entretenu, et l'accueil est plutôt sympathique.

De prix moyens à chic (200-800 Dh / 18,20-72,80 €)

Hôtel Patio de la Luna : *12, pl. Zallaka. ☎ 05-39-41-60-74. • hotelpatiodelaluna@yahoo.es • Près de l'entrée de la médina. Résa conseillée en hte saison. Doubles avec sdb 350-450 Dh selon saison, sans petit déj.* Notre chouchou. Petite maison d'hôtes très bien agencée, tenue par un chaleureux Espagnol et décorée dans le style des vieilles maisons de la médina, blanchie à la chaux. Les chambres colorées, dans un style maure, sont très bien entretenues. Amusante petite terrasse-mirador sur le toit, accessible par d'étroits escaliers. Belle vue sur la médina. Beaucoup de charme et ambiance agréable.

Hôtel Dar Al Andalous : *30, rue Banafsaj. ☎ 05-39-41-78-40. Du front de mer, passer la pl. Zellaka et le parc clôturé, c'est la 3e ruelle à gauche. Double 300 Dh avec sdb, sans petit déj. Stationnement gratuit devant l'hôtel.* Joli petit hôtel moderne, calme et confortable, sur 3 niveaux autour d'un patio central agrémenté d'un bassin à poissons rouges. Chambres classiques, très propres, avec mobilier en pin, la plupart prévues pour 3 personnes. Belle terrasse aménagée sur le toit avec 2 chambres. Accueil affable. Une bonne adresse, centrale et tenue avec sérieux.

Al-Khaïma : *à la sortie de la ville, sur la route de Tanger. ☎ 05-39-41-74-28. • hotelalkhaima.com • Doubles avec sdb 600-800 Dh selon saison.* Chambres agréables mais sans réel charme ; les plus grandes disposent d'un balcon. Un complexe hôtelier de petit luxe à proximité de la plage, avec piscine, tennis et discothèque (dans une grande tente, façon cabaret). Ensemble bien tenu, mais prix nettement surévalués.

Où manger ?

Le long des remparts portugais (à l'extérieur de la médina, avenue Hassan-II), on trouve une multitude de ***petits restaurants*** destinés aux touristes. La nourriture n'est pas exceptionnelle, mais le service est plutôt sympa et les prix doux pour ce type de restos. Et puis il est agréable de manger sur les terrasses ombragées. Impossible de vous en conseiller un plutôt qu'un autre, tant qualité et service sont variables ; mieux vaut y aller au feeling ou en fonction des menus inscrits sur les tableaux.

Sinon, Asilah est réputée dans la région pour ses restos de poisson. Une réputation injustifiée selon nous, compte tenu du rapport qualité-prix médiocre.

Bon marché (moins de 80 Dh / 7,30 €)

Al Medina : *sur la charmante pl. Guenoun, dans la médina. Tlj sf ven* *midi 9h-21h.* En face du borj el-Kamra, une tour carrée qui gardait l'entrée de la ville (en entrant par la porte de la place Zallaka, vous tomberez obligatoirement dessus). C'est d'ailleurs l'emplacement de ce resto qui en fait l'intérêt, ainsi que les prix doux pratiqués. Idéal aussi pour prendre un petit déjeuner ou boire un thé à l'ombre en journée.

I●I *Restaurant Sevilla :* *18, av. Iman-al-Assili. Tlj 11h-minuit.* Bons poissons et tajines. Propre, et on y est bien reçu. On note même des efforts de déco, ce qui ne gâche rien. Terrasse agréable sur la rue.

I●I *Restaurant Arabi Elegant :* *16, rue Okhouan. Dans une petite rue piétonne qui part de la pl. Mohammed-V vers la médina, au niveau de la* Banque populaire. *Tlj 11h-minuit.* Le patron volubile vous reçoit dans sa caverne d'Ali Baba ou en terrasse. Son resto regorge d'objets aussi hétéroclites qu'insolites, et propose des plats marocains... un peu moins savoureux que le cadre, dommage.

Prix moyens (jusqu'à 150 Dh / 13,60 €)

I●I *Restaurant El Espigon :* *rue Moulay-Hassan-ben-Medhi. Le long de la plage, presque à l'entrée de la ville en venant de Tanger, en face de l'entrée du port de pêche.* Spécialités de poisson et fruits de mer. On apprécie sa situation à l'écart de l'agitation touristique du centre-ville, qui en fait un rendez-vous plus populaire et authentique. Goûtez aux artichauts en entrée, aux brochettes d'espadon, et demandez à ce que votre poisson soit accompagné de leurs fameuses aubergines épicées *(bejerinas).*

I●I *Restaurant Casa Garcia :* *rue Moulay-Haşsan-ben-Medhi, le long de la plage, à 200 m de la médina. ☎ 05-39-41-74-65.* Un resto espagnol à l'élégante déco marine, disposant d'une terrasse protégée par un auvent. Spécialités de poisson et de fruits de mer. Pour une petite folie, goûter le « chaudron de poisson », une excellente marmite du pêcheur (sur commande et pour 2 personnes). Ambiance très conviviale, surtout des habitués.

I●I *Restaurant Al Kasaba :* *à l'angle de la pl. Zallaka et du front de mer. Tlj 12h-minuit.* Dans une salle épurée de style contemporain, cuisine marocaine de bonne facture, bon poisson et fruits de mer (selon arrivage), le tout près de la mer et avec un accueil sympa : c'est déjà pas si mal ! Terrasse sur la rue et une autre sur le toit où l'on fait en été des brochettes et du poisson grillé au feu de bois.

Où boire un verre ? Où sortir ?

🍷 *Café Meknès :* *pl. Mohammed-V.* Un café typique pour boire un thé à la menthe ou un café ; bien aussi pour un copieux petit déjeuner. Surtout des hommes, comme d'habitude. On apprécie particulièrement la terrasse couverte avec ses fauteuils molletonnés d'où l'on observe les passants sur la place.

À voir. À faire

La ville ancienne : cette médina, contrairement à la plupart des autres, frappe par le calme qui y règne, son entretien et sa propreté. On pourra trouver qu'elle manque de vie, mais la promenade est esthétique et reposante. Il faut franchir l'une des trois portes pour y accéder. La *Bâb-Homar,* baptisée par les Espagnols *puerta de Terra,* conduit à un dédale de ruelles silencieuses entre deux rangées de maisons peintes. Si les murs sont blancs ou parfois ornés de fresques naïves, les soubassements et les huisseries sont toujours très colorés. Les fenêtres, souvent petites, sont agrémentées d'un moucharabieh que surmonte un auvent. La porte de la Mer, *Bâb-el-Bahar,* donne accès aux remparts construits par les Portugais au temps de leur grandeur. La tour el-Kamra est d'ailleurs un parfait exemple de l'architecture militaire portugaise. Elle a été dessinée par l'architecte français du roi du Portugal en 1513. Un bastion, près de la tour, permet de découvrir l'océan et le mouillage des bateaux de pêche. Juste à côté, émouvant cimetière avec mosaïques au sol autour d'un marabout. C'est là que les jeunes se retrouvent pour le coucher du soleil en fumant de drôles de cigarettes.

Le palais de Raissouni : *sur une petite place. Dans la médina, suivre les remparts qui longent la mer. Accès par un passage couvert délimité par une grande porte verte.* Le célèbre brigand Raissouni, qui connut son heure de gloire au début du XXe s en devenant gouverneur d'Asilah, se fit construire un luxueux palais. Lequel revit chaque année en août à l'occasion du Festival de musique. Le reste du temps, il abrite un centre culturel, qui n'ouvre que lors d'expos temporaires.

UN BRIGAND AU POUVOIR

Asilah a son personnage mythique : le brigand Raissouni. Voleur, kidnappeur et meurtrier, il sévit à la fin du XIXe s, et devient célèbre avec l'enlèvement du consul des États-Unis et d'un journaliste du Times. Il les libère contre une rançon de 14 000 £. Plus tard, la population d'Asilah appelle Raissouni à la rescousse pour la débarrasser du pacha local. Il s'acquitte si bien de sa tâche qu'il devient gouverneur de la ville. Mais les conflits qui l'opposent aux Espagnols auront raison de lui. Et après la Première Guerre mondiale, Raissouni est chassé d'Asilah.

Le marché aux légumes et aux poissons : *il part de l'av. Moulay-Ismaël.* Petit marché plein de couleurs, un îlot de fraîcheur dans un décor sympathique.

Festival

– ***Moussem culturel d'Asilah :*** *août.* Ce festival de la culture, à la renommée internationale, met à l'honneur les arts plastiques, le folklore et la littérature, d'où qu'ils proviennent. Conférences, expos et concerts dans toute la ville et plus particulièrement dans le centre Hassan-II et le palais Raissouni. Parallèlement se déroule le congrès des musiques islamiques. *Rens : ☎ 05-39-41-87-29 ou 70-65. • c-assilah.com •*

DANS LES ENVIRONS D'ASILAH

Le cromlech de M'Soura : *prendre la route nationale vers Larache sur env 15 km et, au rond-point, bifurquer vers Tétouan ; après env 5 km, suivre la route goudronnée sur la gauche (juste après la station-service) menant au village de Souk-Tnine ; à l'entrée de Souk-Tnine, prendre sur la gauche à la fourche ; 10 km après la sortie du village, prendre la route goudronnée sur la droite (pas de panneau) sur 3 km avt d'atteindre le site. Accès libre.* Cet ensemble gigantesque de 176 menhirs plantés en cercle autour d'un tumulus renfermant une tombe (sans doute d'un chef local) date du Néolithique (IIIe-IVe millénaire av. J.-C.). Unique ensemble de mégalithes en Afrique du Nord, il complète ceux de la façade atlantique (Carnac, Stonehenge...). Au cours de la visite, le gardien tentera de vous soutirer une pièce en échange de sa surveillance (des fois que quelqu'un essaie de chouraver un caillou de 50 tonnes !).

Berbari : *dans le village de* ***Dchar-Ghanem.*** *212 (0)6-60-29-54-54. • berbari.com • Prendre la route nationale vers Larache. À 7 km au sud d'Asilah, repérer la borne « Kénitra 180 km » et suivre la piste sur env 3 km : tt droit, puis à gauche et encore à gauche. Piste de terre et de sable* *assez difficile, attention à votre voiture ! N'hésitez pas à téléphoner pour qu'on vienne vous chercher. Doubles avec petit déj 400-600 Dh ; suites 600-800 Dh. Dîner sur commande (presque obligé, vu l'isolement) 150-200 Dh/pers ou repas léger pour env 70 Dh/pers.* Dans un petit village perdu en pleine nature, cet hébergement hors normes est tenu par la dynamique et accueillante Rachida. Son environnement et l'utilisation de matériaux organiques (bois, torchis, paille, etc.) séduiront tout particulièrement nos lecteurs à la fibre écolo et les amateurs d'originalité. Les 4 chambres et 3 suites, charmantes, toutes différentes et pleines de recoins, disposent d'une salle de bains, d'un salon et de mobilier ancien chiné à droite à gauche par la proprio. Vaste salon coloré et vitré sur le pourtour, où trône un antique piano ; courette pour se délasser. Vraiment une très belle adresse pour ceux qui aspirent à un séjour au calme, hors des sentiers battus.

LARACHE

107 400 hab.

Dès le XVIe s, Portugais et Espagnols s'intéressent à ce petit promontoire rocheux et à son port, qui devient pendant des siècles l'objet de luttes incessantes. Larache (El-Araïch) est occupée en 1911 par les Espagnols qui la garderont jusqu'à la fin du protectorat, en 1956.
Larache a l'apparence d'un gros village où il fait bon vivre. La médina, bien qu'assez délabrée, a beaucoup de cachet, notamment grâce à ses ruelles pentues descendant vers la mer. Ses placettes offrent le beau spectacle des marchés bruyants et colorés, animés jusque tard dans la nuit. En s'enfonçant dans ses venelles étroites et biscornues, on goûte à une belle douceur, et on se laisse vite bercer par l'agréable dépaysement qui règne ici. Elle n'est pas encore envahie de touristes, ce qui contribue à son charme et en fait une ville particulièrement séduisante à bien des égards.
Mais le gouvernement en a décidé autrement, et le plan « Azur » va passer par là : la construction de Port-Lixus, une importante station balnéaire à Khemis-Sahel, à une dizaine de kilomètres au nord sur l'autre rive du fleuve Loukos, va certainement changer la face des choses. Jean Genet, qui repose à Larache, va se retourner dans sa tombe. Mais ce nouveau centre d'activités (avec marina, centre de thalasso, golf...) apportera peut-être les moyens nécessaires à l'entretien du site archéologique de Lixus, non loin de là. Qui sait ? En attendant, vous pourrez vous promener pendant des heures sans être importuné le moins du monde.

Arriver – Quitter

Gare routière : *rue du Caire. Au sud du centre-ville. Depuis la place centrale, prendre l'av. Mohammed-ben-Abdallah, puis tourner à gauche après l'hôtel* Riad. La *CTM* propose des liaisons avec :
➢ ***Rabat et Casa :*** 3 bus/j. (8h-18h). Trajet : respectivement 3h et 4h.
➢ ***Tanger et Tétouan :*** 4 bus/j. (10h30-20h). Trajet : 2h et 3h.
➢ ***Meknès et Fès :*** 4 bus/j. (16h30-minuit). Trajet : 3h et 4h.
➢ ***Marrakech :*** 2 bus/j. (fin d'ap-m). Trajet : 7h.
➢ ***Taza :*** 1 bus (le soir).
➢ ***Nador :*** 1 bus (le soir).
D'autres compagnies desservent ces destinations.

Adresses utiles

✉ ***Poste :*** *un peu en retrait sur le bd Mohammed-V, à l'angle de la rue du 2-Mars. Lun-ven 8h30-16h ; sam 8h30-12h.*
■ ***Banques et change :*** *plusieurs*

banques avec distributeur sur l'av. Mohammed-V (l'avenue principale) qui débouche sur la pl. de la Libération.

@ **M@rnet :** *rue Ben-Mouatamid. Depuis la place centrale, prendre l'av. Mohammed-ben-Abdallah ; c'est plus loin, après un rond-point. Tlj 10h (15h ven)-minuit.* Ordinateurs bien entretenus dans un espace aéré.

Où dormir ?

Les hôtels sont situés dans les rues pour la plupart piétonnes qui rayonnent de la place de la Libération, à 50 m de la corniche.

Très bon marché (moins de 100 Dh / 9,10 €)

Aire de repos de Larache : *à l'entrée de Larache en arrivant de Rabat. ☎ 05-39-52-10-69. Ouv tte l'année, 24h/24. Souvent complet en été. Emplacement 50 Dh slt s'il y a de la place. Douche pas chère (mais eau chaude selon le soleil). Parking gratuit gardé.* Grand centre d'accueil financé par la compagnie maritime *Comarit-Limadet*. Ils proposent même quelques bungalows pendant l'été. Le centre fonctionne comme un village : cafétéria, bureaux de poste et de change, infirmerie et médecin, billetterie pour les bateaux reliant Tanger à Algésiras et Tanger à Sète. Certes, l'environnement est médiocre et la propreté moyenne, mais c'est parfois aussi le cas des vrais campings...

Pension El Watan : *rue du Grand-Vizir-Sid-Ahmed-Gun-Mia. Dans la médina, dans la 1re rue à gauche juste après l'entrée du souk, en passant sous une arche. Env 30 Dh/pers. Pas de douche.* Difficile de faire plus rudimentaire. De petites alcôves monacales de 1 à 3 lits organisées autour d'un patio coloré. Pour les super fauchés pas trop regardants sur l'hygiène.

Pension Amal : *10, rue Abdellah-ben-Yassine, perpendiculaire à la rue Mohammed-ben-Abdallah. ☎ 05-39-91-27-88. Doubles 80-100 Dh, sdb commune.* Une petite pension entièrement refaite, dans une ruelle calme ; plus gaie et accueillante que le standard dans cette catégorie. Chambres distribuées sur 2 niveaux, autour d'un vaste patio. Couleurs fraîches, salles de bains propres et literie correcte. Une adresse très simple mais bien tenue.

Bon marché (100-200 Dh / 9,10-18,20 €)

Hôtel Hay Essalam : *9, av. Hassan-II. ☎ 05-39-91-68-22. • essalam.larache@hotmail.fr • Doubles 120-240 Dh selon confort et saison ; pas de petit déj. Sur 4 étages sans ascenseur.* Le seul hôtel vraiment digne de ce nom dans cette catégorie. Chambres sans charme particulier, mais très propres. Certaines possèdent un balcon sur la rue piétonne. Les salles de bains, pour les chambres qui en sont équipées, sont assez agréables et avec eau chaude, mais elles mériteraient un rafraîchissement. Dans l'ensemble, ce petit hôtel offre un excellent rapport qualité-prix. Accueil sympa.

Pension Málaga : *4, rue de Salé. ☎ 05-39-91-18-68. Fax : 05-39-91-23-44. De l'av. Mohammed-V, petite rue sur la gauche juste avt d'arriver sur la pl. de la Libération. Doubles 120-180 Dh selon confort (avec ou sans sanitaires et TV).* Chambres très simples et d'une propreté acceptable, dans une ruelle centrale relativement calme.

Prix moyens (200-400 Dh / 18,20-36,40 €)

Hôtel España : *6, av. Hassan-II. ☎ 05-39-91-31-95. • hotel-espana.fr.gd • Doubles avec TV, AC et sdb 260-280 Dh selon confort.* À l'époque de la colonisation espagnole, c'était le seul hôtel. Il a hérité de cette période les azulejos de son élégant hall, dominé par un vaste escalier central recouvert d'une moquette épaisse. Les chambres et les salles de bains sont modernes et bien entretenues. De taille moyenne à spacieuse, elles sont propres et confortables ; nous vous recommandons celles qui donnent sur la place. Leurs grandes terrasses vous permettront de siroter un apéro en contemplant son animation. Petit jardin intérieur fleuri, salon-bar à l'étage et excellent accueil. Presque une adresse de charme !

Chic et charme (400-800 Dh / 36,40-72,80 €)

La Maison Haute : *6, derb Ben-Thami. 212 (0)6-65-34-48-88 ou 212 (0)6-68-34-00-72. • lamaisonhaute.com • Depuis la pl. de la Libération, prendre l'entrée principale de la médina, continuer sur 10 m ; c'est la grande maison en face, qui donne sur la petite place du souk. Ouv tte l'année, mais slt sur résa oct-avr. Doubles avec sdb 450-600 Dh selon taille et étage, petit déj inclus ; également 1 suite.* Une adresse au cœur de la médina. Certes, les peintures s'écaillent parfois, mais ce petit côté désuet ajoute au charme des lieux. Voilà une maison d'hôtes qui vit et qui ne semble pas sortir tout droit d'un magazine de déco. Construite dans un style arabo-andalou, elle arbore ses mosaïques d'origine, des murs peints dans des tons jaunes ou vert clair et des objets anciens. Le salon confortable et intime donne sur le souk. Tandis que les chambres, portant chacune le nom d'un film célèbre, réparties autour d'un patio, possèdent toutes une déco différente. Terrasse panoramique fleurie avec vue splendide sur l'océan et le marché.

Où manger ?

Rien de bien réjouissant côté cuisine. Quant à boire un verre, n'en parlons pas...

Prix moyens (moins de 150 Dh / 13,60 €)

Puerta del Sol : *passage Ahmed-Chaouki, juste à côté de la* Pension Málaga. *Tlj 8h-minuit.* Au menu : tajines, crevettes, poisson grillé, brochettes et toute la panoplie de la restauration rapide, que l'on peut consommer sur place ou emporter. Délicieuse assiette de 5 poissons, accompagnée de crevettes et de poulpe. Salle à l'étage et petite terrasse agréable sur les pavés. Accueil chaleureux.

Restaurant Boughaz : *7, bd Mohammed-V. 212 (0)6-70-15-58-31.* Cuisine à la fois marocaine et internationale. Correct sans plus. Son gros avantage : sa terrasse avec ses tables dehors, assez éloignées de la circulation. Assez agréable le soir, dans cette ville qui est plutôt un désert culinaire.

Casa del Oriente : *av. du Port. ☎ 05-39-91-19-51. Tlj sf lun. Descendre jusqu'au port de pêche (en taxi ou 20 mn de marche), passer l'entrée de ce dernier et tourner à droite après le bureau des douanes. C'est 100 m plus loin, à côté de la clinique du Croissant-Rouge.* Il ne s'agit pas d'un resto comme les autres, mais du restaurant-école d'un centre d'apprentissage qui forme des jeunes défavorisés aux métiers de l'hôtellerie. Les jeunes sont à la fois au service et aux fourneaux, et ils se donnent bien du mal pour vous satisfaire ! Plein de poissons et fruits de mer, mais aussi des viandes et des tapas variées.

– Plusieurs ***cafés-restaurants*** autour de la place de la Libération. S'installer dehors pour profiter du *paseo*, des palmiers et de la vieille porte en bois sculpté. Vers 16h-17h, *churros* (beignets) autour de la place, côté médina.
– Quelques ***gargotes*** près du port, où l'on peut manger des sardines et autres poissons grillés. Il y a même un petit bar à tapas à la sauce locale.

Où déguster une pâtisserie ?

Pâtisserie-glacier Lakoste : *rue Moulay-ben-Abdallah. Près de la place principale, derrière l'hôtel* España *(voir « Où dormir ? »).* On y trouve un grand choix de très bonnes pâtisseries marocaines, ainsi que des viennoiseries et autres petits délices pour becs sucrés à déguster dans une salle très *clean*.

Petite boutique sans nom : *pl. de la Libération, juste à gauche de l'entrée de la médina.* D'excellents *churros* en souvenir de la colonisation espagnole. Idéal à toute heure de la journée mais surtout au petit déj.

Où boire un thé, un jus ou un verre ?

Café-restaurant Lixus : *pl. de la Libération.* Établissement situé sur la place centrale et séparé en 2 salles distinctes : l'une plus classe à la belle décoration et l'autre, plus populaire, où se rassemblent en masse les locaux pour taper le carton ou papoter autour d'un verre (sans alcool). Grande terrasse. Service nonchalant.

Café de l'hôtel Riad : *rue Ben-Abdallah.* Grande terrasse dans le jardin de l'hôtel, bien agréable pour boire un verre (non alcoolisé, toujours), notamment en début de soirée.

Balcon Atlantico : *rue Tarik-Ibnou-Ziad. C'est la petite rue qui relie la pl. de la Libération au bord de mer.* Un endroit tout trouvé pour profiter du joli panorama sur la mer en compagnie de la jeunesse bien sapée de Larache. Assez tendance, mais sans excès.

À voir. À faire

Larache n'est pas limitée à sa place centrale. La ville et ses chaleureux habitants livreront leurs secrets à ceux qui savent prendre leur temps et méditer ce proverbe arabe : « Les gens pressés sont déjà morts. »

La médina : ceinte de murs épais, la médina surplombe le port réaménagé au début du XXe s. Par le labyrinthe de ses ruelles, on parvient à une belle esplanade de laquelle on contemple l'estuaire du Loukkos et les marais salants (on évite de regarder les ordures en contrebas !). En traversant la médina, on peut atteindre la place du Makhzen où se trouve le *château de la Cigogne,* fortin qui date de l'occupation espagnole et qui a bénéficié de gros travaux de restauration. De la vieille ville ainsi que de la *kasbah,* il ne reste malheureusement que des ruines, dans lesquelles il est dangereux de s'aventurer.
Le cœur de la médina est sans aucun doute le *souk S'hrir,* ou petit marché, juste à l'entrée. Une irrésistible agitation secoue cette petite place où grondent les sonos des vendeurs de CD dans une joyeuse cacophonie. Prolongé par le Zoco de la Alcaiceria, une place encadrée de colonnes où l'on trouve désormais plus de vendeurs de fringues *made in China* que de bouchers et de poissonniers. Restent les charrettes croulant sous les fruits et légumes pour compléter ce tableau vivant et coloré.

La place de la Libération : place principale de la ville, occupée par un large rond-point qui sert de lieu de rendez-vous. Construite par les Espagnols qui occupent la ville à partir du XVIIe s, elle est cernée d'immeubles un peu décrépis aux façades hispano-mauresques dentelées. À voir le soir pour son ambiance festive et ses cafés remplis à ras bord de clients décontractés.

Le marché : *de la pl. de la Libération, remonter la rue Mohammed-Zerktouni (rue parallèle à la corniche, en direction du cimetière espagnol et du phare). Tlj 7h-17h.* Situé dans un joli bâtiment de style mauresque restauré par les Espagnols. Dans une joyeuse agitation, on trouve tout ce qui alimente les restos et les cuisines de la ville.

Le Musée archéologique : *situé juste à l'extérieur des murs de la médina. Dans l'av. Mohammed-V, en descendant vers la mer, tourner à droite avt le petit parc au café tt vitré ; à la fourche, prendre la rue à gauche qui remonte vers la médina, c'est le minuscule bastion sur la droite. Lun-ven 10h-12h, 15h-18h. Entrée : 10 Dh.* Tout petit, à peine une studette avec kitchenette ! À moins d'adorer les morceaux de poterie, on s'en passe très bien. Remarquez quand même le bâtiment lui-même, un bastion espagnol qui porte les armes de Charles Quint.

Le port de pêche : *en contrebas de la médina (laissez votre passeport au policier qui garde l'entrée).* Animation et couleur locale garanties.

La tombe de Jean Genet : *dans le cimetière espagnol. Longer la corniche en direction du cimetière musulman et de la mosquée, après lesquels il faut continuer sur env 400 m. Le cimetière est sur la droite ; l'entrée se situe entre la fin du mur et la falaise ; le gardien est là pour vous ouvrir et vous guider.* La tombe n'est constituée que de deux simples plaques de marbre blanc veiné de bleu. Une sobre inscription, finement gravée et calligraphiée : *Jean Genet 1910-1986.* L'océan en vis-à-vis, et des mauvais garçons qui traînent. L'auteur des *Bonnes* a réussi sa sortie !

DANS LES ENVIRONS DE LARACHE

Plage (immense et malheureusement très sale) de l'autre côté de l'estuaire. Accès possible en barque, à partir du marché aux poissons. Promenade superbe. Sinon, en voiture, sortir de la ville en direction de Tanger et, à la hauteur de Lixus, tourner à gauche. Service de bus durant l'été. Nombreux cafés en été, face à la ville. Ah, la vue ! *Lovely !*

Lixus : *à 4 km au nord de Larache sur la nationale en direction de Tanger (sur la gauche, enserré dans une immense enceinte). Les bus n°s 4, 5 et 7 (à prendre en face du château de la Cigogne) y conduisent. Accès payant.*
Cité fondée par les Phéniciens et annexée par les Romains en 40 apr. J.-C. Le théâtre romain du Ier s n'a été mis au jour qu'en 1964. Les gradins en hémicycle adossés à la colline sont séparés du chœur (avant-scène) par un haut mur afin d'utiliser celui-ci comme une arène pour les jeux des gladiateurs. Le site comprend plusieurs temples (dont le plus important couronne l'acropole), les vestiges d'une entreprise de salaison de poisson avec plus de 100 bassins et les inévitables thermes dont le tepidarium, ou salle tiède, qui a conservé son pavage de mosaïques. On y voit Neptune, le dieu de la Mer, dont l'effigie est ornée de pattes de crustacés au-dessus d'une chevelure abondante. Malheureusement, victime de vandales, Neptune s'est transformé en Cyclope ! Pour leur éviter le même destin, les plus belles mosaïques de Lixus sont abritées bien au chaud au musée de Tétouan. Au soleil couchant, superbe vue sur Larache, les méandres de l'oued Loukkos, l'océan et les marais salants.

➢ ***De Larache à Tanger,*** la route côtière est très belle. Elle traverse des vallées agricoles humides et vallonnées, et une grande forêt d'eucalyptus qui embaument, surtout les jours de chaleur.

MOULAY-BOUSSELHAM

5 700 hab.

À environ 45 km au sud de Larache par l'autoroute de Rabat (évitez la nationale, bien plus longue et de très mauvaise qualité). Petite station balnéaire encore dépourvue de complexes hôteliers. Ici on vient plus pour dormir chez l'habitant et jouir de leur chaleureuse hospitalité. Un séjour authentique où les ornithologues se régaleront de l'abondance d'oiseaux (dont certaines espèces rares) dans les marais et autour du grand lac. D'autres prendront plaisir à observer les pêcheurs revenant du large à bord de leurs très photogéniques barques colorées. Du haut de la ville, vue superbe sur l'océan et la lagune aux couleurs turquoise.

Où dormir ?

Une partie des hébergements se trouve dans le village de pêcheurs, qu'on rejoint en s'enfonçant par des pistes à l'entrée de la ville, sur la gauche.

Campings

Camping International Atlantis Gate : *en entrant dans la ville, sur la gauche (indiqué). ☎ 05-37-43-24-77. • atlantisgatemb@yahoo.fr • Compter 60-90 Dh pour 2 avec tente et voiture, eau, électricité et douche comprises.* Joliment situé en bord de lagon, avec une belle vue sur l'embouchure de la rivière et le petit port de pêche. Après avoir été laissé à l'abandon, il a été repris par un nouveau gérant qui a prévu des travaux très ambitieux : construction de bungalows, nouvelles piscines, ponton sur la lagune... En attendant, emplacements peu ombragés et sanitaires corrects. Le problème du coin, ce sont les moustiques, que l'on essaie chaque soir de chasser avec de la fumée ou de l'eau savonneuse. Animations le soir en saison. Accès direct à la plage. Très fréquenté, vu sa belle situation.

Camping Flamants Loisirs : *à l'entrée du village de pêcheurs. ☎ 05-37-43-25-39. • flamants-loisirs.fr • À gauche avt d'entrer dans la ville (indiqué). Compter 90 Dh pour 2 avec tente et voiture, douche chaude et électricité comprises. Quelques bungalows avec petite sdb et cuisine, offrant un accès libre à la piscine ; selon saison, grands bungalows (4 pers) 350-500 Dh et petits (2-4 pers) 250-400 Dh. Également des apparts spacieux avec 2 chambres, cuisine équipée et grand salon avec TV, 500-800 Dh selon saison et taille. Réduc de 15 % à partir de la 3e nuit.* Camping vert et ombragé, avec des sanitaires nickel. Aucun accès direct à la plage, mais une belle vue sur la mer. Grande piscine payante, jeux pour enfants et toutes les commodités : épicerie, infirmerie, laverie, etc., ainsi qu'une grande salle pour accueillir les services d'un DJ en saison. Mieux vaut savoir à quoi s'en tenir question tranquillité.

De bon marché à prix moyens

Le Nid du Hibou : *dans le village de pêcheurs. Direction du camping* Flamants Loisirs, *puis continuer tt droit en longeant le mur du camping (avec le lagon à main droite), et tourner à gauche jusqu'au hibou peint sur le mur. 📱 212 (0)6-63-09-53-58. Prévoir 200 Dh/pers en ½ pens.* Khalil, guide ornithologue professionnel dans la lagune (lire plus loin « À voir. À faire »), propose 2 maisonnettes toutes simples (qui peuvent accueillir jusqu'à 6 personnes), dotées de 2 chambres, d'une salle de bains et d'un salon marocain. Elles jouxtent sa propre maison. Également à part, une chambre toute simple avec douche et w-c à la turque. Délicieux repas à base de produits du jardin cultivé par ses fils, cuits au feu de bois par sa femme et servis sur la terrasse du toit. Idéal pour un séjour authentique.

La Maison des Oiseaux : *dans le village de pêcheurs. ☎ 05-37-43-25-43. • maisondesoiseaux@hotmail.com • Suivre la direction du camping* Flamants Loisirs, *passer devant et prendre à droite au bout de 5 rues ; on aperçoit alors la maison, tte blanche et entourée d'un jardin verdoyant. Double avec ou sans sdb 350 Dh/pers en ½ pens ou 350 Dh pour 2 avec petit déj ; gîte 100 Dh/pers, petit déj inclus ; gratuit pour les enfants jusqu'à 8 ans.* Dans un jardin fleuri à la pelouse bien tondue, 9 belles chambres toutes décorées différemment, avec charme et bon goût. Cuisine à disposition, cheminée et livres dans le salon. Accueil agréable et familial, dans un cadre paisible face à la lagune. Bons tajines dégustés sous la tonnelle. Excellente adresse.

Le Jardin de Grabou : *dans le village de pêcheurs. Avt l'entrée de la ville et la forêt, prendre la 2e à gauche après le resto* Essalam *; ensuite, c'est fléché ; on débouche finalement sur une grande porte en bois encadrée par une façade bleu ciel. 📱 212 (0)6-68-29-21-78. • lejardindebousselham.free.fr • Doubles 250-350 Dh sans ou avec sdb. Repas sur demande.*

Chambres bien tenues et confortables, qui bénéficient d'un bel effort de déco, autour d'un luxuriant jardin fruitier. L'une d'elles, à l'étage, dispose d'une terrasse avec vue sur mer. Les salles de bains, communes ou privées, sont entièrement carrelées et impeccables. Grabou, le proprio, propose des balades à dos d'âne et des randonnées pédestres autour de la lagune. Sa femme prépare de bons plats à base de légumes du jardin et de poissons des amis pêcheurs. Bien se faire préciser chaque prix, ce qui est compris ou non.

Hôtel Le Lagon : *sur la route principale, côté gauche. ☎ 05-37-43-26-50. Fax : 05-37-43-26-49. Prévoir 300 Dh la double avec sdb, petit déj en sus. Accès piscine payant pour les non-résidents.* Chambres classiques prolongées par une grande terrasse qui donne sur la lagune. Vue magnifique. Piscine ouverte uniquement en juillet et août. Fait aussi resto. Le seul petit complexe hôtelier existant. Par chance, il est très accueillant.

Où manger ?

Rien de très folichon, mais pas mal de petits restos touristiques corrects et pas trop chers. C'est sympa de manger sur le marché, en observant son animation.

Izaguirre : *face au Camping International. Repas complet env 80 Dh.* Petit café-resto bien situé, avec une jolie vue de la terrasse (même si un imposant bâtiment en vole une partie) et au calme. De plus, le service est tranquille et on y mange relativement bien.

Les Sables d'Or : *sous les arcades du grand parking. Repas env 80 Dh.* Sert une cuisine sans prétention, mais fraîche et copieuse. Bon poisson grillé.

À voir. À faire

La lagune de Merdja Zerga : réserve naturelle d'oiseaux, qu'il est possible de visiter en barque, notamment avec l'association *Hajra Hamra (212 (0)6-63-09-53-58).* Khalil, guide ornithologue diplômé du *WWF*, travaille pour la protection des oiseaux migrateurs en voie de disparition. On le trouve généralement devant le *Camping International*. Il organise, dans le cadre de l'association, des visites de la lagune de 1h30 à 2h30 *(200-300 Dh, pour 4-5 pers).* Les volatiles viennent par milliers hiverner dans ce site exceptionnel d'octobre à mars, mais de nombreuses espèces se sont sédentarisées. On y découvre des hérons, des flamants roses, le hibou du Cap, la sterne caspienne, le balbuzard pêcheur, des canards siffleurs, des oies cendrées, etc. Jumelles conseillées.

Le marabout de moulay Bousselham : parmi les dunes, nombreux tombeaux blancs. Celui du saint patron du lieu, moulay Bousselham (« le seigneur au burnous »), est situé, quant à lui, dans le village au-dessus du port. C'est un lieu de pèlerinage particulièrement fervent.

Côté océan, la **plage** est propre car nettoyée par la marée mais plutôt dangereuse en raison des courants violents, surtout à marée basse, et heureusement surveillée en été. Dans la lagune, la plage est très sale.

MEHDIA

22 700 hab.

Surtout connue pour sa réserve naturelle et sa plage, Mehdia se situe à une petite cinquantaine de kilomètres au nord de Rabat, à l'ouest de Kénitra (ville industrielle sans grand intérêt). L'océan y déroule de magnifiques rouleaux bien réguliers. Un spectacle un peu gâché toutefois par le manque d'entretien

des plages. En cas de grande chaleur, il règne une ombre bienfaisante sous les eucalyptus au bord du lac de la réserve de Sidi-Bourhaba. L'ensemble est apprécié par les Marocains, qui viennent ici pour des week-ends animés et familiaux.

Arriver – Quitter

En grand taxi, bus et train

➢ Du centre de Kénitra, grand taxi ou bus n° 15 (pour la plage) et n° 9 (pour la *kasbah*). La ville de Kénitra, quant à elle, est desservie par les trains : liaisons avec ***Rabat*** en continu toute la journée et avec ***Tanger*** (env 5 trains/j.).

En voiture

➢ De Rabat, prendre la RN 1. À gauche avt Kénitra, une route mène directement aux plages et à la réserve naturelle, évitant ainsi un long détour par Kénitra. Soyez vigilant, le panneau est discret. Aller-retour possible dans la journée.

Où dormir ?
Où manger ?

⛺ ***Camping International :*** *sur la route longeant le front de mer, à 200 m de la plage. ☎ 05-37-38-81-49. Ouv tte l'année. Compter 50 Dh pour 2 avec tente et voiture. Douche chaude payante.* Les zones ombragées sont rares. Et malgré des sanitaires très simples, l'ensemble est correctement tenu. Un as du badigeon a officié sur tout le terrain : pas un caillou, pas un arbre n'a été épargné par sa peinture blanche et bleue. Très animé et bruyant l'été, avec sa salle de jeux, sa disco et son resto. Toujours en été, épicerie et café.

🏠 ***Surf Camp :*** *61, villa Point du Jour, à l'entrée de la ville, 4ᵉ rue. 📱 212 (0)6-63-05-40-64 ou 212 (0)6-13-18-78-38. • mehdiasurf.com • Nuitée en dortoir ou chambre 100 Dh/pers, petit déj compris.* Cette auberge de jeunesse privée pour surfeurs débutants ou confirmés est ouverte à tous. Un studio et des chambres en dortoir avec salles de bains sont répartis dans des chalets dans un calme jardin fleuri. L'ambiance est amicale, et même festive certains soirs. La clientèle internationale et passionnée de surf fait partager l'état d'esprit et les joies de ce sport. Boomy, proprio et moniteur sérieux, propose des cours tous niveaux à prix intéressant. Cuisine à disposition pour repas collectifs autour de longues tables et agréables espaces de détente dans le jardin.

🏠 ***Hôtel Ibtisama :*** *face à la plage. ☎ 05-37-38-82-30. Double 300 Dh avec sdb et cuisine ; apparts 3-4 pers 400-500 Dh.* Voilà un hôtel qui satisfera les amateurs d'authenticité. Sans charme particulier, les chambres, toutes avec cuisine et salle de bains, sont spacieuses, bien tenues et ont un balcon ouvert sur la mer. En été, des fêtes sont organisées tous les soirs dans la salle de resto. Un hôtel non recommandé aux couche-tôt ! *Ibtisama* veut dire « sourire », un mot qui correspond à merveille à l'accueil jovial de la dynamique patronne.

|●| Nombreux ***restos*** face à la mer, pour toutes les bourses *(à partir de 30 Dh pour un plat de friture de poisson).*

À voir

La kasbah : *sur les hauteurs, à la sortie de la ville en direction de Kénitra (on voit la kasbah de la route). Tlj 8h-13h, 14h-19h. S'adresser à un guide porteur de badge.* Derrière une belle porte reconstruite par les Américains qui l'avaient bien amochée en 1942 lors de leur débarquement, des ruines envahies de végétation à explorer ad libitum. Attention quand même, certains endroits sont dangereux. Le sentier qui part à gauche conduit au *borj* principal. De là, belle vue sur l'estuaire de l'oued Sebou qui fut longtemps le seul moyen d'accès à l'arrière-pays, d'où une occupation défensive de longue date de cette hauteur. Moulay Ismaïl y fit construire une résidence d'été, dont on discerne encore quelques vestiges de la splendeur passée (portes richement sculptées, mosaïques).

La plage de Mehdia : belle plage, très animée en fin de semaine. Connue pour avoir été le berceau du surf au Maroc, elle offre une très bonne qualité de vagues tout au long de l'année. Attention, les courants sont forts et dangereux.

La réserve naturelle de Sidi-Bourhaba : *entrée à env 2 km de Mehdia-plage. En arrivant de Rabat et de Salé, suivre la direction de Mehdia-plage, puis un panneau indique la réserve. Tlj du lever au coucher du soleil. Rens au CNEE (Centre national d'éducation environnementale) à 8 km de l'entrée, au cœur de la forêt : ☎ 05-37-74-72-09. • spana.org.ma • Slt w-e et j. fériés 12h-16h (17h en été). Visite conseillée oct-mars.* Habitat de prédilection pour des espèces menacées comme le hibou du Cap, cette forêt de genévriers rouges et d'eucalyptus est aussi une aire de repos pour les oiseaux migrateurs entre l'Europe et l'Afrique subsaharienne. Sur les bords du lac sont aménagées des aires de pique-nique, très fréquentées le week-end par les familles de la région. Pensez à remporter vos déchets ! Sentiers de découverte avec des pupitres expliquant la faune et la flore de la réserve.

SIDI-BOUKNADEL

9 300 hab.

À mi-chemin entre Kénitra et Rabat, cette modeste bourgade rurale est bordée par une belle plage (malheureusement, baignade dangereuse). Elle abrite aussi un intéressant musée des Traditions et des Métiers d'art marocain.

LA ZONE CÔTIÈRE

Arriver – Quitter

➢ ***En bus :*** *le nº 28 part sur l'av. Moulay-Hassan, à l'angle de la rue d'Ifni, à Rabat.* Trajet : 45 mn.
➢ ***En grand taxi :*** *départ de Rabat par la station à côté de Bâb-Chellah, bd Hassan-II.*

Où dormir ?
Où manger ?

Chic

Hôtel Firdaous : *plage des Nations. ☎ 05-37-82-21-31 ou 32. Fax : 05-37-82-21-43. Accès par la route en face du musée Dar-Belghazi. Résa conseillée l'été. Double 600 Dh, petit déj compris. Plats env 75-110 Dh.* Sur une superbe plage, grosse casemate de béton les pieds dans l'eau. Un pur délire de décorateur des années 1970, il ne manque rien pour tourner un remake de *Chapeau melon et Bottes de cuir.* Quant au bar, c'est le *Moloko Milk Bar* d'*Orange mécanique* ! Tout est d'époque, mobilier, couleur du papier peint, luminaires et même les craquelures sur les murs ! Toutefois, les chambres bien plus sobres n'offrent pas le même « cachet » ! En revanche, le resto est très bon. L'ensemble est confortable et le dépaysement garanti. Belle piscine. Accueil agréable.

DANS LES ENVIRONS DE SIDI-BOUKNADEL

La plage des Nations : belle plage, mais extrêmement **dangereuse** du fait d'une très forte houle. Chaque année, on y déplore des noyades.

Le musée Dar-Belghazi : *km 17, route de Kénitra ; au niveau de la route pour la plage des Nations. ☎ 05-37-82-21-78. • museebelghazi.marocoriental.com • Tlj sf j. fériés 9h-18h. Entrée : 50 Dh pour les salles principales ; 100 Dh pour voir l'ensemble des collections ; réduc enfants.*
Cette magnifique collection, rassemblée depuis quatre générations par la famille fassie Belghazi, mérite vraiment un arrêt. On y découvre toute la richesse et la qualité des métiers d'art marocains. L'arrière-grand-père, astronome, collectionnait manuscrits et astrolabes, le grand-père brodait des selles au fil d'argent et s'intéressait naturellement aux tissus. Ses filles sont devenues orfèvre et brodeuse. Quant à l'arrière-petit-fils de cette famille d'artistes, l'actuel conservateur, il est ébéniste. Résultat : ce musée est reconnu par l'État pour la qualité exceptionnelle de ses collections : bijoux, vêtements, étoffes brodées, portes en bois sculpté, manuscrits, poteries, armes, instruments de musique et de mesure, etc.
Une très belle galerie est dédiée aux spécificités du patrimoine juif marocain. On a apprécié, entre autres, le bel ensemble d'éléments architecturaux et de mobilier liturgique en bois de cèdre, comme ce minbar d'époque mérinide (XIIe s), les magnifiques coupoles en bois sculpté du XVIIe s, des tissus de provenance variée, et plein d'autres beaux objets bien mis en valeur.
Hélas ! de cet ensemble sans pareil, une grande partie est vouée à la destruction à petit feu si les fonds destinés à la régulation de l'hygrométrie ne sont pas rassemblés : nous sommes à 3 km de la mer, d'où soufflent les vents dominants.

Les jardins exotiques : *à 12 km de Rabat sur la route de Kénitra. Tlj 9h-18h. Entrée : 10 Dh.* Créé dans les années 1950 par Marcel François, un horticulteur passionné qui consacra 30 ans de son existence à l'entretien de ce luxuriant jardin paysager. Sur 4 ha, il a savamment réuni quelque 1 500 variétés d'arbres et de plantes du Japon, de Chine, d'Afrique, de Tahiti et d'Amérique du Sud, regroupées par types de paysage. Longtemps laissés à l'abandon, les jardins ont été réhabilités par la fondation Mohammed-VI pour la protection de l'environnement. C'est une merveille ! Ferme pédagogique et centre multimédia à l'entrée.

SALÉ

903 500 hab.

À 3 km de Rabat, dont elle est séparée par l'oued Bou-Regreg, cette vieille implantation berbère, ancienne rivale de Rabat autrefois célèbre pour ses corsaires redoutés sur toutes les mers, n'a conservé de son passé tumultueux qu'une belle médina blanche et animée ; l'ancien marché aux esclaves est devenu un souk d'artisans où il fait bon déambuler – sauf peut-être pour les routardes seules. Tout oppose aujourd'hui Rabat la moderne, l'occidentalisée, la capitale, à Salé la traditionnelle, la religieuse, la populaire, la cité-dortoir. Et si cette dernière a été rabaissée au rang de faubourg, sa visite est indispensable car il reste

LE SEUL ÉTAT PIRATE DE L'HISTOIRE !

Un moment remarquable de l'histoire de Salé est la constitution de la république de Bou-Regreg. Vers 1610, la piraterie est une activité très développée. En 1627, les écumeurs d'océans s'organisent en une éphémère république. Un scrutin proclame chaque année un gouverneur-amiral. La fête dure quelques saisons, le makhzen (pouvoir étatique) ferme les yeux, et pour cause, la ville lui verse 10 % de ses gains ! À la fin du XVIIe s, moulay Ismaïl accable les pirates d'impôts et sonne la fin de l'histoire.

de nombreux témoignages de la splendeur de ce port, prospère jusqu'à la fin du XVIe s. De plus, sa médina est beaucoup plus dépaysante que celle de Rabat. Mais d'importants travaux devraient changer la donne. Outre les liaisons entre les deux villes, un vaste complexe hôtelier avec de nombreux restaurants sur les bords des rives de l'oued Bou-Regreg devrait voir le jour ; il jouxtera la nouvelle marina de bateaux de plaisance déjà en activité. Sans parler des quartiers résidentiels côtiers de la médina, dont le projet est de les remplacer par une zone d'habitations pour les plus nantis...

Arriver – Quitter

Salé est une excursion au départ de Rabat. C'est pourquoi nous indiquons uniquement les liaisons entre ces deux villes.
Le meilleur moyen est le tramway qui relie désormais les deux villes. Autre solution : un grand taxi au départ de Bâb-Chellah, sur le bd Hassan-II. Les petits taxis, eux, n'ont pas le droit de sortir de la ville. Sinon, Salé est facilement accessible en 30 mn de marche par le pont Moulay-Hassan *(plan d'ensemble de Rabat)*.

En Tram

➢ ***Entre Rabat et Salé :*** 2 lignes circulent tlj de 6h à 23h, ttes les 9 mn jusqu'à 21h, puis ttes les 20 mn 21h-23h et le dim. Prix : 6 Dh. Les tickets s'achètent dans les kiosques situés sur les quais. Plus d'infos sur : • *tram-way.ma* •

En grand taxi

Grands taxis de Bâb-Chellah *(plan I de Rabat, B1) : sur le bd Hassan-II à Rabat. Env 5 Dh.* Départs réguliers.

En train

➢ ***Entre Rabat-ville et Salé-ville :*** env 1 train ttes les 20 mn ; plus rares en soirée. Plus cher que le bus ou le grand taxi. Sachez aussi que tous les trains desservant Rabat s'arrêtent également à Salé.

En bus

➢ Bus no 14 ou 42 depuis Rabat *(plan I de Rabat, B1)*, rue Melilia, près de la place du même nom.

Où dormir ?

Salé propose un choix d'hébergements restreint. Voir nos adresses à Rabat.

Beaucoup plus chic

Riad À la Belle Étoile *(plan d'ensemble de Rabat,* ***20****) : dans la médina. ☎ 05-37-88-58-58. • riad-alabelle-etoile.com • Entrer par la porte principale de la médina, au jardin municipal, prendre à gauche et longer les remparts, c'est la 3e ruelle à droite. Double 950 Dh ; suites 1 060-1 210 Dh selon confort ; petit déj inclus, taxes en sus. Repas sur commande 200 Dh.* Vieille demeure bourgeoise richement ornementée de stucs, de zelliges et de boiseries. Le patio, avec ses arcades mauresques, est de pur style arabo-andalou. Les chambres sont douillettes, et la terrasse aménagée, à la vue fantastique, incite au farniente. Hammam. Accueil jeune et dynamique de Stéphane, joyeux propriétaire qui sait soigner ses hôtes.

Dar El Mouhit *(plan d'ensemble de Rabat,* ***35****) : rue Moulay-Goumri, dans la médina. ☎ 05-37-84-48-04. • riad-dar-el-mouhit.com • Entrer dans la médina par la porte à l'ouest faisant face au borj Sidi-ben-Acher, face à la mer, prendre à gauche, la ruelle est à droite face au parking. Double 970 Dh, petit déj inclus. Repas sur commande 220 Dh.* Un *riad* bicentenaire de style mérinide, chargé de zelliges et de stucs, proposant 4 chambres climatisées et confortables. La terrasse est certainement l'une des plus belles de la ville !

Le Dawliz *(plan d'ensemble de Rabat,* ***39****) : av. du Bou-Regreg. ☎ 05-37-88-32-77 ou 78. • ledawlizrabat.com • De Rabat, après le pont, suivre*

LA ZONE CÔTIÈRE

la rive du Bou-Regreg en direction du parc d'attractions. Doubles à partir de 1 230 Dh, petit déj inclus. Un complexe touristique, plus agréable que la façade ne le laisse supposer, recevant de nombreux groupes. Les chambres sont spacieuses, modernes, confortables et disposent toutes d'un balcon. Sur la terrasse dominant le fleuve, piscine pour barboter. Discothèque, restos et bars. Accueil courtois.

Où manger ? Où boire un verre ?

Pas de restaurant dans la médina, mais d'agréables cafés en terrasse autour du jardin municipal *Bâb-Khebaz*, à l'entrée principale. Nous vous recommandons donc quelques établissements en remontant l'oued (de l'autre côté du pont reliant Rabat).

La Péniche *(plan d'ensemble de Rabat, **76**)* **:** *av. du Bou-Regreg. ☎ 05-37-78-56-61. Sur la rive du Bou-Regreg, avt le parc d'attractions. Tlj sf dim soir et lun midi jusqu'à minuit. Plats 65-100 Dh. Musique live certains soirs.* Spécialités de poisson, fritures et coquillages, dans un cadre très agréable. Par forte chaleur, vous avez le choix entre le pont balayé par le vent marin ou l'intérieur climatisé. Bonne carte des vins. Demandez au patron de vous conter l'aventure de l'unique péniche marocaine, partie par voie maritime des rives de la Moselle.

Complexe Le Dawliz *(plan d'ensemble de Rabat, **39**)* **:** restaurant chic *Le Beau Rivage*, pizzeria *Le Tango*, cabaret marocain *Nuits d'Orient*, pub *Mogador* et discothèque *Le Biblos*. L'ensemble est luxueux mais sans surprise. Clientèle internationale.

Achats

Les souks : *sont actifs tlj 8h-21h ; le ven, ils ne s'animent qu'en milieu d'ap-m.* On s'y balade, ballotté par la foule, enivré d'odeurs et de couleurs. C'est un vrai centre commercial où les Slaouis font leurs courses, loin de l'image d'Épinal et des produits spécial touristes. Les prix sont sensiblement inférieurs à ceux des villes touristiques, mais les produits sont surtout ceux de consommation courante.

À voir. À faire

Le borj Sidi-ben-Acher : *de la plage, suivre la route goudronnée qui passe entre les murs du cimetière ; passé la porte, prendre à gauche vers la mer, le* borj *est derrière la mosquée au nord-ouest de la médina.* Un gardien est sur place, il laisse passer moyennant un petit sourire de porte-monnaie (pas obligatoire). Pas grand-chose à voir, hormis les canons tournés vers l'océan et les cellules des prisonniers au sous-sol.

Le mausolée de Sidi Abdellah ben Hassoun : du *borj*, on aperçoit la toiture de tuiles vertes du mausolée de Ben Hassoun, saint patron de la ville. Les bougies géantes promenées la veille de l'*Aïd el-Mouloud* (voir ci-dessous « Manifestation ») sont visibles par la fenêtre. Les femmes viennent au mausolée chercher remède à leurs maux. Continuez ensuite tout droit, entre la zaouïa de Hassoun à droite et la grande mosquée à gauche, et tournez à gauche pour arriver à la médersa.

La médersa : *tlj 8h30-18h30. Entrée : 10 Dh.* Superbe école coranique entièrement restaurée. On y accède par une belle porte en bois de cèdre patiné par les siècles. Le bâtiment date de 1333, mais on y donne encore des cours sous les arcades à colonnades décorées de zelliges supportant des arcs décorés de stuc finement ciselé. La cour, au centre, est aussi recouverte de zelliges ; la fontaine sert aux ablutions. Au fond, la salle de prière. Le mihrab et le plafond à coupole sont de toute beauté. C'est l'une des très rares médersas dont l'accès au dernier étage en terrasse est encore possible. De là, on découvre un large panorama sur la ville, l'estuaire du Bou-Regreg et la *kasbah* des Oudaïa en face. Ne pas manquer au passage de visiter les 24 chambres monacales, avec prises électriques et Internet. Certaines sont occupées par des étudiants venus d'autres régions.

Les remparts : construits au XIIIe s, vestiges de la puissance de Salé, ils délimitent la médina. La porte la plus remarquable est Bâb-Mrisa, la plus proche du pont sur le Bou-Regreg. Elle enjambait le canal menant au port intérieur et à l'arsenal maritime, depuis longtemps ensablés.

Magic Park : *en aval de l'oued Bou-Regreg, après le resto* La Péniche *(voir plus haut). ☎ 05-37-88-59-90. Ouv mer 14h-21h, w-e 11h-21h. Entrée : 10 Dh ; réduc enfants. Compter 5 Dh par animation. Forfait tt compris : 45 Dh.* Spectacles, manèges, simulateurs divers, toboggans et quelques structures gonflables à escalader. L'ensemble est un peu vieillot, mais c'est l'une des rares animations proposées aux enfants dans le secteur Rabat-Salé.

Manifestation

– ***Cortège des cires*** *(ou procession des bougies)* **:** la veille de l'*Aïd el-Mouloud*, en l'honneur de Sidi Abdellah ben Hassoun, a lieu une procession des étonnants lustres qui ornent son mausolée, composés chacun d'une multitude d'alvéoles de cire colorée. La procession part de la maison qui fabrique les bougies (une famille est en charge de cette tâche) en direction du souk El-Kebir, sort de la médina par Bâb-el-Khemiss, longe les remparts et se termine à la *koubba* du saint homme. Le hautbois *ghaïta* et les percussions sont de la partie. La ville est en fête.

RABAT

1 750 000 hab.

Capitale politique et administrative du royaume, Rabat, comparé à Casa, c'est un peu Washington par rapport à New York. Plus sage et plus calme. Ville agréable et cosmopolite, elle est percée de larges avenues plantées de palmiers, abritant un vaste palais royal et quelques beaux édifices Art déco. Tout y paraît plus ordonné et même policé qu'ailleurs. Elle doit à Lyautey d'avoir été choisie comme centre administratif du protectorat, contribuant à lui donner son visage actuel, celui d'une grande ville moderne dont les larges avenues longent d'immenses remparts, tels ceux construits par Yacoub el-Mansour au XIIe s. Aujourd'hui, les principes d'urbanisme novateurs de Lyautey ont été mis en avant pour justifier une demande d'inscription au Patrimoine mondial de l'Unesco en 2011 au titre du caractère exceptionnel de sa ville nouvelle.
Là n'est pas la seule richesse de Rabat, quatrième ville impériale du Maroc après Marrakech, Fès et Meknès, qui peut aussi s'enorgueillir d'avoir conservé un patrimoine plus ancien encore, comme en témoignent la nécropole de Chellah et la *kasbah* des Oudaïa où l'on boit un thé au *Café Maure* en laissant son regard errer sur le panorama de l'estuaire.
Cerise sur le gâteau, la ville jouit d'un climat exceptionnel, le thermomètre ne descend jamais en dessous de 6 °C et ne dépasse que rarement 30 °C. En été, l'océan vaporise un voile de brume qui adoucit l'éclat du soleil.

UN PEU D'HISTOIRE

La ville est fondée en 1150 par le grand sultan almohade Abd al-Moumin sur l'emplacement d'une bourgade almoravide, au nord de l'antique cité romaine de

Sala Colonia (dont le site est aujourd'hui occupé par la nécropole de Chellah). Le sultan fait édifier une citadelle (devenue la *kasbah* des Oudaïa), et son petit-fils Yacoub el-Mansour ordonne la construction d'immenses remparts qui participent au cachet actuel de la ville.

Cet amour immodéré pour l'architecture militaire n'est pas gratuit : le but des sultans est la constitution d'une solide base d'expéditions en Andalousie, et la ville est nommée Ribat al-Fath (« la forteresse de la conquête »). Sa situation, là où les plateaux désolés de la médersa étranglent les plaines littorales, en fait un point de passage obligé entre le nord et le sud du pays, facilitant le commerce et l'industrie. L'afflux de réfugiés d'Andalousie, culminant au début du XVIIe s après l'arrêté d'expulsion des musulmans d'Espagne par son roi Philippe III, lui donne un surplus de dynamisme. Elle est alors connue sous le nom de *Salé-le-Neuf* et tire ses ressources de la course en mer contre les bateaux chrétiens.

En 1666, la ville est prise par moulay Al-Rachid qui transforme la *kasbah* en forteresse et fait prolonger les remparts. En 1912, Lyautey en fait la capitale administrative et politique du protectorat, mais sur le plan économique, elle est détrônée par le formidable essor que Casablanca connaît tout au long du XXe s.

La première décennie du XXIe s est marquée par le déploiement tentaculaire de la ville du nord au sud. En particulier avec le quartier de Hay-Riad et l'aménagement de l'estuaire et des rives du Bou-Regreg. La construction d'un nouveau pont et d'un tunnel reliant Salé ainsi que l'arrivée du Tram passant par le centre-ville devraient rapprocher les différents quartiers en pleine extension.

Arriver – Quitter

En avion

✈ ***Aéroport de Rabat-Salé*** *(hors plan d'ensemble)* **:** *à 10 km, sur la route de Meknès. ☎ 05-37-80-80-89 ou 90.* Bureau d'infos, bureau de change, distributeur et agences de loc de voitures *(Europcar, Avis, Hertz, Budget).*

➢ ***Pour rejoindre Rabat :*** pas de navette, uniquement des grands taxis. Prix fixes de jour comme de nuit, par personne : 100 Dh pour le centre-ville, 150 Dh si la course est excentrée.

■ ***Royal Air Maroc*** *(plan I, B2,* ***7****)* **:** *av. Mohammed-V. ☎ 05-37-21-92-21. Résa centrale : ☎ 0890-00-08-00. • royalairmaroc.com • Lun-ven 8h30-12h15, 14h30-19h ; sam 9h-12h.*

■ ***Air France*** *(plan I, B2,* ***8****)* **:** *281, av. Mohammed-V. ☎ 05-37-70-75-80. Résa centrale : ☎ 0890-20-18-18. • airfrance.co.ma • Lun-ven 8h30-12h15, 14h30-19h ; sam 9h-12h.*

En train

🚂 ***Gare ferroviaire centrale de Rabat-ville*** *(plan I, B2)* **:** *av. Mohammed-V. ☎ 0890-20-30-40. • oncf.ma • Point infos très compétent lun-ven 8h-12h, 14h30-18h30 ; sam 8h-12h.*

🚂 ***Gare ferroviaire de Rabat-Agdal*** *(plan III, G6-7)* **:** *rue Abderrahmane-al-Ghafiqi. ☎ 0890-20-30-40. Au sud de la gare centrale, en direction de Casa.*

Pour les destinations mentionnées ci-dessous, les trains s'arrêtent dans les 2 gares et les fréquences sont identiques dans les 2 sens :

➢ ***Casablanca :*** 2 trains/h, 6h30-22h. Trajet : env 1h.

➢ ***De l'aéroport Mohammed-V de Casablanca :*** un peu plus de 15 trains/j., dès 7h. Trajet : 1h40, avec changement à Aïn-Sebaa.

➢ ***Kénitra :*** 1 train ttes les 30 mn-1h, 6h-21h20. Trajet : env 35 mn.

➢ ***Tanger :*** 7 trains/j., 6h45-2h. Trajet : 3h30.

➢ ***Meknès et Fès :*** env 1 train ttes les heures, 6h15-2h. Trajet : env 2h pour Meknès et 2h45 pour Fès.

➢ ***Marrakech :*** 7 trains directs/j., 5h45-19h45 et 1 de nuit vers 3h. Trajet : plus de 4h.

➢ ***Oujda :*** 4 trains/j., 7h15-23h45. Également 1 train de nuit (avec couchettes) vers 22h. Trajet : env 9h.

En bus

🚌 ***Gare routière principale*** *(plan d'ensemble)* **:** *loin du centre, sur la*

Adresses utiles
Gare routière principale
Gare routière CTM
9 Garages Peugeot, Citroën, Renault
16 Direction de la cartographie
17 Hypermarché Marjane
Où dormir ?
20 Riad À la Belle Étoile (à Salé)
35 Dar El Mouhit (à Salé)
39 Le Dawliz (à Salé)
40 Villa Mandarine
Où manger ? Où boire un verre ?
39 Complexe Le Dawliz (à Salé)
54 Yamal Achcham
76 La Péniche (à Salé)
Stations de tramway
NORD
OCÉAN ATLANTIQUE
Av. Abdelkrim Al Khattabi
OCÉAN
Place de Russie
Sidi Mohammed ben Abdallah
Bd Ben Abdallah
Av. Madagascar
ORANGERS
Hôpital Moulay Youssef
voir plan III
AKKARI
Bd Hassan II
Avenue Sidi Mohammed
Rue Oqba
Mosquée Badre
Av. Nations-Unies
Agdal-Av. de France
Ibn Sina
AGDAL
Ibn Rochd
Av. Mischliffen
Avenue Ibn Sina
Al Oumam
16
9
Boulevard Hassan II
Avenue Al Kifah
Gare routière principale
CTM
CASABLANCA

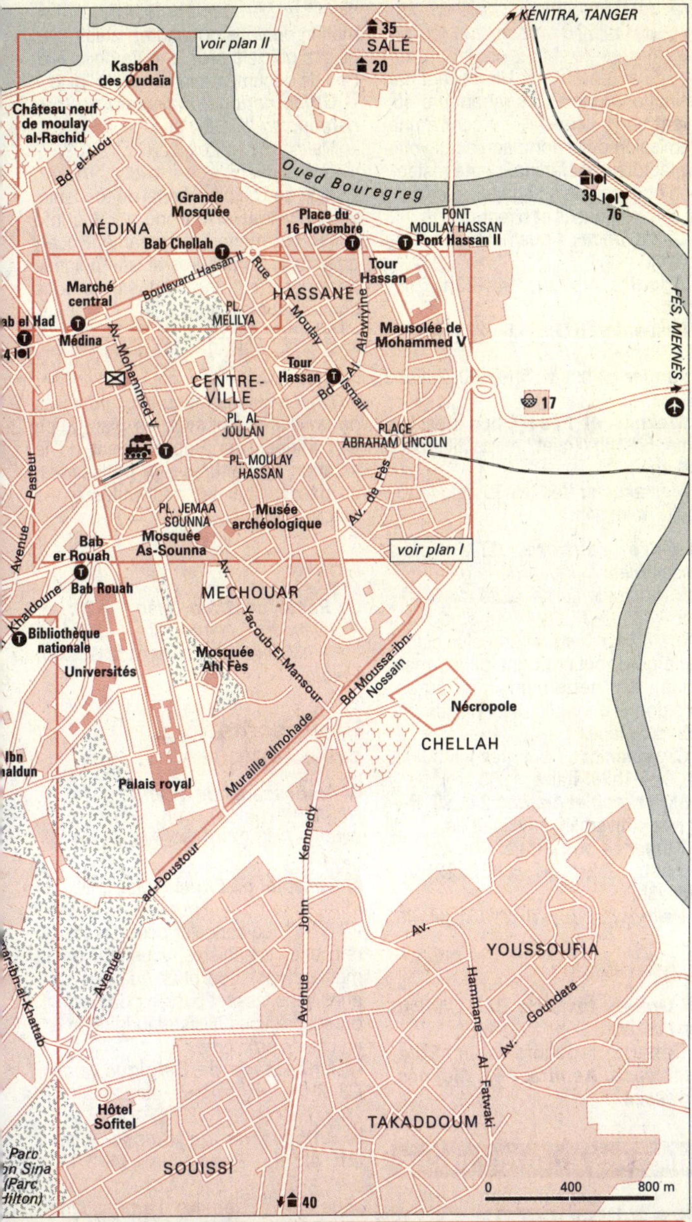

RABAT – PLAN D'ENSEMBLE

route de Casablanca. ☎ *05-37-79-58-16. Bus no 52 à prendre av. Moulay-Youssef, près de la gare, ou no 17, 30, 41 ou 45 à Bâb-el-Had.* Un guichet par destination. Ignorer les rabatteurs qui veulent vous « conseiller » contre une commission de la compagnie qui vous sera facturée ! Cafétéria, petite restauration et consigne à bagages. Certains bus sont climatisés et directs.
➢ ***Casablanca :*** 4 bus/h, 5h-21h. Trajet : 1h30.
➢ ***Agadir :*** 4 bus/j, 14h-23h. Trajet : 8h.
➢ ***Essaouira :*** 5 bus/j., 8h-22h. Trajet : 8h.
➢ ***Tanger :*** 1 bus/h, 5h-0h30. Trajet : 5h30.
➢ ***Meknès et Fès :*** 1 bus ttes les 30 mn, 6h-18h. Trajet : respectivement 3h et 4h.
➢ ***Marrakech :*** ttes les 30 mn, 4h30-minuit. Trajet : 4h.

Gare routière CTM *(plan d'ensemble)* **:** *à 300 m de la gare routière principale sur la route de Casablanca.* ☎ *05-37-28-14-86 ou 05-22-54-10-10.* • *ctm.ma* • Bien plus calme que la gare routière principale... mais fréquences nettement inférieures. Consigne à bagages. Pas de restauration sur place.
➢ ***Casablanca :*** 1 bus ttes les 30 mn à 1h, 3h-21h30. Trajet : 1h30.
➢ ***Marrakech et Agadir :*** 2 bus/j. Trajet : respectivement env 5h et 9h.
➢ ***Tanger :*** 4 bus/j. Trajet : 4h.
➢ ***Fès :*** 7 bus/j., 8h30-22h30. Trajet : 3h.
➢ ***Meknès :*** 5 bus/j., 7h-21h. Trajet : 4h.

En grand taxi

Grands taxis de Bâb-Chellah *(plan I, B1)* **:** *sur le bd Hassan-II.*
➢ Départs réguliers pour ***Salé, Casablanca, Kénitra, Fès, Meknès, Marrakech...***

Adresses et infos utiles

Infos touristiques

Délégation régionale du tourisme *(plan I, C-D2)* **:** *22, av. d'Alger.* ☎ *05-37-66-06-63.* • *tourisme.gov.ma* • *Lun-ven 9h-16h.* Bureau d'information où vous obtiendrez la liste des guides officiels pour la visite de la ville. Peu de documentation et peu d'infos.

Office national marocain de tourisme *(plan III, G8)* **:** *angle rues Oued-al-Makhazine et Zellaga.* ☎ *05-37-67-40-13 ou 39-18. Lun-ven 8h30-16h30.* Il s'agit de l'office national de tourisme, vous n'y trouverez donc aucune info sur Rabat même, et seulement quelques belles brochures et une poignée (mais vraiment une poignée) de bons conseils sur le Maroc.
– ***Rabat de A à Z :*** *se trouve en librairie et dans certains kiosques (celui de la gare de Rabat-ville, notamment). Prix : 55 Dh.* Le guide pratique des adresses de la ville, fourni avec un plan. Infos très variées sur Rabat, allant de la location de voitures aux pâtisseries, en passant par les maternités et les cercles d'échecs.

Poste

✉ ***Poste centrale*** *(plan I, A2)* **:** *av. Mohammed-V. Lun-ven 8h-16h30 ; sam 8h-12h.* On y trouve un service *Western Union.*

Représentations diplomatiques

■ ***Ambassade de France*** *(plan III, H6,* ***1****)* **:** *3, rue Sahnoun, Rabat-Agdal.* ☎ *05-37-68-97-00.* • *ambafrance-ma.org* •

■ ***Consulat de France*** *(plan I, B2,* ***2****)* **:** *49, av. Allal-ben-Abdellah.* ☎ *05-37-26-91-81.* Le consulat peut, en cas de difficultés financières, vous indiquer la meilleure solution pour que des proches vous fassent parvenir de l'argent, ou encore vous assister juridiquement en cas de problème.

■ ***Ambassade de Belgique*** *(plan I, D3,* ***3****)* **:** *6, rue de Marrakech.* ☎ *05-37-76-47-46 ou 05-37-26-81-62.*

■ ***Ambassade de Suisse*** *(plan I, D1,* ***4****)* **:** *sq. Berkane.* ☎ *05-37-70-69-74. Service des visas : rue Ouezzane (juste derrière l'ambassade).* ☎ *05-37-26-80-30.*

■ ***Ambassade du Canada*** *(plan III, H8,* ***5****)* **:** *13 bis, rue Jaâfar-Assadik.* ☎ *05-37-68-74-00.*

■ ***Ambassade de Mauritanie :*** *6, rue Thami-Lamdawar, villa 266, Souissi 2. ☎ 05-37-65-66-78.* Déposer la demande de visa le matin à 9h et, en principe, il est prêt en 48h. Il coûte autour de 340 Dh pour un transit et 510 Dh pour un séjour inférieur à 3 mois. Prévoir 2 photos, une photocopie du passeport, une lettre d'invitation ou les justificatifs de ressources nécessaires pour la durée du séjour. Il n'est pour l'instant plus possible de prendre le visa à la frontière ; renseignez-vous au consulat de Mauritanie dans votre pays d'origine, au cas où la situation évoluerait.

Urgences, santé

■ ***SOS Médecin :*** *☎ 05-37-20-20-20 ou 05-37-77-73-33. Intervention 24h/24. Consultation à domicile 200 Dh ou 250 Dh la nuit et le w-e.*

✚ ***Clinique des Nations-Unies*** *(plan III, G8,* ***18****) : rue Ibn-Hanbal. ☎ 05-37-67-05-05.* Une bonne clinique en cas de pépin. Nombreuses spécialités.

✚ ***Hôpital Ibn-Sina*** *(aussi connu sous le nom d'****Avicenne*** *; plan III, G8,* ***6****) : ☎ 05-37-67-28-71 ou 72. Pour les urgences : ☎ 05-37-67-44-50.*

■ ***Dentiste d'urgence :*** *☎ 05-37-68-08-92.*

■ ***Police :*** *☎ 19 ou 112 d'un portable. Les formalités se font pour les étrangers au bureau central de la rue Soekarno (plan I, A2).*

– Pour les autres urgences (pompiers, pharmacies de garde, etc.), reportez-vous à la rubrique « Urgences » de « Maroc utile » en début de guide.

Transports

🚗 ***Taxis :*** il en existe 2 sortes :

– *les grands taxis,* seuls habilités à sortir de la ville ; en général blancs, ce sont le plus souvent des *Mercedes* ;

– *les petits taxis* sont quasl tous des *Fiat* de couleur bleue. Pour une course dans le centre, compter 15-20 Dh. La station la plus importante se trouve à la gare centrale *(plan I, B2).* Et comme toujours : pas de compteur, pas de course !

■ ***Tramway :*** *tlj 6h-23h, ttes les 9 mn jusqu'à 21h, puis ttes les 20 mn 21h-23h et le dim. Prix : 6 Dh. Les tickets*

■ Adresses utiles

- ℹ Délégation régionale du tourisme
- 2 Consulat de France
- 3 Ambassade de Belgique
- 4 Ambassade de Suisse
- 7 Royal Air Maroc
- 8 Air France
- 10 Hertz
- 11 Avis
- 12 Librairie Aux Belles Images
- 13 Librairie Kalila wa Dimna
- 14 Institut français du Maroc
- @ 15 Cyber Internet
- @ 19 Téléboutique Internet
- 28 Pressing
- @ 29 Téléboutique Internet
- 86 Cinéma Le 7e Art

Où dormir ?

- 24 Hôtel Splendide
- 26 Hôtel Central
- 27 Hôtel Mon Foyer
- 28 Hôtel Velleda
- 29 Hôtel Majestic
- 30 Hôtel Gaulois
- 32 Hôtel Balima
- 34 Hôtel Le Pietri
- 44 Hôtel Capitol

Où manger ?

- 14 La Véranda
- 34 Le Bistrot de Pietri
- 50 Mix Grill
- 51 Ghazzah
- 52 Tajine Wa Tanjia
- 55 Le Weimar
- 56 Ty Potes
- 58 Le Petit Beur
- 59 Le Koutoubia
- 60 La Mamma
- 61 L'Éperon
- 63 Zerda
- 64 Les Deux Palais
- 72 Le Grand Comptoir
- 73 L'R du Goût
- 74 Pause Gourmet

Où déguster une pâtisserie ?

- 29 Café-pâtisserie Shehrazade
- 82 Pâtisserie Majestic

Où boire un thé, un jus ?

- 14 La Véranda
- 32 Terrasse de l'hôtel Balima
- 86 Cafétéria du 7e Art

Où boire un verre ? Où écouter de la musique ?

- 55 Weimar Café
- 93 La Cabane Bambou

s'achètent dans les kiosques situés sur les quais. • *tram-way.ma* • Inaugurées en 2011, les deux lignes de tramway traversent Rabat l'une du sud-ouest au nord-est, l'autre du sud au nord pour rejoindre Salé. Pratique, la ligne 1 descend dans le quartier de l'Agdal, tandis que la ligne 2 longe en partie la médina.

■ ***Stationnement dans le centre :*** *av. Mohammed-V, entre la gare centrale et la poste, ainsi que dans les rues alentour, stationnement payant (8h-12h, 14h-19h) : env 3 Dh/h, max 4h ; gratuit dim et j. fériés. Distrait ? Pour faire retirer un sabot : ☎ 05-37-26-42-10, 05-37-70-74-25 ou 59 (nos indiqués sur*

RABAT – CENTRE (PLAN I)

les parcmètres). Env 40 Dh.

■ **Garage Peugeot et Citroën** (plan d'ensemble, **9**) **:** *475, bd Hassan-II.* ☎ *05-37-69-40-61.*

■ **Garage Renault** (plan d'ensemble, **9**) **:** *juste à côté du Peugeot-Citroën.* ☎ *05-37-69-09-41 ou 42.*

■ **Budget** (plan I, B2) **:** *dans le hall de la gare ONCF, Rabat-ville.* ☎ *05-37-70-57-89. Fax : 05-37-70-14-77.*

■ **Hertz** (plan I, B3, **10**) **:** *467, av. Mohammed-V.* ☎ *05-37-70-73-66. Fax : 05-37-70-92-27.*

■ **Avis** (plan I, B2, **11**) **:** *7, rue Abou-Faris-al-Marini.* ☎ *05-37-76-97-59 ou 05-37-72-18-18.*

– Pour les coordonnées des ***compagnies aériennes,*** se reporter plus haut à la rubrique « Arriver – Quitter. En avion ».

Loisirs

■ ***Institut français du Maroc*** *(plan I, B2,* ***14****) :* *1, rue Abou-Inane, à l'angle de la rue Zerhouni.* ☎ *05-37-68-96-50.* • *ifrabat.org* • *Mar-sam 10h-18h30. Fermé dim, lun, jeu mat, j. fériés et en août.* Installé dans l'ancien archevêché, l'institut propose des spectacles, expositions d'artistes marocains et français de très bonne qualité. Concerts et projections de films. Café-restaurant *La Véranda* (voir « Où manger ? » et « Où boire un thé, un jus ? »).

■ ***Journaux français :*** *le kiosque le plus central est situé à la gare ferroviaire de Rabat-ville (plan I, B2).* Mais on trouve assez facilement la presse française dans les librairies.

■ ***Kalila wa Dimna*** *(plan I, A1,* ***13****) :* *344, av. Mohammed-V.* Excellente librairie qui offre un choix large et pertinent de sujets de société et organise des débats hebdomadaires avec des auteurs. Bon rayonnage de romans. Galerie de peinture au 1er étage.

■ ***Aux Belles Images*** *(plan I, B2,* ***12****) :* *281, av. Mohammed-V.* Sous les arcades, une belle librairie qui propose des beaux livres sur le Maroc, des romans et *Rabat de A à Z.*

■ ***Cinémas :*** on trouve les programmes des salles dans tous les quotidiens. Ils se renouvellent tous les jeudis.

– ***Le Renaissance :*** *360, av. Mohammed-V. Face à la rue Jeddah.*

– ***Le 7e Art*** *(plan I, B2,* ***86****) :* *av. Allal-ben-Abdellah.*

Internet

@ ***Cyber Internet*** *(plan I, B3,* ***15****) :* *1, rue Pierre-Parent. Tlj 9h-13h, 17h-22h. Fermé dim ap-m.* Cybercafé bien équipé.

@ ***Téléboutique Internet*** *(plan I, A1,* ***29****) :* *117, bd Hassan-II, juste à côté de l'hôtel* Majestic. *Tlj 7h-23h.* Téléboutique au rez-de-chaussée et petite salle confinée avec une quinzaine d'ordinateurs à l'étage.

@ ***Téléboutique Internet*** *(plan I, B2,* ***19****) :* *2, rue Tanta. Tlj 9h-20h. Fermé dim.* Postes récents à l'arrière d'une téléboutique.

Divers

■ ***Direction de la cartographie*** *(plan d'ensemble,* ***16****) :* *bd Hassan-II.* ☎ *05-37-29-55-48 ou 50-34 ou 51-17. Loin du centre. Pas de panneau. Légèrement en retrait de la route (à 50 m du garage* Peugeot*). Bus nº 17, 30, 41 ou 45 à prendre à Bâb-el-Had. Pénétrer dans l'enceinte et passer sous le portique ; la Division de la cartographie est le bâtiment tt au fond ; la boutique est à gauche en entrant. Lun-ven 9h-15h30. Prévoir une pièce d'identité.* Grand choix de toutes sortes de cartes (voir « Sports et loisirs. Randonnée » dans « Hommes, culture, environnement » en début de guide). Cependant, pour éviter de vous casser le nez, appelez pour savoir s'ils ont bien la carte que vous cherchez et s'il y a une démarche spéciale à entreprendre. En principe non, pour un simple touriste et les cartes les plus courantes, mais certaines cartes ou plans exigent un peu de patience et quelques allers-retours.

■ ***Pressing Royal*** *(plan I, B2,* ***28****) :* *104, av. Allal-ben-Abdellah, à côté de l'hôtel* Velleda. *Tlj sf dim 8h-20h.*

Hypermarché Marjane *(plan d'ensemble,* ***17****) :* *à la sortie de la ville en direction de Salé. Tlj 9h-22h.* Grande galerie commerciale.

Comment se repérer ?

La partie intéressante de la ville est vraiment à taille humaine. On peut grosso modo la diviser en quatre parties :

– ***la vieille ville,*** composée de la médina et de la *kasbah* des Oudaïa ; c'est la partie la plus séduisante, la plus touristique aussi ;

– ***le centre de la ville moderne,*** qui s'articule autour de l'avenue Mohammed-V (axe nord-sud) et du boulevard Hassan-II (axe est-ouest longeant la médina) ; c'est là que vous trouverez

RABAT – LA MÉDINA (PLAN II)

Où dormir ?

- **23** Auberge de jeunesse
- **25** Hôtel Doghmi
- **31** Art Riad
- **37** Dar Al Batoul
- **38** Riad Oudaya
- **41** Riad Marhaba
- **43** Dar Aida
- **45** Riad Kalaa

Où manger ?

- **38** Riad Oudaya
- **53** El-Bahia
- **57** Restaurant Taghazout
- **62** Café de l'Afrique du Nord
- **75** Le Ziryab

Où danser ?

- **94** Amnesia

l'essentiel des adresses que nous vous proposons ;
- ***le palais royal,*** immense espace au cœur de la ville, qui mérite une balade rapide, avec, tout près, à l'est, la nécropole de Chellah ;
- ***l'Agdal,*** de l'autre côté du palais royal, au sud, près de l'ambassade de France. Quartier résidentiel et administratif qui abrite quelques restos chic. C'est d'ailleurs son unique intérêt !

Où dormir ?

Bon marché (100-200 Dh / 9,10-18,20 €)

Dans cette catégorie de prix, pas de petit déj (faut pas rêver !).
Attention, si vous jetez votre dévolu sur un hôtel des environs de l'avenue Mohammed-V et si vous êtes véhiculé, le parking est payant pendant

la journée. Les parkings privés des garages ne sont pas forcément meilleur marché, mais vous n'avez pas la contrainte d'alimenter l'horodateur. Autre solution : videz soigneusement votre voiture et allez la garer dans un autre quartier.

Hôtel Velleda *(plan I, B2, **28**) : 106, av. Allal-ben-Abdellah. ☎ 05-37-76-95-31. • hotel.velleda.rabat@gmail.com • Près de la gare. Réception au 5e étage, accès par ascenseur. Double 220 Dh avec sdb ; petit déj en sus.* Chambres au mobilier hétéroclite, très simples. Demandez à en visiter plusieurs avant de choisir, l'exposition et le confort sont variables. Malgré quelques fissures, l'ensemble est bien tenu. Évitez les chambres accolées à la salle TV. Terrasse dominant les toits de Rabat, au milieu d'une forêt d'antennes. Bon accueil.

Hôtel Doghmi *(plan II, E5, **25**) : 313, av. Mohammed-V. ☎ 05-37-72-38-98. Sur la droite en entrant dans la médina. Résa conseillée. Double 130 Dh. Douche chaude payante, sur le palier.* Bien que situé au cœur du tumulte, cet établissement familial est calme. Les chambres, autour d'un patio avec une verrière, sont on ne peut plus simples (avec un petit lavabo tout de même), sans fenêtre mais sentent bon le propre. Rançon du succès : c'est souvent complet. Attention, une seule douche commune. Accueil aimable.

Hôtel Splendide *(plan I, A1, **24**) : 8, rue Ghazza. ☎ et fax : 05-37-72-32-83. Résa conseillée. Doubles 160-230 Dh sans ou avec douche.* Dans une rue commerçante du centre-ville, un immeuble des années 1930 qui ne manque pas de charme. Chambres spacieuses équipées de meubles en bois clair et d'une bonne literie, certaines avec w-c à l'étage. Propre. Petit déj servi dans le charmant patio, où l'on peut aussi prendre son dîner en provenance du resto d'en face (même proprio). Une adresse sympa qui tient bien la route.

Hôtel Central *(plan I, B2, **26**) : 2, rue Al-Basra. ☎ et fax : 05-37-70-73-56. • hotel.central.rabat@gmail.com • Doubles 150-200 Dh sans ou avec douche ; pas de petit déj. Douche commune payante.* Chambres hautes de plafond et lumineuses, au charme désuet, avec du mobilier, carrelage et robinetterie d'époque. La literie est évidemment plus récente, mais tout de même un peu fatiguée. Si vous avez le sommeil léger, évitez celles côté rue, les fêtards du night-club voisin ne sont (hélas !) pas toujours discrets.

Auberge de jeunesse *(plan II, E5, **23**) : 43, rue Massara. ☎ 05-37-72-57-69. Sur la droite en sortant par Bâb-el-Had. Réception : 8h-23h. Accessible slt aux adhérents. Nuitée 65 Dh/pers, petit déj, douche chaude et draps compris.* Auberge avec 3 dortoirs (filles et garçons séparés) répartis autour d'un patio verdoyant et convivial. Bien entretenus, ils contiennent 16 lits chacun... bonjour la promiscuité ! En revanche, les sanitaires sont impeccables. Pas de cuisine commune ni de casiers verrouillés, laissez vos objets de valeur à l'accueil contre un reçu.

Adresses utiles

- Office national marocain de tourisme
- **1** Ambassade de France
- **5** Ambassade du Canada
- **6** Hôpital Ibn-Sina
- **18** Clinique des Nations-Unies

Où dormir ?

- **36** Hôtel Oumlil

Où manger ?

- **65** La Graille
- **66** Best Food
- **67** Medersa
- **68** Chez El-Ouazzani
- **69** Pizzeria Reggio
- **70** Paul

Où déguster une pâtisserie ?

- **70** Paul
- **80** Pâtisserie La Française

Où boire un verre ? Où écouter de la musique ?

- **89** El Rancho
- **90** Le Puzzle
- **91** L'Empreinte du Temps
- **92** Le Ve Avenue

Où danser ?

- **92** Le Ve Avenue

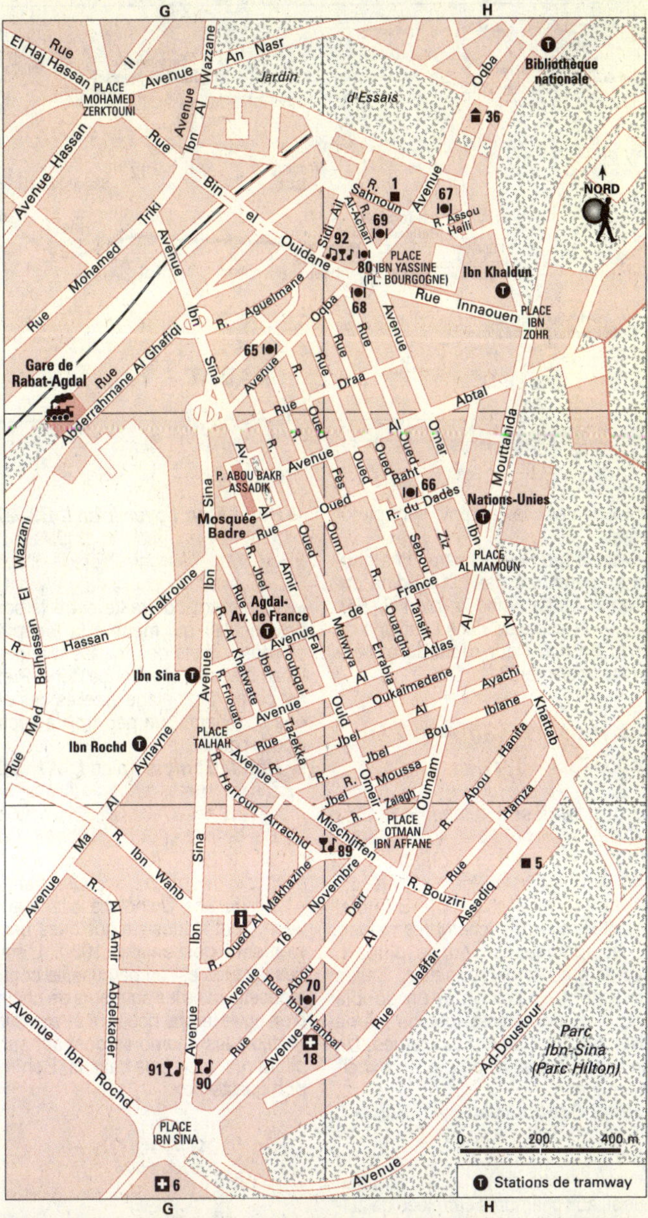

RABAT – AGDAL (PLAN III)

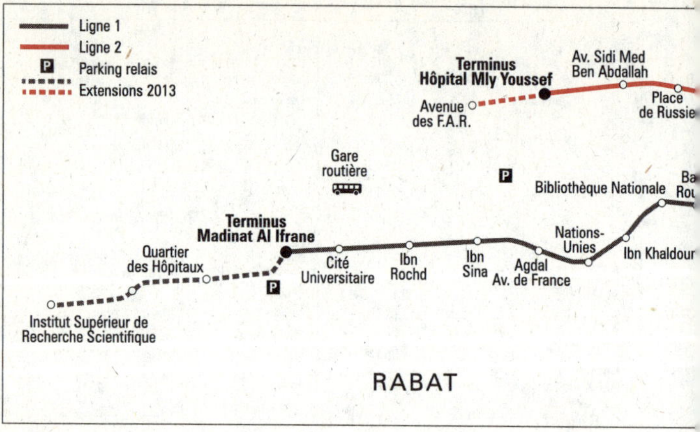

Heureusement, les gérants sont plutôt sympas.

Dans la rue Souq-Smara, 1re à gauche en pénétrant dans la médina par l'avenue Mohammed-V *(plan II, E5)*, tentez votre chance dans l'enfilade de ***petits hôtels.*** Pour routards expérimentés seulement !

Prix moyens (200-400 Dh / 18,20-36,40 €)

Hôtel Majestic *(plan I, A1,* ***29****) : 121, bd Hassan-II. ☎ 05-37-72-29-97 ou 05-37-70-33-33. • hotelmajestic.ma • Double 350 Dh, petit déj en sus. Parking payant à proximité.* Un hôtel bien situé, avec des chambres modernes et spacieuses pour la plupart, propres mais impersonnelles. Celles sur rue ont un balcon et un double vitrage, mais préférez tout de même celles sur cour, bien plus calmes. Un bon rapport qualité-prix et un excellent accueil.

Hôtel Capitol *(plan I, A1,* ***44****) : 34, av. Allal-ben-Abdellah. ☎ 05-37-73-12-36 ou 37. Double env 300 Dh, petit déj (moyen) non compris.* Un hôtel très central, aux chambres carrelées de zelliges modernes. Pas de grandes émotions esthétiques en perspective, mais l'ensemble est propre et fonctionnel. Accueil chaleureux.

Hôtel Mon Foyer *(plan I, B2,* ***27****) : 285, av. Mohammed-V. ☎ 05-37-70-97-34. Réception au 2e étage. Double 300 Dh avec douche, petit déj en sus.* Saisissant contraste entre le sombre escalier qui mène à la réception et l'hôtel, dans des teintes orangées. Chambres nickel et bonne literie. Préférez celles du 2e étage à celles des étages supérieurs, un peu trop à l'écart. Accueil gentil.

Hôtel Gaulois *(plan I, A1,* ***30****) : 1, Zankat-Hims, angle av. Mohammed-V. ☎ 05-37-72-30-22 ou 05-37-73-05-73. Fax : 05-37-73-88-48. Doubles 220-320 Dh sans ou avec douche, petit déj (copieux) en sus. Parking payant en face.* Un hôtel à la façade Art déco, dont il subsiste quelques beaux éléments des années 1930. L'émail des lavabos est un peu usé, le confort modeste, mais les amateurs de charme d'un autre temps pourront être séduits. Préférez les chambres donnant sur la petite rue, bien plus calmes. Bon rapport qualité-prix.

Chic (400-800 Dh / 36,40-72,80 €)

Hôtel Le Pietri *(plan I, B2,* ***34****) : 4, rue Tobrouk. ☎ 05-37-70-78-20. • lepietri.com • Résa conseillée. Doubles 680-1 000 Dh, petit déj inclus.*

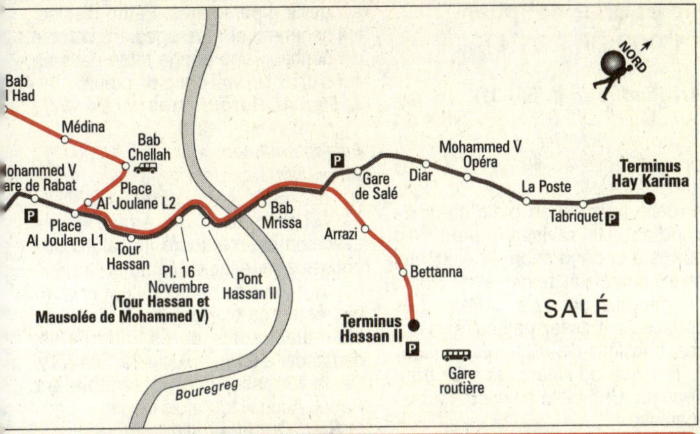

RABAT – LE TRACÉ DU TRAMWAY

Nous recommandons cet établissement pour ses chambres standard. Un hôtel moderne et tranquille. Les chambres, spacieuses et confortables, au mobilier contemporain, sont bien équipées (clim, TV sat, etc.). Parquet au sol et salle de bains nickel. Les suites avec terrasses fleuries sont magnifiques mais bien plus onéreuses. Fréquenté par les expats de passage. Accueil attentionné et très bon resto (voir « Où manger ? »). Un excellent rapport qualité-prix.

Hôtel Balima *(plan I, B2,* ***32****) : av. Mohammed-V. Entrée au 1, rue Tihama, sur la droite en regardant l'hôtel. ☎ 05-37-70-86-25 ou 77-55. • hotel-balima.net • Double 630 Dh ; suite familiale (4 pers) 900 Dh ; petit déj en sus.* Bâtiment en arche datant de 1926. Vaste hall, grand salon aéré à la déco marocaine et superbe terrasse ombragée (voir « Où boire un thé, un jus ? »). Les chambres sont bien tenues et confortables, plus ou moins spacieuses, toutes avec un petit balcon, mais la déco de certaines est un brin tristounette. Au 5e étage, 4 chambres avec petite terrasse et vue sur Rabat. Très demandées... tentez votre chance ! Resto international, bar américain et discothèque au sous-sol.

Riad Marhaba *(plan II, E4,* ***41****) : 3, rue Es-Sam. ☎ 05-37-70-65-54. • riadmarhaba.blogspot.com • Au centre de la médina, difficile à trouver. Résa indispensable. Chambres doubles et suites avec clim 500-720 Dh selon taille, petit déj compris.* Dans un quartier calme, au cœur de la médina, un jeune couple de Français a restauré ce joli *riad* en mettant en valeur les éléments architecturaux d'origine. Belle sobriété dans les chambres et les suites, particulièrement spacieuses. Salon TV et agréable terrasse sur le toit pour de vrais moments de détente.

Dar Aida *(plan II, F5,* ***43****) : 7, rue Fredj. 📱 212 (0)6-61-22-14-70. • daraida.com • Au fond d'une petite impasse donnant sur la rue Fredj, à deux pas de la rue la plus commerçante de la médina ; difficile à trouver sans le plan téléchargeable sur leur site. Résa conseillée. Doubles 530-620 Dh, petit déj inclus.* Autour d'un vaste patio traditionnel orné d'une fontaine rafraîchissante, de belles chambres décorées dans les règles de l'art marocain, faisant la part belle au zellige et au *tadelakt.* Orientées vers le patio et accessibles par de multiples escaliers et couloirs étroits, il est aussi difficile de retrouver sa chambre que de trouver l'hôtel ! Ceux qui ont un bon sens de l'orientation seront récompensés et jouiront d'une atmosphère des plus apaisante. Hammam, belle terrasse et doux accueil.

Chic et charme (plus de 1 000 Dh / 91 €)

Art Riad (plan II, E5, **31**) : 16, rue Essam. 212 (0)6-61-15-56-58. • artriad.com • Doubles 850-1 100 Dh selon confort (avec ou sans TV), ttes climatisées, petit déj inclus. Dans une ruelle paisible en plein cœur de la médina. Un ravissant petit *riad* du XIXe s à la déco sobre et élégante, dans les camaïeux de gris et de blanc, avec de jolis sols de *bejmat*. Les chambres sont assez petites mais raffinées, habillées de jolis murs en *tadelakt*. Terrasse dominant les toits pour se reposer. Une belle adresse, tout en délicatesse.

Riad Dar Baraka (zoom F4, **33**) : 26, rue de la Mosquée. ☎ 05-37-73-03-62. • darbaraka-rabat.com • Repérer la porte bleue au bout de la rue principale de la kasbah. Résa indispensable (2 chambres slt). Doubles 990-1 430 Dh, petit déj inclus. Repas sur commande 240 Dh. Une adresse de charme à la proue de la *kasbah*, dont les jolis jardins dominent les flots et Salé. Un havre de paix et d'intimité, épuré et élégant. Le chat qui mit la patte sur le trésor de la maison ne s'y est pas trompé : *Dar Baraka* est la perle des adresses. Demandez et on vous contera son histoire. Et pourquoi pas au coin du feu dans l'agréable salon ? Et quel bonheur le matin de déguster un bon petit déj, le nez au vent, les yeux sur l'horizon !

Beaucoup plus chic (plus de 1 000 Dh / 91 €)

Riad Kalaa (plan II, E4, **45**) : 3-5, rue Zebdi. ☎ 05-37-20-20-28. • riadkalaa.com • Double 1 200 Dh ; également des suites ; petit déj inclus. Table d'hôtes le soir 280 Dh, sur résa. Parking payant à proximité. Un élégant *riad* construit en 1815, avec de jolis stucs ouvragés, restauré avec esprit et talent dans le respect des matériaux traditionnels. Les chambres déclinent *tadelakt* et objets savamment choisis. Une merveille de raffinement. Certaines suites, en mezzanine, peuvent accueillir 4 personnes. Petite piscine, joli hammam et massages. Et, comble de bonheur, une bonne table dans un écrin chic. Un vrai coup de cœur.

Dar Al Batoul (plan II, E4, **37**) : 7, derb Jirari. ☎ 05-37-72-72-50. • riadbatoul.com • Double 1 100 Dh ; suite 1 600 Dh ; petit déj inclus. Repas sur demande. Menu complet 260 Dh. Une maison qui a fière allure, avec son patio entouré de salons aux coussins moelleux. Même si la déco manque un peu de subtilité, l'ensemble reste très plaisant et paisible. Les chambres sont toutes différentes, demander à en voir plusieurs. Salon TV. De la terrasse, vue imprenable sur Rabat. Accueil toutefois inégal.

Riad Oudaya (plan II, E5, **38**) : 46, rue Sidi-Fatah. ☎ 05-37-70-23-92. • riadoudaya.com • Résa indispensable. Double ou suite 1 100 Dh, petit déj inclus. Réduc de 10 % sur présentation de ce guide. Une superbe maison restaurée avec goût et savoir-faire, aux jolis salons accueillants entourant le traditionnel patio. Chambres confortables et élégantes, service souriant. Agréable terrasse, idéale pour un bon farniente. Possibilité de dîner (voir « Où manger ? Dans la médina »).

Riad Kasbah (zoom E4, **42**) : 49, rue Zirara, dans la kasbah des Oudaïa. ☎ 05-37-70-52-42. • riadrabat.com • À l'entrée principale de la kasbah, prendre la 2e à gauche face aux petits marchands. Résa conseillée. Double 880 Dh, petit déj compris. Agréable petit *riad* aux tons bleus et blancs de la *kasbah*. Chambres sur plusieurs niveaux autour d'un patio ou de la terrasse. Celles au rez-de-chaussée sont plus fraîches et à la déco plus recherchée avec leur mobilier chiné. Un petit côté maison de vacances tranquille en bord de mer. Idéal pour savourer l'atmosphère de la *kasbah* à l'heure où les touristes sont repartis. Bon accueil et même proprio que le *Riad Oudaya* (voir ci-avant).

Hôtel Oumlil (plan III, H6, **36**) : 31, av. Oqba. ☎ 05-37-68-34-34. • oumlil@fram.fr • Double 1 400 Dh, petit déj en sus (pas terrible). Un hôtel *FRAM* aux chambres lumineuses, sans fantaisie mais confortables. Présence de nombreux groupes en saison. Tout proche de la vie nocturne de l'Agdal. Piano-bar tous les soirs.

Spécial folies

Villa Mandarine *(hors plan d'ensemble, **40**) : 19, rue Ouled-Bousbba.* ☎ *05-37-75-20-77.* • *lavillamandarine.com* • *Sortir de la ville par l'av. John-Kennedy ; après 2,7 km, face au supermarché Souissi et avt la station-service CMH, prendre à droite l'av. El-Mehdi-ben-Barka ; continuer 2,3 km et guetter le fléchage (panneau à gauche). Doubles 2 100-2 500 Dh ; également des suites.* Une adresse au calme, dans un jardin odorant planté de mandariniers et de jasmins. Les chambres avec balcon, autour d'un patio arboré, marient à merveille confort moderne et ameublement ancien. Spa, hammam et piscine chauffée toute l'année, avec petit bassin pour enfants. Tenue de génération en génération par une famille française dont l'accueil est détendu mais irréprochable. Au resto, un chef étoilé propose un menu abordable le midi.

Où manger ?

Les tarifs des restaurants étant plus chers que dans le reste du pays, nous utilisons une fourchette de prix adaptée. Nos adresses se répartissent en trois zones : le centre-ville, la médina et Agdal.

Dans le centre-ville

Très bon marché (moins de 50 Dh / 4,50 €)

Mix Grill *(plan I, B2, **50**) : 285, av. Mohammed-V. Tlj 11h-23h.* Salades, brochettes, pizzas et *chawarma*. Snack au cadre agréable, avec sa petite salle climatisée à l'étage. Personnel accueillant. Un excellent rapport qualité-prix.

Ghazzah *(plan I, A1, **51**) : rue Ghazza, entre l'av. Mohammed-V et l'av. Allal-ben-Abdellah. Tlj 7h30-22h. Plat env 30 Dh.* Un petit snack très simple pour satisfaire les grosses faims à peu de frais. Grillades, tajines...

Bon marché (moins de 100 Dh / 9,10 €)

Le Weimar *(plan I, A3, **55**) : 7, rue Sanaa ; dans les locaux de l'Institut Goethe.* ☎ *05-37-73-71-36. Tlj sf sam midi et dim 10h-15h30, 19h-minuit.* Traverser le petit vestibule et éventuellement présenter son sac aux vigiles. Une adresse vraiment originale qui comblera les gros appétits avec une cuisine internationale de bon aloi. Terrasse bâchée façon chapiteau et expo de photos. Rendez-vous de nombreux expats de tous âges. Les soirs d'affluence, demandez à être inscrit sur la liste d'attente et installez-vous au bar, les rencontres s'y font naturellement.

La Véranda *(plan I, B2, **14**) : café-resto de l'Institut français, rue Ghafsa. Tlj sf dim soir 10h-23h30.* Quelques tables dans un agréable jardin. Bon choix à l'ardoise (entrecôte grillée, saumon au feu de bois...). Un bon petit resto au calme où le temps semble s'être arrêté. Accueil avenant.

El-Bahia *(plan II, E5, **53**) : bd Hassan-II. Dans la muraille des Andalous, sur la droite en arrivant par l'av. Mohammed-V. Tlj 8h-23h.* Outre la cuisine, marocaine classique et sans artifices, l'intérêt réside dans le cadre. Passé la porte, on oublie le tumulte du boulevard en s'installant dans cette petite cour intérieure agrémentée d'une fontaine. Salon à l'étage, beaucoup plus frais les jours de grosse chaleur. Bien aussi pour un petit déj ou un verre à toute heure.

Yamal Achcham *(plan d'ensemble, **54**) : 5, av. Al-Maghrib-al-Arabi. Pas très loin de la médina. Tlj 12h-minuit. Orchestre certains soirs.* Bonne cuisine syrienne à déguster dans une salle agréable, éclairée par une coupole de verre coloré. Les soirées musicales sont animées, de qualité et bon enfant, Bref, de quoi passer un excellent moment !

Ty Potes *(plan I, B2, **56**) : 11, rue Ghafsa.* ☎ *05-37-70-79-65. Face à l'Institut français. Ts les midis sf lun, plus le soir jeu-sam jusqu'à 23h.* Dans un adorable jardinet ou en salle parmi de gros tonneaux entourés de chaises de bistrot, une crêperie tenue par un couple maroco-breton. Proposer des galettes et des crêpes à Rabat, l'idée est saugrenue ! Mais il y a plus gonflé encore : assiette de charcuterie avec jambons *serrano* et saucissons ! Si ces produits vous manquent, ils font aussi épicerie de produits français (fromage, confiture, bocaux...). Accueil chaleureux et plein d'humour.

Pause Gourmet (*plan I, B2,* **74**) : *467, av Mohammed-V. ☎ 05-37-72-26-72. Face à l'hôtel* Terminus. *Tlj 10h-21h30.* Au fond d'une petite galerie sans caractère particulier, quelques tables au calme, en retrait de la rue, pour déguster de bonnes crêpes et galettes, mais aussi des plats du jour marocains plutôt réussis. Bons jus de fruits frais. Accueil féminin et charmant.

Prix moyens (100-200 Dh / 9,10-18,20 €)

Tajine Wa Tanjia (*plan I, A3,* **52**) : *9, rue de Baghdad. Tlj sf dim. Musique ts les soirs, en principe* gnaoua *ven et sam et* oûd *classique les autres jours.* Qui pourrait croire que dans cette rue sinistre qui s'étire le long de la gare se cache un endroit aussi admirable ? Tajines sucrés ou salés à petit prix, et la *tanjia*, ragoût typique marrakchi. Cadre original et traditionnel à la fois, avec un charmant salon marocain à l'ambiance douce et lumière tamisée. Un coup de cœur.

Les Deux Palais (*plan I, C3,* **64**) : *14, rue de Ouarzazate. ☎ 05-37-66-05-66. Un peu excentré, venir en voiture ou taxi. Tlj jusqu'à 1h. Sert de l'alcool.* Dans un cadre assez chic, un lieu gentiment branché qui attire la jeunesse aisée rbatie. Bar et salons cosy avec plusieurs cheminées et grands écrans TV à l'entrée, salle chaleureuse pour la partie resto. À la carte, un vaste choix original de tajines (langues, tripes, pied de veau, queue de bœuf et d'excellentes cervelles à la *chamoda*). Les moins aventuriers se rabattront sur les crevettes au pil-pil, les brochettes ou les poissons. Un lieu très à la mode ! Bien aussi pour boire un verre.

Le Petit Beur (*Dar Tajine ; plan I, B2,* **58**) : *8, rue Dimachq (Damas). ☎ 05-37-73-13-22. Tlj sf dim 11h30-14h, 19h-23h15. Résa conseillée le soir.* Spécialités de pastillas, de brochettes et de tajines. Plat du jour le midi. Vins marocains. Le soir, on y joue de la musique marocaine (*oûd* et *derbouka*)... sauf lorsque la fréquentation devient trop importante, alors les musiciens assurent le service (à moins que ce ne soit l'inverse !). Beaucoup d'Européens.

Zerda (*plan I, B1,* **63**) : *7, rue Patrice-Lumumba. ☎ 05-37-73-09-12. Tlj sf dim midi. Sert de l'alcool. Musique traditionnelle ts les soirs.* Spécialité de cuisine juive marocaine, servie dans un beau décor marocain à l'ambiance agréable. 2 cuisines, l'une pour la viande, l'autre pour les poissons ! Mais inégales. Bons vins. Fréquenté par des familles et des amoureux.

La Mamma (*plan I, B2,* **60**) : *6, rue Tanta. ☎ 05-37-70-73-29 ou 23-00. Ouv jusqu'à minuit.* Ambiance vieille taverne avec d'inévitables gousses d'ail suspendues au plafond. Pizzas dans une bonne odeur de feu de bois. Toujours bondé. Fait également des pizzas à emporter.

Le Koutoubia (*plan I, B3,* **59**) : *10, rue Pierre-Parent. ☎ 05-37-70-10-75. Sert de l'alcool.* Cadre marocain, au chromatisme pour le moins audacieux, dans un style qui fut moderne... dans les années 1950 ! Grand choix de tajines, pastillas et brochettes. Mais l'endroit mériterait d'être mieux entretenu. Accueil charmant.

Chic (200-300 Dh / 18,20-27,30 €)

Beaucoup de restos français dans cette catégorie !

Le Bistrot de Pietri (*plan I, B2,* **34**) : *4, rue Tobrouk. ☎ 05-37-70-78-20. Concert de jazz mar, ven et sam. Sert de l'alcool.* Resto branché dans un décor contemporain. Bar éclairé à la bougie et en salle, des tables organisées autour d'un puits de lumière central, suffisamment espacées pour préserver l'intimité. Un lieu original à l'atmosphère détendue, propice à un repas honorable de cuisine méditerra-

RABAT ET SES ENVIRONS

néenne revisitée par un chef français inspiré. L'addition est un peu salée, mais les jours de concert, on en ressort satisfait. Clientèle à majorité rbatie huppée et quelques clients du très bon hôtel homonyme (voir « Où dormir ? »).

Le Grand Comptoir *(plan I, A2, **72**) : 279, av. Mohammed-V. ☎ 05-37-20-15-14. Tlj 7h-1h sans interruption. Concert de jazz mer-sam. Sert de l'alcool.* Élégante brasserie de style Art déco sous une vaste verrière avec un imposant escalier central. Une cuisine française proposant à l'ardoise soupe de poisson, tartare de bœuf poêlé, bons rognons de veau, etc. ; mais aussi des club-sandwichs et de belles salades. Clientèle chic, venant autant pour la cuisine que pour boire un cocktail en écoutant les jazzmen en fin de semaine. Aussi, bar lounge à l'atmosphère feutrée. Service impeccable.

L'R du Goût *(plan I, B3, **73**) : 8, rue Moulay-Abdelaziz.* Un resto traditionnel français de bonne facture dans un cadre cosy recouvert de photos du vieux Paris de Doisneau. Cuisine principalement du Sud-Ouest, où le canard est roi et de nombreux plats régionaux français revisités par un expatrié convivial. Pas très dépaysant tout ça ! Mais ça change du couscous-tajine si vous êtes au Maroc depuis quelque temps. Très calme en semaine.

L'Éperon *(plan I, C2, **61**) : 8, av. d'Alger (en arabe : Al-Jeza'ir). ☎ 05-37-72-59-01 ou 05-37-70-76-31. Tlj jusqu'à 23h.* Impossible de louper la façade aux néons flamboyants. Contrairement à l'extérieur, le cadre chaleureux et la lumière tamisée sont propices au tête-à-tête. Ce resto propose une carte française (encore !) avec plein de petits plats alléchants. Attention, le poisson est facturé au poids. Accueil inégal.

Dans la médina

Très bon marché (moins de 50 Dh / 4,50 €)

Dans la médina, outre les marchands de sardines grillées et quelques gargotes animées autour du marché, quelques petites tables économiques :

Restaurant Taghazout *(plan II, E5, **57**) : 7, rue Sebbahi. ☎ 05-37-72-40-81. Tlj jusqu'à 22h.* Une grande salle carrelée, des toiles cirées, une cuisine ouverte sur les marmites fumantes, les bons pains alignés sur les étagères, les hommes qui mangent silencieusement en regardant la télé. Et dans l'assiette, quelques grillades mais surtout d'excellents couscous généreusement servis, avec une salade composée et une assiette de fruits incluses dans le prix. Simple, bon et généreux. Notre resto préféré dans ce quartier qui en compte de nombreux autres.

Café de l'Afrique du Nord *(plan II, E5, **62**) : 276, av. Mohammed-V. Le nom est écrit sur la vitre d'une manière peu visible. Tlj jusqu'à minuit.* Dans une grande salle un peu pauvrette et peu engageante de l'extérieur, ce restaurant propose de savoureux tajines. Côté grillades, nous n'avons pas été emballés. Quoi qu'il en soit, ça reste une bonne adresse pour déjeuner (malgré l'odeur de graillon) et partager le quotidien des boutiquiers de la *kasbah*.

De plus chic à beaucoup plus chic (plus de 250 Dh / 22,70 €)

Riad Oudaïa *(plan II, E5, **38**) : 46, rue Sidi-Fatah. ☎ 05-37-70-23-92. Sur résa slt. Menu unique 330 Dh (250 Dh pour les résidents). Repas slt sur commande. Sert de l'alcool.* Un plantureux repas (hors-d'œuvre, entrée, plat et 2 desserts) servi dans l'ambiance magique d'un patio paisible. On choisit son menu lors de la réservation. L'une des adresses les plus intimistes que l'on puisse trouver à Rabat.

Le Ziryab *(plan II, F5, **75**) : rue des Consuls, 10, impasse Ennajar. ☎ 05-37-73-36-36. Au fond d'une étroite ruelle à gauche de la fontaine du souk de la rue des Consuls (c'est fléché). Résa conseillée. Menus 500-700 Dh, thé compris !* Vaste patio entouré de petits salons marocains pour un dîner intime au son de douces mélodies traditionnelles. Dès l'arrivée, c'est tout un cérémonial d'accueil à la marocaine qui vous attend (boisson de bienvenue, visite des lieux, choix de l'emplacement idéal...). Élégante terrasse offrant une vue incroyable. Dommage que la cuisine soit inégale pour une addition, qui, elle, atteint toujours des sommets.

À l'Agdal

Très bon marché (moins de 50 Dh / 4,50 €)

|●| ***La Graille*** *(plan III, G6,* ***65****) : 66, av. Oqba. Tlj 8h-2h.* Un étonnant fast-food à l'allure chic et cosy avec murs molletonnés et petites lampes intimes, où se pressent familles et groupes de copains autour de grillades, de pizzas et de paninis. Qualité correcte.

|●| ***Best Food*** *(plan III, H7,* ***66****) : 6, rue du Dadès. Tlj sf dim 12h-21h45.* Près du marché de l'Agdal, tout plein de petits restos où l'on peut manger en terrasse. On a retenu celui-ci, qui nous a plu pour son service attentionné et pour l'audacieuse promesse de son nom ! Le niveau est celui d'une honorable cantine (tajines et couscous le vendredi).

Prix moyens (100-200 Dh / 9,10-18,20 €)

|●| ***Chez El-Ouazzani*** *(plan III, H6,* ***68****) : pl. Ibn-Yassine (connue des Rbatis sous le nom de pl. Bourgogne). ☎ 05-37-77-92-97. Tlj jusqu'à 22h30.* La base de l'offre est la brochette (par douzaine !), mais on peut s'y faire servir quelques tajines et, bien sûr, le couscous du vendredi midi. Décor intérieur typiquement marocain. Mais c'est sous les auvents que vous vous installerez pour vous délecter de son animation. Haut lieu de rassemblement des étudiants gauchistes dans les années 1970-1980. De nombreux Rbatis continuent d'en faire leur cantine. Le service s'arrête quand il n'y a plus rien à manger. Logique, non ? Sur la gauche de la rue, comptoir pour emporter des brochettes.

|●| ***Medersa*** *(plan III, H6,* ***67****) : 5, rue Assou-Haili. ☎ 05-37-68-36-14. À deux pas de l'ambassade de France.* Une petite adresse tranquille, bonne et pas chère. Idéale pour un déjeuner rapide, soit sur la terrasse, soit dans la salle du 1er. Accueil aimable.

Chic (200-300 Dh / 18,20-27,30 €)

|●| ***Paul*** *(plan III, G8,* ***70****) : 82, av. Al-Oumam-al-Mouttahida. ☎ 05-37-67-20-00. Tlj jusqu'à 23h30.* Succursale du marchand de pain bien connu, fréquenté par le Tout-Rabat. Cadre chic sur 2 niveaux, avec plafonds boisés et cheminée sculptée. Au menu, espadon, saumon et poulet tandoori. Service cordial et stylé, sans être guindé. Agréable terrasse couverte, ouvrant hélas sur l'avenue, assez bruyante au déjeuner. Un bon rapport qualité-prix.

|●| ***Pizzeria Reggio*** *(plan III, H6,* ***69****) : angle pl. Ibn-Yassine (ou pl. Bourgogne) et rue Al-Achari. ☎ 05-37-77-69-99. Tlj sf dim jusqu'à 0h30.* Un excellent resto italien, bondé tous les soirs. Ses tables serrées les unes contre les autres ne le rendent pas vraiment propice aux discussions intimes, mais on s'en fiche : on est tous là pour ses bonnes pizzas, ses petits plats et, le soir, ses musiciens.

Où déguster une pâtisserie ?

|●| ***Pâtisserie La Française*** *(plan III, H6,* ***80****) : 4, pl. Ibn-Yassine (ou pl. Bourgogne). Tlj 8h-14h, 16h-22h.* Pâtisserie d'excellente qualité, une des meilleures de Rabat. Une fois votre carton à gâteaux rempli, pourquoi ne pas aller le vider à la terrasse voisine en sirotant un thé à la menthe (c'est la même maison) ?

|●| ***Pâtisserie Majestic*** *(plan I, A-B1,* ***82****) : 14, av. Allal-ben-Abdellah. Tlj 6h-21h.* Salon de thé chic à prix raisonnables au-dessus de la boulangerie. Pâtisseries marocaines de qualité. Personnel très sympa.

|●| ***Café-pâtisserie Shehrazade*** *(plan I, A1,* ***29****) : 119, bd Hassan-II. Tlj 6h-21h.* Vaste café-salon de thé moderne servant de goûteuses pâtis-

series et viennoiseries. Glaces en cornets. Bonne adresse pour le petit déj ou le goûter, même si le brouhaha ambiant en fin d'après-midi est un peu assourdissant.

Paul *(plan III, G8,* ***70****) : 82, av. Al-Oumam-al-Mouttahida.* Boulangerie-pâtisserie-salon de thé où le Tout-Rabat vient chercher son pain et ses croissants. Resto à l'étage (voir « Où manger ? À l'Agdal »).

Au début de l'avenue Ibn-Sina *(plan III, G8)*, ***pâtisseries européennes*** qui rivalisent en qualité : *Le Calisson* et *Le Trianon*.

Où boire un thé, un jus ?

Café Maure *(zoom F4,* ***85****) : accès par le jardin andalou ou la rue Bazzo. Ferme au coucher du soleil.* Halte incontournable lors d'un passage à Rabat. Le lieu est touristique (donc cher), très fréquenté, bruyant, mais la vue sur Salé et l'océan est superbe. Pâtisseries maison pour les amateurs.

La Véranda *(café-resto de l'Institut français ; plan I, B2,* ***14****) : rue Ghafsa. Lun-sam 10h-23h30 (dim 10h-15h).* Dans un agréable jardinet, le lieu idéal pour créer des liens tout en sirotant un bon thé à la menthe (voir « Où manger ? Dans le centre-ville »).

Cafétéria du 7e Art *(plan I, B2,* ***86****) : av. Allal-ben-Abdellah. Tlj 6h30-22h30.* C'est, à l'origine, la cafétéria en terrasse du cinéma du même nom. Difficile de se croire au cœur de Rabat. Le cadre est surprenant et très agréable. Pas étonnant que ce soit noir de monde dès la fermeture des bureaux. Si on ne parvient pas à lever le camp, on peut y grignoter sans se ruiner. Service jeune et sympa.

Terrasse de l'hôtel Balima *(plan I, B2,* ***32****) : av. Mohammed-V.* Vaste terrasse ombragée sur une place tranquille au cœur de la ville moderne. Un haut lieu de rendez-vous à l'heure de l'apéro. C'est en quelque sorte le *café de Flore* de Rabat, où l'on se pose avec un journal français acheté aux petits vendeurs toujours installés là.

Où boire un verre ? Où écouter de la musique ?

El Rancho *(plan III, G-H8,* ***89****) : 30, rue Mischliffen, à l'Agdal. Tlj jusqu'à 1h.* Les jeunes branchés s'y donnent rendez-vous pour manger tex-mex et y boire un verre avant d'aller en boîte. L'ambiance est électrique le week-end surtout, quand saxos, djembés et DJs « bœufent » à l'unisson.

Le Puzzle *(plan III, G8,* ***90****) : 79, av. Ibn-Sina, à l'Agdal. Ferme vers 2h. Concerts tlj sf mer et dim, jours de karaoké.* Un autre rendez-vous de la jet-set rbatie. Cadre tout rouge décoré de peintures modernes. Bonne musique marocaine, raï, et parfois quelques DJs aux platines. Toujours bondé.

La Cabane Bambou *(plan I, C2,* ***93****) : 6, rue Tindouf. À 10 mn à pied du centre. Musique live ts les soirs jusqu'à 2h.* Au rez-de-chaussée, boîte de nuit et live-club africain.

Weimar Café *(plan I, A3,* ***55****) : 7, rue Sanaa ; dans les locaux de l'Institut Goethe (voir « Où manger ? Dans le centre-ville »). Tlj 10h-15h30, 19h-minuit.* Sert des boissons alcoolisées. Un lieu original où les rencontres se font d'elles-mêmes.

L'Empreinte du Temps *(plan III, G8,* ***91****) : 38, av. Ibn-Sina, à l'Agdal. ☎ 05-37-67-08-01. Ferme à minuit (discothèque jusqu'à 5h).* Bar à cocktails lounge au cadre plaisant, avec de grands tableaux aux murs. Une clientèle assez huppée s'y retrouve pour boire un verre en terrasse ou dans l'un des salons cosy. On peut venir tôt pour y dîner et rester tard à la discothèque du sous-sol.

Le Ve Avenue *(plan III, H6,* ***92****) : voir plus bas « Où danser ? ». Bar ouv jusqu'à 1h30.* Vivement déconseillé aux filles seules.

Où danser ?

Les discothèques n'ouvrent que vers minuit.

♫ ***Amnesia*** *(plan II, E5, **94**)* **:** *rue de Monastir. Ven et sam 150 Dh, dim-jeu 100 Dh, avec une conso.* La boîte branchée de Rabat, tenue mode exigée. À l'entrée, physionomiste et fouille au corps. Musicalement, ça déménage. Déco *seventies* chic, avec des abat-jour à poil qui changent de couleur (on adore !).

♫ ***Le Vᵉ Avenue*** *(plan III, H6, **92**)* **:** *5, av. Bin-el-Ouidane. Tlj jusqu'à 3h. Entrée : 80 Dh avec une conso ; consos suivantes 60 Dh.* Une discothèque classique. Musique européenne et ambiance bon enfant. Pour commencer la soirée, pub et resto dans le même établissement.

Achats

Dans la médina, *rue des Consuls (plan II, F4-5)*, nombreuses **échoppes de souvenirs** (souvent fermées le dimanche). Ne pas manquer le très beau passage couvert d'une verrière à armature métallique de type Eiffel. Notons le bois (racine de thuya), le fer forgé, les poteries, les broderies aux motifs andalous et les tapis (avec un motif central et des bords très travaillés).

Galerie d'art Miloudi Nouiga *(zoom F4, **100**)* **:** *kasbah des Oudaïa, rue Jemaa. Tlj 9h-19h30.* Vous y trouverez de belles cartes postales de la ville et des affiches de portes de la médina. Quelques beaux tirages en grand format, mais à des prix un peu prohibitifs !

À voir

Les murailles **:** longues de plus de 5 km, érigées sur ordre du sultan almohade Yacoub el-Mansour à la fin du XIIᵉ s et prolongées par moulay Al-Rachid, elles donnent à la ville un cachet particulier. L'idéal est de les suivre en voiture. Si vous n'êtes pas motorisé, une course en petit taxi ne vous coûtera pas plus de 40 Dh. Nous vous conseillons cette virée à la nuit tombante. Partir de la place Abraham-Lincoln *(plan d'ensemble)* en direction du sud, via le boulevard Moussa-ibn-Nossair qui passe entre les murailles ocre rouge du *mechouar* à droite et les murs crénelés de Chellah à gauche, tous brillamment éclairés. L'effet d'ensemble est magnifique. Lorsque le boulevard quitte les murailles qui continuent dans l'enceinte du palais royal (fermé à la circulation le soir), poursuivre jusqu'au *Sofitel (ex-Hilton)* et prendre à droite l'avenue Omar-ibn-al-Khattab vers l'Agdal, puis l'avenue Al-Oumam-al-Mouttahida vers Bâb-er-Rouah, où l'on retrouve l'enceinte. Continuer tout droit en jetant des coups d'œil à travers les nombreuses portes qui ouvrent sur le centre-ville puis sur la médina. Pour faire bonne mesure, on peut terminer en tournant à droite sur l'avenue El-Alou ; au bout, vue idéale sur les murs de la *kasbah* des Oudaïa.

La ville moderne **:** en 1912, Lyautey a chargé l'urbaniste Henri Prost de construire une ville moderne accolée à la médina. Ce dernier s'en est acquitté en intégrant les monuments anciens et en respectant les axes majeurs existants : le boulevard Hassan-II longe la muraille des Andalous et l'avenue Mohammed-V, qui lui est perpendiculaire, relie la médina au palais royal avec, sur toute sa longueur, les principaux commerces, les cinémas, la poste, la gare ferroviaire ; toute la vie, quoi ! Sur le vaste terre-plein central de cette dernière, planté de palmiers et agrémenté de fontaines, les soirs de fin de semaine, des familles entières se prélassent sur les pelouses pour jouir de la douceur de l'air. Côté muraille, le *parc du Triangle-de-Vue*

LYAUTEY, UN ADMINISTRATEUR RESPECTUEUX

Lyautey tomba amoureux du Maroc, de son peuple et de sa culture. Son attitude en est la preuve. Ainsi, il ne voulut jamais détruire les médinas. Les quartiers européens étaient donc construits à côté. De même, il n'autorisa pas l'accès des mosquées aux non-musulmans. Décision unique à l'époque.

(plan I, B1) constitue, dans l'ombre bienfaisante de ses grands arbres, une halte reposante au cœur de l'agitation. Dommage que l'on en soit chassé à coups de sifflet dès 18h !

Le musée de la Monnaie *(plan I, B2)* **:** *rue du Caire, dans les locaux de la* Banque du Maroc. ☎ *05-37-70-26-26. • bkam.gov.ma • Mar-ven 9h-12h30, 13h-17h30 ; sam 9h-12h, 15h-18h ; dim 9h-13h. Entrée : 20 Dh ; réduc enfants et étudiants.* Très beau musée moderne, où les monnaies sont éclairées individuellement - excusez du peu - au moyen de fibres optiques. Une vision de l'histoire tumultueuse du Maroc avec la monnaie pour fil rouge. Commentaire concis et érudit. Et surtout, pour les numismates, un remarquable ensemble issu d'une collection privée, dont quelques monnaies uniques (notamment un *aureus* de Juba II et une superbe pièce almohade de 10 dinars). Les billets sont exposés sous verre sur des panneaux coulissants ; rangez votre marteau, ce sont des spécimens ! Accueil par un florilège de citations sur l'argent, de Vespasien à Smaïn !

La médina *(plan II)* **:** construite au XVIIe s pour accueillir les réfugiés d'Andalousie. Beaucoup moins pittoresque que celles de Fès et de Marrakech, elle n'en est que plus authentique, les produits de ses échoppes s'adressant surtout à une clientèle locale. En partant de l'avenue Mohammed-V, allez flâner dans la rue Souika où s'entassent les commerces alimentaires, entrez dans le souk couvert *Es-Sebat* où sont groupés les marchands de chaussures. En sortant, devant et à droite, s'étend le *mellah* (ancien quartier juif), où se trouve aujourd'hui le marché aux puces. À gauche commence la rue des Consuls, qui fut jusqu'au début du XXe s la résidence des représentations étrangères (on reconnaît leurs maisons à leurs portes et fenêtres ouvrant sur la rue, contrairement aux maisons marocaines). Visitez ses boutiques de tapis et d'objets artisanaux, et goûtez aux nougats aux amandes, au miel ou au chocolat vendus dans ses échoppes. Au nº 155, le plus beau *foundouk* (caravansérail) de la ville : par l'escalier à gauche, on peut monter aux étages, d'où l'on imagine mieux le soulagement qu'éprouvaient, à leur arrivée, les voyageurs fatigués au calme de cette hôtellerie. En continuant, de la place du *souk El-Ghezel* (souk de la laine), vous découvrez les remparts de la *kasbah* des Oudaïa. Sur cette place, voilà 3 siècles, on présentait aux acheteurs éventuels (dont les consuls...) les captifs chrétiens saisis en mer par les pirates. Si vous êtes en forme, avant d'entrer dans la *kasbah,* vous pouvez remonter à gauche le boulevard Al-Alou, où vous trouverez quelques pittoresques boutiques des vendeurs de laine. Nous vous indiquons le circuit de visite le plus typique, mais vous pouvez aller à l'aventure : sa petite taille et son plan géométrique facilitent l'orientation.

La kasbah des Oudaïa *(plan II, E-F4 et zoom)* **:** *la visite s'entreprend facilement seul, mais des chasse-touristes proposent leurs services. Si vous ne le souhaitez pas, annoncez-le dès le départ.* Notre coup de cœur à Rabat. C'est l'une des premières constructions arabes de la ville, bâtie au XIIe s sur un site occupé depuis l'époque romaine. Les Oudaïa, terrible tribu de pillards, se livraient à de telles exactions que le sultan moulay Abderrahmane fit arrêter leur caïd en 1832, provoquant une révolte massive durant laquelle ils se rendirent maîtres de Fès avant d'en être délogés manu militari. Ils furent aussitôt dispersés dans le royaume et, en 1844, l'un des groupes échoua à Rabat dans cette *kasbah* alors à l'abandon. Ils y restèrent bien sages, et furent même employés à surveiller les tribus zaers qui faisaient régner l'insécurité jusqu'aux remparts de la ville.

Aujourd'hui, le site, préservé des constructions modernes, a gardé tout son charme. Vous pouvez y entrer par la *Grande Porte des Oudaïa* ou par la *Petite Porte (zoom E4),* située un peu plus bas. Celle-ci s'ouvre sur la fraîcheur du *jardin andalou (zoom F4),* véritable oasis de tranquillité. Au printemps, c'est un éden de senteurs, où de suaves orangers et jasmins exhalent le parfum délicat de leurs fleurs. On comprend aisément que ce jardin soit le lieu de prédilection des amoureux en quête de romantisme. Il est surplombé par l'ancienne résidence d'été de moulay Ismaïl, qui abrite un musée (voir ci-après). On en sort par la poterne du fond, qui donne sur l'incontournable *café Maure* (*zoom E4* ; voir « Où boire un thé, un jus ? »). Passé 18h (19h en été), de même que les jours fériés, quand le jardin andalou est fermé, contournez le musée pour trouver une autre poterne donnant accès au *café Maure*.

Gentiment encouragé et guidé par les habitants qui vous voient perplexe dans ce dédale de venelles bordées de maisons peintes de blanc symbolisant l'unité et de bleu évoquant la mer, gagnez la rue principale (rue Jemaa, c'est-à-dire « rue de la Mosquée »). À son extrémité, vous trouverez le *Riad Dar Baraka* (voir « Où dormir ? »).

Poursuivez jusqu'à la plate-forme de l'ancien sémaphore *(zoom F4)*, où se trouve un atelier de tapis *(tlj sf sam ap-m et dim 9h-12h, 14h-18h)*. Joli panorama sur l'embouchure de l'oued, la ville de Salé et l'océan.

LA CHANCE SOURIT AU CHA-RITABLE

Avant de partir pour La Mecque, un pèlerin, conscient qu'il pourrait croiser sur sa route des brigands, décida de cacher toute sa fortune chez lui. Le temps passa et le pèlerin ne revint pas. Malgré la famine, les habitants de la maison recueillirent un misérable chat affamé. Un matin, le prodigieux matou gratta le sol et la famille trouva le trésor. La légende dit qu'Allah aurait voulu les récompenser... C'est ainsi que la maison acquit son nom de Dar Baraka *(la « Maison de la Chance »).*

Puis longez le pied des murailles almohades le long de la plage de Rabat et du *cimetière El-Alou (zoom E4)*. On y trouve le tombeau de Sidi el-Yabouri, qui fait l'objet d'un culte assidu des femmes en mal de mari. Notez avec quelle désinvolture l'urbaniste moderne a tracé une rocade éventrant l'impressionnant alignement de tombes...

Après l'angle de la muraille almohade s'étend à gauche un terrain qui faisait partie du cimetière. La municipalité a voulu un temps y aménager un parking souterrain, mais, à la suite de la découverte de ruines almoravides, le projet fut abandonné (on voit encore aujourd'hui les restes des fouilles)... et remplacé par l'entrée du tunnel pour Salé ! Remarquez aussi la toute petite porte dans la muraille, appelée *porte Secrète (zoom E4)*. Elle vous permet de revenir dans la *kasbah* jusqu'à la Grande Porte, en notant au passage la fontaine désaffectée depuis l'adduction d'eau courante.

La Grande Porte peut être ouverte pour une expo temporaire : une bonne occasion de visiter les trois salles de cet impressionnant monument organisé en chicane, en remarquant les coquilles almohades en creux et, dans les écoinçons, le serpent, symbole de Yacoub el-Mansour.

👥 ***Le musée des Oudaïa*** (*zoom F4*) **:** ☎ *05-37-73-15-37. Tlj sf mar 8h30-16h30. Entrée : 10 Dh ; réduc. En haut du jardin andalou de la* kasbah*, dans l'ancienne résidence du sultan moulay Ismaïl.* La maison est magnifique et sa visite vaut le détour autant que son musée de la Joaillerie. Superbe cour pavée de zelliges avec une fontaine de marbre en son centre, entourée de quatre salles retraçant l'évolution de la joaillerie à travers les âges, de la préhistoire à nos jours. Bijoux en pierre taillée du néolithique, en pâte de verre à l'époque romaine, puis en bronze et enfin en or. Du bijou rural au bijou citadin, les spécificités régionales, des ornements féminins aux pierres incrustées sur les armes des hommes, la visite est passionnante et les collections extrêmement riches. Pour finir, une salle présente toutes les techniques possibles et imaginables pour la fabrication du diadème : le moulage, le découpage, le niellage, l'émaillage, le filigrane, la gravure, la dorure... Tout, vous saurez tout sur le bijou !

👥 ***La tour Hassan*** (*plan I, D1*) **:** *près de la pl. Sidi-Makhlouf.* Ses entrées sont gardées par quatre chevaux blancs remarquables de patience et d'immobilisme. La garde est relevée en moyenne toutes les heures. Les quatre faces de la tour sont différentes. Trois sont roses et la dernière est grise, car tannée

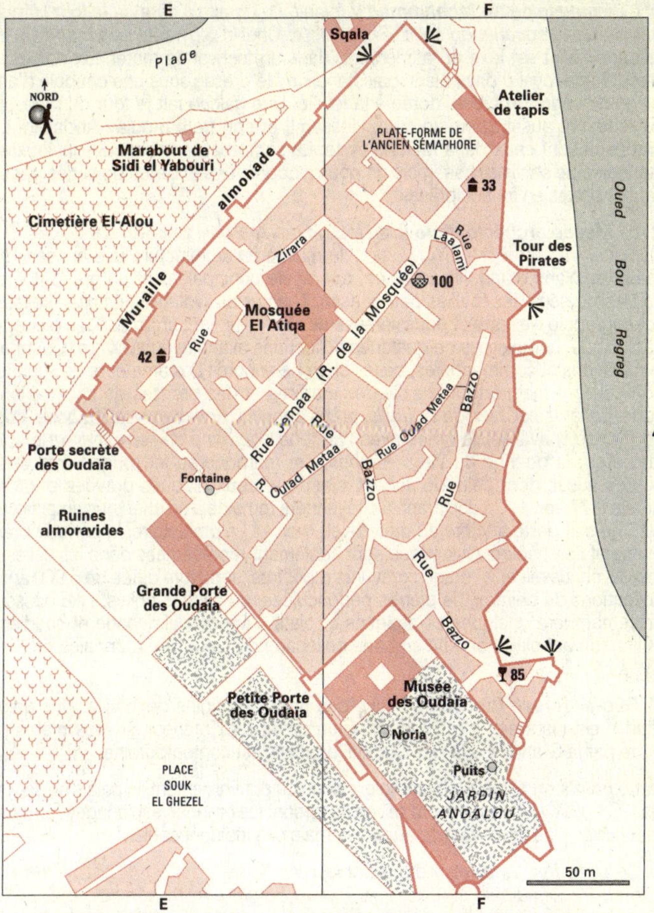

RABAT – LA KASBAH DES OUDAÏA (ZOOM)

Où dormir ?

33 Riad Dar Baraka

42 Riad Kasbah

Où boire un thé, un jus ?

85 Café Maure

Achats

100 Galerie d'art Miloudi Nouiga

par les brises marines. Ce minaret de la mosquée éponyme du XIIe s, à jamais inachevé, aurait dû culminer à 80 m alors qu'il n'atteint que 44 m. C'est tout ce qui reste d'un grandiose rêve du sultan Yacoub el-Mansour. Celui-ci, qui ne manquait pas d'ambition, avait projeté de bâtir la plus grande mosquée du monde, soutenue par 312 colonnes et 42 piliers de marbre. Les travaux furent arrêtés à sa mort, et, après moult pillages et le tremblement de terre de 1755 (celui-là même qui détruisit Lisbonne), il n'en reste aujourd'hui que ces soubassements impressionnants.

Le mausolée de Mohammed V *(plan I, D1)* **:** *juste à côté de la tour Hassan. Ouv de 8h au coucher du soleil. Entrée libre.* Chef-d'œuvre de l'art marocain traditionnel. Tout est luxe et raffinement, dans un festival de matériaux nobles : le sarcophage royal d'onyx blanc pakistanais a été dressé sous une coupole d'acajou et de cèdre du Liban, dorée à la feuille. Une galerie fait le tour du mausolée où reposent aussi, dans un coin, Hassan II et son frère moulay Abdallah. Les drapeaux sont ceux de la Marche verte. La somptueuse ***mosquée*** qui jouxte le mausolée ne se visite pas, mais on pourra apprécier ses belles boiseries par ses hautes portes en fer sculptées.

Le Musée archéologique *(plan I, B3)* **:** *rue Al-Brihi. ☎ 05-37-70-19-19. Tlj sf mar 9h-17h. Entrée : 10 Dh ; réduc.* Un musée à l'architecture des années 1930 selon les plans d'une villa romaine, qui recèle principalement un grand nombre de trésors issus des fouilles de Banassa, Thamusida, Volubilis et Lixus. Hélas, la scénographie vieillotte et poussiéreuse ne met nullement en valeur ces pièces du néolithique, complétées de quelques collections allant jusqu'au XVe s. Quant aux explications et commentaires, on les cherche encore ! Les amateurs de sculpture apprécieront malgré tout la salle des marbres et des bronzes de style hellénistique. Le fameux *Chien de Volubilis,* prêt à bondir. L'*Éphèbe versant à boire* (copie de Praxitèle) rivalise de grâce avec l'*Éphèbe couronné de lierre.* Notez le souci du détail : la poitrine du *Vieux Pêcheur* est marquée au fer rouge ! Très beaux bustes aussi, dont celui de *Juba II,* ainsi que deux plaques gravées par Marc Aurèle (177 apr. J.-C.) déclarant la citoyenneté romaine à un chef musulman « sans qu'il ne soit porté atteinte au droit de sa tribu » ! La préhistoire, la période préromaine et l'archéologie islamique sont également représentées dans les salles du rez-de-chaussée et à l'étage ; gravures rupestres, sépulture datée de 5 900 ans et collections de pointes, de pierres pédonculées, de haches polies... Au passage, on remarquera quelques céramiques et plats d'époque almohade et saadienne (XIIe s), un astrolabe du XIVe s et une collection de pièces de monnaies du XIe au XVe s.

Bâb-er-Rouah *(plan I, A3)* **:** l'une des portes d'origine de la ville. Une galerie d'art y est installée : c'est une occasion de visiter l'intérieur, si vous n'êtes pas entré par la Grande Porte des Oudaïa, dont elle est contemporaine.

Le palais royal *(plan d'ensemble)* **:** siège du gouvernement, le palais ne se visite pas. On peut y jeter un coup d'œil en traversant les grandes esplanades formant le *mechouar.* Une petite balade agréable, mais pas indispensable.

Le parc Ibn-Sina *(plan d'ensemble)* **:** *les Rbatis l'appellent* ***parc Hilton*** *car son entrée principale se trouve au niveau de cet ancien hôtel devenu Sofitel. Ouv dès 5h30 (6h pdt le ramadan). Ferme à la tombée de la nuit, mais attention : n'attendez pas un rabattage par des gardiens munis d'un sifflet, vous risqueriez de vous y faire enfermer !* Très belle plantation d'eucalyptus et de pins, le seul poumon vert de l'agglomération. Plaisant à toute heure de la journée. Fréquenté par les sportifs, les familles et des amoureux très pudiques.

La nécropole de Chellah *(plan d'ensemble)* **:** *située hors des murailles, à env 2 km du centre. Tlj 8h30-18h (17h30 en hiver). Entrée : 10 Dh ; réduc. Un guide vous proposera ses services (env 80-120 Dh), mais ce n'est pas indispensable, sf en cas d'intérêt majeur pour les détails historiques et botaniques.*

Bâtie en 1339 sur l'ancienne cité romaine de Sala Colonia pour abriter les tombeaux de la dynastie mérinide, ceinte de belles murailles crénelées, la nécropole tomba en déliquescence lorsqu'un des sultans choisit d'être inhumé à Fès, choix repris par ses successeurs. Autant que de l'outrage des siècles, Chellah eut à souffrir du tremblement de terre de 1755. La visite est incontournable pour les amoureux de vieilles pierres et les férus d'histoire, mais chacun trouvera son compte dans ce site enchanteur qui permet une balade bucolique et romantique.

Si les ruines romaines retiennent surtout l'attention des spécialistes, la nécropole mérinide mérite que l'on s'y attarde. Remarquez les vestiges d'une décoration d'un grand raffinement et les tombes de différentes tailles, regroupées par familles (dont celle du fondateur Abou el-Hassan), ainsi que le vénérable minaret colonisé par les cigognes. Plusieurs marabouts sont érigés un peu plus haut, dans un bosquet qui abrite, d'avril à juillet, une colonie de hérons garde-bœufs. Tout en bas, dans un bassin de pierre, évoluent poissons et anguilles sacrées. Il serait alimenté par une source miraculeuse où vivrait, selon la légende, un poisson couvert d'or. Les femmes déposaient des « offrandes » aux anguilles, pour attirer à elles la fertilité. Une vieille femme jettera certainement, pour votre plaisir et dans l'espoir de quelques dirhams, des œufs dans l'eau pour faire sortir les habitantes des trous de rocher où elles se cachent. Pour conclure la visite, montez sur les pentes au-dessus des ruines romaines ; la vue embrasse le site, les murailles ocrées, les marabouts, le bosquet aux oiseaux, le minaret aux cigognes, les collines avoisinantes où paissent quelques maigres troupeaux et l'oued Bou-Regreg, en un tableau parfaitement composé, riche de culture et de traditions. Comment imaginer qu'à quelques centaines de mètres bat le pouls de la capitale du royaume ?

Festivals

– ***Festival Mawazine :*** *☎ 05-37-77-60-63 ou 64. • festivalmawazine.ma • Festival de musique se déroulant chaque année en mai.* Sous-titré « Rythmes du monde », il programme les tendances les plus actuelles de la musique, qu'elle soit africaine, sud-américaine, asiatique ou européenne. Cette rencontre permet de découvrir les formes d'expression multiculturelles qui traversent les siècles tout en restant en perpétuelle évolution. Plusieurs scènes dispersées dans la ville. Très fréquenté par la jeunesse, qui y oublie la pauvreté culturelle habituelle de la capitale. Beaucoup d'ambiance.

– ***Jazz au Chellah :*** *☎ 05-37-57-98-59. • jazzauchellah.com • Festival de jazz annuel, dates variables (le plus souvent en juin) sur une durée de 5 j., organisé par la délégation de la Commission européenne et les instituts culturels des États membres de l'Union en partenariat avec le ministère de la Culture et la* wilaya *de Rabat.* Dans une tente en contrebas de la muraille de la *kasbah* et dans quelques autres lieux. Chaque soir, une rencontre entre jazzmen européens et musiciens marocains se termine par un bœuf souvent très créatif. Excellent niveau, avec de bonnes pointures. Ambiance très bon enfant.

LES PLAGES AU SUD DE RABAT

Au sud de Rabat s'étendent les plages préférées des Rbatis, surpeuplées en juillet et en août.

Comment y aller de Rabat ?

➢ ***En train :*** gares à Temara et à Skhirat.

➢ ***En bus :*** n° 33 à Bâb-el-Had.

➢ ***En voiture :*** quitter Rabat en direction de Casa. Prendre l'autoroute, la quitter à la 1re sortie (Temara) et prendre à droite jusqu'à la route côtière que l'on suit à gauche.

Où dormir ? Où manger ? Où boire un verre ?

Restaurant Rose-Marie : *à **Skhirat,** Rose-Marie-plage, juste à droite de* La Kasbah. *☎ 05-37-74-92-51. Env 60 Dh pour 2 avec tente. Au resto, plats 70-200 Dh.* Terrain de camping style mouchoir de poche à l'arrière, partiellement ombragé, à l'équipement sommaire (ouvert seulement en été). On conseille plutôt le resto avec ses spécialités de fruits de mer. Pas moins de 3 salles avec vue sur mer, au choix : terrasse, salle semi-ouverte ou table chic dans un salon-bar élégant avec cheminée. Accueil et service attentionnés.

Hôtel La Felouque : *plage des Sables-d'Or. ☎ 05-37-74-43-88. • lafelouque.com • Doubles 440-530 Dh selon saison, petit déj compris. Plats 110-170 Dh.* Certaines chambres donnent directement sur la plage, les autres sur la belle piscine ; elles sont simples et correctement tenues. Le resto est agréable avec ses 2 terrasses dont une ouverte, avec vue. Cuisine internationale et quelques plats marocains. Très fréquenté l'été. Accueil convivial.

La Rose des Sables d'Or : *av. Abdellah. ☎ 05-37-74-40-96. Sur la route principale juste avt d'arriver au chemin d'accès de la plage des Sables-d'Or. Plats 25-60 Dh.* Snack proposant brochettes, salades, pizzas et jus de fruits frais à petits prix. Servis dans une grande salle kitsch et aérée, admirez les nuages du plafond. Dommage que la grande baie vitrée donne... sur le parking ! Une adresse simple, bonne et pas chère, que demander de plus ? Si... une glace maison pour les enfants.

La Kasbah : *à **Skhirat,** Rose-Marie-plage. ☎ 05-37-74-91-16 ou 33. • hotelkasbahclub.com • Doubles 640-1 000 Dh sans ou avec vue, petit déj compris. Plats 70-130 Dh.* Un hôtel chic au décor façon *kasbah,* en terre rouge. Les chambres, sobres et pas très grandes, sont agréables avec leur petite terrasse (même si cela ne justifie pas le prix élevé, selon nous). Préférez celles sur la mer, les pieds dans le sable, les autres sont organisées dans le jardin autour de la piscine. Discothèque en été et spa (massage possible). Resto proposant surtout du poisson. Accueil aimable.

À voir. À faire

La promenade de la Corniche : *à **Temara,** à partir de l'hôtel* Saint-Germain-en-Laye *(fléché depuis la route côtière).* Agréable promenade en bord de mer.

Les plages de Temara (Harhoura, Gayville, Contrebandiers, Sables-d'Or, Val-d'Or) se succèdent le long de la route côtière, à une quinzaine de kilomètres de Rabat.

À ***Skhirat,*** à 22 km de Rabat, la belle ***Rose-Marie-plage*** est bien protégée des vagues par une barre rocheuse, ce qui la rend très prisée des baigneurs.

La plage de Bouznika, à 42 km de Rabat, est très appréciée des Marocains qui viennent y passer leurs vacances. La construction y est en pleine expansion. La plage est séparée de la route par une rangée d'immeubles ménageant de temps à autre un passage public fléché.

CASABLANCA

3 600 000 hab.

▸ Pour les plans de Casablanca, se reporter au cahier couleur 1.

Véritable poumon économique du royaume, vitrine pour les stylistes à la pointe de la mode et les artistes branchés, Casablanca cultive la tradition

comme une parure à sa modernité. D'aucuns diront qu'il n'y a rien à voir ou presque... Allons donc ! C'est oublier la grande mosquée, la médina, le port, la corniche, le quartier des Habous, le trépidant Maarif et ses tours jumelles, ou encore l'hypercentre et ses immeubles Art déco ; une mosaïque de cultures et d'influences qui ont fait de cet ancien repaire de pirates une ville résolument tournée vers l'avenir. Ce qui frappe ici c'est la diversité des mondes qui semblent s'opposer mais qui sont en fait parfaitement complémentaires. On peut voir des jeunes embourgeoisés faire leurs courses dans les boutiques de grandes marques, et les mêmes acheter une décoction à base de caméléon au fin fond du marché des Habous pour faire revenir l'être aimé. On n'est pas à un choc des cultures près ! Où l'on découvre un Maroc différent, totalement décomplexé, ouvert à toutes les influences, qu'elles viennent d'Orient ou d'Occident, tout en conservant fortement ancré le sens de la tradition.

Casa mérite à bien des égards qu'on lui consacre un peu de temps. On y rencontre le Maroc d'aujourd'hui, sans fard et sans afféteries, la réalité d'un pays en mouvement. Loin des grands pôles touristiques, c'est une ville dynamique, où les habitants vous accueilleront à bras ouverts. Et les prix y sont moins élevés qu'à Marrakech ou à Essaouira. Et pour les oiseaux de nuit, c'est de la balle ! Casa regorge de bonnes adresses pour boire un verre en écoutant de la musique, pour danser et faire la fête.

Casa, c'est aussi des plages, des parcmètres, des avenues proprettes, des mendiants, des amas d'ordures, des mosquées, une petite délinquance qui se développe et des bidonvilles qui poussent comme des champignons. Bref, un Maroc loin de celui des cartes postales !

UN PEU D'HISTOIRE

Fondé au VIIe s par les *Beghouatas,* une tribu berbère réfractaire à l'islam orthodoxe (les Beghouatas utilisaient un coran en berbère et non en arabe), le hameau d'Anfa (qui signifie « la colline ») abritait un port florissant avant que les Portugais, excédés par les trafics, ne s'en emparent en 1468. Il faut attendre la fin du XVIIIe s pour que la ville connaisse une nouvelle jeunesse sous l'impulsion du sultan Mohammed ben Abdellah qui la nomme *Dar-el-Beïda,* « la Maison Blanche », traduit ensuite par *Casa Blanca* en espagnol. Dès lors, la ville ne cesse de croître, mais elle ne connaît son véritable essor qu'au milieu du XIXe s, sous l'impulsion du commerce avec la France et l'Angleterre. En 1900, la petite Casa ne compte que 20 000 habitants, et c'est sous les directives de Lyautey, nommé résident général dans le cadre du protectorat exercé par la France sur le Maroc depuis 1912, que la ville enregistre un boom sans précédent.

Missionné par la France, l'architecte Henri Prost dresse un plan d'urbanisme visant à donner à Dar-el-Beïda l'allure d'une ville moderne à l'image de l'Europe. Sur les larges avenues se greffent des bâtiments Art déco. Les Français iront même jusqu'à réinventer une médina à leur image, aux rues larges et aux maisons proprettes (l'actuel quartier des Habous), avant que la fièvre de l'immobilier ne mêle l'architecture hispano-mauresque à un allié de choix : le béton.

L'animation glisse inexorablement vers le quartier Gauthier et le Maarif, les quartiers chic où les Casablancais se réinventent un centre-ville.

Arriver – Quitter

En avion

✈ ***Aéroport Mohammed-V*** *(hors plan couleur d'ensemble par A6) :* *à 34 km du centre-ville.* • *royalairmaroc.com* • Vols intérieurs en provenance de la plupart des grandes villes du pays.

■ ***Royal Air Maroc*** *(zoom couleur E3, 1) :* *44, av. de l'Armée-Royale (FAR).* ☎ *05-22-48-97-02 ou 03 (centre d'appel 24h/24).* • *royalairmaroc.com* •

Bureaux ouv lun-sam 8h30-19h (18h sam). Fermé dim.

■ **Air France** (zoom couleur D3, **2**) **:** *15, av. de l'Armée-Royale (FAR). Résas : ☎ 05-90-20-18-18 (centre d'appel lun-ven 8h30-18h30, plus sam mat). • airfrance.com/ma • Bureau ouv lun-ven 8h30-12h, 14h-18h30 ; sam mat.*

■ **Iberia** (zoom couleur D3, **3**) **:** *17, av. de l'Armée-Royale (FAR). ☎ 05-22-43-95-42. Lun-ven 8h30-12h30, 14h30-18h30.*

– ***Dans l'aérogare :*** bureaux de change ouverts jusqu'au dernier vol (taux un peu moins avantageux qu'en ville ; au retour, pensez à dépenser vos derniers dirhams avant d'arriver sous douane, ensuite il n'y a plus de bureau de change), distributeurs de billets, office de tourisme (on n'y a rarement vu du monde), poste, agences de location de voitures (dans le hall sur la droite en sortant).

➢ ***Pour rejoindre le centre-ville :***

– ***Des trains*** au départ de l'aéroport desservent la gare de Casa-voyageurs. *☎ 0890-20-30-40. • oncf.com •* Départs toutes les heures à l'heure pile, 6h-22h, parfois plus tard. Trajet : 40 Dh. C'est le plus simple et le plus économique : le train vous dépose au centre-ville (en 35 mn), puis connexion jusqu'à Rabat.

– ***Les « grands taxis blancs »*** assurent la liaison entre l'aéroport et Casa. Compter env 250 Dh. Tarifs fixes de l'aéroport. Un panneau indique tous les tarifs à l'extérieur.

➢ ***Pour se rendre à l'aéroport :***

– ***Train*** au départ de la gare de Casa-voyageurs. Départ, théoriquement, toutes les heures env 6h-22h. Bien vous renseigner la veille, en fonction de l'heure de votre convocation à l'aéroport : *☎ 0890-20-30-40. • oncf.ma •*

– ***En voiture :*** suivre la route d'El-Jadida, prendre la 1re sortie à droite, puis c'est indiqué.

CASABLANCA

En train

🚂 ***2 gares principales : Casa-voyageurs*** *(plan couleur d'ensemble H5), pl. Pierre-Sémard et* ***Casa-port*** *(zoom couleur E3). Centre d'appel national pour les rens : ☎ 0890-20-30-40 ou • oncf.ma •* De manière générale, il est préférable de descendre à Casa-port, plus proche du centre que Casa-voyageurs, située dans le quartier un peu excentré de Roche-Noire (ce qui implique alors de prendre un taxi si vous logez dans le centre). ATTENTION, tous les trains ne desservent pas Casa-port et de nombreux trains partent de Casa-voyageurs sans s'arrêter à Casa-port. Pas très pratique (ce n'est pas dans le centre), mais c'est comme ça. Donc, bien vérifier où s'arrête votre train. Liaisons avec :

➢ ***Marrakech :*** départ de Casa-voyageurs. Env 10 trains/j. dans les 2 sens. Trajet : env 3h.

➢ ***Tanger :*** départ de Casa-voyageurs. Une dizaine de liaisons/j. Trajet : env 4h30-5h. Pas toujours direct.

➢ ***Rabat :*** départ de Casa-port. Liaisons ttes les 30 mn env, 6h30-21h30. Trajet : 1h.

➢ ***Meknès et Fès :*** départ de Casa-voyageurs. Nombreux trains tlj, en moyenne ttes les heures, dans les 2 sens, 5h15-18h15. Trajet : respectivement 3h et 4h.

➢ ***El-Jadida :*** départ de Casa-port et de Casa-voyageurs. Trains env ttes les 2h dans les 2 sens, 6h15-19h15. Trajet : 1h30.

➢ ***Essaouira :*** départ de Casa-voyageurs, 2 liaisons/j. Trajet : env 6h.

En bus

🚌 ***Gare routière CTM*** *(plan couleur d'ensemble et zoom couleur E3)* **:** *23, rue Léon-l'Africain. Rens : ☎ 05-22-54-10-10 ou 24-65. • ctm.ma • Proche du bd de l'Armée-Royale et du Sheraton.* Pour toutes les destinations à travers le Maroc, et même vers les pays d'Europe (bus *Eurolines/CTM* pour la France et l'Espagne). Pour quitter Casa, penser à réserver au moins 1 jour à l'avance, surtout en été.

🚌 ***Gare routière des Ouled-Ziane*** *(hors plan couleur d'ensemble par H6)* **:** *route des Ouled-Ziane.* Les bus nos 10 et 11 permettent d'aller dans le centre-ville, pl. Mohammed-V. Dans la gare, de nombreuses compagnies desservent pratiquement toutes les villes, grandes et moyennes. De manière générale, préférez la *CTM*. Meilleur service et bus plus sûrs, même si c'est un peu plus cher.

– ***Attention :*** au départ de cette gare routière, refuser catégoriquement toutes les propositions d'automobilistes « draguant » les voyageurs autour de la gare. Arnaque assurée au cours du trajet !

➢ ***Marrakech :*** env 10 bus/j., 6h45-23h, dans les 2 sens, avec la *CTM*. Liaisons encore plus nombreuses avec les compagnies privées. Trajet : env 3h30.

➢ ***Tanger :*** avec la *CTM*, 5 liaisons/j. étalées sur tte la journée (dont 2 directs). Trajet : env 5h30 et 4h30 pour les directs. Avec les compagnies privées, liaisons très fréquentes, même la nuit.

➢ ***Rabat :*** avec la *CTM*, ttes les 90 mn env, et ttes les 30 mn à certaines heures. Trajet : 1h30.

➢ ***Fès :*** avec la *CTM*, env 10 bus/j. ; 7h-21h. Trajet : 4h.

➢ ***Meknès :*** env 7 bus/j. ; 7h-21h. Trajet : 4h.

➢ ***Essaouira :*** 2 bus/j. avec la *CTM*. Trajet : 6h. Presque 1 bus/h avec les compagnies privées (sf la nuit).

➢ ***El-Jadida :*** avec la *CTM*, 7 bus/j. ; 7h-19h15. Trajet : 2h. 1 bus ttes les 15 mn env avec les compagnies privées.

➢ ***Ouarzazate :*** 3 bus/j. avec la *CTM* et quelques bus privés. Trajet : env 9h.

➢ ***Er-Rachidia :*** 2 bus/j. avec la *CTM* et quelques bus privés. Trajet : 12h.

➢ ***Tineghir :*** pas de liaisons avec la *CTM*. 2 bus privés.

➢ ***Safi :*** 7 bus/j. avec la *CTM* ; 7h-19h15. Trajet : 4h.

➢ ***Agadir :*** 7 bus/j. avec la *CTM* ; 6h45-minuit. Trajet : 6h30 pour les bus directs.

En taxi

➢ ***Pour Rabat :*** *départ du bd Hassan-Seghir (plan couleur d'ensemble E4), derrière la gare routière* CTM, *et aussi près du parking du* Hyatt Hotel. Trajet : 1h15.

➢ Grands taxis et taxis collectifs pour ***Tanger, Fès, Meknès, Marrakech, El-Jadida...***

Adresses utiles

Infos touristiques

ℹ ***Syndicat d'initiative*** *(zoom couleur E4, **4**) : 98, bd Mohammed-V. ☎ 05-22-22-15-24. Tlj sf sam ap-m et dim 8h30-16h30.* Ni plan ni le pratique journal *La Quinzaine du Maroc* (que vous dénicherez dans des restos ou des hôtels). Un lieu poussiéreux à l'accueil gentiment inefficace. Le syndicat propose une visite guidée de 3h, en voiture, avec guide et chauffeur, pour 1 à 3 personnes. Compter 450 Dh pour l'ensemble de la prestation. On vient vous chercher à votre hôtel. On passe – en voiture – devant les principaux centres d'intérêt de la ville.

ℹ ***Infos tourisme – Kiosques d'informations touristiques :*** *pl. Mohammed-V, près de la fontaine lumineuse, à l'angle de l'av. Hassan-II (zoom couleur D4, **5**) ; et un autre au bout du bd Moulay-Youssef, au niveau du rond-point de la mosquée Hassan-II (plan couleur d'ensemble A1-2, **6**). • visitcasablanca.ma • Tlj sf dim 8h30-12h30, 14h30-18h (ven 9h-12h, 15h-18h).* Petit kiosque de verre. À disposition, plan succinct et petit guide de la ville (quand il y en a), ainsi que des brochures thématiques sur les visites à faire.

■ ***Casamémoire*** *(plan couleur d'ensemble E4) : 14-18, bd Hassan-Seghir. ☎ 05-26-51-58-29. • casamemoire.org •* Cette association de sauvegarde du patrimoine du XXe s organise sur demande des visites guidées. L'occasion de découvrir des trésors architecturaux méconnus.

Poste, Internet

✉ ***Poste principale*** *(zoom couleur D4) : pl. Mohammed-V, à l'angle de l'av. Hassan-II et du bd de Paris. Lun-ven 8h-16h15 ; sam 9h-13h.* Distributeur à l'extérieur.

✉ ***Bureau de poste*** *(zoom couleur E4) : bd Mohammed-V, à l'angle de la rue Chaouia. Lun-ven 8h-16h, sam 9h-12h.*

@ ***Cybercafés :*** *on en trouve dans tte la ville, avec une concentration* *autour des pl. Mohammed-V et des Nations-Unies.*

Argent, banques, change

■ ***Banques et distributeurs automatiques :*** *dans tte la ville, avec une concentration autour des pl. Mohammed-V et des Nations-Unies, ainsi que sur le bd Mohammed-V.* On a l'embarras du choix, et les taux de change sont très voisins. De nombreuses banques proposent les services *Western Union.*

Représentations diplomatiques

■ ***Consulat de France*** *(zoom couleur D5,* ***9****) : 1, rue du Prince-Moulay-Abdellah. ☎ 05-22-48-93-00. • consulfrance-ma.org • Lun-ven 8h45-11h30 ; l'ap-m, slt mer et ven, 14h15-16h30.* Peut vous assister en cas de problème.

■ ***Consulat de Belgique :*** *9, rue Al-Farabi. ☎ 05-22-43-17-80. • diplomatie.be/casablanca • Lun-ven 8h30-13h30.*

Urgences, santé

■ ***SOS Médecins :*** *44, rue Soumya, quartier des Hôpitaux. ☎ 05-22-20-20-20 (24h/24).*

■ ***Samu :*** *☎ 05-22-25-25-25. Tlj 24h/24.*

⊞ ***Clinique du Val-d'Anfa :*** *19, bd Moulay-Rachid. Tlj 24h/24.* Conventionnée CFE.

⊞ ***Polyclinique Atlas :*** *27, rue Mohammed-ben-Ali (ex-rue Jean-Jaurès), quartier Gauthier. ☎ 05-22-27-40-39. Accueil tlj 24h/24.* Clinique privée non conventionnée CFE. Service d'ambulances et d'urgences.

Transports

■ ***Garage Renault*** *(plan couleur d'ensemble F4) : 1, pl. de Bandoeng. ☎ 05-22-30-51-91 et 05-22-54-82-99 ou 00. Lun-ven 8h-12h, 14h-18h30 ; sam mat.*

■ ***Garage Citroën-Peugeot*** *(plan couleur d'ensemble D5) : route de Rabat, km 8. ☎ 05-22-67-36-89.*

■ ***Location de voitures :*** *ts les loueurs sont représentés à l'aéroport Mohammed-V, et la plupart disposent de bureaux av. de l'Armée-Royale.* Avant toute chose, relisez nos conseils dans « Maroc utile » !

– ***President Car*** *(plan couleur d'ensemble E-F4) : 27, rue Ahmed-el-Ghali (ex-rue Berthelot), bd Mohammed-V. ☎ 05-22-26-07-90. 📱 212 (0)6-61-21-03-94. • presidentcar@menara.ma • Bureau tlj sf dim 8h30-12h, 14h15-18h (17h sam).* Modèles récents. Prix corrects et personnel compétent. Une agence sérieuse qui a fait ses preuves auprès de nos lecteurs depuis de nombreuses années. Pas de bureaux à l'aéroport, mais on vous y apporte votre voiture. Ne pas venir avec un intermédiaire, l'agence peut venir vous chercher n'importe où à Casablanca. Les voitures peuvent aussi être louées en ville et restituées à l'aéroport.

– ***Avis :*** *19, av. de l'Armée-Royale (FAR), au rdc de l'hôtel* Royal Mansour Méridien. *☎ 05-22-31-24-24. Lun-ven 8h-19h ; sam 8h-12h, 14h-19h.*

– ***Hertz :*** *25, rue El-Oraibi-Jilali (ex-rue Foucault). ☎ 05-22-48-47-10. Lun-sam 8h-12h, 14h30-18h30 (15h-18h sam) ; dim 9h-12h.*

– ***G. Renaissance Car :*** *bureau à l'aéroport (☎ 05-22-53-95-34) ou dans le centre, au 3, rue El-Bakri (ex-rue Dumont-d'Urville). ☎ 05-22-30-03-01 ou 05-22-31-44-29. • grcloc@menara.ma • Prix élevés, mais réduc de 40 % sur présentation de ce guide.* Bien se faire préciser les tarifs et la réduction accordée avant de vous décider. Accueil inégal et parfois un peu de flou dans les prix annoncés.

Loisirs

■ ***Institut français du Maroc*** *(plan couleur d'ensemble C6,* ***10****) : 121, bd Mohammed-Zerktouni. ☎ 05-22-77-98-70. • ambafrance-ma.org/institut/casablanca/ • Bibliothèque ouv mar et jeu 12h-18h30 ; mer et sam 10h-18h30 ; ven 12h-20h et dim 11h-14h.* Ouvert le soir en fonction des manifestations. Projections, concerts, expositions qui sont proposés dans différents lieux de la ville. Le calendrier des activités du mois y est disponible.

■ ***Librairie de France :*** *4, rue Chenier. ☎ 05-22-20-90-77. À deux pas de la pl. des Nations-Unies. Tlj 9h-21h.* Une librairie bien approvisionnée.

■ ***Librairie de Provence :*** *44, av. Hassan-II. ☎ 05-22-22-23-16. Lun-sam 8h-20h.* On y trouve des cartes de Casa et du pays.

■ ***Cinémas :*** *les meilleures salles sont au* ***Megarama*** *(hors plan couleur d'ensemble par A2), au début du bd de la Corniche. ☎ 0890-10-20-20. Parking payant.* Cinéma multiplex très moderne avec toutes les sorties internationales. *La principale salle du centre-ville est le* ***Dawliz-Habous,*** *av. de l'Armée-Royale.*

Hammams

■ ***Bains Ziani :*** *59, rue Abou-Rakrak (ex-rue de Verdun). ☎ 05-22-31-96-95. Derrière le cinéma* Liberté. *Tlj 7h-22h. Entrée : env 45 Dh (env 170 Dh avec gommage et massage).* 3 salles : l'une pour les hommes, l'autre pour les femmes, et enfin des bains avec jacuzzi. Hammam de luxe à un prix raisonnable.

■ ***Centre de remise en forme – Solidarité féminine :*** *4, rue Chawqui, quartier Palmier. ☎ 05-22-99-23-94. Tlj sf lun 8h-21h. Entrée : 30 Dh.* Tenu par l'association *Solidarité féminine*, un hammam exclusivement réservé aux femmes.

Circuler en ville

Attention, il est parfois difficile de se repérer avec les noms de rues écrits en arabe. Même si la plupart ont été « décolonisés » (noms français remplacés par des noms arabes), le plus souvent, les habitants continuent d'appeler les rues par leur ancien nom (du temps du protectorat). Par ailleurs, nombre de rues n'ont tout simplement pas de plaque ! D'autres possèdent les deux noms. Nos cartes comportent celui qui est le plus couramment utilisé. Allez, bon courage ! Si vous comptez séjourner plusieurs jours à Casa, l'achat d'une carte est indispensable.

– ***Bus :*** *terminus des bus pl. Maréchal, à l'angle de la pl. des Nations-Unies et de l'av. Moulay-Hassan-Ier (plan couleur d'ensemble C4).* Pour aller au bord de la mer à Aïn-Diab, plage et piscine, prendre le nº 9. Dernier retour à 21h.

– ***Stationner dans le centre :*** aucun problème de stationnement dans le centre de Casa. La raison ? Tout est en zone bleue et le tarif est relativement élevé (environ 2 Dh/h). Vous ne payez pas ? Vous avez trop tardé à faire vos emplettes ? Paf ! Un sabot ! Ensuite, il faut payer une amende auprès du gardien. Heureusement, ce n'est pas cher (30 Dh). De plus en plus, des horodateurs remplacent les gardiens.

– ***Taxis :*** pour se déplacer la nuit à Casa, préférez le taxi. Plus que jamais, relisez nos conseils dans « Maroc utile » en début de guide.

Où dormir ?

On peut se loger sans problème dans la partie historique du centre-ville. Les hôtels à bas prix se situent aux alentours du marché central. C'est vieillot, ça sent un peu le lino et l'humidité, la douche est parfois au bout du couloir, mais ça fait l'affaire pour les petits budgets ! En revanche, peu d'hôtels dignes de ce nom dans la médina. Dans les quartiers à la mode (le Maarif ou Gauthier), on trouve des hôtels plus haut de gamme, mais pas d'hôtels bon marché.

Bon marché (100-200 Dh / 9,10-18,20 €)

▲ ***Auberge de jeunesse*** *(zoom couleur D3,* ***20****)* **:** *6, pl. Ahmed-el-Bidaoui. ☎ 05-22-22-05-51. • hihostels.com • Dans la médina, sur la petite place face à Bâb-el-Marsa (porte de la Marine). Tlj 8h-10h, 12h-minuit (couvre-feu). Résa conseillée pour les chambres. Lit en dortoir 70 Dh ; double 150 Dh ; petit déj compris. Carte FUAJ pas indispensable.* Organisée autour d'un sobre patio, l'AJ donne sur une mignonne petite place. Chambres de 2 à 5 personnes. Elles donnent toutes sur le grand patio intérieur couvert (et donc un peu sombre). Sanitaires collectifs impeccables. Globalement propre et plutôt bien tenu, mais ambiance vraiment mortelle.

Attention aux réservations, pas toujours honorées.

Hôtel Coli *(zoom couleur E4, **21**) : 26, rue Abdellah-el-Médiouni. ☎ 05-22-27-13-60. Double 100 Dh, sans petit déj ; w-c et douche (payante) sur le palier.* Un hôtel d'une quinzaine de chambres très simples, hautes de plafond et de bonne taille, situé dans une rue calme. Petit lavabo dans les chambres. Matelas mous et meubles de nos grands-mères (ou arrière-grand-mère pour certains). Accueil discret. Une vague odeur d'humidité flotte dans l'air. Bon, pour le prix, pas grand-chose à dire.

Hôtel Rialto *(zoom couleur E4, **22**) : 9, rue Salah-ben-Bouchaïb. ☎ 05-22-27-51-22. En face du cinéma* Le Rialto. *Doubles 160-180 Dh selon confort ; douche dans la chambre, w-c sur le palier, d'autres avec douche et w-c.* Réception à l'étage d'un grand escalier. Petit hôtel central et sans prétentions. Chambres pas de toute première jeunesse mais propres. Salon et terrasse.

Hôtel Mon Rêve *(zoom couleur E4, **23**) : 5, rue Chaouia (ex-rue Colbert). ☎ 05-22-31-14-39. • hmonreve@gmail.com • Derrière le marché central. Doubles sans ou avec sdb 130-220 Dh.* Petit hôtel d'une cinquantaine de chambres, possédant le charme des vieilles bâtisses. Chambres simples et correctes, à l'ancienne, mais plutôt propres. Vraiment bien situé mais un peu bruyant. Préférez les chambres qui font l'angle (vue sur le marché). Double vitrage pour certaines et plafonds moulurés. Sanitaires propres et récents (toilettes à la turque).

Hôtel des Négociants *(zoom couleur E4, **24**) : 116, rue Allal-ben-Abdellah. ☎ 05-22-31-40-23. À côté du marché central. Doubles sans ou avec sanitaires 160-220 Dh, sans petit déj ; négociable en basse saison.* Un hôtel très simple mais correct. Plutôt calme. Déco minimaliste, mais ensemble propre. Certaines chambres avec toilettes à la turque, d'autres à l'européenne. Sanitaires communs très propres (carrelage partout). Matelas vieillots en revanche. Bon accueil.

Hôtel Touring *(zoom couleur E3-4, **25**) : 87, rue Allal-ben-Abdellah. ☎ 05-22-31-02-16. Doubles 130-200 Dh avec lavabo ou douche, ou douche et w-c.* Très central. Jolie façade à la corniche décorée. L'intérieur est plus simple. Chambres rudimentaires mais correctes pour le prix. En voir plusieurs, le niveau des salles de bains étant inégal. Certaines chambres avec balcon sur rue. En demander une à l'étage, car la rue est assez bruyante. Accueil courtois.

Prix moyens (200-400 Dh / 18,20-36,40 €)

Hôtel Galia *(zoom couleur E4, **26**) : 19, rue Ibn-Batouta. ☎ 05-22-48-16-94. Doubles 220-270 Dh, les moins chères avec sanitaires dans le couloir ; d'autres slt avec douche et quelques-unes avec sanitaires complets. Petit déj en sus (moyen).* Un hôtel vraiment propre, aux chambres spacieuses et des douches impeccables. Préférez les chambres d'angle, avec leurs 3 grandes fenêtres. Un peu bruyant toutefois. La moquette râpée comme de l'emmental dans l'escalier donne une image trompeuse du bon rapport qualité-prix que constitue l'établissement. Murs des couloirs tout roses et nickel. Ascenseur et portes des chambres molletonnées. Excellent accueil.

Hôtel Astrid *(zoom couleur D4, **27**) : 12, rue du 6-Novembre (ex-Ledru-Rollin). ☎ 05-22-27-78-03. • hotelastrid@hotmail.com • Double avec sdb 400 Dh, petit déj en sus.* Une situation très centrale et pourtant calme. Chambres correctes et matelas de qualité. Portes joliment décorées. Vaste salon avec canapés au rez-de-chaussée.

Hôtel de Lausanne *(zoom couleur D4, **28**) : 24, rue Tata (ex-rue Poincaré). ☎ 05-22-26-86-90. • lausanne@voila.fr • En plein centre. Double 280 Dh ; pas de petit déj, mais on peut le prendre au café mitoyen* (Le Glacier de Neve). Un hôtel correct sans plus, à la déco typiquement marocaine, assez kitsch pour le hall d'entrée. Les chambres sont grandes et propres, meublées *a minima* et vraiment tristes. Celles sur le boulevard disposent d'une terrasse et restent calmes car elles sont bien isolées. On conservera cette

CASABLANCA

adresse en réserve, si tout est complet dans cette rubrique.

Chic (400-800 Dh / 36,40-72,80 €)

Hôtel Maâmoura *(zoom couleur E4, **30**) : 59, rue Ibn-Batouta. ☎ 05-22-45-29-67 ou 68. • hotelmaamoura.com • Double 580 Dh, petit déj compris. Menu 150 Dh. CB acceptées. Réduc d'env 20 % sur les chambres sur présentation de ce guide.* Une cinquantaine de chambres et quelques suites dans cet hôtel de très belle facture, à la façade Art déco, situé à deux pas du marché central. Élégant hall d'accueil, façon palais, avec mosaïques, zelliges, plafonds de cèdre en nid d'abeilles. Belles chambres impeccables, bien entretenues au fil des ans, aux tons neutres et meublées dans un style vaguement anglais. Celles du 4e étage ont un balcon. Bons matelas. Ambiance agréable et accueil pro. L'hôtel réserve des places de parking (gratuit), ce qui est appréciable à Casa. Le meilleur rapport qualité-prix dans cette catégorie.

Hôtel Amoud *(zoom couleur D-E4, **29**) : 51, rue Tahar-Sebti. ☎ 05-22-22-05-04. • hotelamoud.com • Double 550 Dh, petit déj en sus.* Bien situé, au calme, voici un hôtel néo-Art déco de 6 étages. Un excellent rapport qualité-prix, tenu par le papa et son fiston. Grand hall avec colonnes en *tadelakt* et une cinquantaine de chambres soignées, peintes de couleurs toutes différentes, avec AC, bonne literie, écran plat, salle de bains nickel. Une agréable adresse, où l'on prend soin de vous.

Hôtel Guynemer *(zoom couleur D4, **37**) : 2, rue Mohammed-Belloul. ☎ 05-22-27-57-64. • guynemerhotel.com • Double 540 Dh, petit déj compris.* Petite structure hôtelière dans un immeuble refait, avec quelques bas-reliefs en façade. Rénové et vraiment correct quant aux prestations. Chambres pas bien grandes mais tout confort (AC, TV, salle de bains bien équipée). Demander des chambres en hauteur et sur rue (pas bruyante). Celles sur cour ont vue sur un mur. Bon accueil. Salon marocain au rez-de-chaussée.

Hôtel Manar *(zoom couleur E3, **32**) : 3, rue Chaouia (ex-rue Colbert). ☎ 05-22-45-27-51. • manarhotel@hotmail.com • Derrière le marché central. Double 480 Dh, petit déj en sus.* Un hôtel d'une cinquantaine de chambres réparties sur 7 étages, avec un hall moderno-kitsch et un salon au rez-de-chaussée. TV et chauffage central. Propre, fonctionnel, rassurant. Une adresse sans surprise, ni bonne ni mauvaise. Bien placé et un rapport qualité-prix correct. Pas grand-chose d'autre à dire.

East-West Hotel *(plan couleur d'ensemble B4, **33**) : 10, av. Hassan-Souktani (angle rue Washington), quartier Gauthier. ☎ 05-22-20-02-10. • eastwest-hotel.com • Double 600 Dh avec petit déj.* Un hôtel 3 étoiles d'entrée de gamme comme on dit (dans sa catégorie), de construction assez récente, donnant sur une rue tranquille et idéalement placé pour partir à la découverte de Casa. Chambres peintes de couleurs gaies, mais dont les parties communes et la façade vieillissent prématurément. Par ailleurs, les installations commencent à souffrir d'un manque d'entretien. Demander impérativement une chambre en étage, en tout cas loin du rez-de-chaussée et du bar irlandais accolé à l'hôtel, aussi sympathique que bruyant. Et là, on ne vous garantit pas les nuits calmes !

Beaucoup plus chic (plus de 1 000 Dh / 91 €)

Hôtel Idou Anfa *(plan couleur d'ensemble A-B4, **34**) : 85, bd d'Anfa. ☎ 05-22-20-02-35. • hotel-idouanfa.com • Dans le centre, à deux pas de la pl. de la Fraternité. Double 1 300 Dh avec petit déj-buffet. Parking gardé (inclus dans le prix).* Un hôtel de classe internationale, au grand hall accueillant, construit dans une tour de 16 étages. Beau panorama d'en haut et bar... panoramique, justement. Chambres impeccables et bien équipées, toutes avec un coin canapé, des jetés de lits en velours, écran plat. Vue extra à partir du 13e étage. Petit déj-buffet un peu léger vu le prix. Bon accueil.

Maison d'hôtes Dar Itrit *(hors plan couleur d'ensemble par A6) : 9, rue de Restinga. ☎ 05-22-36-02-58. • daritrit.ma • Sur le bd Gandhi, prendre à droite après le n° 64, puis au rond-point à gauche, direction « École Bizet » ; tourner encore à gauche à la station Shell ; c'est un peu plus loin, côté gauche de la route, avt le collège. Double 90 €, petit déj inclus (très copieux). Repas sur demande, env 23 €.* Juste 3 chambres (qui se partagent 2 salles de bains), la « Marrakech », la « Berbère » et la « Mogador », décorées avec raffinement, dans une vraie et grande maison d'hôtes, tenue par un couple ayant beaucoup voyagé, comme en attestent les murs de la maison. 2 terrasses de style différent. Bon accueil. Une adresse pour vous détendre, hors des sentiers battus. Comme ce n'est pas dans le centre, essentiellement conseillé à ceux ayant un véhicule.

Hôtel Kenzi Basma *(zoom couleur D4, **35**) : 35, rue Moulay-Hassan-Ier. ☎ 05-22-22-33-23. • kenzi-hotels.com • Doubles 950-1 200 Dh, petit déj en sus (négociable). CB acceptées. Parking gratuit pour les clients. Réduc de 10 % sur le meilleur tarif disponible à l'hôtel au moment de votre venue, sur présentation de ce guide.* Un édifice essentiellement fréquenté par les hommes d'affaires et quelques touristes habitués. Les chambres, assez luxueuses, sont agréables (AC) et dotées de tout le confort indispensable pour les hommes d'affaires qui plébiscitent l'établissement. Certaines possèdent une vue magnifique sur la vieille médina et la mosquée Hassan-II. Resto moderne et salon aux fauteuils de velours rouge et partie lounge dans les tons lilas.

Hôtel Diwan *(zoom couleur E3, **36**) : 31, bd Hassan-Seghir. ☎ 05-22-44-65-14. • hoteldiwancasablanca.com • Doubles 900-1 200 Dh, petit déj compris.* La plupart des chambres sont des *junior suites*. Vaste hall tendance, aux gros piliers de *tadelakt* pourpre. Si les parties communes sont élégantes, les chambres ne sont pas en reste : lumineuses, spacieuses, avec grand lit, coin salon, coffre, toilettes séparées, minibar, lecteur DVD... Coin salon, *tadelakt* sur les murs, salle de bains en zelliges et marbre... Un bémol : la mauvaise insonorisation. Prendre une chambre dans les étages pour la vue.

Maison d'hôtes Jnane Sherazade *(hors plan couleur d'ensemble par H6, **38**) : 8, rue de Belgrade. ☎ 05-27-82-44-44. • jnanesherazade.com • Situé en lisière du quartier des Habous. Doubles 1 200-1 800 Dh, petit déj compris. Dîner sur résa 350 Dh.* Dans un secteur résidentiel, cette remarquable demeure des années 1950 flirtant avec une architecture Art déco après-guerre a réussi sa reconversion. Elle abrite 8 chambres absolument superbes. On est ici entre la chambre d'hôtes de charme et la résidence de luxe, mais l'on reçoit comme à la maison, dans un cadre d'une exquise élégance. Fer forgé pour l'escalier, zelliges pour les salles de bains et du marbre partout. Chambres spacieuses et très confortables, superbes salles de bains avec grande baignoire, et certaines avec petite terrasse. Au rez-de-chaussée, le resto (ouvert à tous) oscille entre tradition et modernité.

Où manger ?

Très bon marché (moins de 50 Dh / 4,50 €)

Marché central *(zoom couleur E4, **40**) : tlj 7h-15h.* Les amateurs de poisson et de fruits de mer trouveront leur bonheur au marché central. La méthode est simple : vous achetez votre poisson vous-même au marché et vous l'apportez à un des nombreux petits restaurants situés tout autour pour qu'on vous le passe sur le gril ou le fasse frire pour environ 20 Dh le kilo. En rajoutant quelques dirhams pour une petite salade et du pain, vous vous empiffrerez pour environ 40 Dh. C'est populaire, pas cher et vraiment sympa. Bon à savoir, évitez le lundi car le poisson a déjà 2 jours (pas de pêche le dimanche). Jours d'arrivage : mardi, jeudi et samedi.

– Toujours au marché central, on peut

acheter des huîtres de Oualidia ou de Dakhla (extrême sud du Maroc). Compter 5-7 Dh la pièce en fonction de la taille (un peu moins cher à la douzaine). À négocier, évidemment. Elles sont excellentes. Une des écaillères les plus connues du marché, Zoubida, Zouzou pour les intimes, tient le stand ***Parc Dar Kachon*** (sic), au cœur du marché. Ses huîtres sont les mêmes qu'ailleurs, mais elle a juste plus de bagou que les autres ! On se fait ouvrir quelques huîtres, comme ça, sur le pouce, que l'on gobe à la régalade. On peut aussi commander un plateau et aller le déguster dans les petits restos à l'extérieur (on paie le couvert et on prend une salade et une boisson).

|●| ***La Marina*** *(zoom couleur D5,* ***41****)* **:** *77, rue El-Arrar (ex-rue Gay-Lussac). Service jusqu'à env 15h. Fermé dim. Délicieux tajines et couscous le ven.* On adore cette petite adresse populaire en diable. Dès 12h, la minuscule salle, basse de plafond, est bondée d'employés et ouvriers du quartier qui se serrent au coude à coude sur les petites tables pour déguster un bon et copieux tajine. Dans la salle, presque que des hommes. En cuisine, rien que des femmes, qui concoctent des tajines comme à la maison. Propre, frais, populaire et agréable. Accueil gentil comme tout. On adore.

|●| ***Snack Rouge et Blanc*** *(zoom couleur D4,* ***42****)* **:** *16-18, bd Lalla-Yacout. Tlj 12h-2h.* 2 petits snacks l'un à côté de l'autre, ouverts sur la rue, propres et bien placés, qui servent de véritables tajines et un poulet-frites pour trois fois rien. Excellent rapport qualité-prix. L'échoppe d'à côté, sur la droite, sert de bons jus.

|●| ***Snack Anwal*** *(zoom couleur E4,* ***44****)* **:** *115, rue Allal-ben-Abdellah. Le long du marché central, à côté de* La Bodega. *Tlj, tte la journée.* Une adresse prisée des locaux pour ses brochettes et ses coquelets pour trois fois rien. C'est propre, tout simple, la viande est fraîche et le service efficace. Salle carrelée, gentiment banale.

|●| ***Rôtisserie Centrale*** *(zoom couleur E4,* ***43****)* **:** *rue Chaouia. Face au marché. Tlj jusqu'à 23h-minuit.* « Quart de poulet, demi-poulet, poulet entier, c'est comme tu veux ! » Avec une assiette de frites, une salade marocaine et quelques olives au jus, une adresse très fréquentée par les jeunes Marocains.

|●| ***Snack Amine Adam*** *(zoom couleur E4,* ***43****)* **:** *22, rue Chaouia (ex-rue Colbert). En face du marché central. Tlj jusqu'à 22h. Annexe à côté du marché de Derb-Ghallef, au 9, bd El-Habacha (ex-35, rue Watteau).* Essentiellement du poisson. Bonnes fritures à prix doux, paella, plateaux de fruits de mer et de poissons à partir de 2 personnes. Un snack très propre, à la déco de mosaïques, où l'on mange globalement bien et copieusement. Terrasse sur le trottoir où racolent les jeunes serveurs.

|●| ***Grillades au marché des Habous*** *(hors plan couleur d'ensemble par H5)* **:** *quartier des Habous, sur la pl. Sidi-Mohammed-ben-Abdellah (voir le parcours « La nouvelle médina ou le quartier des Habous » dans « À voir »).* Si vous traînez par là et que vous n'en avez jamais goûté, achetez votre viande auprès des bouchers-chameliers dont les têtes (des chameaux, pas des bouchers !) trônent devant les étals, et faites-vous griller quelques saucisses de viande hachée dans les petits restos autour. Pour ceux qui ne sont pas tentés par le chameau, pas d'inquiétude, il y a de l'agneau ou du bœuf. Une expérience extra.

De bon marché à prix moyens (80-150 Dh / 7,30-13,60 €)

Toutes les adresses ci-dessous proposent des plats copieux autour de 70-80 Dh.

|●| ***Restaurant Zayna*** *(hors couleur plan d'ensemble par H5,* ***56****)* **:** *44, rue Ibnou-Khaldoune, dans le quartier des Habous. ☎ 05-22-54-25-96. Rue à deux pas du tribunal des Habous. Tlj midi et soir. Menu complet à prix doux.* Petit resto coquet, à la déco marocaine sympathique. Sans doute le seul vrai resto un peu adapté aux touristes dans le secteur. Bons tajines et couscous *tfaya* de qualité le mercredi. Quelques grillades aussi. Service un peu brouillon en revanche.

|●| ***Restaurant de l'Étoile Centrale*** *(zoom couleur E4,* ***57****) : 107, rue Allal-ben-Abdellah. ☎ 05-27-01-86-25. Ouv midi et soir.* 2 salles habillées à la marocaine mais sans démagogie touristique excessive, avec tables semi-basses, coussins, stucs... Ambiance reposante, juste face au marché. À la carte, une quinzaine de tajines, quelques couscous et autant de pastillas. Plats toutefois inégaux.

|●| ***Restaurant Luigi*** *(hors plan couleur d'ensemble par A5,* ***45****) : 17, rue de Normandie, à l'angle du bd Abou-Yaala-al-Ifrani. ☎ 05-22-39-02-71 ou 74. Sert tlj midi et soir (jusqu'à 23h) ; en continu le w-e. Résa conseillée.* Un des restos italiens les plus cotés de la ville, avec serveurs en tablier et cravate rouges. Déco sobre et agréable, genre brasserie, mais c'est moins pour l'atmosphère (malgré tout agréable), que pour ce qu'il y a dans l'assiette qu'on vient là. Les meilleures pâtes et pizzas (au feu de bois) de Casa, tout simplement. Service pro et assiettes copieuses. Du beau travail, très apprécié des habitants.

|●| 🍸 ***La Bodega*** *(zoom couleur E4,* ***46****) : 129, rue Allal-ben-Abdellah. ☎ 05-22-54-18-42. Derrière le marché central. Fermé dim midi. CB acceptées. Plat du jour et salades.* Intérieur typiquement latino. Sympathique patron, très actif. C'est encore un des derniers endroits branchés du centre historique, plein d'expats. Très animé à l'heure du déjeuner, ce resto est le rendez-vous de tous les aficionados du quartier. Cuisine espagnole et bel assortiment de tapas. Bon gratin aux fruits de mer et jolie assiette *Andalous*. Paella également. Excellente ambiance. Le soir, on vient y savourer une bière ou écluser un *mojito* (cher). Le tout en musique. Bar latino au sous-sol où l'on danse après quelques verres. Écran géant en surface.

|●| ***La Corrida*** *(zoom couleur D5,* ***47****) : 35, rue Al-Arrar. ☎ 05-22-27-81-55. Fermé dim. Menu pas cher le midi en sem.* Fondé par l'ancien directeur des arènes de Casa, ce resto fonctionne depuis la fin des années 1940 ! Dans la salle aux soubassements de bois couleur sang, sur une petite scène, quelques habits de matadors, et sur les murs, des têtes de taureaux et une grande fresque au fond. Pour plus de fraîcheur, on peut aussi opter pour la courette-jardin. Élevée par les anciens propriétaires, Malika, qui a hérité de l'affaire, s'efforce d'en perpétuer la mémoire. Elle œuvre en salle et aux fourneaux et propose une excellente paella, mais aussi un goûteux gaspacho, une soupe de poisson réussie ou des calamars au vin. De la régularité dans la qualité.

|●| ***Le Trica*** *(plan couleur d'ensemble B4,* ***58****) : 5, rue Al-Moutanabi, quartier Gauthier. ☎ 05-22-22-07-06. Fermé sam midi et dim.* Un resto un rien décalé, un établissement idéal pour pénétrer la vie nocturne de la Casa qui bouge (on y viendra donc plutôt le soir). Intérieur brique, ambiance un peu branchouille mais pas bégueule. Ils ont même réussi à garer la Dauphine rouge en mezzanine ! Pas facile comme créneau. Dans une ambiance surchauffée, on rit, on mange des pâtes italiennes... Il n'y a d'ailleurs que cela à la carte, mais dans la bonne cinquantaine de formules, vous trouverez votre bonheur, le tout arrosé de *mojitos* ou de bière. Le soir, les ventilateurs brassent une musique *world* qui bat comme le cœur de l'Afrique du Nord. Intéressant pour prendre le pouls du nouveau Maroc.

|●| ***Paul*** *(hors plan couleur d'ensemble par A5,* ***48****) : angle bd Abdelkrim-Khattab et bd Moulay-Rachid (au niveau du rond-point du Vélodrome). ☎ 05-22-36-60-00. Tlj 7h-22h. Petit menu le midi.* Endroit très prisé de Casa, sans doute moins pour l'enseigne (franchise de la célèbre boulangerie-pâtisserie *Paul* que l'on trouve notamment en France et en Belgique) que pour l'admirable bâtisse de style Art déco, classée Monument historique. Et c'est vrai qu'elle a de la gueule ! La grande terrasse en pointe permet d'observer la superbe façade convexe. L'intérieur, aux généreux volumes, est aménagée avec du mobilier d'époque, bois et moleskine rouge. À gauche, salon non-fumeurs et au fond à droite salon fumeurs. Parfait pour le thé ou pour une grignote du midi.

Chic (150-250 Dh / 13,60-22,70 €)

|●| *La Sqala* *(plan couleur d'ensemble D2,* ***49****) : dans la sqala, bd des Almohades. ☎ 05-22-26-09-60. Face au port. Tlj le midi, le soir dès les beaux jours (jusqu'à 22h), et tte la journée pour le thé. Parking dans la cour.* Les murs de cette ancienne forteresse, encore gardée par des canons, abritent le plus merveilleux secret de Casa. Au milieu des orangers, bougainvillées et autres plantes exotiques, dans un patio séduisant, accompagné du murmure de la fontaine, voici une adresse extra, où l'on déguste de très bonnes recettes ancestrales et rurales, typiquement marocaines, concoctées avec des produits locaux. Pour les petites bourses, superbe tajine de légumes. Avec une *kemia sqala* (ensemble d'entrées marocaines), on fait à 2 un délicieux petit repas. Plusieurs tajines et couscous différents. Petites tables en mosaïques, grands parasols, service particulièrement attentionné. Une réputation pas usurpée. Voir également « Où boire un thé, un jus ? ».

|●| *La Taverne du Dauphin* *(zoom couleur D3,* ***50****) : 115, bd Houphouët-Boigny. ☎ 05-22-22-12-00. Fermé dim. Arriver tôt pour trouver une place. Menu à prix doux servi midi et soir. CB acceptées.* Une vieille affaire de famille, tenue par des Marseillais, spécialisée dans le poisson et les fruits de mer, toujours très frais. Bonne atmosphère puisqu'il y a ici surtout des habitués, et quelques touristes égarés. Le resto est séparé du bar par la cuisine. Quelques tables en terrasse en été. Si tous les sièges sont pris, on se calera sur un tabouret au bar. Grand choix de vins et de bières étrangères.

|●| *Le Port de Pêche* *(zoom couleur D2,* ***51****) : descendre jusqu'au port par le bd Houphouët-Boigny, puis prendre à gauche avt la grille des douanes. ☎ 05-22-31-85-61. Tlj midi et soir. Fermé l'ap-m.* Situé dans l'enceinte même du port de pêche, l'atmosphère du resto est un peu guindée (serveurs en tenue, nappes sur les tables...), mais l'ambiance est bonne et le poisson d'une grande fraîcheur. On retrouve là les notables et hommes d'affaires qui connaissent tous la bonne adresse. Poisson en feuilleté, en gratin, en tajine, en friture, grillé ou en salade. Et même de bonnes moules marinière.

|●| *À Ma Bretagne* *(hors plan couleur d'ensemble par A2,* ***54****) : bd de l'Océan-Atlantique. ☎ 05-22-36-21-12 ou 05-22-39-79-79.* Ce resto « gastro » (voir la rubrique suivante) propose aussi une excellente carte « Bistrot », qui permet de vraiment profiter du meilleur à des prix particulièrement démocratiques, comme ces belles quenelles à la crème de homard ou ces beignets de calamar *a la tempura*.

Plus chic (250-400 Dh / 22,70-36,40 €)

Casa étant une ville de gros business, on y trouve de nombreux restos de haute volée, souvent de tradition française. C'est là que les contrats se signent. Pour refléter cette réalité, cette rubrique est donc particulièrement étoffée. Nos deux premières adresses sont les plus marocaines.

|●| *Al-Mounia* *(zoom couleur D4,* ***52****) : 95, rue du Prince-Moulay-Abdellah. ☎ 05-22-22-26-69. Non loin du consulat de France. Fermé dim. Résa conseillée. CB acceptées.* Pavillon typiquement marocain tout en zelliges et plafond en bois sculpté ou peint. Belle courette sur le devant, royalement ombragée par un légendaire poivrier d'Amérique. On y mange la meilleure cuisine marocaine du centre-ville, et ça se sait ! Tajines, pastillas, poulet sous toutes ses formes... Assiette de belles pâtisseries aussi. Service à la hauteur, avec personnel en costume. Prévoir de jeûner le midi, car c'est vraiment hyper copieux.

|●| *À Ma Bretagne* *(hors plan couleur d'ensemble par A2,* ***54****) : bd de l'Océan-Atlantique. ☎ 05-22-36-21-12 ou 05-22-39-79-79. À env 5 km de la sortie de la ville, en suivant la route de la Corniche. Fermé dim. Résa conseillée. 2 possibilités proposées midi et soir : la carte « Bistrot » et la carte « Gastro » (2 fois plus chère). CB acceptées.* Un vieux de la vieille, une adresse historique de Casa, tenue de père en fils avec le même brio depuis un demi-siècle. Dans une maison ultramoderne aux accents Art déco tropical, avec de grandes baies vitrées ouvertes sur l'Atlantique et une superbe terrasse, André Halbert, maître cuisinier de France (normand et non pas breton !), concocte un repas gastronomique avec des produits de toute première qualité. C'est un vrai chef, généreux et talentueux. Tout n'est que raffinement. Service stylé, belle carte des vins français et marocains (servis au verre pour certains). Bravo, chef !

La Brasserie Bavaroise *(zoom couleur E4, **55**) : 133, rue Allal-ben-Abdellah. ☎ 05-22-31-17-60. En face du marché central. Fermé sam midi et dim.* Tenue par une équipe qui connaît son affaire et ce depuis fort longtemps, ce qui explique la régulière qualité de la cuisine. Tous les jours, une spécialité alléchante d'une région de France. Les viandes sont grillées au charbon de bois. Pas mal de plats de brasserie : choucroute, blanquette de veau, civet de sanglier, médaillon de lotte, souris d'agneau... Poisson selon le marché du jour. Une adresse réputée, une cuisine bien tournée, servie dans un écrin de bistrot chic et moderne.

Où déguster une pâtisserie ou une glace ?

Pâtisserie Bennis *(hors plan couleur d'ensemble par H5) : 2, rue Fkih-el-Gabbas. Dans le quartier des Habous, dans une ruelle proche de la pl. Moulay-Youssef. Tlj 8h-20h. ☎ 05-22-30-30-25. Env 130 Dh le kilo (soit une cinquantaine de pâtisseries).* La plus célèbre pâtisserie de Casablanca, ouverte depuis 1938, et dont l'entrée ne paie vraiment pas de mine. Excellentes cornes de gazelle, doigts au sésame, *briouates* au miel, semoule aux amandes, *akda* aux amandes... Di-vin !

Pâtisserie Amoud *(plan couleur d'ensemble A5, **60**) : 26, bd Al-Massira-al-Khadra. ☎ 05-22-39-07-09. Tlj 7h-20h30.* La pâtisserie hyper moderne, presque clinique, véritable référence de la capitale économique du Maroc. Des petits et des gros gâteaux à vous laisser baba ! Gâteaux arabes certes, mais aussi des pâtisseries très françaises et un peu de salé (quiches...). Excellent dans les 2 cas. Ça ressemble à du Mulot ou du Hermé (grands pâtissiers parisiens).

Boulangerie-pâtisserie L'Opéra *(zoom couleur D4, **62**) : 50, rue du 11-Janvier. Tlj 6h30-minuit.* Agréable salon de thé en mezzanine. Grand choix de pâtisseries françaises et marocaines. Pas le raffinement de chez *Amoud* certes, mais bien tout de même.

Paul *(hors plan couleur d'ensemble par A5, **48**) : voir « Où manger ? De bon marché à prix moyens ».* Si vous n'y déjeunez pas, allez au moins prendre un thé et des petits gâteaux dans cet endroit à l'admirable architecture Art déco. Un lieu très prisé à Casa, notamment par une clientèle bobo locale.

Venezia Ice *(plan couleur d'ensemble A5, **63**) : 1, bd Massira-al-Khadra (à proximité de l'angle avec Daoud-Eddahiri). En face de Zara et Adidas. Tlj jusqu'à minuit. Une annexe à Tahiti Beach, sur la corniche.* Le glacier marocain par excellence et qui possède son propre laboratoire. Bonne sélection de gâteaux à l'européenne. Intéressant surtout pour voir évoluer les classes supérieures.

Pâtisserie Triomphe *(zoom couleur D4, **68**) : 98, rue Prince-Moulay-Abdellah. Tlj 6h30-21h.* Excellente petite pâtisserie arabe, aux produits d'une grande fraîcheur. À emporter seulement.

Où boire un thé, un jus ?

La Sqala *(plan couleur d'ensemble D2, **49**) : dans la sqala, bd des Almohades.* Aménagé dans une ancienne forteresse, ce resto en plein air (voir « Où manger ? ») est aussi idéal dans la journée pour venir y déguster de succulents cocktails de fruits (délicieux et d'une grande fraîcheur) ou un thé avec la menthe de votre choix (il y en a 4 sortes différentes !). Un endroit canon !

Milk Bar N° 6 *(hors plan couleur d'ensemble par F6,* ***64****) : 6, rue Ibn-Khaldoun, quartier des Habous. Tlj 6h-22h.* Un café sous les arcades, en terrasse, situé juste avant d'entrer par la porte principale des remparts. On y sirote un excellent thé à la menthe ou un petit café, loin de l'effervescence du centre-ville.

Café du parc Yasmina *(zoom couleur C5,* ***66****) : bd Moulay-Youssef, dans le parc de la Ligue-Arabe. Tlj 6h30-23h.* Très belle terrasse. Cadre agréable. Beaucoup d'étudiants viennent y réviser leurs cours.

De nombreux **bars** sur la corniche, dont la terrasse donne sur l'océan. On aime bien le café **Nzaha,** isolé et typique, rendez-vous des familles locales.

Où sortir ?

Petite note pour les noctambules

Le Maroc avance : les femmes qui travaillent sont aujourd'hui de plus en plus indépendantes et à même de s'octroyer une « liberté de nuit », chose somme toute relativement récente. En conséquence, on reconnaît les lieux branchés fréquentables à l'exacte parité entre garçons et filles.

En revanche, certains endroits demeurent encore à dominante masculine, et le déficit de la gent féminine est compensé par des « gazelles à péage ». Comme dans toutes les grandes villes du monde, les endroits à la mode changent vite. Ils ouvrent, ferment, changent de noms... difficile à suivre. Pour partir en quête des dernières boîtes à la mode, faire le tour du boulevard de la Corniche, vous repérerez rapidement les lieux branchés.

Rick's Café *(plan couleur d'ensemble D2,* ***67****) : 248, bd Sour-Jdid, pl. du Jardin-Public. ☎ 05-22-27-42-07. Ouv tte la journée, mais venir le soir, c'est plus sympa. Le bar sert jusqu'à 0h30. Cocktails à partir de 130 Dh. Jazz live dim soir et piano bar ts les soirs sf lun.* À défaut d'être branchée, cette adresse est devenue mythique en ville. Du nom du piano-bar mythique du film de Curtiz, *Casablanca,* ce lieu est devenu réalité grâce à une Américaine, 60 ans jour pour jour après que le film fut primé à Cannes. Décor très réussi et clientèle mûre (voire très mûre). Un lieu intéressant pour boire un verre le soir au bar ou dans la partie lounge. Attention, comme c'est avant tout un resto (qu'on ne conseille pas vraiment), on n'accepte que 6 personnes au bar, correspondant au nombre de tabourets ! Même chose au lounge, qui peut accueillir 16 postérieurs, pas un de plus. Tiens, au lounge on diffuse en boucle le film *Casablanca,* mais sans le son. Ambiance, ambiance...

Le Kazbar *(plan couleur d'ensemble A4,* ***69****) : 7, rue Najib-Mahfoud (pl. Ollier), quartier Gauthier. ☎ 05-22-20-47-47. Tlj sf dim 19h-1h. Consos à partir de 40 Dh. Tenue correcte et résa obligatoire 48h avt pour dîner. Menu-spectacle 240 Dh mer-ven. On peut aussi venir juste pour un verre au bar.* On assiste à un dîner-spectacle de qualité (qui commence à 22h). Derrière une baie en verre dépoli, les mirlitons s'activent à vous concocter une carte franco-italienne de choix. Également une carte de tapas à grignoter au bar. À table (tables basses et canapés de cuir) ou accoudé au bar, l'ambiance bat son plein, surtout quand Maxime, le chanteur oriental, atomise la salle avec son répertoire de classiques arabes. Ces jours-là, ça danse autour des tables dans une ambiance festive. DJ le reste de la semaine.

Armstrong Jazz Café *(hors plan couleur d'ensemble par A2,* ***71****) : 41, bd de la Corniche. ☎ 05-22-79-77-58 ou 59. Dans une petite ruelle à gauche, juste après l'Azur Hôtel, quartier Aïn-Diab. Ouv 22h30-4h (musique à partir de 23h30). Y aller vers minuit, c'est l'idéal. Pas de droit d'entrée, mais conso env 100 Dh.* Petite cave en pente douce du bar vers la scène où l'on sert avec force décibels un live des plus authentique à dominante *rhythm & blues* aux accents funky. Pas de déco, la musique fait tout. On boit et on danse dans la bonne humeur. Un endroit incontournable à Casa. À côté, le ***Havana Club,*** un bar branché.

🍷 Toujours sur le bd de la Corniche, non loin de là, le ***Balcon 33,*** le dinosaure de la corniche, est également un resto-bar réputé de la capitale. Les Casaouis continuent d'y venir en couple malgré la présence de « sauterelles tentatrices ».

🍷 ♫ ***Le Petit Rocher*** *(hors plan couleur d'ensemble par A2,* ***70****)* **:** *bd de la Corniche, à 200 m du phare, sur la petite route située au plus près de la mer. À l'étage. Entrée gratuite.* DJ et parfois des groupes. Une adresse qui chauffe en fin de semaine ! Au rez-de-chaussée du même lieu, un autre bar, le ***B'Rock*** : groupes presque tous les soirs à partir de 22h30 pour ce bar de poche. C'est rock, salsa, reggae ou variété, selon les soirs.

À voir. À faire

★★★ ***La mosquée Hassan-II*** *(plan couleur d'ensemble A-B1)* **:** *au bout du bd Moulay-Youssef, au rond-point avec le bd de la Corniche. ☎ 05-22-48-28-86. • mosqueehassan2.com • Visites guidées tlj à 9h, 10h, 11h et 14h ; ven (jour de la prière) slt à 9h et 14h ; en saison, une visite de plus à 15h (sf ven). Durée : 1h. Entrée : 120 Dh ; réduc étudiants sur présentation de la carte et moins de 12 ans. CB acceptées. Épaules couvertes pour les femmes. Et tt le monde enlève ses chaussures à l'entrée, qu'on trimballe dans un sac en plastique. Petite info utile : w-c au niveau de l'achat des billets.*

Une visite à ne pas manquer. À noter que c'est, avec celle de Tin-Mel, dans le Haut Atlas, la seule mosquée accessible pour un non-musulman. Hassan II n'a pas fait dans la demi-mesure ! On dit, en terre d'Islam, que celui qui bâtit une mosquée de son vivant hérite d'une belle maison au paradis d'Allah... à condition de la construire sur ses fonds propres... *No comment !*

LA GRANDE MOSQUÉE EN CHIFFRES

300 000 m³ de ciment, 40 000 t d'acier, 65 000 t de marbre, 40 000 m² d'ornements en bois de cèdre dans les mains de 15 000 ouvriers qui ont effectué 50 millions d'heures de travail, un tiers de l'édifice érigé sur la mer. Au final, une salle de prière 3 fois plus grande que Notre-Dame de Paris, pouvant accueillir 25 000 fidèles, plus de 80 000 sur le parvis. Et en période de ramadan, un total de 105 000 paires de chaussures !

Commencée en 1986, la mosquée Hassan-II a été inaugurée en août 1993. C'est la plus grande du Maghreb et son minaret s'élève à 200 m au-dessus de la mer. Elle fut réalisée par une petite entreprise de travaux publics nommée... Bouygues. Ce petit bijou d'architecture islamique, désormais troisième plus grande mosquée du monde après celle de La Mecque et de Médine, a coûté une vraie fortune ! On avance une fourchette allant de 1 à 2 milliards de dollars ! Le résultat est là, superbe.

La grande ambition de cette mosquée, à la fois lieu de prière et de fierté nationale, est d'avoir réussi à allier les techniques les plus modernes et l'artisanat traditionnel marocain : dans le premier registre, on trouve des portes en titane à ouverture verticale, montées sur vérins, un toit ouvrant sur rails, un ascenseur pour accéder à l'étage réservé aux femmes, un système de chauffage par le sol (le marbre est froid)... Côté artisanat, on pourra admirer les stucs de Marrakech et de Safi, les plafonds de cèdre du Moyen Atlas, sculptés par des artistes de Fès et de Tétouan, les grands panneaux de zelliges de Fès, les 30 000 tuiles du toit et les 55 lustres de... Murano.

L'ensemble, absolument gigantesque, possède pourtant un bel équilibre, rythmé par 76 piliers de granit. C'est un véritable chef-d'œuvre où l'immensité n'écrase pas le souci du détail. Autour de la corniche, les 99 qualificatifs d'Allah. Aux approches du mihrab (qui donne la direction de La Mecque), le sol en marbre de Carrare

ne peut être foulé que par les musulmans. Voir le travail du bois réalisé sous la mezzanine réservée aux femmes. Des petits haut-parleurs y sont camouflés. Une des coupoles fut, dit-on, dessinée par Hassan II lui-même. Bon, on lui a peut-être un peu tenu le crayon... Au sous-sol, de grands bassins pour les ablutions, dont le principal, le plus grand, est en forme de fleur.
Et puisque chaque médaille a un revers, on ne peut passer sous silence les petits soucis que connaît déjà la grande dame : des experts ont révélé que l'édifice donnait des signes de faiblesse ! En effet, soumise à de très importantes contraintes climatiques, eu égard à son emplacement, la mosquée a le mal de mer. Seul problème : experts, avocats, chargés d'études, contre-experts, assureurs, ingénieurs se renvoient la balle pour savoir qui lui paiera son prochain lifting. Drôle de Jokari. En attendant, du haut de ses 850 printemps, la Koutoubia de Marrakech doit se tordre de rire devant cette mijaurée et ses états d'âme ! Et même si la visite est moins romantique que celle du Taj Mahal, elle vaut le détour quand même.
– Autour de la mosquée, sur la vaste esplanade, une médiathèque et une grande Académie des arts traditionnels viennent compléter l'ensemble. Des lieux qui témoignent, là encore, si l'on en doutait, de la dimension éminemment culturelle de Casa.

La ville nouvelle de Casa *(centre historique ; zoom couleur D-E3-4)* **:** grosso modo, le cœur de la ville nouvelle peut se circonscrire au nord par l'avenue de l'Armée-Royale (avenue des FAR) jusqu'au boulevard Lala-Yacout (au sud) ; et de l'avenue Hassan-II (à l'ouest) jusqu'au boulevard Hassan-Seghir (à l'est). Pas de confusion, on entend par « ville nouvelle » le quartier construit sous le protectorat, dans le prolongement de la médina. Si, au début du XXe s, elle fut un véritable laboratoire d'architecture moderne, aujourd'hui, les immeubles Art déco, qui firent la renommée de la ville, tombent jour après jour faute d'entretien. Visiblement, il n'y a guère que les banques pour s'octroyer les crédits nécessaires à leur réhabilitation. La plupart des façades sombrent dans une inéluctable décrépitude, et l'animation, qui faisait le charme du quartier, glisse désormais vers le Maarif, où les Casablancais, à grands coups d'enseignes internationales, se réinventent une modernité. La mode n'y est plus, mais c'est quand même l'endroit de la capitale – exception faite du marché de derb Ghallef, spécialiste du hard discount – où vous trouverez les petites boutiques de fripes à bas prix. Aujourd'hui, l'ex-centre se meurt lentement, à force de ruines aux étages et de cafés bruyants au ras de la rue. Amas de gravats, rues défoncées noyées sous les eaux dès la première averse, ordures non ramassées... certes. Mais pour qui sait lever les yeux, on trouve là un vrai régal architectural. Des centaines d'édifices de toute beauté, souvent enfouis sous leur gangue de crasse, mais aux contours ciselés, aux balcons ouvragés, aux frontons richement décorés.
La nuit tombée, il faut ajouter au décor, des hommes en perdition qui s'encanaillent d'une mauvaise mousse et de quelques baisers tarifés.

Le marché central *(zoom couleur E4)* **:** *bd Mohammed-V. Côté opposé à la poste centrale. Tlj sf j. fériés 7h-15h. On peut y déjeuner 12h-14h30 (voir « Où manger ? »).* Quelle bonne occasion de prendre ses distances avec la circulation automobile et la pollution que de flâner dans ce marché en partie couvert ! Fleurs, fruits, épices, viandes, mais surtout poissons et crustacés dans la partie centrale, qu'on peut acheter et aller faire cuire dans un des petits restos voisins pour un prix modique. Entre les loups mouchetés, soles, solettes, rougets, pageots royaux et autres saint-pierre... on ne sait plus où donner de l'écaille.

L'ancienne médina *(zoom couleur C-D3)* **:** une balade le nez en l'air, avec son enchevêtrement de ruelles piétonnes corsetées dans de sobres et robustes remparts datant du XVIe s, la médina offre un contraste frappant avec la ville nouvelle. Entrez-y par Bâb-Marrakech, puis laissez-vous porter par la foule. Surtout en fin de journée. Il est inutile d'y aller avant 10h car toutes les boutiques sont closes. Des centaines de petites échoppes vendent un peu toutes les mêmes choses, avec entrain et gentillesse, dans une médina proprette et presque bien léchée. La médina de Casa a gardé l'authenticité de ses sœurs du royaume : le long de la rue Abderrahmane-el-M'Khamet, un autre visage apparaît, plus populaire encore : des hommes attendent, accroupis le long des bordures de trottoirs devant des assemblages hétéroclites de pommes de douche et de furets. Ce sont les plombiers, toujours prêts à vous donner un bon tuyau ! Au marché, on vend des légumes présentés sur des charrettes. C'est brut de décoffrage. Et puis on y trouve la même bimbeloterie de Chine qu'ailleurs. De la *sqala* (le bastion), on découvre le port de pêche et les bateaux de plaisance.

La préfecture – Wilaya *(zoom couleur D4-5)* **:** construction des années 1930 flanquée d'une tour de 50 m qui permet d'avoir un beau coup d'œil sur la ville. Se renseigner, à l'entrée, sur les conditions d'admission.

Le parc de la Ligue-Arabe *(plan couleur d'ensemble C4-5)* **:** ce parc, que traverse une magnifique allée de palmiers, fut dessiné en 1918. C'est un agréable lieu de détente pour les étudiants. À proximité, dans la rue d'Alger, se dresse la masse importante de l'*église du Sacré-Cœur,* construite en 1930 dans un style typiquement Art déco. Elle abrite des expos temporaires. En profiter pour y voir un intéressant vitrail Art déco.

La villa des Arts *(plan couleur d'ensemble B5)* **:** *30, bd Brahim-Roudani. ☎ 05-22-29-50-87. • fondationona.ma • Mar-sam 10h-19h.* Cette villa, datant de 1930, de style Art déco, abrite des expositions d'art contemporain et accueille des artistes de renommée internationale. L'existence même de cet espace d'exposition témoigne de l'importance croissante de l'art et de l'art contemporain au Maroc.

La nouvelle médina ou le quartier des Habous *(hors plan couleur d'ensemble par H5)* **:** *près du palais de justice et du palais royal. Pour y aller, le plus facile est de prendre un taxi. En voiture, prendre l'av. de Mers-Sultan, puis l'av. du 2-Mars.* S'arrêter au passage devant la puissante masse de béton de *l'église Notre-Dame-de-Lourdes (plan couleur d'ensemble D6)*, construite par un Français en 1953. *(Ouv le mat et l'ap-m.)* À l'intérieur, série de vitraux exceptionnels couvrant plus de 800 m^2.

En montant le boulevard Victor-Hugo qui longe le parc Murdoch, on aperçoit, après le palais royal, l'ancienne *Mahakma du pacha,* autrefois tribunal musulman et salon de réception du pacha de Casablanca. Décoration assez étonnante. L'édifice, terminé dans les années 1950, abrite de beaux plafonds de bois sculptés, murs de stucs ouvragés, parois tapissées de carreaux de faïence. Et tout cela se répète dans une soixantaine de salles et de cours. Visite normalement possible l'après-midi (avec un guide assermenté).

Autour de la ***place Moulay-Youssef,*** plantée de ficus gigantesques, les arcades débordent d'objets d'artisanat. C'est ici que débute une balade différente, qui permet de tordre définitivement le cou aux idées reçues sur la ville. Voici un petit tour dans un Casa millénaire, pour peu que vous poussiez la balade jusqu'au bout. Sur la jolie place, quelques boutiques sous les arcades. Ici, point de harcèlement, nous sommes loin des souks de Marrakech. Allez faire quelques pas dans cette médina proprette aux murs chaulés. Tout est clean, on est très près du palais royal ! Dans la ***ruelle Haj-Lamfadel,*** vous entrez dans le domaine des antiquaires-brocanteurs. Il s'agit d'une venelle de 50 m à peine, dans laquelle quelques brocanteurs exposent leurs œuvres. Admirez le mariage de la tuile vernissée avec la pierre, et le savant assemblage des poutres en bois de cèdre.

Dans la *kissaria rdima,* vous retrouverez les ambiances des bazars typiquement orientaux. Retour sur la place Moulay-Youssef. Remonter la rue située sur la droite (quand on fait face à la mosquée de la place). Après être passé sous l'arcade, à 50 m sur la droite, au n° 50, passer sous une autre petite arcade pour jeter un œil à la charmante courette-marché aux olives. Goûtez à toutes les sortes d'olives, délicates, épicées, fondantes ou presque craquantes. Puis poursuivre la montée de la

rue pour se diriger vers le *derb Sultan* (le quartier du Sultan), de l'autre côté de la voie ferrée. Après avoir passé la double arcade puis avoir traversé le petit pont qui enjambe les voies, poursuivre tout droit ; on arrive dans le secteur des bouchers (côté gauche), sur la petite place Sidi-Mohammed-ben-Abdellah. C'est là que les Casablancais viennent se remplir la panse de grillades. Toutes les viandes sont là : chameau, bœuf, mouton. Une viande que vous choisirez vous-même, entre 80 et 100 Dh le kilo, avant de la confier au grilleur pour 15 Dh/kg, juste à côté, afin qu'il la saisisse à votre convenance. On y ajoute du pain et une petite salade et c'est tout bon. L'endroit est très animé le week-end, et bien sympa le soir aussi. Un bon boucher pour choisir sa viande hachée de dromadaire : Hajd Ahmed, tout le monde connaît. En face, côtes d'agneau bien tendres. Un halte populaire.
Une fois repu, continuer tout droit et descendre la *rue Belghazi,* puis prendre à droite après 150 m environ vers le *souk aux épices,* dissimulé sous un dais de parasols multicolores. Les Arabes furent en contact avec les régions de production des épices bien avant les Européens. La raison ? L'expansion rapide de l'islam vers l'Asie puis vers l'Afrique. Grâce à leurs navigateurs émérites et à leurs commerçants qui sillonnaient l'Ancien Monde, les Marocains échangèrent, dès le VIIIe s, par voie maritime ou terrestre, les produits de l'Orient contre les leurs. Les épices participèrent ainsi à l'émergence d'un art culinaire local, notamment en Andalousie musulmane, dont la cuisine marocaine est la principale héritière.
On pénètre alors dans un monde différent. On trouve là quelques stands étranges d'où émergent des peaux de bêtes féroces, des bocaux de caméléons séchés (ils éloignent les mauvais esprits et guérissent certaines maladies de peau), des préparations à base d'insectes, de plantes aromatiques, de graisses animales, sans oublier les tortues (éloge de la lenteur ?), les hérissons (bons pour la fertilité féminine car ça fait légèrement accroître la température), les peaux de serpents, les lézards, la concrète de rose et les huiles essentielles. C'est ici que l'on vient trouver du cerveau de hyène (devenu extrêmement rare), imparable pour faire revenir son bonhomme à la maison, paraît-il ! Faites votre marché magique, vous êtes dans le Maroc millénaire, loin du marketing et de la circulation. Après les herbes folles et les improbables décoctions, voici les voyantes. Elles ont pignon sur rue, portrait du roi et numéro de patente au-dessus de la porte de chaque boutique, toutes alignées comme des baraques à frites à la foire du Trône ! Offrez-vous le plaisir d'un doigt décoré par une hennayate. Ici, on n'utilise que du henné naturel et le travail est soigné. Demi-tour par là où l'on est arrivé.

➢ ***Le tour de la corniche :*** *bus nº 9 depuis le bd Houphouët-Boigny. En voiture, partir de la pl. Mohammed-V, suivre le bd Houphouët-Boigny et tourner à gauche sur le bd Mohammed-ben-Abdellah ; le phare d'El-Hank est à 2 km.* Le long du boulevard de l'Océan-Atlantique, à marée basse, la longue plage se transforme en de multiples terrains de foot, où de nombreux jeunes improvisent des matchs. À Aïn-Diab, de la corniche, un peu avant la fin du boulevard de l'Océan-Atlantique, on peut voir la presqu'île, qui devient un îlot à marée haute, sorte de petit Mont-Saint-Michel renfermant le tombeau d'un saint. Évitez d'y aller, les gens n'ont aucun désir d'être dérangés là-bas.

CASABLANCA

Le musée du Judaïsme marocain *(hors plan couleur d'ensemble par A6) : 81, rue Chasseur-Jules-Gros ; à l'angle de la rue Abou-Dhabi. ☎ 05-22-99-49-40. • casajewishmuseum.com • Quartier de l'Oasis, à gauche sur la route d'El-Jadida. Assez excentré, mieux vaut être motorisé. Lun-ven 10h-17h. Fermé pour les fêtes juives. Entrée : 25 Dh. Visite guidée : 40 Dh.* Le seul musée juif du monde arabo-musulman. En ces temps de tensions interreligieuses, ce musée vous éclairera sur le rôle important exercé par la communauté juive au Maroc. Quatre petites salles où sont présentés des objets de la vie religieuse ou profane, professionnelle et traditionnelle des juifs marocains.

Le quartier d'Anfa *(hors plan couleur d'ensemble par A5) :* on s'y rend par le large boulevard d'Anfa *(plan couleur d'ensemble A-B4), of course !* Ce quartier résidentiel, avec toutes ses villas entourées de jardins donnant sur de larges avenues, constitue une illustration de l'histoire de l'architecture de 1930 à nos jours. C'est dans l'hôtel d'*Anfa* que se déroula l'entrevue historique entre Roosevelt et Churchill en janvier 1943, à l'un des moments cruciaux de la Seconde Guerre mondiale. Les deux hommes fixèrent, au cours de ces entretiens, appelés « conférence de Casablanca », la date et les modalités de l'invasion de la Sicile et du nord de l'Italie. Cette rencontre devait aussi permettre la réconciliation entre de Gaulle et le pétainiste Giraud, alors général en charge de l'Afrique du Nord à la solde du gouvernement de Vichy.

Le quartier du Twin Center *(plan couleur d'ensemble B5)* **:** deux grandes tours s'élèvent dans ce quartier d'affaires et de commerces chic et mode où toutes les franchises internationales se bousculent. C'est incroyable comme à cet endroit, on pourrait se croire aussi bien à Londres qu'à Buenos Aires. Dans les boutiques, on trouve de tout (sauf de l'artisanat marocain). Le quartier est très animé. Il ravit depuis quelques années la palme de la fréquentation au centre historique. C'est ici que vous ferez les meilleures affaires !

Morocco Mall *(hors plan couleur d'ensemble par A2)* **:** *bd de la Corniche, après le cinéma* Mégarama. • *moroccomall.net* • *Dim-jeu 10h-21h (23h ven-sam).* 3 étages dédiés au commerce (boutiques de vêtements, d'artisanat, restauration) et aux loisirs : spa, cinéma Imax 3D, jeux (murs d'escalade, autos tamponneuses, patinoire, etc.), une fontaine musicale, et même un aquarium peuplé, entre autres, de raies et de petits requins, traversé par un ascenseur (entrée : 25 Dh et 400 Dh pour une plongée de 20 mn !). Un centre qui témoigne de l'évolution du niveau de vie de la population, mais aussi de la forte disparité des revenus... comme partout.

Manifestation

– ***L'Boulevard* :** *en sept.* • *boulevard.ma* • Festival de musiques urbaines (rap, hip-hop, rock expérimental, métal, fusion). La 1re partie du festival est consacrée à la découverte des nouveaux talents dans le cadre du « Tremplin », suivi en 2e partie de concerts.

AZEMMOUR

45 000 hab.

À environ 80 km au sud de Casablanca et 17 km au nord d'El-Jadida. Azemmour abrite une médina toute blanche corsetée dans une muraille de l'époque mérinide surplombant l'estuaire de l'Oum-er-Rbia, la « Loire marocaine ». C'est la ville des artistes, comme en témoignent les quelques fresques peintes sur les façades des habitations parfois les plus modestes. Connue depuis l'Antiquité (on avance même qu'en 425 av. J.-C., l'explorateur et navigateur carthaginois Hannon y aurait fait escale au cours de son fameux périple le long des côtes africaines). Elle doit sa physionomie actuelle au travail des Portugais.

En 1513, le duc de Bragance y débarqua avec pas moins de 400 caravelles, 2 000 cavaliers et plus de 13 000 hommes, et entreprit l'édification des remparts. Idéalement placée, la ville allait devenir la tête de pont commercial de la région pour expédier vers le Portugal les richesses de l'intérieur du pays. Il ne reste aujourd'hui de sa splendeur passée que quelques blasons et écussons aux armes des rois, et un chemin de ronde à moitié effondré mais duquel la vue sur le fleuve situé en contrebas est magnifique.

– À noter, le festival *Le Printemps d'Azemmour,* en général au mois de mai.

Où dormir ? Où manger ?

Riad 7 : *2, derb Chtouka, au cœur de la médina. ☎ 05-23-34-73-63. • riad7.com • Doubles 450-700 Dh selon taille et confort ; suite env 800 Dh ; petit déj inclus.* Petit *riad* du XVIIIe s, tout en noir et blanc, très design, épuré, aux murs de *tadelakt* noir rehaussés de toiles, ou créations éminemment modernes. Petite terrasse avec vue sur l'oued. Salon hyper moderne, un peu froid dans le genre, mais le coin bar est là pour nous réchauffer. Chambres bien agréables, pas très grandes, toutes bien équipées. Une toute petite chambre au rez-de-chaussée aussi, la moins chère.

Loum Errebia Maison d'hôtes : *25, derb Chtouka. ☎ 05-23-34-70-71. • azemmour-hotel.com • Doubles 800-1 200 Dh, petit déj inclus.* Superbe *riad* dominant majestueusement l'oued. Les espaces communs sont d'une grande élégance, tout comme les murs chargés d'œuvres d'art. Normal, le proprio tient une galerie à Casa. Architecture originale, comme ce double espace salon avec cheminée, des escaliers partout et des coins et recoins aménagés en alcôves discrètes. On retrouve le même charme et luxe dans les chambres, particulièrement soignées (beaux peignoirs !). À celles donnant sur le patio, on préférera les deux qui s'ouvrent sur la généreuse terrasse, plus petites, mais de fait vraiment sympas et moins chères que les autres. Calme total.

Vous trouverez de petits restaurants dans la ville nouvelle à l'extérieur des remparts. On aime bien ***El Wafa*** *(183, bd Mohammed-V, dans la rue principale face à la grande entrée de la médina. C'est à 200 m à gauche).* Tajines bon marché, viandes grillées et couscous le vendredi.

À voir. À faire

Balade dans la médina : il faut passer un peu de temps à découvrir cette étonnante médina et se perdre dans la tranquillité de ses étroites et blanches ruelles et de sa *kasbah* pour partir à la recherche des magnifiques portes des *dar* et *riad.* On y retrouve l'ambiance typique des médinas d'antan, sans croiser aucun touriste, juste des gamins jouant au foot, des femmes étendant le linge. Vous tomberez certainement sur la petite boulangerie de Saïd (en face de la mosquée), ou la façade colorée du marabout de moulay Abdellah ben Ahmed, ou encore la minuscule échoppe du tisserand Mohammed Janati (229, derb Eddaira). Quelques étoiles de David sculptées au-dessus des portes du *mellah,* signe de la présence d'une communauté juive. Allez-y vite, c'est un site encore préservé du tourisme de masse !

Au cours de cette promenade le nez en l'air, on passe devant le ***Dar Baroud,*** petit ensemble fortifié par les Portugais, où l'on conservait les munitions et la poudre. *Ouv en général tlj (sf pdt la prière du vendredi). Pas d'entrée officielle, mais pourboire attendu.* Depuis le *Dar Baroud,* possibilité de longer les remparts. Au bord de l'oued, sur les rives, on trouve quelques pêcheurs qui pourront vous proposer de faire un petit tour en barque à rames sur la rivière.

EL-JADIDA

145 000 hab.

En 1502, des marins portugais accostèrent sur la côte marocaine, où ils édifièrent en hâte un fortin qui prit ensuite le nom de *Mazagâo.* La place, jugée stratégique, fut dotée de puissantes fortifications inexpugnables jusqu'en 1769, date à laquelle le sultan Mohammed ben Abdellah s'en empara

et la rebaptisa El-Jadida (« La Nouvelle » en arabe). La ville a conservé de superbes vestiges du passé. Il faut prendre le temps de se promener dans son centre splendide, cerné de remparts et flanquée de quatre bastions restaurés au XIXe s. Cet ensemble complètement hors du temps, renferme la superbe citerne portugaise. Il propose également quelques beaux hébergements en *riad.*

La station balnéaire en elle-même, située à quelques kilomètres de la ville, est équipée d'un golf, de manèges équestres et d'hôtels-clubs, est très appréciée des Marocains. Elle reçoit encore peu de touristes étrangers, mais ça ne saurait tarder. D'ailleurs, Lyautey ne la qualifiait-il pas déjà de « Deauville du Maroc » ?

L'EXODE DE MAZAGÂO

Les Portugais occupent Mazagan pendant 250 ans. Mais comparé à l'eldorado brésilien, l'Afrique n'est plus une colonie rentable. En 1769, quand les armées arabes entourent la ville, le Portugal décide d'évacuer les 2 000 résidents, en toute hâte. Après un séjour à Lisbonne, ces nouveaux explorateurs sont envoyés en Amazonie, au nord de Bélem, pour créer Mazagâo Novo.

UN PROJET PHARAONIQUE

Parmi les grands projets touristiques d'ampleur que le Maroc a mis en œuvre depuis quelques années pour tenter d'atteindre les 10 millions de visiteurs annuels, figure celui de la région d'El-Jadida. Il se concentre juste au nord de la ville, le long de la plage de Haouzia. 8 000 chambres devraient ouvrir dans les années qui viennent, même si la crise a rapidement contraint certains entrepreneurs à revoir leurs projets à la baisse. Les responsables du tourisme comptent sur l'ouverture d'un deuxième golf (en plus du golf royal), mais surtout sur le nouveau casino pour attirer les touristes et leurs devises. Pour l'instant, les structures qui sont déjà ouvertes attirent de temps en temps les riches familles du Golfe et leur imposante suite, mais pas vraiment les touristes européens.

Arriver – Quitter

En bus

Gare routière des Voyageurs *(plan A-B3) : dans le centre, av. Mohammed-V. ☎ 05-23-37-38-41.* Bus pas toujours réguliers pour certaines destinations. Bus *CTM* et compagnies privées partent tous de cette gare. ***Bureau CTM :*** *☎ 05-23-39-20-11. Tlj 7h-21h.*

➢ ***Casablanca :*** env ttes les 20 mn en bus privés (5h-19h30). Env 4 bus/j. avec la *CTM.* Trajet : env 1h30-2h.

➢ ***Marrakech :*** liaisons presque chaque heure avec les bus privés, 5h-16h30. Et 1 bus/j. avec la *CTM,* mais slt l'été. Trajet : env 4h.

➢ ***Essaouira :*** 4 bus privés/j. et 2 bus *CTM.* Trajet : env 5h.

➢ ***Agadir :*** env 5 bus/j. Trajet : env 8h. 1 seul bus/j. avec la *CTM.*

➢ ***Tanger :*** 1 bus/j. privé, tôt le mat. Pas de liaison avec la *CTM.* Il faut changer à Casa. Trajet : 7h.

En train

Gare ferroviaire *(hors plan par B3) : à env 4 km du centre sur la route de Safi. • oncf.ma •*

➢ Les seuls trains qui arrivent directement à El-Jadida sont ceux de ***Casablanca.*** Compter 5 trains/j.

En taxi collectif

Pour ***Azemmour*** et ***Casablanca,*** les grands taxis se trouvent sur le côté de la gare routière ; pour ***Oualidia*** et ***Sidi-Bouzid,*** ils attendent près du phare.

Adresses utiles

Syndicat d'initiative *(plan A2) : pl. Mohammed-V. Tlj sf mer 9h-12h30, 15h-18h30 (19h en été).*

Adresses utiles

- Syndicat d'initiative
- 3 Clinique Les Palmiers
- 4 Cybercafé L'Heure Joyeuse
- 5 Narjisse Car

Où dormir ?

- 11 Hôtel de Bordeaux
- 12 Hôtel Al Khansaa
- 13 Hôtel Royal
- 14 Hôtel Ibis Moussafir
- 15 Palais Andalous
- 16 Maison d'hôtes de la Cité Portugaise
- 17 Chambre d'hôtes Dar del Mare
- 18 Dar El Jadida
- 19 Chambres d'hôtes La Maison des Épices
- 20 Hôtel L'Iglesia
- 21 Hôtel Le Cloître

Où manger ?

- 30 Le Tchiquito
- 31 Snack Cousteau et Resto Al Bahri
- 32 Chouayat Minae d'El-Jadida
- 33 Restaurant La Portugaise
- 34 Restaurant Puccini
- 35 Restaurant Ali Baba

Où boire un verre ?

- 40 Terrasses

EL-JADIDA

✉ ***Poste*** *(plan A2)* **:** *pl. Mohammed-V. Lun-ven 8h-16h15 ; sam mat.*
■ ***Change et distributeurs :*** *partout en ville, notamment sur l'av. Mohammed-V.* Toutes les banques possèdent un distributeur.
■ ***Clinique Les Palmiers*** *(Nakhil ; plan B3,* ***3****)* **:** *pl. Sintra. ☎ 05-23-39-39-39 ou 05-23-34-42-42. Vers la route de Casablanca, au sud du centre-ville.* Service d'urgence 24h/24. Moderne.
@ ***Cybercafés :*** plusieurs en ville. Une bonne adresse : ***L'Heure Joyeuse*** *(plan A1,* ***4****), 63, pl. Moulay-Youssef. En fait, c'est un peu derrière la place, dans une sorte de renfoncement, au 1er étage (bien fléché). Tlj 10h-23h30. Pas cher.*
■ ***Narjisse Car*** *(plan A2,* ***5****)* **:** *2, rue Le Maigre-Dubreuil (au marché central). ☎ 05-23-35-14-82. 📱 212 (0)6-61-17-07-15. Fax : 05-23-35-07-55.* Une agence de location compétente.
■ ***Alliance franco-marocaine :*** *22, av. de la Marche-Verte. ☎ 05-23-34-21-06. Mar-sam 9h-12h, 14h30-18h30.* Très active, elle propose, souvent gratuitement, des projections de films, des spectacles, des concerts, des expos, etc.
– ***Marché à la criée :*** *vers 10h.*

Où dormir ?

Les hôtels, quoique nombreux, sont souvent complets, et il est recommandé d'arriver tôt. Les petits établissements du centre varient rapidement en qualité. Choisissez de préférence un petit *riad* à l'intérieur de la cité portugaise, bien plus sympa et plus calme qu'un hôtel banal en centre-ville.

Camping

⛺ ***Camping-caravaning International*** *(hors plan par B3)* **:** *à l'entrée d'El-Jadida en venant de Casablanca, dans une rue perpendiculaire, sur la gauche (fléché). ☎ 05-23-34-27-55. À 20 mn à pied du centre-ville. Env 70 Dh pour 2 avec tente et voiture. Douche chaude payante.* Évitez les bungalows, totalement décrépits. Sanitaires dans un piteux état également. En fait, seuls les camping-caristes y trouveront leur compte. Amis campeurs, passez votre chemin.

Bon marché (100-200 Dh / 9,10-18,20 €)

🏠 ***Hôtel de Bordeaux*** *(plan A1,* ***11****)* **:** *47, rue Moulay-Ahmed-Tahiri, dans le centre. ☎ 05-23-37-39-21. • hotel-bordeaux@hotmail.com • À deux pas du Tchiquito. Doubles env 130-180 Dh sans ou avec sdb. Également des triples. Certaines avec douche froide et w-c, d'autres sans sanitaires. Douche chaude payante pour les chambres du 3e étage. CB refusées.* Petit hôtel d'une trentaine de chambres dans une maison traditionnelle sur 3 niveaux. Calme et central. Intérieur blanc et impeccable. Mais certaines chambres n'ont pas de fenêtre et sont inégales en qualité, bien que toutes nickel. Un établissement bien tenu, d'un bon rapport qualité-prix-propreté. Excellent accueil.
🏠 ***Hôtel Al Khansaa*** *(plan B3,* ***12****)* **:** *rue Abdelmoumen-el-Mouahidi, dans le centre, à deux pas de la gare routière. ☎ 05-23-35-20-17. Double 190 Dh, petit déj en sus.* Un hôtel modeste mais propre et situé au fond d'un petit passage. Choisir les chambres avec fenêtre, donnant sur la courette (d'autres donnent sur couloir). Bon accueil.
🏠 ***Hôtel Royal*** *(plan A3,* ***13****)* **:** *108, av. Mohammed-V, dans le centre. ☎ 05-23-34-28-39 ou 11-00. Doubles sans ou avec sdb 140-250 Dh.* L'hôtel est entièrement habillé de mosaïques et de frises de stuc. Il donne sur une des principales artères de la ville, très passante donc. À l'étage, des salons au mobilier marocain occupent les couloirs qui desservent les chambres de taille variable (visiter avant). Celles donnant sur la rue sont bruyantes mais bien plus grandes, les autres plus petites, plus sombres mais calmes. Quelques-unes orientés vers la courette à l'arrière. C'est sans doute la meilleure option bien que sans sanitaires pour la plupart. Petite cabine de douche dans la chambre même, aux panneaux translucides (intimité limitée).

Tout au fond du rez-de-chaussée, un troquet pour pochtrons.

Prix moyens (200-400 Dh / 18,20-36,40 €)

☗ ***Maison d'hôtes de la Cité Portugaise*** *(plan A1,* ***16****)* ***:*** *9, Rue 8 ; dans la cité portugaise. ☎ 05-23-34-12-31. • chambres-hotes-eljadida.com • Entrée par la porte principale de la cité ; au niveau de la citerne, prendre le passage sous voûte sur la droite ; c'est à 50 m sur la gauche. Doubles avec lavabo 300-330 Dh selon saison, petit déj en sus ; également 1 chambre pour 4 pers 410 Dh (un grand lit et un clic-clac).* Voici la version modeste et pas chère d'un *riad*, ce qui est assez rare. Et pour ça, on l'aime vraiment bien. Bon, pour la déco, c'est un peu brut de décoffrage (salon gentiment kitsch dans l'entrée, couleurs des murs un peu trop vives, fleurs en plastique...). Mais l'ensemble est sympathique et c'est l'essentiel. Ventilo. 2 terrasses avec chouette vue, équipées de 2 tentes et d'un coin-bar. Accueil souriant. Possibilité d'y dîner.

☗ ***Palais Andalous*** *(hors plan par A1,* ***15****)* ***:*** *bd Docteur-de-Lanoe, non loin de l'hôpital Mohammed-V, un peu à l'écart du centre. ☎ 05-23-34-37-45. Double 400 Dh, petit déj non compris.* Le cadre de cet ancien palais reconverti en hôtel ne manque pas d'intérêt. Il ne fut construit qu'en 1947, à la manière des palais arabo-andalous. Le patio est assez incroyable (grandes arcades, stucs superbes, plafonds de bois de cèdre ciselé...), et mérite un coup d'œil. Curieusement, les chambres sont globalement décaties et en fait assez banales compte tenu de la magie des parties communes. Un charme complètement désuet. Bizarre, en fait. Super pour tourner un film, moins pour y dormir.

Chic (400-800 Dh / 36,40-72,80 €)

☗ ***Hôtel Ibis Moussafir*** *(hors plan par B3,* ***14****)* ***:*** *pl. Nour-el-Kamar, au sud du centre-ville, route de Casa. ☎ 05-23-37-95-00. • ibishotel.com • Double 690 Dh avec petit déj. (dans le hall).* Un hôtel bien situé (face à la mer). Chambres nickel mais totalement aseptisées, bien dans l'esprit de la chaîne. Piscine agréable à l'arrière, entourée d'un peu de verdure. Bonnes viennoiseries au petit déj, d'ailleurs assez complet. Accueil pro.

☗ ***Dar El Jadida*** *(plan A1,* ***18****)* ***:*** *7, rue Joseph-Nahon, au cœur de la cité portugaise. ☎ 05-23-35-38-90. • elgattomarokin@hotmail.fr • Au cœur du mellah, derrière la citerne portugaise. Prendre la rue principale de la cité (celle de la citerne), puis 3e à gauche, juste après la laiterie* Mazagan. *C'est à env 150 m, sur la gauche. Double env 500 Dh avec petit déj.* Une petite maison d'hôtes meublée sobrement, tout en couleurs vives et sur plusieurs niveaux. Tenu par un jovial Italien, Massimo. Des 4 chambres, agréables mais sans véritable charme, préférez largement celles du 2e étage (plus lumineuses). Évitez la chambre sans fenêtre au 1er étage (même si elle est un peu moins chère). Agréable terrasse avec vue sur mer pour prendre son petit déj. Sans doute le point fort de cette adresse.

Chic et charme (400-800 Dh / 36,40-72,80 €)

☗ ***Chambres d'hôtes Dar del Mare*** *(plan A1,* ***17****)* ***:*** *18, rue Joseph-Amiel, au cœur de la cité portugaise. ☎ 05-23-37-28-07. • dar-del-mare.com • Dans une ruelle de la cité. Prendre la rue principale de la cité (la rue de la citerne) et poursuivre tt au bout jusqu'à la grille des remparts, puis faire gauche-droite-gauche (une sorte de chicane). C'est 30 m plus loin, à l'angle de la rue, à gauche. Double 70 € avec petit déj. 2 chambres donnent sur l'extérieur, 2 autres sur l'intérieur (les plus chères). Repas possible pour les hôtes sur résa, 20 €.* Très au calme, ce *riad* tenu par Lionel, un jeune retraité, propose 4 chambres décorées avec soin, dans le plus pur style des *riad* élégants et modernes : des meubles de caractère, des lustres lourds et colorés, de belles toiles sur les murs, des salles de bains bien équipées. Petit salon-patio et alcôve miniature pour dîner de manière intime, en tête-à-tête... 2 minuscules terrasses tout là-haut, avec vue sur mer, sur lesquelles on a fait rentrer au chausse-pied quelques transats. Vraiment sympa.

Chambres d'hôtes La Maison des Épices *(plan A2, **19**)* **:** *16, rue Ben-Driss, au cœur du centre-ville. ☎ 05-23-34-30-30. Compter 500-700 Dh selon la taille des chambres.* Tenu par Rodolphe et Carole, ce *riad* au cœur de la médina a été décoré dans un style classique alliant les techniques traditionnelles marocaines, avec zelliges un peu partout, grand lustre de fer forgé, *tadelakt* pour les murs, lourdes portes de bois de cèdre ciselé, plafonds moulurés... et le confort moderne. Un joli lieu qui a encore besoin de se patiner. La terrasse supérieure offre une vue et quelques transats. Dans les chambres, sobres et élégantes, donnant toutes sur le patio intérieur, on trouve écran plat, lecteur DVD...

Beaucoup plus chic (mais exceptionnel !)

Hôtel L'Iglesia *(plan A1, **20**)* **:** *cité Portugaise. ☎ 05-23-37-34-00. • contact@liglesia.com • Doubles à partir de 1 700 Dh, petit déj inclus. Réduc de 10 % pour les lecteurs du* Routard, *à condition de le préciser au moment de la résa. (gratuit).* Un hôtel de charme dans une église espagnole du XVIe s, au cœur de la citadelle. Salon extraordinaire dans la nef de l'église avec meubles anciens, lustres et collections de vieilles radios. Sa hauteur sous plafond tient du miracle ! Chaque chambre a une décoration spécifique, dans le style des années 1930-40, avec des meubles et tapis chinés chez les antiquaires marocains. Le petit déjeuner est servi sur la terrasse ou dans un charmant patio. La terrasse (au pied du clocher), très spacieuse, permet de profiter de la vue sur le port et l'océan (nombreux matelas, solarium, douche extérieure).

Hôtel Le Cloître *(plan A1, **21**)* **:** *cité Portugaise. ☎ 05-23-37-34-01. Mêmes coordonnées mail, mêmes tarifs et même réduc que l'hôtel* L'Iglesia, *situé à 100 m.* Surplombant les remparts, cet ancien consulat américain, au temps où Mazagan était un port important, est devenu par la suite une dépendance de *L'Iglesia.* Le cloître est bourré de charme et offre 5 suites avec une vue sur les remparts ou sur la mer. Le petit déjeuner sur la terrasse est un délice compte tenu du panorama spectaculaire sur l'océan. La terrasse sur le toit possède un bar ouvert le soir, avec une vue sur la cité portugaise et la mer, et un solarium avec chaises longues et douche. Une baignoire perchée sur la tour permet de prendre un bain en admirant la côte marocaine. L'hôtel possède un restaurant, ouvert pour le déjeuner et le dîner.

Où dormir plus chic dans les proches environs ?

Maison d'hôtes Dar Al Manar *(hors plan par B3)* **:** *à env 4 km du centre, légèrement sur les hauteurs de la ville. ☎ 05-23-35-16-45. • dar-al-manar.com • Prendre la route de Casa, puis la petite route à droite env 500 m après l'hippodrome (panneau « Phare de Sidi M'Sbah ») ; faire env 1 km, puis on passe sous l'autoroute. Prendre immédiatement à droite et poursuivre jusqu'au niveau du phare et prendre le chemin juste avt celui-ci. C'est env 200 m plus loin. Doubles 800-1 000 Dh selon taille, petit déj inclus.* Dans leur maison d'hôtes en surplomb d'El-Jadida et de la mer, Pascal et Fatima mettent un point d'honneur à bien accueillir leurs hôtes. Et il s'agit d'une vraie maison d'hôtes puisqu'ils habitent sur place. Ici, tout a été imaginé pour le confort des résidents et le plaisir des yeux. Chambres vastes et lumineuses grâce aux larges baies vitrées ouvertes sur le généreux jardin. Intérieur en harmonie de bois anciens et sols teintés. Superbes couleurs des zelliges dans les salles de bains. Literie impeccable. Les pièces à vivre sont également chaleureuses, conférant à l'ensemble élégance et raffinement, d'autant que le service est méticuleux. Excellente cuisine, réservée aux hôtes et sur commande.

Où manger ?

Malgré la mer d'un côté et la région des *Doukkala* connue pour son excellente viande de bœuf de l'autre, El-Jadida pèche par le manque de très bons restaurants dignes de ce nom. En revanche on y trouve quelques chouettes petites adresses populaires où vous mangerez d'excellentes fritures ou de super poissons grillés.

De très bon marché à bon marché (moins de 80 Dh / 7,30 €)

|●| ***Le Tchiquito*** *(plan A1, **30**) : 4, rue Mohamed-Smiha. À deux pas de la pl. Sidi-Mohammed-ben-Abdellah, dans le centre. Tlj 11h-minuit.* Le resto de poisson incontournable d'El-Jadida. « On y vient de tout le Maroc ! », affirme Ahmed, le sympathique patron. Faut pas exagérer tout de même, ça reste de la friture ! C'est un restaurant propre, haut de plafond et bien ventilé, tout en faïence et cimaise de sourates, où l'on vous sert la pêche du jour. Frit, rien que du frit, ni plus ni moins, et c'est excellent. Soles, solettes, merlans, crevettes et pageots, tous à poêle ! Info importante : l'huile est changée très régulièrement.

|●| ***Snack Cousteau et Resto Al Bahri*** *(plan A1, **31**) : au bout de l'av. de Suez, sur la pl. Sidi-Mohamed-ben-Abdellah, à deux pas de l'entrée de la cité portugaise.* Un resto propre, sans déco, éclairé au néon. Une cuisine sympa, composée de poissons frais et entiers (à choisir en vitrine). *A la plancha* ou en friture, c'est comme vous voulez. Goûteuse paella aux fruits de mer. Le ***Al Bahri,*** juste à côté, propose exactement la même chose aux mêmes tarifs. Intérieur carrelé et propret. En fait, allez voir les deux pour repérer les poissons les plus frais.

|●| ***Chouayat Minae d'El-Jadida*** *(plan A1, **32**) : av. de Suez.* Comme un peu partout dans les villes de bord de mer, le port d'El-Jadida possède son petit bouquet de restos spécialisés dans le poisson frais, rassemblé sous des toits de tôle. Frit ou grillé, mais préférer de loin les grillades car ici on ne garantit pas que l'huile n'ait pas plus de 80 000 km au compteur !

|●| ***Restaurant La Portugaise*** *(plan A1, **33**) : dans la cité portugaise, dans la rue de la citerne, sur la droite après être passé sous l'arche. Fermé lun.* Tenu par un restaurateur retraité qui ne tenait pas à perdre la main. Petite salle propre et mignonne comme tout, à l'ambiance un peu triste, avec ses tables et nappes à carreaux rouges et blancs. Cuisine sans prétention mais correcte (poulet au citron, tajine du jour, salade niçoise). C'est, à l'heure actuelle, le seul resto de la cité portugaise (mis à part les restos des quelques *riad*).

Prix moyens (moins de 150 Dh / 13,60 €)

|●| ***Restaurant Puccini*** *(plan B2, **34**) : 70, av. Nabeul, sur la grande artère qui longe la mer. ☎ 05-23-34-40-29. Dernier service à 23h (et minuit pour le bar du rdc).* Plutôt prétentieuse, la façade du resto en jette. L'intérieur conserve ce côté « m'as-tu-vu », mais la douceur des prix et la gentillesse du service décontractent immédiatement. Les baies vitrées (et fumées) de la salle à l'étage permettent d'embrasser un large panorama sur la mer. Pizzas, pâtes et quelques viandes (plus chères). Une cuisine transalpine donc, correctement tournée mais sans génie particulier. C'est toutefois une adresse incontournable à El-Jadida. Alors on ne la contournera pas. Au rez-de-chaussée, petite zone bar lounge très tendance, pour confirmer la branchitude du lieu.

Chic (150-250 Dh / 13,60-22,70 €)

|●| ***Restaurant Ali Baba*** *(hors plan par B3, **35**) : route principale. En arrivant à El-Jadida par le nord, c'est sur la gauche, 100 m avt l'hôtel* Ibis *(faci-*

lement repérable). 212 (0)6-61-29-92-47. Menu midi à prix doux et carte le soir. Une maison toute blanche, tenue par la même famille depuis bien longtemps. Un cadre élégant pour une carte essentiellement tournée vers la mer et travaillée à la française. Pour les plats marocains, il est préférable de commander. Bon accueil et addition relevée.

Où manger sur la route de Safi ?

Le Relais : *au km 26 sur la route de Safi (après Jorf-el-Lasfar et juste avt Sidi-Abed). 212 (0)6-61-19-28-70. Fermé pdt le ramadan. Menu 120 Dh.* On n'y vient pas exprès, mais si vous êtes sur la route de Safi à l'heure du déjeuner, voici une halte sympathique, dans une maison blanche surplombant la petite plage. La salle en demi-cercle à la déco fraîche et blanche, face au grand large ou la grande salle de style campagnard servent de cadre à une cuisine océane et goûteuse (anguilles sautées à la provençale, filet de saint-pierre...). Huîtres nature ou gratinées, poisson du jour. Service discret et agréable.

Où boire un verre ?

Sous la promenade qui longe le bord de mer (accès par un passage souterrain), quelques sympathiques ***terrasses*** *(plan B2, **40**)* au niveau de la plage vous tendent les bras de leurs fauteuils. Pour un thé à la menthe ou grignoter un morceau, un rayon de soleil dans l'œil, c'est parfait.

À voir

Les remparts et la cité portugaise *(plan A1)* **:** s'il n'y a plus de Portugais à El-Jadida, tout rappelle leur domination. La ville leur doit sa beauté. Allez vous balader dans la cité fortifiée et laissez-vous gagner par les esprits des luttes féodales de jadis en pensant aux sièges interminables et aux longues veilles des hommes d'armes collés aux meurtrières. Ensuite, grimpez sur les larges chemins de ronde pour profiter du panorama. Il règne à l'intérieur de la cité une petite ambiance de village, d'un calme étrange. Peu de commerces, pas de souk... Une atmosphère bien loin de celle du centre de la ville, aux ruelles enserrées dans de hauts murs, juste percée des rires des enfants.

Sur le plan historique, tout commence en 1541, quand les Portugais, affectés par la perte d'Agadir, de Safi et d'Azemmour, décident de renforcer leur position sur le littoral en construisant de solides remparts autour du château qu'ils avaient édifié en 1514. Ainsi naît l'île-forteresse de Mazagan (jadis, la mer entourait la cité), qui permit aux Lusitaniens de résister pendant plus de deux siècles aux tribus Doukkala.

Ainsi, les Portugais défièrent les Marocains jusqu'en 1769, avant que Lisbonne ne leur intime l'ordre d'abandonner la partie et de faire route vers le Brésil où ils fondèrent une autre Mazagan.

La citerne portugaise *(plan A1)* **:** *dans la cité portugaise. Tlj 9h-13h, 15h-18h (14h30-19h printemps et été ; jusqu'à 16h30 pdt le ramadan). Entrée : 10 Dh* Le bâtiment faisait partie du château construit en 1514. Il servit de dépôt d'armes avant d'être transformé en citerne en 1541, laquelle était alimentée par l'eau de pluie. La salle souterraine, dont l'épaisseur des murs dépasse les 3 m,

SHADOCK MALGRÉ LUI

Après le départ des Portugais, la citerne souterraine fut abandonnée dans les décombres de la vieille ville, et on l'oublia... jusqu'au jour où, en 1916, le sieur Ben Attar, un petit épicier désireux d'agrandir son échoppe, perça malencontreusement une de ses parois. C'est ainsi qu'il découvrit, émerveillé, cette magnifique salle souterraine.

occupe une superficie de près de 1 000 m² et pouvait contenir près de 2,7 millions de litres d'eau (l'eau montait jusqu'à la limite rouge sur les murs). Ce qui est surprenant, c'est l'éclairage sur les 25 piliers assemblés en clé de voûte que procure l'ouverture circulaire faite dans la voûte. Le reflet dans l'eau, maintenue en permanence (en conservant une couche de 5 cm d'eau) pour le plus grand bonheur des photographes, crée, à certaines heures, une impression de vision fantastique.
La construction est juste géniale : l'eau de pluie dégouline vers le toit de la citerne. Elle est filtrée en traversant les briques poreuses et devient alors potable ! Les dalles du sol sont jointes avec du plomb ce qui empêche l'eau de s'échapper.

- Il existe d'autres monuments dans la cité portugaise, notamment une ***synagogue*** et deux ***églises,*** mais ils sont fermés.
- ***Le centre :*** juste à l'extérieur de la cité, dans le réseau de rues et de ruelles alentour, des centaines d'échoppes en tout genre, colorées et animées jusque tard le soir.

LA ROUTE CÔTIÈRE D'EL-JADIDA À SAFI

Si vous partez d'El-Jadida, la route côtière passe par la plage de Sidi-Bouzid. Les deux routes se rejoignent près de *Jorf-el-Lasfar,* complexe industriel et énergétique sans aucun intérêt. Passé cette zone industrielle, la côte ne se découvre qu'à l'approche de la première petite lagune de Sidi-Moussa (40 km avant Oualidia). Puis, quelques kilomètres en aval de Oualidia, se dessine la grande lagune, étirant ses bancs de sable entre terre et mer, pour le plus grand bonheur des oiseaux migrateurs.

OUALIDIA

31 300 hab.

À 80 km d'El-Jadida, sur la route de Safi (66 km). Charmante station balnéaire, très prisée en raison de sa situation topographique. En effet, la plage est séparée des brisants atlantiques par une lagune, ce qui rend les eaux relativement calmes. Mais attention, celle-ci est soumise au régime des marées et il faut se méfier des courants ! Sachez par ailleurs que l'eau est froide par ici. En été, surveillance assurée par un maître nageur qui dispose d'un Zodiac. C'est également un endroit idéal pour débuter en surf, à condition d'être bien encadré. Une halte gastronomique pour les amateurs de fruits de mer, car à Oualidia sont élevées d'excellentes huîtres.
- ***Souk :*** *sam.* Important marché.

LES HUÎTRES DE OUALIDIA

La lagune de Oualidia a toujours permis la culture des huîtres grâce à une salinité idéale. Les coquillages sont devenus au fil du temps l'image même de la ville. Malheureusement, s'additionnant aux problèmes d'épizootie ayant décimé une bonne partie des jeunes mollusques depuis quelques années, en 2010 (et partiellement en 2011) des problèmes sanitaires survenus dans la lagune ont poussé les pouvoirs publics à interdire la consommation d'huîtres de Oualidia. Nul doute qu'à l'heure où vous lirez ces lignes, les coquillages de cette région aient retrouvé leur place sur toutes les bonnes tables du pays. En tout cas, au moment de choisir vos coquillages renseignez-vous auprès de quelqu'un de confiance pour savoir si elles sont à nouveau autorisées à la consommation.

Où dormir ?

Il y a deux parties à Oualidia : la bourgade qui s'étire le long de la route principale et sans intérêt (quelques hôtels vraiment glauques), et Oualidia-plage à environ 1 km, à proximité de la mer évidemment, composé de petits ensembles locatifs, quelques hôtels et restos. C'est là qu'il faut séjourner.
Comme d'autres villes côtières, Oualidia est promise à un important développement touristique. En dépit des conditions climatiques qui ne sont pas toujours favorables (vent, vagues, eau de mer assez froide), la petite station propose plusieurs types d'hébergements. Si le printemps est agréable et tranquille, l'été, c'est la folie. La station est bondée (à la limite du supportable) et les restos sont pris d'assaut dès le coucher du soleil. Il faut dire que c'est l'un des principaux points de ralliement des Marocains adeptes du tourisme balnéaire. Si vous venez l'été, pensez à réserver.

Bon marché (100-200 Dh / 9,10-18,20 €)

☗ On trouve quelques petits hôtels très rudimentaires le long de la déprimante route principale. Franchement, on déconseille.

Prix moyens (200-400 Dh / 18,20-36,40 €)

☗ I●I ***Tennis Club Oualidia :*** *en arrivant à la plage, sur la gauche, juste en face de l'hôtel* L'Initiale. *☎ 05-23-36-62-62. • tennisoualidia.exolia.net • Résa indispensable en été. Double 300 Dh, petit déj en sus ; un peu plus cher en juil-août.* Quelques chambres qui donnent directement sur le court principal de ce petit complexe tennistique situé à 50 m de la plage. Toutes les chambres sont plutôt propres mais l'ensemble manque d'entretien, dommage.
☗ ***Hôtel L'Araignée Gourmande :*** *à 2 mn de la plage, sur la droite. ☎ 05-23-36-64-47. Doubles avec sdb 250-300 Dh selon saison.* Cet hôtel possède l'avantage d'avoir une grande capacité (environ 50 chambres) et est divisé en 2 structures voisines l'une de l'autre. La première est au-dessus du resto (la partie plus ancienne) et l'autre 50 m plus loin, plus tranquille et aux chambres assez spacieuses et confortables, dans un édifice d'un étage. Une adresse fonctionnelle, mais sans charme particulier. Les tarifs raisonnables constituent un avantage indéniable. Dommage que l'accueil soit si expéditif. Fait aussi resto (souvent des groupes).

Chic (400-800 Dh / 36,40-72,80 €)

☗ ***Hôtel-restaurant L'Initiale :*** *Oualidia-plage. ☎ 05-23-36-62-46. Résa conseillée. Double avec sdb 500 Dh, petit déj compris. Fait aussi resto (voir « Où manger ?). CB acceptées.* Une demi-douzaine de chambres absolument impeccables et très agréables, au 1er étage du resto. Une seule avec vue sur la mer. Ambiance colorée et familiale. La plage est à deux pas. Une adresse hautement recommandable, mais ça se sait. En fait, la meilleure de tout le secteur ! Bon accueil.
☗ ***Hôtel-maison d'hôtes Issa Blanca :*** *en arrivant à Oualidia-plage, prendre à gauche et faire 800 m. ☎ 05-23-36-61-48. • hotel-issablanca-oualidia.com • C'est indiqué. Compter 500-700 Dh selon saison, avec petit déj.* Belle maison blanc et bleu située derrière les dunes. En fait, c'est plus un petit hôtel qu'une maison d'hôtes, malgré l'appellation. 6 chambres dont 3 avec vue sur les dunes (avec la mer derrière). Malgré un vrai souci de déco, l'entretien général des chambres laisse à désirer ; dommage, un petit effort serait si simple. Sinon, atmosphère familiale et bon accueil. Attention, les chambres donnant sur le devant peuvent être bruyantes à cause de la musique du resto au rez-de-chaussée qui s'arrête un peu tardivement.

Beaucoup plus chic (plus de 1 000 Dh / 91 €)

☗ ***Hôtel L'Hippocampe :*** *donne sur la plage. Pour y accéder, dans la descente* *vers Oualidia-plage, prendre sur la droite (demander, tt le monde connaît).* ☎ *05-23-36-61-08. Résa obligatoire en saison. Doubles 1 200-1 600 Dh en ½ pens selon saison. Carte env 200 Dh.* Un hôtel les pieds dans l'eau. Une vingtaine de chambres lumineuses, distribuées autour d'un jardin particulièrement fleuri et fort bien entretenu qui descend en cascade vers la plage. C'est propre et bien entretenu, même si les chambres ne présentent pas un excès de luxe. De fait elles sont vraiment chères pour ce qu'elles proposent (mobilier simple, bon confort, sans plus...). Chauffage central en hiver. Piscine agréable et de belle taille (en eau seulement en saison). Fait également resto (délicieuse terrasse surplombant la lagune).

Où manger ?

Restaurant de l'hôtel L'Initiale : *voir « Où dormir ? ».* ☎ *05-23-36-62-46. Menus 100-150 Dh ; araignée entière 120 Dh ; poissons 80-100 Dh.* Une jolie petite adresse, largement tournée vers les produits de la mer. Mention spéciale à l'araignée. Également plein d'autres propositions à prix raisonnables. Accueil indifférent.

Restaurant Ostrea II : *à droite à env 1,5 km avt l'entrée de la ville en venant de Casa.* ☎ *05-23-36-64-51. Tlj jusqu'à 23h, même pdt le ramadan. Sert de l'alcool.* On y mange des huîtres, bien sûr, puisqu'on est sur le parc ostréicole même, mais également des moules, araignées de mer et poissons selon la pêche du jour. De la terrasse du resto, panorama sur la lagune. Attention, l'addition grimpe très vite. Durant la période d'interdiction de consommation (voir plus haut « Les huîtres de Oualidia »), les huîtres provenaient de Dakhla, au sud du pays (même si personne ne le criait sur les toits !).

Le Kalypsô : *Oualidia-plage.* ☎ *05-23-36-60-24. Ouv tte l'année 8h-22h30. Petit déj complet 35 Dh. Menu express à midi 85 Dh ; menus le soir 150-200 Dh.* Dans un cadre sobre, au mobilier sombre, ce petit resto en demi-sous-sol à deux pas de la plage propose une cuisine internationale à tendance océane : pâtes, paella à l'ancienne, araignée, raie à la crème, beaucoup de poissons et quelques viandes pour les allergiques aux produits de la mer. Terrasse couverte sur rue. Bon accueil.

À faire

– **Baignade :** bien prendre garde aux courants, surtout à marée descendante. Le mieux est de se baigner dans la lagune, mais en restant toujours là où l'on a pied. La belle plage à l'extérieur de la lagune est fortement déconseillée à la baignade. Noyades régulières. Vous voilà prévenu.

– **Surfland :** *bien fléché en arrivant à Oualidia-plage.* ☎ *05-23-36-61-10.* • *surfland@iam.net.ma* • Installé à Oualidia depuis longtemps, Laurent, surfeur émérite et pédagogue, anime toute l'année une école de surf pour les jeunes du secteur mais aussi pour ceux venus de l'étranger. Esprit communautaire, partage des tâches et plaisir pris en commun sur la vague. Bref, une belle école de la vie. Les adultes de passage sont également les bienvenus pour quelques cours.

VERS SAFI

La route côtière continue vers Safi. Le paysage devient ensuite plus désertique, animé par des troupeaux de moutons et de dromadaires sur fond de falaises déchiquetées et d'océan. À cause de l'importante différence de température et d'hygrométrie entre terre et mer en été, une brume tenace se lève tous les matins et finit par se dissiper vers 12h. Si vous voulez admirer le paysage, faites la route en soirée : le coucher de soleil sur le cap Beddouza est splendide.

Le cap et le phare de Beddouza : *à env 30 km de Oualidia vers Safi, par la route côtière.* Belle vue sur la mer.

La plage de Lalla-Fatna : *env 15 km après Beddouza et 15 km avt d'arriver à Safi par la route côtière. Fléché sur la droite (quand on va vers Safi). On accède à la plage par une petite route goudronnée de 2 km, qui descend en épingles à cheveux.* La plage est généreuse, superbe, mais TRÈS dangereuse (lames de fond, courants...).

SAFI

285 000 hab.

Safi, comme de nombreuses cités de la côte marocaine, fut occupée par les troupes portugaises au début du XVIe s. Elle était convoitée pour sa rade protégée, qui en faisait un port très sûr pour les navires de commerce. Après le départ des Portugais en 1541, le port conserva un rôle prépondérant pendant la période saadienne, puisqu'il servait de débouché maritime à Marrakech. Il garda ce privilège jusqu'à la seconde moitié du XVIIe s, date à laquelle fut créé le port de Mogador (Essaouira). Au XIXe s, il devint la tête de pont du commerce avec les puissances occidentales.

Fait notable à Safi comme à Tanger : les juifs n'ont jamais été cantonnés dans un *mellah,* contrairement aux autres villes du Maroc. Il a même existé un culte mixte judéo-musulman (les Ouled ben Zmirou), ce qui témoigne de l'entente cordiale entre les deux communautés depuis des temps immémoriaux.

Aujourd'hui, Safi est toujours une ville particulièrement active, vivant essentiellement de l'activité de son port industriel situé à côté du centre, qui traite et exporte des phosphates (rassurez-vous, pas de pollution en vue). C'est également le plus grand port sardinier du pays (goûter les célèbres boulettes de sardines de Safi). Sans oublier sa poterie, de réputation mondiale.

Si elle ne constitue pas une destination touristique en soi, la ville mérite une halte si vous remontez (ou descendez) la côte atlantique. La colline des potiers vaut le détour et la médina est particulièrement animée le soir. Dommage que l'hébergement ne soit globalement pas terrible (une seule adresse de charme, pour l'instant).

LA POTERIE DE SAFI

Il faut remonter plus de 5 000 ans en arrière, aux temps des Phéniciens, pour trouver l'origine de la poterie à Safi. C'est grâce à la qualité de la terre argileuse, nichée en quantité dans la vallée aux abords de la ville, que cet artisanat s'est développé. La terre y est très rouge, gorgée d'oxyde de fer, donc particulièrement résistante. Autre argument : la quantité d'eau disponible. Une rivière coupait la ville en deux (aujourd'hui canalisée), ce qui permettait d'alimenter aisément les ateliers. Dernier point non négligeable, la présence d'arbres pour alimenter les fours à bois. Sur le plan créatif, les potiers de Safi ont toujours privilégié le traditionnel bleu, mais tous les styles sont aujourd'hui présents, des plus classiques au plus contemporain, suivant habilement les tendances du jour pour satisfaire intelligemment une clientèle européenne.

Arriver – Quitter

En bus

Gare routière *(plan B2)* : *av. du Président-Kennedy, à côté de l'hôpital Mohammed-V. Quartier Jnan-Mestari.*
CTM : *☎ 05-24-62-21-40.* Liaisons avec :

➢ ***Casablanca :*** liaisons presque ttes les heures en bus privés. 7 bus/j. avec la *CTM.* Trajet : env 4h.

➢ ***Marrakech :*** 15 bus/j. Pas de

bus avec la *CTM.* Il faut passer par Essaouira. Trajet : env 2h.

➢ ***Essaouira :*** une dizaine de bus/j., 5h-18h. 2 bus/j. avec la *CTM.* Trajet : env 2h.

➢ ***Agadir :*** une dizaine de liaisons en bus privés/j. 1 seul bus avec la *CTM.* Trajet : env 5h-5h30.

➢ ***El-Jadida :*** nombreux bus privés. 4 bus/j. avec la *CTM.* Trajet : env 2h.

En taxi

Gare des grands taxis *(plan B2)* ***:*** *devant la gare routière.* Pour vous y rendre, prenez la route qui monte à partir du marché couvert (route d'Essaouira).

En train

Gare ferroviaire *(hors plan par A2)* ***:*** *au sud de la ville.* Principalement réservée au trafic des marchandises.

En voiture

Pour Essaouira, 2 solutions : la route nationale qui passe à l'intérieur des terres, ou la route côtière.

Adresses et infos utiles

Poste *(plan B2)* ***:*** *rue Sidi-Mohammed-ben-Abdellah. Lun-ven 8h-17h45 ; sam 8h30-12h.*

■ ***Banques*** *(plan A1)* ***:*** *distributeurs dans le quartier du Plateau (vers la pl. Mohammed-V) et nombreuses banques pl. de l'Indépendance. Attention, contrairement à bien des villes, les banques sont ttes fermées sam mat.* Plusieurs proposent les services *Western Union.*

@ ***Club Lascala*** *(plan B2,* ***1****)* ***:*** *au fond d'une salle de billard, av. Sidi-Mohammed-ben-Abdellah, en face de la poste principale. Tlj 9h-minuit.*

@ ***Cyber Renaissance*** *(plan A2,* ***2****)* ***:*** *23, rue Idriss-ben-Naceur. Tlj 10h-minuit.*

Clinique Abda *(plan B2,* ***3****)* ***:*** *angle rues Alla-Illane et Abdedelouhab-Derrak. ☎ 05-24-61-01-49.* Clinique multidisciplinaire et moderne. Urgences 24h/24.

Urgences : *le* ***Dr Ben Abderrazzak*** *s'occupe des urgences. 212 (0)6-63-63-63-36.*

– ***Souk :*** *dim mat.*

Où dormir ?

Camping

Camping et caravaning de Safi *(hors plan par A1)* ***:*** *dans un quartier résidentiel à 3 km sur la route de Sidi-Bouzid. Prendre la route d'El-Jadida pour sortir de la ville, puis au rond-point à gauche, puis immédiatement à droite, la route qui monte. Fléché. 212 (0)6-52-16-37-57. Ouv tte l'année. Compter 70 Dh pour 2 avec tente et voiture, douche chaude comprise.* Le terrain est ombragé et calme, mais le sol est caillouteux. Très calme. Globalement propre (même les sanitaires, ce qui est rare !). Un peu loin de la mer et du centre-ville mais entouré de verdure et assez arboré. Beaucoup de camping-caristes. Être impérativement véhiculé. La généreuse piscine, ouverte en haute saison (juillet-août), est accessible à tous.

Bon marché (autour de 100 Dh / 9,10 €)

Pour les routards coincés, voici 2 adresses aux prestations plus dérisoires encore que les tarifs pratiqués : *l'****Hôtel Majestic*** *(plan A1,* ***11****), rue des Remparts, juste face au château de la Mer, en lisière de la médina. ☎ 05-24-46-40-11. Dans la ruelle attenante, l'****Hôtel de Paris*** *(☎ 05-24-46-21-49).* Proposent la même chose : du basique.

Prix moyens (200-400 Dh / 18,20-36,40 €)

Hôtel Atlantide *(plan A2,* ***12****)* ***:*** *rue Chaouki. ☎ 05-24-46-21-60. • hotelatlantide-safi.ma • Dans le quartier résidentiel. Résa conseillée. Double*

LA ZONE CÔTIÈRE

350 Dh, petit déj en sus. CB acceptées. Un hôtel au charme gentiment désuet, tout en longueur, dont les chambres assez impersonnelles (dommage) donnent sur le grand jardin et surplombent une belle et vaste piscine (accessible aux non-résidents 10h-17h, l'été seulement, sauf durant le ramadan, 60 Dh). Toutes avec AC. L'hôtel possède une salle de resto claire et confortable, flanquée d'une belle terrasse avec vue sur mer. Personnel accueillant et compétent. Sans doute le meilleur rapport qualité-prix, même si l'établissement commence à vieillir un peu. En revanche, souvent complet car réservé en priorité par la compagnie des phosphates.

Hôtel Assif *(plan B2, **13**)* **:** *av. de la Liberté, quartier du Plateau. ☎ 05-24-62-29-40. • hotel-assif.ma • Double 350 Dh, petit déj en sus. CB acceptées.* Dans un immeuble moderne et sans charme. Chambres spacieuses et assez confortables, plutôt colorées. Salles de bains correctes. Bon, une adresse avant tout fonctionnelle.

Chic (600-800 Dh / 54,60-72,80 €)

Riad Safi *(plan A1, **14**)* **:** *14, rue de l'Église. ☎ 05-24-46-25-04. • riadsafi.fr • Au cœur de la médina. Depuis la colline des potiers, pénétrer dans le souk et faire env 70 m ; prendre la ruelle à gauche puis la 2e sur la droite ; le riad est sur la droite (porte bleue). Compter 50-80 €, petit déj compris.* Voici un vrai *riad* à Safi. Joli petit patio blanc et bleu, avec un salon marocain attenant. À l'étage, des chambres assez différentes les unes des autres, toutes très soignées sans être pour autant luxueuses : la « Berbère » est la plus petite (et la moins chère). De la « Jasmin », dans les tons gris et crème, se dégage un vrai charme, tout comme la « Mille et Une Nuits », habillée de rouge, avec lit à baldaquin en fer forgé et grande salle de bains. L'« Océane » (la plus chère), toute bleue, possède un petit coin salon et une baignoire. Tout en haut, terrasse aménagée pour prendre le soleil. Accueil de qualité de la part de vos hôtes.

Où manger ?

La plupart des restos ferment le dimanche toute la journée, ou au moins le dimanche soir. Pensez-y.

De très bon marché à bon marché (moins de 80 Dh / 7,30 €)

Le village « Friture de poisson » *(hors plan par A1, **20**)* **:** *une série de petits restos de poisson alignés à la sortie de la ville, sur la grande route, prendre le rond-point sur la gauche, puis c'est sur la gauche dans le virage qui monte vers la route d'El-Jadida (bien visible). Tlj env 12h-17h ; juil-août, le soir également jusqu'à 23h env.* Non pas un village, mais un ensemble d'une quinzaine de restos avec terrasses qui proposent tous la même chose, à savoir des produits de la mer, en général issus de la pêche du jour (en tout cas, on l'espère). C'est très propre et les poissons sont généralement frais (sauf les lendemains de tempêtes, évidemment). On y goûte, entre autres, la fameuse sardine du pays. Poissons grillés ou frits, on peut déguster de délicieuses assiettes composées. Bien se faire préciser les prix. Les tables sont prises d'assaut par les familles le week-end. En semaine, c'est plus calme.

Chez Hosni *(plan A-B1, **21**)* **:** *7 bis, rue des Forgerons. À 150 m de la porte, côté colline des potiers, sous les arcades, juste en face de la boutique de poteries Serghini.* Un petit resto comme on les aime. Cuisine comme à la maison *(beldia),* plusieurs tajines toujours sur les braises et couscous le vendredi. 2 tables dedans, 3 tables sous les arcades et une rangée de petits tajines qui mijotent sur leur brasero. Votre hôte est intarissable, dans un français impeccable ! On peut même apporter sa bouteille.

Petite échoppe *(plan A1)* **:** *à Bâb-Chaâba, pénétrez dans la médina par la porte, côté colline des potiers ; c'est immédiatement sur la droite.* Malika et Ghadia préparent d'excellentes *m'semmen,* sorte de crêpe marocaine dont le résultat fait penser au *kouign aman* breton, mais ici, l'huile remplace le

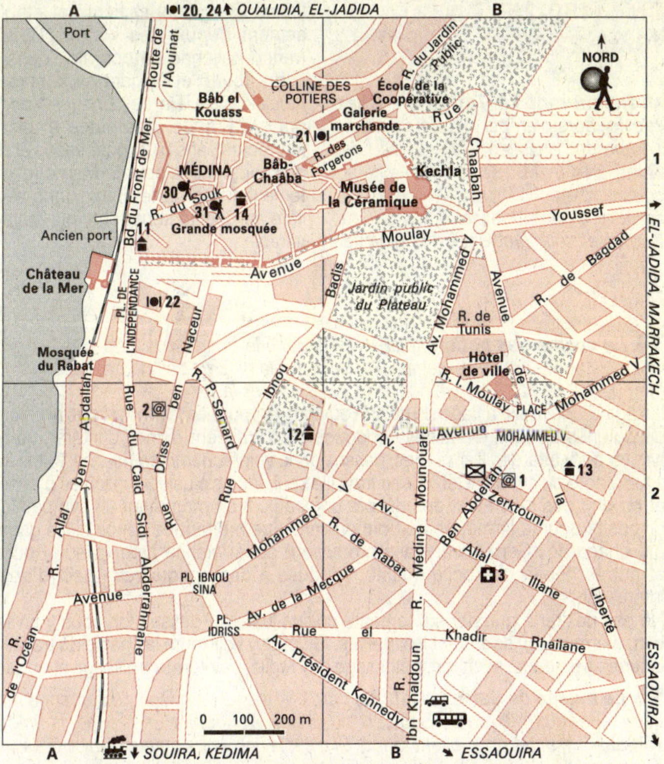

SAFI

Adresses utiles	**Où manger ?**
Grands taxis	**20** Village « Friture de poisson »
@ **1** Club Lascala	**21** Chez Hosni
@ **2** Cyber Renaissance	**22** Gégène
3 Clinique Abda	**24** Restaurant La Trattoria – Chez Yvette
Où dormir ?	**À voir**
11 Hôtel Majestic	**30** Musée de Safi
12 Hôtel Atlantide	**31** Cathédrale portugaise
13 Hôtel Assif	
14 Riad Safi	

beurre. Bref, c'est gras mais c'est bon tellement ça croustille !

De prix moyens à chic (moins de 200 Dh / 18,20 €)

Gégène (*plan A1, **22***) **:** *8, rue de la Marne. ☎ 05-24-46-33-69. Tlj sf dim, midi et soir.* Petit établissement tranquille, aux murs saumon, tout propret. Salle un peu sombre et pas de terrasse sur rue, dommage. *Gégène* accueille une clientèle d'habitués, essentiellement composée de cadres marocains détendus. Carte pour tous les goûts mais à tendance maritime. Service efficace. Le resto référence à Safi depuis fort longtemps.

Chic (150-250 Dh / 13,60-22,70 €)

Restaurant La Trattoria - Chez Yvette *(hors plan par A1,* ***24****) : 2, route l'Aouinate, en allant vers El-Jadida. ☎ 05-24-62-09-59. Longer le flanc nord des remparts sur env 150 m, puis prendre à gauche et faire env 300 m. Tlj midi et soir.* Yvette est d'origine italienne (Bergame) et tient cet établissement depuis des lustres. Cuisine franco-italienne de bon aloi, dans un cadre feutré et élégant, aux murs de *tadelakt* rose. De très bonnes viandes pour la France, des pâtes et pizzas (correctes sans plus) côté italien et des poissons grillés pour le Maroc (parfaitement cuits). Carte simple donc, régulière en qualité sans toutefois tenir du miracle.

À voir

La colline des potiers *(plan A-B1) : dans le quartier de Bâb-Chaâba, situé juste à la sortie est de la médina. Attention, si la plupart des boutiques ouvrent tlj même dim, les ateliers ne fonctionnent pas ce jour-là.*
Il s'agit d'une ruelle à flanc de colline où sont regroupées la plupart des boutiques de poteries de Safi. Certaines échoppes sont vraiment dignes d'intérêt, ne pas hésiter à s'y attarder. Parmi elles, passez donc voir *Mohammed Ftis,* au 18 bis (pas situé à côté du n° 18 !). Cet artisan travaille seul depuis plusieurs dizaines d'années et produit des œuvres et des décors originaux. Il a notamment un sympathique dispositif pour la fermeture de bonbonnières, permettant de savoir si les gamins ont chapardé ! Certains artisans produisent de la faïence type « vieux Rouen » et autres copies, de belle qualité, vendues à des antiquaires. Plein d'objets intéressants.
Ne pas hésiter à grimper sur la petite colline juste au-dessus (on vous y invitera certainement), où se situent les ateliers. On peut y voir toute la chaîne du travail de la terre : trempage, séchage, pétrissage de l'argile, peinture, vernissage et cuisson.

Le musée de Safi *(plan A1,* ***30****) : rue du Pressoir, en face de la grande mosquée (entrée par la rue du Souk). • museesafi@yahoo.fr • En théorie, tlj 9h-13h, 15h-19h. En fait, trop souvent fermé. Si c'est le cas, vous pouvez toujours essayer d'appeler : 📱 212 (0)6-68-13-78-72. Entrée : 15 Dh et 5 Dh de plus pour la visite guidée (que l'on vous conseille).* Il s'agit d'un musée privé créé par un passionné, qui connaît l'histoire de sa ville et de la région sur le bout des doigts. Le musée a pour but de valoriser le patrimoine artistique, économique et culturel de la cité. Petites saynètes reconstituées avec des mannequins, la tradition du mariage à Safi, les armes utilisées dans les fantasias, les principaux métiers. Noter la tradition des coiffeurs « suceurs de sang », censés ôter les maux de tête. À l'étage, belles photos anciennes de Mazagan.

Allez flâner dans l'ancienne ***médina*** *(plan A1),* joliment réhabilitée. En fin d'après-midi, belle animation.

La cathédrale portugaise *(plan A1,* ***31****) : au cœur de la médina. De la rue du Souk, prendre le passage Bouiba (sous voûte) situé juste à gauche de la porte principale de la mosquée. En principe tlj 9h-12h, 14h30-18h. Entrée : 10 Dh.* Le gardien donne toujours quelques explications. De l'ancienne cathédrale, il ne reste en fait que le chœur. Construite par les Portugais en 1519 (apogée de l'extension lusitanienne au Maroc). On en ordonna la destruction en 1541, puis elle tomba en ruine. Elle fut ensuite transformée en hammam, qui fonctionna jusqu'au début du XXe s. Dans la première chapelle, à ciel ouvert, se retourner pour observer la voussure torsadée. La deuxième salle est le chœur même de la cathédrale. Lever la tête pour admirer le plafond gothique, avec en son centre la clé de voûte évoquant la couronne du roi Manuel.

La Kechla ou borj El-Dar *(plan B1) : tlj sf mar 8h30-12h, 14h-18h30. Entrée : 10 Dh pour l'édifice et le musée.* Ancienne forteresse portugaise du XVIe s, bâtie sur une forteresse du XIIe s édifiée par les Alhmohades. Il abrite un intéressant ***musée national de la Céramique,*** grande spécialité de Safi. Les céramiques de Fès, de Meknès et de Safi sont agréablement présentées, mais l'ensemble manque un peu d'explications. Essentiellement des poteries des XIXe et XXe s, couvrant bien les principales tendances décoratives du pays, jusqu'aux réalisations les plus récentes. Dans l'enceinte même de la forteresse, un vieux palais du XVIIIe s du sultan Moulay Hicham, auquel on jettera un œil curieux (plafonds de cèdre de toute beauté). De la terrasse, vue sur le port, l'ancienne médina et la colline des potiers.

LA ROUTE CÔTIÈRE D'ESSAOUIRA À IMSOUANE

C'est une des plus belles parties de cette interminable route qui longe l'Atlantique depuis Tanger jusqu'à La Gouèra, dans l'extrême Sud, à la frontière mauritanienne. Ce parcours de 175 km permet, entre autres, de faire connaissance avec les arganiers, des arbres endémiques qui produisent une huile très recherchée. Lire ses caractéristiques vraiment exceptionnelles dans la rubrique « Faune et flore » de « Hommes, culture, environnement » en début de guide.

ESSAOUIRA

70 000 hab.

➧ Pour le plan d'Essaouira, se reporter au cahier couleur 2.

Avec son corset de murs fortifiés, son port de chalutiers et ses envols de mouettes, comment ne pas évoquer Saint-Malo ? Mais les maisons blanches aux toits plats, les huisseries bleues et les minarets rappellent vite qu'on est loin de la Bretagne. Essaouira est une ville hors du temps, qui envoûte et enserre ses hôtes, vite prisonniers de ses remparts. Difficile alors de s'échapper, le charme opère et ne nous lâche plus. Mais qui s'en plaindrait ? Oubliez Marrakech la folle, la trépidante, la polluée ; dans la médina, les engins à moteur n'ont pas droit de cité. Un bienfait n'arrivant jamais seul, de belles restaurations ont vu le jour, surtout depuis que la médina a été inscrite au Patrimoine mondial de l'Unesco.

Essaouira (prononcer « Swira ») est l'endroit rêvé pour décompresser après le harcèlement des grandes villes, avoir des contacts avec la population et flâner dans une médina encore authentique. Il faut prendre lentement le rythme, ne surtout pas se presser. S'installer par exemple place Moulay-el-Hassan, à la terrasse d'un café, ombragée d'arbres à caoutchouc, pour siroter un thé et prendre le pouls de la ville. La température y est presque toujours de 25 °C. Pas étonnant que de nombreux Marrakchis s'y précipitent en été, fuyant les fortes chaleurs de leur ville.

Combien de temps le charme va-t-il encore opérer ? Un complexe de 11 000 lits, à quelques kilomètres à peine au sud, vise à développer une infrastructure touristique haut de gamme. Et la spéculation immobilière dans la médina n'est pas en reste. Espérons que la « petite perle » garde son âme longtemps... bien longtemps.

CARREFOUR CULTUREL ET CITÉ DES ARTS

« Toute grande civilisation est métissage. »

Léopold Sédar Senghor.

La tradition, source de l'art contemporain

Essaouira se situe au carrefour de deux tribus : au nord, les Chiadma (arabophones), et au sud, les Haha (berbérophones), sans parler de la forte influence des Gnaoua et autres ethnies venues d'Afrique. Le brassage de ces cultures en a fait un lieu privilégié pour artistes de tous horizons, venus profiter de la « muse supplémentaire » qui plane au-dessus de cette cité.

Grâce à son riche héritage et à sa tradition, Essaouira a vu fleurir l'art contemporain depuis les années 1950. Pionnier, le sculpteur Boujemâa Lakhdar fonda le musée Sidi-Mohammed-ben-Abdallah et inspira toute une nouvelle génération. D'autres créateurs autodidactes ont été soutenus par un Danois, Frédéric Damgaard, qui a contribué au rayonnement de l'art souiri en organisant des expositions de leurs œuvres à travers le monde.

MOGADOR, PALME D'OR...

Essaouira a séduit les réalisateurs américains comme Oliver Stone avec Alexandre *ou Ridley Scott et son* Kingdom of Heaven. *À une autre époque, Orson Welles a tourné ici l'un de ses plus célèbres films,* Othello *; Jimi Hendrix, dans les années 1960, y a attiré une partie de la communauté hippie, tout comme Cat Stevens.*

Les Gnaoua

Ces descendants d'anciens esclaves noirs étaient nombreux à travailler dans les fabriques de sucre de la région d'Essaouira jusqu'au XVIe s. Le fondateur de la confrérie est Mohammed ibn Allah, qui vécut aux alentours du XVIIe s.

La plus importante de leurs cérémonies et la plus spectaculaire est la *lila* : un rite d'exorcisme, de tradition africaine, comparable au vaudou d'Haïti et à la macumba du Brésil ; le mouvement giratoire de la danse représente le mouvement des planètes. Sa fonction est essentiellement thérapeutique.

Trois instruments de musique le rythment : le *ganga,* le *guembri* et les *crotales.* Le *ganga* est un gros tambour recouvert de peau de mouton. Le *guembri,* en bois de figuier ou de saule, est constitué de trois cordes tendues. Les *crotales* sont des sortes de castagnettes, faites de deux demi-sphères aplaties aux extrémités d'une petite barre en fer. Le joueur les frappe à une cadence particulièrement sabbatique.

La danse de possession se déroule le soir. Le rythme envoûte jusqu'à la transe et ça peut finir à l'aube. Peut-être aurez-vous l'occasion d'y assister. Très impressionnant ! Mais réfléchissez bien avant, car il est malvenu de filer à l'anglaise...

LE SOUFFLE DU *TAROS*

Dans un domaine différent, la station séduit de nombreux véliplanchistes avec sa magnifique plage balayée par le *taros,* nom berbère du vent soufflant de la mer sur les côtes d'Essaouira. Cela explique, d'une part, le labyrinthe de ses ruelles étroites et, d'autre part, le haïk de grosse cotonnade dans lequel les femmes se drapent. Seuls les yeux et les pieds apparaissent dans cette architecture de plis savants. Même sous un beau soleil, il fait parfois frisquet, alors n'oubliez pas votre petite laine.

UN PEU D'HISTOIRE

Ce mouillage, utilisé par le navigateur carthaginois Hannon en 500 av. J.-C., riche en eau potable, servit des siècles durant de poste avancé sur la route des îles du Cap-Vert et de l'équateur. Le site fut conquis ensuite par les Romains, lors de la troisième guerre punique en 146 av. J.-C. Ceux-ci placèrent comme vassal, à l'époque d'Auguste, le roi de Maurétanie, Juba II. Le bâtisseur de Volubilis favorisa l'installation de ses équipages et le développement de l'industrie des salaisons et de la pourpre. C'est cette activité (production de teinture à partir d'un coquillage : le murex) qui explique la renommée des « îles Purpuraires » jusqu'à la fin de l'Empire romain. Cette couleur, chez les anciens, était synonyme d'un rang social élevé.

Au Moyen Âge, les marins portugais mesurent tous les avantages de cette baie et baptisent la ville « Mogador », déformation probable du nom de sidi Mogdoul, un marabout local. Les juifs ont un statut spécial d'intermédiaires entre le sultan et les puissances étrangères, obligées d'installer à Essaouira une Maison consulaire (il y en eut jusqu'à 10 dans la *kasbah*). On les appelle les « négociants du roi » ou les « représentants consulaires ». Ils ont, par exemple, le monopole de la vente du blé aux chrétiens, interdite aux musulmans.

En 1764, le sultan Mohammed ben Abdellah décide d'installer à Essaouira sa base navale, d'où les corsaires iront punir les habitants d'Agadir en révolte contre son autorité. Il fait appel à l'architecte français Théodore Cornut, le reçoit avec tous les honneurs dus à un grand artiste et lui confie la réalisation de la nouvelle ville « au milieu du sable et du vent, là où il n'y avait rien ». Le plan original d'Essaouira est aujourd'hui conservé à la Bibliothèque nationale de France à Paris.

ES-SAOUIRA ET ÇA IRA !

Cornut l'Avignonnais, l'architecte français à la solde des Anglais de Gibraltar, et qui avait été employé par Louis XV à la construction des fortifications du Roussillon, travailla 3 ans à édifier le port et la kasbah. Mais finalement, reprochant au Français d'être trop cher et d'avoir travaillé pour l'ennemi anglais, le sultan de l'époque préféra mettre un terme à sa collaboration. Avec son plan très régulier, la ville mérite bien son nom actuel d'Es-Saouira, qui signifie « la Bien-Dessinée ».

L'importance d'Essaouira n'a cessé de croître jusqu'à la première moitié du XIXe s, et la ville connut une formidable prospérité grâce à l'importante communauté juive qui compta jusqu'à 17 000 âmes pour à peine 10 000 musulmans. La bourgeoisie marocaine accourait y acheter des bijoux. Le commerce y était florissant. Mais la plupart des juifs partirent après la guerre des Six Jours. Aujourd'hui, il n'en subsisterait que quelques familles dans la ville.

Pendant longtemps seul port marocain ouvert au commerce extérieur, son déclin commença avec la colonisation française et le développement d'autres ports (Casablanca, Tanger, Agadir). Handicapée par ses eaux peu profondes et ne pouvant recevoir les gros bateaux modernes, Essaouira se tourna alors vers la pêche avec succès.

Cette cité jumelée à La Rochelle est aujourd'hui le chef-lieu d'une province de 500 000 habitants, pour la plupart agriculteurs, et développe une opération de coopération avec Saint-Malo, sous l'égide de l'Unesco.

Arriver – Quitter

En voiture

➢ ***Marrakech*** est à 220 km à l'est. Trajet en 2h30 par la nationale (dont 115 km de voie rapide entre Essaouira et Chichaoua).

➢ ***Casablanca*** est à 350 km au nord. Trajet en 4h30 par la nationale via Safi et El-Jadida.

➢ ***Agadir*** est à 175 km au sud. Trajet : 2h.

En bus

Gare routière principale *(hors plan couleur par D2) : rue du 2-Mars, à 500 m de l'entrée de la médina. ☎ 05-24-78-52-41. Consigne.* Depuis ou vers le centre-ville en petit taxi, compter 6 Dh de jour et max 7 Dh de nuit. Cette gare accueille entre autres les compagnies ***CTM,*** *☎ 05-24-78-47-64* ; ***SATAS,*** *☎ 05-24-78-57-84,* mais ni *Supratours* ni *Pullman du Sud.* Réservez vos places de bus au plus tard la veille. Liaisons avec :

➢ ***Marrakech :*** 15 bus/j. env dont 2 avec la *CTM* et 1 avec *SATAS* (en début de soirée dans le sens Essaouira-Marrakech ; tôt le mat dans l'autre sens). Trajet : env 3h.

➢ ***Casablanca :*** env 20 départs/j. dont 2 avec la *CTM.* Trajet : 6h.

➢ ***Agadir :*** env 20 départs/j. dont 1 avec la *CTM* en début d'ap-m. Trajet : env 3h.

➢ Liaisons également avec ***Tiznit*** *via* ***Inezgane*** (départs fréquents), ***Safi*** (env 10 bus/j.), ***Taroudant*** (3 bus/j.), ***Guelmin*** et ***Tan-Tan.***

Station Pullman du Sud *(hors plan couleur par D2) : av. Allal-el-Fassi ; à env 150 m à l'est de la gare routière (traverser l'av. El-Akkaba) ; une simple boutique. ☎ 05-47-78-49-04.* Assure une liaison de nuit tlj pour ***Casablanca*** et ***Agadir.***

Gare routière Supratours *(plan couleur C3) : départs de Bâb-Marrakech. ☎ 05-24-47-53-17. En principe, tlj 9h-18h.* La compagnie relie la ville à :

➢ ***Marrakech :*** 6 bus/j. Bus rapides et confortables (trajet : env 2h45). Très pratique pour les correspondances avec les trains en direction de *Casablanca, Rabat, Fès...*

➢ ***Safi :*** 1 bus/j. à midi.

➢ ***Agadir :*** en principe, 1 bus/j. assure la liaison Safi-Agadir en s'arrêtant à Essaouira. Depuis Agadir, correspondance par bus de nuit vers ***Tan-Tan, Laâyoune et Dakhla.***

➢ ***Ouarzazate et Zagora :*** pas de bus direct. Changer à Marrakech.

En avion

✈ ***Aéroport*** *(hors plan couleur par D4) : à 15 km au sud de la ville sur la route d'Agadir.* Pour s'y rendre, le plus simple : grand taxi depuis le centre-ville (compter 150-200 Dh). Sinon, certains bus qui se rendent à Sidi-Kaouiki s'y arrêtent (demander au chauffeur avant le départ).

■ ***Royal Air Maroc*** *(plan couleur B3, **1**) : rue du Caire. ☎ 05-24-78-53-84 ou 85. Lun-ven 8h30-12h15, 14h30-19h ; sam 8h30-12h.*

➢ ***Paris :*** jusqu'à 4 vols/sem en été.

Adresses utiles

Infos touristiques

ℹ ***Délégation du tourisme*** *(plan couleur B3) : 10, rue du Caire. ☎ 05-24-78-35-32. • essaouira.com • En principe, lun-ven 9h-16h30 (15h pdt le Ramadan).* Dispose de la liste des hébergements et des activités sportives. Plan de la ville (gratuit).

Poste et télécommunications

✉ ***Poste*** *(plan couleur C4) : av. Al-Mouqawama. Lun-sam 8h-18h (19h sam). Un second* ***bureau,*** *rue Laâlouj (plan couleur A-B2), juste à droite du musée. Lun-ven 8h-16h15.*

■ ***Téléphone :*** partout en ville, des cabines à cartes et des téléboutiques.

@ ***Internet :*** de plus en plus répandu, y compris dans les hôtels. Pour vous guider, en voici deux : ***Espace Mogador*** *(plan couleur B3, **2**), 8 bis, rue du Caire. ☎ 05-24-78-35-84. À côté de la Délégation du tourisme ; au 1er étage. Tlj 9h-23h.* ***Espace Mogador*** *(plan couleur B2, **8**), 9, av. de l'Istiqlal ; au 2e étage. ☎ 05-24-78-52-31. Tlj 9h-23h env.*

Argent

■ ***Banques :*** *parmi les principales, la* ***BMCE*** *(plan couleur B2, **4**), la plus centrale et la plus importante ;* ***Crédit du Maroc*** *(plan couleur A3, **5**), pl. Moulay-el-Hassan ;* ***Wafabank*** *(plan couleur B-C2, **6**), av. de l'Istiqlal ;* ***Société Générale*** *(plan couleur B3, **7**), av. Oqba-ben-Nafi.* La plupart ont un distributeur accessible 24h/24 (parfois vide ou avec des problèmes de connexion, soyez prévoyant). Elles assurent presque toutes le change et disposent d'un service *Western Union*. Attention à la fermeture prolongée le vendredi midi, à l'heure de la prière.

■ ***Essaouira Change*** *(plan couleur A2, **3**) : 10, rue de la Sqala. Tlj 9h-20h.* Taux de change proche de celui des banques, mais horaires bien plus avantageux.

Urgences, santé

■ ***Commissariat de police*** *(plan couleur B3, **11**) : pl. Chefchaouni (dite pl. de l'Horloge). ☎ 05-24-78-48-80.*

■ ***Médecins : Dr Saïd El-Haddad*** *(plan couleur B2, **8**), 5, av. de l'Istiqlal ; ☎ 05-24-47-69-10 ; 📱 212 (0)6-61-19-19-98 ; sur rdv.* Médecin alliant compétence et accueil. *Également* ***Dr Mohammed Taddrarat*** *(plan couleur C4, **9**), face à la poste ; ☎ 05-24-47-59-54.* ***Dr Rectaoui,*** *📱 212 (0)6-61-20-71-68.* Pédiatre.

■ ***Dentistes : Dr El Acham*** *(hors plan couleur par D2), 1, bd de Fès (juste derrière l'hôpital), 1er étage ; ☎ 05-24-47-47-27.* Soins de qualité et professionnalisme. ***Dr Sayegh*** *(plan couleur B3, **10**), 4, pl. Chefchaouni (dite pl. de l'Horloge), 1er étage ; ☎ 05-24-47-55-69.* Très compétent. Cabinet d'une propreté exemplaire.

■ ***Pharmacies : Pharmacie Hamad Ismail*** *(plan couleur B3, **11**), pl. Chefchaouni (dite pl. de l'Horloge) ; ☎ 05-24-47-51-63 ; lun-sam 9h-12h30, 15h-19h (sam mat slt).* ***Pharmacie de nuit*** *(plan couleur D2, **12**), sur la pl. attenante à droite de la municipalité ; tlj 21h-8h30.* Les pharmacies de garde sont toujours affichées.

■ ***Hôpital Sidi-Mohammed-ben-Abdellah*** *(plan couleur D3) : bd de l'Hôpital. ☎ 05-24-47-58-66.*

Transports

🚗 ***Station de petits taxis*** *(plan couleur D1) : station importante à Bâb-Doukkala (c'est aussi là que stationnent les calèches).* Les petits taxis sont bleus. On en trouve peu à la périphérie de la ville pour revenir sur Essaouira. La nuit, ils sont quasi inexistants.

■ ***Location de VTT et de vélos : Chez Bounar Saïd*** *(plan couleur C3, **13**), 131, rue Mohammed-el-Qorry ; 📱 212 (0)6-62-29-37-38 ; tlj 7h-16h. Prévoir env 50 Dh/j.* ***Hôtel Al Arboussas*** *(plan couleur B2, **19**), rue Laâjouj ; 📱 212 (0)6-68-25-46-02. Env 50 Dh/j.*

■ ***Location de voitures : Essaouira Wind Car*** *(hors plan couleur par D4, **14**), quartier des Dunes, rue Princesse-Lalla-Amina (ruelle juste après que l'av. Al-Mouqawama a rejoint le bord littoral) ; ☎ 05-24-47-28-04 ; 📱 212 (0)6-72-05-80-54.* Prix raisonnables, assurances comprises. Bonnes voitures et accueil sympa. ***Tassourte Cars*** *(hors plan couleur par D4, **14**), quartier des Dunes, 38, rue Moulay-Ali-Echriff. Depuis l'av. Mohammed-V, suivre le panneau de l'hôtel* Al Jasira, *c'est en face. 📱 212 (0)6-61-14-29-29. • tassourte-cars.com •* Une agence tenue par une équipe dynamique. Tarifs raisonnables. ***Essaouira Travel Car*** *(plan couleur D2, **15**), 4, rue Oued-el-Makhazine, dans le quartier de Bâb-Marrakech (extra-muros) ; ☎ 05-24-78-31-66 ; 📱 212 (0)6-73-44-95-41 ; • essaouiratravelcar.net • À partir de 300 Dh/j.* Une agence sérieuse proposant une gamme de véhicules récents assurés tous risques, de la catégorie A au 4x4. Possibilité de livraison sur Marrakech, Casablanca ou Agadir.

🅿 ***Parkings*** *(plan couleur A3) : à côté de la pl. Moulay-el-Hassan, devant le port. Le plus central. Pas de tarifs officiels, c'est à la tête... du touriste ! Négociez pour un forfait de 10 Dh pour tte la journée et le double pour la nuit. En dessous, les gardiens râlent ! Également à Bâb-es-Sebaa (plan couleur B3) et Bâb-Marrakech (plan couleur D3).* Cependant, ils débordent en saison. La peinture rouge et blanche sur la bordure d'un trottoir indique une interdiction de stationner. Et la police est intransigeante.

Loisirs

■ ***Librairie La Fibule*** *(plan couleur A2-3, **31**) : pl. Moulay-el-Hassan. ☎ 05-24-47-67-90.* Magazines français (arrivage vers 11h), cartes du pays et, entre autres, le *Routard.* Bon choix d'ouvrages sur le Maroc.

■ ***Photo Service Mogador*** *(plan couleur B1,* ***18****) : 169, av. Sidi-Mohammed-ben-Abdellah. ☎ 05-24-78-39-55. Tlj 9h (10h dim)-13h, 15h-20h30.* Bien équipé. Possibilité de transfert de carte mémoire sur CD-Rom. Un peu plus cher qu'ailleurs, mais travail de qualité.

Sports

■ ***Base nautique de l'Océan Vagabond*** *(hors plan couleur par D4,* ***20****) : au bout du bd Mohammed-V, à l'embranchement de la route d'Agadir, sur la plage. ☎ 05-24-78-39-34.* • *club-mistral.com* • L'adresse la plus sympa pour s'adonner aux sports nautiques. Location de surfs, bodyboards, planches à voile et kitesurfs, à l'heure, à la journée ou à la semaine. Également des cours. Matériel neuf, équipe jeune et très compétente, ambiance décontractée. Également un bon endroit pour grignoter un morceau (voir « Où manger ? »).

■ ***UCPA*** *(plan couleur C4,* ***26****) : bd Mohammed-V, à 200 m de Bâb-es-Sebaa, sur la plage. 📱 212 (0)6-61-34-33-02 ou 212 (0)6-61-75-85-14. Tlj 9h-18h.* Propose de nombreuses activités avec location de matériel, des stages de différentes durées. Planche à voile, funboard, flysurf et découverte de la région à travers la pratique d'un sport.

■ ***Gipsysurfer*** *(plan couleur B2,* ***22****) : 14, rue de Tétouan. ☎ 05-24-78-32-68.* Une boutique branchée surf avec aussi des maillots de bain et des coupe-vent (au cas où vous auriez oublié le vôtre), revendeur exclusif de vêtements *Ripcurl*. Organise aussi des randos à dos de dromadaire. Équipe super sympa et passionnée, qui connaît la région sur le bout des doigts.

■ ***Bleu Kite*** *(hors plan couleur par D4,* ***17****) : rue Princesse-Lalla-Hassna, quartier des Dunes. 📱 212 (0)6-78-35-20-31.* • *bleukite.com* • *Dans une petite rue partant de la station-service Oilibya ; boutique bleue à gauche après l'hôtel Château Mogador.* Une petite école de kitesurf tenue par une bande de jeunes Marocains dynamiques, formés à l'UCPA. Bon matériel, bon esprit et prix abordables.

Hammams, massages et thalasso

Plusieurs hammams populaires dans la médina. Demandez conseil à votre hébergement : certains lieux paraissent vieillots mais sont propres, d'autres paraissent clinquants mais sont cracra... Sachez également que les prestations des hammams traditionnels n'ont rien à voir avec les soins pratiqués dans les spas des hôtels.

■ ***Le Bolisi*** *(plan couleur C1-2,* ***23****) : juste derrière le souk. Tlj. Pour les femmes, 7h-20h ; pour les hommes, 21h-2h. Entrée : env 10 Dh.* Populaire et simple.

■ ***Hammam Pabst*** *(plan couleur C1,* ***25****) : juste derrière le souk. Tlj. Pour les femmes, 6h-20h ; pour les hommes, 20h-2h. Entrée : env 10 Dh.* Hammam traditionnel et propre dans lequel Orson Welles tourna une scène du film *Othello*. Ambiance assurée !

■ ***Hammam Mounia*** *(plan couleur B1-2,* ***24****) : rue Oum-Errabi. ☎ 05-26-33-49-83. 📱 212 (0)6-67-23-65-05. Tlj. Femmes, 15h-20h30 ; hommes, 17h30-20h30. Compter 85 Dh pour 45 mn ; 135 Dh pour 1h avec gommage, massage et tout et tout.* Un hammam traditionnel dont le proprio est un Français passionné par son travail. Tout comme son équipe. Ici, on allie authenticité et professionnalisme à prix plutôt doux.

■ ***Hammam du Riad Al Madina*** *(plan couleur B2,* ***27****) : 9, rue El-Attarine. ☎ 05-24-47-59-07. Tlj. Accès mixte 10h-12h30, 16h-19h ; femmes slt 9h-10h, 15h-16h. Résa sur place. Paiement par avance. Hammam (30 mn) : 70 Dh ; massage (1h) : 350 Dh ; soin complet : 420 Dh.* Très propre et agréable mais pas donné.

■ ***Les Massages Berbères*** *(plan couleur C3,* ***28****) : 135, av. Mohammed-el-Qorry. ☎ 05-24-47-31-30. Tlj 9h-13h, 15h-19h. Mixte ; possibilité donc d'y aller en couple. Résa indispensable. Compter 250 Dh pour 1h ; 350 Dh pour 2h.* Ici, vous aurez droit, dans la même séance, à la totale ! Tisane relaxante, bain et massage de pieds, suivis d'un massage du corps avec des produits à base d'huile d'argan.

On vous enduira ensuite le visage avec de la crème à la rose. Le tout dans une atmosphère délicatement parfumée.

Divers

■ ***Coiffeur-barbier Hamdoune*** *(plan couleur B2,* ***30****) : rue El-Hajalli, juste dans l'axe de la rue Sidi-Mohammed-ben-Abdellah.* Le plus ancien d'Essaouira. Très propre. Ses instruments sont désinfectés après chaque coupe. Salon hommes au rez-de-chaussée et salon femmes à l'étage. Bon accueil.

Où dormir ?

La Délégation du tourisme affiche la liste des hébergements. Attention, les prix s'envolent l'été et le week-end, de manière parfois totalement injustifiée. Quant aux propositions alléchantes des rabatteurs sur les parkings, elles sont rarement valables... Pour séjourner quelques jours, la location d'un petit appartement devient vite intéressante. Quant aux campings, il faudra faire quelques kilomètres pour planter sa tente.

Campings

Camping Sidi Magdoul *(hors plan couleur par D4) : à 3 km sur la route d'Agadir, sur la gauche au rond-point. ☎ 05-24-47-21-96. Compter env 70 Dh pour 2 avec tente et voiture ; douche chaude payante.* Pas génial. Emplacements minuscules mais bien ombragés par les eucalyptus, sol dur (prévoir un marteau-piqueur !), bloc sanitaire correct. Son seul véritable atout est d'être le plus proche d'Essaouira. Accueil sympa.

Camping Le Calme *(hors plan couleur par D4) : à env 15 km d'Essaouira. 212 (0)6-61-53-04-13. • campinglecalme.populus.ch • Prendre la direction d'Agadir ; à El-Ghazoua (km 10), suivre la direction de Marrakech ; à 4 km direction Ida Oghourd, puis fléché sur 5 km. Env 70 Dh pour 2 avec tente et voiture, douche chaude comprise ; réduc quand la piscine est vide. Doubles sans ou avec sdb 250-500 Dh ; petit déj en sus. Repas sur résa.* Sanitaires nickel. Un lieu très tranquille où gazouillent les oiseaux, pour installer sa tente à l'ombre d'un arganier (attention, le sol est un peu dur). La piscine avec transats et le grand patio planté de parasols sont bien agréables. Pour les réfractaires au camping, quelques chambres simples, propres et paisibles.

Camping des Oliviers, « Chez Alain » *: à 25 km à l'ouest d'Essaouira, sur la route de Marrakech ; à droite en sortant d'Ounagha. ☎ 05-24-47-54-74. 212 (0)6-13-95-43-82. • campingdesoliviers.com • Compter env 90 Dh pour 2 avec tente et voiture, douche chaude incluse ; petit déj en sus. L'été slt, possibilité de dormir dans un lit sous l'une des nombreuses tentes caïdales, 132 Dh pour 2. Également des bungalows 165-400 Dh pour 2 selon taille (2-5 pers) et saison. ½ pens possible. Plat env 85 Dh.* Évidemment un peu éloigné d'Essaouira, mais très pratique sur la route depuis ou vers Marrakech. Belles pelouses, resto sous tente, sanitaires impeccables, piscine nickel (payante pour les non-résidents), aire de jeux pour enfants, ambiance décontractée. Et puis, comme on est à l'intérieur des terres, le vent souffle moins ici. Excursions possibles dans la région.

Dans la médina

Pour séjourner au cœur de l'animation, la médina est idéale. Les amateurs de mer iront « Près de la plage », plus loin. Huile de genou ou taxi sont alors indispensables pour rejoindre la médina. À la descente des bus et aux portes de la médina, des porteurs proposent leurs services jusqu'à votre hôtel. Certains établissements étant nichés assez loin dans le dédale des ruelles, ce système peut s'avérer bien utile. Assurez-vous qu'ils vous conduisent bien là où vous le souhaitez, car ils ont parfois tendance à vous mener aux hôtels qui les commissionnent. Attention, tous les prix indiqués incluent le petit déj (sauf mention contraire), mais sont hors taxe touristique (compter 10-40 Dh, selon catégorie d'hébergement).

Bon marché (100-200 Dh / 9,10-18,20 €)

On vous indique ici deux adresses pour budgets riquiqui... qui se font rares à Essaouira. Elles ne se distinguent ni par la qualité de l'accueil ni par un entretien irréprochable.

▲ ***Hôtel-pension Smara*** *(plan couleur A2, **41**) : 26, rue de la Sqala. ☎ 05-24-47-56-55. Le long des remparts. Confirmez bien votre résa. Doubles 105-200 Dh selon vue ; 185-275 Dh pour 4 pers ; petit déj en sus. Douche gratuite.* Une adresse qui vaut le coup pour sa terrasse où se prend le petit déjeuner, ou si vous parvenez à décrocher l'une des 4 chambres avec une chouette vue sur la mer. Le reste est humide et un chouïa vieillissant.

▲ ***Hôtel Chakib*** *(plan couleur B2, **42**) : 2, rue Abdesmih. ☎ 05-24-47-52-91. Double 120 Dh ; pas de petit déj.* Hôtel spartiate, à la propreté moyenne. Une douzaine de chambres réparties sur 3 étages s'y chamaillent 2 douches. Pas le nirvana.

Prix moyens (200-400 Dh / 18,20-36,40 €)

▲ ***Résidence Hôtel Al Arboussas*** *(plan couleur B2, **19**) : 24, impasse Laâlouj. ☎ 05-24-47-26-10. • arboussas@yahoo.fr • Doubles 300-370 Dh selon saison. CB refusées. (gratuit). Réduc de 10 % la 1re nuit, 20 % la 2e sur présentation de ce guide.* Dans une ruelle au calme, en face du musée. Hôtel coloré d'une dizaine de chambres équipées de salles de bains (sauf une). Certaines chambres sont sombres et étroites. Celles donnant sur la terrasse sont évidemment les plus agréables. Accueil chaleureux. Possibilité de louer des vélos.

▲ ***Hôtel Souiri*** *(plan couleur B2, **44**) : 37, rue El-Attarine. ☎ 05-24-47-53-39. • hotelsouiri.com • Doubles 230-320 Dh (sans ou avec sdb).* Chambres bien tenues, dans un petit *riad* de 3 étages sans prétention. Pas de grandes émotions esthétiques, mais l'ensemble est d'un honnête rapport qualité-prix. Accueil agréable.

▲ ***Hôtel Tafraout*** *(plan couleur B2, **45**) : 7, rue de Marrakech. ☎ 05-24-47-62-76. • hoteltafraout.com • Juste derrière le rempart. Double 400 Dh.* Une trentaine de chambres avec salle de bains, modestes mais propres. Elles se répartissent autour d'un patio timidement agrémenté de quelques plantes vertes. L'ensemble, bien qu'un peu froid, est d'un bon rapport qualité-prix.

▲ ***Hôtel Beau Rivage*** *(plan couleur A2, **46**) : 14, pl. Moulay-el-Hassan. ☎ 05-24-47-59-25. • beaurivage-essaouira.com • Doubles 250-390 Dh selon saison, avec ou sans balcon ; suite 500 Dh ; petit déj en sus. (gratuit).* Confortable et fonctionnel mais sans charme particulier. Les chambres donnant sur la place, avec balcon, peuvent être un peu bruyantes mais quel spectacle avec une vue plongeante sur la ribambelle de terrasses de cafés ! Pour plus de calme, en prendre une donnant sur l'arrière (sans vue). Bon accueil.

▲ ***Hôtel Cap Sim*** *(plan couleur A2, **47**) : 11, rue Ibn-Rochd. ☎ 05-24-78-58-34. • hotelcapsim@menara.ma • Même direction que l'hôtel* Souiri. *Doubles 190-360 Dh, selon confort, taille et saison. CB acceptées. (gratuit).* Chambres correctes, avec ou sans salle de bains, mais à la déco assez banale. Elles sont réparties autour d'un patio fermé qui fait un peu caisse de résonance. Certaines, plus agréables, ouvrent sur l'extérieur. Terrasse sur le toit. Rapport qualité-prix honorable.

▲ ***Hôtel Riad Nakhla*** *(plan couleur B2, **48**) : 12, rue d'Agadir. ☎ 05-24-47-52-30. • essaouiranet.com/riad-nakhla • Doubles avec sdb 300 Dh. CB refusées. (gratuit).* Petit hôtel évoquant un *riad* avec les chambres distribuées autour d'un patio fermé, parfois un peu sonore. Choisissez plutôt celles à l'étage, plus claires. Certaines sortent du lot avec un bout de vue sur la mer. L'ensemble reste propre et fonctionnel. Terrasse très agréable. Rapport qualité-prix correct.

▲ ***Résidence El Mehdi*** *(plan couleur B2, **49**) : 15, rue Sidi-Abdesmih. ☎ 05-24-47-59-43. • residenceelmehdi@gmail.com • Double 400 Dh ; également quelques suites.* Un hôtel de taille modeste organisé autour du traditionnel patio qui accueille un resto-bar (avec alcool) ouvert aux non-résidents. Agréables chambres avec salle de bains sans débauche de décoration, plus lumineuses au 2e étage. Un bon point pour l'accueil plutôt sympathique.

Chez Brahim *(plan couleur C-D2,* ***50****) : 41, rue El-Mourabitine. ☎ 05-24-47-25-99. • chezbrahim.com • Doubles avec sdb 220-250 Dh selon saison ; quelques chambres avec sdb commune un peu moins chères ; également des triples. CB refusées. (gratuit). Réduc de 10 % sur la chambre à partir de 3 nuits, sur présentation de ce guide.* Dans une maison traditionnelle centrée sur un patio coloré de zelliges, une dizaine de chambres sur 3 niveaux. Leur déco ainsi que les parties communes sont gentiment agrémentées de tableaux colorés et autres sculptures un peu kitsch. On aime bien l'atmosphère tranquille qui se dégage du lieu, l'accueil simple et souriant. Terrasse sur le toit pour les petits déj. Bien pour ceux qui recherchent l'authenticité d'une maison traditionnelle et qui ne sont pas trop regardants.

Chic (400-800 Dh / 36,40-72,80 €)

Les Matins Bleus *(plan couleur B2,* ***43****) : 22, rue du Drâa. ☎ 05-24-78-53-63. • les-matins-bleus.com • Selon saison, doubles 390-430 Dh ; familiales (4 pers) 730-800 Dh. Repas 110 Dh sur résa. CB acceptées (+ 5 %). (gratuit).* Au fond d'une impasse paisible, un petit *riad* du XVIIIe s rénové avec goût. Les chambres donnent soit sur le patio peint de couleurs fraîches, soit sur la terrasse, pour le même prix. Plusieurs salons au rez-de-chaussée. Coquette terrasse sur le toit pour le petit déj. Excellent accueil et propreté irréprochable.

Dar Al Bahar *(plan couleur B1,* ***51****) : 1, rue Touahen, quartier San Dion. ☎ 05-24-47-68-31. • daralbahar.com • Doubles 440-660 Dh selon vue ; également des chambres pour 3 pers et un appart pour 2. Repas sur résa (min 4 pers). CB refusées. (gratuit). Réduc de 10 % sur présentation de ce guide.* Maison d'hôtes enchâssée dans les remparts mêmes, tenue par un couple franco-néerlandais. Une dizaine de chambres aux murs d'un blanc lumineux et à la déco subtile. Certaines donnent directement sur le large et les vagues qui se fracassent quelques mètres plus bas. Tableaux d'artistes souiris aux murs, et une terrasse déconseillée au brushing de ces dames. À l'écart du centre animé, voilà qui ajoute au charme du lieu.

Hôtel Dar El Qdima, L'Ancienne Maison *(plan couleur B2,* ***52****) : 4, rue Malek-ben-Morhal. ☎ 05-24-47-38-58. • darqdima.com • Double 450 Dh. CB refusées.* Un bel hôtel d'une quinzaine de chambres dans une maison souirie de caractère où règne une atmosphère sobre. Plus on monte, moins les chambres sont humides et plus elles sont lumineuses. Confort et bon goût s'harmonisent parfaitement. Toutes les chambres possèdent une agréable salle de bains en *tadelakt*, et certaines ont un petit salon. Superbes portes et boiseries peintes. Vue panoramique depuis la terrasse.

Emeraude Hotel *(plan couleur D2,* ***53****) : 228, rue Chbanat. ☎ 05-24-47-34-94. • essaouirahotel.com • À proximité du parking Bâb-Marrakech. Double env 450 Dh. Dîner sur commande. CB acceptées (+ 4 %). (gratuit). Réduc de 10 % sur présentation de ce guide.* Voici une belle demeure du XVIIIe s qui n'a rien à envier à certains *riad* du cœur de la médina. Une dizaine de chambres s'organisent autour du traditionnel patio voûté. La plupart d'entre elles, pas bien grandes, dégagent une atmosphère plaisante avec leurs portes en bois peint, leurs lits dissimulés derrière des voilages blancs et leurs salles de bains résolument modernes. Sur le toit, la traditionnelle terrasse pour prendre le petit déj ou un thé dans la journée. Accueil dynamique et charmant. Si vous arrivez à la gare routière *Supratours*, ils vous envoient gracieusement une charrette...

Riad Lyon-Mogador *(plan couleur B1,* ***54****) : 39, rue Ceuta. ☎ 05-24-78-51-09. 212 (0)6-50-95-24-26. • lyonmogador.com • Doubles*

50-60 €. CB refusées. 📶 *(gratuit).* Une ancienne demeure du XVIIIe s rénovée avec talent par un jeune couple originaire de Lyon... d'où le nom. Ravissant patio, avec un beau travail de stuc joliment ouvragé et des couleurs savamment choisies. Les chambres sont coquettes comme tout, équipées de salles de bains en *tadelakt*. Ambiance sereine et amicale, avec un réel talent pour l'accueil. Superbes terrasses dominant la côte et la médina, une des plus jolies vues de la ville. On aime !

🏠 ***Dar Nafoura*** *(plan couleur C2,* ***55****) : 30, rue Ibn-Khaldoun.* ☎ *05-24-47-28-55.* • *darnafoura.com* • *Doubles 530-650 Dh selon taille ; familiales (4 pers) 730-840 Dh selon taille ; taxes incluses (+ 20 % pdt les fêtes de fin d'année et le festival gnaoua). Tables d'hôtes sur résa 130 Dh. CB acceptées.* 📶 *Réduc de 10 % sur les résas en direct, sur présentation de ce guide.* Une dizaine de chambres dont 4 suites, aux couleurs et à la déco variées. L'une possède un baldaquin, l'autre un joli paravent, ou encore une cheminée, etc. De belles photos du Maroc ornent ce petit *riad* très bien tenu par un couple de Bretons. Agréable patio avec salon et fontaine qui glougloute. Belle terrasse protégée du vent et des regards, aménagée de chaises longues pour bronzer en toute tranquillité, et une petite cuisine à disposition. Accueil aimable et souriant.

🏠 ***Riad Asmitou*** *(plan couleur C2,* ***61****) : 32, rue de Bagdad.* ☎ *05-24-47-37-26.* • *riadasmitou.com* • *Doubles 450-650 Dh selon saison et taille ; familiale (3 pers) 650-850 Dh selon saison. Repas 160 Dh. Réduc de 10 % sur les chambres, repas et massages, hors juil-août, sur présentation de ce guide.* Un *riad* élégamment rénové, avec des éléments et matériaux traditionnels (arcades et piliers de pierre autour du patio, sols recouverts de *bejmat*, salles de bains en *tadelakt*). Quelques-unes des 8 chambres sont plus petites et moins chères. D'autres donnant sur l'une des 3 terrasses jouissent d'une vue dégagée. Très bon petit déj servi en terrasse ou en chambre, c'est au choix.

🏠 ***Riad Marosko*** *(plan couleur C3,* ***56****) : 66, rue d'Agadir ; au fond d'une impasse.* ☎ *05-24-47-54-09.* • *riad-marosko.com* • *Doubles 500-700 Dh ; familiales (4 pers) 935-1 050 Dh. Repas 110 Dh. CB refusées.* 📶 *(gratuit).* Petit *riad* du XVIIIe s avec patio et fontaine, bien caché dans un quartier populaire central mais isolé du tumulte touristique. Un grand charme, chaque étage possédant sa couleur. Beau salon gnaoua décoré d'instruments de musique. Certaines chambres sont astucieusement agrémentées de mezzanines. Sans oublier la terrasse d'où l'on bénéficie d'une belle vue sur la plage et le port en prenant le petit déj.

🏠 ***Hôtel Al Fath*** *(plan couleur A2,* ***57****) : 6-8, rue de la Sqala.* ☎ *05-24-47-44-92.* • *essaouiranet.com/hotel-elfath* • *Bien confirmer sa résa. Doubles 35-60 € selon saison et vue.* 📶 *(gratuit).* Beaux zelliges dans la montée d'escalier, mais déco assez fade dans les chambres. Les moins chères donnent sur un puits de lumière. Pour profiter de la meilleure vue sur mer, il faudra taper dans le porte-monnaie ! Grande terrasse panoramique sur le toit. Excellent accueil.

🏠 ***Villa Garance*** *(plan couleur B1-2,* ***58****) : 10, rue Eddakhil.* ☎ *05-24-47-39-95.* • *essaouira-garance.com* • *Doubles 60-80 € selon confort ; suites pouvant accueillir 4 pers (intéressant en famille). Table d'hôtes 14 €, sur résa. CB acceptées.* 💻 📶 *(gratuit).* Ancienne demeure d'un rabbin qui l'a aménagée à sa guise, très élégamment décorée avec force de carrelages anciens dans les escaliers et autres recoins. Les chambres sont spacieuses, avec des fenêtres donnant sur l'extérieur, et deux sont perchées sur la terrasse. L'ensemble est lumineux avec salons, espace pour les enfants et salle de massages. Très bon accueil.

🏠 ***Riad Le Grand Large*** *(plan couleur B1-2,* ***59****) : 2, rue Oum-Errabii.* ☎ *05-24-47-28-66.* • *riadlegrand large.com* • *Chambres avec sdb 510-580 Dh selon saison ; minisuite 720 Dh.* 💻 📶 *(gratuit).* Une dizaine de chambres, parfois un peu petites, aménagées avec simplicité sur les 3 étages de cette demeure souirie. La plupart donnent sur la rue, très commerçante. Salon de thé chaleureux sur la terrasse (gâteaux maison, glaces, thé). Propose toutes sortes d'excursions dans la région. Accueil sympa.

Les Terrasses d'Essaouira *(plan couleur A2,* ***40****) : 2, rue Mohammed-Diouri. ☎ 05-24-47-51-14. • les-terrasses-essaouira.com • Compter 500-800 Dh selon saison. Quelques suites plus chères.* *Riad* aux jolies chambres bien aménagées, assez spacieuses, aux couleurs chatoyantes, toutes avec un petit coin salon. On conseille celles des étages, plus tranquilles. Beaucoup de voilages un peu partout et agréable fontaine au centre du patio. Reste une adresse recommandable et aérée, au calme et possédant une belle terrasse.

Riad El Mess *(plan couleur B1,* ***74****) : 14, rue Oujda. ☎ 05-24-47-63-74. • riad-el-mess@menara.ma • Doubles 400-600 Dh en saison. (gratuit).* Joli petit *riad,* bien décoré dans ses parties communes, notamment le salon d'accueil, avec de longs voilages et coussins multicolores créant une atmosphère agréable et chaleureuse. Les chambres sont très correctes, 2 seulement donnent sur la rue, les autres sur l'intérieur du petit patio couvert (plutôt un puits de lumière couvert, d'ailleurs). Préférez les chambres aux 2e et 3e étages. Ces dernières donnent sur la terrasse, ce qui n'est pas négligeable pour la tranquillité. Visitez plusieurs chambres, certaines souffrent d'humidité et les peintures cloquent.

Plus chic (800-1 000 Dh / 72,80-91 €)

Riad Al Zahia *(plan couleur A2,* ***60****) : 4, rue Mohammed-Diouri. ☎ 05-24-47-35-81. • riad-alzahia.com • Fermé nov-déc. Doubles 57-82 € selon taille et saison. Repas env 9 €. CB acceptées (+ 2 %). (gratuit). Hors Noël, Pâques et août, un dîner offert à ts les occupants de la chambre pour tt séjour de plus de 3 j., sur présentation de ce guide.* Belle maison d'hôtes, décorée avec goût et parfaitement entretenue par Clemente, le jeune et très sympathique propriétaire espagnol, qui vit dans son *riad.* 6 chambres superbes (les musiciens apprécieront la « Leila ») et 3 suites, toutes différentes, portant des noms de princesses des *Mille et Une Nuits.* On y trouve tout le confort (belles salles de bains avec chauffage) et les éléments familiers qui confèrent à chacune un cachet personnel. Petits salons douillets, dont un avec une belle cheminée, qui s'organisent autour du patio central et de sa fontaine. Grande terrasse aménagée. Une excellente adresse de charme. *Al Zahia* signifie d'ailleurs « joie de vivre ».

La Maison des Artistes *(plan couleur A2,* ***62****) : 19, rue Laâlouj. ☎ 05-24-47-57-99. • lamaisondesartistes.com • Doubles 50-80 € sans ou avec vue sur l'océan ; suite 125 €. (gratuit). Réduc de 20 % à partir de 6 nuits hors hte saison.* Au 2e étage d'une maison à la façade décrépie. On monte, on monte jusqu'à la jolie surprise de chambres spacieuses, assez originales. Celle « du roi », dotée d'une salle de bains séparée par un simple paravent, ou la « Venise » avec son lit à baldaquin. Mention spéciale pour la suite, un véritable petit nid d'amour perché sur la terrasse, dont la baie vitrée offre une vue remarquable sur l'océan. Ensemble hétéroclite, joyeusement fouillis, où les œuvres d'art et les antiquités jalonnent tous les coins et recoins. Une adresse au charme certain dans une atmosphère un rien bobo. Terrasse-solarium pour jouir de la vue sur la mer.

Dar Adul *(plan couleur A1,* ***63****) : 63, rue Touahen. ☎ 05-24-47-39-10. • daradul.ma • Doubles 55-80 € selon saison ; grande suite env 140 €. 1 nuit offerte sur un séjour de 1 sem ou 10 % de remise, sur présentation de ce guide.* Didier, le proprio de ce *riad,* est artiste de talent, hôtelier de métier, restaurateur de cœur. Après avoir bourlingué dans les Antilles, il a mis ici toute son inspiration pour exalter ce lieu. Bien situé, tout près des remparts, il propose des chambres très confortables qui s'ouvrent sur un patio coloré et décoré de ses toiles. Certaines disposent d'une cheminée, toutes d'une salle de bains bien sûr et d'une agréable lumière. Si on ajoute à cette atmosphère, un accueil charmant et une vaste terrasse avec vue sur la mer, on y prendrait bien racine pour longtemps.

Hôtel Palazzo Desdemona (plan couleur B3, **64**) : *12-14, rue Youssef-el-Fassi. ☎ 05-24-47-22-27. • palazzo-desdemona.com • Doubles 400-900 Dh ; suite 1 200 Dh. CB refusées.* Remarquable et spacieuse demeure du XVIIIe s dont les escaliers courent en tous sens (l'accès à certaines chambres s'avère sportif !). Une quinzaine de chambres personnalisées, certaines parquetées, possèdant des lits à baldaquin et de hauts plafonds pour la plupart. La spacieuse n° 1 donne sur l'enceinte de la médina. La n° 16 au 3e étage jouit d'une vue, d'un balcon, et d'une cheminée. Même si l'eau chaude a parfois du mal à grimper jusqu'au dernier étage, 2 suites occupent le toit, dont une avec une grande baie vitrée. Au rez-de-chaussée, élégantes arches de pierre dans le grand hall, beau plafond traditionnel et des expos d'artistes locaux. L'atmosphère tient presque de la maison d'hôtes.

Dar Loulema (plan couleur A2, **65**) : *2, rue Souss. ☎ 05-24-47-53-46. • riadloulema.net • Au bout d'une impasse prenant sous un passage voûté. Doubles 70-85 € ; suites 110-160 €. Repas sur résa 15 €. (gratuit). Sur présentation de ce guide, réduc de 25 % sur les chambres pour tte résa au-delà de 5 nuits (hors festival et fêtes de fin d'année).* Élégante et lumineuse demeure à la blancheur éclatante, avec des chambres toutes différentes, décorées avec goût dont une superbe suite, en forme de cabine de bateau, avec terrasse-solarium privée. Elles se répartissent harmonieusement autour du patio central fleuri, où murmure la fontaine et gazouillent des oiseaux en cage. L'ensemble dégage une douce atmosphère et une grande sérénité. Adorable salon marocain. Superbe terrasse avec belle vue, d'où l'on profite des concerts du *Taros*, juste à côté, le soir.

Dar Ness (plan couleur A2, **66**) : *1, rue Khalid-ben-Oualid. ☎ 05-24-47-68-04. • darness-essaouira.com • Dans le passage qui part de la pl. Moulay-el-Hassan, indiqué « Coopérative artisanale des marqueteurs ». Doubles 500-660 Dh selon taille, petit déj compris. Également une chambre familiale 900 Dh. Table d'hôtes sur résa 165 Dh. (gratuit, dans les pièces communes). Réduc de 10 % sur le prix des chambres (hors vac scol et fêtes de fin d'année), sur présentation de ce guide, à préciser lors de la résa.* Bien placé, à 100 m du parking du port. On frappe à la porte de ce joli *riad* du XVIIIe s et on est accueilli, avec le sourire, dans le traditionnel patio. Chambres pas bien grandes pour la plupart mais hautes de plafond, décorées avec élégance et sobriété. Atmosphère reposante à deux pas de l'animation. Le petit déj peut être servi sur la terrasse panoramique.

Riad Mimouna (plan couleur B1, **67**) : *62, rue d'Oujda. ☎ 05-24-78-57-50 ou 51. • riad-mimouna.com • Doubles 850-1 200 Dh selon vue ; suites 1 500-2 300 Dh. CB acceptées. (gratuit). Réduc de 10 % sur le prix public des chambres, sur présentation de ce guide.* Une décoration traditionnelle hyper soignée pour cet hôtel d'une trentaine de chambres dont il se dégage un mélange de luxe et d'élégance. Certaines ont vue sur la médina, mais quelques privilégiés pourront admirer la mer et les flancs de la forteresse (prix plus élevés) depuis de larges baies vitrées. Les suites ont un charme fou, avec plein de détails architecturaux et décoratifs bien pensés. Atmosphère feutrée, plafonds en thuya ouvragés, cheminées et belles salles de bains (avec peignoirs), ainsi que l'inévitable terrasse où l'on prend le petit déj, surplombant la ville. Accueil prévenant, discret et attentif. Une belle adresse. Espace beauté et hammam (en supplément).

Beaucoup plus chic (plus de 1 000 Dh / 91 €)

Madada Mogador (plan couleur B3, **68**) : *5, rue Youssef-el-Fassi. ☎ 05-24-47-55-12. • madada.com • Résa conseillée 2 mois avt. Doubles 115-155 € selon vue et saison ; suites 165-170 € pour 2 pers (+ 20 % et séjour* *min de 4 j. en fin d'année et pour le festival gnaoua) ; appart indépendant de 90 m² avec cheminée et cuisine 180 €. CB acceptées.* (gratuit). *Réduc de 10 % sur les chambres hors période de fin d'année, sur présentation de ce guide.* Une très belle adresse pleine d'élégance, tenue par Christine, une ancienne hôtesse de l'air, qui a réussi sa reconversion avec brio. Des chambres et des suites dans un style moderno-marocain, épuré et stylisé, très chic et intime. Certaines offrent une vue sur la mer et disposent d'un balcon-terrasse. Bien au calme, idéal pour ceux qui veulent rester plusieurs jours (et qui ont les moyens...). Service attentionné et discret. Pour couronner le tout, très agréable terrasse qui donne sur le large et où l'on savoure un excellent petit déj. Cours de cuisine marocaine (voir plus loin la rubrique « À faire ») et massage.

Villa Maroc *(plan couleur B3,* ***69****) : 10, rue Abdellah-ben-Yassin. ☎ 05-24-47-61-47. • villa-maroc.com • Dans une ruelle longeant les remparts, juste derrière la tour de l'Horloge. Doubles 990-1 320 Dh ; suites 1 550-1 800 Dh. Dîner 200 Dh. CB acceptées. (gratuits). Massage « d'accueil » de 25 mn offert sur présentation de ce guide.* Un dédale de patios, d'escaliers, de terrasses et de salons ravissants, caractérise ces 4 *riad* du XVIIIe s reliés les uns aux autres, joliment restaurés. Chambres et minisuites pleines de charme. En demander une sur le toit. En saison fraîche, éviter les chambres du rez-de-chaussée.

Dar L'Oussia *(plan couleur B3,* ***70****) : 4, rue Mohammed-ben-Messaoud. ☎ 05-24-78-37-56. • darloussia.com • Près de Bâb-Sebaa. Doubles 940-1 100 Dh selon confort ; suite 1 400 Dh. Table d'hôtes ouv aux non-résidents. CB acceptées. (gratuit). Réduc de 10 % en janv, fév et juil sur présentation de ce guide.* Un hôtel élégant qui propose des chambres spacieuses, lumineuses, à la déco contemporaine, sobre, raffinée et ponctuée de touches de couleur parfaitement senties. Belle terrasse sur le toit pour admirer la médina et le port. Hammam (gratuit pour les résidents).

Près de la plage

Prix moyens (200-400 Dh / 18,20-36,40 €)

Hôtel Vent des Dunes *(hors plan couleur par D4,* ***72****) : villa n° 20, quartier des Dunes. ☎ 05-24-47-53-91. • ventdesdunes.com • Au bout du bd Mohammed-V ; fléché à gauche juste avt la bifurcation Agadir-Marrakech. Doubles 330-420 Dh, selon confort ; appart 4-6 pers env 3 900 Dh/sem. Repas 90 Dh (résa la veille). (gratuit). Réduc de 10 % hors vac scol et au-delà de 4 nuits sur présentation de ce guide.* Un petit hôtel blanc et bleu aussi abordable que calme. Posé à une centaine de mètres des flots, l'horizon est ponctué de voiles de kite-surf depuis la terrasse. Sans vue sur mer, mais bien agréables, presque toutes les chambres bénéficient d'une mini-terrasse ou d'un balcon pour poser les pieds en éventail. Quant à l'accueil, au confort et à la décoration : y a tout bon !

Chic (400-800 Dh / 36,40-72,80 €)

Riad Zahra *(hors plan couleur par D4,* ***72****) : 90, quartier des Dunes. ☎ 05-24-47-48-22. • riadzahra.com • Au bout du bd Mohammed-V ; fléché à gauche juste avt la bifurcation Agadir-Marrakech. Double 580 Dh ; suites 630-790 Dh. Repas 130-190 Dh. (gratuit). Sur présentation de ce guide, réduc de 10 % sur les chambres au-delà de 2 nuits ; 1 verre de vin et 1 tapa/pers pour tt repas pris au* Zahra's Grill. Un hôtel d'une vingtaine de chambres aménagé façon *riad*, avec le traditionnel patio, ici assez exubérant. Chambres plutôt spacieuses mais pas vraiment cosy. L'ensemble est confortable et bénéficie d'une belle piscine. Côté resto, on se régale de petits plats marocains au rez-de-chaussée, ou de grillades et tapas sur la terrasse (belle vue panoramique sur l'océan). Bon accueil aux accents conjugués de Toulouse et d'Espagne.

ESSAOUIRA ET SES ENVIRONS

Beaucoup plus chic (plus de 1 000 Dh / 91 €)

Hôtel-restaurant Océan Vagabond (plan couleur C4, **73**) : *4, av. Lalla-Aicha. ☎ 05-24-47-92-22. • oceanvagabond.com • Doubles 1 320-2 100 Dh selon taille et vue, 30 mn de hammam inclus. Menu 180 Dh et carte.* Un hôtel relativement récent, alignant une déco style *Maisons du Monde*, un peu attendue sans être désagréable pour autant. Au rez-de-chaussée, salon avec cheminée, surmonté d'une mezzanine meublée de fauteuils Chesterfield et d'une bibliothèque. Salle à manger avec un coin bar ouvrant sur le jardinet agrémenté d'une piscine. Les chambres, confortables, partent à la conquête du monde : « Pondichéry », « Geisha », « Masaï », « Sarahoui », « Pirogue ». En supplément, spa, massage et hammam.

Location d'appartements

Si vous voyagez à plusieurs ou si vous décidez de rester quelques jours à Essaouira, cette formule est intéressante financièrement (on peut tomber sur de vraies aubaines en basse saison). Voici quelques adresses de qualité, pour lesquelles il est impératif de réserver parfois longtemps à l'avance.

Jack's Apartments (plan couleur A2, **16**) : *1, pl. Moulay-el-Hassan. ☎ 05-24-47-55-38. • jackapartments.com • Compter 50-85 € pour 2 pers pour un appart avec cuisine ; à partir de 65 € pour 4 pers ; réduc en basse saison et pour longs séjours. Également des minisuites et suites pour 2 pers avec pièces communes à partager, ainsi que quelques maisons.* Grand choix d'appartements très confortables, bien tenus, à la déco épurée et reposante. Certains avec vue imprenable sur l'océan. Le ménage et les lits sont faits chaque jour et on peut même avoir recours aux services d'une cuisinière. Le bon parc locatif estompera quelques problèmes de résa.

Riad Essalam (plan couleur A3, **71**) : *s'adresser au resto du même nom, pl. Moulay-el-Hassan. ☎ 05-24-47-55-48. Fax : 05-24-47-62-42. Selon taille, compter 400-500 Dh pour 2-4 pers ; prix négociables sur de longs séjours et en très basse saison. Pour louer la maison entière (10-12 pers), compter 1 400 Dh.* Mohammed, le patron, propose une authentique maison souirie qui abrite 3 appartements (un par niveau) bien au calme. Les logements, très simples mais impeccables, sont pourvus d'une minicuisine. Sur demande, la femme de ménage deviendra cuisinière et pourra même vous dévoiler les secrets des recettes marocaines. Les appartements du 2e et du 3e étage possèdent chacun leur petite terrasse privée. La terrasse commune, sur le toit, domine les remparts.

Où dormir dans les environs ?

De prix moyens à chic (200-800 Dh / 18,20-72,80 €)

Dar Kenavo : *depuis la route d'Agadir, à El-Ghazoua (km 10) suivre la direction de Marrakech sur 6 km. ☎ 05-24-47-48-35. 📱 212 (0)6-61-20-70-69. • darkenavo.com • ♿ Doubles 400-500 Dh ; bungalow 600 Dh ; suites 700-800 Dh. Clim. Possibilité de dormir sous une tente berbère pour 120 Dh/pers. Table d'hôtes possible midi et soir 70-120 Dh. Réduc de 10 % sur les chambres sur présentation de ce guide.* Tout près d'un oued, cette grande maison fleurie propose une douzaine de chambres réparties autour d'un large patio. À l'écart, 2 sympathiques pavillons avec cheminée et terrasse privée. Hammam en *tadelakt* et petite piscine chauffée au bord d'un verger. Excellent accueil. Balades à dos de chameau à prix honnêtes. Une adresse qui offre un cadre idéal pour se ressourcer au milieu de la campagne marocaine. Les repas mettent en valeur les légumes et fruits bio du jardin (chouette !).

Chambres d'hôtes Casa Naïma : *depuis la route d'Agadir, à El-Ghazoua* *(km 10) suivre la direction de Marrakech sur 4 km, puis à droite Ida Ogourd (fléché) sur 2 km. 📱 212 (0)6-78-96-18-80. • casa-naima.com • Doubles 540-660 Dh selon taille. Dîner 130 Dh. CB refusées.* En pleine nature, une maison récente de plain-pied, tenue par Séverine et son mari. Avec un grand salon, une piscine et une pataugeoire au cœur d'un jardin, des jeux et balançoires pour les enfants, 5 chambres conçues pour accueillir de 2 à 5 personnes et qui donnent toutes sur une terrasse privative, cette adresse est idéale pour passer un séjour au calme et en famille. En prime, l'accueil est charmant. Massages sur demande.

De plus chic à beaucoup plus chic (plus de 800 Dh / 73 €)

Baoussala : *douar* ***El-Ghazoua****. ☎ 05-24-79-23-45. • baoussala.com • Depuis la route d'Agadir, face au resto* Km 8, *prendre la piste à droite (assez mauvaise) ; à la petite fourche, à 50 m, rester sur la droite et faire 3 km ; 2 cônes roses à gauche marquent l'entrée. Doubles et suites 880-1 300 Dh selon taille. Petit déj et déj servis à tte heure. Repas 9-18 €. CB acceptées. (gratuits).* Cette très sympathique maison d'hôtes, tenue par Dominique, possède une étonnante architecture rappelant les demeures en adobe du Nouveau-Mexique. Chambres ou mini-suites sont d'un goût exquis, avec cheminée et salle de bains en *tadelakt* et donnent toutes sur le joli patio, paisible à souhait. Grand salon. Le toit-terrasse, aménagé avec plusieurs coins salons, bénéficie d'une belle vue sur la nature environnante. Jardin clos de 5 000 m², belle piscine chauffée à l'énergie solaire, espace zen, c'est un lieu idéal pour se reposer en pleine nature. Une adresse de charme. Hammam traditionnel et massages.

Le Jardin des Douars : *depuis la route d'Agadir, à* ***El-Ghazoua*** *(km 10), suivre la direction de Marrakech sur 3 km, puis fléché à gauche. ☎ 05-24-47-40-03. • jardindesdouars.com • Doubles 1 100-1 700 Dh ; suites 2 000-3 600 Dh (dont 1 pouvant loger 5 pers). Min 3 nuits demandées une partie de l'année ; acompte de 50 %. Repas 185-300 Dh selon le restaurant. CB acceptées.* L'architecture marocaine traditionnelle a été respectée avec minutie dans la construction de ce lieu de rêve, avec un mobilier pensé dans les moindres détails, des salles de bains en *tadelakt* et un éclairage subtil. La salle commune dans laquelle on prend le petit déj offre de grandes baies vitrées et il fait bon y bouquiner. Le tout est noyé dans un jardin luxuriant, dans lequel se niche une originale piscine aux couleurs vertes. Une petite rivière coule en contrebas. Délicieux repas sur demande. Spa et hammam. Ce lieu magique est un vrai coup de cœur. On y resterait bien des jours à se faire dorloter... en cassant la tirelire. N'en oubliez pas pour autant de visiter Essaouira.

Où manger ?

Ne vous laissez pas abuser par certaines affichettes usurpées à l'effigie du *Routard*. C'est une mode locale tenace chez certains restaurateurs, dont certains ont perdu notre confiance et d'autres ne l'ont jamais gagnée...
Autre conseil important : ne commandez pas de poisson dans un resto un dimanche, un jour férié ou lorsque la mer est agitée. Les pêcheurs ne sortant pas ces jours-là, vous hériterez de produits congelés voire carrément pas frais ! Évitez donc de tester la rubrique « Urgences, santé »...

De très bon marché à bon marché (moins de 80 Dh / 7,30 €)

On trouve encore à Essaouira des ***cafés berbères*** qui perpétuent une tradition très peu ébruitée, presque confidentielle. Le principe : vous achetez les ingrédients, et les cafés font votre popote pour quelques dirhams. Un plan génial pour bien manger pour trois fois rien, et surtout faire des rencontres

ESSAOUIRA ET SES ENVIRONS

sympas. Ces cafés se situent face au souk, entre la rue Mohammed-el-Qorry et l'avenue de l'Istiqal.

Triskala Café *(plan couleur B1, **100**) : 58, rue Toualen. Tlj sf dim midi.* Comment faire d'une micro-chapelle anglicane une cathédrale à la gloire des années soixante ? C'est le pari réussi d'Elvire et Malek qui ont su préserver à ce bâti la beauté de ses voûtes et murs épais, en les agrémentant de petites mezzanines avec mini-salons en contrebas, où l'on s'avachit sur des banquettes, fauteuils et poufs. Une lumière, une ambiance, une musique très cool, qui laissent baba. Et puis de bons petits plats qu'on peut déguster pour une poignée de dattes. On peut aussi opter pour un simple *tea-time* avec cookies maison, y passer un bout de journée ou de soirée autour d'un verre, solitaire ou pas. Notre petit chouchou à Essaouira !

Ocean Vagabond *(hors plan couleur par D4, **20**) : au bout du bd Mohammed-V, sur la plage. 212 (0)6-66-37-85-51. Tlj 8h-18h env.* Une adresse très sympa pour boire un verre (bons cocktails de fruits), prendre un petit déj ou manger un morceau, les pieds dans le sable. Simples sandwichs, appétissantes salades composées, plats cuisinés et desserts du jour selon l'humeur du chef. Ambiance jeune et décontractée.

Dar Jeeling *(plan couleur B2, **81**) : 22, chrib Atay.* Les femmes berbères qui tiennent les rênes de ce petit resto aiment ce qu'elles font, et ça se sent. On s'installe dans de confortables fauteuils, sur cette jolie place, pour savourer une cuisine bien faite, servie avec gentillesse et délicatesse. Hygiène irréprochable et prix tout doux. Service un peu débordé en saison et tout n'est pas disponible sur la carte.

Le Dauphin *(plan couleur B2, **42**) : 6, rue Sidi-abd-Smih.* Cuisine marocaine sans prétention, servie sur des tables basses, dans une jolie et chaleureuse mise en décor. Couscous parfumé à l'huile d'argan, qui lui confère un goût bien particulier. Mieux vaut ne pas être pressé, car tout est préparé à la demande. Musique locale agréable.

Crêperie Mogador *(plan couleur B2, **83**) : 4, rue Laâlouj. ☎ 05-24-78-30-96. Fermé ven.* Parmi les crêpes au blé noir complet bio, goûtez donc celle à l'*amlou*... humm ! Elles sont servies dans une salle conviviale. Tenue par un jeune couple franco-marocain très sympa.

Essalam *(plan couleur A3, **71**) : pl. Moulay-el-Hassan. Tlj. Pas d'alcool.* Les repas se composent d'une salade variée ou d'une soupe, d'un plat et d'un dessert. Une cuisine qui ne vous laissera pas un souvenir impérissable, mais correcte et à des prix qui ne changent pas depuis des années. Reste l'un des restos les moins chers de la ville, et idéalement situé avec une terrasse ombragée donnant sur la place. Service décontracté.

Superbe Pastilla *(plan couleur C2, **84**) : rue Mohammed-el-Qory, angle rue d'Irak. Tlj (sf parfois dim) jusqu'à 21h env.* Une petite échoppe qui, comme son nom l'indique, vend des pastillas au poulet et aux amandes, particulièrement bien garnies, mais aussi des *msemen*, crêpes marocaines... À emporter. Pour les budgets serrés qui veulent grignoter en flânant dans les rues.

Chez El Ouazzani *(plan couleur C2, **85**) : 88, rue Mohammed-el-Qory.* Une cantine de poche fréquentée par des Marocains qui s'installent derrière le comptoir pour manger « comme à la maison ». Tajines, mais le vendredi midi, c'est couscous. Le soir, soupe de pommes de terre pour tout le monde ! Prix imbattables.

Prix moyens (80-150 Dh / 7,30-13,60 €)

Barbecues de poisson grillé *(plan couleur A3, **86**) : en plein air, à côté de la maison des douanes et de la halle aux poissons. Une série de petites gargotes fermées le soir hors saison ou quand le vent est trop fort. Menus ou poisson au poids 80-160 Dh/kg.* En général, l'ambiance est animée et très sympathique, mais respectez quelques précautions pour éviter les mauvaises surprises : d'abord, évitez d'y manger lorsque la mer a été démontée plusieurs jours de suite car, les bateaux ne sortant pas, les loustics ont une fâcheuse tendance à essayer de vous revendre le poisson de la veille (ou même d'avant), congelé puis décongelé. Un poisson frais doit avoir les ouïes rouges et l'œil vif. Ensuite, faites-vous toujours préciser les prix avant de commander et attention aux petits à-côté systématiquement surfacturés ! Vérifiez également que le poisson que vous avez choisi est bien celui que l'on fait griller pour vous. Évitez les crudités et vérifiez le capsulage des bouteilles. Cela étant dit, régalez-vous de bon cœur !

La Découverte *(plan couleur B2, **96**) : 8 bis, rue Houmman. ☎ 05-24-47-31-58. Tlj sf sam. Fermé fin nov. Pas d'alcool.* Un petit resto tenu par Frédérique et Édouard (responsable d'*Écotourisme et Randonnées* ; voir plus loin « À faire »). Simple et convivial, on s'y installe dans une microsalle toute mimi, ouverte sur la cuisine ou à une table posée dans une ruelle tranquille. Tout est fait maison, à l'exception des pâtisseries réalisées par une coopérative de femmes. La carte n'est pas bien longue avec quelques suggestions du jour fraîches et saines. Délicate pastilla de poisson et couscous de dromadaire à blatérer de plaisir...

La Clé de Voûte *(plan couleur A2, **101**) : derb Laâlouj. 212 (0)6-58-83-64-96. Tlj.* Blottie au fond d'une impasse, cette belle salle voûtée blanche est pimpante comme une mariée. Des fleurs multicolores égayent luminaires et alcôves. L'ensemble est joliment dressé au gré de tables bien au large. Musique apaisée et service feutré donnent au lieu un côté agréablement intime. Et la chère ? Des plats classiques piochent dans les répertoires français ou marocains, fins et apprêtés avec réussite. Une bonne adresse marquée au sceau de subtiles saveurs.

M'Riste Jouhar *(plan couleur A2, **60**) : 6, rue Mohammed-Diouri, derb Laâlouj. ☎ 05-24-78-58-54. Tlj.* Bonne petite adresse familiale. Pendant que madame œuvre aux fourneaux, monsieur et le fiston sont en salle. Et quelle salle ! Voûtes de pierre, piliers, niches décorées avec beaucoup de goût. Et quels fourneaux, également ! De savoureux tajines, pastillas, crêpes frétillent aux accents de la star du lieu : l'huile d'argan. Pour les becs sucrés, succulent *amlou* (miel, huile d'argan et amandes). Nul doute que Mabrouka, le cordon bleu, vienne s'enquérir de vos appréciations.

Laâyoune *(plan couleur B2-3, **80**) : 4 bis, rue El-Hajjali. ☎ 05-24-47-46-43. Tlj.* Cadre chaleureux, avec tables basses, longues banquettes, coussins colorés. L'atmosphère est paisible et devient intime le soir, lorsque les bougies scintillent. Cuisine marocaine d'un bon rapport qualité-prix.

Le Nectar *(plan couleur B2, **82**) : 14-15, chrib Atay. ☎ 05-24-47-54-85. Tlj sf dim.* Ce petit resto coloré et joyeux, avec sa terrasse calée dans un coin de la place, est tenu par une famille marocaine qui concocte de bons plats traditionnels riches en saveurs. Également quelques propositions végétariennes goûteuses et plusieurs préparations de poissons fraîchement pêchés. Une de ces petites adresses sincères et sans esbroufe comme on les aime.

Ferdaouss *(chez Souad ; plan couleur B2, **88**) : 27, rue Abd-Essalam-Lebadi ; au 1er étage. ☎ 05-24-47-36-55. Fermé dim.* On ne vient pas ici pour le cadre mais pour l'excellente cuisine familiale traditionnelle (super tajine de chevreau, celui au poisson n'étant pas mal non plus). Accompagnements inventifs, à base de figues, noix, dattes, coings, selon les saisons. Huile d'argan pour accompagner le pain. Service pro et musique marocaine tout en douceur.

Beldy *(plan couleur B2, **89**) : 6, rue Ibn-Toumert. ☎ 05-24-47-67-12. Tlj. Service majoré de 10 %.* Cette belle maison aux multiples salons et au magnifique décor traditionnel sert une authentique cuisine berbère. Essayez donc le tajine « Beldy » aux fruits secs. Le soir, l'éclairage à la bougie rend l'atmosphère très romantique. Accueil et service aimables.

Les Alizés *(plan couleur A2, **41**) : 26, rue de la Sqala. ☎ 05-24-47-68-19. Résa indispensable le soir en hte saison.* Tenu par un couple marocain charmant et plein de bonne humeur, qui a décoré cette ancienne maison à arcades du XIXe s (grandes voûtes de pierre tranchant sur le blanc). Le soir, dîner aux chandelles. Cuisine marocaine de bonne tenue (on vous recommande les boulettes de sardines et le couscous « Saffa »). Pastillas sur commande. Vin au verre ou en bouteille. Une adresse très courue, tant par les Marocains que par les touristes. Tout de même un peu cher.

Tawrit (plan couleur B1, **18**) : 2, rue Oujda. ☎ 05-24-47-67-24. Tlj sf ven. Un sympathique resto au cadre soigné qui met en confiance et où l'on se pose avec plaisir (murs en *tadelakt* rougeoyant, tables recouvertes de nappes en tissu). On sent le souci de bien faire. D'ailleurs, l'accueil est charmant. Sur la carte, toute la cuisine marocaine est au rendez-vous. Excellente pastilla poulet-amande. Terrasse sur le toit abritée du vent, avec juste une poignée de tables et un coin salon.

Le Sirocco (plan couleur A2, **87**) : 15, rue Ibn-Rochd. ☎ 05-24-47-23-96. Tlj. Résa conseillée. Un resto tout en arcades, aux tons colorés et très chaleureux. Pastillas de poulet, tajines (goûtez celui aux sardines) et délicieux fondant au chocolat pour les nostalgiques. En principe, musique marocaine et arabo-andalouse le jeudi et magicien le dimanche. Bonne ambiance et bonne chère !

Pasta Baladin (plan couleur B2, **102**) : 48, rue Lâalouj. Tlj sf lun. La formule est simple : 4 sortes de pâtes et une dizaine de sauces différentes. Vous faites votre choix, et quelques minutes plus tard, on vous apporte une copieuse et néanmoins fumante assiette. Vous la dégusterez perché sur une chaise haute, accoudé au long comptoir central, la bouche pleine de saveurs et les oreilles doucement bercées de sonorités jazzy. C'est pas cher et ça change.

Restaurant Silvestro (plan couleur A2, **103**) : 70, rue Lâalouj. ☎ 05-24-47-35-55. Fermé mer midi. Tenu par un vrai Italien, présent sur les lieux (c'est rare !). La salle est au 1er étage et la terrasse au-dessus. Carte transalpine essentiellement, avec pizzas au feu de bois, toutes sortes de pâtes, mais aussi risotto et escalope de veau, comme de bien entendu. Avantage : les prix démarrent très bas.

Chic (150-250 Dh / 13,60-22,70 €)

La Licorne (plan couleur A2, **90**) : 26, rue de la Sqala. ☎ 05-24-47-36-26. Slt le soir. Fermé dim. Résa conseillée. CB refusées. Dans une ancienne halle aux murs de pierre, magnifiquement restaurée, avec un éclairage intimiste. 5 années ont été nécessaires pour peaufiner chaque œuvre d'art du mobilier, car c'est bien d'art qu'il s'agit. Majesté de la tête de licorne sculptée à l'entrée, ampleur des sièges, finesse des cadres et superbe des lampes, Fred a tout fabriqué. Sa femme, Aurélie, accueille avec le sourire et propose une cuisine marocaine gourmande, où les tajines fondent dans la bouche et la semoule bat des records de légèreté. Elle saura aussi vous conseiller judicieusement à travers la carte des vins de la région. Service exclusivement féminin, ce qui est rare à Essaouira. Une belle table dans un décor unique.

Caravane Café (plan couleur B2, **104**) : 2 bis, rue Qadi Ayard. ☎ 05-24-78-31-11. Dans une ruelle prenant dans l'av. Istiqlal. Tlj sf lun. Groupe de musique à partir de 21h. Un cocktail de bienvenue offert sur présentation de ce guide. Un lieu habité par Didier, l'artisan, l'artiste, le créateur de ce resto coloré, fréquenté par des néo-Souiris habitués. La carte fusion et fraîche s'ouvre sur le vaste monde, comme la cuisine s'ouvre sur le patio du *riad* où sont dressées les tables. Envie d'intimité ? On choisit un salon ou la terrasse. Envie de musique ? Des groupes viennent ajouter leurs notes à cette partition déjà enlevée. Le client est en joie et la caravane passe...

Le Patio (plan couleur B2, **91**) : 28 bis, rue Moulay-Rachid. ☎ 05-24-47-41-66. Slt le soir. Fermé lun. Résa vivement conseillée. Une ambiance lounge où l'éclairage à la bougie magnifie la salle aux murs rouges, avec de romantiques petits salons séparés du patio par des voilages. Le poisson règne ici en maître au gré de tajines de Saint-Pierre, de thon ou de daurade. C'est d'ailleurs dans cette originalité que se justifient les prix élevés. Le service féminin, plutôt froid, pousse un peu à la conso de vin et d'eau.

Elizir *(plan couleur B2, **52**) : 1, rue d'Agadir. ☎ 05-24-47-21-03. Le soir slt ; résa indispensable.* Originalité, convivialité et sens de l'accueil sont les maîtres mots de ce resto tenu par un jeune d'Essaouira. Le cadre, délicieusement décalé, ravira les nostalgiques des années 1970, éveillera la curiosité des férus d'antiquités, séduira les amateurs d'art et conviendra à ceux qui recherchent une certaine intimité. La carte est limitée, mais tout est fait maison. La cuisine est généreuse, le service allie attentions et décontraction.

D'Orient et d'Ailleurs *(plan couleur A1, **63**) : 67 bis, rue Touahen. ☎ 05-24-47-59-77. Le soir slt. Fermé sam. Menus à prix moyens ; chic à la carte. Sert de l'alcool.* Un resto qui dégage une belle sérénité, dans un cadre reposant et intime. L'accueil simple et prévenant du jeune couple franco-suisse nous a séduits, et la cuisine aux saveurs savamment mélangées, enchantés. La carte offre un choix assez restreint et change souvent. Les spécialités françaises, marocaines et italiennes tiennent régulièrement le haut de l'affiche.

El Minzah *(plan couleur B3, **92**) : 3, av. Oqba-ben-Nafi. ☎ 05-24-47-53-08. CB acceptées. Sert de l'alcool.* Dans une ancienne halle aux voûtes majestueuses qui s'entrecroisent, resto à la clientèle presque essentiellement marocaine, genre hommes d'affaires, familles bourgeoises, flics du commissariat d'à côté... Atmosphère assez conformiste donc et service stylé, mais on appréciera cette belle architecture et le côté aéré. Les brochettes de requin bleu figurent régulièrement sur la carte. Piano-bar le samedi soir. Quelques tables en terrasse.

Taros *(plan couleur A2-3, **29**) : pl. Moulay-el-Hassan. ☎ 05-24-47-64-07. Tlj. CB acceptées.* Galerie-café-resto, où l'on mange sur une succession de terrasses en surplomb les unes des autres. Solide réputation autour d'une cuisine d'inspiration française, avec quelques spécialités marocaines joliment présentées. Le soir, magnifique salle de resto en mosaïque avec des tables et chaises couleur brique au 1er étage. Les choses de l'esprit ont aussi une large place ici avec des expos de peinture et de produits artisanaux de bonne qualité. Grand choix d'alcools. Clientèle branchée et prix un peu surestimés.

Dar Loubane *(plan couleur B2-3, **94**) : 24, rue du Rif. ☎ 05-24-47-62-96. Menu du midi à prix moyens. Tlj sf dim. CB acceptées.* Resto disposé dans le patio d'un *riad* du XVIIIe s. Piliers et voûtes au service d'une cuisine marocaine pur jus. Le soir, on dîne aux chandelles dans le patio fleuri ou dans l'un des 3 salons. On pourra admirer la collection d'anciennes photos de Mogador et d'objets hétéroclites rassemblés par les propriétaires, ex-marchands aux puces de Saint-Ouen. Tous les samedis, soirée musicale gnaoua (spectacle de fort bonne qualité). Prix un peu élevés tout de même.

Plus chic (plus de 250 Dh / 22,70 €)

L'Heure Bleue *(plan couleur C3, **95**) : 2, rue Ibn-Batoula ; entrée rue Mohammed-el-Qorry-Bâb-Marrakech. ☎ 05-24-78-34-34. Ts les soirs. Résa conseillée. Menu 580 Dh ; compter 700 Dh à la carte.* Dans le cadre fabuleux du patio à la végétation luxuriante ou dans la salle aux fauteuils club confortables, on dîne au resto de cet hôtel de charme (le prix des chambres est exorbitant pour le confort...). Cuisine française et marocaine, présentée avec élégance. Cuissons parfaites, produits frais. Une grande table.

Où prendre le petit déj ? Où déguster une pâtisserie ou une glace ? Où boire un verre ?

Nombreuses terrasses de cafés sur la place Moulay-el-Hassan *(plan couleur A3).* On vous laisse choisir celle qui vous plaira le plus. Toujours très animées. Ne pas rater le ***Café de***

France à l'heure du PMU. C'est une adresse mythique du temps où les beatniks hantaient les lieux dans les années 1960. Le ***Dolce Fredo*** (tenu par une Italienne authentique) sert de vraies glaces (italiennes !) en terrasse. Des vendeurs ambulants de gâteaux viendront gentiment vous solliciter.

Taros *(plan couleur A2-3,* ***29****) : pl. Moulay-el-Hassan (voir plus haut « Où manger ? »). Tlj jusqu'à minuit env.* L'un des rares endroits où il se passe quelque chose le soir à Essaouira... Vous en entendrez forcément parler, vous y passerez sûrement. Sur un élégant réseau de terrasses perchées sur le toit se côtoient serveurs cravatés, jeunes et moins jeunes de bonne famille, jet-set locale, dans une atmosphère décontractée et bon enfant. Musique live presque tous les soirs.

Café de l'Horloge – Chez Kanane *(plan couleur B3,* ***97****) : 2, pl. Chefchaouni (dite pl. de l'Horloge). Tlj.* On vient moins ici pour le service que pour la plus jolie placette d'Essaouira, plantée d'arbres vénérables, et la terrasse qui s'étire paresseusement au soleil, protégée du vent et entourée de tapis colorés. Petits déj marocains pour commencer la journée en douceur, ou thé à la menthe en journée pour une pause contemplative.

Cafés-salons de thé du marché aux grains *(plan couleur C2,* ***98****) : derrière le souk.* Un endroit très sympa pour boire un thé au soleil sur cette jolie placette. Petits cafés populaires où l'on peut manger les traditionnels beignets. Parmi eux, ***Au Bonheur des Dames*** *(tlj 8h-19h env).* Près d'une cinquantaine de thés de différents horizons, à déguster accompagnés de quelques pâtisseries. Également quelques plats classiques pour se caler l'estomac en cours de journée, et de très bons cocktails de fruits et légumes, sorbets et crèmes glacées. Un endroit bien agréable !

Il Mare *(plan couleur A1,* ***99****) : 43, rue de la Sqala. Tlj de 17h à tard. Au dernier étage du resto.* Le cadre est superbe ! On vient notamment pour la terrasse qui surplombe les remparts de la *sqala* et la mer. Idéal pour un verre (alcoolisé ou non) à l'heure de l'apéro. Attention, les jours de grand vent, ça décoiffe. Le soir, ambiance moins posée qu'au *Taros,* mais ça s'assagit...

Pâtisserie Chez Driss *(plan couleur A-B2,* ***4****) : 10, rue El-Hajalli. ☎ 05-24-47-57-93. Au fond de la pl. Moulay-el-Hassan. Tlj 7h-20h.* Une institution tenue depuis 1928 par la même famille. Arrivages de viennoiseries chaudes dès 7h. Venir le matin, car l'après-midi il n'y a plus grand-chose. Quelques tables dans un mini-patio, pour le petit déj ou pour combler le petit creux de l'après-midi. Sur commande, pastillas ou pizzas à emporter.

Où sortir ?

Certes, Essaouira n'est pas Marrakech côté bling-bling et boum-boum. On peut, pourquoi pas, faire un tour au ***Patio*** *(plan couleur B2,* ***91****)*, à l'heure de l'apéro, pour grignoter des tapas. ***Il Mare*** *(plan couleur A1,* ***99****)* est aussi une bonne adresse pour prendre l'apéro face au soleil couchant ou flâner plus tard ! Début de soirée relax au ***Triskala Café*** *(plan couleur B1,* ***100****)* puis le ***Taros*** *(plan couleur A2-3,* ***29****)* est un incontournable. Vous pouvez aller voir ce qui se passe du côté du resto ***Aigue Marine*** *(62, bd Mohammed-V ; hors plan couleur par D4,* ***93****)* qui organise des concerts gratuits (du jeudi au samedi, de 19h à 3h environ ; groupe live alternant avec DJ).

Le Café des Arts *(plan B-C2,* ***6****) : 56, av. Istiqlal. 📱 212 (0)6-12-20-48-70. Tlj. Concerts vers 20h.* Indolent et cool la journée (on peut s'y réfugier pour un verre), ce petit lieu prend vie chaque soir vers 20h. Les plats mettent leur temps à venir, mais ils sont plutôt bons (si vous optez pour des spécialités marocaines). Et cela permet de se délecter encore plus longtemps d'un improbable ballet de jeunes, jouant tour à tour de percussions, guitare, basse, instruments traditionnels, cordes vocales... Et tout ce beau monde donne aussi un coup de main en cuisine ou au service. Ça chante, ça tape des mains, dans une ambiance gentiment désorganisée mais à la rythmique parfaitement huilée.

Achats

Marqueterie en bois de thuya

Essaouira est célèbre pour son artisanat unique : l'ébénisterie ou marqueterie, plus particulièrement pratiquées sur la racine de thuya. Ce bois n'est pas sans rappeler la loupe d'orme. Non seulement il est doux au toucher lorsqu'il a été poli, mais il dégage aussi une odeur agréable et caractéristique.
À Essaouira, l'artisanat du thuya constitue à la fois l'un des attraits de la ville et un gisement de plusieurs milliers d'emplois dans une région où le chômage est endémique. Or, revers de la médaille, l'exploitation massive et illégale du bois de thuya représente une grave menace pour ces emplois, pour la ressource forestière et pour l'environnement d'une façon générale.
À l'origine de cette crise, le nombre croissant d'artisans, la pression exercée sur les prix et la politique de deux ou trois gros bazaristes qui monopolisent le marché des touristes en groupes. Pourtant, il existe encore de véritables artistes. Leurs œuvres peuplent les petites échoppes. Pour les trouver, observez les objets et leurs finitions : ils ne sont pas forcément plus chers que les autres.

Coopérative artisanale des marqueteurs *(plan couleur A2, **110**) : 6, rue Khalid-ibn-Walid. ☎ 05-24-47-56-76. Depuis la pl. Moulay-el-Hassan, prendre la ruelle sombre sur la gauche (dos au port), c'est indiqué. Tlj 8h-20h.* Une sélection de pièces produites par de vrais artisans qui aiment leur métier. Bon choix, de la minuscule boîte à bijoux à la table pour 8 personnes. Prix raisonnables et fixes.

Artisans de la sqala *(plan couleur A2, **111**) : le long de la sqala, dans les anciens entrepôts maritimes, et rue Laâlouj.* On y voit de nombreux artisans réaliser les pièces vendues sur place. Au contact de ces virtuoses du bois, vous apprendrez à distinguer les différentes essences... le bois noir que l'on vous propose pour de l'ébène n'est en fait que du citronnier frit. Les prix sont abordables ; alors, pour une fois, ne marchandez pas et admirez leur savoir-faire.

Huile d'argan

Pour plus de renseignements sur cette huile incomparable et pour quelques conseils d'achats, se reporter en début de guide à la rubrique « Faune et flore. Flore. L'arganier » dans le chapitre « Hommes, culture, environnement ».
Si vous voulez faire un cadeau, voici quelques adresses :

À Essaouira

Produits naturels *(plan couleur B2, **112**) : 75, rue Sidi-Mohammed-ben-Abdellah. À gauche de l'enseigne de l'Hôtel Central. Tlj 9h-22h env.* « Petit magasin, grand bonheur », comme dit la carte de visite. Hamid, propriétaire de cette minuscule boutique, propose de l'huile d'argan, de l'*amlou* (pâte à tartiner à base d'huile d'argan, de miel et d'amande), du miel biologique, etc.

Poteries berbères Chez Aïcha *(boutique n° 116 ; plan couleur C2, **113**) : pl. du Marché-aux-Grains. ☎ 05-24-47-43-35. Tlj 8h-19h.* Vend de l'huile de qualité et les produits de beauté *Naturelle d'Argan*. Également de la belle poterie ornée de motifs berbères traditionnels et quelques objets bien choisis. Prix fixes (assez élevés toutefois).

Côté Orientale *(plan couleur A2, **115**) : 24, rue Sqala. ☎ 05-24-78-47-38. Tlj 9h30-18h30.* Aïcha a également ouvert cette belle boutique où elle propose des créations de bijoux originaux, de la poterie fine et contemporaine, ainsi que des tissages et des sacs à main à cuir. On y trouve la gamme *Naturelle d'Argan*.

Chez Makki *(plan couleur C2, **113**) : pl. du Marché-aux-Grains. ☎ 05-24-47-30-90. Tlj 10h-18h.* Les 5 frères, qui ont repris l'herboristerie du papa avec passion, vous expliqueront tout sur l'huile d'argan (ici de bonne qualité), le vrai ou le faux safran (avec démonstration éloquente), les différentes épices et leurs vertus... Ils sont intarissables sur la question, un véritable cours. Également un grand choix de mélanges d'épices. Plein de découvertes et de parfums, en sirotant une délicieuse infusion maison gentiment offerte. Prix honnêtes.

La Coopérative Tiguemine : *km 15, route de Marrakech. ☎ 05-24-78-49-70. Tlj 8h-19h, mais moins d'activité dim.* Une coopérative féminine qui a l'avantage de ne pas se trouver trop loin d'Essaouira. Huile alimentaire, produits de beauté...

Sur « la route de l'arganier »

Les adresses suivantes peuvent faire l'objet d'une belle balade, à condition d'être motorisé évidemment. Cette « route de l'arganier » emprunte un joli itinéraire montagneux (en bon état et goudronné) qui suit, par endroits, un oued à travers des culture d'arganiers et de thuyas. L'ensemble de ce circuit fait environ 70 km aller, et autant pour revenir à Essaouira.

Avertissement : les environs d'Essaouira ont vu éclore ces dernières années plusieurs dizaines de « coopératives de femmes en milieu rural produisant de l'huile d'argan ». La juxtaposition de ces simples mots (coopérative, femme, rural et argan) attirent en général la compassion des touristes, qui s'arrêtent, visitent... et paient les produits au prix fort. Il faut savoir que les VRAIES coopératives, où les femmes des villages sont impliquées dans les processus de décisions et reçoivent véritablement les bénéfices de leur travail (et ne sont pas seulement salariées), sont en fait assez rares. Ces fausses coopératives sont tout simplement de vraies entreprises (il y a donc abus de langage), avec un patron qui profite de l'ambiguïté de l'appellation, et où les employées ne sont là que pour le décor (les femmes se lèvent pour bosser dès qu'une voiture déboule sur le parking). On ne produit dans ces lieux qu'une infime partie de ce qui est vendu sur place (le reste est acheté ailleurs). Rien d'illégal (mis à part l'appellation), mais autant le savoir avant de vous arrêter n'importe où. Les quelques adresses que nous indiquons (liste non exhaustive évidemment) sont de véritables coopératives certifiées.

Coopérative Ajddigue : *à **Tidzi,** sur la droite dans le centre du village (en fait un simple bouquet de maisons), à env 27 km d'Essaouira, sur la route d'Agadir. ☎ 05-24-47-23-58. • ajddigue.com • Tlj 8h30-18h. Label Ecocert.* Toute 1re coopérative de femmes créée dans la région au milieu des années 1990, elle reste le symbole de la réussite dans ce domaine. Le savoir-faire des grands-mères a pu ainsi se transmettre aux jeunes générations, créer des emplois et, surtout, permettre de faire considérablement évoluer le statut social des femmes et leurs conditions de vie. Un lieu pratique car ce n'est pas très loin d'Essaouira.

Coopérative Tamounte : *à **Imi'N'Tlit,** à 57 km env au sud-est d'Essaouira. De Tidzi, poursuivre la route d'Agadir jusqu'au village de Smimou (13 km après Tidzi et donc à 40 km d'Essaouira), puis bifurquer à gauche vers Imi'N'Tlit et Aït-Daoud (fléché). Le village d'Imi'N'Tlit est 17 km plus loin. La coopérative est à l'entrée du village, sur la droite env 100 m après avoir passé la petite arche. ☎ 05-44-47-65-91. Tlj sf lun 8h30-17h.* Une coopérative de femmes créée en 2003, qui mérite vraiment une visite. On vous reçoit, là aussi, avec beaucoup de gentillesse. Explications pédagogiques et intelligentes, replaçant bien le travail des femmes au cœur d'un projet global : d'où vient l'idée, à quoi ça sert, vers quoi la coopérative se dirige. Prix très convenables et huile de qualité.

Coopérative Agdal : *à **Takoucht,** à 10 km env de Imi'N'Tlit, toujours en direction de Aït-Daoud, sur la même route. 📱 212 (0)6-14-14-35-60. • naturelledargan.com • La coopérative se situe tt au fond du village (sur la gauche de la route). Tlj 8h-18h30. Label Ecocert.* Le village semble désertique hors des jours de marché (on se demande bien où sont les habitants !). Un projet pilote financé par les cosmétiques *Naturelle d'Argan* dans le cadre d'un partenariat socio-économique avec les femmes de l'arganeraie, où 50 % des bénéfices reviennent aux femmes elles-mêmes. On visite les salles de production où travaillent 62 femmes en tout, avec explications détaillées. On ne vend ici que de l'huile. Les produits

Naturelle d'Argan peuvent s'acheter aux *Poteries berbères Chez Aïcha* à Essaouira.

Artisanat

Atelier de tissage – Chez Elahri *(plan couleur C2,* ***114****) : boutique n° 181, située près du marché aux poissons, dans le souk. Tlj 9h-21h.* Magnifiques haïks traditionnels et de qualité, couvertures, etc. Les prix sont fixes et vraiment abordables.

Antiquités

Galerie Aïda *(plan couleur A3,* ***116****) : 2, rue de la Sqala. ☎ 05-24-47-62-90.* Une véritable caverne d'Ali Baba. Joseph Sebag est à la fois antiquaire, brocanteur, libraire et bouquiniste. Il propose un choix surprenant d'ouvrages sur Essaouira et vend aussi le *Routard* (c'est dire s'il est bien !). Au fond à gauche, plein d'antiquités. Prix très variables selon les pièces.

Galerie La Kasbah *(plan couleur B2,* ***118****) : 4, rue de Tétouan. ☎ 05-24-47-56-05. Tlj 9h-21h.* Un véritable capharnaüm ! Le patio et ses alentours sont jonchés d'antiquailles de toutes sortes à tous les prix.

Galerie Jama *(plan couleur A2,* ***119****) : 22, rue Ibn-Rochd. ☎ 05-24-78-58-97. Tlj 9h30-20h30.* Bijoux, étoffes, coffres... De vraies antiquités.

Les tapis-tableaux

Les tapis-tableaux sont l'une des formes d'art les plus originales d'Essaouira. Ces tapis de laine, où animaux, personnages et motifs divers s'entremêlent dans des décors extravagants, sont tissés et noués (toujours d'un seul côté) par les femmes. Les véritables tapis-tableaux sont devenus extrêmement rares, mais en cherchant chez les bazaristes, sur la place derrière l'Horloge, vous aurez une chance d'en trouver. Ou alors adressez-vous à *Mounain,* qui tient boutique au n° 3 de la rue El-Hajjali, juste en face du resto *La Petite Perle* ; et, toujours dans la même rue, juste après le coude dans l'angle, au n° 8, *Chez Miloud.* On vous montrera avec compétence des tapis anciens ou neufs et on vous indiquera avec précision leur origine. Les prix ne sont pas donnés, mais il s'agit toujours de pièces uniques. Pour routards très aisés.

Et encore

Au P'tit Bonhomme La Chance *(plan couleur B2,* ***121****) : 30, rue Laâlouj. 📱 212 (0)6-66-01-45-02. Dans la ruelle qui part face au musée. Tlj 9h-19h. Fermé 1 sem en sept.* Boutique d'épices, de parfums, de plantes médicinales et tout pour le hammam. Mais ce qui fait son plus grand charme, ce sont les tatouages au henné de Habiba. Elle mélange également des couleurs, et le noir, plus onéreux, restera un bon mois sur votre peau.

Azurette *(plan couleur B2,* ***48****) : 12, rue d'Agadir. À côté de l'hôtel Riad Nakhla. Tlj 10h-21h (avec pause au moment de la prière).* Derrière une porte en bois bleu se cache une surprenante boutique d'apothicaire avec ses bocaux aux mille vertus. Huiles essentielles, parfums, épices et des remèdes contre tous les maux, préparés selon des recettes ancestrales. Mérite vraiment que l'on s'y attarde, d'autant que l'accueil y est particulièrement sympathique.

Rafia Craft *(plan couleur C3,* ***120****) : 82, rue d'Agadir, tt près de Bâb-Marrakech. Lun-sam 10h-13h, 15h-19h.* Superbes chaussures tressées de qualité, qui, devant leur succès, ont été copiées partout en ville.

Chez Rafia Style *(plan couleur C3,* ***122****) : 13, rue Ibn-Batouta. Tlj 9h-19h30.* Un magasin où l'on peut voir travailler 2 sœurs, Radia et Khadija, à la confection de chaussures en raphia. Des sacs également. Des articles très colorés.

Au ***marché,*** vous trouverez toutes les épices, de la vannerie, des vêtements, des poteries. Jetez un œil aux « puces » locales situées juste à côté de la place du Marché-aux-Grains. Tout autour, des femmes s'installent pour vendre des herbes, plantes aromatiques, écorces, etc., servant à la préparation de remèdes ou de potions magiques. On trouve aussi de beaux kilims, des tapis originaux et des bijoux.

À voir

La médina, enserrée dans ses remparts, se visite à pied et se déguste à petites gorgées, à l'une des nombreuses terrasses de cafés, par exemple... Pas de doute, le charme opère bien vite.

Le port *(plan couleur A-B4)* **:** essentiellement consacré à la pêche, c'est un lieu très animé, voire magique au retour des bateaux ; le poisson est alors vendu à la criée avec ricanements de mouettes et miaulements de chats à la clef : un spectacle à ne pas manquer. On y accède par le poste de douane situé en haut de la plage (ne pas tenir compte des barrières) ou par la porte de la Marine (voir plus loin). Les quais font office de chantiers navals. Vous y verrez un intéressant travail de réparation et de construction des chalutiers, tout en bois, comme on n'en fabrique plus guère ailleurs. Leur forme n'est pas sans évoquer celle des anciens boutres.

La porte de la Marine et la sqala du port *(plan couleur A4)* **:** elle fut édifiée en l'an 1184 de l'hégire (1806) pour relier la ville au port. Ornée de deux colonnes et d'un fronton triangulaire très classique, l'ensemble a beaucoup d'allure. Un escalier permet de grimper au sommet de la muraille de la *sqala* du port *(tlj 8h30-12h, 14h30-18h ; accès : 10 Dh).* De là-haut, très belle vue panoramique sur les îles Purpuraires, la plage et Essaouira. Si vous le souhaitez, le gardien se fera un plaisir de vous guider. Très intéressant. Les canons sont ornés de blasons portugais, espagnols et flamands. C'est dans cet étonnant décor qu'Orson Welles a tourné certaines scènes de son *Othello,* qui devait remporter le Grand Prix au festival de Cannes en 1952 (la Palme d'or fut créée 3 ans plus tard...).

La sqala de la Kasbah *(plan couleur A2)* **:** *franchir la porte de la Marine, se diriger vers la pl. Moulay-el-Hassan et tourner à gauche dans la rue de la Sqala qui longe les remparts et que l'on suit jusqu'au bout.*
Franchir le passage sous la voûte pour découvrir, dans les anciens entrepôts de munitions, des ateliers d'artisans marqueteurs. Leurs œuvres sont en loupe de thuya, incrustées de bois de citronnier, d'ébène et parfois de fil de cuivre.
Monter la rampe qui conduit à la plate-forme de près de 200 m de long, protégée de l'océan par un mur crénelé formé de blocs de roche sciés. Vu d'en haut, on distingue encore les traces de scie et le trou, vestige de la manœuvre qui servit à déplacer ces roches. Belle collection de canons de bronze braqués sur l'océan. Après une promenade vivifiante dans le vent et les embruns, redescendre par la rampe. Juste après la voûte, emprunter le *derb* (ruelle) Laâlouj qui conduit au musée, sur la droite.

Le musée Sidi-Mohammed-ben-Abdellah *(plan couleur A-B2)* **:** *derb Laâlouj. ☎ 05-24-47-53-00. Tlj sf mar 8h30-18h30. Entrée : 10 Dh ; réduc enfants. Possibilité de visite guidée.* Installé dans un ancien *riad,* transformé en mairie sous le protectorat français (la traditionnelle fontaine du patio a été remplacée par un escalier), ce petit musée met en scène la richesse culturelle et cultuelle de la région d'Essaouira. Section historique et archéologique, arts et traditions populaires bénéficient d'un parcours scénographique plaisant, riche en informations sans être lassant. Anciens objets en bois marqueté et en bois peint, des bijoux traditionnels qui ont fait jadis la renommée des artisans créateurs de la cité. Intéressante collection de pièces de monnaie en argent frappées à Essaouira au XVIIe s. Planchettes coraniques et vieux manuscrits, photos anciennes, remarquables collections d'instruments de musique andalous, berbères et de *malhoum,* ainsi que des objets de différentes confréries de transe : *gnaoua, hamadcha* et *aissaoua.* En poursuivant la visite, quelques costumes, armes, une belle collection de tapis et de tissages de la région.

Le mellah *(plan couleur C1)* **:** *rejoindre la rue Sidi-Mohammed-ben-Abdellah qui aboutit à l'ancien mellah au nord. Petit conseil : pas trop recommandé en* *fin d'ap-m (et le soir à fortiori !).* Traverser de jour l'ancien mellah jusqu'à Bâb-Doukkala constitue une vraie expérience. Ce quartier tombe littéralement en ruine, sapé par la mer, abandonné par les propriétaires juifs qui ont fui les pays arabes lors des guerres contre Israël, puis par les pouvoirs publics. Il subsiste aujourd'hui à peine trois ou quatre familles. L'ensemble donne une désagréable impression de désolation, surtout la *rue du Mellah* qui longe les remparts jusqu'au bastion Bâb-Doukkala. Une bonne partie des habitants, très pauvres, des paysans déracinés et autres laissés-pour-compte qui étaient venus s'entasser là ont été relogés dans le quartier de la *sqala*.

Les vieux cimetières chrétien et juif *(plan couleur D1) : bd de l'Industrie, Bâb-Doukkala. Pas de problème pour y pénétrer, il y a en principe un gardien dans chacun d'eux moyennant une petite obole.* Le cimetière chrétien se trouve à gauche derrière le mur où se rangent les calèches. L'entrée du cimetière juif marin, le plus ancien, se trouve environ 200 m plus loin, au bout de ce long mur (frapper fort à la porte marron). Tombes plates d'une grande sobriété. En face, au-delà du carrefour, une autre porte permet l'accès à la partie la plus importante du cimetière juif.

Le souk jdid *(plan couleur C2) : des 2 côtés de l'av. Mohammed-Zerktouni, entre les 2 portes qui enjambent la rue. Grande animation mat et soir.* Les commerces sont groupés par spécialités. Pittoresque garanti. Le premier souk (en venant de Bâb-Doukkala) est celui de la viande. Après avoir franchi la porte, sur le côté droit, derrière la rangée d'échoppes qui bordent la rue, se cache le souk du poisson, tout carrelé, entouré par les échoppes d'épices (y venir le matin, l'après-midi le poisson fait un peu la tête). Sur le côté gauche, quelques échoppes dont un véritable tisserand. De l'autre côté de l'avenue Mohammed-Zerktouni, on découvre l'agréable placette du souk au grain, qui ne fonctionne plus comme tel, mais accueille de charmantes terrasses de café *(tlj jusqu'à env 18h),* où il fait bon prendre le soleil à l'abri du vent. Juste derrière (côté Bâb-Doukkala), vente à la criée *(tlj 10h-19h).* On y vend de tout, selon des règles précises, immuables depuis des siècles. Cela tient plus des puces que de l'hôtel Drouot.
En retournant dans la grand-rue, en direction du port, le souk des bijoux : quelques dizaines d'échoppes qui proposent des articles en argent et en or. Ces commerces étaient très prospères à l'époque où la ville comptait une importante communauté juive. Mais bien peu maintenant sont de véritables artisans qui fabriquent encore eux-mêmes. L'avenue Mohammed-Zerktouni continue et change de nom pour s'appeler avenue de l'Istiqlal. Observer les portes de la grande mosquée sur la gauche *(plan couleur B2).* Les deux porches sont complètement décentrés pour respecter l'alignement avec La Mecque. Un sacré travail d'architecture !
L'avenue de l'Istiqlal conduit jusqu'aux remparts d'une belle couleur ocre. La porte sur la droite donne accès à la place de l'Horloge. C'était autrefois l'une des plus importantes de la *kasbah,* car elle permettait d'accéder à la grande mosquée de l'époque.

Balade en ville : en franchissant cette porte, on découvre le réseau des ruelles. Il n'y a pas d'itinéraire précis. Perdez-vous dans leur lacis entre les hauts murs blancs des maisons dont les fenêtres sont peintes en bleu. On dit que ce sont les juifs qui ont eu l'idée de les badigeonner ainsi, afin de chasser les mouches. Admirer au passage les magnifiques portes de certaines maisons.

L'église *(plan couleur C4) : dans la ville nouvelle. ☎ 05-24-47-58-95.* Un bâtiment sans intérêt intrinsèque, mais Essaouira est l'une des rares villes du Maroc où vous entendrez peut-être les cloches sonner le dimanche pour annoncer la messe de 10h. Cette ville a une longue tradition de tolérance puisque juifs, musulmans et chrétiens y cohabitent harmonieusement depuis des siècles.

Galeries

– **Galerie des arts Frédéric-Damgaard** (plan couleur B3, **7**) : *av. Oqba-ibn-Nafi. ☎ 05-24-78-44-46. • galeriedamgaard.com • Tlj 9h-13h, 15h-19h.* Pour les amateurs de peinture abstraite, cubiste et naïve. À sa création, toute la presse marocaine a salué cette galerie consacrée à des peintres 100 % souiris. Les œuvres de ces artistes singuliers sont fortement imprégnées des influences africaines de la culture souirie. Elles relèvent de l'art naïf, de l'art primitif et d'un art populaire très particulier.

– **Espace Othello Galerie d'art** (plan couleur B3, **32**) : *9, rue Mohammed-Layachi. ☎ 05-24-47-50-95. Tlj sf lun 9h-13h, 15h-20h.* Cet ancien entrepôt de marchandises, un peu en retrait, mérite une visite, ne serait-ce que pour sa belle architecture intérieure. On peut y admirer des œuvres de nombreux artistes qui montent.

– **Espace Taros** (plan couleur A2-3, **29**) : *pl. Moulay-el-Hassan. Voir « Où manger ? ». Tlj sf dim 11h-16h ; à partir de 18h, il faut dîner au resto pour pouvoir contempler les œuvres.* L'espace Taros se fait découvreur de talents, souvent autodidactes, allant parfois les chercher dans les endroits les plus improbables...

À faire

La plage (plan couleur B-C4) : magnifique, elle s'étend à perte de vue. La municipalité fait de gros efforts pour son entretien. Moins de monde en allant vers les dunes, au bout du boulevard Mohammed-V. Cependant, il n'est pas toujours aisé de s'y baigner et de bronzer : les vagues peuvent être violentes et il y souffle parfois un vent à « décorner les dromadaires », selon un de nos lecteurs. En revanche, on peut faire de la planche à voile et du kitesurf (voir la rubrique « Adresses utiles. Sports »). Le rocher que l'on voit dans l'eau, en face de l'île, est un ancien fort portugais en ruine.

– **Cours de cuisine, Association féminine de bienfaisance** (plan couleur D2, **33**) : *3, rue Regraga. ☎ 05-24-47-65-33. Tlj sf dim. Compter 170 Dh/pers pour le salé et 150 Dh/pers pour le sucré, déj inclus (tarif dégressif selon le nombre de participants).* Cette dynamique petite association ouvre ses compétences culinaires aux touristes de passage. Excellent pour, de retour au pays, se taper la cloche autour d'une pastilla et d'une poignée de *baklawas*...

– **Cours de cuisine, l'Atelier Madada** (plan couleur B3, **68**) : *7 bis, rue Youssef-el-Fassi. ☎ 05-24-47-55-12. Tlj sf dim. Compter 450 Dh/pers pour le cours et le déj ; 200 Dh/pers pour le cours de pâtisserie.* Dans une superbe salle voûtée (ancien entrepôt d'amandes), l'hôtel *Madada Mogador* (voir « Où dormir ? ») a eu la bonne idée d'ouvrir des cours de cuisine (le matin) et de pâtisseries marocaines (l'après-midi). Ambiance amicale et chaleureuse, excellent accueil. Impeccable pour épater les copains !

➢ **Écotourisme et Randonnées :** *rens au 📱 212 (0)6-15-76-21-31. • essaouira-randonnees.com • Par pers, compter 200 Dh la ½ journée, 400 Dh/j. ; transport compris.* Balades pédestres à thème pour s'initier aux milieux naturels des environs d'Essaouira (forêts d'arganiers, de thuyas, milieux dunaires, cascades) en compagnie d'Édouard, ancien ingénieur forestier français. Pour plus d'infos, sa femme Frédérique tient le restaurant *La Découverte* (voir « Où manger ? »). Balades sans difficulté, qui s'adressent à des personnes de tous âges. Au cours de la randonnée, dégustation d'un thé à la menthe au sein de villages berbères. Très convivial.

➢ **Le ranch de Diabat :** *dans le village du même nom, à 3 km d'Essaouira. Prendre la route d'Agadir, puis le pont allant au golf Mogador ; le ranch voisine la mosquée. ☎ 05-24-47-63-82. • ranchdediabat.com • Prix selon la durée des* *randonnées : de 1h (15 €) à 6 j. (650 €, avec prise en charge à l'aéroport d'Agadir ou d'Essaouira).* Au programme : oasis, *kasbah,* désert, palmeraie, villages berbères (et leurs douches municipales !), bivouac ou nuits en hôtel... Une équipe qui connaît bien la région et qui vous fera partager son amour du cheval de race barbe.

Fêtes et festivals

– ***Achoura :*** *pdt 10 j. à partir du Nouvel An musulman. Lire également la rubrique « Fêtes et jours fériés » dans « Maroc utile ».* Toute la ville vibre au son des *tarrija,* petits tambours de céramique en forme de vase et recouverts de peau. Le soir, des ensembles se créent pour donner la *dakka* (la frappe) entrecoupée de chants, et perpétuent jusqu'à une heure tardive ces antiques traditions. Des joutes poétiques chantées opposent les habitants de chaque quartier, chacun vantant ses mérites. Un spectacle à ne pas manquer.
– ***Souffle magique :*** *1 sem en mars ou avr.* Les magiciens apparaissent et disparaissent un peu partout en ville : spectacles de rue, sur les parkings de supermarchés, dans des galeries d'art. De quoi se faire mystifier avec le sourire...
– ***Fête de la confrérie des Regraga :*** *en général, 2 j. début avr.* Des milliers de pèlerins *regraga* venus de la campagne environnante visitent à pied, 40 jours durant, 44 marabouts de la région. La tradition des *Regraga* commémore l'islamisation et l'arabisation de la région. Ils tournent ainsi chaque année depuis des siècles. L'arrivée à Essaouira, par la porte Bâb-Doukkala, de ces hommes saints porteurs de la baraka (la bénédiction de Dieu) donne lieu à de grandes festivités. Ils se promènent sous les « youyous » et les applaudissements d'une foule frénétique qui les asperge d'eau de rose. Un gigantesque couscous est offert par la population dans le village de Diabet. Les étrangers peuvent assister à ces manifestations, mais pas aux prières à l'intérieur des zaouïas et des mosquées.
– ***Printemps musical des Alizés :*** *pdt 4 j., fin avr ou début mai en principe.* • *printempsmusicaldesalizes.com* • Un festival de musique de chambre de haute qualité et éclectique. Une bonne raison de visiter la ville à cette période de l'année.
– ***Festival de Musique gnaoua et de Musiques du monde :*** *en principe pdt 4 j., fin juin.* • *festival-gnaoua.net* • Il rassemble les meilleures troupes nationales. Gnaoua à l'origine, ce festival s'apparente désormais à une rencontre de *world music.* Inutile d'espérer trouver une chambre au dernier moment, car tout est réservé depuis plusieurs mois. Il peut attirer plus de 300 000 personnes ! La musique et l'art sous toutes ses formes emplissent la ville. Les expositions se multiplient, les orchestres s'improvisent. Ceux qui logent à l'intérieur des remparts auront du mal à trouver le sommeil avant l'aube. Les fêtards consommeront ces 4 jours sans modération.
– Deux ***moussem*** attirent les juifs du Maroc et d'ailleurs, rappelant l'importance des traditions séfarades. Le premier célèbre le rabbin Haim Pinto, enterré dans le cimetière de la ville, et le second, en mai, commémore le saint Rabbi Nassim ben Nassim, qui a son sanctuaire dans le village d'Aït-Biyoud, à 40 km d'Essaouira.
– ***Festival des jeunes talents gnaoui :*** *pdt 4 j. en août.* Concerts et concours pour déterminer les meilleurs nouveaux groupes de gnaoui.
– ***Festival des Andalousies atlantique :*** *pdt 3 j. en sept ou oct.* Un festival de musiques arabe, andalouse et de flamenco.

DANS LES ENVIRONS D'ESSAOUIRA

Le grand marché de Had-Drâa : *à 30 km env d'Essaouira. Prendre la route de Marrakech, puis, à Ounara (25 km), bifurquer à gauche (direction « Casablanca ») pour Had-Drâa (à env 5 km). Bus depuis Essaouira vers 6h30 et 9h, sur la pl. Bâb-Doukkala.* Le marché a lieu tous les dimanches depuis fort longtemps, d'où le nom

hérité par le village : *Had* (dimanche) *Drâa* (marché). L'un des plus importants du Sud marocain. Immense et divisé en deux parties : le grand marché proprement dit et celui des bestiaux. Pour ce dernier, grosse négociation de dromadaires, de vaches et d'ânes. La montée dans les bétaillères est toujours cocasse. Un conseil : venir de bonne heure (les marchands commencent à s'installer dès 4h). En effet, les animaux vendus ici sont tués à l'abattoir voisin dès la vente réalisée. Certains sont ensuite revendus en pièces détachées sur les étals de bouchers du souk.
Au souk proprement dit, vous découvrirez tous les fruits et légumes de la région, la toujours pittoresque section des bouchers, les marchands de gâteaux et pâtes d'amandes, vendeurs de vêtements et fripiers... Intéressante section des petits forgerons qui fabriquent tout, clous, outils, fers à cheval, etc., suivant des techniques millénaires. Attention aux vols, surtout dans les petits sacs à dos, qu'il vaut mieux porter devant soi !

Où dormir ? Où manger à Ounara ?

Le domaine du Val-d'Argan : *à la sortie d'****Ounara,*** *sur la route de Casablanca, à 400 m du carrefour principal du village, sur la droite. ☎ 05-24-78-34-67. • valdargan.com • Visite gratuite tlj 10h-18h (achat possible à la fin). Des chambres d'hôtes confortables joliment décorées, dans un édifice en rdc au cœur du vignoble, tt en pierre, et très au calme, avec piscine et transats. Doubles à partir de 79 € avec petit déj. ½ pens possible. Restauration : tlj à midi (soir sur résa slt, à partir de 6 pers). Menu dégustation 200 Dh avec 4 verres de vin compris (blanc, rouge, rosé et gris) adapté à chacun des plats. Si vous y déjeunez, prévoir impérativement quelqu'un de sobre pour conduire.* Le *Val-d'Argan* est un vignoble d'une cinquantaine d'hectares créé en 1994 à partir de cépages de la vallée du Rhône par Charles Melia, un Français originaire du Maroc, ancien vigneron à Châteauneuf-du-Pape. Visite guidée intéressante qui s'achève toujours par une dégustation des différents vins du domaine. Vous pourrez goûter à la Gazelle de Mogador en rouge, blanc ou en rosé, au gris de Mogad'Or, à El Mogador (rouge, blanc ou rosé) et au fleuron du domaine, le Val d'Argan, un rouge puissant.

Camping des Oliviers, « Chez Alain » : *voir la rubrique « Où dormir à Essaouira et dans les environs ? ». Plat env 85 Dh.* Tiens, même si vous ne résidez pas au camping, venez là après la visite du marché pour le couscous du dimanche midi. Et puis, un petit plouf dans la piscine (payante pour les non-résidents), ça ne peut pas faire de mal !

LA PLAGE DE SIDI-KAOUKI

À 27 km d'Essaouira. Suivre la direction d'Agadir, c'est fléché à droite à 15 km. Gare aux chèvres qui traversent en dehors des clous (sans rire, les accidents sont fréquents !). Petit village paisible, devenu l'un des spots de surf de la région qui se pratique ici de mars à septembre, mais la meilleure période est juin-juillet.

Infos utiles

➢ ***Bus :*** tlj, ttes les 1h30-2h env, 6h-20h (bus *Lima,* ligne nº 2). À Essaouira, les bus se prennent à côté de Bâb-Doukkala, bd Moulay-Youssef *(plan couleur D1).*

– ***Baignade à risque*** en raison des courants. Aucun panneau ne signale le danger.

– En été, le *taros* souffle fort et fré-

quemment. D'ailleurs, c'est grâce aux éoliennes que le village a été électrifié. Mais attention, peu de lumière le soir dans le village ; pour des virées nocturnes, prévoir une lampe de poche.
- Coin intéressant pour les planchistes confirmés.
- La plage charrie pas mal de déchets et manque de poubelles. Seule solution : rapporter les siens à l'hôtel.

Où dormir ? Où manger ?

Quelques adresses bien sympathiques et plutôt moins chères qu'à Essaouira. Le camping sauvage sur la plage est interdit.

⛺ ***Camping Kaouki Beach :*** *à 800 m au-delà de la mosquée, bien indiqué. 📱 212 (0)6-63-74-51-30 ou 212 (0)6-12-22-33-38. • campingkawkibeach@gmail.com • Compter 60 Dh pour 2 avec tente et voiture.* Petit camping clos de murs, simple et tranquille. Sanitaires rudimentaires mais propres. Encore peu de végétation car récent, et sol assez coriace !

Auberge du Marabout : *derrière la mosquée. ☎ 24-79-49-82. • auberge-marabout-kaouki.com • Doubles 275-375 Dh selon vue (les moins chères donnent sur le patio), petit déj compris. Studio (5 pers) 600 Dh. CB acceptées (+ 3,5 %). Remise de 25 Dh par chambre (oct-mai) sur présentation de ce guide.* Passé l'entrée un peu en vrac, l'antique moto (celle du Che ?) dans le patio, et l'escalier façon *Numerobis...* À l'étage, sans être vraiment coquettes, les chambres sont assez spacieuses et bien tenues. Certaines bénéficient d'une vue sur la mer avec terrasse en prime. Belle terrasse sur le toit, face à l'océan. Accueil simple et adorable.

Auberge de la Plage : *derrière la mosquée. ☎ 05-24-47-66-00. 📱 212 (0)6-61-10-26-64. • kaouki.com • Doubles 400-480 Dh avec ou sans sdb, petit déj compris. Repas 120 Dh (150 Dh pour les non-résidents). CB acceptées (+ 5 %). Réduc de 10 % sur le prix des chambres, hors juil-août, sur présentation de ce guide. Loc de vélos : 50 Dh/h, 150 Dh/j.* Une dizaine de chambres joliment décorées et très colorées autour de matériaux naturels et de tissus marocains, avec douche chaude et sanitaires privés ou pas ; certaines offrent une vue magique sur l'océan, d'autres en terrasse. Toutes fonctionnent à l'énergie solaire. Cuisine variée et poisson du jour apporté par les pêcheurs à dos d'âne. Petit jardin au calme avec hamacs et transats. Salon de lecture et salle de jeux. La propriétaire française, Dominique, a fait de son auberge un adorable petit havre de paix qui invite au repos. Une excellente adresse.

Résidence Le Kaouki : *300 m au-delà de la mosquée, par une ruelle partant du Sidi-Kaouki Surfclub. ☎ 05-24-78-32-06. • sidikaouki.com • Ouv tte l'année. Doubles 580 Dh en ½ pens, obligatoire la 1re nuit, puis 360 Dh pour 2 avec slt le petit déj. CB refusées, mais paiement en euros possible. (gratuit). Réduc de 10 % en fév-mars sur présentation de ce guide.* Très agréable maison, tenue par un Français et une Allemande qui proposent une quinzaine de chambres parfaitement tenues, aux sanitaires communs. Déco sobre, ambiance marine. Patio adorable, salon avec cheminée à l'étage. Pas d'électricité dans les chambres ! On s'éclaire à la bougie, ce qui ajoute au charme du lieu. Bonne cuisine. Organise des excursions et propose des massages. Bref, on aime beaucoup.

Windy Kaouki : *un peu derrière l'Auberge de la Plage. ☎ 05-24-47-22-79. 📱 212 (0)6-61-25-63-66. • windy-kaouki.com • Ouv tte l'année. Compter 600-700 Dh l'appart selon vue. Repas 80-150 Dh.* Dans une maison moderne joliment conçue dans le style traditionnel, 6 appartements, prévus pour 2 adultes et 2 enfants, équipés d'une chambre, d'un salon avec cheminée et kitchenette, d'une terrasse et d'une salle de bains. Jolie déco marocaine, épurée et reposante. Resto sur la terrasse, face à la mer, servant une bonne cuisine marocaine et italienne. Piscine haricot et espace bien-être (massages). Location de VTT (bon marché) avec propositions de balades. Excellent accueil. Encore une belle adresse...

Le Douar des Arganiers : *bien signalisé à gauche, juste après la mosquée ; c'est env 1,5 km plus loin. ☎ 05-24-79-45-54. 212 (0)6-13-20-60-42. • douardesarganiers.com • Suites 770-950 Dh, petit déj inclus. Repas 150 Dh. CB acceptées (+ 4 %). (gratuit). Réduc de 10 % pour tte résa en direct, au-delà de 3 nuits, sur présentation de ce guide.* Sertie de hauts murs, cette maison met à l'honneur les beaux matériaux. Autour d'un atrium verdoyant, pavé de galets, les 4 suites ont la sagesse d'un agencement à la fois moderne et respectueux du style décoratif marocain. Les techniques traditionnelles sont respectées, avec une jolie *qoubba* dès l'entrée, des cheminées pour quand il fait frais et des murs épais contre les grosses chaleurs. Le tout est alimenté à l'énergie solaire. Une adresse charmante.

Quelques ***kiosques*** à droite de la plage (à l'arrêt des bus) préparent de bons repas à prix très doux.

À faire

– ***Surf :*** *avec* ***Sidi-Kaouki Surfclub.*** *Sur le front de mer, dans un bâtiment avec une façade en bois. 212 (0)6-72-04-40-16. • sidi-kaouki.com • Ouv tte l'année. Compter 15 € la loc de surf pour 2h.* Loue du matériel de surf, de windsurf et de kite en bon état. Donne des cours de kite et de surf. Fait aussi café et resto.

– ***Promenade le long de la plage : à vélo*** *(l'*Auberge de la Plage *loue des VTT, voir plus haut « Où manger ? Où dormir »)* ; ***à cheval ou dromadaire,*** les montures ne manquent pas dès les premiers abords de la plage (face à la mosquée par exemple) pour aller tâter du sable, vent debout et tête dans les embruns.

À voir le long de la côte

➢ Au sud de Sidi-Kaouki, ***Smimou*** accueille un souk pittoresque le dimanche. Au kilomètre 49 (panneau « Plage Tafadna », sur la droite ; attention, indiqué seulement en venant d'Essaouira). Route goudronnée de 14 km qui mène au petit port de pêche de ***Tafelney*** rappelant un peu les ambiances des côtes sauvages du Portugal. On trouve une petite gargote en bord de plage. Du village, possibilité de rejoindre le ***cap Tafelney,*** à pied, par une piste (compter 30 à 45 mn). De là, très beau point de vue. Piste praticable en 4x4.

IMSOUANE

À 100 km environ au sud d'Essaouira et 90 km au nord d'Agadir. On atteint sa pointe en quittant, une fois de plus, la route principale par l'ancienne route de 12 km (la plus belle) ou la nouvelle (8 km), plus au sud. Les deux routes sont goudronnées. Un peu compliqué en transports en commun : bus nº 33 d'Agadir (on peut le prendre le long du bd Mohammed-V), jusqu'à Tamri (à 30 km d'Imsouane) ; de là, taxi collectif jusqu'au rond-point d'Imsouane, puis taxi-brousse ou stop jusqu'au village. Ce port de pêche est aussi un spot de surf connu. Ambiance étonnante de Far West pour surfeurs. Nombreux hébergements chez l'habitant.

Où dormir ? Où manger ?

Camping Imsouane : *bien indiqué, dans la direction de l'*Auberge Chez Hassan. *212 (0)6--77-78-56-29. Compter 60 Dh pour 2 avec tente et voiture.* Plutôt sommaire, dans la caillasse et sans ombre (sans oublier les vents du large qui soufflent parfois fort), mais bon marché et parfaitement placé face à l'océan. Sanitaires basiques.

Auberge du Bout du Monde – Auberge Kahina : *sur le port. ☎ 05-28-21-87-84. • kahinasurfschool.com • Double 320 Dh avec petit déj. Possibilité de ½ pens ou de pension complète. CB refusées.* L'auberge dispose de 6 chambres simples mais confortables et sobrement décorées. Certaines avec terrasse et vue. Sanitaires communs. Repas servi sur une belle terrasse avec vue sur la mer. La priorité est toutefois donnée aux résidents ou sur réservation.

Auberge Chez Hassan : *à 500 m env du village, au début de l'ancienne route d'Essaouira ; bien indiquée. ☎ 05-28-21-87-72. 212 (0)6-13-37-60-47. • chez.hassan.imessouane@gmail.com • Doubles sans ou avec sdb 160-350 Dh, petit déj en sus. Compter 80 Dh/pers en dortoir (5-6 pers). Possibilité de ½ pens ou de pension complète. CB refusées.* Une auberge chaleureuse où le ton est donné dès l'entrée avec la cheminée, les grands tapis aux murs et le coin bar. Autour du joli patio arboré et équipé d'un salon marocain qui invite à la nonchalance, des chambres simples et tranquilles mais pas toujours très nettes. Un effort côté propreté des chambres ne serait pas superflu. Un ensemble plaisant, qui combine simplicité et convivialité.

Quelques petits restos et cafés près du port ou face à la mer servent du poisson grillé, des tajines (à commander selon la saison) et des soupes. On peut aussi juste y prendre un thé. Le ***Restaurant Imsouane,*** en plein centre, est le plus prisé.

Excursions dans les environs

Taghazout, la route du Miel et la vallée du Paradis : au sud d'Imsouane. Voir plus loin le chapitre « Vers le Grand Sud », dans les environs d'Agadir.

LA RÉGION DES VILLES IMPÉRIALES DE FÈS ET MEKNÈS

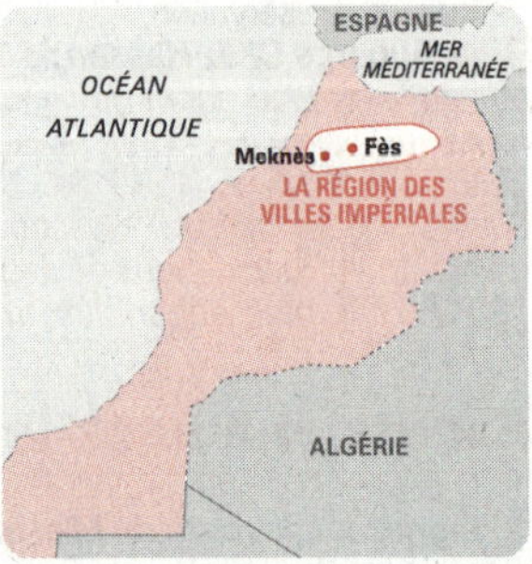

Une grande partie de l'histoire du Maroc se retrouve dans cet itinéraire prodigieux, au cœur du pays. Au long de ses 12 siècles d'histoire, Fès a su conserver intactes les richesses léguées par les dynasties qui s'y sont succédé. La capitale des Idrissides, embellie par les Almoravides et les Almohades avant de redevenir capitale sous les Mérinides, reste l'une des plus belles villes cosmopolites de l'Islam.

Meknès, ancienne ville impériale, dotée d'un paysage merveilleusement bucolique, doit son essor à moulay Ismaïl qui entreprit, avec une ardeur inlassable, de la parer de monuments grandioses.

Volubilis, la ville au nom de fleur, constitue le site romain le plus important du Maroc. Sur ses ruines plane encore le souvenir de Juba II, roi de Maurétanie. Cette cité au pouvoir évocateur se dresse comme un défi au temps au pied du mont Zerhoun.

La ville sainte de Moulay-Idriss, la cité aux toits verts qui surplombe les ruines de Volubilis, abrite le descendant de Mahomet venu porter l'islam au cœur du Maroc. Son mausolée attire des milliers de pèlerins musulmans.

Sefrou, au pied du Moyen Atlas, dont on dit qu'elle a été fondée avant Fès, possède l'une des médinas les plus attrayantes du pays.

Mais tous ces hauts lieux de culture – où est gravée dans la pierre la mémoire du Maroc – ne doivent pas vous détourner d'une petite escapade à Taza, point de départ pour le magnifique parc national de Tazzeka.

FÈS

1 200 000 hab. (médina : 200 000 hab.)

▸ Pour le plan d'ensemble de Fès, les plans de la ville moderne, de la médina et de Fès-el-Jédid, se reporter au cahier couleur 1.

Fès, ville mémoire, cité impériale, héritière de la culture andalouse et berceau de l'ex-Empire chérifien, est un haut lieu béni des dieux, aussi fascinant que mystérieux. Cette ville a su maintenir ses traditions avec son université (l'une des plus anciennes du monde), son artisanat et ses petits métiers, tout en devenant une cité moderne active. Il faut voir, de la nécropole des Mérinides, le labyrinthe de sa médina pratiquement inchangée depuis le Moyen Âge (même si sa taille diminue avec le temps). Celle que l'on appelait

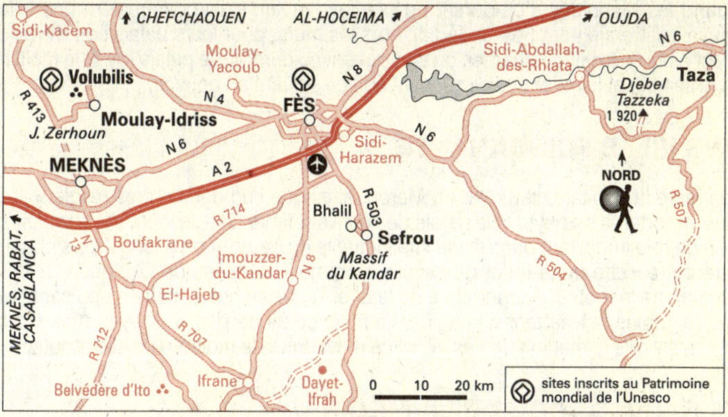

LA RÉGION DE FÈS ET MEKNÈS

« la Jérusalem de l'Occident » par la diversité de ses communautés et de ses croyances a gardé un pouvoir d'attraction amplement justifié. Il faut dire que du haut de ses minarets, 12 siècles vous contemplent ! Si Fès-el-Bali est la plus ancienne des médinas marocaines, c'est aussi la plus belle, car l'une des mieux conservées.

Fès n'est pas une ville dans laquelle on passe mais où l'on s'immerge. Un ou deux jours ne vous suffiront sans doute pas pour apprivoiser la médina, où les rabatteurs ne donneront qu'une envie à certains : fuir (ce que certains finissent par faire, d'ailleurs, en se réfugiant à Meknès, plus calme mais moins captivante). Prolonger son séjour ou loger à Sefrou par exemple, plus calme et plus fraîche, à une quinzaine de kilomètres, permet de dépasser ces désagréments et de s'imprégner de cette ville, au final si attachante et si envoûtante.

UN PEU D'HISTOIRE

En 809, Idriss II fonde une ville musulmane avec son palais royal, sa mosquée, sa *kissaria* (marché couvert), ses canaux et ses murailles. Au cours des siècles suivants, des Espagnols, expulsés de Cordoue, forment le quartier des Andalous, tandis que des Kairouanais, menacés par les Aghlabides régnant sur la Tunisie, créent le quartier Qaraouiyine. Ces émigrés, d'origines multiples (juifs, musulmans et chrétiens islamisés), s'installent et enrichissent la ville de leurs coutumes et connaissances dans une atmosphère de tolérance. Ce brassage propice à l'épanouissement des arts et du savoir incite les échanges culturels et commerciaux.
À partir du XIe s, c'est le début de l'âge d'or avec le prince almoravide Youssef ben Tachfine qui réunifie la ville dans la même enceinte, de part et d'autre de la rivière. Au milieu du XIVe s, elle compte 200 000 habitants et se trouve à la tête d'un vaste empire. Partout dans la capitale, c'est une floraison de mosquées, de *foundouk* (caravansérails ; auberges pour les commerçants avec chambres à l'étage et écuries, boutiques et entrepôts au rez-de-chaussée, répartis autour d'une cour), de fastueuses demeures et d'élégantes médersas (centres d'enseignement coranique) qui accueillent lettrés et théologiens, artistes andalous et artisans, ainsi que de nombreux étudiants étrangers, attirés par le renom des collèges prestigieux. La médersa Attarine est considérée comme le chef-d'œuvre de l'art mérinide à Fès, qui développe l'art hispano-mauresque jusqu'à un raffinement extrême. On situe généralement l'apogée de cet art vers 1350, à la fin du règne du sultan Abou Hassan. Dans toute la ville s'élèvent alors de luxueuses constructions décorées de marbre et de faïences précieuses, les fameux zelliges.

Quand les Mérinides s'emparent du pouvoir, au XIIIe s, ils construisent une ville nouvelle (littéralement Fès-el-Jédid), hors les murs, pour leurs palais somptueux. C'est ainsi que naît ce quartier, où se trouvent aujourd'hui le palais royal, le mellah (quartier juif) et le *méchouar* (imposant édifice servant au pouvoir).

UNE VILLE FOISONNANTE

Fès reste la capitale culturelle du Maroc, ainsi que l'un des centres religieux les plus importants du pays. Ville natale de l'écrivain Tahar Ben Jelloun, elle a toujours joué un rôle important dans la vie intellectuelle du pays, et on a longtemps considéré cette « cité de la foi et du savoir » comme « l'Athènes de l'Afrique ». L'artisanat reste le moteur économique de la cité. Tous ces petits métiers épuisants et peu rentables permettent d'imaginer l'ambiance d'une ville au Moyen Âge, mais font aussi que la médina de Fès vit, et ce n'est pas là le moindre de ses atouts.

LA SAUVEGARDE DE LA MÉDINA

Dotée de 250 000 âmes dans les années 1970, Fès en compte aujourd'hui plus d'un million. Après l'indépendance principalement, 95 % des Fassis émigrent. Les hommes d'affaires partent à Casablanca, les hommes politiques et les intellectuels à Rabat. Bref, l'argent prend la tangente, les palais et les belles demeures de la médina se dégradent, tandis que les paysans du Rif viennent se réfugier ici dans l'espoir de profiter un peu de la manne de cette ville magique. La médina voit ainsi sa population tripler en l'espace de quelques années. On assiste à une dégradation des infrastructures, des équipements socio-éducatifs, ainsi qu'à une pollution toujours plus forte due à l'artisanat. Heureusement, l'appel lancé en 1980 par l'Unesco a été entendu. L'*Agence pour la dédensification et la réhabilitation de la médina de Fès* (Ader-Fes) est créée pour étudier et mettre en œuvre la sauvegarde de la médina avec le soutien de mécènes, d'investisseurs privés, de collectivités locales ou de fonds internationaux. La question de l'artisanat est longtemps restée épineuse : devait-on laisser ces activités très polluantes mais essentielles à la vie de la médina s'y épanouir ou devait-on les délocaliser, au risque de priver la médina de son âme et de la transformer en ville-musée tournée uniquement vers le commerce et le tourisme ? On a finalement opté pour la création d'un quartier artisanal à l'extérieur de la médina, censé accueillir les activités polluantes (les tanneries utilisant le chrome, ou les entreprises de délainage, par exemple).

Même si Fès subit encore quelques consolidations aléatoires, on constate tout de même l'avancée de certains projets (rénovation de monuments, amélioration du réseau d'évacuation des eaux usées, circuits thématiques fléchés, etc.). Par ailleurs, cette magnifique médina étant une manne touristique, un nombre croissant de demeures traditionnelles est désormais racheté par des Fassis, de retour après être partis faire fortune, ou par des étrangers (Français, Anglais...) qui investissent ou ouvrent des maisons d'hôtes. On peut loger aujourd'hui dans plus de 250 *riad* ou hôtels dans la médina ! Du coup, pour éviter une « marrakechisation » de Fès, les autorités ont décidé de freiner les ardeurs de ces nouveaux propriétaires étrangers et octroient désormais les licences de restaurants ou hébergement au compte-gouttes.

Arriver – Quitter

En bus

🚌 ***Gare routière CTM*** *(plan couleur I, B4)* **:** Dhar-Mahres. ☎ 05-35-73-29-92. • *ctm.ma* • Il est très recommandé de prendre ses billets à l'avance (la veille), surtout pour Marrakech, car les bus, peu nombreux, sont souvent complets. Liaisons avec :

➢ ***Rabat et Casablanca :*** env 7 liaisons/j. (dont 1 de nuit), 2h-17h. Trajet :

2h45 pour Rabat et 4h30 pour Casa. Également 1 liaison directe avec Casa en 4h.

➢ **Meknès :** 6 bus/j., 10h30-23h. Trajet : 1h.

➢ **Marrakech,** *via Ifrane, Azrou, Khénifra et Beni-Mellal :* 2 bus/j., tôt le mat et en soirée. Trajet : 9h. Sinon, 2 bus directs/j. par l'autoroute en 8h30 (guère moins long !), départs en soirée.

➢ **Tanger :** 5 bus/j., 10h30-1h15. Trajet : 6h.

➢ **Agadir :** 1 bus/j., le soir. Trajet : 13h.

➢ **Rissani,** *via Erfoud et Errachidia :* 1 bus le soir. Trajet : 9h.

➢ Et 2 bus/j. pour **Chefchaouen**, 3 bus/j. pour **Tétouan** (5h de trajet), 3-4 bus/j. pour **Oujda** et **Taza** et 1 bus/j. pour **Al-Hoceima** (de nuit).

À côté de Bâb-Mahrouk *(plan couleur II, C6)*, **gare routière** pour les bus non *CTM*. Mais la *CTM* y possède quand même un bureau car les bus de la compagnie y font escale. Bon à savoir : **consigne sécurisée** sur place (la seule de la ville), pratique pour visiter Fès sans s'encombrer.

En taxi collectif

Taxis collectifs : *grands taxis blancs à la gare routière CTM (plan couleur I, B4) ou à la gare ferroviaire ONCF (plan couleur I, A1).* Pour toutes les destinations ou presque.

En train

Gare ferroviaire ONCF *(plan couleur I, A1) : pl. du Roi-Fayçal. ☎ 05-35-93-03-33 ou 0890-20-30-40 (centre d'appel). • oncf.ma •* Les bus n° 19 ou n° 3 relient la gare à la place R'Cif, donc à la médina. Moderne et clinquante avec restaurant panoramique, vente de journaux français, poste et distributeur de billets. Liaisons avec :

➢ **Marrakech :** 7 trains/j. La plupart sont directs, sinon changement à Casablanca. Trajet : env 5h.

➢ **Meknès, Rabat et Casablanca :** 1 liaison/h, 7h-19h, dont des trains rapides pour Rabat et Casa. Compter 45 mn pour Meknès, 2 ou 3h pour Rabat et 3 ou 4h pour Casa. Plus pratique, plus rapide et à peine plus cher que le bus.

➢ **Oujda :** 3 trains directs/j. et 1 train-couchettes. Trajet : 6h.

➢ **Nador :** 2 trains de j. et 1 train de nuit. Trajet : env 6h30.

➢ **Tanger :** 4 trains/j. (dont 1 train de nuit) ; 2 directs et les 2 autres avec changement à Sidi-Kacem. Trajet : env 5h30.

En avion

✈ **Aéroport de Fès Saïs** *(hors plan d'ensemble) : route d'Imouzzer, à 15 km. Standard : ☎ 05-35-62-48-00.*

– Un distributeur de billets dans le hall de l'aéroport et des bureaux de change.

– Pour se rendre à Fès : desserte ttes les heures (6h-18h) par le bus n° 16 (3,50 Dh) qui se prend à droite, en sortant de l'aérogare (pas de panneau). Mais attention aux embobineurs qui profitent du trajet pour vous vanter les charmes de leur ville... Sinon, il existe une navette qui circule seulement à l'arrivée des avions (pas d'horaires fixes, donc), nettement plus chère (20 Dh), mais sûre et vous dépose là où vous le souhaitez. Ne fonctionne pas pour les trajets retour Fès-aéroport. Autre solution : le taxi. En journée, course 120 Dh en grand taxi (blanc) à l'aéroport ou en taxi touristique (gris) en ville. À Fès, on les trouve à la gare ferroviaire *(plan couleur I, A1)*, pl. Mohammed-V *(plan couleur I, B3)* ou devant les grands hôtels (plus chers). Les petits taxis rouges ne sont pas autorisés à sortir de la ville et ne vont donc pas à l'aéroport.

➢ **Liaisons intérieures** avec des vols pour **Casablanca, Dakhla, Er-Rachidia, Laâyoune, Marrakech, Tanger** et **Tan-Tan.**

➢ **Liaisons internationales :** plusieurs vols/sem directs pour **Paris** avec la *Royal Air Maroc, Air Arabia, Jet4You, Ryanair, Easyjet* et *Transavia.*

Comment se repérer ?

Fès, c'est trois villes en une, ou trois escales dans la machine à remonter le temps :

– ***la ville moderne*** *(plan couleur I),* la plus récente et construite au temps du protectorat français, sans autre intérêt que ses hôtels, ses restos et sa populaire avenue Hassan-II ;
– ***le quartier du palais royal*** *(plan couleur III),* officiellement *Fès-el-Jédid,* édifié au XIIIe s par les Mérinides ; la plupart des grands jardins de cette partie ne sont pas accessibles au public ;
– ***le quartier de la médina*** *(plan couleur II),* nommé *Fès-el-Bali,* dont la fondation remonte à la fin du VIIIe s.

Les choses se compliquent avec la toponymie des rues, qui possèdent souvent des doubles noms. Encore faut-il que les panneaux de rues existent ! Cela dit, ne vous affolez pas, pour Fès-el-Jédid et Fès-el-Bali, avec un peu de patience, le plan du guide et les Fassis toujours (trop, diront certains) prêts à vous aider, on arrive à s'en sortir. Il faut juste se roder un peu !

Outre le nom de la rue, les adresses de la médina indiquent en principe le quartier (Batha, Ziat...), très utile pour situer ce qu'on cherche. Attention, plusieurs rues portent le même nom ; c'est le quartier qui permet de les différencier.

– Certains hôtels ou *riad* et la délégation régionale du tourisme peuvent fournir un plan de la médina. Mais on recommande surtout celui du guide *Fès de bâb en bâb, promenades dans la médina,* le plus correct. On le trouve dans les grandes librairies. Voir également les quelques conseils d'orientation qu'on indique plus loin pour la visite de la médina.

Circuler dans Fès

Si vous arrivez en voiture à Fès, il se peut que vous soyez « pris en charge » aux abords de la ville (au feu rouge, par exemple) par des motards qui vous proposeront leurs services pour vous guider, vous aider à trouver un hôtel, etc. Il s'agit, bien entendu, d'embobineurs qui touchent des commissions sur toutes les prestations qu'ils vous proposent. Soyez vigilant et surtout très ferme.

Les petits taxis

Pour épargner votre essence, vos nerfs, et vous éviter de payer le parking habituel (de 5 à 10 Dh par jour et 10 Dh la nuit), on vous conseille les petits taxis rouges. Pratiques et pas chers. Une course entre la ville moderne et la médina coûte environ 12 Dh. De nuit, prix majoré de 50 %. Autre avantage, vous pouvez entrer par une porte, vous balader, et sortir par une autre sans avoir de marche à faire pour retrouver votre voiture puisqu'il y a des stations de taxis à presque toutes les portes de la médina. Soulignons que, en général, les chauffeurs de Fès sont réglo et mettent automatiquement leur compteur en marche. S'ils annoncent un tarif d'emblée, adressez-vous à un autre taxi.

Les principales stations de la ville moderne sont près de la poste, de la place de Florence et des gares, mais il suffit généralement de lever le bras.

Les bus

Service jusqu'à 21h. Ticket à environ 3 Dh, qui varie selon la distance parcourue. Les principales lignes de bus (souvent bondés), notamment à partir de la ville moderne sont les suivantes :
– *nº 1 :* place des Alaouites, Dar Batha, à proximité de Bâb-Boujloud (assure uniquement la liaison entre la médina et le quartier Fès-el-Jédid) ;
– *nº 9 :* place R'Cif/place de la Résistance ;
– *nº 19 :* place R'Cif/gare *ONCF* ;
– *nº 29 :* place Batha, près de Boujloud/route de Sefrou.

Adresses utiles

Infos touristiques et visites guidées

ℹ ***Délégation régionale du tourisme*** *(plan couleur I, B3)* **:** *pl. Mohammed-V.* ☎ *05-35-62-34-60. Tlj sf w-e 8h30-16h30 (9h-15h pdt le ramadan).* Pas grand-chose à glaner, mis à part un plan de la médina.

– Puisque vous êtes dans la ville moderne, on conseille plutôt de vous rendre à ***l'auberge de jeunesse*** (voir « Où dormir ? » plus loin), généreuse en infos de tout genre, y compris pour les non-résidents. Peut organiser des excursions dans la région.

Guides officiels : *guides nationaux* et *locaux* sont désormais officiellement au même tarif : *250 Dh l'excursion de 2-3h ou plus (suivant l'intérêt du groupe), repas en sus.* On peut les contacter par l'intermédiaire de la Délégation régionale du tourisme, mais la plupart des *riad* et autres logements peuvent s'en charger et pratiquent généralement leurs propres tarifs, souvent plus avantageux en se groupant.

■ Heureuse initiative, l'***Association des maisons d'hôtes*** de la médina propose des circuits à thème de 3-4h, incluant la visite de *riad* : les jardins andalous, Lyautey, la symbolique de la décoration... Infos auprès des *riad* membres de l'association, la plupart étant mentionnés dans nos pages : *Al Bartal, Maison Bleue, Dar Victoria, Mabrouka, la Clé de Fès* et *Souafine.*

■ ***Fès Art et Culture Travel :*** *14, av. Mohammed-el-Kaghate. ☎ 05-35-93-21-19. • artetculturetravel@menara.ma • festravel.ma • Compter 55-280 Dh/j. par pers selon nombre de pers et itinéraire.* Une agence sérieuse qui propose des visites de la médina ou des excursions dans les environs, avec des guides qualifiés et agréés.

■ ***Fez Food :*** *212 (0)6-78-54-94-82. • plan-it-fez.com •* Gail est australienne et propose d'aborder Fès sous l'angle culinaire : « expéditions » dans les souks de la médina, préparation d'un repas au sein d'une famille marocaine, visite des vignobles de Meknès, etc. D'autres activités au programme : musique, textiles, architecture...

■ ***Fès Rando :*** *212 (0)6-74-79-79-83. • fesrando.com •* Jean-Yves et Yann, passionnés de randonnées et connaisseurs du Maroc, se sont spécialisés sur la région du Moyen Atlas. Circuits de 2 à 7 j., tous niveaux de difficultés. Visites également de Fès et de ses alentours.

Poste

✉ ***Postes :*** *poste restante dans le **bureau principal,** celui de l'av. Hassan-II dans la ville moderne (plan couleur I, B2). Lun-ven 8h-19h ; sam 8h30-12h. **Bureaux de poste annexes,** fermés le w-e, pl. Allal-el-Fassi (plan couleur I, B4), à la gare ferroviaire (plan I, A1) et, dans la médina, pl. Batha (plan couleur II, C6).* Bureaux généralement dotés de distributeurs automatiques.

@ La plupart des hébergements proposent le wifi gratuit. *Sinon, des cybercafés un peu partout, comme le **Café Clock** (plan couleur II, C6, **64**) et **Cyber Batha** (plan couleur II, C6, **6**), derb Douh, dans la médina, ou **Cyber Net** (plan couleur I, B3, **7**), bd Mohammed-V, dans la ville moderne.*

Argent, banques, change

■ ***Change :*** dans les banques et les postes et, en dehors des heures d'ouverture, dans la plupart des grands hôtels ou les bureaux de change, tous aux mêmes tarifs.

■ ***Banques :*** *la plupart s'alignent sur le bd Mohammed-V (plan couleur I, B2-3), sur la pl. de Florence (plan couleur I, B2) ou sur l'av. Hassan-II (plan couleur I, A-B2-3).* Disposent de distributeurs automatiques et font souvent le change. *Également dans la médina, sur la pl. de Bâb-Boujloud (plan couleur II, C6).*

Représentation diplomatique

■ **Consulat de France** *(plan couleur I, A2) :* *av. Abou-Obeida-Ibn-al-Jarrah. ☎ 05-35-94-94-00. • webmestre.fes-fslt@diplomatie.gouv.fr • Lun-ven 8h15-11h, sur rdv 13h30-15h30. Pour certains services, slt sur rdv.* En cas de pépin de santé, peut fournir une liste de médecins.

Urgences, santé

✚ ***Clinique Ryad :*** *2, rue Benzakou, Atlas. ☎ 05-35-65-65-65.*

✚ **Centre hospitalier Hassan-II** *(ou hôpital Al-Ghassani) : Dhar-Mehraz, Bâb-el-Ghoul. ☎ 05-35-62-27-77 ou 78.*

✚ **Clinique Al Kawtar :** *av. Mohammed-el-Fassi, route d'Imouzzer. ☎ 05-35-61-19-00.*

■ ***Pharmacie de garde :*** *bd Moulay-Youssef (ville moderne).* ☎ *05-35-62-34-93. Tlj 21h-6h.*
– Pour les autres urgences (pompiers, police, pharmacies de garde), reportez-vous à la rubrique « Urgences » dans « Maroc utile », en début de guide.

Loisirs, achats

■ ***Institut français du Maroc*** *(plan couleur I, B2,* ***1****) : 33, rue Ahmed-Loukili.* ☎ *05-35-62-39-21 ou 35-40.* ● *institutfrancaisfes.com* ● *Tlj sf w-e 8h30-12h15 (médiathèque 10h-12h), 14h30-18h30.* Riche programmation : expos, rencontres, cinéma (séances au *Rex*), musique, théâtre...
■ ***Papeterie El-Fikr-el-Moaser*** *(plan couleur I, B3,* ***2****) : rue Commandant-Mélier, pas loin du* Grand Hôtel. Bien fournie en guides touristiques – dont le guide *Fès de bâb en bâb, promenades dans la médina* – et presse internationale.
■ ***Librairie Nouvelle*** *(plan couleur I, B2,* ***4****) : bd Hassan-II. Lun-sam 9h-12h30, 15h-19h.* Littérature marocaine et française, ouvrages d'art, plans et guides de Fès, cartes postales.
■ ***Bureau de tabac Batha*** *(plan couleur II, C6,* ***3****) : face à la poste.* Vend en principe le fascicule sur les 6 circuits fléchés de la médina (100 Dh).
■ ***Piscine de l'hôtel Menzeh Zallagh*** *(plan couleur I, B2,* ***113****) : rue Mohammed-Diouri. Entrée : env 100 Dh.*
■ ***Piscine des Trois Sources :*** *sur la route d'Imouzzer, à 4 km de la ville en direction de l'aéroport. Tlj 8h-minuit. Entrée : 50-60 Dh selon saison et jour de la sem.* Un petit complexe avec piscine, snack et un resto agréable. On déconseille la piscine municipale, surpeuplée et sans hygiène.
■ ***Nausikaa*** *(hors plan couleur I par A4,* ***5****) : av. Bahnini, route d'Aïn-Smen.* ☎ *05-35-61-00-06 ou 16.* ● *nausikaaspa.com* ● Le nec plus ultra des hammams de la ville. Installations hyper modernes, piscine, soins du corps...
■ ***Spa Cinq Mondes Riad Fès*** *(plan couleur II, D6,* ***51****) : 5, derb Ben-Slimane, Zerbtana.* ☎ *05-35-94-76-10 ou 05-35-74-12-06.* ● *riadfes.com* ● *Env 500 Dh pour 50 mn de hammam.* En plein cœur de la médina, un cadre contemporain pour des soins de luxe : massage, hammam, etc.
■ ***Rex*** *(plan couleur I, B3,* ***12****) : angle av. Mohammed-Slaoui et bd Mohammed-V. Fermé en août.* Le meilleur cinéma, diffuse notamment les films programmés par l'Institut français.
Supermarchés : *ACIMA (hors plan couleur I par A4), dans le prolongement de l'av. Allal-ben-Abdellah ou encore* ***La Belle Vie*** *(hors plan couleur I, par B4), route d'Imouzzer.*

Transports

■ ***Royal Air Maroc*** *(plan couleur I, B2,* ***8****) : 54, av. Hassan-II.* ☎ *05-35-62-55-16 ou 17. Ou à l'aéroport :* ☎ *05-35-62-47-12. Lun-ven 8h30-12h15, 14h30-19h ; sam 8h30-12h, 15h-18h ; j. fériés 9h-12h, 15h-18h.*
– Pas d'agence ***Air France,*** s'adresser aux agences de voyages.
■ ***Budget :*** *6, av. Lalla-Asmae.* ☎ *05-32-03-09-21.* ● *budget.ma* ● *Lun-ven 8h30-12h, 14h30-19h ; sam 9h-12h, 15h-18h ; dim 9h-12h.*
■ ***Avis*** *(plan couleur I, B2) : 50, av. Abdellah-Chefchaouni.* ☎ *05-35-62-69-69.* ● *avis.fes@iam.ma* ● *Lun-sam 8h-12h, 14h-19h ; dim 8h-12h.*
■ ***Hertz :*** *1, av. Lalla-Meryem, Kissaria de la Faire.* ☎ *05-35-62-28-12.* ● *fes@hertz.ma* ● *Lun-ven 8h-12h, 14h30-18h30 ; sam 9h-12h, 15h-18h ; dim 9h-12h.*
■ ***Europcar*** *(plan couleur I, B2) : 45, av. Hassan-II, tour Al-Watanya.* ☎ *05-35-62-65-45.* ● *europcar@casanet.net.ma* ● *Lun-sam 8h30-12h, 14h30-19h ; dim 8h30-12h.*
■ ***Touring Car*** *(plan couleur I, B3) : 36, bd Mohammed-V.* ☎ *05-35-94-26-74.* 📱 *212 (0)6-61-17-44-28.* ● *touringcar5@hotmail.com* ● *Lun-sam 8h30-12h15, 14h30-19h15.*
■ ***Station-service Total*** *(plan couleur I, A3,* ***9****) : av. des FAR ; en face de l'hôtel* Royal Mirage Fès. *Ouv 24h/24. CB acceptées (en principe).* D'autres stations sur la même avenue et un peu partout en ville.

Où dormir ?

Résa conseillée, surtout lors des vacances scolaires, en été et pour le

Festival des musiques sacrées du monde en juin, même si elle n'est pas toujours prise en compte (notamment dans les petites adresses de la médina).

CAMPINGS

▲ ***Camping International*** *(hors plan couleur I par B4, **21**) : sur la route de Sefrou, à env 4 km de la ville moderne, juste après l'imposant complexe sportif et le gros ballon de foot (faire le tour au rond-point suivant à cause du terre-plein central). ☎ 05-35-73-14-39. Fax : 05-35-73-15-54. Accès depuis la ville moderne par le bus n° 38 au départ de la pl. Allal-al-Fassi (plan couleur I, B4). Pour 2 pers avec tente et voiture, env 130 Dh, douche chaude comprise.* Dans un site plutôt agréable et assez ombragé (24 ha dont les deux tiers d'espaces verts), une infrastructure moderne avec piscine (incluse dans le prix), mais aussi parfois musique et animations l'après-midi : adieu la sieste !

▲ ***Camping du Diamant Vert*** *(hors plan couleur I par A4, **20**) : sur la route d'Aïn-Chkeff. ☎ 05-35-60-83-67 ou 69. • diamantvert.ma • Tte l'année. À env 8 km de la ville moderne (au départ de l'av. Hassan-II, plan couleur I, B2). Direction autoroute pour Rabat. Prendre la sortie « Oujda/Sefrou » et traverser le pont enjambant l'autoroute. De Meknès et Rabat, en arrivant par l'autoroute, prendre la 1re sortie après le péage. Dans les 2 cas, dépasser la piscine du Diamant Vert et tourner à droite au rond-point, direction Aïn-Chkeff. Desservi par le bus n° 17 (départ pl. de Florence ; plan couleur I, B2). Compter à partir de 100 Dh pour 2 avec tente et voiture, douche chaude comprise. Bungalows 500-800 Dh selon taille.* Camping de 3 ha très ombragé, à l'orée d'un parc avec balades. Magasin d'alimentation et petit resto. Le camping est bondé en juillet-août, surtout le week-end, les piscines attirant pas mal de monde. 3 bassins (un réservé aux femmes, un autre avec toboggans) et des cygnes géants en guise d'embarcation à pédales. Les bungalows récents et fonctionnels présentent tous les standards de confort, dans un environnement plaisant. Une bonne affaire !

HÔTELS

Dans la ville moderne

De très bon marché à bon marché (moins de 200 Dh / 18,20 €)

■ ***Auberge de jeunesse*** *(plan couleur I, B2, **22**) : 18, rue Abdeslam-Serghini. ☎ 05-35-62-40-85. • fes youth-hostel.com • Réception 8h-21h (couvre-feu 22h, horaires différents pdt le ramadan). Résa obligatoire, min 3 nuits. Lit en dortoir 55 Dh avec ou sans carte, double 65 Dh/pers, douche chaude (sept-mai) et petit déj compris.* Une conviviale petite AJ avec beaucoup de charme, dans une maison décorée de zelliges à dominante verte. Les chambres simples et propres s'ouvrent sur des jardins, créant de nombreux espaces individualisés et reposants. Attention, pas de consigne. Une mine d'infos sur Fès et sa région. Organise même des excursions à tarifs avantageux. Souvent complet, logique !

■ ***Hôtel du Maghreb*** *(plan couleur I, B3, **24**) : 25, av. Mohammed-Slaoui. ☎ 05-35-62-15-67. Double 150 Dh.* Dans le quartier très animé en journée de la place Mohammed-V, une façade décatie d'un étage seulement. Des chambres simples mais propres, carrelées de noir et de blanc, de part et d'autre d'un long couloir. Literie dure en revanche. Toilettes et salles de bains avec eau chaude dans le couloir. Pas le grand luxe, mais peut dépanner.

Chic (400-800 Dh / 36,40-72,80 €)

■ ***Hôtel Olympic*** *(plan couleur I, B2-3, **25**) : en retrait du bd Mohammed-V (et rue Houmane-Fataouaki). ☎ 05-35-93-26-82. • hotelolympic@menara.com • Résa conseillée. Doubles à partir de 350 Dh, petit déj inclus.* Une trentaine

FÈS

de chambres. Petit hôtel fort bien situé, à un pas de l'animation et tenu méticuleusement. Architecture coloniale typique, mais chambres sans caractère particulier. Ne pas manquer de réserver, car dans cette gamme de prix en ville moderne, les adresses correctes ne sont pas légion !

Splendid Hotel (plan couleur I, B3, **28**) : 9, rue Abd-el-Krim-el-Khattabi. ☎ 05-35-62-21-48. • splendidf.ma • Doubles à partir de 470 Dh, petit déj en sus. Parking privé. Hôtel bien situé, sans grande recherche dans la déco, impersonnelle, mais confortable et impeccable. Un atout non négligeable : la petite piscine et les terrasses communes sur l'arrière, au 1er étage. Resto et bar climatisés.

Hôtel de la Paix (plan couleur I, B2, **29**) : 44, av. Hassan-II. ☎ 05-35-62-50-72. • hotellapaixfes.com • Doubles avec sdb 420-520 Dh selon situation et standing, petit déj (peu copieux) en sus. Une quarantaine de chambres dans un ancien très bel hôtel qui a vieilli. La réception tient néanmoins son rôle : elle impressionne par ses plafonds et beaux zelliges. Les chambres sont climatisées (avec TV satellite), parfois petites et bien tristounes pour les plus anciennes. Pour 100 Dh de plus, on préfère nettement les « luxes » qui ont été refaites, modernes et agréables. Les chambres donnant sur l'avenue Hassan-II sont bien sûr plus bruyantes. Resto.

Hôtel Mounia (plan couleur I, B3, **30**) : 60, bd Zerktouni. ☎ 05-35-62-48-38 ou 05-35-65-07-71 ou 72. • hotelmouniafes.ma • Double climatisée 700 Dh ; suites 950-1 300 Dh ; petit déj en sus (frugal) ; réduc de 25-40 % en basse saison. Parking payant. Hall de style marocain dans un bâtiment pourtant sans cachet particulier avec débauche de zelliges dès la réception... Plus de 80 chambres parfois petites mais impeccables, confortables, fonctionnelles et modernes. Des teintes douces rendent l'ensemble très accueillant. Salles de bains nickel. Celles sur cour sont plus sombres mais bien plus calmes, sauf quand la clim fonctionne ! Sauna. Resto et bar style anglais. Terrasse protégée agréable. Accueil aimable.

Beaucoup plus chic

Hôtel Volubilis (plan couleur I, A3, **26**) : av. Allal-ben-Abdellah. ☎ 05-35-62-30-98 et 05-35-65-44-84. • hotelsmaroc.org/hotel-volubilis-fes • Double avec clim 1 100 Dh ; petit déj-buffet en sus ; tarif négociable ou moins cher par une agence. Parking. Confort optimal pour cet établissement de la chaîne FRAM, bien situé sur une grande artère et pourtant calme. Grandes chambres fonctionnelles avec terrasse privée, autour d'un grand jardin, et lorgnant sur la piscine pour la plupart. Restaurant, snack, bar, discothèque... ainsi qu'un terrain de tennis et un hammam. Personnel pro et attentionné.

Dans la médina

Bon marché (moins de 200 Dh / 18,20 €)

Hôtel Erraha (plan couleur II, C6, **34**) : sur la place devant la Bâb-Boujloud, accès par la ruelle qui longe la mosquée. ☎ 05-35-63-32-26. Double 120 Dh (douche froide sur le palier) ; 230-280 Dh (douche chaude dans la chambre). Chambres réparties autour de vastes patios carrés où trônent des lavabos. C'est rudimentaire et l'adresse conviendra surtout à ceux qui ne redoutent pas un cadre un peu gris et une literie plus très ferme (euphémisme !). Terrasse agréable donnant sur Bâb-Boujloud pour s'échapper vers des cieux plus clairs.

Hôtel Cascade (plan couleur II, C6, **35**) : 26, Serrajine, Bâb-Boujloud. ☎ 05-35-63-84-42. Double 180 Dh, douche chaude comprise (dans le couloir) ; possibilité de dormir sur la terrasse env 50 Dh ; petit déj compris. 2 terrasses panoramiques donnant sur la médina (dont une où l'on peut vous servir un snack). Repaire inégalable pour observer l'agitation qui règne à toute heure devant la porte. Des chambres de toutes les tailles. Pas le grand luxe, mais propreté tout à fait acceptable.

Pension Talâa (plan couleur II, C6, **36**) : 14, Talâa Sghira, Bâb-Boujloud.

☎ 05-35-63-33-59. Indiqué par une pancarte et facile à trouver. Doubles 150-250 Dh ; w-c et douche chaude sur le palier. Chambres rudimentaires et vieillottes (matelas d'un autre âge), parfois agrémentées par des murs blanc et orange. On apprécie l'effort dans l'entretien de cette adresse. Les chambres sur le toit sont les plus sympas mais étouffantes quand il fait chaud.

🏠 ***Pension Hôtel Dalila*** *(plan couleur II, E5, **38**) : 36, Bâb-Oued-Zhoun. ☎ 05-35-74-06-57. • dalila_oud_zhoun@hotmail.com • Double 200 Dh avec douche et w-c.* Ensemble vivement coloré et propre. On note un véritable effort de déco, même si le résultat est plutôt kitsch. Les chambres ont des décos différentes, certaines disposant d'un balcon ou d'une fenêtre donnant sur la place (à choisir de préférence, pour plus de clarté). Toutes ont accès à la terrasse. Le quartier, qui peut être bruyant la nuit, se trouve à la limite du souk des tanneurs, à quelques pas de la mosquée Qaraouiyine. Accueil aimable.

🏠 ***Hôtel Lamrani*** *(plan couleur II, C6, **39**) : au début de la rue Talâa-Sghira, à gauche. ☎ 05-35-63-44-11. Doubles 180-200 Dh, sans ou avec lavabo ; douche chaude payante et w-c sur le palier.* Sommaire mais bien situé (rue bruyante toutefois) et doté d'un patio donnant un semblant de cachet. Chambres et literie propres, à défaut de charme.

🏠 ***Hôtel Mouritania*** *(plan couleur II, C6, **35**) : 20, Serrajine, Boujloud. ☎ 05-35-63-35-18. Juste après la Bâb-Boujloud, à droite. Double env 160 Dh ; douche chaude comprise.* Petit établissement d'une dizaine de chambres sans grande prétention, ramassées autour du couloir d'accueil. Avantageux pour son emplacement, mais du coup bruyant.

Prix moyens (200-400 Dh / 18,20-36,40 €)

🏠 🍽 ***Pension-Hôtel Tijani*** *(plan couleur II, E5, **32**) : 8, Bâb-Oued-Zhoune. ☎ 05-35-63-79-85. • contact@hoteltijani.com • Près de l'entrée du souk des tanneurs. Double 300 Dh ; familiale (4 pers) 600 Dh ; petit déj compris. Menu 80 Dh, plats 50-100 Dh.* Wi-fi. Petit hôtel offrant une quinzaine de chambres impeccables et à la déco soignée. Clim, salles de bains carrelée... À l'image du resto *Zawya,* au rez-de-chaussée, tout est « zelligé », ciselé, pimpant et confortable, poussant même le raffinement assez loin pour un petit hôtel. Cuisine traditionnelle de bonne facture. Plaisante terrasse, dans un quartier plutôt calme. Parmi nos meilleures adresses dans cette catégorie.

🏠 ***Pension Campini*** *(plan couleur II, C7, **40**) : 15, rue Campini, à côté du poste de police, derrière le musée Dar-Batha. ☎ 05-35-63-73-42. • pensioncampini@gmail.com • Doubles 250-300 Dh sans ou avec sdb (quelques-unes avec clim), petit déj en sus.* Wi-fi. Dans un quartier calme. Chambres claires, spacieuses, décorées de tapis et parfois agrémentées d'un salon. Terrasse agréable, mais les chambres qui s'y trouvent sont moins plaisantes. Belle vue sur la médina et les collines environnantes. Bon accueil.

🏠 ***Hôtel Jnane Sbile*** *(plan couleur III, H8, **33**) : 22, Kasbat-Shems. ☎ 05-35-63-86-35. • hoteljnanesbile.com • Face au parc du même nom et à deux pas de la médina. Doubles à partir de 330 Dh, petit déj en sus.* Hôtel plaisant proposant une quinzaine de chambres sans grand luxe, mais fonctionnelles et confortables avec clim, TV satellite... Plus calmes à l'arrière, comme souvent. Un fort intéressant rapport qualité-prix. Seul hic, elles sont souvent louées longtemps à l'avance par les groupes. Tenter plutôt sa chance hors saison.

Chic (400-800 Dh / 36,40-72,80 €)

🏠 ***Fès et Gestes*** *(plan couleur II, D7, **37**) : 39, Arsat-el-Hamoumi, quartier Ziat. ☎ 05-35-63-85-32. 📱 212 (0)6-68-60-17-91. • fesetgestes.net • Doubles 660-770 Dh.* Très belle demeure de 1910, précédée par un jardin à la manière d'une maison coloniale. Élégant balcon soutenu par des colonnes recouvertes de zelliges. Une biblio-

FÈS

thèque et 3 chambres aux noms d'écrivains voyageurs qui ont marqué le parcours de Cécile, la maîtresse des lieux : Marguerite Duras, Paul Bowles et Karen Blixen (jardin privatif pour cette dernière). Le tout décoré avec raffinement, dans une ambiance paisible et harmonieuse ne manquant pas de personnalité avec du mobilier des quatre coins du monde. Grande gentillesse de l'accueil.

Jnane Souafine *(plan couleur II, D6-7,* ***53****)* **:** *2, oued Souafine, Ziat, Douh. ☎ 05-35-63-86-86 (résas auprès du riad du même nom). • riadsouafine.com • Doubles 660-770 Dh ; un peu plus cher pdt le festival et les vac de fin d'année. Possibilité de louer la maison en entier.* Située dans une des parties les plus secrètes de la médina, voici une élégante demeure livrant 5 chambres fort plaisantes et d'excellent confort (salle de bains, clim, chauffage). Cadre coloré, beaux tissus. Salon marocain avec TV, adorable petit jardin pour se relaxer, terrasse bien sûr... Bon resto à 10 m. Rien ne manque !

Hôtel Batha *(plan couleur II, C7,* ***41****)* **:** *rue de l'Unesco, à côté du musée Dar-Batha. ☎ 05-35-63-48-60 ou 05-35-74-10-77. • hotelbatha@menara.ma • Double env 680 Dh, petit déj inclus (réduc hors saison). Pdt les festivals et en hte saison, ½ pens obligatoire.* Un hôtel d'une soixantaine de chambres qui ont fait leur temps pour certaines. L'intérêt vient plutôt des patios agrémentés de fontaines, de la piscine et de sa situation, aux portes de la médina.

Ultra-chic

Le Palais Jamaï *(plan couleur II, D5,* ***42****)* **:** *Bâb-Guissa (porche gauche, face à la muraille). ☎ 05-35-63-43-31. • h2141@accor.com • Double env 5 000 Dh, tarif variable selon vue, saison et promos (pour les suites, les prix s'envolent).* *Le Palais Jamaï* est l'ancien pavillon de plaisance d'une grande famille fassie, bâti au XVIIIe s, auquel on a ajouté une nouvelle partie dans les années 1970. C'est aujourd'hui un *Sofitel* aux chambres luxueuses tout confort mais sans le charme de celles d'un *riad.* Dans un magnifique jardin andalou sont disséminés des fontaines et des bassins aux motifs géométriques en zellige. Le plus chic, c'est la piscine chauffée aux dimensions plus que respectables ! Spa, tennis, luxueux piano-bar. On peut déjeuner ou dîner sur place dans le superbe resto marocain *Al-Fassia* (voir « Où manger ? »).

LOGEMENT CHEZ L'HABITANT ET LOCATION DE MAISONS

Association Ziyarates : *35, Sidi-Kjih, Talar-Sghera. ☎ 05-35-63-46-67. • ziyaratesfes.com • Double env 350 Dh.* Une trentaine de familles, sélectionnées par l'association *Ziyarates,* proposent des chambres aux visiteurs. Plusieurs critères entrent en compte : rénovation de la demeure, formation des hôtes, sanitaires adéquats, sécurité, suivi des prestations, etc. Ce sont souvent de fort belles demeures, quasi des mini-*riad* et les chambres sont beaucoup moins chères que dans ces maisons traditionnelles. L'occasion d'une riche immersion dans le quotidien d'une famille marocaine et, si on le désire, de l'accompagner dans certaines tâches... De plus, ce supplément de revenus permet aux familles de subvenir aux frais d'entretien de leur maison, souvent bien lourds.

Fez Riads : *212 (0)6-72-51-33-57. • fez-riads.com • 3 niveaux de tarifs, à partir de 300 Dh la double. Une commission de 2 % est reversée par les hébergeurs à un fonds de soutien à des projets de réhabilitation de la médina.* Une agence de location de maisons traditionnelles dans la médina, qu'il s'agisse de *dar* (sans jardin) ou de *riad* (avec). Peut aussi faire la résa pour des chambres individuelles dans les *riad* touristiques.

LES RIAD

Tout comme à Marrakech, la médina de Fès regorge de ces adresses de charme. Ces palais magnifiquement décorés, époustouflants, parfois tape-à-l'œil réalisent à merveille nos rêves des *Mille et Une Nuits.* Nous veillons à sélectionner des adresses plus charmantes que spectaculaires, là où un agréable accueil est vraiment privilégié. Des adresses pas toujours faciles à trouver, mais la première fois on vient toujours vous chercher, pas de panique ! Et il va de soi que la réservation est plus que conseillée, on ne débarque pas à l'improviste. Les prix sont devenus élevés et parfois exagérés, freinés tout de même par la crise économique ces derniers temps. Alors n'hésitez pas à négocier, surtout hors saison et si vous restez plusieurs jours. Le petit déjeuner est compris dans les nuitées. En revanche, il faut ajouter une taxe touristique (environ 10 Dh, par nuit et par personne), ainsi qu'une taxe de la ville d'environ 15 Dh. Les prix étant supérieurs aux catégories habituelles, nous mentionnons ici des fourchettes de prix plus adaptées. Il s'agit d'une moyenne.

Chic (550-1 100 Dh / 50-100 €)

Riad Lune et Soleil *(plan couleur II, D7, **44**) : 3, derb Skalia, Douh-Batha. ☎ 05-35-63-45-23. • luneetsoleil.com • Accès simple, possible en voiture. Doubles à partir de 715 Dh ; également 2 suites à partir de 880 Dh ; délicieux petit déj. Repas à partir de 220 Dh.* Est-ce le patio tout carrelé de bleu ? Les citronniers veillant sur la jolie fontaine du patio ? Les belles antiquités semées ici et là ? L'agréable véranda en terrasse ? Ce petit *riad*, qui n'est ni le plus somptueux ni le plus époustouflant, nous a conquis, tout simplement. La belle atmosphère paisible et heureuse des lieux, la bonne chère que l'on y sert et l'enthousiasme que met Pauline, l'hôtesse, et son adorable équipe pour vous aider à découvrir une ville fascinante pourraient bien vous donner l'envie de vous y attarder ou d'y revenir... mais alors, soyez prévoyant, car la maison affiche souvent complet.

Riad Boujloud *(plan couleur II, C6, **82**) : 81, derb Ahl-Tadlaa, Talaa Sghira. ☎ 05-35-63-85-25. • riadboujloud.e-monsite.com • Doubles 550-660 Dh.* Entre les 2 rues commerçantes de la médina et pourtant bien au calme, un *riad* discret et aux tarifs mesurés, restauré par deux Français qui ont su conserver le style fassi d'origine. 1 chambre et 2 suites (dont 1 triple), aux plâtres sculptés, plafonds de cèdre et zelliges bleu de Fès sur les murs. Accueil aux petits soins, cours de cuisine et excursions possibles. Propose également les repas.

Riad Dar Chrifa *(plan couleur II, D7, **54**) : 20, Arsat-el-Hammoumi, Ziat. ☎ 05-35-63-78-50. • riaddarchrifa.com • Chambres 715-880 Dh ; suites 1 100-1 450 Dh.* Plaisant et confortable, comme les autres. Patio du *riad* d'une blancheur immaculée d'où se détachent les élégantes fenêtres ouvragées. 7 chambres et suites personnalisées. Certaines avec vitraux, ce qui donne une belle lumière. Hammam. Table d'hôtes (résa le matin). Pas loin, une annexe, plus simple, plus moderne (mais toujours avec un parfum oriental), composée de 10 chambres d'excellent confort. Accessible en voiture.

Riad Laayoun *(plan couleur II, D6, **55**) : 47, derb Thakharbitch-Rcham-Laayoun. ☎ 05-35-63-72-45. • riadlocationfes.com • Accès par la pl. R'Cif, puis 2-3 mn à pied. Chambre 600 Dh ; suite 940 Dh. Repas 200 Dh. Possibilité de louer le riad en entier (min 3 j.). Transfert aéroport (payant).* C'est l'un de nos *riad* les plus secrets. Loin du brouhaha, au cœur du vieux Fès populaire, voici un *riad* intime, âgé de 4 siècles et joliment rénové. Belle fontaine dans le patio, plâtres ciselés, grandes portes de cèdre sculptées et terrasse. L'ensemble est d'un goût exquis et baigne dans une belle lumière. 3 suites de charme avec mezzanine, plus 2 chambres. Table d'hôtes sur commande. Excellent accueil, et l'hôte n'est pas avare en bonnes infos sur la ville.

Dar Attajalli *(plan couleur II, D5, **56**) : 2, derb Qettana, Zqaq-Rommane. ☎ 05-35-63-77-28. • attajalli.com • Téléphoner pour qu'on vienne vous chercher. Doubles et suites 950-1 280 Dh ; dégressif après 6 nuits ; petite réduc hors saison.* Proche de la principale rue commerçante, par la ruelle juste en face du *Lounge Café*. Ancienne demeure d'une grande famille alaouite, superbement rénovée par la proprio, à l'image des magnifiques peintures des portes du patio et de la ravissante fontaine murale. 4 suites de caractère : on aime bien la « Mosaïque », pourtant la moins chère, avec son haut plafond de cèdre, ainsi que la suite « Orange » (peut accueillir 3 personnes). Terrasse avec jardin d'hiver et belle vue sur la médina. Excellente table d'hôtes végétarienne et bio. Accueil adorable.

Dar Al Safadi *(plan couleur II, D7, **57**) : 4, cheq Bendenjala, Ziat. ☎ 05-35-63-78-03. • dar-alsafadi-fes.com • Doubles 825-1 155 Dh.* Maison d'hôtes de charme proposant 6 chambres plaisantes et confortables. Superbe patio aux zelliges bleus et piliers aux chapiteaux en plâtre finement ciselé. Ravissant salon orné de stalactites. Salles de bains en *tadelakt* réalisées par de véritables artisans, lavabos « artistiques », chambres spacieuses, au cadre sobre et chaleureux tout à la fois. Grand salon climatisé. Hôtesse affable et prodigue en infos. Excellente cuisine pour clore le tout.

Riad Ghita *(plan couleur II, E7, **59**) : 52, Bouajjara, Bâb-Jdid, R'Cif. ☎ 05-35-74-09-01. • riadghita.com • Dans une ruelle traditionnelle et pourtant accessible en voiture. Doubles 600-900 Dh selon saison ; également des suites. Repas 180-210 Dh.* Ancienne demeure de noble du XVIe s, au style arabo-andalou superbement rénové. Décor de zelliges, plâtres ciselés, portes de cèdre, fontaine qui glougloute... 7 suites spacieuses. On aime beaucoup la « Panorama » avec accès direct à la terrasse et son lit massif en bronze, ainsi que la suite « Jawhara » et son plafond stuqué. Superbes terrasses sur 3 niveaux (vue à 360°) pour le petit déj et le dîner.

Dar Bensouda *(plan couleur II, D6, **45**) : 14, Zkak-el-Bgel, Quettanine. ☎ 05-35-63-89-49. • riaddarbensouda.com • Doubles 730-1 375 Dh selon saison ; également des suites.* Le premier habitant en fut le saint *Ben Souda* (dont la zaouïa est face à la porte du *riad*). Beau patio à ciel ouvert, avec une petite fontaine au milieu et piscine. Balcons en cèdre et corniches sculptés, tranchant sur la blancheur des murs et des plâtres ciselés, créant ainsi un rythme de couleurs et de lignes harmonieux. En outre, le proprio a pris le parti de préserver la patine des stucs, des portes peintes et des sols en céramique, ce qui donne un charme supplémentaire à l'ensemble.

De chic à très chic (moins de 1 430 Dh / 130 €)

Riad Salam *(plan couleur II, D7, **87**) : 18, derb Bennis-Douh, Ziat, Batha. ☎ 05-35-63-89-88. • riadsalamfes.com • En hte saison, chambre 1 320 Dh, suites (y compris pour les familles) 1 650-1 870 Dh. Déj 275 Dh, dîner 385 Dh (ouv aux non-résidents sur résa). CB acceptées.* Habité par une des grandes familles de Fès. Les deux merveilleux patios et la piscine donnent le ton, le reste n'est qu'un festival harmonieux de zelliges, cèdres ciselés, stucs et stalactites... Tissus anciens choisis avec un goût exquis. 10 chambres et 10 suites toutes plus séduisantes les unes que les autres, avec jacuzzi pour certaines, mobilier en cèdre sculpté, vitraux et lumières flamboyantes pour d'autres. Ah, les draps soyeux et brodés ! On adore la « Lalla Laaroussa » et sa coupole richement ornementée. Le vrai coup de folie, c'est l'immense suite « Moulay Soltane », chef-d'œuvre d'art avec son plafond ciselé qui nécessita 7 mois de travail, sa vaste terrasse privée, le jacuzzi... Superbe salle du restaurant *Lala Batoul*, façon tente caïdale. Atmosphère chaleureuse pour une fort belle cuisine traditionnelle. Une très belle adresse.

Riad-al-Bartal *(plan couleur II, D7, **43**) : 21, derb Sournas, Ziat. ☎ 05-35-63-70-53. • riadalbartal.com • Accès aisé par la Bâb-Ziat. Doubles et suites 770-1 320 Dh selon saison ; également une double suite pour 4 pers. Repas 200 Dh (le soir slt, ouv aux non-résidents, sur résa). Garage payant.* Magnifique *riad* chaleureux, vivant et aux beaux volumes. Le patio est noyé sous la verdure : des balustrades des galeries, une jungle luxuriante s'écoule en cascade vers le sol, le tout égayant le décor de mosaïques et zelliges. Saluez Poulette de notre part ! 3 chambres avec mezzanine et 5 suites, avec poêle ou cheminée, toutes aussi belles les unes que les autres. Organise parfois des soirées culturelles, c'est le cadre rêvé !

Riad Idrissy *(plan couleur II, D6, **33**) : quartier Ziat. 212 (0)6-49-19-14-10. • riadidrissy.com • Suite 140 € ; maison entière (9 pers) 450 €/nuit. Repas sur résa.* Il aura fallu 6 ans à John et Robert, deux Anglais pleins de créativité et aguerris à l'hôtellerie et la restauration de haut niveau, pour redonner vie à cette demeure cossue. Le résultat est à la hauteur : chaque détail a été soigné et l'originalité de mise, jusque dans l'immense jardin (rare dans la médina), le « ruined garden » qui a des faux airs de Volubilis. Ils ont en outre eu l'idée d'ouvrir ce lieu à tous avec de la *street food* à prix correct le midi, un salon de thé l'après-midi et un restaurant le soir. Un souffle de renouveau dans la médina...

Riad Victoria *(plan couleur II, E7, **58**) : 31, rue Makhfia, quartier Bourajoue. ☎ 05-35-63-00-03. • darvictoria.com • Facilement accessible : au cinéma Al Amal, monter à droite sur la place et, en haut, tourner dans la ruelle qui part à droite du palais de Fès, c'est à une centaine de mètres. 6 suites 960-1 745 Dh.* Très belle maison de plus de 250 ans. Christine, l'hôtesse, a préservé le mieux possible le décor d'origine de style mérinide. Superbe patio aux 12 colonnes, assez étroit et en hauteur, ce qui permet de garder la fraîcheur. Le long des murs courent des phrases religieuses et ésotériques qu'on se fera un plaisir de vous expliquer. La suite du « Pacha », au rez-de-chaussée, possède une mezzanine ; la « Saphir » peut loger 4 personnes. Terrasse avec vue sur les deux *borj*. Petit hammam. Généreux petit déj et excellente table d'hôtes. Atmosphère familiale bien agréable.

Riad Louna *(plan couleur II, C6, **46**) : 21, derb Serraj, Talâa Sghira, Bâb-Boujloud. ☎ 05-35-74-19-85. • riadlouna.com • À deux pas de la Bâb-Boujloud, dans une impasse de la derb Serraj. Doubles et suites 1 155-1 650 Dh. Repas sur résa (assez cher !).* Deux *riad* réunis, agréable et verdoyante terrasse et un vaste patio à l'andalouse qui, avec son abondante végétation, sa fontaine centrale et ses vasques aux motifs géométriques invite au repos et à la détente. D'élégantes suites plutôt sobres, et des salles de bains de toutes les tailles. Certaines chambres sont chauffées l'hiver avec un poêle à bois Godin (ça fera plaisir à nos lecteurs picards !).

Ryad Mabrouka *(plan couleur II, C6, **47**) : 25, derb El-Miter, Talâa Kbira, Aïn-Azliten. ☎ 05-35-63-63-45. • ryadmabrouka.com • Accès facile par la Bâb-Aïn-Zleten. Doubles et suites 1 100-1 600 Dh selon saison. Dîner (ouv aux non-résidents sur résa) 120-230 Dh selon formule. Parking juste à côté.* Un magnifique et volumineux patio autour duquel court une galerie illuminée par d'immenses portes-fenêtres ouvrant sur la médina. Le plus : un délicieux jardin arboré, où se cache une petite piscine. Les chambres et suites pour 2 à 4 personnes, aux belles proportions et à la déco d'antiquaires, jusque dans les salles de bains, sont gardées par d'immenses portes de cèdre. Hammam et, bien sûr, très grande terrasse surplombant toute la plaine.

Riad El Amine Fès *(plan couleur II, D7, **88**) : 94-96, Bouajjara, Bâb-Jdid. ☎ 05-35-74-07-49. • riadelaminefes.com • 2 « standard » 800-1 500 Dh ; 9 suites de rêve bien plus chères. Parking à proximité.* Un des plus luxueux avec 2 maisons réunies et donc 2 patios. Piscine cernée de magnifiques colonnes ouvragées et jeux de lumière dans les vitraux. Au fond, la lumineuse et éclatante salle à manger dans les tons or et jaune... Parmi les plus belles suites, « El Maâlem » au plafond de cèdre ciselé, ou la « Lala Khadija », typiquement orientale. Remarquable travail de restauration avec matériaux (pigments naturels par exemple) et techniques locaux. Du grand art ! Hammam, jacuzzi, etc.

Riad La Perle de la Médina *(plan couleur II, D7, **84**) : 16, derb Bennis-Douh. ☎ 05-35-63-61-12 ou 59-65. • riadperlemedina.com • Accessible en voiture, pas loin de Bâb-Boujloud. Doubles et suites 1 045-2 365 Dh, moins cher hors saison.* 5 chambres, 5 suites et le patio avec ses zelliges bleu de Fès, des vitraux colorés, des plâtres ciselés, des portes en cèdre ouvragées et une jolie fontaine au milieu. Tout autour, de luxueux salons. Suites au cadre raffiné, au décor d'une certaine sobriété : zelliges et frise de plâtre ciselé sur des murs blancs immaculés, meubles peints pour la couleur.

Riad Souafine *(plan couleur II, D6-7,* ***52****) : 2, oued Souafine, quartier Ziat. ☎ 05-35-63-86-86. • riadsouafine.com • Suites 1 320-1 870 Dh. Dîner sur résa 275 Dh.* Un des *riad* les plus intimes avec 6 grandes suites magnifiques, aménagées par un collectionneur. Décor fabuleux inspiré d'un bel esprit design chic très épuré. Les chambres sont simples et élégantes, les salles de bains grandioses. Belle terrasse panoramique. La fontaine sur cette terrasse est un chef-d'œuvre d'artisanat local. Voir aussi l'annexe, *Jnane Souafine,* plus abordable (voir plus haut).

Riad Ibn Battouta *(plan couleur II, C7,* ***85****) : av. Allal-el-Fassi, derb Lalla-Mina, Batha. ☎ 05-35-63-71-91. • riadibnbattouta.com • En hte saison, chambres 1 045-1 650 Dh ; suite 2 200 Dh. Repas 385 Dh. Importante réduc sur présentation de ce guide ; mot de passe : « routard Fès authentique ».* La légende raconte qu'Ibn Battouta, le plus grand routard du Moyen Âge (avec Marco Polo), aurait établi son camp ici avant d'entrer dans la ville. Cadre raffiné, avec un bel équilibre entre les matériaux : zelliges, stucs, bois ciselés composent un décor de très grand charme. Confortable *bartal* aux couleurs éclatantes, une bibliothèque et 7 suites qui portent toutes le nom d'une des grandes étapes d'Ibn Battouta. Original : une œuvre d'art par chambre ! Au dernier étage, 2 chambres moins chères avec salle de bains en duplex et grande terrasse privée et, dans un autre bâtiment, 2 suites japonisantes indépendantes, idéales pour les familles. Excellents repas à base de produits bio et les dames ont des robes marocaines à dispo pour aller dîner. Cours de cuisine également (on va avec le chef choisir ses légumes au marché). Hammam et spa.

Riad Norma *(plan couleur II, D7,* ***49****) : 16, derb Sornas, Ziat. ☎ 05-35-63-47-81. • riadnorma.com • Accès par la Bâb-Ziat. Doubles 990-1 430 Dh, suites 1 650-1 980 Dh. Dîner 275 Dh.* Très beau *riad* au patio rafraîchi par des plantes vertes et, surtout, qui ouvre sur un superbe jardinet avec terrasse, et une petite piscine de charme. Côté chambres (toutes possèdent un nom d'opéra) et atmosphère, tout est dans la sobre élégance. On cultive ici une finesse presque désuète, un raffinement savamment mis en scène. De petites touches françaises, telle la cheminée dans le salon, rappellent l'origine de la propriétaire. Noter la ravissante porte d'entrée.

Riad Attarine *(plan couleur II, D7,* ***86****) : 104, Bouajjara, Bâb-Jdid. ☎ 05-35-63-50-45. • riadattarine.com • Doubles 880-1 650 Dh, lit supplémentaire enfant jusqu'à 9 ans gratuit. Dîner 220 Dh. Accès facile en voiture.* Cadre d'une certaine sobriété avec un patio tout blanc, seulement percé de belles fenêtres ouvragées et une ravissante fontaine. 6 chambres et des suites au décor d'une élégante simplicité là encore. Certaines avec coin salon, d'autres avec plafond en plâtre ciselé. Repas sur commande.

Beaucoup plus chic (à partir de 1 430 Dh / 130 €)

Maison Bleue « Le Riad » *(plan couleur II, C6,* ***50****) : 33, derb El-Miter, Aïn-Zleten. ☎ 05-35-74-18-73 ou 39. • maisonbleue.com • Accès aisé par la Bâb-Aïn-Zleten. Double 1 900 Dh ; suites (bien plus chères) pouvant accueillir jusqu'à 4 pers. Resto ouv aux non-résidents, sur résa, mais pas donné : plats 100-180 Dh, repas marocain ou international env 450 Dh. Parking juste à côté.* C'est l'annexe de l'autre *Maison Bleue* située près du musée Dar-Batha. On est tombés sous le charme de cette demeure du XIXe s digne des *Mille et Une Nuits.* Malgré ses 4 maisons réunies, cet établissement de 12 suites a su garder charme et intimité. Dans son patio principal se tapit la piscine, bordée d'arbres dont les feuilles viennent caresser la surface. Du traditionnel tout confort, romantique mais sans luxe tapageur. Salle de sport et hammam. 3 terrasses joliment aménagées et offrant de séduisantes vues. C'est également une très bonne table, installée dans un resto design extrêmement élégant.

Le Jardin des Biehn (*plan couleur II, D6, **48***) : *13, Akbat-Sbaa, Douh. 212 (0)6-64-64-76-79. • jardindesbiehn.com • Dans une rue tt en marches. Compter 130-480 € pour 2, petit déj compris. Également 1 suite beaucoup plus chère. Resto, le Fez Café, accessible aux non-résidents (voir plus loin « Où manger ? »).* Dans ce boutique-hôtel, des chambres magnifiques, aux couleurs harmonieuses, ornées de beaux tissus et costumes, comme disposées autour d'une place de village. Elles se déclinent avec exotisme selon des identités bien marquées (« Persan », « Turc amoureux », « Sultanes », « Africain », luxueuse « Pacha », etc.). Sur place, hammam, spa, restaurant (le *Fez Café*), grand et beau jardin planté d'arbres fruitiers et d'un potager en plein cœur de la médina... on croit rêver ! À noter, une petite galerie, des ateliers de cuisine et séances de sophrologie.

Riad Fès (*plan couleur II, D6, **51***) : *5, derb Ben-Slimane, Zerbtana. 05-35-94-76-10 ou 05-35-74-12-06. • riadfes.com • En descendant Talâa Sghira, prendre à droite la rue Zerbtana, puis 1re à gauche. Doubles 1 700-2 000 Dh ; suites à partir de 3 000 Dh. Repas ouv aux non-résidents sur résa à partir de 380 Dh.* Riad plus proche de l'hôtel de luxe par sa taille et sa structure que de la maison d'hôtes. Il s'agit de plusieurs demeures accolées : le palais traditionnel, magnifique, chapeauté au sommet par une très belle terrasse (accessible par ascenseur !), ouvre sur un charmant jardin. Puis le *riad* andalou (XVIIe s), le *baroque*, le *pavillon contemporain* avec sa petite piscine... Tous ces *riad* intriqués mêlent avec élégance l'ancien et le design. Le patio bordé d'arcades finement ciselées abrite un resto, un salon marocain, un bar et, en son centre, un bassin tout en longueur agrémenté de petits jets d'eau. Très belles chambres tout confort évidemment, hammam traditionnel, spa...

Riad Alkantara (*plan couleur II, D6, **89***) : *24, oued Soufiane, Douh. 05-35-74-02-92. • riadalkantara.com • Doubles 1 650-2 200 Dh. Menu ou carte env 350 Dh, ouv aux non-résidents sur résa.* Au bout d'une impasse étroite, impossible de deviner ses proportions. C'est pourtant l'un des plus grands de la ville. Il a fallu de nombreuses années pour restaurer et unir plusieurs *riad* de styles différents, autour d'un immense jardin et de terrasses sur plusieurs niveaux. Dans la maison « Fesharada », ravissant mobilier sculpté. Possibilité de louer entièrement une autre élégante demeure. Et vous apprécierez l'une des plus grandes piscines de la ville (120 m²), bordée de palmiers et nourrie par une eau de source pure. Table d'hôtes, resto et bar lounge.

Où manger ?

Longtemps, Fès ne dut pas sa belle réputation à la restauration. La situation s'est aujourd'hui bien améliorée. On trouve désormais de bonnes petites adresses dans la médina ainsi que de remarquables restos gastronomiques dans la ville moderne (à des prix encore abordables). Gare aux restos touristiques et chic de la médina arborant décor luxueux, service en costume traditionnel et danseuses du ventre, tombant plus souvent dans le folklorique que le typique. Dans nos pages « Où dormir ? », nous nous efforçons également d'indiquer les *riad* ouverts aux non-résidents pour les repas. Résa indispensable et des tarifs plus élevés que la moyenne (surtout le soir), mais c'est l'occasion rêvée de pénétrer dans ces somptueux minipalais et découvrir une face cachée de Fès.

Dans la ville moderne

De très bon marché à bon marché (moins de 80 Dh / 7,30 €)

Belvédère Café (*plan couleur I, B2, **67***) : *53, av. Hassan-II. 05-35-94-*

88-00. Tlj 8h-minuit. C'est le snack de l'ultra-moderne hôtel *Barceló,* stratégiquement situé. Terrasse pour observer la fontaine de la place de la Résistance (le soir, elle change de couleurs) ou salle proprette, plus au calme. Impec en tout cas pour le petit déjeuner (fassi, espagnol, continental...), pour un verre ou des plats de snack soignés.

|●| ***Sicilia*** *(plan couleur I, B3,* ***60****) : 4, av. Abdellah-Chefchaouni.* Petit snack pour avaler salades, pizzas et bons sandwichs. Mezzanine.

|●| ***Boucherie Debbagh*** *(plan couleur I, B4,* ***66****) : pl. de l'Atlas. Non loin de la gare* CTM. *Tlj jusqu'à 3h.* Eh oui, c'est un boucher-resto, avec une viande de 1er choix ! Grande salle carrelée vite remplie dans un brouhaha supportable. Accueil gentil et service diligent pour une cuisine populaire fort bien concoctée.

|●| ***Chez Ismaïl*** *(plan couleur I, A2,* ***62****) : 25, rue Ahmed-Amine. Attention, ferme vers 20h45-21h. Menu 50 Dh ou carte.* Une bonne petite adresse où manger du poisson frais et de la friture cuisinés simplement et toujours avec goût. Choix restreint de plats variant suivant ce que le gérant, poissonnier, a récupéré dans ses filets. Salle toute simple, sans attrait, mais le porte-monnaie ne souffre pas. Parfois paella et *pil-pil.*

|●| ***Restaurant-sandwicherie Bajaloul*** *(plan couleur I, B2,* ***63****) : 2, rue d'Arabie-Saoudite. Tlj jusqu'à 21h. Menu 60 Dh ou carte.* Pour un prix modique, on peut se restaurer rapidement de salades, tajines, grillades ou brochettes, dans la grande salle ou sur la terrasse donnant sur la rue. On peut aussi faire un repas correct à l'occidentale. Bon accueil.

Prix moyens (80-150 Dh / 7,30-13,60 €)

|●| ***Restaurant Marrakech*** *(plan couleur I, B3,* ***68****) : 11, rue Omar-el-Mokhtar (et Mohammed-V).* ☎ *05-35-39-08-76.* La façade anonyme donne peu envie de pousser la porte, et pourtant... La déco intérieure est plutôt chic et intimiste avec des murs de *tadelakt* ocre, des chaises bien rembourrées et un coquet salon marocain au fond de la petite salle. Tajines parmi les meilleurs de la ville, couscous, pastillas ou grillades... c'est bon et goûteux. Tenue des lieux soignée. Accueil bienveillant. Demandez bien la carte, sinon on ne vous propose que des menus.

|●| ***La Grillardière*** *(hors plan couleur I par A3,* ***65****) : 12, av. Moulay-al-Kamal. Tlj 12h-minuit. CB acceptées. Pas d'alcool.* Végétariens s'abstenir ! Voici l'un des rejetons de la chaîne de restos-grills implantée ailleurs au Maroc. La formule est toujours la même : des spécialités de viande (mais également des salades, sandwichs et poissons) servies sur des planches en bois, un cadre appétissant, un service rapide et des formules le midi pour les petits budgets. Rien à redire, l'affaire est bien rodée.

|●| ***Vesuvio*** *(plan couleur I, A2,* ***69****) : rue Abi-Hayane-Taouhidi.* ☎ *05-35-93-07-47. Tlj 12h-minuit.* En entrant dans ce resto italien légèrement excentré, on pénètre dans un autre Fès, beaucoup moins traditionnel. Fréquentation aisée, plus féminine (tout comme le service) et ambiance occidentale. Déco classieuse, mezzanine, atmosphère paisible et intime (si ce n'est la musique d'ascenseur, quelque peu pénible !). Prix raisonnables pour d'honorables grandes pizzas cuites au feu de bois, des pâtes ou de la viande (mais pas d'alcool)... Spécialité d'escalopes « typiques » à l'italienne.

|●| ***Restaurant Zagora*** *(plan couleur I, B3-4,* ***73****) : immeuble Tlemçani, 5, bd Mohammed-V.* ☎ *05-35-62-46-18. Tlj. Plats 80-110 Dh. Au fond d'une allée. Sert de l'alcool.* Une bonne adresse, réputée dans le coin. Dans un cadre un peu dépassé, où des peintures, censées représenter le désert, ses *kasbah* et ses dromadaires, décorent de faux murs en pisé marron clair. Cuisine marocaine et internationale, un peu inégale mais servie avec le sourire et en portions copieuses. Lieu très fréquenté le midi par les hommes d'affaires.

De chic à plus chic (150-400 Dh / 13,60-36,40 €)

|●| ***Kaï Taï*** *(plan couleur I, A4,* ***78****) : 12, rue Ahmed-Chaouki.* ☎ *05-35-65-17-*

00. Tlj jusqu'à 23h. Menu-découverte thaï pour 2 à 490 Dh. Sert de l'alcool. Une des grosses surprises gastronomiques de Fès que ce resto « nippon-thaï » de très grande qualité, dans un cadre d'une séduisante élégance. Combinaison de ces 2 cuisines fort réussie. Service jeune, alerte, souriant. Salades et plats thaïs traditionnels : *tom yam* (soupe épicée et parfumée), *panang* (viande ou crevettes au curry rouge et lait de coco). À ne pas manquer, les nems, d'une rare finesse. Côté nippon, les *maki,* sushis, sashimis, d'une belle fraîcheur... Prix étonnamment raisonnables !

IOI ***Maison Blanche*** *(plan couleur I, A4,* ***78****) : 12, rue Ahmed-Chaouki. ☎ 05-35-62-27-27. En face de l'hôtel Jnane Palace. Tlj midi et soir jusqu'à 23h (23h30 w-e et bar minuit-1h). Menus midi 200 Dh, soir 400 Dh. Belle carte des vins allant des vins marocains à partir de 220 Dh au Mouton Rothschild 1er cru à 10 000 Dh et plus.* Resto tendance avec ses murs de pierre brute (façon schiste), alliés à un jeu de miroirs, de lumières tamisées, créant mille nuances de gris, noir, rose se télescopant... Cuisine internationale. Pour se relaxer, lounge en mezzanine.

Dans et autour de la médina

De bon marché à prix moyens (moins de 150 Dh / 13,60 €)

Juste après Bâb-Boujloud dans Talâa Kbira, ou après Bâb-Ftouh (mais c'est loin !), on trouve des ***échoppes de brochettes et petits plats*** sur le pouce (soupes, etc.). Si vous tombez sur un ***marchand de nougat,*** il est souvent bon et pas cher. Sinon, les rabatteurs vous feront assez vite comprendre que vous approchez d'un resto. Certaines zones en deviennent assez pénibles (surtout quand vous n'avez pas faim et que vous ne cherchez pas de resto !).

IOI ***Restaurant Zohra*** *(plan couleur II, E5,* ***70****) : 3, derb Aïn-Nass-Blida. ☎ 05-35-63-76-99. Lun-jeu et w-e 12h-22h ; ven 15h-18h. CB refusées. Pas d'alcool.* Une adresse un peu secrète, pas très facile à trouver. Pas loin de la pension *Dalila* et des tanneries. Cadre chaleureux et gentiment vieillot, décor oriental plein d'objets familiers, avec 3 petits salons cosy pour bandes ou familles. On est d'ailleurs en famille : le patron reçoit, le fils est au service et la patronne aux fourneaux. Cuisine authentique. Vous dégusterez ici le vrai tajine fassi, sans compter la bonne pastilla, les brochettes et les délicieuses pâtisseries. Le tout généreusement servi.

IOI ***Café Clock*** *(plan couleur II, C6,* ***64****) : 7, derb El-Magana, Talâa Kbira. ☎ 05-35-63-78-55.* *Voir plus loin « Où prendre un petit déj ? Où déguster une pâtisserie ou une glace ? Où boire un verre ? ».* Un joli café réussi, à l'ambiance décontractée et la déco vraiment chaleureuse. L'adresse est plus intéressante pour ses manifestations culturelles et pour y boire un verre en vérifiant ses mails, mais on peut également s'attabler pour y manger un morceau, des burgers nourrissants ou un repas correct plus couleur locale. On aime bien la terrasse à plusieurs niveaux et pleine de recoins.

IOI ***Restaurant Bouayad*** *(plan couleur II, C6,* ***74****) : 26, Serragine. Tlj. Juste après avoir franchi Bâb-Boujloud.* Entrée fort banale qui ne laisse pas deviner une grande salle plutôt agréable. Une affaire de famille. Cuisine traditionnelle correcte, de qualité constante et pas chère. *Harira* maison (et pas en boîte), copieuse salade marocaine, les classiques tajines et couscous, et quelques plats goûteux comme le *kabab maghdour* (viande, tomate et œuf)... Salle climatisée.

IOI ***Chez Thami*** *(plan couleur II, C6,* ***80****) : au départ de Talâa Sghira, tt proche de Bâb-Boujloud.* Coincée dans l'angle droit de la ruelle, une gargote dont les quelques tables débordent sur la rue. Thami prépare dans son petit réduit de très honorables tajines de poisson accompagnés de tomates fondantes, des couscous et autres, à tout petit prix. Une petite adresse de qualité régulière, encore recommandable dans ce coin.

Najmat Souafine *(plan couleur II, D6-7, **53**) : 9, oued Souafine, Ziat, Douh. Tlj jusqu'à 21h30.* Même maison que les *riad* du même nom à proximité. Dans un quartier au calme, très peu fréquenté. Cadre frais et agréable : arcades de brique et aquarium découpant l'espace, plein de couleurs, atmosphère reposante. Terrasse protégée. Une bonne petite cuisine de marché, concoctée avec talent et une touche personnelle. Plat du jour et les classiques, tajines, couscous-coquelet, brochettes...

Restaurant Sekaya *(plan couleur II, D6, **61**) : 87, Talâa Sghira. 212 (0)6-72-05-63-85. Tlj. Pas d'alcool.* L'une des rares tables dans cette partie la plus touristique de la médina. Ambiance agréable, dans un bâtiment tout en hauteur, entre salons marocains disposés autour d'un patio et surtout une terrasse couverte qui domine les toits. Il règne tout là-haut une quiétude bienvenue. Cuisine sans prétention mais qui fait bien l'affaire à base de tajines, pastillas et brochettes servis avec entrée et dessert. Le tout à prix tout à fait raisonnable.

Mezzanine *(plan couleur III, H8, **83**) : Kasbat Chams, en face des jardins Jnane-Sbil. À quelques mn de Bâb-Boujloud. ☎ 05-35-63-86-68. Tlj 11h-1h. Sert de l'alcool.* Cadre contemporain, musique *lounge* et atmosphère chic, décontractée, un poil branchée, pour d'excellentes tapas et une petite cuisine sans prétention. Bonnes pâtes le soir. Idéal pour se remettre de la fatigue de la médina. Décor moderne plaisant, dans les tons gris et métal. Banquettes de moleskine ou agréable terrasse avec une des plus jolies vues sur les palmiers et bambous de Jnane-Sbil.

Chic (150-250 Dh / 13,60-22,70 €)

Fez Café *(plan couleur II, D6, **48**) : le restaurant de l'hôtel Jardin des Biehn, 13, Akbat-Sbaa, Douh. Voir aussi « Où dormir ? » 212 (0)6-64-64-76-79. En descendant Talâa Sghira, suivre la rue Zerbtana, puis 2 fois à droite et remonter la rue tt en marches. Vin au verre.* Un cadre reposant, un jardin des plus ravissant et une cuisine du marché bien agréable, mais à des tarifs pas toujours raisonnables. Délicieuse tarte aux légumes du jardin et, bon à savoir, soirée pizzas (four à bois traditionnel) à 60 Dh le dimanche.

Restaurant Asmae *(plan couleur II, E5, **77**) : 4, derb Jeniara, Blida. ☎ 05-35-74-12-10. Ouv midi et soir, sur résa slt le soir hors saison. Pas d'alcool.* Séduisant cadre oriental. Cuisine traditionnelle bonne et généreuse, servie sur 2 étages. Le rez-de-chaussée est plus raffiné, mais il est souvent envahi par les groupes.

Nejjarine *(plan couleur II, D6, **75**) : 9, derb Dermani. ☎ 05-35-63-53-89. À deux pas du musée éponyme. Tlj 12h-17h. Pas d'alcool.* Là aussi, un décor grandiose. Dans ce *dar* de plus d'un siècle, le patio a été transformé en restaurant. Hautes arcades de plâtre ciselé, zelliges, portes de cèdre en incrustation et peintes, décor vraiment raffiné pour une cuisine traditionnelle sans histoire. Un des points de chute des groupes et des touristes à la recherche de tranquillité.

Restaurant Palais Tijani *(plan couleur II, E5, **79**) : 51-53, derb Ben-Chekroune, Blida. ☎ 05-35-74-10-71. Près de la mosquée Tijani abritant les reliques d'un saint.* Un accueil très convenable, un cadre agréable (colonnes en céramique, chapiteaux ciselés et superbe plafond peint), mais envahi de touristes et de groupes à l'heure du déjeuner. Préférer nettement le soir, mais seulement sur résa. Plats corrects, sans faire grimper aux rideaux cependant.

Plus chic (250-400 Dh / 22,70-36,40 €)

Restaurant marocain Al-Fassia, Palais Jamaï *(plan couleur II, D5, **42**) : Bâb-Guissa. ☎ 05-35-63-43-31. Voir « Où dormir ? Dans la médina ». À partir de 400 Dh à la carte ; buffet déj 360 Dh ; supplément pour le spectacle du soir.* Là aussi, somptueux décor où l'on peut tout à loisir admirer les plafonds peints et les décorations de stuc. Ou alors on déjeune sur la grande terrasse devant la piscine, avec vue sur la médina, ce qui a une certaine classe ! Le buffet du midi a du succès auprès de ceux qui souhaitent manger plus légèrement (enfin, tout est relatif !). Dîner-spectacle avec musiciens et danseuses, plutôt meilleur qu'ailleurs. Carte intéressante. Cher, bien sûr, mais cuisine de qualité.

Riad Fès *(plan couleur II, D6,* ***51****) : 5, derb Ben-Slimane, Zerbtana. ☎ 05-35-94-76-10. Voir « Où dormir ? Dans la médina ». Menus 420-500 Dh.* Dans le décor somptueux du *riad Fès*, chic et design, une grande salle de resto, sobre, contemporaine et raffinée. Une cuisine excellente et très fine, préparée avec toutes les épices du pays. Une étape gastronomique chic et sensuelle.

Où prendre un petit déj ? Où déguster une pâtisserie ou une glace ? Où boire un verre ?

Nombreux ***salons de thé*** ou ***pâtisseries*** et ***terrasses*** de cafés tout le long de l'*avenue Hassan-II* et autour de la *place Mohammed-V.*

Pour boire une petite bière, il faudra, la plupart du temps, se rendre dans la ville moderne. Reste la possibilité d'acheter de l'alcool dans les supermarchés ou dans des boutiques autour du marché couvert sur le *boulevard Mohammed-V (plan couleur I, B3)*, même si ces dernières n'exposent pas leurs trésors.

Dans la ville moderne

Café Lausanne *(plan couleur I, B2,* ***91****) : av. Hassan-II.* On reconnaît l'adresse à ses régimes de bananes suspendus à l'entrée. Petit « bar-laiterie » proposant un grand choix de jus de fruits frais. Si vous n'avez pas encore testé celui à l'avocat, c'est le moment ! Salle plutôt agréable ou terrasse sur l'avenue.

La Noblesse Fassie *(plan couleur I, B3-4,* ***73****) : 34, bd Mohammed-V. Tlj 6h-20h30.* Vaste café-salon de thé à la déco se voulant chic et élégante mais pas avare en étonnantes kitscheries : plafond de plâtre à l'effet drapé et un grand écran plat pour suivre les matchs de foot ! Mais on aime bien son bar imposant, ses pâtisseries, l'espace et sa fréquentation très variée (mixte et de tous âges).

Pâtisserie Assouan *(plan couleur I, A3,* ***93****) : 4, av. Allal-ben-Abdellah.* Lassé de prendre des petits déjeuners insipides dans votre hôtel ? Cette pâtisserie moderne est à visiter ! Viennoiseries accompagnant le café et même des glaces, installé sur la terrasse protégée de la rue par une heureuse rangée de plantes. Grand choix de gâteaux à emporter.

La Villa *(hors plan couleur I par A4,* ***95****) : 117, bd Bahnini, Hay-Riad. À 3 km de la pl. de la Résistance (plan couleur I, B2), en direction de l'autoroute. Tlj 5h-minuit (1h le w-e) ; jusqu'à 22h en hiver.* Tout à la fois boulangerie, pâtisserie, glacier, salon de thé... L'un des plus populaires de la ville dans un cadre ultra-moderne. Excellentes pâtisseries, glaces artisanales délicieuses (et à la présentation très artistique), salon de thé et terrasse fort plaisants. On préfère la salle au 1er étage, non-fumeurs et dotée de grandes baies vitrées.

Belvédère Café *(plan couleur I, B2,* ***67****) : 53, av. Hassan-II. Tlj 8h-minuit. Voir « Où manger ? ».*

À Fès-el-Jédid et Fès-el-Bali

Café Clock *(plan couleur II, C6,* ***64****) : 7, derb El-Magana, Talâa Kbira. ☎ 05-35-63-78-55. Voir aussi « Où manger ? ». Concert dim soir vers 18h30. Même heure, film lun soir et jeu soir.* Le café moderne et branché qui rajeunit la médina. Emplacement privilégié face à la médersa Bou-Inania. Dans un vieux palais revisité, voici un café inclassable, accueillant et résolument culturel : on peut y prendre des cours de calligraphie, de danse du ventre, d'*oûd*, d'arabe, de cuisine, etc., ou simplement s'installer dans les salons intimes des derniers étages, aux étagères remplies de bouquins. On navigue entre tradition et contemporain. La clientèle – des jeunes locaux, des touristes de passage ou des expats – s'est vite approprié ces vieux murs, au risque de dérouter les vieux Fassis. Terrasse superbe, avec vue sur le minaret voisin.

Fez Café *(plan couleur II, D6, **48**) : 13, Akbat-Sbaa, Douh. 06-64-64-76-79. Voir aussi « Où manger ? ».* Un havre de verdure en pleine médina, une aubaine lors des grosses chaleurs pour siroter un verre au calme, bercé par le gazouillis des oiseaux. On les avait presque oubliés !

Riad Idrissy *(plan couleur II, D6, **33**) : quartier Ziat. 06-49-19-14-10. • riadidrissy.com • Voir aussi « Où dormir ? ».* Salon de thé romantique à souhait dans le « ruined garden » du *riad*.

Café de la Noria *(plan couleur III, H8, **76**) : dans Jnan-Sbil (les jardins de la Marche-Verte), de l'autre côté des murailles. Venant de Bâb-Boujloud, petite porte sur la gauche avt le pont. Pas d'alcool.* Très agréable, autour d'une fontaine, calme et en retrait, au bord d'un petit oued. L'ancienne noria rappelle le temps où les étudiants se retrouvaient là pour couper les roseaux (appelés aussi « calames ») destinés à leurs exercices de calligraphie. Resto franchement médiocre en revanche.

Où danser ?

Se renseigner auprès des habitués pour connaître les derniers lieux à la mode, car c'est très changeant ! Ils sont situés bien souvent dans les grands hôtels. Parmi les incontournables du moment, la boîte du ***Palais Médina*** *(plan couleur I, B1, **110**)*, un hôtel 5 étoiles récent et en centre-ville. Egalement l'***Hôtel Parc Zallagh,*** sur la route de Meknès *(hors plan couleur I, par A4, **111**)*, près du complexe Marjane : un autre 5-étoiles avec tous types de musique, mais nettement plus excentré. Sinon retour en centre-ville, à l'***hôtel Volubilis*** *(plan couleur I, A3, **26**)*, av. Allal-Benabdallah. Musique essentiellement internationale mais atmosphère parfois un peu glauque. Ou encore ***Le Menzeh Zallagh*** *(plan couleur I, B2, **113**)*, 10, rue Mohammed-Diouri. Fréquentation un peu plus âgée.

Achats

Fès est la capitale de l'artisanat, ne l'oubliez pas. Et ses souks sont en général un peu moins chers que ceux de Marrakech.

– ***Les poteries bleu et blanc*** sont l'une des spécialités de Fès. Le quartier des potiers est à la sortie de la ville, sur la route de Taza (hors plan d'ensemble, vers l'est), repérable d'assez loin grâce à la fumée de ses fours. On y accède par une mauvaise route (150 m seulement) sur la gauche. Les prix y sont plus élevés qu'aux centres artisanaux, mais la qualité n'est pas la même non plus.

– Nombreux magasins dans *Talâa Kbira* (« la Grande Pente ») et *Talâa Sghira* (« la Petite Pente ») et les rues qui les prolongent jusqu'à la mosquée Qaraouiyine *(plan couleur II, E6)*. Cela dit, mieux vaut s'éloigner un peu de ce piège à touristes et voir les boutiques près de la *place Nejjarine (plan couleur II, B2)*, ou bien en remontant de la *Qaraouiyine* vers la *Bâb-Guissa (plan couleur II, D5)*. Également dans le quartier proche de celui des tanneurs *(plan couleur II, E5)*, mais les rabatteurs y sont légion pour vous indiquer les coopératives de tissage. Pour les ***tapis***, s'adresser en priorité aux maisons contrôlées qui pratiquent des tarifs officiels au mètre carré.

– D'une manière générale, on rappelle qu'on paie moins cher et qu'on a de bons renseignements sur les différentes qualités en allant de préférence dans les magasins où travaillent les artisans.

– Pour les ***babouches,*** essayer par exemple les boutiques situées dans un petit ensemble sur la gauche juste avant la médersa Attarine *(plan couleur II, D5)*. Vaste choix et qualité assurés.

– ***Les essences de parfum*** s'achètent près du mausolée de moulay Idriss *(plan couleur II, D6)*, du côté opposé à celui du souk du henné.

- Attention : certains artisans travaillant le bronze et le cuivre prétendent avoir participé à l'élaboration des portes du palais royal, s'autorisant ainsi à demander des prix injustifiés.

■ ***Centre artisanal*** *(plan couleur I, A4, **120**)* **:** *av. Allal-ben-Abdellah, à côté de l'hôtel* Volubilis *dans la ville moderne. Tlj 9h-12h30, 14h30-18h30.* Également un ***autre centre artisanal,*** plus récent et plus pratique car pas très loin de la médina *(plan couleur II, C7, **121** ; lun-ven 10h-18h et sam mat).* Dans les 2 cas, prix affichés et local agréable, mais les tarifs pratiqués et la qualité ne valent pas ce que l'on peut trouver dans la médina.

■ ***Orientalist Art Gallery*** *(plan couleur I, B3, **122**)* **:** *38, rue Boutaleb.* ☎ *05-35-94-45-45. En principe, tlj 9h-12h30, 15h-19h (mieux vaut appeler avt ou s'adresser à la pharmacie attenante).* La seule galerie d'art de Fès présentant les peintres du moment, locaux pour beaucoup, de tous styles.

Vue d'ensemble

À ceux qui sont motorisés, nous conseillons, pour mieux comprendre la ville, d'en faire le tour après être allé la contempler d'en haut, au nord-ouest de celle-ci. C'est la meilleure façon d'appréhender sa taille, les clameurs et l'activité qui émanent derrière les épaisses murailles ainsi que la vallée environnante, entourée de montagnes. Admirez au passage les cimetières étincelants de blanc à flanc de collines.

➢ Il existe d'excellents points de vue sur la médina depuis le romantique site des tombeaux des Mérinides *(plan couleur II, C-D5).* Il en reste peu de chose, mais la vue demeure imprenable. Accès en taxi ou à pied depuis la médina en sortant par Bâb-Guissa et en grimpant la colline par un escalier.

➢ Également de très beaux points de vue depuis l'esplanade du musée d'Armes *(plan couleur II, C5)* au borj nord (vue encore meilleure depuis le toit du fort, mais en payant l'entrée au musée) ou depuis la route, juste avant d'arriver à l'hôtel *Les Mérinides (plan couleur II, C5).*

➢ Autre solution : la terrasse de l'hôtel *Les Mérinides (plan couleur II, C5)* où l'on peut siroter un thé (pas donné, on paie la vue !).

➢ Le tour de la ville a également conservé beaucoup de son charme. L'idéal serait de le faire à deux reprises : une fois très tôt le matin, et une seconde fois au coucher du soleil. Compter 15 km de circuit. Partir de l'avenue Hassan-II. Se munir d'un plan de ville et le suivre « au tracé », car il est facile de se tromper de route. Possibilité, bien sûr, de le faire en petit taxi (mais peut-être pas à un rythme de vacancier !).

À voir

DANS LA MÉDINA

Orientation

Ne craignez surtout pas de vous égarer dans ce labyrinthe, chaque pas sera l'occasion d'une découverte passionnante. Toutefois, la médina étant orientée suivant des axes principaux est-ouest et nord-sud, les petits malins pourront se munir d'une ***boussole,*** qui permettra de retrouver plus facilement ces grands axes.

Le fléchage récent de ***six parcours thématiques*** a été réalisé selon un système de couleurs, chaque itinéraire reliant une *bâb* (c'est-à-dire une porte) ou une place importante à une autre. À différents endroits stratégiques, un plan indique votre position, mais en règle générale, les panneaux n'indiquent pas le nom des circuits, seulement les couleurs et les destinations ; du coup, on peut être vite semé. Mieux vaut donc se procurer le petit guide (succinct mais pratique) *Fès, guide des circuits touristiques thématiques,* dans certains kiosques, librairies ou *riad* (à condition qu'il soit encore disponible). On conseille de commencer par le circuit « Monuments et souks » pour découvrir les rues et sites principaux, et avoir quelques repères. S'ajoutent à ce fléchage des panneaux explicatifs sur les centres d'intérêt.

Pour ***sortir des sentiers battus,*** il suffit de s'écarter des grands axes et monuments, puisque eux seuls sont fléchés. Le livre *Fès de bâb en bâb, promenades dans la médina* (de Hammad Berrada ; PM Éditions ; en vente dans certaines librairies et *riad*), apportera aux trekkeurs urbains un autre regard culturel pour s'immerger dans le dédale des ruelles. Son utilisation n'est pas toujours simple, mais il s'agit néanmoins d'un bel ouvrage, complété d'une bonne carte, que nous recommandons vivement.

– *Quelques conseils :* malgré la mise en place d'une « police touristique » en civil, il reste encore des ***guides non officiels*** et des rabatteurs. Vous pouvez faire appel à un guide officiel pour visiter tranquillement la médina ; si celui-ci est bon et ne se contente pas de vous conduire de commerce en commerce, c'est une façon plus humaine de la découvrir en profondeur. Si vous hésitez, rien ne vous empêche de demander conseil à votre hébergement qui travaille généralement avec « ses » guides habituels.

Comme d'habitude, surtout pour les femmes, veillez à éviter les ***tenues*** considérées ici comme ***provocantes*** (shorts et épaules nues), qui risqueraient de choquer les habitants.

C'est par l'une des ***14 portes d'accès*** que l'on pénètre dans la médina. Quelle que soit la porte, chacune s'ouvre sur un enchevêtrement de passages, de couloirs, d'escaliers, de petites cours où la lumière a parfois bien du mal à pénétrer. ***Chaque quartier*** possède sa fontaine, sa mosquée et sa médersa. Mais aussi son hammam et... ses toilettes publiques ! Lieux d'aisance, mais aussi « vitrines » architecturales de la ville puisque souvent situés dans des bâtiments très anciens et traditionnels. Ces équipements avaient pour but de rappeler aux visiteurs l'importance de l'eau dans la ville.

Autre élément primordial de chaque quartier, le four collectif, puisque, encore aujourd'hui, les habitants viennent y cuire leur pain. Et puis, en prêtant un peu l'oreille, vous percevrez derrière certaines portes des cris d'enfants. Les tout-petits ont en effet leur école maternelle dans de minuscules pièces.

Tout cet univers s'est développé autour de la ***mosquée Qaraouiyine,*** qui peut accueillir jusqu'à 20 000 croyants. Le vendredi, jour de la prière, la médina est quasiment déserte et la plupart des boutiques sont fermées. Le contraste avec les autres jours est saisissant.

Autour de Bâb-Boujloud *(plan couleur II, C6)*

Bâb-Boujloud *(plan couleur II, C6) :* la porte d'accès la plus simple (mais aussi la plus touristique) pour pénétrer dans la médina. C'est de là que partent les deux principales artères : *Talâa Kbira* et *Talâa Sghira.* Et puis, de ce côté, les ruelles sont en pente douce...

Le musée Dar-Batha *(plan couleur II, C6-7) : derrière la poste, par une rue qui longe l'hôtel ; entrée à 150 m. ☎ 05-35-63-41-16. Tlj sf mar 9h-17h. Entrée : 10 Dh. Visite libre. Parfois des expos temporaires*.

Cette construction hispano-mauresque du XIXe s abrite un beau musée d'Art populaire : parures, dinanderies, tout l'apparat des mariées, mesures d'aumône en cuivre du XIVe s, carafes... thermos (sic !) du XVIIIe s, plâtre sculpté dans le plus beau style marocain, etc. Également de jolies boîtes en bois incrustées de nacre

servant à transporter le coran, des instruments d'astronomie datant des XIe et XVIIe s et des gigantesques tapis aux points noués.
Si les prouesses artisanales vous laissent de marbre, vous apprécierez au moins ce havre de calme et de verdure que constitue le beau jardin botanique. Un des plus vieux chênes verts de la région s'y épanouit. Plusieurs essences dont un arbre à huîtres (de là à dire que c'est la perle du jardin !), qu'on trouve à l'origine au Brésil. À l'autre bout, ne manquez pas la seconde partie de l'expo, consacrée aux poteries (les célèbres bleus de Fès).

D'UN BLEU À L'AUTRE

L'art de la poterie est pratiqué à Fès depuis 10 siècles, mais la ville est surtout connue pour son bleu si particulier, à base d'oxyde de cobalt, de plomb (qui fixe la couleur) et d'argile locale (qui l'atténue). Si aujourd'hui c'est un bleu profond qui fait la réputation des céramistes, le bleu de Fès originel, utilisé jusqu'au XIXe s et abandonné depuis, sans doute par effet de mode, était nettement plus doux avec des reflets métalliques. On ne peut désormais admirer cette teinte unique que dans les musées.

Talâa Kbira et Talâa Sghira *(plan couleur II, C-D6)* **:** littéralement, « la Grande Pente » et « la Petite Pente ». Elles relient *Bâb-Boujloud* à la *place Nejjarine (plan couleur II, B2),* au cœur de la médina. La première est bordée de boucheries (dont une spécialisée dans le chameau), devant lesquelles salivent les nombreux chats sauvages de la médina. Des boutiques d'alimentation s'alignent dans la succession des petites pièces ouvertes sur la rue, ainsi que de nombreuses échoppes artisanales (vanniers, fabricants de sandales ou de babouches, etc.). Talâa Kbira est en partie recouverte d'une treille, procurant ombre et fraîcheur. Le spectacle de cette rue est à toute heure saisissant, quand les fins rayons de soleil filtrés par la treille rencontrent les fumées des gargotes, nimbant l'atmosphère d'un mystère hors du temps. On préfère donc Talâa Kbira à Talâa Sghira, qui est moins authentique et plus touristique.

L'horloge hydraulique *(plan couleur II, C6)* **:** *Talâa Kbira.* Sur la façade opposée à l'entrée de la médersa Bou-Inania, remarquez les poutres de bois qui s'échappent du mur à l'étage. Ce sont les restes d'une horloge hydraulique unique au monde et datant du XIVe s, la *Magana Bou-Inania.* Sous les 12 fenêtres marquant les heures, 13 poutres de bois en porte-à-faux soutenaient 13 boules. Un mécanisme dans le bâtiment derrière, actionné par une circulation d'eau, permettait de savoir l'heure par l'ouverture successive des fenêtres.

LE TEMPS DES MALHEURS !

Selon la légende, une femme enceinte fut soudain effrayée par le bruit du mécanisme de l'horloge hydraulique de Talâa Kbira. Chamboulée par cette émotion, elle perdit l'enfant qu'elle portait. La légende veut que, sitôt après, l'horloge s'arrêtât pour ne plus jamais fonctionner... Cela fait 5 siècles qu'elle n'a plus donné l'heure.

Pour la petite histoire, à proximité de l'horloge hydraulique, au milieu de la ruelle couverte qui mène au *Café Clock,* une discrète plaque en marbre accrochée au mur marque l'emplacement de ***la plus ancienne maison juive*** de la médina avec cette inscription : « Maïmounite Moïse Ben Maïmoune ». On veut bien le croire ! Nombreux sont les Fassis que vous verrez passer par là et caresser de la paume de la main cette plaque, avec émotion et respect.

La médersa Bou-Inania *(plan couleur II, C6)* **:** *accès par Talâa Kbira. Tlj 9h-17h (fermé ven pdt la grande prière). Entrée : 10 Dh.*

Les médersas, très nombreuses à Fès, étaient des internats religieux construits à l'initiative des Mérinides. L'apprentissage du Coran préparait les étudiants à apprendre toutes les autres sciences et disciplines connues. Dans les médersas étaient aussi enseignés les mathématiques, l'astronomie ou le droit... Elles abritaient des chambres, un oratoire, des salles d'étude et une superbe cour, souvent pavée de marbre et d'onyx, équivalent de nos cloîtres, destinée à élever l'esprit.
Celle-ci (datant du XIVe s) n'échappe pas à la règle. C'est même la plus grande et la plus belle médersa de la ville, la seule qui soit aussi une mosquée, d'où la présence d'un minaret. Prodigieuse richesse intérieure tout en bois de cèdre et stuc ; dans la mosquée, colonnes en marbre de Carrare. À l'étage (accès interdit) se trouvent les 56 chambres (plutôt des cellules), qui accueillaient chacune deux étudiants. Pendant les 20 jours que durait la préparation des examens, les élèves étaient confinés dans cette pièce (ils n'en sortaient que pour aller aux toilettes et prier). Et parce que la nourriture devait être aussi terrestre, on leur passait de l'eau par une ouverture dans la porte, du pain et des olives par les fentes situées sur le côté. Dur !
À gauche de l'entrée principale, une porte plus modeste, dite « des va-nu-pieds », permettait à ceux-ci, grâce à une canalisation d'eau courante, de ne pas souiller le lieu saint.

★ ***Le palais Mnebhi*** *(plan couleur II, D6)* **:** *sur Talâa Sghira, à mi-chemin entre Bâb-Boujloud et la mosquée Qaraouiyine. Aujourd'hui resto de luxe, mais on peut le visiter en dehors des repas (on donne ce que l'on veut).* Ce fut en 1912 la résidence de Lyautey lors de son arrivée. Banquettes, tapis, stucs et zelliges décorent un vaste patio. Vue imprenable sur la médina depuis la terrasse. La capacité du resto est de 1 000 personnes.

Autour de la place Nejjarine *(plan couleur II, D6)*

La ***place Nejjarine***, avec sa fontaine protégée d'un auvent de cèdre sculpté, regroupe les artisans du bois. Son nom vient de *Nejj* qui signifie « sciure » en arabe.
Un petit café avec terrasse permet de se reposer les gambettes.

★★★ ***Le musée Nejjarine des Arts et Métiers du bois*** *(plan couleur II, D6)* **:** *pl. Nejjarine. ☎ 05-35-74-05-80. Tlj 10h-17h. Entrée : 20 Dh. Conso en terrasse 10 Dh.*
Le musée mérite vraiment la visite, aussi bien pour les objets exposés que pour le lieu même : un magnifique caravansérail du XVIIIe s soutenu par des pilastres recouverts de stuc et de bois, et orné de deux galeries en bois magnifiquement restaurées. Les objets en bois, exposés sur trois niveaux, sont élégamment répartis par thèmes dans différentes pièces.
Au rez-de-chaussée, toutes les essences de bois (loupe de thuya, genévrier, citronnier, eucalyptus, noyer, cèdre, arganier...). Grande variété d'outils et toutes les applications du bois : rouets, tonnellerie, menuiserie (perceuses du XIXe s !), estampes à maroquinerie... Objets domestiques divers : mortiers, soufflets, boîtes à khôl, marteaux à sucre, peignes, etc.
Au 1er étage, on découvre toutes les variétés de portes et fenêtres, des chefs-d'œuvre peints ou ciselés, piliers à chapiteaux, jouets et mobilier d'enfants. Les étagères sont de véritables œuvres d'art. Coffres de toutes sortes et éléments d'architecture (frises, linteaux, plafonds, cloisons, claires-voies). Parmi le mobilier de mariage, remarquer cet « ammaria », sorte de tajine géant pour porter la mariée, qui devait certainement être contorsionniste !
Enfin, le 2e étage est consacré aux instruments de musique (superbes luths marquetés, *r'bab* incrusté d'ivoire), chapelets de toutes les tailles, tablettes à coran, stèle funéraire, planchettes de droit coutumier, chaires d'enseignement...

On peut accéder à la terrasse, qui offre une vue partielle sur les toits de la médina. S'y trouvent quelques sièges pour prendre un thé, à commander en bas. Et enfin, petite info pratique mais non négligeable : le musée dispose de toilettes nickel à chaque étage !

Les tanneries Guerniz *(plan couleur II, D6)* **:** *quitter la pl. Nejjarine vers l'est, tourner à droite par la rue qui monte, continuer tt droit, puis toujours à droite. Prendre alors un passage à droite, étroit, où se trouve une fontaine ; c'est au fond.* Ces « petites » tanneries sont tout aussi impressionnantes que les grandes tanneries chouara mais plus paisibles car moins touristiques. Des rabatteurs insistants et pénibles vous proposeront de vous emmener sur des terrasses, mais, sans avoir à grimper et en restant discret, on peut s'approcher des bassins et voir travailler les hommes dans les grandes cuves. Particularité ici, peu de bassins colorés, mais de belles terrasses avec des peaux séchant sur des montants de bois, et des murs dégoulinant de laine. La fontaine à l'entrée, en plus d'être esthétique, sert aux tanneurs qui viennent s'y nettoyer.

Le musée Dar-Belghazi *(plan couleur II, D6)* **:** *fléché mais pas facile à trouver ; quelqu'un est là pour vous escorter quand vous vous en approchez. Tlj 9h-18h. Entrée (chère) : 40 Dh.* Ce musée privé est une « annexe » du très beau musée Dar-Belghazi, près de Rabat (voir « Dans les environs de Sidi-Bouknadel »). La collection, consacrée aux arts traditionnels, bien que présentée dans un beau palais un peu décati au patio planté d'orangers, est cependant beaucoup moins riche. Surtout, les belles pièces exposées souffrent de l'absence totale de scénographie. D'interminables travaux sont en cours...

Le mausolée de moulay Idriss II *(plan couleur II, D6)* **:** *en travaux.* Complètement inséré dans l'enchevêtrement des ruelles, on a du mal à imaginer la taille de ce mausolée, à la mesure de son hôte, moulay Idriss II, fils du fondateur et saint patron de la ville. Idriss II poursuivit l'œuvre de son père en étendant la ville sur la rive ouest de l'oued. Les poutres de bois placées à hauteur de la tête en travers des ruelles qui y aboutissent obligent le pèlerin à baisser humblement la tête, en signe de vénération. Pas moins de sept portes permettent d'y accéder (pas une seule pour les non-musulmans). On peut apercevoir de la porte principale (proche du souk Attarine) le plafond sculpté en bois de cèdre. Du fait que c'est un mausolée et pas une mosquée, portes largement ouvertes sur la rue. Beaucoup de monde, surtout la frange la plus pauvre de la population, vient ici en pèlerinage et pour faire des offrandes.

Le souk Henna *(souk du henné ; plan II, D6)* **:** il s'agit d'un des plus vieux souks de la médina. On y vend non seulement des plantes servant à teindre les cheveux et les mains, mais aussi divers colorants naturels utilisés pour le maquillage, tels que le khôl, du *rhassoul* (terre savonneuse employée pour se laver les cheveux) ou encore des plantes et des produits à usage pharmaceutique.

LE PREMIER HÔPITAL PSYCHIATRIQUE

Inattendu : non seulement le bâtiment au fond du souk Henna, datant de 1286, était un hôpital psychiatrique, mais c'était même le premier au monde. Il fut ensuite très copié. Voilà pourquoi les deux portes qui délimitent le souk étaient autrefois fermées quotidiennement par un gardien pour protéger et garder les malades de l'hôpital.

Le quartier de la Qaraouiyine

La médersa Attarine *(plan couleur II, D-E5)* **:** *tlj 9h-17h. Entrée : 10 Dh.* Elle date du XIVe s et porte le nom du quartier des épiciers. C'est la plus intime, avec sa vasque de marbre blanc. Stucs ornés de motifs végétaux et de frises reproduisant des versets du Coran. Partage du décor équilibré entre le cèdre et le plâtre ciselé, motifs particulièrement élaborés. Bel auvent et arcades en bois de cèdre. Chapiteaux, pilastres et colonnes en marbre de Carrare sculptés. À l'époque, on échangeait 1 kg de marbre contre 1 kg de sucre ! Au fond, salle de prière à la riche architecture hispano-mauresque avec un remarquable dôme en bois sculpté. Superbe lustre en bronze du XIVe s.

La mosquée Qaraouiyine *(plan couleur II, D-E6)* **:** c'est la mosquée des Kairouanais, fondée au IXe s par une femme, Fatima Bint-al-Fihria, d'une famille de réfugiés de l'actuelle Tunisie. Avec ses 270 colonnes et ses 14 portes, ce fut l'une des plus grandes universités de l'Islam avec El-Azhar au Caire et la Zitouna à Tunis. Sa taille gigantesque lui permet d'abriter jusqu'à 20 000 fidèles. Son minaret est le plus ancien du monde musulman. Il est malheureusement impossible pour les non-musulmans de visiter la Qaraouiyine ; toutefois, par les vantaux ouverts, on peut voir les vasques cerclées de mosaïques, les cours dallées de marbre et les deux kiosques, construits aux XVIe et XVIIe s, fidèles répliques de ceux de la cour des Lions de l'Alhambra de Grenade. De l'autre côté de la mosquée, une vieille porte en bois aux peintures effacées marque l'entrée réservée aux femmes.

En contournant la mosquée par la droite, on arrive sur son flanc est à l'un des ***foundouk*** les mieux conservés. À l'intérieur se trouve toujours une énorme balance pour peser les marchandises. Ces *foundouk* constituent avec les médersas, les mosquées, les hammams et les fontaines des lieux essentiels de chaque quartier. Les marchands abritaient les animaux dans la cour, autour de laquelle se trouvaient des boutiques. Les hommes dormaient dans les étages.

La place Seffarine *(plan couleur II, E6)* **:** c'est la place (oh, un arbre !) des dinandiers, qui façonnent le cuivre jaune dans un incessant bruit de martellement. La ***bibliothèque Qaraouiyine*** située sur la place ne se visite pas, mais si la porte est ouverte, on peut jeter un coup d'œil rapide. Impressionnante salle de lecture où règne une ambiance studieuse. Plafond en bois peint et sculpté.

LES CLÉS DU SAVOIR

La bibliothèque Qaraouiyine abrite 30 000 écrits, dont certains très précieux. Autrefois, prêter un livre à un étudiant relevait d'un véritable cérémonial. Les livres étaient enfermés dans une pièce munie de quatre serrures, dont les clés étaient détenues par quatre personnes de confiance. Elles devaient être présentes et attester de la délivrance du livre à tel étudiant.

La mosquée de Sidi Ahmed Tijani *(plan couleur II, E5)* **:** mosquée-mausolée d'un des plus grands saints de la ville. Ce descendant du prophète venait d'Algérie et fonda une confrérie. On vient de loin (Sénégal, Mali, Nigeria) pour le vénérer. Magnifique façade ornée de plâtres ciselés, zelliges, baldaquins peints et ornementés à outrance... et les portes ne déméritent pas !

Les tanneries chouara *(plan couleur II, E5)* **:** *plus vous en approchez, plus les rabatteurs vous proposeront (avec insistance) de vous guider. Même si l'endroit est désormais indiqué, si vous en voulez une vue d'ensemble, vous n'y couperez pas : il vous faudra monter sur les terrasses surplombant les tanneries que possèdent quelques magasins de cuir (aux prix souvent exorbitants).* Spectacle fabuleux. Dans un premier temps, les peaux sont successivement débarrassées de leurs poils, trempées dans des cuves remplies d'excréments de pigeons (riches en ammoniac, donc particulièrement odorantes !), puis dans des cuves de chaux, avant d'être lavées. Dans un deuxième temps, les peaux sont teintes grâce à des colorants, naturels pour la plupart : coquelicot, amande, indigo, safran, henné... Elles seront alors tannées puis séchées. C'est le cliché le plus connu de Fès (et popularisé par Yann Arthus-Bertrand) avec cette impressionnante collection de bassins ronds multicolores où pataugent les teinturiers dans des conditions de travail très éprouvantes.

De Bâb-R'Cif à la Qaraouiyine (plan couleur II, E6)

Voici un itinéraire complètement subjectif, à suivre le nez en l'air, sans hésiter à s'en écarter, au cours duquel on découvre les artisans pratiquant encore de petits métiers. Au nord de la ***place R'Cif,*** prendre la première parallèle de droite, pour y voir des teinturiers. La parallèle de gauche était à l'origine le lieu des fabricants de couteaux. On surprend encore dans leurs minuscules boutiques les rémouleurs, tournant leurs meules à la main. On arrive sur la ***place Seffarine*** *(plan couleur II, E6).* Les dinandiers et les chaudronniers sont regroupés autour de cette place et dans les rues adjacentes. Ça martèle, ça brille, ça marchande... la vie, quoi ! Le nom de la place vient de la couleur jaune, *asfar* en arabe, couleur du cuivre utilisé par les chaudronniers du quartier. À l'est de la place part une rue où se fabriquent encore à la main des peignes en corne de bœuf.

La place Seffarine donne, bien sûr, sur le quartier de la mosquée Qaraouiyine.

Le souk R'Cif *(plan couleur II, E6)* **:** *passer sous la Bâb-R'Cif, à l'ouest du parking sur la grande place, puis emprunter la ruelle vers la droite pour remonter vers le quartier de la mosquée Qaraouiyine.* On plonge dans le marché d'alimentation le plus haut en couleur et le plus typique de la médina. Étalages de fruits et légumes de saison que les commerçants vous feront gentiment goûter, des poissons dégoulinants et autres têtes de moutons coupées qui font de l'œil aux poulets s'ébattant dans leurs cages. Des herboristes, des crémiers, et des épices à bon prix à rapporter à la maison. Beaucoup de cachet dans cette petite ruelle.

La rive andalouse

Moins touristique que le reste de la médina, c'est le berceau historique de Fès *(plan couleur II, E6).* Ainsi appelée depuis que 8 000 familles, chassées d'Andalousie par le calife de Cordoue au IXe s, s'y installèrent. Avec les Kairouanais fuyant la Tunisie et les juifs regroupés au XIVe s dans le mellah, elles représentaient l'élite intellectuelle de la ville. À gauche de la mosquée des Andalous, pittoresques toilettes disposées autour d'un bassin central dans un patio.

La mosquée des Andalous *(plan couleur II, E6)* **:** elle a un fort lien de parenté avec la mosquée Qaraouiyine, puisqu'elles furent fondées par deux sœurs ; la Qaraouiyine par Fatima et la mosquée des Andalous par Mariam. Cet édifice, construit par une réfugiée de Tunisie en plein dans le quartier des Andalous, montre le brassage culturel qui pouvait alors exister à Fès. La mosquée est intéressante pour l'auvent de bois sculpté et peint qui surmonte sa grande porte.

La médersa Sahrij *(plan couleur II, E6)* **:** *à côté de la mosquée, mais en travaux. Entrée : 10 Dh (si c'est ouvert).* La médersa Sahrij fut bâtie entre 1321 et 1323 par les Mérinides, tout comme la médersa Bou-Inania. Elle abritait les étudiants de la mosquée Qaraouiyine. Sahrij en arabe signifie « bassin ». Il semble que celui-ci, en trompe l'œil, servait d'horloge optique, les reflets du soleil dans le bassin donnant une idée des heures de la journée. Dans une vie rythmée par la prière, c'est important ! L'architecture est d'inspiration largement andalouse. Les inscriptions sur les poteaux, cursives en arabe, présentent une calligraphie qu'on retrouve en Andalousie. À côté, la médersa de Sbaiyine, partiellement en ruine (ne se visite donc pas).

Le quartier des palais Glaoui et Moqri (plan couleur II, D7)

Glaoui et Moqri, c'est l'histoire du bon et du méchant. Le premier pourrait incarner le stéréotype parfait du traître. S'alliant aux Français, il précipita l'exil de Moham-

med V en 1953, alors qu'il l'avait nommé pacha de Marrakech quelque temps plus tôt. Par ailleurs, sa dureté avec ses ouvriers était légendaire.
Au contraire, Tayeb el-Moqri, un autre grand bâtisseur de palais, vibrait d'une plus grande humanité. Il offrait à ses ouvriers les plus méritants le pèlerinage à La Mecque.

Les palais Moqri : un panneau indique le « *palais Moqri* » *(plan couleur II, D7)*, édifié à la fin du XIXe s. Il s'agit en fait de l'ancien palais qui n'est guère accessible. Le « nouveau » palais Moqri se trouve quant à lui plus loin, en bas d'une rue tout en pente et en virage. Construit au début du XXe s, il n'est pas dans le meilleur état (les héritiers ne parvenant pas à se mettre d'accord), mais il a conservé tout son panache et abrite même des chambres pour passer la nuit. Vous pouvez toujours essayer de le visiter ainsi que ses jardins, contre pourboire bien évidemment.

Seul le ***riad Moqri*** *(plan couleur II, D6)*, qui abrite l'Institut des métiers traditionnels du bâtiment, se visite vraiment, si un gardien est présent à l'entrée (20 Dh). Nombreux patios traditionnels communiquant entre eux, avec superbes coupoles de bois sculpté et stucs colorés. Ne manquez pas la jolie vue sur la médina depuis la fenêtre ouvragée en fer forgé et préparez votre appareil photo ! Également un superbe jardin de 2 000 m² en terrasses, à la végétation luxuriante.

Le palais Glaoui *(plan couleur II, D7) : visite guidée slt, en tentant sa chance ou en contactant Abdou au ☎ 212 (0)6-67-36-68-28. C'est le gardien des lieux, peintre pendant son temps libre, et surtout personnage haut en couleur !* À l'origine (fin XIXe s, début XXe s), 17 pavillons et 2 jardins, des écuries, des moulins, des bains et une école coranique. Le palais est malheureusement assez délabré et appartient aujourd'hui à plus de 25 héritiers ! On déambule dans un ensemble de patios, de salles richement décorées de zelliges et coiffées de plafonds de cèdre peints et sculptés. L'influence de toutes les religions présentes au Maroc se retrouve : l'étoile de David sculptée sur une boiserie, des croix sur les murs dans les décos de mosaïque... Le deuxième patio est cerné par une inquiétante galerie de bois extraordinairement décorée mais qui manque de s'écrouler. C'était la partie des femmes : le harem. À voir, les mosaïques d'angle concaves ou convexes, des ronds parfaits incrustés dans les angles des pièces, sans la moindre irrégularité.

PRISONNIERS DANS LEUR PALAIS

Les bâtisseurs du palais Glaoui n'eurent pas la vie facile. Thami el-Glaoui les enfermait pendant toute la durée des travaux qu'il leur commandait. Enfin libérés, ils devaient se soumettre à la règle absolue qui leur interdisait de reproduire ailleurs les motifs des splendides mosaïques du palais. L'artiste qui s'y risquait encourait tout simplement... la peine de mort.

À L'EXTÉRIEUR DES REMPARTS

Le borj nord *(musée des Armes ; plan couleur II, C5) : en principe, tlj sf lun 8h30-18h. Entrée : 10 Dh.*
Sur les hauteurs de Fès-el-Bali, la forteresse, en vis-à-vis du borj sud (logique), fut édifiée au XVIe s par le sultan saadien El-Mansour-Eddahbi pour protéger la ville contre les invasions extérieures, notamment ottomanes. Aujourd'hui, seuls 5 des 11 borjs d'origine subsistent. Sous le protectorat, les Français transformèrent le bâtiment en prison. Outre sa situation stratégique offrant un superbe point de vue sur la médina, le borj mérite une visite pour son musée des Armes.
Dans sa majeure partie, il présente d'impressionnantes collections d'armes de prestige et d'apparat, plus proche d'œuvres d'art que de classiques armes de

guerre. Elles viennent d'Europe, d'Afrique et d'Asie. Petit florilège : des armes de chasse préhistoriques à l'étendard brodé de fils d'or, en passant par une panoplie d'armes blanches, les premiers pistolets à partir du XVIIe s, des colts américains du XIXe s, une mitrailleuse belge de 1871. Beaucoup de finesse dans la salle des armures. Vidéo sur l'histoire du borj et un aperçu de la fabrique d'armes autrefois installée à Fès. Muséographie moderne, mais un fond sonore de variété plutôt incongru, dont on se passerait bien. Ne pas manquer les terrasses, habitées par une colonie de faucons. Chaises pour admirer la vue.

– Pourtant très éloignés l'un de l'autre, chacun posté sur une colline dominant la vieille ville, les deux borjs nord et sud étaient, semble-t-il, reliés jadis par un tunnel passant sous la médina. Des travaux ont commencé au borj sud pour en dégager l'entrée.

Le borj sud *(plan couleur d'ensemble, ou plan couleur II, E7)* **:** *tlj sf lun 8h30-18h (17h l'hiver). Entrée : 10 Dh.* Construit à la même époque que le borj nord, au XVIe s. Entièrement réhabilité comme musée, le borj sud offre une visite quand même moins intéressante que son vis-à-vis du nord. L'habitat traditionnel y est mis à l'honneur, avec des maquettes et des pièces de maçonnerie ou boiserie venant de tous les coins du royaume et représentant tous les types d'architecture défensive.

DANS FÈS-EL-JEDID

Le mellah *(plan couleur III, H9)* **:** construit au XIIIe s et principal quartier de Fès-el-Jédid, il devient le premier quartier juif du Maroc au XIVe s. Ainsi accolé au ***palais royal*** (qui ne se visite pas), il se trouvait sous la protection directe du souverain. On y apprécie sa large rue principale (la rue des Mérinides ou derb El-Mellah) et son activité commerçante. Nombreux bijoutiers. Remarquez les balcons et larges ouvertures sur la rue, tellement inhabituels dans le pays (souvenir de l'architecture andalouse).

Le cimetière juif *(plan couleur III, G-H9)* **:** *sur le parking précédant le début de la rue des Mérinides, prendre la petite rue sur la droite. Entrée : 20 Dh (en principe).* Dans ce cimetière bien entretenu, adossé au mellah, les milliers de tombes blanches et enchevêtrées (dont 600 sans nom, des victimes de la peste en 1932) éblouissent le visiteur. Lieu émouvant et paisible, tout en sobriété. On y trouve les mausolées de grands rabbins (chapelle à droite en entrant) et d'une sainte. Tout au fond, s'il est ouvert, visiter le ***musée d'Edmond Gabay,*** un passionné qui récupère toutes sortes d'objets relatant le passé du judaïsme marocain. Étonnant.

La synagogue Danan *(plan couleur III, H9)* **:** *dans la rue des Mérinides, prendre sur la droite, dans une impasse (elle est indiquée). En principe, tlj sf sam 9h-18h. Entrée : 20 Dh.* Sympathique petite synagogue datant du XVIIe s et restaurée en 1999 dans des tons turquoise. Demander à voir la Thorah du XVIIe s derrière ses vantaux en bois sculpté d'époque. Parchemin en peau de gazelle (cinq livres sacrés) de 52 m de long. Au sous-sol, le *mikva* (ou bain rituel pour se purifier). Noter, sur le sol de la grande salle, la petite trappe qui permettait de voir si le rituel était terminé. En passant par la tribune réservée aux femmes, on accède à la terrasse, offrant une vue sur une partie du cimetière.

Bâb-Semmarine *(plan couleur III, H9)* **:** *au bout des rues des Mérinides et Sekkakine, cette porte donne accès à l'av. Fès-Jdid, en partie couverte.* Souk très animé et moins fréquenté par les touristes que la médina. Balade très agréable, où l'on est peu importuné.

Le jardin Jnane-Sbil *(plan couleur III, H8)* **:** *au bout l'av. Fès-Jdid, entrée sur l'av. Moulay-Hassan.* Un poumon vert à 5 mn de la médina, récemment rénové. C'est vite redevenu un lieu de promenade pour les familles et les jeunes en quête de calme et d'ombre. Fontaines et jets d'eau, petits ponts, large plan d'eau, bambouseraie, palmiers et... des bancs, enfin !

DANS LA VILLE MODERNE

Si tout le charme de Fès se trouve dans les quartiers anciens, la ville moderne abrite l'activité économique, les hôtels 5 étoiles et les restaurants non moins chic. C'est là que l'on sort dès la fin d'après-midi jusque tard dans la nuit. Les familles déambulent sur l'avenue Hassan-II, plantée de palmiers et viennent se prendre en photo devant l'une des deux statues de lions. Les jeunes se massent aussi du côté de l'avenue Mohammed-V, ses bars et ses restaurants. Le côté pile de Fès, en complet contraste !

Festivals

– ***Jazz In Riad :*** *env 1 sem en mars.* Concerts de jazz dans les *riad* de la médina.
– ***Festival de culture soufie :*** *en avr (en principe, 2de quinzaine). • festivalculture soufie.com •* Au palais Batha, dans certains *riad* et jardins andalous, sous forme d'échanges d'idées, poétiques, musicales et artistiques. Un festival souvent honoré par le grand Edgar Morin.
– ***Festival des Musiques sacrées du monde :*** *fin mai-début juin. ☎ 05-35-74-05-35. • fesfestival.com • Prix assez élevés (280 € le pass pour les concerts, billets à l'unité 15-60 €), mais aussi beaucoup de concerts gratuits. Il est très difficile de se loger à cette période.* Rassemble des musiciens du monde entier et jouit d'une excellente réputation. Durant une semaine, un bouquet de musiques spirituelles est proposé ; des films, des conférences et expositions s'ajoutent au programme. Un dialogue des cultures et des religions, une façon de réconcilier les hommes... en musique.

DANS LES ENVIRONS DE FÈS

Le circuit du parc national de Tazzeka : *à env 130 km (2h15 aller en voiture) de Fès, cette excursion demande une bonne journée.* Les paysages entre Sidi-Abdallah des Rhiata et Taza sont splendides, en empruntant jusqu'à Bab-bou-Idir la S311, sortie « Oued Amlil ». La route étroite, sinueuse et asphaltée, peut être coupée entre décembre et mai (le village de Bâb-bou-Idir est quand même à quelque 1 500 m d'altitude et le sommet du Tazzeka à 1 980 m, d'où la neige en hiver et des températures qui restent souvent fraîches). Vous trouverez sur votre route quelques aires de pique-nique dans de très beaux endroits (faites vos provisions à Fès avant le départ, car les boutiques et les petits restos sont ensuite rares, voire inexistants). Également quelques hébergements possibles, mais la région est encore peu développée d'un point de vue touristique, même si on a recensé plus de 200 grottes dans cette très belle région.
– Ce parcours étonnant d'environ 75 km permet de voir le ***gouffre de Friouato,*** découvert par Norbert Casteret. *Prévoir 5 Dh l'entrée et 3 Dh le parking, plus la visite guidée obligatoire : tarif conseillé de 200-300 Dh pour le groupe, pas plus, en fournissant son matériel ; sinon loc possible de matériel et guide pour 70-100 Dh/pers. Prévoir 3 bonnes heures pour l'exploration complète.* Impressionnant : il faut descendre 520 marches et les remonter ! De bonnes chaussures de marche et une lampe torche (ou, mieux, frontale) sont indispensables pour cette excursion sportive. Le sol est glissant. Des concrétions tapissent les parois de ce gouffre exploré sur 750 m de longueur et jusqu'à une profondeur de 245 m.
– Les *grottes du Chiker* voisines, ainsi que leur lac karstique (plus ou moins en eau suivant la saison), explorées elles aussi par Norbert Casteret, ne peuvent être visitées qu'avec un accompagnateur spéléo.

– ***Centre d'information du parc national de Tazzeka :*** *à la sortie du village Bâb-bou-Idir, en venant du gouffre de Friouato. Si le centre est fermé, essayez de trouver le gardien pour qu'il vous ouvre.* Vous pourrez ainsi voir une expo toute petite mais très informative sur la région, le parc, son climat, sa faune et les dangers qui le menacent. Près du parc, un grand panneau propose des itinéraires de randos entre 20 mn et 4h30, pas toujours évidents à suivre ! Il existe une vingtaine d'autres circuits pédestres ou VTT à effectuer avec un guide régional. On peut cumuler jusqu'à 10 jours de marche avec nuitées chez l'habitant ou bivouacs.
En été, un camping est en principe ouvert au cœur du village.

SEFROU

64 000 hab.

Ville située au pied du Moyen Atlas, à plus de 800 m d'altitude, sur le Dir (« poitrail » en berbère) qui domine le grand couloir sud-rifain. Elle servit très tôt de refuge aux juifs, dont l'histoire est intimement liée à celle de la ville, comme en témoigne l'ancien quartier du mellah. El-Bekri, géographe arabe du XIe s, décrit la ville comme une plaque tournante du commerce entre le Nord et la plaine du Tafilalet. C'est encore aujourd'hui un centre agricole important. Chaque année, au début du mois de juin, on y célèbre une importante fête des Cerises. C'est l'occasion d'assister à l'élection de « Miss Cherry » par... Internet (ça fait moins tarte !) et au mois d'août surtout, ne pas manquer, à 20 km de là, le *moussem* de Sidi Lahcen Lyoussi (un sage local).
Sefrou se compose de deux parties : la ville moderne et la médina, ceinte de remparts et flanquée à l'origine de quatre tours magistrales. Cette médina est traversée par l'oued Aggay, qui coule dans une étroite gorge et sort régulièrement de son lit. C'est une ville où il fait bon flâner, car elle est encore épargnée par le tourisme, et la médina reste populaire et très active.
À seulement quelques kilomètres, on peut visiter les habitations troglodytes du village de *Bhalil*.

Arriver – Quitter

En taxi

➢ À 28 km au sud de Fès, sur la route R 503 en direction de Boulemane. De **Fès,** prendre un grand taxi à Bâb-Ftouh, derrière le *McDo*.

Infos utiles

■ ***Distributeurs automatiques :*** *dans la ville nouvelle, sous les arcades, dans les env de la poste, et à la* ***Banque populaire,*** *à côté de la station* Shell *à l'entrée de la ville en venant de Midelt.*
– ***Souk :*** *jeu.*
– ***Joutiya (brocante) :*** *jeu tte la journée et ven mat dans le quartier Siti Massouda, à l'extérieur de la médina.*

Où dormir ?

Où manger ?

Dar Attamani : *en plein cœur de la médina.* ☎ *05-35-96-91-74.* • *darattamani.com* • *Entrée par Bâb-el-Maqam, la porte principale située sur la grande place. Descendre le cours de la rivière ; au niveau d'un souk aux boutiques vertes, le dar est accessible à partir de la ruelle parallèle à l'oued (indiqué). 5 doubles dont 2 avec sdb 330-450 Dh selon taille ; en terrasse sur un matelas, 110 Dh/pers ; petit déj compris. Repas sur commande (ouv aux non-résidents) 140 Dh.* Cette très vieille maison d'un rabbin fut construite dans une jolie architecture arabo-andalouse que le propriétaire français a conservée dans son jus. Les chambres agréablement décorées (jusqu'à 6 personnes pour certaines) s'ouvrent sur des patios intérieurs à chaque étage et de beaux salons. Un style un peu rustique, assez bricolé mais d'une belle sobriété. En sous-sol, une chambre monacale sous une voûte. Attention, pour certaines, les sanitaires sont un étage plus bas. Terrasse avec vue sur un caravansérail et le Moyen Atlas. Jardinet, hammam et salon de cinéma. Accueil très gentil.

La Maison des Lallas : *304, Derb-el-Miter.* ☎ *05-35-66-11-16.* • *lamaisondeslallas.com* • *Entre Bâb-Bni-Madrek et Bâb-el-Majlis. 5 doubles avec sdb (2-4 pers) 350-440 Dh. Repas sur commande (ouv aux non-résidents) 130 Dh. Parking à proximité.* Une autre ancienne demeure juive restaurée, sans surcharge avec un agréable patio lumineux. Ambiance familiale distillée par la joviale Jamila et sa voix de petit oiseau. Chambres sobres, sans TV (c'est volontaire) à tous les étages et jusqu'en terrasse, d'où l'on peut admirer les montagnes en fond de tableau. Cuisine délicieuse, dégustée dans le calme de cette maison traditionnelle.

Café-restaurant Oumnia : *2, bd Mohammed-V.* ☎ *05-35-66-06-79. Dans la ville moderne, face à la préfecture, à un rond-point. Menu 65 Dh. Sert de l'alcool.* Préférer le salon à l'étage, avec ses longues banquettes et ses tables basses. Menu pas très cher et cuisine correcte, mais ambiance pas toujours folichonne.

De nombreux petits ***restos*** aux abords de la grande mosquée située au cœur de la médina. De même, à la *Bâb-el-M'rabaa,* en face de l'ancienne synagogue, une série de p'tits restos à brochettes pas chers.

Où dormir dans les environs ?

Dar Kamal Chaoui : *route de Sefrou, km 19, à* ***Bhalil.*** ☎ *05-35-69-27-37.* 📱 *212 (0)6-78-83-83-10.* • *kamalchaoui.com* • *Doubles 50-60 €. Repas 9 € à midi et 14 € le soir.* À moins de 20 km de Fès et tout près de Sefrou, une pittoresque alternative dans ce village troglodyte de montagne. Béatrice et Kamal proposent une ravissante maison d'hôtes, sur les hauteurs (et donc au frais), décorée avec beaucoup de goût et de simplicité. Accueil attentionné de Kamal qui se fait un plaisir de guider ses visiteurs dans la région, tandis que Béatrice s'affaire aux fourneaux avec talent. Magnifique terrasse surplombant la vallée. Une belle adresse hors des sentiers battus.

À voir

Dans la médina

Sefrou possède l'une des médinas les plus séduisantes du Maroc, entièrement entourée de murailles, et coupée en deux par l'oued Aggay. Boudée par les tour-opérateurs en raison de sa situation géographique (trop près de Fès), elle est totalement dépourvue de visiteurs, et c'est tant mieux ! C'est le Maroc authentique comme on l'aime. Un grand plongeon dans la vie quotidienne d'une ville arabe, avec ses échoppes colorées, ses petits métiers et ses habitants d'une extrême gentillesse. Une vie rythmée par les appels à la prière.
On peut entrer dans la médina par 5 ou 6 portes dont la *Bâb-el-Maqam,* la principale située sur la grande place ; ensuite, il faut se laisser guider par les façades des maisons jusqu'à la grande mosquée, puis se perdre dans le lacis de ruelles jalonnées d'échoppes, souvent à peine plus grandes qu'un mouchoir de poche.

Le marché aux fruits et légumes : *à côté de la mosquée (masjid en arabe) Al-Adam.* En mai, c'est ici que vous trouverez la production des vergers de la région : nèfles, cerises, fraises, pêches, brugnons, nectarines et abricots.

Le quartier El-Haddadine : *juste derrière le souk aux légumes.* Bien pour casser une petite croûte. Le *foundouk* (caravansérail) *El-Haddadine* est le plus important de la ville. Il est aussi le mieux conservé. Le rez-de-chaussée est consacré au travail du bois ancien ; à l'étage, les hommes filent la laine et cousent les robes de mariée.

Le quartier des orfèvres : *à côté de la mosquée* (masjid) *Es-Smarine (à deux pas du mellah).* Plusieurs boutiques présentant des bijoux en or, en plaqué ou tout simplement des dorures.

Le quartier El-Bestna : *derrière le quartier El-Haddadine.* Il présente d'élégantes demeures de style maroco-andalou, dans la grande tradition fassie. *Dar Attamani* est la plus ancienne (plus de 300 ans). C'est une résidence privée transformée en belle maison d'hôtes (voir plus haut).

Le mellah : *l'entrée du mellah se fait au niveau du tt petit pont El-Kantra qui enjambe l'oued Aggay.* Autrefois, la ville comptait sept synagogues. À la fin du XIXe s, sur les 3 000 habitants qui vivaient à Sefrou, un tiers étaient juifs. Dans ce quartier qui fut surpeuplé, remarquez les maisons à encorbellement. Cette particularité architecturale permet à la lumière d'entrer dans les maisons, dont l'intérieur est exigu et sombre. Les fenêtres sont par ailleurs fermées par des grilles en fer forgé tournées vers l'intérieur de la maison. Juste à l'extérieur de la porte *Bâb-M'rabaa,* une synagogue et son école, fermées depuis 1956. À l'entrée, un panneau touristique explique l'importance de la communauté juive de la ville.

Le quartier Takassabt et les bobineurs : *à côté du mellah (grandes échelles plaquées le long du mur), après avoir traversé le petit pont.* Admirez les machines d'une autre époque qui bobinent le fil à coudre. Nombreuses merceries dans la rue attenante. Sefrou doit en effet sa réputation à la qualité de ses tissages, de ses broderies, et surtout à la confection des boutons de soie *(la'aqad),* fruits du travail des femmes juives du mellah. Dans le domaine du textile, la main-d'œuvre sefrouie a toujours été appréciée des tailleurs fassis, qui leur sous-traitaient le travail.

En dehors de la médina

Les cascades de Sefrou : *sur la route principale qui traverse Sefrou en venant de Fès, un panneau indique les cascades ; monter env 200 m, puis tourner à droite et continuer sur 200 m en laissant le vieux quartier fortifié El-Kelâa à sa gauche ; à l'intersection (en face, une piste), prendre à droite. On parvient à une barrière. On peut laisser sa voiture (et payer) et continuer à pied (les cascades sont 400 m plus loin) ou continuer en voiture (payant également).* Une des curiosités de la ville. Chutes d'eau assez petites mais qui valent le coup d'œil.

MEKNÈS

570 000 hab.

Pour les plans de Meknès, se reporter au cahier couleur 1.

Meknès, dont les quartiers historiques sont inscrits au Patrimoine mondial de l'Unesco, est la cinquième ville du Maroc par sa taille et l'une des quatre villes impériales, comme l'indiquent ses minarets verts et les portes monumentales de Bâb-Jema-en-Nouar et Bâb-Mansour.
L'origine et le nom de la ville remontent au Xe s, quand des Berbères de la tribu des Meknassa s'installent sur les rives fertiles de l'oued, charmés par toute

cette eau disponible. Comme pour toutes les villes anciennes du Maroc, la parcourir revient à jouer avec le temps et remonter le courant des dynasties. Au nord de la place El-Hedim, on pénètre dans l'ancienne médina datant du XIe s, bien agréable pour la promenade et nettement moins oppressante que celle de Fès. Elle fut le théâtre d'une terrible tragédie en février 2010 quand un minaret s'écroula sur les fidèles à l'heure de la prière du vendredi. Depuis lors, un vaste chantier de réhabilitation des édifices anciens a été entrepris dans tout le pays. À l'est de la Bâb-el-Mansour se trouve une partie souvent ignorée par les touristes, le quartier Dar-Kbira (« la grande maison »), premières pierres de la ville impériale bâtie par le souverain moulay Ismaïl (qui régna de 1672 à 1727) avant qu'il ne l'étende plus au sud. Autour de la ville impériale justement, 25 km de remparts un peu monotones mais très impressionnants. Ses murs font parfois jusqu'à 4 m d'épaisseur.

Puis vient enfin la ville nouvelle, au nord, édifiée par les Français au XXe s, moderne et fonctionnelle, sans grand charme. Malgré tout, quelques références au passé colonial quand on y regarde d'un peu près et beaucoup d'animation, surtout le soir, autour des cafés, glaciers et pâtissiers très alléchants. C'est dans cette partie qu'on trouve le plus d'adresses où loger à bon prix.

UN PEU D'HISTOIRE

Ancienne capitale chérifienne, et aujourd'hui grande ville de rassemblement des Berbères, Meknès est la ville d'un seul homme : moulay Ismaïl, aussi tyrannique que génial. Après avoir mis au pas tous ses opposants dans sa propre famille et unifié par la force et les batailles le royaume, il put se consacrer à Meknès, sa capitale. Avec une volonté inébranlable, ce souverain, contemporain de Louis XIV et dont le règne dura 55 ans, voulut faire une ville à son image et marquer son époque par une œuvre grandiose : il rasa l'ancienne *kasbah* mérinide et tout ce qui appartenait au passé. Des milliers de personnes participèrent à la construction de la ville impériale, parmi lesquelles des esclaves, prisonniers de guerre et captifs chrétiens. Pendant un demi-siècle, palais, jardins, fontaines, terrasses surgirent du vaste périmètre des murailles. Malgré les attaques du temps, il reste du règne du sultan moulay Ismaïl encore des kilomètres de murailles ocre, des portes monumentales aux faïences vertes, des écuries d'une taille démesurée, des arsenaux et des palais pour le harem.

LA GARDE NOIRE DU SULTAN

Soucieux de pacifier le pays et de soumettre les peuples rebelles, moulay Ismaïl se dota d'une immense armée, sur mesure et... héréditaire. Il fit venir 16 000 esclaves d'Afrique noire, qu'il transforma en combattants d'élite. Planificateur hors du commun, il leur donna des femmes, et les innocents agneaux nés de ces unions tactiques étaient élevés comme de petits soldats, qui à leur tour rejoignaient la « garde noire » du sultan. De 16 000 hommes au début de son règne, cette armée était de 150 000 membres à sa mort, 55 ans plus tard.

Tyrannique guerrier et grand bâtisseur, il organisa piètrement sa succession. La légende, généreuse et virile, raconte qu'il aurait eu jusqu'à 700 enfants de sexe masculin. S'épuisant dans des luttes de pouvoir, ses successeurs abandonnèrent Meknès à son sort, et stoppèrent cette fastueuse période d'embellissement de la ville.

MEKNÈS AUJOURD'HUI

Meknès demeure un centre économique actif. Plantée au cœur d'un bel environnement accidenté, parsemé de vignes et d'oliviers, elle est aussi un excellent camp de base pour explorer la région de Volubilis et de Moulay-Idriss. Sans doute à son avantage, elle est restée dans l'ombre de Fès sur le plan touristique. Beaucoup de nos lecteurs trouvent d'ailleurs Meknès plus accueillante (et moins chère !) que Fès, qui n'est qu'à 65 km.

Arriver – Quitter

En train

2 gares ferroviaires desservent la ville. La **gare principale** *(hors plan couleur d'ensemble par D2)* **:** *av. de la Gare, à env 1 km à l'est du centre de la ville nouvelle (peu après la gare routière CTM).* Même s'il y a plus de liaisons directes avec la gare principale, veillez plutôt à utiliser *la* **gare Abdelkader** *(zoom couleur I, D1)*, plus petite mais plus centrale. Pas de consigne à bagages. *Rens : ☎ 0890-20-30-40 ou • oncf.ma •* Pour la petite gare, liaisons avec :

➢ ***Fès :*** env 10 trains directs/j. Trajet : env 40 mn. Plus pratique et rapide que le bus.

➢ ***Tanger :*** 4 trains/j., dont 2 directs. Trajet : 4h30-5h.

➢ ***Rabat et Casablanca :*** liaisons directes env ttes les 2h (5h-21h30) ; également 1 train de nuit. Trajet : 2h15 pour Rabat et 3h15 pour Casablanca.

➢ ***Marrakech :*** env 7 trains directs/j. Trajet : env 6h30.

En bus

Gare CTM *(plan couleur d'ensemble, D1)* **:** *av. des FAR. ☎ 05-35-51-46-18 ou 05-22-43-82-82 (centre d'appel, à Casablanca). • ctm.ma •* Une gare très confortable, située à env 15 mn à pied du cœur de la ville nouvelle. Café agréable et salle d'attente. Liaisons avec :

➢ ***Casablanca et Rabat :*** 5 bus/j., 2h30-19h. Trajet : 4h.

➢ ***Fès :*** 4 bus/j. (tôt le mat, et en fin d'ap-m slt), mais on vous conseille plutôt le train. Trajet : env 1h.

➢ ***Ifrane :*** 2 bus/j., le midi et dans l'ap-m. Trajet : 1h.

➢ ***Tanger :*** 4 bus/j. Pas de départs le mat. Trajet : 5h.

➢ ***Agadir et Marrakech :*** 2 bus/j. en soirée. Trajet : 7h (Marrakech) et 11h (Agadir).

➢ ***Oujda :*** 2 bus/j., vers midi et minuit. Trajet : 7h.

➢ ***Er-Rachidia :*** 3 bus/j., vers midi et dans la soirée. Trajet : 7h.

Gare routière *(plan couleur d'ensemble, A2)* **:** *près de la porte Bâb-el-Khemis (un grand bâtiment bien indiqué « Gare routière »). ☎ 05-35-53-26-49.* Gare d'où partent les compagnies locales.

➢ Des départs ttes les heures pour ***Fès,*** et plusieurs liaisons tlj avec ***Casablanca, Rabat, Tanger, Marrakech*** et ***Kénitra.*** Préférez néanmoins les bus *CTM* (plus rapides, plus sûrs, plus confortables... et plus chers, certes).

➢ Pour ***Volubilis,*** aller à ***Moulay-Idriss*** ; continuer en stop, en grand taxi ou à pied. Le bus s'arrête également à Meknès dans la ville nouvelle, près de *l'Institut français,* en face de l'entrée du palais de la Foire *(zoom couleur I, C1).*

En grand taxi

Pour Moulay-Idriss : *station de grands taxis près du square de la rue Ounam-el-Moutahide (zoom couleur I, C1) ; compter 10 Dh/pers l'aller.*

➢ Avec un taxi privé, à prendre de n'importe quelle station de grands taxis (près des gares ferroviaire et routière, par exemple), possibilité de se rendre directement à ***Volubilis*** ; compter env 350 Dh l'aller-retour pour tout le taxi (tarif à négocier).

Adresses utiles

Infos touristiques

Délégation régionale du tourisme *(zoom couleur I, C1)* **:** *pl. Batha-l'Istiqlal. ☎ 05-35-52-44-26. Lun-ven 8h30-16h.* Pas grand-chose à se mettre sous la dent.

Conseil régional du tourisme *(zoom couleur II, B2)* **:** *pl. El-Hedim. ☎ 05-35-53-17-33.* Emplacement plus pratique, dans un petit kiosque

MEKNÈS

au cœur de la médina, mais souvent fermé.

Argent

■ **Distributeurs :** *dans la ville nouvelle, nombreuses banques avec distributeurs dans l'av. Mohammed-V, dont le* ***Crédit du Maroc*** *(zoom couleur I, D1,* ***1****), ainsi que dans l'av. Hassan-II (zoom couleur I, A-B1). Également à côté de Bâb Mansour dans la vieille ville (zoom couleur II, B2), à la* ***Banque populaire.***

Poste et Internet

✉ ***Poste :*** *sur la pl. de l'hôtel de ville (zoom couleur I, C1) ou rue Rouamazin dans la médina (zoom couleur II, B2). Lun-ven 8h-16h30 ; sam 8h30-12h.* Assurent aussi le change. Dans celle de la ville nouvelle, remarquer les 3 grandes fresques des années 1940, de style « colonial ».

@ Ce ne sont pas les ***cybercafés*** qui manquent. *S'adresser notamment à* ***Cyber de Paris*** *(zoom couleur I, C1,* ***5****), 8, rue d'Accra (en sous-sol) ; tlj 9h-1h ; moins cher à partir de 20h. Ou encore* ***Cyber Jdid*** *(zoom couleur II, B2,* ***6****), 42-44, rue Rouamazin, dans la « galerie commerçante », tt au fond ; tlj 11h30-3h.*

Urgences, santé

■ ***Pharmacie centrale*** *(zoom couleur I, C-D1,* ***2****) : 15, av. Mohammed-V. ☎ 05-35-52-11-81. Lun-ven 9h-12h30, 15h-18h ; sam 9h-13h.* Permanences affichées.

✚ ***Polyclinique Cornette-de-Saint-Cyr*** *(plan couleur d'ensemble, C1,* ***3****) : 22, esplanade du Docteur-Giguet. ☎ 05-35-52-02-62.*

✚ ***Hôpital militaire Moulay-Ismaïl*** *(zoom couleur I, D2) : av. des FAR. ☎ 05-35-51-73-95.*

– Pour les autres urgences (pompiers, police, pharmacies de garde), reportez-vous à la rubrique « Urgences » dans « Maroc utile », en début de guide.

Transports

■ ***Royal Air Maroc*** *(zoom couleur I, C1,* ***4****) : 7, av. Mohammed-V. ☎ 08-900-0800 (24h/24). En principe, lun-ven 8h30-12h15, 14h-19h ; sam 8h30-12h, 15h-18h.*

■ ***Garage Renault / Rif Automobile*** *(hors plan couleur d'ensemble par D1) : 212, av. des FAR. ☎ 05-35-52-26-11. À 2 km après la gare CTM.*

■ ***Garage Peugeot Citroën*** *(hors plan couleur d'ensemble par D1) : 193, av. des FAR. ☎ 05-35-52-43-60 ou 05-35-51-35-94. Env 400 m après le garage Renault (sur la gauche). Fermé le w-e.* Garage de réparation automobile dans le même bâtiment que le concessionnaire, mais entrée dans la petite rue sur la gauche.

■ ***Carburant :*** vous n'aurez aucun souci pour trouver une station-service, notamment sur l'avenue des FAR (route nationale de Fès).

Loisirs

■ ***Presse étrangère :*** nombreux points de vente de journaux et magazines dans la ville nouvelle, dont ce ***kiosque*** *(zoom couleur I, C1,* ***7****)* vendant certains journaux français.

■ ***Institut français du Maroc*** *(zoom couleur I, C1) : rue Farhat-Hachad. ☎ 05-35-51-65-00 ou 58-51. • ambafrance-ma.org/institut/meknes • Médiathèque ouv mar et ven 9h30-12h15, 14h30-18h30 ; jeu 14h30-18h30 ; mer et sam 9h30-18h30. Fermé de mi-juil à début sept.* Programme mensuel des manifestations (concerts, ciné-club, théâtre, conférences, etc.). Cafétéria du lundi au samedi à partir de 9h. Terrasse agréable sur jardin.

■ ***Cinéma Caméra*** *(zoom couleur I, C1) : à l'angle des av. Allal-ben-Abdellah et Hassan-II.* Vu le confort des fauteuils, on peut espérer que le film ne dure pas 3h (à l'affiche, films d'action américains ou films glamour de série B), mais la salle quasi inchangée depuis 1938 mérite le coup d'œil. En face, le bar du *Rex*, dans le même style, l'un n'allant pas sans l'autre...

■ ***Cinéma Dawlitz*** *(zoom couleur I, C1) : av. Moulay-Ismail, dans le complexe entre le palais de la Foire et le McDo.* Belle salle confortable et programmation variée.

■ ***Piscines :*** les 2 piscines publiques manquent d'hygiène. Celles des hôtels sont généralement accessibles moyennant un droit d'entrée le plus souvent élevé. Voir, par exemple, l'***hôtel Transatlantique*** *(plan couleur d'ensemble, B1, **33**)*, excentré mais dans un bel environnement.

■ ***Hammam Haï Ammal dar Lakbira*** *(zoom couleur II, B2, **8**) : pour les hommes et les femmes (entrées séparées). Tlj 7h-20h env.* Dans un des quartiers les plus authentiques de la médina, un bâtiment récent, à l'hygiène irréprochable, repérable à son tas de bois à côté.

■ ***Galerie commerciale La Belle Vie*** *(plan couleur d'ensemble, D2): vers le lycée français et le stade d'honneur.* Moderne, on y trouve tout, notamment un *food-court* à l'étage avec restos libanais, vietnamien, etc., pas bien chers.

Où dormir ?

L'offre hôtelière de Meknès n'est guère réjouissante pour les petits budgets. Les adresses très bon marché sont souvent peu attirantes, voire rebutantes ! Les adresses les plus abordables se situent en ville nouvelle, tandis que dans la médina l'ouverture de beaux *riad* est devenue, comme ailleurs, une affaire florissante. Attention, en haute saison, la capacité d'hébergement s'avère insuffisante ; il est donc préférable d'arriver le matin pour chercher une chambre, ou de réserver à l'avance.

Dans la ville nouvelle

De très bon marché à bon marché (moins de 200 Dh / 18,20 €)

■ ***Auberge de jeunesse*** *(plan couleur d'ensemble, B1, **21**) : av. Oqba-ibn-Nafi, Hamrya. ☎ 05-35-52-46-98. • auberge_meknes@yahoo.fr • Près du stade municipal, sur la gauche juste avt l'hôtel* Transatlantique. *Réception 8h-22h (minuit en été) ; dim et j. fériés, fermé 10h-18h. Compter 60 Dh/pers en dortoir de 5-8 lits et 75 Dh/pers en chambre double ; petit déj inclus. Douche chaude payante. Priorité, l'été, aux détenteurs de la carte des AJ.* Dommage que ce soit un peu loin du centre, car cette petite AJ organisée autour d'un patio est une bonne surprise l'été (gla-gla l'hiver !). Ensemble lumineux, agréable et plutôt propre, même si les lits sont un peu fatigués.

■ ***Hôtel Toubkal*** *(zoom couleur I, D2, **23**) : 49, av. Mohammed-V. ☎ 05-35-52-22-18. Double avec lavabo 180 Dh ; douche chaude payante (slt 2 douches pour les 2 étages !).* Chambres pas très grandes mais lumineuses, plutôt propres et carrelées. Ensemble très bruyant (le long d'un boulevard), demander une chambre sur l'arrière.

■ ***Touring Hôtel*** *(zoom couleur I, C1, **24**) : 34, av. Allal-ben-Abdellah. ☎ 05-35-52-23-51. Doubles 110-170 Dh selon confort (avec ou sans douche, w-c, etc.).* Chambres assez claires, mais propreté limite, et la literie a connu des jours meilleurs. Ensemble un peu bruyant, préférez les chambres sur cour.

MEKNÈS

Prix moyens (200-400 Dh / 18,20-36,40 €)

■ ***Hôtel Majestic*** *(zoom couleur I, D1, **25**) : 19, av. Mohammed-V. ☎ 05-35-52-20-35 ou 03-07. Fax : 05-35-52-74-27. Doubles 270-420 Dh sans ou avec sdb, petit déj compris. CB refusées.* Le sympathique et dynamique gérant continue à redonner vie à ce qui fut l'un des très bons hôtels de Meknès et qui reste toujours une référence. Il date des années 1930, sa façade d'inspiration Art déco contraste avec l'intérieur décoré de mosaïques. L'ensemble ne manque pas de cachet. La déco dans les chambres est plus conventionnelle, pour les plus anciennes, mais elles sont refaites les unes après les autres. Les chambres sur cour, plus petites, ont l'avantage d'être bien plus calmes. On aime beaucoup le patio à l'étage, bien reposant. Personnel serviable.

■ ***Hôtel Palace*** *(zoom couleur I, C1, **26**) : 11, rue du Ghana. ☎ 05-35-40-04-68 ou 05-35-52-04-07. Fax : 05-35-40-14-31. Double 230 Dh ; pas de petit déj. Parking payant.* Palace, palace, faut pas pousser quand même ! Mais il vieillit assez bien et les chambres couleur crème aux meubles verts sont grandes (quelques-unes avec clim) et disposent toutes de salle de bains. Eau chaude de 19h à 12h.

Chic (400-800 Dh / 36,40-72,80 €)

Hôtel de Nice *(zoom couleur I, C1,* ***27****) : angle rues d'Accra et Antiserabe. ☎ 05-35-52-03-18. • hoteldenice-meknes.com • Double env 530 Dh, petit déj en sus.* Hôtel moderne qui sent le propre, un peu impersonnel, mais une fois installé, on apprécie le confort, et c'est impeccable. Chambres lumineuses, vastes et confortables (AC et chauffage). Certaines disposent même d'un petit balcon. Accueil professionnel.

Hôtel Bâb-Mansour *(plan couleur d'ensemble, D2,* ***29****) : 38, rue Emir-Abdelkader. ☎ 05-35-52-52-39 ou 40. • hotel_bab_mansour@menara.ma • Double avec sdb 520 Dh, petit déj en sus ; certaines avec AC. (réception).* Grand hôtel de 80 chambres modernes et fonctionnelles, mais au mobilier bien fatigué. Salles de bains agréables. Très fréquenté par les groupes. Resto qui leur est plutôt destiné.

Hôtel Rif *(zoom couleur I, C1,* ***31****) : rue d'Accra. ☎ 05-35-52-25-91 à 94. • hotel_rif@menara.ma • Double confortable 700 Dh, petit déj en sus ; prix négociables. Parking privé.* Hôtel à l'extérieur massif et peu élégant avec près de 100 chambres. Le hall de réception et les couloirs sont en revanche agréablement décorés de meubles anciens. Bref, un hôtel très rétro, aux chambres confortables, mais aux tarifs un peu exagérés. Celles des 2 derniers étages sont les plus belles, car rénovées. Bon accueil. En été, belle terrasse avec piscine, ou même pour boire un verre. 2 restos. Travaille beaucoup avec les groupes.

Hôtel Ibis Moussafir *(zoom couleur I, C2,* ***32****) : av. des FAR. ☎ 05-35-40-41-41. • H3362@accor.com • Double 660 Dh, petit déj compris. (réception).* Chambres et couloirs aseptisés, mais confort et prestations standard et accueil pro. Chauffage. Bar pour tous jusqu'à 23h (assez bruyant) et restaurant ouvert aux non-résidents. L'hôtel est propre, bien entretenu et dispose d'une belle piscine avec terrasse sur l'arrière.

Beaucoup plus chic (plus de 1 000 Dh / 91 €)

Hôtel Transatlantique *(plan couleur d'ensemble, B1,* ***33****) : rue El-Mriniyne. ☎ 05-35-52-50-50 ou 51. • transat01@menara.ma • Double 1 200 Dh, petit déj en sus. (réception).* L'hôtel comprend 2 ailes : chacune son style, mais l'aile moderne dispose de chambres plus spacieuses, tandis que la partie ancienne, de style marocain aurait besoin d'une bonne remise à niveau. Toutefois, l'ensemble est plein de charme et cette adresse chic et célèbre dans les années 1920 possède 2 piscines et d'agréables jardins offrant une très belle vue sur la vieille ville. Hélas, le temps s'est cruellement écoulé...

Dans le quartier de la médina

Deux types d'hébergements dans la médina : des hôtels très sommaires et peu attrayants mais à des prix vraiment routards, ou des *riad* très chic.

De très bon marché à bon marché (moins de 200 Dh / 18,20 €)

Hôtel Agadir *(zoom couleur II, B2,* ***38****) : 9, rue Dar-Smen. ☎ 05-35-53-01-41. Double env 100 Dh, douche payante.* Parmi les moins déprimants des petits hôtels de quartier, dans un bâtiment tout biscornu. Les chambres, dont certaines monacales, sont relativement acceptables. Salle de bains commune carrelée, à la propreté toute relative mais avec eau chaude. Pour routards pas trop regardants.

Hôtel de Paris *(zoom couleur II, B2,* ***36****) : 58, rue Rouamazin ; entrée par une ruelle perpendiculaire à la rue principale. 212 (0)6-63-60-57-27.*

Double 120 Dh. Un petit hôtel vraiment sans prétention, pour routards en fin de course. Attention, souvent complet. Un peu bruyant. Pas de douche, mais des bains publics dans la rue derrière. Accueil un peu froid.

De prix moyens à chic (200-800 Dh / 18,20-72,80 €)

■ ***Hôtel Maroc*** *(zoom couleur II, B2,* ***39****)* **:** *au niveau du 7, rue Rouamazin, dans une impasse sur la gauche en montant la rue ; c'est indiqué.* ☎ *05-35-53-00-75. Double 200 Dh, petit déj en sus ; l'été, on peut dormir pour 50 Dh/pers sur la terrasse. W-c et douche chaude (comprise) sur le palier.* Ensemble un peu vieillot mais propre. Demander une des chambres à l'étage donnant sur le petit jardin intérieur planté d'orangers, plus calmes, plus agréables. Une bonne option pour les budgets serrés.

■ I●I ***Chambres d'hôtes Sweet Sultana*** *(zoom couleur II, B2,* ***40****)* **:** *4, derb Sekkaya, Tiberbarine, ancienne médina.* ☎ *05-35-53-57-20.* ● *dar-sultana.com* ● *Juste à côté du Ryad Bahia, indiqué par des panneaux dans la rue. Doubles 350-550 Dh selon taille et saison, petit déj inclus. Clim. Repas sur résa env 110 Dh.* Une maison d'hôtes toute simple, sobre et pas tape-à-l'œil. Murs intérieurs en pisé peints dans des tons chaleureux, décorés de figures et motifs en tout genre au henné. 5 chambres seulement dont la plus petite – la seule avec salle de bains privée –, avec lit en mezzanine et petit lit en dessous. Une autre avec un petit salon marocain confortable. Et les dernières sont exilées au fond d'un couloir-galerie. Une maison un peu sombre mais conviviale, avec des chambres simples à prix démocratiques. Terrasse.

LES RIAD

À son tour, Meknès est gagnée par le phénomène *riad.* Il s'en ouvre tous les ans dans la médina, mais ils restent encore relativement peu nombreux et, surtout, bien moins chers qu'à Fès.

Chic (400-800 Dh / 36,40-72,80 €)

■ ***Riad Safir*** *(zoom couleur II, B2,* ***30****)* **:** *Bâb-Aïssi, 1, derb lalla-Alamia.* ☎ *05-35-53-47-85.* ● *riadsafir.com* ● *Entrée en face de Bâb-Mansour (pancartes), à 150 m de la rue principale. Doubles 550-770 Dh, petit déj compris ; également des suites. Repas 165 Dh.* Philippe et Chantal ont aménagé et réuni 2 *riad* avec beaucoup de soin. 1er patio dans le style traditionnel marocain, offrant 3 délicieuses chambres. Charme et intimité. L'autre patio, de style plus contemporain, présente 3 chambres lumineuses et une suite (on y trouve les chambres les moins chères). Chaleureux accueil des hôtes, qui connaissent bien la ville et la région. Délicieuse cuisine. Petit bassin et salon de massage aux huiles essentielles. Terrasses fort agréables.

■ ***Riad Lahboul*** *(zoom couleur II, B1,* ***44****)* **:** *6, derb Aïn-Selfi.* ☎ *05-35-55-98-78.* ● *riadlahboul.com* ● *2 façons d'y parvenir : par le jardin El-Haboul (petit passage voûté avec barrière devant) ou par la ruelle qui descend presque en face de la rue Dar-Smen (où il y a la poste). Doubles 600-850 Dh, petit déj compris ; petits apparts avec 2 chambres pour les familles. ½ pens possible. Repas 200 Dh.* Quartier hyper tranquille. Petit *riad* familial où l'on prodigue un chaleureux accueil et où l'on aime les enfants. Ravissante salle à manger de style andalou, couverte de zelliges dans toutes les nuances de bleu et ingénieuse table décorée de façades en relief. Chambres pas trop grandes mais nickel, colorées. Délicieux petits plats (le *riad* organise des cours de cuisine et de musique). Terrasse sur 3 niveaux, avec vue extra sur les jardins. Plein de bonnes infos à grappiller sur la région.

■ ***Ryad Bahia*** *(zoom couleur II, B2,* ***40****)* **:** *Tiberbarine, dans la médina.* ☎ *05-35-55-45-41.* ● *ryad-bahia.com* ● *Derrière le musée Dar-Jamaï, c'est indiqué. Doubles ou mini-suites 660-1 320 Dh, petit déj marocain compris.* Une dizaine de chambres réparties entre 2 *riad* du XVIIIe s. L'ensemble est assez sobre et les espaces communs sont fort joliment aménagés et doux à vivre. L'une des 2 maisons, très ancienne, est celle de la famille (5e génération), qui habite à l'étage et héberge ses hôtes au rez-de-chaussée... Également de belles chambres sur le toit, avec terrasse privative. Agréables terrasses étagées sur plusieurs niveaux. Bon accueil des trois adorables sœurs qui tiennent la maison. Fait également table d'hôtes (voir « Où manger ? »), mais de préférence sur résa. Une de nos adresses les plus authentiques !

Ryad Zahraa *(zoom couleur II, B1,* ***45****) : 5, derb Sidi-Abdallah-el-Kasri-Touta. ☎ 05-35-53-20-12. • riad-zahraa.com • Doubles 550-1 000 Dh ; douaria 1 650 Dh ; petit déj compris.* Encore un petit *riad* charmant, garantissant intimité et atmosphère familiale. Accueil affable. L'hôtesse a décoré et aménagé cette maison andalouse avec des meubles authentiques et beaucoup de goût. Chambres et suites très diverses mais toutes fraîches et colorées. Certaines donnent sur le patio, d'autres sur la ruelle ou la terrasse. Pour familles ou bandes d'amis, la *douaria,* une adorable petite maison avec 3 chambres, à louer entièrement à un prix intéressant. Cuisine élaborée, avec plats originaux (donne aussi des cours d'art culinaire).

Riad Yacout *(zoom couleur II, B2,* ***46****) : 22, pl. Lalla-Aouda. ☎ 05-35-53-31-10. • riad-yacout-meknes.com • Doubles 650-750 Dh ; suite 1 100 Dh ; petit déj inclus. Repas 150 Dh. Parking.* Superbe *riad* avec patio d'une certaine sobriété et bassin andalou, ouvert par une ancienne star locale de football. 8 chambres et 2 suites, toutes différentes. La « Ghita » présente un riche décor berbère, tandis que la luxueuse suite « Yasmine » offre un plafond de bois sculpté et un lit à baldaquin. Pour l'ensemble, salles de bains en *tadelakt* et tout le confort espéré. Au resto, excellente cuisine (voir « Où manger ? »). Le plus : une terrasse-solarium extra, avec petite piscine et vue sur la place animée par les familles le soir. Panorama privilégié sur les remparts pour dîner aux chandelles.

Riad d'Or *(zoom couleur II, B2,* ***43****) : 17, derb Aïn-el-Anboub et derb Lalla-Aïcha-Adouia. 212 (0)6-41-07-86-25. • riaddor.com • Doubles 550-990 Dh avec petit déj. Clim et chauffage. Compter 110-220 Dh de plus à certaines saisons. Dîner sur résa.* Une vingtaine de chambres dans cette ancienne demeure du précepteur de Mohammed V. En fait, 2 *riad* accolés, dans un labyrinthe inextricable de couloirs et de patios intérieurs à plusieurs étages différents. Décoration traditionnelle et surtout, des plafonds de bois sculptés. Belle terrasse sur les toits avec vaste vue, et bassin niché tout là-haut. Les chambres les plus chères ont accès gratuitement au hammam de la maison. Une bonne référence pour manger marocain en table d'hôtes.

Riad Idrissi *(zoom couleur II, B1,* ***48****) : 20, derb lalla-sti-Hennou. ☎ 05-35-53-14-18. • riadidrissi.com • Repérable à sa longue façade rose (non loin du resto Zeitouna). Doubles à partir de 500 Dh, petit déj compris.* Intérieur intime et lumineux, décor traditionnel. Une douzaine de chambres et suites claires, colorées et cosy comme tout. Mobilier peint ou sculpté. De la terrasse, vue extra sur la médina. Accueil affable.

Riad Felloussia *(zoom couleur II, B2,* ***41****) : 23, derb Hammam Jdid, El Fernatchi. ☎ 05-35-53-08-40. 212 (0)6-76-98-77-17. • riadfelloussia.com • Doubles 440-1 100 Dh ; petit déj inclus.* On s'enfonce dans un dédale d'improbables ruelles pour atteindre cette vieille maison aux arches de briques, restaurée avec raffinement. Meubles d'antiquaire, une certaine sobriété dans la déco et une ambiance générale chic-cosy idéale pour se ressourcer. 2 chambres au rez-de-chaussée, mais on préfère les très belles suites à l'étage (comme souvent), plus intimes. Vue sur la place El-Hedim depuis la terrasse.

De plus chic à beaucoup plus chic (plus de 800 Dh / 72,80 €)

Maison d'hôtes Palais Didi *(zoom couleur II, B2,* ***42****) : 7, dar El-Kbira. ☎ 05-35-55-85-90. • palaisdidi.com •*

À côté du mausolée de moulay Ismaïl (en remontant à gauche, indiqué). Doubles et suites 820-1 320 Dh, petit déj compris. Cadre somptueux pour un coup de folie dans dans ce vrai *riad* d'origine du XVIIe s, comprenant 8 chambres et 5 suites. Les vieilles portes traditionnelles en bois s'ouvrent sur de superbes chambres aménagées dans la tradition des maisons anciennes, chacune orientée vers le patio central où gazouille une petite fontaine. Les chambres dans les étages, tout aussi élégantes et aux teintes chaudes, sont de véritables nids d'intimité. Les suites « Bleue » et « Rouge » ont de très jolies salles de bains. Sur la terrasse, une piscine et une vue magnifique qui embrasse la ville (notamment le golf, les remparts et le mausolée voisin).

Où manger ?

Dans la ville nouvelle

Très bon marché (moins de 50 Dh / 4,50 €)

Marhaba *(zoom couleur I, D1, **50**) : 23, av. Mohammed-V. Pour le dîner, ferme à 21h (plus tard en été). Fermé pdt le ramadan.* Ambiance très marocaine avec moult stucs, ventilos et TV à gogo... Bon petit resto avec ses sandwichs, tajines, omelettes... On recommande également la soupe et les brochettes de viande. Service rapide. On est prié de laisser la place au suivant au moment du coup de feu.

De bon marché à prix moyens (moins de 150 Dh / 13,60 €)

La Grillardière *(plan couleur d'ensemble, D1, **55**) : angle Abdelmoumen et Dakar. ☎ 05-35-51-45-54. Derrière la gare. Tlj jusqu'à 22h30. Menu midi 85 Dh. Non-fumeurs, clim et chauffage.* C'est une mini-chaîne dont la philosophie est la qualité des produits, une rigoureuse hygiène en cuisine et une attention particulière aux clients. Un fast-food « intelligent » en quelque sorte. Grande salle avec mezzanine ou terrasse et musique pop contemporaine. Gros succès auprès des familles, d'autant que les prix s'avèrent fort modérés. Grand choix de salades, sandwichs, brochettes, viandes, pizzas craquantes... et même tendre *T-bone* et poisson suivant arrivage.

Pizzeria NRJ *(plan couleur d'ensemble D1-2, **51**) : 36, rue Emir-Abdelkader. ☎ 05-34-87-08-05. Fermé slt 7h-9h du mat.* L'adresse jeune et branchée du quartier qui ne désemplit pas, de jour comme de nuit. Déco moderne autour du rouge, banquettes de moleskine et billards. Le ton est donné chez ce pizzaiolo qui a fait ses armes à Nice (il en a même gardé l'accent !). Également des pâtes, calzones, crêpes... Malin : 3 tailles proposées pour la plupart des plats, selon sa faim.

L'As D-Lys Restaurant *(zoom couleur I, C1, **52**) : 4, rue Ghana. ☎ 05-35-40-10-64. Formules enfants. Non-fumeurs.* Une adresse pratique et propre pour manger rapide et au calme à midi, dans un cadre contemporain, blanc, rouge et noir. Quelques tables seulement au rez-de-chaussée ou à l'étage pour une carte classique européenne et de snack, sans surprise, ni bonne ni mauvaise.

Restaurant Gambrinus *(zoom couleur I, C1, **54**) : rue Charif-Idrissi. ☎ 05-35-52-02-58. Tlj jusqu'à 21h (21h30 le w-e). Pas d'alcool.* Réjouissante adresse rétro qui a ouvert ses portes dans les années 1950. Le bar, qui garde un certain cachet avec ses vieux frigos en bois, date de 1914. La salle s'avère encore plus surprenante, très soignée (tables dressées, nappes immaculées), et surtout égayée par d'étonnantes fresques (des années 1950, elles aussi) réalisées par un fidèle de l'époque. Service impeccable (en veste blanche) et gentil, cuisine honnête. Quelques plats réguliers : tajine de lapin, gigot d'agneau, couscous, poisson du jour...

Chic (150-250 Dh / 13,60-22,70 €)

La Coupole *(zoom couleur I, C1, **58**) : angle av. Hassan-II et rue*

MEKNÈS

du Ghana. ☎ 05-35-52-24-83. Tlj 19h-minuit. Sert de l'alcool. Cadre rétro (aux murs, croûtes façon Montmartre !), assez chic et chaleureux, agrémenté d'un piano-bar. Carte européenne (entrecôte grillée ou à la provençale, par exemple) et quelques plats marocains, pizzas, poisson du jour. Bon rapport qualité-prix. Idéal pour les dîners en amoureux. Terrasse.

Plus chic (250-400 Dh / 22,70-36,40 €)

|●| ***La Case*** *(plan couleur d'ensemble, D2,* ***59****) : 8, bd Moulay-Youssef. ☎ 05-35-52-40-19. Tlj sf dim, jusqu'à 21h30 max. Sert de l'alcool.* Façade très discrète, on devine à peine un resto derrière. Cadre très classique dans les tons orange pour une classique cuisine française et européenne bien exécutée avec, au piano, une femme chef. Le patron ne manque jamais d'aller tailler une bavette de table en table. Normal, spécialités de viandes tendres ! Sinon, carte correcte de paëlla aux fruits de mer, osso-bucco, quelques tajines et même des crêpes. Mais l'adresse vaut surtout pour son choix de vins. Organise parfois des repas gastronomiques couplés à une visite de vignoble.

Dans le quartier de la médina

Bon marché (moins de 100 Dh / 9,10 €)

|●| ***Restaurant chez Kenza, Kanouz al Madina*** *(zoom couleur II, B1,* ***64****) : 11, derb Sidi-Abdallah-el-Kasri-Touta. ☎ 05-35-55-96-34. Tlj midi et soir.* Une entrée discrète, un escalier dérobé dans une maison particulière, et vous voici presque par surprise dans le salon marocain de l'accueillante Kenza, qui reçoit comme à la maison. Pas de charabia et des plats frais, en fonction du marché : tajines (aux olives, la spécialité de Meknès), couscous, pastilla... le trio gagnant quoi ! Une adresse confidentielle qui pourrait bien devenir votre cantine.

|●| ***Les Mille et Une Nuits*** *(zoom couleur II, B2,* ***62****) : 3, derb Sidi-Amar-Bouaouada, El-Hadim. ☎ 05-35-55-90-02. Accès du fond de la pl. El-Hedim, à droite (c'est fléché). Le soir slt, 19h-22h. Pas d'alcool.* Dans les ruelles de la médina se niche cette sympathique petite adresse. D'emblée, on est séduit par son cadre : une belle demeure traditionnelle haute de plafond, abondance de stucs, céramiques, plafonds peints, mon tout bien patiné et réparti en 2 charmantes petites salles. Et puis ici, on travaille en famille. Accueil chaleureux, service jeune et alerte, cuisine délicieuse. Certes, c'est parfois un peu long, mais tout est fait à la demande ! *Harira* parfumée, ainsi que les tajines (bon choix) et les couscous.

|●| ***Restaurant Oumnia*** *(zoom couleur II, B2,* ***60****) : 8, derb Aïn-el-Fouki. ☎ 05-35-53-39-38. Tlj jusqu'à 22-23h. Dans une petite rue perpendiculaire à la rue Rouamazin, juste au début à gauche.* Dans cette maison typiquement marocaine, un endroit plein de vie, où les bibelots prennent autant de place que les plats. Certes, tout n'est pas toujours nickel et la qualité peut parfois fluctuer, mais l'adresse reste bien sympathique. Accueil profondément gentil et attentif de la famille qui s'en occupe. Également vente à emporter.

De prix moyens à chic (moins de 250 Dh / 22,70 €)

|●| ***Restaurant Salma*** *(zoom couleur II, B2,* ***63****) : derb Hammam-my-Ismaïl. ☎ 05-35-55-67-08. Tlj jusqu'à 22-23h. Sert de l'alcool.* Surplombe la place du pavillon des Ambassadeurs. De belles salles de style marocain en rez-de-chaussée et au 1er étage, mais les gens privilégient la fort plaisante terrasse protégée pour observer sans être vu et profiter du glouglou de la fontaine. Menus plus chers que la normale, atmosphère assez touristique, mais cuisine correcte et bien servie.

|●| ***Le Collier de la Colombe*** *(zoom couleur II, B2,* ***61****) : 67, rue Driba. ☎ 05-35-55-50-41. Indiqué depuis*

la rue Rouamazin (par une envolée de marches). Midi et soir jusqu'à 23h. Menu à prix moyens ; plus cher à la carte. Sert de l'alcool. Carte variée de poissons (dont les truites de l'Atlas, la spécialité) et de spécialités marocaines correctes. Les pastillas, notamment, sont tout à fait recommandables. Belle carte des vins. Les 2 grandes salles ont une déco très marocaine. On aime cette adresse pour sa terrasse et la superbe vue sur la vallée derrière les baies vitrées. Service sympathique de surcroît.

Ryad Bahia *(zoom couleur II, B2,* ***40****) : voir « Où dormir ? ». Sur résa slt, ouv aux non-résidents à midi.* Bonne cuisine traditionnelle dans l'ensemble, que l'on déguste dans le patio de ce *riad* très accueillant. Appétissantes entrées, comme l'assortiment de salades marocaines pleines de saveurs, et d'une finesse que l'on goûte trop rarement à Meknès. Service efficace, généreux et souriant. Une de nos valeurs sûres !

Plus chic (250-400 Dh / 22,70-36,40 €)

Riad Yacout *(zoom couleur II, B2,* ***46****) : voir « Où dormir ? ». Tlj jusqu'à 22h. Résa conseillée. Sert de l'alcool.* Cadre sobre et élégant dans les tons marron foncé et blancs avec de belles photos anciennes et un miroir de Venise. Atmosphère chic, service un peu guindé. Fine cuisine marocaine. Quelques spécialités : tajine de veau berbère ou d'agneau royal, poulet farci fines herbes, *kabab maghdour...*

Où déguster une pâtisserie ? Où boire un verre ?

Dans la ville nouvelle

Pâtisserie Agadir *(zoom couleur I, C1,* ***70****) : av. Hassan-II.* Toute petite pâtisserie en angle, sans enseigne, dont on sent les délices avant même de les voir. On peut également y boire un jus de fruits frais (avocat, amande...), debout, tout en grignotant une petite douceur. Les gens du coin ne s'y trompent pas, la petite pièce est toujours bondée.

Café La Tulipe *(zoom couleur I, C-D1,* ***71****) : rue Marraket-el-Heri.* Agréable café sur une placette, au calme et loin du bruit. La salle surprend par son décor balourd, avec notamment de faux rideaux en pierre d'une élégance... contestable, mais la grande et large terrasse ombragée a un grand pouvoir d'attraction sur les âmes oisives. Café, thé, jus de fruits frais, et on peut aussi y déguster de très bonnes pâtisseries.

Café L'Opéra *(zoom couleur I, C1,* ***73****) : 7, av. Mohammed-V. Tlj 5h30-21h.* L'un des cafés chic de la ville. Beaucoup de classe, de confort, une recherche de mobilier tendance, des serveurs très dignes et sérieux. Petite terrasse en plein air (même si elle est au bord d'une bruyante avenue) pour déguster glaces et bonnes pâtisseries. Mezzanine plus tranquille mais bondée.

Palmiers d'Aziza *(zoom couleur I, C1,* ***72****) : 9, rue de Tarfaya. Tlj 6h30-21h.* En retrait des boulevards, un petit havre pour siroter un jus de fruits frais ou déguster des pâtisseries. Service attentif. Salle au style un peu rétro et surtout une terrasse en hauteur, à l'ombre d'un vénérable palmier... en cage. Un endroit plaisant pour recharger les batteries.

Glacier-pâtisserie Chahrayar *(zoom couleur I, C1,* ***75****) : 16, rue d'Accra. Tlj 7h-21h. Non-fumeurs.* Nos lectrices apprécieront cet endroit à la clientèle mixte avec des femmes au service. Enseigne uniquement en arabe, mais c'est écrit en français sur les tee-shirts du personnel et les gros néons verts sont facilement repérables ! Petites tables rondes pour déguster jus de fruits et pâtisseries.

Dans le quartier de la médina

Restaurant Salma *(zoom couleur II, B2,* ***63****) : derb Hammam-my-Ismaïl. Voir aussi « Où manger ? ». Tlj jusqu'à 22-23h. Sert de l'alcool.* Terrasse en hauteur, idéale pour boire un verre au calme, au-dessus de la mêlée, un œil rivé sur les remparts crénelés.

MEKNÈS

Pâtisserie-laiterie *(zoom couleur II, B2,* ***74****) : rue Rouamazin.* En face de l'*Hôtel de Paris,* une vitrine sans nom qui ne paie pas de mine et envahie de guêpes ! Ça a l'air un peu cracra, mais cette pâtisserie populaire propose de bons jus de fruits frais et variés, des yaourts, et de délicieuses pâtisseries que l'on peut déguster à l'étage, attablé sur la mezzanine pour nains de jardin, toute carrelée.

Café-restaurant Lahdim *(zoom couleur II, B2,* ***76****) : pl. El-Hedim. Tlj jusqu'à 22-23h.* On monte, on monte et nous voici sur 2 terrasses posées sur les toits avec la Bâb-Mansour en ligne de mire. Bien agréable en fin d'après-midi pour un thé ou un jus en observant les commerçants remballer leurs marchandises sur la place et les enfants improviser des parties de foot.

Où sortir ?

Comme souvent au Maroc, les rares endroits « fréquentables » où danser sont les discothèques des grands hôtels. Essayer par exemple le ***Night-Club de l'hôtel le Malta*** *(zoom couleur I, C1,* ***80****) : rue Charif-Idrissi. Tlj à partir de minuit. Entrée : 100 Dh avec une boisson.* Tous styles de musique.

La Bodega *(plan couleur d'ensemble, C1,* ***81****) : rue Oqba Ibn Nafi. Au rdc du Relais de Paris. Tlj sf dim à partir de 19h. Entrée libre. Sert de l'alcool.* Assez excentré, mais face à l'auberge de jeunesse. Resto branché ambiance espagnole jusqu'à 23h, puis on pousse les tables pour se trémousser sur de la *house* ou de la musique electro. *Muy caliente* !

À voir

La vieille ville, bâtie sur un plateau, est protégée par tout un jeu de gigantesques remparts imbriqués les uns dans les autres et reflétant bien les divers aménagements de l'époque : ville impériale, mellah (quartier juif), médina (à l'origine bâtie par les Almoravides au XIe s), etc.

Si vous êtes motorisé, pour visiter la médina, garez votre voiture sur la place Lalla-Aouda, près de Bâb-Mansour, ou bien près du mausolée de moulay Ismaïl *(zoom couleur II, B2).*

LE COULOIR DE LA MORT

Venant de Bâb-Mansour, et en se dirigeant vers la ville impériale par la route, le voyageur passe entre deux rangées de remparts. Franchissant le premier rideau, les envahisseurs se trouvaient piégés entre les deux hautes murailles. Ne restait plus qu'à fermer les portes des extrémités, et les assaillants étaient « faits comme des rats ». Non sans frémir, les habitants surnomment désormais cet espace « le couloir de la mort ».

Dans la médina

La place El-Hedim *(zoom couleur II, B2) :* c'est la grande place que l'on traverse pour entrer dans la médina. Elle fait la jonction avec la ville impériale de moulay Ismaïl, qui s'étend au sud. Elle est bordée par la superbe *Bâb-Mansour,* la porte la plus connue de Meknès.

La place est l'émanation des rêves de grandeur du puissant souverain moulay Ismaïl. Pour commencer son œuvre, il rasa la *kasbah* mérinide, ce qui dégagea un espace conséquent plein de débris, transformé en place. Ainsi naquit la place El-Hedim, ou place des « décombres ». Dans la journée, elle est élégante avec ses petits auvents courant le long de la muraille et protégeant du soleil. Prenez aussi le temps d'y boire un thé en fin d'après-midi pour observer la belle animation qui y règne alors et les matchs de foot improvisés : un faux air de la place Jemaa-el-Fna de Marrakech, en miniature.

Le marché de la médina *(zoom couleur II, B2)* **:** derrière les arcades de potiers se trouve l'un des plus animés et des plus beaux marchés couverts du Maroc. Vous y trouverez de nombreux étals d'épices, d'olives, de fruits secs, de pâtisseries, puis l'allée aux poules et aux moutons : le spectacle vaut le détour, mais les odeurs peuvent vous prendre à la gorge.

Le musée Dar-Jamaï *(zoom couleur II, B2)* **:** *sur la pl. El-Hedim. Tlj sf mar et certains j. fériés 9h-17h. Entrée : 10 Dh. Attention, la collection permanente peut être remplacée par des expos temporaires.*
Dans une splendide demeure construite par le grand vizir Jamaï en 1882, rachetée par le Glaoui de Marrakech (qui n'y vint jamais), récupérée par la France pour en faire un hôpital militaire, puis enfin convertie en musée depuis 1920. Rafraîchissant jardin intérieur et superbe patio central tenu par quatre colonnes en céramique. Parmi les différents thèmes d'expo abordés, de nombreuses boiseries ou portes peintes et ciselées, ainsi que des kaftans. *Salle aux bijoux* présentant talisman, peigne en ivoire, anneau de cheville, boîtes à khôl, bracelets en argent ciselé, beau frontal de mariée du XVIIIe s, etc. Dans la cuisine, belle céramique émaillée, objets domestiques, boîtes à thé en cuivre ciselé, reconstitution d'un four à soufflet... Et dans le hammam attenant (avec coupole), joli porte-savon en faïence.
Au 1er étage, dans une niche, fauteuil de mariée haut sur pattes ! Noter le bel auvent en stalactite (cèdre sculpté et peint) et les vitraux. Superbe salle de réception avec des plâtres d'une rare finesse, un plafond peint et des arches en cèdre très travaillées. Décor de la coupole particulièrement élaboré. Puis d'autres pièces avec cheminée, plus lumineuses et tout aussi riches ainsi qu'une expo de quelques instruments de musique.

Les souks : au cours de votre balade dans les souks, remarquez les anciennes *kissaria* (marchés couverts), mieux conservées que celles de Marrakech, car elles n'ont jamais été remaniées. Elles sont dans le coin situé entre la dar Jamaï et Bou-Inania, autour de la grande mosquée *(zoom couleur II, B2)*.

Bâb-el-Jédid *(zoom couleur II, A1)* **:** vous y trouverez le marché aux puces. Ce sont des particuliers qui vendent leurs affaires. Également, le souk des instruments de musique, où l'on peut acheter des instruments traditionnels à prix défiant toute concurrence, fabriqués de manière artisanale (tambourins, luths, derbouka, *nafar*...).

La médersa Bou-Inania *(zoom couleur II, B1)* **:** *tlj sf j. fériés 9h-17h. Entrée : 10 Dh.* Elle fut fondée au XIVe s par un souverain de la dynastie des Mérinides. Après la superbe porte en cuivre martelé, on retrouve l'architecture traditionnelle des médersas : une cour centrale avec fontaine, bordée de galeries et d'une salle de prière. La place de l'imam a été creusée dans le mur, dans une salle attenante. Bel auvent en bois d'olivier sculpté d'arabesques extrêmement minutieuses, stucs particulièrement travaillés (une véritable dentelle) et mosaïques de faïence dans les tons verts. Au 1er étage, les petites cellules aux moucharabiehs en bois servaient à loger les étudiants de l'école coranique. Un escalier au fond du couloir mène à une terrasse donnant sur le minaret de la grande mosquée et les toits de tuiles émaillées vertes.

Les tanneries *(plan couleur d'ensemble, A2)* **:** *juste à l'extérieur de la médina, à l'ouest de Bâb-el-Jédid. Accès en voiture par le bd circulaire, se garer à la Bâb-es-Siba.* Dans un marché pas du tout touristique, où règne une ambiance très différente de la médina voisine. Beaucoup moins impressionnantes mais tout aussi authentiques que celles de Fès, les tanneries ont ici peu de bassins colorés. On regarde les touristes un peu de travers, car n'oubliez pas que les gens travaillent ici.

Dans la ville impériale

Bâb-Mansour *(zoom couleur II, B2) : sur la pl. El-Hedim.* C'est la porte du milieu, la plus importante et la plus remarquable des portes de Meknès. Elle fut achevée en 1732, sous le règne du fils de moulay Ismaïl et dessinée par le même architecte que le palais El Mansour *(hors plan couleur d'ensemble par B3).* « Mansour » signifie « renégat », en référence à cet architecte portugais, chrétien converti à l'islam. Elle symbolise la toute-puissance du sultan. Des expositions y sont parfois organisées. Par la porte la plus à gauche, accès à la ***place Lalla-Aouda,*** où l'on peut se garer. Ambiance famille des plus sympathique le soir.

LE ROI-SOLEIL MAROCAIN

Louis XIV refusa à moulay Ismaïl (qui entretenait un harem de 500 concubines !) la main d'une de ses filles. Vexé ou orgueilleux, le sultan voulut rivaliser avec le Roi-Soleil et entreprit la construction de son « Versailles », le palais royal qu'il para des plus belles œuvres et des plus beaux objets. Il fit venir de Damas les meilleurs artisans juifs, important l'art de la damasquinerie à Meknès. Les motifs en forme de soleil qu'on retrouve dans le palais rappellent d'ailleurs cette relation ambiguë avec le roi de France, entre fascination et rivalité.

MEKNÈS

Le pavillon des Ambassadeurs et la prison des Chrétiens *(zoom couleur II, B2) : sur une autre place, accessible depuis Lalla-Aouda. Tlj 9h-17h30. Entrée : 10 Dh. Un guide propose parfois ses services (payant). Peut servir de lieu d'exposition, auquel cas le droit d'entrée est plus cher.* On visite d'abord une grande pièce toute nue, au joli décor mais à l'intérêt limité dans cet ancien pavillon où les sultans avaient l'habitude de recevoir les ambassadeurs étrangers (d'où le nom). Ils essayaient souvent sans succès de monnayer la libération des prisonniers chrétiens. Dehors, un escalier mène sous la place, à la fameuse prison des Chrétiens. Les prisonniers étaient en fait aussi bien des Marocains musulmans que des milliers d'Européens chrétiens capturés lors des batailles navales, ou quand moulay Ismaïl récupéra les ports du royaume aux Espagnols et aux Anglais. Tous égaux chez les captifs, en quelque sorte ! Étaient-ils réellement enfermés dans ces profondes salles ? Rien ne le prouve. D'autant que l'architecture de cette « prison » en fait plutôt la sœur jumelle des greniers à grain qu'on trouve plus loin dans la ville impériale. Ces grandes salles voûtées, aux piliers et murs d'une épaisseur colossale, sont néanmoins très impressionnantes. Il y fait sombre et toujours frais.

Le mausolée de moulay Ismaïl *(zoom couleur II, B2) : entrée par Bâb-Moulay-Ismaïl. Tlj sf ven mat (réservé aux musulmans) 9h-12h30, 15h-18h30. Entrée gratuite (pourboire à discrétion). Tenue correcte exigée. Les photos sont autorisées, mais les vidéos interdites.*
L'édifice fut construit en 1703. Il y a trois fontaines aux ablutions, d'abord dans deux cours puis, ce qui est plus rare, dans la salle de prière (dans la mosquée même). Le rôle de cette dernière fontaine est purement décoratif, mais elle peut servir les jours d'affluence.

UNE ENTORSE À LA RÈGLE

Parmi les nombreux héritages laissés par Lyautey figure l'interdiction pour les non-musulmans de pénétrer dans les mosquées. Mais le mausolée de moulay Ismaïl fait figure d'exception au Maroc, à la suite d'un caprice du maréchal : en effet, les non-musulmans peuvent ici entrer car, au cours d'une visite officielle, Lyautey refusa de rester à la porte, alors que le sultan y pénétrait pour prier. Seul l'accès à la tombe du souverain reste tout de même strictement réservé aux musulmans.

La troisième cour, la plus belle, est carrelée d'une belle faïence à dominante verte et possède un cadran solaire datant du XVIIe s.
C'est là qu'il faut se déchausser pour pénétrer véritablement dans la mosquée. Magnifique plafond en cèdre peint de la salle de prière. On retrouve les quatre couleurs des villes impériales dans les ornementations : le bleu de Fès, le vert de Meknès, le rouge de Marrakech et le jaune de Rabat. À droite en entrant, les tombeaux de moulay Ismaïl, de sa femme et de deux de ses descendants. Vous pourrez voir deux horloges comtoises offertes par Louis XIV (vision assez surréaliste !) ; en fait, il y en a quatre, les deux autres sont contre le mur d'en face (on peut en apercevoir une en grimpant les marches vers le 4e tombeau). Moulay Ismaïl reçut ce cadeau lorsque le roi refusa de lui accorder la main de sa fille. La frise en arabe décrit l'arbre généalogique de la famille royale. Mohammed VI est un descendant de la dixième génération de moulay Ismaïl.

Dar Kbira *(zoom couleur II, B2)* **:** partie méconnue de la ville impériale, construite par moulay Ismaïl dès le début de son règne (1672). Cette « grande maison » composée de 12 palais, avec autant de jardins, était le lieu où vivait le sultan quand il n'était pas en guerre. De ces 12 palais, on ne visite rien (à moins de loger dans la maison d'hôtes *Le Riad* ou dans le *Palais Didi*, voir « Où dormir ? Les *riad* »). Transformés en habitations par les occupants actuels ou en *riad*, ils sont cachés derrière d'épais murs qui ne laissent rien deviner. La promenade dans les ruelles de cette petite médina vaut le coup pour comprendre l'architecture défensive de la ville. On peut y entrer par *Bâb-Lakbira*, très belle porte aux mosaïques bleues avec deux tours crénelées. Comme sur toutes les *bâb*, les écritures en haut retracent l'histoire du quartier et décrivent ce qu'on découvre derrière. Ici, « la maison du roi, avec ses pavillons, fontaines, *riad* et bains... édifiée grâce au roi moulay Ismaïl ». Derrière, une entrée en chicane ; au cas où les assaillants enfonceraient la porte, ils se retrouveraient bloqués. À voir, quand on avance dans les ruelles, les galeries sous voûte ou d'autres épais murs anciens (ceux qui délimitaient les 12 palais), en pierres usées par le temps, et d'une couleur terreuse. Un avantage de ce quartier : une promenade vraiment tranquille, sans boutique de souvenirs.

Le Golf royal *(plan d'ensemble couleur, B2-3)* **:** *entrée par la place du pavillon des Ambassadeurs. Tlj 8h-18h ; bar-resto fermé lun. Menu 100 Dh.* L'un des endroits secrets de la ville impériale, accessible au public. Guère de balade possible, mais on peut jeter un œil à ce 9-trous un peu inattendu, planté d'oliviers et d'arbres fruitiers. Terrasse du bar-resto idéale pour se reposer au vert et admirer la vue.

Le musée de la Poterie du Rif et du pré-Rif *(plan couleur d'ensemble, B3)* **:** *borj Bel-Kari, bd Zin-el-Abidin. Tlj 9h-17h. Entrée : 10 Dh.* Joliment installé dans le borj Bel-Kari restauré, ce petit musée consacré à la poterie est plutôt bien conçu (panneaux explicatifs concis en français, cartes, etc.). La première partie expose l'évolution historique de la poterie dans les régions du Rif et du pré-Rif ; la seconde présente les différents types de poteries de cette zone (pas énormément d'objets exposés, mais de très belles pièces).

Hri Moulay Ismaïl *(greniers de moulay Ismaïl ; plan couleur d'ensemble, B3)* **:** *en principe, tlj 9h-17h30. Entrée : 10 Dh.*
Ce **grenier à grain** est le monument le plus remarquable de la ville impériale. Construit par moulay Ismaïl, il possède des murs en pisé de 4 m d'épaisseur qui préservent une température fraîche en été et tempérée en hiver. Notez les puits dans certaines des petites pièces latérales, on les appelle des *dar el-Ma* (« maison de l'eau »). Les pièces dépourvues de puits servaient, elles, de greniers à grain, prélevé comme impôt par le sultan. Tout au fond de l'entrepôt (sur la droite), on peut voir une ***noria,*** sorte de grande roue actionnée par des ânes et des chevaux, qui permettait de puiser l'eau. En sortant, après avoir traversé le grenier, on parvient à ce qu'on appelle souvent les « ***anciennes écuries*** », qui auraient accueilli

jusqu'à 12 000 chevaux (mais, à priori, les fameuses écuries se seraient en fait trouvées dans le Hri Mansour, mentionné plus loin). Il ne reste plus aujourd'hui qu'une impressionnante enfilade d'arcades, plus ou moins envahies par les herbes folles.
Au pied du monument se trouve le ***bassin de l'Agdal.*** Il servait à abreuver la grande cavalerie du moulay, et de réservoir d'eau potable. C'est aujourd'hui un lieu de promenade prisé. Ce bassin était alimenté par 20 km de canalisations souterraines provenant directement de la montagne. En cas de siège, le moulay pouvait tenir bien longtemps, au grand dam des assiégeants. Malin, le moulay !

Le palais El-Mansour *(Hri Mansour ; hors plan couleur d'ensemble) : au sud-est de la ville impériale, quartier Roua. Pas facile à trouver et indication erronée sur certains plans de la ville. Le mieux est de longer le Hri Moulay Ismaïl et de bifurquer sur la gauche au croisement, puis à droite, puis à gauche à nouveau (normalement c'est indiqué par des petites plaques). Tlj jusqu'au coucher du soleil. Entrée : env 15 Dh.*

Longtemps à l'état d'abandon, il a fait l'objet d'une dynamique campagne de restauration. Construit à la fin du XVIIe s (et du règne de moulay Ismaïl), il servit tout à la fois de bastion, de tour de guet, de dépôt d'armes, de grenier et de résidence princière.
Gros parallélépipède de 79 m par 92 m. On pénètre d'abord dans une première salle voûtée, au volume immense. Dans son prolongement, à droite, les écuries pour les chevaux des dignitaires venant assister aux réunions. Les souterrains de 2 km de long (ne se visitent pas) servaient quant à eux à abriter jusqu'à 1 200 chevaux. Dans la deuxième salle, tout aussi impressionnante, énormes piliers en brique et arcades en fer à cheval. Puis accès à la salle de réunion sous coupole, avec arcades andalouses. On notera les alvéoles en forme de trident, clin d'œil au Portugal. L'architecte, qui construisit aussi la Bâb-el-Mansour était d'origine portugaise (c'est le fameux « renégat », car ex-chrétien, traduisez « mansour » en arabe). Près de l'entrée, entre l'ancien rempart et l'édifice, petit salon de thé pour un paisible moment de détente. Au 1er étage, des « jardins suspendus » et d'anciennes pièces à vivre. Il ne reste pas grand-chose de tout cela aujourd'hui, mais on profite de jolis points de vue sur les alentours qui permettent de comprendre les qualités stratégiques de l'édifice. Noter les creux dans les murs qui servaient à l'écoulement des eaux.

Les haras de Meknès *(hors plan couleur d'ensemble par B3) : sur la route d'Azrou, après l'Académie royale (près de la fac de sciences et de l'Académie des lettres) ; assez loin du centre. En principe, lun-ven 15h-17h. Gratuit.* Vous pouvez vous balader presque partout, sauf près des chevaux, ce qui limite sérieusement l'intérêt de la visite ! Les employés sont très gentils. Cadre champêtre alors que l'on se trouve en pleine ville.

Fête et manifestation

– ***Mouloud de Meknès :*** *commémore la naissance du Prophète suivant le calendrier lunaire, donc pas de date fixe (voir en début de guide, la rubrique « Fêtes et jours fériés » dans « Maroc Utile »).* L'une des fêtes les plus grandioses de la ville. Rassemblement gigantesque avec de nombreuses fantasias (au Maghreb, ce sont des manifestations équestres), devant les remparts de pisé de la ville. Séances de transes et cérémonies religieuses de la secte des Aïssaoua.
– ***Salon international de l'Agriculture au Maroc :*** *fin avr. • salon-agriculture.ma •* Tout ce que le Maroc produit de beau et bon sur 100 000 m^{2}. Un festival de couleurs pour petits et grands qui vaut bien le salon de la porte de Versailles, à Paris.

MOULAY-IDRISS

13 000 hab.

Merveilleuse ville sainte, à 22 km de Meknès. C'est ici qu'est enterré moulay Idriss, le fondateur de Fès, et surtout l'arrière-petit-fils de Mahomet, qui a réussi à convertir à l'islam les Berbères de la région. Il est aussi le fondateur de la première dynastie musulmane du Maghreb : les *Idrissides*.
Aujourd'hui, Moulay-Idriss est LA ville sainte du Maroc, et le pèlerinage jusqu'à ce village équivaut, chez les musulmans de condition modeste, au voyage à La Mecque. D'ailleurs, depuis plusieurs générations, c'est la première ville où se rend le nouveau roi après son accession au trône. Les ruelles de la médina, réparties en deux quartiers (Khiber et Tasgha), chacun sur sa colline, sont particulièrement attrayantes pour une promenade, le soir de préférence. La petite place à l'entrée de la médina est alors très reposante. Le soleil couchant sur les collines de Volubilis offre un spectacle étincelant, car la ville de Moulay-Idriss est située dans un très beau coin de nature. On ne peut qu'être touché par cette grâce impalpable qui semble régner sur la ville.

UN MINARET QUI NE TOURNE PAS ROND

Avez-vous remarqué ? Le minaret de Moulay-Idriss est de forme cylindrique. Si cette caractéristique n'est pas rare dans le monde musulman (très fréquente en Turquie, par exemple), c'est unique au Maroc où la forme est généralement carrée. Le minaret, habillé de faïence blanche et verte, date en fait de 1939 et serait inspiré de celui du tombeau du prophète Mahomet, en Arabie saoudite.

Arriver – Quitter

➢ ***De Meknès,*** grands taxis à prendre près du square de la rue Ounam-el-Moutahide *(plan Meknès, zoom couleur I, A1)*, face à l'Institut français (compter 10 Dh, par tête en taxi collectif et prévoir env 350 Dh, prix non fixes, l'aller-retour en taxi individuel complet). Depuis la ville nouvelle, grands taxis à l'angle des av. Mohammed-V et Armée-des-Forces-Royales (même prix).

Gare routière : *dans la rue principale de Moulay-Idriss, en montant sur la droite, une place encombrée de petits taxis et bus.* Liaisons avec :
➢ ***Meknès :*** env 10 bus/j. Dernier départ de Moulay-Idriss vers 19h.

Infos utiles

– Les ***parkings*** de Moulay-Idriss sont plutôt anarchiques. En montant, dépasser la gare routière. Plus loin, au niveau d'un virage, commence sur la droite une rue semi-piétonne qui mène à l'entrée de la médina. On peut se garer au bout de cette rue. Accueil parfois nerveux des placiers et guides improvisés. Ne payer qu'en partant, cela va de soi, et s'adresser plutôt au placier porteur d'un gilet fluo.
– ***Souk :*** *sam mat.*

Où dormir à Moulay-Idriss et dans les environs ?

Jusqu'à récemment, ville sainte oblige, il était interdit aux non-musulmans de dormir ici. Mais le roi a bien compris l'intérêt touristique de développer cette petite et charmante ville. Il a donné le droit à quelques familles d'accueillir des visiteurs. Outre un hôtel à côté de la gare routière, on trouve désormais de sympathiques maisons d'hôtes.

Camping

Camping Zerhoune Belle Vue : *sur la route entre Meknès (14 km) et Moulay-Idriss (9 km). 212 (0)6-63-56-98-56. Compter 70 Dh l'emplacement pour 2.* Peu d'emplacements et d'herbe pour les tentes dans ce camping surtout dévolu aux camping-cars, mais de l'ombre assurée. Environnement agréable, parmi les eucalyptus, les arbres fruitiers et les oiseaux pour compagnons, en pleine campagne. Bloc sanitaire simple et correct. Piscine.

De prix moyens à un peu plus chic (200-500 Dh / 18,20-45,50 €)

Hôtel Diyar Timnay : *rue L, nº 7, à côté de la station des grands taxis. ☎ 05-35-54-44-00. • amzday@menara.ma • À 50 m de la station ; accès par une ruelle. Doubles avec sdb (séparée mais privée) à partir de 240 Dh ; quelques suites avec 2 chambres.* Moderne avec des chambres très correctes, sans charme mais fonctionnelles et la clim. Resto au dernier étage, voir « Où manger ? ». Propriétaires serviables.

– Pour se rendre aux maisons d'hôtes suivantes (toutes dans la rue Zouak, quartier Tazgha), téléphoner avant, se faire guider ou, pour les plus hardis : traverser la place principale jusqu'à la petite porte de ville donnant sur la mosquée ; à gauche, un escalier mène à la longue ruelle des chambres d'hôtes.

La Colombe Blanche : *21, derb Zouak-Tazgha. ☎ 05-35-54-45-96. • maisondhote-zerhoune.ma • Voir aussi « Où manger ? ». Double env 330 Dh avec petit déj ; également des familiales (4-5 pers) ; clim en sus. CB acceptées.* 8 chambres simples, confortables, dans une maison impeccable avec un patio intérieur qui aère l'ensemble. La terrasse jouit d'une très belle vue sur la plaine et la ville. Accueil d'une gentillesse extrême. On conseille au moins d'y manger. Animations : soirée musicale, tatouage au henné, etc.

Dar al Andaloussia Difaya : *169, derb Zouak-Tazgha. ☎ 05-35-54-47-34. • maisondhote-volubilis.com • Double avec sdb 400 Dh, petit déj compris.* Belle demeure d'angle et proprio pas peu fier que ses chambres d'hôtes aient été inaugurées en 2006 par le roi lui-même. 5 chambres de différents standings et tailles, familiales ou non, certaines avec fenêtres colorées donnant sur la ville. Là aussi, belle terrasse panoramique. Possibilité de dîner. Accueil gentil comme tout.

Dar Zerhoune : *42, derb Zaouk, Tazgha. 212 (0)6-42-24-77-93. • darzerhoune.com • Double 500 Dh, petit déj compris ; une grande familiale ; gratuit moins de 12 ans.* En bas d'une volée d'escalier (bien indiqué). Autour d'un patio un peu sombre, 4 chambres sans reproche. Clim. Terrasse avec vue extra pour le petit déj.

Chic

Dar Inès : *derb Amjout, Tazgha. 212 (0)6-67-15-67-95. • dar-ines.com • Au-dessus de la place pour accéder à la médina. Doubles 440-715 Dh, petit déj compris.* Demeure historique restaurée en utilisant les techniques traditionnelles. Résultat : une porte d'entrée finement ouvragée qui donne le ton, un patio où glougloute une fontaine, 7 chambres ravissantes décorées de beaux objets d'artisanat et tapis, des fenêtres aux vitres colorées. Très belle vue depuis la terrasse. Le proprio et inventeur de ce lieu est universitaire et propose des excursions dans les environs, notamment sur Volubilis. Repas possible, sur résa. Hammam.

Où manger ?

Les restos ne servent pas d'alcool car il s'agit d'une ville sainte.

Prix moyens (moins de 150 Dh / 13,60 €)

Resto de l'Hôtel Diyar Timnay : *rue L, nº 7, à côté de la station des* *grands taxis (voir « Où dormir ? »). Parking gardé.* Belle salle à manger panoramique, Excellente soupe *harira*, tajine poulet-citrons confits parfait, service gentil et efficace.

La Colombe Blanche : *21, derb Zouak-Tazgha. Voir aussi « Où dormir ? ». Repas (ouv aux non-résidents, sur résa) env 85 Dh le plat. CB acceptées.* Dans le patio intérieur de cette maison d'hôtes, excellente cuisine familiale à déguster. On conseille de goûter le tajine au *kefta* et à l'œuf, spécialité de la ville.

Restaurant La Baraka : *Aïn-Smen, Khiber. ☎ 05-35-54-40-34. Grimper en haut de la ville ; juste après le petit parc de loisirs (à main droite), presque à la sortie de Moulay-Idriss, tourner à gauche au rond-point.* Cadre froid (mais au frais !), dans une vaste demeure particulière blanche et verte. La terrasse à l'étage est plus agréable. Accueille beaucoup de groupes mais propose une cuisine de qualité.

À voir

Le village de Moulay-Idriss est vraiment beau vu de loin. Pour apercevoir le tombeau, il faut se perdre dans les petites ruelles et remonter à pied jusqu'au sommet de la colline. Itinéraire pas évident. Pour ce point de vue privilégié, l'expérience nous a démontré qu'on a plus vite fait de prendre comme guide un des nombreux volontaires qui se proposent pour vous mener invariablement à « la terrasse ».

– La fort jolie route passant par le resto *La Baraka* (voir « Où manger ? ») et rejoignant Volubilis offre également un très beau panorama sur la ville et ses environs.

Fête

– ***Grand moussem national :*** *fin août, début sept.* Fête qui mêle une célébration religieuse à des activités festives et commerciales, à la mémoire du saint descendant du Prophète. Il dure près d'un mois. Ambiance garantie : cortèges, danses...

VOLUBILIS

Les ruines romaines les plus importantes du Maroc, sur lesquelles plane encore le souvenir de Juba II, roi de Maurétanie, se dressent comme un défi au temps, au milieu de la plaine. Un « Éphèse marocain » au pouvoir évocateur avec son capitole, son arc de triomphe de Caracalla, ses thermes, sa basilique et son artère principale bordée de villas aux précieuses mosaïques. Une visite magnifique, à ne pas manquer. Et deux moments magiques : le lever et le coucher du soleil.
Volubilis, cette ville au joli nom de fleur figure sur la liste du Patrimoine mondial de l'Unesco.

UN PEU D'HISTOIRE

Volubilis est sans conteste l'un des sites les plus intéressants du Maroc sur les plans culturel et historique. La date de sa fondation est imprécise, mais certains pensent que le site était déjà habité au néolithique. La ville fut l'une des capitales de Juba II, roi de Maurétanie vers les premières années de notre ère, qui réussit à conserver une indépendance vis-à-vis de Rome, alors qu'il était lui-même élevé au

sein de l'élite de la cour impériale. C'est à cette époque que le site fut appelé « Volubilis », en raison de l'abondance de la plante dans la région. D'ailleurs, Walili, ou Walila, le nom berbère de la ville, désigne la fleur de liseron.
Volubilis n'intégrera officiellement l'empire que dans les années 40 de notre ère. Caligula, empereur célèbre pour sa cruauté et sa tyrannie, y aurait séjourné à plusieurs reprises. Aux IIe et IIIe s, la ville se dota de magnifiques monuments. On estime sa population à 20 000 habitants à l'époque. C'est la pression des tribus berbères sur les Romains qui entraîna le déclin de la cité. Ces tribus, christianisées, l'occupèrent jusqu'à la fin du VIIIe s. Puis Idriss Ier fut proclamé imam de la ville. La ville reprit alors le nom de Walili, qu'elle portait au temps de Juba II.
Le site fut abandonné après la fondation de Fès, « l'Athènes de l'Afrique ». En 1755, le séisme qui anéantit Lisbonne renversa aussi les quelques monuments de Volubilis épargnés par le temps. Un siècle plus tard, en 1874, le site fut identifié et fouillé par des archéologues français.

UN ARBRE EN OR

Un des arbres qu'on voit dans la partie basse de la ville romaine, le caroubier, possédait une valeur inestimable. Les fèves, qu'on trouve dans le fruit (sorte de gros haricot), servaient à l'époque romaine à peser l'or, en raison de leur poids constant. Elles donnèrent leur nom aux célèbres « carats », toujours utilisés pour l'or et le diamant.

Arriver – Quitter

➢ Meknès est à 31 km et Moulay-Idriss à 5 km slt. Entre Meknès et Moulay-Idriss, ***grands taxis*** (voir « Arriver – Quitter » à Meknès) ou bus. Puis stop, grand taxi ou marche entre Moulay-Idriss et Volubilis (env 50 mn). Sinon, en ***petit taxi,*** compter env 350 Dh l'aller-retour direct depuis Meknès (tarifs non fixés, à négocier). En voiture, suivre la direction de Moulay-Idriss depuis Meknès, puis Oualili.
➢ Pour les plus courageux qui choisiront la marche (s'il ne fait pas trop chaud), nous recommandons cette jolie petite balade : de Moulay-Idriss, prendre la petite route du resto *La Baraka* (voir « Où manger ? » à Moulay-Idriss) et la continuer. Elle redescend vers Volubilis en serpentant entre les oliviers.

Infos pratiques

Le site de Volubilis est accessible tlj du lever au coucher du soleil (à partir de 7h en juil-août). Entrée : 10 Dh. Vaste parking devant l'entrée. Il est conseillé de prendre un guide : 150 Dh ; mieux vaut se cotiser à plusieurs. ***Sinon, vous pourrez vous contenter de voir les monuments essentiels en suivant nos explications.*** En été, pensez à prendre un chapeau et une réserve d'eau : pas d'ombre, et le soleil tape dur. De même, des chaussures fermées ne sont pas superflues, certaines herbes sont urticantes.

Où dormir ?

De prix moyens à chic (200-800 Dh / 18,20-72,80 €)

🏠 ***Gîte d'hôtes Caracala :*** *Fertassa, juste en face des ruines. 📱 212 (0)6-79-24-79-21. • maisondhotevolubilis.ch.ma • Au cœur d'un village tt en pente et dans la rocaille. On laisse le véhicule env 20 m plus bas (indiqué, sinon demander). Doubles avec sdb à partir de 200 Dh.* Dans un quartier populaire à flanc de colline, modeste petite maison de village, qui offre 3 chambrettes proprettes. Demeure d'artiste pleine de charme, avec une cour remplie de couleurs, de fleurs et de verdure. Possibilité de se restaurer. Accueil sympa dans cette adresse authentique.

🏠 ***Ferme d'hôtes Walila :*** *passer devant le site, puis route à gauche et encore à gauche à la jonction.*

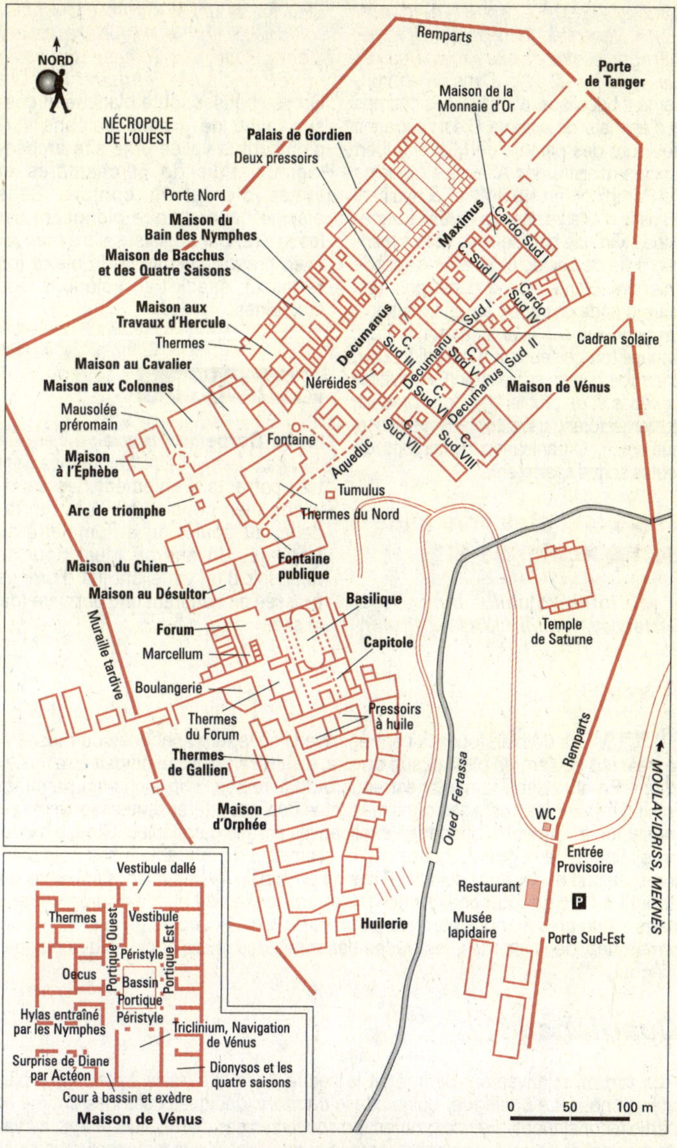

NORD
Remparts
Porte de Tanger
Maison de la Monnaie d'Or
NÉCROPOLE DE L'OUEST
Palais de Gordien
Deux pressoirs
Porte Nord
Maison du Bain des Nymphes
Maximus
Cardo Sud I
C. Sud II
Maison de Bacchus et des Quatre Saisons
Cardo Sud IV
Sud I
Maison aux Travaux d'Hercule
Decumanus
C. Sud III
Cadran solaire
Thermes
Decumanus Sud II
Maison au Cavalier
Decumanus
C. Sud V
Maison aux Colonnes
Néréides
Maison de Vénus
Mausolée préromain
C. Sud VI
C. Sud VII
C. Sud VIII
Fontaine
Maison à l'Éphèbe
Aqueduc
Tumulus
Arc de triomphe
Thermes du Nord
Maison du Chien
Fontaine publique
Maison au Désultor
Temple de Saturne
Basilique
Forum
Capitole
Muraille tardive
Marcellum
Boulangerie
Pressoirs à huile
Thermes du Forum
Remparts
Thermes de Gallien
MOULAY-IDRISS, MEKNÈS
Oued Fertassa
Maison d'Orphée
WC
Entrée Provisoire
Restaurant
P
Musée lapidaire
Huilerie
Porte Sud-Est
Vestibule dallé
Thermes
Vestibule
Portique Ouest
Portique Est
Péristyle
Oecus
Bassin
Portique
Péristyle
Hylas entraîné par les Nymphes
Triclinium, Navigation de Vénus
Surprise de Diane par Actéon
Dionysos et les quatre saisons
Cour à bassin et exèdre
Maison de Vénus
0
50
100 m

VOLUBILIS

212 (0)6-52-09-63-73 ou 81-05. • walila.com • *Repérable au beau portail forgé, 400 m en contrebas des ruines. Doubles avec sdb 550-715 Dh.* Dans un environnement bucolique, au milieu des champs et d'animaux de la ferme. C'est l'ancienne demeure des parents de Michel Jobert (ancien ministre des Affaires étrangères de Pompidou en 1973-74 et écrivain). Il en parle d'ailleurs dans *La Rivière aux grenades.* Grande bâtisse avec salle à manger, salle de séjour, cuisine, une grande chambre. Entrée indépendante pour une autre grande chambre, sol en tomettes... On peut bien sûr louer la maison entière. Accueil fort chaleureux d'Azzedine Zayr, une mine d'infos sur la région. Possibilité de repas et de profiter des bons produits du verger (orangers, citronniers 4 saisons, néfliers...). Organisation de circuits de toutes sortes également.

Beaucoup plus chic (plus de 1 000 Dh / 91 €)

Hôtel Volubilis Inn : *Douar Fartassay, Walili, Idriss-Zarhoun, BP 144.* ☎ *05-35-54-44-05.* • *hotelvolubilisinn.com* • *Par une route qui monte, face aux ruines, depuis la route principale. Double 1 050 Dh.* Grosse bâtisse toute blanche et cossue, avec de grands balcons surplombant la vallée et le site archéologique. Plus de 50 chambres et suites d'excellent confort. Belle piscine panoramique plongeant sur les ruines. Bar anglais, salle à manger avec grande cheminée de pierre (ou terrasse), snack-bar, solarium face aux ruines.

Où manger ?

La Corbeille Fleurie : *à l'entrée du site. Menu 70 Dh.* Les tajines sont très corrects. Également des sandwichs bien consistants à la mortadelle, au poulet ou à l'omelette au fromage. Un endroit idéal pour se rafraîchir d'un excellent jus d'orange pressée en admirant une dernière fois le site.

À voir

Pas de plan fourni à l'entrée. Avec l'ouverture annoncée du musée et le transfert de l'entrée plus au sud du site, un itinéraire officiel devrait être mis en place. En attendant, le mieux est encore de faire son propre chemin parmi les ruines, repérer les cordages dans les restes de villas intéressantes (souvent une mosaïque à voir) et les pancartes explicatives parfois défraîchies. Grosso modo, on distingue deux grands quartiers : le quartier sud (repérable à ses trois conifères) au sud du forum et celui de l'avenue principale, le *Decumanus Maximus* qui aboutit à l'arc de triomphe, au nord. Sachez que la ville était entourée de remparts hauts de 6 m, qui s'étiraient sur près de 3 km. Au cours de la promenade, remarquez, dans les rues, les traces des roues des chars et celles des plaques d'égout.

Quartier sud

– ***Le forum,*** relativement petit, était le centre de la cité, mais il n'en reste plus grand-chose. La ***basilique,*** qui jouxte le ***capitole*** (quelques colonnes ont été en partie reconstituées), lieu de promenade couvert en cas de mauvais temps, servait de tribunal et de salle de réunion pour la curie, c'est-à-dire le conseil municipal. C'est de la forme rectangulaire de ce bâtiment, d'origine purement romaine et laïque, que les premiers chrétiens s'inspireront pour élever leurs édifices religieux. Cette basilique a comme particularité de se terminer par deux absides.

– ***Les thermes de Gallien*** étaient chauffés avec des chaudières en bronze. Il reste encore quelques salles chaudes (caldarium) et la piscine, ainsi que la salle de gymnastique.

LA RÉGION DE FÈS ET MEKNÈS

– Juste en face, dans une petite maison en pierre, reconstitution d'un ***pressoir à huile*** du IVe s. Volubilis tira une grande partie de sa richesse des oliveraies qui l'entourent. Les fouilles ont d'ailleurs révélé plus de 35 huileries sur le site. On apprend comment les olives étaient pressées, et leur jus recueilli dans une rigole circulaire avant d'aboutir dans de grands bassins de décantation.

– ***La maison d'Orphée*** est la plus riche de ce quartier. Devant la porte d'entrée (linteau en pierre), remarquer la plaque d'égout. Puis, juste à gauche, neuf dauphins s'ébattent dans les vagues. En descendant dans l'édifice, mosaïque d'une fleur de volubilis, puis une autre mosaïque en noir et blanc, représentant des animaux marins (pieuvre, raie, crustacés...) ainsi que d'autres dauphins jouant dans des vagues stylisées. Vient ensuite la superbe mosaïque qui a donné son nom à la villa : Orphée entouré de tout un bestiaire (éléphant, tigre, singe...) et de plantes, dans un festival de couleurs éclatantes, à l'image de ce canard bleu ou de ces arbres au feuillage foisonnant.

AMUSANTE ORIGINE

Dans l'Antiquité, le terme « mosaïque » signifiait « grotte des muses ». On ornait de pierres multicolores ces lieux qui abritaient les statues vénérées par les Grecs et les Romains. Le terme « musée » a la même étymologie.

Quartier nord

– ***La maison au Désultor*** abrite une fresque très bien conservée représentant un *désultor,* un athlète se livrant à des acrobaties au cours d'une compétition. La règle du jeu consistait à sauter d'un char ou d'un cheval pendant la course et à remonter aussitôt. L'athlète représenté exhibe la coupe de la victoire et chevauche... un âne, à l'envers. Également des scènes de chasse et de pêche en nettement moins bon état.

– C'est dans la ***maison du Chien*** voisine que les archéologues découvrirent la fameuse statue en bronze que l'on peut admirer au musée de Rabat. Dans sa prolongation... un lupanar. Vous le repérerez facilement !

– En face de la maison du Chien, on aperçoit la ***fontaine publique.***

– ***L'arc de triomphe*** s'élève à l'extrémité de l'avenue principale, le ***Decumanus Maximus,*** qui traversait toute la ville depuis la porte de Tanger. Élevé en l'honneur de l'empereur Caracalla en 217, sa voûte fut restaurée dans les années 1950 et soutenait à l'origine une sculpture en bronze représentant un char et des chevaux. Il rappelle que les empereurs étaient considérés comme des demi-dieux vivants. Le long de l'avenue, se trouvaient les plus belles demeures et le palais du procurateur. En témoignent de très belles mosaïques.

– ***La maison à l'Éphèbe*** est surnommée ainsi car on y découvrit la très belle statue d'un adolescent. Celle-ci est exposée aujourd'hui, elle aussi, au musée de Rabat. La partie centrale du pavement représente une déesse chevauchant un curieux animal marin (mais le tout est très endommagé). On reconnaît également une cour intérieure autour de laquelle s'organise la maison romaine. Au centre se trouve un petit *impluvium,* chargé de recueillir les précieuses eaux de pluie.

– Passons ensuite dans la ***maison aux Colonnes,*** qui fait partie des grandes demeures de la ville, avec ses 1 700 m², et qui était consacrée aux fêtes. On y observe trois styles de colonnes : simples, à rainures verticales et torsadées (ce qui est rare). Ensuite, dans la ***maison au Cavalier,*** on voit Bacchus, guidé par l'amour, découvrant Ariane endormie sur la plage de Naxos, mais elle est déjà enceinte. C'est fâcheux !

– ***La maison aux Travaux d'Hercule :*** *pour y entrer, repérer le portique à 3 arches.* La maison présente une décoration très recherchée : dix des douze travaux sont encore bien conservés. Admirez le décor floral et le beau portrait dans le médaillon carré central. Les plus érudits tenteront de se remémorer les deux travaux manquants, les autres admireront le tapis de zelliges.

– D'autres mosaïques intéressantes décorent les ***maisons de Bacchus et des Quatre Saisons,*** ainsi que celle ***du Bain des nymphes.***

– Ce que l'on appelle le ***palais de Gordien*** devait être la résidence du procurateur romain, le gouverneur de la région, construite au IIIe s av. J.-C. La demeure était vaste (4 500 m^2) et somptueuse, mais il n'en reste pas grand-chose.

– Traversons le Decumanus Maximus, en jetant un œil sur la ***porte de Tanger*** à gauche et l'arc de triomphe à droite, et passons à la ***maison de Vénus,*** la plus riche de tout le site. On y trouva non seulement de magnifiques pavements de mosaïques, mais aussi de véritables trésors comme les bustes en bronze de Caton d'Utique et de Juba II, œuvres maîtresses du musée de Rabat (encore lui !). Tous les pavements sont remarquables, principalement ceux représentant une course de chars attelés d'oies, de canards et de paons, une autre avec Bacchus et les quatre saisons, enfin Diane surprise au bain. Mais l'œuvre la plus intéressante, la *Navigation de Vénus,* a été transportée au musée de... eh non ! perdu : de Tanger. Des cordages empêchent de pénétrer dans la maison, mais on peut en faire le tour, des points de vue ont été aménagés.

– Un ***musée*** à l'entrée sud du site devrait ouvrir. Certaines pièces qui se trouvaient avant au musée de Rabat devraient être petit à petit rapatriées ici. Sa visite permettra de mieux comprendre le site et de voir le résultat des fouilles archéologiques.

LE MOYEN ATLAS ET LE HAUT ATLAS CENTRAL

Parce qu'un voyage au Maroc ne se résume pas aux seules visites des villes impériales, à Essaouira ou au versant méridional du Grand Atlas, ce chapitre intéressera en premier lieu les randonneurs, et tous ceux qui souhaitent découvrir le Maroc encore préservé, le Maroc des forêts de cèdres du Moyen Atlas ou des hautes et spectaculaires vallées d'altitude du Haut Atlas central. Facilement accessibles depuis Casablanca, Fès ou Marrakech, les régions décrites ci-dessous – dont la grande majorité est inscrite au patrimoine naturel du royaume en raison de la diversité de son écosystème – présentent aujourd'hui une offre conséquente en matière d'hébergement et d'accès aux activités de pleine nature : observation de l'avifaune, randonnées pédestres, circuits à VTT. Une manière de découvrir le Maroc hors des sentiers battus.

Adresses utiles

■ ***Fédération royale marocaine de ski et montagne :*** *BP 15899,* ***Casablanca.*** *☎ et fax : 05-22-47-49-79.*

■ ***Club alpin français :*** *bd Sidi-Abderrahmane (ex-Grande-Ceinture), Beauséjour,* ***Casablanca*** *20200. ☎ 05-22-99-01-41 ou 46. • caf-maroc.com •*

■ ***Celtic Trekking Adventure :*** *représentée par Aziz Maadani, centre de Tabant, Azilal,* ***Aït-Bouguemez.*** *📱 212 (0)6-41-57-17-10. • contact@celtictrekking.com • celtictrekking.com •* Cette agence française, spécialisée dans la randonnée en montagne et dans le désert, et dotée d'une expérience de plusieurs années au Népal et au Tibet (et que nous recommandons depuis longtemps dans ces pays), s'est implantée au Maroc. Elle ne possède pas de bureau mais répond à vos e-mails sous 48h. Voyages à la carte et petits groupes, à pied ou en 4x4, organisés par Olivier et Aziz. Le tout dans le respect de l'environnement et des habitants.

Les bureaux de guides du Haut-Atlas peuvent aussi organiser des randonnées dans le Moyen-Atlas :

■ ***Bureau des guides et accompagnateurs de la vallée de l'Ourika :*** *à Setti-Fatma. 📱 212 (0)6-68-56-23-40. • abdoumandili@yahoo.fr • abdoumandili.com • Tlj 8h-18h (9h-16h30 en hiver, téléphoner avt). Résa conseillée à l'avance.*

■ ***Bureau des guides de montagne d'Imlil :*** *au centre du village, à côté du parking. ☎ 05-24-48-56-26. • bureaudesguidesimlil.com • Tlj 8h-18h (9h-17h en hiver et tte l'année par tél).*

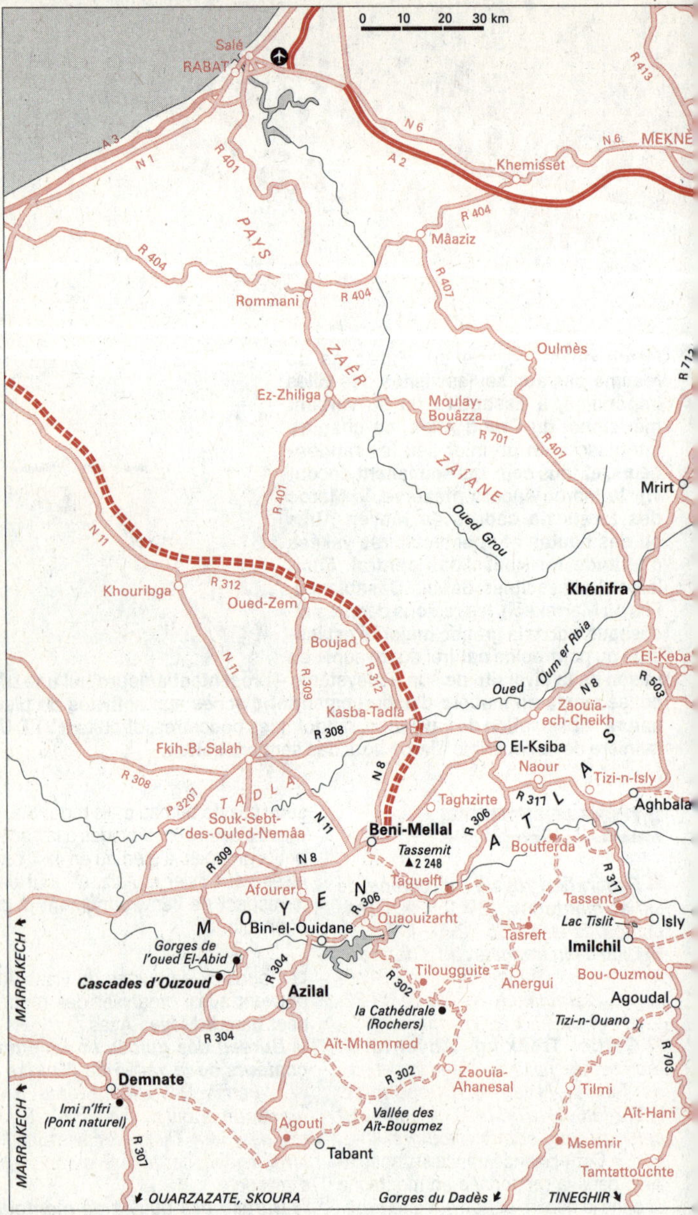
0 10 20 30 km
Salé
RABAT
MEKNÈ
Khemisset
N 6
A 2
A 3
N 1
R 401
R 413
R 404
Mâaziz
PAYS
R 407
Rommani
ZAËR
Oulmès
R 712
Ez-Zhiliga
Moulay-Bouâzza
R 701
ZAÏANE
Oued Grou
Mrirt
N 11
Khouribga
R 312
Oued-Zem
Khénifra
Boujad
R 309
Oued Oum er Rbia
El-Keba
R 503
N 8
Kasba-Tadla
Zaouïa-ech-Cheikh
R 308
Fkih-B.-Salah
El-Ksiba
Naour
Tizi-n-Isly
Aghbala
P 3207
TADLA
Souk-Sebt-des-Ouled-Nemâa
Taghzirte
R 317
R 306
Beni-Mellal
Tassemit
▲2 248
Boutferda
ATLAS
R 309
Afourer
Taguelft
Tassent
MOYEN
Ouaouizarht
Lac Tislit
Isly
Bin-el-Ouidane
Tasreft
Imilchil
Gorges de l'oued El-Abid
Cascades d'Ouzoud
R 304
Azilal
Tilougguite
Anergui
Bou-Ouzmou
R 302
la Cathédrale (Rochers)
Agoudal
Tizi-n-Ouano
MARRAKECH
R 304
Aït-Mhammed
R 703
Demnate
Zaouïa-Ahanesal
Imi n'Ifri (Pont naturel)
Vallée des Aït-Bougmez
Tilmi
Aït-Hani
MARRAKECH
Agouti
Tabant
R 307
Msemrir
Tamtattouchte
OUARZAZATE, SKOURA
Gorges du Dadès
TINEGHIR

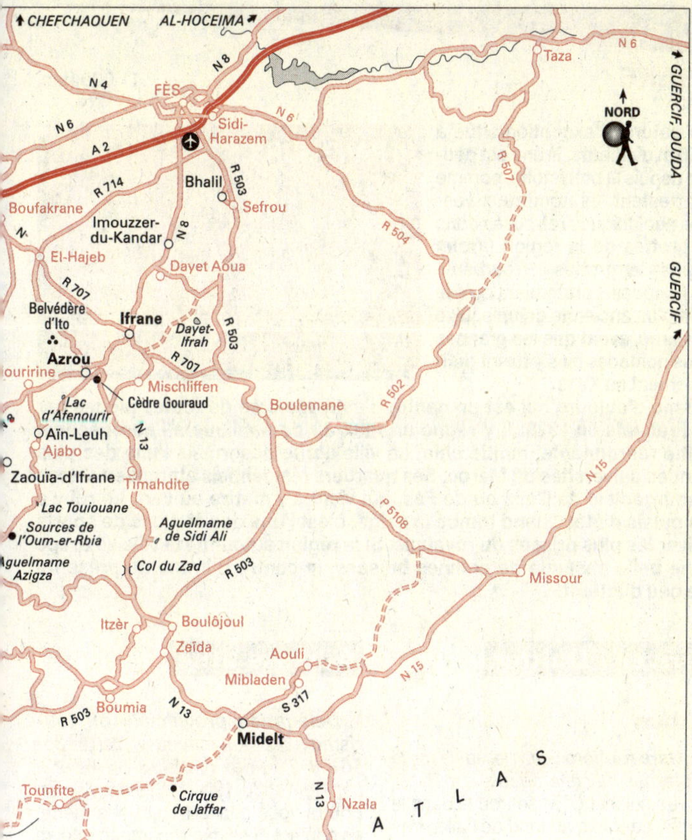

LE MOYEN ATLAS ET LE HAUT ATLAS CENTRAL

IFRANE

11 000 hab.

Site naturel d'exception situé à 1 650 m d'altitude, Ifrane est peuplée depuis la préhistoire, comme en attestent les nombreux vestiges néolithiques retrouvés dans les grottes de la région (*ifrane* signifie « les grottes » en berbère). Les Marocains prétendent qu'elle fut la plus ancienne colonie juive du Maroc, avant que les grandes tribus nomades ne s'y fixent définitivement au XVe s.

IFRANE-SUR-GSTAAD !

Placée au cœur d'un parc naturel de 53 000 ha qui s'étend sur un causse bordé de forêts de cèdres et de chênes verts, Ifrane a été construite dans un style architectural typiquement montagnard qui lui vaut l'appellation de « Suisse marocaine ». Il y a même des cigognes sur les toits !

L'Ifrane d'aujourd'hui est un centre d'estivage créé de toutes pièces par les Français en 1928. Il y règne un faux air de banlieue à l'européenne, moitié ronronnante, moitié chic. La ville abrite désormais l'une des plus grandes universités du Maroc. Ses quartiers résidentiels attirent en saison la bourgeoisie de Casa ou de Fès, qui vient s'y mettre au vert. Le roi y a son palais d'été. Quand tombe la neige, c'est l'une des stations de sports d'hiver les plus prisées du royaume. Si la région autour de la ville se drape d'une belle cascade de collines boisées, le centre d'Ifrane ne présente que peu d'intérêt.

Arriver – Quitter

En bus

Gare routière : *en ville, sur la route de Meknès, fléchée depuis le centre-ville.* Le guichet *CTM* se trouve dans le marché attenant, au fond de l'allée des viandes.

– Avec la *CTM* :

➢ ***Fès*** *(arrêt à* ***Imouzzer-du-Kandar****)* **:** 1 bus/j., l'ap-m.

➢ ***Marrakech*** *(arrêts à* ***Beni-Mellal, Khénifra*** *et* ***Azrou****)* **:** 2 bus/j., mat et soir.

➢ ***Meknès, Casa et Rabat* :** 1 bus/j.

– D'autres compagnies proposent des départs plusieurs fois/j. pour ***Fès*** (au moins 10 bus/j.) et ***Marrakech*** (6 bus/j.).

En grand taxi

➢ ***D'Azrou* :** *à prendre aux abords de la mosquée d'Azrou, face à l'entrée du marché aux légumes.*

➢ ***D'Ifrane* :** *à prendre à la gare routière, dans le parking où stationnent les bus.*

Adresse utile

***Délégation provinciale du tourisme* :** *bd Mohammed-V. ☎ 05-35-56-68-21. Fax : 05-35-56-68-22. Lun-ven 8h30-12h, 14h30-18h30.* On pourra vous conseiller et vous mettre en contact avec des accompagnateurs de montagne compétents.

Où dormir ? Où manger dans les environs ?

Gîte de charme Ras El Ma : *à 8 km d'Ifrane sur la route d'Azrou, prendre à gauche la route de Ras-el-Ma au niveau du belvédère (marchands de minéraux) ; au 1er croisement, suivre les panneaux de la pisciculture ; c'est fléché peu après. Une alternative plus bucolique : toujours en direction d'Azrou, tourner à gauche au niveau de la station Shell ; jolie et étroite route traversant forêts et plateaux. ☎ 05-35-56-00-08. • giterasalma@yahoo.fr • Doubles avec sdb 350-480 Dh, petit* *déj compris ; également des familiales. ½ pens possible. Dîner sur commande 150 Dh.* Grand chalet en pierres sèches du pays, isolé, s'intégrant harmonieusement dans le paysage et dominant la vallée au-dessus du centre national d'élevage de truites (que l'on peut visiter). Intérieur en *tadelakt* et tapis berbères. Grandes chambres avec cheminée et jolie vue sur la campagne alentour. Aziza et Mehdi, les proprios, vous accueillent avec sincérité et gentillesse dans leur gîte d'une propreté exemplaire. Renseignements sur les randos possibles dans la région. Très bonne adresse.

Auberge Tourtite : *sur la route Ras-el-Ma/Aït-Faska, entre Ifrane et Azrou. ☎ 05-35-43-39-38. • aubergetourtite.com • Doubles 400-450 Dh selon exposition ; suite 800 Dh ; petit déj en sus. Internet.* Au cœur de la Suisse marocaine, en pleine nature, une grosse bâtisse rose accrochée à la montagne, offrant 24 chambres et suites tout confort... TV satellite, chauffage central. Café et resto (pas d'alcool, prix modérés). Large et superbe panorama sur la vallée. Possibilité de transfert depuis l'aéroport.

Le Gîte Dayet Aoua : *près de la dayet Aoua, sur la route en direction de la dayet Ifrah ; fléché avt le petit pont sur la droite. ☎ 05-35-60-48-80. • gite-dayetaoua.com • 5 doubles 300 Dh jusqu'à 3 pers ; 1 suite tt confort bien pour les familles 400 Dh, + 50 Dh par enfant ; petit déj inclus. ½ pens possible (et conseillée, vu l'absence de resto alentour). Repas 120 Dh accessible aux non-résidents (résa à l'avance préférable). Sert de l'alcool.* Une adresse de charme située au cœur d'un verger. Murs chaulés en blanc et une belle déco. Dans les chambres, des meubles peints ou des coffres anciens sculptés. Coq, lapin, cailles et gibier figurent sur la carte, à moins que vous ne préfériez un poulet « maison » en direct du poulailler. Bonne base pour des randonnées (activités proposées). En été, baignade. Location de VTT. Possibilité de faire du cheval. Pas de vue sur le lac cependant, car on est un peu en retrait de la route. Gîte bien rodé, recevant les groupes.

DANS LES ENVIRONS D'IFRANE

On oubliera toutes les visites aux abords de la ville : cascades de la Vierge, sources Vittel et toutes les propositions « clés en main » répertoriées un peu partout. Il y a bien plus intéressant à faire dans la région (à pied, à dos de mulet ou en voiture). De plus, non seulement ces sites sont sales, mais ils sont très fréquentés en haute saison, et par conséquent beaucoup trop animés pour un promeneur en quête de tranquillité.

Vers le nord

Le circuit des dayets : *d'Ifrane, partir en direction de Mischliffen, puis suivre l'indication « Circuit des dayets ».* Si cet itinéraire pouvait avoir un quelconque intérêt dans les années 1950, comme le prouvent quelques panneaux indicateurs datant de l'époque, il ne se résume aujourd'hui qu'à une visite d'exploitations agricoles hérissées de pylônes électriques. En revanche, suivre cet itinéraire jusqu'à ***Imouzzer,*** puis ***Sefrou*** pour revenir à Ifrane en une journée s'avère un bon programme. La route chemine tantôt sur un causse aux rochers ruiniformes caractéristiques des reliefs karstiques, puis vers Imouzzer à travers une forêt. On peut aussi combiner ce parcours aux excursions à faire à partir d'Imouzzer (voir ci-après).

Imouzzer-du-Kandar : *à 25 km au nord d'Ifrane par la P 24 en direction de Fès.* Créée, comme Ifrane, à l'initiative des Français au début du XXe s, la petite ville d'Imouzzer, perchée à 1 345 m d'altitude, est un véritable havre de tranquillité. Dans la ville, pas grand-chose à voir, à part la *kasbah* des Aït-Seghrouchen et ses habitations troglodytiques. Les environs proches, en revanche, invitent à de très belles excursions. Avis aux amateurs de pêche à la truite et aux ramasseurs de champignons !

– ***La kasbah d'Imouzzer*** et les maisons troglodytiques des Aït-Seghrouchen. Cette forme d'habitation dominait dans toute la région jusqu'au VIIe s, époque à partir de laquelle les Berbères troglodytes commencèrent à se familiariser avec les techniques de la maçonnerie.

➢ ***Plusieurs randonnées pédestres ou à VTT*** à partir d'Imouzzer : vers le cirque de Tafrant, la forêt d'Aïn-Soltane, le djebel Abad et les sources d'Aïn-Chifa.

👁👁 ***Le panorama du djebel Abad*** *(alt. : 1 768 m)* **:** point culminant du massif du Kandar, le djebel Abad offre un panorama qui embrasse toute la plaine du Saïs. Superbe vue sur Fès et Meknès, avec en fond les montagnes rifaines. Très belle vue également sur la ville d'Imouzzer et sa *kasbah.* Pour y aller d'Imouzzer, prendre la route qui part au niveau de la station *Mobil* en direction d'Annoceur, et suivre le fléchage.

Vers le sud

👁👁 ***Le lac d'Afenourir :*** *site protégé, classé RAMSAR (protection de l'avifaune des milieux humides).* De nombreux oiseaux migrateurs viennent y faire escale. L'endroit est calme (sauf la nuit, à cause des grenouilles !). Quelques habitations sommaires recouvertes de film plastique. C'est ici que les bergers de la région viennent puiser l'eau potable et remplir leur citerne tractée par une mule.

Deux façons de s'y rendre :

➢ *Directement pour un aller-retour :* dans ce cas, aller jusqu'à Azrou et prendre la P 21 en direction de Midelt, puis, à environ 10 km, tourner à droite en suivant l'indication « Circuit touristique des cèdres ». De là, compter 17 km de goudron et 3,5 km de bonne piste (accessible en voiture de tourisme).

➢ *En faisant une boucle par Aïn-Leuh :* un des itinéraires les plus beaux du Moyen Atlas. Compter une journée. D'Azrou, prendre la P 21 en direction de Midelt, puis, 1 km après la station *Afriqia,* bifurquer à droite vers Aïn-Leuh. Route en corniche traversant une forêt de chênes verts jusqu'à Aïn-Leuh. Beaux panoramas sur la plaine. Sortir d'Aïn-Leuh en direction des sources de l'Oum-er-Rbia, puis, après Ajaabou, prendre à gauche la route 3390. Magnifique itinéraire où alternent les forêts de cèdres et les plaines désertes où pâturent à l'infini les moutons des bergers Beni-M'guild. Après 25 km, prendre à gauche une petite piste conduisant au lac (indiqué en arabe). Revenir sur la route et continuer vers Azrou. Pour dormir dans le coin idyllique d'Aïn-Leuh, voir nos bonnes adresses plus loin.

👁 ***Le cèdre Gouraud :*** *prendre la direction d'Azrou ; au niveau du village d'Ougmez, à gauche ; c'est fléché.* Ce cèdre est mort depuis quelques années. On dirait aujourd'hui un immense portemanteau. Il sert de faire-valoir à un grand parking entouré de petites échoppes pour touristes et de vendeurs de cacahuètes pour singes. À l'orée d'une forêt, ce site n'est pourtant pas particulièrement charmant car vraiment dénaturé. Mais c'est ici que vous approcherez les singes magots de plus près (il y en a 200 000 dans les forêts de la région). Laissez-les tranquilles et ne leur donnez jamais à manger en pleine nature. Continuez la piste pour retomber sur la P 21. Belles clairières ourlées de cèdres magnifiques.

👁 ***L'aguelmame de Sidi-Ali :*** *à 20 km au sud de Timahdite (avt le col du Zad) sur la route de Midelt.* Très belle retenue d'eau occupant la cuvette d'un barrage de lave. Plages de sable blanc. Bel endroit pour pique-niquer.

AZROU

48 000 hab.

Petite bourgade à 1 200 m d'altitude, d'origine berbère, qui doit son nom à un gros piton rocheux (*azrou* signifie « rocher »). En bordure d'une belle forêt de cèdres peuplée de singes, elle se différencie par ses toits de tuiles vertes aux cheminées coiffées de nids de cigognes. La ville est connue pour avoir abrité le premier lycée marocain dès 1920, ainsi que pour la qualité de ses fruits. Les ruelles de sa petite médina ont gardé un caractère authentique et calme. Azrou est une excellente base de départ pour randonner dans le Moyen Atlas. À la différence d'Ifrane, elle offre des hébergements accessibles aux petits budgets.

Arriver – Quitter

En bus ou en grand taxi

➢ ***Fès*** *(arrêts à* ***Imouzzer-du-Kandar*** *et* ***Ifrane****)* **:** de nombreuses compagnies avec des départs ttes les heures. Trajet : 80 km.

➢ ***Marrakech*** *(arrêts à* ***Beni-Mellal*** *et* ***Khénifra****)* **:** 2 bus/j. Compter 8h de trajet.

➢ ***Meknès* :** bus ttes les heures de la gare routière privée de Bâb-el-Khemis à Meknès. De là partent aussi les grands taxis.

➢ ***Ifrane* :** grands taxis aux abords de la grande mosquée d'Azrou. Trajet : 17 km.

Où dormir ?

Très bon marché (moins de 100 Dh / 9,10 €)

Camping-caravaning Amazigh* :** *à* ***Ougmez *(à 5 km d'Azrou sur la route d'Ifrane). 212 (0)6-65-36-16-40. • campingamazigh.com • Compter 66 Dh pour 2 avec tente et voiture. Douche chaude. Double dans la maison à l'entrée 170 Dh.* On est tombés sous le charme de ce petit camping. Un accueil vraiment gentil et chaleureux, un terrain tranquille, à l'ombre des cerisiers. Des sanitaires très propres dans une croquignolette maisonnette en pierre. Électricité. Camp de base des motards qui parcourent les pistes de la région et des camping-cars. Une ambiance bon enfant où chacun raconte son périple du jour. Et puis, le propriétaire a eu la super idée d'aménager 5 chambres doubles au-dessus de sa maison, dans un décor simple de murs en crépi et sol en béton peint, le tout impeccable et frais, avec terrasse et vue sur les étoiles. Une excellente alternative aux hôtels du coin, dans un cadre bucolique. En cas d'arrivée tardive, le proprio pourra vous cuisiner des poissons, pêchés dans les rivières toutes proches. Et puis, plein d'activités : initiation à la cuisine marocaine, randonnées pédestres, avec âne, à cheval...

***Eurocamping* :** *à 4 km sur la N 8 (vers Ifrane). 212 (0)6-69-64-19-91 ou 212 (0)6-13-14-30-30. • camping-morocco.com • Compter 80 Dh pour 2 pers avec tente et voiture.* Un des plus étonnants campings du Maroc ! Ensemble pharaonique en pierre rose imitant une immense forteresse de style Walt Disney. Entrée monumentale entre 2 énormes tours crénelées, et le tout est à l'avenant : hôtel comme un haut rempart avec massives arcades, toilettes dans une grosse villa en pierre ou un donjon... On comprend mieux quand on apprend que ça a été financé par les Émirats. L'auberge tarde à ouvrir, en revanche le camping fonctionne. Beaucoup d'espace, vous vous en doutez ! Plusieurs grandes terrasses surplombant l'horizon. Surtout des camping-cars pour le moment et peu de campeurs traditionnels, sans doute effrayés par les proportions de ces installations hors normes !

Auberge de jeunesse : *à gauche en montant sur la route d'Ifrane, à côté de la caserne de la gendarmerie ; c'est fléché. ☎ 05-35-56-37-33. Prévoir 30 Dh/pers en dortoir (env 40 lits). Carte FUAJ demandée ; sinon, négocier. Attention, couvre-feu à 23h !* Ambiance de chalet alpin. Assez rustique, propreté pas toujours au rendez-vous. Accueil sympa. Belle vue et calme assuré.

Bon marché (100-200 Dh / 9,10-18,20 €)

École hôtelière Riad Azrou : *pl. My-Hachem-ben-Saleh. ☎ 05-35-56-43-94. • epaig@menara.ma • Sur la placette dans la vieille ville, accès par la ruelle des bazaristes. Double 250 Dh, petit déj en sus.* Ce *riad* de la vieille ville est l'endroit le plus original du coin : c'est une école dans laquelle des étudiants en tourisme prennent des cours pendant la journée. On les croise, on les regarde s'entraîner au repassage, on surprend la leçon du jour... Au milieu de tout ça, un beau patio et une déco de mosaïques, zelliges, portes en bois, dans les chambres très sobres et d'une belle fraîcheur. Les étudiants quittent les lieux vers 17h, rendant le *riad* à ses occupants d'un soir. Seul petit inconvénient, le bruit du pétrin mécanique lorsqu'il démarre un peu trop tôt le matin !

Hôtel Salam : *pl. Mohammed-V (centre-ville) ; entrée à l'arrière du bâtiment. ☎ 05-35-56-25-62. • hotel.salam@gmail.com • Double 150 Dh, douche chaude comprise. Négociable à partir de la 2e nuit.* Ne pas se fier à l'allure délabrée de la façade, ce petit hôtel à l'architecture typique a un charme indéniable, et non négligeable à ce prix. De jolies frises en stuc habillent les murs et les chambres sont fermées par des fenêtres en fer forgé. En tout, une douzaine de chambres simples qui donnent sur un patio, dotées juste d'un lavabo (eau chaude – capricieuse – dans la chambre). Douche et w-c communs. Attention, pas de chauffage ; en hiver, il peut faire très froid et les chambres deviennent humides. Un peu bruyant pour celles sur rue. Bon accueil.

Hôtel Beauséjour : *pl. My-Hachem-ben-Saleh. ☎ 05-35-56-06-92. • beau_sejour_hotel@hotmail.fr • Sur la placette dans la vieille ville, accès par la ruelle des bazaristes. Double 120 Dh ; pas de petit déj. Douche chaude payante.* Une quinzaine de chambres rénovées dans des tons blanc et marron, avec salles de bains communes impeccables. Ce n'est pas une adresse à se rouler par terre d'extase, mais c'est propre et bien entretenu. Bonne literie.

Hôtel-restaurant des Cèdres : *pl. Mohammed-V. ☎ 05-35-56-23-26. Venant de Meknès, arriver à la mosquée, la contourner en la laissant à gauche, puis continuer en direction de l'hôtel* Panorama, *c'est sur la place suivante avec le parking. Double 120 Dh.* C'est à notre sens surtout un resto (voir « Où manger ? »). Cependant, il offre des chambres modestes mais propres parmi les moins chères de la ville.

Prix moyens (200-400 Dh / 18,20-36,40 €)

Auberge du Dernier Lion de l'Atlas : *à la sortie d'Azrou, à droite sur la route de Meknès. ☎ 05-35-56-18-68. • dernierlionatlas.ma • Double env 300 Dh et lit en dortoir 120 Dh ; petit déj inclus à partir de la 2e nuit ; réduc pour les familles en triples ou familiales. ½ pens possible. Internet.* Gérée par Aziz et sa famille, cette auberge propre et soignée est agréable et lumineuse. Deux ailes : à droite, des chambres à la déco marocaine avec mosaïque et petits salons communs plutôt agréables, avec cheminées ; à gauche, des chambres plus classiques mais tout aussi propres. La moitié des chambres possèdent une salle de bains. Un lieu convivial. Un peu loin du centre.

Hôtel Panorama : *à 500 m du centre, sur une hauteur (fléché depuis le centre-ville). ☎ 05-35-56-20-10 ou 36-49. • hotelpanorama.ma • Une quarantaine de chambres avec sdb 350 Dh, sans petit déj. Menu 100 Dh. CB acceptées.* Établissement au calme au style plus montagnard que marocain. Les chambres sont grandes, toutes identiques avec leur déco sobre, propres et claires, un peu vieillottes toutefois. Certaines ont des salles de bains rénovées et plus engageantes, demandez donc à en voir plusieurs avant de choisir ! Un bar américain a été aménagé sous l'hôtel, spécialement pour les résidents.

Où manger ?

La ville nouvelle et le vieux centre, deux styles, deux atmosphères assez différentes ! Sur une portion de 500 m, route de Meknès, c'est une succession de boutiques clinquantes de fringues et autres, alternant avec les restos et les gargotes en tout genre. Atmosphère très jeune et particulièrement animée.

Dans le vieux centre (autour de la mosquée)

|●| ***Rue des petits restos :*** *au-dessus de la mosquée, dans la rue qui sert de parking ; les restos s'y serrent les uns à côté des autres, les* Echamal, Elhanae *et autres* Annour*... Repas 50-60 Dh.* Des gargotes typiques où les tajines fort appétissants mijotent sagement sur la terrasse en attendant preneur. En général, propres et très fréquentés.

|●| ***Rôtisserie Echaab :*** *sur la grand-rue, en face de la mosquée principale aux toits de tuiles vertes.* Cantine populaire qui propose des brochettes ou du poulet grillé accompagnés de salade et de frites. Bon rapport qualité-prix. À côté, le ***Sakhra,*** bien aussi et bon accueil.

|●| ***Restaurant des Cèdres :*** *pl. Mohammed-V.* ☎ *05-35-56-23-26. Venant de Meknès, arriver à la mosquée, la contourner en la laissant à gauche, puis continuer en direction de l'hôtel* Panorama, *c'est sur la place suivante avec le parking. Attention, ne sert pas très tard. Menu 90 Dh, plats 50-60 Dh.* Le resto de l'hôtel du même nom. Un bel effort de présentation avec des tables dressées de nappes blanches que le patron sort sur la petite terrasse sous les arcades pour profiter du soleil et de l'animation. On s'y sent bien et au calme. Brochettes, tajines et couscous, soupe, parfois des cailles au menu. Service en veste blanche, un tantinet bougonnant (dès qu'on se rapproche de 21h), avec un brin de désuétude et de chic suranné. Une petite table plaisante, nourriture tout à fait correcte.

Route de Meknès (ville nouvelle)

|●| ***Restaurant Tit Hsen :*** *route de Meknès, bd Hassan-II. À l'entrée de la ville en venant de Meknès, sur la droite, collé à la station-service. Tlj 6h-23h.* Un resto inclassable qui laisse un peu pantois. Il faut dire que l'adresse a une forte personnalité. L'Amérique des années 1950 a débarqué dans la salle très stylisée. Carrelage noir et blanc, bar arrondi très rétro. On s'attend à voir débouler Fonzy dans un remake marocain kitsch de *Happy Days.* Une grosse fontaine dégoulinant de sucreries (fausses algues, faux rochers, fausses jarres, villes miniatures en relief et vraies tortues apathiques glissant dans l'eau) décore la terrasse. Pizzas, hamburgers et très bons jus de fruits frais. Clientèle familiale, atmosphère plutôt sympa et des horaires intéressants.

|●| ***Al Khawaine :*** *route de Meknès. De l'autre côté du Tit Hsen. Ferme tard le soir.* « *The place* » pour les viandards ! Normal, c'est un boucher et les gens ne viennent que pour ça. Boutique étroite, beaucoup de monde, quelques tables au fond et en mezzanine pour se repaître de brochettes grillées au charbon de bois ou de mouton cuit à la vapeur, à des prix d'avant la guerre du Rif...

À voir. À faire

Azrou n'est pas réputée pour son animation ; néanmoins, le centre-ville, aux abords de la place Mohammed-V, possède quelques ***échoppes*** où vous pouvez tester votre aptitude à marchander. Sur la placette située derrière l'hôtel *Salam* a lieu tous les soirs la ***souikha,*** un petit souk très prisé par les Azraouis. Plus loin se trouve le ***hammam*** pour se détendre après une randonnée.

DANS LES ENVIRONS D'AZROU

➢ Certains itinéraires décrits à partir d'Ifrane, comme le **cèdre Gouraud** ou le ***circuit VTT*** dans les cédraies, peuvent se faire depuis Azrou. Pour plus de détails, voir plus haut « Dans les environs d'Ifrane ».

★★ *D'Azrou à Khénifra par la montagne :* *sortir d'Azrou par la route de Khénifra et tourner à gauche à Tiouririne en suivant l'indication « Route touristique des Cèdres » jusqu'à l'arrivée à Aïn-Leuh.* Là, prendre vers le sud jusqu'à Khénifra par une route de 87 km, offrant des points de vue saisissants sur les forêts de cèdres peuplées de singes et les vallées du Moyen Atlas. Cet itinéraire passe par les sources de l'oued Oum-er-Rbia, l'aguelmame Azigza (possibilité d'aller jusqu'au lac Ouiouane). Une fois à Khénifra, revenir vers Azrou par la route directe qui traverse Mrirt.

★★ *Zaouïa-d'Ifrane :* *d'Azrou, prendre la route de Khénifra ; 39 km plus loin, soit 12 km avt d'arriver à Mrirt, prendre à gauche ; c'est fléché.* Village isolé, au bout de la route, donc encore peu fréquenté par les touristes, Zaouïa-d'Ifrane est l'endroit idéal pour profiter de la nature. Une végétation remarquable et de nombreuses occasions de se baigner dans la rivière en font un endroit de rêve. Le jeudi matin, pousser jusqu'à ***Mrirt*** pour voir un des souks les plus animés de la région. Vous pourrez voir (ou acheter !) de très beaux tapis zaïanes.

★★ *L'aguelmame Azigza :* *à env 20 km des sources de l'Oum-er-Rbia par la 3211 ; c'est fléché.* « Le lac vert », en berbère, occupe un creux dans la chape calcaire qui recouvre la région. Sa couleur turquoise est due à sa grande profondeur. Ourlé d'une forêt de chênes verts, c'est l'endroit idéal pour un pique-nique. Restauration possible sur place. À éviter les week-ends de grosse chaleur et pendant l'été.

★★ De l'aguelmame Azigza, redescendre sur Khénifra ou rejoindre la P 21 (route Azrou-Midelt) en traversant les forêts de cèdres jusqu'à Itzèr ou Aït-Oufella. Paysage d'une grande beauté.

★ *Le belvédère d'Ito :* *à 15 km sur la route de Meknès.* Beau point de vue sur les montagnes aux tons ocre jaune. Meilleur moment : le matin, quand on a le soleil dans le dos. Vendeurs de fossiles et de minéraux.

★ *Les sources de l'oued Oum-er-Rbia :* *d'Azrou, se rendre à Aïn-Leuh, puis suivre le fléchage. Parking : 50 Dh.* Il s'agit ici d'une des plus spectaculaires résurgences du système hydraulique souterrain de la région : pas moins de 40 sources d'eau douce, et sept d'eau salée, dont la plus grande se déverse en cascade dans un vacarme assourdissant. Du parking, compter 10 mn de marche pour atteindre la chute d'eau. Sur place, beaucoup de petites gargotes pratiquement « les pieds dans l'eau », mais pas de poubelles... Quelques chasse-touristes aussi, car le site est très fréquenté par les Marocains. *Oum-er-Rbia* signifie « la mère du printemps ». C'est le fleuve le plus long du Maroc. Dommage que le site soit si mal entretenu.

AÏN-LEUH

Le village d'Aïn-Leuh présente quelques rares façades à encorbellement qui rappellent un peu l'architecture andalouse. Des épiceries, mais pas grand-chose à voir au village, à part quelques habitations troglodytiques. La campagne environnante, en revanche, est d'une extrême beauté. Demandez un guide sur le parking central.

LES PRINCESSES D'AÏN-LEUH

Aïn-Leuh est réputée dans le monde berbère pour la beauté de ses habitantes. Qu'un routier tombe en panne à Aïn-Leuh, il repartira chez lui la bague au doigt, affirme-t-on ici !

Où dormir dans les environs ?

Quelques possibilités d'hébergement dans la région d'Aïn-Leuh, dans des gîtes et auberges, mais malheureusement très peu entretenus ou sans grand charme.

Gîte Nerrahte : *douar **Aït-Ali,** à 5 km d'Aïn-Leuh, sur la route d'Azrou (avt d'arriver à la N 8). 212 (0)6-66-36-61-32 ou 212 (0)6-52-45-78-54. • gitenerrahte@gmail.com • Venant d'Aïn-Leuh, bien indiqué sur la gauche. D'Azrou, prendre la route de Khénifra ; à Tiouririne, tourner à gauche vers Aïn-Leuh ; plus loin, gîte fléché, vers la droite, par une piste en bon état sur 2 km. En ½ pens, env 200 Dh/pers.* Isolé dans la campagne, le bâtiment abrite 3 chambres et un salon marocain où l'on peut aussi dormir. La demeure d'Hassan et de sa petite famille est simple mais pleine d'un charme serein. On est reçu comme si on en faisait déjà partie. Ensemble propre. Bloc sanitaire récent. Murs en pisé recouverts de mosaïques en bas. Un endroit idéal pour une retraite au calme loin de tout, avec les collines et quelques moutons pour seuls compagnons. Sur le toit de la maison, une super petite tente berbère où attendre l'apéro. Pour les repas, l'hôtesse se met en quatre et prépare de bonnes recettes rurales (poulet fermier notamment, celui qui courait dans vos pattes à l'arrivée). Plein de balades à faire dans le coin, ça va de soi. Hassan, qui propose des randonnées dans la région, vend également de très beaux tapis. Une bonne adresse.

AU SUD D'AZROU

MIDELT

45 000 hab.

À 125 km d'Azrou et à 141 km d'Er-Rachidia. Perchée à 1 488 m, au pied du djebel Ayachi (3 737 m), point culminant du Grand Atlas oriental, Midelt n'a rien d'une ville de villégiature. Elle peut cependant servir de base pour partir à la découverte de cette région particulièrement riche d'un point de vue géologique. Ici, les amateurs de minéraux seront ravis : azurite, malachite, vanadinite, aragonite, barytine, calcédoine… un florilège de cristallisations aussi surprenantes que colorées. Mais ne vous y trompez pas, ces joyaux de la nature ne remontent pas tout seuls des entrailles de la terre. Des hommes peu scrupuleux utilisent le plus souvent des enfants, en raison de leur petite taille, pour descendre au fond des mines de plomb abandonnées. Ainsi, nombre de gosses de condition modeste prennent des risques insensés pour quelques dirhams dérisoires, défiant à chaque instant l'effondrement des galeries. Pensez-y quand vous achetez une pierre ! Cela dit, les sites naturels où se trouve l'entrée des mines sont remarquables. Il y règne encore une étrange ambiance de villes fantômes, rappelant les romans de Jack London.

LES CAILLOUX VOYAGEURS !

La plupart des belles cristallisations proposées dans les échoppes sont souvent extraites des carrières… sud-africaines ou brésiliennes. Autant le savoir !

Arriver – Quitter

En bus

Attention aux nombreux chasse-touristes à la sortie des bus.

Gare routière : *en plein centre.* ☎ *05-35-58-31-06.* La *CTM* dessert :
➢ ***Azrou et Meknès :*** 3 bus/j. Trajet : env 2h et 4h.
➢ ***Casablanca :*** 2 bus/j. Trajet : env 8h.
➢ ***Rabat :*** 2 bus/j. Trajet : env 6h.
➢ ***Rissani :*** 1 bus/j. Trajet : env 5h.
➢ ***Er-Rachidia :*** 2 bus/h. Trajet : env 2h.
➢ ***Fès par Azrou et par Meknès :*** 1 bus/j. Trajet : env 5h.

En voiture

➢ ***Vers Marrakech via Beni-Mellal :*** prévoir env 430 km de route et 4h jusqu'à Beni-Mellal (reste ensuite près de 200 km jusqu'à Marrakech par une bonne route). Quitter la N 13 à ***Zeïda*** pour prendre la R 503.
Nombreux cafés-restos à Zeïda, où l'on peut manger des *kefta* en achetant la viande chez le boucher pour la confier à un « grilleur ». Après Zeïda, le paysage change complètement : sur le grand plateau, l'habitat est dispersé. Des villages de maisons basses émergent les minarets des mosquées. Le paysage redevient plus riant après le col de Tanout-ou-Filal (2 070 m) : on débouche alors sur la N 8 pour rejoindre la grande plaine du Tadla au niveau de Kasba-Tadla, et poursuivre sur Beni-Mellal et enfin Marrakech.
➢ ***Vers Azrou :*** à 140 km au nord de Midelt, par la N 13. La route part à l'assaut du ***col du Zad*** (2 178 m), qui marque la limite des bassins versants atlantique et méditerranéen. Au sud, les eaux des oueds viennent gonfler celles de la Moulouya qui se jettent dans la Méditerranée, alors qu'à l'ouest les oueds finissent leur course dans l'Atlantique. C'est un point stratégique de la géographie du pays. Il est parfois fermé en hiver. Au nord de celui-ci commencent les forêts de cèdres du Moyen Atlas où se niche Azrou.
➢ ***Vers Er-Rachidia :*** à 126 km au sud de Midelt. Quelques kilomètres après Midelt, la route franchit le col de ***Tizi n'Talrhemt*** (le « col de la Chamelle »), qui fut longtemps le passage obligé pour les caravanes en provenance du désert et se rendant à Fès. Passé le col, les essences méditerranéennes disparaissent progressivement pour faire place à une végétation saharienne. La route s'enfonce ensuite dans les gorges du Ziz, offrant de majestueuses échappées sur la palmeraie avant d'atteindre Er-Rachidia.
➢ ***Vers Khénifra :*** à 124 km à l'ouest de Midelt. Juste après Zeïda, on remarque comme des « collines » de terre. Il s'agit des traces des anciennes mines de plomb. Après une quinzaine de km, une bifurcation mène à droite à *Itzèr* (souk le samedi), à gauche à *Boumia* (grand souk paysan le jeudi) et *Tounfit* (collé à flanc de montagne).

Adresses et infos utiles

✉ **Poste :** *en retrait de la rue principale, au-dessus du complexe* Le Pin, *derrière* Maroc Telecom.
@ **Via-Net :** *dans le centre-ville à côté de l'hôtel* Roi de la Bière. *Tlj 9h-minuit.* Connexion à peu près performante.
@ **Cybercafé Ibrahim.com :** *quartier Ikhramjioune, à côté de la mosquée (fléché à la sortie de Midelt vers l'hôtel* Safari Atlas*).* Impression noir et blanc. Gravure de CD.
■ **Banques :** *distributeurs automatiques à la* ***Banque populaire*** *(à l'entrée de la ville en venant d'Azrou), à la* ***BMCI,*** *en face de l'hôtel* Roi de la Bière *(dans le centre-ville) et d'autres à la sortie de la ville, sur la route d'Er-Rachidia.*
■ **Garage El-Ayachi :** *route de Fès, en face de la station* Shell. *212 (0)6-61-35-47-45.* En cas de pépin, un garage sérieux et prix honnêtes.
– ***Souk :*** *dim mat.*

Où dormir ? Où manger ?

Nombreuses gargotes à côté de la gare routière. Mais les chasse-touristes sont vraiment trop enquiquinants. Pour plus de tranquillité, rendez-vous aux restos d'hôtels.

De très bon marché à bon marché (moins de 200 Dh / 18,20 €)

Hôtel Bougafer : *7, bd Mohammed-V. ☎ 05-35-58-30-99. Dans le centre, au-dessus de la gare routière. Doubles 80-250 Dh avec ou sans sdb et chauffage ; petit déj en sus. Sur le toit en été, tente berbère de 15 lits : 40 Dh/pers. Menu complet 50 Dh.* Les chambres sont très simples mais propres, réparties autour d'un salon à chaque étage. Pour le rapport qualité-prix, préférez celles du 3e étage. Belle vue sur la ville. Gargote au rez-de-chaussée servant une cuisine honnête. Bon accueil.

Hôtel Atlas : *3, rue Mohammed-Amraoui. ☎ 05-35-58-29-38. Dans le centre. Doubles 60-100 Dh, petit déj en sus. Douche commune payante. Plat env 40 Dh.* Les chambres sont rudimentaires et correctement tenues. Celle sur le toit bénéficie d'une belle vue sur la ville...mais étuve ou réfrigérateur selon la saison. Sinon, plafonds très bas partout, les grands vont s'amuser ! Resto populaire minuscule, proposant une cuisine simple et traditionnelle d'un bon rapport qualité-prix. Un bon plan routard.

Prix moyens

Hôtel-restaurant Safari Atlas : *118, bd Palestine. ☎ 05-35-58-00-69. • tantanna2003@yahoo.fr • Dans un quartier tranquille à la sortie de Midelt, sur la route d'Er-Rachidia ; c'est fléché. Double avec sdb 230 Dh.* Confort spartiate et chambres plus ou moins grandes, toutes au même prix. Pas bien gai, mais rien à redire sur la propreté et accueil courtois.

Hôtel Kasbah Asmaa : *km 3, route d'Er-Rachidia. ☎ 05-35-58-39-45. • asmksb@menara.ma • En dehors de la ville, à 3 km vers Er-Rachidia. Double 540 Dh avec AC et chauffage, petit déj inclus ; suite 5 pers 700 Dh, petit déj en sus. Menu 145 Dh. Réduc de 15 % sur les chambres sur présentation de ce guide.* La plupart des chambres sont assez spacieuses et offrent de beaux panoramas sur les alentours, certaines disposent même d'un petit balcon. Dommage que l'entretien marque quelques signes de faiblesse et que la petite piscine soit si peu avenante. En revanche, le restaurant propose une bonne cuisine. Fréquenté par des familles et des petits groupes. Accueil aimable.

El Ayachi : *rue d'Agadir. ☎ 05-35-58-21-61. • hotelelayachi.ma • Double 400 Dh avec AC et chauffage, petit déj inclus. Menu 110 Dh.* Un hôtel à l'architecture coloniale, des chambres à la grande salle à manger vitrée sur le jardin. La plomberie, l'aménagement, la déco et le service sont d'un autre âge, mais l'ensemble dégage un charme suranné qui peut séduire.

Où dormir ? Où manger dans les environs ?

Camping-auberge de Timnay : *à 20 km de Midelt sur la route d'Azrou N 13. ☎ 05-35-58-34-34. • ksar-timnay.com • Emplacement 80 Dh pour 2 avec tente et voiture. Tente collective 35 Dh/pers, matelas et couverture fournis. Double 380 Dh avec AC et chauffage, petit déj compris ; suite 500 Dh. Menus 80-100 Dh* Petit complexe touristique avec une piscine (ouverte de juin à septembre). Les chambres sont plaisantes et bien tenues. Grand resto chaleureux fréquenté par des baroudeurs, ornithologues et marcheurs cosmopolites. À côté, vaste parc naturel avec un lac et une rivière, un tumulus de 3 000 ans et l'Atlas en toile de fond. Propose des virées en 4x4 à la journée, des sorties pêche et une découverte de la minéralogie dans les environs. Accueil tranquille. Excellent rapport qualité-prix. Notre adresse préférée.

Hôtel Taddart : *à* ***Taddamoute,*** *à 6 km de Midelt sur la route de Meknès. ☎ 05-35-58-02-28. • hotel-taddarte.com • Double 660 Dh avec chauffage et AC, petit déj non compris.*

Menu 120 Dh. Un complexe touristique avec une belle piscine (ouverte de juin à septembre) qui sera plus agréable quand les arbres auront un peu poussé. Cette bâtisse récente, en pisé, reprend les plans des *kasbah* traditionnelles. Dommage que la déco n'ait pas suivi cet élan d'authenticité. Cependant, les chambres sont confortables et fonctionnelles, les salons et le restaurant vastes et accueillants (pas mal de groupes). Accueil pro.

À voir

À Midelt, il est inutile de s'attarder autour du souk central (à côté de la gare routière). La pression des chasse-touristes y est vraiment pesante. Le soir avant le dîner, préférez le quartier du souk Jamaa, beaucoup moins touristique, en particulier le début de la route de Mibladen (juste après la *Banque populaire*). Très animé, avec ses marchands de légumes et de volailles vivantes, herboristeries traditionnelles, vendeurs de cassettes, etc.

L'atelier de tissage des sœurs franciscaines : kasbah *Myriem, sur la route 3418. 212 (0)6-64-44-73-75. • debono_menara@yahoo.fr • En venant d'Azrou, à droite en arrivant à Midelt, en direction de Jaffar et Tattiouine. Tlj 8h-12h, 14h-18h, mais repos des brodeuses ven et dim.* Dans les souks, de nombreux commerçants prétendent vendre le travail issu de l'atelier des sœurs, eh bien, c'est faux ! La production ne se trouve qu'ici. Les 80 brodeuses sont formées par les sœurs et accomplissent un travail remarquable. Les nappes brodées au point de Fès (réversible, contrairement au point de croix par exemple) sont à faire pâlir de jalousie les tables les plus chic. Prix élevés, à la hauteur de la qualité.

– ***Retraite au monastère Notre-Dame de l'Atlas :*** *la porte à côté de l'atelier des sœurs. ☎ 05-35-58-08-58. • ndatlas@menara.ma •* C'est ici que vit Jean-Pierre, aujourd'hui très âgé, l'un des deux moines rescapés du massacre de Thibhirine. Ce monastère ne se visite pas. Les moines trappistes ouvrent leur porte à qui veut se retirer du monde. Motif spirituel indispensable. Hébergement en dortoirs et chambres individuelles.

AU SUD D'AZROU

RICH

20 000 hab.

Ville d'étape sur la N 13, Rich est le carrefour obligé des voyageurs entre Midelt et Er-Rachidia ou vers Imilchil. Cette petite ville n'a rien de touristique et garde toute son authenticité, une certaine âpreté aussi. Rien de vraiment séduisant, si ce n'est le souk du dimanche, très animé, point de rendez-vous de nombreux bergers et cultivateurs venus des vallées voisines pour vendre leurs productions.

– Distributeur de billets, bureau de change, station-service, pharmacie et cybercafé dans le centre.

Arriver – Quitter

En bus

Gare routière : *dans le centre-ville.*

➢ ***Midelt et Fès :*** 2 bus/j.

➢ ***Er-Rachidia :*** 2 bus/j.

En grand taxi

À côté de la gare routière. Les grands taxis assurent la liaison avec ***Imilchil*** et ***Er-Rachidia.*** Toutefois, certains jours, il faut faire preuve de patience car les voitures ne se remplissent pas très vite. Pour Imilchil, mieux vaut se présenter assez tôt.

En voiture

➢ ***Vers Imilchil :*** faire impérativement le plein avant de partir, car là-haut, il n'y a que des dépôts de carburant !
Une route goudronnée et des paysages superbes conduisent à Imilchil en 3h30 env. Le parcours étant peu fréquenté, il faut rester vigilant, car on n'est jamais à l'abri d'une mule ou quelques éboulis de pierres à la sortie d'un virage !

Où dormir ? Où manger ?

🏠 Rich n'a de riche que le nom ! On y trouve 3 hôtels qui peuvent dépanner les routards tout terrain. Le ***El Massira*** et le ***Isly*** *(60 Dh la double)* mais propreté très limite et le ***Tisslite*** *(150 Dh)* plus acceptable.
|●| Tout autour de la gare routière et près du souk, plein de ***gargotes*** proposent brochettes et tajines.

DANS LES ENVIRONS DE RICH

★ ***Le souk d'Outerbate :*** *sur la route d'Imilchil, ts les dim mat.* C'est un événement à ne pas manquer. C'est l'occasion d'un contact avec la population Aït-Moghrad vivant dans les villages isolés des montagnes et qui descend dans la vallée à l'occasion du souk hebdomadaire.

★★ ***Les gorges du Ziz :*** *entre Rich et Er-Rachidia, au sud.* La route qui traverse les gorges est de toute beauté. Elle surplombe par endroits la faille que l'***oued Ziz*** a creusée dans le plateau calcaire. Tout au long du parcours, des belvédères aménagés offrent des panoramas époustouflants sur la montagne aride et la palmeraie. Pour tout savoir sur Er-Rachidia, rendez-vous en fin de guide dans la partie « Ouarzazate et les oasis du Sud. À l'est de Ouarzazate ».

Où dormir ? Où manger dans les gorges du Ziz ?

Les 3 adresses suivantes se trouvent sur la route d'Er-Rachidia.

⛺ 🏠 |●| ***Kasbah Dounia :*** *à 15 km de Rich, 1 km après la source de Moulay-Hachem et 5 km avt celle de Moulay-Ali-Cherif.* ☎ *05-35-36-83-95. Fax : 05-35-36-86-88. ½ douzaine de chambres triples avec douche et w-c 250 Dh/pers en ½ pens. Sert de l'alcool.* *Kasbah* typique en bordure de la route. Les chambres, simplissimes et sombres, entourent un agréable patio. Confort sommaire, mais repas plutôt bons. Beaucoup de groupes et soirées parfois bruyantes et arrosées. Tranquillité aléatoire donc... Un comble dans un lieu si isolé !
⛺ 🏠 |●| ***Hôtel-Kasbah Jurassique :*** *à 27 km de Rich, après la source Moulay-Ali-Cherif, au bord de l'oued, en contrebas de la route.* 📱 *212 (0)6-61-09-92-84.* ● *kasbahjurassique.com* ● *Compter 250 Dh/pers en ½ pens, avec sdb. Pour le camping (pas d'ombre), 70 Dh pour 2 avec tente, voiture et électricité. Repas 100 Dh. Pas d'alcool.* Une jolie *kasbah* qui a dû connaître des jours meilleurs. Confort basique, literie et plomberie de guingois. Dommage, le site est grandiose. Ambiance *Désert des Tartares*, au milieu des montagnes arides et plissées. Spectaculaire ! Piscine (sans produits chimiques...) dominant l'oued (souvent à sec). Petite salle de resto modeste. Accueil attentionné.
🏠 |●| ***Auberge Palma Ziz :*** *à 36 km de Rich, au niveau du pont traversant l'oued Ziz, juste avt le barrage de Hassan-Adakhil.* ☎ *05-35-57-61-60.* ● *palmaziz.com* ● *Double 300 Dh avec sdb, petit déj compris.* Une belle *kasbah* en pisé en contrebas de la route, dans un coin magnifique. Dès la réception, l'ambiance est donnée. Nous sommes ici dans un établissement soigné. Une quinzaine de chambres carrelées, décorées simplement mais avec goût et parfaitement propres, réparties

autour de petits patios. Ventilateur ou chauffage selon la saison. Grande salle de restauration avec plafond en canne tissée, et superbe terrasse dominant la palmeraie. La meilleure adresse dans ces gorges du Ziz.

IMILCHIL

8 200 hab.

À Imilchil, le climat est rude, car le plateau situé à plus de 2 200 m d'altitude est constamment balayé par les vents. Certains hivers, la température flirte avec les - 20 °C. Autant dire que même en plein été, mieux vaut prévoir sa p'tite laine ! D'ailleurs, les femmes Aït-Haddidou ne s'y trompent pas, admirez leurs superbes *handira* rayées noir et blanc ! La fibre de laine est tissée si serré qu'il est impossible au vent de la traverser. Aujourd'hui, quelques paysans des vallées d'altitude se sont reconvertis dans le tourisme rural. Nombreuses possibilités d'hébergement au confort modeste. Ce sont des guides diplômés de l'école de Tabant qui proposent des randonnées dans cette région absolument magnifique.

LE *MOUSSEM*

La fête se déroule fin août, à Aït-Amer, à 25 km au sud d'Imilchil, au carrefour des routes de Rich et de Tineghir.

C'est une tradition des Aït-Haddidou qui se perpétue pendant ce *moussem*. Elle permet aux tribus de la région berbères (non arabes) de tisser des liens, autrefois en vue de fiançailles. Une très jolie légende s'est tissée autour de cet événement. À l'origine, deux jeunes, dont les tribus respectives étaient en guerre l'une contre l'autre, s'aimaient. Bien entendu, les parents firent tout pour empêcher leur union. De chagrin, l'un et l'autre se mirent à pleurer, tant et si bien que leurs larmes donnèrent naissance aux lacs de Tislit pour la jeune fille, et Isely pour le jeune homme. Devant tant d'amour, les deux clans consentirent au mariage. Depuis, chaque année le *moussem* commémore cette union et permet aux jeunes de se choisir librement.

UNION LIBRE

Lors du moussem, pas besoin de l'accord des familles. Tradition rare au Maroc, les jeunes se choisissent librement. Si l'union ne fonctionne pas, on casse et on retourne au moussem. Si un enfant naît, l'union est alors scellée pour la vie.

– Le *moussem* commence un vendredi, jour de la vente du bétail. Le samedi est réservé à la vente des produits de première nécessité. Le dimanche est le jour des chants et des danses folkloriques.

Revers de la médaille, le *moussem* génère une activité commerciale considérable : de nombreux commerçants affluent de tout le pays, certains n'hésitant pas à se travestir en Touareg avec chèche et robe bleue, histoire d'amadouer le touriste et d'écouler leur stock de souvenirs en tout genre.

– Pendant la fête des Fiancés, de grandes tentes sont dressées pour pouvoir accueillir chacune 15 personnes dans de vrais lits. Tout est organisé par des hôteliers qui transportent leur matériel sur place. Prévoir des vêtements bien chauds et un duvet, car les nuits sont très fraîches. Inconditionnels du confort, s'abstenir : il n'y a pas d'eau courante et on se lave avec des seaux d'eau froide (payants), livrés chaque matin par camion.

Arriver – Quitter

La plupart des itinéraires sont décrits au départ d'Imilchil, mais on peut bien sûr les lire dans les 2 sens.

En grand taxi

➢ Vers ***El-Ksiba.*** Trajet env 3h30.

En minibus

➢ Vers ***Rich*** (3-4h de trajet) et les ***gorges du Todgha*** (env 2h).

En voiture de tourisme

➢ ***De Rich et El-Ksiba :*** compter env 4h de route pour Imilchil (situé à mi-chemin entre Rich et El-Ksiba). Cette belle route goudronnée mérite à elle seule le voyage. Les paysages sont simplement magnifiques. De Rich, la route est un peu difficile par endroits (mais sans problème avec une voiture de tourisme) et quelques passages à gué sont à prévoir. Pour éviter les mauvaises surprises, évaluez la profondeur avant de traverser, ou attendez que des habitués passent pour voir le chemin à suivre. Paysages grandioses, d'une diversité folle. L'Atlas dans tous ses états géologiques !

Où dormir ? Où manger ?

Attention ! Pendant la période du *moussem*, les hôtels sont pris d'assaut et les prix flambent ! Il est prudent de réserver à l'avance, quitte à verser des arrhes et à ne pas arriver trop tard ; sinon, votre chambre sera relouée.
D'autre part, soyez vigilant : certains hôtels facturent comme des gîtes, c'est-à-dire qu'ils vendent la nuitée par personne et en demi-pension.

Très bon marché (moins de 100 Dh / 9,10 €)

Gîte d'étape Chez Zaïd Ouchaoua : *sur la gauche à la sortie du bourg en direction des lacs. ☎ 05-23-44-27-24. • zouchaoua@gmail.com • Prévoir 50 Dh/pers, petit déj en sus.* Gîte avec 2 dortoirs comprenant matelas, draps et couvertures. Le propriétaire est diplômé de l'école de Tabant, et reçoit chez lui en toute simplicité. De bons conseils pour organiser une balade. Ambiance et cuisine familiales, accueil vraiment chaleureux.

Hôtel-restaurant de l'Avenir : *à la sortie du bourg en direction des lacs. ☎ 05-23-44-27-11. Double 80 Dh, petit déj en sus.* Petit hôtel bien entretenu. Douche et w-c à l'étage corrects. L'ensemble est assez rudimentaire mais propre, avec un petit salon offrant une belle vue sur la montagne. Au rez-de-chaussée, un petit resto et une épicerie intégrée à la cuisine. Bon accueil.

Bon marché (100-200 Dh / 9,10-18,20 €)

Hôtel-restaurant Chez Bassou : *grande maison à étage à la sortie du bourg en direction des lacs. ☎ 05-23-44-24-02. • chezbassou.com • Compter 200 Dh/pers en ½ pens. Repas 60 Dh.* Les chambres proposent tout ce que peut souhaiter un randonneur de retour de marche : une douche chaude, une bonne literie et des couvertures moelleuses. Et... la cuisine est correcte ! Le propriétaire connaît bien la montagne et pourra vous aiguiller pour organiser une balade. Diplômé de l'école de Tabant, il a également reçu une formation à Briançon. Accueil souriant et disponible.

Hôtel Izlane : *à la sortie du bourg en direction des lacs, en retrait de la route principale. ☎ 05-23-44-28-06. • khallaimilchil@yahoo.fr • Double 240 Dh, petit déj compris. Repas 60 Dh.* Le plus vieil hôtel d'Imilchil, d'extérieur peu avenant, mais les chambres sont correctes, toutes avec salle de bains. Bonne ambiance et accueil agréable. Beaucoup de groupes en 4x4.

Où dormir ? Où manger dans les environs ?

Auberge Tislite : *à 4 km d'Imilchil, face au lac Tislit. Sur résa au*

☎ 05-35-52-70-39 (à Meknès) ou tenter sa chance à l'improviste. • aubergetislite.com • Double 280 Dh, petit déj compris. ½ pens 250 Dh/pers en chambre et 200 Dh sous tente caïdale. L'auberge, isolée et posée au bord de l'eau, est certainement l'endroit le plus magique de la région pour prendre son petit déj. Chambres banales mais propres, avec douche chaude parfois capricieuse. Accueil inégal.

Auberge Ibrahim : *à* ***Agoudal****, à 35 km d'Imilchil. ☎ 05-35-88-46-28. • aubergeibrahim.ht.st • Prendre la direction de Rich. À 20 km, bifurquer vers Tineghir jusqu'à Agoudal. Soyez très prudent en traversant les villages car le jeu des gamins consiste à s'accrocher aux voitures ! 170 Dh/pers en ½ pens. CB refusées.* La petite auberge est perchée à 2 300 m d'altitude, dans un site somptueux. Une adresse loin du monde pour routards aguerris. Les chambres, réparties autour d'une cour, sont on ne peut plus simples, avec ou sans salle de bains. Ambiance baroudeurs et accueil sympathique. Balades fabuleuses à faire aux alentours.

Auberge Afoud : *à* ***Agoudal****. À l'autre bout du village par rapport à l'adresse précédente. 212 (0)6-66-30-35-56. • aubergeafoud@yahoo.fr • 130 Dh/pers en ½ pens. CB refusées.* Une petite auberge toute simple, avec des chambres minuscules mais pas désagréables, dont 2 disposent de salle de douche et w-c. Confort basique, mais tout est propre et le petit salon accueillant. Vue superbe de la terrasse. Un coin de bout du monde pour amateurs de nature et d'isolement.

Auberge Tafilalt : *à* ***Bou-Ouzmou****, à 18 km avt d'arriver à Imilchil en venant de Rich. 212 (0)6-42-56-64-69. Matelas 30 Dh/pers. Petit déj 20 Dh.* En dépannage. Vraiment pas nickel. Pour ceux qui, arrivant à pied du sud, auraient la flemme de pousser jusqu'à Imilchil.

Auberge chez Mustapha Kebiri : *à* ***Tassent****, env 12 km avt le plateau des lacs en venant de Tizi n'Isly.* Dans une ambiance familiale et avec peu de moyens, Mustapha fait de son mieux pour recevoir ses hôtes dans les 3 chambres de son gîte. Bonne cuisine traditionnelle.

À voir. À faire

Le souk d'Imilchil (tous les samedis) vaut le détour, et plus particulièrement le marché aux bestiaux.

Belles balades sur le ***plateau des lacs Tislit et Isely.*** Entre Tislit (le plus près de la route goudronnée) et Isely, une piste traverse un *agoudal* (prairie dont la mise en pâture est réglementée). Le lac Isely est superbe au soleil couchant. Il est cependant déconseillé de s'y baigner et même de s'approcher des rives boueuses, qui sont dangereuses.

➢ ***Nombreuses excursions*** à la journée ou sur plusieurs jours à faire à pied ou à VTT à partir d'Imilchil. Informations détaillées dans toutes les auberges.

AU SUD-OUEST D'AZROU

KHÉNIFRA

73 000 hab.

Cette ville berbère du Moyen Atlas est édifiée sur les rives de l'Oum-er-Rbia. On l'appelle « la ville rouge » en raison de la couleur carmin de sa terre et de ses constructions.

Elle constitue une étape pratique sur l'axe Fès-Marrakech, rien de plus. La rue principale de la médina est très animée en fin de journée, et son souk aux tapis, le samedi soir près du pont, est pittoresque. Elle permet aussi de belles excursions.

Arriver – Quitter

En bus

Gare routière : *à la sortie de la ville, sur le bd Zerktouni.*
Attention, Khénifra n'est pas un terminus. Les bus s'arrêtent mais sont souvent pleins. Liaisons avec :
➢ ***Meknès :*** 7 bus/j. Trajet : env 4h par Azrou et 3h30 par Adarouch.
➢ ***Beni-Mellal :*** 4 bus/j. Trajet : env 2h45.
➢ ***Fès*** *(arrêts à* ***Azrou, Ifrane, Imouzzer-du-Kandar****)* **:** 4 bus/j. Trajet : env 3h30 pour Fès.
➢ ***Marrakech*** *(arrêt à* ***Beni-Mellal****)* **:** 6 bus/j. Trajet : env 5h30.
➢ ***Rabat :*** 4 bus/j. Bus de nuit slt. Trajet : env 4h30 pour les directs.

En grand taxi

Les grands taxis se garent à côté de la gare routière, sur le bd Zerktouni. Voitures pour ***Marrakech, Beni-Mellal*** et ***Oulmès.***

En voiture

➢ Très bel itinéraire à travers les forêts de cèdres du Moyen Atlas entre Khénifra et ***Azrou*** (env 1h30) ou ***Midelt*** (via Itzèr, env 2h30).
➢ Route touristique pour ***Imilchil,*** via Aghbala et Tizi n'Isly. Compter env 3h45.

Adresses utiles

On trouve tous les services : pharmacie, Internet, poste et guichets automatiques, après le pont avenue Mohammed-V et boulevard Zerktouni, qui sont les artères principales traversant la ville d'un bout à l'autre.

Où dormir ?
Où manger ?

Bon marché (100-200 Dh / 9,10-18,20 €)

Hôtel El Kamar : *av. Mohammed-V, à 200 m à droite après le pont. ☎ et fax : 05-35-58-87-00. Près du marché aux légumes. Doubles 100-190 Dh avec ou sans douche, TV, w-c toujours sur le paller ; pas de petit déj.* En plein centre-ville, un hôtel simple mais très bien tenu. Étonnant salon marocain couvert, planté dans le patio central autour duquel les chambres sont distribuées. Celles-ci offrent le confort minimum, mais cet hôtel reste le meilleur rapport qualité-prix de la ville. Terrasse sur le toit. Accueil d'une grande gentillesse.

Hôtel Aregou : *bd Zerktouni. ☎ 05-35-58-64-87. Près du pont. Double 100 Dh.* Établissement très modeste pour routards avertis et peu exigeants. Sanitaires (sur le palier) en péril. En dépannage.

Chez Aziz : *42, rue Amgala. Entrée dans le souk par l'artère principale (marchands de vêtements), puis 1re à droite et tt de suite à gauche, le resto est au fond de la ruelle. Plat env 40 Dh.* C'est une petite cantine aux néons blafards, ouverte sur l'animation du souk. Bons tajines et ambiance sympathique.

Café-Restaurant Ranya : *bd Zerktouni. Plat env 40 Dh.* Une des terrasses les plus animées de la ville, avec les tajines fumants installés directement sur le trottoir. Rien d'inoubliable, mais de quoi caler une bonne faim avec un poulet frites ou un tajine classique, en observant ses voisins...masculins. Les seules femmes rencontrées ici sont les serveuses !

Chic (400-800 Dh / 36,40-72,80 €)

Atlas Zayane : *cité Al-Amal. ☎ 05-35-58-60-20. Monter tt droit dans le* *prolongement de l'av. Mohammed-V, après le bd Zerktouni. Doubles 510-670 Dh, avec AC, petit déj non compris.* Un faux air de résidence universitaire. Les chambres sont relativement confortables (chauffage d'appoint sur demande). Préférer celles des derniers étages, plus éloignées des activités nocturnes du bar. Belle piscine, quand elle est remplie. Bon, pas le grand luxe tout de même au regard du prix, quelques problèmes de pommeaux de douche et rideaux mal accrochés, mais c'est ce que l'on peut trouver de mieux en ville !

Où prendre le petit déj ? Où déguster une pâtisserie ?

Café-boulangerie-pâtisserie Bouziane : *17, bd Mohammed-V, 100 m après le pont.* Grand choix de pâtisseries. Propre et bon accueil.

À voir

Pas grand-chose à voir ou à faire, si ce n'est de goûter au quotidien d'une petite ville de province.

Le marché aux légumes : *av. Mohammed-V ; de l'autre côté du pont.* L'endroit est très animé le soir, l'occasion d'une promenade digestive.

Le souk central des tapis : *av. Mohammed-V ; en contrebas du pont, rive droite. Sam soir.* Un regroupement de boutiques privées présente l'artisanat de tissage en provenance de tout le Maroc (ou presque) : tapis noués, *glaoui, hanbel, handira,* couvertures, couvre-lits et coussins. On apprécie les très beaux tapis zaïanes de la région de Mrirt. Ici, pas d'usine : les femmes travaillent à la maison sur des métiers rudimentaires et produisent de véritables œuvres d'art.

À faire dans les environs

Toutes les excursions décrites à partir d'Ifrane ou d'Azrou peuvent aussi être réalisées au départ de Khénifra (voir plus haut).

BENI-MELLAL

165 000 hab.

Beni-Mellal est nichée au cœur d'un immense verger au pied de l'Atlas. Grâce à l'eau contenue par le barrage de Bin-el-Ouidane et à d'importants travaux d'irrigation, la ville et sa région ont développé de vastes zones arboricoles. On y cultive les abricots et les olives, et les oranges sont réputées pour être parmi les meilleures du Maroc. Beni-Mellal est une étape entre Fès et Marrakech, ainsi qu'une porte d'entrée vers l'Atlas. L'été, il y fait une chaleur accablante et les marchands de glaces y sont légion.

Arriver – Quitter

En bus

Gare routière : *au bout de l'av. des FAR.* ☎ *05-23-48-30-35.* Liaisons avec :

- ➢ **Fès** (via **Azrou, Ifrane** et **Imouzzer-du-Kandar**) **:** 2 bus/j. Trajet : env 6h jusqu'à Fès.
- ➢ **Marrakech :** 3 bus/j. Trajet : env 3h30.
- ➢ **Casablanca :** 3 bus/j. Trajet : env 4h.
- ➢ **Rabat :** 3 bus/j. Trajet : env 5h.

En grand taxi

Derrière la gare routière. Liaisons avec ***Ouzoud, Afourer*** et ***Azizal.*** Pour ***Imilchil,*** transiter par ***El-Ksiba.***

En voiture

Beni-Mellal est un excellent point de départ pour explorer le versant nord du Haut Atlas par de petites routes tranquilles et superbes.

➢ Vers ***Imilchil,*** par ***Taguelft, Naour*** et ***Tizi n'Isly*** (retour sur ***Midelt*** ou ***Er-Rachidia*** par ***Rich***).

➢ Vers ***Aghbala*** (plaque tournante du commerce des campagnes), par ***El-Ksiba, Naour*** et ***Tizi n'Isly*** (prolongement sur ***Khénifra*** par ***El-Kebab***).

Comment s'orienter ?

Comme la plupart des villes marocaines, Beni-Mellal possède une ville nouvelle et une médina *(kasbah).* La ville nouvelle est traversée d'est en ouest par le boulevard Mohammed-V. Deux grands axes lui sont perpendiculaires : à l'est, l'avenue des FAR commence sur la droite à hauteur de la vieille ville et ***descend jusqu'à la gare routière.*** À l'ouest, l'avenue Hassan-II devient ensuite la route de Fquih-ben-Salah.

La médina se situe à l'extrémité du boulevard Mohammed-V en direction de Kasbah-Tadla. Le soir, c'est dans la médina que la ville est la plus animée.

Adresses et infos utiles

Beni-Mellal est dynamique. Un ***grand centre commercial*** au standard européen est implanté à l'entrée de la ville quand on vient de Marrakech. Toutes les ***banques*** possèdent un distributeur automatique, et, comme la ***poste,*** les ***cybercafés*** et les ***pharmacies,*** elles sont concentrées sur le boulevard Mohammed-V.

Délégation régionale du tourisme : *12, av. Hassan-II, immeuble Chichaoui. ☎ 05-23-48-78-29 ou 86-63. Fax : 05-23-48-87-27. Lun-ven 8h30-16h30.*

Clinique des Oliviers : *21, av. Hassan-II. ☎ 05-23-48-36-29.*

– ***Souk :*** *mar.*

Où dormir ?

Les hôtels dans le quartier de la gare routière sont assez bruyants. À utiliser en dépannage. Préférer la médina ou l'extérieur de la ville.

De très bon marché à bon marché (moins de 200 Dh / 18,20 €)

Hôtel Saada : *129, rue Tarik-ben-Ziad. ☎ 05-23-48-29-91. Proche des bureaux de la* CTM, *derrière le snack* Le Coq d'Or. *Double env 80 Dh. Douche publique (payante) au pied de l'hôtel.* Les chambres sont basiques et à peu près bien tenues... mais la literie a vu passer quelques voyageurs avant vous ! Accueil aimable.

Hôtel Tasmmet : *au milieu du bd Ahmed-el-Hansali, dans une petite impasse. ☎ 05-23-42-13-13. Doubles 120-150 Dh sans ou avec douche et w-c.* Dans un quartier populaire et animé, un petit hôtel un peu vétuste. Chambres modestes, mais propreté néanmoins correcte. Bon accueil.

Prix moyens (200-400 Dh / 18,20-36,40 €)

Hôtel Beni Day'Inn : *bd Mohammed-VI (ex-20-Août), à la sortie de la ville, sur la route de Fès, en face du supermarché* Marjane. *☎ 05-26-85-64-20. • moay41@yahoo.fr • Double 330 Dh avec sdb et AC, petit déj compris.* Un grand hôtel moderne offrant un petit confort bienvenu, avec des chambres assez spacieuses et claires. Préférer celles donnant sur l'arrière, plus calmes. Rien d'inoubliable, mais rapport qualité-prix très correct.

De chic à plus chic (400-1 000 Dh / 36,40-91 €)

Hôtel Al-Bassatine : *à la sortie de la ville, sur la route de Fqih-ben-Salah (ou de Casa). ☎ 05-23-48-22-47. • hotelalbassatine.com • Double avec sdb et AC env 470 Dh, petit déj inclus. Menu 145 Dh. CB acceptées.*

Les chambres, réparties dans 3 bâtiments, sont proprettes et presque coquettes, avec terrasse ou balcon. Préférer l'ancienne aile, qui donne sur la piscine. Accueille des groupes.

Hôtel Chems : *à la sortie de la ville sur la route de Marrakech. ☎ 05-23-48-34-60. • chemshotel.com • Double 1 000 Dh, petit déj inclus. Repas env 160 Dh.* Chambres tout confort avec balcon donnant sur la végétation. Grande piscine dans un beau jardin soigné. Un établissement sans surprise. Là aussi, beaucoup de groupes. Accueil indifférent.

DANS LES ENVIRONS DE BENI-MELLAL

EL-KSIBA

El-Ksiba est un excellent point de départ pour les randonneurs (à pied, à dos de mulet ou en 4x4). Il n'y a pas grand-chose à voir en ville, mais la région regorge de curiosités naturelles. C'est le paradis des spéléologues, la région offrant plusieurs grottes et avens encore en cours d'exploration.

Où dormir ? Où manger dans les environs ?

Gîte chez Saadia et Mustapha Lannouch : *village d'Imhiwach, sur la route 3229, à 4 km de El-Ksiba et 11 km de Zaouïa-Ech-Cheikh. ☎ 05-23-51-52-77. ½ pens 150 Dh/pers.* Lovée dans une oliveraie en contrebas du petit village d'Imhiwach, cette maison est un havre de paix. Les propriétaires proposent quelques chambres simples et propres, avec salle de bains. Toit-terrasse pour profiter de la vue sur la vallée. Pain maison. Accueil familial et chaleureux.

À voir. À faire dans la région

Le souk d'Aghbala : *mer.* Très animé, pour un grand plongeon dans la Berbérie. Vers Aghbala convergent tous les paysans de la région, cultivateurs ou éleveurs. On y trouve un bric-à-brac incroyable.

La région d'Aghbala, accessible en voiture de tourisme, est absolument superbe et totalement inexploitée d'un point de vue touristique. On y trouve, entre autres, les fameux greniers suspendus de ***Tiwina-n-Aoujgal,*** auxquels on accède par une vire (chemin très étroit à flanc de montagne) surplombant le vide de plus de 400 m (impressionnant !). Prendre la R 317 (route El-Ksiba/Tizi n'Isly), puis la P 3218 jusqu'à la maison forestière de Boutferda. C'est là qu'on découvre les superbes ***gorges de l'oued El-Attaach.*** Les forêts de la région offrent de multiples possibilités de randonnées aux amateurs de pleine nature. Le Maroc dans toute sa majesté.

Les cascades de Tit in Ziza : *une randonnée pédestre à effectuer au départ d'El-Ksiba ou d'Imhiwach.* Elle permet de découvrir la flore de la région. Pour s'y rendre, voir plus haut les explications données pour le gîte de Mustapha Lannouch. Attention, les paysans du coin détournent quelquefois la cascade pour irriguer leurs cultures. Il faut s'attendre à la trouver à sec. Le parcours pour y accéder n'en demeure pas moins intéressant.

Ifri n'Majghoul *(grotte de la Hyène) : compter 2 j. à partir d'El-Ksiba pour l'A/R à pied.* La grotte se divise en deux galeries. Fragments de poteries et ossements attestent de son occupation par l'homme depuis des temps immémoriaux. Ne pas y aller seul, se renseigner au gîte de Mustapha Lannouch (voir plus haut « Où dormir ? Où manger dans les environs ? »).

🥾🥾🥾 ***Randonnée vers Imilchil :*** *en 6 j. en passant par les gorges d'Anine.* L'occasion de voir des souks de montagne et de se détendre dans des hammams de campagne (Tizi n'Isly). Une balade à ne pas manquer. Retour au point de départ en grand taxi. Pour le guidage, se renseigner notamment auprès des adresses indiquées au début du chapitre sur le Moyen Atlas, plus haut.

AZILAL

28 000 hab.

Située à 1 360 m d'altitude, Azilal est un point de départ vers des contrées plus isolées. C'est la région de prédilection des randonneurs, à pied et à skis, des grimpeurs et de tous ceux qui aiment la montagne. Toutefois, depuis que la route goudronnée a désenclavé la vallée des Aït-Bougmez, séjourner à Azilal présente peu d'intérêt.

Arriver – Quitter

En bus

🚌 ***Gare routière :*** *derrière la mosquée, dans le centre-ville.*

➢ ***Marrakech :*** 3 bus/j. Trajet : env 4h.
➢ ***Beni-Mellal :*** 3 bus/j. Trajet : env 3h.
➢ ***Demnate :*** 1 bus/j. Trajet : env 2h.
➢ ***Casablanca :*** 2 bus/j. Trajet : env 8h.

En grand taxi

🚕 *Les grands taxis sont stationnés à côté de la mosquée du centre-ville.* Ils assurent des liaisons avec ***Ouzoud***, la ***vallée de Aït-Bougmez (Tabant), Beni-Mellal*** et ***Demnate.***

En voiture

➢ Pour la ***vallée des Aït-Bougmez,*** compter 2h pour faire les 70 km qui séparent Azilal de la vallée (route goudronnée, mais passages chaotiques). Et 2h30 en prenant son temps, car les paysages sont splendides. Faire impérativement le plein avant de partir. Pas de station-service sur place.

➢ Pour les ***cascades d'Ouzoud,*** compter env 1h pour faire les 38 km de route goudronnée.

Adresse et infos utiles

Azilal est une ville étudiante. On y trouve plusieurs cybercafés, librairies, distributeurs de billets, pharmacies et stations services.

ℹ ***Délégation provinciale du tourisme :*** *bd Hassan-II. ☎ 05-23-45-87-22. • michou@tourisme.gov.ma • Discrète entrée, presque en face du lycée Ouzoud. Lun-ven 8h30-16h30.* Accueil gentil et plein de bonne volonté, mais peu d'infos...

■ ***Centre de météorologie :*** *☎ 05-23-45-82-36.*

– ***Souk :*** *jeu.*

Où dormir ? Où manger ?

Rien de bien exaltant côté hébergement. On cite ici 2 adresses, au cas où. Le plein fait, les euros changés et les papilles réjouies après un bon resto, on vous conseille de poursuivre votre route jusqu'aux Aït-Bougmez ou les cascades d'Ouzoud pour passer la nuit.

🏠 🍽 ***Hôtel-restaurant Tanout :*** *à la sortie de la ville, route de Beni-Mellal, à côté de la station Shell. ☎ 05-23-45-93-23. Double 200 Dh, petit déj non compris. Resto (sur résa en basse saison).* Chambres très simples avec douche et w-c, draps d'une propreté douteuse (mais on a vu pire !) et robinetterie exsangue. Bon accueil néanmoins.

Hôtel Assounfou : *bd Hassan-II. ☎ 05-23-45-85-82. Double 180 Dh, petit déj non compris.* Établissement pas bien gai donnant sur un boulevard bruyant. Plomberie à bout de souffle. Un bon point pour l'accueil, mais l'ensemble est tout de même peu séduisant.

Restaurant Espace Roma : *bd Hassan-II, à côté de la banque Crédit du Maroc. ☎ 05-23-45-94-77. Plats 30-50 Dh.* Une excellente surprise à Azilal, ce resto un brin chic et nickel, offrant une cuisine plus sophistiquée et variée qu'ailleurs. Brochettes, entrecôtes, tajines élaborés, poissons, pizzas, salades, pain maison. Vraiment goûteux et soigné, étonnamment guère plus cher qu'ailleurs.

Ibnou Ziad : *bd Hassan-II, non loin de la mosquée.* Grillades pas chères le midi.

DANS LES ENVIRONS D'AZILAL

Le barrage et le lac de Bin-el-Ouidane : *à env 30 km au nord d'Azilal en direction de Beni-Mellal.* Paysage étonnant. La couleur de l'eau de ce lac de retenue de 3 735 ha sort tout droit d'une carte postale. Ce barrage ambitieux, le plus grand du Maroc, achevé en 1955, a permis de développer considérablement les cultures dans la région. Il fournit aussi en énergie une grande partie du centre du Maroc.

LA VALLÉE DES AÏT-BOUGMEZ

Lovée à près de 2 000 m, au pied de l'ighil M'Goun, deuxième sommet du Maroc (4 071 m), cette vallée longue d'une trentaine de kilomètres fut longtemps enclavée. Les paysages y sont absolument magnifiques et les habitants accueillants, d'où son nom de « vallée heureuse », probablement. Les villages aux toits de terre, étagés sur les versants, dessinent des camaïeux de bruns superbes, contrastant avec le vert des cultures. On aperçoit parfois des greniers fortifiés, parmi les plus remarquables de l'Atlas.

Les amateurs de randonnées et de pleine nature y trouveront un théâtre d'activités riche et varié. Les dilettantes apprécieront la sérénité des lieux et le contact avec les habitants. La Berbérie dans toute sa majesté.

Pratiquement tous les hébergements proposent des randonnées et excursions. Exigez la carte officielle du guide qui vous accompagne. C'est dans la vallée, à Tabant, que sont formés tous les accompagnateurs de montagne du royaume.

Arriver – Quitter

En grand taxi

➢ Départ dans les environs de la grande mosquée d'Azilal. Liaison entre Azilal et ***Tabant,*** chef-lieu de la vallée.

En voiture

➢ D'Azilal, compter env 2h de trajet pour faire 70 km. Route goudronnée mais chaotique par endroits. Paysages somptueux tout du long, un régal. Faire impérativement le plein avant de partir. Pas de station-service sur place.

Circuler dans la vallée

➢ Un grand taxi fait la navette dans la vallée, de Tabant à Agouti. Il suffit de l'arrêter sur la route. De Tabant, départ au niveau de la pharmacie.

TABANT

Petit village niché au fond de la vallée. Au bout de la route goudronnée, prendre la piste à droite sur environ 1 km.

Adresses et infos utiles

– Attention ! Pas de bureaux de change ni de distributeurs automatiques. Un petit cyber à l'entrée du village, mais connexion aléatoire.

✉ **Poste :** *à l'entrée du village. Guichet Western Union en cas de pépin.*

■ **Pharmacie :** *à l'entrée du village.*

■ **Quelques échoppes** pour se ravitailler en produits de première nécessité : conserves, fruits et légumes. De quoi préparer un pique-nique.

– **Souk :** *dim.* Les habitants de la vallée viennent s'y ravitailler pour la semaine, souvent à dos d'âne ou de mulet. À ne pas manquer.

Où manger ?

Le Carrefour des Randonneurs : *en contrebas à droite, derrière la pharmacie ; ne pas confondre avec celui dans l'escalier.* Petite terrasse ombragée pour grignoter à bon prix. Carte restreinte : omelette, thé à la menthe et jus d'orange. Cadre bucolique et accueil sympa.

Le Café des Amis : *sur la droite dans la rue principale. Env 40 Dh pour un repas.* Salle et plats très simples. L'accueil, un peu bourru, se déride rapidement.

LE RESTE DE LA VALLÉE

Où dormir ? Où manger dans la vallée ?

Hormis une adresse un peu plus « chic », les hébergements sont des gîtes très simples et sans charme particulier, si ce n'est celui d'être loin de l'agitation du monde. Les amateurs de confort douillet, de soirées télé et d'accès à Internet devront s'en passer... Mais quel luxe de se réveiller le matin dans ces paysages magnifiques et préservés !

Les adresses son indiquées dans l'ordre où vous les trouverez en arrivant dans la vallée. La distance entre le premier et le dernier hébergement est de 9 km.

Auberge Flilou (Le Coquelicot) **:** *à l'entrée du village d'**Agouti**. ☎ 05-24-34-37-98. Gîte 50 Dh/pers en dortoir de 3-7 matelas. Chambres 120-150 Dh/pers sans ou avec douche, petit déj en sus. Repas env 60 Dh.* Auberge très simple mais à la tenue impeccable, avec chauffage dans les chambres. Le patron sera de bon conseil pour vous aider à organiser une balade. Nourriture correcte. Le meilleur rapport qualité-prix de la vallée.

Gîte M'Goun : *au centre du village d'**Agouti**. 📱 212 (0)6-61-40-74-78. • gite.agouti@yahoo.fr • ½ pens 120 Dh/pers en dortoir de 5 matelas. Doubles 150-250 Dh sans ou avec sdb, petit déj inclus.* Simple, familial et propre, avec salons berbères et cuisinette à disposition. Omar, guide diplômé, est adorable et se fera une joie de vous faire découvrir sa région qu'il connaît par cœur.

Gîte d'étape Chez Mohamed Ben Ali : *sur la droite dans le village d'**Agouti**. ☎ 05-23-45-87-26. Gîte 100 Dh/pers en dortoir de 4 matelas,* *petit déj inclus. Doubles 170-300 Dh selon confort, petit déj compris.* Chambres et dortoirs répartis autour d'un patio. Confort sommaire, mais ambiance sympa et bon accueil. Terrasse et jardin pour se poser.

***Gîte d'étape GTAM** (Grande Traversée des Atlas marocains) **chez Mohamed Boukhayou** : dans le village de **Taselnant.** 212 (0)6-70-41-25-54. • boukhayoumohamed@menara.ma • Ouv tte l'année. ½ pens 120-150 Dh/pers selon confort.* Préférez les chambres à l'étage, avec douche et w-c. Gîte sympathique et propre. Petit déj sur la terrasse (un vrai bonheur !) et repas copieux. Les propriétaires sont montagnards de père en fils et seront du meilleur conseil pour vous aider à organiser des randos. Accueil jovial et disponible.

***La Maison Imazighen** : à **Timit,** au pied du grenier-sanctuaire de Sidi-Moussa. 212 (0)6-73-26-04-38. ½ pens 80 Dh/pers. Douche payante.* Une des adresses les moins chères de la vallée, pour une immersion sans fard dans une famille berbère. Aménagé de bric et de broc, pas vraiment nikel, l'ensemble est néanmoins chaleureux et convivial. Pour routards avertis.

***Écolodge Dar Itrane** : à **Imelghas.** ☎ 05-23-45-93-12. • origins-lodge.com • À la fin du goudron, tt droit par la piste sur 600 m vers le village d'Imelghas, puis à gauche sur 200 m (sans problème en voiture de tourisme). Résa conseillée. Selon confort et saison, ½ pens 360-600 Dh/pers, + 30 Dh/pers de participation à des projets solidaires. Pension complète possible.* Belle demeure berbère dans un site magnifique, proposant des chambres fraîches et agréables bien qu'exiguës, avec petites salles de bains en *tadelakt*. On apprécie la cheminée du salon après avoir goûté au plaisir d'un hammam (payant). Mignonnes petites terrasses dominant la vallée. Pour les balades, demandez les *road books,* des itinéraires très bien faits. Une adresse certes assez charmante, mais tout de même très chère pour le confort proposé.

À voir à partir de la vallée

***Les gorges d'Ikkis** : par la vallée d'Arrous. Compter 10h de marche aller-retour de l'Écolodge Dar Itrane et 6h du village d'Agouti.* Une randonnée superbe, avec la traversée d'une quinzaine de villages perdus. Possibilité d'y dormir dans des gîtes très simples.

***Les gorges d'Arrous** : 2h30 de balade au départ d'Agouti.* Facile et tranquille, à travers champs, plateaux, petits villages et jardins, pour découvrir enfin les gorges. Magnifique !

***Les greniers fortifiés** (Tighremt) **d'Agar n'Ouzrou** : à partir de Tabant. Compter une bonne ½ journée pour l'aller-retour.*

***Les empreintes de dinosaures** : dans le village d'**Ibakalloune.** C'est le village après Tabant, à l'est.* Les traces sont grandes comme un petit plat à couscous, et on peut les suivre sur une vingtaine de mètres. C'est le Hollywood Boulevard des spinosaures et des diplodocus.

***La vallée des Aït-Bouelli** : à pied d'Agouti, compter 4 j. de marche aller-retour. Possibilité d'y aller en voiture depuis qu'une nouvelle route désenclave cette vallée. L'embranchement se trouve à 4 km d'Agouti sur la route d'Azilal (bien indiqué). Reste 12 km d'une bonne route goudronnée.* La vallée est plus escarpée que celle des Aït-Bougmez, d'où les cultures en escaliers. Mais l'activité principale y est l'élevage de mouton et les traditions y sont encore très vives. Possibilité de loger dans des gîtes, *chez Adrar* (à l'entrée du village) ou encore *chez Hassan* (dans le centre). Gravures rupestres au col de Tizi n'Tighrist.

***Rando pour Imilchil** : 10 j. de marche. Rens dans les gîtes et auberges.* Alternance de crêtes et de vallées, une rando de toute beauté.

La cathédrale : *à 6 j. de marche aller-retour. À env 80 km d'Agouti.* Parmi les pins d'Alep et les essences méditerranéennes. *Amesfrane,* la cathédrale, est un bloc de conglomérat qui s'élève, abrupt, à plus de 600 m au-dessus des eaux turquoise de l'oued Ahanesal.

L'ascension du Ighil M'Goun : *4 j. de marche aller-retour.* Le deuxième plus haut sommet du Maroc, culminant à 4 071 m. Sublime, évidemment ! Impératif de partir avec un guide, mais difficulté moyenne cependant.

Coopérative Tiknioiune : *à Timit, bien indiquée.* Une douzaine de femmes confectionnent fromage au lait de vache, diverses confitures, huile de noix et autres douceurs. Visite intéressante, bon accueil, et quelques petits souvenirs gourmands à glisser dans ses bagages.

LES CASCADES D'OUZOUD

Situées à 38 km à l'ouest d'Azilal ou à 150 km au nord-est de Marrakech. Ces étonnantes chutes d'eau dévalent de 110 m de hauteur. Ouzoud est un site à visiter l'après-midi de préférence, le must étant de dormir sur place afin de profiter de la beauté du site après le départ des groupes. Plus de monde le week-end. Petit souk de campagne le mardi.

Arriver – Quitter

En bus

Pas de bus direct, il faut transiter par ***Azilal.***

En grand taxi

Grands taxis depuis ***Azilal, Beni-Mellal*** et ***Marrakech.***

En voiture

➢ ***D'Azilal :*** prendre la R 304 en direction de Marrakech sur 22 km, puis tourner à droite. Il reste 16 km.

➢ ***De Beni-Mellal :*** suivre la route N 8 direction Marrakech sur 45 km (pas de station essence après la nationale) et la quitter sur la gauche pour Khemis-des-Oulad-Ayad. On passe 25 km plus loin à Aït-Attab, puis la route grimpe avec les magnifiques gorges de l'oued El-Abid en contrebas à droite (vertigineux). Par prudence, mieux vaut ne pas emprunter cette route de nuit ou par mauvais temps.

➢ ***De Marrakech :*** prendre la direction de Fès sur 60 km et tourner à droite en direction d'Azilal. Avant cette ville, tourner à gauche vers Ouzoud. Pour ce trajet de 160 km, compter env 2h30.

Où dormir ?

Les adresses « routard » se situent au pied de la cascade. Un peu spartiates, elles bénéficient d'un décor naturel de rêve. On vous affirmera parfois que c'est fermé. Continuez votre route, comptez 25 mn de marche. Pour y accéder, prenez le chemin des bazars jusqu'en bas. Une fois à la cascade, empruntez une barque (prix modique), puis continuez sur le sentier escarpé. Nos adresses sont à environ 400 m.

De très bon marché à bon marché (moins de 200 Dh / 18,20 €)

Camping Imouzzer : *en bas, près des chutes d'eau. 212 (0)6-71-97-31-96. Sous tente berbère, 80 Dh/pers. Pour un matelas en terrasse, 35 Dh. Repas env 100 Dh.* Hébergement spartiate mais sympathique. Vue sur les cascades. Le soir, éclairage à la bougie. Un petit bout de paradis pour qui n'est pas trop regardant sur le confort. Ambiance et cuisine locales.

Le Panard : *à 100 m du camping* Imouzzer. *212 (0)6-68-61-56-97. Double en dur 120 Dh. Sous tente berbère, 80 Dh/pers. Matelas à la belle étoile 30 Dh. Repas env 80 Dh.* Ensemble rudimentaire, avec le ciel pour toiture et les oliviers pour ombrage. Le panard, quoi ! Douche (en principe chaude) et w-c (en principe propres). À deux pas, un torrent pour faire trempette. Accueil souriant et chaleureux.

Auberge – Camping Zebra : *voir « Où dormir dans les environs ? ».*

Prix moyens (200-400 Dh / 18,20-36,40 €)

Hôtel Chellal Ouzoud *(hôtel des Cascades)* **:** *s'engouffrer sur le chemin des bazaristes (en direction des cascades), c'est à 200 m sur la gauche. ☎ et fax : 05-23-42-91-80. Double 350 Dh, petit déj compris. Repas env 80 Dh.* Chambres simples mais propres et plaisantes, avec salle de bains en *tadelakt.* Préférez celles du 2e étage, plus éloignées du bruit de la salle à manger. Salon accueillant avec feu de cheminée pour les soirées frisquettes. Accueil sympa.

Auberge – Camping Zebra : *voir « Où dormir dans les environs ? ».*

Chic (400-800 Dh / 36,40-72,80 €)

Riad Cascades d'Ouzoud : *à deux pas du parking principal. ☎ 05-23-42-91-73. • ouzoud.com • Résa indispensable. Doubles 710-810 Dh, petit déj inclus. Repas env 130 Dh.* Un petit bijou, digne d'un magazine de déco ! Sobriété et élégance, respect des matériaux naturels, choix soigné du mobilier, petit patio charmant. Préférez les chambres du dernier étage donnant directement sur la belle terrasse avec vue. Bonne cuisine. Accueil courtois et disponible.

Où dormir dans les environs ?

Auberge – Camping Zebra : *à 1 km avt d'arriver au parking principal, sur la droite. 212 (0)6-66-32-85-76. • campingzebra.com • Emplacement tente pour 2 pers 60 Dh. Doubles 200-350 Dh sans ou avec sdb, petit déj non compris. Menu 85 Dh.* Un petit ensemble de maisonnettes en pisé dans une belle nature, à l'écart de l'agitation touristique des cascades. Chambres simples mais mignonnes comme tout. Même les sanitaires communs sont coquets, c'est dire ! Tout est fait dans le respect de l'environnement, avec des matériaux naturels et traditionnels. Grand salon-resto convivial et très sympa, ouvert sur la montagne. Un bien bel endroit, paisible et plein d'esprit. Coup de cœur !

Où manger ? Où boire un thé ?

Un nombre incalculable de gargotes s'alignent tout le long du chemin qui descend aux chutes. Les plus sympas sont installées en bas, au niveau des cascades.

Bon marché (moins de 80 Dh / 7,30 €)

Le Havre de Paix : *212 (0)6-70-40-22-57. Pas évident à trouver. Une fois en bas des cascades, prendre une barque et, au niveau du camping* Imouzzer, *s'engager dans l'oliveraie jusqu'au bord de l'oued ; longer la rive dans le sens du courant ; l'endroit est situé sur la rive gauche de la rivière. On peut aussi dormir sur place : 60 Dh pour 2 pers la loc d'une tente avec matelas et couverture.* On se trouve au bord d'un bassin profond, tranquille et propre, où l'on peut faire trempette. Ambiance routarde.

Le Relais de Titrite : *sur le parking.* 2 tables en terrasse ou une petite salle au frais, derrière. Idéal en famille. Accueil courtois, mais cuisine irrégulière.

Restaurant de l'hôtel Chellal Ouzoud : *voir « Où dormir ? ».* Cuisine correcte dans une ambiance baba cool comme on les aime.

Prix moyens (moins de 150 Dh / 13,60 €)

Restaurant du riad Cascades d'Ouzoud : *voir « Où dormir ? ».* On déjeune dans le joli et paisible patio ou en terrasse. Bonne cuisine.

À voir. À faire

Ouzoud est une bonne base pour découvrir la région. La géographie s'y prête à merveille : une végétation luxuriante aux abords des points d'eau, une flore désertique sur les plateaux, des reliefs escarpés, des canyons, des vasques pour se baigner, et de pittoresques villages berbères (mesdames, attention à vos tenues dans ces régions rurales !).

Malheureusement, le site autrefois « idyllique » s'est beaucoup dégradé au fil des ans. Avec l'arrivée croissante de touristes, s'en est suivi un développement anarchique et sauvage des structures. Aujourd'hui devant le manque d'entretien et d'hygiène, la gestion des déchets et l'assainissement constituent des enjeux majeurs. Un nouvel aménagement du site devrait être mis en place, attendu de tous... Inch Allah !

Les cascades : *pour y accéder, suivre jusqu'en bas le chemin des bazaristes (à gauche du parking). Inutile de prendre un guide, il n'aura qu'une idée en tête : vous conduire chez un bazariste ! Certains chasse-touristes se montrent très agressifs si on refuse ; dommage, mais restez ferme en gardant le sourire.* Attention, ne donnez rien aux singes magots croisés en route : votre goûter n'est pas vraiment adapté à leur régime alimentaire.

L'oued Ouzoud s'élance à plus de 100 m de haut, pour finir sa course dans un gouffre luxuriant de végétation. Bien évidemment, il est très fréquenté aux beaux jours, surtout le week-end et pendant les vacances, par les Marocains qui viennent ici en famille ou entre amis. L'ambiance est festive, c'est un éclatement de joie et de couleurs, on chante, on danse. De nombreux passeurs effectuent des allers-retours au ras des chutes d'eau dans des nuages de bruine, à bord de barques multicolores. La baignade est interdite, ah oui ! Des concours improvisés de plongeons sont organisés des rives (attention, quasi pas de fond). C'est une cascade comme on les imagine un peu en rêve, mais vous l'aurez compris, ce rêve est bien peuplé et pas toujours propre. Alors, pour profiter au mieux du site, venez plutôt en semaine, c'est beaucoup plus serein !

Piquer une tête : en aval des cascades, les vasques sont plus belles et surtout moins fréquentées. Un bon plan : aller au *Havre de Paix* (voir plus haut « Où manger ? Où boire un thé ? »).

Les moulins des Cascades : *sur la droite de la place, en haut des chutes d'eau.* De vieux moulins toujours en activité. La meule est actionnée par la force motrice de l'eau. Le minotier se fera un plaisir, contre quelques dirhams, de déclencher l'astucieux mécanisme.

DANS LES ENVIRONS DES CASCADES D'OUZOUD

Pour les randonnées, se renseigner auprès du *Riad Cascades d'Ouzoud.*

Le village de Tanagmelt : *compter 3h l'aller-retour à pied.* Très bel itinéraire. Le village possède une mosquée du IXe s, ainsi qu'un hammam de campagne. Son architecture en pisé et l'atmosphère qui s'en dégage sont typiquement berbères. Les habitants de ce village ont même refusé la construction d'une route pour se protéger du béton !

Les grottes de Jamaa Qaraouiyyîne : *compter 3h l'aller-retour à pied.* On longe l'oued jusqu'à son confluent avec l'oued El-Abid. Le retour se fait par la forêt des oliviers. Possibilité de baignade. Beaucoup de singes magots.

Les gorges de l'oued El-Abid : l'oued El-Abid serpente au fond des gorges dont les parois font plus de 400 m de hauteur. En voiture, prendre la route d'Aït-Attab jusqu'aux antennes relais (environ 7 km) et se garer. Puis marcher 300 m jusqu'au superbe point de vue sur les gorges.

Les sources de l'oued Ouzoud : du parking d'Ouzoud, prendre la route d'Azilal sur 2 km, puis une piste à gauche qui descend vers l'oued. Laisser la voiture et continuer à pied en remontant la rivière. Très beaux endroits de pique-nique.

DEMNATE

23 500 hab.

Ville rurale de l'Atlas, Demnate ne présente pas d'intérêt touristique. Souk le dimanche. Sa région, en revanche, réserve de beaux parcours aux amateurs de randonnées, en particulier vers le site naturel d'Imi n'Ifri.

Arriver – Quitter

En grand taxi

Les grands taxis sont parqués à l'entrée de la ville, au niveau de la porte.
➢ Liaisons avec ***Marrakech, Azilal, Beni-Mellal*** et ***Imi n'Ifri.***

En voiture

➢ ***De Marrakech :*** emprunter la N 8, puis la R 210 pour Demnate.
➢ ***D'Azilal :*** suivre la R 304, puis bifurquer vers Demnate.

Où dormir ? Où manger dans les environs d'Imi n'Ifri ?

Gîte d'étape Kasbah Imi n'Ifri : *à 6 km de Demnate, 500 m après le pont naturel d'Imi n'Ifri en direction d'Aït-Tamlil ; c'est indiqué. ☎ 05-23-50-64-73. • thamitrek1@hotmail.com • Lit en dortoir 60 Dh. Double 240 Dh, petit déj en sus.* Nous recommandons ce gîte très simple pour son dortoir. En pleine campagne, ambiance rurale et confort sommaire, avec douche et w-c communs. Jardinet tranquille, planté de citronniers et d'amandiers. Possibilité de repas.

Riad Aghbalou : *sur le pont, prendre à gauche et faire 500 m. ☎ 05-23-50-74-98. • iminifri-riad.com • Fermé janv. Doubles 280-480 Dh sans ou avec douche et w-c, petit déj inclus. Repas 70-100 Dh. ½ pens proposée.* Dans un coin isolé et paisible. Peu de charme, mais les chambres 1er prix sont intéressantes, nickel, comme les douches communes. Clim et chauffage dans les plus chères. Belle terrasse avec vue sur la petite piscine et le jardin. Possibilité de prendre ses repas. Accueil gentil.

Kasbah Timdaf : *à 6 km de Demnate, sur la gauche en direction d'Azizal. ☎ 05-23-50-71-78. • kasbah-timdaf.com • Double 730 Dh, petit déj compris. Repas 165 Dh.* Une jolie maison en pisé, offrant une vue sur l'Atlas d'un côté, sur la plaine de l'autre. Vastes espaces, déco plaisante, beau jardin et terrasse pour en profiter, table soignée et petit hammam. Organise randonnées et cours de cuisine.

Une belle adresse pour se reposer.

🏠 🍽 ***Hôtel Kasbah Illy :*** *en contrebas de la route, sur la gauche, env 1 km avt le pont. ☎ 05-23-50-89-53. • illy kasbah.com • Doubles 800-1 000 Dh, petit déj compris. Menus 150-180 Dh.* Contrairement aux apparences, cette imposante *kasbah* plantée en pleine nature est récente... Belle démonstration du savoir-faire des artisans marocains ! Déco superbe, avec d'élégants salons, plafonds peints, lumière tamisée (un peu trop !), murs en *tadelakt*. Chambres et salles de bains délicieusement confortables. Piscine face à la vallée.

DANS LES ENVIRONS DE DEMNATE

La région d'Imi n'Ifri se prête à merveille à la randonnée pédestre. Parcourant les vallonnements rugueux phagocytés par les tapis d'euphorbes (une plante, mais vous le saviez déjà !), les sentiers escarpés offrent de superbes points de vue sur les vallées plantées d'oliviers que surplombent les villages de pierres. Un paysage à parcourir en prenant son temps.

Le pont naturel d'Imi n'Ifri : *à 6 km de Demnate sur la route d'Aït-Tamlil.* Imi n'Ifri signifie « entrée de la grotte » en berbère. Un chemin facile permet de descendre jusqu'au lit du ruisseau et d'admirer les concrétions et stalactites. Impressionnant.

Les empreintes de dinosaures : en continuant, sur 6 km, la route goudronnée qui part à gauche dès le pont d'Imi n'Ifri, on arrive sur le site d'Iwareden. Allez-y sans guide, les gamins vous arrêteront à temps !

Le village des potiers de Boughrart : *à la sortie de Demnate sur la route d'Azilal, prendre à droite (indiqué à 2 km, mais en réalité c'est à 3,5 km).* Les gestes ancestraux des potiers perdurent ici. Leurs mains habiles font monter des plats à tajine, des tasses et des vases. Un spectacle fascinant de précision et de dextérité. Avant d'être cuite et vernissée la production sèche au soleil. Une visite pour les passionnés d'artisanat et de savoir-faire.

MARRAKECH ET LES MONTAGNES DU HAUT ATLAS OCCIDENTAL

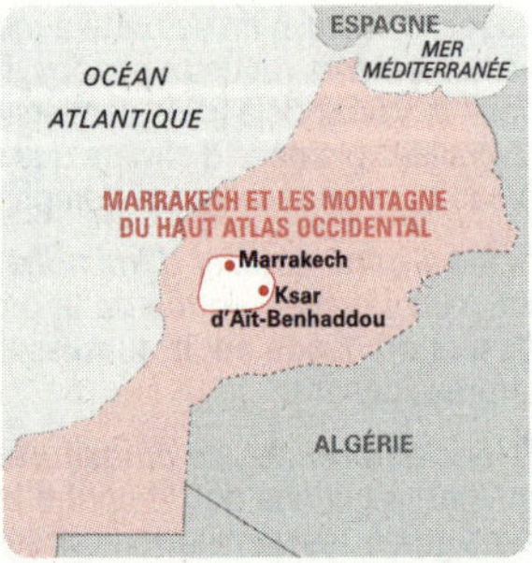

Marrakech fait partie des destinations qui font plus que jamais rêver les voyageurs du monde... même si ses vieux amoureux jurent ne plus reconnaître aujourd'hui leur « Perle du Sud ». Cette ville en pleine mutation ne laisse surtout pas indifférent, mais il faut savoir l'aborder et prendre le temps de s'imprégner de son atmosphère. Séjournez-y au moins trois nuits. Alors cette cité impériale vous apparaîtra comme un joyau serti dans l'écrin naturel que constituent, non loin, les montagnes du Haut Atlas.

À moins d'une heure de la capitale des Almoravides, lorsque les chaleurs de l'été rendent toute visite insupportable, on se délecte des joies « climatisées » de la montagne sur les pentes de l'Oukaïmeden et dans les vallées du Haut Atlas. (Voir plus loin le chapitre « Les montagnes du Haut Atlas occidental ».)

MARRAKECH

plus de 1 300 000 hab.

▶ Pour le plan d'ensemble de Marrakech et les plans de la médina, de Jemaa-el-Fna et de Guéliz, se reporter au cahier couleur 2.

Un flot incessant de visiteurs, des restos pour touristes, des échoppes regorgeant de pacotille ; une périphérie en pleine mutation avec la construction de dizaines d'hôtels et de palais promettant le rêve total sur fond de palmiers malingres ; la création d'une ville nouvelle sur la route de Safi, à 7 km de là ; un mégastade, le premier du royaume, en prévision de la Coupe d'Afrique des nations 2015 organisée au Maroc... Autant d'aspects qui tendraient à faire de Marrakech une ville défigurée par le tourisme... si l'on s'en tenait au premier regard. Et pourtant,

ROYALE TOURNÉE !

Si le roi est si populaire auprès de ses sujets, c'est qu'il n'hésite pas à parcourir la ville au volant de sa voiture, allant notamment faire le tour des gardiens qui veillent à la sécurité des différents parkings. La légende urbaine le décrit distribuant des enveloppes pour remercier ces hommes qui n'ont que les pourboires des automobilistes pour vivre !

ouvrez grand les yeux, oubliez ce qu'on peut vous raconter, laissez-vous porter par la vie, l'humour, les couleurs, les odeurs, le charme indéniable de cette ville ensorceleuse et fascinante !
L'immense place Jemaa-el-Fna et son agitation (de jour comme de nuit !) valent à elles seules le déplacement. On se perd aussi dans les souks colorés et bruyants, sans doute les plus riches, les plus divers, les plus fascinants du pays. Mille petits métiers s'y côtoient dans une atmosphère étonnante. Et le tourisme, souvent décrié, a grandement favorisé la redécouverte d'un artisanat aujourd'hui florissant et la réhabilitation de l'architecture marrakchie, qu'il s'agisse des superbes mosquées, des remarquables palais, mais aussi des *riad* devenus maisons d'hôtes. Hammams de quartier, bagou des vendeurs de tout et de rien ajoutent à la griserie d'un envoûtement inoubliable.

LA PORTE DU HAUT ATLAS ET DU SUD

Marrakech est la porte du Sud marocain. Son ambiance, ses couleurs et son climat rappellent que le désert n'est pas loin. Une légende dit que lorsqu'on a planté la Koutoubia et son minaret au cœur de la ville, celle-ci a tellement saigné que tous les murs des maisons en ont gardé cette couleur rouge, omniprésente, qui constitue le fond du drapeau marocain. Malgré tout, la végétation y abonde, les parcs publics, jardins et arbres fruitiers le long des grandes artères ayant toujours été perçus par les Marocains comme un défi à l'aridité.

UN PEU D'HISTOIRE

Marrakech, c'est d'abord, avec Fès, sa rivale fondée deux siècles et demi plus tôt, le cœur historique du Maroc. Marrakech était d'ailleurs le nom donné à tout le pays, avant qu'on ne lui préfère sa déformation espagnole (Marocco et donc Maroc). Stratégiquement située à deux pas de la côte atlantique, pas si loin du Sahara, au pied des montagnes de l'Atlas qui l'alimentent en eau potable, la ville acquit pendant plusieurs siècles le statut historique de capitale méridionale du Maghreb.

ÇA NE « DATTE » PAS D'HIER

Selon la légende, l'origine de Marrakech est due à un homme bleu, du nom de Youssef ben Tachfine, qui avait planté sa tente ici pour un court séjour ; mais ce nomade mangea tant de dattes qu'il fit surgir une palmeraie autour de son campement. C'était au XIe s. Il devint le premier sultan de la dynastie des Almoravides, et son pouvoir s'étendit sur tout le Maroc et une partie de l'Espagne.

Elle fut, du XIe au XIIIe s, la capitale berbère d'un empire englobant l'Espagne musulmane, d'abord sous les Almoravides (fin du XIe s, début du XIIe s), puis sous les Almohades. En s'emparant de Marrakech en 1147, ces derniers n'étaient pas loin de la détruire totalement pour effacer toute trace des précédents, mauvais musulmans selon eux. Ils se contentèrent de raser les mosquées et palais almoravides pour bâtir, sur les ruines, des édifices comme la Koutoubia.
Par la suite, la ville connut des hauts et des bas : une brève renaissance au XVIe s avec les Saadiens qui l'érigèrent en capitale, avant que les Alaouites (la dynastie régnante actuelle) ne l'abandonnent au profit de Meknès au XVIIe s. Devenue capitale secondaire au XVIIIe s, elle a retrouvé une nouvelle jeunesse au XXe s grâce à la vogue de l'exotisme et des voyages : de palais en jardins, de *riad* en soirées folles, la mode lancée il y a quelques décennies par des *happy few* allait contribuer au développement fulgurant du tourisme en ce début de XXIe s.

UNE VILLE PRISE DE FOLIE

Aujourd'hui, Marrakech n'en finit pas de pousser ses quartiers toujours un peu plus loin. Combien d'habitants ? Nul ne le sait vraiment, les chiffres officiels restant bien en dessous de la réalité. Population gonflée, le soir, par la jeunesse dorée de Casa à qui l'autoroute permet désormais de vivre à cent à l'heure les folles nuits de Marrakech. Fatima-Zahra Mansouri, élue mairesse de la ville rouge en juin 2009, n'a en rien ralenti ce dynamisme. Cette jeune avocate, issue du nouveau parti proche du pouvoir (le PAM, Parti de l'authenticité et de la modernité), est la seconde femme maire au Maroc (après sa consœur d'Essaouira) et la première élue à la tête de Marrakech.

D'aucuns craignent pour l'avenir de cette ville qui fait le grand écart. D'un côté, des affiches de programmes immobiliers vantant une retraite sans souci sous des palmiers encore inexistants, des golfs d'un vert tendre sur trame de désert terreux, des villas de rêve avec piscine encore au sec. De l'autre, la médina, cœur de ville principalement fait de terre et de chaux, avec sa myriade de *riad.* C'est dans ce contexte de projets extravagants d'un côté, de grande pauvreté de l'autre, que survient l'attentat d'avril 2011 sur la place Jemaa-el-Fna. Certains considèrent Marrakech comme une série de « petits, ici et là », une ville où tout le monde est un peu étranger, en situation plus ou moins illégale. Un lieu assurément à part au Maroc.

Arrivée à l'aéroport

✈ ***Aéroport Marrakech Menara*** *(hors plan couleur d'ensemble par C6)* **:** *à env 4 km au sud-ouest de la ville.* ☎ *05-24-44-79-10. Service bagages :* ☎ *05-24-36-85-21 (on ne sait jamais). Il abrite 2 terminaux. Vous y trouverez des* ***bureaux de change*** *(ouv 24h/24, taux comparables aux bureaux du centre-ville), des* ***distributeurs de billets,*** *ts les grands* ***loueurs de voitures*** (Hertz, Avis, Budget, Europcar...)*, un* ***point d'information aéroport*** *(tlj 24h/24) et une agence de* ***Maroc Télécom*** *: tlj 7h (9h sam ; 14h30 dim)-21h.*

➢ ***Pour rejoindre le centre-ville :***

– ***Bus :*** la compagnie *Alsa City* relie l'aéroport au centre-ville. Arrêt à gauche en sortant du terminal 1. Dessert notamment le square Foucauld (à côté de la place Jemaa-el-Fna) et l'avenue Mohammed-V. Départ ttes les 30 mn, 7h-21h (depuis l'aéroport), 6h15-21h15 (depuis le centre-ville). Trajet : 25-30 mn. Aller simple : 30 Dh ; aller-retour : 50 Dh (valable 15 j. slt). Une solution assez économique et pratique.

– ***Petit taxi*** *(max 3 pers)* **:** compter 100 Dh max. Ne comptez pas sur le compteur (obligatoire mais si souvent en panne...). Négociez avec calme et si les taxis en tête de station sont irascibles, sollicitez ceux en bout de queue, vous négocierez des prix plus bas ! On peut également faire appel aux taxis verts (voir plus loin la rubrique « Comment circuler »). Pour un ***grand taxi,*** les prix ne sont guère plus élevés, pour une capacité tout de même 2 fois supérieure (jusqu'à 6 pers). Pour tous les taxis (petits et grands), tarifs majorés de 50 % : 20h-6h oct-avr ; 21h-5h mai-sept.

Topographie des lieux

– ***La médina :*** la vieille ville est entourée de remparts. Cette enceinte défensive à l'andalouse fut bâtie à l'époque des Almoravides (première moitié du XIIe s) pour contenir les assauts des Almohades. Classée dans son ensemble au Patrimoine mondial de l'Unesco, elle est restaurée en grande partie et symbolise Marrakech. Au centre se trouve la place Jemaa-el-Fna (« La place » comme on dit ici), véritable cœur battant de Marrakech, bordée au nord par les souks. Tous les lieux d'intérêt historique ou culturel et les *riad* qui vous font rêver se situent dans la médina.

– ***Guéliz :*** la « nouvelle » ville. Hors des remparts et créée sous le protectorat français, elle s'étend autour d'un axe

principal : l'avenue Mohammed-V, longue de plusieurs kilomètres, qui relie la Koutoubia au djebel Guéliz, une petite montagne sèche. Les grands hôtels, loueurs de voitures, boutiques modernes et grands cafés s'y regroupent.
– ***Le quartier de l'Agdal :*** il s'ordonne autour du long boulevard Mohammed-VI (plus de 8 km). C'est le lieu des projets hôteliers colossaux, ébauches de golfs pharaoniques et autres grandes surfaces (*Carrefour* s'y implante, c'est tout dire !).
– ***L'Hivernage :*** un petit quartier calme et résidentiel, bordé de belles demeures. On y trouve les hôtels chic.
– ***La palmeraie :*** au nord-est de la ville, sorte d'Hollywood marrakchi aux magnifiques villas et ensembles hôteliers avec piscine. Ce sont les palmiers-dattiers qui commencent à se faire rares...

Attention, arnaques

– « Bonjour, vous êtes français ? Vous voulez participer à un jeu gratuit ? » Là, normalement, vous faites gaffe, vous savez qu'on va vous refiler une carte à gratter pour gagner un séjour de dupe ! Mais l'imagination des arnaqueurs locaux est sans limites, et vous allez finir par croire au rêve d'un appartement avec vue sur piscine, idéal pour vos vieux jours. Il y a des escroqueries pour tous les âges, à tous les prix. Certaines vous amuseront, si vous savez les déceler à temps, d'autant que les rois de la filouterie sont souvent des personnages d'une gentillesse extrême : ça va du vieux monsieur à vélo ayant besoin d'argent pour faire soigner sa fille à la jeune veuve en noir avec son bébé, si digne...
– Le nombre d'arnaques liées à Internet est CON-SI-DÉ-RA-BLE ! On ne compte plus les tours, expéditions et autres excursions proposés en ligne par des agences « virtuelles » et autres « associations » à des prix naturellement imbattables. Un tuyau pour flairer l'entourloupe : leur demander une adresse postale, leur numéro de téléphone fixe et de fax. Si elles ne peuvent pas vous les fournir... ça sent le vol à plein nez ! Évidemment, ces pseudo-agences n'acceptent que le cash. Évidemment, aussi, en cas d'accident au cours d'un de ces tours vendus virtuellement, on vous laisse dans la panade, sans aucun recours.
– Si vous êtes victime d'une duperie de la part d'un guide, d'un chauffeur de taxi, d'un vendeur, etc., contactez la ***brigade touristique.*** Particulièrement vigilante, ses sanctions peuvent être très lourdes : arrestations et emprisonnements se sont multipliés ces dernières années. Bien sûr, on en appelle à votre bon sens, n'en abusez pas. La simple évocation de son nom suffit d'ailleurs souvent à calmer les velléités d'escroquerie à l'encontre des voyageurs...

■ ***Brigade touristique*** *(plan couleur Médina, D4,* ***4****) :* *Sidi-Mimoun.* ☎ *05-24-38-46-01.* ***Autre bureau*** *au nord-ouest de la pl. Jemaa-el-Fna (plan couleur Jemaa-el-Fna, E3,* ***4****).*

Circuler dans Marrakech

À pied

L'huile de babouche est reine à Marrakech, l'attrait principal de la vieille ville étant la place Jemaa-el-Fna et les souks où, de toute façon, il n'y a guère d'autres moyens de transport que la marche (certes, les Marocains s'y déplacent aussi à mob et à dos d'âne...).

En taxi

On les trouve un peu partout, à proximité de la place Jemaa-el-Fna (interdite aux voitures dès 13h), le long du square Foucauld, à la gare routière et sur l'avenue Mohammed-V. Les « petits taxis » sont majoritaires (principalement des *Fiat Uno* ou des *Dacia*). Ils ne peuvent sortir de Marrakech, mais conviennent pour la plupart des adresses indiquées dans le guide.
Avant d'embarquer bille en tête, sachez cependant que :
– si les chauffeurs de taxi de Marrakech sont en principe tenus de mettre leur

compteur, beaucoup s'y refusent. Ils proposent un prix selon la course demandée. À vous de négocier ou d'attendre, sans illusion, un autre taxi. Une course moyenne en ville (par exemple, pour aller de la médina à Guéliz) vaut 15-20 Dh. Majoration légale de 50 % la nuit (20h-6h oct-avr ; 21h-5h mai-sept).

– Si le compteur est enclenché, la prise en charge est de 1,60 Dh le jour et 2,40 Dh la nuit. Important : le tarif minimum d'une course est de 6 Dh, même si vous faites 100 m. Attention, bien vérifier que le compteur démarre avec le montant de la prise en charge et pas plus, car les arnaques au compteur arrivent aussi !

– Évitez de monter dans un taxi déjà occupé car, bien souvent, le chauffeur conduit le premier passager à destination, avant de servir le(s) dernier(s) monté(s).

– Enfin, sachez qu'en ville un grand taxi (de vieilles *Mercedes*) est nettement plus cher qu'un petit taxi (sauf à le partager sur des axes fréquents, comme de la gare routière à la gare ferroviaire). Ils sont, eux, autorisés à quitter l'agglomération et n'ont pas de compteur. Négociez donc la course AVANT qu'il ne démarre. Pour une course dans un rayon de 15 à 20 km du centre-ville, compter 120 Dh min.

– ***Les taxis verts :*** ☎ 05-24-40-94-99. Préciser le trajet souhaité ; le prix est fixé par avance sur la base du tarif au compteur majoré de 10 Dh en journée et 15 Dh en soirée. Le taxi vient ensuite vous chercher à l'heure et au lieu convenus.

– Dernière précision : chaque taxi possède son numéro. En cas de problème, la police touristique peut ainsi identifier le chauffeur.

En bus

Une trentaine de lignes se partagent le réseau. Les ***tickets*** se prennent à bord. Tarif : 3,50 Dh pour un trajet en centre-ville. Ils sont confortables et parfois climatisés. Avantageux pour un séjour min de 5 jours et un usage intensif de ce moyen de transport, une ***carte*** magnétique *Ikhlass* « vierge » à 50 Dh s'achète dans tous les bus (il faut ensuite la charger, le trajet revenant alors à 2,80 Dh). À noter que si vous êtes trois, un petit taxi revient environ au même prix... Voici les lignes principales :

– *N° 1 :* elle suit l'av. Mohammed-V du square Foucauld à Guéliz puis rejoint l'orée de la palmeraie (sérieuse marche à suivre pour être au cœur de ladite palmeraie !) avant de revenir à la gare routière de Bâb-Doukkala. C'est la plus utile pour les touristes.

– *N° 2 :* minibus qui traverse la médina, depuis la pl. Jemaa-el-Fna jusqu'à Bâb-Kechich *(plan couleur d'ensemble, F1)*.

– *N° 10 :* du square Foucauld à la gare routière principale de Bâb-Doukkala, la gare ferroviaire, puis les gares routières *CTM* et *Supratours*.

– *N° 4 :* départ du terminus de bus Sidi-Mimoun (au sud de la Koutoubia), la Koutoubia, l'hôtel de ville, Bâb-Doukkala et Daoudiate.

– *N° 8 :* du square Foucauld, elle suit l'avenue Mohammed-V, dessert Bâb-Doukkala, l'avenue Hassan-II et la gare ferroviaire.

– *N° 11 :* part de Bâb-Doukkala et conduit aux jardins de la Ménara, puis à l'aéroport via l'av. Mohammed-V, l'av. Hassan-II puis le bd Mohammed-VI en longeant l'Hivernage.

– ***Bus touristique rouge :*** *départ face à l'office de tourisme. Pass 24h, 145 Dh ; pass 48h, 190 Dh ; réduc. Audioguides.* ***Tour historique :*** *avr-sept 9h-19h (17h45 oct-mars et ramadan) ; ttes les 20-30 mn ; durée : 1h30.* ***Tour oasis :*** *avr-sept 12h-17h45 (16h30 oct-mars et ramadan) ; ttes les 1h10 ; durée : 1h.*

En calèche

Marrakech est l'une des rares villes du Maroc à avoir pu conserver ce mode de transport, plein de charme. Pour les nostalgiques, belle façon donc de se déplacer en ville (on peut monter à 4-5 personnes), à condition de bien débattre du prix et d'en fixer le montant avant le départ. Compter, à titre d'exemple, 120 Dh et 30 à 40 mn de calèche pour aller du *mellah* à Majorelle avec le tour des remparts. Pour un grand tour, on est plus près de 200 Dh.

Certains chevaux s'arrêtent également, comme par hasard, devant un magasin... Donc, ***précisez bien que vous ne voulez pas d'arrêts-boutiques.*** Il est d'usage d'ajouter un pourboire au prix de la course.

– L'arrêt principal des calèches se trouve face au *Club Med*, au niveau du square Foucauld *(plan couleur Jemaa-el-Fna, E4)*, ou place de la Liberté, à la jonction des quartiers de l'Hivernage et de Guéliz *(plan couleur d'ensemble, C3)*. Mais on en trouve ailleurs, parfois à proximité des grands hôtels et des sites touristiques (palais Bahia, jardin Majorelle, etc.).

À deux-roues

– ***Location de vélos :*** *on trouve des loueurs av. du Président-Kennedy, dans le quartier de l'Hivernage, notamment devant les hôtels* Andalous, Golden Tulip Farah *ou* Es Saadi. *Compter env 100 Dh/j.* Les Marrakchis en sont de fervents utilisateurs. Des pistes cyclables assez sûres conduisent aux jardins de la Ménara, traversent un bout de Palmeraie et font le tour des remparts. ***Hors de cette zone, circuler à vélo est dangereux.*** On ne vous conseille donc pas trop ce moyen de transport.

– ***Location de scooters et motos :*** même remarque que pour le vélo à propos de la circulation en ville. En revanche, ça peut être un moyen de transport pratique pour découvrir les environs de Marrakech, casque obligatoire (ben oui !). Mais attention, s'adresser à un loueur qui a pignon sur rue, car la plupart n'ont pas d'assurance. Et puis, sachez qu'à deux ça ne revient pas beaucoup moins cher qu'une location de voiture de catégorie A. Voici une agence sérieuse, avec du matériel en bon état :

■ **Loc2roues** *(plan couleur Guéliz, B2,* **5***)* **:** *212, av. Mohammed-V, galerie Élite, 1er étage. ☎ 05-24-43-02-94. 📱 212 (0)6-65-13-04-53. • loc2roues.com • Tlj 9h-19h30. Scooters à partir de 180 Dh la ½ journée et 250 Dh/j., assurance (pour 2 pers) incluse et casques fournis ; motos à partir de 500 Dh/j. Réduc de 20 % sur les locs de scooters sur présentation de ce guide.* Âge minimum 18 ans. Pièce d'identité en guise de caution. Permis de conduire demandé pour les motos.

En voiture

La circulation à Marrakech est anarchique, ponctuée d'embouteillages fréquents vendredi et samedi soir. Le problème est de synchroniser les codes de la route des mulets, calèches, taxis, bus, voitures, cyclistes, piétons... Il faut donc s'armer de patience et redoubler d'attention. Et n'allez pas pénétrer dans l'écheveau inextricable de la médina, où les ruelles sont étroites et hyper encombrées !

– ***Parkings :*** on se gare facilement dans les rues de Guéliz. *Un système de parcmètres réclame désormais 2 Dh/h, lun-sam 7h-23h.* Tolérance, 5 mn... au-delà, c'est le sabot qu'on fait retirer en appelant la société *Avilmar (☎ 05-24-44-82-14)*, en acquittant une amende de 40 Dh au passage. Dans les rues sans parcmètre, ou le soir, un gardien vous aide, avec force gestes inutiles, à quitter votre emplacement. Donnez-lui 2 à 5 Dh pour quelques heures, 10 Dh pour un jour, 20 Dh pour une nuit. Ces gardiens acquittent à la municipalité un « droit de surveillance » (les tronçons les plus lucratifs sont attribués aux enchères) et l'argent versé par les automobilistes est leur seul salaire.

Sinon, il existe plusieurs parkings :

🅿 ***Parking Plaza*** *(plan couleur Guéliz, B2)* **:** *av. Mohammed-V, à Guéliz. Ouv 24h/24. Payant (cher, hors promos occasionnelles).*

🅿 ***À proximité de la médina :*** *parking gardé près de la Koutoubia (plan couleur Médina, D4), ainsi que près de Bâb-Doukkala, face au tribunal (plan couleur d'ensemble et plan couleur Médina, C2). Malheureusement, souvent complets. Sinon, d'autres petits parkings, près du mellah (plan couleur Médina, E4-5), près de la brigade touristique (plan couleur Médina, D4,* **4***). Compter 10 Dh pour la journée, le double pour la nuit.*

– ***La fourrière :*** oui, elle existe et elle est très active ! Si cette mésaventure vous arrive, il vous en coûtera une belle amende et une perte de temps considérable liée à une procédure kafkaïenne. En gros, il faut se rendre à la fourrière de Douar-el-Askar (sur la route d'Agadir, à côté de l'abattoir de Marrakech) ou à celle de Douar Dlam (à Sidi Youssef Benali) : mais difficile de savoir dans laquelle des deux votre voiture a été envoyée (!). On y récupère un reçu avec lequel on va au *commissariat central* avec tous les papiers de la voiture. Là, on paie une prune de 300 Dh. On retourne à la fourrière avec le reçu du commissariat : la voiture vous y est restituée moyennant le paiement complémentaire de 120 Dh (frais d'enlèvement) et de 40 Dh/j. de gardiennage. Bref, soyez vigilant !

– ***Location de voitures :*** méfiance ! Il existe une pelletée d'agences, traitant souvent en sous-location. Ne conclure aucun contrat sans avoir vu et examiné le véhicule (état des pneus, présence d'une roue de secours, d'un cric et d'une manivelle, fermeture du coffre, fonctionnement des feux, etc.).

N'attendez pas la dernière minute pour louer votre véhicule, si vous ne l'avez pas fait avant le départ. Aux périodes de pointe (vacances de Pâques, de la Toussaint et de Noël), la demande excède largement l'offre.

Attention, certaines compagnies cotent une ***franchise*** allant jusqu'à 20 000 Dh, pour une voiture de catégorie A. Si vous décidez de ne pas opter pour l'assurance de rachat de franchise, ce montant doit être disponible sur votre carte de paiement : il peut même être débité ou bloqué le temps de la location ! Côté ***tarifs,*** un petit véhicule (catégorie A) coûte en haute saison de 300 à 350 Dh/j., pour une location d'une semaine, avec l'assurance de base. En dessous, ça cache forcément une entourloupe !

Voici les agences de location qui satisfont actuellement le plus nos lecteurs tout en offrant les meilleures garanties, ce qui ne signifie pas nécessairement les prix les plus bas (mais autant avoir un véhicule en bon état, non ?).

■ ***Pampa Voyage Maroc*** *(plan couleur Guéliz, B2,* ***6****) : 219, av. Mohammed-V. ☎ 05-24-43-10-52. 📱 212 (0)6-61-41-78-60 ou 47. • pampa@menara.ma • agencevoyage-maroc.com • Dans la galerie Jassim, au rdc, au fond sur la droite. Promos intéressantes sur présentation de ce guide.* Cette agence de voyages proposant tous les services touristiques classiques, est aussi un loueur très sérieux, offrant des conditions intéressantes. Excellent accueil. Le parc est récent, la franchise pas trop élevée (surtout, la somme n'est pas bloquée, c'est important) et les tarifs très pondérés. Louent aussi des 4x4, ainsi que des voitures avec chauffeur. Livraison et récupération gratuites sur Marrakech (notamment à l'aéroport). Assistance technique 24h/24. Résa possible de l'étranger.

■ ***Concorde Car*** *(plan couleur Guéliz, B2,* ***7****) : 154, av. Mohammed-V, 1er étage, n° 11. ☎ 05-24-43-11-16 (24h/24) ou 99-73. 📱 212 (0)6-61-13-42-85 ou 212 (0)6-61-34-15-77. • concordecar.com • Tlj 8h-19h. Réduc de 15 % sur le plein tarif sur présentation de ce guide.* Excellente réputation et accueil chaleureux pour ce loueur au parc de véhicules récents, bien entretenus et livrés avec le plein d'essence. Loue des 4x4 *Pajero,* indispensables pour se lancer sur la piste, et assure un véritable service auprès de la clientèle (disponibilité 24h/24, assistance en cas de pépin, dépannage rapide, transfert gratuit depuis l'aéroport, etc.). Bonnes conditions d'assurance (tous risques), sans franchise ni caution.

■ ***Najm Car*** *(plan couleur Guéliz, A2,* ***8****) : galerie Jakar, magasin n° 9, angle av. Mohammed-V et rue Mohammed-el-Beqal. ☎ 05-24-43-79-09. 📱 212 (0)6-61-15-61-12. • najmcar.com • Tlj 8h30-19h.* Une adresse fiable, qui donne entière satisfaction : assistance 24h/24, transferts gratuits depuis l'aéroport ou l'hôtel, accueil très chaleureux, forfaits intéressants à la semaine et véhicules en bon état (entretenus dans leur propre garage). Assurance tous risques sans franchise. Location de 4x4 climatisés avec ou sans chauffeur. Pour plus de 6 jours de location, livraison et reprise dans un rayon de 300 km autour de Marrakech.

■ ***Lune Car*** *(plan couleur Guéliz, B2,* ***9****) : 111, rue de Yougoslavie. ☎ 05-24-44-77-43. 📱 212 (0)6-61-68-85-88. • lunecar@iam.net.ma • Tlj 8h-12h, 14h-19h (dim sur rdv slt).* Loue aussi des 4x4. Bonne agence assurant un

MARRAKECH

excellent service. Nos lecteurs en sont satisfaits depuis des années.

■ ***Magdaz Car*** *(plan couleur Médina, E4,* ***10****)* **:** *2, rue Lalla-Rkia, à l'angle de la rue Bani-Marîn. 1er étage. ☎ 05-24-38-57-47. 212 (0)6-66-07-50-60. • magdazcar.com •* À deux pas de la Koutoubia, Hassan Nait Ouahmane peut aussi conseiller sur les destinations et venir vous chercher à l'hôtel. Le tout avec une extrême gentillesse.

Adresses utiles

Infos touristiques

Office national de tourisme marocain – Délégation régionale du tourisme *(plan couleur Guéliz, A-B2)* **:** *angle av. Mohammed-V et rue de Yougoslavie. ☎ 05-24-43-61-31 ou 79. Lun-ven 8h30-16h30 (15h30 pdt le ramadan).* Accueil moyen et infos basiques sur la ville. Peut recevoir les plaintes.

– Votre hébergement peut vous mettre en contact avec l'***association des guides de Marrakech.*** Tarifs officiels : 150 Dh la ½ journée, 250 Dh/j. et 300 Dh pour une journée dans les environs de Marrakech. Repas en sus.

– Pour des infos générales (y compris des adresses d'hôtels, de *riad* et de restos), on peut aussi consulter des sites comme *• ilove-marrakech.com •* et *• visitmarrakech.com •*

Poste et télécommunications

✉ ***Poste centrale*** **:** *pl. du 16-Novembre (plan couleur Guéliz, B2), à Guéliz. Lun-ven 8h-16h30, sam 8h30-12h.* ***Autres bureaux*** *dans la médina, pl. Jemaa-el-Fna (plan couleur Jemaa-el-Fna, E4) Lun-sam 8h (10h sam)-18h ; ramadan 9h-15h. Face au palais de la Bahia (plan couleur Médina, E-F4), lun-ven 8h-16h15.* Service *Western Union* et change.

■ ***Téléphone*** **:** nombreux téléphones publics, à carte pour la plupart. Les cartes sont vendues un peu partout. On trouve également partout des ***téléboutiques,*** pratiques, ouvertes tous les jours du matin jusqu'au soir, abritant des cabines à pièces : un peu plus chères. Certaines font aussi fax (cher), Internet et photocopies.

■ ***Portable*** **:** à condition d'avoir fait débloquer son téléphone, possibilité d'acheter une carte SIM marocaine (*Maroc Télécom, Meditel* ou *Inwi*) : *compter 100 Dh. Recharges dans ts les kiosques.* Lire la rubrique « Téléphone et télécoms » dans le chapitre « Maroc utile » en début de guide.

@ ***Internet*** **:**

– ***Dans la médina*** **:** *nombreuses cyberboutiques dont la plupart se situent dans les rues Bâb-Agnaou et Bani-Marîn (plan couleur Jemaa-el-Fna, E4). Fermeture assez tardive.* Débit plus lent en soirée, mais ça s'améliore.

– ***Dans Guéliz*** **:** *plusieurs boutiques dans le passage El-Ghandouri (plan couleur Guéliz, A2) et autour du carrefour de la Renaissance (angle de l'av. Mohammed-V et du bd Mohammed-Zerktouni ; plan couleur Guéliz, A2). Également le* ***Cyber Parc Arsat Moulay Abdeslam*** *(plan couleur Médina, C-D3), à l'angle des bd Mohammed-V et Abou-el-Abbes-Sebti. Tlj 7h-20h30 en été (18h-19h le reste de l'année).* Un vaste et beau jardin équipé du wifi et, çà et là, de bornes Internet gratuites, quoique souvent occupées (!), et d'un cybercafé moderne, aux connexions rapides et bon marché.

Argent, banques, change

– Le plus avantageux pour changer des euros est un ***bureau de change,*** nombreux à Guéliz comme dans la médina, et même au cœur du souk. *La plupart ouv tlj (pas toujours le dim ap-m) 8h-20h (voire plus tard).* Taux quasi identiques partout et sans commission. Certains prennent aussi les chèques de voyage.

– Change possible également au guichet des ***banques,*** nombreuses à Guéliz et dans la médina (surtout au sud de la place Jemaa-el-Fna). *Ouv en sem slt 8h15-15h30.* Leurs ***distributeurs automatiques*** permettent de retirer de l'argent, voire changer directement des euros (billets), taux moins avantageux que dans les bureaux de change. Mais attention, ils sont parfois vides le week-end. Enfin, on y trouve parfois les services de *Western Union*.

Représentations diplomatiques

Le consulat peut, en cas de pépin, vous indiquer la meilleure solution pour que des proches vous fassent parvenir de l'argent, vous assister juridiquement, ou encore faciliter votre retour sur le territoire si vous avez perdu vos papiers (n'oubliez pas d'en faire des photocopies et de les ranger dans un endroit séparé).

■ ***Consulat de France*** *(plan couleur Guéliz, A3,* ***11****)* **:** *rue Camille-Cabana, Hivernage.* ☎ *05-24-38-82-00.* • *consulfrance-ma.org* • *Lun-ven 8h30-12h, 13h30-17h15 (17h ven).*

■ ***Consul honoraire de Belgique :*** *M. Saad Berrada (*Palmeraie Golf *Palace, circuit de la Palmeraie BP 1488).* ☎ *05-24-36-87-61.* • *consubel.marrakech@menara.ma* •

■ ***Consulats de Suisse et du Canada :*** *pas de représentation. S'adresser à Rabat. Ambassade de Suisse :* ☎ *05-37-26-80-30. Ambassade du Canada :* ☎ *05-37-68-74-00.*

Santé, urgences

■ ***Pharmacies :*** *elles sont nombreuses à Guéliz, sur l'av. Mohammed-V. La plus importante :* ***Pharmacie Centrale*** *(plan couleur Guéliz, B2,* ***12****), angle av. Mohammed-V et rue El-Houria. Dans la médina, au sud de la pl. Jemaa-el-Fna, la* ***Pharmacie du Progrès*** *(plan couleur Jemaa-el-Fna, E4,* ***54****). Horaires de la plupart des pharmacies : lun-ven 9h-12h30 (12h ven), 15h-19h30 (à ½ h près selon saison) ; sam 9h-13h30.*

– ***Pharmacie(s) de garde :*** liste affichée en vitrine de chaque officine.

■ ***Médecins généralistes :***

– ***Dr Frédéric Reitzer*** *(plan couleur Guéliz, C3,* ***13****)* **:** *angle av. Mohammed-V et Moulay-Hassan, immeuble Berdaî, entrée B, 2e étage, appt 10.* ☎ *05-24-43-95-62.* 📱 *212 (0)6-61-17-38-03.* Médecin agréé par le consulat. Se déplace en cas de besoin.

– ***Dr Samir Belmezouar*** *(plan couleur Médina, D3,* ***14****)* **:** *66, rue Fatima-Zohra, immeuble Benkirane.* ☎ *05-24-38-33-56.* 📱 *212 (0)6-61-24-32-27.* Travaille avec la *Polyclinique du Sud.* Excellente réputation.

– ***Dr Haraki el-Mehdi*** *(hors plan couleur d'ensemble par C6)* **:** *lotissement Saadia-IV, n° 241, quartier de M'Hamid (juste à côté de l'aéroport).* ☎ *05-24-36-05-29 (cabinet).* 📱 *212 (0)6-61-16-84-93.* Excellent professionnel, pratiquant des tarifs raisonnables. Se déplace.

■ ***Gastro-entérologue*** *(plan couleur Guéliz, B2,* ***15****)* **:** ***Dr Abdelhaq Benzakour,*** *213, av. Mohammed-V, 4e étage.* ☎ *05-24-43-10-50.* 📱 *212 (0)6-61-13-42-55.* Important, parfois.

■ ***Dentistes :*** ***Dr El-Qabli-Hicha*** *(plan couleur Guéliz, B2,* ***15****), 213, av. Mohammed-V, appart 13, 2e étage.* ☎ *05-24-44-86-04. Voir sinon le* ***Dr Abdel-Jaouad Bennani*** *(plan couleur Guéliz, B2,* ***19****), au 112, av. Mohammed-V, 1e étage.* ☎ *05-24-44-91-36.*

✚ ***Clinique Internationale de Marrakech*** *(plan couleur d'ensemble, D5,* ***16****)* **:** *Bâb Ighli, route de l'aéroport.* ☎ *05-24-44-40-40. Urgences 24h/24.* Toutes disciplines confondues, de la cardiologie à l'urologie en passant par la pneumologie, l'oto-rhino et la gynéco.

✚ ***Polyclinique du Sud*** *(plan couleur Guéliz, A2,* ***17****)* **:** *2, rue de Yougoslavie (angle rue Ibn-Aïcha).* ☎ *05-24-44-79-99. Urgences 24h/24 (en principe...).* Conventionnée avec la plupart des assistances médicales européennes et avec la caisse des Français de l'étranger.

✚ ***Clinique Ibn-Tofail*** *(plan couleur Guéliz, B1-2,* ***18****)* **:** *rue Ibn-Abdelmalik. À ne pas confondre avec l'hôpital du même nom, situé à proximité.* ***Dr Driss Elbouyousfi,*** ☎ *05-24-43-63-53.* 📱 *212 (0)6-61-18-13-70. Urgences 24h/24.* Équipe de médecins très compétents. Consultations spécialisées en pédiatrie, urologie et chirurgie générale.

■ ***SOS Médecins :*** ☎ *05-24-40-40-40.*

Compagnies aériennes

■ ***Royal Air Maroc*** *(plan couleur Guéliz, B2,* ***15****)* **:** *197, av. Mohammed-V.* ☎ *0890-00-08-00 (résas et confirma-*

tions de vols ; 24h/24). • royalairmaroc.com • Lun-ven 8h30-12h15, 14h30-19h ; sam 9h-12h, 15h-18h. Pdt le ramadan, 9h-16h. Fermé dim. À l'aéroport : ☎ 05-24-36-85-12 ou 14 ou 16.

■ ***Jet4you*** *(plan couleur Guéliz, B3,* ***20****) : représenté par* Holidays Services, *Kawkab Center. ☎ 05-24-44-75-64. • jet4you.com • Tlj 8h-23h (env).*

Garages, réparations

■ ***Garage Renault*** *(hors plan couleur d'ensemble par A1) : route de Casablanca, après le carrefour de Safi. ☎ 05-24-30-10-08 ou 87. À env 4 km de Guéliz.* Fait aussi *Land Rover.* Demander un devis et bien vérifier sa facture.

■ ***Garage de Rachid Filali*** *(plan couleur Guéliz, A2,* ***21****) : av. Moulay-Rachid, en face de l'hôtel* Imperial Holidays. *📱 212 (0)6-61-69-55-10. Pause 12h30-14h30. Fermé dim.* Un petit garage sans enseigne, compétent qui pourra peut-être faire beaucoup en cas de pépin mécanique.

Agences de voyages

Parmi la foultitude d'agences, souvent orientées vers les voyages de groupe, voici notre sélection :

■ ***Pampa Voyage Maroc*** *(plan couleur Guéliz, B2,* ***6****) : 219, av. Mohammed-V, galerie Jassim. ☎ 05-24-43-10-52. 📱 212 (0)6-61-41-78-60 ou 47. • pampa@menara.ma • agencevoyage-maroc.com • Dans la galerie Jassim, au rdc, au fond sur la droite. Promos intéressantes sur présentation de ce guide.* Cette agence offre une découverte du pays en profondeur et personnalisée à des tarifs raisonnables. Des voyages à la carte organisés par des professionnels expérimentés qui vous font partager leur passion du Maroc. Toutes prestations, en voiture de location avec ou sans chauffeur, en 4x4, à pied, avec des mulets ou des chameaux pour partir à la découverte du pays et de ses habitants. Chambres d'hôtel et de *riad* à des tarifs attractifs. Ils assurent le transfert depuis l'aéroport, les visites guidées, les excursions à la journée, et travaillent avec des guides de confiance. Ils effectuent également les réservations des billets d'avion sur tous les vols réguliers. Toutes leurs prestations sont en vente UNIQUEMENT dans leur agence, sans aucune sous-traitance. N'hésitez pas à les contacter avant le départ.

■ ***Bab*** *(plan couleur Médina, E3,* ***55****) : 102, rue Dar-el-Bacha, 1re grande porte à gauche en se dirigeant vers les souks. ☎ 05-24-44-24-48. 📱 (Youssef) : 212 (0)6-61-43-97-17 ; (Mohamed) : 212 (0)6-62-66-98-87. Tlj 9h-17h.* Cet ancien *foundouk* abrite désormais deux mini-agences : ***Bab Dior*** (porte de la maison) et ***Bab Adrar*** (porte de la montagne). Découverte de l'architecture pour l'une avec visite d'un Marrakech méconnu, jusqu'au cœur des *riad.* Et découverte du bled, du désert, de l'Atlas pour l'autre. Le tout illustré par des cartes géantes et surtout animé par de jeunes Marocains passionnés. Ils élaborent des parcours « à la carte » avec des guides officiels et selon vos envies.

■ ***Cobratours-Cobracars*** *(plan couleur Guéliz, A2,* ***22****) : 43, bd Mohammed-Zerktouni, 2e étage. ☎ 05-24-42-13-08. • cobratours-maroc.com •* Agence destinée, avant tout, aux individuels et aux petits groupes. Outre des circuits basés sur le trekking, elle propose des itinéraires à thème, surtout consacrés à la découverte du patrimoine culturel du Sud marocain : art rupestre, architecture traditionnelle. Circuits sur mesure en 4x4, à VTT, à moto ou à pied. Loue également des voitures.

■ ***VDM Maroc*** *(plan couleur Guéliz, B3,* ***23****) : 43 bis, Kawkab Center, 2e étage. ☎ 05-24-43-48-08. Lun-sam 8h-16h30 (jusqu'à 12h sam).* Propose, entre autres, des excursions dans les environs de Marrakech.

■ ***Atlas Voyages*** *(plan couleur Guéliz, B2,* ***24****) : 131, bd Mohammed-V. ☎ 05-24-33-72-00. • atlasvoyages.com •* Grosse agence, correspondant du voyagiste français *Marmara,* qui propose sur place toutes prestations : réservation d'hôtels, méharée, trekking, location de voitures, etc. Possibilité de se joindre à des groupes déjà constitués pour certaines excursions.

■ ***Erg Tours*** *(plan couleur Guéliz, B2,* ***25****) : 220, av. Mohammed-V, 2e étage. ☎ 05-24-43-84-71. • ergtours.com •*

Réduc de 20 % sur présentation de ce guide. Fort de son équipe de 50 chauffeurs (tous francophones) et de ses véhicules en bon état, *Erg Tours* propose des excursions à la journée jusqu'aux circuits de 8 jours dans le Grand Sud (le patron, Saïd Aït Sidi Brahim, est natif de Merzouga) avec 4x4, bivouac « itout-itout ». Accueil chaleureux.

■ ***Mountain Safari Tours*** *(hors plan couleur d'ensemble par A1)* **:** *64, lot. Laksour, route de Casa.* ☎ *05-24-30-87-77.* • *mountainsafaritours.com* • *À la sortie de Marrakech, sur la route de Casa, à droite.* L'agence étant à Tataouine-les-Bains, mieux vaut téléphoner, ils vous apporteront la documentation à votre hôtel. Prestations sérieuses et de qualité. Circuits hors des sentiers battus à pied, à cheval, en 4x4, à VTT ou à moto. Prix étudiés dès 2 personnes. Équipe passionnée et sympathique.

■ ***Atlas Sahara Trek*** *(plan couleur d'ensemble, C1,* ***26****)* **:** *6 bis, rue Houdhoud.* ☎ *05-24-31-39-01 ou 03.* • *atlas-sahara-trek.com* • *Derrière le jardin Majorelle.* Agence spécialisée dans les randonnées en montagne, dans le désert et raid 4x4 (avec bivouacs « de luxe »). Voyages sur mesure. Une agence très sérieuse dont la réputation n'est plus à faire.

■ ***Âme d'Aventure*** **:** *81, rue Tensift, Semlalia.* ☎ *05-24-43-90-25.* • *ame-info@ameaventure.ma* • Propose tous types de randonnées en montagne et dans le désert : à pied, à dos de chameau ou de mulet, et même à VTT (tous niveaux). Agence sérieuse et prix qui se tiennent.

■ ***Maroc Excursions Prestiges*** *(plan couleur Guéliz, B2)* **:** *av. Ibn-Toummert, angle rue Sourya.* 📱 *212 (0)6-79-89-88-50.* Excursions et circuits en 4x4 de luxe ou voiture climatisée de un ou plusieurs jours vers Aït-Benhaddou, les cascades d'Ouzoud ou les gorges du Dadès, pour ne citer que cela.

Loisirs, culture et patrimoine

■ ***Institut français du Maroc*** *(hors plan couleur d'ensemble par A1)* **:** *route de Targa, djebel Guéliz ; juste après le lycée Victor-Hugo et l'école Renoir, dans une rue à droite (fléché).* ☎ *05-24-44-69-30.* • *ifm.ma* • *Tlj sf dim, lun et mar mat 10h-12h, 15h-19h ; pdt ramadan, mêmes jours, mais 9h-15h. Fermé en août.* Se renseigner sur le site ou consulter les programmes édités chaque mois : expositions, théâtre, cinéma. Bibliothèque (nombreux ouvrages sur le Maroc et la France), salles de conférences, de spectacle et de projection, un amphithéâtre pour les représentations de plein air et un grand jardin avec cafétéria pour se rafraîchir.

■ ***Marrakech Audio City Guide*** **:** 📱 *212 (0)6-61-92-28-01 ou 212 (0)6-72-59-74-22.* • *marrakech.acg@gmail.com* • *Loc pour un circuit : 150 Dh/j.* 4 circuits commentés permettent d'approfondir la visite de la ville au gré d'explications historiques, illustrées de croquignolettes anecdotes. L'audioguide, à réserver la veille avant 21h, est livré (avec un plan... au cas où !) à votre hébergement. Casque sur la tête, vous arpentez la ville rouge à votre rythme.

Galeries d'art

Marrakech s'imposant de plus en plus sur le marché de l'art dans le pays, voici quelques adresses.

■ ***Galerie Noir sur Blanc*** *(plan couleur Guéliz, A-B2,* ***27****)* **:** *48, rue de Yougoslavie, immeuble Adam Plaza, 1er étage.* ☎ *05-24-42-24-16. Lun-ven 15h-19h slt ; sam 10h-13h, 15h-19h. Également sur rdv. Fermé dim.* Tenue par Sakina Rharib (ancienne directrice du musée de Marrakech), une référence dans le domaine. Art contemporain marocain et étranger.

■ ***Matisse Art Gallery*** *(plan couleur Guéliz, A2,* ***28****)* **:** *61, rue de Yougoslavie, passage El-Ghandouri n° 43.* ☎ *05-24-44-83-26.* • *matisse-art-gallery.com* • *Lun-sam 9h30-12h30, 15h30-19h30.* Expo de peintres marocains contemporains et d'œuvres d'orientalistes du début du XXe s.

■ ***Galerie Lawrence-Arnott*** *(plan couleur Guéliz, C2,* ***29****)* **:** *immeuble El-Khalil, av. des Nations-Unies.* ☎ *05-24-43-04-99. Tlj 10h-12h30, 16h-19h.* Grosses expos (art plastique et sculpture) de notoriété nationale.

■ ***Galerie Rê*** *(plan couleur Guéliz, B2,* ***30****)* **:** *résidence Al-Andalous III, angle rue de la Mosquée et Ibn-Toumert nº 1.* ☎ *05-24-43-22-58. Lun-sam 10h-13h, 15h-20h.* Très avant-gardiste.

■ ***Galerie Tindouf*** *(plan couleur d'ensemble, A2,* ***31****)* **:** *22, bd Mohammed-VI.* ☎ *05-24-43-09-08. Lun-sam 9h30-13h, 15h30-20h.* Art contemporain et antiquités.

■ ***Dar d'Art*** *(plan couleur d'ensemble, F4,* ***32****)* **:** *78 bis, derb Jemaa, Riad-Zitoun-Jdid.* ☎ *05-24-38-50-41. Résa impérative.* Dans l'ancien hammam du palais de la Bahia, cette demeure d'exception regorge de tableaux et de sculptures en fer forgé créés par l'artiste qui habite ici (instruments de musique, personnages...).

■ ***Riad Yima*** *(plan couleur Médina, E3,* ***56****)* **:** *52, derb Aarjane, Rahba Lkdima.* ☎ *05-24-39-19-87.* • *riadyima.com* • *Lun-ven 9h-18h.* Cette ancienne maison d'hôtes s'est transformée en galerie. Celle de Hassan Hajjaj, artiste contemporain mettant en valeur des matériaux et objets usuels. Alors si l'abat-jour boîte de conserve ou le cadre canettes de soda vous tentent : poussez la porte.

Culture locale

■ ***Dar Chérifa*** *(plan couleur Médina, E3,* ***33****)* **:** *8, derb Cherfa-Lakbir, quartier Mouassine.* ☎ *05-24-42-64-63 ou 05-24-39-16-09.* • *marrakech-riads.com* • *De la fontaine Mouassine, en allant vers la pl. Jemaa-el-Fna, fléché dans la 1re ruelle à droite. Tlj 9h-19h (20h printemps et été) puis dîner à thèmes (téléphoner pour le programme).* Une halte reposante et agréable au cœur de la médina. Expos temporaires et beaux livres sur le Maroc. Prenez le temps d'admirer l'architecture de cette ancienne médersa de l'époque saadienne. Voir aussi « Où boire un verre ? ».

■ Pour des manifestations liées à la culture locale, se reporter aussi au ***Riad Masson*** et au ***Dar Bellarj*** dans la rubrique « À voir ».

Cinémas et théâtre

■ ***Colisée*** *(plan couleur Guéliz, A2,* ***34****)* **:** *bd Mohammed-Zerktouni ; presque à l'angle de la rue Mohammed-el-Beqal.* ☎ *05-24-44-88-93.* Équipement technique excellent et programmation de films récents.

■ ***Mégarama*** *(hors plan couleur d'ensemble par C6,* ***35****)* **:** *quartier de l'Agdal, derrière Carrefour.* ☎ *05-24-38-68-63.* • *megarama.info* • Un complexe avec une dizaine de salles.

■ ***Théâtre Royal*** *(plan couleur Guéliz, A3)* **:** *angle av. Mohammed-VI et Hassan-II.* ☎ *05-24-43-15-16. Entrée côté gare.* Projet pharaonique jamais abouti, ce théâtre aux allures néo-égyptiennes, propose des expos et quelques concerts en plein air.

Presse et livres

■ ***Presse*** **:** *nombreux kiosques au sud de la pl. Jemaa-el-Fna et à Guéliz, sur l'av. Mohammed-V.*

■ ***Librairie Chatr Ahmed*** *(plan couleur Guéliz, A2,* ***36****)* **:** *19, av. Mohammed-V.* ☎ *05-24-44-79-97. Lun-sam 8h30-13h, 15h (16h sam)-20h.* Un choix complet d'ouvrages sur le Maroc, mais aussi des polars sur Marrakech et même le *Routard*.

■ ***Librairie ACR*** *(Arts-Création-Réalisation ; plan couleur Guéliz, B2,* ***37****)* **:** *55, bd Mohammed-Zerktouni.* ☎ *05-24-44-67-92. Au fond d'une impasse, à droite du resto Al Fassia. Lun-sam 9h-12h30, 15h-19h.* Grand choix de beaux livres sur le Maroc et l'orientalisme.

■ ***Librairie Ghazali*** *(plan couleur Jemaa-el-Fna, E4,* ***38****)* **:** *51, rue Bâb-Agnaou, au bord de la pl. Jemaa-el-Fna.* ☎ *05-24-44-23-43. Tlj sf ven 9h30-13h, 15h30-21h.* Une boutique toute petite mais bien fournie. Pas mal d'ouvrages de poche d'auteurs marocains traduits en français. Également votre guide préféré.

Sports

■ ***Piscines*** **:** *au* ***Pacha*** *(hors plan couleur d'ensemble par C6,* ***39****), bd Mohammed-VI.* ☎ *05-24-38-84-00. De mi-avr à fin août, 12h-18h. Entrée : 200 Dh.* Peu le savent, mais dans la boîte la plus célèbre du Maroc se cache une piscine donnant sur un beau jardin andalou. Snack. *Également* ***La Plage Rouge*** *: km 12, route de l'Ourika.* ☎ *05-24-37-80-86. 3-4 navet-*

tes/j. gratuites depuis le palais des congrès, bd Mohammed-V et la poste, au sud de la pl. Jemaa-el-Fna. Magnifique piscine avec animation et restauration, pour ceux qui ne vivent pas que d'amour et d'eau fraîche.

■ **Oasiria** *(hors plan couleur d'ensemble par C6,* ***40****) : route d'Amizmiz, km 4. ☎ 05-24-38-04-38. • oasiria.com • Tlj 10h-18h. Entrée : 210 Dh avr-août, tte la journée ; 170 Dh à partir de 14h et hors saison ; réduc pour les moins de 1,50 m. Navettes gratuites en saison ttes les 45 mn, 9h30-15h (retour 17h-19h15). Départ du parking derrière la Koutoubia ou pl. du 16-Novembre (Guéliz). Réduc de 20 % sur présentation de ce guide.* Le 1er parc aquatique du Maroc. Sur une dizaine d'hectares, des toboggans (dont le *Camel Ride*, 17 m de haut et le *Rio rapide*), plusieurs mégapiscines, un *Rio tranquille* de 540 m qu'on descend sur des grosses bouées rondes, des lagons, un bateau pirate pour les enfants et un terrain de beach-volley pour les plus grands. Et quand il fait mauvais... haro sur la piscine couverte avec son jacuzzi géant ! Restos, consignes et chaises longues (en supplément). Animations en juillet-août. Sympa si une vague de chaleur s'abat sur Marrakech.

■ ***Équitation :* Atlas à cheval,** *km 25, route de Guemassa. ☎ 05-24-36-86-00. 📱 212 (0)6-61-04-10-68.* Excellente adresse. Organise également des sorties de plusieurs jours.

■ ***Vol en montgolfière :* Ciel d'Afrique** *(plan couleur d'ensemble, A1,* ***41****), immeuble Ali, entrée B, 2e étage. ☎ 05-24-43-28-43. 📱 212 (0)6-61-13-70-51. • cieldafrique.info • Pas de vol juil-août. Résa conseillée 1 sem avt si possible. À partir de 205 €/pers ; réduc. Pour tte résa de 2 pers, coupe de champagne offerte sur présentation de ce guide (prévenir dès la résa).* Très cher mais inoubliable ! Départ de votre hébergement tôt le matin et transfert en 4x4 jusqu'au lieu de décollage. Vol de 1h environ au nord de la palmeraie, pour dominer villages, troupeaux de chèvres, gamins sur le chemin de l'école, sur fond d'Atlas quand le temps est dégagé. Sur le retour, collation chez l'habitant. Arrivée vers 12h.

■ ***Ski :*** *sur les pistes de l'****Oukaïmeden****, à 75 km de Marrakech.* De mi-décembre à mi-avril, et pourquoi pas ? Le week-end, pistes noires... de monde.

Hammams

Il en existe plusieurs sortes : le hammam ancien et rustique, qui attire une clientèle essentiellement marocaine, pas cher du tout, à l'infrastructure parfois vétuste et à la tenue approximative ; le hammam de luxe, cher et au cadre fastueux, proposant toutes sortes de soins ; certaines adresses intermédiaires commencent bien, puis virent en lieux de drague, avant d'être fermées par les autorités ; enfin, il y a les hammams intimes proposés aux résidents dans nombre de *riad*. À vous de trouver vos bonnes vapeurs !

■ **Hammam Dar El Bacha** *(plan couleur Médina, D3,* ***43****) : rue Fatima-Zohra. Tlj : 5h-12h, 19h30-23h pour les hommes ; 12h-19h30 pour les femmes. Entrée : 20 Dh, + 5 Dh pour le gardien. Gommage + massage 100 Dh (prix à la tête du bédouin...).* Le hammam le plus ancien de la médina, où vont nombre de Marocains. Authentique, mais ne pas s'attendre à des installations de dernier cri. Serviette et savon en supplément.

■ **Les Bains de Kabira** *(plan couleur d'ensemble, F3,* ***42****) : 3, derb Warda, arset Loghzail. ☎ 05-24-38-40-50. Tlj : 5h-12h, 19h30-23h pour les hommes ; 12h-19h30 pour les femmes. Hammam (45 mn) : 50-250 Dh selon formule.* Le lieu allie les techniques traditionnelles du hammam marocain à celles d'Extrême-Orient (le proprio pratique le shiatsu), de la racine des cheveux au bout des doigts de pied.

■ **Les Bains de Marrakech** *(plan couleur Médina, E5,* ***44****) : 2, derb Sedra, Bâb-Agnaou. ☎ 05-24-38-14-28. • lesbainsdemarrakech.com • Tlj 9h-20h. Slt sur résa (48h avt, acompte de 50 % obligatoire). Compter 150 Dh pour le hammam et un gommage. Massage 350 Dh.* Ce hammam de luxe au cadre oriental voluptueux soigne le corps à travers différentes méthodes : du gommage traditionnel à l'algothérapie, en passant par le massage zen

MARRAKECH

au chocolat ou celui à 4 mains synchronisées. Cher et pousse parfois à la conso.

■ ***La Ferme Berbère :*** *km 9, route de l'Ourika. 📱 212 (0)6-61-22-09-41. • lafermeberbere.com • Au km 9, prendre à gauche (en venant de Marrakech). Slt sur résa. Entre autres, forfait découverte (déj, gommage et massage) 40 €.* Pourquoi ne pas partir en balade d'une journée à la campagne, pour un hammam original ?

Achats

Haut de gamme d'hier et d'aujourd'hui

Naturelle d'Argan *(plan couleur Guéliz, B2, **45**) : 5, rue Sourya. ☎ 05-24-44-87-61. • sawira.com • Lun-sam 9h30-13h, 15h-19h. Vente en ligne. Réduc de 10 % sur présentation de ce guide.* Cette adresse accueillante est le showroom d'une marque distribuée en Europe dans les pharmacies et boutiques soins du corps. En l'espace d'une décennie, Alain Kerrien est devenu le spécialiste de l'huile d'argan biologique, cosmétique (produits pour le soin du corps et du visage) et... gastronomique. Chez ce fabricant breton, les prix sont fixes et affichés, la qualité des produits irréprochable. Soucieux d'établir un commerce équitable avec les femmes des coopératives qui la produisent, il a créé la coopérative *Agdal* à Takoucht (voir plus loin à Essaouira « Sur la route de l'arganier »), avec unité complète de production aux normes *Ecocert*, garderie d'enfants, salle d'alphabétisation, etc.

Place Vendôme *(plan couleur Guéliz, B2, **46**) : 141, bd Mohammed-V ; angle rue El-Houria (rue de la Liberté). ☎ 05-24-43-52-63. Tlj sf dim 9h-13h, 15h30-19h30. Réduc de 10 % sur présentation de ce guide, sur les cuirs mais aussi sur de magnifiques maillots de bain pour hommes.* Boutique spécialisée non pas dans les bijoux, mais les cuirs de qualité : portefeuilles, sacs de voyage, sacs à main, vestes, etc.

Atika *(plan couleur Guéliz, B2, **12**) : 34, rue El-Houria (rue de la Liberté). ☎ 05-24-43-64-09. Tlj sf dim et j. fériés 8h30-12h30, 16h-20h (en été) ou 15h-19h30 (le reste de l'année). CB acceptées. Réduc de 5 % sur sacs à main et chaussures sur présentation de ce guide.* La boutique de chaussures pour hommes et pour femmes la plus courue des expats et touristes en goguette. Beaux modèles d'inspiration française ou italienne. La carte de paiement risque de chauffer !

Artes Mundi *(plan couleur Guéliz, B2, **12**) : galerie de la Liberté, à l'angle du bd Mohammed-V et de la rue El-Houria (à l'arrière de la pharmacie centrale). ☎ 05-24-35-62-72. 📱 212 (0)6-63-04-81-35. Lun (ap-m slt)-sam 10h30-13h, 15h-19h30.* Objets et tissus marocains, choisis et réinterprétés dans un style européen : tapis, luminaires, antiquités... Ici règnent le bon goût et le raffinement. Pour le plaisir des yeux... émerveillés.

Scènes de Lin *(plan couleur Guéliz, B2, **47**) : 70, rue El-Houria (rue de la Liberté). ☎ 05-24-43-61-08. Tlj sf dim et j. fériés 9h30-12h30, 15h30-19h30. Fermé en août. Réduc de 10 % sur présentation de ce guide.* Ligne orientale de linge de maison : serviettes de hammam, peignoirs, linge de table, etc. Haut de gamme et très cher.

L'Orientaliste *(plan couleur Guéliz, B2, **46**) : 11 et 15, rue El-Houria (rue de la Liberté). ☎ 05-24-43-40-74. Réduc de 10 % sur présentation de ce guide.* Petite boutique de créations artisanales (poteries, verrerie émaillée) d'Emmanuelle, la proprio, sans oublier sa ligne de parfums aux senteurs envoûtantes (fleur d'oranger, rose de l'Atlas, musc, ambre...). Et dans la même rue, sur plus de 300 m², un loft abritant d'anciens meubles marocains, peintures, tissages et tapis. Également de belles reproductions de meubles de Bugatti et d'autres « esprit 1930 » en noyer massif. Une adresse pour ceux qui ont du flair !

33 Rue Majorelle *(plan couleur d'ensemble, C1, **48**) : 33, rue Yves-Saint-Laurent. ☎ 05-24-31-41-95.* Une boutique assez incroyable qui expose les créations d'une soixantaine d'artistes locaux (marocains ou résidents) : de la haute couture aux objets les plus divers, tous sont en lien avec Marrakech.

Artisanat

Voici un complexe où les prix fixes donnent des repères avant de se plonger dans les négociations éperdues avec les commerçants des souks !

L'ensemble artisanal *(plan couleur Médina, D3)* **:** *av. Mohammed-V. Tlj 9h-19h (13h dim). Moins d'activité ven ap-m.* Ensemble de petites boutiques, numérotées, regroupant souffletier, lanternier, ciseleur sur cuivre, graveur sur cuir, dinandier, boisselier, feutrier, passementier, babouchier, relieur. Mais aussi : bijoutier, ébéniste, armurier, peintre, tisserand... Les produits sont de qualité.

Alimentation et boissons

ACIMA *(plan couleur Guéliz, A2,* ***49****)* **:** *av. Mohammed-Abdelkarim-el-Khattabi, presque à l'angle de l'av. Mohammed-V. Tlj 8h30-22h.* Bien placé, prix intéressants et on y trouve de tout. Un autre, plus petit, à proximité de la gare routière *(plan couleur Guéliz, C1-2,* ***50****)*.

Carrefour *(hors plan couleur d'ensemble par C6,* ***35****)* **:** *km 2, route de l'Ourika. Tlj 9h-22h.* Enseigne qu'on ne présente pas... installée dans le centre commercial *Almazar* avec sa centaine de franchises et marques internationales.

Hypermarchés Marjane : *l'un, au km 4, route de Casa (hors plan couleur d'ensemble par A1) ; l'autre, au km 8, route d'Agadir (hors plan couleur d'ensemble par A3). Tlj 9h-22h.* Très bien approvisionnés.

Supermarchés Aswak Assalam : *l'un, face à la gare routière (plan couleur d'ensemble, C2,* ***51****) ; l'autre, route d'Agadir, juste après la gare ferroviaire. Tlj 8h-22h.* Pas d'alcool, ni de charcuterie porcine. Populaire et pratique.

Alcools *(plan couleur Guéliz, A2,* ***52****)* **:** *23-27, rue Ibn-Aïcha. Tlj 8h30-20h ; pause prière ven 12h-15h.* 2 échoppes accolées vendent des alcools à consommer avec modération et discrétion.

L'Atelier du Vin *(plan couleur Guéliz, A1,* ***53****)* **:** *87, rue Mohammed-el-Beqal. ☎ 05-24-45-71-12. Lun-sam 9h30-13h, 15h30-19h45.* On y achète les meilleurs vins marocains. Et ils s'y connaissent !

Création contemporaine : les stands de Sidi-Ghanem

Au sommet de la vague, et un poil bobo, la zone industrielle de ***Sidi-Ghanem*** *(route de Safi, à quelques km du centre ; bus nº 15 au départ de la pl. Jemaa-el-Fna)* est un véritable centre d'activités dédié à la jeune création. C'est ici désormais que ça se passe ! Déco, accessoires, design, céramique, linge de maison, bougies, luminaires... on trouve de tout (les showrooms changeant souvent, plan sur • *sidighanem.net* •). Prenez un taxi et gardez-le pour la matinée ou les 2h que vous passerez là-bas. Vous pouvez même y casser une graine...

Le Zinc : *51, rue principale, Sidi-Ghanem. ☎ 05-24-33-59-69. Tlj sf dim, lun soir et sam soir. Plat env 90 Dh.* En magasinant à Sidi Ghanem, voilà une bonne occasion de bien manger à des tarifs très corrects. Plats bistrotiers de belle facture avec une touche d'originalité (parmentier de sanglier ou choucroute de poisson par exemple) au gré d'un service agréable et pro.

Où dormir ?

ATTENTION, PRÉCAUTION INDISPENSABLE : réservez en haute saison (les bonnes adresses sont prises d'assaut !), c'est-à-dire grosso modo 15 jours avant et après Pâques, 1 semaine avant et après la Toussaint, du week-end avant Noël au week-end après le Jour de l'an, ainsi que les week-ends tout au long de l'année. Prenez par ailleurs toutes vos précautions avant d'atterrir. Même après avoir envoyé un e-mail de réservation, un petit coup de téléphone pour prévenir de l'heure d'arrivée ne peut pas faire de mal. C'est carrément indispensable pour les arrivées tardives.

CAMPINGS

Jnane Baroud *(hors plan couleur d'ensemble par E6)* **:** *km 13, route de l'Ourika. ☎ 05-24-48-57-11.* • *jardins*

MARRAKECH

issil.com • Au km 13, prendre à gauche (en venant de Marrakech) juste après avoir passé le canal, qu'on longe sur 4,5 km, puis à droite sur 1 km et encore à droite sur 900 m (petite piste). Env 5 €/pers. Patrick et Ghislaine, un couple de Bretons toniques, ont aménagé ce beau domaine idéalement situé face aux monts enneigés de l'Atlas. Une quinzaine d'emplacements électrifiés peuvent accueillir chacun une dizaine de tentes. Resto et piscine immense... Sinon, possibilité de loger dans de superbes tentes caïdales (voir plus loin *Les Jardins d'Issil* dans « Où dormir dans les environs ? »).

Camping Le Relais de Marrakech *(hors plan couleur d'ensemble par A1) : à env 8 km au nord de Marrakech. 212 (0)6-64-71-73-28. • lerelaisdemarrakech.com • Suivre la route de Casablanca ; passer l'hypermarché* Marjane *puis le grand rond-point 3 km plus loin ; au carrefour suivant, prendre à gauche vers Safi puis, au resto* Méchoui, *suivre le fléchage à droite. Sinon, à la gare routière, prendre un bus pour douar Bellaaguid et demander au chauffeur de s'arrêter au resto* Méchoui ; *le camping est env 600 m plus loin. Transfert possible en grand taxi, pour 60 Dh (à organiser avec le camping). Compter 7 € pour 2 avec tente et voiture (électricité en sus) ; maisons berbères ou tentes nomades 21-33 € pour 2 selon confort.* Camping aux allures de club agréablement conçu. Beaucoup de camping-cars : logique, tout est prévu pour eux (vidanges, pleins d'eau...). Piscine avec transats. Petit resto aux plats copieux, service souriant quoique vite débordé.

AUBERGES DE JEUNESSE

Auberge de jeunesse *(IYHF ; plan couleur Guéliz, A3, **70**) : rue El-Jahid, Hivernage. ☎ 05-24-44-77-13. • aubergemarrakech@hotmail.fr • À 300 m de la gare ferroviaire et des gares routières CTM ou Supratours. Depuis le centre, bus nos 3 et 8. Ouv 24h/24 (prévenir quand même pour les arrivées ou départs à pas d'heure). Compter 70 Dh/pers en dortoirs 4-6 lits ou 9-10 lits, petit déj et draps compris ; petit supplément douche chaude (la froide est gratuite). Pas de restauration sur place.* Dans un bâtiment ocre, les garçons au rez-de-chaussée, les filles à l'étage. Cour intérieure, terrasse et pelouse. Salon TV et coffre à la réception. Bien tenu. Inconvénients : ambiance pas délirante et on est un peu à l'écart de tout.

Waka-Waka *(plan couleur Médina, D3, **71**) : 13, derb Sabai, rue El-Ksour. 212 (0)6-48-48-22-85. Lit 90-120 Dh/pers selon taille du dortoir ; draps et petit déj inclus. Sanitaires partagés. Moins cher en dernière minute, sur place.* Assez proche de la place Jemaa-el-Fna, c'est le lieu idéal pour les routards en quête de simplicité et de décontraction. Les lits-banquettes s'alignent dans les petites chambres qui enserrent un patio central. L'ambiance se fait sur la terrasse, le soir, aux notes du jeune et dynamique Yahya.

Riad Douzi 1 *(plan couleur d'ensemble, F3, **72**) : 5, derb Boulmlouj, Ben Salah. ☎ 05-24-38-43-34. • frenchhostelworld.com • Lit 110 Dh/pers (moins cher par Internet), draps et petit déj inclus. Sanitaires communs.* Une vingtaine de lits gigognes se partagent de petites chambres autour d'un patio carrelé. Tout en haut, une agréable terrasse. Si c'est complet, on vous orientera vers le *Douzi 2* : annexe moins centrale et moins chère du même proprio.

HÔTELS

À Guéliz et autres quartiers de la ville nouvelle

On trouve ici les établissements les plus « étoilés » et les hôtels pour groupes. Pas forcément la zone où loger la plus sympa, d'autant qu'il faut prendre un taxi ou un bus pour rejoindre la médina. En revanche, c'est plus aéré et on s'y sent moins confiné.

Prix moyens (200-400 Dh / 18,20-36,40 €)

Hôtel Toulousain *(plan couleur Guéliz, B2, **73**) : 44, rue Tarik-ibn-Ziad.*

☎ 05-24-43-00-33. • hoteltoulousain.com • Résa vivement conseillée. Doubles 190-280 Dh selon confort (sdb, ventilo), petit déj inclus. Un hôtel vieux style mais bien situé. Une trentaine de chambres très simples, calmes, avec vue sur les palmiers et les orangers du patio... ou alors sur le couloir. Pas le dernier cri, mais propre. Petit déj bon et copieux. Accueil gentil.

Chic (400-800 Dh / 36,40-72,80 €)

Hôtel Corail (plan couleur Guéliz, A3, **74**) **:** 18, av. Hassan-II. ☎ 05-24-42-16-65. • hotelcorailmarrakech.com • Double 500 Dh, petit déj inclus. Piscine. À un jet de vapeur de la gare ferroviaire et deux enjambées du cœur de Guéliz, cet établissement fait un juste équilibre entre prix très futés et belle prestation. Le lieu tend vers le chic, de l'accueil aux chambres. La piscine en rajoute une couche. Une belle trouvaille. Préférez les chambres à l'arrière (pour éviter l'avenue passante, même si les vitrages sont assez efficaces).

Hôtel Akabar (plan couleur Guéliz, C3, **93**) **:** 24, rue Echouhada, Hivernage. ☎ 05-24-43-77-99. • hotelakabar.ma • Double 580 Dh, petit déj inclus. Un hôtel moderne et impeccable, très fonctionnel et rassurant. Une cinquantaine de chambres climatisées, avec ou sans balcon. Déco joliment passe-partout et agréable à la fois, avec des tons pastel, des boiseries vernies (un style gentiment désuet). Bar, resto et piscine. Un excellent rapport qualité-prix.

Kenzi Club Agdal (hors plan couleur d'ensemble par C6, **79**) **:** av. Mohammed-VI, quartier de l'Agdal. ☎ 05-24-45-98-00. • kenzi-hotels.com • À partir de 100 € pour 2 en formule all inclusive. Sur présentation de ce guide, réduc de 10 % sur le meilleur tarif disponible à l'hôtel. 314 chambres et suites réparties dans 9 *riad*. Tout pour se relaxer : un *lounge bar* gnaoua, un spa, 4 piscines (rien que ça !), ainsi qu'un club enfants et bébés. Restaurants marocain et international. Le groupe possède également les hôtels *Kenzi Sémiramis* et *Kenzi Tichka*. Infos sur leur site internet.

Hôtel Ibis Moussafir (plan couleur Guéliz, A3, **75**) **:** av. Hassan-II, pl. de la Gare. ☎ 05-24-43-59-29 à 32. • ibishotel.com • Doubles 540-600 Dh selon saison, petit déj inclus (bonne réduc pour les résas par Internet). Parking. Stratégiquement placée à côté de la gare ferroviaire, cette enseigne *Ibis* réserve la bonne surprise d'un agréable jardin avec sa belle piscine (certes, non chauffée en hiver). Côté chambres, la déco n'est pas vilaine non plus. Optez pour celles donnant sur le jardin. Parties communes sympas. Petit déj servi jusqu'à 12h30, pour les lève-tard. Bar et resto.

Hôtel Amalay (plan couleur Guéliz, A2, **76**) **:** 84, av. Mohammed-V. ☎ 05-24-44-86-85. • amalay-tachfine.ma • Double 440 Dh ; petit déj en sus. Pas de luxe ostentatoire, mais des chambres d'un bon confort et propres dont les plus calmes donnent sur l'arrière (double vitrage efficace côté rue). Pour se prendre un bain de trafic urbain, on peut oser profiter du balcon dont chaque chambre est équipée. Une adresse à retenir pour son rapport qualité-prix correct. Accueil variable.

Beaucoup plus chic (plus de 1 000 Dh / 91 €)

Marrakech compte pléthore de multi-étoilés bardés de piscines, tennis, spa, bars-lounge, boîtes de nuit. Allez, retour sur terre : ici les prix s'expriment en euros.

Hôtel Kenzi Farah (plan couleur d'ensemble, B4, **77**) **:** av. du Président-Kennedy, Hivernage. ☎ 05-24-44-74-00. • kenzi-hotels.com • Doubles à partir de 100 €, sans le petit déj. Sur présentation de ce guide, réduc de 10 % sur le meilleur tarif disponible à l'hôtel. Près de 400 chambres, spacieuses, à la déco soignée et tout confort, réparties dans 4 bâtiments au cœur d'un vaste parc de 3 ha. Piscine (couverte et chauffée), spa merveilleux, hammam, sauna, tennis, cyberespace. Et, bien sûr, plusieurs restos. Le groupe possède également les hôtels *Kenzi*

Sémiramis et *Kenzi Tichka*. Infos sur leur site internet.

Hôtel Diwane (*plan couleur Guéliz, A2,* **78**) *: 24, rue de Yougoslavie. ☎ 05-24-43-22-16. • diwane-hotel.com • Double env 1 150 Dh tte l'année, petit déj compris. Promos intéressantes sur Internet.* Un 4-étoiles de 5 étages avec une centaine de chambres au confort classique pour ce type d'établissement (AC, téléphone, coffre, TV satellite...). Déco à la marocaine dans les parties communes, qui possèdent un certain cachet (*tadelakt*, zelliges...). Pour le même prix, préférer les chambres avec balcon donnant sur le bout de jardin et la piscine, à l'arrière. Très bon accueil. Animation musicale au bar tous les soirs autour de 19h30. Joli spa.

Kenzi Menara Palace (*hors plan couleur d'ensemble par C6,* **79**) *: av. Mohammed-VI, quartier de l'Agdal. ☎ 05-24-45-99-00. • kenzimenarapalace.com • Doubles à partir de 120 €, petit déj en sus. Réduc de 10 % sur le meilleur tarif disponible à l'hôtel sur présentation de ce guide.* Plus de 200 chambres particulièrement spacieuses et suites bénéficiant de tout le confort. Déco soignée. Terrasse privée donnant sur le jardin, la piscine ou les montagnes de l'Atlas. Au programme : piscine olympique, spa, activités sportives. Restauration internationale et marocaine signée par les frères Pourcel, ainsi que 2 bars. Personnel charmant. Le groupe possède également les hôtels *Kenzi Sémiramis* et *Kenzi Tichka*. Infos sur le site : *• kenzi-hotels.com •*

Dans la médina

De très bon marché à bon marché (moins de 200 Dh / 18,20 €)

Une myriade d'hôtels de cette catégorie essaime le **secteur du derb Sidi-Bouloukate** (*plan couleur Jemaa-el-Fna, E4*). On a retenu ici ceux qui nous ont paru les plus sympas. Ces hôtels se remplissant vite, surtout en haute saison (où ils sont carrément pris d'assaut !), réservez ou arrivez tôt. Pour les fauchés, on peut souvent coucher sur la terrasse, à la belle étoile.

Hôtel Essaouira (*plan couleur Jemaa-el-Fna, E4,* **80**) *: 3, derb Sidi-Bouloukate. ☎ 05-24-44-38-05. Double 100 Dh ; terrasse 30 Dh ; petit déj en sus.* Une trentaine de chambres de 2 à 5 personnes avec lavabo, réparties autour d'un patio avec fontaine assez spacieux et très agréable (beaux plafonds et rambardes sculptés). Douches communes et bonne literie. Grande terrasse pour bronzer, prendre un verre ou contempler la Koutoubia. Une institution des années 1960, qui a gardé son bon rapport qualité-prix. Un de nos best-sellers dans cette catégorie.

Hôtel Médina (*plan couleur Jemaa-el-Fna, E4,* **81**) *: 1, derb Sidi-Bouloukate. ☎ 05-24-44-29-97. Ne pas confondre avec l'hôtel* Médina & Spa, *un 5-étoiles ! Double 100 Dh ; terrasse 30 Dh ; petit déj en sus.* Établissement qui ressemble plus à une habitation marocaine qu'à un hôtel. Une quinzaine de chambres avec lavabo et douche froide (gratuite) ou chaude (payante) sur le palier. Patio couvert de céramiques, portes et vérandas joliment décorées. Possibilité de consulter ses e-mails.

Hôtel Aday (*plan couleur Jemaa-el-Fna, E4,* **82**) *: 111, derb Sidi-Bouloukate. ☎ 05-24-44-19-20. • hoteladay@yahoo.fr • Compter 50 Dh/pers ; terrasse 30 Dh.* Un des hôtels les plus petits du quartier. Chambres bien nettes avec lavabo, sanitaires communs propres à chaque étage, douche chaude gratuite (mais parfois défaillante...). Céramiques et portes peintes. Éviter les chambres du rez-de-chaussée vraiment sombres et bruyantes. Pas de petit déj, mais on peut aller le prendre en face ou au *Médina* (voir ci-avant).

Hôtel El Amal (*plan couleur Jemaa-el-Fna, E4,* **83**) *: 93, derb Sidi-Bouloukate. ☎ 05-24-44-50-43. Double 120 Dh ; tente sur la terrasse 30 Dh/pers ; petit déj en sus.* Une vingtaine de chambres avec lavabo, réparties sur 3 étages. Sanitaires communs propres. Patio carrelé de céramique et terrasse agréable pour le petit déj. Accueil aimable, attentionné, discret.

Hôtel Mimosa *(plan couleur Jemaa-el-Fna, E3,* ***84****) : 16, rue des Banques. ☎ 05-24-42-63-85. Doubles sans ou avec sdb 150-200 Dh ; terrasse 40 Dh/pers ; petit déj en sus.* Une vingtaine de chambres plutôt propres, certaines avec plafond en stuc. Seules 2 chambres (pour 4 personnes) disposent d'une douche privée. Carrelage partout. Accueil souriant de Moktar, le patron et de son personnel. Terrasse d'où l'on aperçoit la place Jemaa-el-Fna.

Hôtel Imouzzer *(plan couleur Jemaa-el-Fna, E4,* ***85****) : 74, derb Sidi-Bouloukate. ☎ 05-24-44-53-36. • hotel-imouzzer.com • Doubles 120-180 Dh selon saison et confort (avec ou sans sdb) ; petit déj en sus.* Sympa, familial, avec des chambres simples mais impeccables, garnies de tentures rouges. Elles donnent sur un joli patio central doté d'une fontaine et agrémenté de verdure. Sanitaires communs pour la plupart. Grande et belle terrasse panoramique, avec tente, canapés et bar, où l'on peut prendre son petit déj, dîner (sur résa) ou boire un verre.

Prix moyens (200-400 Dh / 18,20-36,40 €)

Hôtel Central Palace *(plan couleur Jemaa-el-Fna, E4,* ***86****) : 59, derb Sidi-Boulakate. ☎ 05-24-44-02-35. • lecentralpalace.com • Doubles 160-260 Dh selon confort ; petit déj en sus.* Un hôtel aux parties communes abondamment carrelées, avec un joli patio calme et reposant, agrémenté d'une fontaine. L'ensemble est mignon et de bonne tenue. 3 types de chambres (sanitaires communs ou privés, avec ou sans w-c, voire la clim !). Elles sont petites mais nickel et la plupart donnent sur le patio. Agréables terrasses.

Hôtel Ali *(plan couleur Jemaa-el-Fna, E4,* ***87****) : rue Moulay-Ismail, au niveau du sq. Foucauld. ☎ 05-24-44-49-79. • hotel-ali.com • Double avec sdb env 350 Dh.* L'hôtel *Ali* ne laisse pas baba, mais c'est un lieu populaire dans cette catégorie de prix... Pas mal de passage en effet dans cet hôtel qui s'organise sur 3 niveaux, avec des chambres sans charme ni déco particuliers mais équipées de salle de bains privée et, pour certaines, d'une terrasse.

Chic (400-800 Dh / 36,40-72,80 €)

Hôtel Jnane Mogador *(plan couleur Jemaa-el-Fna, E4,* ***88****) : 116, derb Sidi-Bouloukate, riad Zitoun-el-Kédim. ☎ 05-24-42-63-23. • jnanemogador.com • Résa fortement conseillée. Doubles 380-480 Dh selon saison ; également des suites et des familiales ; petit déj 40 Dh.* Belles chambres réparties autour d'un patio, avec lits en fer forgé et douches en *tadelakt*. Un hôtel au charme certain, jouant vraiment la carte de l'artisanat marocain (portes et meubles en bois sculpté). Les familles pourront en revanche s'y sentir à l'étroit. Terrasse fort plaisante, foisonnante de plantes vertes. Beau salon avec cheminée. Hammam, massages (payants). Personnel très pro et discret. La vie de pacha !

Hôtel Sherazade *(plan couleur Jemaa-el-Fna, E4,* ***89****) : 3, derb Djama, riad Zitoun-el-Kédim. ☎ 05-24-42-93-05. • hotelsherazade.com • Résa conseillée. Doubles 230 Dh (sdb partagée) et 270-690 Dh (avec sdb) selon taille ; ajouter 50 Dh/pers en hte saison ; petit déj en sus.* Charmant hôtel ordonné autour de 2 très beaux patios bleu et blanc. Déco intérieure riche et soignée. Terrasse particulièrement agréable, avec profusion de plantes, salon de thé typique et vue panoramique. Les chambres du 1er étage sont lumineuses. Les nos 6 et 21, plus chères, ont un charme particulier. 4 chambres moins chères au niveau de la terrasse supérieure cohabitent avec les haut-parleurs de la mosquée toute proche (réveil matin gratuit à 5h !)... Bon accueil. Pas mal de services.

Hôtel Gallia *(plan couleur Jemaa-el-Fna, E4,* ***90****) : 30, rue de la Recette. ☎ 05-24-44-59-13 ou 05-24-39-08-57. • ilove-marrakech.com/hotelgallia • Double avec sdb 550 Dh, petit déj inclus.* Un 2-étoiles planté là depuis les années 1930. Souvent complet. Une vingtaine de chambres très bien

MARRAKECH

tenues, avec chauffage et AC. On a un petit faible pour celles donnant sur la terrasse. Celles du rez-de-chaussée sont sombres et donc moins agréables. Très beau double patio central avec des murs de céramique rose, un splendide palmier et tout un environnement de plantes vertes autour d'une petite fontaine. Salon marocain. Bon accueil.

Beaucoup plus chic (plus de 1 000 Dh / 91 €)

La Maison Arabe *(plan couleur Médina, D3, **91**) : 1, derb Assehbe, Bâb-Doukkala. ☎ 05-24-38-70-10. • lamaisonarabe.com • Doubles standard 1 600-2 300 Dh selon vue. Réduc de 10 % sur le prix de la chambre sur présentation de ce guide (à préciser à la résa).* Un hôtel qui a su conserver (et surtout réinventer) le charme d'une vraie maison de ville, avec des terrasses-jardins pour la détente, un patio avec une jolie piscine, un bar à cocktails très années 1930. Les artisans du pays ont donné ici toute la mesure de leur talent : plafonds en coffrage de cèdre, stuc, coupoles laissant filtrer la lumière. 26 chambres très confortables, au calme, donnant côté jardin ou côté patio, avec balcon pour certaines. Le spa comprend 2 hammams traditionnels d'un chic certain, délicieusement reposants. Sinon, autre piscine au country-club, à 15 mn en navette de l'hôtel. Très bons restos (voir plus loin « Où manger ? »).

Les Jardins de la Médina *(plan couleur d'ensemble, E6, **92**) : 21, derb Chtouka, kasbah. ☎ 05-24-38-18-51. • lesjardinsdelamedina.com • Au sud des tombeaux saadiens. Doubles standard 2 500-3 100 Dh selon saison, petit déj compris.* Près d'une quarantaine de chambres donnant sur un vaste jardin verdoyant et merveilleux. Architecture rappelant une sorte de mini-médina faite de passages, terrasses multiples, escaliers dérobés, salons, pavillons de repos avec canapés. Déco soignée et excellent service hôtelier. Également un resto qui mêle les saveurs des cuisines européenne et marocaine. Piscine au cœur du jardin, chauffée l'hiver. Les clients des chambres supérieures et « privilège » ont droit à des fleurs et des fruits.

Les riad

C'est le rêve marrakchi par excellence : séjourner dans un *riad*, une de ces maisons traditionnelles restaurées et reconverties dans l'accueil d'hôtes (voir les rubriques « Hébergement » et « Habitat » en début de guide). Une façon originale de découvrir la ville de l'intérieur, de savourer à l'ombre des orangers cet art de vivre qui fait la réputation de Marrakech.

Un art de vivre...

En flânant dans les ruelles de la médina, vous côtoierez forcément ces *riad*, sans imaginer de l'extérieur que derrière de hauts murs banals, au fond de quelque étroit passage, se cachent de petites merveilles.

Beaucoup de ces établissements appartiennent à des Français et autres expatriés. Car habiter la médina apparaît peu valorisant aux Marocains d'un certain niveau social. Insalubrité, vétusté des demeures, inaccessibilité, manque de place, cohabitation de plusieurs branches de la famille sous le même toit... Ils privilégient les nouveaux quartiers : artères modernes et aérées, impression de standing...

C'est ainsi que la médina fut redécouverte, dans les années 1990, par des Européens qui sentirent le potentiel immobilier et touristique qui se cachait là. C'est aussi en partie grâce à eux que des techniques presque oubliées, comme le *tadelakt* (un mortier à base de chaux qui sert de revêtement pour les murs, lavabos et baignoires), ont repris de la vigueur et que l'art des zelliges (mosaïques de carreaux d'argile vernissée) a refleuri. Résultat : de beaux articles dans la presse déco et people, et la mode était lancée !

Une mode qui perdure bon an mal an, des dizaines de nouvelles adresses naissant chaque année, sans compter celles qui changent de propriétaires. De nouveaux coups de cœur, chaque année, continuent de donner envie de séjourner plus que jamais dans ces espaces préservés.

... qui ne convient pas à tout le monde

Même si vous craquez devant les sites internet des différents *riad,* ce style d'hébergement a ses petits travers.

– Les claustrophobes peuvent craindre ces maisons entourées de hauts murs dont la seule percée sur l'extérieur est le patio à ciel ouvert (jusqu'à Pâques, ce dernier est souvent couvert). Les chambres du rez-de-chaussée, notamment, sont souvent assez sombres. En contrepartie, il fait frais et les *riad* sont assez bien isolés des rumeurs de la ville...

– Dans l'immense majorité des cas, on peut déjeuner et dîner sur place de bons petits plats mitonnés par la cuisinière maison. Un menu souvent unique, à réserver au minimum le matin même. Ce sont rarement de vraies tables d'hôtes conviviales avec les proprios.

– À ce sujet, n'espérez pas forcément une maison d'hôtes à l'européenne, où le maître de séant vous chaperonne... les lieux sont souvent laissés en gérance. Ça n'empêche pas l'aspect très sympathique de l'accueil, mais retire quand même le côté familial. On est comme dans un microhôtel en somme.

– Les *riad* regroupent souvent plusieurs maisons, avec leur dédale d'escaliers pentus, parfois étroits, et de terrasses (souvent sans garde-fou ni rambardes !). Chouette, on s'y perd volontiers, mais les parents balisent aussi un chouia pour leurs marmousets, et les personnes à mobilité réduite pourront peiner à grimper et descendre des marches toute la journée.

Réservations : le bon choix !

N'imaginez pas faire du porte à porte sur place pour dégoter un *riad* à votre convenance. D'abord, trouver une adresse est une gageure dans l'écheveau des ruelles souvent sans nom. Ensuite, les périodes de rush sont fréquentes, autant donc assurer le coup. Avant de réserver, faites jouer la concurrence. La réservation suit alors le cheminement habituel des échanges par téléphone et par mails. Rappelez-vous qu'une trace écrite vous prémunit toujours en cas de litige.

À quel prix ?

Ce mode d'hébergement n'est pas bon marché : ici, les prix s'affichent d'ailleurs fréquemment en euros (quand on vous disait qu'on parle *business* !). Pour les familles, certains *riad* proposent des « suites » pour quatre (deux adultes et deux enfants) à prix plus avantageux. À ce sujet, certaines adresses ont tendance à appeler « suite » ce qui n'est en réalité qu'une chambre un peu plus grande...

Les tarifs varient fortement selon la période : haute saison (vacances de Noël et de Pâques), moyenne saison (grosso modo de mars à mai et de septembre à la Toussaint), basse saison (le reste de l'année, y compris juillet-août). Nos fourchettes de prix se réfèrent à la moyenne saison. Nous indiquons les sautes d'humeur de la haute saison (souvent + 20 à + 40 %), et les réducs croustillantes de la basse saison.

Sachez aussi que pour les familles et autres groupes de copains, il est généralement possible de louer l'ensemble de la demeure.

Réserver par une agence

Passer par une agence offre la garantie d'un contrôle régulier des prestations et entretien de la maison. De plus, en cas de litige, on peut se retourner vers un interlocuteur connu.

■ ***Marrakech Riads*** *(plan couleur Médina, E3,* ***33****)* **:** *8, derb Cherfa-Lakbir, Mouassine.* ☎ *05-24-42-64-63 ou 05-24-39-16-09.* • *marrakech-riads.com* • *Domicilié au Dar Chérifa. Compter à partir de 500 Dh pour 2 hors taxes. Réduc de 10 % sur présentation de ce guide.* Abdelatif Aït ben Abdallah, qui a une longue pratique de la réhabilitation du patrimoine immobilier, propose à la location 7 *riad* admirablement restaurés dans le respect de la tradition. Chacun possède un charme très particulier, mais tous portent la même griffe.

Tarifs raisonnables, vu la qualité des lieux et des prestations. La plupart ont un accès wifi. Très bon service à tous niveaux.

Dar Sara *(plan couleur Médina, D3,* ***100****)* **:** *Arset Awsel, Bâb-Doukkala. Doubles 700-1 200 Dh.* 9 chambres climatisées et très soignées, avec salle de bains en *tadelakt*, disposées autour d'un patio avec fontaine qui embaume la fleur d'oranger. Agréable salon et vaste bassin pour se rafraîchir. Il y règne un grand calme et une atmosphère de bien-être. Communiquant avec le premier, le ***Dar Sara Srira,*** un adorable petit *riad* de 3 chambres avec salle de bains et un beau hammam en *tadelakt* rouge feu.

Dar Baraka *(plan couleur Médina, D2-3,* ***101****)* **:** *11, derb El-Halfaoui, près de Bâb-Doukkala. Double env 800 Dh.* Votre « baraka », c'est d'abord celle d'être ici. 5 chambres dotées de salle de bains. Salon avec cheminée et plafond en bois peint, adorable *b'hou* (salon-alcôve) donnant sur le patio, différents niveaux de terrasses et hammam. Communicant avec le *Dar Baraka*, le **Dar Karam,** avec 4 doubles et 1 simple. Ensemble plus spacieux, à la déco plus épurée, plus raffinée.

Riad Al Jazira *(plan couleur d'ensemble, D2,* ***102****)* **:** *7, derb Myiara, Sidi-ben-Slimane. Double 960 Dh.* 15 chambres réparties sur 3 patios admirables de luminosité, de simplicité et de classe. Le 1er avec une salle à manger donnant sur un beau bassin islamique dans lequel on peut se baigner et un hammam. Le 2e, plus grand, datant du XVIIIe s, avec 4 galeries bordées de moucharabiehs. Et le 3e avec 2 galeries, un *b'hou* et un grand salon avec cheminée. Plusieurs niveaux de terrasses.

Réserver auprès d'un particulier

Maison d'hôtes ou hôtel ?

Une « maison d'hôtes » est habitée par son propriétaire, une grande partie de l'année du moins ; sinon, il s'agit tout simplement d'un (micro-)hôtel situé dans un *riad*. Souvent, l'affaire est laissée en « gérance » à un personnel local qui, fort sympathique, parle peu le français et se trouve vite dépassé. Tout cela n'est rien quand le tarif est doux et équilibré. Mais quand les prix sont élevés et le service nul, cela devient inacceptable.

Déclaré ou clandestin ?

Pas mal de *riad* ne sont pas déclarés et donc le plus souvent non assurés, en tout cas non soumis aux contrôles de normes de construction, d'hygiène et de respect du personnel. Autant dire que dans ces endroits, vous n'aurez aucun recours en cas d'accident ou de litige. Tout établissement patenté affiche à la réception un document mentionnant « décision de classement ».

Il existe à Marrakech plus de 600 maisons d'hôtes officielles, dont plus de 180 regroupées au sein de l'*Association des maisons d'hôtes de Marrakech et du Sud (AMHMS)*, qui a mis en place une charte de qualité fondant son classement sur des « catégories ». On peut consulter la liste des adhérents sur le site • *maisondhotesmaroc.com* • On y trouve aussi la liste des *riad* déclarés.

Nos critères

Déterminants à nos yeux : le soin général apporté au lieu, les restaurations dans le respect du bâti, mais aussi le charme, le confort, la qualité de l'accueil et, bien sûr, le rapport qualité-prix. Ajoutons la conformité aux lois marocaines, notamment en termes de bien-traitance du personnel.

Les taxes

Attention, les prix sont souvent affichés hors taxes locales. Compter à Marrakech 8-11 Dh par personne et par jour de taxes régionales. Ajoutez 15 Dh par personne et par jour pour la commune. Ça peut vite chiffrer sur un séjour.

Prix moyens (40-60 €)

Riad Moulay *(plan couleur Médina, E4,* ***103****)* **:** *4, riad Zitoun-el-Kédim, derb Jdid. ☎ 05-24-38-66-17. 📱 212 (0)6-61-18-14-12. • riadmoulay.com •*

Doubles et suites 60-80 €. (gratuit). Chambre (voire suite si dispo) 50 € sur présentation de ce guide. Une maison restaurée avec des techniques et matériaux traditionnels (*tadelakt*, zelliges, bois de cèdre, dentelles de stuc, etc.) où l'on vous reçoit à la marocaine ; et pour cause, les proprios sont marocains ! L'accueil de Moulay, un ancien guide, est adorable. Son personnel n'est pas en reste. Chaque chambre (toutes confortables et climatisées) est décorée avec goût, faisant honneur au savoir-faire des artisans locaux. 3 sont carrément *suitesques* (attribuées aux premiers arrivés). Enfin, gargantuesque petit déj et superbe dîner... qu'on gomme dans une bonne suée au hammam maison. Belle terrasse pour les heures de farniente. Et puis, on est à deux pas de la place Jemaa-el-Fna et du quartier des palais.

Dar Choumissa *(plan couleur Médina, E4,* ***104****) : 14, derb Labzioui. ☎ 05-24-38-11-91. • riad-marrakech-choumissa.com • De l'av. Houman-el-Fetouaki, passer sous la porte à 3 arches, puis 2 fois à gauche. Doubles 50-70 € selon taille (+ 20 % pdt vac scol de Noël) ; familiales 85-100 € pour 2-4 pers. Repas 15 €. Réduc de 5 % sur l'hébergement hors vac scol, sur présentation de ce guide.* À 5 mn à pied de la place Jemaa-el-Fna, cette vraie maison d'hôtes propose 6 chambres plutôt sobres. Les plus chères disposent d'une vaste salle de bains avec immense baignoire et clim. L'accueil de Wadie (président de l'*Association des maisons d'hôtes*) et de Rita est tout à fait charmant. Tente berbère sur la terrasse. Une adresse où l'on se sent bien.

Riad Al Karama *(plan couleur d'ensemble, F3,* ***105****) : 119, derb Jdid, derb Dabachi. 212 (0)6-61-42-04-44. • riadalkarama.com • Selon saison, doubles 54-59 € ; suites 72-79 € (+ 20 % pdt vac scol de fin d'année). Repas 18-22 €, sur résa. (gratuit). Au-delà de 2 nuits, réduc de 10 % sur l'hébergement sur présentation de ce guide.* Petit *riad* à la senteur d'huiles essentielles. Une décoration raffinée tant dans le patio que sur la terrasse surplombant les toits, où il est très agréable de prendre son petit déjeuner. Chambres, spacieuses et toutes dans un esprit purement marocain, faites de matériaux traditionnels et souvent d'origine. Repas délicieux. Le propriétaire, présent mais pas omniprésent, connaît bien son quartier, il peut être de bon conseil.

Riad des Anges *(plan couleur d'ensemble, F5,* ***106****) : 6, derb Houara-Berima. ☎ 05-24-38-02-52. 212 (0)6-64-74-58-61 (Hassan) ou 212 (0)6-65-17-07-07 (Claudia). • angelsriad.com • Double 45 € ; 1 suite (2 adultes et 2 enfants) 65 € selon saison, avec terrasse privée ; réduc selon durée du séjour. Repas 15 €.* En plein quartier des palais. Claudia, la propriétaire, parle 8 langues (!) et habite sur place, entourée d'angelots : il y en a partout. Harmonie de blanc, de rose bonbon, de parme et de bleu grec (normal, Claudia vient du pays d'Aristote) : on pénètre dans un univers un brin féerique, calme et serein. Chacune des 4 chambres a sa couleur et son style. Cadeaux de bienvenue et petits privilèges scellent l'aspect amical de ce lieu. Adorable petit patio couvert d'étoiles et jolie salle à manger. Du charme et un style tout particulier. Accueil vraiment angélique.

Riad Chamali *(plan couleur d'ensemble, F5,* ***107****) : 49, derb Zemrane, Berrima. 212 (0)6-68-24-77-13. • riad-chamali.com • Doubles 30-60 € selon confort. Repas 15-20 €. Réduc de 10 % sur les chambres sur présentation de ce guide.* Une porte cloutée cache deux lieux différents réunis en un. Le premier à la déco sobrement orientale, axée sur des tons bleus et blancs ; des chambres avec salles de bains, de tailles différentes surplombant un bassin-piscine. Le second, plus dans la tradition des carrelages marocains, héberge 6 chambres (dont 2 très petites et sans fenêtre) et 3 salles de bains communes. L'ensemble partage une terrasse fort plaisante, baignée de gazouillis d'oiseaux et offrant un bout de rêve marocain à prix serrés.

Riad Dar Said *(plan couleur Médina, D2,* ***108****) : 224, derb Sidi-Bou-Amar, Riad-Lâarouss. ☎ 05-24-37-64-43. 212 (0)6-61-23-13-61. • babethetaziz.com • Doubles 40-50 € selon*

MARRAKECH

confort ; loc des 3 chambres (8 pers max) 130 €. Repas 15 €. Babeth et Aziz vous accueillent un peu comme chez des cousins de Bretagne (sauf qu'ils ne sont pas Bretons !) : confort simple, sans tralala ni falbala. Idéal pour un couple avec enfants ou encore une petite bande de copains. Il fait bon se retrouver le soir sur la terrasse autour d'un verre, après une longue journée de trek urbain. Les prix sont à portée de toutes les bourses. Et il y a surtout la gentillesse des proprios, qui assurent l'accueil à l'aéroport et organisent votre séjour « à la carte ».

Riad Alisma *(plan couleur d'ensemble, F4,* ***109****) : 50, rue de la Bahia, riad-Zitoun-Jdid. ☎ 05-24-37-89-35. En France : 06-11-64-05-27. • riadalisma.com • Doubles 45-50 € selon confort ; suite 70 € (+ 10 € pdt vac scol de Pâques et de Noël). Repas 90-160 Dh. Taxes de séjour et touristique offertes sur présentation de ce guide.* Ici, pour un prix très abordable, on s'offre un beau *riad* aux murs ocre, belles boiseries sculptées et sol en *bejmat*, s'organisant autour d'un patio avec fontaine. Chambres aux salles de bains de style marocain pur jus. Coin canapés et terrasse avec transats. Possibilité de dîner. Équipe sérieuse sur place (Chantal, la propriétaire, est prof en France et vient à Marrakech pendant les vacances scolaires). Bon rapport qualité-prix.

Riad Julia *(plan couleur Médina, D2,* ***110****) : 14, derb El-Halfaoui. ☎ 05-24-37-60-22. • riadjulia.com • Doubles 45-65 € selon taille et saison (+ 10 € pdt vac scol de Noël). Repas 15 €. Réduc de 10 % au-delà de 3 nuitées, plus 1 repas offert pour un séjour de 1 sem sur présentation de ce guide.* Élégant et assez original, avec son bassin-piscine (chauffé) qui permet de faire trempette. Beaucoup d'attention dans la déco : une chambre privilégie le bois peint, l'autre le fer forgé, une troisième façon *Mille et Une Nuits* (mais vous pouvez rester moins longtemps !)... Du goût qu'on retrouve sur la terrasse, chaleureusement aménagée, avec une large tente berbère sous laquelle on peut se faire masser. Un bon rapport qualité-prix. S'ils sont complets, ils peuvent vous orienter vers leur seconde adresse, le *riad Sofia* (en catégorie prix moyens).

Dar Ihssane *(plan couleur Médina, E3,* ***111****) : 14, derb Chorfa-al-Kebir, Mouassine. ☎ 05-24-38-78-26. • riaddarihssane.com • Doubles 30-60 € selon taille et saison (+ 30 % pdt vac scol de Noël). Repas 10-15 €. (gratuit). Réduc de 15 % sur les chambres sur présentation de ce guide.* Encore une perle. Du patio, abritant deux colonnes en marbre de Carrare provenant de la destruction du palais Badi au XVIIe s, aux chambres ; des peintures rouge profond au vert pistache ; des salles de bains joliment lovées dans des murs arrondis aux tabliers de cheminées décorés avec goût. On se repose volontiers dans le beau salon. Et on fait de beaux rêves de *fantasia* dans les 5 chambres douillettes et confortables, à la décoration pleine de petits reliefs. Prix très doux, bon accueil d'Abdallah et de son équipe, une adresse centrale aux sérieux atouts !

Dar Pamella *(plan couleur Médina, F3,* ***146****) : 212, derb Jdid, derb Dabachi. ☎ 05-24-38-98-21. 212 (0)6-61-62-28-29 (Rachida). • dar-pamella.com • Doubles 45-79 € selon taille et saison. (gratuit). Réduc de 10 % sur les chambres sur présentation de ce guide.* Rachida a présidé avec brio à la restauration de ce *riad* à la déco fraîche et féminine. Les accents du Maroc se multiplient ici, depuis le gentil mot d'accueil jusqu'aux niches mauresques, tapis et autres couvre-lits berbères. Les boiseries de portes sont récentes mais joliment ouvragées. Une belle petite adresse.

Riad Essaoussan *(plan couleur Médina, E3,* ***112****) : 25, derb El-Ganayez, El-Mouassine. ☎ 05-24-44-49-12. 212 (0)6-66-25-40-22. • riadessaoussan.com • Résa impérative. Double env 50 €. Chambre-dortoir mixte (7 lits) 10 €/pers. Repas 10 €. Réduc de 10 % sur les doubles sur présentation de ce guide.* Une bonne affaire à 5 mn de la place Jemaa-el-Fna, et presque au cœur des souks, ce *riad* familial compte une dizaine de chambres au décor marocain chaleureux. Celles du rez-de-chaussée sont plus sombres. Belle terrasse. Youssef Hamiza, le gérant, guide de montagne, propose pas mal d'excursions dans la région via sa société *Morocco-trek* (● *moroccotrek.com* ●). Accueil sympa.

Un peu plus chic (60-80 €)

Dar El Qadi *(plan couleur Médina, F3,* ***113****) : 79, derb El-Qadi, Azbezt. Youssef, à Marrakech : 212 (0)6-61-43-97-17. Silvana, en France : 06-86-56-20-00. ● darelqadi.com ● Doubles 60-80 € ; 2 douaria (4 pers) 120-140 € ; - 20 % en juil-août et + 15 % pdt vac scol de Noël. Réduc de 10 % (sf juil-août) à partir de 2 nuits sur présentation de ce guide.* Une belle adresse, au charme historique exceptionnel, qui fut la demeure du Qadi, celui qui rendait la justice. Quentin Wilbaux, son propriétaire, architecte belge de talent, fut l'un des tout premiers à s'intéresser à la médina. Ici, rien de standard, rien de sophistiqué, ni de faux. Les décors (stucs ciselés, admirables plafonds polychromes...) ont été simplement conservés, livrés à nous par le temps qui passe. Reposant patio entouré de galeries d'arcades, de moucharabiehs et de bougainvillées. Jolies chambres sobres, agréables, pleines de petites trouvailles (lampes de chevet coulissantes), et fermées par de lourdes portes de bois d'origine, sur lesquelles subsistent les verrous traditionnels. Hammam (payant). N'hésitez pas à grimper dans l'envoûtante tourelle du Qadi, minuscule mais d'où le point de vue est exceptionnel.

Riad Chouia Chouia *(plan couleur Jemaa-el-Fna, E3,* ***114****) : 40, rue Fahel-Zefriti, El-Ksour. ☎ 05-24-42-66-34. ● riad-chouia-chouia.com ● Doubles 47-82 € ; suite 92 €. Réduc de 10 % à partir de 7 nuits.* 6 chambres (dont 2 se partagent une salle de bains) et une mini-suite donnant sur la terrasse. Difficile de décrire le lieu tant la personnalité d'Olive, son propriétaire, y est liée. Imaginez (ou regardez son site) une grande maison blanche de style un peu andalou avec un bassin au rez-de-chaussée et des balcons garnis de végétation. Tout en haut, belle terrasse pour le petit déj. Au final, l'endroit est sympa et véritablement attachant. Pour 3 nuits minimum, on peut aussi louer à plusieurs des chambres dans l'annexe située dans la même rue *(● petit-chouia.com ●).*

Riad Berbère *(plan couleur Médina, F3,* ***115****) : 23, derb Sidi-Ahmed-ben-Nasser, Kaat-ben-Nahied. Ingrid, à Marrakech : 212 (0)6-51-28-44-73. Silvana, en France : 06-86-56-20-00. ● riadberbere.net ● Doubles 70-85 € (- 20 % en juil-août et + 15 % en hte saison). Réduc de 10 % à partir de 2 nuits (sf juil-août) sur présentation de ce guide.* 4 jolies chambres et une petite suite distribuées autour d'un grand patio planté d'oliviers, d'orangers et de bananiers, et agrémenté d'un petit bassin d'eau claire où l'on peut barboter. Un *riad* dont le charme plein de sobriété envahit les chambres, les arcades et le salon au plafond en forme de carène de bateau renversée (comme dans le palais de la Bahia !). Si elle est libre, demander la chambre avec le petit balcon donnant sur les terrasses. Un lieu vraiment adorable qui cultive l'authentique et respire la sérénité, aux bons soins d'Ingrid. Hammam traditionnel et massages possibles.

Les Clefs du Sud *(plan couleur d'ensemble, D-E1-2,* ***140****) : 49, Diour-Jdad, zaouïa El-Abbasia. ☎ 05-24-38-63-54. ● cledusud.com ● ♿ Non loin de la mosquée Sidi-bel-Abbès ; accès facile en voiture. Doubles 55-70 € selon saison et confort (100-120 € pdt vac scol de Noël). Repas 19 €. Réduc de 10 % en juil-août sur présentation de ce guide.* Accès un brin cérémoniel par un long couloir (on aime !) débouchant dans une ancienne médersa du XVIIe s, retapée avec un soin extrême par Frédérique et Marie-Ange : *guerniza* sculptées à la gouge, anciennes portes conservées, splendide *tadelakt* gris aux murs... À l'intérieur, 7 suites (dont une tente caïdale sur la terrasse) et 2 chambres à la déco sobre et raffinée. Au rez-de-chaussée, belle salle de resto et agréable coin détente autour d'un bar ondulant et d'un canapé chamarré de coussins pastel multicolores. Le personnel est sympa au possible.

Riad Dalla Santa *(plan couleur Médina, E2-3,* ***116****) : 2, derb Maaden, Sidi-Abdelaziz. ☎ 05-24-42-71-78. 212 (0)6-68-88-20-52 (Aziz). ● riad-*

dallasanta.com • Juste à côté de la mosquée Sidi-Abdelaziz, à deux pas des souks. Doubles 55-75 € selon confort ; 1 suite 95 € ; env + 15 % pdt vac scol de Noël, - 15 % en été et de mi-nov à mi-déc. Repas 12-15 €. Offres pour les séjours supérieurs à 4 j. (gratuit). Coup de cœur pour ce drôle de *riad* aux couleurs rose, pourpre et mandarine. 5 chambres s'ouvrant sur le patio et le bassin-piscine. Terrasse avec transats et tente caïdale, pour déguster au calme le thé offert, tout au long du séjour, ou bien fumer une *chicha* aux parfums de pomme, réglisse ou fruits rouges. Un *riad* où l'on se sent tout de suite chez soi. Hafida et Khadija assurent les repas, leur cousin Aziz (toujours de bon conseil) la logistique. Quant à Chantal Dalla Santa, elle apporte son grain de folie et sa tonicité, et ce n'est pas rien.

Riad Dalia *(plan couleur Médina, E2,* ***117****) : 40, derb Tizeguarine, rue Dar-el-Bacha, Riad-Laârouss. ☎ 05-24-44-21-96. • riaddalia.com • Doubles 49-82 € selon taille et saison (+ 20 % pdt vac scol de Pâques et de Noël). Repas 13 €. CB acceptées. (gratuit). Réduc de 10 % sur présentation de ce guide.* Ah, le *riad* de la vigne, on le boit comme du petit lait ! Mohammed, l'adorable propriétaire et peintre miniaturiste dont les œuvres ornent les murs de cette demeure de charme, propose 4 chambres et une suite, le tout climatisé. Déco typiquement marocaine, très colorée (nombreux tissus). L'ensemble est soigné. Les murs du patio ainsi que ceux de certaines chambres sont recouverts de belles faïences. Petit déj servi sur la terrasse.

Riad Noos-Noos *(plan couleur d'ensemble, F4,* ***118****) : 8, derb Jamâa-Lakbir, Hay-Essalam. ☎ 05-24-38-68-25. • riadnoosnoos.com • Double 79 € ; 2 suites 99 € pour 4 pers. Repas 15 € (sur résa). (gratuit). Réduc de 10 % sur les chambres sur présentation de ce guide.* Situé au cœur du quartier historique du mellah, à deux pas de la Bahia, le *riad* dispose de belles chambres climatisées au confort irréprochable, réparties sur 2 patios lumineux, et d'une vaste terrasse fleurie dominant Marrakech. De grands volumes réaménagés dans le respect de l'architecture islamique traditionnelle, offrent aussi de nombreuses prestations (hammam, jacuzzi, sauna, massage, salle TV en sous-sol, bibliothèque, jeux, cours de cuisine marocaine...). Et, cerise sur le *baclava*, l'accueil affable et bretonnant de Laurent (proprio de *La Crêperie de Marrakech*), passionné de vieux postes de TSF disséminés dans tout le *riad*.

Dar Aman *(plan couleur Médina, F3,* ***119****) : 33, derb Abdelkader, Dabachi. Résas à Marrakech : 212 (0)6-61-28-99-85. À Paris : 06-86-56-20-00. • riadaman.com • Doubles 60-80 € (+ 20 € pdt vac scol de Noël) ; suite 120 € (150 € pdt vac scol de Noël). Repas 10-15 €. CB acceptées. (gratuit). Réduc de 10 % à partir de 2 nuits sur présentation de ce guide.* Il règne ici une atmosphère à la fois intime et conviviale. Belle suite aux tonalités ethniques à l'étage, avec cheminée orientable pour prendre son bain au coin du feu. Salon chaleureux, salle à manger lumineuse ouverte sur le patio. Au 1er étage, grand *b'hou* (salon-alcôve extérieur) avec vue sur le feuillage odorant des orangers. Belle terrasse aménagée et agrémentée de plantations exotiques. Vous apprécierez les mets délicats et savoureux concoctés par la discrète R'kia, avec un coup de cœur pour ses desserts.

Dar Touyir *(plan couleur Médina, D3,* ***120****) : 132, derb Dekkak, Bâb-Doukkala. ☎ 05-24-38-73-52. • riad-t.com • Doubles 76-86 € selon saison. Repas 6-15 €. CB acceptées. (gratuit). Réduc de 10 % sur les résas en direct sur présentation de ce guide.* Ces deux *riad* communicants proposent 6 chambres autour de 2 patios. Le premier distribue de petits salons, le second 1 chambre au rez-de-chaussée et 2 à l'étage dont 1 suite, idéale avec des enfants. Déco typique de l'habitat marrakchi. On oublie vite quelques murs décatis au contact de Robert et Carole, un sympathique couple de Belges également proprios de la ferme d'hôtes *Jnane Tihihit* (voir plus loin « Le lac de Lalla-Takerkoust. Où dormir ? Où manger ? »).

Riad Nomades *(plan couleur Médina, E2,* ***121****) : 56, derb Chentouf, Riad-Laârouss. ☎ 05-24-38-47-23. • riad-nomades.com • Doubles 55-*

75 € ; suites 80-110 € ; + 20 € de mi-déc à mi-janv. Repas 18 €. CB acceptées. (gratuit). Réduc de 10 % (sf fêtes de fin d'année) sur présentation de ce guide. Un *riad* tenu par Pierre-Alain et Pascal, qui vivent sur place. 6 chambres (dont une suite), toutes différentes, avec AC réversible. La déco est un peu tous azimuts, sans véritable dominante. La moins chère (« Oasis ») dispose d'une salle de bains extérieure. Terrasse sur le toit. Très bon accueil.

Riad Opera *(plan couleur Médina, E3,* ***122****) : 1, derb Boucetta-Sghir. Résas en France : 06-14-48-47-48. • riadopera.fr • Doubles 50-90 € selon confort et saison ; suites 80-100 €. Dîner sur résa 15 €. Un dîner offert pour tte résa de plus de 3 nuits sur présentation de ce guide.* La scène est ici un large patio brumisé avec de superbes bananiers et un bassin chauffé. La maison, pleine d'harmonie, est décorée sobrement. La chambre du rez-de-chaussée est accessible aux handicapés, tandis que les « loges » du 1er balcon jouissent de l'air conditionné. On trouve le paradis sur la terrasse. Large gamme de CD, DVD et belle bibliothèque. Rachida et Kamal sont aux petits soins. Généreux petit déj *di qualità,* comme dirait Figaro.

Maison Belbaraka *(plan couleur Médina, D2,* ***123****) : 242, derb Aasafrou-Sidi-Bouamer, Riad-Laârouss. 05-24-38-73-90. 212 (0)6-61-30-65-91. • maisonbelbaraka.com • Doubles 70-80 € selon saison (95 € en fin d'année). Repas 15-20 €. CB acceptées. (gratuit). Réduc de 15 % (sf fêtes de fin d'année) pour les résas en direct, sur présentation de ce guide.* Un joli *riad* avec 5 chambres confortables dont la plus grande a sa salle de bains en mezzanine. Le tout est distribué autour d'un patio aux arches arabo-andalouses et d'une fontaine glougloutant. Terrasse avec un agréable coin salon ombragé et une tente berbère. Accueil charmant de Rachid et Charlotte. Atmosphère d'opulence, un rien dépouillée dans le patio et théâtralisée dans les chambres à la très belle déco marocaine. Rapport qualité-prix intéressant.

Riad Miski *(plan couleur d'ensemble, F3,* ***124****) : 6, derb Sidi-Abdelouassa, Ben-Salah. 05-24-39-16-29. • riadmiski.com • Doubles 49-74 € selon confort ; suite (2-4 pers) 130 €. Repas 20 €. Dîner offert à l'arrivée pour un séjour de 7 nuitées en suite junior sur présentation de ce guide. Riad* au style à la fois contemporain et marocain, avec 4 chambres assez simples mais bien agréables, portant chacune le nom d'une épice et parfumées à l'aide d'un diffuseur ! Hôtes très charmants, qui vivent sur place : Christine peint, tandis que Francis divertit ses hôtes avec des tours de magie... Ils organisent aussi parfois une soirée musicale, ainsi que des stages de cuisine (très bonne table !). Propose aussi un hammam et des massages.

Riad Bayti *(plan couleur Médina, F4,* ***125****) : 35, derb Saka, Bâb-Mellah, Hay-Salam. 05-24-38-01-80. • riad-bayti.com • Doubles 70-90 € selon saison ; suites 85-105 € selon saison. Repas à partir de 12 €. CB acceptées (+ 4 %). (gratuit). Réduc de 10 % sur présentation de ce guide.* Toutes les chambres et suites ont la clim réversible et une salle de bains complète. Certaines fenêtres ouvrent sur le derb, d'autres sur le patio. Un *riad* appartenant à Marylen et Diego, pleins de dynamisme (quand ils sont là). Pas mal d'espace, beaucoup de couleur et de chaleur, un petit bassin judicieusement aménagé pour faire trempette, un salon-bibliothèque-TV et une belle terrasse pour le petit déj. Un métissage décoratif élégant. Thé à la menthe et petits gâteaux offerts l'après-midi. Salle de massage.

Dar Al-Kounouz *(plan couleur Médina, E3,* ***126****) : 54, derb Snane, Mouassine. 05-24-39-07-73. • riad-alkounouz.com • Doubles 50-80 € selon taille et saison. Repas 15 €. Transfert aéroport gratuit pour les séjours de 4 j. min. (gratuit). Réduc de 10 % (sf juil-août) sur présentation de ce guide.* Pour les amateurs d'envolée architecturale arabo-andalouse (mais pas seulement), 5 chambres avec clim et TV satellite sur demande. Notre préférée, pour une fois, est au rez-de-chaussée : la chambre « Ivoire », avec son lit à baldaquin de 160 cm. Dominique est en osmose avec son personnel, et ça se sent.

MARRAKECH

Terrasse avec vue sur Dar-el-Bacha. Ambiance nocturne raffinée. Et si on ajoute à cela Yamna aux fourneaux et son tajine de poulet aux abricots, on tient là une adresse fort sympathique...

Riad Chraïbi *(plan couleur Médina, E3, **127**)* : *9, derb Azzouz, Mouassine. ☎ 05-24-42-68-72. 212 (0)6-62-29-93-15. • riadchraibi.com • Doubles 45-75 €, suites 75-110 € selon confort et saison (+ 20 % en hte saison). Clim. Repas 20 €. CB acceptées. (gratuit). Réduc de 10 % sur présentation de ce guide.* Audrey et Paco s'occupent des 7 chambres de ce ravissant *riad*. Le lieu a été aménagé avec amour : plafonds à caissons, portes anciennes, mobilier choisi, tuiles vernissées, peintures modernes, fontaine très originale... Jolie ambiance autour de la cheminée du salon et bien bon accueil. En prime, une très agréable terrasse en pisé rouge, avec collection de chapeaux et vue sur la Koutoubia. Organise également des excursions en 4x4 et, dans un tout autre registre, des stages d'art plastique.

Riad Ennafoura *(plan couleur Médina, E-F3, **141**)* : *5, derb Sidi-ben-Nacer, Kaat-Benahid. ☎ (00-32)4-97-42-34-82 • riad-marrakech-ennafoura.com • Doubles et suites 60-80 € (+ 20 % pdt vac scol de Noël). Repas 6-15 €. (gratuit). Réduc de 10 % sur présentation de ce guide.* 3 chambres et une suite familiale occupent cette maison ponctuée d'éléments architecturaux d'origine : double galerie en étage, beaux plafonds peints *(zouaké)*, décors en plâtre sculpté... la décoration s'oriente clairement vers le Maroc. Juste un petit bémol sur certains murs des parties communes qui mériteraient un coup de fraîcheur. Jacuzzi.

Chic (80-100 €)

Riad El Grably *(plan couleur d'ensemble, F4, **128**)* : *8, derb El-Arsa, riad-Zitoun-Jdid. ☎ 05-24-37-61-97. • riadelgrably.com • Doubles 75-105 €. Repas 18 €. Transfert gratuit pour 1 sem de séjour. (gratuit). Réduc de 10 % sur présentation de ce guide pour tte résa en direct.* Situé dans un quartier très calme, ce joli *riad* fut un des premiers transformés en maison d'hôtes. 7 chambres axées autour de 2 patios (piscine chauffée et jardin) : les claustrophobes n'ont rien à craindre. Françoise, la dynamique propriétaire qui réside ici, l'a d'ailleurs choisi pour cela. C'est elle que vous rencontrerez, si elle n'est pas sortie promener le chien. Jacuzzi sur la terrasse, salle de massage et hammam (prix très corrects). Très belle vue de la terrasse sur l'Atlas et les palais voisins.

Riad First *(plan couleur d'ensemble, D2, **152**)* : *337, derb jdid, Bab Doukhala. ☎ 05-24-39-07-04. • riadfirst.com • Doubles 70-100 € ; suites 90-120 €. Repas 15-20 €. (gratuit).* Dans cette ville où tout est rouge, même les ombres, ce *riad* joue une partition en noir et blanc. Son décorateur, Ludovic Petit, est coupable d'une jolie réussite. Tout respire ici le bon goût : les plus infimes détails décoratifs, l'aménagement des chambres (salles de bains en *open-space*, dressing en *tadelakt*...). Une des rares touches de couleur est le vert d'une belle et grande piscine, allongée à même le patio. Une adresse pleine de charme, aux bons soins de Fatima.

Riad Bamaga *(plan couleur Médina, D2, **130**)* : *86, derb Sidi-Bouamar, Riad-Laârouss. ☎ 05-24-37-56-11. • riadbamaga.com • Doubles et suites 70-90 € selon taille (+ 20 % pdt vac scol de Noël). Repas 18-20 €. (gratuit). Pour une résa de 4 nuits min, repas de bienvenue offert et transfert de l'aéroport sur présentation de ce guide.* *Bamaga* est l'acronyme des prénoms des trois enfants de Colette et Jean-Jacques. Ces amoureux fous du Maroc ont engendré un quatrième galopin : ce magnifique *riad*. Rénové avec l'envie de séduire, il offre des chambres confortables aux boiseries finement peintes. Et si la terrasse ne vous suffit pas, vous pouvez toujours vous prélasser dans le salon, bercé par le gargouillis de la fontaine, épicentre de la demeure. Accueil talentueux.

Riad Aubrac *(plan couleur Médina, F3, **135**)* : *29, derb Ben-Allal (pl. Mosquée-Ben-Salih). ☎ 05-24-38-42-98. • riadaubracmarrakech.com • Chambres et suites 55-95 € (supplément possible pdt vac scol de Noël).*

Réduc de 15 % sur l'hébergement pour tte résa en direct sur présentation de ce guide. Des chambres de style marocain mais sans excès, avec dessus-de-lit de velours, parfumées à l'ambre et au musc, le parfum de Marrakech ! Elles donnent sur un patio aux balcons en bois et fer forgé, agrémenté d'une petite piscine. Salles de bains en *tadelakt,* séparées de la chambre par de jolis voilages. Terrasse sur le toit, avec salon et vue sur l'Atlas. Son petit frère, le ***Riad Aubrac Oriental,*** est encore plus abouti, avec une structure plus vaste. Massages. C'est Annie qui gère l'excellent état d'esprit de l'ensemble.

Riad Les Hibiscus *(plan couleur Jemaa-el-Fna, E3,* ***129****) : 17-18, derb Sidi-ben-Aissa, derb Dabachi. ☎ 05-24-38-31-45. • riad-hibiscus.com • Doubles (5 nuits min) 75-120 €, suites (3 nuits min) 120-150 € selon saison. Repas sur résa 12-15 €. CB acceptées. (gratuit). Réduc de 10 % sur présentation de ce guide.* Tout pour plaire : 6 chambres et 2 suites climatisées, patio très lumineux, avec une petite piscine au centre, hammam *beldi,* terrasse aménagée avec solarium et cuisine d'été. Comme tant d'autres ? Non, car mention spéciale pour l'accueil de Sophie, la propriétaire, qui connaît Marrakech comme sa poche.

Riad du Chameau *(plan couleur Médina, F2,* ***134****) : 57, derb Zemrane. ☎ 05-24-38-98-02. • riad-spa-du-chameau.com • Doubles et suites avec clim 65-85 €. Repas 15 € sur demande. (gratuit). Réduc de 10 % sur présentation de ce guide ; accès au hammam offert pour tt séjour supérieur à 3 j. ; séance de hammam offerte pour tt séjour supérieur à 1 sem.* *Riad* intimiste qui a gardé toute son authenticité, offrant à ses hôtes tout le confort moderne. Déco sobre et de bon goût pour de petites suites (aux grands lits) avec cheminée. Vastes salons accueillants, un pour l'hiver au rez-de-chaussée où se trouve aussi la salle à manger, petite piscine (chauffée en hiver) dans le patio, salon d'été sur la terrasse avec transats et coin repas. Hammam (gratuit pour un séjour à partir de 3 jours) et salle de massage. Jacuzzi en terrasse. Transfert possible depuis l'aéroport.

Dar Mouassine *(plan couleur Médina, E3,* ***145****) : 148, derb Snane, Mouassine. ☎ 05-24-44-52-87. • darmouassine.com • Selon taille et saison, doubles et suite 70-95 € ; + 30 % pdt vac de Noël et - 20 % en été. Réduc de 10 % sur présentation de ce guide.* Une magnifique maison du XIXe s, à deux pas de la célèbre fontaine Mouassine. Tenue par David et Guy, elle a conservé le charme de la patine dans un harmonieux mélange oriental et colonial. Suites et chambres au doux confort, certaines avec cheminée, voire un superbe plafond peint. Alliance réussie d'architecture marocaine mâtinée d'une déco d'inspiration indienne. Petit patio avec bassin pour faire trempette. Salon-bibliothèque avec DVD. Superbe terrasse aux multiples recoins pour se poser en toute intimité.

Riad Aladdin *(plan couleur Médina, E4-5,* ***131****) : 6-7, derb Touareg-Berrima. ☎ 05-24-38-64-25. 212 (0)6-61-34-70-74. • riadaladdin.com • À droite avt la porte du rempart. Selon saison et confort, doubles 75-110 € ; suites 120-180 € (4 pers) ; + 20 % pdt vac de Noël. Repas 12-20 €. Réduc de 15 % (hors taxes locales et sf pdt vac scol de Noël) sur présentation de ce guide.* Un bon génie a fait surgir ces 3 *riad* en enfilade, adossés au palais El-Badi et joliment restaurés avec des matériaux traditionnels du sud du pays. Une bonne quinzaine de chambres climatisées, de très bon confort. Toutes différentes, avec en commun une belle déco marocaine. Plein de petits espaces pour respecter l'intimité de chacun. Accueil souriant. De la terrasse panoramique, on pourrait presque chatouiller les nids des cigognes !

Riad Villa Harmonie *(plan couleur Médina, E5,* ***132****) : 23, derb Touareg. ☎ 05-24-37-79-75. • riad-harmonie.com • Selon confort, doubles 55-100 € ; suite 180 € (surévaluée) ; + 20 % pdt vac scol de Noël. Repas 18 € sur résa. (gratuit). Réduc de 10 % à partir de 2 nuits sur présentation de ce guide, sf en hte saison.* Charmant *riad* de 7 chambres (assez petites) et une suite avec cheminée et clim. Déco marocaine soignée et sans

MARRAKECH

excès (ameublement des chambres en fer forgé). Ravissante terrasse colorée par des boqueteaux de bougainvillées, où l'on peut prendre le petit déj. Visites possibles avec Jamal, guide officiel. Repas délicieux, signés Halima ! Un *riad* où l'on se sent comme chez soi, grâce, notamment, à l'accueil souriant de Khadija et Abdou.

Riad Aguerzame *(plan couleur d'ensemble, F3-4,* ***133****) : 66, derb Jdid, Douar Graoua. ☎ 05-24-38-11-84. 212 (0)6-61-85-76-60. En France : 06-74-42-62-06. • riadaguerzame.com • Facile d'accès en taxi. Doubles 75-90 €. Repas 25 €. Réduc de 15 à 90 € sur les chambres sur présentation de ce guide.* 4 chambres assez spacieuses (lits enfants possibles) et fort bien tenues par Laurent, qui réside sur place et fait tout pour faciliter votre séjour. Déco soignée : orangers dans le patio, zelliges, voilages, boiseries et, dans les chambres, moucharabiehs, *tadelakt* (pour les salles de bains)... Agréable terrasse équipée d'une tente caïdale. TV dans le salon. Massages.

Plus chic (100-120 €)

Dar Soukaina *(plan couleur Médina, E2,* ***136****) : 19, derb El-Farrane, Riad-Laârouss. ☎ 05-24-37-60-55. • darsoukaina.com • Doubles avec clim 65-100 € selon confort (inclut le tea time). Repas 15-20 €. (gratuit). Réduc de 10 % à partir de 3 nuits, 7e nuit offerte pour un séjour de plus de 1 sem sur présentation de ce guide.* Les chambres, de petit volume, dégagent un charme très oriental revisité façon *Maisons & Travaux.* Tout en longueur, chacune avec un coin canapé adorable, leurs salles de bains sont bien soignées. Au rez-de-chaussée, agréable salon-bibliothèque avec coin cheminée pour l'hiver. Joli patio orné de bananiers et d'un oranger. Tente sur la terrasse. Excellent petit déj pris au bord du bassin, où il fait bon se rafraîchir l'été.

Riad Tchaikana *(plan couleur Médina, F3,* ***137****) : 25, derb El-Ferrane. ☎ 05-24-38-51-50. 212 (0)6-48-36-56-54. • tchaikana.com • Selon saison, doubles 90-100 € ; suite (2-4 pers) 160 €. Repas 18 €. Boissons non alcoolisées à volonté (normal, le nom signifie « la maison où l'on boit le thé » en afghan !). Réduc du 10 % sur l'hébergement sur présentation de ce guide.* Un *riad* bien agréable et reposant qui tourne autour d'un large patio. Déco élégante et moderne avec quelques touches marocaines et d'Afrique noire (bogolans, batiks). 2 suites vraiment spacieuses, avec cheminée. Accueil simple aux accents de Toulouse de Barbara et Jean-Louis.

Riad Dar Warda *(plan couleur Médina, D2,* ***138****) : 266, derb Sidi-Bou-Amar, Riad-Laârouss. ☎ 05-24-37-83-56. • darwarda.com • Doubles 90-110 € ; suites 110-130 € (+ 20 € avr-mai). Repas 20 €. (gratuit). Réduc de 10 % sur l'hébergement sur présentation de ce guide.* Un joli *riad* avec son patio agréable aux couleurs de la ville, petit bassin, fauteuils et canapés pour glisser vers le rêve oriental en regardant les belles portes anciennes en bois. 5 chambres belles et confortables (chacune sur un thème différent). Pour les familles, à noter le 3e lit offert. Un peu de farniente sur la terrasse au long canapé blanc. Accueil parfois un peu retenu.

Dar Zelda *(plan couleur Médina, E-F3,* ***139****) : 7, derb Laâkar-Kaât-Benahid, El-Mokef. ☎ 05-24-42-91-22. • darzelda.com • Doubles 69-99 € ; suite (4 pers) 180 € ; + 20 € sur les doubles et 70 € sur les suites pdt vac scol de Noël ; pas mal de promos via Internet. Repas 15-20 € sur résa. Réduc de 10 % sur présentation de ce guide.* Deux *riad* en un, avec 7 chambres de tailles diverses et une grande suite bien charmante. La déco est un mélange réussi de styles marocain et contemporain. Grande suite très spacieuse avec un remarquable plafond peint du XIXe s et 2 *douaya* (lanterneaux traditionnels). Côté confort, pas de souci, sanitaires, clim et chauffage partout. Patio avec bassin. Terrasse immense d'où l'on peut presque toucher le minaret de la mosquée voisine (qu'on entend au petit matin...). Bon accueil de Michel.

Très chic (120-140 €)

Riad Mabrouka *(plan couleur d'ensemble, F4,* ***142****) : 56, derb El-*

Bahia, riad-Zitoun-Jdid. ☎ 05-24-37-75-79. En France : 📱 06-12-41-73-21. • riad-mabrouka.com • Doubles 110-130 € ; suites 160-180 € ; séjour de 4 nuits min pdt vac de Noël. Repas à partir de 20 €. Juin-sept et 10 janv-10 fév, réduc de 20 % sur présentation de ce guide. Eh oui ! Riad superbement restauré dans la sobriété en un beau lieu raffiné au luxe délicat, aux bons soins de Laurent et Marion. Mariage très réussi entre respect des traditions et confort (clim et chauffage dans toutes les chambres). Son patio, paisible, dispose d'un bassin très agréable lors des grosses chaleurs. Magnifique plafond dans le salon. Les chambres sont claires sauf une, au rez-de-chaussée sans fenêtre. Toutes les salles de bains sont en *tadelakt*. Une tente et un dais sur la terrasse où l'on prend le petit déj et le repas. Hammam, massage et soins également proposés.

Riad Clémentine *(plan couleur d'ensemble, D2,* ***143****) : 38, derb Sidi-Messaoud, Bâb-Boutouil. ☎ 05-24-38-22-94. 📱 212 (0)6-60-12-39-26. • riad-clementine.com • Doubles 100-150 € (- 15 % en basse saison et + 15 % en hte saison). Dîner 20-25 €. CB acceptées. Clim. 📶 (gratuit). Réduc de 10 % sur l'hébergement sur présentation de ce guide.* Dans une très belle maison blanche au patio planté d'orangers, de citronniers et, bien sûr, de clémentiniers, Antoine et Angela proposent 7 chambres classieuses et impeccables, avec salle de bain en *tadelakt* et carreaux de zellige. Piscine extérieure à l'étage qui épargne l'authenticité de l'atrium. Autre point fort du lieu : les repas, à commencer par le petit déj, servi jusqu'à 12h (goûtez les confitures issues des fruits de la maison). Une adresse pas donnée, mais qui offre un service de première classe et chaleureux !

Ryad Zouina *(plan couleur Médina, D3,* ***144****) : 43, rue Yamani, Mouassine. ☎ 05-24-44-07-77. • ryadzouina.com • Doubles 50-130 € selon période et confort (+ 20 % en fin d'année et - 20 % juil-août). Repas 18-25 €. Transfert de/vers l'aéroport compris à partir de 3 nuits.* Superbe *riad*, tenu par un couple de Français vivant sur les lieux. Ces 2 maisons remarquablement restaurées, comptent 5 chambres chacune, certaines avec un plafond *zouak* (en cèdre peint). Piscine et jacuzzi au centre du beau et vaste patio, planté d'arbres, de la maison principale. Mais notre partie préférée reste le toit, composé de plusieurs petites terrasses et recoins, avec bar-cuisine et vue panoramique sur l'Atlas. Salle de massage et autres soins, hammam, le tout vraiment très classe.

Riad L'Orangeraie *(plan couleur Médina, E3,* ***147****) : 61, rue Sidi-el-Yamani, Mouassine. 📱 212 (0)6-61-23-87-89 ou en France : 06-23-92-40-05. • riadorangeraie.com • Accès possible en taxi. Doubles 130-140 € ; suite 170 € ; + 30 % vac de Noël. Repas 12-24 €. Réduc de 10 % en juil-août sur présentation de ce guide.* Grand et ravissant patio-jardin avec piscine de poche et tortue vagabonde. 3 suites et 4 chambres à la déco sobre et élégante. Superbe salon avec cheminée. Mais le joyau de cette maison est sans doute la terrasse, offrant une vue imprenable sur l'Atlas. Accueil chaleureux et ambiance classe.

Dar El-Assafir *(plan couleur Médina, D3,* ***148****) : 24 bis, Arset-el-Hamed, Bâb-Doukkala. ☎ 05-24-38-73-77. • riadelassafir.com • Stationnement possible juste devant. Doubles et suites 130-160 € (2 nuits min) ; + 30 € pdt vac de Pâques et de Noël. Réduc de 20 % sur les chambres sur présentation de ce guide.* Deux *riad* jumeaux : l'un avec jardin traditionnel, l'autre avec piscine. Ensemble de style résolument mauresque et au cadre très intime. Une dizaine de chambres et de suites luxueuses, de superbes arcades ornées de bougainvillées multicolores, un jardin luxuriant embaumant la maison. Rien ne manque, pas même les oiseaux qui sont ici chez eux...

Beaucoup plus chic (plus de 140 €)

À vos portefeuilles ! Ces superbes adresses deviennent vraiment très chères. À réserver pour des occasions spéciales (mariage, conquête, réconciliation...).

MARRAKECH

La Villa Nomade *(plan couleur d'ensemble, D-E2,* ***149****) : 7, derb El-Marstane, Bâb-Tarhzout. En France : Voyageurs du Monde, ☎ 01-42-86-17-90, • voyageursdumonde.com • et Comptoir du Maroc, ☎ 0892-23-77-37 (0,34 €/mn), • comptoir.fr • Au Maroc : ☎ 05-24-38-50-10. • lavillanomade.com • À proximité de la mosquée Sidi-Bel-Abbès. Doubles 110-270 € selon saison ; suites 230-360 €.* Superbe *riad* comprenant 12 chambres, dont 3 suites dédiées à des explorateurs célèbres (Marco Polo, Théodore Monod, Saint-Exupéry...), réparties sur 2 niveaux autour d'un vaste patio arboré aux grandes arcades ouvragées. Chambres climatisées, tout confort, et belles salles de bains aux murs rehaussés de *tadelakt.* Vaste terrasse pour profiter du soleil et de la vue. Jolie piscine ornée de zelliges, genre bains romains, centre de soins de grande qualité et hammam. Enfin, un restaurant accessible aux non-résidents (voir plus loin « Où manger ? Dans la médina »).

Riad Camilia *(plan couleur Médina E3,* ***150****) : 9, derb El-Ouali, quartier de Kaat-Benahid. ☎ 05-24-44-30-81. 📱 212 (0)6-69-28-34-92. • riadcamilia.com • Doubles et suites 130-200 €. Résa du riad en exclusivité possible, à des conditions intéressantes.* Un lieu extraordinaire, niché au fond d'une impasse à l'éclairage improbable. Les six chambres (dont 4 suites) prennent l'espace de 4 maisons habilement réunies, ce qui fait de ce *riad* l'un des plus vastes de la médina. Succession de salons, de patios, d'alcôves, d'escaliers et de terrasses dont on découvre l'usage au fur et à mesure. Les multiples bassins permettent de barboter quand la chaleur est trop forte. Les chambres sont vastes et aménagées avec un choix d'objets et d'œuvres d'art d'origines variées mais qui se marient à merveille. De superbes et rares tapis complètent le tableau. Mention spéciale pour l'accueil très pro du sympathique Nicolas, qui se mettra en quatre (et même en huit !) pour que vous passiez un séjour de rêve. Possibilité (sur réservation) de profiter de la cuisine de Fatima, un régal. Hammam et massage possible, sur demande.

Riad Les Yeux Bleus *(plan couleur Médina, D3,* ***151****) : 7, derb Ferrane, Bâb-Doukkala. ☎ 05-24-37-81-61. • riadlesyeuxbleus.com • Double 160 €. CB acceptées. 💻 (gratuit). 📶 Réduc de 15 % et accueil VIP sur présentation de ce guide.* Dans un quartier tranquille, l'ensemble, superbe, a été restauré dans un grand respect de l'architecture traditionnelle. Patio arboré avec piscine. 5 chambres pas immenses mais aménagées avec goût (2 possèdent une cheminée), avec salle de bains en *tadelakt* dans les tons ocre rosé. Clim. Dans le *riad* mitoyen (et communicant), patio agrémenté d'une cheminée et 3 autres chambres à la déco plus intimiste. Belle terrasse avec hammam et solarium. Le genre d'adresse souvent sollicitée par les magazines de déco. Accueil charmant et discret assuré par Ilham (la proprio, elle, vit à Casa).

Où dormir dans les environs ?

Plusieurs adresses intéressantes sur la route de l'Ourika, pas très loin les unes des autres. Pratique, donc : s'il n'y a plus de place dans l'une, vous pouvez aller en voir une autre...

Chic (400-800 Dh / 36,40-72,80 €)

Dar Zarraba *(hors plan couleur d'ensemble par E6) : douar Akarra, km 13, route de l'Ourika. 📱 212 (0)6-68-99-92-35. • zarraba.com • Au km 13, prendre à gauche (en venant de Marrakech) juste après avoir passé le canal. C'est fléché ensuite. Double 55 € ; petit déj 4 €. Forfaits famille 120-170 € (4-6 pers), petit déj inclus pour des séjours de plus de 5 j. Également des suites, un appartement tt équipé et un ensemble composé de 2 chambres familiales. Dîner sur commande 12 €, préparé par les femmes berbères du village. 💻 📶 Réduc de 10 % sur l'hébergement sur présentation de ce guide.* Michel a quitté son Sud-Ouest natal pour concevoir un beau petit domaine au cœur d'une oliveraie face à l'Atlas, avec des constructions en pisé. Énergie solaire pour l'eau chaude et le mignon hammam. En tout, une quinzaine de chambres spacieuses et nickel, climatisées, à la déco dépouillée mais très agréable. Elles disposent toutes d'un coin de terrasse et d'une belle salle de bains. Certaines donnent sur la piscine, d'autres sur l'oliveraie. Les plus indépendants peuvent louer l'appartement tout équipé. Nombreuses possibilités de balades dans les environs.

Les Jardins d'Issil *(hors plan couleur d'ensemble par E6) : km 13, route de l'Ourika. ☎ 05-24-48-57-11. • jardinsissil.com • Au km 13, prendre à gauche (en venant de Marrakech) juste après avoir passé le canal, qu'on longe sur 4,5 km, puis à droite sur 1 km et encore à droite sur 900 m (petite piste). Double 60 € ; tente caïdale 80 € ; petit déj compris. Également 3 maisons « africaines » pour 4 pers à louer à la sem. Formule déj 100 Dh ; dîner 150 Dh. (gratuit). Réduc de 10 % sur présentation de ce guide.* En plus d'y camper avec son propre matos (voir le camping plus haut), on peut loger ici dans des tentes plus ou moins grandes, ou même dans une maison à part. On a un faible pour les tentes caïdales, de vraies suites avec coin salon, salle de bain, dressing et clim réversible ! Sinon, il y a les tentes berbères en pisé couvertes de toile noire en poils de chèvre, ou les chambres « normales » (5 en tout), à la déco simple mais agréable. De plus, le site est vraiment bien choisi (face à la chaîne de l'Atlas), il y a une piscine géniale, un minigolf, un boulodrome, un hammam et un resto. Accueil extra.

Villa Tata Marie *(hors plan couleur d'ensemble par E6) : km 17, route de l'Ourika, fléché sur la gauche juste avt le garage de réparation de tracteurs ; continuer 400 m sur la piste. ☎ 05-24-37-50-37. 212 (0)6-62-49-36-02. • villa-tata-marie.com • Doubles 50-55 € ; suite 70 € ; petit déj compris (très copieux) ; également des chambres pour 3-4 pers. Formule déj 10 € ; dîner 18 €. CB refusées. (gratuit). Réduc de 10 % sur les chambres sur présentation de ce guide.* Elle n'a pas perdu la tête, Marie-Antoinette, en venant s'installer ici ! Jugez-en vous-même : une très belle piscine (avec jacuzzi) enjambée par un petit pont, des chambres impeccables de toutes les tailles, aux tonalités différentes et délicatement parfumées. Toutes climatisées. Très agréable suite en étage aussi, occupant une petite maison, idéale pour une famille. Belle déco marocaine. Salon avec cheminée pour les soirées plus fraîches.

La Ferme Berbère *(hors plan par E6) : km 9, route de l'Ourika. 212 (0)6-61-22-09-41. • lafermeberbere@yahoo.fr • lafermeberbere.com • Au km 9, prendre à gauche (en venant de Marrakech). C'est signalisé. Doubles 45-58 € selon taille, petit déj inclus (pas les taxes). Également chambres familiales ou sous tente berbère 50-68 €. Repas 12-15 € (ouv aux non-résidents). Brunch le dim 18 € ; réduc enfants. Fait centre de bien-être et spa, ateliers cuisine, excursions. Un hammam offert pour tte résa de 2 nuits min sur présentation de ce guide.* Si près de Marrakech et déjà à la campagne. Vous voilà bien à la ferme, avec deux ânes, une chèvre, quelques chats perchés et... le perroquet *Tofu*. Le respect de l'environnement est au centre de cette jolie rénovation qui utilise des matériaux naturels et traditionnels, chauffe son hammam au solaire, utilise des toilettes sèches. On aime tout ça en vrac : la maison principale avec ses jolies chambres colorées donnant sur la petite cour ; l'annexe avec ses 2 suites un peu à l'écart ; la déco simple et de bon goût ; la piscine ; l'accueil féminin, doux, simple et avenant de Céline et Maryline.

Boughdira *(hors plan couleur d'ensemble par C6) : à 9 km, sur la route d'Amizmiz. ☎ 05-24-45-73-13. • maisonboughdira.com • À l'intersection Taroudant-Amizmiz, prendre cette dernière. À 4 km après la station d'essence à gauche, il y a une borne « Oued N'Fis 25 km » ; juste là débute la petite piste que vous devez emprunter sur env 400 m. Autour de 70-75 € pour 2, petit déj compris. Repas sur résa 16 €.* Au cœur d'une oliveraie aux arbres centenaires se niche ce havre de paix. Architecture traditionnelle en pisé et belle décoration. Agréable pergola, plans d'eau et une vraie grande piscine. Très bons accueil et services.

Beaucoup plus chic (plus de 1 000 Dh / 91 €)

🏠 🍽 ***Le Beldi Country Club*** *(hors plan couleur d'ensemble par C6) : à 6 km de Marrakech sur la route d'Amizmiz, prendre la piste à droite ; c'est indiqué. ☎ 05-24-38-39-50. • beldicountryclub.com • Double 165 €, petit déj inclus. Réduc de 10 % sur présentation du guide de l'année, à condition de le préciser à la résa.* Dans un vaste et beau domaine entouré de hauts murs ocre, un hôtel de charme agencé à la manière d'un petit village marocain. En tout, 27 chambres soignées et très bien arrangées, avec des lits à baldaquin, du mobilier de brocante, une salle de bain luxueuse, terrasse et petit jardin privatifs. Également 2 restos, dont *Le Palmier Fou du Beldi* (voir plus loin « Où manger dans les environs ? »), 2 piscines, un atelier de poterie et un superbe spa.

Où manger ?

Dans la médina

Très bon marché (moins de 50 Dh / 4,50 €)

🍽 ***Les stands de la place Jemaa-el-Fna*** *(plan couleur Jemaa-el-Fna, E3-4) :* tous les soirs dès 17-18h, la place devient un vaste resto en plein air où des dizaines de stands (on parlait autrefois de gargotes !) hèlent le badaud pour caser à prix modiques des soupes, salades, couscous, tajines, brochettes, grillades et poissons cuits devant vous. Pour 40 à 50 Dh, on a un repas complet. Pas d'alcool évidemment mais, plutôt qu'un soda, essayez donc le thé ginseng (aux chariots dotés d'une grande cuve en cuivre). Sinon, les stands sont regroupés par « spécialités » : les escargots ici, les grillades, brochettes, merguez, *kefta* ; là, les poissons et fruits de mer... Cet ensemble babillant s'ébat dans la fumée des braseros (super pour sentir le graillon en fin de soirée !). On enfourche de petits bancs et on déguste. Autrefois, les règles d'hygiène étaient dignes de la retaite de Russie. Mais aujourd'hui, ça se normalise : la grande affluence permet l'écoulement rapide des denrées, régulièrement contrôlées par les services de l'hygiène. Les occupants des stands ont même l'eau courante et l'électricité. Bref, c'est de plus en plus sûr.

🍽 ***Snack Toubkal*** *(plan couleur Jemaa-el-Fna, E4, **170**) : au sortir de la place, juste avt le* riad Zitoun-el-Kédim. L'un des bons plans de Marrakech pour manger correctement et à tout petits prix. Le couscous, pas très différent de ceux qu'on trouve ailleurs y est nettement meilleur marché ! Idem pour les tajines et le reste (soupe à 5 Dh !). Bon petit déj également. D'ailleurs, ici, il y a toujours du monde (plus que chez son voisin le café *N'Zaha,* qui se réclame faussement du *Routard* !), installé en terrasse, face à l'animation de la place. Service rapide et enjoué, mais propreté de la salle pas optimum.

🍽 ***Chez Haj Brik*** *(plan couleur Jemaa-el-Fna, E4, **171**) : rue Bani-Marîn. Fermé ven.* Bien connu des Marrakchis (le lieu existe depuis 1945). Uniquement des grillades, brochettes, merguez et méchoui cuits en salle dans une cheminée et servis avec une salade. Clientèle plutôt marocaine. Belles portions et serveurs sympathiques.

🍽 ***Snack La Lune d'Or*** *(plan couleur Jemaa-el-Fna, E4, **172**) : rue Bâb-Agnaou, à côté de la librairie* Ghazali. Dans ce boui-boui, pour parler comme bon-papa, on peut manger sur le pouce des sandwichs, des brochettes, des *kefta* et des *chawarma* jusque tard. Terrasse avec une poignée de tables qui donnent sur la rue piétonne.

Bon marché (moins de 80 Dh / 7,30 €)

🍽 ***El Bahja, Chez Ahmed*** *(plan couleur Jemaa-el-Fna, E4, **171**) : 41, rue*

Bani-Marîn. Intérieur carrelé propre, grandes tablées, service efficace, sous l'œil attentif des anciens : l'adresse qui défie le temps. On y sert non-stop toutes les spécialités marocaines. Bonnes grillades.

|●| ***Restaurant Oscar Progrès*** *(plan couleur Jemaa-el-Fna, E4, **171**) : même style et mêmes prix que* Chez Ahmed, *juste à côté.* Tables alignées dans une salle vraiment nickel, et cuisine populaire pas trop grasse. Un bon mélange de touristes et de locaux.

|●| ***Chez Chegrouni*** *(plan couleur Jemaa-el-Fna, E3, **173**) : en bordure nord-est de la pl. Jemaa-el-Fna.* Tajines, couscous et grillades corrects. Omelettes et salades également. Une adresse très fréquentée des touristes, qui apprécient tout particulièrement l'agréable terrasse à l'étage (prix majorés) avec vue stratégique sur la place. Mieux vaut arriver tôt, le midi comme le soir. Évitez de vous mettre en terrasse lors des prières du vendredi, quand les fidèles s'installent juste en face...

|●| ***Café-restaurant Tiznit*** *(plan couleur Jemaa-el-Fna, E3, **174**) : à la sortie nord-est de la pl. Jemaa-el-Fna.* À l'étage d'un immeuble, un minuscule resto de 4 tables, allez, 5... où l'on mange de délicieux tajines (de lapin, agneau, poulet...) et couscous. Devenu assez touristique, mais la qualité de la cuisine est toujours au rendez-vous. Cadre, en revanche, pas glamour.

|●| ***Chez Fatima Berbère*** *(plan couleur Médina, E2, **176**) : 21, riad Laârousse. Tlj sf ven.* Croquignolet resto-échoppe donnant sur la rue, ses chalands, ses mobs, ses charrettes. Tout ici est simplissime et gentil, de l'accueil à la déco. Et les menus berbères réservent quelques bonnes surprises : tajine de lentilles, soupe de fèves, à déguster pour une poignée de pois chiches.

|●| ***Terrasse de la Médersa*** *(plan couleur Médina, E3, **179**) : 4, souk des Fassis, Foundouk Lahbabi. Tlj.* Tajines et couscous « à tous les étages » de ce petit resto en terrasse qui tutoie les tuiles vertes de la médersa Ben Youssef. L'agréable service ne gâche en rien le plaisir d'une pause repas au cœur du Marrakech monumental.

Prix moyens (80-150 Dh / 7,30-13,60 €)

|●| ***Chez Brahim*** *(plan couleur Jemaa-el-Fna, E3, **175**) : 38, rue Dabachi, à deux pas de la pl. Jemaa-el-Fna. 212 (0)6-50-23-62-04. Service jusque tard le soir (env 23h).* On le repère grâce à sa fontaine loufoque à l'entrée. La salle de resto est à l'étage, sur une agréable terrasse ombragée. Les menus sont bons, copieux et pas chers ! Sinon, on peut manger à la carte des plats du genre couscous, tajine aux figues et une bonne pastilla au poulet, là encore à prix assez compétitifs. Seconde adresse avec terrasse 100 m plus loin dans la même rue. Prix et carte kif-kif.

|●| ***Un Déjeuner à Marrakech*** *(plan couleur Jemaa-el-Fna, E4, **177**) : angle rues Kennaria et douar Graoud, riad-Zitoun-Jdid. ☎ 05-24-37-83-87. Tlj midi et soir.* On prend place, au choix, à la petite terrasse sur rue, dans une salle apaisante couleur sable, voire (le top !) tout en haut sur le toit. Et on sirote, on grignote quelques plats franco-marocains relevant avec audace et simplicité le pari du mélange des deux gastronomies. Le canard côtoie la datte et l'agneau se fait bourguignon. Le tout présenté de façon soignée. Gardez une place pour les bonnes pâtisseries.

|●| ***La Terrasse des Épices*** *(plan couleur Médina, E3, **178**) : 15, souk Cherifia, Sidi-Abdelaziz. ☎ 05-24-37-59-04. Au cœur des souks. Fermé pdt le ramadan. Pas d'alcool.* Très agréable terrasse en *tadelakt*, avec des compartiments où l'on s'assoit sur des canapés. Le midi, autant réserver pour avoir les meilleures places à l'ombre (sinon, prêt de galurin pour éviter l'insolation !). Cuisine franco-italo-marocaine, tendance *fusion*. Pas de la grande gastronomie, mais le lieu est agréable et constitue une belle oasis au cœur des souks. Service très prévenant.

|●| ***Souk Café*** *(plan couleur Médina, E3, **180**) : 11, derb Souk-Jdid, Sidi-Abdelaziz. Tlj jusqu'à 23h.* Bien situé en bordure des souks. Un joli petit restaurant-salon de thé avec une cuisine sucrée-salée sympathique à déguster dans la salle du 1er étage ou, mieux,

directement en terrasse surplombée par une théière géante en chanvre. Bien aussi pour boire un p'tit coup avant de replonger dans les négociations du souk.

Café Palais El-Badi *(plan couleur Médina, E4,* ***181****) : 4, rue Touareg-Berrima, Bâb-Mellah. Menus d'un bon rapport qualité-prix avec entrée, plat, fruits de saison, pâtisseries, thé ou café.* Un petit resto avec sa terrasse perchée au 2e étage et sa vue sur la place des Ferblantiers et l'enceinte du palais ponctuée de nids de cigognes. La cuisine est correcte et copieuse, et la situation assez idéale. Pas mal de touristes le midi, plus calme le soir.

Chic (150-250 Dh / 13,60-22,70 €)

Mama Ti Lee *(plan couleur d'ensemble, F4,* ***182****) : 13, derb Laarsa, riad-Zitoun-Jdid. ☎ 05-24-38-17-52. Tlj sf mar à partir de 20h. Résa obligatoire. Pas d'alcool.* Nichée au fond d'un *derb*, une adresse secrète et intime. Espace élégamment décoré sur 3 étages, dans un style à la fois marocain et design. Sur la terrasse reposent des canapés flanqués de délicats voilages. Dans l'assiette, tout est bon, raffiné et inventif de la mise en bouche au dessert en passant par le pain, croustillant. La chef ne cache pas ses origines françaises, tout en ponctuant ses préparations (très bien présentées) de belles touches marocaines. C'est très abouti. Parfois un petit spectacle.

Dar Chérifa *(plan couleur Médina, E3,* ***33****) : 8, derb Cherfa-Lakbir. ☎ 05-24-42-64-63 ou 05-24-39-16-09. Service tlj 10h-minuit. Menus 180 Dh à midi, 250 Dh le soir ; plus cher pour les dîners à thème.* Ce café littéraire-salon de thé, sis dans un superbe *riad* (voir aussi dans la rubrique « Où boire un verre ? »), propose des plats le midi, dans le charme et la tranquillité. Les dîners thématiques permettent de manger « intelligent », au son de musiques traditionnelles, chants de femmes et autres lectures de poésies marocaines.

Dar Mima *(plan couleur Médina, F4,* ***183****) : 9, derb Zaouina-el-Kadiria, riad-Zitoun-Jdid. ☎ 05-24-38-52-52. Tlj sf mer à partir de 20h. Résa conseillée.* Lieu charmant et décoré dans le plus pur style marocain. La propriétaire est à Marrakech depuis des lustres et connaît bien son métier. Elle vous recevra autour d'une table qui sent bon la cuisine maison et vous fera goûter certains plats que l'on ne retrouve pas toujours ailleurs, du *trid* au poulet à la pastilla de pigeon, le plus cher, en passant par la *tanjia*.

Villa Flore *(plan couleur Médina, E3,* ***184****) : 4, derb Azzouz, Mouassine. ☎ 05-24-39-17-00. Riad* chic et sobre, déco maroco-épurée, cuisine sophistiquée juste ce qu'il faut, alliant joliment saveurs marocaines et légèreté. De toute évidence, c'est de l'ultra-frais travaillé avec talent. Le service est parfait, très souriant et prévenant. D'ailleurs la patronne, Martine, est du genre à vous proposer un paletot en cas de léger rafraîchissement dans le patio. La *Villa Flore*, c'est l'endroit idéal pour se faire pardonner par sa moitié de l'avoir fait crapahuter sans pitié.

Plus chic (250-400 Dh / 22,70-36,40 €)

Le Foundouk *(plan couleur Médina, E-F2-3,* ***186****) : 55, souk Hal-Fassi, Kaat-Benahid. ☎ 05-24-37-81-90. Tlj sf lun. Résa conseillée, surtout le soir. CB acceptées.* Cet ancien caravansérail (*foundouk* en arabe) est un des *best* des expats, ce qui explique peut-être l'accueil réservé à qui n'est que de passage. Dommage. On dîne autour d'un beau patio à colonnes blanches serti de balcons en bois sombre. À la carte, intéressant mélange de cuisine française et marocaine. Malgré ses 180 couverts, l'endroit arrive à préserver une certaine intimité à force de coins, recoins et autres salles ouvertes. Le soir, des portiers vous raccompagneront à la lanterne jusqu'à la place des taxis (classe !).

Le Dar Zellij *(plan couleur d'ensemble, E2,* ***187****) : 1, Kaasour-Sidi-ben-Slimane. ☎ 05-24-38-26-27. Ouv ts les soirs sf mar, plus à midi ven-dim. Menus 200-240 Dh le midi, 350-600 Dh le soir. CB acceptées.* Le cadre de ce très beau *riad* du XVIIe s vaut à lui seul le détour : petits salons aux remarquables plafonds sculptés, patio intime délicatement éclairé à la bougie, effets de perspective, terrasses surplombant la médina (super pour l'apéro !). La cuisine marocaine est délicate et savoureuse, le service très pro. Musique arabo-andalouse tous les soirs. Une adresse idéale pour une douce soirée en amoureux, avec une ambiance beaucoup plus magique qu'en journée.

🍽 ***Dar Essalam*** *(plan couleur Médina, E4, **188**) : 170, riad Zitoun-el-Kédim. ☎ 05-24-44-35-20. Tlj.* Au bas de quelques marches, on quitte la poussière de la rue pour l'enchantement d'un festival de zelliges, stuc sculpté en arabesques, boiseries peintes de ce palais du XVIIe s. Un décor à savourer, scotché baba à un sofa rouge. Le service prévenant fait valser des plats marocains qui ne relèvent certes pas de la haute gastronomie. Ambiance musicale et danses certains soirs font sonner le lieu du bruit des noubas d'antan. Tiens, le resto créé en 1952 accueillit en 1956 le tournage de *L'Homme qui en savait trop* d'Hitchcock.

🍽 ***Le Riad des Mers*** *(plan couleur d'ensemble, D2, **185**) : 411, derb Sidi-Messaoud, Bâb-Yacout. ☎ 05-24-37-53-04. Tlj sf dim. Menus 110-140 Dh le midi, 300-350 Dh.* Pas de doute, on est bien dans un *riad* : arches, colonnes, galerie à l'étage. L'ambiance chic et feutrée est rythmée par un bon service (dommage, les tables sont trop proches). Les plats tournent autour de la grande bleue : les sardines marinent, les fruits de mer se font pastillas, les poissons « tajinent » et « couscoussent ». Mais ceux qui ont le mal de mer peuvent aussi opter pour des bêtes à poils et à cornes. Desserts pas super, mais pour les plats c'est « *Labess à Mer-akech !* ».

Beaucoup plus chic (plus de 400 Dh / 36,40 €)

🍽 ***Resto de La Villa Nomade*** *(plan couleur d'ensemble, D-E2, **149**) : 7, derb El-Marstane, Bâb-Tarhzout. Dans le* riad *du même nom (voir « Les riad »). ☎ 05-24-38-50-10. Résa conseillée. Menus 280 Dh le midi, 400-600 Dh le soir ; compter 500 Dh à la carte.* Le resto de *La Villa Nomade* propose une cuisine marocaine « haut de gamme », à la fois créative et traditionnelle, orchestrée par Merriem. Les tables sont distribuées sur 2 niveaux répartis autour d'un atrium d'où s'élève une cheminée monumentale. Ambiance intimiste et bon accueil.

🍽 ***Dar Yacout*** *(plan couleur d'ensemble, D2, **189**) : 79, derb Sidi-Ahmed-Soussi, Bâb-Doukkala. ☎ 05-24-38-29-29. Téléphonez pour qu'on vous indique le chemin. Le soir slt. Fermé lun. Résa obligatoire. Menu 700 Dh, eau, vin, café, digestif inclus. CB acceptées.* Dans ce beau palais de la médina, on débute la soirée en prenant un verre en terrasse (panorama grandiose sur la Koutoubia) ou dans les salons du 1er étage. Le dîner est servi au rez-de-chaussée ou dans le patio en été, sur fond de musique *gnaoua* et andalouse. Très jolie piscine entourée de bambous. Un endroit pour une ambiance *Mille et Une Nuits*... mais attention, c'est tout de même très cher !

🍽 ***Ksar Essaoussan*** *(plan couleur Médina, D-E3, **190**) : 3, derb Cherfa-el-Mazzaoudième, rue des Ksour. ☎ 05-24-44-06-32. Un portier tt de rouge vêtu vous attendra à l'entrée de la rue des Ksour. Ts les soirs sf dim, dès 19h30. Rien à voir avec le* Riad Essaoussan *de la rubrique « Où dormir ? ». Menus 350-450 Dh (menu gastro 550 Dh) ; apéritif, ½ bouteille de vin, eau minérale et thé à la menthe inclus. CB acceptées.* Une adresse assez magique ! Les 3 menus sont superbes, mais le 1er suffit largement et offre le choix entre pastilla, tajine ou couscous. Les dîners sont servis soit dans le patio où glougloute une fontaine, soit dans les petits salons qui ont retrouvé leur splendeur d'antan. Cuisine marocaine de grande qualité. L'ambiance est d'une élégante simplicité. Fond musical classique. Très bel accueil.

🍽 ***La Maison Arabe*** *(plan couleur Médina, D3, **91**) : 1, derb Assehbe, Bâb-Doukkala. ☎ 05-24-38-70-10. Compter 400-550 Dh. CB acceptées.* Autrefois, Hemingway et Churchill avaient leurs habitudes dans cet hôtel qui accueille ses clients comme les hôtes privilégiés d'une grande maison (voir plus haut « Où dormir ? Dans la médina. Beaucoup plus chic »). 2 restaurants au choix : l'un, dans une salle très chic, joue la partition classique marocaine ; tandis que l'autre, sous la patte du chef français Didier Levy, mêle des saveurs *franco-maroco-asiatiques*. En terrasse, près de la piscine, c'est divin. Service très pro.

Le Tobsil (*plan couleur Médina, D3,* ***191****)* **:** *22, derb Moulay-Abdallah, Ben-Hessaien-Ksour. ☎ 05-24-44-40-52. Slt le soir, fermé mar. Résa indispensable. Forfait soirée 625 Dh, 5 plats, apéritif et vin compris. CB acceptées.* Un joli petit *riad* où tous les ingrédients sont réunis pour épater votre belle (ou votre beau) : chandelles, musique traditionnelle, une cuisine marocaine raffinée, à l'image du cadre et de l'atmosphère. Le pantagruélique menu, qui change tous les jours, est uniquement à base de produits du marché. Il n'y a plus qu'à vous lover dans une alcôve, le salon privé ou même le patio, et votre charme naturel fera le reste...

À Guéliz et autres quartiers de la ville nouvelle

Très bon marché (moins de 50 Dh / 4,50 €)

Snack-bar de l'Escale *(plan couleur Guéliz, B2,* ***192****)* **:** *rue Mauritania. Tlj, mais éviter le soir...* Poulet grillé, grillades, frites et même bière et vin. Et pas qu'un peu (hic !). Atmosphère très masculine dedans, déconseillée aux non-fumeurs et aux fervents défenseurs de la ligue antialcoolique (surtout en fin de journée). Sinon, petite terrasse en bord de rue. Ne s'attendre ni à un accueil particulièrement chaleureux, ni à un service rapide !

Restaurants populaires *(plan couleur Guéliz, A1-2,* ***193****)* **:** *rue Ibn-Aïcha, en haut de l'av. Mohammed-V. Pas d'alcool.* Une série de gargotes avec des salles riquiqui et des tables sous les arbres. Principalement des grillades et salades à prix très doux. Assez bruyant à cause de la circulation (mais on ne vient pas là pour un tête-à-tête). Sortant du lot, ***Chez Bej Gueni,*** ou ***Chez Ouazzani,*** au 12 bis. L'ambiance décontractée n'empêche pas de vérifier son addition.

Bon marché (moins de 80 Dh / 7,30 €)

Al Bahrya *(plan couleur Guéliz, B2,* ***202****)* **:** *angle rue Mauritania et av. Moulay-Rachid. Tlj.* Des serveurs affairés entre les tables où les clients se pressent comme des sardines (d'où la présence des chats ?). On choisit entre quelques bons petits plats ou une tranche de poisson grillé (on va choisir sa proie, pesée devant vous et cuite ensuite). Mérou, rouget, loup, espadon sont les stars de ce lieu résolument populaire et peu dispendieux.

Top Ladid *(plan couleur Guéliz, B2,* ***199****)* **:** *86 bis, bd El-Mansour-Eddahbi. Tlj.* Un petit snack de quartier pour manger sans se ruiner : paninis, sandwichs, pizzas, etc. Terrasse ombragée pour se poser, en bord de rue. Propre. Beaucoup de Marocains, toutes classes confondues, dont des cols blancs mangeant sur le pouce le midi. Accueil sympa.

Prix moyens (80-160 Dh / 7,30-14,60 €)

Les Jardins de Guéliz *(plan couleur Guéliz, B3,* ***194****)* **:** *rue Oued-el-Makhazine, jardins du Harti. ☎ 05-24-42-21-22. Fermé dim. Un peu plus cher le soir. Apéro maison offert sur présentation de ce guide.* Une carte basée sur des produits de qualité à prix très respectables ; des grillades succulentes, un buffet de crudités gargantuesque le midi, et des plats classiques bien servis, sourire en prime. Le tout arrosé de vin pas cher. Belle terrasse intérieure très recherchée, en lisière du jardin, loin du béton et du bruit. Que du plaisir !

La Grillardière *(plan couleur Guéliz, B3,* ***195****)* **:** *15, rue Ibn-Hanbal. ☎ 05-28-84-31-35. Résa conseillée le midi, impérative le w-e.* Ce « premier café grill-boucher au Maroc » est une chaîne nationale. Les employés du quartier s'y retrouvent le midi. Le soir et le week-end, place aux familles. Nourriture copieuse à base de salades imposantes, de belles pièces de boucher. Sinon, contentez-vous de sandwichs bien garnis et même... de crêpes. Le tout à prix très raisonnables. Grande terrasse couverte enrobant la façade.

|●| ***La Crêperie de Marrakech*** *(plan couleur d'ensemble, A1,* ***196****) : 14, Petit-Marché-de-Guéliz (route de Targa). ☎ 05-24-43-22-08. Tlj.* Convivial lieu de rencontre entre amoureux de la Bretagne. Accueil vraiment affable de Laurent entouré d'une belle collection de boîtes de sardines. Soyez rebelles, osez la « Marocaine » (galette à la viande *kefta* en tartare poêlée aux épices). Sinon, il reste la classique galette à l'andouille de Guémené. Vous serez peut-être salué, en arrivant, par Captain Hook, la coqueluche de la maison !

|●| ***Catanzaro*** *(plan couleur Guéliz, B2,* ***197****) : rue Tarik-ibn-Ziad. ☎ 05-24-43-37-31. Fermé dim et en août. Résa conseillée. Plats 50-100 Dh. CB acceptées. Vin et bière servis.* Un resto au cadre et à la cuisine sud-européenne assez classiques qui ne désemplit pas, et ce, depuis des années ! Il y règne une sorte de chaleur qui donne envie de pousser la porte... À la carte, un grand choix de pâtes maison, dont les bonnes tagliatelles aux crevettes et calamars, ainsi que des pizzas cuites au feu de bois. Poissons également, et belles grillades.

Chic (150-250 Dh / 13,60-22,70 €)

|●| ***Le Chat qui Rit*** *(plan couleur Guéliz, B2-3,* ***198****) : 92, rue de Yougoslavie. ☎ 05-24-43-43-11. Fermé dim et lun midi. Formule déj 120 Dh.* Bernard, un Corse passionné de cuisine, élabore de bons petits plats à base de produits pour la plupart locaux ou bio. Le midi, intéressante formule et quelques notes d'humour à la carte, comme la salade du tribunal avec « l'avocat, la nana et le poulet » ! Vin marocain au verre. Au chapitre décor : un gentil charivari de couleurs et des murs couverts de vieilles affiches publicitaires, le tout baignant dans une musique chaloupée. Tout chat est bien chouette !

|●| ***La Cuisine de Mona*** *(plan couleur Guéliz, A1,* ***200****) : résidence Mamoune 5, n° 155b. 📱 212 (0)6-18-13-79-59. Fermé dim. Résa conseillée. Formule déj 100 Dh.* Quelques chaises fuchsia ou vert pomme, une terrasse colorée, une cuisine libanaise fraîche, un accueil sympa, et le tour est joué. La formule est originale le midi. Le soir, prenez carrément le *mezze* : assortiment de tout ce que la maison fait de mieux.

|●| ***Bagatelle*** *(plan couleur Guéliz, A-B2,* ***201****) : 103, rue de Yougoslavie. ☎ 05-24-43-02-74. Tlj 9h-22h30. Le midi, formule et menu 90-110 Dh.* Bienvenue à Marrakech, dans une brasserie pur jus parisienne tenue par la même famille depuis 3 générations. Adresse bistrotière, des nappes blanches aux banquettes de molesquine ; du nœud pap au gilet noir des serveurs ; de la verrière rétro-éclairée à la carte qui jacte titi parigot : langue ravigote, bœuf bourguignon, crème brûlée... c'est bon comme là-bas, dis ! On ressort dans le brouhaha de l'avenue Hassan-II en chantonnant « Aux Champs-Élysées ».

Plus chic (250-400 Dh / 22,70-36,40 €)

|●| ***Al Fassia*** *(plan couleur Guéliz, B2,* ***37****) : 55, bd Mohammed-Zerktouni, résidence Taïeb-Ier (au fond de l'impasse). ☎ 05-24-43-40-60. Tlj sf mar. Fermé en juin. Résa indispensable (2 j. avt en hte saison !). À la carte slt. CB acceptées.* L'un des restos les plus courus de la ville ! La carte, le soir, offre un joli tour d'horizon de la cuisine marocaine : pastilla, tajines (dont un d'agneau au coulis de tomates sucrées), l'épaule d'agneau dorée aux amandes pour 2 (à commander la veille). Tout est parfaitement réussi, du cadre contemporain et élégant à la cuisine savoureuse et délicate, en passant par le service féminin toujours souriant. Coin véranda au fond.

|●| ***Al Fassia Agdal*** *(hors plan couleur d'ensemble par C6,* ***35****) : proche du ciné Mégarama. ☎ 05-24-38-38-39.*

Même équipe que l'*Al Fassia* « historique ». La déco est d'une sobriété remarquable. Le personnel, très serviable, redouble de petites attentions. Nourriture exquise et copieuse jouant dans les registres classiques marocains : de la pastilla de pigeon aux tajines divers et variés. Le thé à la menthe est un divin nectar. L'établissement fait aussi hôtel de luxe d'une quarantaine de chambres.

Azar *(plan couleur Guéliz, B2-3,* ***198****) :* *90, rue de Yougoslavie. ☎ 05-24-43-09-20. Ts les soirs. Menu 600 Dh pour 2.* La gastronomie fusionne le cèdre libanais avec l'étoile marocaine. Côté ambiance, on choisit la terrasse pour l'apéro avant de s'enfoncer dans l'écrin orientalo-baroco-design que constituent la salle et sa mezzanine. Personnel vraiment pro. Le tout-Marrakech n'y vient pas par hasard : c'est l'un des restaurants branchés de la ville, où les prolongations se jouent au bar lounge du sous-sol.

Beaucoup plus chic (plus de 400 Dh / 36,40 €)

Le Crystal *(hors plan couleur d'ensemble par C6,* ***39****) :* *bd Mohammed-VI. ☎ 05-24-38-84-00. Tlj midi et soir. Résa obligatoire. Plats 110-250 Dh à midi ; 160-300 Dh le soir. Sur présentation de ce guide (sf ven et sam), menu-découverte 350 Dh (au lieu de 550 Dh) avec entrée-plat ou plat-dessert. Pour bénéficier de cet avantage, le préciser lors de la résa, 24h à l'avance.* Franchissez sans crainte l'enceinte de cette néo-*kasbah* qui en impose. À l'intérieur de la célèbre boîte *Le Pacha* se cache l'une des tables les plus chic de la ville, placée sous le patronage des frères Pourcel, des chefs français qui se partagent aujourd'hui entre le Maroc, l'Asie et la France. Cuisine méditerranéenne pour changer. Simple mais créative, elle fait la part belle aux produits locaux. Le resto donne sur un jardin andalou, magnifiquement éclairé le soir, avec un joli plan d'eau. Dîner au resto donne l'accès gratuit à la célèbre boîte. Un bon plan plus abordable : prendre un plat le midi et profiter de la piscine l'après-midi *(transat : 150 Dh pour les clients du resto, sinon 200 Dh).*

Où manger dans les environs ?

Le Palmier Fou du Beldi *(hors plan couleur d'ensemble par C6) : à 6 km de Marrakech sur la route d'Amizmiz, prendre la piste à droite ; c'est indiqué. ☎ 05-24-38-39-50. Formule et menu 210-250 Dh. Accès possible à la piscine (transat fourni).* Pour « revenir aux vraies valeurs », tel est le slogan de cet hôtel (voir aussi « Où dormir dans les environs ? »). Très beau cadre pour goûter une « belle-dit » cuisine du grand arc méditerranéen : bruschetta, tagliatelle, gaspacho, tajine. Espace ouvert : des tomettes, des arcades, des boiseries, des voilages, le tout agrémenté d'une roseraie. Service un peu débordé lorsqu'il y a du monde.

Le Blokk *(hors plan couleur d'ensemble par A1) : dans la palmeraie, à env 9 km de Marrakech. 📱 212 (0)6-74-33-43-34. Pour y aller, prendre la route de Casablanca ; à env 7 km, tourner à droite vers la palmeraie, puis encore à droite et suivre le fléchage. Ouv le soir slt, à partir de 20h. Menus (mer-jeu) 250-340 Dh, plats 100-190 Dh.* Un gros bloc (voir le nom du resto) noir et couleur sable. Pour ceux qui cherchent un resto chantant, ici on mange en écoutant des tubes (plutôt classiques) entonnés, à tour de rôle, par un chanteur et une chanteuse. Spectacle à thème le mercredi. Cadre chic. Et bonne cuisine, internationale et thaïe.

Où prendre le petit déj ? Où déguster une pâtisserie ou une glace ?

Dans la médina

Pâtisserie des Princes *(plan couleur Jemaa-el-Fna, E4,* ***220****) : 32, rue Bâb-Agnaou. ☎ 05-24-44-30-33.*

À deux pas de la pl. Jemaa-el-Fna. Tlj 6h-22h30. Vaste choix de pâtisseries marocaines et européennes, absolument exquises et fraîches, et de petits-fours. Rien qu'en regardant la vitrine, on prend 2 kg ! Une boîte de 500 g ? Un cadeau sympa ! Excellentes glaces (goûtez celle à la figue et celle aux dattes) et délicieux lait d'amande. On peut consommer sur place, dans le salon de dégustation au fond. Idéal pour le petit déj !

Le Vôtre *(plan couleur Jemaa-el-Fna, E3,* ***221****) : au nord de la pl. Jemaa-el-Fna.* Parfums assez classiques, mais essayez donc une bonne glace aux dattes ou à la cannelle.

Marrakech Ground Zero *(plan couleur Médina, D4,* ***222****) : 279, av. Mohammed-V.* Grande variété de bonnes glaces originales à la réglisse, à la fleur d'oranger ou à la mandarine...

À Guéliz et autres quartiers de la ville nouvelle

Al Jawda, chez Mme Alami Hakima *(plan couleur Guéliz, A2,* ***225****) : 84, bd Mohammed-V. Tlj.* Salon de thé pour prendre un petit déj à base d'excellentes pâtisseries marocaines. Spécialité de *feqqa* à la crème fraîche. *Maison mère : 11, rue El-Houria (plan couleur Guéliz, B2,* ***223****). Tlj 8h-20h30 (17h dim).* Pâtisseries à emporter.

Amandine *(plan couleur Guéliz, A2,* ***224****) : 117, rue Mohammed-el-Beqal. ☎ 05-24-44-95-88. Tlj 7h-13h, 16h-21h.* Une boutique et un glacier-salon de thé côte à côte. Bonnes viennoiseries, succulentes pâtisseries marocaines, et excellents chocolats (tout est fait maison).

Voir également « Où boire un verre à Guéliz ? » : ***Le Café du Livre, Le Café Les Négociants*** et ***Solaris.***

Où boire un verre ?

Dans la médina

De nombreuses terrasses de cafés dominent la place Jemaa-el-Fna. Spectacle permanent. Citons celles de l'***Hôtel de France,*** mais c'est de la terrasse du ***Grand Balcon du Café Glacier*** (côté sud de la place) que vous aurez la plus belle vue. Sinon, laissez-vous tenter (au moins une fois) par les jus d'orange frais vendus aux chariots de la place, ils sont grands et ne coûtent que... 4 Dh. Attention, les marchands y ajoutent souvent des glaçons (en principe, pas d'eau), pour éviter tout souci de transit, demandez-le totalement pur et *inch' Allah* (!)

Dar Chérifa – Café Littéraire *(plan couleur Médina, E3,* ***33****) : 8, derb Cherfa-Lakbir, Mouassine. ☎ 05-24-42-64-63 ou 05-24-39-16-09. Tlj 10h-minuit.* Un superbe *riad,* réhabilité dans la tradition. Au cœur de la médina, on ne s'attend pas à une telle quiétude. Calme total pour prendre un thé dans le patio aux canapés bas, consulter des livres sur le Maroc ou simplement ne rien faire. Expos de photos et de peintures, petits concerts de musique, rencontres culturelles, etc. On peut aussi y manger midi et soir (voir « Où manger ? Dans la médina »).

Le Café des Épices *(plan couleur Médina, E3,* ***230****) : 75, pl. Rahba-Kedima (ou pl. des Épices), noyé dans les souks. Tlj jusqu'à 20h env.* Très agréable café faisant face, sur 3 étages, à la place des Épices. Pas mal de touristes évidemment, mais le lieu est tellement sympa qu'on s'en fout un peu ! Demandez le café aux épices, un vrai nectar. On peut aussi grignoter une salade ou un sandwich. Accueil jeune.

Café Talaâ *(plan couleur Médina, E3,* ***234****) : 2, souk Châria, rue Talâa. Tlj.* Petit café propret et lumineux posé au nord des souks, qui constitue une agréable halte entre deux négociations. Un thé à la menthe, une pâtisserie, et ça repart.

Terrasse Ben Youssef *(plan couleur Médina, E2,* ***237****) : 98, riad Laârouss, rue Sidi-Abdelaziz. Tlj.* Évidemment, le nom du lieu incite à se précipiter vers le toit de ce resto-bar : on n'est pas déçu par la jolie terrasse avec vue sur les toits, la Koutoubia au loin et les muezzins en polyphonie au moment de la prière. Mais le lieu propose également un agréable salon au rez-de-chaussée, si frais quand le cagnard tape trop fort. On pourra passer le cap

MARRAKECH

du simple rafraîchissement au gré de petits plats fort bien apprêtés.

🍸 ***KosyBar*** *(plan couleur Médina, E-F4,* ***231****)* **:** *47, pl. des Ferblantiers. Tlj 12h-1h. Live music à partir de 22h jeu-dim.* Bar-resto aménagé dans un ancien *riad* (banquettes en moleskine, murs en *tadelakt* brun-gris) dont la terrasse surplombe la place des Ferblantiers. On apprécie le lieu ou pas, mais c'est surtout l'un des rares endroits de la médina à servir de l'alcool : pour ceux qui font une overdose de thé à la menthe. Tarifs chérots, quand même.

🍸 ***La Mamounia*** *(plan couleur Médina, D4,* ***232****)* **:** *av. Bâb-el-Jdid. ☎ 05-24-38-86-00.* L'hôtel le plus chargé d'histoire de la ville (et l'un des plus chers !). Ce mythe marrakchi fut construit pour les chemins de fer entre 1925 et 1929. Les jardins (centenaires) méritent à eux seuls d'y aller boire un verre, mais savourez chaque gorgée, vu les prix prohibitifs. Sachez quand même que selon le remplissage de l'hôtel, l'accès aux bars peut être limité (gare aux gorilles à l'entrée !).

À Guéliz et autres quartiers de la ville nouvelle

Les endroits foisonnent, en particulier le long de l'avenue Mohammed-V *(plan couleur Guéliz, B2)* et, plus calme, à l'intersection des rues de la Liberté et Tarik-ibn-Ziad *(plan couleur Guéliz, B2)*.

🍸 🍽 ***Le Café du Livre*** *(plan couleur Guéliz, B2,* ***73****)* **:** *44, rue Tarik-ibn-Ziad, dans la cour de l'*Hôtel Toulousain. *☎ 05-24-43-21-49. Tlj sf dim 9h30-22h. (gratuit).* Loin du gotha mondain marrakchi, ce café littéraire est une bulle d'air à la fois simple et douillette. On s'y blottit pour lire la presse (*Le Monde* à dispo) en sirotant une petite pression (tapa servie avec tout verre d'alcool), ou autre nectar non alcoolisé. Possibilité de restauration avec quelques plats bien sentis, comme le burger « café du livre » et ses frites maison... Parfois une soirée « vin et rencontres autour d'un livre ». Musique pop cool.

🍸 ☕ ***Solaris*** *(plan couleur Guéliz, B2,* ***233****)* **:** *170, av. Mohammed-V. Tlj de 6h jusque tard. Plusieurs formules de petit déj (servi jusqu'à 11h en sem et 12h le w-e) env 25-60 Dh. (gratuit).* On y va surtout pour sa terrasse en angle, à l'ombre et au bord de l'avenue, très prisée des Marrakchis à la tombée du jour.

🍸 ☕ ***Café Les Négociants*** *(plan couleur Guéliz, A2,* ***19****)* **:** *à l'angle des bd Mohammed-V et Mohammed-Zerktouni. Tlj 6h-23h. Petits déj env 30-40 Dh.* Grand café à la parisienne, avec chaises en osier. Terrasse sous des arcades, à l'intersection de deux axes passants : ça circule !

🍸 ***Le Grand Café de la Poste*** *(plan couleur Guéliz, B2,* ***235****)* **:** *pl. du 16-Novembre, angle av. Mohammed-V et bd El-Mansour-Eddahbi. ☎ 05-24-43-30-38. Tlj 8h-1h.* Construit dans les années 1920, le lieu fut tour à tour café, hôtel, relais postal puis restaurant. Cette institution est désormais un bistrot-brasserie chic, dans un style d'inspiration mauresque et néocoloniale avec un remarquable escalier à double volée menant au salon-bar. Carte-fleuve d'alcools, cocktails et jus de fruits à siroter en mezzanine ou en terrasse sous la pergola. Mais ne soyez regardant ni sur le service ni sur les prix.

🍸 ***Bar de l'Hôtel Renaissance*** *(plan couleur Guéliz, A2,* ***76****)* **:** *angle av. Mohammed-V et bd Zerktouni. Tlj.* Le sommet de cet hôtel design et chic abrite la terrasse la plus haute de Marrakech. Le prix des boissons est à l'avenant. Mais convenons qu'on y profite d'un panorama sympa sur Guéliz, au loin la Koutoubia et la médina. Et puis, pourquoi ne pas faire trempette dans la petite piscine de l'hôtel, sur la terrasse également ?

🍸 🍽 🍦 ***Cafés-brasseries*** *(plan couleur Guéliz, B3,* ***236****)* **:** *bd Mohammed-VI, face au palais des congrès. (gratuit).* Les Marrakchis raffolent de leurs terrasses en soirée. Citons ***L'Hivernage,*** pour sa pizzeria et son café-snack et ***L'Opéra,*** un café-glacier plus intime.

Où sortir ?

Bars et discothèques

Peu de bars au sens européen du terme. Quant aux boîtes, elles sont

MARRAKECH

mortibus en début de semaine et durant le ramadan, voire fermées pour certaines fêtes religieuses. En revanche, c'est la foule le week-end, Marrakech étant une destination tendance auprès de la jeunesse aisée de Rabat et de Casablanca, qui vient se montrer et s'adonner à l'insouciance des nuits festives en bonne compagnie : dans la plupart des lieux nocturnes de Marrakech, les rencontres sont souvent tarifées.

Bô-Zin *(hors plan couleur d'ensemble par C6,* ***35****) : km 3,5, route de l'Ourika, à droite.* ☎ *05-24-38-80-12. Tlj 20h-1h. Entrée libre.* Lieu très branché, passage incontournable des stars de tous bords. Grande véranda avec jardin exotique, bassins, salons d'été plus intimes. En fin de soirée, changement de décor (par un jeu subtil d'éclairage), et l'ambiance bascule. On y boit, on y écoute de la musique, on y danse à l'occase ou on savoure tranquillement la soirée entre gens de bonne compagnie. DJ tous les soirs. C'est aussi un resto très connu.

Le Silver *(plan couleur Médina, C4,* ***242****) : fontaine de la Mamounia, Bâb-Jdid.* ☎ *05-24-43-69-84. Tlj dès 23h. Entrée env 200 Dh (1 conso incluse).* Classique des nuits marrakchies pour *happy few.* L'endroit, aux allures de palais classieux, est immense. Vers 22h, la jeunesse branchée vient prendre un verre au resto attenant (le ***Palais Jad Mahal,*** très, très cher ! droit d'entrée 100 Dh) avant de poursuivre la longue nuit en boîte ou ailleurs. Tous les soirs, spectacles de danseuses à partir de 22h30, mais surtout, concerts à partir de 23h30.

Le Théâtro *(plan couleur d'ensemble, C4,* ***243****) : hôtel Es-Saadi, av. Qadissia, Hivernage.* ☎ *05-24-44-88-11. Minuit-6h. Entrée : 200 Dh (voire plus selon soirée) avec 1 conso.* Aménagée dans un ancien théâtre, l'adresse mythique de la vieille ville. Techno, house, soirées DJs et ambiance très festive. Considérée par certains comme la meilleure boîte de Marrakech.

Le Pacha *(hors plan couleur d'ensemble par C6,* ***39****) : bd Mohammed-VI.* ☎ *05-24-38-84-00. • pachamarrakech.com • À env 4 km au sud de Marrakech. Tlj dès minuit. Entrée : 150 Dh ; 200 Dh si concert ou soirée avec DJs internationaux. Entrée gratuite (sf ven et sam) entre minuit et 1h, sur présentation de ce guide.* La plus grande boîte d'Afrique, rien que ça, façon Ibiza. Le gigantisme du lieu et la mise en scène en jettent carrément (entrée éclairée par d'impressionnants flambeaux, jets d'eau). À l'intérieur, c'est plus minimaliste. Ouf ! Du monde uniquement le week-end. Superbe jardin pour profiter du ciel étoilé. Piscine. Voir aussi « Où manger ? ».

Casinos

■ **Deux casinos :** ***« l'historique »*** *(plan couleur d'ensemble, C4,* ***243****), situé dans le parc adossé au palace Es-Saadi rue El-Qadissia, angle rue Ibrahim-el-Mazini, Hivernage.* ☎ *05-24-44-88-11. • essaadi.com • Tlj 14h-4h (5h w-e).* Il fut le 1er casino au Maroc, ouvert en 1952 ! *Sinon, il y a l'incontournable et très chic* ***La Mamounia*** *(plan couleur Médina, D4,* ***232****), situé dans le palace du même nom. Pour les coordonnées, voir plus haut la rubrique « Où boire un verre ? ».*

À voir

S'il fallait visiter ce bijou en une seule journée (vous avez prévu plus, on espère !), on retiendrait avant tout la place Jemaa-el-Fna et les souks. Ne croyez pas que Marrakech soit une ville facile qui séduit au premier abord ; il faut savoir la mériter un peu, surmonter ses peurs diffuses, ses premières impressions. Avant tout, oublier les sollicitations des rabatteurs en tout genre, qui se sont d'ailleurs assagis depuis la création de la redoutée « brigade touristique ». On se balade désormais assez tranquillement sur la place Jemaa-el-Fna et dans les souks. Certes, on ne passe pas inaperçu, mais c'est aussi le sel du voyage avec ses parfums d'aventure. Si vous avez pris un guide officiel (voir « Infos touristiques » dans « Adresses utiles »), définissez bien le programme avant le départ.

LA MÉDINA

La médina de Marrakech a été inscrite par l'Unesco sur la liste du Patrimoine mondial de l'humanité en 1985. Avec plus de 600 ha, c'est la plus étendue du Maghreb. Elle abrite entre 230 000 et 300 000 habitants, selon les recensements officiels ou non, soit près d'un quart de la population de la ville, et compte pas loin de 28 000 maisons.

C'est dans son dédale que bat le vrai cœur de Marrakech : dans ses ruelles sinueuses, autour de ses patios, de ses fontaines, de ses jardins d'orangers, au cœur de ses maisons dont le calme offre le plus rafraîchissant contraste avec le tumultueux désordre des souks, ainsi que dans ses 135 anciens *foundouk* (caravansérails). Un programme gouvernemental veille à leur restauration, en améliorant les conditions de travail de leurs habitants au quotidien. Jetez par exemple un œil au ***foundouk Sarsar,*** situé 100 m après le *Café Arabe,* 184, rue Mouassine, en direction de Riad-Laârouss. Ou encore aux ***foundouk Al Mizan*** et ***Al Amri,*** rue Bâb-Doukkala, presque en face l'un de l'autre *(plan couleur Médina, E3).* Dans certains d'entre eux, on voit encore l'ancienne balance qui servait à peser les marchandises.

Lors de votre balade, n'hésitez pas à passer la tête sous les grandes portes à arcades qui bordent certaines rues, à vous engager dans les ruelles... À Marrakech, il faut oser se perdre un peu, beaucoup, passionnément. De toute façon, vous vous perdrez !

Dernier point : la médina se visite à pied ! Bien que ce soit possible, il est déconseillé d'y pénétrer en voiture, car non seulement il est difficile de s'y garer (voir plus haut la rubrique « Circuler dans Marrakech. En voiture »), mais le trafic est pour le moins chaotique (piétons, charrettes et surtout mobylettes en tous sens).

Le minaret de la Koutoubia *(plan couleur Médina, D4)* **:** *ne se visite pas, mais on peut se balader dans le jardin autour, joliment aménagé.* Il sert de point de repère dans toute la ville.

Datant du XIIe s, il servit de modèle à la Giralda de Séville et à la tour Hassan de Rabat. Lorsque les Almohades s'emparèrent de Marrakech en 1147, ils détruisirent les palais almoravides, ainsi que la mosquée centrale dont ils jugeaient l'orientation incorrecte. Autant dire que la décision était plutôt politique, car depuis l'arrivée des premiers Arabes dans les régions du Maghreb, les prières étaient dirigées vers le sud (et non vers l'est, en direction de La Mecque). Cette orientation, choisie par l'Almoravide Ali ben Youssef, provoqua à l'époque un grand mécontentement populaire. Les Almohades surent en tirer parti pour rassembler autour d'eux les populations berbères. Sacré prétexte, en somme.

LES SPHÈRES CÉLESTES

Cette tour (69 m jusqu'au sommet du lanternon, 77 m jusqu'au sommet de la flèche), aussi haute que celles de Notre-Dame de Paris, est couronnée d'un lanternon surmonté de quatre boules dorées. La légende, qui embellit tout, prétend qu'elles sont d'or pur et que l'influence des planètes leur permet de tenir en équilibre !

C'est donc sur l'emplacement d'un palais almoravide que Abd el-Moumen, le nouveau maître de l'empire, fit édifier la Koutoubia. Tournant le dos au luxe de l'art andalou, il opta pour la simplicité.

Restauré et illuminé le soir, le minaret apparaît plus que jamais dans toute sa splendeur. Le décor extérieur en est différent sur chaque face : réseaux d'entrelacs sculptés dans le stuc, ornements floraux, bandeaux de céramique, arcs et décor

épigraphique. Par la simplicité de ses formes, l'équilibre de ses proportions, la Koutoubia est considérée comme l'un des plus beaux monuments d'Afrique du Nord. Une rampe permettait autrefois d'accéder à six salles superposées, avant d'atteindre la plate-forme (pauvre mulet qui devait monter tout en haut cinq fois par jour !).
La mosquée de la Koutoubia ou « des Libraires » doit son nom aux bouquinistes (il y en aurait eu 200 !) qui se tenaient autour au XIIe s (un des plus grands marchés du livre au monde). Plus large que profonde, avec 17 nefs perpendiculaires à la qibla (le mur vers lequel les fidèles se dirigent pour la prière), elle ne se visite pas. Vers 1950, des fouilles effectuées dans les ruines de la première mosquée ont révélé un savant mécanisme qui servait à faire apparaître, puis à escamoter dans le sol, des parois qui créaient un espace réservé pour le sultan face au mihrab. Les traces des tranchées sont encore bien visibles.

La place Jemaa-el-Fna *(plan couleur Jemaa-el-Fna, E3-4)* **:** son nom signifierait « assemblée des Morts », en mémoire de l'époque où les criminels y étaient exécutés et leur tête exposée pour servir d'exemple. D'autres proposent « place du Néant » ou encore « place de la Mosquée-Anéantie », en référence à une mosquée de l'époque saadienne. Bref, c'est aujourd'hui le secteur piéton le plus vivant de toute la ville ! Tout tourne autour d'elle. N'hésitez pas à monter à l'une des terrasses de bar ou restaurant qui offrent un bon point de vue d'ensemble.
Jusqu'au début des années 1980, la place était à la fois la gare routière et un marché aux puces permanent, installé dans des baraques de bois, qui faisaient de cet endroit une véritable extension des souks. Un incendie très opportun, suivi d'un décret, chassa les marchands du temple, vite remplacés par des « ambulants » en tout genre attirant nombre de badauds. On y trouve en vrac des diseuses de bonne aventure, des montreurs de serpents (lire aussi à ce sujet la rubrique « Faune et flore » dans « Hommes, culture, environnement » en début de guide), des petits groupes de musiciens ou de théâtreux, des porteurs d'eau berbères, des montreurs de singes, des femmes proposant des tatouages au henné (soyez très vigilant : lire le texte consacré au henné dans la rubrique « Santé » dans « Maroc utile », en début de guide), etc.

LE COBRA N'A PAS L'OREILLE MUSICALE !

Vous avez trop lu Tintin *! Les cobras ne se dressent pas au son de la musique. Tous les serpents sont sourds comme des pots. C'est un simple réflexe de défense. Désolé de casser ce conte digne des* Mille et Une Nuits. *Mais n'allez pas lui crier dans l'oreille pour vérifier !*

La place Jemaa-el-Fna est un immense théâtre de plein air. Dans la journée, le soleil écrase quelques vendeurs de jus d'orange et de fruits secs bercés par la trompette des charmeurs de serpents : il ne s'y passe pas grand-chose. Mais, dès la fin d'après midi, la fête commence. La magie opère plus que jamais au moment du soleil couchant. Les acteurs se mettent alors en place sur cette scène gigantesque. La soirée débute autour d'un verre sur une des terrasses, en regardant les étals s'installer, avant de plonger dans ce magma humain, cette animation riche, chaleureuse et amicale (attention quand même aux pick-pockets !). Le soir, des dizaines de cambuses dressent cuisine ambulante, tables étroites et bancs pour un dîner sur le pouce (voir « Où manger ? Dans la médina »).
On comprend mieux pourquoi, en 2001, grâce au travail de Juan Goytisolo, écrivain espagnol vivant à Marrakech, et au soutien de l'association *Les Amis de la place Jemaa-el-Fna,* elle a été déclarée par l'Unesco « chef-d'œuvre du patrimoine oral de l'humanité ». Car ce n'est pas son architecture, somme toute banale, mais l'ambiance qui y règne qui confère à la place toute sa dimension.

Certes, tout cela se modernise : les vendeurs de jus d'orange sont sagement alignés et les gargotes, numérotées, disposent même – ô sacrilège ! – de l'eau courante et de l'électricité. Et puis certains cafés (comme le *Grand Balcon du Café Glacier*) font désormais commander la boisson avant de permettre l'accès à leur terrasse (!). On vous voit venir, vous allez nous parler de ce funeste jour d'avril 2011, où tout a basculé à la terrasse du *Café Argana*. Face à cet attentat, une large majorité de Marocains a réagi avec courage en investissant pacifiquement les lieux durant les semaines qui ont suivi : expositions de photos et autres manifestations culturelles ont marqué l'attachement des Marrakchis à leur liberté. Quoi qu'il en soit, la place, toujours fréquentée par les autochtones, conserve indéniablement un grand pouvoir d'attraction. Finissons sur cette citation de Paul Bowles : « Sans la place Jemaa-el-Fna, Marrakech ne serait qu'une ville comme les autres. »

Les souks *(plan des Souks)* **:** *la plupart des boutiques sont fermées ven 11h-16h pour la grande prière. De même, pas (ou peu) d'activité à l'occasion de certaines fêtes (Aïd el-Kebir et Aïd el-Fitr).*

Autrefois, s'aventurer seul dans les souks relevait de la hardiesse, mais depuis la mise en place d'une brigade touristique, les choses ont bien changé et le harcèlement y a bien décru. En revanche, malgré l'interdiction, la mobylette y est reine, et les piétons n'ont qu'à bien se tenir.

Pour aider à s'y repérer, chacune des rues principales convergeant vers le centre des souks est commandée par une grande porte (une dizaine en tout) que l'on ferme vers 22h, lorsque les derniers artisans rentrent chez eux. Ce dispositif permet de protéger les boutiques du cœur des souks pendant la nuit. Pas de panique : on ne risque pas de se faire enfermer à l'intérieur ! En revanche, ça peut devenir problématique si vous vous êtes familiarisé avec un chemin (pour rejoindre votre hébergement, par exemple) qui emprunte l'une de ces rues. Si vous vous trouvez face à une porte close, bon courage alors pour trouver, de nuit, un nouvel itinéraire dans ce véritable labyrinthe qu'est la médina !

AH, LES BONNES VIEILLES RECETTES !

En flânant parmi les boutiques d'herbes médicinales, vous apprendrez que si vous perdez vos cheveux, il faut prendre du ghassoul *qui, dilué dans de l'eau tiède, forme une boue à placer sur la tête. Vous pouvez aussi remplacer votre dentifrice habituel par des bâtonnets d'écorce de noyer avec lesquels vous frotterez vos petites quenottes. Le* zoac, *récipient de terre cuite enduit de poudre de coquelicot, tiendra lieu aux coquettes de fard et de rouge à lèvres. Enfin, n'oublions pas les aphrodisiaques, comme la* cantharide-coléoptère, *dont la poudre se dilue dans une tasse de café, ou encore des thés propices à réveiller certains membres paresseux, surtout chez les hommes !*

➢ ***Le souk des teinturiers :*** au niveau de la fontaine Mouassine, en venant de la pl. Jemaa-el-Fna, prendre la ruelle de droite. Ce souk a perdu une grande partie de son activité avec les teintures industrielles. Du coup, il est moins intéressant que celui de Fès, par exemple. Les habitants de ce quartier vivent dans une grande pauvreté, passer par ici exige une certaine retenue. En continuant vers la gauche, on atteint le ***souk Chouari,*** celui des vanniers et des tourneurs sur bois. Toujours sur la gauche, le ***souk Haddadine,*** où vous serez guidé par le martèlement des ferronniers. Sur la droite, le ***souk des cuivres,*** où les dinandiers cisèlent, à coups de burin, plateaux et autres petits souvenirs. Dans le ***souk Smata*** (des babouches) flotte une odeur de cuir frais. Dans de minuscules échoppes, les cordonniers cousent les babouches suivant des méthodes ancestrales. Dans le ***souk Cherratine,*** on travaille aussi le cuir, mais les modèles se sont adaptés aux touristes.

Entre la place Jemaa-el-Fna et la mosquée Ben Youssef, on traverse le marché des fruits secs et des grilleurs de cacahuètes, le ***souk Semmarine.*** L'ancien souk des maréchaux-ferrants est aujourd'hui une rue couverte, la plus large des souks, où se trouvent les grandes échoppes de tissus et quelques grands bazars de tapis. En suivant cette direction, c'est-à-dire plein nord, on traverse le ***souk El-Kebir*** et on finit par arriver au centre même de la médina, près de la médersa, de la koubba et de la mosquée Ben-Youssef dont on se contentera d'admirer la toiture de tuiles vertes, puisqu'elle ne se visite pas.

La médersa Ben-Youssef *(plan couleur Médina, E3)* **:** *oct-mars, tlj 9h-18h (19h avr-sept). Fermé 1er mai et fêtes religieuses. Accès : 50 Dh. Billet combiné (valable 1 j.) avec le musée de Marrakech et la koubba almoravide : 60 Dh ; réduc ; gratuit moins de 8 ans.*
C'est l'un des monuments les plus intéressants de la ville. Édifiée en 1570 par la dynastie saadienne, cette école coranique, université traditionnelle de Marrakech, était tout simplement la plus vaste du Maghreb. Elle pouvait accueillir 300 élèves, entassés dans une centaine de cellules visibles au rez-de-chaussée et au 1er étage. Les cours se tenaient dans la grande mosquée voisine, voire dans la salle de prière, la cour, autour du bassin, ou à l'ombre des galeries latérales.
Une riche bibliothèque se trouvait entre la médersa et la grande mosquée (les précieux manuscrits sont aujourd'hui conservés par le ministère de la Culture).
La médersa Ben-Youssef est un merveilleux exemple de l'architecture arabo-andalouse telle qu'elle s'est développée au Maroc dans toute sa maturité. Le plan et les volumes en sont simples, précieux et raffinés. Tout repose dans la justesse des proportions, l'harmonie entre les surfaces et le décor. En visitant la médersa, il faut regarder partout, sols, plafonds, détails des arcs, et débusquer les jeux de lumière dans les couloirs et les chambrettes. La grande cour : équilibre parfait et bassin central rafraîchissant. Colonnes massives et courtes, soubassements carrelés en mosaïque de zelliges, linteaux de cèdre, stucs très ouvragés au-dessus. Au fond de cette cour, la salle de prière avec ses colonnes de marbre supportant les chapiteaux décorés et surmontés de murs de stuc là encore. Au fond, le mihrab à l'arche outrepassée. Partout, le stuc ciselé anime les murs.
D'étroits couloirs autour de la cour, au rez-de-chaussée et surtout à l'étage, ouvrent sur des dizaines de minuscules cellules d'étudiants, aux lourdes portes de bois. À l'étage encore, superbes poutres et balustrades ciselées, autour de puits de lumière. Admirez dans certains petits patios le travail du bois sculpté, sur lequel subsistent encore des traces de la peinture d'origine. Au rez-de-chaussée, les toilettes, au bout du couloir face à l'entrée, sont l'ancien bassin aux ablutions. La coupole, très élégante, montre tout le soin des maîtres d'œuvre et des artisans traditionnels jusque dans des espaces qu'on pourrait juger secondaires.

LES TALIBANS DE L'ÉCOLE CORANIQUE

La médersa Ben-Youssef accueillait les talibans. Pas de méprise, taliban signifie « étudiants », « celui qui cherche la connaissance », en arabe. Dans les médersas, il s'agissait d'étudiants en théologie. Jusqu'à 12 ans d'études pour les plus doués d'entre eux. Aujourd'hui, loin du Maroc, ce mot a pris une toute autre connotation. Celle de jeunes Afghans qui fréquentèrent les médersas à la frontière pakistano-afghane pendant le conflit avec l'Union soviétique et qui baptisèrent de ce nom le mouvement intégriste que l'on connaît.

Le musée de Marrakech *(plan couleur Médina, E3)* **:** *à côté de la médersa Ben-Youssef. ☎ 05-24-44-18-93. Tlj 9h-18h (19h avr-sept). Fermé 1er mai et fêtes religieuses. Entrée : 40 Dh. Billet combiné (valable 1 j.) avec la koubba almoravide et la médersa Ben-Youssef : 60 Dh ; réduc ; gratuit moins de 8 ans.* *Le palais Dar M'Nebhi,* l'un des plus beaux de la fin du XIXe s et des plus vastes (près de 2 000 m²), fut la demeure du ministre de la Défense du sultan puis, à l'indépendance, première école de filles de la ville. Désormais transformé en musée, il

MARRAKECH – LES SOUKS

accueille des activités culturelles : expos d'art contemporain y alternent avec de l'art plus traditionnel (bijoux berbères, tapis, etc.). Côté architecture, prenez le temps de découvrir la grande cour, agrémentée de trois petites fontaines, rythmée par des niches, des alcôves et des arches, et couverte (ça gâche !) par une toile en forme de dôme géant. Colonnes aux beaux chapiteaux ajourés, immense lustre en cuivre, sol en mosaïque de marbre blanc et en petits carreaux de céramique polychrome (zelliges), belles portes en bois peint... Le hammam du palais (au fond de la grande cour) offre de petites salles d'exposition supplémentaires. Superbes murs en *tadelakt,* zelliges et coupoles décorées de plâtre sculpté et peint.

La koubba almoravide (plan couleur Médina, E3) **:** *à côté du musée. Mêmes horaires. Se visite slt avec le billet combiné (60 Dh) qui donne accès au musée et à la médersa Ben-Youssef (valable 1 j.). Dans les faits, tentez votre chance, l'accès est parfois libre.* Édifié au XIIe s, ce bâtiment pourrait être le bassin aux ablutions d'une mosquée primitive, que le sultan fit détruire pour édifier l'actuelle mosquée Ben-Youssef, plus belle, plus grande. La koubba, quoique petite par la taille, est considérée, pour l'extraordinaire décor de sa coupole, comme l'un des sommets de l'art musulman. C'est aussi le seul témoignage de l'art des Almoravides dans leur capitale, Marrakech. Observer sa forme et sa structure très raffinée malgré la simplicité du décor extérieur. C'est l'intérieur de la coupole qui présente l'intérêt majeur de ce petit édifice. Bien restauré (d'aucuns affirment que certains décors ne sont pas d'origine), il fait partie d'un ensemble comprenant des latrines, une fontaine et une citerne, dont on peut voir les fouilles à l'arrière de la koubba. Noter que ce complexe était à demi enterré. L'eau était drainée par des canalisations de terre cuite, enfouies sous terre. À l'époque, le niveau de la rue était inférieur de 5 m environ par rapport à son niveau actuel.

La fondation Dar Bellarj (plan couleur Médina, E2-3) **:** *à côté de la Médersa.* ☎ *05-24-44-45-55.* ● *darbellarj.org* ● *Lun-sam 9h-18h (15h pdt ramadan). Entrée gratuite.* Successivement *foundouk*, école et même dispensaire pour cigognes, ce lieu héberge désormais une fondation créée par les mécènes suisses Susanna Biedermann et Max Alioth. Autour du patio serti de très jolies colonnes d'architecture islamique, viennent s'exposer des œuvres contemporaines. Des concerts et autres manifestations s'y tiennent pour perpétuer la culture marocaine.

PAS BÊTE

Selon une légende berbère, les humains prendraient l'apparence de cigognes pour pouvoir voyager (malin, non ?). L'ancien propriétaire croyait peut-être à cette histoire d'« hommes-cigognes », lui qui, dans les années 1930, fit de sa maison un hôpital pour oiseaux et notamment pour les majestueux volatiles, nombreux à Marrakech. Pas étonnant que la demeure s'appelle aujourd'hui « Dar Bellarj », littéralement « la maison des cigognes ».

La Maison de la photographie (plan couleur Médina, F3) **:** *45, rue Souk-Ahal-Fès.* ☎ *05-24-38-57-21.* ● *maisondelaphotographie.ma* ● *Très bien signalisé depuis la médersa Ben-Youssef. Tlj 9h30-19h. Entrée : 40 Dh ; réduc.* C'est un musée qu'on recommande chaudement. Assez unique, il est consacré à la mémoire photographique des hommes et des femmes qui vécurent au Maroc ou traversèrent le pays. Plus de 3 500 photographies originales racontent, par roulement, un demi-siècle de vie marocaine, des autochromes de 1907 au premier film couleur réalisé en 1957 par Daniel Chicault sur la tribu seksaoua dans le Haut Atlas. Hamid Mergani et Patrick Manac'h ont mis des années pour transformer cet ancien *foundouk* en un lieu étonnamment vivant consacré à un monde disparu. Un voyage dans le temps qui laisse rêveur.
Finissez la visite en prenant un thé, une sucrerie, voire un plat du jour le midi sur la terrasse, surélevée, offrant une vision grand-angle du Marrakech actuel.

Le musée de l'Art de vivre (plan couleur Médina, E2) **:** *2, derb Chérif, diour Saboune.* ☎ *05-24-37-83-73.* ● *museemedina.com* ● *Très bien signalisé aux alentours. Tlj 9h-18h. Entrée : 30 Dh ; réduc.* Œuvre d'Aberrazakk ben Châabane, parfumeur et botaniste, ce petit musée vaut le détour. Le *riad* qui l'abrite a été rénové avec goût (notez dans les étages les beaux plafonds peints). Il accueille des expositions thématiques bien agencées sur l'art de vivre au Maroc : le caftan, le hammam, la broderie ou le parfum. Les objets présentés sont de belle facture et les panneaux explicatifs intéressants.

Le riad Denise-Masson *(plan couleur Médina, D2-3)* **:** *49, derb Zemrane, Bâb-Doukkala. ☎ 05-24-44-69-30. • ifm.ma • Lun-ven 9h30-18h. Entrée gratuite.* Née en 1901, Denise Masson est cette infirmière engagée dans le catholicisme social, qui se lança par la suite dans une étude comparée des trois grandes religions monothéistes et traduisit le Coran pour la collection de La Pléiade. Son *riad* est doté d'un vaste jardin intérieur. Quelques éléments de l'univers marrakchi de cette respectable humaniste subsistent dans le bâtiment : au rez-de-chaussée, un pianoforte et un orgue sous un très beau plafond de bois peint, ainsi que des bribes de sa bibliothèque au 1er étage. Des expos de photographies tirées du fonds de la Maison de la photographie, d'art contemporain, ainsi que des films agrémentent la visite. C'est également un lieu où l'institut français du Maroc organise des événements culturels.

HISTOIRE DE GUERRE

En 1939, Mme Larochette passe ses vacances à Marrakech. Sa famille possédait le restaurant Sébillon *qui existe toujours à Paris. Bloquée par la guerre, elle décide de créer* La Maison Arabe *(voir plus haut), dans le quartier de Bâb-Doukkala, qui deviendra l'établissement le plus célèbre du Maroc dans les années 1950. Dans ce riad sublime, on mangeait avec les doigts, ce qui comblait de plaisir Churchill, Jackie Kennedy et le Glaoui !*

Retour aux souks *(plan des Souks)* **:** revenir à la place Jemaa-el-Fna par le ***souk El-Kebir,*** où les maroquiniers tiennent boutique. À droite s'ouvrent les ***kissaria,*** réservées au commerce des étoffes. Ce sont les mieux conservées de tout le Maroc avec celles, plus petites, de Meknès. Certains plafonds ont encore leur charpente en bois de cèdre.
Petit conseil, en passant, à nos lectrices qui voudront s'attarder dans le ***souk des bijoutiers*** : mieux vaut ici savoir distinguer l'argent de ses imitations, sinon, on a de fortes chances de se faire rouler.
En obliquant sur la gauche, on débouche sur la ***place de Rahba-Kedima*** *(ou place des Épices),* ancien marché aux grains et... aux esclaves. Ce dernier ne cessa son horrible commerce qu'en 1920. On y négocie maintenant des poules, des légumes, des peaux de chèvre, des fripes et des ustensiles de cuisine. Sur le côté droit, plusieurs boutiques avec des plantes médicinales en bocaux. On vous fournira des explications sur les propriétés de chacune.
Avant de quitter la place, vous pouvez faire une halte et prendre un verre à l'agréable *Café des Épices* (voir aussi « Où boire un verre ? Dans la médina »).
Sur le côté gauche de cette place très animée, un immeuble couvert de tapis indique l'entrée du ***souk Zrabia,*** dit la ***Criée berbère*** *(tlj sf ven ap-m, entre la 3e et la 4e prière).* Accompagné d'un copain marocain, vous achèterez des cuirs, caftans ou tapis deux à trois fois moins chers que dans les boutiques. Votre parcours se terminera au ***souk Semmarine,*** qui aboutit au marché des fruits secs et à celui des potiers, avant de revenir sur la place Jemaa-el-Fna.
Cet itinéraire indicatif vous aura permis de vous paumer maintes fois pour faire des découvertes personnelles.

Les autres monuments de la médina

Partir de Bâb-Agnaou *(plan des Palais, E5),* l'une des plus belles des remparts de la ville, avec sa pierre d'un séduisant gris bleuté. Son nom signifierait « porte du bélier sans corne », et viendrait du fait qu'elle a perdu les deux tours qui l'encadraient auparavant. Selon d'autres, l'étymologie renverrait à la traduction de « Guinéen » *(agnaw).*

La mosquée d'El-Mansour *(plan des Palais, E5)* **:** dite aussi « mosquée de la *kasbah* ». Elle se repère aisément à son minaret aux entrelacs de couleur turquoise,

MARRAKECH

qui se détache du ciel. Vous ne pourrez rien voir d'autre puisque la mosquée, dont la salle de prière ne comprend pas moins de 11 nefs, est réservée aux musulmans. Cette construction paraît toute neuve, mais elle est, en fait, aussi ancienne que la Koutoubia. Yacoub el-Mansour la fit édifier de 1185 à 1190 sur un plan peu habituel puisqu'elle est presque carrée et dispose de cinq cours intérieures. Elle fut reconstruite après une explosion en 1569. On lui donna alors aussi le nom de mosquée « aux pommes d'or », car les boules de sa lanterne auraient été réalisées avec l'or des bijoux de l'épouse de Yacoub el-Mansour pour expier sa faute d'avoir rompu trop tôt le jeûne du ramadan...

Les tombeaux saadiens *(plan des Palais, E5)* **:** *quartier de la kasbah. Entrée au fond d'une petite impasse, après le mur de la mosquée. Tlj sf ven 9h-16h45 (17h45 en été ; 15h pdt le ramadan). Entrée : 10 Dh.*
Ce jardin-cimetière fait partie de la mosquée El-Mansour, située juste derrière. Il fut récupéré au XVIe s par les Saadiens pour abriter les tombes de leurs rois et de leurs familles. Mais dans sa volonté de détruire toute trace des Saadiens, le sultan alaouite moulay Ismaïl fit murer l'entrer de la nécropole au XVIIIe s. Les tombeaux ne furent découverts qu'en 1917 ! L'ensemble comporte trois koubbas. Notez-en l'architecture : en bas, les colonnes de marbre, au-dessus les stucs, puis des panneaux de cèdre travaillés, et enfin des tuiles vernissées.
Sous les tombes de marbre et les coupoles dorées, c'est toute l'histoire d'une famille qui repose, une dynastie loin d'être paisible. Assassinats, empoisonnements, luttes fratricides, les Saadiens n'étaient pas des enfants de chœur ! 4 mois et 10 jours de deuil étaient le minimum décent : il fallait savoir si la femme était ou non enceinte à la mort du défunt !
Le jardin est un petit havre de paix le matin à l'ouverture, ou en fin d'après-midi, quand il n'y a pas foule !
Le premier mausolée, autrefois salle de prière, est composé de trois salles, mais on ne peut en admirer que deux, depuis l'extérieur. La première, reposant sur quatre colonnes et proposant un opulent décor, possède un riche mihrab. La deuxième, la salle centrale, abrite la tombe de moulay Ahmed el-Mansour el-Bedi (le Victorieux, le Doré), mort de la peste à Fès en 1603, et qui repose, entouré de ses fils, sous une coupole de cèdre doré, ornementée de stucs très travaillés et que supportent 12 colonnes de marbre de Carrare. La troisième salle (qu'on ne peut pas voir), dite « des Trois Niches », abrite des tombes d'enfants et de femmes de rois. Dans le second mausolée, au milieu du jardin, avec sa coupole à stalactites peintes, se trouve la tombe très vénérée de la mère de moulay Ahmed el-Mansour et des femmes royales. Les mosaïques au sol indiquent la présence de tombes.

Le palais El-Badi *(plan des Palais, E-F5)* **:** *juste au sud de la pl. des Ferblantiers. Tlj (sf Aïd el-Kebir) 8h30-16h45 (17h45 en été) ; slt l'ap-m pour l'Aïd es-Seghir (ou Aïd el-Fitr). Entrée : 10 Dh, + 10 Dh pour la visite du minbar de la mosquée de la Koutoubia. On peut aisément faire la visite seul, mais il n'est pas interdit non plus de faire appel à un guide.*
Le véritable intérêt du site réside dans la visite du minbar. Car, soyons francs, il reste peu du palais, tout au plus le souvenir vaporeux des fastes du passé.
Sitôt arrivé sur le trône, après la bataille des Trois Rois (1578), le Saadien Ahmed el-Mansour aurait lancé la construction d'un palais de réception gigantesque. *El-Badi*, l'un des 99 épithètes de Dieu, signifie « l'Incomparable » :

UN PALAIS PAS LAID

Lors de l'inauguration de son palais El-Badi, le sultan El Mansour demanda fièrement à son bouffon : « Et toi, que penses-tu de ce palais ? » « Quand il sera démoli, il fera un gros tas de pierres », lui aurait répondu le fou. Quelques décennies plus tard, le sultan moulay Ismaïl démembra le palais, récupéra les marbres et matériaux précieux. Et, avec le « gros tas de pierres » restant, se fit construire un palais à Meknès. Pas si fou, le fou !

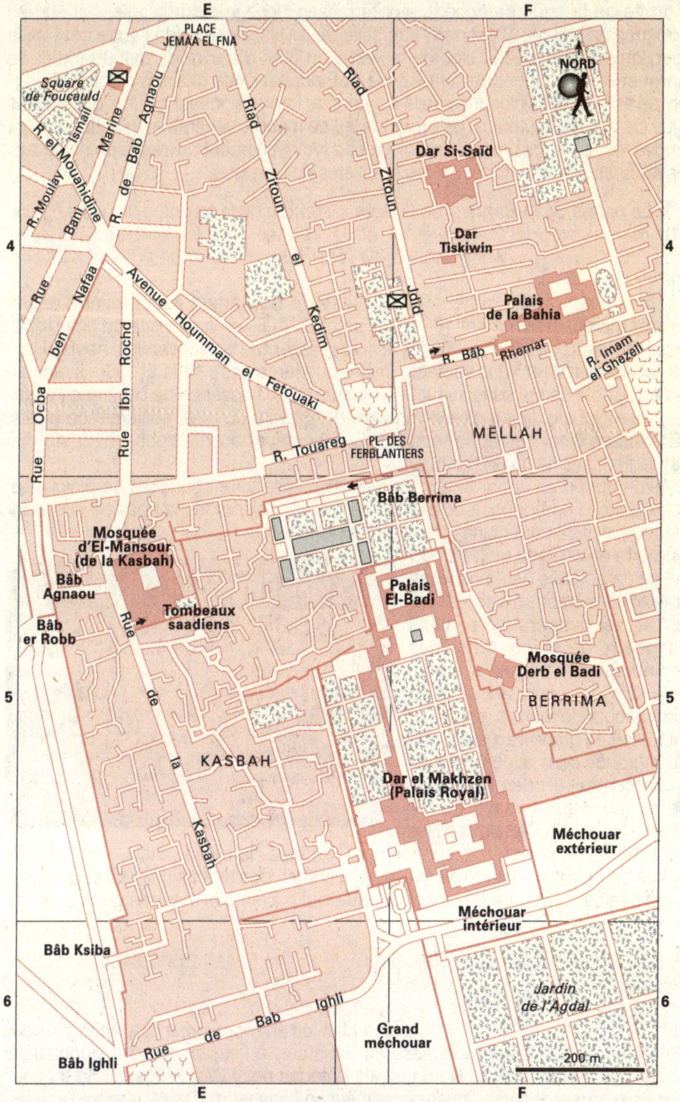

MARRAKECH – LES PALAIS

c'est dire ! Deux pavillons, couverts de coupoles et supportés de colonnes de marbre, s'y élevaient : le « pavillon d'or » et le « pavillon de cristal ». Les matériaux les plus précieux avaient été achetés jusqu'en Chine. De nombreux visiteurs ont conté les plafonds incrustés, les chapiteaux recouverts d'or, la profusion de marbres noir et blanc, des onyx de toutes les couleurs. Le sol décoré de mosaïques était creusé de petits bassins d'eau vive.

À droite de la cour, on accède aux terrasses : jolie vue sur la ville... et sur les cigognes en saison. C'est dans une salle du palais en ruine (de l'autre côté de la cour) qu'est conservé le clou de la visite, un chef-d'œuvre de menuiserie et de marqueterie : le minbar de la mosquée-cathédrale. Cette chaire à prêcher a longtemps servi dans la mosquée de la Koutoubia. Impressionnant par ses dimensions (plus de 3 m de hauteur et de profondeur), ce meuble vénérable, minutieusement rénové, est composé de bois précieux et d'ivoire finement ouvragés en de savantes arabesques, œuvre de maîtres ébénistes de Cordoue.

Le palais de la Bahia *(« de la Belle », surnom de la favorite ; plan des Palais, F4) : riad-Zitoun-Jdid, près de la pl. des Ferblantiers. ☎ 05-24-38-95-64. Tlj (sf Aïd el-Kebir) 9h-16h (fermé ven 11h30-15h) ; ouv slt l'ap-m pour l'Aïd es-Seghir. Entrée : 10 Dh.*
Construite vers 1880, cette riche demeure de Ba Ahmed est un chef-d'œuvre de l'art marocain comptant 166 salles au total, mais on n'en visite qu'une partie, rassurez-vous.... Vizir, ministre, il a assuré la régence des souverains moulay Hassan et Abdelaziz, et fut le véritable maître du Maroc entre 1894 et 1900. Il racheta cet ensemble de maisons au fur et à mesure, d'où l'absence de cohérence architecturale globale. Les meilleurs artisans et ouvriers du pays édifièrent ce palais. Sur plus de 8 ha, des appartements superbement décorés débouchent sur des patios fleuris (3 ha de jardins !).
À l'exception d'un appartement, toutes les pièces furent conçues de plain-pied, étant donné l'embonpoint du grand vizir (ce qui ne l'empêchait pas de posséder 4 épouses et 24 concubines ; quel tempérament !).
On visite en enfilade un petit *riad* qui se caractérise par la richesse et le foisonnement de son décor (sol en zelliges, orangers, hauts panneaux de stucs, corniches et linteaux de portes à motifs en cèdre), une cour adorable, la grande cour de marbre (épurée et minérale), le grand *riad* à gauche de la grande cour (avec son vaste jardin central). Portes avec chatières (normal, au pays où les chats sont rois !). Certaines salles ou patios sont vraiment exceptionnels. Plafonds de cèdre peints, riches stucs, patios de marbre, un autre au décor très végétal. Des ambiances différentes, toujours très calculées. Le maréchal Lyautey, qui n'avait pas mauvais goût, avait fait de ce palais sa résidence.

LES MARBRIERS SE SONT SUCRÉS !

Tout le marbre des palais saadiens provient d'un incroyable troc avec l'Italie. À l'époque, 1 kg de marbre était échangé contre 1 kg de canne à sucre ! Il y a longtemps que le sucre a fondu, mais le marbre, lui, est resté. Belle transaction !

MARRAKECH

Dar Tiskiwin *(plan des Palais, F4) : 8, rue de la Bahia. ☎ 05-24-38-91-92. En sortant du palais de la Bahia, remonter le riad-Zitoun-Jdid ; au niveau du parking, passer sous la porte à droite ; c'est un peu plus loin. En principe, tlj 9h30-12h30, 15h-18h30. Entrée : 20 Dh ; réduc.* Bert Flint, un anthropologue néerlandais installé au Maroc en 1957, s'est intéressé au Sahara et à l'essaimage des populations anciennes de l'Afrique du Nord jusqu'à l'Afrique noire (Mali, Niger...). Sa théorie : ces deux zones géographiques constituent un continuum culturel, malgré l'impression de discontinuité due à la colonisation de l'Afrique du Nord par les Arabes. Il expose le fruit de ses recherches dans cette maison du début du XXe s. Ça va de la tente aux tapis, en passant par les textiles, les outils, les bijoux, la sellerie et mille autres choses encore. Une expo pointue, mais accessible grâce au texte très bien rédigé que l'on vous remet en début de visite.

Dar Si-Saïd *(plan des Palais, F4) : prendre la 1re rue à gauche après Dar Tiskiwin ; c'est au bout. Tlj sf mar et j. fériés 9h-16h45. Entrée : 10 Dh ; réduc moins de 12 ans.*

Cette ancienne maison du frère du vizir Ba Ahmed fut construite à la même époque et avec les mêmes artisans que le palais de la Bahia. Si Saïd profita des richesses de son frère, il fut aussi entraîné dans sa chute et mourut la même année que lui, dans des circonstances mystérieuses.
Aujourd'hui, le *riad* et ses dépendances abritent une belle expo d'objets marocains du début du XXe s : boiseries, bijoux, poteries, armes, tapis, tissages, jolies bouilloires sur pied, plateaux, vieux instruments de musique, etc. Le bâtiment lui-même est digne d'intérêt avec une cour où chante une fontaine, surmontée d'un élégant kiosque de bois, et de très beaux plafonds peints à l'étage.

Flâner dans la médina

Il y a deux sortes de rues dans la médina. D'abord, les rues principales, bordées de commerces et de boutiques. Elles mènent toujours quelque part, vers les portes des remparts ou vers la place. Puis il y a les *derb,* ruelles étroites qui desservent les quartiers. Presque toujours en impasse, elles correspondent à d'anciens campements de telle ou telle tribu. Elles sont numérotées de droite à gauche ; la première porte à gauche indique donc le nombre de maisons du *derb.* Accolés les uns aux autres, les fameux *riad,* centrés sur leurs cours intérieures, alignent leurs hauts murs et forment la médina comme un tissu horizontal quasi continu. Si vous êtes perdu au fond d'un *derb,* faites demi-tour, puis, à chaque embranchement, prenez la voie qui semble la plus fréquentée. Et *Inch' Allah* !

DIABOLIQUE *SABA* !

Mais pourquoi n'obtient-on pas de plan précis de la médina avec son serveur usuel d'imagerie par satellite ? À cause des multiples passages de ruelles sous voûte. Ce qui semble être la fin d'une rue, vue du ciel, est en fait un saba (pièce d'habitation surplombant la rue) sous lequel se faufilent chats et piétons. Bien plus fort que l'aveugle GPS, le sieur Faillard a fait, 7 ans durant, un relevé précis de tous les derb. *C'était dans les années 1970, et de son travail découlent les cartes les plus exactes de Marrakech. Alors, laissez Internet au vestiaire et utilisez les plans papier !*

Chaque quartier de la médina s'organise autour de sa mosquée, de sa fontaine, de son hammam et de son four.
Voici un itinéraire indicatif, pour découvrir des sites peu fréquentés. Ignorez gentiment les mauvais augures de coins de rues qui vous apostrophent « Ça ne passe pas ici »... ou « Non, c'est par là »... ils ont forcément envie de vous vendre un bout de visite. Hardi les cœurs, *Routard* en main, laissez-vous guider en prenant tout votre temps. Sage proverbe marocain qui dit : « Un homme pressé est déjà mort ! »

De la place Jemaa-el-Fna à la médersa Ben-Youssef

Depuis la place Jemaa-el-Fna, rejoindre la place de Bâb-Fteuh, juste au nord. À droite s'ouvre le ***foundouk El-Fatmi.***

➢ La grande cour qui suit le porche est une véritable caverne d'Ali Baba à ciel ouvert. On y trouve de tout : bijoux, poteries, cuir, boiseries et une multitude d'articles originaux, provenant en grande majorité du *bled.* Au 1er étage, au coin, ***Chez Ali (boutique 31)*** propose une belle collection de théières anciennes. Ressortir et encore sur votre droite, caravansérail ***Ben Chaba,*** au n° 31 de la place. Revenir ensuite sur ses pas et sous une arche de stuc, au n° 56, un troisième *foundouk* avec quelques fausses antiquités. Une exception, au 1er étage, au n° 33, ***Bel-Haj*** possède une belle collection de bijoux en argent, coraux du Yémen, etc.

En sortant, prendre à droite, s'engager dans la rue Mouassine et tourner tout de suite à gauche. Continuer cette rue qui aboutit au mausolée de l'un des sept saints de Marrakech (rendez-vous des voyantes et diseuses de bonne aventure, le jeudi après-midi). Juste au-delà, passer une arche et tourner à droite dans la rue El-Ksour. On a une belle perspective de la ***porte Mouassine,*** de style almohade sous laquelle on va passer. (Vous suivez toujours ?) On aboutit à la rue Mouassine, face à la drolatique « ***Fnaque Berbère*** ». Tourner à gauche et remonter la rue jusqu'au croisement en T avec la rue Sidi-el-Yamani. Prendre à droite et, quelques pas plus loin, faire un aller-retour dans une impasse à droite pour admirer la très belle porte de la mosquée Mouassine. Reprendre le cheminement dans la rue principale, sur 50 m, pour admirer la belle *fontaine* datant des Saadiens. Reprendre la rue Mouassine qui pique plein nord. Au n° 192, le ***foundouk Sarsar*** au-delà de la massive porte cloutée, jolis plafonds de coursives en cèdre sculpté. Presque en face, au n° 145, une belle porte en fer à cheval (et vantaux également cloutés), encore un de ces caravansérails ne manquant pas de charme. Levez donc les yeux : les encadrements de fenêtres sur rue sont joliment ouvragés. Continuer la rue Mouassine, passer une arche qui marque un croisement. Faire un aller-retour de 50 m à droite : sous une arche, si la porte est ouverte, le trou de la « chaudière » d'un hammam de quartier (nourrie avec des restes de bois divers). Le soir venu, lorsque le feu est à son comble, c'est « enfer et damnation » !
Allez, on laisse Méphisto au hammam et on reprend la rue Mouassine jusqu'à une arche sur laquelle se perche un petit minaret. Le bâtiment à gauche est le tombeau de Sidi Abdelaziz : jetez un cil par l'une deux fenêtres grillagées de vert. Au croisement juste après, prendre à droite la rue du souk des Fassis pour rejoindre la *médersa Ben-Youssef.* Chemin faisant, sur la gauche au n° 21, notez l'entrée d'un hammam au linteau de cèdre superbement sculpté.

Vers la porte Sidi-bel-Abbès

En sortant de la ***médersa Ben-Youssef,*** tourner à gauche. Passer le musée de Marrakech, la koubba almoravide et suivre à droite le haut mur de la mosquée Ben Youssef que l'on contourne. On s'engage dans la longue et sinueuse ***rue Amesfah*** (suivre les panneaux « Musée de l'Art de Vivre »), pleine de vie et de superbes clins d'œil architecturaux. Rien ne semble avoir changé ici depuis des siècles. Au passage, à droite, un pittoresque et vénérable *foundouk* rempli de petites charrettes, linge séchant entre les élégantes arcades... Quelques dizaines de mètres plus bas, dans le coude de la rue à gauche, très belle porte ouvragée, hélas en partie ruinée, dont la finesse du décor s'efface. Enfin, à gauche, c'est la merveilleuse et monumentale ***fontaine Chrob n'Chouf*** (monument historique), littéralement « bois et regarde ». Elle présente un bel auvent à stalactites en bois de cèdre sculpté, avec inscriptions coufiques. Toujours en service aujourd'hui.
Après la fontaine, tourner à gauche sous une voûte dans la ***rue Diour-Saboune,*** où se regroupaient les vendeurs de savon. On peut visiter, en aller-retour, le ***musée de l'Art de Vivre.*** Au-delà, on débouche sur la place Bâb-Taghzout, tout en longueur, avec des arbres au milieu et une station de petits taxis. Ici, le flux touristique s'est nettement tari. Continuer tout droit pour atteindre la ***porte de Sidi-bel-Abbès,*** qui date de l'ancienne enceinte almoravide. Quartier très populaire qui tient son nom de Sidi bel-Abbès (né à Ceuta en 1130, mort en 1205), le plus célèbre des sept saints de la ville. Il avait la réputation de guérir les aveugles et d'être très généreux avec les pauvres. Plein de ruelles à parcourir dans le coin.

Le quartier et la mosquée de Sidi-bel-Abbès

Après la ***place Bâb-Taghzout*** *(plan couleur d'ensemble, E2),* tourner immédiatement à droite et passer sous une arche. On parvient à l'un des plus séduisants portails du quartier. En forme de fer à cheval, avec une façade en stuc ciselé, surmonté d'un auvent à stalactites. Il s'ouvre sur un passage à arcades livrant un remarquable jeu de portes en enfilade. Tout au fond, la ***mosquée de Sidi-bel-Abbès.*** Ce passage à arcades est, paraît-il, réservé aux musulmans, mais la pancarte a dû tomber (depuis longtemps ?) et n'a jamais été replacée. Au fait, à droite de cette belle porte, au n° 26, un trou noir qui exhale une bonne odeur de pain chaud. C'est l'entrée du boulanger local. Les habitants du quartier apportent leur pain à cuire dans des paniers d'osier recouverts d'un linge. Au sous-sol de la boulangerie, possibilité d'observer le savoir-faire millénaire de l'artisan (ne pas oublier la p'tite pièce à la fin !).

LES CROYANTS SUSPENDUS À LA POTENCE

Quelle est donc cette potence qui chapeaute les minarets marocains ? Autrefois, faute de haut-parleurs, le muezzin hissait un drapeau pour signifier à ses ouailles un peu lointaines le début de l'appel à la prière (d'où la structure horizontale des villes, où les maisons devaient être plus basses que les minarets). Certaines mosquées perpétuent cette tradition qui connaît ses codes de couleurs : le jeudi soir, le drapeau bleu annonce la grande prière du lendemain. Le drapeau blanc, ce n'est pas la reddition... c'est la prière courante !

Prendre le passage vers la mosquée de Sidi-bel-Abbès. Au débouché de ce dernier, un bout de rue avec l'alignement traditionnel des mendiants. Continuer tout droit. On arrive sur une petite place fermée. À l'entrée de la place, la zaouïa où se réunissent les aveugles pour psalmodier les versets du Coran et recevoir dons et nourriture. Magnifique façade ouvragée de cette mosquée du début du XVIIe s (interdite aux non-musulmans), avec auvent à stalactites polychromes. En dessous, décor de stucs ciselés, délicate et harmonieuse composition, faïences en bas pour finir. Toit de tuiles vertes vernissées. De chaque côté, colonnettes de marbre. En vis-à-vis, une belle fontaine arborant une grille ouvragée et un auvent couvert de zelliges colorés. Un passage, avec grille à gauche, mène à une nouvelle cour avec tombeau de marabout.

Prenez l'autre passage à droite de la mosquée. Il mène à une enfilade de voûtes débouchant sur une rue. Prendre ensuite la première à droite. Ruelle étroite en zigzag, voûtes de brique, portes cloutées cachant probablement de beaux *riad,* passages couverts au plafond de troncs d'arbres... Continuer. Tiens, sur la gauche, l'œil est immanquablement attiré par une succession de voûtes très basses en arcs brisés (attention à la tête !). C'est le charme de cette ville que d'aspirer sans cesse le visiteur vers d'autres choses. Résister à cet appel (ou revenir sur ses pas après) et maintenir le cap tout droit vers une nouvelle succession de voûtes revenant à la voie menant à la mosquée (à noter, un pittoresque marché de quartier, non loin de là). La boucle est bouclée !

– Dans le même secteur, on peut faire un tour le jeudi seulement mais toute la journée au ***souk de Bâb-el-Khemis*** *(plan couleur d'ensemble, E-F2),* qui, comme son nom l'indique, se trouve près de Bâb-el-Khemis. Un genre de marché aux puces avec meubles, objets utilitaires, vêtements et nourriture. Un endroit à l'ambiance très locale et haut en couleur. Allez-y surtout pour l'atmosphère car les prix sont exorbitants. Attention aussi aux nombreuses contrefaçons !

Vers les tombeaux de Sidi ben Slimane et Sidi Ahmed Soussi

On s'y rend à travers un très intéressant quartier. Du temps du protectorat, c'était le coin des mauvais garçons et des plus célèbres chefs de bandes de la ville. Aujourd'hui, c'est un lieu populaire comme les autres, treillis invraisemblable de ruelles, avec pourtant toujours de petits reliquats de cette réputation sulfureuse.

Voici l'itinéraire le plus simple pour trouver les prestigieux ***tombeaux de Sidi ben Slimane et de Sidi Ahmed Soussi.*** Partir de la ***place Bâb-Taghzout*** *(plan couleur*

d'ensemble, E2) en prenant la ruelle perpendiculaire à la station des petits taxis (à gauche de la place donc, face à Bâb-Taghzout). Arrivée à un carrefour en T (au coin droit, une petite école avec des dessins colorés en façade). Tourner à gauche, passer sous une voûte, tourner à droite, repasser sous une voûte, aller tout droit jusqu'à un nouveau carrefour en T. Prendre à droite vers le *tombeau de Ben Slimane.* Apparaît tout de suite un passage couvert en arc brisé présentant une délicieuse façade, vestige d'une ancienne médersa. Au milieu, fenêtre avec restes de faïences peintes et quelques tuiles vertes vernissées au-dessus.
Tiens, d'où vient donc cette bonne odeur de pain chaud ? De part et d'autre de ce passage couvert, côté gauche, une boulangerie traditionnelle avec son vénérable four. Sous le passage, à droite, l'entrée d'un hammam. Continuer, légère courbe vers la gauche, nouveau passage couvert qui débouche sur une charmante placette. À gauche, élégante porte en fer à cheval décorée. Juste à côté, vénérable fontaine avec auvent en bois sculpté. Enfin, au fond de la place, la *zaouïa de Ben Slimane* (on ne visite pas). ***Sidi Mohammed ben Slimane el-Jazouli,*** pour être complets, fut le fondateur du soufisme marocain au XVe s, grand homme politique en son temps et pourfendeur des Portugais. Extrêmement vénéré par les fidèles. Mausolée datant de l'époque saadienne mais remanié à la fin du XVIIIe s.
Repartez en sens inverse vers l'intersection en T où vous avez pris la direction du tombeau de Ben Slimane. On arrive sur une placette en triangle. Au fond à droite, jolie porte en fer à cheval ornée de stucs, avec auvent en tuiles vertes vernissées. Continuez la ruelle, prenez la première à droite. Après deux coudes, arrivée à un passage couvert. Tournez à droite sous un autre passage couvert (re-boulanger en dessous) et allez tout droit. Vous y êtes !
Le ***tombeau de Sidi Ahmed Soussi*** se trouve dans une petite impasse à droite. On enjambe trois belles colonnes de marbre servant de marchepied et provenant sans doute du pillage des palais saadiens. Si les portes sont ouvertes, admirez les superbes plafonds et murs de stuc (on n'y entre pas) ; les portes ne sont pas en reste, avec leurs merveilleux détails sculptés. Au-dessus, trois petites baies ajourées. Revenez ensuite sur vos pas jusqu'à la ruelle principale et tournez à droite. Tout droit, vous pouvez rejoindre le centre-ville.
Des itinéraires comme celui-ci, vous pouvez vous en inventer un nouveau chaque jour, alors n'hésitez pas et perdez-vous, c'est le meilleur moyen de saisir tout le charme de cette ville si pudique et secrète.

Le pèlerinage des Sept Saints

À moins d'être musulman, vous n'irez sans doute pas à Marrakech comme pèlerin. Pour beaucoup de Marocains, c'est, à sa manière, une ***ville sainte.*** Le pèlerinage obéit à un rituel précis : le pèlerin doit visiter sept tombeaux (accès interdit aux non-musulmans), dont cinq sont situés dans la médina.

- On commence à l'extérieur des remparts par la zaouïa (marabout) de ***Sidi Youssef ben Ali*** *(plan couleur d'ensemble, G4),* le saint des lépreux, consulté pour les problèmes médicaux.
- Le deuxième lieu saint est celui consacré à ***Cadi Ayad,*** entre Bâb-Aylen et Bâb-ed-Debbagh *(plan couleur d'ensemble, G3).*
- Le saint le plus populaire et le plus vénéré est le troisième : ***Sidi bel Abbès Sebti,*** grand mystique du XIIIe s. Son mausolée, situé au nord de la médina *(plan couleur d'ensemble, E1-2),* contient le sanctuaire proprement dit et des chambres pour les nombreux visiteurs. On vient y faire des dons et des offrandes ; les étrangers peuvent en faire autant. Une personne se charge de distribuer les donations aux personnes les plus nécessiteuses.
- ***Ibn Souleyman el-Jazouli,*** organisateur de la résistance contre les chrétiens à la fin du XVIe s, et ***Sidi Abdelaziz at-Tabbaa*** sont l'objet des quatrième et cinquième visites : le premier a son mausolée à Sidi-ben-Slimane *(plan couleur d'ensemble, E2),* le second au bout de la rue Mouassine *(plan des Souks, A2).*

– ***Abdallah al-Ghazouani*** (le patron des palais, connu sous le nom de moulay Ksour) dont le mausolée se trouve près de la place Bâb-Fteuh *(plan couleur Jemaa-el-Fna, E3)* et **Imam Assouhaïly** (appelé *Sidi es-Soheyli*), érudit andalou dont le mausolée se situe à l'extérieur de Bâb-Agnaou *(plan couleur Médina, D5).* Ce sont les deux derniers marabouts de ce que Tahar ben Jelloun a appelé « la Ronde sacrée ».
À défaut de pouvoir visiter les tombeaux, rien ne vous empêche d'aller « admirer » les sept tours (représentant les sept saints) coiffées chacune de leur olivier (en bien piteux état !). Elles sont situées en bordure du boulevard du 11-Janvier, au nord de la gare routière de Bâb-Doukkala.

Le mellah *(plan couleur d'ensemble, F4-5)*

Accès par la pl. des Ferblantiers (Bâb-Berrima). Ou alors tt au bout du riad Zitoun-Jdid.
L'ancien quartier juif de Marrakech, aujourd'hui rebaptisé *Hay-Essalam* (quartier de la paix). Il y eut, dit-on, jusqu'à 36 000 juifs dans la ville. De 1956 à 1967, la plupart partirent en Israël, en France et à Montréal. Il en resterait environ 250 à Marrakech, dont une vingtaine seulement habite le mellah.
La communauté juive était réputée jadis pour son sens de la récupération. À partir de vieux pneus, des artisans confectionnaient des savates. D'autres, à partir de vieux bidons, fabriquaient des objets domestiques en fer-blanc (d'où la place des Ferblantiers), mesures diverses, entonnoirs et, surtout, de belles lanternes ajourées et ornées de verres colorés. Bien sûr, on trouvait aussi nombre de bijoutiers. Le souk coloré, qui rassemble de nombreux grossistes (épices, tissus, etc.), mérite vraiment le détour. Beaucoup de ruelles encore en terre battue, entassement dans les maisons, et une vie locale encore très riche, nombreux enfants jouant dans la rue, vénérables échoppes de proximité... Attention aux « fausses synagogues ». On vous fait visiter une ancienne demeure ornée de quelques portraits de rabbins, photos et affiches et le tour est joué ! À l'est du mellah, le cimetière juif mérite lui aussi un détour avec ses petites maisonnettes blanches ornées de niches où l'on faisait brûler des bougies.

GUÉLIZ ET LES AUTRES QUARTIERS DE LA VILLE NOUVELLE

Guéliz est un des premiers quartiers – en dehors des remparts – créés par les Français sous le protectorat : par facilité, on a tendance à appeler Guéliz tout ce qui est extérieur à la médina, mais la ville ne cesse en fait de s'agrandir de nouveaux quartiers autour de Guéliz. L'avenue Mohammed-V, longue de 3 km, tracée par un architecte du maréchal Lyautey, relie la ville nouvelle à la médina. C'est là que se trouvent les sièges des compagnies, les principales administrations, les agences de voyages, tous les commerces de luxe, les grands cafés et la poste principale. Il n'y a pas grand-chose à voir, mais il ne faut cependant pas manquer ce qui suit.

D'ÉGLISE À GUÉLIZ

Savez-vous d'où vient le nom de Guéliz ? Tout simplement d'« église », transformé en « Guéliz » par les Marrakchis qui désignaient le quartier par son édifice religieux, le premier bâtiment à avoir été érigé dans la ville nouvelle à l'époque française. D'ailleurs, cette église existe toujours.

Le jardin Majorelle *(plan couleur d'ensemble, C1)* **:** ☎ *05-24-31-30-47.* • *jardinmajorelle.com* • *Bus n° 1 depuis le square Foucault ou bus n° 4 (arrêt devant l'hôtel Majorelle). Tlj 8h-18h mai-sept ; 8h-17h30 le reste de l'année (9h-17h* *pdt le ramadan). Entrée : 50 Dh ; gratuit moins de 9 ans. Dans l'atelier de Majorelle,* ***musée de l'Art berbère*** *(entrée en sus : 25 Dh).*

Ce magnifique jardin abrite l'atelier du peintre Jacques Majorelle, qui vécut ici à partir de 1924 pour soigner sa tuberculose. En 1980, Yves Saint Laurent et Pierre Bergé acquirent et restaurèrent l'endroit. Le grand couturier aimait d'ailleurs tant cet endroit qu'il a choisi d'en faire sa dernière demeure. Ses cendres y furent dispersées en juin 2008, et une stèle commémorative en son souvenir y fut érigée.

C'est aujourd'hui un lieu plein de poésie, avec une composition de l'espace à partir de cactus, plantes grasses, bougainvillées, bambou, dont maintes essences issues des cinq continents. Des bassins, fontaines, treilles et d'immenses jarres aux couleurs tranchées ponctuent cet univers végétal. Prenez votre temps pour savourer ce bijou, au gré d'agréables bancs ombragés. Majorelle eut l'idée audacieuse de peindre son atelier d'un bleu-mauve (le fameux « bleu Majorelle »), qui contraste violemment avec la végétation luxuriante. Il a été transformé en un petit mais passionnant *musée* présentant des objets d'art berbère : vie quotidienne et métiers (notez de jolis marteaux à sucre et autres enfumoirs pour l'apiculture), parures féminines présentées dans une salle reproduisant superbement le firmament étoilé grâce à des miroirs, vêtements, portes, cadenas berbères en bois et pour finir quelques jolis instruments de musique.

Café-resto en terrasse à l'intérieur du jardin, bien agréable mais un peu cher.

Kawoa : *33, rue Yves-Saint-Laurent. Face à l'entrée du jardin. On y grignote, à prix moyens, de petits plats du jour, snacks ou fruits en buvant un jus de légumes.*

Le marché couvert *(plan couleur Guéliz, B-C2) : av. Ibn-Toummert, près de l'angle avec l'av. des Nations-Unies. Tlj sf dim ap-m 7h-18h.* Ce ne sont pas les souks (et c'est plus cher !), mais certains marchands y vendent des produits locaux. Beaucoup de boutiques pour touristes proposent des plagiats de marques célèbres au quart de leur prix européen, au dixième de leur qualité et avec de possibles ennuis en douane, au retour en Europe (détenir des contrefaçons est illégal).

Les totems de Marrakech *(plan couleur d'ensemble, A1-2) : dans la continuité de l'av. Mohammed-V, juste après le croisement avec l'av. Mohamed-Abdelkarim-el-Khattabi.* Des eucalyptus morts bordant la route de Targa ont été joliment sculptés, plutôt que de les ratiboiser. Cela donne une bonne bouille à ce bout de boulevard passant.

Le tour des remparts : il faut un véhicule pour longer les 19 km de murailles couronnées de 200 tours carrées et percées d'une quinzaine de portes. Les parties les plus intéressantes de cette ceinture de pisé rose-ocre sont situées au niveau du quartier de l'Hivernage (surtout le soir, car les remparts sont orientés face au soleil couchant) et du souk de Bâb-el-Khémis.

Le circuit conduit ensuite au ***jardin de l'Agdal*** *(ven et dim 7h30-18h).* Vaste verger planté d'oliviers et d'arbres fruitiers. Lieu de promenade prisé des familles.

La Ménara *(plan couleur d'ensemble, B5) : à env 3 km de la pl. Jemaa-el-Fna. Bus n° 11, derrière la Koutoubia, ou taxi (env 20 Dh). Visite du pavillon tlj 9h-17h. Entrée : 10 Dh ; gratuit ven et j. fériés. Accès gratuit aux jardins tlj 7h30-17h.*

La balade dominicale et familiale par excellence. Il s'agit d'une vaste oliveraie au cœur de laquelle mouille un grand bassin avec un petit pavillon. Il servait aux rendez-vous galants du sultan qui, selon la légende, noyait l'élue d'un soir au petit matin dans les eaux du bassin.

L'endroit a été entièrement réaménagé, au détriment de dizaines d'oliviers pluriséculaires. De plus, des tribunes dénaturent carrément l'unité du bassin ! Malgré tout, la Ménara est le lieu de promenade des amoureux en fin d'après-midi. Le dimanche, c'est même noir de monde. La promenade consiste à emprunter la large allée qui mène au plan d'eau, à faire un tour dans un sens, un tour dans l'autre et puis voilà.

Quant au « Pavillon de plaisir », il mérite un regard pour son côté romantique, ses portes et voûtes peintes.

Fêtes et manifestations

– ***Printemps de la poésie de Marrakech :*** *1 petite sem pdt la 2de quinzaine de mars. Rens à l'Institut français de Marrakech (voir plus haut « Adresses utiles »).* Différentes manifestations culturelles qui rendent hommage à la poésie en différents lieux de la ville (soirées lecture, rencontres musicales, ateliers d'écriture, etc.).
– ***Souffle magique :*** *1 sem en avr.* Les magiciens de tout acabit investissent le théâtre royal pour quelques tours de passe-passe encore plus forts qu'une négociation dans le souk.
– ***Festival international du Rire :*** *5 j. début juin. • marrakechdurire.com •* Le rire fait se tordre la ville pendant 5 jours. Programme éclectique.
– ***Festival national des Arts populaires de Marrakech :*** *en principe, pdt 1 sem entre juin et août, pas forcément ts les ans. ☎ 05-24-43-20-21. • marrakechfestival.com •* On y mesure la richesse du folklore marocain, par les danses, les chants ou les costumes. Une vingtaine de troupes différentes investissent plusieurs sites, dont le palais El-Badi, qui peut accueillir plus de 2 000 spectateurs, et la Ménara.
– ***Moussem :*** *à **Setti-Fatma** (vallée de l'Ourika), début août, et à **Moulay-Brahim,** 10 j. après la date d'anniversaire de la naissance du prophète Mohammed.*
– ***Festival international du Film :*** *1 sem entre oct et déc. • festivalmarrakech.info •* Grand rendez-vous cinématographique au Maghreb. De plus en plus de stars et de paillettes.

DANS LES ENVIRONS DE MARRAKECH

– ***La palmeraie :*** plantée sous les Almoravides, cette immense palmeraie de 13 000 ha a du mal à survivre à l'époque moderne. On estimait à environ 150 000 le nombre de palmiers irrigués par un réseau de canalisations souterraines, dites *khettara.* Ce système très ancien permettait de capter l'eau des nappes phréatiques et de l'amener en surface. Il ne fonctionne plus. Hélas, une bonne partie de cette palmeraie a été par ailleurs livrée par tranches aux promoteurs pour édifier de grands hôtels et de luxueuses villas. Enfin, victimes d'un virus et faute de soins, les palmiers sont déplumés ! Certes, ceux des villas et hôtels pètent la forme ! Bref, on ne voit plus vraiment l'intérêt de traîner ses babouches à l'ombre pitoyable de ces palmiers.

Le musée de la Palmeraie *(hors plan d'ensemble couleur par F1) : à l'est de la palmeraie. ☎ 05-24-37-83-73. • museepalmeraie.com • Prendre la route de Fès, c'est à 12 km env des remparts (bien signalisé). Bus n° 17 depuis Bab Doukkala. Tlj 9h-18h. Entrée : 40 Dh ; réduc ; gratuit moins de 9 ans.* Aberrazakk ben Châabane, le créateur du musée de l'Art de Vivre, a investi l'ancienne conserverie d'une ferme coloniale (celle du colon... el Neston). Il y a installé un espace dédié à l'art contemporain autour de deux bâtiments principaux (noter la jolie koubba au plafond de la première salle). On y voit principalement des œuvres peintes, mais aussi quelques rares sculptures. Très belle scène hippique de *Hassan el Glaoui,* un disque solaire en fil de laiton de *Yahya Rouach* et trois œuvres peintes sur peau de chèvre par *Souad Aâtabi.* Agréables et apaisants jardins de cactées et andalou où l'on peut boire un thé. Les ventes de la boutique sont partiellement reversées à une association pour les enfants déshérités du quartier populaire voisin.

Le complexe de poterie Moujmar-el-Frara *(hors plan couleur d'ensemble par A3) : douar Iziki, route d'Agadir-Essaouira, à env 8 km à partir de la sortie de la ville, juste après la Sicofam, indiqué sur la gauche. Prendre le chemin qui longe l'établissement occupé par des artisans vanniers, c'est 100 m plus loin.* Plusieurs dizaines de potiers se sont installés là. Ils fabriquent et vendent leurs pièces. Prix moins élevés qu'aux souks... après négociation, évidemment. Intéressera surtout ceux qui veulent acheter en nombre et qui sont véhiculés.

QUITTER MARRAKECH

Attention : éviter les déplacements terrestres (train, bus, grands taxis...) durant les grandes fêtes religieuses musulmanes. Tout est absolument complet à ces périodes.

En bus

Les 2 compagnies principales, la *CTM* et *Supratours,* conseillées pour les liaisons entre les grandes villes, ont chacune leur terminal. Mieux vaut prendre son billet la veille et vérifier les horaires. Pensez au supplément pour les bagages en soute (env 5 Dh).

Lignes de la CTM

Gare routière CTM *(plan couleur d'ensemble, A3,* ***2****) : à côté de Bâb-Doukkala.* ☎ *05-22-54-10-10.* • *ctm.ma* • Tous les bus de la compagnie, même ceux partant de la gare routière de Bab Doukhala *(plan couleur d'ensemble C-D2,* ***1****)*, passent par ici. La fréquence des bus varie selon saison, l'été étant celle où il y a le plus de départs.

➢ ***Pour Fès*** *(via* ***Beni-Mellal, Khénifra*** *et* ***Azrou****)* **:** 4 bus/j., 7h-23h30. Trajet : env 8h.

➢ ***Pour Casablanca :*** env 12 bus/j., dont certains de nuit. Trajet : min 3h. Beaucoup d'autres départs avec d'autres compagnies depuis la gare routière principale.

➢ ***Pour Agadir :*** env 10 bus/j., 5h30-23h45. Trajet : 3h.

➢ ***Pour Essaouira :*** 2 bus/j. selon périodes. Ligne souvent chargée, mais places numérotées. Trajet : 3h. Nombreuses autres liaisons assurées par d'autres compagnies depuis la gare routière de Bab Doukhala.

➢ ***Pour Ouarzazate :*** 4 bus/j. (7h-minuit). Trajet : 4h30-5h. Partir tôt pour éviter la chaleur. La superbe route passe le plus haut col du Maroc, le Tizi-n-Tichka, à 2 260 m d'altitude (convoitez les places à gauche).

Lignes Supratours

Gare routière Supratours *(plan couleur d'ensemble, A3,* ***3****)* **:** *av. Hassan-II, à 100 m de la gare ferroviaire (avec les quais de laquelle elle communique).* ☎ *05-24-43-55-25.* • *supratours.com* • Consigne. Petite restauration. Téléboutique à proximité. Excellente compagnie privée en termes de confort, de qualité et de régularité. Très bon rapport qualité-prix. Arriver 20 mn avt le départ pour enregistrer les bagages (supplément valises en soute).

➢ ***Pour Agadir :*** ttes les 2h, 8h30-22h30. Trajet : 3h.

➢ ***Pour Essaouira :*** 5 bus/j., 8h30-19h. Trajet : 2h30.

➢ ***Pour Ouarzazate et Zagora :*** 2 bus/j. Trajet : 5h pour Ouarzazate.

➢ Également 3-4 bus/j. pour ***Tiznit, Guelmim, Tan-Tan*** et ***Laâyoune*** (celui de l'ap-m continue vers ***Dakhla***).

Gare routière principale *(plan couleur d'ensemble, C-D2,* ***1****)* **:** *pl. El-Mourabitin à Bâb-Doukkala, à l'extérieur des remparts.* ☎ *05-24-43-39-33.* Elle ne vous sera pas d'un immense intérêt : les compagnies secondaires, quelques bus CTM et les bus locaux partent d'ici.

En taxi collectif

Derrière la gare routière principale *(plan couleur d'ensemble C-D2,* ***1****)* nombreux taxis collectifs pour ***Essaouira, Agadir...*** À vous de choisir. Les taxis collectifs pour la vallée de l'Ourika, Asni, Imlil et Amizmiz se prennent à la station de ***Charige-el-Bgare,*** à 1,5 km au sud de ***Bâb-er-Robb*** *(plan couleur d'ensemble, D6).* Attention aux rabatteurs, qui prennent forcément une commission.

En train

Gare ferroviaire *(plan couleur d'ensemble et plan couleur Guéliz, A3)* **:** *à l'angle des bd Mohammed-VI et Hassan-II.* ☎ *0890-20-30-40.* • *oncf.ma* • *(excellent site, avec ts les horaires et tarifs).* Une gare récente pour laquelle l'architecte s'est inspiré des portes monumentales de l'ancienne médina de Marrakech. À l'intérieur, on trouve un bureau d'infos *(tlj 8h-20h)*, un bureau de poste et de tabac, des boutiques, un centre *Meditel*, des banques, des agences de location de voitures et même un *McDo*...

➢ ***Pour Casablanca ou Rabat :*** ttes les 2h, 5h-21h. Un peu plus de 3h de trajet pour Casa et 4h pour Rabat. Moyen de transport idéal entre Marrakech et la capitale. Interconnexion possible vers l'aéroport de Casablanca.

➢ ***Pour Tanger :*** slt 1 train direct, de nuit (en un peu moins de 11h). Sinon, via Casablanca, ttes les 2h, 5h-13h ; trajet : env 10h.

➢ ***Pour Meknès et Fès :*** ttes les 2h, 5h-19h. Trajet : 6h30 pour Meknès, env 7h pour Fès.

En avion

✈ ***Aéroport Marrakech Menara*** *(hors plan couleur d'ensemble par C6)* **:** *à 4 km au sud-ouest.* ☎ *05-24-44-79-10.* • *onda.ma* • Pour rejoindre l'aéroport, voir en début de chapitre « Arrivée à l'aéroport ».

– Petite précision : au *duty free*, les dirhams ne sont pas acceptés. Possibilité de récupérer les taxes locales, sous réserve d'avoir fait ses emplettes dans des boutiques « Tax free » et de pouvoir présenter ses tickets.

➢ ***RAM*** *(Royal Air Maroc ; voir « Adresses utiles »)* assure des liaisons intérieures avec ***Casablanca,*** ainsi que des vols à destination des principales ***villes françaises.***

LES MONTAGNES DU HAUT ATLAS OCCIDENTAL

Elles forment une barrière naturelle au sud de la ville impériale. Il est difficile d'imaginer plus beau diadème que les sommets enneigés sur lesquels la lumière joue selon les heures du jour. Mais c'est au soleil couchant que cette parure devient particulièrement belle, lorsque les montagnes du Haut Atlas se transforment en une immense palette de toutes les teintes de rose et de rouge.

Les voies du Tizi-n-Test et du Tizi-n-Tichka sont incontestablement les deux plus belles routes de montagne du Maroc. La première relie Marrakech à Taroudant, et la seconde Marrakech à Ouarzazate. À 2 260 m d'altitude, le col du Tizi-n-Tichka constitue le plus haut passage routier du pays.

En août 1995, un orage catastrophique s'est abattu sur le versant nord de l'Atlas, du Tizi-n-Tichka au Tizi-n-Test, faisant 5 000 morts. La déforestation massive pratiquée depuis des lustres explique en partie l'ampleur de ce désastre. La plupart des victimes étaient des vacanciers qui campaient au fond de la vallée, au plus près de l'oued. Or, en cas d'orage, l'eau monte tellement vite (jusqu'à 6 m en 2 ou 3 mn !) qu'il est impossible de s'échapper. Pas fous, les Berbères ont d'ailleurs toujours bâti leurs maisons sur les hauteurs, à l'abri. Évitez de passer la nuit au fond de la vallée, au bord de l'eau, et même de vous engager dans ces vallées lorsque le temps est orageux et menaçant.

RANDONNÉES

Les vallées de l'Atlas permettent de superbes virées pédestres (ascension du *djebel Toubkal,* haute vallée de *Tachdirt,* etc.). Certaines randonnées nécessitent les services d'un guide et sont à organiser avec soin. D'autres peuvent se faire seul(s), si on a un peu d'expérience, accompagné ou non d'un muletier.

Guides

D'abord, si vous devez partir accompagné, adressez-vous au ***bureau des guides de Setti-Fatma*** (vallée de l'Ourika) et ***d'Imlil*** (au pied du Toubkal). Fuyez les faux

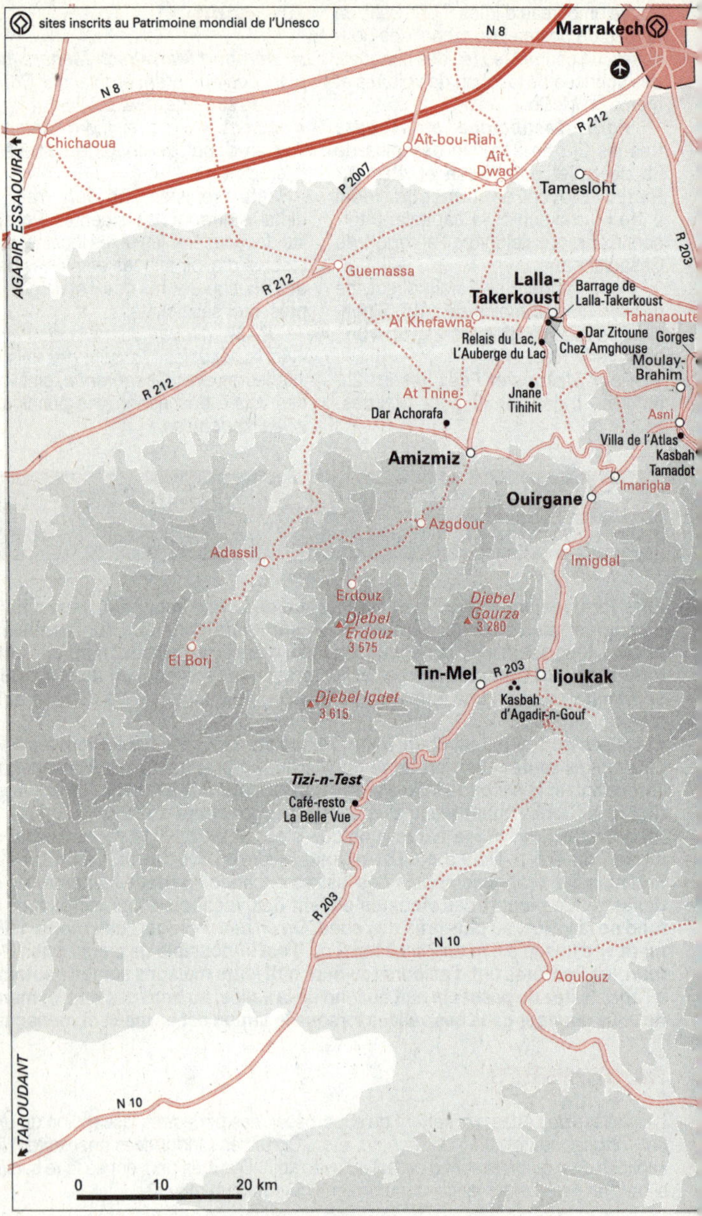
sites inscrits au Patrimoine mondial de l'Unesco
Marrakech
N 8
N 8
Chichaoua
AGADIR, ESSAOUIRA
Aït-bou-Riah
Aït Dwad
R 212
Tamesloht
P 2007
R 203
Guemassa
R 212
Lalla-Takerkoust
Barrage de Lalla-Takerkoust
Tahanaoute
Al Khefawna
Relais du Lac, L'Auberge du Lac
Dar Zitoune
Chez Amghouse
Gorges
Moulay-Brahim
R 212
At Tnine
Jnane Tihihit
Asni
Dar Achorafa
Villa de l'Atlas
Kasbah Tamadot
Amizmiz
Imarigha
Ouirgane
Azgdour
Adassil
Imigdal
Erdouz
Djebel Gourza
3 280
Djebel Erdouz
3 575
El Borj
Tin-Mel
R 203
Ijoukak
Kasbah d'Agadir-n-Gouf
Djebel Igdet
3 615
Tizi-n-Test
Café-resto La Belle Vue
R 203
N 10
Aoulouz
N 10
TAROUDANT
0
10
20 km

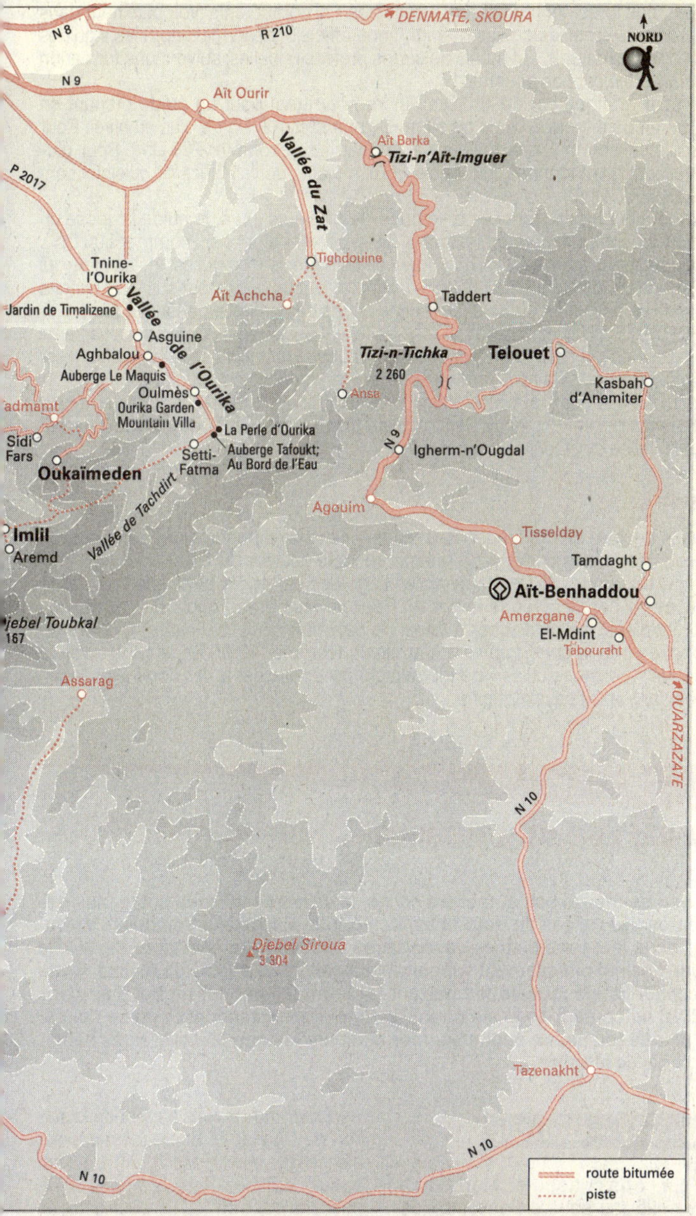

LES MONTAGNES DU HAUT ATLAS OCCIDENTAL

guides, pas forcément honnêtes, « traçables » ni compétents (voir plus haut dans « Maroc utile ») : si les guides de montagne officiels (désormais appelés « guides des espaces naturels » et munis de cartes professionnelles) suivent une formation spéciale, ce n'est pas pour rien !

– ***Le tarif*** pratiqué est de 400 Dh/j. (hors nourriture) pour un guide prenant en charge un petit groupe (2 à 4 personnes) ; compter 100 Dh de plus en hiver. Pour un mulet et son muletier (toujours hors nourriture), compter 200 Dh/j. Pour plusieurs jours de randonnée, le cuisinier ou le muletier qui fait office de cuisinier sont rétribués 250 Dh/j.

Cela dit, pour les randonnées en groupe de plusieurs jours, le guide propose un forfait tout compris (portage, guidage, hébergement et repas) : compter 500 Dh/j. et par personne (plus en hiver). Toujours se faire préciser ce qui est inclus et ce qui ne l'est pas. À discuter en toute amitié, simplement pour que tout soit clair, histoire aussi de ne pas vous retrouver au régime boîtes de conserve pendant 8 jours !

IMPORTANT : pour les balades muletières reliant deux vallées ou les deux versants de l'Atlas, les journées de retour pour les guides et muletiers sont facturées, c'est normal. Bien sûr, cela ne s'applique pas aux randonnées en boucle.

– Enfin, si vous avez un sérieux litige avec un guide, contactez le bureau du caïd (bureau qui détient des pouvoirs administratifs et judiciaires ; on l'indique à Asni et dans la vallée de l'Ourika).

Cartes

Si vous décidez de randonner sans guide, une carte topographique s'impose. Le bureau des guides d'Imlil vend une photocopie couleur du Toubkal (et environs) au 1/50 000 pour 100 Dh. Vérifiez bien l'âge des cartes : la pertinence des informations se périme avec le temps (!). Pour un plus grand choix de cartes (non photocopiées), se renseigner à l'*Agence nationale de la délégation foncière du cadastre et de la cartographie* à Marrakech (compter 70-80 Dh la carte – voir la rubrique « Adresses utiles » de Marrakech) ou s'adresser à des librairies spécialisées dans votre pays d'origine.

LA VALLÉE DE L'OURIKA

Au sud de Marrakech et facile d'accès, la vallée de l'Ourika est la plus fréquentée des vallées du Haut Atlas. Nombre de Marrakchis viennent s'y réfugier dans leurs résidences secondaires lorsque la température de la ville rouge devient difficilement supportable (il fait ici 10 à 15 °C de moins). Cette escapade d'une journée (en partant tôt le matin) permet un bol d'air dans l'Atlas, au contact de la vie rurale berbère. Pour y randonner ou se donner un peu de temps, on peut séjourner dans un des nombreux et bons hébergements de la vallée.

Arriver – Quitter

➢ ***En bus :*** depuis Marrakech, bus n° 25 (au square Foucauld) jusqu'à Tnine-l'Ourika. Trajet d'env 1h. Ensuite, nombreux taxis collectifs vers Setti-Fatma (prévoir 15 Dh et 1h de plus).

➢ ***En grand taxi :*** ils partent de la station de Charige-el-Bgare *(plan couleur d'ensemble de Marrakech, D6)*, à 1,5 km au sud de Bâb-er-Robb. Compter 30 Dh pour une place ou 150 Dh pour le taxi en entier jusqu'à Setti-Fatma.

➢ ***En voiture :*** enfantin, sur une route très correcte. Compter 1h30 jusqu'à Setti-Fatma (point extrême de la vallée).

Adresses et infos utiles

🅸 ***Centre d'infos touristiques :*** *au km 34, côté droit de la route, juste après la bifurcation pour Aït-Ourir. Lun-sam 8h30-18h (14h dim).* Bien que non officiel, il donne des renseignements sur la vallée et vend une carte de celle-ci au 1/100 000 pour 20 Dh. Pour les excursions, adressez-vous au bureau des guides référencé plus loin : la seule façon d'éviter les faux guides.

– Attention, des excursions d'agences se contentent d'une courte halte dans une auberge, le temps de déjeuner, sans aller au-delà d'Aghbalou, ce qui est dommage.

– En cas de problème, rendez-vous au ***bureau du caïd :*** *à* ***Tnine-l'Ourika,*** *à l'intersection des routes qui mènent à l'Ourika et à Tahanaoute, près de la recette de la Régie de l'électricité.*

■ ***Bureau des guides et accompagnateurs de la vallée de l'Ourika :*** *à* **Setti-Fatma,** *près de l'hôtel* Asgaour *et 200 m avt la station de taxis, dans la rue principale, côté droit. 📱 212 (0)6-68-56-23-40. • abdoumandili@yahoo.fr • abdou-mandili.com • Tlj 8h-18h (9h-16h30 en hiver, téléphoner avt). Résa conseillée à l'avance.* Balade à dos de mule également. Ne vous laissez pas alpaguer par les faux guides qui vous arrêtent à l'entrée du village, ou sont en cheville avec les chauffeurs de taxis (commissionnés). Une petite mafia ! Excédés par leur insistance, certains touristes n'ont qu'une idée en tête : repartir. On n'a qu'un conseil à vous donner : contactez le bureau des guides officiels en direct. Il vous proposera des balades en dehors des sentiers battus, réalisées avec le maximum de sécurité et de compétence.

Où dormir ? Où manger ?

Nous référençons les adresses selon leur distance depuis Marrakech (indiquée sur les bornes kilométriques). Dans les petits restos sans carte, faites-vous préciser les prix avant de passer commande, et contrôlez l'addition. Attention aussi à la fraîcheur des aliments : les frigos sont rarement branchés, même quand il y a de l'électricité.

🏠 |●| ***Auberge Le Maquis :*** *km 45, env 500 m après la bifurcation pour l'Oukaïmeden. ☎ 05-24-48-45-31. • le-maquis.com • Doubles et suites avec sdb 480-680 Dh ; ½ pens proposée. Plats 60-90 Dh ; menu 150 Dh. CB acceptées. Sert de l'alcool.* Un couple franco-marocain adorable, Saïda et Jean-Pierre, gère cette affaire bien située. La décoration présente un petit côté suranné, de la salle de resto jusqu'aux chambres. Comme une petite auberge de la France profonde. Du coup, les prix sont un peu surévalués, mais l'adresse a ses atouts : une très belle piscine, un hammam et surtout un bon restaurant avec d'excellents couscous sucrés et autres tajines au coing ou à la figue... à accompagner d'un blanc de *Guerouane* (belle carte des vins, d'ailleurs).

🏠 |●| ***Ourika Garden Mountain Villa :*** *km 50, sur la droite (parking privé un peu avt, à gauche). ☎ 05-24-48-44-41. • ourika-garden.com • Doubles 650-950 Dh selon taille, petit déj et tea time inclus. Menu sur résa 200 Dh pour les résidents. CB refusées.* 📶 Architecture complexe avec jardinet, paillotes, piscine surmontée d'une petite passerelle... le tout dans des tons ocre. Propose 4 suites très confortables de style berbère-marocain, dont une avec 2 chambres. Beaux meubles, salles de bains en pierre ou *tadelakt,* cheminée (bois fourni), clim et TV satellite. L'une des suites possède une terrasse avec vue sur la montagne. Côté repas, bonne cuisine (le cuistot est même passé dans une émission culinaire à la télé !) à base de produits bio du potager. Le tout géré par un jovial patron marocain.

🏠 |●| ***La Perle d'Ourika :*** *km 59, sur la gauche. 📱 212 (0)6-24-85-75-93. • laperledourika.com • Si vous venez en taxi, insistez : Ammaria, la propriétaire, ne donnant pas de bakchich, certains prétendent l'adresse fermée ! Résa conseillée. Doubles 330-*

500 Dh selon confort, petit déj inclus. 110 Dh/pers dans le salon. Couscous env 130 Dh. Réduc de 10 % sur les chambres sur présentation de ce guide. Une petite adresse tenue par Ammaria, une ancienne prof de français, aujourd'hui présidente de l'association de la *Femme marocaine.* Son accueil est adorable. 5 chambres (dont une avec une grande baie vitrée), avec une bonne literie, certaines avec salle de bains. Au rez-de-chaussée, salon pouvant servir de dortoir pour 6 personnes. Terrasse ombragée dominant l'oued ou petite salle de resto très colorée. Au menu, excellent couscous aux champignons (spécialité d'Ammaria), tajines aux abricots ou aux figues...

Au Bord de l'Eau : *km 59, sur la gauche. 212 (0)6-61-22-97-55. • obordelo.com • Doubles (sdb extérieure) ou suites 150-350 Dh, petit déj inclus. Menu 150 Dh sur résa.* Comment vous dire ? Un escalier qui descend vers la maison d'hôtes, aménagée par Martine et Poulou. Pour l'instant, une petite chambre avec salle de bains à l'extérieur, qui ravira les marcheurs et le porte-monnaie, et une grande suite avec salon-banquette. Du cousu main : de l'agencement à la déco en passant par la plomberie. Pour plus tard, des bungalows dans le jardin... Pas vraiment un resto, mais on y mange des produits frais du verger ou du potager, du poulet venu du bled, du poisson d'Essaouira, préparés avec soin. À déguster au bord de l'oued. Bref un petit coin de paradis au doux accueil.

Hôtel Évasion : *à l'entrée de* ***Setti-Fatma,*** *sur la droite. 212 (0)6-66-64-07-58. Double 200 Dh, petit déj en sus.* Hôtel avec 3 chambres par étage (6 en tout), propres mais un tantinet kitsch. Toutes disposent d'une salle de bains (douche ou baignoire) et d'un balcon regardant la vallée. Accueil jeune et sympa.

Hôtel Asgaour : *au bout du village de* ***Setti-Fatma,*** *sur la droite. ☎ 05-24-48-52-94. • hotelasgaour@hotmail.fr • Doubles sans sdb 80-120 Dh (5 Dh la douche), 150-200 Dh avec. Menus 60-70 Dh.* Établissement d'une trentaine de chambres sommaires mais propres. Sanitaires avec douche chaude et lavabo sur le palier pour les moins chères (quelques problèmes de tuyauterie...). Cuisine sans prétentions. Patron sympa. Terrasse et quelques tables posées de l'autre côté de l'oued dans un coin de verdure ombragé. Rien à redire, pour le prix !

À voir. À faire

Au kilomètre 29, la route passe à 3 km de ***Jemaa-d'Rhmat*** (sur la gauche, quand on vient de Marrakech), qui abrite un ancien mausolée et où se tient un souk le vendredi. Au kilomètre 34, on peut faire encore 2 km sur une route à gauche (celle qui va vers Aït-Ourir), pour trouver, au bord de l'oued, le souk de ***Tnine-l'Ourika*** (le lundi à partir de 6h), alignant ses fruits et légumes, ainsi qu'un peu d'artisanat. L'un des plus intéressants des environs de Marrakech. Les agences y déversent leurs flots de touristes. S'y rendre tôt le matin pour profiter de l'ambiance, et fuir dès l'arrivée des autobus.

Le jardin du Safran : *dans le village de* ***Tnine-l'Ourika*** *(35 km de Marrakech) ; fléché à gauche sur la route d'Aït-Ourir. ☎ 05-22-48-44-76. • safran-ourika.com • Tlj 7h30 (6h pdt la floraison, en nov)-18h30 (un peu plus tard s'il y a du monde). Entrée : 20 Dh. Visite guidée.* Une ferme artisanale pour tout savoir sur le *Crocus sativus,* originaire du Cachemire et du Népal, dont la jolie fleur mauve donne le safran. De la mise en terre du bulbe à la cueillette, de l'émondage (tri des stigmates) au séchage des filaments, un travail patient et minutieux. D'où le prix exorbitant du produit fini (environ 1 500 €/kg... au Maroc) ! En période de récolte, les trois premières semaines de novembre, visite fort agréable et très instructive dans les 2 ha de jardins... où s'activent une soixantaine de personnes pour produire 4 kg de safran (on estime la production mondiale à environ 70 t). Les visiteurs peuvent même participer à la récolte. Le reste du temps, une exposition, éclairée par les commentaires de Mohamed ou de Miloud, retrace les étapes de la production, suivie d'un petit tour aux champs. Cette belle initiative a le mérite d'employer les gens du village. Thé aux herbes aromatiques offert à la fin de la visite.

PRENEZ-EN DE LA GRAINE

À Marrakech et dans le Grand Sud, vous apercevrez des cigognes comme jamais un Alsacien n'en a vu dans sa vie. Les Marocains les respectent car elles incarnent leurs morts. Peu à peu, elles se sédentarisent. Vous en verrez donc toute l'année. Hautes de 1,30 m, elles ne pèsent que 3,5 kg et se nourrissent de batraciens et de petits rongeurs. Les couples sont monogames et fidèles.

Les jardins bioaromatiques d'Ourika : *à* ***Tnine-l'Ourika.*** *En direction d'Aït-Ourir, avt le pont, prendre à gauche ; c'est à 600 m env sur la gauche (grand portail vert fermé, sonner). ☎ 05-24-48-21-49. 📱 212 (0)6-61-34-00-49. • nectarome.com • Tlj. Oct-fév, 9h-17h ; mars-sept, 9h-18h ; fermé 3 sem en août. Entrée : 15 Dh en visite libre ; 60 Dh pour la visite guidée (45 mn), infusion à base de plantes du jardin comprise. Sur résa : bains de pieds et massages, respectivement à 80 et 250 Dh. Ateliers de cuisine et de fabrication du pain : 50-140 Dh/pers.* Un beau jardin avec les montagnes de l'Atlas en toile de fond et quelques nids de cigognes sur le toit (de mi-février à début août). Si la meilleure période, celle de la floraison, court de mars à juin, on peut venir humer toute l'année la cinquantaine de plantes aromatiques (locales ou acclimatées), comme la lavande, le thym-citron, la sarriette, plusieurs variétés de sauges, etc., le lieu étant aussi tourné vers la recherche et le développement. À partir des plantes sont réalisés des huiles essentielles, produits de beauté et épices culinaires (qu'on peut acheter à la boutique).
Des aires de relaxation sont aménagées pour des bains de pieds (dans des trous creusés dans le sol) au sel marin, et des massages aux huiles essentielles.

L'Écomusée berbère : *km 37, à 3 km après Tnine-l'Ourika en direction de Setti-Fatma (fléché dans le hameau de Tafza). ☎ 05-24-38-57-21 (Maison de la photographie à Marrakech). 📱 212 (0)6-10-25-67-34. • ecomuseeberbere.com • Tlj 9h30-19h. Entrée : 20 Dh ; visite guidée (gratuite) conseillée. Petite restauration possible sur la terrasse (compter 50-70 Dh la formule).* Au cœur d'un hameau typiquement berbère, petit musée très bien aménagé dans l'ancienne maison du caïd du village. On découvre à la fois le lieu de vie avec ses murs en pisé, linteau gravé à l'entrée, reconstitution du salon du caïd. Mais également de nombreux objets liés à la culture berbère, dont certains nous intriguent : des cadenas en bois, une perceuse à cordes, d'immenses sardines de tente. Visitez le lieu avec Khalid : il est passé maître en décryptage des symboles portés par les tapis, qui sont « un miroir pour la femme, son moyen d'expression ».

Juste après la plaine du Haouz débute la vallée, succession de points de vue exceptionnels et de petits ***douars*** (villages) aux maisons en pisé. En contrebas, l'oued Ourika serpente entre une mosaïque de vergers, de jardins et de champs.

Après ***Asguine,*** on laisse à droite la route qui monte à l'Oukaïmeden (on y reviendra plus loin) pour continuer tout droit vers ***Aghbalou*** (appelé également *Khemis*), un village bordé de belles maisons en pierre (souk modeste le jeudi). À partir de là, la route continue sur 16 km, surplombant l'Ourika. Plus haut, à 6 km, ***Oulmès,*** tout en longueur aligne ses cafés-restos au bord de la route et sur les berges de l'Ourika.
– Ceux qui ont un peu de temps en profiteront pour explorer les villages de la vallée à pied. Excursions d'une journée ou d'une semaine qui donnent l'occasion de découvrir, après quelques heures de marche, un Maroc encore authentique, aux portes de Marrakech.

Une petite dizaine de kilomètres plus loin, on aboutit à ***Setti-Fatma,*** à 1 500 m d'altitude, qui accueille un important *moussem* mi-août. La route asphaltée s'arrête là, une piste (pour 4x4 ou VTT) continuant sur 7 km jusqu'à Tadrart. Setti-Fatma est un village agréable, mais le stationnement y est un peu pénible (arriver tôt). On part d'ici pour de nombreuses balades. La plus classique est celle qui conduit aux ***sept cascades.*** On peut accéder seul (en 30 mn) à la première. Ensuite, ça se corse (passages glissants et très pentus). Guide conseillé. Environ 4h de marche aller-retour. Prévoir de bonnes chaussures de marche et de l'eau. Baignade possible dans les cascades. Autre randonnée possible vers le plateau de Timenkar, avec retour par le col de Tizi'n'Chiker (2 800 m). Compter 2 jours et environ 700 Dh/personne, tout compris. Ou encore l'ascension du Tougroudadane (le sommet qui domine Setti-Fatma, du haut de ses 3 320 m) en 3 jours (pas de sentiers pour mules, on porte donc ses bagages).

L'OUKAÏMEDEN

À 75 km au sud de Marrakech. La route qui monte à l'Oukaïmeden est grandiose, surtout lorsqu'elle quitte la vallée de l'Ourika. D'abord bordée par des agaves et des figuiers de Barbarie, qui cèdent vite la place à des bouquets d'arbustes, forêts de cèdres et champs de pierres ocre, elle permet de découvrir, en surplomb, des villages en pisé à flanc de montagne. Des femmes berbères aux vêtements colorés, des enfants surgissant de nulle part, quémandent un dirham ou un stylo dès qu'on s'arrête pour prendre une photo. Suivent de jolies gorges aux couleurs minérales rouge profond et vert, des éboulis de cailloux gris et de petites bergeries en pierre.

L'Oukaïmeden est la plus haute station de ski d'Afrique, et aussi la mieux équipée du Maroc (télésiège et six téléskis) pour un petit domaine skiable de 300 ha avec des pistes de tous les niveaux (noires, rouges, bleues et vertes). L'enneigement, variable selon les années, dure de 60 à 90 jours entre mi-décembre et mi-avril. L'altitude varie entre 2 600 m (la station) et 3 270 m (le sommet), qu'on atteint en télésiège. De là-haut, vue splendide sur l'Atlas et le Toubkal. En été, le climat, très agréable en raison de l'altitude, attire beaucoup de Marrakchis.

– ***Moussem :*** *3 j. à partir du 11 août.*

Arriver – Quitter

➢ ***En bus :*** bus n° 25 entre Marrakech (pl. Foucauld) et Tnine-l'Ourika (compter 1h) ; ensuite, des camionnettes montent sur l'Oukaïmeden (compter 1h30).

➢ ***En grand taxi :*** compter min 400 Dh pour 4 pers bagages compris (en négociant ferme !) depuis la station de Charige-el-Bgare à Marrakech.

➢ ***En voiture :*** la route est bitumée depuis la vallée de l'Ourika comme depuis Asni ou Tahanaoute. Déc-avr : droit d'accès 15 Dh/véhicule.

Où dormir ? Où manger ?

Hors saison, éviter les petits restos, où la faible fréquentation ne garantit pas la fraîcheur des aliments. *Le Café du Grand Atlas* sort du lot pour sa propreté et l'accueil de Fatima. Tajine autour de 50 Dh.

Chalet-refuge du Club alpin français : *à droite en arrivant à la station.* ☎ *05-24-31-90-36.* • *caf-maroc.com* • *Réservé en priorité aux adhérents*

LE HAUT ATLAS OCCIDENTAL

mais accepte aussi les non-adhérents. Env 110 Dh/pers, petit déj en sus ; ½ tarif pour les 5-15 ans. Env 92 Dh le repas. Réduc de 25 % sur les nuitées sur présentation de ce guide en été. Tenu par Rachid Dahane. Une cinquantaine de places en chambres de 4, 6 et 8 lits superposés. Douches (eau chaude) et toilettes en suffisance. Bar avec alcool et repas sur commande. La meilleure adresse où dormir dans la station et la seule à pratiquer des tarifs corrects.

Chez Juju : *au centre de la station. ☎ 05-24-31-90-05. • resachezjuju@gmail.com • Dortoir 400 Dh/pers ; doubles 960-1 600 Dh selon taille, en ½ pens. Menu 155 Dh ; formule 140 Dh. Apéritif offert sur présentation de ce guide.* Hôtel de montagne avec une agréable terrasse équipée de grosses tables en bois donnant sur les pistes de ski. On vous le recommande surtout pour le resto, qui sert, midi et soir, une bonne cuisine française. On peut aussi y prendre un vin chaud. L'hôtel, lui, est surévalué, avec ses chambres petites pour le prix proposé.

À faire

➢ ***Randonnées :*** de mai à novembre, nombreuses possibilités de balades avec pour thème, par exemple, la découverte de gravures rupestres sur le plateau (qui ressemble malheureusement, çà et là, à une décharge sauvage). Renseignements au chalet du *Club alpin français* (voir « Où dormir ? Où manger ? »). N'oubliez pas que vous êtes en haute montagne, et partir en randonnée dans le secteur nécessite une bonne condition physique.

- ***Escalade :*** quelques sites, mais il faut avoir son matos.

- ***Parapente :*** le télésiège (souvent fermé hors saison) permet de joindre des sommets propices à s'envoyer en l'air (là encore, avoir son matériel).

SUR LA ROUTE D'IMLIL

Situé au cœur d'une magnifique zone de montagne, Imlil offre des excursions parmi les plus belles à faire dans les environs de Marrakech. C'est aussi le départ de l'ascension du toit du Maroc (et d'Afrique du Nord), le Toubkal, et de randonnées dans le parc national du même nom. Cet afflux touristique engendre, certes, un accueil de plus en plus mercantile (voire collant par endroits).

Arriver – Quitter

➢ ***En voiture :*** la route est bitumée jusqu'à Imlil, situé à 64 km au sud de Marrakech. On bifurque à Asni depuis l'axe qui relie Marrakech et Taroudant. De Marrakech, compter 1h pour rejoindre Asni, 1h30 pour Imlil. Entre Asni et Imlil, les orages peuvent entraîner des coulées de boue et des chutes de pierres.

➢ ***En taxi collectif :*** la solution la plus simple et la plus rapide si vous n'êtes pas véhiculé. Ils partent de la station de Charige-el-Bgare à Marrakech *(plan couleur d'ensemble, D6)*. Certains font le trajet direct jusqu'à Imlil. Compter alors 30 Dh/personne et même 40 Dh en saison, ou 200-250 Dh pour le taxi en entier. Pour le retour, des grands taxis collectifs attendent jusqu'à 17h env, au niveau du parking du village. Se renseigner pour éviter de rester en rade (ou de devoir louer un taxi en entier).

➢ ***En minibus :*** pas de bus jusqu'à Imlil, il faut prendre un minibus pour Asni depuis la gare routière de Marrakech, à Bâb-Doukkala (départ presque toutes les heures en saison, 8h-18h), et d'Asni un grand taxi jusqu'à Imlil (si vous en trouvez un). Moins cher, mais nettement moins pratique qu'un grand taxi direct de Marrakech à Imlil...

Où dormir ? Où manger à Asni ?

De prix moyens à chic (200-800 Dh / 18,20-72,80 €)

Villa de l'Atlas : *à Asni, prendre la route d'Imlil ; la maison est à 800 m sur la gauche. ☎ 05-24-48-48-55. 212 (0)6-61-64-77-36. • ramoun_1945@hotmail.com • Doubles avec sdb 400-450 Dh selon affluence, petit déj compris. Repas 125-150 Dh. Table ouv aux non-résidents, mais slt sur résa. (gratuit). Réduc de 10 % sur les chambres sur présentation de ce guide.* Maison classique, impeccable et tenue avec gentillesse et discrétion par la famille d'Abdelghani. 4 chambres, particulièrement sympas (de style berbère-marocain) occupent l'étage. Agréable terrasse aussi, donnant sur les vergers de la vallée (charmant au printemps quand les arbres fleurissent) et l'Atlas en contrepoint. Autre atout fort du lieu : la délicieuse cuisine marocaine. La famille propose également des randonnées avec guide.

Spécial folies

Kasbah Tamadot : *sur la route d'Imlil, env 3 km après la bifurcation. ☎ 05-24-36-82-00. • kasbahtamadot.virgin.com • Fermé 2 sem en janv. Doubles supérieures (il n'y a pas de standard !) 400-500 € selon saison, petit déj compris.* Sir Richard Branson, disquaire chez *Virgin,* n'a pas froid aux yeux ! Il a racheté le palais d'un décorateur californien, une sorte de *kasbah* dominant la vallée avec le Toubkal en toile de fond, pour en faire un hôtel super chic. Chambres magnifiques à la déco d'inspiration marocaine et revisitée par les plus grands décorateurs, absolument tout confort et baignant dans une douce musique, toutes avec balcon ou terrasse et vue sur les sommets enneigés. Succession de petits jardins en terrasses, spa des plus raffiné, salon bibliothèque donnant sur le massif montagneux, piscine intérieure avec transats et une autre extérieure à débordement, pour les beaux jours, là encore avec vue incroyable sur la vallée. 2 restos (pas vraiment bon marché...), *high-tea* l'après-midi, soirée berbère le jeudi. Vraiment la toute grande classe !

À voir

– **Souks :** *le mar à* ***Tahanaoute,*** *à 34 km de Marrakech. Très touristique. Le sam mat à* ***Asni,*** *où le troc est très prisé.* Y aller tôt, car les groupes de touristes sont nombreux en saison. Mais attention, sur la place du souk, des vendeurs de bijoux (de pacotille !), soi-disant berbères, proposent une balade ou un repas dans une famille du coin. Le scénario, très au point, finit au douar Larab : un coin sans intérêt, si ce n'est le risque de se faire sérieusement arnaquer ! Certains opèrent également à Imlil. Refusez ! Et, en cas de souci, n'hésitez pas à vous rendre au bureau du caïd, situé à la sortie d'Asni en direction d'Imlil, sur la gauche.

Moulay-Brahim : *bifurquer à l'entrée d'Asni, sur la droite en venant de Marrakech.* C'est un lieu de pèlerinage réputé pour les femmes stériles. Elles viennent accrocher aux branches des arbres de petits rubans. La légende veut que lorsque ceux-ci se détachent, la femme peut espérer devenir mère. Moulay-Brahim est également célèbre pour son *moussem,* qui a lieu 1 ou 2 semaines après l'anniversaire de la naissance du Prophète (mouloud).

En continuant vers le barrage de Lalla-Takerkoust, on traverse un superbe plateau peu habité. Douces collines arides et cultivées à la fois, petits patelins perdus, strates géologiques à fleur de coteaux, se confondant avec les sillons des champs, l'horizon prend ici des airs de Toscane. N'hésitez pas, c'est, mine de rien, un très (très) beau coin !

IMLIL

À partir d'Asni, la route s'enfonce dans une magnifique vallée pour rejoindre Imlil, 17 km plus loin.

Adresse et infos utiles

■ ***Bureau des guides de montagne d'Imlil :*** *au centre du village, à côté du parking. ☎ 05-24-48-56-26. • bureaudesguidesimlil.com • Tlj 8h-18h (17h en hiver). Téléphoner avt.* On peut y prendre des infos sur les randonnées à faire dans le coin et s'y procurer la carte du parc national du Toubkal. Foin des nuées (pénibles) de faux guides qui vous alpaguent dès la sortie du parking, c'est ici qu'il faut chercher un guide officiel (la liste – avec photos – y est affichée). Une cinquantaine en tout, sollicités à tour de rôle pour que chacun d'eux puisse bénéficier des retombées du tourisme.

– ***Info pratique :*** comme à Asni, il n'existe ni distributeur ni bureau de change à Imlil.

– Petit ***parking*** payant à gauche en bas du centre *(10 Dh/j., 20 Dh en comptant la nuit).*

Où dormir ?
Où manger ?

Attention la notion de basse et haute saison est à l'inverse de Marrakech : haute saison d'avril à octobre, mais surtout de juin à août. Normal en hiver, vu les températures, il n'y a pas foule dans le parc du Toubkal ! Côté restos, Imlil est pauvret : on mange là où on dort, souvent un tajine ou un couscous, point. On ne sert d'alcool nulle part.

De très bon marché à bon marché (jusqu'à 200 Dh / 18,20 €)

🏠 |●| ***Chez Imi N'Ouassif :*** *prendre le sentier sur la droite, 50 m au-dessus du parking ; c'est à 150 m. ☎ 05-24-48-51-26. • iminouassif@gmail.com • En hte saison, double 200 Dh avec petit déj ; 200 Dh/pers en ½ pens. Possibilité de dormir sur la terrasse 30 Dh/pers. Réduc de 10 % sur présentation de ce guide.* À peine à l'orée du village, mais on a presque l'impression d'être en pleine nature. La dizaine de chambres accueille 2, 3 ou 4 personnes. 3 d'entre elles disposent d'une salle de bains. Un petit effort au niveau de la déco dans certaines (murs en *tadelakt*). Également un dortoir de 6 lits. C'est propre, mignon. Et on y est bien reçu. Une bonne adresse.

🏠 |●| ***Refuge du Club alpin français :*** *juste avt le bureau des guides, sur la gauche, en plein centre du village. ☎ 05-24-48-51-22. • cafmaroc@menara.ma • Env 60 Dh/pers pour les non-adhérents ; 160 Dh/pers en ½ pens. Possibilité aussi de camper : 12 Dh pour la tente + 15 Dh/pers.* Wifi. Une quarantaine de lits dans 2 grands dortoirs. Une seule douche (chaude) et toilettes (insuffisant s'il y a beaucoup de monde). Pas le grand luxe, mais le lieu est bien tenu. C'est le seul endroit du village où vous pourrez manger autre chose que des tajines ou du couscous ! Agréable salle commune, avec jeux et cheminée.

De bon marché à prix moyens (100-400 Dh / 9,10-36,40 €)

🏠 |●| ***Hôtel-restaurant Soleil Imlil :*** *dans le centre d'Imlil, à côté du parking. ☎ 05-24-48-56-22. • hotelsoleilimlil.com • Doubles 200-350 Dh selon confort, petit déj inclus ; 30 Dh pour dormir sur la terrasse. Possibilité de ½ pens. Menus 70-80 Dh.* Édifice en béton bien placé au bord de l'oued. 2 types de chambres : les anciennes, sans salle de bains, et les récentes, avec. Bonne literie, sanitaires impeccables et un bel effort au niveau de la déco. Certaines à l'étage bénéficient d'une belle vue. On s'endort au chant de la rivière. L'ensemble est très bien tenu, et prendre son repas sur la terrasse est un vrai plaisir.

Dar Adrar : *hameau d'**Achaym** (15 mn à pied) ; laisser la voiture au parking ; prendre la rue qui monte à droite à la sortie du village (fléché, et ça grimpe !). 212 (0)6-68-76-01-65. • daradrar.com • Dortoir 100 Dh/pers ; doubles sans ou avec sdb 200-350 Dh, petit déj inclus. Repas env 80 Dh. Hammam.* À l'écart du village, une maison sans charme mais très soignée, destinée aux plus marcheurs de nos lecteurs. En effet, la vue sur les montagnes (depuis le salon et certaines chambres) se mérite. Un joli salon-cheminée avec banquettes peut faire office de dortoir pour les fauchés. Quant aux chambres, elles sont équipées d'une bonne literie. Les plus anciennes (avec salle de bains commune) sont moins chères mais très convenables. Elles occupent une maison un peu plus haut dans le hameau. Mohammed, le sympathique proprio, tient aussi *Atlas Trekking Equipement,* dans le village (voir plus loin « Randonnées au départ d'Imlil »).

Maison d'hôtes Aït Souka : *dans le hameau d'**Aït-Souka**, à 20 mn à pied d'Imlil. ☎ 05-24-48-56-05. • aitham mou11@hotmail.fr • Traverser le village (possible en voiture). Pancarte à gauche, 1 km après le pont, puis 5 mn à pied sur le chemin muletier. Dortoir 100 Dh/pers ; doubles sans ou avec sdb 300-350 Dh, petit déj inclus. Repas 50-75 Dh.* Ahmed a restructuré son ancienne maison d'hôtes en gîte de montagne, en gardant un accueil et un esprit familiaux. Soin particulier apporté aux matériaux : pierre, *tadelakt,* bois. Les chambres ne sont pas grandes et parfois sombres, mais la vue est superbe depuis les salons et la terrasse. Dortoirs de 4-5 personnes avec matelas au sol, disposant de sanitaires communs récents et très propres. Ahmed étant guide patenté, vous pouvez faire plein de balades en montagne en bonne compagnie. Et, cerise sur le *makroud,* nos lecteurs auront droit à un transfert par mules depuis le parking ou la route.

Auberge-Restaurant-Café Zaratoustra *(ex-Atlas Gîte-Imlil) : ☎ 05-24-48-56-01. 212 (0)6-61-74-09-68. • atlasgite@yahoo.fr • Traverser le village et le pont au-dessus de l'oued, c'est à droite 700 m plus loin en direction de Tachedirt. En hte saison, chambre 130 Dh/pers et studio 230 Dh/pers pour 2 pers ; petit déj inclus. En dortoir et salon, 80 Dh/pers. Menu 140 Dh. (gratuit). Réduc de 10 % sur présentation de ce guide.* Tenu par un couple belgo-marocain qui propose un large choix d'hébergement : dortoirs, salons de 3 à 6 lits, chambres avec salle de bains (certaines de style berbère), studios... faites votre choix. Repas, à base de produits bio, pris sur l'une des 7 terrasses ou dans le jardin. Hammam. Parking moto sécurisé. N'hésitez pas à leur demander des conseils pour vos balades, ils connaissent parfaitement le coin.

Auberge-restaurant Atlas Tichka : *☎ 05-24-48-52-23. Traverser le village et enjamber l'oued sur la gauche ; c'est 100 m plus loin. Dortoir 70 Dh/pers ; double 200 Dh ; petit déj 30 Dh ; ½ pens 200 Dh/pers. Menu 150 Dh.* Un resto qui sert une cuisine copieuse, à déguster en terrasse face aux montagnes ou dans un salon marocain tout vitré et panoramique. Propose aussi 5 chambres simples mais propres, avec sanitaires communs. Une p'tite adresse sans histoire.

Chic (400-800 Dh / 36,40-72,80 €)

Riad Imlil : *au début de la rue qui monte sur la droite à la sortie du village. ☎ 05-24-48-54-85. • mail@riadimlil.com • Doubles 530-630 Dh avec petit déj. Menus 100-120 Dh.* On le reconnaît facilement, c'est le bâtiment tout en pierre gris foncé. À l'intérieur, pareil : de la jolie roche partout, des couloirs à la salle de resto en passant par les courettes intérieures (sympas, sous puits de lumière) et la terrasse sur le toit, très belle, avec vue à 360° sur la vallée. Beau salon de style berbère à la réception. Chambres un peu sombres (elles donnent toutes sur l'intérieur de l'hôtel) mais très soignées, plaisantes et confortables (sanitaires nickel et murs en *tadelakt*). De toute façon, vous n'êtes pas venu à Imlil pour rester toute la journée à l'hôtel, pas vrai ? Une bonne adresse, assez unique en son genre à Imlil.

Randonnées au départ d'Imlil

Pour les randonnées, se renseigner au ***bureau des guides de montagne*** (voir « Adresse et infos utiles »).

Voici les randos les plus courantes au départ d'Imlil, les guides pouvant en proposer d'autres, également intéressantes. Pour un complément de matos de rando, il y a une boutique de location de matériel dans la rue qui part sur la droite à la sortie du village : ***Atlas Trekking Equipment*** (*212 (0)6-68-76-01-65. • atlastrekshop.com •*). Elle n'est pas extrêmement bien fournie, mais ça peut dépanner !

L'ascension du djebel Toubkal (4 167 m)

➢ Le plus haut sommet d'Afrique du Nord. Guide recommandé. Le Toubkal est plus facile à gravir que la Tazaghart ; de plus, on y est rarement seul sur la voie classique. Attention, toutefois, l'ascension présente en condition neigeuse (même l'été !) de réels dangers (chaque année, on recense des accidents, faute d'équipement adéquat ou par manque d'infos sur les conditions météo). Le choix d'un guide compétent est donc primordial. Si vous êtes chargé, un mulet peut s'avérer utile pour le portage des affaires entre Imlil et le refuge au pied du Toubkal. Prévoyez aussi des sacs-poubelle pour remporter vos déchets. Si vous montez votre canette de soda pleine... vous pouvez bien la redescendre vide, non ?

Voici un bref descriptif de cette excursion de 2 jours : chemin muletier jusqu'aux refuges du Toubkal (à 3 200 m ; 5 ou 6h de marche depuis Imlil), en passant par le hameau d'*Aremd* et le sanctuaire de Sidi-Chamarouch (interdit aux non-musulmans). Il existe deux refuges au pied du Toubkal : celui de ***Neltner*** (*géré par le Club alpin français, ☎ 05-24-31-90-36 ; compter 92-150 Dh/pers en dortoir selon saison),* plus ancien, plus cosy en hiver et moins cher ; le refuge ***Le Mouflon,*** plus grand (210 lits !), avec des dortoirs *(275-310 Dh/pers en ½ pens)* et chambres privées *(double 670 Dh en ½ pens).* Les deux possèdent une cuisine (basique) et des douches chaudes, et on peut camper à côté. On peut aussi y dîner, si on prévient dès l'arrivée. Le lendemain très tôt, on entame les 3h d'ascension vers le sommet du Toubkal. Superbe vue sur l'ensemble du massif et sur le Siroua. Redescente en 2h vers le refuge, où l'on déjeune (chouette !). Puis retour à Imlil en fin d'après-midi, par le même sentier qu'à l'aller. Ascension, on l'a dit, pas trop difficile, et au cours de laquelle on découvre des panoramas exceptionnels sur tout le Haut Atlas.

La haute vallée de Tachdirt

➢ À ne pas manquer (guide recommandé). Site magnifique avec des villages berbères préservés à 2 400 m d'altitude, au cœur d'un cirque de montagnes grandioses. Longtemps isolé, le village de *Tachdirt* est désormais accessible par un axe goudronné. Les guides font en sorte d'emprunter des petit chemins alternatifs depuis Imlil pour ces 2 jours d'excursion (aller-retour). À *Tachdirt,* gîte et couvert possibles au ***Tigni Tachdirt*** *(60 Dh/pers en dortoir ou 200 Dh en double avec sanitaires privés, si vous passez par le bureau des guides d'Imlil).* Il existe aussi un *refuge du Club alpin français,* mais en piteux état (gardien sur place). Si vous désirez pousser jusqu'à l'Oukaïmeden, BIEN s'informer des conditions météo car les jours et lendemains de pluie, les sentiers muletiers sont particulièrement dangereux.

➢ ***Le plateau de la Tazaghart,*** sauvage et superbe. Le plus courant est d'en combiner l'ascension avec celle du Toubkal (avis aux sportifs !), en 3 jours depuis Imlil. Si ça vous tente, marche d'Imlil, le 1er jour, jusqu'au refuge de Lepiney (compter 6h ; belles cascades en chemin). Courte nuit au refuge, et le lendemain, ascension du plateau (5h), redescente et marche jusqu'au refuge du Toubkal, où l'on passe la 2e nuit. Le 3e jour, ascension du Toubkal (selon les mêmes modalités que ci-dessus) et retour à Imlil. Ouf !

➢ ***La vallée de l'Azzadene*** (très verte, pleine de genévriers), à faire en 3 jours ; ou encore le ***grand tour du Toubkal*** en 6 jours par Tachdirt, avec un franchissement de col à 3 350 m, baignades, pêche à la truite et logement en tente, chez l'habitant et en refuge. Tout un programme.

LA ROUTE D'AMIZMIZ

Cette route constitue une excursion très agréable et facilement réalisable dans la journée au départ de Marrakech. Passé les premiers faubourgs de Marrakech, avec quelques projets mégalos (souvent en friche, d'ailleurs), on traverse un paysage de douces collines arides avec, en toile de fond, lorsque le temps est clair, les montagnes du Haut Atlas. Un itinéraire riche en contrastes qui réserve quelques haltes fort plaisantes : des vendeurs de poteries au départ de la route vers Tamesloht, d'intéressantes *kasbah* au dessus du village d'Oumnas, le barrage et le lac de Lalla-Takerkoust aux eaux couleur d'émeraude, puis une très jolie route entre Amizmiz et Ouirgane... à moins qu'on n'ait choisi de couper avant, et de traverser le non moins superbe plateau entre Lalla-Takerkoust et Asni...

Arriver – Quitter

➢ ***En voiture :*** c'est en gros l'unique moyen de suivre cette route. Sortir de Marrakech par la R 203 (route du Tizi-n-Test et de Taroudant) ; après 5 km, prendre la direction d'Amizmiz, à droite ; on passe alors par le barrage de Lalla-Takerkoust, avt d'arriver à Amizmiz, d'où l'on peut rejoindre Ouirgane et la route du Tizi-n-Test par une route goudronnée (parfois en mauvais état, se renseigner tout de même sur sa « praticabilité »). Depuis le barrage de Lalla-Takerkoust, on peut couper vers Asni.

LE LAC DE LALLA-TAKERKOUST

Le ***barrage de Lalla-Takerkoust*** (à 33 km de Marrakech), jadis barrage Cavagnac, fut édifié sous le protectorat. Sa digue de 357 m de long sur 62 m de haut retient les eaux d'un lac artificiel de 7 km de long. À seulement 30 mn de Marrakech, le dépaysement est total au bord de cette magnifique étendue d'eau.

Où dormir ? Où manger sur la rive ouest du lac ?

Passer le village de Lalla-Takerkoust, vers Amizmiz. Au-delà du cours d'eau, prendre à gauche la route qui longe la rive ouest du lac.

|●| ***Chez Amghousse :*** *fléché depuis la route. ☎ 05-24-48-49-65. Compter 90-100 Dh.* Un très bel endroit isolé surplombant le lac, avec vue sur le mur du barrage. Au choix : déjeuner en terrasse à l'ombre des eucalyptus ou sous une tente nomade. Cuisine du bled et grillades pour un agréable moment de détente... mais sans alcool (à moins d'apporter sa bouteille). Bon accueil familial.

Le Relais du Lac : *à env 3 km de Lalla-Takerkoust ; fléché. ☎ 05-24-48-49-43. • relaisdulacmarrakech.com • Resto tlj à midi ; slt sur résa le soir. Menus 180-240 Dh ; plat env 140 Dh.* Après avoir baroudé à travers le monde, Daniel, un Breton, a jeté l'ancre sur les rives du lac dans les années 1990. L'établissement, détendu et convivial, « les pieds dans l'eau », aménagé en plein air sous les palmiers, est un endroit bien apprécié de la région. Célèbre pour sa côte de bœuf. Propose également des bivouacs pour qui veut établir le camp, à des prix jouant un peu sur la beauté du lac.

Le Flouka, Auberge et Restaurant du Lac : *juste à côté du Relais du Lac. 212 (0)6-64-49-26-60. • leflouka.com • Resto ouv ts les midis, le soir sur résa. Pour 2 pers : tente berbère (sdb extérieure) 385 Dh ; tente pacha (avec sdb) 600 Dh ; chambres doubles 660-760 Dh selon vue. CB acceptées.* Jean-Charles Puech, un Lyonnais, a quelques années de métier derrière les fourneaux. Dans son restaurant en plein air, avec un étonnant bar en forme de bateau donnant sur le lac, à l'ombre des oliviers, il propose une cuisine raffinée. Excellent steak tartare. Les épicuriens prolongeront leur plaisir par un petit plongeon dans la piscine (chauffée) avant de reprendre la route. Pour les autres (ceux qui auraient du mal à décoller !), il est possible de loger sur place, dans de belles chambres bien tenues et tout confort, aménagées en cascade autour d'un jardin, ou sous tente nomade.

Jnane Tihihit : *douar Makhfamane. ☎ 05-24-38-73-52. 212 (0)6-70-96-59-70. • riad-t.com • Suivre la rive ouest du lac sur env 5 km, puis la piste à droite (fléché). Doubles 65-87 € avec petit déj ; + 15 % en hte saison et - 15 % en basse saison. Pension complète possible. Repas 12-17 €. Réduc de 10 % sur les chambres sur présentation de ce guide.* Le lieu est magique : une vraie ferme active, pleine d'animaux qu'on peut approcher (les enfants adorent), avec un splendide verger. Piscine à l'eau de source donnant sur les sommets enneigés de l'Atlas ! Pour dormir, 4 *douaria* (maisonnettes pour 2 à 6 personnes) et 3 chambres plus basiques, le tout frais et impeccable. Déco à la fois contemporaine et marocaine, avec salles de bains en *tadelakt*. C'est Robert, un sympathique Belge, qui tient ce domaine. On peut bien sûr y manger. Menu généralement marocain, quelquefois belge (lapin à la bière, waterzoi...), mais toujours bio, en provenance de leur verger ! Hammam. Vente des produits de la ferme. L'éden idéal pour déconnecter !

Où dormir ? Où manger en direction d'Asni ?

Dar Zitoune : *à Douar Zii. 212 (0)6-62-40-83-80. • dar-zitoune.com • Prendre la route d'Asni, à gauche dans le village de Lalla-Takerkoust ; l'auberge est 12 km plus loin, à Douar Zii, à droite de la route. Doubles 460-660 Dh selon saison, petit déj inclus ; suites 560-910 Dh. Menu 150 Dh pour les résidents (250 Dh sinon). Réduc de 10 % sur présentation de ce guide.* Dans un petit village haut perché sur le plateau du lac de Lalla-Takerkoust. Le panorama sur celui-ci est éblouissant ! L'auberge, tenue par un jeune Marocain, abrite 7 chambres charmantes (la plupart avec vue !). Déco marocaine avec de beaux matériaux. Certaines chambres sont assez petites ; les plus grandes ouvrent sur la belle terrasse ocre rose donnant sur la plaine. Couchers de soleil inoubliables garantis ! Les prix tiennent d'ailleurs compte de cette belle situation. Piscine, petit hammam et beau jardin. Bonne cuisine.

AMIZMIZ

À 54 km de Marrakech. Amizmiz est une grosse bourgade formée de plusieurs douars (hameaux). Le *douar* de *Regraga,* sur la droite, est entièrement consacré à la poterie. On verra les pièces sécher devant les ateliers et les maisons regroupées au pied d'une ancienne *kasbah* et d'un *mellah* (quartier juif). Mais Amizmiz est surtout remarquable pour son site avec son manteau d'oliviers couvrant les flancs du djebel Erdouz. Le souk du mardi rassemble tous les paysans de cette partie du sud de l'Atlas et permet d'admirer les productions locales. Léon l'Africain vantait déjà dans ses écrits, en 1525, son blé qui donnait une farine parfaite.

Où dormir ? Où manger de chic à beaucoup plus chic ?

Dar Achorafa : *route 2022. 212 (0)6-72-02-68-29. • achorafa.com • À 3 km d'Amizmiz, fléché à droite sur la route en direction de Majjatte. Doubles 38-45 € ; petit déj 3 €/pers ; maison entière 450-610 €/sem. Repas possible.* Laurence et Hicham louent l'annexe de leur grande maison selon 2 formules. Les 4 chambres ensemble (un grand gîte en sorte) ou indépendamment, comme des chambres d'hôtes (surtout en basse saison). Le beau salon avec son minibar et sa cheminée, la décoration claire et raffinée, la grande piscine, les animaux et les prix plutôt doux en font un excellent point de chute.

Maroc Lodge : *sur la colline, juste à côté de la kasbah. ☎ 05-24-45-49-69. • maroc-lodge.com • Suivre le fléchage à partir du centre-bourg. Double 250 €, petit déj inclus. Repas 150-180 Dh. Transfert depuis l'aéroport de Marrakech offert au-delà de 3 nuits. Tarif réduit à 125 € pour 2 sur présentation de ce guide.* Adossé à la montagne, cet ensemble de *lodges* répartis sur plusieurs niveaux domine la plaine du Haouz. Ici, on fait dans le haut de gamme, et c'est plutôt réussi. Meublés avec élégance, les pavillons sont largement ouverts sur la nature grâce à leurs baies vitrées. Chambres lumineuses, de style plutôt français rétro mais avec salle de bains en *tadelakt*. Elles ont toutes une terrasse privative. Piscine à débordement avec vue imprenable sur l'Atlas. Le tout noyé dans un superbe jardin paysagé où les euphorbiacées se mêlent aux essences méditerranéennes. Agréable salle de resto, meublée à l'ancienne là encore, et terrasse ensoleillée pour un séjour « pleine nature » à 1h de Marrakech. Bonne cuisine (l'établissement sert de l'alcool). Hammam et massages. Excellent accueil.

LA ROUTE DU TIZI-N-TEST

La première partie jusqu'à Asni a été décrite plus haut dans l'itinéraire « Sur la route d'Imlil ».
La N 10 est l'une des plus belles et des plus impressionnantes routes de montagne du Maroc. Elle monte à l'assaut du col du Tizi-n-Test avant de redescendre vers Taroudant. On y découvre de beaux paysages déchirés, minéraux et colorés, peuplés de quelques bergers berbères, troupeaux d'ânes, hameaux et *kasbah* agrippés aux collines avec lesquels ils se confondent. Ici, foin de béton, le pisé est roi, reprenant les couleurs de la terre du coin. La route, peu pratiquée (tant mieux !), est parfois étroite, sans garde-fou et avec quelques camions et taxis un peu fadas... gare, donc.

Comment y aller depuis Marrakech ?

➢ ***En transports collectifs :*** 1 bus/j. de la gare routière de Marrakech à Taliouine via Ouled-Berhil ou Aoulouz (petites villes situées de l'autre côté du Haut Atlas, dans la plaine), où circulent des bus jusqu'à Taroudant. Autre liaison nocturne en bus ou minibus entre Marrakech (départ vers minuit face au palais royal) et Aoulouz. Mais ce trajet

de nuit sur une route sinueuse de haute montagne peut présenter d'évidents dangers.
– De novembre à mars, la route peut être coupée par la neige *(rens à la gendarmerie : ☎ 05-24-48-45-85 ; à l'entrée d'Asni).*

OUIRGANE

À 60 km environ de Marrakech, au cœur d'un paysage de piémont, Ouirgane s'étire sur plusieurs kilomètres le long de la route du Tizi-n-Test. Elle est sortie de sa torpeur à la construction d'un barrage et d'un lac de retenue. Pour le coup, le site est très prisé l'été par les Marrakchis pour sa fraîcheur et ses superbes environs propices à la randonnée pédestre : notamment les *gorges du N'Fis.*
– **Souk :** *jeu.*

Où dormir ?
Où manger ?

Les adresses sont repérées selon leur distance par rapport à Marrakech (voir les bornes kilométriques).

De bon marché à prix moyens (100-400 Dh / 9,10-36,40 €)

🏠 |●| ***Kasbah de Ouirgane :*** *sur les hauteurs. ☎ 05-24-48-48-37. ● kasbahdeouirgane@gmail.com ● Fléché à droite un peu avt le km 61 (c'est 2 km plus loin, sur la route du barrage). Double 250 Dh avec petit déj ; 500 Dh pour 2 en ½ pens.* On aime bien cette petite adresse fleurie à l'architecture berbère, accrochée au flanc de la colline qui domine la vallée. Seulement 2 chambres, de style rustique, avec cheminée (demandez le bois à Mohammed), murs imitation pisé et salle de bains traditionnelle. Petite terrasse herbeuse avec une belle vue ou salon sympa pour ceux qui veulent manger à la marocaine (c'est Mohammed qui cuisine). Excellente tenue générale et prix très compétitifs.

⛺ 🏠 |●| ***Le Mouflon*** *(chez Farid)* ***:*** *km 63, à la sortie de Ouirgane, sur la droite. ☎ 05-24-48-57-22. Double avec sdb 250 Dh, petit déj inclus ; 80 Dh pour 2 sous une tente berbère... en plastique, sur un sol de béton (petit déj en sus). On peut planter sa tente dans le jardin pour 30 Dh. Plat env 50 Dh.* Toute la famille met la main à la pâte : maman aux fourneaux, Farid et Rachida s'affairant à maintenir le lieu propret. Les chambres sont disposées dans 2 bungalows, l'un basique mais avec une cheminée, l'autre bien restauré. Le cadre est agréable et l'accueil tout à fait charmant.

Chic (400-800 Dh / 36,40-72,80 €)

🏠 |●| ***Au Sanglier qui Fume :*** *après le km 61, côté gauche de la route. ☎ 05-24-48-57-07. ● ausanglierquifume.com ● Doubles et suites 415-670 Dh, petit déj inclus ; + 95 Dh/pers en ½ pens. Au resto, menus 110 Dh à midi et 150 Dh le soir. 💻 📶 Réduc de 10 % sur l'ensemble de la note sur présentation de ce guide.* L'atmosphère sent bon la province française des années 1950 (l'adresse est d'ailleurs tenue depuis des lustres par la même famille). Les chambres (une vingtaine en tout) ont des couleurs bien flashy. On peut aussi y faire halte juste pour la pause-déjeuner : le resto est plutôt bon (cuisine française, marocaine ou... asiatique), et on mange en terrasse, à l'ombre d'une superbe glycine peuplée de chats. Piscine, billard, ping-pong et location de VTT.

🏠 |●| ***Sel d'Ailleurs :*** *dans le village d'**Imaghira**, un peu avt le km 58, fléché sur la droite. 📱 212 (0)6-66-57-14-77. ● seldailleurs-maroc.com ● Double 750 Dh en ½ pens. Menu 150 Dh. Resto ouv aux non-résidents sur résa, avec accès à la piscine.* Maison d'hôtes dans un domaine de 2 ha planté d'oliviers. Elle abrite de belles et grandes chambres assez sobres dans des maisonnettes de style marocain, réalisées à l'aide de techniques et de matériaux locaux. Nombreux objets chinés dans les brocantes alentour. Piscine au fond d'un apaisant jardin, avec les montagnes tout autour en toile de fond. Vraiment une belle situation ! Le patron, Bouhcine, est un passionné de sels, denrée que, d'ailleurs, il collectionne (si vous voulez lui faire un petit cadeau...). Il propose même, pour ceux qui sont intéressés, la visite de salines du coin. Cuisine inspirée des différents voyages du chef, servie dans une salle au style hispano-mauresque, où l'on sert aussi de l'alcool. Salon avec cheminée. Accueil très aimable. On peut aussi vous aider à organiser des balades dans la région. Une belle adresse.

■ ■ ***Chez Momo II :*** *au km 64, fléché sur la gauche. ☎ 05-24-48-57-04. • aubergemomo.com • Doubles 750-880 Dh, suite 1 100 Dh, en ½ pens ; également des chambres familiales. Repas 140 Dh, accessible aux non-résidents. CB acceptées.* L'endroit s'appelle *Momo II*, *Momo I* ayant été englouti dans les eaux du lac du barrage... Momo, le proprio, a fait construire cette élégante auberge constituée de plusieurs petits bâtiments en pisé ocre, distribués autour d'une piscine. Tout est vraiment classe et de bon goût, à commencer par les chambres et suites, avec cheminée, murs blancs, lits en fer forgé, plafond traditionnel et salle de bains en *tadelakt.* Cuisine locale ou internationale, servie le soir à la lueur des bougies. Bar sympa (avec alcool), et terrasse sur le toit avec belle vue panoramique sur les montagnes.

Beaucoup plus chic (plus de 1 000 Dh / 91 €)

■ ■ ***La Roseraie :*** *après le km 61, côté gauche de la route. ☎ 05-24-48-56-94 ou 95. • laroseraiehotel.com • Doubles 1 400-2 000 Dh selon saison, petit déj compris ; également des suites. Plats 120-140 Dh à midi ; menu 300 Dh le soir.* Au sein d'un parc de 22 ha, *La Roseraie* était un lieu de villégiature dans les années 1950. Repris par un ancien directeur de la *Mamounia* (hôtel super-luxe de Marrakech), l'endroit a su garder son charme désuet sans, pour autant, sombrer dans le vieillot. Ravissants bungalows abritant des chambres impeccables et très luxueuses, avec clim, bons gros lits et écran plat, le tout au milieu d'un superbe jardin luxuriant embaumé par la floraison des roses (de fin mars à fin mai). Splendide piscine aussi (réservée aux résidents). Côté resto, c'est bon et le service tient bien la route : ça fait oublier les prix élevés.

IJOUKAK

Après Ouirgane, la route pénètre dans les gorges de l'oued N'Fis avant de franchir, une trentaine de kilomètres plus loin, l'oued Agoundis à Ijoukak. Dans toute cette région, on voit des *kasbah* qui appartenaient aux Goundafa, puissante tribu qui contrôlait le col et toute la région au XIXᵉ s. À 3 km environ d'Ijoukak, le village de *Talat Nia Koub* accueille un souk authentique le mercredi (c'est l'occasion de voir les Berbères descendre des montagnes pour vendre ou troquer leurs produits). Juste après, on aperçoit la *kasbah d'Agadir-N-Gouf,* perchée sur un promontoire de plus de 100 m (sur le côté gauche de la route).
En poursuivant la route, on est frappé par le contraste entre le vert de la vallée et l'austérité désertique des montagnes, allant du rose au mauve. Superbe !

Où dormir ? Où manger ?

Ces deux adresses sont voisines : à l'entrée d'Ijoukak, km 94, juste avant le pont qui enjambe l'oued, prendre la piste sur la gauche et rouler sur 1,5 km. La première adresse se trouve à droite de la piste (de l'autre côté de l'oued) ; la seconde est 100 m plus loin, côté gauche.

■ ■ ***Gîte d'étape Chez El-Mahjoub :*** *📱 212 (0)6-67-59-23-90. Accès par un* *pont. Compter 140 Dh/pers en ½ pens, draps et couvertures compris.* Dans un hameau berbère authentique, au bord de la rivière, ce gîte simplissime est tenu par une famille adorable. Des salons-banquettes en guise de dortoir et une grande chambre de 5 lits. Sanitaires communs (propreté inégale). Petit salon avec cheminée. Cuisine correcte. L'accueil est bon et l'environnement, superbe, offre une paix royale. Une adresse pour ceux qui recherchent avant tout la simplicité et l'isolement.

Gîte Tigmmi N'Tmazirte : *212 (0)6-68-25-34-21. • tigmmi-ntmazirte.com • Compter 110-135 Dh/pers avec petit déj. Possibilité de planter la tente 30 Dh/pers. Dîner 60-80 Dh.* Ce gîte tranquille et correctement tenu, propose des chambres basiques, certaines en *tadelakt,* toutes avec salle de bains (petite). Hammam rustique. Le proprio, Elhousseine, a vécu 10 ans chez les Ch'tis. Il organise des stages de poterie et des randos dans le coin. Très bon accueil.

TIN-MEL

À 40 km environ de Ouirgane. Le petit village de Tin-Mel est célèbre pour sa mosquée, contemporaine de la Koutoubia de Marrakech et construite en hommage à Ibn Toumert, fondateur de la dynastie des Almohades, au début du XIIe s.

Où dormir ? Où manger dans les environs ?

La Belle Vue : *à 1 km après le col du Tizi-n-Test (soit 35 km de la mosquée de Tin-Mel). 212 (0)6-67-59-57-58. • boumzough.free.fr • À ne pas confondre avec le Café de Haute Vue situé au col même... Compter 220 Dh/pers en ½ pens. Menu 70 Dh.* Bâtisse jaune-beige posée à 2 000 m d'altitude face à la plaine du Sous, offrant sur celle-ci une vue époustouflante ! On ne logera pas ici pour le confort (chambres sans électricité et sanitaires communs assez basiques... donc chères en proportion), mais pour le plaisir de profiter au maximum de ce paysage grandiose ! Accueil simple et serviable. On peut aussi y faire une pause en journée : un menu bon et roboratif avant d'attaquer la descente en lacets enlacés.

À voir

La mosquée de Tin-Mel : *sur les hauteurs du village, on la repère depuis la route. Tlj, en principe tte la journée. Accès libre et gratuit, mais le gardien impose une visite guidée (compter 10 Dh/pers).* Une des très rares mosquées que les non-musulmans peuvent visiter car elle n'est plus consacrée. Construite au XIIe s, abandonnée depuis des siècles, elle tombait en ruine mais a été classée Monument historique, ce qui a permis sa restauration. Enfin, celle-ci est en cours, mais on peut déjà découvrir l'intérieur, à ciel ouvert (pour l'instant), d'une grande sobriété (dans sa

TÉLÉPHONE ARABE

Voici l'origine de cette célèbre expression : malgré l'excavation dans le mur du fond de la mosquée (le mihrab) pour faire caisse de résonance, la voix de l'imam ne portait pas toujours assez loin. Pour relayer ses paroles et que les fidèles du fond puissent bien écouter la prière, des « assistants » se tenaient un peu partout dans la mosquée. D'un bout à l'autre de l'auditoire, ils répétaient les prières de l'imam... Aujourd'hui, ce « téléphone arabe » a été remplacé par des haut-parleurs, qui ne jouent vraiment pas le jeu puisqu'ils répètent tout sans rien déformer !

première version, la mosquée n'avait aucun décor en raison de l'austérité des Almohades), avec de beaux arcs lobés. Le minaret est détruit à mi-hauteur et, chose rarissime, situé au-dessus du mihrab et du minbar. Belle vue sur la vallée.

➢ Au-delà de Tin-Mel, la route grimpe alors vers le col de Tizi-n-Test pour redescendre ensuite à travers les arganiers vers la région du Sous, longeant sur la gauche les flancs du *djebel Siroua* : 30 km assez impressionnants jusqu'à la plaine.

LA ROUTE DU TIZI-N-TICHKA

Cette route de 200 km environ, franchissant le Haut Atlas, est l'une des plus belles du Maroc et le passage obligé de Marrakech pour atteindre Ouarzazate. Elle ne présente aucune grosse difficulté mais requiert un peu d'attention et de patience, car le parcours montagneux n'est qu'une succession de virages qui culminent sur le col du Tizi-n-Tichka, à près de 2 300 m d'altitude. En hiver, se renseigner avant le départ en téléphonant aux gendarmeries d'Aït-Ourir *(☎ 05-24-48-00-18),* **de Touama** *(☎ 05-24-48-49-98)* **ou d'Ighrem** *(☎ 05-24-89-06-15),* **le col pouvant être fermé entre décembre et mars.**
Faire le plein avant le départ : pas de stations-service entre Aït-Ourir et Agouim. Vous remarquerez aussi pas mal « d'auto-stoppeurs » sur le parcours (faux guides, rabatteurs), ainsi que des vendeurs de minéraux plus ou moins « authentiques » (lire plus loin la rubrique « À voir. À faire »)...

Comment y aller depuis Marrakech ?

➢ ***En voiture :*** suivre les indications « Fès » ou « Ouarzazate » (route de la palmeraie). Env 5 km après la sortie de Marrakech, on arrive à un rond-point : prendre à droite, en direction de Ouarzazate. Compter env 2h de trajet pour atteindre le Tizi-n-Tichka et encore 1h30 pour gagner Ouarzazate depuis le col.
➢ ***En bus :*** plusieurs services de bus relient quotidiennement Marrakech à Ouarzazate. Compter 4h30-5h.

À voir. À faire

➢ La vue commence à surprendre à partir du ***col du Tizi-n'Aït-Imguer*** (1 470 m) avec, comme fond de décor, le djebel Tistouit dominant un cirque de montagnes enneigées. En contrebas, des *kasbah* et des petits villages. Après *Aït-Barka,* la route serpente entre les pins et les lauriers-roses. La nature se mêle à la rouille de la terre pour laisser un peu plus loin les collines à nu. De nombreux arrêts permettent de profiter de la vue sur l'oued blotti au fond d'un canyon encaissé. Il faut faire preuve de patience derrière les lents camions.
Puis le village de ***Taddert*** offre ses quelques petits restos devant lesquels mijotent un alignement bien ordonné de tajines. On conseille *Le Jardin,* à la fois pour sa cuisine correcte sur son agréable terrasse ombragée et l'accueil adorable d'Ahmed, son patron.
Tout au long du trajet, c'est un patchwork de couleurs qui court le long de l'asphalte : du rose au gris minéral en passant par l'ocre. Ces différentes teintes se reflètent sur les villages traversés.
Les étals des marchands de minéraux se succèdent de virage en virage (surtout là où on a tendance à freiner...). On vous proposera de superbes géodes peintes... au Mercurochrome ou, mieux encore, de « véritables géodes » entièrement recons-

tituées à partir d'une orange imprégnée de plâtre avec des cristaux de sel pour faire plus vrai que nature ! Également des fossiles réalisés avec des moulages de polyester. Du grand art ! Ne vous y laissez pas prendre. Et évitez de vous arrêter, même si vous pouvez être surpris au premier abord par leurs grands signes ou quand ils se mettent en travers de la route. Lire également la rubrique « Achats » dans « Hommes, culture, environnement » en début de guide.
Le Tizi-n-Tichka, littéralement le ***col des Pâturages,*** est le passage routier le plus élevé du Maroc avec ses 2 260 m d'altitude. Il marque la frontière entre les provinces de Marrakech et de Ouarzazate.

TELOUET

Telouet, situé à 1 870 m d'altitude, était autrefois un carrefour commerçant et caravanier, un lieu d'échanges et de tolérance où cohabitaient dès le XIVe s, juifs, musulmans et chrétiens. Le village est dominé par une *kasbah* qui servit autrefois de résidence au Glaoui de Marrakech. Il y rendit son dernier soupir. Sa vie fut étroitement liée à l'histoire de son pays. Inutile de s'arrêter dans le village, où les sollicitations sont constantes ; rejoindre plutôt la *kasbah,* sur les hauteurs qui dominent une petite vallée verdoyante.
– ***Souk :*** *jeu.*

Un peu d'histoire : le Glaoui

Dernier « seigneur de l'Atlas », El-Hadj Thami el-Mezouari el-Glaoui (ouf !), 1878-1956, fut une personnalité très controversée. On visite ses demeures, symboles de sa richesse, qu'il a essaimées dans tout le Sud marocain, mais sait-on qui il était exactement ? Frère du grand vizir de moulay Hafid, le sultan qui signa le traité de protectorat en 1912, il profita d'un choix tactique fait cette même année : alors que les tribus du Sud se révoltaient contre l'envahisseur chrétien, il prit le parti des Français en sauvant des prisonniers qui lui avaient été confiés. Lyautey, résident de 1912 à 1925, apprécia ce « grand caïd » et ne fit rien pour s'opposer à sa montée en puissance en tant que pacha de Marrakech et de sa région.
À la fois immensément riche grâce à des revenus tirés de l'exploitation de mines de sel, de taxes diverses perçues dans tous les domaines, sans oublier le pillage de ses administrés, et immensément endetté, mais constamment remis à flot par l'administration coloniale. On le considérait comme indispensable : véritable roi dans le royaume, avec 600 000 sujets sous ses ordres. Il donnait des réceptions fastueuses, jouait au golf, voyageait en voiture de luxe, et œuvrait même en sous-main contre la dynastie alaouite.

QUEL MIC-MAC !

Le pacha El-Glaoui aimait être entouré de femmes : 4 femmes et 80 concubines pour son harem, environ. Un millier, moins bien traitées, officiaient dans les maisons closes du quartier de Bâb-el-Khemis, à Marrakech. Un historien le traita de « grand bordelier » : il prélevait 25 % des revenus !

Lorsqu'en 1953, le sultan Mohammed V a été déposé par les autorités françaises, ce fut en grande partie en raison de l'hostilité personnelle du Glaoui envers le sultan du Maroc. Il avait soulevé Berbères et marabouts contre ce roi jugé impie. Mais le vent tourna bientôt : l'exil du sultan ne fut pas populaire et les autorités françaises allèrent le chercher à Madagascar pour le réinstaller sur le trône. Ce fut l'humiliation pour le Glaoui, qui dut aller implorer le pardon de son souverain, à genoux, face contre terre. Le pardon fut accordé. Mais la même année, le Glaoui mourut, ses biens furent confisqués et ses fils exilés. Grandeur et décadence...

Arriver – Quitter

➢ ***En voiture :*** à 7 km du col du Tizi-n-Tichka, en direction de Ouarzazate, prendre une étroite route goudronnée sur la gauche, avec quelques petits passages endommagés. Elle conduit en une vingtaine de km au village de Telouet (compter 30 mn).
– De Telouet, il est désormais possible de rejoindre Aït-Benhaddou par l'ancienne piste, aujourd'hui goudronnée.
➢ Un ***bus*** *(Express Tichka)* relie ***Marrakech*** à Telouet en 4h. Départ en début d'ap-m de Bâb-Ghamat à la sortie de Marrakech. Le retour se fait assez tôt le lendemain mat. L'arrêt se trouve devant la place du marché.
➢ ***En taxi collectif*** ou ***en minibus*** depuis ***Ouarzazate.***

Où dormir ? Où manger ?

Nous avons sélectionné des adresses essentiellement en dehors du village. Il en existe d'autres, mais, malheureusement, le tourisme de masse a induit ici des habitudes un peu pénibles. Sollicitations, rabatteurs, prix à surveiller, sans parler des problèmes d'hygiène et d'entretien assez nets. Ne vous laissez donc pas détourner de votre choix par d'éventuelles fausses informations sur l'adresse choisie...

De très bon marché à bon marché (moins de 200 Dh / 18,20 €)

Auberge – Camping Tasga, Chez Saïd : *à 2,5 km au-delà de Telouet, prendre à gauche la piste carrossable sur env 5 km (fléché) ; à la fin, arrivé face à l'oued, prendre à droite. 212 (0)6-70-71-80-90 ou 212 (0)6-11-74-57-65. • lodgetasga.com • Compter env 30 Dh/pers pour camper, petit déj en sus. Double avec sdb 200 Dh/pers en ½ pens. Dîner 70-100 Dh.* L'accès est long, mais l'effort en vaut la peine. Voici un camping verdoyant, tapi au bord de l'oued, dominé par une *kasbah* de terre rouge (cadre éminemment photogénique). La pelouse couvre près de 1,5 ha dans un verger très ombragé et irrigué. Une tente saharienne invite à prendre le thé. Chambres de tonalités différentes et belles salles de bains. Les « Royale » et « Lune de miel » (plus chères) offrent une certaine vision du luxe, qui peut nous sembler (un rien) kitsch ; elles en mettent à coup sûr plein la vue. Attention, l'auberge reçoit 1 ou 2 groupes chaque midi.

Gîte du Lac *(chez Mohammed Bennouri)* **:** *tourner à gauche au centre du village (pancarte) sous une vieille porte, c'est à 500 m après avoir traversé la place du souk. Attention, le chemin est régulièrement impraticable sans 4x4, ce qui oblige à garer sa voiture de tourisme avt et à marcher 200-300 m env avec les bagages. ☎ 05-24-89-07-22. 212 (0)6-13-04-30-83. • benmoha33@yahoo.fr • Compter 30 Dh/pers en dortoir, 50 Dh/pers en chambre, petit déj en sus. Repas env 50-60 Dh.* Gîte d'étape de 5 chambres, une douche (froide), 2 w-c très rudimentaires et un hammam. L'ensemble est sommaire mais l'accueil familial et on vous proposera une honorable cuisine rustique. Il s'agit sans doute d'une bonne occasion d'entrevoir la vie domestique berbère. Mohammed Bennouri est accompagnateur de montagne. Il organise plusieurs randonnées dans le coin, mais comme toujours, discutez du tarif avant de partir. Et d'une manière générale, bien demander ce qui est payant (taxes, thé, soi-disant offert, etc.) et vérifier l'addition finale.

Le Lion d'Or (Kasr Telouet) : *à deux pas de la kasbah ; prendre la 1re à droite à la sortie du village. ☎ 05-24-88-85-07. • kasr-telouet@hotmail.com • Compter env 170-250 Dh/pers en ½ pens avec ou sans clim. Menus 80-110 Dh.* 4 chambres simples et correctes, avec ou sans salle de bains (même prix). Joli cadre pour la terrasse du resto posée au bord de l'oued.

Prix moyens (200-400 Dh / 18,20-36,40 €)

Maison d'hôtes Afoulki : *même chemin que pour le* Gîte du Lac, *mais*

LE HAUT ATLAS OCCIDENTAL

c'est juste sur la gauche après la place du marché. ☎ 05-24-89-13-14. • afoulki-telouet.com • Double env 250 Dh avec sanitaires communs, petit déj compris. ½ pens possible. Menu 70 Dh accessible aux non-résidents sur résa. Transfert aéroport de Marrakech possible. *Afoulki* signifie « beauté » en berbère. Entourée de nature, la maison principale comprend 2 chambres et 2 salons où l'on peut prendre ses repas. Dans le jardin, une autre maison (où ont lieu des séances de yoga) possède 6 chambres très bien tenues. Celles de l'étage bénéficient d'une très belle vue sur la montagne. Hassan et Malika, qui vivent sur place à l'année, vous serviront une excellente cuisine familiale. Ils connaissent bien la région et vous conseilleront très gentiment sur les balades à faire. Cours de yoga, stages et marches dans l'Atlas ! Des stages de danse orientale et d'aquarelle sont également organisés. Un très bon rapport qualité-prix-convivialité.

Auberge-restaurant Telouet – Chez Ahmed : *en face de la kasbah du Glaoui ; à la sortie du village, sur la droite. ☎ 05-24-89-07-17. • telouet.com • Doubles avec sdb 200-300 Dh/pers en ½ pens selon confort. Menu env 80 Dh.* De jolies chambres confortables, style *kasbah*. Celles du 1er sont plus petites, les autres, posées sur la terrasse possèdent la clim et profitent d'un large panorama. À noter aussi un appartement de 2 chambres, bien pratique pour les familles. Cuisine goûteuse.

À voir

La kasbah de Telouet : *tlj 7h-18h30. Entrée : 20 Dh. Déambuler dans les parties en ruine de la kasbah est gratuit ; mais l'entrée au palais se fait par la porte principale.*
Cette grande *kasbah* de terre, où quelques cigognes ont élu domicile entre deux migrations, est sans doute la première d'une longue série que vous découvrirez. Il s'agit en effet du type d'habitat traditionnel des Berbères du Haut Atlas et, au-delà, des vallées du Drâa et du Dadès. Les descendants du Glaoui ont récemment décidé de reprendre son destin en main et ont débuté quelques travaux de restauration.
De *kasbah,* on en compte en fait trois : la première date de 1824, la deuxième de 1888 et la troisième partie de 1942. Près de 1 000 personnes vivaient ici du temps du Glaoui. En entrant, on découvre la « place du folklore » où avaient lieu les fêtes. Puis sur la gauche, le tribunal... On pénètre ensuite dans le palais du « dernier seigneur de l'Atlas », dont il ne reste qu'un dédale de corridors, cours intérieures et arcades. Subsistent quelques pièces richement décorées de fins détails floraux et géométriques, tant dans les boiseries que dans le stuc et les marbreries incrustées de faïence, qui témoignent de la splendeur dans laquelle vivait ce grand chef berbère. Il est vrai que la main-d'œuvre ne coûtait pas cher. On dit que 300 ouvriers travaillèrent durant 3 années pour sculpter les plafonds et les murs. On peut visiter la chambre à coucher *(harim)* aux murs tendus de tapisseries en soie, la chambre des femmes *(harem),* la cour, le salon où l'on prenait le thé et enfin la terrasse d'où l'on a une superbe vue sur la vallée.

La mine de sel : *à 6 km au-delà de Telouet. La route est goudronnée.* Au bout, on découvre des installations sommaires permettant l'extraction du sel, et même une mine. Avec un peu de chance, les ouvriers vous feront visiter une galerie (ne pas oublier un petit pourboire). Vaut le coup d'œil. Telouet était ainsi placé sur le parcours de la caravane du Sahara qui rejoignait Tombouctou. On y échangeait du sel contre tout, notamment des tapis et des esclaves...

Randonnées à pied

Les randonnées pédestres dans la région peuvent se faire entre avril et octobre.

➢ De Telouet, il est possible d'atteindre directement ***Aït-Benhaddou*** en suivant l'ancienne route des caravanes qui passe par la ***kasbah d'Anemiter*** à 11 km (très beau site). Le parcours est magnifique.
Suivre les jardins parallèles à la route pour éviter le cortège de véhicules en saison. Il faut compter 2 à 3 jours de marche pour parcourir les 40 km jusqu'à Tamdaght avant de rejoindre Aït-Benhaddou, avec une étape à Assaka. Jolis petits jardins entre Assaka et Tizgui. On peut néanmoins tronçonner le parcours si l'on souhaite une rando plus courte. Par exemple, en rejoignant le village rouge de ***Tasga*** par une boucle de 3h aller-retour. Les (très) bons marcheurs peuvent aussi se contenter d'une journée de marche jusqu'à la *kasbah d'Anemiter* et revenir à Telouet le jour même, par la mine de sel.
Enfin, il est possible d'atteindre ***Tighza*** en 3 ou 4h. De là, on peut remonter l'oued Iounil (ou Ounila) jusqu'à sa source. Peu à peu, la verdure de la vallée cède la place à un paysage de montagne aux couleurs contrastées, royaume des bergers. Compter encore 4h de marche pour atteindre le ***lac de Tamda-n-Ghmar.*** On vous conseille de bivouaquer sur place. Sinon, comptez 2h30 de marche pour revenir à Tighza, où il vous faudra dormir en gîte. Le 2e jour, retour à Telouet ou prolongation de la rando jusqu'à Aït-Benhaddou. Quoi qu'il en soit, c'est très beau !

À voir encore sur la route du Tizi-n-Tichka

➢ À une dizaine de kilomètres après l'embranchement de Telouet, la route N 9 descend vers ***Ighrem-n'Ougdal*** où la visite du grenier fortifié (ou *agadir* ; *ighrem* en berbère, d'où le nom du village) permet une petite halte agréable. Si vous décidez d'y faire étape, attention aux tarifs pratiqués par certaines auberges locales, particulièrement celles qui se prévalent de notre guide...

Le grenier fortifié (agadir) : *à la sortie d'**Ighrem,** sur la gauche. Entrée : 10 Dh. En général, le gardien est dans le coin (il est plus difficile de le trouver le ven, jour de prière, et le sam, jour du souk).* Ce grand grenier de pisé rouge, flanqué de quatre tours carrées plutôt massives servait, dès le XVIe s et jusqu'à son effondrement partiel vers 1990, à conserver les denrées périssables de chaque famille. Il a aujourd'hui bénéficié d'une exceptionnelle restauration. Il contient 84 cases familiales privatives, naturellement climatisées par l'épaisseur des murs de terre. On peut encore observer quelques portes décorées de motifs berbères et fermées par des serrures de bois. Ces greniers-forteresses permettaient de bénéficier d'une surveillance collective. On en voit encore beaucoup dans les villages du Sud, mais ils ont quand même tendance à disparaître, faute d'entretien.

Dar Isselday : *au village de **Tisselday,** 25 km après Ighrem, en surplomb de la route principale, sur la gauche en venant du nord. 212 (0)6-66-17-48-81. • dar-isselday.com • Doubles avec sdb 220 Dh/pers en ½ pens.* Maison à l'architecture traditionnelle, composée de 4 chambres entourant un patio. Elles sont décorées sobrement mais avec goût. Les deux du rez-de-chaussée n'ont qu'une petite fenêtre ouvrant sur le salon. On préfère celles de l'étage, plus lumineuses. Accueil discret et aimable de Kamel et de sa famille.

Maison d'hôtes I Rocha : *à **Tisselday,** à 200 m de la route par une piste carrossable sur la gauche. 212 (0)6-67-73-70-02. • irocha.com • Selon taille de la chambre, 450-550 Dh/pers en ½ pens ; suite plus chère. Déj 120 Dh. CB acceptées. Sert de l'alcool.* Cette belle maison berbère, qui surplombe la vallée, s'articule autour d'un patio central. Une dizaine de chambres (dont une suite et un appartement pour 4), très propres, toutes équipées d'une douche, de la clim, du chauffage, et subtilement décorées. 2 d'entre elles se trouvent un peu à l'écart. Le salon convivial se prolonge par une véranda et une terrasse avec une vue imprenable sur l'oued et les montagnes. Belle piscine et hammam (payant). Bar de facture moderne. Bonne cuisine marocaine et méditerranéenne. Le midi, les gens de passage sont les bienvenus. Catherine et Ahmed reçoivent chaleureusement et proposent des cours de cuisine. Excursions également possibles.

➢ La route passe à *Amerzgane,* où se trouve une station-service (à l'intersection avec la route pour Tazenakht). Plus loin, le village d'***El-Mdint,*** facilement repérable grâce à son beau grenier de pisé rose dont les tours sont décorées de motifs en relief (mais qui ne se visite pas), et enfin, ***Tadoula*** (jolie *kasbah* en ruine).

AÏT-BENHADDOU

Le village se trouve 30 km avant Ouarzazate en venant de Marrakech. Surtout, ne pas s'engager sur la piste indiquant Aït-Benhaddou à 6 km. La route principale goudronnée se trouve quelques kilomètres plus loin, au niveau du village de Tabouraht.

Aït-Benhaddou reste l'un des ksour les mieux préservés de tout le Sud marocain. Il serait dommage de manquer cette visite, qui vous laissera des photos sublimes et des images plein la tête. Beaucoup de réalisateurs sont d'ailleurs venus y tourner, ajoutant des éléments de décor parfois encore présents aujourd'hui...

Les autorités, conscientes de la valeur de ce chef-d'œuvre en péril, ont réussi à le faire inscrire en 1987 sur la liste du Patrimoine mondial de l'Unesco. Les travaux de restauration ne sont pas terminés, mais avec la construction du pont qui relie désormais la kasbah au village de l'autre côté de l'oued et l'installation de l'électricité, les conditions s'améliorent peu à peu. Si bien que les habitants réinvestissent cette forteresse de terre et de roseaux, meilleur moyen pour préserver ce patrimoine exceptionnel et fragile. Des structures hôtelières y ont même été créées. La plupart des logements que nous indiquons se trouvent toutefois dans le village « moderne », c'est-à-dire de part et d'autre de la grand-rue, où les établissements ont poussé comme des champignons, tout en restant à taille humaine.

Arriver – Quitter

➢ Liaisons ***en bus*** entre Aït-Benhaddou et ***Marrakech*** (en 5h) ou ***Ouarzazate.*** Descendre à *Tabouraht* (encore appelé Oued-el-Mellah), à l'embranchement de la route d'Aït-Benhaddou. Ensuite, il y a toujours des ***taxis collectifs*** qui attendent pour parcourir la petite dizaine de km restante. Depuis Aït-Benhaddou, prendre un taxi jusqu'à Tabouraht, où passent les bus.

➢ En voiture depuis Marrakech 2 options : soit la route de Tizi-n-Tichka de bout en bout, soit le chemin des écoliers en bifurquant vers Telouet et en empruntant l'ancienne piste aujourd'hui goudronnée jusqu'à Tamdagaht et Aït-Benhaddou. Paysages de toute beauté, là encore.

Où dormir ?
Où manger ?

Tous les hôtels du coin proposent la demi-pension. Mais, ne pas hésiter à dîner ailleurs que sur son lieu d'hébergement.

Bon marché (100-200 Dh / 9,10-18,20 €)

⛺ 🏠 ***Camping Le Tissa*** **:** ☎ *05-24-89-10-30.* • *tissacamp@hotmail.com* • *À env 1 km après l'embranchement d'Aït-Benhaddou en direction de Ouarzazate (env 15 km de Ouarzazate). Compter env 40 Dh pour 2 avec tente et voiture ; électricité en sus ; douche* *chaude payante. Doubles sans ou avec sdb 100-200 Dh, petit déj en sus.* En bord de route et ceint d'un grand mur, le terrain est correct mais peu ombragé. Sanitaires bien entretenus. Resto pas cher. Bon accueil.

Auberge Tombouctou : *à 1,5 km du village, en direction de Tamdaght, sur la droite. ☎ 05-24-88-28-49. • ait-tombouctou.com • Doubles sans ou avec sdb 150-200 Dh/pers en ½ pens. Compter 30 Dh/pers pour planter sa tente ou dormir sous une tente berbère ; 20 Dh/pers sur la terrasse. Repas env 80 Dh.* Cette petite auberge familiale en pisé abrite des chambres sommaires mais globalement propres. Une adresse authentique et au calme.

Prix moyens (200-400 Dh / 18,20-36,40 €)

Maison d'hôtes Chez Brahim : *dans le village ; prendre le chemin de terre sur la droite derrière l'hôtel* La Kasbah. *212 (0)6-71-81-63-12. Double avec sdb 300 Dh, petit déj inclus. ½ pens possible.* Dans une maison traditionnelle (murs en pisé, plafond en roseaux), Brahim propose 8 chambres bien tenues et agrémentées de quelques tapis berbères. En prime, une terrasse offre une vue remarquable sur le ksar. La cuisine est généreuse (goûtez à l'excellent yaourt maison, servi aussi au petit déj), l'accueil adorable. Hammam et treks possibles. Une bonne adresse, plébiscitée par nos lecteurs.

Bagdad Café : *dans la rue principale, à l'entrée du village, juste après le grand hôtel* La Kasbah. *☎ 05-24-88-25-06. • auberge-bagdad-cafe.com • Double avec sdb et clim 380 Dh, petit déj inclus. Également des triples et quadruples. Plats 50-70 Dh. Sert de l'alcool.* Déco et matériaux traditionnels pour les chambres disposées autour d'une cour, derrière le resto : plafonds en roseau, murs en *tadelakt.* Elles sont néanmoins toutes différentes et joliment arrangées. Un bon rapport qualité-prix-charme. À table (accessible aux non-résidents), une bonne cuisine familiale (*harira,* brick au thon, couscous léger) et même des côtelettes d'agneau pour changer. Le tout arrosé d'un bon petit vin local.

Auberge Ayouze : *dans le village d'**Asfalou,** à 3 km d'Aït-Benhaddou vers Tamdaght (sur la gauche). ☎ 05-24-88-37-57. • auberge-ayouze.com • Double env 200 Dh/pers en ½ pens. Repas 90 Dh.* Une sympathique petite auberge, tenue avec enthousiasme par un couple franco-marocain, Zoé et Abderrahmane, qui vous conseilleront volontiers sur les alentours. Ils ont tout refait eux-mêmes et accueillent les routards dans 6 charmantes chambres, avec douche (eau chaude) et w-c. L'une d'elles dispose d'un balcon. C'est très simple, mais décoré d'éléments traditionnels. Le plus, ici, c'est la cuisine d'Idriss, à déguster en terrasse ou dans l'un des salons sur fond de musique reposante. Pas de vin, mais vous pouvez apporter le vôtre.

La Kasbah du Jardin : *à la sortie du village, en direction de Tamdaght, sur la droite. ☎ 05-24-88-80-19. • kasbahdujardin.com • Doubles avec sdb 230-400 Dh selon confort, avec petit déj. Également une chambre familiale. ½ pens possible. Sous tente berbère ou en terrasse, 150 Dh/pers en ½ pens slt. Repas 80 Dh.* Chambres confortables, certaines avec clim. Celles sur la terrasse et côté piscine sont agréables et équipées de sanitaires. De la terrasse panoramique, vue magnifique sur le ksar et les jardins. Cheminée dans la salle de resto. Belle piscine. Camping à l'arrière avec bloc sanitaire (eau chaude) et électricité. Organise des excursions. Bon accueil.

Hôtel-restaurant La Rose du Sable : *sur la route principale, dans le village. ☎ 05-24-89-00-22. • larosedusable.com • Double avec sdb 300 Dh avec petit déj; 50 Dh/pers pour dormir sur la terrasse ; petit déj en sus. Également des chambres familiales. Repas env 70-150 Dh. CB acceptées.* Tenu par des frères accueillants, qui proposent des chambres fraîches, équipées de balcon, de la clim, douche et w-c. Plafond en roseau sec et bois de palmier, façon berbère. Les chambres sont très propres. La terrasse permet d'admirer le ksar et le ciel étoilé. Piscine.

🏠 🍴 ***Maison d'hôtes Valentine :*** *en retrait de la rue principale, côté gauche.* 📱 *212 (0)6-68-39-89-91.* • *kasbahvalentine.com* • *Doubles avec sdb 250-300 Dh selon taille, petit déj inclus.* Cette maison aux beaux volumes propose 13 chambres décorées dans un style traditionnel, de couleurs différentes. Possibilité de prendre son petit déj en terrasse en lorgnant le ksar. Fait aussi resto. Bon accueil.

🏠 🍴 ***La Fibule d'Or :*** *chemin de terre sur la droite, derrière l'hôtel* La Kasbah. *Près de Chez Brahim.* ☎ *05-24-88-78-97.* • *houcine@lafibule-dor.com* • *Double avec sdb 200 Dh/pers en ½ pens et 400 Dh pour la tente en terrasse (jusqu'à 5 pers) avec le petit déj. Plus 1 suite familiale.* Dans cette maison traditionnelle, une douzaine de chambres typiques et agréables, à la bonne literie. Gros atout : que ce soit de la terrasse, où l'on prend le petit déj, ou de son lit, on profite toujours d'une vue sur le ksar. Accueil très convivial.

🏠 🍴 ***Auberge Étoile Filante d'Or :*** *dans la rue principale, au centre.* ☎ *05-24-89-03-22.* • *etoilefilantedor.com* • *Double avec sdb env 390 Dh, petit déj compris. ½ pens possible. Menu 80 Dh. CB acceptées (commission).* 💻 📶 Pas loin d'une trentaine de chambres, tenues par Hind et Aurélien. Avec leur plafond en arganier et roseau tressé, elles sont joliment décorées sur la base d'une couleur différente. Salon et salle de resto relookés dans une tonalité contemporaine.

Chic (400-800 Dh / 36,40-72,80 €)

🏠 ***Kasbah Tebi :*** *à l'entrée du ksar (par la porte payante Aït-Ougram, qu'on ne paie pas si on loge ici).* 📱 *212 (0)6-61-94-11-53.* • *kasbah-tebi.com* • *Double avec sdb 400 Dh/pers en ½ pens. Prévenir à l'arrivée pour qu'on vienne chercher vos bagages.* Ici, inscription sur la liste du Patrimoine mondial de l'Unesco oblige, l'architecture a été scrupuleusement conservée, d'où ces escaliers raides, ces ouvertures étroites, des pièces parfois exiguës. Mais quel charme ! Seulement 3 chambres de tailles différentes, aux tons chauds grâce aux matériaux traditionnels (pisé, bois, *tadelakt*) ; un coin salon et une terrasse pour couronner le tout. Complètement dépaysant.

🏠 🍴 ***Kasbah Hajja :*** *dans la partie basse du ksar.* ☎ *05-24-88-72-22.* 📱 *212 (0)6-52-03-38-25.* • *hajja-aitbenhaddou.com* • *Doubles avec sdb 700-800 Dh selon saison, petit déj inclus. Également 1 suite pour 4 pers. Menus 60-80 Dh accessibles aux non-résidents.* La structure originelle de cette *kasbah* en fait un lieu d'accueil là encore unique. Déco berbère dans les 8 chambres, patios, coin salon aménagé dans une grotte, terrasse ombragée bien agréable où l'on peut prendre son petit déj. Concession à la technologie moderne : l'énergie solaire pour l'eau chaude et l'éclairage. Cuisine marocaine.

🏠 🍴 ***Maison d'hôtes Dar Mouna :*** *chemin de terre sur la droite, derrière l'hôtel* La Kasbah. ☎ *05-28-84-30-54.* • *darmouna.com* • *Doubles avec sdb 660-980 Dh selon vue, petit déj et taxes en sus. Repas à partir de 120 Dh. CB acceptées.* Maison d'hôtes de charme d'une douzaine de chambres. Celles du rez-de-chaussée ne sont pas bien grandes et du coup, trop chères. En revanche, ceux qui ont les moyens opteront pour les chambres-salons avec vue sur le ksar. Mais tout le monde peut profiter de la terrasse et de son panorama... L'intérieur allie une déco traditionnelle à des éléments contemporains. Bonne cuisine maison. Enfin, un hammam et une piscine.

🏠 Voir aussi **Dar Isselday** et la ***maison d'hôtes I Rocha*** *(située à* ***Tisselday,*** *à env 30 km d'Aït-Benhaddou, en direction de Marrakech).* Des adresses que l'on indique plus haut dans le chapitre « La route du Tizi-n-Tichka ».

Où manger ? Où boire le thé ?

En plus des hébergements cités plus haut, qui tous acceptent les non-résidents, voici deux petites adresses où se sustenter simplement :

🍴 ***Café Tamlalt :*** *en bas de la ruelle qui mène au pont, sur la droite. Tlj.*

Pas d'alcool. La terrasse, meublée de tables en mosaïque, surplombe le pont, d'où la vue imprenable sur le ksar (mais aussi sur le pont). Cuisine classique correcte (tajines, couscous, omelettes) et pas chère. Bien aussi juste pour boire un verre.

Salon de thé Chez Abdel : *à l'intérieur du ksar, côté gauche, un peu en hauteur. Formule thé et biscuits 20 Dh.* Pour une pause après avoir crapahuté. Accueil gentil.

À voir. À faire

Le vieux ksar et le vieux village : *un pont relie désormais le village au ksar, utile, certes, mais pas franchement esthétique. Si vous êtes en voiture, garez-vous au niveau de la mosquée, puis empruntez le chemin, bordé de boutiques de souvenirs. Sinon, il y en a toujours qui traversent l'oued à gué, plus au sud, sur des gros sacs de sable (plus folklo... et casse-binette). Dans ce cas, il faut se garer au parking de l'hôtel* La Kasbah, *à l'entrée du village. Tlj 7h30-18h30.*

Pour le ksar, il y a 4 accès possibles : 2 gratuits et 2 payants ! On vous explique : le pont débouche sur la porte gratuite de Talat-Ntroura, à gauche du ksar. L'autre accès libre se fait, plutôt après avoir traversé l'oued à gué, en contournant complètement le ksar par la droite (suivre les flèches à droite des grandes portes de pisé), on arrive à la porte Imi-Niram ; à droite (face à l'hôtel La Kasbah*), les portes Jamal-Edin et Aït-Ougram donnent accès à des maisons privées (lire plus loin), ce qui explique les 10 Dh de droit de visite.*

À l'arrivée, avant de franchir l'oued, il est intéressant de voir le vieux ksar d'Aït-Benhaddou depuis le nouveau village. Les meilleurs points de vue se situent avant l'arrivée par la route, sur le côté droit (les cars s'y arrêtent et il y a le plus souvent des marchands, qui se font très pressants), et des terrasses de l'*auberge El Ouidane* (qui fait partie de l'hôtel *La Kasbah*). Autre beau point de vue depuis la terrasse du petit resto *Tighramt.* Le spectacle est étonnant le soir, quand on surplombe cette mosaïque de cultures avec la longue procession des femmes portant sur la tête les fourrages qu'elles ont coupés pour nourrir leurs bêtes. Mais le lever du soleil n'est pas mal non plus. Non seulement on évite le flux des touristes, incessant entre 8h et 17h, mais aussi les sollicitations dans la *kasbah.* Passez-y une nuit pour être à l'heure !

SILENCE, ON TOURNE !

De nombreux films furent tournés dans ce décor prestigieux. Eh oui ! les deux portes en pisé situées devant le ksar ont été ajoutées pour le tournage des films Sodome et Gomorrhe *(Robert Aldrich ; 1962), puis pour* Le Diamant du Nil *(avec Michael Douglas et Kathleen Turner ; 1985). David Lean y tourna également des scènes de son superbe* Lawrence d'Arabie. *Parmi les films récents,* Gladiator *(Ridley Scott ; 2000),* Astérix et Obélix : Mission Cléopâtre *(Alain Chabat ; 2002) et* Alexandre *(Oliver Stone ; 2004)... L'Unesco, tout en acceptant de conserver les deux portes qui font déjà partie de l'histoire, oblige, à juste titre, à démolir tous les ajouts apportés par les décorateurs de cinéma.*

La période de fondation de ce superbe ksar n'est pas établie. Certains parlent du VIIIe s, d'autres de la dynastie almoravide des XIe et XIIe s... Le village se déploie en un dédale de ruelles et de passages couverts. La majorité des maisons sont en ruine et les familles se sont le plus souvent installées dans le nouveau village.

Beaux points de vue depuis le haut de la colline où est planté l'*agadir* (grenier fortifié) de la *kasbah.* Il faut y monter ! De l'autre côté, on aperçoit au loin le ksar de Tamdaght puis, en ramenant doucement le regard, le cimetière juif (de simples pierres au milieu de nulle part), la maison du marabout Sidi Ali Ouamar (une vache rousse y est sacrifiée chaque année le 15 juin) et enfin le cimetière arabe au pied de la colline.

Retour sur le ksar lui-même. Quelques cigognes nichent aux beaux jours sur les tours de certaines maisons. Des deux entrées privées, nous vous conseillons celle de la *porte Aït-Ougram.* Cette demeure appartenant à une vieille famille locale présente une belle porte d'entrée, un petit musée de vieux outils et d'objets usuels, un beau puits de lumière, une salle à manger à arcades et un accès à une terrasse donnant sur une *kasbah* de quatre tours restaurée par l'Unesco. Parfois, une cigogne niche juste en face. La maison de la *porte Jamal-Edin* (payante) est vide mais offre néanmoins un point de vue et quelques vieilles portes entreposées dans la cour.

DANS LES ENVIRONS D'AÏT-BENHADDOU

TAMDAGHT

À 6 km après Aït-Benhaddou, par une route goudronnée. C'est aussi une balade merveilleuse à faire à pied, car le paysage est splendide. Découvrir Tamdaght et sa *kasbah* par le bas du village est un vrai bonheur. Elle servit souvent, elle aussi, de décor de cinéma, notamment pour *Gladiator.* Visite de la citadelle, moyennant 20 Dh (pas grand-chose à voir). Pour l'anecdote, sachez que la *kasbah* de Tamdaght a été louée en 2006 à une émission de télé-réalité italienne, équivalent de notre *Ferme des célébrités,* et qu'un pont de l'armée traversait l'oued le temps du tournage... Depuis, il est resté.

➢ Les 50 km qui séparent Tamdaght de Telouet sont goudronnés. Sinon, Tamdaght peut être le point de départ d'une rando de 2 jours jusqu'à Telouet. L'itinéraire est décrit dans « Randonnées à pied » à Telouet.

Où dormir ? Où manger ?

Auberge Kasbah La Cigogne : *à* ***Tamdaght,*** *à droite de la kasbah. ☎ 05-24-89-03-71. 📱 212 (0)6-62-78-73-54. • kasbah-cigogne.com • Pour 2, compter env 500 Dh en ½ pens.* 6 chambres colorées disposent de salles de bains très propres. Celles du rez-de-chaussée sont assez sombres (mais plus fraîches en été !). Une grande terrasse offre une large vue sur la *kasbah.* L'accueil est souriant et attentionné dans cette maison traditionnelle.

Defat Kasbah : *à* ***Asfalou,*** *2 km avt Tamdaght en venant d'Aït-Benhaddou, juste avt l'oued. ☎ 05-24-88-80-20. • boukhch2006@hotmail.com • Prévoir 40 Dh pour 2 avec tente et voiture ; doubles 200-300 Dh sans ou avec sdb. Petit déj en sus. Possibilité de ½ pens. Repas env 80 Dh.* En pleine campagne, au bord de l'oued, une adresse paisible composée de chambres bien aménagées. Une grande et agréable piscine et même un terrain de pétanque. Bon point de départ pour les randonnées.

Kasbah Ounila : *à 7 km après Aït-Benhaddou, et à 1 km de Tamdaght en allant vers Telouet. 📱 212 (0)6-62-84-30-01. • kasbah-ounila.com • Double 200 Dh/pers en ½ pens.* À 1 400 m d'altitude, cette belle *kasbah* propose 7 chambres aux couleurs chaudes et même 1 chambre familiale. Accueil gentil.

VERS LE GRAND SUD

D'AGADIR À TAN-TAN

Qui n'a jamais rêvé d'aller vers le Grand Sud et ses déserts de sable ? Cet itinéraire longe la côte atlantique depuis *Agadir,* connue du monde entier pour sa plage magnifique et son ensoleillement exceptionnel. Une halte pour les routards fatigués, histoire de se refaire une santé.
***Tiznit,* porte du Sud, conduit à *Guelmim.* Nous suivrons ensuite la route qu'empruntaient les caravanes chargées d'or, d'épices et d'esclaves provenant du Mali, de Mauritanie et du Sénégal. *Tan-Tan* doit sa célébrité à la fameuse Marche verte de 1975. La réputation du *cap Juby* est beaucoup plus ancienne. C'est dans cette escale fameuse de l'Aéropostale que Saint-Exupéry écrivit *Courrier Sud* en 1927. Il avait trouvé le titre de son premier livre sur un sac de courrier à destination de Dakar.**

AGADIR

500 000 hab.

▸ Pour le plan d'Agadir, se reporter au cahier couleur 2.

Capitale du Souss et l'un des principaux ports de pêche du Maroc, Agadir doit sa réputation actuelle à sa plage de plus de 6 km de sable fin et à ses 300 jours d'ensoleillement annuel (mais gare aux coups de froid estivaux, parfois plus cinglants qu'à Oslo ! De mai à septembre, quelques jours de brouillard tenace jusqu'à au moins 13h). Ville adorée du roi, jet-skieur averti, paraît-il !

Devant l'invasion des Nordiques, les Gadiri (habitants d'Agadir) ont tendance à parler plus l'allemand que le français. Même si les bords de mer ont retrouvé un certain charme grâce à la nouvelle croisette bordée de palmiers et à la marina, Agadir ne présente guère d'intérêt, sinon pour recharger les batteries avant d'attaquer le Grand Sud, ou pour s'en remettre ! Cela dit, l'arrière-pays recèle quelques merveilles (ne manquez pas la route du Miel et la vallée du Paradis, voir plus bas) et les habitants du Souss se montrent fort sympathiques.

UN PEU D'HISTOIRE

Au cours de son histoire, Agadir fut l'enjeu d'âpres luttes rivales : elle fut convoitée par les Portugais en 1513, par les Alaouites au XVIIIe s et par l'empereur Guillaume II en 1911, qui tenta d'y installer une base navale. La France s'y opposa, bien entendu, et obtint, après des négociations diplomatiques difficiles, l'abandon des prétentions allemandes en échange d'une partie du Congo. À partir de 1930, Agadir constitua l'une des étapes de l'Aéropostale. Saint-Exupéry et Mermoz y faisaient escale avant d'entreprendre la traversée de l'Atlantique.
Après l'indépendance, ce fut une ville prospère, jusqu'à cette date fatidique du 29 février 1960, peu avant minuit, lorsque le destin cogna violemment à la porte. La terre trembla 15 secondes, pas une de plus, mais longues comme l'éternité. Dans l'une des plus furieuses catastrophes de l'histoire, la petite cité cessa d'exister, ensevelissant sous ses ruines 15 000 âmes. Peut-être plus. Aujourd'hui reconstruite, Agadir présente le visage d'une ville moderne, sacrifiée au tourisme de masse.

Arriver – Quitter

En avion

✈ ***Aéroport d'Agadir-Massira*** *(hors plan couleur par B3) : à 22 km, sur la route de Taroudant. ☎ 05-28-83-91-02 ou 52.* On peut passer par Aït-Melloul ou par Tikouine. Change et distributeurs automatiques. Loc de voitures.
– *Petit kiosque d'infos (sur l'aéroport slt) : ouv 24h/24 (en principe). ☎ 05-28-83-91-52.*
➢ ***Liaisons intérieures :*** 3-6 vols/j. pour *Casablanca,* 1-2 vols/sem pour *Laâyoune* et *Dakhla* avec la *RAM.*
➢ ***Liaisons internationales :*** 1-2 vols directs/j. selon saison pour ***Paris,*** 2 vols/sem pour ***Nantes*** avec la *RAM.* Vols également pour ***Paris, Bordeaux, Lyon, Nantes, Marseille*** et ***Toulouse*** avec *Jet4you.*

■ ***Royal Air Maroc*** *(plan couleur A1, **4**) : angle av. du Général-Kettani et bd Hassan-II. ☎ 05-28-82-91-42 ou 0890-00-08-00 (pour les résas, confirmations de vol et infos, dans tt le pays). À l'aéroport : ☎ 05-28-82-91-68. • royalairmaroc.com • Lun-ven 8h30-12h, 14h30-19h ; sam 8h30 (9h j. fériés)-12h (11h45 j. fériés), 15h-18h (17h45 j. fériés).*

➢ ***Pour rejoindre le centre-ville :***
– *Grands taxis blancs,* dont le tarif est fixé par les autorités : env 150 Dh le jour, 200 Dh la nuit (19h-5h du mat) ; supplément pour les bagages.
– Sinon, *bus n° 37* jusqu'à Inezgane. De là, bus nos 21 ou 22 pour Agadir (passent par le bd Mohammed – V) ou taxi collectif. Plus long (prévoir 1h30 en bus), plus compliqué mais 10 fois moins cher ! L'arrêt se trouve de l'autre côté du parking de l'aéroport. Départ env ttes les 20-30 mn.
➢ ***Pour se rendre à l'aéroport :***
– *Taxi (☎ 05-28-82-20-17)* ou *bus* via Inezgane. Entre Agadir et Inezgane, il existe des navettes et des taxis collectifs.

En bus

Station Batouar des bus locaux et des grands taxis *(plan couleur B3, **3**) : pl. Salam. ☎ 05-28-82-20-17.* Pour circuler dans la ville ou rejoindre la gare routière d'Inezgane (à

11 km). Les grands taxis prennent jusqu'à 6 personnes et peuvent sortir de la ville.

Gare routière *(hors plan couleur par B3)* **:** *av. Abderrahim-Bouabib (anciennement av. El-Hamra), à env 3 km du centre-ville.* Pour les liaisons nationales et internationales. Toutes les compagnies y ont un kiosque :

■ ***SATAS :*** *☎ 05-28-23-09-73.*

■ ***Pullman du Sud :*** *☎ 05-28-84-60-40.*

■ ***CTM*** *(plan couleur B1,* ***1****)* **:** *bureau au centre-ville, rue Y.-El-Mansour. ☎ 05-28-82-53-41. Tlj 7h30-22h. À la gare routière, ☎ 05-28-22-55-96.*

■ ***Supratours*** *(plan couleur A1,* ***2****)* **:** *10, rue des Orangers. ☎ 05-28-84-12-07 ou 05-28-22-40-10 (gare routière). Tlj 8h30-20h.* Pour rejoindre les villes du nord du Maroc (Casablanca, Tanger, Rabat et Fès, par exemple), Supratours assure des liaisons avec Marrakech en bus ; de là poursuivre en train.

Tous les bus partent de la gare routière. Si vous ne trouvez pas de bus à votre convenance au départ d'Agadir, vous pouvez rejoindre la gare routière d'Inezgane, à 11 km au sud d'Aga-

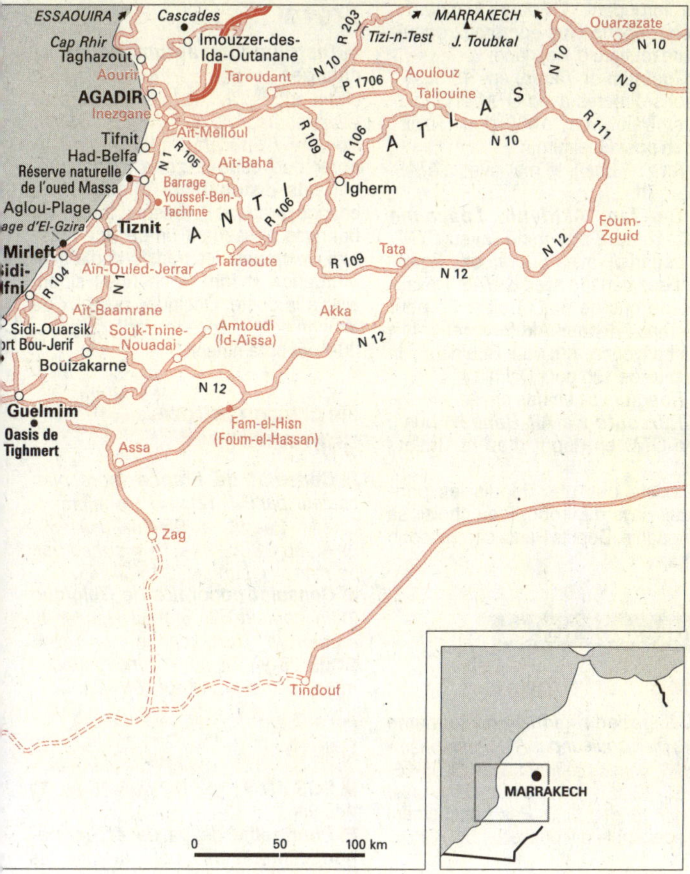

LE GRAND SUD

dir (navettes depuis la station de bus locaux ; *plan couleur B3,* ***3***). C'est le nœud routier des cars ou des grands taxis, la « capitale commerciale du Souss », théâtre d'un énorme trafic de marchandises. Les départs y sont plus nombreux et fréquents. Souk très animé le mardi.

Depuis la gare routière d'Agadir, liaisons avec :

➢ ***Marrakech :*** env 15 bus/j. avec *CTM*, une dizaine avec *Supratours.* Trajet : env 3h.

➢ ***Casablanca :*** env 15 bus/j. dont une dizaine avec *CTM.* Trajet : 6h-7h.

➢ ***Rabat :*** 3 bus/j. dont 2 de nuit avec *CTM.* Un bus poursuit sur ***Tanger.*** Trajet : env 7h-8h.

➢ ***Fès :*** 3 bus/j. dont 2 de nuit avec *CTM,* 1 bus/j. de nuit avec *Supratours.* Trajet : 10-11h.

➢ ***Essaouira et Safi :*** 1 bus/j. avec *CTM* le mat et 1 avec *Supratours* le mat (trajet : 3h). Certains poursuivent jusqu'à Safi (trajet : env 5h).

➢ ***El-Jadida :*** slt 1 bus le mat avec *CTM* (trajet : 7h).

➢ ***Ouarzazate et Taroudant :*** 1 bus/j. le mat avec *CTM,* 1 bus le mat pour Taroudant avec *SATAS.* Trajet : 1h30 pour Taroudant ; 7h pour Ouarzazate. Sinon, départs plus nombreux depuis la gare routière d'Inezgane.

➢ ***Guelmim et Tiznit :*** env 10 bus/j. ; liaisons directes avec *CTM* et *Supratours*. Trajet : env 1h30 pour Tiznit ; env 3h pour Guelmim.

➢ ***Tata :*** 1 bus/j. le mat avec *SATAS*. Trajet : 7h.

➢ ***Tan-Tan, Akhfenir, Laâyoune et Dakhla :*** 2 bus min/j. avec *CTM* ; 2-3 départs/j. avec *Supratours*. Également des départs avec *SATAS*. Davantage de bus de nuit. Trajet : 6h pour Tan-Tan, 7h pour Akhfenir, env 11h pour Laâyoune, 13h pour Boujdour ; un peu plus de 19h pour Dakhla.

➢ ***Tineghir :*** slt en bus privés.

➢ ***Tafraoute via Aït-Baha :*** 1 bus/j. avec *CTM* en début d'ap-m. Trajet : 4h30.

– Il existe des bus depuis les principaux pays d'Europe. Bien choisir sa compagnie. Depuis Paris, compter 55h de trajet.

Adresses utiles

Infos touristiques

Délégation régionale du tourisme *(hors plan couleur par A1)* **:** *bd Mohammed-V, immeuble Ignouane.* ☎ *05-28-84-63-77. En principe, tlj sf w-e et j. fériés 8h30-16h30.* Pas franchement indispensable d'y passer...

Poste et Internet

✉ ***Poste*** *(plan couleur B2)* **:** *av. du Prince-Moulay-Abdallah. Lun-ven 8h-16h15 ; sam 9h-13h.* Retrait d'argent avec les postchèques internationaux, distributeur automatique et service *Western Union. Autre bureau : rue du 29-Février (en face de l'ensemble artisanal ; plan couleur B1). Lun-ven 8h-16h15.* Mêmes services. *Également un petit bureau : bd du 20-Août (plan couleur A2).*

@ ***Adrar Net*** *(plan couleur B2,* ***5****)* **:** *5, av. du Prince-Moulay-Abdallah. Tlj 9h (10h dim)-21h30.*

@ ***Cybercafé Ouarti*** *(plan couleur B2,* ***7****)* **:** *av. du Président-Kennedy. Dans une ruelle piétonne. Tlj 9h30-minuit.* Grave également les CD-Rom.

AGADIR

Argent

■ ***Distributeurs automatiques et change :*** *un peu partout en ville et, entre autres, av. du Général-Kettani (plan couleur A1-2).* ***BMCE, BMCI, Société Générale*** *et* ***Wafabank.*** À noter que dans la zone touristique, certains distributeurs effectuent le change (pratique !). Presque toutes les banques possèdent un service *Western Union* pour les transferts d'argent d'urgence et font le change ; sinon, aller à la poste. Quelques bureaux de change dans la zone touristique, bd du 20-Août notamment.

Représentations diplomatiques

■ ***Consulat de France*** *(hors plan couleur par B2,* ***12****)* **:** *bd Mohammed-Cheikh-Saadi.* ☎ *05-28-29-91-50. Fax : 05-28-29-91-51. • consulfrance-ma.org • Lun-jeu 8h15-11h45.*

■ ***Consulat honoraire de Belgique*** *(plan couleur B3,* ***8****)* **:** *bd Hassan-II, immeuble Borg Dlalat, entrée F.* ☎ *05-28-84-74-30. • consubel@abdmaroc.com • Mar et sam 9h-12h.*

Santé

■ ***SOS AMU :*** ☎ *05-28-82-88-88. Tlj 24h/24.*

■ ***Pharmacie de garde et permanence médicale :*** pour la nuit, les week-ends et les jours fériés, la liste des pharmacies de garde est affichée en devanture de chacune des pharmacies. Sinon, en principe, les pompiers *(☎ 150)* vous indiqueront les adresses les plus proches.

■ ***Dr Bouziane Ouaritini*** *(plan couleur B2,* ***9****)* **:** *av. Ahmed-Oulhaj-Akhnouch (ex-rue de Marrakech).* ☎ *05-28-84-42-42.* 📱 *212 (0)6-61-21-21-79.* Spécialiste des poumons mais s'avère être un bon généraliste.

■ ***Dr Bouchiba :*** 📱 *212 (0)6-61-38-12-28.* Médecin généraliste. Se déplace.

✚ ***Clinique Assoulil*** *(plan couleur B2,* ***10****)* **:** *bd Hassan-II (au fond d'une rue perpendiculaire), immeuble Assoulil.* ☎ *05-28-84-35-39. Face au stade.* Bon établissement privé.

Polyclinique CNSS *(plan couleur B1,* ***11****) : rue Moulay-Youssef. ☎ 05-28-84-66-25 ou 27. Urgences 24h/24.* Pour les petits bobos uniquement.

Transports

– ***Remarque :*** les plans de ville n'ont pas encore tous modifié l'avenue Sidi-Mohammed (datant de l'époque où l'actuel roi était le prince héritier) en avenue Mohammed-VI. Mais c'est cette dernière appellation qui est correcte et que nous utilisons.
– ***Stationnement :*** au centre-ville, le stationnement est payant. Quelle que soit la durée, compter 2 Dh en journée, 3 Dh la nuit.

■ ***Petits taxis ou « taxis orange » :*** ils n'ont pas le droit de sortir de la ville. La course revient à minimum 5 Dh le jour et minimum 10 Dh la nuit. Compter près de 15 à 20 Dh entre la gare routière et le centre-ville. Sinon, voir le mode d'emploi détaillé dans la rubrique « Transports » de « Maroc utile » en début de guide.
■ ***Location de voitures*** *(plan couleur A2,* ***13****) : ttes les grandes agences sont représentées (****Europcar,*** *☎ 05-28-84-03-37 ; Budget, 📱 212 (0)6-60-17-41-06 ;* ***Avis,*** *☎ 05-28-82-14-14 ;* ***Hertz,*** *☎ 05-28-84-09-39).* Leurs bureaux se trouvent sur le boulevard Mohammed-V, en direction du port, les uns à côté des autres. Pratique pour comparer les prix. On peut aussi choisir un loueur local, où les négociations sont parfois plus souples. Une agence, un peu plus chère mais appréciée de nos lecteurs :
– ***Auto Cascade*** *(plan couleur B3,* ***14****) : bd Hassan-II, face au magasin Honda. ☎ 05-28-84-37-61 ou 45-04. 📱 212 (0)6-61-21-22-05. • auto-cascade.com • Tlj 8h-12h, 14h-19h. Véhicules en parfait état 350-400 Dh/j.* Petite affaire familiale serviable et sympathique.
– Ou encore **LPS** *(plan couleur A1-2,* ***15****) : av. des FAR. ☎ 05-28-84-41-07. 📱 212 (0)6-61-19-01-26. • lps-car.com • Tlj 8h-12h30, 14h30-20h. Voitures à partir de 300 Dh/j.* Prix raisonnables, et aux petits soins en cas de pépin.

■ ***Speedy :*** *à côté du centre commercial Marjane (hors plan couleur par B3), au sud d'Agadir, direction indiquée. CB acceptées.* Pour la maintenance. Réparations et vidanges.
■ ***Chez Tito-Clinique Automobile*** *(hors plan couleur par B2,* ***6****) : 45, rue du 9-Juillet, quartier industriel (près de la Ramsa). ☎ 05-28-22-76-29. Fax : 05-28-23-96-98.* D'origine espagnole, Tito, qui parle très bien le français, répare toutes les voitures, de toutes les marques. En revanche, demander un devis et faites-vous bien préciser les délais de réparation.
■ ***Kerbid et Cie*** *(plan couleur B2,* ***9****) : av. Ahmed-Oulhaj-Akhnouch (ex-rue de Marrakech). ☎ 05-28-84-61-45 ou 05-28-82-01-05. Tlj sf dim.* Le meilleur endroit pour trouver des pièces détachées.

Divers

■ ***Institut français du Maroc*** *(plan couleur B1,* ***16****) : rue Chenguit, face au jardin du Portugal. ☎ 05-28-84-13-13. • ifagadir.org • Lun-sam (sf jeu mat) 9h30-12h, 14h30-18h30.* Spectacles, concerts, expos, ciné-club et conférences, gratuits mais sur invitation, à retirer à l'institut français. Médiathèque.
■ ***Magasin Fuji Photo*** *(plan couleur B2,* ***17****) : 12 bis, bd Hassan-II ; immeuble Oumlil, devant la galerie commerciale. ☎ 05-28-84-14-70. Tlj 8h-20h sf dim.* Développe les films et grave les photos sur CD. Accès Internet également.
■ ***Librairie Al Mouggar*** *(plan couleur B2,* ***18****) : av. du Prince-Moulay-Abdallah, à l'angle de la rue du 29-Février. ☎ 05-28-84-27-12. Lun-sam 9h-12h30, 15h-19h30.* Grand choix de littérature arabe et européenne. Une référence sur Agadir.
■ ***Presse internationale :*** *très nombreux points de vente en centre-ville.* Presse internationale disponible, avec 1 jour de décalage.
Centre commercial Marjane *(hors plan couleur par B3) : à env 3 km au sud d'Agadir, direction indiquée. Tlj 9h-22h.* Vous y trouverez tout ce dont vous avez besoin : banque, distributeur automatique, pharmacie, olives en vrac, fromages, alcool, etc., et même de la charcuterie pur porc !

Supermarché Sawma *(plan couleur B2,* ***19****) : bd Hassan-II. Au centre-ville ; au fond d'une petite galerie marchande. Tlj 9h-21h.* Plus modeste mais assez bien fourni. Sinon, ne pas oublier le ***marché central*** *(plan couleur A2).*
Carrefour Market *(plan couleur B1,* ***20****) : rue Y.-El-Mansour. Tlj 9h-22h.* Grande surface bien fournie. Vente d'alcool en sous-sol.
Pressing des 4 Saisons *(plan couleur A1,* ***2****) : 20, rue des Orangers. ☎ 05-28-84-02-42. Au pied de la mosquée. Tlj 8h30-12h30, 14h30-19h sf dim.*

Où dormir ?

Le gros problème est de trouver un lit en haute saison (vacances de Pâques, d'été et de Noël). Aller voir les hôtels de préférence tôt le matin, la plupart des petits établissements n'acceptant pas de réservation par téléphone. En basse saison, on peut tenter de négocier les prix.

CAMPINGS

Camping international *(plan couleur A1,* ***30****) : bd Mohammed-V. ☎ 05-28-84-66-83 ou 84 ou 85. Au nord de la ville. Près de 100 Dh pour 2 avec tente et voiture. Douche chaude payante, accessible slt à certaines heures.* En plein environnement urbain, un champ de caillasse vaguement ombragé, sale et bruyant en haute saison. Voilà le tableau ! Et en plus, on vous conseille de planter votre tente au milieu du camping, loin des murs, pour ne pas tenter les voleurs. Uniquement si vous tenez absolument à camper en ville !
Camping d'Aourir *(hors plan couleur par A1) : à 12 km au nord d'Agadir (par la route d'Essaouira) ; bifurquer au niveau d'Aourir en direction d'Imouzzer et poursuivre sur 5 km. ☎ 05-28-31-55-61. 📱 212 (0)6-48-97-76-61. • campingaourir.com • Compter 90 Dh pour 2 avec tente et voiture, douche chaude comprise.* Au bord d'un oued, un camping récent au cœur d'un environnement naturel préservé. Pas d'ombre, mais c'est le lot de nombreux campings dans le coin... Sanitaires bien tenus. Petite épicerie, resto-snack. Également une piscine (accès payant). Bon accueil.
Terre d'Océan *(hors plan couleur par A1) : à 23 km au nord d'Agadir ; 3 km après Taghazout, en direction d'Essaouira, fléché sur la droite. ☎ 05-28-20-05-15. 📱 212 (0)6-75-58-54-07. • terredocean.com • Compter 85 Dh pour 2 avec tente et voiture, douche chaude comprise. Également des chambres, des apparts et des lits sous une tente (khaïma).* Perché au sommet d'une falaise, ce camping offre une vue exceptionnelle sur le large et le coucher du soleil ! Le terrain est rocailleux et il n'y a pas d'ombre, mais l'endroit est parfaitement tenu par Emmanuelle et Francis, un couple de Français. Piscine panoramique, resto et petite épicerie. Quelques animations en saison. Très bon accueil.
Atlantica Parc *(hors plan couleur par A1) : Imi Ouaddar* ***(Aghroud)****, à 27 km au nord d'Agadir ; sur la route côtière vers Essaouira, à 500 m de la plage. ☎ 05-28-82-08-05. • atlanticaparc.com • La réception ferme en début de soirée. Compter 95-115 Dh pour 2 selon emplacement ; tarifs dégressifs selon durée. Loc de chalets et de bungalows également.* En retrait d'une petite station balnéaire récemment sortie de terre, un camping bien tenu, avec des emplacements délimités par des rangées arborées. Bacs différents pour la vaisselle et le linge, piscine, resto, snack, supérette, etc. Parc aquatique ouvert d'avril à octobre, juste en face. Beaucoup de monde en saison.

HÔTELS

Bon marché (moins de 200 Dh / 18,20 €)

Hôtel Tiznine *(plan couleur B2,* ***31****) : 3, rue Drarga, Talborj. ☎ 05-28-84-39-25. • hoteltiznine@yahoo.fr • Doubles sans ou avec sdb 140-180 Dh selon confort ; pas de petit déj.* Un petit hôtel sur 2 étages autour d'un patio recouvert de zelliges. Chambres simples mais impeccables, avec une

AGADIR

bonne literie. Accueil adorable. Pour le petit déj, la pâtisserie *Yacout* se situe à un jet de pierre (voir la rubrique « Où manger ? »). Vraiment bien !

Hôtel Tamri *(plan couleur B1, **32**) : 1, av. du Président-Kennedy, au Nouveau Talborj. ☎ 05-28-82-18-80. Doubles simplissimes 100-120 Dh selon saison, avec sanitaires communs ; pas de petit déj.* Petit hôtel sur 2 niveaux, avec des chambres modestes distribuées autour d'un patio intérieur. Propreté correcte. Eau chaude le matin et le soir (robinetterie parfois défaillante et propreté moyenne). Accueil sympathique, ambiance routarde.

Hôtel Moderne *(plan couleur B1, **33**) : rue Mehdi-ibn-Toumert. ☎ 05-28-84-04-73. Doubles 160-200 Dh selon saison ; pas de petit déj.* Derrière une entrée pas très avenante, des chambres aux portes turquoise disposées autour d'une cour. Douches et lavabos dans la chambre, w-c à l'extérieur. L'ensemble est correct pour le prix. En revanche, n'attendez rien de l'accueil.

Hôtel du Sud *(plan couleur B1, **34**) : 26, rue Sidi-Sahnoune, Talborj. ☎ 05-28-82-65-75. Double 130 Dh avec sanitaires communs. Pas de petit déj.* Au bord d'une placette et en retrait de la circulation, un petit hôtel d'une dizaine de chambres. Spartiate mais calme. Que demander de plus à ce tarif ? On n'y parle pas toujours le français.

Prix moyens (200-400 Dh / 18,20-36,40 €)

Hôtel El-Bahia *(plan couleur B1, **35**) : rue Mehdi-ibn-Toumert. ☎ 05-28-82-27-24 ou 39-54. Fax : 05-28-82-45-15. Doubles 180-290 Dh selon confort (avec ou sans sdb) et saison ; petit déj en sus.* Un peu en retrait de la rue et donc au calme. Une trentaine de chambres très simples mais confortables et vraiment propres. Celles à l'étage sont plus aérées et lumineuses. Toutes disposent de la clim. On peut prendre son petit déj dans un petit patio où sont disposées quelques tables. Accueil sympathique. Un excellent rapport qualité-prix.

La Tour du Sud *(plan couleur B2, **36**) : av. du Président-Kennedy. ☎ 05-28-82-26-94. Fax : 05-28-82-48-46. Doubles avec sdb 230-240 Dh selon saison, petit déj en sus.* Un établissement restauré, qui se distingue par sa déco aux tonalités marocaines. Pas de clim. Sympathique bar-resto en terrasse pour prendre le petit déj. Mosquée juste à proximité. Un rapport qualité-prix honnête. Si c'est complet, ils vous proposeront certainement de poser vos valises à l'*hôtel Lynx,* non loin de là. Les chambres sont un poil plus chères mais climatisées.

Hôtel Sindibad *(plan couleur B1, **37**) : pl. Lahcen-Tamri, au Nouveau Talborj. ☎ 05-28-82-34-77. • sinhot@menara.ma • Doubles 300-380 Dh selon saison.* Un hôtel donnant sur une placette piétonne et bétonnée, l'endroit est calme. Chambres sobres, propres, confortables et climatisées. Piscine minuscule (et pas toujours nickel) sur le toit-terrasse, sans beaucoup d'intérêt. Resto quelconque (on y sert de l'alcool).

Hôtel de la Petite Suède *(plan couleur A1, **38**) : bd Hassan-II. ☎ 05-28-84-07-79. • petitesuede.com • Perché au-dessus de la Wafabank, à 300 m de la plage. Doubles 320-350 Dh selon saison, petit déj compris. CB acceptées. Pas de clim. Sur présentation de ce guide, réduc de 10 % sur le prix de la chambre et 15 % sur les voitures qu'ils louent.* À l'origine, deux Suédoises s'étaient installées à Agadir pour y ouvrir cet établissement. Elles ont abandonné la partie, mais le nom est resté. Chambres simples, avec douche privée mais w-c communs pour la plupart. Certaines donnent sur le boulevard mais sont équipées d'un double vitrage. Terrasse avec vue sur Agadir et l'océan pour prendre le petit déj.

Chic (400-800 Dh / 36,40-72,80 €)

Atlantic Hotel *(plan couleur A-B2, **39**) : bd Hassan-II. ☎ 05-28-84-36-61 ou 62. • atlantichotelagadir.com • Accès par une petite rue perpendiculaire. Doubles 540-580 Dh selon saison, petit déj inclus. Pas de clim.*

Un hôtel aux couleurs vives et à la décoration soignée, avec des matériaux respectant le style marocain. Chambres confortables avec salle de bains et TV, plus calmes côté jardin. Mignonnette piscine intérieure ; bar. Salon de massage. Bon accueil. Une bonne adresse au centre-ville.

Hôtel Kamal *(plan couleur A2,* ***40****) : bd Hassan-II. ☎ 05-28-84-28-17. • hotel-kamal.com • En plein centre. Double env 465 Dh, petit déj en sus (promos sur le site). CB acceptées. Pas de clim.* Sur les 130 chambres, une cinquantaine donnent sur la piscine, les autres sur la rue mais avec double vitrage. Chambres confortables, parfois avec balcon, à la déco standardisée et aux couleurs pastel. Certaines peuvent accueillir 3 ou 4 personnes. Solarium et belle piscine dans laquelle on peut faire de vraies longueurs. Bon service.

Hôtel Aferni *(plan couleur A1,* ***41****) : av. du Général-Kettani. ☎ 05-28-84-07-30. • hotelaferni-agadir.com • Doubles 470-490 Dh selon saison, petit déj en sus. CB acceptées. (payant).* Rien d'exceptionnel au niveau de la déco, mais les chambres sont propres, bien équipées (baignoires, TV câblée, clim) et confortables, avec de petits balcons pour la plupart. Bref, pas de mauvaise surprise. Certaines donnent sur la petite piscine en forme de deltaplane (transats autour). La mosquée n'étant pas loin, le muezzin risque de vous réveiller !

AGADIR

De plus chic à beaucoup plus chic (plus de 800 Dh / 72,80 €)

Hôtel Kenzi Europa *(plan couleur A2,* ***42****) : bd du 20-Août. ☎ 05-28-82-12-12. • kenzi-hotels.com • Doubles 850-1 500 Dh selon saison, petit déj compris. Buffet midi et soir 150 Dh. CB acceptées. (payant). Réduc de 10 % sur le meilleur tarif disponible à l'hôtel sur présentation de ce guide.* À 100 m de la plage, l'hôtel est conçu pour requinquer les voyageurs fatigués. Grand et beau jardin, court de tennis, piscine (chauffée l'hiver), centre de remise en forme et spa. Près de 240 chambres, 3 restos et un pub complètent les prestations de l'établissement.

Riad Villa Blanche *(hors plan couleur par A3,* ***43****) : baie des Palmiers. ☎ 05-28-21-13-13. • riadvillablanche.com • À 2,5 km du centre-ville. Doubles 1 500-2 800 Dh selon confort, petit déj 180 Dh ; suites plus chères. Déj 200 Dh, dîner 450 Dh, à la carte env 500 Dh.* Joli bâtiment récent construit sur le principe d'un *dar*. La trentaine de chambres spacieuses s'agence sur 2 niveaux autour d'un patio dans lequel glougloute la traditionnelle fontaine. Rien n'a été laissé au hasard pour assurer le confort des hôtes. La déco, à la fois sobre et recherchée, allie charme de l'ancien et esprit contemporain. L'ensemble dégage beaucoup d'élégance et de raffinement. 2 piscines dont une chauffée, jardin, possibilité de massages. Et le restaurant gastronomique n'est pas en reste. Plage à environ 10 mn à pied.

RÉSIDENCES ET STUDIOS AVEC KITCHENETTE

De prix moyens à chic (350-800 Dh / 31,80-72,80 €)

Résidence Sacha *(plan couleur A2,* ***44****) : pl. de la Jeunesse. ☎ 05-28-82-55-68 ou 05-28-84-11-67. • agadir-maroc.com • Selon saison, studios classiques avec kitchenette 360-430 Dh ; 460-520 Dh pour disposer d'une grande loggia ensoleillée ou d'un jardin privatif ; apparts 4-5 pers avec cuisine équipée 760-1 000 Dh ; réduc intéressante en basse saison ; réduc de 25 % sur les longs séjours (env 4 sem) ; voir aussi les promos sur leur site internet. Ajouter 10 % de taxes. Le petit déj (en sus) est livré dans l'appart. CB refusées.* Un ensemble d'appartements nickel et tous différents. Certains bénéficient d'une décoration orientale, d'autres surplombent la piscine, d'autres encore possèdent un matelas à eau... Si c'est possible, le mieux est d'en voir plusieurs. On vous fait même votre vaisselle ! Piscine avec solarium, parking juste devant, coin barbecue, salon avec TV. Un endroit calme et chaleureux. Accueillant, Yves, le directeur, connaît parfaitement Agadir pour y avoir vécu presque toute sa vie.

Résidence Fleurie (plan couleur B2, **45**) : *rue de la Foire. ☎ 05-28-84-36-24. • residence-fleurie.com • Chambres pour 2 pers avec sdb et kitchenette 360-510 Dh, 600-890 Dh pour 4 pers, petit déj compris. Consulter les promos sur leur site internet.* Petites chambres modestes, avec balcon et kitchenette, prisées des familles marocaines en saison. Celles qui donnent sur l'arrière sont plus calmes (la rue est assez passante). Piscinette. Accueil charmant et café-pâtisserie avec grande terrasse donnant sur la rue, très fréquenté par les locaux, sympa pour le petit déj.

Résidence Asaka *(plan couleur A-B2,* **39***)* : *101, av. Hassan-II. ☎ 05-28-82-82-73. En face de l'hôtel Atlantic. Studios 2 pers 350-450 Dh selon saison ; apparts 4 pers 600-750 Dh ; prix négociables pour plusieurs nuits.* Studios et apparts meublés avec petite cuisine équipée, clim et TV câblée. C'est propre, central et juste au-dessus d'une supérette (pratique !). Une adresse très fonctionnelle donc, mais néanmoins un peu bruyante (du moins pour les chambres qui donnent sur l'avenue). Grande terrasse avec tables et chaises.

Où dormir ? Où manger dans les environs ?

Les premières adresses se trouvent à ***Aourir*** et à ***Tamraght,*** situés respectivement à 12 km et 14 km au nord d'Agadir, sur la route d'Essaouira, deux villages distants de 2 km l'un de l'autre. Intéressants uniquement pour ceux qui ne veulent pas loger à Agadir. C'est d'ailleurs à Aourir que débute la route qui conduit dans la vallée du Paradis (et la route du Miel). Sinon, le village d'Aourir (le plus important des deux) ne présente guère d'intérêt en lui-même. Sachez enfin qu'entre Aourir et Tamraght, il est question d'ouvrir une station balnéaire avec golf et hôtels « chic », mais le projet est suspendu pour l'instant. À suivre...

Au nord d'Agadir
(hors plan couleur par A1)

Dynamic Loisirs : *à **Tamraght.** ☎ 05-28-31-46-55. • dynamicloisirs.com • Env 300 m après la borne kilométrique 159 (située peu après la mosquée, en venant d'Agadir), prendre la route qui grimpe sur la droite ; puis fléché (discrètement) 400 m plus loin sur la gauche. Doubles sans ou avec sdb 250-300 Dh, petit déj compris. Possibilité de ½ pens ; également une formule stage de surf en pension complète.* 7 chambres sans fantaisie mais bien tenues (2 à 4 personnes) avec clim et chauffage dans une grande villa, sur les hauteurs et face à la mer. Sanitaires communs (sauf pour 2 chambres doubles). Accueil sympathique de Vanessa et Philippe. Les repas se partagent autour de la même table. Location de matériel. Une adresse très prisée des surfeurs.

Villa Solaria : *à **Tamraght.** ☎ 05-28-31-47-68. • addimaroc.com • Env 300 m après la borne kilométrique 159 (située peu après la mosquée, en venant d'Agadir), prendre la route qui grimpe sur la droite ; c'est indiqué un peu plus loin sur la gauche. Doubles 30-50 € sans ou avec sdb, petit déj compris ; studio 55 € pour 2 pers ; réduc à partir de la 2ᵉ nuit. Repas sur commande 70-100 Dh. Possibilité de transfert payant à l'aéroport d'Agadir.* Une villa sur les hauteurs du village, parfaitement tenue par un couple suisso-marocain qui habite sur place. En tout, une dizaine de chambres colorées, agréables et un studio. La plupart des chambres bénéficient d'une vue sur la mer. Tente berbère sur la terrasse et petit jardin ombragé pour se poser. Accueil tranquille.

Maison d'hôtes Tigmi Wakale : *à **Tamraght.** 212 (0)6-62-64-41-28. Dans le village, prendre la dernière rue à droite en venant d'Agadir ; la maison se trouve à 100 m ; pas de panneau. Mieux vaut téléphoner, quelqu'un viendra vous chercher. Appart 2 pers*

81 €, petit déj compris. (gratuit). Une superbe maison en pisé dominant le village et la baie, élégamment décorée par Christian qui reçoit ses hôtes comme des amis. Appartements raffinés, spacieux (70 m²), très confortables, terrasses, jardin luxuriant, salons chaleureux, vue magnifique et service attentionné. Possibilité de dîner sur commande. Un havre de paix confidentiel (2 appartements seulement), qui invite à se poser loin de l'agitation du monde...

Al-Baraka :** à* ***Aourir, *face à la station* Afriquia *(en bordure de la route côtière principale). Ouv tlj. Bon marché. Pas d'alcool.* Tajines et méchouis extra, cuits sur la braise. Le soir, ils sont préparés sur commande (attention, pas mal d'attente !).

Café-restaurant Tanilt :** à* ***Aourir, *à deux pas de la station* Afriquia *(en bordure de la route côtière). ☎ 05-28-31-48-75. Tlj midi-minuit. Repas env 100-150 Dh. Musique berbère le w-e.* Derrière une façade quelque peu « carton-pâte » se cache un décor plaisant, bordé d'un joli patio. L'ensemble est construit sur le principe d'un théâtre. On déguste des plats variés et très copieux dans la grande salle, à l'étage ou sous la tente berbère. La salade « Tanilt » conjurera le sort de la monotone salade marocaine... Une adresse bienvenue également à l'heure du goûter : on vous servira un assortiment de tartines au miel et à l'*amlou.* Un endroit particulièrement prisé des Gadiri le week-end !

Banana Beach :** à* ***Tamraght *; en venant d'Agadir, env 200-300 m après la borne kilométrique 159 (située peu après la mosquée), prendre la piste sur la gauche et contourner le muret par la droite ; c'est sur la plage. Plats 65-80 Dh.* Pour calmer sa faim, prendre un verre ou faire une sieste sur un transat, les pieds dans le sable. Rendez-vous incontournable des surfeurs, donc une ambiance décontractée.

AGADIR

À l'est et au sud d'Agadir
(hors plan couleur par B3)

Atlas Kasbah :** à* ***Tighanimine-el-Baz, *à env 10 km du centre d'Agadir. 212 (0)6-61-48-85-04. • atlaskasbah.com • D'Agadir, suivre l'indication « Marrakech » jusqu'au rond-point situé juste avt le magasin* Métro *; tourner à gauche pour passer devant l'entrée du magasin et continuer tt droit, puis fléché (c'est à 6 km env de* Métro*). Fermé pdt le ramadan. Env 1 000-1 200 Dh pour 2 selon confort, petit déj compris. Repas env 155 Dh.* Un *écolodge* magnifiquement situé dans un paysage vallonné et planté d'arganiers. Hélène et Hassan (tous deux un Master en développement durable en poche !) ont réussi à recréer le charme d'une ancienne *kasbah* dans cette fière demeure récemment construite (si, si !) avec des matériaux et un fonctionnement respectant l'écologie. Chambres ravissantes et confortables, terrasse avec vue remarquable sur les environs, piscine, hammam, massages, excellente table, accueil à la fois discret et attentionné. Puis tout un tas d'activités malignes comme des cours de poterie, *tadelakt* ou cuisine, soirée astronomie, mais aussi du VTT dans les environs. Une belle aventure pleine d'esprit.

***Paradis Nomade :** mêmes indications que pour l'*Atlas Kasbah *; l'hôtel se trouve 6 km plus loin. 212 (0)6-71-12-15-35. • paradis-nomade.com • Compter 470-540 Dh/pers en ½ pens selon confort ; 340 Dh/pers en ½ pens sous tente berbère ; quelques tentes spacieuses pour 2 pers 360 Dh/pers, avec sanitaires communs. Quelques emplacements caillouteux pour camper 80 Dh pour 2 pers. Déj 140 Dh, dîner 180 Dh. ½ pens possible. CB refusées.* Tenu par un couple de Français, Jacqueline et Robby, amoureux du désert et de la montagne, qui ont construit cet ensemble de chambres et de tentes berbères en pleine nature, au milieu des arganiers. Les chambres, mignonnes, disposent d'une petite terrasse. Piscine à débordement accessible aux non-résidents qui déjeunent sur place, de 12h à 17h. Ancien rallyman, Robby peut vous faire découvrir la région en 4x4. Un endroit paisible pour ceux qu'Agadir n'aura pas retenus.

Le Provençal :** à la sortie d'* ***Inezgane, *route d'Agadir. ☎ 05-28-83-26-12. Fax : 05-28-83-34-31. Double env 240 Dh ; petit déj en sus (réduc accor-*

dée en basse saison). Resto sur place. Situé à 10 km environ au sud d'Agadir, un établissement intéressant pour ceux qui arrivent à l'aéroport d'Agadir et qui veulent filer directement vers le sud. Hôtel bien tenu, avec des chambres confortables réparties autour d'un jardin verdoyant, à l'écart de la route. Un bémol : l'eau chaude est parfois capricieuse.

Où manger ?

Sur le port

Bon marché (moins de 80 Dh / 7,30 €)

Gargotes de poisson *(hors plan couleur par A1, **50**) : juste avt l'entrée du port, sur la droite. Tlj jusqu'à la tombée de la nuit.* C'est une succession de petites gargotes populaires où l'on déguste des sardines grillées et des tajines de poisson dehors, sur de longues tables, avec les pêcheurs. Demander le prix des plats avant et recompter l'addition ; sinon, arnaque assurée. Il y a plein de rabatteurs. Le mieux est de se balader pour voir la tête des poissons et vérifier leur fraîcheur.

Dans le centre-ville (ou un peu excentré)

De très bon marché à bon marché (moins de 80 Dh / 7,30 €)

Restos du souk Al-Had *(hors plan couleur par B2, **51**) : dans le souk, porte 7 (entrée par la rue du 2-Mars). Tlj sf lun jusqu'à 18h env. Très bon marché.* Un ensemble de petites gargotes populaires et très fréquentées. On y avale des sardines grillées, un tajine de poisson tout le long de la journée, assis autour de tables de jardin. Pas mal de débit.

Café-snack Riyad Yacout *(plan couleur B2, **52**) : rue du 29-Février. Jouxte la superbe pâtisserie du même nom. Tlj 7h-22h (service continu). Pas d'alcool.* Excellent petit déj et menu du jour bon marché. Pâtisseries, crêpes marocaines au miel, mais aussi des sandwichs, des pizzas et même des tajines. Les locaux aiment à se retrouver en fin de journée pour une *harira* aux dattes, sur sa terrasse ombragée et verdoyante. Fauteuils confortables, petite fontaine au centre mais les tasses pourraient être plus régulièrement nettoyées. Service nonchalant et pas toujours aimable. Dommage.

Rôtisserie Annahda *(plan couleur B1, **53**) : av. Moulay-Youssef. Un peu excentré. Tlj jusqu'à 21h30 env. Pas d'alcool.* Dans une salle banale aux néons blafards et où la TV fonctionne en permanence (la terrasse donnant sur la rue est plus sympa), on vient pour un excellent tajine ou un succulent méchoui. Ici, on paie la viande au poids. Fréquenté essentiellement par des locaux. Pour un repas authentique et copieux.

Le Sésame *(plan couleur A1, **54**) : 40, pl. des Orangers. Tlj 12h-minuit (service continu). Pas d'alcool.* La salle ne dispose que de quelques tables, mais l'agréable terrasse s'étale sur un parvis piéton bien tranquille. Salades gourmandes et joliment présentées, grillades réussies, hamburgers et paninis goûteux, bons jus de fruits frais. Un genre de snack-grill qui réunit une clientèle d'habitués, surtout le midi, et plutôt jeune.

Mille et Une Nuits *(plan couleur B1, **55**) : pl. Lahcen-Tamri. Face au cinéma Sahara. Tlj jusqu'à 22h30. Pas d'alcool.* Petit resto avec sa terrasse agréable au bord de cette placette, certes bétonnée mais reposante car à l'écart de la circulation automobile. Pas de grandes émotions gustatives en vue, et on ne fait pas le détour exprès, mais menus corrects à prix plancher. Service sympa. Juste à côté, une poignée de restos dans la même veine.

De prix moyens à chic (moins de 280 Dh / 25,50 €)

Little Italy *(plan couleur A2, **57**) : bd Hassan-II. ☎ 05-28-82-00-39. Tlj* *jusqu'à 23h. Pizzas env 70 Dh ; repas 120-200 Dh. Sert de l'alcool.* Grand choix de pizzas au feu de bois, généreusement garnies et parmi les meilleures d'Agadir, à déguster dans une salle chaleureuse et souvent animée, ou sur les quelques tables posées sur le trottoir au bord du boulevard. Également des salades fraîches et de bonnes pâtes. Un classique.

|●| ***Mezzo-Mezzo*** *(plan couleur B2, **60**) : 19, bd Hassan-II. ☎ 05-28-84-88-19. Ouv slt le soir. Résa conseillée. Repas 130-280 Dh. Sert de l'alcool.* L'une des bonnes tables du centre-ville, reprise en main par Laetitia et Arnaud. Avec ses lumières tamisées, sa déco à l'esprit moderne, l'endroit n'est pas mal du tout pour un dîner en toute intimité. On y sert une cuisine d'inspiration française soignée, joliment présentée. Également des pâtes et des pizzas. Terrasse au bord de la rue.

Dans le secteur balnéaire

De bon marché à prix moyens (moins de 150 Dh / 13,60 €)

Le long de la croisette *(plan couleur A2)*, plusieurs établissements proposent un menu complet ou un plat du jour de type brasserie. Les serveurs ont l'habitude de rabattre gentiment le chaland. Pas de raffinement gastronomique, mais le coin est animé et le rapport qualité-prix est finalement correct.

|●| ***Jour et Nuit*** *(hors plan couleur par A2, **62**) : sur la corniche (attention ! il y en a 2 qui portent ce nom, distants env de 100 m l'un de l'autre ; c'est celui qui a des parasols rayés de bleu et une salle panoramique au 1er étage). Tlj 6h-1h30 du mat.* Un genre de grand café-brasserie avec une terrasse ombragée et abritée du vent. Grillades, poisson, sandwichs, pizzas, salades, il y a de tout, pour tout le monde. Les habitués sont nombreux le vendredi midi pour profiter du couscous hebdomadaire. Également des glaces et des jus de fruits frais.

De prix moyens à chic (moins de 280 Dh / 25,50 €)

|●| ***Mimi La Brochette*** *(hors plan couleur par A2, **62**) : sur la corniche. ☎ 05-28-84-03-87. Tlj sf ven soir et sam. Repas 120-200 Dh. Sert de l'alcool.* Une adresse connue depuis belle lurette pour ses bonnes brochettes (c'est d'ailleurs l'un des premiers restos à avoir ouvert ses portes sur la croisette). Le cadre est plaisant avec sa salle aux couleurs chaudes et sa terrasse ornée de véritables grappes de bougainvillées. Une adresse qui tire bien son épingle du jeu.

|●| ***Au Parasol Bleu*** *(hors plan couleur par A2, **62**) : 7, complexe Tawada, sur la corniche. ☎ 05-28-84-87-44. Tlj sf dim soir, lun et mer soir. Déj 140 Dh, dîner 180 Dh ; compter 200-280 Dh à la carte.* En léger retrait de la corniche, blotti au cœur d'une courette où vos tympans sont protégés de la circulation automobile, un resto exclusivement français qui s'est vite forgé une bonne réputation. Il faut dire que le couple de Français qui en tient les rênes n'en est pas à sa 1re expérience. Après avoir travaillé dans une grande table en France, ils ont monté leur propre resto. Monsieur est en cuisine, tandis que madame prend les commandes. À l'intérieur, c'est une déco sobre, moderne et épurée, très réussie. Le choix n'est pas très large (ici, on ne travaille d'ailleurs qu'à l'ardoise), mais c'est un gage de fraîcheur et de qualité. Cuisine particulièrement savoureuse et le menu du midi est une bien bonne affaire ! Accueil et service sans fausse note.

|●| ***La Scala*** *(plan couleur A3, **64**) : rue de l'Oued-Souss, complexe Tamlelt. ☎ 05-28-84-67-73. Tlj midi et soir. Résa conseillée. Repas env 250 Dh.* Dans un cadre cosy et intime, surmonté d'une tour de brique, on y mange une cuisine méditerranéenne. Viandes succulentes, grand choix de poissons frais, langouste pour les amateurs. Belle terrasse et salle avec véranda dans un esprit marocain revisité. Clientèle marocaine et touristique aisées.

Les Blancs (hors plan couleur par A1, **63**) : *dans la marina, après l'arche, un peu plus loin, sur la gauche.* ☎ *05-28-82-83-68. Tlj midi et soir. Plats 130-220 Dh.* « Les Blancs », ce sont ces ensembles à l'architecture audacieuse (on aime ou pas) posés directement sur la plage. Des deux cadres, l'un fait plus bar, avec terrasse ouverte vers le large, l'autre plus resto. Ambiance chic en noir... et blanc, intimiste le soir, à la lueur des bougies. L'adresse est certes branchée, mais ne mise pas que sur la forme. La cuisine est goûteuse, tendance hispanisante (les proprios sont espagnols), et met à l'honneur les produits de la mer. Service aimable.

Le Miramar (hors plan couleur par A1, **50**) : *bd Mohammed-V.* ☎ *05-28-84-07-70.* Resto italien spécialisé dans le poisson et les fruits de mer. Les pâtes sont aussi très bonnes. Les repas sont servis dans une vaste salle à l'atmosphère quelque peu surannée. Spécialités de plats flambés devant vos yeux.

Où déguster une pâtisserie ? Où prendre le petit déj ?

Café-snack Riyad Yacout (plan couleur B2, **52**) : *voir « Où manger ? ».* Une excellente pâtisserie pour de bons petits déj.

Salon de thé La Véranda (plan couleur B2, **70**) : *bd Hassan-II. Face au Tennis Club. Tlj 6h-22h.* Deux grandes terrasses ombragées et assez agréables malgré la circulation. Il faut aller dans la boulangerie pour choisir les délicieuses pâtisseries marocaines ou françaises facturées au poids. On a aimé les pavés croquants d'amandes et les cornes de gazelle à la fleur d'oranger. Le tout arrosé d'un thé à la menthe, un p'tit moment de grand plaisir !

Boulangerie-pâtisserie Tafarnout (plan couleur B2, **71**) : *bd Hassan-II ; angle rue de la Foire.* ☎ *05-28-84-44-50 ou 35-85. Tlj 6h-22h.* Très grand choix de pâtisseries marocaines et européennes, et de viennoiseries. Petits déj exceptionnels que l'on peut prendre au salon de thé juste à côté ou sur la terrasse attenante, en bord de rue. Une excellente adresse surtout fréquentée par les Gadiri. Pâtisseries à emporter.

La Tour de Paris (plan couleur A1-2, **72**) : *bd Hassan-II. Tlj 7h-23h.* Pour le petit déj, grand choix de viennoiseries à déguster en terrasse, car l'intérieur risquerait bien de vous donner le bourdon ! Un classique.

Où prendre un verre en soirée ? Où sortir ?

La vie nocturne à Agadir n'est pas aussi intense qu'à Marrakech, loin de là. En soirée, les Gadiri et les vacanciers se pressent en terrasse des différents restos le long de la *croisette (plan couleur A2).* Sinon, vous pouvez aller prendre une bière à l'**English Pub** *(plan couleur A2, **80** ; bd du 20-Août ; ouv tlj jusqu'à 1h).* Si le karaoké vous casse les oreilles, vous pouvez toujours vous installer sur la terrasse qui borde la rue. Billards et retransmissions d'événements sportifs. Juste à côté, l'**Orange Bleue** *(plan couleur A2, **80**),* au tempo plus latino. Quelques boîtes de nuit dans certains hôtels chic. Pour ne pas les rater, ayez l'œil sur les *flyers* des derniers lieux à la mode qui traînent dans certains restos.

À voir

En ville

La vallée des Oiseaux (plan couleur A2) : *entrée bd du 20-Août et bd Hassan-II. Tlj 11h-18h (19h en saison). Entrée libre.* Jardin avec volières surpeuplées d'oiseaux de tous horizons, mouflons et chèvres.

Le musée municipal du Patrimoine amazighe (plus connu sous le nom de Musée berbère ; plan couleur B2) **:** *passage Aït-Sous, dans la rue piétonne perpendiculaire au bd Mohammed-V, derrière le théâtre. ☎ 05-28-82-16-32. Tlj sf dim et j. fériés 9h30-17h30. Entrée : 20 Dh ; ½ tarif enfants.* Un petit musée qui présente une collection de bijoux berbères, tapis, portes, ustensiles de cuisine, photos de greniers *(agadir)*... Expositions temporaires également.

L'ensemble artisanal (plan couleur B1) **:** *rue du 29-Février. Dans le quartier du Nouveau Talborj. Tlj sf dim et j. fériés 9h-12h30, 15h-19h (9h-17h pdt le ramadan).* Abrite la *Coopartim* (vente de produits artisanaux). Prix fixes intéressants. Agréable petit café.

Le jardin du Portugal (jardin du Olhão ; plan couleur B1) **:** *entrée av. du Président-Kennedy. Tlj sf lun 9h-19h.* Murets débordant de bougainvillées multicolores et bâtiments de style colonial, petits ponts des soupirs où se bécotent des couples pas encore légitimes. Également un ***musée*** consacré au séisme de 1960 *(entrée à l'angle des av. du Président-Kennedy et des FAR ; lun-sam 9h30-17h30 ; entrée : 20 Dh, ½ tarif enfants).*

L'église catholique Sainte-Anne (hors plan couleur par B2) **:** *115, av. Ahmed-Oulhaj-Akhnouch (ex-rue de Marrakech).* Rien de particulier au niveau architectural. On vous la signale pour sa chorale sud-africaine très enjouée lors des offices religieux le dimanche à 10h.

La plage (plan couleur A2-3) **:** elle s'étend sur plusieurs centaines de mètres le long du boulevard de la plage aux airs de croisette. On peut s'y baigner. On peut aussi louer transats et parasols *(compter 20 Dh).*

Un peu excentré

Le grand souk (souk Al-Had ; hors plan couleur par B2) **:** *descendre le bd Hassan-II, au rond-point tourner à gauche en direction de l'aéroport. Autre possibilité : prendre l'av. Ahmed-Oulhaj-Akhnouch (ex-rue de Marrakech), au bout de laquelle se trouve le souk. Tlj sf lun.* Un festival de fruits, de légumes et de couleurs. Vous trouverez aussi des échoppes d'artisanat et de quoi refaire votre garde-robe. Très touristique.

Le port et la criée (hors plan couleur par A2) **:** *au nord de la ville, compter min 20 mn à pied en suivant la croisette. Criée le long des quais 6h-10h sf dim.* Ici stationnent 2 000 bateaux de pêche. Il faut voir les tonnes de sardines changer de mains dans une ambiance survoltée. Ne pas manquer non plus les chantiers navals d'où sortent des chalutiers de 20 m de long.

L'ancienne kasbah (hors plan couleur par A1) **:** *elle domine la ville. On y accède en voiture (env 3 km) en partant du bd Mohammed-V (c'est fléché). Possibilité d'y monter par un sentier qui débute non loin des gargotes de poisson, après le pont, au niveau du parking (compter 30-45 mn env). Toujours ouv. Entrée gratuite.* Surtout intéressant pour la vue imprenable sur la ville et le port d'Agadir. De la puissante forteresse construite en 1540 pour résister aux attaques des Portugais, il ne reste rien. Ce quartier fut d'ailleurs le plus éprouvé par le séisme de 1960. Seule une partie des remparts a été relevée. Tout le reste fut aplani au bulldozer, transformant cette ancienne place forte en une immense nécropole. Plusieurs milliers de cadavres ont été ensevelis sous les décombres de leur maison. Parmi eux, nombre de Français restés après l'indépendance. Les deux communautés reposent ensemble. Cette visite est un peu comme un pèlerinage. La porte d'accès, construite par les Hollandais au XVIIIe s, offre en néerlandais cette devise : « Crains Dieu et respecte le roi. »

Le complexe artisanal Kasbah Souss (hors plan couleur par B3) : *à env 5 km du centre-ville ; poursuivre le bd Mohammed-V, en direction de Tiznit ; se trouve peu après le palais royal, sur le côté droit de la route. Tlj 9h-19h.* Une cinquantaine d'échoppes pour un panel assez complet de l'artisanat marocain (poterie, bijoux, tapis, maroquinerie). Certains artisans travaillent sur place.

La médina d'Agadir - Coco Polizzi (hors plan couleur par B3) : *à* **Aghroud-ben-Sergao.** *☎ 05-28-28-02-53. • medinapolizzi.com • À env 6,5 km du centre-ville ; suivre le bd Mohammed-V en direction de Tiznit, puis fléché sur la droite peu après le palais royal. Tlj sf mar 9h-19h (18h en hiver). Entrée : 40 Dh ; ½ tarif enfants.* Cette médina, qui n'a rien de très ancien, date de 1992 ! Et pourtant, on s'y croirait ! C'est le résultat d'un rêve un peu fou de Coco Polizzi, un artiste et véritable passionné d'architecture traditionnelle. Ici, tout a été respecté dans les moindres détails. C'est une sorte de petit village construit à l'intérieur d'une enceinte. On s'attarde avec plaisir dans un lacis de ruelles, certaines à ciel ouvert, d'autres voûtées et bordées d'échoppes d'artisanat. Le projet visait aussi à aider les artisans à maintenir leurs traditions séculaires. Dans la réalité, ils sont peu nombreux à avoir ouvert un atelier sur place. Une visite intéressante. Possibilité de prendre un verre sur place.

Loisirs

– **Cinéma Sahara :** *face à l'hôtel* El-Bahia, *dans le quartier de Talborj (plan couleur B1,* **35**). Films en français, pas toujours récents. On ne sait jamais, s'il pleut...

– **Royal Tennis Club** (plan couleur A-B2) : *bd Hassan-II. ☎ 05-28-84-77-54. Près de 100 Dh/h/pers. Loc de matériel.* Les courts en terre battue sont vides aux heures de bureau (surtout 8h-15h) et arrosés avant les matchs.

AU NORD D'AGADIR

TAGHAZOUT

Situé à 19 km au nord d'Agadir, Taghazout (prononcer « Tarazout »), adossé à la montagne, est un spot de surf mondialement connu. Prenez le temps de descendre jusqu'au petit port de pêche. On sent que les gens du pays sont mariés avec l'océan. Les maisons ont toutes des terrasses qui permettent de profiter au maximum de beaux couchers de soleil. Profitez-en bien, car un projet de 130 000 lits devait ouvrir aux portes de la ville. Cela dit, les travaux sont suspendus pour l'instant...
Attention aux vols à la roulotte en période estivale.

Arriver – Quitter

➢ **En bus :** Taghazout est relié à **Agadir** par les bus nos 31 et 32 ou le bus no 33 vers Tamri, ttes les 30 mn env. À Agadir, on peut les prendre le long du bd Mohammed-V.

Où dormir ? Où manger ?

Au port de pêche, on vous proposera des chambres chez l'habitant. Si vous acceptez, faites attention, des vols ont été signalés.

Terre d'Océan : *à 3 km au nord de Taghazout, en direction d'Essaouira, fléché sur la droite. Voir « Où dormir ? Campings » à Agadir.*

Atlantica Parc : *Imi Ouaddar (Aghroud), à 8 km env au nord de Taghazout, en direction d'Essaouira. Voir « Où dormir ? Campings » à Agadir.*

Café de la Paix : *dans le centre du village. De bon marché à prix moyens.* On vient plus ici pour l'ambiance jeune et décontractée, que pour la cuisine marocaine, correcte, sans plus. Petite terrasse surplombant l'animation de la rue. Plats à emporter.

– Voir également nos adresses situées dans les villages d'Aourir et de Tamraght, situés à une dizaine de kilomètres au sud de Taghazout, en direction d'Agadir.

LA ROUTE DU MIEL ET LA VALLÉE DU PARADIS

Au nord d'Agadir, une région enclavée grosso modo entre Aourir (route d'Essaouira) et Bigoudine (route de Marrakech). C'est certainement la balade la plus intéressante dans les environs, un véritable coup de cœur. C'est une route tortueuse, qui semble faire l'école buissonnière sur une cinquantaine de kilomètres. Elle musarde au sein de collines dénudées, traverse des oasis verdoyantes, effleure des parois rocheuses abruptes, longe le lit de la rivière ponctué de palmiers, de lauriers-roses, et offre de superbes points de vue. Elle s'appelle la « route du Miel » car on y récolte du miel de thym au goût unique. Le long de la route, on découvre des villages minuscules et pittoresques. Au centre de la région, à une soixantaine de kilomètres d'Agadir, se trouve le village d'*Imouzzer-des-Ida-Outanane* perché à 1 250 m d'altitude, au pied du Haut Atlas, avec ses cascades réputées. Le village s'anime le jeudi matin, lors du souk. Et s'il y a un endroit à ne pas rater au cours de cette virée, c'est bien la vallée du Paradis, un véritable bijou dans son écrin préservé.

Arriver – Quitter

➢ ***En voiture de location :*** pas de problème, la route est goudronnée. Depuis la route d'Essaouira, c'est fléché à partir d'Aourir (à 12 km au nord d'Agadir). On peut également y accéder par la route N 8 qui relie Agadir à Marrakech : en venant d'Agadir, bifurquer à gauche (route goudronnée) quelques kilomètres à peine après Ameskroud ; on rejoint Imouzzer après une cinquantaine de kilomètres. Si on loge à Agadir, on peut donc faire le trajet en boucle en 1 journée (compter env 150 km de route tortueuse).

– Si vous êtes en voiture, attention aux enfants qui vendent des bouquets de thym et qui surgissent parfois du bas-côté de la route !

➢ ***Pas de bus direct*** pour Imouzzer. Prendre les bus nos 31 ou 32 vers Taghazout ou le bus no 33 vers Tamri et descendre au carrefour d'Aourir, à 12 km d'Agadir. À Agadir, les bus se prennent le long du bd Mohammed-V. Ensuite, faire du stop ou prendre un taxi collectif en direction d'Immouzzer (compter env 25-30 Dh/pers) et demander au chauffeur de s'arrêter là où on le souhaite (toutes nos adresses sont au bord de la route), dans la vallée.

Où dormir ? Où manger ?

Les adresses sont mentionnées par ordre d'apparition sur la route d'Imouzzer, lorsqu'on vient de la côte.

⛺ ***Camping d'Aourir :*** *à 5 km d'Aourir. Voir « Où dormir ? Campings » à Agadir.*

🍽 🍸 ***Chez Omar :*** *à 23 km d'Aourir, à 500 m après l'échoppe* Tropical Café. *Plats 30-40 Dh.* Une cabane annonce le lieu, puis on descend à pied dans un cadre enchanteur avec une petite plage de sable, quelques tables disséminées dans la nature. Tajines, couscous, thés et jus de fruits à tout petits prix. Un vrai moment de détente. Une adresse très routarde.

🏠 🍽 ***Auberge Bab Imouzer :*** *à 29,5 km d'Aourir. ☎ 05-28-21-63-95. 📱 212 (0)6-70-13-10-06. • aubergebabimouzer.com • Doubles avec sdb 200-300 Dh selon saison, petit déj en sus. Possibilité de ½ pens.* Une auberge posée au bord de la route et agrippée au versant de la vallée. Récemment restaurées, les chambres carrelées et climatisées sont propres et parfaitement tenues. Agréable piscine pour se relaxer au calme. Terrasse panoramique pour les repas. Une adresse sympathique, à l'image de l'accueil de Mohammed.

🏠 |●| ***Hôtel des Cascades :*** *à Imouzzer.* ☎ *05-28-21-88-08.* 📱 *212 (0)6-14-28-62-34.* • *cascades-hotel.net* • *Selon saison, doubles avec sdb 540-570 Dh ; petit déj en sus. ½ pens possible. Menu env 130 Dh et carte. Bref, prix musclés tt de même ! CB refusées.* Cet hôtel, admirablement situé à 1 160 m d'altitude, domine la superbe vallée. Les chambres ont un peu perdu de leur lustre d'antan, les tapis et moquettes sont quelque peu usés... Mais l'ensemble reste acceptable. Celles au 1er étage bénéficient de la plus belle vue. L'adresse est surtout intéressante, lorsqu'il fait beau, pour son resto et sa terrasse panoramique ombragée par des figuiers et cernée d'un magnifique jardin fleuri. Piscine, tennis. Organise des treks dans la région (avec hébergement chez l'habitant).

À faire

L'excursion aux cascades d'Imouzzer : *à 4 km d'Imouzzer-des-Ida-Outanane. Route goudronnée. Bien fléché. Accès gratuit.* Très touristique. Depuis le parking où sévissent des chasse-touristes, on vous conseille d'accéder au site par les sous-bois. La balade est beaucoup plus agréable que par l'autre côté de l'oued (par l'entrée officielle), où l'on slalome alors entre les bars-restos et les nombreuses sollicitations des petits marchands de bijoux et de fossiles. La grande cascade, appelée « le Voile de la Mariée », n'est alimentée en eau qu'en hiver, et encore, s'il a assez plu. Évitez les plongeurs qui essaieront de vous soutirer des dirhams.

La vallée du Paradis : *accessible slt par un sentier pédestre. Quelques passages rocailleux mais pas de difficultés majeures (mieux vaut prévoir de bonnes chaussures). Le sentier débute au niveau d'un parking situé à 21 km d'Aourir et rejoint la route goudronnée, juste avt le village de Taghart (également un parking), après avoir parcouru 2,7 km au sein de la vallée (compter 1h30-2h de marche). Par la route goudronnée, les 2 parkings sont distants de 3 km. On peut donc facilement faire cette balade en boucle en laissant la voiture sur l'un des 2 parkings. Éviter le w-e, il y a plus de monde.*
Cette vallée, nommée ainsi par des hippies nudistes qui se la coulaient douce dans les années 1970, est un véritable éden, à ne pas manquer. Après 20 mn de marche, on accède au fond de la vallée parcouru par un petit cours d'eau, ombragé et verdoyant.

|●| 🍷 Deux *cafés* (sans nom) pour se poser dans un cadre absolument enchanteur. On a préféré le 2e café (en venant du 1er parking), accessible en suivant le fond de la vallée ; on peut y manger un tajine aux légumes en prévenant à l'avance (📱 *212 (0)6-69-84-36-12).* Sinon, prendre un simple verre est un déjà un moment délicieux. À 5 mn en amont du 2e café, piscines naturelles creusées dans la roche où l'on peut se baigner. Le coin est idéal pour un pique-nique bucolique !

AU SUD, SUR LA ROUTE DE TIZNIT

Complexe Souss Massa : *à 30 km env d'Agadir, sur la route de Tiznit ; 2-3 km env après le village de Sidi-Bibi, sur le côté droit de la route.* ☎ *05-28-81-61-46. Tlj 8h-20h. Négocier fermement les prix affichés !* Dans un grand bâtiment, des poteries en tout genre. Vrais plats à tajines, cendriers, assiettes... Beaucoup de choix. Derrière le bâtiment principal, on peut visiter les ateliers de fabrication.

Tifnit : *à env 45 km au sud d'Agadir, sur la route de Tiznit. À l'entrée d'Inchaden, au rond-point, prendre sur la droite, Tifnit est indiqué ; route goudronnée.* Mignon petit village de pêcheurs niché dans une anse, avec des maisons troglodytiques. Les 400 derniers mètres se font à pied le long de la plage. Une véritable impression de bout du monde. Il existe bien le projet d'en faire une grande station balnéaire, mais celui-ci est en veille depuis plusieurs années déjà...

La réserve de l'oued Massa : *à 60 km au sud d'Agadir et à 40 km au nord de Tiznit. Sur la N 1, à Belfae, prendre direction Sidi-Rbat ; route goudronnée. Autre solution : à Sidi-Aabou, suivre Tassila (plus long). En venant de Tifnit, à condition d'avoir un 4x4, on peut se rendre à la réserve par une piste en bordure de mer (au niveau d'une maison en ruine). Attention, plusieurs bifurcations, restez toujours sur la piste la plus proche de la mer. On arrive directement à Sidi-Bnazarn, l'entrée de la réserve. Accès gratuit (en permanence). En arrivant de Belfae, juste à la fin de la route goudronnée, attendent des guides qui demandent parfois une petite fortune. Il faut poursuivre 2 km sur la piste carrossable pour atteindre le village de Sidi-Bnazar où se trouve l'entrée de la réserve et le parking (la balade se fait à pied). Garde forestier pour vous accueillir. Si vous souhaitez prendre un guide (ce peut être intéressant pour comprendre la richesse des milieux naturels, à vous de voir), les tarifs officiels sont affichés sur le parking (pour 2h, compter 120 Dh pour 1-2 pers, 150 Dh pour 3-5 pers).* La réserve naturelle de l'oued Massa, qui s'étend sur 1 200 ha, est un endroit merveilleux et calme abritant principalement des oiseaux. Vous aurez peut-être la chance d'apercevoir quelques gazelles, mais le lieu est davantage connu pour ses canards, flamants roses, hérons cendrés et surtout ses ibis chauves, stars de la réserve, une espèce très rare avec pas un poil sur le caillou comme vous l'aurez deviné ! Il est interdit de remonter l'oued à pied. En revanche, il est possible d'observer les oiseaux en s'approchant de la rivière. Les meilleurs mois pour les observer sont mars-avril ou octobre-novembre (époques des migrations), tôt le matin ou en fin d'après-midi. Après 900 m, plage gigantesque et village troglodytique, avec grottes, escaliers et terrasses directement taillés dans la falaise. Devant, la mer se brise le long de la côte découpée, une merveille. Méfiez-vous quand même, il n'y a aucun moyen de secours pour récupérer les nageurs emportés par une barre impitoyable. On tient à nos lecteurs !

Où dormir ? Où manger dans le coin ?

Attention au *camping sauvage.* Panneaux d'interdiction et vols fréquents dans le coin. À vos risques et périls.

Khaïma Hôtel Bio Découverte : *en bordure du village de* ***Dowira,*** *à 4 km au nord de l'embouchure de l'oued Massa. 212 (0)6-61-90-24-00. • khaimahotelbio.com • Sur la N 1, dans le village de Tin Mansouri (env 40 km d'Agadir), prendre la route goudronnée sur la droite, en direction de Dowira ; juste avt d'arriver à la mer (cul-de-sac), tourner à gauche jusqu'au village, puis demander à un habitant (rien n'est fléché). Résa obligatoire (plusieurs jours avt), min 3 nuits. Compter 250 Dh pour 2 en tente simple, près de 1 000 Dh pour 2 en tente confort. Petit déj 100 Dh, déj 150 Dh, dîner 350 Dh. CB refusées. Transfert possible pour l'aéroport d'Agadir.* Situé dans la réserve naturelle de Souss Massa, aux abords du village, un ensemble de tentes traditionnelles et confortables (salon et salle de bains privés). Tout a été aménagé dans un esprit bio : toilettes sèches, énergie solaire, repas à base de produits bio, produits d'entretien, etc. Possibilité de faire des excursions « nature » dans un environnement de plages désertes et de falaises rocheuses. Une très belle adresse, mais aux prix un peu musclés.

Ksar Massa : *à Sidi-Rbat, 80450* ***Massa.*** *212 (0)6-61-28-03-19. • ksarmassa.com • Sur la N 1, à 50 km env d'Agadir, tourner à droite, 3 km après Belfae en direction de Sidi-Rbat, puis fléché (route goudronnée). Double 1 900 Dh, petit déj compris. ½ pens 2 500 Dh pour 2 pers. Déj 180 Dh et dîner 350 Dh.* Un hôtel luxueux à l'architecture traditionnelle bien qu'un peu trop voyante dans cet environ-

LE GRAND SUD

nement sauvage et tourné vers les rouleaux de l'océan. Une quinzaine de chambres mignonnes et lumineuses, avec salle de bains en *tadelakt*. Piscine, vastes espaces extérieurs pour méditer. En supplément, spa, hammam et massages. Un petit air de thalasso marocaine, mais il faut y mettre sacrément le prix ! C'est même abusif. L'adresse est surtout intéressante pour une halte déjeuner au resto, dans un cadre magique. Possibilité d'atteindre la réserve à pied en une vingtaine de minutes par la plage.

La Dune : *à Sidi-Rbat, 80450* ***Massa.*** *212 (0)6-66-80-78-24. • ladune.de • Sur la N 1, à 50 km env d'Agadir, tourner à droite, 3 km après Belfae en direction de Sidi-Rbat, puis fléché (route goudronnée). Doubles avec sdb 500-700 Dh selon confort et vue (un peu chérot, essayer de négocier) ; tentes caïdales 250 Dh pour 2, petit déj compris. Repas 60 Dh accessible aux non-résidents. Possibilité de camper (si vous trouvez un bout de terrain à peu près plat).* À 200 m de la mer, le bâtiment est massif et peu discret, mais les chambres carrelées sont vraiment propres, la déco soignée, et on bénéficie d'une vue sur l'océan depuis la plupart des chambres. Les plus chères ont une grande terrasse avec une vue géniale sur le large ! Quelques tentes caïdales avec sanitaires communs pour les budgets plus modestes.

TIZNIT

54 000 hab.

À 100 km au sud d'Agadir par la N 1. Cette ville plutôt tranquille est connue pour son intéressante médina, son mellah (quartier juif) et ses bijoux berbères. Si l'ensemble n'a pas le cachet de Taroudant, Tiznit offre à la fois le charme de sa vieille ville ceinte de remparts ocre et l'animation dans sa partie moderne, aérée par des jardins publics. Elle peut constituer une bonne base pour rayonner aux alentours, d'autant que la mer n'est qu'à 15 km.

UN PEU D'HISTOIRE

Tiznit ne date que de 1882. En avril 1912, El-Hiba, le fils de Ma el-Aïnine, un chérif originaire de Mauritanie, personnage médiatique et très populaire, se fit proclamer sultan de Tiznit dans la mosquée. Son influence fut si grande qu'il parvint en 2 mois à conquérir tout le Souss et se rendit maître de Marrakech. Les habitants le considéraient non seulement comme leur chef, mais aussi comme un saint, et lui attribuèrent des miracles. Le « sultan bleu », comme on avait coutume de l'appeler, mourut à Kerdous (sur la route de Tafraoute), en 1919, à 42 ans.

Arriver – Quitter

Gare routière (plan C3) **:** *route de Tafraoute, à env 200 m du grand rond-point central, sur la droite.*

■ **SATAS** (plan C3, **1**) **:** *les bus de la compagnie partent en face de leur bureau situé av. Lalla-Aabla (route d'Agadir), à 100 m du rond-point central. 212 (0)6-78-76-98-95.*

■ **CTM** (plan B2, **2**) **:** *dispose d'un bureau sur la pl. El-Mechouar, dans le centre-ville. ☎ 05-28-86-66-93. Tlj 8h-12h, 15h-20h. Ou à la gare routière, ☎ 05-28-86-23-29. Ouv 24h/24.*

■ **Supratours** (hors plan par C3) **:** *sur la route de Guelmim, sur la droite en venant du sud. ☎ 05-28-60-28-65. Ouv. 8h-13h, 18h30-minuit.*

Attention, de nombreux bus en direction du nord ou du sud ne sont qu'en transit à Tiznit ; ils prennent des voyageurs seulement s'il y a des places disponibles (logique !), d'où la nécessité de réserver à l'avance. Liaisons avec :

➢ **Guelmim :** plusieurs bus/j. avec *CTM et SATAS,* mat et soir. Trajet : 2h.

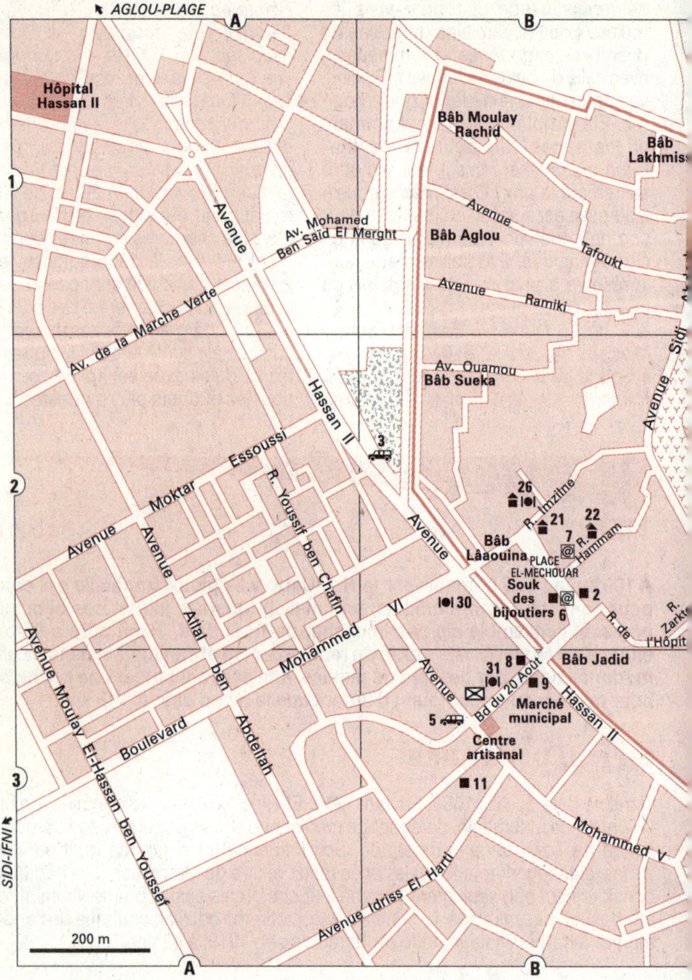

Adresses utiles

- 1 SATAS
- 2 CTM
- 3 Grands taxis pour Aglou-Plage et Mirleft
- 4 Grands taxis pour Guelmim
- 5 Grands taxis pour Sidi-Ifni, Agadir et Tafraoute
- @ 6 Cyber El-Mechouar et presse
- @ 7 Karinet
- 8 BCMI et Crédit Agricole
- 9 Banque populaire
- 10 BMCE
- 11 Distributeurs
- 12 Supermarché IDOU

Où dormir ?

- 21 Hôtel des Touristes

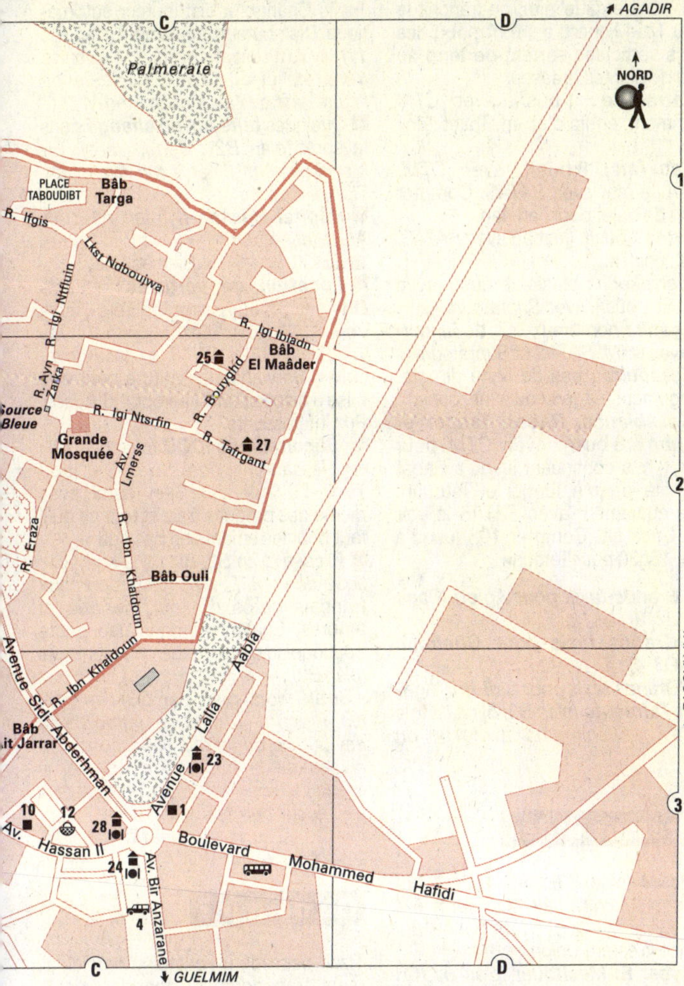

TIZNIT

22 Hôtel Belle Vue
23 Hôtel de la Fontaine
24 Hôtel de Paris
25 Chambres d'hôtes Bab El-Maâder
26 Riad Le Lieu
27 Riad Janoub
28 Hôtel Idou Tiznit

Où manger ? Où déguster une pâtisserie ?

23 Hôtel de la Fontaine
24 Café-resto de Paris
26 Riad Le lieu
28 Idou Tiznit
30 Snack Tiznit et Snack Al Amal
31 La Ville Nouvelle

Entre Tiznit et Guelmim, on franchit le col du Tizi-Mighert, à 1 057 m, où des pierres verticales sortent de terre au milieu de plantes grasses.
➢ ***Tafraoute :*** 1 bus/j. avec *CTM* notamment, en fin d'ap-m. Trajet : env 3h30.
➢ ***Tan-Tan :*** 8 bus/j. avec *CTM*, 1 bus/j. le mat avec *SATAS*. Compter env 4h de trajet pour Tan-Tan.
➢ ***Tata :*** 1 bus/j. (le mat) avec *SATAS*. Trajet : env 7h.
➢ ***Marrakech :*** plusieurs bus/j. avec *CTM*. Et 1 bus/j. avec *Supratours*.
➢ ***Agadir :*** nombreux bus tte la journée avec *CTM*, *SATAS* et *Supratours*.
➢ ***Essaouira :*** pas de ligne directe. Changement à Agadir ou à Inezgane.
➢ ***Casablanca, Rabat, Tanger et Tétouan :*** 8 bus/j. avec *CTM* pour Casa, 3 bus continuent jusqu'à Rabat et un file jusqu'à Tanger et Tétouan. 1 bus également avec *SATAS* le soir pour Casa slt. Compter 10h jusqu'à Casa, 16h30 pour Tétouan.

Grands taxis pour Aglou-Plage *(plan B2, **3**) : av. Hassan-II.*
Grands taxis pour Guelmim *(plan C3, **4**) : av. Bir-Anzarane.*
Grands taxis pour Sidi-Ifni, Agadir et Tafraoute *(plan B3, **5**) : à l'angle de l'av. Mohammed-V et du bd du 20-Août.*

Adresses utiles

✉ ***Poste*** *(plan B3) : av. du 20-Août, perpendiculaire à l'av. Mohammed-V. Lun-ven 8h30-16h15 ; sam 8h-12h.* Service *Western Union.*
@ ***Cyber El-Mechouar*** *(plan B2, **6**) : 18, pl. El-Mechouar. Au-dessus de la boutique de journaux (au 1er étage). Tlj sf ven midi (pdt la grande prière) 9h-22h30, dim à partir de 14h30.*
@ ***Karinet*** *(plan B2, **7**) : de la pl. El-Mechouar, prendre la rue Hammam ; le centre se trouve au fond d'une petite cour, sur le côté gauche. Tlj sf ven midi (pour la grande prière) 9h-minuit.*
■ ***Banques : BCMI*** et ***Crédit Agricole*** *(plan B3, **8**)* et ***Banque populaire*** *(plan B3, **9**), av. du 20-Août, non loin de la poste.* ***BMCE*** *(plan C3, **10**) : av. Hassan-II, à deux pas de l'hôtel Idou Tiznit.* Change et distributeur automatique. Distributeurs également *(plan B3, **11**) : à l'**Attijariwafa Bank,** à la **Société générale** et au **Crédit Agricole** de l'autre côté de l'av. Mohammed-V.*
■ Quelques ***bureaux de change*** dans le souk *(plan B2) : depuis la pl. El-Mechouar, entrer par la rue Akchouch. Tlj sf dim ap-m.*
■ ***Hôpital Hassan-II*** *(plan A1) : av. Abdellatif-Sabihi (ex-route d'Aglou). ☎ 05-28-86-25-16.* Bien équipé.
■ ***Location de voitures : Osaka Drive,*** *n° 23 lot. Assaka, bd Lalla-Aabla (route d'Agadir). ☎ 05-28-86-17-71. 📱 212 (0)6-26-94-58-48. • osaka-drive.com •* Serviable. La voiture peut être mise à disposition à l'aéroport d'Agadir. Prix intéressants.
Supermarché IDOU *(plan C3, **12**) : av. Hassan-II, à côté de l'hôtel Idou Tiznit. Tlj 8h-21h30.* Bien fourni, avec même des produits frais et tout ce qu'il faut pour les enfants en bas âge.
■ ***Presse*** *(plan B2, **6**) : dans une boutique de la pl. El-Mechouar.* Journaux français datés du jour, hebdos et timbres. Également dans une petite boutique au cœur du marché municipal *(plan B3).*
– ***Souk*** *(hors plan par D3) : mer et jeu. Prendre la route de Tafraoute ; à env 500 m du grand rond-point, au niveau de la bifurcation, tourner à droite ; le souk se trouve un peu plus loin, juste derrière le café-resto dont l'entrée est surveillée par 2 dromadaires.*

Où dormir ?

Tiznit possède un camping municipal, mais franchement, rien de génial. Mieux vaut passer son chemin.

De très bon marché à bon marché (moins de 200 Dh / 18,20 €)

Hôtel des Touristes *(plan B2, **21**) : 80, pl. El-Mechouar, (angle rue Imziline). ☎ 05-28-86-20-18. • hoteltouristetiznit.site.voila.fr • Double 100 Dh, petit déj en sus. CB refusées.* Bien situé. Ouvert en 1962 par

LE GRAND SUD

deux amis, ce sont aujourd'hui leurs fils, Mohammed et Abdou (sacré personnage) qui ont repris l'hôtel, mais rien dans la déco ne semble avoir changé : des tableaux de Paris d'une autre époque, une impressionnante collection de billets de banque, bref un surprenant côté rétro. Une douzaine de petites chambres confortables (bons matelas) donnent sur la place du Méchouar ou sur le patio. Une douche chaude et 2 w-c communs. C'est parfois un peu juste. Néanmoins, l'ensemble est très bien tenu, l'atmosphère familiale et l'accueil vraiment extra. Un excellent rapport qualité-prix. En prime, Abdou pourra vous filer plein de bons tuyaux pour découvrir la région.

Hôtel Belle Vue *(plan B2,* ***22****)* **:** *101, rue Hammam. ☎ et fax : 05-28-86-21-09. Dans une ruelle sympathique qui part de la pl. El-Mechouar. Doubles 80-120 Dh avec sanitaires privés ou communs (peu nombreux) ; pas de petit déj.* Très propre, bonne literie et assez calme. Certaines chambres sont bien lumineuses, d'autres beaucoup plus sombres. Pour celles avec salle de bains (très petite), la douche est au dessus des w-c (à la turque). La « belle vue » s'admire sur la terrasse la plus haute. Un rapport qualité-prix très honorable.

Hôtel de la Fontaine *(plan C3,* ***23****)* **:** *10, bd Lalla-Aabla (route d'Agadir). ☎ 05-28-86-14-66. À env 150 m du grand rond-point. Doubles 140-160 Dh ; petit déj et clim en sus.* Chambres propres et fonctionnelles. Quelques-unes ont les sanitaires à l'extérieur (même prix). Doubles fenêtres pour toutes (même pour celles qui donnent sur l'arrière). Pas de charme particulier, mais l'hôtel fera l'affaire pour une nuit. Au rez-de-chaussée, resto fréquenté par des locaux.

Hôtel de Paris *(plan C3,* ***24****)* **:** *av. Hassan-II ; au niveau du grand rond-point. ☎ 05-28-86-28-65. • hoteldeparis.ma • Double env 170 Dh, petit déj en sus.* Chambres correctes et relativement confortables (salles de bains privées, clim) mais un peu vieillotes et certaines donnent sur le couloir. Celles qui donnent sur le rond-point sont forcément plus bruyantes ; dans les autres, on gagne en tranquillité, mais on perd en luminosité. À vous de voir... Resto au rez-de-chaussée (voir « Où manger ? »).

De prix moyens à chic (200-800 Dh / 18,20-72,80 €)

Chambres d'hôtes Bab El-Maâder *(plan C2,* ***25****)* **:** *132, rue El-Haj-Ali. 212 (0)6-73-90-73-14. • bab-elmaader.com • Entrer dans la médina par Bâb-el-Maâder, puis, à 100 m, prendre la rue à gauche ; c'est dans la 2e à droite. Fermé juin-août. Double 330 Dh, petit déj en sus. Repas 110 Dh. CB refusées.* Dans cette ancienne demeure traditionnelle que Michelle et Yann ont peu à peu retapée, 5 chambres avec salle de bains privée ou commune, aménagées dans un esprit sobre. L'une d'elles donne sur un patio fleuri. Petit salon avec cheminée où l'on partage les repas. L'accueil des proprios (quand ils sont là) et d'Abdou est simple et sincère. Plein de bons conseils pour découvrir la région. Un très bon rapport qualité-prix.

Riad Le Lieu *(plan B2,* ***26****)* **:** *impasse Issaoui, donnant sur la rue Imziline. ☎ 05-28-60-00-19. • riad-le-lieu.com • À deux pas de la pl. du Méchouar. Doubles 220-290 Dh, petit déj en sus. Également un appart pour 4 à la sem.* Le *riad* est adossé à un ancien palais, aujourd'hui abandonné mais que l'on peut apercevoir de la terrasse sur le toit. L'architecture d'origine a été conservée. Aïcha propose 2 types de chambres : au rez-de-chaussée, autour du patio, donc un peu sombres et pas forcément pratiques puisqu'il faut traverser le restaurant pour rejoindre la salle de bains, en revanche beau mobilier berbère ; et celles de l'étage, plus aérée, à la déco élégante. Sur le toit, également 2 tentes. Fait aussi resto (voir « Où manger ? »).

Riad Janoub *(plan C2,* ***27****)* **:** *193, rue de la Grande Mosquée (ou rue Tafrgant). 212 (0)6-79-00-55-10. • riadjanoub.com • Double 660 Dh avec petit déj. Repas sur résa 165 Dh.* De la rue, rien ne laisse deviner ce qui se cache derrière les hauts murs : après le petit jardin abondamment fleuri, on découvre une imposante demeure, de construction récente, encadrant une belle piscine. Seulement 6 chambres spacieuses et élégantes, toutes différentes, qui portent des noms d'étoiles. Hammam (payant) et massages possibles. Une des rares adresses à l'ambiance chic de la médina.

🏠 ***Hôtel Idou Tiznit*** *(plan C3,* ***28****) : av. Hassan-II.* ☎ *05-28-60-03-33.* • *idoutiznit.com* • *Au niveau du rond-point principal. Doubles avec petit déj env 550-800 Dh selon saison, petit déj compris (pas génial par rapport au standing de l'établissement). CB acceptées.* Le hall avec son balcon et son lustre de style arabo-musulman sont superbes et la piscine est bien tentante. Les chambres (au calme côté piscine) affichent tout le confort mais aussi une déco plus très moderne. Resto et bar. L'ensemble manque d'atmosphère.

Où manger ? Où déguster une pâtisserie ?

Très bon marché (moins de 50 Dh / 4,50 €)

– Plusieurs petites cantines sans prétention sur la place El-Mechouar *(plan B2)*, comme ***Au Bon Accueil*** *(petit menu à env 30 Dh !)*. Au début de la rue Imziline, ***le resto de l'hôtel Moderne*** *(plan B2 ; au rdc, tlj jusqu'à 21h)*, permet de se nourrir d'un plat de lentilles à moins de 10 Dh (un peu plus cher avec de la viande), de tajines de poulet à 20 Dh. Fréquenté par les locaux et expats au long cours. De même, dans le Complexe Bariya (à l'ancien cinéma), à l'extérieur des remparts, où les petits restos populaires se font du coude à coude : au ***Snack Tiznit*** *(plan B2,* ***30*** *; tlj midi et soir)*, on vient avaler vite fait un tajine, une friture de poissons ou des *kefta*. Juste à côté, ***le Snack Al Amal*** *(tlj midi et soir)*, aligne ses poulets rôtis au charbon : un bon plan pour manger copieusement sans se ruiner. Pour un pique-nique, on trouve des fruits et légumes au ***marché municipal*** *(plan B3)* en face du resto *La Ville Nouvelle*.

🍴 ***La Ville Nouvelle*** *(plan B3,* ***31****) : 17, bd du 20-Août. À côté de la poste. Tlj 6h30-21h. Plats 25-50 Dh.* Déco dépouillée et carrelée pour ce resto sur 2 étages, prolongé par une terrasse, qui fait aussi salon de thé. La carte n'est pas très garnie (sandwichs, pâtes, grillades, parfois du tajine de poisson), mais les prix et la qualité sont très corrects. Les petits plus, ce sont ces excellentes pâtisseries au rez-de-chaussée (survolées par des nuages d'abeilles, venues faire leurs provisions !), et ce vrai café italien à déguster à l'étage.

De bon marché à prix moyens (moins de 150 Dh / 13,60 €)

🍴 ***Café-resto de Paris*** *(plan C3,* ***24****) : au rdc de l'hôtel du même nom (voir « Où dormir ? »). Tlj jusqu'à 22h. Repas moins de 80 Dh. Pas d'alcool.* Un resto propret avec au choix, quelques tables dans la salle dépouillée à l'éclairage quelque peu blafard en soirée, ou en terrasse pour observer les voitures qui tournicotent autour du grand rond-point. Petite cuisine marocaine d'une belle régularité.

🍴 ***Riad Le Lieu*** *(Chez Aïcha ; plan B2,* ***26****) : voir « Où dormir ? » pour les coordonnées. Tlj midi et soir. Menus 75-155 Dh. Pas d'alcool.* Aïcha, avec son sens de l'accueil, reçoit dans cette maison séculaire au charme indéniable. Les tables en mosaïque occupent le patio aux tons ocre, chaleureux. Elle concocte une cuisine marocaine de tradition (soupe harira goûteuse, copieux tajines) tout en proposant quelques incursions françaises en dessert (tarte au citron, mousse au chocolat). Accueille parfois des groupes.

🍴 Voir aussi les restos de l'***Hôtel de la Fontaine*** *(plan C3,* ***23****)* et de l'hôtel ***Idou Tiznit*** *(plan C3,* ***28****). Voir plus haut « Où dormir ? ».

À voir

🎥🎥 ***La vieille ville :*** elle est entourée de remparts sur plus de 5 km, jalonnés de 36 tours et 9 portes. Nombreux étals de fruits et légumes dans la partie sud de l'avenue Sidi-Abderhman, cette longue artère qui scinde littéralement la vieille ville en deux. En passant devant la ***grande mosquée*** *(plan C2),* noter les perches horizontales fixées au minaret qui sont là pour faciliter les réparations.

🎥🎥 ***Le souk des bijoutiers*** *(plan B2)* **:** *dans la vieille ville.* Tiznit est la patrie des bijoux berbères. Le marchandage y est difficile. Toutefois, sachez qu'il ne reste pratiquement plus d'artisans travaillant à l'ancienne. Les vrais bijoutiers, eux, sont dans le souk ou ***au centre artisanal*** *(plan B3 ; bd du 20-Août, tlj sf dim 9h-20h env),* pas ailleurs. Attention ! il y a quelques rabatteurs qui patrouillent à vélo et veulent toucher leur commission auprès de commerçants qui s'improvisent bijoutiers.
Une précision importante : ici, comme dans de nombreux autres endroits, des bijoux (de pacotille !) en provenance d'Asie tendent à inonder le marché. Mais en principe, on les reconnaît assez facilement ! D'une part, ils n'ont pas de motifs marocains traditionnels ; d'autre part, ils portent le poinçon « 925 » qui indique qu'ils ont passé la frontière (ne vous laissez pas abuser par des rabatteurs qui vous diront, dur comme fer, que le poinçon « 925 » signifie que le bijou est de fabrication marocaine !).

DANS LES ENVIRONS DE TIZNIT

AGLOU-PLAGE

À 15 km au nord-ouest de Tiznit par une bonne route goudronnée, un peu en dehors des sentiers battus (ce n'est pas sur la route principale d'Agadir). Un modeste village qui ressemble à une petite station balnéaire, flanqué d'un front de mer aux airs de minicroisette. Quelques belles plages désertes alentour, mais baignade assez dangereuse, soyez prudent. Le village ne s'anime guère que pendant les vacances scolaires d'été, période à laquelle, pourtant, le temps n'est pas le meilleur.

Arriver – Quitter

➢ Possibilité d'y aller ***en bus*** depuis Tiznit. Sinon, grand taxi.
➢ D'Aglou-Plage, on peut rejoindre vers le sud Gourizim, par la belle route côtière 7063 (23 km). Puis continuer sur Sidi-Ifni via Mirleft par la route 7064. Cet itinéraire permet de découvrir de belles plages désertes blotties au pied d'une côte rocheuse déchiquetée et quelques villages de pêcheurs.

Où dormir ? Où manger ?

🏠 🍽 ***Hôtel Aglou Beach :*** *à 200 m de la plage.* ☎ *05-28-61-30-34.* • *aglou beach.com* • *Doubles env 290-350 Dh sans ou avec vue sur la mer ; petite ristourne en basse saison. Plats 50-90 Dh.* 📶 La bonne grosse hôtellerie balnéaire et le seul hôtel du coin. Belle et imposante terrasse surplombant la plage. Chambres sans véritable déco mais propres et spacieuses, équipées de salle de bains, certaines avec balcon. Bon accueil. Resto honnête. Poisson et tajines.

🏠 🍽 ***Maison d'hôtes Le Chant du Chameau :*** *à 3 km d'Aglou, sur la route de Mirleft (fléché sur la droite).* 📱 *212 (0)6-67-90-49-91.* • *chantdu chameau.com* • *Pour 2 pers, compter 440 Dh en tente nomade et 550 Dh en chambre, petit déj compris. Possibilité de ½ pens et de louer l'ensemble à la nuitée ou à la sem. CB refusées.* Pour y accéder, on slalome un peu entre des maisons qui donnent une impression étrange mais que l'on oublie bien vite en arrivant à cette jolie maison rouge face à la mer. Certes, les tarifs ne sont pas donnés (surtout pour dormir sous la tente !), mais Jocelyne propose une poignée de chambres, dont 2 avec salle de bains commune, à la décoration soignée. Jardin parfaitement entretenu et charmant pour prendre le frais. Bonne cuisine à base de poisson grillé. Le lieu accueille des stages pour apprendre l'art du *tadelakt* et des zelliges.

Quelques ***restos*** à prix raisonnables pour grignoter un plat ou un snack sur la promenade récemment aménagée en bord de mer.

Balade

– ***Les grottes de pêcheurs :*** *arrivé sur la plage, longer la mer sur la droite, les premières grottes se trouvent au niveau de la criée, à env 10 mn de marche.* Aglou-Plage est connu pour ses grottes creusées par les pêcheurs dans la falaise. Il y en aurait près de 800 s'égrenant sur une partie du littoral. Certaines ont, avec le temps, été transformées en abris plus confortables, voire carrément en maisons d'hôtes. Les Marocains viennent y passer le week-end, quelques étrangers s'y sont même installés. Problème, elles se trouvent toutes dans la réserve naturelle de l'oued Massa et devraient logiquement être soumises à une réglementation stricte.

MIRLEFT

7 000 hab.

À 45 km de Tiznit en direction de Sidi-Ifni, soit au terme d'une route sinueuse peu empruntée (R 104) et bordée de cactus, soit par la jolie route côtière si on vient d'Aglou-Plage. Le village s'agrippe à des collines abruptes, d'où ressort le rouge de l'ancien bastion français en pisé qui domine la région. La rue principale, pleine de vie, est ourlée d'arcades qui abritent quelques petits cafés où les hommes viennent boire le thé.

L'été, le coin est très prisé des Marocains. Le long de la route côtière, il est même parfois difficile de circuler en voiture. Le littoral de la région est un paradis pour les pêcheurs amateurs de gros loups de mer, de sars et de courbines. Mais attention, la mer est très dangereuse. Quelques spots de surf à proximité.

Arriver – Quitter

➢ ***Bus*** pour ***Sidi-Ifni*** et ***Tiznit*** : ttes les 2h env, 6h-20h. Compter respectivement 30 et 45 mn.

➢ Également de nombreux ***grands taxis.***

Adresses et infos utiles

– ***Pour se repérer :*** la rue principale est celle qui monte vers la poste depuis la route côtière ; la rue commerçante bordée d'arcades, dite rue du Souk, est au cœur du village, avec la poste à un bout, l'hôtel *Abertih* à l'autre.

✉ ***Poste et Western Union :*** *au bout de la rue principale, au pied de la grande antenne. Lun-ven 8h-15h45.* Fait aussi le change. Transfert rapide d'argent depuis l'étranger, en cas d'urgence.

■ ***Attijariwafa Bank :*** *sur la route côtière, en bas du village.* Le seul distributeur automatique de Mirleft.

@ ***Cyber@Farah et Cyber Tazarzi :***

2 centres Internet, rue principale, non loin l'un de l'autre. Tlj 9h-minuit env. Mêmes tarifs.

■ ***Médecin généraliste : Dr Bouchra Bourma.*** *☎ 05-28-71-93-14. Au centre, juste derrière la station-service.* Elle est aussi ostéopathe.

■ ***Écoles de surf et centres de pêche : Aftastrip*** *(voir « Où dormir dans les environs ? »). Également* ***Mirleft Ride,*** *route Les Amicales. 📱 212 (0)6-78-26-55-70 et 212 (0)6-61-44-19-33. • mirleftride.com • Après la gendarmerie, env 200 m sur la droite.* 2 centres sérieux, tenus par des diplômés.

– ***Souk :*** *lun dans la rue du Souk. Débute dim soir.*

Où dormir ?
Où manger ?

Très bon marché (jusqu'à 100 Dh / 9,10 €)

🏠 🍴 ***Hôtel Tafoukt :*** *rue du Souk. ☎ 05-28-71-90-77. Doubles 80-100 Dh selon saison, petit déj en sus. Douche chaude payante. Tajine env 40 Dh.* Une quinzaine de chambres simplissimes et commodités partagées. Bien tenu par Slimane. Bon accueil.

De bon marché à prix moyens (moins de 400 Dh / 36,40 €)

🏠 🍴 ***Abertih :*** *rue du Souk. ☎ 05-28-71-93-04. 📱 212 (0)6-72-22-58-72. • abertih.com • Doubles 200-300 Dh sans ou avec sdb, petit déj inclus. ½ pens possible. Wi-fi Resto le soir slt. Sert de l'alcool.* Joli petit hôtel-resto, retapé par Damien, un Français qui propose une dizaine de chambres simples mais vraiment plaisantes et parfaitement tenues. Notre préférence va à la n° 11, qui donne sur la grande terrasse perchée sur le toit. Au resto, plats goûteux et bon marché. Accueil charmant et serviable.

🏠 🍴 ***Hôtel Atlas :*** *dans la rue du Souk. ☎ 05-28-71-93-09. • atlas-mirleft.com • Doubles 240-300 Dh sans ou avec sdb ; petit déj en sus. Wi-fi Pas d'alcool.* Un petit hôtel coloré et soigné, tenu par un couple franco-marocain. Certaines chambres donnent sur la rue animée. Les autres, plus calmes, sur un couloir ou un patio ouvert. Côté restauration, classique cuisine franco-marocaine. À la porte voisine, une petite boutique supervisée par la même équipe propose pizzas et sandwichs. Bon accueil.

🏠 🍴 ***Restaurant et appartements Tigmi :*** *à l'entrée de Mirleft en venant d'Aglou-Plage, entre l'hôtel* Abertih *et la station-service. 📱 212 (0)6-70-70-60-43. Apparts 2-5 pers 150-400 Dh selon taille et saison. Repas env 80-150 Dh. Pas d'alcool, mais possibilité d'apporter (discrètement) sa bouteille.* Au restaurant, dans la salle rougeoyante ou en terrasse, une cuisine marocaine réjouissante et pleine de saveurs, comme le tajine de crevettes, de poulpe ou encore le couscous de poisson. À l'étage, 4 appartements avec petit salon pour les plus grands (TV satellite), kitchenette, salle de bains et chambre. Propreté impeccable et accueil délicieux de Belkhir (lorsqu'il est là), toujours disponible pour vous donner de bons conseils ou simplement partager un moment d'amitié. Une adresse intéressante pour séjourner quelques jours à Mirleft.

🏠 🍴 ***Hôtel du Sud :*** *rue du Souk. ☎ 05-28-71-94-07. • hoteldusud.fr • Doubles 170-250 Dh selon saison, sans petit déj ; ne pas hésiter à négocier les prix, surtout en été ! Tajines 50-60 Dh.* Wi-fi Un hôtel d'une vingtaine de chambres, avec son patio au 1er étage et sa terrasse au 2e étage. Sanitaires et douches en commun rudimentaires mais propres. L'ensemble manque tout de même d'un peu d'âme et de chaleur. Fait également resto, service à toute heure.

Beaucoup plus chic (plus de 1 200 Dh / 109,10 €)

🏠 🍴 ***Les Trois Chameaux :*** *en surplomb du village, au pied du bastion. Indiqué depuis la rue principale. ☎ 05-28-71-91-87. 📱 212 (0)6-66-54-*

85-79. • 3chameaux.com • Doubles 1 300-1 440 Dh selon saison pour 2 pers en ½ pens (obligatoire) ; suites 1 440-1 640 Dh pour 2 pers en ½ pens. Resto ouv aux non-résidents, compter env 210 Dh (pas de carte). Sert de l'alcool. Réhabilité avec un goût soigneux, et perché sur la colline, cet ancien fort militaire abrite des chambres et suites absolument superbes, pleines de charme, aux volumes parfois déconcertants. Les suites disposent d'une TV, de la clim, d'une cheminée qui fonctionne et d'une grande terrasse avec vue dégagée. Agréable piscine, quelques appareils de remise en forme, hammam, massage... Au resto, homards et langoustes que l'on choisit dans un vivier ! Super terrasse pour contempler le coucher du soleil sur la mer, en toute quiétude, à l'heure de l'apéro. Possibilité d'organiser des balades à VTT et des parties de pêche. Une belle réussite de Jean-François, qui a traîné auparavant ses babouches à l'Institut du monde arabe à Paris.

Où dormir dans les environs ?

Aftastrip : *à 3,5 km de Mirleft, sur la route d'Aglou-Plage. ☎ 05-28-21-61-12. 212 (0)6-71-75-10-51. • aftastrip.com • Selon saison et confort, doubles 200-550 Dh, lit en petit dortoir sous tente 90 Dh/pers ; petit déj en sus. Menu 150 Dh. Pas d'alcool, mais on peut apporter sa bouteille.* Perché sur une colline en pleine nature, face à l'océan, cette école de surf propose des hébergements adaptés à différents budgets. Il y a d'abord les chambres, lumineuses, agréables et joliment décorées, dont la plupart offrent une vue de choix sur l'océan. Les budgets plus modestes (ou les enfants !) apprécieront les lits en dortoir disposés sous les tentes. Bonne literie. L'ensemble est très soigné (nombreux petits jardins-salons), et parfaitement tenu par Ahmed, au regard vif et rieur. Propose plein d'activités : initiation et perfectionnement au surf, pêche, treks, kayak, encadrement des enfants. Possibilité de location de voitures à prix intéressant et de transfert à l'aéroport d'Agadir. Une adresse vraiment bien, autant entre copains qu'en famille.

Où boire un verre ?

Café Tayoughte : *rue du Souk.* Il s'agit du plus ancien café de Mirleft (entièrement restauré), un rendez-vous mythique où se retrouvent les locaux de toutes générations et des touristes de partout. Brassage riche et fécond en amitiés ! Musique berbère et saharienne, mais aussi les classiques du rock yankee de l'époque hippie. Tout un programme !

À faire

Les plages : on compte 4 ou 5 plages situées au sein de criques ourlées de sable. La plupart d'entre elles sont surveillées l'été. Attention : il peut y avoir des courants forts (ne pas nager au large !). L'une des plus centrales et aussi des plus fréquentées en été est celle du ***marabout Sidi-Mohammed*** – ou Abdallah –, à 2,5 km en direction de Sidi-Ifni. Mi-juillet s'y déroule un petit *moussem* très animé où l'on peut acheter, entre autres, des poteries. Pour plus de quiétude, se rendre sur ***la plage Sauvage*** (qui porte bien son nom !), située à env 3 km de Mirleft en direction de Sidi-Ifni (pas de panneau ; accès par une piste caillouteuse de quelques centaines de mètres, puis par un petit sentier qui dévale la falaise). La moins fréquentée, mais aussi la plus belle et un spot de surf.

➢ **Balade à cheval :** ***ranch des Deux Gazelles,*** *à 16 km de Mirleft, sur la route d'Aglou-Plage. 212 (0)6-66-26-66-86. • les2gazelles.com • Compter près de 300 Dh pour une balade de 1h ; 440 Dh la ½ journée.* Un centre équestre qui propose des balades, excursions ou stages. Dispose également d'une dizaine de chambres à la déco soignée dans un bâtiment en pisé.

SIDI-IFNI

20 000 hab.

À 30 km au sud de Mirleft par la route côtière (R 104), juchée sur une haute falaise, Sidi-Ifni est restée une enclave espagnole jusqu'en 1969. De la promenade qui borde la place Hassan-II (ex-plaza de España), vue décoiffante sur la plage en contrebas. Le marché s'anime après 14h, avec le retour des pêcheurs, et la ville vers 18h, comme toute bonne ville au parfum ibérique. Ceux qui restent quelques jours apprécient cette ville où le temps semble être suspendu. Ceux qui sont véhiculés ne manqueront pas de faire de superbes excursions dans le coin. Les plages des environs commencent à être connues des amateurs de surf. À ce propos, celle de Sidi-Ifni se réduit comme peau de chagrin face à l'arrivée en force du béton.

Arriver – Quitter

Pas de gare routière à Sidi-Ifni.

Station des grands taxis : *av. Ibnou-Sina ; un peu excentrée, y aller en taxi.*

➢ ***Guelmim :*** pas de bus. Grands taxis slt ; nombreux départs, 6h-18h.

➢ ***Tiznit et Mirleft :*** bus ttes les 2h env, 6h-20h. Départs depuis l'aérodrome, en face de l'hôpital. Sinon grands taxis tte la journée.

➢ ***Inezgane (via Tiznit) :*** 1 bus/j. en début de matinée. Départ depuis l'av. Mohammed-V, devant la *Attijariwafa Bank*. Trajet : env 4h30.

➢ ***Marrakech*** et ***Agadir :*** 1 bus/j. tôt le mat. Départ depuis l'av. Mohammed-V, devant la *Attijariwafa Bank*. Trajet : env 7h (5h pour Agadir).

➢ ***Casablanca et Agadir :*** juin-août slt, 1 bus/j. en fin d'ap-m. Départ depuis la rue parallèle à l'av. Mohammed-V. Trajet : env 13h.

➢ ***Tan-Tan et les provinces du Sud :*** pas de bus. Passer par Guelmim ou Tiznit.

Adresses et infos utiles

✉ ***Poste et Western Union :*** *av. Mohammed-V, près du souk.*

■ ***Banques et distributeurs :*** *plusieurs banques le long de l'av. Mohammed-V.* Pratiquent le change.

■ ***Pharmacies :*** *une poignée, dont une* ***Pharmacie Populaire,*** *av. Hassan-II, en face du souk.*

✚ ***Hôpital :*** *service d'urgence,* ☎ *05-28-87-50-29.* Médecins compétents.

■ ***Hammam :*** *à la grande mosquée, à l'entrée de la ville en venant de Mirleft ; à 2 km du centre-ville. Femmes 8h-17h, hommes 18h-23h.* Pas de souci de propreté.

■ ***Hammam Sâada :*** *av. Moulay-Moussef, non loin de la pl. Hassan-II. Réservé aux femmes, tlj 8h-18h.* Propre.

Supermarché Marina : *bd du Caire (à côté de l'hôpital et du camping municipal). Tlj 9h-22h.* Pas bien grand, mais on y trouve l'essentiel.

– ***Souk :*** *dim, sur l'ancien terrain d'aviation.*

Où dormir ? Où manger ?

Campings

⛺ ***Camping Ifni :*** *au pied de la ville, quasi sur la plage.* ☎ *05-28-87-67-34. Compter 35 Dh env pour 2 avec tente, douche chaude comprise.* Camping clos pour être protégé du vent. En revanche, aucun arbre pour vous abriter du soleil ! Sanitaires corrects, sans plus. Il suffit de franchir la petite porte du fond pour avoir les pieds dans le sable. Beaucoup de monde en été. Pour les amateurs d'eau douce, grande piscine (payante) en été. Le week-end en juillet et août, soirées folkloriques et animations, ainsi qu'un bar-resto.

Camping-bungalows El Barco : *au pied de la ville, à deux pas de la plage. ☎ 05-28-78-07-07. • complexe-elbarco.com • Compter 50 Dh pour 2 avec tente, douche chaude et électricité comprises. Studios (2 pers) et apparts (4-5 pers) 200-400 Dh selon saison. CB refusées.* Un camping en bord de mer, sans une feuille d'ombre là aussi. Sanitaires moyens. Également un bâtiment abritant quelques studios et appartements avec kitchenette, prisés des familles marocaines en été. Resto.

De très bon marché à bon marché (moins de 200 Dh / 18,20 €)

Près du souk, avenues Mohammed-V et Hassan-II, plusieurs cafés très typiques où, en plus de boire un thé à la menthe, vous pourrez manger des beignets et des *msemen* pour trois fois rien ! Beaucoup de monde en début de soirée.

Hôtel Ait Baamran : *av. de la Plage. ☎ 05-28-78-02-17. En bas du village, sur le front de mer. Double 180 Dh avec sdb, TV câblée ; petit déj en sus.* Pas le grand luxe, chambres souvent humides mais confort néanmoins correct pour le prix. Pour le même tarif, autant demander une chambre qui donne sur la mer ; mais pas de balcon, que c'est frustrant !

Tagout : *rue Moulay-Abdellah. Tlj jusqu'à env 22h. Plats 35-60 Dh. Pas d'alcool.* Un sympathique bar-resto, avec une terrasse protégée qui donne sur une promenade dominant l'océan. Choix assez limité, mais cuisine traditionnelle (tajines, brochettes) à la fraîcheur garantie et aux prix très raisonnables. Un rendez-vous d'habitués, idéal pour observer la vie locale.

Gargotes du souk : *à l'entrée du souk, à l'angle de l'av. Hassan-II. Tlj jusqu'à env 19h.* Une petite dizaine de gargotes avec des tables qui proposent toutes des sardines grillées et des fritures de poisson pour une poignée de dirhams. Pas de souci d'hygiène.

De bon marché à prix moyens (100-400 Dh / 9,10-36,40 €)

Hôtel Bellevue : *pl. Hassan-II (ex-plaza de España). ☎ 05-28-87-50-72. Fax : 05-28-78-04-99. Doubles 130-260 Dh sans ou avec sdb ; petit déj en sus. Repas env 100 Dh.* L'hôtel, perché au sommet de la falaise, disposerait d'une vue sur la mer à couper le souffle... s'il n'y avait pas cette rambarde disgracieuse en béton ! Chambres correctes, mais sans vue sur le large pour la plupart. Demander une chambre dans la partie la plus récente. Côté entretien, ce n'est pas tout à fait ça et l'eau chaude s'avère parfois capricieuse. Restauration moyenne. Bref, l'adresse dépannera pour une nuit, pas plus.

Hôtel Safa : *bd du Caire (à côté de l'hôpital et du camping municipal). ☎ 05-28-78-07-96 ou 97. • ifnimarina.com • Doubles 300-350 Dh avec sdb selon saison, petit déj compris.* Au sein du complexe *Ifni Marina* récemment construit, un hôtel qui n'a rien d'extraordinaire, mais correct et que l'on peut être content de trouver. Les chambres sont propres, plutôt confortables (clim, TV, balcon), mais sans véritable déco, ni de vue sur l'océan. Rien d'autre à signaler.

Café-restaurant Nomad : *5, av. Moulay-Youssef. À 100 m de l'ancienne ambassade d'Espagne. 📱 212 (0)6-62-17-33-08. Tlj sf lun. Repas env 130 Dh. Sert de l'alcool.* Dans ce petit resto situé au centre de Sidi-Ifni, la déco marocaine réussie dégage une atmosphère chaleureuse et conviviale. La terrasse au bord de la rue est également plaisante. Mais la vraie surprise se cache dans les assiettes. C'est ici que l'on a fait l'un des meilleurs repas du coin ! Derrières ses fourneaux, l'équipe concocte une cuisine soignée, savoureuse et généreuse. En prime, de réels efforts en matière de présentation. Juste un petit bémol pour l'attente qui peut parfois être un peu longue.

Chic (env 550 Dh /50 €)

Chambres d'hôtes Xanadu : *5, rue El-Jadida. ☎ 05-28-87-67-*

18. • *maisonxanadu.com* • *Depuis la Banque populaire (av. Mohammed-V, près du souk), c'est dans la 6e rue sur la gauche. Double 550 Dh, petit déj compris. Table d'hôtes 165 Dh. CB refusées.* Sandrine et Patrick proposent 5 chambres d'hôtes dans leur maison. Toutes disposent d'une salle de bains en *tadelakt*, d'une déco sobre et soignée. Les proprios sauront vous conseiller des excursions dans le coin et pourront même vous proposer des activités (balades en bord de mer, extraction d'huile d'argan, etc.). Terrasse pour prendre de la hauteur sur la ville.

Fête

– ***Moussem :*** *1 sem fin juin-début juil.*

DANS LES ENVIRONS DE SIDI-IFNI

La plage d'El-Gzira : *à 10 km de Sidi-Ifni, sur la route de Mirleft. Suivre la route goudronnée qui mène au complexe immobilier (construit récemment dans l'un des sites les plus beaux de la côte marocaine !), puis la piste carrossable qui descend sur la gauche. Parking payant.* Superbe plage où quatre arches naturelles ont été taillées par le flux et le reflux. Un spot pour les amateurs de surf, de body-board, de pêche (autour de l'îlot) et de beaux couchers de soleil. Sur la plage, trois ou quatre hôtels-restos modestes ont les pieds dans le sable. Camping interdit.

Auberge-restaurant Sable d'Or : *sur la plage.* *212 (0)6-61-30-24-95. Doubles sans ou avec sdb 150-220 Dh selon confort, vue et saison. Repas env 60-100 Dh.* Au sein d'une petite crique de pierre rouge, on descend vers cette auberge répartie sur 4 étages par une volée de marches avant d'atteindre la terrasse qui surplombe la plage de sable. L'ensemble est sans charme (hormis la situation !) mais plutôt propre et bien tenu. Demander une chambre avec vue (certaines donnent sur le couloir...) ! Fait aussi resto. Mieux vaut ne pas être pressé, car tout est fraîchement préparé.

Sidi-Ouarsik : *à 18 km au sud de Sidi-Ifni par une route goudronnée. À Sidi-Ifni, suivre l'av. Hassan-II ; à la fin des arcades, au feu, bifurquer à droite en direction du port ; env 2,5 km plus loin, à la fourche, prendre à gauche.* Petit village de pêcheurs très sympa. Possibilité de planter sa tente en bordure de mer. Sinon, on peut louer de petites maisons bon marché (confort rudimentaire). Prévoir des vivres.

– Depuis plusieurs années déjà, il est prévu de goudronner la piste entre Foum-Assaka et l'oued Bouissafen (plage Blanche). À terme, la route rejoindra Tan-Tan-Plage (El-Ouatia).

GUELMIM (GOULIMINE)

96 000 hab.

À 110 km au sud de Tiznit, Guelmim (prononcer « Gueulmime ») est avant tout une ville-carrefour où l'on peut faire une pause pour découvrir les oasis des environs, ou avant d'amorcer le « vrai » désert. Mais, la ville n'a qu'un intérêt très limité... Guelmim a en effet perdu l'hégémonie commerciale qui faisait d'elle une porte du désert animée, où les caravanes se bousculaient après une longue croisière à travers la mer de sable. Si vous voyez des « hommes bleus », pas de doute, un piège à touristes se prépare...

C'est ici que l'on peut assister à la *guedra* (« marmite »), danse très caractéristique de la région, où les musiciens entourent une femme accroupie voilée de noir, dont les mains s'animent comme des marionnettes en suivant le rythme des tambourins tandis qu'elle se libère peu à peu des voiles qui la couvrent. Rien à voir néanmoins avec un strip-tease. Le rythme atteint un paroxysme délicieusement érotique. Cela dit, il devient fort difficile d'assister à une authentique *guedra*.

Arriver – Quitter

Gare routière : *1 km du centre, sur l'ancienne route de Sidi-Ifni.* ***CTM :*** *☎ 05-28-87-11-35.* ***Supratours :*** *☎ 05-28-87-15-03.* Liaisons avec :

➢ ***Tiznit, Agadir, Marrakech, Casablanca, Rabat et Tanger :*** une petite dizaine de bus/j. avec *CTM, SATAS* et *Supratours.* D'autres compagnies également. Attention, avec *Supratours,* au-delà de Marrakech, la suite du voyage s'effectue en train.

➢ ***Tan-Tan, Tan-Tan-Plage, Laâyoune, Dakhla et Boujdour :*** 1 bus/j. avec *CTM* vers minuit. Sinon, 2-3 bus/j. avec *Supratours.* Résa indispensable.

➢ ***Ouarzazate*** (1-2 bus/j., en soirée) et ***Assa-Zag*** (2 bus/j.).

➢ ***Sidi-Ifni :*** grands taxis slt. À côté de la gare routière.

✈ ***Aéroport :*** *sur la route de Sidi-Ifni, après l'embranchement de la route qui mène à la plage Blanche (fléché).*

➢ 3 vols/sem pour ***Casablanca*** et ***Tan-Tan*** avec *Royal Air Maroc.*

Adresses utiles

✉ ***Poste :*** *au centre-ville, en bordure du rond-point principal (pl. centrale). Lun-ven 8h-18h ; sam 8h-12h.* Fait également le change.

@ ***Centre Internet :*** *av. Hassan-II. À proximité de l'hôtel* Salam *et de la pl. centrale (rond-point principal). Tlj 9h-23h.*

■ ***Banques et distributeurs :*** *plusieurs dans le centre* (Crédit Agricole, Banque populaire...), *autour de la pl. centrale (rond-point principal).* Font le change.

✚ ***Hôpital militaire :*** *bd Mohammed-VI (route d'Agadir). À env 800 m après avoir franchi la porte de la ville, sur le côté gauche de la route en venant du centre-ville.* Le mieux équipé de la ville.

Supermarchés : ***Aoutas,*** *sur la pl. centrale, face à la station-service. Tlj 8h30-22h.* Bien fourni. *Également* ***Raji,*** *juste en face.* Pour remplir les glacières avant le Grand Sud.

Où dormir ?
Où manger ?
Où boire un verre ?

Très bon marché (moins de 100 Dh / 9,10 €)

L'Ère Nouvelle : *172, av. Mohammed-V. 📱 212 (0)6-62-02-08-17. À 5 mn à pied du rond-point principal (pl. centrale). Double 60 Dh ; pas de petit déj. Douche chaude 10 Dh.* Chambres très sommaires mais acceptables pour le prix plancher et draps propres (comme les sanitaires communs, d'ailleurs). Accueil sympa. Pour routards peu exigeants quand même !

Quelques ***rôtisseries :*** *face au rond-point principal (pl. centrale). Tlj jusqu'à 22h env. Prévoir env 30 Dh le plat.* Typique, mais hygiène pas toujours top...

Café Ali Baba : *av. Hassan-II (route de l'oasis de Tighmert), en face de l'ancien marché aux grains et de l'entrée de la vieille ville.* Café populaire et traditionnel qui dispose d'une grande terrasse ombragée sur le toit, idéale pour observer la cité tout en sirotant tranquillement un verre non alcoolisé. Fait aussi resto, mais on vous le déconseille.

De bon marché à prix moyens (moins de 400 Dh / 36,40 €)

Bahich Hotel : *31, av. Abaynou. ☎ 05-28-77-21-78. • bahich_hotel@*

LE GRAND SUD

hotmail.com • À 5 mn de la pl. centrale. Double avec sdb 180 Dh ; petit déj en sus. Un hôtel aux chambres assez propres mais franchement pas guillerettes. Certaines donnent sur la rue, les autres autour d'un puits de lumière. Acceptable pour une nuit.

Hôtel Adil Moussafir : *av. Mohammed-VI. ☎ 05-28-77-29-30 ou 32. • hoteladilmoussafir.com • À 1 km du centre-ville, juste avt l'hôpital militaire, sur la route d'Agadir. Double avec sdb 370 Dh ; petit déj en sus.* Grand bâtiment récent de 4 étages qui propose des chambres propres, climatisées et fonctionnelles. Pas mal de dorures et de kitsch, mais l'adresse dépannera les routards un peu plus exigeants. Fait aussi resto.

Où dormir ? Où manger dans les environs plus ou moins éloignés ?

Fort Bou-Jerif : *à env 40 km à l'ouest de Guelmim (une petite heure de route). BP 504, 81000 Guelmim. 212 (0)6-72-13-00-17. • fortboujerif.com • Direction Sidi-Ifni, puis, à env 1 km à la sortie de Guelmim, tourner à gauche en direction de la plage Blanche (bien indiqué) ; après env 30 km, prendre la piste à droite ; les derniers 10 km sont accessibles aux véhicules de tourisme en roulant lentement. Il existe un autre itinéraire par Targa Wassaye, slt pour les 4x4 (impraticable s'il a plu : il faut traverser un oued ; se le faire décrire au préalable). Prévoir 80 Dh/pers pour dormir sous la* khaïma *(tente nomade au sol bétonné, couchage fourni), 40 Dh/pers pour planter sa tente, électricité et douche chaude comprises (énergie solaire) ; véhicule en sus : 30-40 Dh. Double 390 Dh au motel (sanitaires à l'extérieur). Dans le* Petit Hôtel, *double avec sdb 490 Dh. Pour le* Caravansérail, *la partie « chic » de l'hôtel imitant un fort, compter 580 Dh ; petit déj en sus. ½ pens vivement conseillée (on est en plein désert !) 320 Dh/pers sous la tente, 400-500 Dh/pers en chambre double. Menu 180 Dh. CB refusées. Resto ouv aux non résidents ; sert de l'alcool.* Un établissement planté au milieu de nulle part, dans un environnement préservé et superbe, habité de gerboises, lapins et autres renards. À 500 m, les ruines d'un fort construit par les Français en 1935. L'ensemble est confortable, parfaitement tenu par Pierre et son équipe, et offre des possibilités d'hébergement pour tous les budgets. Si votre portefeuille vous le permet, optez pour une chambre dans le *Caravansérail* ; prendre le petit déj sur la terrasse au soleil levant... magique ! Piscine. Salle de resto (bonne cuisine franco-marocaine) à l'atmosphère un poil chic et agréable terrasse pour dîner à la fraîche ou prolonger la soirée un verre de vin à la main jusqu'à 23h (après, le groupe électrogène maintenu à l'écart cesse son activité). Propose des parties de pêche, des balades en *Land Rover* et du bivouac sauvage. Accueille aussi bien les groupes que les individuels.

Ksar de Tafnidilt : *à 100 km au sud de Guelmim et 25 km env de Tan-Tan. 212 (0)6-63-23-31-15. • tafnidilt.net • En venant de Guelmim, à env 20 km avt Tan-Tan, juste avt le poste de police, piste indiquée sur la droite (6 km). Accessible slt en 4x4 (sinon, téléphoner pour qu'on vienne vous chercher ou pour être guidé). Au camping, prévoir 80 Dh pour 2 et, pour ceux qui ne sont pas équipés, grande tente traditionnelle (pour 30 pers) avec matelas (apporter son duvet) 40 Dh/pers. Doubles avec ou sans sdb 690-800 Dh en ½ pens pour 2.* Bâtisseur dans l'âme, Guy a posé ses valises au Maroc depuis belle lurette ! Au pied d'une ancienne prison coloniale et au milieu d'un paysage totalement isolé, il a travaillé dur pour faire sortir de terre un ksar dans le plus pur style traditionnel. Un petit bijou de quiétude qui se fond dans le paysage. Tout confort. Un bon moyen de récupérer des tuyaux : s'y croisent en effet toutes sortes de baroudeurs. Guy organise aussi des excursions à la carte dans l'arrière-pays, avec le véhicule des clients.

À voir

Le souk : *sam mat, à l'extérieur de la ville. S'y rendre dès le lever du soleil (les commerçants, eux, s'installent dès le ven ap-m).* Intéressant pour acheter des épices. La partie consacrée aux animaux est plus ou moins animée en fonction de la saison. Attention, les bimbeloteries sont hors de prix et les perles de Mauritanie presque toutes fausses. Mais on vient surtout ici pour l'ambiance, pour les étals de fruits et légumes superbes, et pour voir les hommes bleus faire leurs emplettes et négocier les animaux. Ce souk est le plus grand marché de dromadaires du sud du Maroc.

Fête

– ***Moussem de Sidi-el-Ghazi :*** *pdt 1-2 sem en juil.* Beaucoup de dromadaires. Au programme : compétition, foire, manifestations culturelles, etc.

DANS LES ENVIRONS DE GUELMIM

La plage Blanche : *à 60 km à l'ouest de Guelmim. Prendre la route de Sidi-Ifni ; à 1 km à gauche de la sortie de la ville, panneau indiquant « Plage Blanche » (même route que pour Fort Bou-Jerif) ; la route est goudronnée.* Vaste plage qui s'étire sur une quarantaine de kilomètres, la plus longue du Maroc, et qui tire son nom de l'époque de l'Aéropostale. Saint-Exupéry et consorts avaient remarqué un immense ruban de sable très clair, rendu inaccessible par le cordon dunaire tout autant que par la falaise. La configuration de son embouchure (oued Bouissafen) pourrait connaître une profonde modification dans les années à venir, si le projet de construction d'un site touristique de 2 500 lits se réalise. Mais pas de panique, les travaux n'ont toujours pas commencé et les 40 km de plage offriront encore longtemps de belles étendues sauvages. On peut y faire trempette mais avec prudence. Ne pas nager au loin, et éviter la marée descendante.

Tan-Tan et El-Ouatia *(Tan-Tan-Plage) : à 125 km au sud de Guelmim.* Tan-Tan et surtout El-Ouatia ont longtemps été des villes-étapes agréables sur la route de la Mauritanie. Depuis les fermetures de la petite poignée d'hôtels dignes de ce nom, très peu de voyageurs décident de s'y arrêter... à moins de tomber en panne ! El-Ouatia est le port sardinier le plus important du pays, mais son accès est interdit aux visiteurs. Bon, si vous y tenez vraiment, sachez qu'il y a un aéroport (vols de Casablanca via Guelmim trois fois par semaine avec Royal Air Maroc). Également quelques bus pour Rabat, Agadir, Dakhla et Marrakech.
Attention ! juste à la sortie de Tan-Tan en direction d'El-Ouatia (Tan-Tan-Plage), on tombe sur un genre de grand rond-point avec des panneaux stop disposés au beau milieu. Bien marquer le(s) stop(s). La police qui veille au quotidien, à l'ombre des arbres juste en face, est intransigeante. Pour ceux qui devraient passer une nuit dans le coin, voilà une adresse pour dépanner :

Camping-Auberge des Deux Chameaux : *à l'entrée d'El-Ouatia, à côté de la station-service, juste avt la route pour Akhfenir. 212 (0)6-18-49-06-81. • aubergecampingdes2chameaux.com • Compter 75 Dh pour 2, tente, véhicule et douche chaude comprise. Près de 70 Dh/pers sous une tente khaïma. Doubles sans ou avec sdb 220-350 Dh ; petit déj en sus. Resto ouv tlj sf dim. Plats 50-90 Dh.* Un camping et une auberge tenus par Christine, une Française. De quoi faire une halte bienvenue sur cette longue route qui mène vers les provinces sahariennes. Un genre de *Bagdad Café* en somme. Sandwichs, omelettes ou plats plus consistants pour reprendre des forces. Camping sans ombre à l'arrière. Également quelques chambres simples mais plaisantes pour passer la nuit.

L'OASIS DE TIGHMERT

À une quinzaine de kilomètres à l'est de Guelmim, cette oasis n'a pas été abandonnée par ses habitants, à la différence de tant d'autres. Environ 700 familles y vivent de cultures maraîchères, partiellement aidées par un programme de sauvegarde et de développement des oasis du Sud marocain. Du coup, Tighmert bénéficie d'un dynamisme tout particulier et nous offre l'occasion de découvrir un village pittoresque et authentique. Quelques étrangers s'y sont même installés. On peut s'attarder à l'ombre d'un palmier, pour observer les paysans sarcler de minuscules parcelles irriguées par des canaux, ou flâner dans le dédale de venelles bordées de hauts murs de terre ocre, eux-mêmes percés de lourdes portes de bois.

Arriver – Quitter

➢ ***En voiture :*** à Guelmim, depuis le rond-point principal (pl. centrale), descendre l'av. Mohammed-V jusqu'au bout ; prendre ensuite à gauche en direction d'*Assa* (passer devant le café *Ali Baba*) ; 3 km après la ville, bifurquer à droite sur la route goudronnée (panneau « Asrir ») qui conduit à Tighmert (prononcer « Tirmart »). Attention : sur la carte *Michelin,* l'oasis porte le nom d'*Aït-Bekkou.*

➢ ***En grand taxi :*** départ sur le parking situé devant le café *Ali Baba.*

➢ ***En bus :*** depuis Guelmim, quelques bus quotidiens qui partent à côté du café *Ali Baba.* Trajet : 20 mn.

Où dormir ? Où manger ?

Toutes les adresses indiquées sont accessibles en voiture.

⌂ |●| ***La Maison Saharaouie :*** *dans la palmeraie, juste avt* La Maison Nomade *; indiquée depuis la route goudronnée. ☎ 05-28-87-07-06. 📱 212 (0)6-71-32-37-17. • lamaisonsaharaouie.site.voila.fr • Résa conseillée. Doubles en ½ pens 350-430 Dh selon taille. Possibilité de pension complète. CB refusées.* Nichée au cœur de l'oasis, une authentique maison en pisé. C'est une Française, Saliha, qui a restauré cette maison pour en faire un lieu tout à fait original, mais qui ne conviendra pas forcément à tout le monde. Confort vraiment basique (salles de bains communes avec une seule toilette sèche, pas idéal quand il fait chaud, et douche au baquet), mais les 5 chambres sont correctement tenues et joliment décorées. Une poignée de poules et de pintades picorent dans un coin de la cour. Hammam. Très bonne cuisine : tajine de dromadaire, poulet au citron, couscous, pain cuit dans le four installé dans la cour, confitures maison... Possibilité d'organiser de petites excursions. Beaucoup de chats.

⌂ |●| ***Villa Boujouf :*** *dans la palmeraie ; indiqué depuis la route goudronnée, 400 m après La Maison Saharaouie. ☎ 05-28-77-39-79. 📱 212 (0)6-52-89-09-60. • villa-boujouf.com • Doubles 450-540 Dh selon taille ; nuit sous une tente saharaouie 40 Dh/pers ; petit déj en sus. Repas 80-150 Dh.* Belle demeure récente et construite dans les règles de l'art (murs en pisé de couleur ocre, salles de bains en *tadelakt* et zelliges). Les 7 chambres fraîches s'organisent autour d'un patio central, comme dans un *riad.* Déco sobre à base de tissus marocains. Les chambres les plus chères peuvent héberger 4 personnes. L'endroit a un certain charme. C'est l'adresse chic de la palmeraie.

À voir

👥 Au cœur de la palmeraie se cache une superbe ***kasbah,*** vieille de 3 siècles, qu'il faut absolument visiter. *Impératif de téléphoner avt à Laabd (encore appelé*

Abdou) depuis Guelmim, car c'est difficile à trouver ; vous éviterez ainsi de vous casser le nez et surtout, vous ne tomberez pas dans le piège des faux Laabd très ingénieux qui parfois vous embobinent dès Guelmim ! 📱 *212 (0)6-62-19-37-73 ou 212 (0)6-73-80-61-15. • jamilabdou@live.fr • Participation : 25 Dh/pers (ou plus si vous tombez sous le charme, bien sûr). Possibilité de manger sur place un repas traditionnel : 100 Dh, visite comprise (dans ce cas, prévenir la veille).* La *kasbah* appartient à Laabd et à son cousin, qui l'entretiennent depuis plus de 20 ans. On y pénètre par une épaisse porte protégée par un antique verrou, qui dissimule un patio autour duquel s'organisent les pièces. Construites en pisé, couvertes par un treillage de branches de palmiers, elles abritent un passionnant petit musée que Laabd fait visiter avec un plaisir évident. À la fois, véritable caverne d'Ali Baba et mémoire de la vie nomade. Il s'agit d'une belle collection d'outils traditionnels et de matériel de caravaniers, dont des tentes nomades en poil de chèvre et de chameau qui nécessitaient six hommes pour leur transport. On y trouve des *guerba*, ces outres utilisées pour le transport de l'eau dans le Sahara, mais aussi de véritables curiosités, comme cette clepsydre d'une incroyable précision et cet inattendu soutien-gorge pour chamelle ! Quelques reliques de la colonisation française et un précieux vestige : le premier numéro du *Routard* dans lequel la *kasbah* a été mentionnée ! Dans la cour, un grenier enterré, de 3 m de profondeur, qui permettait de stocker près de 8 t de céréales ! La visite donne l'occasion de saisir la culture saharaouie marocaine de manière plus authentique que dans les grands musées. Et puis, rencontrer Laabd est une expérience en soi ! Pour lui faire vraiment plaisir, envoyez-lui quelques photos (Laabd Jamil, Casbah Caravansérail, BP Tighmert, 81000 Goulmine, Porte du Sahara).

Les sources de l'oasis : *à 3 km env de l'oasis par une piste carrossable ; en arrivant de Guelmim, poursuivre la route goudronnée jusqu'au château d'eau, puis bifurquer à droite ; à la fin de la route goudronnée, suivre la piste qui part sur la droite et longe l'oued sur env 2,5 km.* Bassin au vert profond, cerné de palmiers. L'occasion d'une belle balade. Vous pouvez aussi planter votre tente et ne serez dérangé que par le coassement des nombreux crapauds. Également des oiseaux, lézards, tortues...

Les cascades de Fask : *à 17 km en direction d'Assa. Bien se renseigner car difficile à trouver. Les derniers 4 km sont déconseillés aux véhicules inadaptés.* Sur place, village en pisé, proche de la très belle ***cascade.*** Idéal pour pique-niquer à l'ombre de la palmeraie. On peut s'y baigner, s'il a suffisamment plu, en automne et en hiver.

LES PROVINCES SAHARIENNES

Les provinces sahariennes du Maroc sont belles et passionnantes à découvrir, mais encore faut-il s'éloigner de Tan-Tan. Bien sûr, la circulation dans ces régions est contrôlée. Si la route est en bon état, la prudence s'impose. Le sable et les camions surchargés, sur ces interminables lignes droites, représentent un réel danger.
À la suite des événements survenus en Mauritanie, peu de touristes traversent désormais le Sahara occidental pour se rendre dans le pays voisin. De plus, même si le Front Polisario a définitivement cessé ses activités militaires pour entamer un processus légal de reconnaissance sur le plan international (lire à ce sujet la rubrique « Sahara occidental » dans « Hommes, culture, environnement » en début de guide), le terrain est miné. Il l'a été, par le Maroc, par le Polisario, mais personne ne sait plus très bien où. Jusqu'en février 2002, le trajet vers la Mauritanie s'effectuait en convoi. Si la mesure a été supprimée, les mines, elles, sont toujours là. Extrême prudence donc, avec interdiction absolue de sortir de la piste !

➢ Le trajet d'El-Ouatia à Tarfaya représente 205 km de bonne route côtière. La diversité des paysages désertiques, les immensités arides, les dunes isolées plantées sur la rocaille, les falaises déchiquetées qui surplombent le rivage indéfiniment ourlé de vagues déferlantes se succèdent. On peut sans crainte camper sur la côte parmi les pêcheurs locaux. Attention aux tempêtes de sable, plus particulièrement de janvier à mars.
À 30 km d'El-Ouatia, l'***oued Chebika.*** L'endroit a été choisi comme l'un des six sites du plan « Azur ». Hôtels et villas de vacances sont prévus pour 2013-2014. En continuant 20 km plus loin, on trouve les premières stations-service détaxées (soit 30 % de moins qu'au Maroc proprement dit).

AKHFENIR

1 500 hab.

À une centaine de kilomètres de Tan-Tan et de Tarfaya, ce petit bled peut paraître sans intérêt. Et pourtant, les mordus de mer et de nature seront comblés. L'endroit est connu pour ses pêcheurs de falaises dont les plus hautes s'élèvent jusqu'à 30 m. Certains bravent même les éléments pour attraper sars, bars et courbines en rappel sur les parois. À quelques rouleaux d'écume au sud d'Akhfenir, la superbe lagune de Naïla dessine un paysage de toute beauté. C'est un espace naturel unique pour l'avifaune, qui constitue un lieu de prédilection, là encore, pour les amateurs de pêche.

Infos utiles

➢ ***Pour y aller :*** la plupart des bus reliant Agadir, Tiznit ou Guelmim à Laâyoune et Dakhla s'arrêtent à Akhfenir. Les compagnies de bus n'ont pas de comptoir dans le village et il n'est pas possible d'acheter le billet auprès du conducteur. ***Il est donc impératif d'acheter son billet retour, avant d'arriver à Akhfenir.*** Les aéroports les plus proches sont ceux de Tan-Tan (3 vols/sem pour Casablanca avec la *RAM*) et de Laâyoune (1 vol/j. pour Casablanca avec la *RAM*)
– ***Attention :*** prévoir assez d'argent pour votre séjour, il n'y a ni banque, ni distributeur. Prenez vos précautions à Tan-Tan.

Où dormir ?
Où manger ?

⛺ Possibilité de camper en pleine nature, au bord de la lagune de Naïla. Mais il est indispensable d'obtenir une autorisation préalable auprès du caïdat *(bureau au centre d'Akhfenir, ouv en sem slt ; prévoir 20 Dh/tente ; pas de sanitaires).* Le cadre est superbe. Il est interdit de planter la tente dans les dunes.

🏠 🍽 ***La Courbine d'Argent :*** *à 1 km à la sortie d'Akhfenir, en direction du sud. 📱 212 (0)6-71-42-23-77. ● lacourbinedargent.com ● Double avec sdb 400 Dh, petit déj compris. Compter 400 Dh/pers en ½ pens ; possibilité de pension complète. Repas 150 Dh (resto ouv aux non-résidents, sur résa). Possibilité de transfert aux aéroports d'Agadir, Laâyoune, et Tan-Tan-Plage. Base 4x4.* Posé sur la plage, un établissement tenu par Paul, un féru de pêche en mer, et Anne. L'hôtel comprend une dizaine de chambres simples et agréables. De la salle de resto, remarquable vue sur les rouleaux d'écume qui se fracassent sur la plage. Le soir, les convives font connaissance autour d'un apéro généreux avec tapas, avant de s'asseoir autour d'une grande table pour savourer une cuisine goûteuse. Un grand moment de convivialité ! Paul et Anne proposent des journées pêche avec grillades et pique-nique au bord de la lagune, des séjours à la semaine, des excursions en 4x4 dans le désert. Une adresse chaleureuse, dont on se souvient longtemps !

Auberge et Centre de pêche et loisirs du Sahara : *à l'entrée du village, juste après le pont sur la gauche, légèrement en retrait. ☎ 05-28-76-55-60 ou 05-28-23-58-26. 212 (0)6-61-21-19-83 ou 212 (0)6-67-06-37-55. • pechesudmaroc.com • Prévoir 350 Dh/pers en ½ pens.* Yves Sicart, passionné de pêche et violoniste, propose 6 chambres simples et correctes avec 2 salles de bains communes. Yves organise une semaine de pêche au bord des falaises, pêche à pied aux crustacés, ainsi que des excursions en bateau dans la lagune de Naïla. Pour la semaine de pêche (réservation indispensable), il peut venir vous chercher à l'aéroport d'Agadir. Sa femme, Samira, une cuisinière hors pair, donne des cours aux accompagnants et concocte de délicieux repas.

DANS LES ENVIRONS D'AKHFENIR

Le trou du Diable : *à la sortie nord d'Akhfenïr, avt le bâtiment de la marine royale.* Entre la route et les bords de la falaise, un trou circulaire dans lequel s'engouffre la mer.

La lagune de Naïla *(appelée aussi* ***Khnifis*** *sur les panneaux et* ***Foum Agoutir*** *sur la carte Michelin !)* **:** *à 22 km au sud d'Akhfenir (fléché sur la droite) ; route goudronnée. Accès libre. Sur place (en contrebas du parking), loc de barques auprès de pêcheurs, env 350 Dh/h.* « Le plus grand espace lagunaire sur l'Atlantique marocain. » Merveilleuse réserve naturelle de 6 500 ha, un bras de mer qui s'avance sur plusieurs kilomètres à l'intérieur des terres et qui offre de superbes balades à pied ou en barque. Des sentiers pédestres cheminent de part et d'autre du parking. L'épais cordon de dunes qui sépare la lagune de l'océan est majestueux et le paysage change régulièrement au cours des marées. On y pratique la pêche (à l'exception des périodes de forts coefficients de marée ; les courants sont alors trop importants). On peut observer des flamants roses, des échassiers ou des chevaliers, surtout en fin d'après-midi, ainsi que le rare ibis chauve qui en a fait son lieu de nidification le plus important d'Afrique. C'est aussi une étape majeure pour les oiseaux migrateurs. En 4x4, on peut accéder à la cascade de Khawi Nam, située à 50 km en amont de la lagune.

Le musée Saint-Exupéry : *à* ***Tarfaya,*** *au centre-ville ; à 100 km au sud d'Akhfenir (route goudronnée). Horaires variables ; téléphoner avt à M. Sadate, 212 (0)6-61-07-94-88. Entrée gratuite.* Petit musée consacré à l'histoire de l'Aéropostale. On peut d'ailleurs y admirer des dessins du *Petit Prince* réalisés par Saint-Exupéry en personne !

L'ANTI-ATLAS

DE TAROUDANT À OUARZAZATE PAR TALIOUINE OU PAR LES ROUTES DU SUD

Cet itinéraire permet de découvrir un Maroc plus secret, avec des possibilités de randonnées qui offrent une excellente approche du pays et de ses populations. La plaine fertile et hospitalière, arrosée par l'oued Sous, étend ses kilomètres de plantations de bananiers et d'agrumiers. Quant aux montagnes arides, on y découvre encore des villages qui semblent vivre hors du temps. Taroudant est surnommée « La petite Marrakech », Taliouine est célèbre pour son excellent safran et ses randonnées pédestres dans le massif du djebel Siroua, tandis que Tafraoute la rose, nichée dans son cirque de granite, est réputée pour ses amandiers et ses arganiers. Il faut voir la région quand les arbres en fleurs ploient sous une neige de pétales blancs et roses. Quand on respire à pleines narines les effluves magiques de la fleur d'oranger.
Le goudronnage progressif des pistes permet de pousser toujours plus loin la découverte d'endroits méconnus.

TAROUDANT

70 000 hab.

▸ Pour le plan de Taroudant, se reporter au cahier couleur 2.

À 80 km d'Agadir. Première capitale des sultans saadiens avant Marrakech, Taroudant a conservé sa belle parure de remparts crénelés qui constituent un de ses principaux atouts touristiques. Sa petite médina et ses souks, modestes, sont des lieux privilégiés pour observer la vie quotidienne, avec

ESSAOUIRA
MARRAKECH
NORD
Tizi-n-Test
2
N 1
N 8
Ouled Berhil
N 10
Aït Yazza
Taroudant
P 1706
AGADIR
Oued Sous
Inezgane
Aït-Melloul
Oulad-Teïma
N 10
Tioute
R 109
R 105
Ouzoum
R 106
Aït-Baha
N 1
Igherm
Adrar-Aklim
Souk-Tleta-de-Tagmoute
R 105
Sidi-Khemis-des-Ida-ou-Gnidif
R 106
Tiguermine
Tagdicht
Oumesnat
Anameur
Sidi-Abdeljabbar
Tiznit
Tafraoute
R 109
Tisgui
Taguenza
Douslougtm
Aguerd-Oudad
R 104
Imitek
Tasrirte
Tahala
Col de Kerdous
Gorges d'Aït-Mansour
Tanrart
Tarsouale
Tiwadou
N 1
Izerbi
Souk-Had-Issi
A
N
T
I
Aït-Rahhal
Akka
Ifrane-de-l'Anti-Atlas
Tabahnift
Amtoudi (Id-Aïssa)
Tamessoult
Bouizakarne
Tadakoust
Touzounine
Souk-Tnine-Nouadai
N 1
R 102
Timoulay
Aguerd
Aït-Ouabelli
Igdi
Taghjicht
Aït-Herbil
N 12
N 12
Icht
Tagmout
Foum-el-Hassan (Fam-el-Hisn)
GUELMIM, TAN-TAN
Oued Drâ
R 103
Assa

MARRAKECH
J. Toubkal
4 167
MARRAKECH
Aït-Benhaddou
SKOURA
N 10
Ouarzazate
Tachakcht
Askaoun
N 10
Aoulouz
Ighil
N'Ou-Ghou
Djebel
Siroua
3 304
Anezal
N 9
AGDZ
N 10
S
N 10
Taliouine
A
Zaouïa-
Taskount
Tazenakht
Tinfat
L
R 106
N 10
Tizi-n'Ikhsane
ZAGORA
T
A
R 111
Agadir-
Melloul
ZAGORA
Akka-Ighèn
Foum-Zguid
Tghit
Tissint
N 12
Grottes de
Messalit
Akka-
Iguirèn
Kasbah-
el-Jouâd
Tata
N 12
R 109
Tazzert
Laâyoun
Jebair
ALGÉRIE
AGADIR
0
15
30 km

L'ANTI-ATLAS

les femmes drapées dans des voiles d'un bleu indigo surprenant. On y trouve un peu d'artisanat, même s'il n'a pas ici la créativité de celui de la ville rouge. Les deux principales places de la ville portent deux noms : celui d'usage, en berbère (places Assarag et Talmoklate) et l'officiel, en arabe (places Al-Alaouyine et An-Nasr).

Arriver – Quitter

En bus

Gare routière *(plan couleur B2)* **:** *hors les remparts, au niveau de Bâb-Zorgane.* Tous les bus partent de là.

■ ***Agence CTM*** *(plan couleur B2,* ***1****)* **:** *Bâb-Zorgane, à côté de la gare routière. ☎ 05-28-85-38-58. Tlj 6h-21h30.* Pour les réservations et achats de billets (Marrakech, Casablanca, Agadir et Ouarzazate).

– Les autres compagnies ont leur bureau dans la même rue. Sinon, se renseigner auprès des vendeurs de tickets rassemblés près des bus.

Liaisons avec :

➢ ***Agadir*** **:** env 15 bus/j., 7h15-22h. Trajet : 1h. Attention, la plupart des bus vont à Inezgane, situé à 8 km d'Agadir. De là, prendre un grand taxi. Seul le bus de 17h de la compagnie *STCR* au départ de Taroudant rejoint directement la gare routière d'Agadir. Acheter les billets à l'avance, car les bus sont souvent complets.

➢ ***Taliouine et Ouarzazate*** **:** env 10 bus/j., 5h30-21h30. Trajet : respectivement 2h et 5h.

➢ ***Tata*** **:** 3 bus/j. (tôt le mat et dans l'ap-m). Trajet : env 4h.

➢ ***Essaouira*** **:** 1 bus direct/j. dans l'ap-m. Trajet : env 4h. Sinon, aller à Inezgane (à 8 km d'Agadir). De là, nombreux bus pour Essaouira dans un sens et Taroudant dans l'autre.

➢ ***Marrakech*** **:** env 5 bus/j., slt le mat, au départ de Taroudant, qui passent par la route N 8. Trajet : env 6h. On peut aussi passer par le col du Tizi-n-Test en joignant Ouled-Berhil ou Aoulouz. De là partent 2 bus/j. (ou minibus) vers Marrakech.

➢ ***Casablanca*** **:** plus de 20 bus/j., 7h15-22h.

➢ ***Tafraoute et Tiznit*** **:** pas de bus direct. Se rendre à Inezgane, à 8 km d'Agadir.

En grand taxi

➢ Pour une poignée de dirhams supplémentaires, des grands taxis relient Taroudant (départ de la gare routière ; *plan couleur B2*) à **Marrakech** ou à **Agadir.**

Taxis *(plan couleur B2)* **:** *nombreux. Pas de compteur. Compter 7 Dh pour traverser la ville en journée ; 10 Dh la nuit.*

Adresses utiles

✉ ***Poste*** *(plan couleur A2)* **:** *av. du 20-Août. Lun-ven 8h-16h15.* Change (espèces seulement) et transferts d'argent avec *Western Union.*

@ ***Internet*** **:** *nombreux cybercafés en ville, par exemple à côté de l'hôtel* Tiout *(plan couleur B2,* ***2****). Ouv du mat au soir. Tarifs plus que raisonnables.*

■ ***Banques*** **:** *nombreuses banques dans le centre.* La plupart ont un distributeur acceptant *Visa*, *MasterCard.* Change possible (pour le cash, car pour les *travellers,* c'est parfois un peu compliqué). Certaines possèdent un service *Western Union.*

■ ***Comptoir Iznegane Change*** *(plan couleur A2,* ***3****)* **:** *au nord de la pl. An-Nasr. Tlj 9h-12h30, 15h-19h.* Bon taux de change par rapport aux banques et moins d'attente.

■ ***Pharmacie de Taroudant*** *(plan couleur A2,* ***4****)* **:** *pl. Al-Alaouyine (Assarag). ☎ 05-28-85-31-94. Lun-ven 9h-13h, 15h-20h ; sam 9h-13h.* L'une des innombrables officines de la ville. Chacune d'entre elles précise la pharmacie de garde sur sa porte.

■ ***Dentiste Omar El-Kaissi*** *(plan couleur A2,* ***5****)* **:** *av. du 20-Août, presque à l'angle de l'av. Mohammed-V. ☎ 05-28-55-17-55.* Un bon dentiste... au cas où !

■ ***Presse française Alirfan*** *(plan couleur A-B2,* ***7****)* **:** *av. Bir-Zaran, face à la banque.* Il y a d'autres dépositaires, mais c'est le plus central. On y trouve *Le Monde, Le Figaro* et *Le Canard enchaîné*.

■ ***Hammam Chifaa*** *(plan couleur A2,* ***8****) : prendre la 1re rue (sans nom) à gauche en venant de Bâb-Targhount. Tlj 6h30-minuit pour les hommes, 7h-21h pour les femmes. Entrée : 9 Dh.* Prévoir sa serviette. Les hommes entrent à gauche, les femmes à droite. Traditionnel et propre. Massages.

■ ***Hammam Tounsi*** *(plan couleur A2,* ***9****) : av. Mohammed-V. Tlj : 11h-18h pour les femmes ; 18h-minuit et 4h-11h pour les hommes. Entrée : 9 Dh.* Un hammam traditionnel et propre.

– ***Souk des animaux*** *(hors plan couleur par B1) : dim mat, hors les murs, à 1,5 km au nord de Bâb-el-Khemis.* Important. Le reste de la semaine, au même endroit, c'est le marché aux légumes.

Où dormir ?

Très bon marché (moins de 100 Dh / 9,10 €)

Plusieurs petits hôtels pas chers du tout dans le centre, autour de la place Al-Alaouyine (Assarag) notamment. Bon, on ne vous les conseille pas trop (confort vraiment basique et propreté aléatoire), mais, si c'est ce que vous recherchez, voici encore ce qu'il y a de mieux :

Hôtel Indouzal *(plan couleur B2,* ***21****) : av. Mohammed-VI. 212 (0)6-66-02-95-12. Double 70 Dh ; 25 Dh pour dormir sur la terrasse ; pas de petit déj. Douche commune gratuite.* Une dizaine de chambres à l'étage d'un café. C'est simple, très simple, mais vu le prix, on ne peut guère se plaindre !

Bon marché (100-200 Dh / 9,10-18,20 €)

Hôtel El-Warda *(plan couleur A2,* ***20****) : pl. An-Nasr (Talmoklate). ☎ 05-28-85-27-63. Double 110 Dh ; pas de petit déj. Stationnement sur la place.* Chambres fatiguées (n'hésitez pas à en voir plusieurs) et douche commune (gratuite !). Certaines avec balcon donnent sur la place. Le bruyant café-resto juste au-dessous ne ferme, en principe, pas trop tard, c'est déjà ça. Terrasse sur le toit jonchée de grandes plantes en pot.

Chambres d'hôtes Les Amis *(hors plan couleur par A2,* ***23****) : quartier de Sidi-Belkass. 212 (0)6-67-60-16-86. • maison_desamis@yahoo.fr • À 15 mn à pied de Bâb-Targhount. Double avec sdb commune 140 Dh, petit déj compris. Repas sur commande 60 Dh.* Après avoir travaillé dans de grands hôtels, le jeune et sympathique Saïd a monté sa petite affaire. Bonne idée ! Ici, tout est nickel. L'accueil, la déco, les conseils sur la région, les 7 chambres, le petit déj que l'on prend sur la terrasse. On peut venir vous chercher à l'aéroport d'Agadir et vous organiser des excursions dans le coin. Location de vélos. Une adresse qui porte bien son nom. Quant à la mosquée attenante, Saïd assure qu'il a négocié avec le muezzin pour qu'il fasse son appel à la prière le moins fort possible !

Hôtel Mini Atlas *(plan couleur B2,* ***24****) : bd El-Mansour-Eddahbi, près de Bâb-Zorgane. ☎ 05-28-55-18-80. Fax : 05-28-85-17-39. Double 160 Dh, petit déj compris. Parking à côté.* Un hôtel assez récent d'une quinzaine de petites chambres bien tenues et équipées de salle de bains. Accueil souriant. Agréable terrasse dans les tons ocre, avec quelques bouquets de plantes vertes.

Prix moyens (200-400 Dh / 18,20-36,40 €)

Riad Taroudant Palmiers *(plan couleur B2,* ***22****) : av. Mohammed-VI. ☎ 05-28-85-45-07. • riadtaroudantpalmiers.com • Doubles sans ou avec sdb 200-300 Dh, petit déj en sus. Repas 90 Dh.* Les chambres vous semblent monacales ? Le patio à la végétation luxuriante propice à la méditation ? Normal, ce *riad* fut construit sous le protectorat pour héberger un couvent. Et s'il est devenu hébergement, c'est pour la bonne cause : générer des revenus pour venir en aide aux enfants en difficulté. Le lieu très propre, la décoration simple mais plaisante, l'ambiance qui respire la bonté, les prix très doux invitent à dresser le camp ici.

Chic (400-800 Dh / 36,40-72,80 €)

Riad Tafilag *(plan couleur B1,* ***25****) : 31, derb Tafellagt. ☎ 05-28-85-06-07. • riad-tafilag.com • Doubles 45-55 € selon taille ; suite 70 € ; petit déj inclus. Repas 15 €.* Petit *riad* niché au fond d'un *derb* de la médina. Quelques suites et chambres, toutes de taille très honorable, se partagent une cour avec piscinette. Le tout est desservi par quelques improbables escaliers en colimaçon. Outre une agréable déco, à la fois moderne et dans des tons marocains, on apprécie la profusion des terrasses (dont la principale sur le toit), souvent privatives. On s'y pose et on s'y repose !

Le Palais Oumensour *(plan couleur A2,* ***27****) : Al-Mansour, Borj-Oumensour-Tajount. ☎ 05-28-55-02-15. • palaisoumensour.com • Doubles 55-65 € ; suites 70-75 € ; petit déj inclus. Repas 15 €.* Petit hôtel ? Grande maison d'hôtes ? Le *Palais Oumensour* aligne ses chambres et suites sur 2 niveaux, le long d'une galerie à arcades largement ouverte. Depuis le 1er étage, belle vue sur l'Atlas et les jardins alentour (ceux d'une institution religieuse). Depuis le rez-de-chaussée, vue sur les transats et la grande piscine. Décoration tendance chic, rythmée par des appliques et lustres en fer forgé. Les murs font la part belle au *tadelakt*. Hammam et jacuzzi. Bon accueil.

Riad Al Anbara *(plan couleur B2,* ***28****) : 46, Tasoukt-Ighzifen. 212 (0)6-54-99-12-38. • riad.anbara@gmail.com • Doubles 450-500 Dh selon taille, petit déj inclus. Dîner sur résa 110 Dh. Stationnement dans la rue, à 50 m.* Toute la magie du *riad* : une rue ordinaire et une porte simple qui cache un trésor d'architecture du XVIe s. Celle-ci est ottomane, comme en témoigne le haut plafond de la salle à manger. Côté chambres, des pièces fraîches, étroites et décorées à la marocaine, avec des salles de bains voûtées, pour ajouter au charme. Accueil familial d'Ali et Hassan au gré de soirées animées et autres repas.

Beaucoup plus chic (plus de 1 000 Dh / 91 €)

Dar Zitoune *(hors plan couleur par B2,* ***29****) : Boutarialt-el-Barrania, à 2 km de Taroudant, sur la route d'Agadir. ☎ 05-28-55-11-41 ou 42. • darzitoune.com • Doubles 1 200-2 200 Dh ; suites 1 800-3 300 Dh ; parfois des offres spéciales en basse saison. À la carte, plats 120-160 Dh ; menu 330 Dh le soir (gargantuesque). CB acceptées.* Une adresse d'un raffinement sobre, construite en matériaux traditionnels, remarquablement décorée dans un style arabo-berbère. La réception, avec sa majestueuse *douaya* en brique, vaut déjà le coup d'œil ! Chambres et suites nichent dans un jardin d'éden aux essences variées d'arbres fruitiers. La superbe piscine, un jacuzzi, un hammam, des massages et un sauna parfont le bien-être des clients. Le confort est au rendez-vous, le calme total et l'accueil courtois. Fait aussi resto, si vous avez la flemme de ressortir, mais les portions y sont chiches au regard des prix.

Où manger ?

De très bon marché à bon marché (jusqu'à 80 Dh / 7,30 €)

Café Les Arcades *(plan couleur A2,* ***33****) : pl. Al-Alaouyine.* Bien pour manger un bout le midi à l'ombre des parasols. Plats genre salade de tomates, brochettes grillées et frites. Bon et vraiment pas cher, mais insistez pour que les frites n'arrivent pas 15 mn après les brochettes ! Plusieurs autres cafés-restos du même acabit sur la place.

Chez Nada *(plan couleur B1,* ***30****) : rue Ferk-Lahbab. ☎ 05-28-85-17-26.* Accueil sympa du patron et de son fils dans ce resto ouvert par le grand-père. La terrasse sur le toit est plus agréable que la salle juste en dessous. Délicieux tajine de *kefta* aux œufs... mais tout est bon. Thé à la menthe inclus dans le menu. Plats spéciaux (pastilla) à commander 2h à l'avance. L'un des meilleurs petits restos de Taroudant, plébiscité par nos lecteurs depuis longtemps, et on comprend pourquoi ! Au fait, ils ne servent pas de vin, mais acceptent qu'on apporte le sien (à consommer avec... discrétion).

Prix moyens (moins de 150 Dh / 13,60 €)

L'Agence *(plan couleur B2, **34**) : av. Sidi-Mohammed. ☎ 05-28-55-02-70. Tlj sf dim. Menu 95 Dh. Pas d'alcool.* L'agent immobilier qui sévit ici trouvait son bureau trop grand, alors il l'a converti partiellement en salle de resto d'une dizaine de tables ! Et c'est réussi. Côté déco : murs couleur sable, piliers de bois peint et plafond de rondins vernis. Côté assiette : tout aussi agréables chevreau, *safa, briouates,* pastilla de poulet ou yaourt maison. Avec en prime un service souriant.

Jnane Soussia *(plan couleur A2, **32**) : av. Mohammed-V, à l'extérieur des remparts. ☎ 05-28-85-49-80. Tlj midi et soir. Pas d'alcool.* Ici, on mange sous des tentes caïdales dans un cadre agréable, bordé d'un jardin, à côté d'une piscine (plutôt là pour décorer). Pas mal de groupes le midi ; beaucoup plus calme le soir (sauf s'il y a une soirée folklo). Bonne cuisine marocaine classique (la brochette de filet de veau est extra !). Couscous et pastilla sur commande.

Vala *(hors plan couleur par B2, **31**) : av. Hassan-II (route d'Agadir), à env 2 km du centre-ville, sur le côté droit. ☎ 05-28-85-02-49. Tlj 12h-23h (service continu). Pas d'alcool.* Un sympathique resto avec un vaste patio sous tente et des salons marocains où l'on s'assoit à des tables basses. Parfois très calme le soir. Voici l'occasion de s'essayer à la pastilla au pigeon, excellente, plus chère que les autres plats et à commander quelques heures à l'avance. Service charmant.

Où dormir ? Où manger dans les environs ?

Riad El Aissi *(hors plan couleur par A2) : à 4 km env de Taroudant. Prendre la direction de Marrakech-Agadir par Amskroud ; à Nouayl, bifurquer à droite (fléché). ☎ 05-28-55-02-25. • riadelaissi.com • Double 450 Dh ; suite 700 Dh ; petit déj inclus. Plats 50-100 Dh.* Au cœur d'une orangeraie de 20 ha et dans un *riad* familial datant de 1930, Latifa propose une dizaine de chambres et de suites agréables. Spacieuses et joliment meublées, elles se singularisent par de beaux tons de blanc, rose et blanc cassé. L'atmosphère est vraiment reposante et l'accueil si charmant ! Piscine immense et jouissant d'un beau panorama sur l'Atlas. On vous recommande aussi le resto, qui propose, en vedette, du gigot de chevreau.

Où déguster une pâtisserie ?

Pâtisserie Ettais *(plan couleur B1, **36**) : rue Brahdani. Tlj 7h-22h.* Douceurs marocaines, pains au chocolat et croissants. Fait aussi salon de thé, avec quelques tables pour se poser. Cadre quelconque.

Pâtisserie El Widad *(plan couleur A2, **35**) : à deux pas de la pl. An-Nasr (Talmoklate). Tlj 8h-22h.* Bonnes pâtisseries marocaines et européennes. Quelques tables pour s'asseoir. Dommage, ils ne servent pas de boissons chaudes.

Où boire un verre ?

La place *Al-Alaouyine (plan couleur A2),* bordée de nombreuses ***terrasses,*** se couvre de monde dès la fin de l'après-midi. Idéal pour siroter un thé à la menthe en observant l'animation.

Aït Matene *(plan couleur A2, **40**) : av. Mohammed-V, presque à l'angle de l'av. du 20-Août.* Une petite échoppe discrète que l'on repère grâce à ses guirlandes de fruits à l'intérieur, ses 2 tables et ses 8 chaises (au dernier recensement). Très bons jus faits avec les fruits qui pendent dans la boutique. Avocat, pêche, orange, fraise, pomme, kiwi, etc. C'est selon la saison.

Espace Yacout *(plan couleur B1, 41)* **:** *av. Moulay-Rachid.* Bar populaire et vivant à l'agréable terrasse sur rue. On savoure bruits et agitation urbaine, dans des fauteuils en vannerie synthétique, autour d'un thé (menthe ou gingembre) ou d'un bon cappuccino.

Palais Salam *(plan couleur B1, 42)* **:** *bd Taroudant.* Palais de pacha du XVIIIe s, reconverti en grand hôtel. Y aller boire un verre permet de s'approprier ce superbe lieu, et de se perdre dans d'opulents salons à la déco mauresque surchargée, dans des cours luxuriantes ornées de fontaines, ou au bord de l'immense piscine sous des palmiers qui n'en finissent pas de s'étirer vers le ciel. Le lieu a sa magie. Plus prosaïquement, c'est l'un des seuls endroits de la ville où l'on peut s'asseoir pour prendre une bière. Ça donne une ambiance un peu pochtron le soir, mais bon, les éclairages romantiques font oublier ces écarts.

À voir. À faire

Les souks *(plan couleur A2)* **:** *juste à l'est de la pl. Al-Alaouyine (Assarag). Activité réduite ven.* Peu étendus, pittoresques, on les aime bien. N'hésitez pas à errer dans cet entrelacs de ruelles où bijoutiers, antiquaires et sculpteurs de pierre proposent toutes les productions locales : cuivre, tapis, cuir, fer forgé. Cela dit, ce n'est pas parce qu'ils sont moins fréquentés qu'ils sont moins chers. Négociez ferme ! Au *souk des épices,* on vous expliquera les vertus de chaque plante. Un vrai cours de diététique et d'herboristerie (là encore, attention au prix tout de même).

Le souk dit « berbère » *(plan couleur A-B2)* **:** *pl. An-Nasr (Talmoklate).* Moins touristique mais plus populaire et authentique que les souks. Quelques échoppes de poterie et d'épices, mais on y vend surtout le nécessaire de la vie quotidienne.

La Tannerie *(plan couleur A2)* **:** *sortir par la porte de Bâb-Targhount ; tourner à gauche, puis à 100 m à droite. Tlj jusqu'à 18h (plus tard l'été). Boutiques sur place.* La quarantaine de tanneurs de la ville s'est réunie ici pour présenter son travail, dont le rapport qualité-prix est supérieur à ce qu'on trouve dans le Nord. Lavage des peaux, salage, séchage, blanchiment... grattage, peignage (ou cardage)... et « vendage » ! Odeurs totalement bio ! Cuves en béton financées par la ville de Romans, en France (jumelée à Taroudant).

➢ **Le tour des remparts :** *à faire à vélo ou en calèche. Les calèches partent de la pl. Al-Alaouyine (Assarag). Compter 50 Dh/h.* Longs de 7 km et d'une épaisseur de 80 cm. Le meilleur moment est le coucher du soleil. Rien de comparable, cependant, avec les remparts de Marrakech. Au sud, de larges portions ont été restaurées de (trop) près le long des avenues Mohammed-V et Hassan-II. Plus au nord et à l'ouest, la muraille est plus authentique, dans un cadre populaire pas toujours très clean. Par endroits, on peut voir des fissures provoquées par le terrible tremblement de terre d'Agadir de 1960, ressenti jusqu'ici.

Fête

– **Moussem :** *le 15 août, pdt 3 j.* En l'honneur d'un marabout local.

DANS LES ENVIRONS DE TAROUDANT

LA PALMERAIE DE TIOUTE

À 35 km au sud-est de Taroudant. Pas désagréable en été, lorsque la chaleur de Taroudant devient insupportable. Elle s'étend sur 1 000 ha et comprend quelque 20 000 palmiers. En 1952, on y tourna les extérieurs d'*Ali Baba et les 40 voleurs,* avec Fernandel. Le pacha local prêta les chameaux... et les figurants. Les anciens s'en souviennent encore.

L'ANTI-ATLAS

Comment y aller ?

➢ Pas de bus depuis Taroudant, il faut prendre un ***grand taxi collectif,*** pour 10 Dh/personne. En voiture, prendre la route d'Agadir ; au 1er rond-point après l'oued Sous (à 5-6 km de Taroudant), prendre à gauche, direction Ighrem-Tiout ; faire env 15 km, bifurquer à droite (panneau), poursuivre encore sur 10 km, re-tourner à droite (re-panneau) et faire encore 5 km.

Où dormir ? Où manger ?

Auberge Tigmmi : *fléché à droite à l'entrée du village. ☎ 05-28-85-05-55. • aubergetigmmi.com • Double avec sdb 320 Dh, petit déj en sus. CB refusées. (gratuit). Réduc de 10 % hors vac scol (autres que juil-août) sur présentation de ce guide.* Le seul hébergement du coin. Chambres assez simples, mais l'accueil de Marie, une Ardennaise, est tout à fait charmant. Elle propose une bonne petite cuisine, à déguster sur la terrasse à l'ombre d'une treille. À l'intérieur, vaste salon avec des canapés. Grand calme, évidemment. Piscine. Possibilité d'excursions d'une journée, pas chères, dans les environs. Pas si mal, finalement, pour une petite retraite.

Restaurant Chwareg : *tt au bout du village, à l'entrée de la palmeraie. 212 (0)6-62-28-55-74. Tlj, midi slt. Repas env 60 Dh.* Passez commande avant de vous balader dans la palmeraie pour éviter de trop attendre. On déjeune sous une vaste tente ou au cœur d'un jardin noyé dans la verdure, sous une gigantesque treille de clématite, en bordure de palmeraie. Cadre enchanteur et reposant. Bonne cuisine traditionnelle, sans chichis.

À voir. À faire

La coopérative Taïtmatine de l'huile d'argan : *à l'entrée du village, sur la droite. ☎ 05-28-85-25-51. • targanine.com • Tlj sf dim 9h-18h30 env.* Cette coopérative réunit une quarantaine de femmes du village. Elles assurent tout le processus de fabrication de cette huile si particulière qui, paraît-il, fait des merveilles pour le rajeunissement de la peau. Nous, on s'en fout, les voyages entretiennent la jeunesse ! On voit ici le concassage, le triage, la torréfaction, l'extraction de l'huile et même la mise en bouteille. On rappelle qu'il y a deux huiles d'argan : une pour la consommation (excellente !), l'autre pour les soins du corps. Ne vous trompez pas ! La qualité de cette huile, labellisée bio, est indéniable. En outre, la vente des produits permet aux femmes de vivre de leur production et d'améliorer leurs conditions de vie. Tout autour du village, plein d'arganiers, évidemment.

La palmeraie : *au-delà du village, par la rue principale. Balade à dos d'âne, conduit par des enfants, prévoir 30-35 Dh/h et 25 Dh/h avec un guide (à pied).* Bon, on peut très bien s'y promener seul (peu de risque de se perdre). Néanmoins, un « guide » du village vous expliquera la vie dans la palmeraie (cultures, système d'irrigation, etc.). Passé les deux immenses bassins à l'entrée de la palmeraie, on déambule sur des chemins bordés de canaux d'irrigation. Outre les palmiers dattiers (chargés en fin d'automne), les parcelles se parent de champs de blé et de luzerne, peuplés d'ânes et autres vaches faméliques. Un lieu rafraîchissant.

– Vous noterez la belle *kasbah* en ruine, dominant la palmeraie depuis un promontoire. Malheureusement en partie dénaturée par un promoteur pour y accueillir un ***restaurant touristique,*** façon néo-*kasbah,* elle mérite juste le détour pour la vue sur la palmeraie qu'on a depuis la terrasse.

DE TAROUDANT À OUARZAZATE PAR LE DJEBEL SIROUA

La N 10, qui part d'Agadir, permet d'atteindre Ouarzazate, la plaque tournante du Sud, au carrefour de toutes les routes (Zagora, Marrakech, la vallée du Dadès). Compter au total environ 290 km entre Taroudant et Ouarzazate. Beaucoup de circulation jusqu'à Ouled-Berhil, en raison de l'activité agricole. Attention aux véhicules lents et aux vélomoteurs. La route est bonne, le plus souvent rectiligne. Mais évitez de rouler dans le sens Ouarzazate-Taroudant lorsque le soleil couchant se trouve face à vous, la visibilité s'en trouve considérablement réduite.

Où dormir ? Où manger ?

🏠 |●| ***Palais Riad Hida :*** *à **Ouled-Berhil,** à 40 km de Taroudant en allant vers Taliouine.* ☎ *05-28-53-10-44.* • *riadhida.com* • *En plein centre-ville, une pancarte indique la direction à suivre, mais n'hésitez pas à redemander car ce n'est pas si facile à trouver. Double 770 Dh avec petit déj, taxes en sus. ½ pens possible. Repas env 120 Dh.* 💻 Construit en 1860 par un pacha, ce palais restauré fut entretenu par un milliardaire danois. L'établissement, entouré d'un délicieux jardin luxuriant, propose des chambres spacieuses et très agréables. Belle piscine avec sa grande terrasse. Hammam. Attention toutefois, certains jours, le resto est envahi par des groupes.

TALIOUINE

4 965 hab.

Petit village à 119 km de Taroudant, dans une région d'une beauté impressionnante. Taliouine se situe sur l'un des plus beaux plissements géologiques du Maroc, à 1 080 m d'altitude. C'est de ce village et de ses environs que provient la majorité du safran du pays. Pendant une semaine fin octobre, début novembre, un festival est dédié à cette épice, réunissant les petits producteurs de la région et des groupes de musique traditionnelle.

L'OR ROUGE DE TALIOUINE

Pour ceux qui voudraient venir en période de cueillette, celle-ci a lieu de mi-octobre à mi-novembre. On y recueille délicatement, à la main (et avec les ongles surtout !), les pistils des crocus avant le lever du soleil. Sachez qu'il faut environ 350 fleurs pour obtenir 1 g de pistil séché... Tout cela explique son prix, de 15 à 50 Dh le gramme, selon la récolte de l'année, ce qui en fait l'une des épices les plus chères du monde. Cela dit, c'est toujours moins onéreux ici qu'en Europe.

Le safran, comme chacun sait, est utilisé comme condiment en cuisine, mais entre également dans la pharmacopée (pour soigner les gencives ou en anti-spasmodique), et c'est aussi un colorant. N'achetez jamais de la « poudre de safran », ça n'existe pas ! Il s'agit plutôt de curcuma, voire une poudre à base de maïs, de bœuf séché ou même de... brique ! Le véritable safran se présente sous la forme de stigmates séchés. Les minuscules filaments en forme de trompette sont rouge sombre d'un côté et jaune de l'autre.

SAFRAN-CHIR DU FAUX

Pour ne pas se faire refiler du faux safran, il existe des petits trucs. Frotté à sec sur du papier, le vrai ne laisse aucune trace. Humidifié, il teint le papier en jaune et non en orange ou rouge. Enfin, s'il a un goût sucré, c'est que vous êtes sur le point d'acheter une autre épice, car le vrai safran est amer...

On vous expliquera tout cela à la coopérative locale. Le safran, joliment conditionné et vendu à des prix raisonnables, y est de bonne qualité. Vous pouvez également l'acheter en vrac, en grosses quantités (20 % moins cher), à la coopérative ou ailleurs dans le village. Mais pensez à bien l'emballer, car le safran n'aime ni la lumière ni l'humidité.

Arriver – Quitter

En bus

Pas de gare routière ; les bus s'arrêtent dans le centre, face à la gendarmerie royale, au niveau des commerces.

➢ ***Ouarzazate, Tazenakht et Aït-Benhaddou :*** un peu moins de 10 bus/j. Trajet : 4h pour Ouarzazate. Certains bus s'arrêtent à l'embranchement pour Aït-Benhaddou. De là, prendre un taxi (10 km env). Également des taxis collectifs pour Ouarzazate et Tazenakht.

➢ ***Inezgane et Agadir :*** env 10 bus/j. Trajet : 4h en moyenne. Certains passent par ***Taroudant.***

➢ ***Marrakech :*** 4 bus/j. en fin d'ap-m et début de soirée, 1 via le col du Tizi-n-Test (trajet : env 6h) et 3 via Taroudant (trajet : env 7h). Ces derniers poursuivent jusqu'à ***Casablanca*** et un continue jusqu'à ***Rabat.***

➢ ***Tafraoute :*** il faut passer par ***Inezgane*** et changer de bus.

En voiture

➢ ***Marrakech*** *(via le **Tizi-n-Tichka**) :* très beau parcours, surtout entre ***Tazenakht*** et l'embranchement de la route pour ***Ouarzazate.***

➢ ***Tata :*** belle route goudronnée via Agadir-Melloul et Akka-Ighèn. Paysages superbes et quelques oasis de montagne avt de retrouver la route ***Foum-Zguid – Tata.*** On peut également emprunter la R 106 qui rejoint Igherm, puis la R 109 jusqu'à Tata.

Adresses et infos utiles

✉ ***Poste :*** *au carrefour à l'entrée de la ville en venant de Taroudant, rue sur la droite. Lun-ven 8h-16h15.* Service *Western Union.*

■ ***Change :*** *le **Crédit Agricole,** sous les arcades, à l'entrée de la ville, sur la gauche en venant de Taroudant (lun-ven 8h15-15h45), la **Banque populaire** (mêmes horaires) et la banque **Attijariwafa** (mêmes horaires), ttes deux dans la rue principale, changent les euros. Distributeur, plus service* Western Union *à la **Banque populaire.***

@ ***Internet :*** *une cyberboutique au niveau de la gare routière. Tlj 9h-23h (sam jusqu'à 14h). Une autre derrière la Maison du safran : tlj sf sam 9h-12h30, 14h30-22h.*

■ Une ***station-service*** permet de se ravitailler, au centre.

– ***Souk :*** *lun, en direction de Ouarzazate, après l'oued, puis sur la droite, près de l'hôtel* Ibn-Toumert.

Où dormir ? Où manger ?

De très bon marché à bon marché (moins de 200 Dh / 18,20 €)

Camping Zagmouzen : *en direction de Ouarzazate, avt l'oued, prendre à gauche la route en direction d'Askaoun ; après 700 m env, suivre le chemin caillouteux sur la droite (fléché), passer le radier et c'est au bout. ☎ 05-28-53-40-53. • ahmedjadid@menara.ma • Pour 2, un peu moins de 30 Dh avec tente et voiture (douche chaude payante) ; 150 Dh en tente caïdale, petit déj en sus. Électricité payante.* Ahmed, ancien caravanier, a construit un petit havre de paix, près de l'oued. Les tentes caïdales de 2 personnes sont installées sur un sol en pierre surélevé. Dommage que les lits 1 place soient si petits. Sous les arbres, on déguste un thé à la menthe en discutant avec Ahmed, qui organise des randonnées dans la région. Une super adresse.

Auberge-camping Toubkal : *à 2 km à gauche sur la route de Ouarzazate. ☎ 05-28-53-43-43. • aubergetoubkal@yahoo.fr • maghrebtourism.com/aubergetoubkal • Avec tente ou en dortoir sous tente, prévoir 60 Dh pour 2, eau chaude comprise. Double 220 Dh, avec petit déj. ½ pens possible. Repas 70 Dh, sur résa.* Lieu arboré et fleuri, doté d'une piscine propre. Également des chambres simples, bien tenues faisant face au jardin et aux montagnes, toutes avec douche (eau chaude) et w-c. Pas d'ombre dans la partie « tentes ». L'auberge dispose d'un resto approvisionné par le potager en contrebas. Lave-linge (payant). Petite épicerie. Piscine payante pour les non-résidents. Bon accueil et bons conseils sur les balades.

De bon marché à prix moyens (100-400 Dh / 9,10-36,40 €)

Auberge Le Safran : *à la sortie du village vers Ouarzazate. ☎ 05-28-53-40-46. • auberge-safran.com • Doubles 170-220 Dh sans ou avec sdb ; familiale 300 Dh ; petit déj en sus. Possibilité de dormir sur le toit, 30 Dh/pers. Clim ou chauffage en supplément. Menus 70-110 Dh. CB acceptées. Pas d'alcool, mais on peut apporter sa bouteille.* Jolies chambres dans les tons pastel aux noms de fruits ou de couleurs. Certaines ont vue sur la *kasbah*. Bon confort, avec salle de bains (eau chaude grâce à l'énergie solaire), couettes. Les moins chères, avec sanitaires communs, donnent sur le toit-terrasse. L'ensemble est très bien entretenu. Également un hammam pour les retours de rando. Mahfoud Mohiydine, guide de montagne officiel, vous donnera plein d'infos sur le coin, s'il n'est pas parti en randonnée avec des clients. Au resto, la carte propose pas mal de petits plats safranés de bonne qualité. Agréables pergola et terrasse. Cours de cuisine possible.

Auberge Souktana : *à 1,5 km de Taliouine, sur la route de Ouarzazate. ☎ 05-28-53-40-75. • membres.multimania.fr/souktana • Doubles 140-220 Dh sans ou avec sdb ; bungalow 160 Dh pour 2 pers (sanitaires communs) et tente-chambre 80 Dh ; petit déj en sus ; clim ou chauffage en supplément. Env 40 Dh pour 2 avec une (petite) tente et une voiture. Menus 75-95 Dh. Pas d'alcool, mais on peut apporter sa bouteille.* Ahmed (ancien caravanier et descendant des hommes bleus) et Michelle, une Française, proposent des chambres joliment décorées dans des tons chaleureux. Belle salle de resto avec cheminée. Ahmed et son fils Hassan, tous deux guides de montagne diplômés, ont ouvert sur place une petite agence et proposent des circuits dans la région, dont certains à VTT.

Auberge Askaoun : *à la sortie du village vers Ouarzazate. ☎ 05-28-53-40-17. • askaoun.voila.net • Double avec sdb 250 Dh, avec petit déj. Possibilité de dormir sur le toit 30 Dh/pers. Menu env 70 Dh.* Un établissement qui propose une trentaine de chambres carrelées. Balcon pour certaines. L'ensemble n'a pas de charme particulier mais est propre. Cuisine correcte servie dans la véranda ou en terrasse.

À voir. À acheter

La kasbah du Glaoui : *à 1,5 km env du village, en direction de Ouarzazate, sur la droite.* L'une des nombreuses propriétés du célèbre Glaoui (lire plus haut « Un peu d'histoire » à Telouet dans le chapitre « La route du Tizi-n-Tichka »). Assez délabrée, elle ne se visite pas, mais elle demeure impressionnante de l'extérieur. Quelques familles y vivent encore, l'une d'elles a même transformé une partie en maison d'hôtes. On peut faire le tour de la bâtisse principale.

La Maison du safran : *dans la rue principale, sur la droite en direction de Ouarzazate. Tlj 8h-12h30, 13h30-19h30.* Plusieurs coopératives se sont réunies pour présenter la culture de cette fleur si délicate (petit film, quelques panneaux, expos d'objets) et vendre l'épice conditionnée.

Coopérative Souktana du Safran : *dans la rue principale, vers la sortie du village, sur la gauche en direction de Ouarzazate. ☎ 05-28-53-44-52. • souktanadusafran.org • Tlj 8h30-17h. Entrée libre.* Intéressantes explications sur le safran. Petit film sur la culture de la fleur. On vous apprendra notamment à distinguer le vrai safran du faux. Possibilité d'en acheter conditionné ou en vrac (minimum 5 g).

Artiste-Calligraphe : *à la sortie du village en direction de Ouarzazate, fléché sur la droite, dans la rue face à la coopérative Souktana. Dans un petit local. 212 (0)6-01-35-31-51. • molidaz.blogspot.com • Tlj 8h-12h30, 14h-18h30.* Moulid Nidouissadan est un artiste berbère engagé. Il utilise l'alphabet tifinaghe (issu de la langue berbère amazighe) pour peindre des pensées philosophiques ou des proverbes amazighs. Il explique volontiers sa technique (l'origine des teintes naturelles uniques) et sa démarche. Une belle façon d'en apprendre un peu plus sur la culture berbère si importante dans la région, et au Maroc. Bien sûr, ses œuvres sont aussi à vendre.

Randonnées

➢ **Les gorges de Tisslit :** *joli site accessible en solo ou avec l'une des auberges de Taliouine (possibilité de combiner cette randonnée avec celle du djebel Siroua, voir ci-dessous). Prendre la route de Ouarzazate sur 24 km jusqu'au village de Tinfat ; à l'entrée du village, route à gauche sur env 20 km jusqu'à Souk Assais. De là, il reste 3 km pour atteindre les gorges (passage un peu délicat en voiture de tourisme, mieux vaut le faire à pied : se garer au niveau du souk, continuer sur 600 m, prendre le chemin à droite, puis suivre le sentier qui monte. Au bout de 1 km, tourner à droite jusqu'au village de Tisslit où on aperçoit les gorges).* En hiver, on peut se baigner dans les *guelta* si l'eau n'est pas stagnante. Se renseigner à Taliouine sur le niveau de l'eau avant de partir, ça évite la déception. Possibilité de camper sur place en demandant l'autorisation et en s'éloignant de la rivière (dangereuse en cas d'orage violent) ou de loger chez l'habitant (se renseigner auprès des auberges de Taliouine).

➢ **Le djebel Siroua à pied** (alt. : 3 304 m) **:** *3-6 j. dans l'Anti-Atlas marocain, avec des étapes tlj de 5-6h. Ne partez pas seul. Renseignez-vous notamment auprès de l'Auberge Souktana ou de l'Auberge Le Safran (voir « Où dormir ? Où manger ? »).*

En arpentant ce massif volcanique, on découvre de belles vallées où l'on cultive le safran, les olives ou les plantes aromatiques, des villages berbères avec de beaux *agadir* toujours utilisés, ou encore comment les femmes tissent les tapis berbères. Il est conseillé de louer des mulets pour le transport des bagages et des vivres. Nuits en bivouac ou chez l'habitant. Apporter de l'eau minérale ou des pastilles style *Micropur® DCCNa* pour purifier l'eau. Le matériel, tel que tente, ustensiles de cuisine, matelas, nourriture et mulet, peut être fourni par l'agence.

DE TALIOUINE À OUARZAZATE

➢ Après Taliouine, la N 10, en direction de Ouarzazate, passe entre le djebel Siroua et le djebel Bani. Paysage rocailleux de plateaux. À 24 km de Taliouine, la route traverse le hameau de ***Tinfat,*** où il est encore possible d'acheter du safran (et même de prendre un thé au safran dans les petits salons de thé locaux) si vous avez loupé la coopérative de Taliouine. Pensez quand même à faire les tests nécessaires pour vérifier l'authenticité de l'épice (voir nos conseils en encadré dans l'intro de Taliouine). 30 km avant Tazenakht, le ***Tizi-n'Ikhsane*** offre une jolie descente sur un grand plateau désertique. Entre Tinfat et Tizi-n'Ikhsane, au kilomètre 46 (au niveau du petit café *Essaouia,* là où s'enfonce la ligne électrique à l'intérieur des terres), une piste part sur la gauche pour rejoindre ***Zaouïa-Taskount.*** Vous découvrez à 400 m de la route principale une colline ourlée de roches noires et truffée d'abris. La visite est surprenante. Pendant l'été, les bergers y font encore halte.

TAZENAKHT (3 815 hab.)

Tazenakht est un important centre de tissage de tapis. Une fois sur la place principale du centre-ville, prendre la direction (indiquée) du vieux village à 2 km pour aller voir les femmes tisser, dans la pénombre des maisons, les fameux tapis *aouzguid* à trame orange. Attention, les coopératives honnêtes et moins honnêtes, ainsi que les rabatteurs, pullulent en ville. Pas facile de faire le tri, surtout lorsque certaines coopératives affichent la bannière du commerce équitable. Comment savoir avec certitude si le fonctionnement l'est vraiment ? Nous avons sélectionné l'association des femmes du vieux village, qui nous paraît répondre à ce critère, mais on peut évidemment tenter ses propres expériences ailleurs en se rendant directement chez les tisseuses et en se fiant un peu à son instinct.

Adresses utiles

■ **Banques :** ***Banque populaire*** *dans la rue principale, face à l'hôtel* Taghadoute. *Lun-ven 8h15-15h45. À côté, l'****Attijariwafa Bank.*** *Lun-ven 8h15-15h15.* Change et distributeurs de billets.
■ Plusieurs ***stations-service*** en ville.

Où dormir ? Où manger ?

Rien de très passionnant. On dort ici pour faire une étape ou pour négocier un beau tapis avant de repartir.

■ |●| ***Hôtel-restaurant Taghadoute :*** *av. Moulay-Hassan. ☎ 05-24-84-13-93. Dans le centre-ville. Double avec sdb 140 Dh, petit déj inclus. Menu env 70 Dh.* Petit établissement aux chambres gentiment restaurées et propres. Côté resto, optez pour les tajines. Bon accueil.

■ Possibilité de loger à l'***espace Taznakht pour le développement de l'environnement et des arts populaires*** (voir ci-après). On peut aussi vous proposer une chambre chez l'habitant. *Compter 100-150 Dh pour 2 pers en ½ pens.*

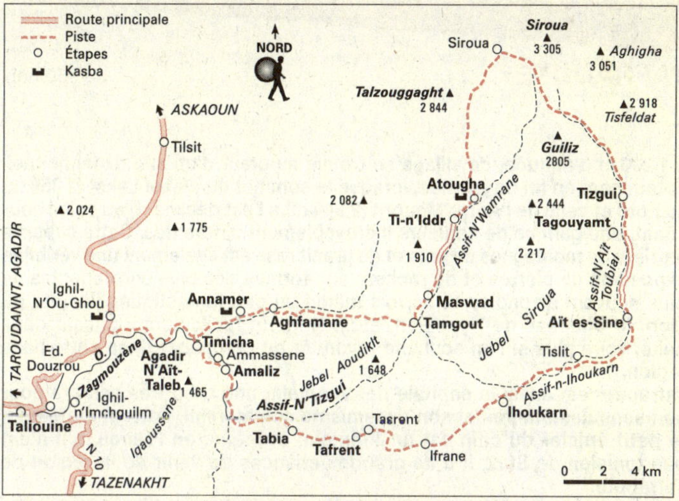

LE DJEBEL SIROUA

À voir

Le vieux village et le tissage des tapis : *à 2 km du centre-ville par la route d'Agdz ; bien indiqué (mais il arrive que des personnes sur la route essaient de vous en détourner).*

– **Espace Taznakht pour le développement de l'environnement et des arts populaires :** *☎ 05-24-84-12-50. • espacetaznakht.com • Au bout du vieux village, fléché. Tlj 8h-18h.* Le vieux village est dominé par une *kasbah,* habitée jusqu'en 1982, mais aujourd'hui partiellement en ruine, dommage ! Depuis 2003, l'association gère la fabrication des tapis et centralise leur vente (chaque tisseuse a un numéro et une carte de l'association). Le prix du tapis est fixé par la tisseuse, qui recevra cet argent directement et reversera à l'association une petite cotisation, calculée en fonction des revenus et utilisée pour le fonctionnement et la mise en place de projets pour le village. On vous expliquera les techniques du tissage (deux métiers à tisser y sont exposés). On peut aussi vous conseiller des endroits où acheter du safran, épice également très réputée à Tazenakht.

– Mais rien ne remplace une promenade dans le village pour pénétrer au cœur de la société des femmes, qui restent traditionnellement dans l'ombre, et d'admirer leur travail et leur dextérité (attention, elles ne travaillent pas le vendredi). Prix des tapis intéressants (on ne vous a pas dit qu'il ne fallait pas marchander pour autant !). En arrivant dans le village, beaucoup d'autres panneaux se revendiquent d'une coopérative... Et des marchands vous vendent des tapis très anciens qui ne sont en fait que des tapis délavés.

➢ Après Tazenakht, compter encore 86 km pour atteindre Ouarzazate.

Il est possible, pour ceux qui voudraient visiter la ***vallée du Drâa*** sans passer par Ouarzazate, d'emprunter une route goudronnée qui relie Agdz. Tout le long de la route, villages typiques et beaux paysages.

Une autre belle route goudronnée (la R 111) conduit vers le sud à ***Foum-Zguid,*** d'où l'on peut rejoindre Tata et Zagora. Foum-Zguid et ces pistes sont décrites dans la partie consacrée à Zagora (voir plus loin).

TAFRAOUTE

3 950 hab.

L'ANTI-ATLAS

À 1 200 m d'altitude, ce village se trouve au cœur d'un site exceptionnel, notamment en fin de journée, lorsque le sommet du djebel Lekst (2 359 m) au nord et celui de l'Adrar Mquorn (2 344 m) à l'est déclinent, au soleil couchant, une gamme de couleurs incroyablement différentes. Cette superbe barrière de montagnes de grès et de granit rose est également une véritable exposition de pierres et de rochers aux formes des plus surprenantes, le plus souvent arrondies et parfois même un peu fantastiques (la Tête du Lion, le Chapeau de Napoléon, etc.). On peut facilement y passer deux nuits, voire plus si l'on souhaite rayonner ou randonner dans cette belle région.
Tafraoute est aussi la capitale des Ammeln, une tribu très célèbre pour son sens des affaires et son dynamisme commercial. Partout au Maroc, le petit épicier du coin est un Ammeln, et même en France, s'il n'est pas tunisien de Sfax, il a de grandes chances de venir de la région de Tafraoute.
Dans la région, les femmes s'enroulent trois fois dans une large étole noire qu'elles fixent à l'aide de deux fibules. Les femmes mariées se distinguent par leur ruban en diadème et le henné qu'elles portent aux mains et aux pieds. Ouvrez l'œil !
La langue la plus répandue dans la région est le *chleuh (tachelhit),* l'un des trois dialectes berbères parlés au Maroc. « Tafraoute » signifie « bassin d'irrigation ». Mais on dit aussi que l'estomac, lorsqu'il est vide, est « tafraoute »... Remplissez donc le vôtre des amandes qui poussent encore tout au long de la route dans la région.
– Infos sur la région : • tafraout.info •

L'AMANDIER ET L'ARGANIER

Ces deux arbustes, inégalement réputés mais emblématiques de la région de Tafraoute, connaissent un destin inversé. En effet, les amandiers sont en danger. La sécheresse persistante de ces dernières années a provoqué leur floraison précoce dès le mois de décembre. Celle-ci est souvent suivie d'un gel, provoquant la perte des fruits. Ajoutons le manque de soins, et l'amandier finit tout simplement par mourir et disparaître tout doucement...

> **RESTAURANT D'ALTITUDE**
>
> *Les feuilles les plus tendres des arganiers se trouvant en haut de l'arbre, il est assez fréquent de voir les chèvres brouter en équilibre à plusieurs mètres au-dessus du sol. Évitez de les photographier en présence d'un berger. Celui-ci exigera des droits à l'image... pour ses chèvres !*

Paradoxalement, l'arganier, cet arbre longtemps méconnu, occupe désormais le devant de la scène. Le Maroc est le seul endroit au monde où pousse cet arbre, aujourd'hui protégé (pour plus de détails sur son huile incomparable et pour quelques conseils d'achats, se reporter à la rubrique « Faune et flore. Flore. L'arganier » dans « Hommes, culture, environnement » en début de guide). Très résistant, il est très utilisé dans les maisons traditionnelles. Poutres et piliers sont en arganier, ainsi que les serrures.

Arriver – Quitter

En bus ou taxi collectif

La ville n'est pas très bien desservie par les transports en commun.

Pas de gare routière. Départs des bus dans le centre, devant les agences qui vendent les billets. *Bureau de la* ***CTM*** *dans la rue principale (côté Aguerd-Oudad), à 50 m de* La Maison de Vacances. ☎ *05-28-80-17-89. Tlj 7h-12h, 14h-19h30.* Liaisons avec :

➢ ***Agadir*** *(via* ***Tiznit****)* **:** 1 bus le mat vers 8h avec la *CTM.* Poursuit jusqu'à ***Marrakech*** (trajet env 8h) et ***Casablanca*** (trajet env 12h).

➢ ***Essaouira*** **:** pas de bus direct. Changer à Inezgane.

➢ Pas de bus pour ***Taliouine,*** ni de taxis collectifs. Passer par Inezgane.

En voiture

➢ Pour rallier ***Agadir,*** voir les 2 itinéraires indiqués plus bas dans la partie « De Tafraoute à Agadir ».

➢ Pour relier ***Tata*** ou ***Taliouine,*** prendre la R 106 qui passe à ***Igherm,*** une superbe route à ne pas manquer.

Adresses utiles

Poste, télécommunications, presse

✉ ***Poste*** **:** *sur la petite pl. Mohammed-V (Al-Khamis), au-dessus du souk. Lun-ven 8h-16h15.* Représente également *Western Union.*

@ ***Internet*** **:** ***Téléboutique Absous,*** *à 50 m de la pharmacie principale vers Aït-Baha, sur la gauche. Tlj 8h-22h.* ***Internet Adrar,*** *dans une ruelle sur la droite après la pharmacie principale, en direction d'Aït-Baha. Tlj 9h-22h30.* ***Internet Amelen,*** *juste à côté de l'hôtel* Tanger. *Tlj 8h-20h30.*

■ ***Journaux français*** **:** *à l'épicerie* ***Tafraoute,*** *à 100 m de la petite station* Afriquia, *sur la droite, dans la rue principale, en allant vers le grande station.* 2-3 quotidiens datés du jour.

Argent, banques, change

■ ***BMCE*** **:** *à côté de l'hôtel* Saint-Antoine, *dans la rue à droite juste après* L'Étoile d'Agadir *et la pharmacie. Lun-ven 8h15-15h45.* Distributeur.

■ ***Banque populaire*** **:** *face à la poste. Lun-ven 8h15-15h45.* Change et distributeur.

– Également un distributeur à la poste.

Santé, urgences

■ ***Pharmacies*** **:** *2 pharmacies. L'une est la voisine du resto* L'Étoile d'Agadir, *à côté de la poste. Tlj 8h-21h. La « pharmacie principale », est quasi en face de la grande station-service* Afriquia. *Tlj 8h-20h30.*

✚ ***Hôpital, urgences*** **:** *bâtiment sur la droite, 100 m après la pharmacie principale, en direction d'Agadir par Aït-Baha.* ☎ *05-28-80-00-15.*

■ ***Protection civile (pompiers)*** **:** ☎ *05-28-80-00-59 ou 63.*

■ ***Médecin généraliste*** **:** ***Dr Redouane,*** *juste en face de la grande station* Afriquia. ☎ *05-28-80-00-53.* 📱 *212 (0)6-66-05-32-39.*

Transports, réparations

■ ***Stations-service*** **:** si vous partez vers le sud et que vous roulez au sans-plomb, profitez de la grande station ***Afriquia*** (au rond-point en direction d'Agadir) pour faire le plein... car il n'est pas évident d'en trouver avant Tiznit. Cela dit, il arrive qu'il y ait pénurie à Tafraoute ! Également une petite station-service *Afriquia* près du souk.

■ ***Garage Chez Farih Mohamed*** **:** *route d'Agadir, à 500 m de la grande station-service, sur le côté gauche de la rue.* 📱 *212 (0)6-61-76-66-63.* Réparation de voitures et de camping-cars.

■ ***Location de vélos*** **:** *à* ***La Maison de Vacances*** *(voir « Où dormir ? »). Compter env 80 Dh/j. VTT de qualité. Également* ***Tafraoute Quadbikes,*** *boutique en face de* La Maison Touareg *(50-80 Dh/j.).* Loue également des porte-vélos.

Loisirs

■ ***Hammam Aklalouch*** **:** *face à la grande station* Afriquia, *dans le dédale des immeubles, se faire indiquer.*

Femmes : tlj 7h-19h (9h-17h pour un massage) ; hommes : 7h-21h. Entrée : 12 Dh, ajouter 30 Dh pour un gommage et un massage. Possibilité d'acheter gant et savon à l'entrée. Rien de tel pour liquider la crasse et la poussière du voyage.

■ ***Piscine :*** l'hôtel *Les Amandiers* dispose d'une piscine propre, accessible à quelques extérieurs selon fréquentation de l'hôtel et capacité. *Env 50 Dh la journée.*

Divers

■ ***Pressing Monsif :*** *bd Mohammed-V, face à la* Maison Touareg. *212 (0)6-99-15-99-29. Tlj sf dim 8h-13h, 14h-20h.*

Excursions, randonnées

■ ***Tawada - Bureau de renseignements touristiques :*** *près du souk, légèrement en retrait sur le côté gauche de la mosquée. 212 (0)6-61-82-26-77 ou 212 (0)6-15-72-82-79. • brahim-izanzaren@hotmail.com •* Brahim, guide de montagne officiel, propose des randos de 1 à 3 jours dans le coin, notamment dans le massif du djebel Lekst, avec nuits en gîtes ou chambres d'hôtes. Compter environ 300 Dh la journée.

■ ***Agence Tafraout Aventure :*** *pl. Mohammed-V, face à la poste. ☎ et fax : 05-28-80-13-68. 212 (0)6-61-38-71-73. • tafraout-aventure.com •* Une agence sérieuse tenue par Ahmed qui propose des excursions dans le coin, notamment une boucle d'une journée par les gorges d'Aït-Mansour, un circuit des *agadir*, des conseils pour les férus d'escalade, etc. Une formule intéressante dans les gorges d'Aït-Mansour : marche de 1h30, suivie de la découverte des gravures rupestres d'Ukas. Également des possibilités de rejoindre Tata et le désert en 4x4.

■ ***Cartes et conseils de randos :*** *voir Houssine Laarousi à la boutique* ***Coin des Nomades*** *(dans le souk, à l'angle de l'hôtel* Salama*). 212 (0)6-61-62-79-21.* Houssine est un véritable « Huggy les bons tuyaux », qui prendra le temps de vous expliquer toutes les balades à faire dans la région, avec beaucoup de précision. Il possède des cartes topographiques de trekking, de randos faciles, de VTT ou d'escalade. Accueil adorable.

Où dormir ?

Campings

▲ ***Camping Tazka :*** *à 1 km de Tafraoute en direction de Tiznit par Tahala. ☎ 05-28-80-14-28. 212 (0)6-68-91-41-71. • campingtazka.com • Env 45 Dh pour 2 avec tente et voiture. Douche payante. Repas sur demande.* Un camping récent, protégé par une enceinte. Terrain planté de quelques palmiers apportant un peu d'ombre à la quarantaine d'emplacements. Sanitaires moyennement entretenus. Machine à laver. Bon accueil de Jamal. D'ici, on n'est pas loin du village de Tazzeka.

▲ ***Camping Les Trois Palmiers :*** *juste à la sortie de Tafraoute, sur la droite en direction de Tiznit par Tahala. 212 (0)6-62-42-58-70. Env 50 Dh pour 2 avec tente et voiture. Douche payante. Également 3 petites doubles basiques 80 Dh.* Terrain assez ombragé, bon accueil, et sanitaires correctement tenus. Comme dans de nombreux campings, les camping-cars sont légion.

▲ ***Camping Granite Rose :*** *à 1 km de Tafraoute en direction de Tiznit par Tahala. 212 (0)6-66-09-84-03. Près de 50 Dh pour 2 avec tente et voiture.* Un camping récent doté de sanitaires propres. Lave-linge. Pas d'ombre. Ce qui fait la différence ici, c'est l'accueil charmant d'Omar, passé maître dans la préparation du tajine aux 9 légumes.

– Notez que l'hôtel ***L'Arganier*** possède également un terrain de camping (voir « Où dormir ? Où manger dans les environs ? »).

De très bon marché à bon marché (moins de 200 Dh / 18,20 €)

■ |●| ***Hôtel-restaurant-café Le Tanger :*** *en ville, au bord de l'oued. ☎ 05-28-80-01-90. Double env 80 Dh, petit déj en sus.* L'hôtel, tenu par un jeune très sympathique, propose une dizaine de petites chambres. À ce tarif, difficile d'être trop exigeant, mais un effort côté propreté serait le bienvenu. La terrasse du haut offre une belle vue et permet de profiter des rayons du soleil. Au resto, plats honnêtes à petits prix.

Auberge Les Amis : *en face de la grande station-service.* ☎ *05-27-54-30-93. Doubles avec ou sans sdb 150-200 Dh, petit déj inclus.* Une auberge récente bien tenue, dans laquelle les jeunes propriétaires ont fait des efforts de déco. 8 chambres (la majorité avec sdb et certaines sont climatisées) et une suite familiale. 2 terrasse pour prendre son petit déj. Bon accueil.

La Maison de Vacances : *dans la rue principale (côté Aguerd-Oudad), face au resto* La Kasbah. *212 (0)6-62-87-96-57. • maison_vacances@yahoo.fr • Env 400 Dh la 1re nuit, puis 350 Dh l'appart pour 4 pers ; 1 double avec sdb 150 Dh donnant sur le toit-terrasse.* Une formule pratique de location d'appartements. Il y en a 2, identiques, situés dans une maison moderne du centre-ville. Chacun se compose d'une chambre double, d'un salon avec banquettes-lits, d'une TV (avec TV5), d'une salle de bains et d'une cuisine. Clim partout. C'est propre.

De prix moyens à chic (200-800 Dh / 18,20-72,80 €)

Dans cette catégorie, voir aussi les adresses dans « Où dormir ? Où manger dans les environs ? ».

Hôtel Salama : *sur la place du souk.* ☎ *05-28-80-00-26. • hotelsalama.com • (1 chambre). Double avec sdb env 260 Dh, petit déj en sus ; également des suites. CB refusées.* Autour du hall cossu, avec cheminée et beau plafond sculpté et décoré de zelliges, se déploie la quarantaine de chambres fraîches et confortables (murs en faux pisé, mobilier en fer forgé, AC, TV et, parfois, un balcon). Certaines sont tout de même bien sombres, mais l'ensemble possède beaucoup de charme. Très belle vue depuis la terrasse sur le toit. Fait aussi resto.

Hôtel Les Rochers Peints : *suivre la route vers l'hôtel* Les Amandiers, *l'hôtel est sur la gauche, avt la montée.* ☎ *05-28-80-00-31 ou 32. • hotelrocherspeints-tafraout.com • Double avec sdb et clim 300 Dh, petit déj en sus. Négocier en basse saison.* Seulement 8 chambres confortables, au mobilier berbère. Les fenêtres en verre coloré les rendent un peu sombres mais apportent en même temps un petit supplément d'âme. Un bon rapport qualité-prix. Fait aussi resto.

Hôtel Saint-Antoine : *légèrement excentré, à côté de la banque* BMCE. ☎ *05-28-80-14-97. • hotelsaintantoine-tafraout.com • Double avec sdb env 540 Dh, petit déj inclus. Négociable en basse saison. CB refusées.* Construction moderne avec ascenseur qui dessert près de 25 chambres spacieuses et équipées de l'AC, d'une TV satellite et du téléphone. Carrelage qui brille, déco un tantinet kitschouille. Une terrasse sur le toit, une piscine et un jardin agrémentent le tout. Bar (avec alcool). L'ensemble est très correctement tenu et le personnel accueillant.

Hôtel Les Amandiers : *en haut de la colline. Prendre la rue à gauche de* L'Étoile d'Agadir *et monter.* ☎ *05-28-80-00-08. • hotel-lesamandiers.com • Doubles env 400-600 Dh selon saison, petit déj en sus. Menu env 120 Dh. CB acceptées. Sert de l'alcool.* Là-haut, perché sur sa colline avec sa façade repeinte, il a plutôt fière allure. Les chambres, avec clim et TV, spacieuses, possèdent une déco et une atmosphère dignes des années 1970. Le resto propose une cuisine goûteuse et copieuse. Piscine avec beau point de vue. Accueil personnalisé même avec les groupes.

Où manger ?

De très bon marché à bon marché (moins de 80 Dh / 7,30 €)

Le Marrakech : *128, rue Ennahda. De la petite station* Afriquia, *prendre la*

L'ANTI-ATLAS

ruelle qui monte sur la gauche, vers la poste. Menu composé de *harira,* tajine ou couscous, fruits, thé ou café. Bonne cuisine servie en terrasse ou dans une petite salle bien tenue, avec la télé en fond. Accueil très aimable. L'un des meilleurs restos du village.

Café-restaurant de l'hôtel Tanger : *au bord de l'oued, en ville.* Paisible terrasse au bord de l'oued ou coquette salle au rez-de-chaussée. Bons petits plats pas chers (tajines aux pruneaux et amandes, aux légumes, à la viande, couscous...). Bon accueil.

Café-restaurant L'Étoile d'Agadir : *pl. de la Marche-Verte, à gauche de la poste.* Une affaire familiale avec une partie café-terrasse et une partie resto. Peu de choix, mais honnête tajine de mouton aux pruneaux et aux amandes et bonnes omelettes. Le soir, on y rencontre les habitants du village en terrasse ou devant la télé en salle. Le matin, bon petit déj.

– Ne vous privez pas d'un repas (sur commande seulement) à la ***maison d'hôtes de la Maison traditionnelle*** à Oumesnat (voir plus loin). Si vous souhaitez accompagner votre repas d'un verre de vin ou d'une bière, rendez-vous à l'hôtel ***Les Amandiers*** *ou un peu plus loin,* ***Chez Amaliya.***

Où dormir ? Où manger dans les environs ?

Chez l'habitant : *dans le hameau d'**Imyane,** à env 1,5 km de Tafraoute en direction d'Aguerd-Oudad ; petit panneau sur la gauche. Il faut monter les marches taillées dans la roche. 212 (0)6-62-02-93-05. • chezlhabitant-tafraoute.com • Double env 240 Dh, petit déj compris. Env 75 Dh/pers sous tente berbère ou en dortoir. Possibilité aussi de planter sa tente. Menu env 80 Dh sur commande.* Dans une ancienne bâtisse berbère authentique, perchée au-dessus de la route, Mohammed a aménagé 2 chambres simplissimes. Douche et toilettes à l'extérieur de la demeure. On prend les repas dans un agréable salon joliment décoré, ou sur la terrasse qui offre un superbe point de vue sur le Chapeau de Napoléon et Tafraoute.

Hôtel-camping-restaurant L'Arganier : *à 4,5 km de Tafraoute, route d'Agadir. ☎ 05-28-80-00-69. • arganierammelne.com • Camping pour 2 pers env 50 Dh ; double env 260 Dh, petit déj compris. Plats env 40-50 Dh.* Construction moderne dans un style se voulant traditionnel. Chambres fraîches aux couleurs gaies, très propres, avec clim et salle de bains (vieillissantes pour certaines). Jardin fleuri et terrasse avec une jolie vue sur la vallée et sur la Tête du Lion ! Terrain de camping juste à côté, au calme mais sans ombre.

Chambres d'hôtes Yamina : *dans le village de Tandilt, à 5,5 km de Tafraoute vers Agadir. ☎ 05-28-21-66-21. • yamina-tafraout.com • Tourner à gauche dans le chemin qui longe l'hôtel* L'Arganier *; continuer env 1 km sur la piste (mauvaise par endroits) ; la maison est au fond du village, au pied de la fameuse Tête du Lion. Double avec sdb et clim env 220 Dh/pers en ½ pens slt. CB refusées.* Une jolie maison berbère traditionnelle, dont les propriétaires, Jacques et Mina, ont conservé les anciens plafonds d'arganier et de palmier, ainsi que l'originale rampe d'accès intérieure qui servait à monter le grain à dos d'âne dans le grenier. Chambres coquettes aux ambiances différentes. On prend le thé dans la courette égayée de bougainvillées, et le repas au salon pour goûter à la spécialité de Mina, le *berkous.* Ce plat traditionnel de Tafraoute n'est proposé que pour les fêtes ou les mariages. Randonnée possible à la Tête du Lion. Accueil inégal.

Maison d'hôtes de la Maison traditionnelle : *dans le village d'Oumesnat, à 6 km env de Tafraoute sur la route d'Agadir par Aït-Baha, bifurquer sur la gauche puis continuer sur 1 km. Du parking, continuer encore 200 m à pied. 212 (0)6-66-91-77-68. • logement-tafraout.com • Résa indispensable. Pour 2 pers en ½ pens compter 300-400 Dh selon confort. Menu 120 Dh pour 2, servi aussi aux non-résidents.* Dans une maison berbère aux murs en pisé, 2 types de chambres. Dans la partie récente, chambres confortables avec sanitaires privés. Dans la partie ancienne, elles sont plus simples mais aussi plus authentiques, avec des sanitaires communs. À vous de choisir : la différence de prix n'est pas si grande que ça, d'autant que toutes sont climatisées et chauffées. Au dernier étage, un salon où est servi le (très bon) repas (un petit groupe peut éventuellement y dormir) et une terrasse offrant une jolie vue sur le village. Cours de cuisine possible. Un beau lieu tout en simplicité. Organisation de randonnées. Accueil très attentionné.

Hôtel-restaurant La Tête du Lion : *à 4,5 km de Tafraoute, route d'Agadir, sur le côté droit de la route (panneau). ☎ 05-28-80-11-65. • latetedulion.com • Double 300 Dh, petit déj inclus ; également des triples et quadruples. ½ pens possible.* Une dizaine de chambres spacieuses, à la déco soignée et gaie, équipées de clim, douche et w-c. Elles s'organisent autour d'un petit jardin intérieur rafraîchissant et paisible. Joli panorama depuis la terrasse sur le toit, où l'on sert les repas. Bar.

Auberge Amaliya : *à 3 km de Tafraoute, dans la vallée des Ammeln ; suivre la route d'Agadir, puis à la fourche, prendre à gauche, c'est un peu plus loin. ☎ 05-28-80-00-65. • chezamaliya.com • Double 500 Dh, petit déj compris ; suite 610 Dh. Menus 100-120 Dh. Sert de l'alcool.* Auberge chic, récente, confortable et calme. Les chambres sont bien tenues (clim, salle de bains, mais pas de TV). Piscine bordée par une tente bédouine pour un peu d'ombre, restaurant et bar. Une adresse qui convient à une envie d'un certain standing mais qui manque cependant d'authenticité. De plus, l'atmosphère nous a paru quelque peu figée. Location de VTT.

Achats

- **Souk :** *dans le centre-ville.* C'est là que vous pourrez acheter des babouches pour toute la famille. Le prix varie selon la qualité du travail, mais il ne descendra pas en dessous de 60 Dh. Par ailleurs, fuyez les pseudo-hommes bleus qui font le siège des hôtels ou racolent dans les rues de la ville et n'hésitent pas à arrêter vos voitures pour vous emmener dans leur magasin. Au passage, on vous rappelle qu'il n'y a pas de soie au Maroc, même dans les tapis les plus beaux (et surtout les plus chers !).

CHAUSSEZ LA « BTT » !

Tafraoute est réputée pour sa babouche, surnommée localement « BTT », la « babouche tout-terrain » ! Attention, ne pas confondre la babouche berbère avec la babouche arabe, pointue ; la babouche berbère, elle, est arrondie et tient au talon grâce à sa languette. La couleur jaune est traditionnellement réservée aux hommes et la rouge aux femmes.

DANS LES ENVIRONS DE TAFRAOUTE

Nombreuses promenades pédestres, que l'on peut aussi faire à vélo, dans la très belle campagne alentour. Il existe le plus souvent de multiples façons d'atteindre, à pied, certains sites que nous indiquons.

La Maison traditionnelle et la gazelle de Tazekka : *à 1,5 km de Tafraoute. Prendre la direction de l'hôtel Les Amandiers ; passé La Maison Touareg, continuer tt droit (ne pas prendre le virage qui monte vers l'hôtel) ; fléché. 212 (0)6-73-82-90-54. Tlj. Entrée : 15 Dh.* Mahfoud et son frère ouvrent leur ancienne maison traditionnelle berbère à la visite. Une initiative à soutenir, surtout quand on voit le nombre de vieilles bâtisses qui se sont effondrées ces dernières années ! Dans l'ancien village, un peu plus loin, se trouve une gazelle gravée dans la roche, partiellement effacée. Il y a près d'un siècle, elle a été copiée sur la paroi voisine.

Demandez aux habitants de vous indiquer le chemin. Les gravures rupestres de la région dateraient pour certaines de 4000 av. J.-C.

Les rochers peints du désert : *à 8 km env de Tafraoute. En voiture, prendre la direction de Aguerd-Oudad ; à 6,5 km de Tafraoute, à la bifurcation, suivre Tiznit ; 200 m plus loin, les rochers sont fléchés sur la droite (bonne piste de 1 km env). Sinon, on peut s'y rendre à pied depuis le village d'Aguerd-Oudad, situé à 3 km env de Tafraoute et connu pour son grand rocher surnommé le Chapeau de Napoléon ou le Doigt. Dans le village, rejoindre la mosquée et prendre le chemin un peu plus haut, à gauche, qui devient une piste presque tte droite ; compter alors une bonne heure de marche pour accéder aux rochers.* Les rochers sont dispersés dans une zone totalement désertique, prisée du cinéma. De nombreux westerns américains y furent tournés. Ils sont l'œuvre de l'artiste belge Jean Vérame. En 1985, 19 t de peinture à l'eau, apportées par une noria de camions, furent nécessaires à cet artiste pour « détourner », avec des bleus et des rouges, ces blocs de granit rose. À vrai dire, la peinture originale n'a pas résisté à l'assaut des chèvres, des pluies et du temps, tout simplement... Du coup, on leur a donné récemment de nouveaux coups de peinture. Si certains peuvent retrouver là ce goût typiquement belge pour une certaine forme de surréalisme ou même pour la bande dessinée, d'autres regrettent ce détournement de la nature et l'impact environnemental d'une telle œuvre.

Randonnée pédestre au départ des gorges d'Aït-Mansour *(circuit d'Afella Ighir)* **:** *à 30 km au sud de Tafraoute. Compter 2 j. pour faire la boucle ; sinon, on peut se contenter des gorges. Éviter les mois de juil-août en raison de la chaleur.* Sans voiture, deux possibilités :

➢ *Minibus* au départ de Tafraoute en fin de matinée, qui passe dans les gorges pour rejoindre Souk-Had-Issi. Même si on ne fait que les gorges, on doit passer une nuit sur place, à la *maison et table d'hôtes Chez Mohammed Sahnoun* (voir plus loin), car aucun minibus ne rentre le jour même. Le lendemain, départ tôt le matin.

➢ Sinon, possibilité de prendre un *taxi* et de négocier avec lui pour qu'il vienne vous rechercher plus tard dans l'après-midi ou le lendemain. Le trajet aller-retour devrait vous coûter environ 250 Dh, même si la plupart des chauffeurs acceptent rarement les trajets à vide et n'hésiteront pas à réclamer 150 Dh pour un aller simple.

➢ *En voiture :* quitter Tafraoute par la route de Tiznit par Izerbi (direction d'Aguerd-Oudad). À la fourche, 6,5 km plus loin, prendre à gauche en direction de Tasrirte (souk le vendredi matin). La montée jusqu'à ce village est très belle et impressionnante. La suite s'avère encore plus enchanteresse. La route tortueuse, sillonnant un paysage sec et caillouteux parmi les montagnes pelées, dévoile peu à peu un canyon ocre qui laisse bientôt la place à des gorges et leur oasis à la végétation luxuriante (où se mêlent palmiers, figuiers, oliviers et amandiers). Arrivé dans l'oasis, à l'entrée des gorges, continuer jusqu'au parking surveillé (laisser quelque chose). Cette route goudronnée rejoint ensuite Izerbi, permettant ainsi de remonter sur Tafraoute en effectuant une boucle. Attention, au-delà du parking, la route emprunte parfois le tracé de l'oued ! Elle peut donc être endommagée après de fortes pluies. Ne vous y aventurez par si l'orage menace !

Chez Messaoud : *à 1 km du parking au début de l'oasis.* *212 (0)6-70-79-35-67.* Un étonnant café-resto-épicerie, au bord de la route, avec quelques tables et des nattes à l'ombre des palmiers et des amandiers. On peut aussi dormir sur place, mais les prix sont un peu musclés *(150 Dh/pers en ½ pens)* par rapport au confort, très sommaire (matelas posés à même le sol, sanitaires communs).

L'été, les habitants de Tafraoute viennent se réfugier dans la fraîcheur des gorges et se baigner. Là commence la rando. Il arrive qu'on soit un peu dérangé au début de la marche par un ballet de 4x4 en période touristique, mais ensuite, on sillonne

LES ENVIRONS DE TAFRAOUTE

un cadre paradisiaque avec, en fond sonore, un concerto pour grenouilles, ponctué de temps à autre par le déchirant braiment d'un âne.

– La rando fait une boucle de 37 km environ ; il faut prévoir une nuit sur place, *Chez Mohammed,* qui est à mi-chemin, ainsi qu'une voiture ou un taxi à l'arrivée sur le goudron après Taghaout (car il reste encore une quinzaine de kilomètres pour revenir au parking via Tasrirte). Prévoir beaucoup d'eau, car il y a de grandes portions sans ombre entre les villages et les palmeraies.

La rando passe par le village de *Gdourt* où l'on peut jeter un œil à l'antique et traditionnel moulin à huile actionné par un âne. Les habitants apportent leurs propres olives et rémunèrent la personne chargée du pressage. On découvre ensuite les beaux villages d'*Aguerd-Imlal* (deux familles seulement vivent ici) et de *Souk-Had-Issi* (souk le dimanche et *kasbah* abandonnée). De là, possibilité de rejoindre les très belles gravures rupestres d'Ukas. Ensuite, d'Aït-Abdelkadder, il y a environ 7 km sans ombre jusqu'à *Tiwadou,* où vous attendent un repos et un repas bien mérités (sur résa) chez l'adorable Mohammed.

Maison et table d'hôtes Chez Mohammed Sahnoun : *à 5h de marche des gorges d'Aït-Mansour, à* **Tiwadou.** *Sinon, route goudronnée jusqu'à Timguichte, village à 1 km de Tiwadou. ☎ 05-28-21-83-65. 212 (0)6-67-09-53-76. • m_sahnoun@hotmail.com • Compter env 150 Dh/pers en ½ pens. Repas env 70 Dh/pers.* On vous recommande vivement cette étape à mi-chemin de la boucle. D'abord, pour la chaleureuse personnalité de Mohammed, photographe de formation, très impliqué dans le développement local et associatif. Ensuite, pour ce petit havre de fraîcheur au cœur de la fournaise. Petit jardin idéal pour déjeuner d'une excellente cuisine concoctée par sa femme. Pour dormir, quelques chambres très simples mais très propres, avec sanitaires communs. De toute façon, ne repartez pas sans avoir visité le petit musée de Mohammed, qui vous indiquera aussi les nombreuses gravures rupestres alentour.

– Pour ceux qui continuent la boucle, on passe ensuite par les gorges de Timguilcht (jolie mosquée avec son minaret), puis par une longue partie sans ombre avant de rejoindre Taghaout et son vieux ksar.

La vallée des Ammeln : *au nord de Tafraoute, la vallée s'étend du village de Douslougtm à Sidi-Abdeljabbar.* Cette curieuse oasis de montagne compte 27 villages répartis sur près de 40 km et dominés par les flancs roses du *djebel Lekst* (2 359 m) et sa fameuse Tête du Lion. Magnifique contraste entre la montagne âpre, souvent grandiose, et une riche végétation composée de caroubiers, d'oliviers, de palmiers, d'arganiers et de superbes amandiers aux fleurs blanches et roses à l'entrée de l'hiver. Plusieurs façons de la visiter (mais le mieux reste à pied ou même à vélo). De Tafraoute, prendre la route d'Agadir par *Aït-Baha.* L'embranchement 4 km plus loin vous mène, à gauche, sur la route de Tiznit et Tanalt, et à droite, sur la route d'Agadir.
Pour organiser une randonnée dans ce secteur, adressez-vous aux prestataires de service que nous indiquons dans les « Adresses utiles » de Tafraoute.

Oumesnat : *à env 6 km au nord de Tafraoute, village indiqué sur la gauche.* Le village, 1 km plus loin, se dresse au milieu des jardins, contre la falaise ocre. Se garer sur le terrain herbeux juste devant le cimetière ; continuer à pied en s'enfonçant dans le village vers la montagne. Ne manquez pas la visite de la ***Maison traditionnelle*** *(ouv tlj ; min 10 Dh ; libre à vous de donner plus pour les explications).* Maison à trois niveaux, vieille d'environ 4 siècles, judicieusement transformée en petit musée et tenue par un homme aveugle et ses fils. Une initiative personnelle qui mérite d'autant plus d'être saluée qu'elle est rare. L'un des fils du propriétaire vous expliquera l'organisation judicieuse des niveaux et des pièces (tels que l'étable, la cuisine au centre, avec son ouverture, le salon et la terrasse d'où l'on bénéficie d'un superbe point de vue), le choix des matériaux de construction, ainsi que le fonctionnement de certains objets et outils, notamment le pressoir pour obtenir l'huile d'argan traditionnelle à base de graines torréfiées. Si vous avez la chance de ne pas tomber un jour de grande affluence, vous aurez peut-être l'occasion d'être convié pour le thé dans le salon des invités et de goûter au délicieux *amlou,* de l'huile d'argan mélangée à du miel et à des amandes. Possibilité de dormir à la ***maison d'hôtes de la Maison traditionnelle*** (voir « Où dormir ? Où manger dans les environs ? » à Tafraoute).

DE TAFRAOUTE À AGADIR

Pour les routards motorisés qui veulent regagner Agadir, deux solutions : par Tiznit ou par Aït-Baha, avec quelques variantes et détours champêtres...

Par Tiznit

➢ La route principale (R 104) passe par Tahala : 107 km de paysages sublimes via le col de Kerdous jusqu'à la grand-route (N 1). Une variante plus longue consiste à passer par Izerbi, au sud de Tafraoute, avant de rejoindre également le col de Kerdous. Mais on vous la conseille plutôt si vous avez envie de musarder ou de partir en rando dans le secteur, car la route par Tahala est plus spectaculaire. Le paysage rocailleux de Tafraoute laisse peu à peu la place à une succession de petites vallées encaissées, parsemées d'arbres et à l'habitat très dispersé. Le passage du *col du Kerdous*, à 1 100 m d'altitude, est le clou du spectacle.

Hôtel Kerdous : *au col de Kerdous, à env 50 km de Tafraoute vers Tiznit. ☎ 05-28-86-20-63. • hotel-kerdous.com • Env 300 Dh/pers en ½ pens ; petite ristourne souvent accordée hors saison. Déj env 60 Dh. CB refusées.* Un bel hôtel plutôt chic, qui a su préserver son élégance. Bâti sur un piton rocheux, il possède une superbe vue sur les contreforts de l'Atlas. Chambres confortables et plutôt agréables, avec TV satellite. Bar. Resto panoramique. Même si on n'y reste pas, on s'y arrête pour le point de vue depuis la splendide terrasse avec piscine (en eau en haute saison), à quelque 1 100 m d'altitude. Accueil minimal.

➢ De Tiznit à Agadir, 78 km de bonne route par la N 1.

Par Aït-Baha

➢ 143 km d'une route étroite, très sinueuse et parfois délicate (lorsqu'il y a un camion qui arrive en face, par exemple). Elle est régulièrement remise en état, mais les pluies font chaque année de gros dégâts. Cette route est vraiment magnifique. Les points de vue se succèdent et laissent un souvenir inoubliable. Ne manquez pas le coup d'œil sur la *kasbah* de Tizourgane (voir plus loin), située entre Tafraoute et Aït-Baha.

➢ Une autre route de toute beauté, asphaltée (et ne figurant pas totalement sur la carte *Michelin*), nous a conquis : de Tafraoute, prendre la route d'Agadir par Aït-Baha ; une fois sorti de Tafraoute, suivre la direction de Tiznit et Taguenza (partie ouest de la vallée des Ammeln), c'est indiqué ; 8 km plus loin, une grande borne indique sur la droite Aït-Oumzil, Aït-Taleb et Tanalt ; prendre cette route qui mène également à Aït-Baha via Aoungouz et Lezzit, ces deux dernières localités étant signalées sur la carte *Michelin.* Cet itinéraire permet de voir davantage de villages de la vallée des Ammeln, alors que la route tortueuse, étroite et assez vertigineuse, est un vrai régal pour les yeux. Avant Tanalt, belle vue en contrebas sur le village d'Assaka-Tizgui. Pour ceux qui désirent rejoindre la superbe *kasbah de Tizourgane* (où l'on peut dormir ; voir ci-après), ainsi que la magnifique portion de route, de bonne qualité, entre Tioulit et Aït-Baha, possibilité de reprendre la direction d'El-Khemis-Ida-ou-Gnidif ; 10 km avant Tanalt, suivre Aït-Baha, puis El-Khemis-Ida-ou-Gnidif. Le paysage devient plus verdoyant, les amandiers ourlant les blocs de granite. Attention, entre Aougounz et El-Khemis-Ida-ou-Gnidif, il faut absolument un 4x4 car la piste est mauvaise jusqu'à Toudma et Aït-Iftene, où l'on retrouve le goudron.

La Kasbah de Tizourgane : *à **Tioulit**, à mi-chemin entre Tafraoute et Aït-Baha, 5 km après l'embranchement d'El-Khemis-Ida-ou-Gnidif. 📱 212 (0)6-61-94-13-50. • tizourgane-kasbah.com • Résa conseillée si vous ne voulez pas trouver porte close. En ½ pens, compter 240 Dh/pers en chambre double. Visite de la kasbah seule : 10 Dh.* Superbe *kasbah* du XIIIe s, flanquée sur une butte sur la gauche de la route. Elle appartient à la famille de Jamal Moussalli, qui l'a partiellement restaurée. Une petite dizaine de chambres, certaines avec salle de bains, un hammam et une terrasse. Superbes randonnées à faire dans la région. Possibilité de louer des VTT et de s'initier à la cuisine berbère. Accueil discret.

➢ La route serpente ensuite dans la montagne jusqu'au barrage Had Aït-Mzal qui alimente en eau potable la ville d'*Aït-Baha,* grosse bourgade de 3 650 habitants sans intérêt touristique. À 3 km sur la route d'Agadir, bifurquer à droite sur la piste bétonnée (direction Imchguiguilne), puis 1 km plus loin sur la gauche ; on arrive à l'un des plus beaux greniers *(agadir)* de la région. Le gardien n'est jamais bien loin pour vous ouvrir la porte. Pas de droit d'entrée fixe ; ne pas oublier un petit pourboire.

DE TAROUDANT À AGADIR PAR LES ROUTES DU SUD

Agadir n'est qu'à 68 km de Taroudant, mais on peut s'y rendre par le chemin des écoliers, en empruntant des routes traversant de magnifiques paysages. Compter environ 650 km ; ça fait long, mais ceux qui décident de tenter l'aventure en garderont un souvenir inoubliable.
De Taroudant à Tata, 208 km d'une très belle route goudronnée passant par Igherm. Sur la N 10, environ 5 km après Taroudant, prendre la P 1706 qui rejoint la R 109 en direction d'Igherm, Tata et Ouarzazate.

IGHERM *(4 560 hab.)*

À 94 km. Gros village au carrefour des routes pour Taroudant, Tata et Tafraoute. Souk le mercredi, où l'on peut acheter quelques objets en cuivre. Une station-service (avec du sans-plomb), une poignée de restos. On y fait une halte pour se dégourdir les jambes, s'immerger quelques instants dans le quotidien marocain, mais évitez d'y passer la nuit. Le village compte deux hôtels rudimentaires (l'hôtel *Anzal* est le moins moche...).

➢ La route goudronnée 106 qui relie Igherm à Tafraoute est très belle, bien que pas mal défoncée. Pour rejoindre Tata, deux possibilités. La route la plus courte (goudronnée et en bon état) passe par Souk-Tleta-de-Tagmoute. Les montagnes ont des formes sidérantes, donnant l'impression d'avoir été modelées par un artiste farceur qui aurait passé un (grand !) peigne sur la roche. Après ***Souk-Tleta-de-Tagmoute,*** sur la gauche, le djebel Tabarount. L'autre possibilité consiste à emprunter la route 109 qui fait un grand détour mais que l'on ne regrettera pas. La plus belle partie se situe après le passage du Tizi-Touzlimt (1 692 m). Ensuite, la route sillonne au plus près des montagnes abruptes striées de différentes couleurs. Puis on découvre un plateau rocailleux le long du djebel Tanamrout. Enfin, à ***Imitek,*** on aperçoit un ancien ksar en pisé accroché au flanc de la montagne qui surplombe une petite palmeraie.

➢ Entre Igherm et Taliouine (la R 106), la route est, là encore, superbe. Renseignez-vous toutefois sur son état avant de partir, car il faut traverser quelques radiers souvent endommagés après de violents orages. Depuis Taliouine, vous découvrirez tout d'abord un décor désertique parsemé au loin de villages « fantômes ». Puis les montagnes déploient leurs courbes et leurs couleurs, telles des peintures aborigènes. Après *Ouzzoum,* à environ 25 km d'Igherm, le paysage se fait plus gris avant de laisser la place au majestueux ***mont Adrar-n-Aklim.***

TATA

12 550 hab.

Tata, la ville rose, est plantée au centre d'une magnifique oasis alimentée par les oueds venant de l'Anti-Atlas, et qui comprend une trentaine de ksour aux habitations de pisé. Le choix du rose sur les bâtiments n'est pas anodin : les maisons peintes en blanc éblouiraient trop les habitants... Dans la région, la température peut atteindre jusqu'à 50 °C en été. Ancienne ville de garnison, c'est aujourd'hui une petite ville tranquille et peu touristique. L'environnement constitue son principal attrait, mais on apprécie son authenticité. La

population parle surtout un dialecte d'origine berbère, appelé le *tamazight*. On croise parfois des femmes berbères, reconnaissables à leur jupe bleue et à leur voile noir, et des Bédouines vêtues de façon très colorée.

Arriver – Quitter

En bus

Pas vraiment de gare routière, les bus partent de la pl. de la Marche-Verte, au centre. Liaisons avec :

➢ ***Guelmim et Tan-Tan*** *(via* ***Akka****) :* 2 bus/j. le mat et le midi. Trajet : respectivement 5h et 7h.

➢ ***Marrakech*** *(via* ***Tiznit*** *ou* ***Taroudant*** *et* ***Agadir****) :* 3 bus/j., 8h-17h. Trajet : env 10h. Deux d'entre eux poursuivent jusqu'à Casablanca. Ceux qui passent par Tiznit font une halte à Inezgane, à 10 km env au sud d'Agadir.

➢ ***Taliouine :*** changer à Taroudant.

➢ ***Tafraoute :*** pas de bus direct, il faut prendre le bus de Marrakech le mat et changer à Ighrem. De là, grand taxi jusqu'à Tafraoute.

➢ ***Foum-Zguid :*** 2 bus/j. en début d'ap-m et le soir. Trajet : 5h. Avec celui du soir, possibilité de rejoindre ensuite Ouarzazate en grand taxi.

➢ ***Ouarzazate :*** 1 bus en début d'ap-m. Trajet : 7h.

Adresses et infos utiles

■ ***Point Infos touristiques :*** *dans l'ensemble artisanal, à l'entrée de la ville en venant de l'ouest, sur la droite. ☎ 05-28-87-38-12 (n° du conseil régional du tourisme de Guelmim dont dépend ce bureau). Lun-ven 9h30-12h, 15h30-18h30 ; sam 9h30-12h.* Quelques brochures et infos sur la région.

✉ ***Bureau de poste :*** *dans la rue principale, juste à côté de la municipalité. Lun-ven 8h-16h30, sam 8h-12h.*

@ ***Cybercafés :*** *dans la rue principale, face au bureau Western Union, sur la gauche, en venant d'Akka. Tlj 8h30-13h, 14h-23h. Donne à l'arrière sur l'agréable jardin de la municipalité. Un autre à côté du resto Al-Mansour (au 1er étage). Tlj 10h-minuit env. Et un autre pl. de la Marche-Verte, tlj 9h30-22h.*

■ ***Banques :*** *plusieurs en ville, ouv en principe lun-ven 8h15-15h45. Dans la rue principale,* ***Crédit Agricole*** *à côté du camping municipal, pour du change ;* ***Attijariwafa Bank,*** *face au resto Al Mansour, distributeur et change ;* ***Banque populaire*** *juste à côté de la poste et* ***Al Barid Bank*** *(à la poste ; lun-ven 8h-16h15). Également un distributeur.* Les deux dernières assurent en plus un service Western Union.

■ ***Stations-service :*** ***Petromin*** *et* ***Total****, l'une en face de l'autre, à la sortie de la ville, sur la route d'Akka.* Profitez-en pour faire le plein (super, sans-plomb et gazole) et des réserves si vous ne roulez pas au gazole. Les pompes (ou dépôts de carburants) sur la route entre Tata et Tiznit sont non seulement rares, mais quand elles existent, elles sont souvent fermées ou vides.

■ ***Hammam Aroussa :*** *au nord de la ville, direction Souk-Tleta-de-Tagmoute, près du terrain de foot. Après le camping et la piscine, prendre la 1re à droite. C'est 200 m plus loin sur la droite. Demander. Tlj 7h-21h. Entrée : env 12 Dh.* Une section pour les hommes, une autre pour les femmes.

– ***Souk :*** *le dim en centre-ville et le jeu, à 7 km en direction d'Akka (El-Khemis).*

Où dormir ? Où manger ?

L'hébergement n'est pas la principale qualité de la ville... Enfin, il y a bien un camping municipal au centre-ville, mais, avec un sol entièrement bétonné, impossible d'y planter une tente !

De très bon marché à prix moyens (moins de 400 Dh / 36,40 €)

Hôtel de la Renaissance : *9, av. des FAR (rue principale). ☎ 05-28-80-*

22-25. • larenaissance.tata@gmail.com • Dans un virage de la route principale (en direction d'Akka). Double env 210 Dh ; suite 330 Dh ; petit déj en sus. Menu env 75 Dh, sur commande. *Sert de l'alcool (au bar).* Un grand ensemble plutôt impersonnel. Les chambres ne sont pas immenses mais climatisées. La piscine, de l'autre côté de la route, n'est pas toujours très engageante. Le resto n'est sûrement pas ce qu'il y a de mieux. Bref, rien d'extra, mais il n'y a pas grand-chose non plus pour loger à Tata, surtout à ce prix-là...

Le Relais des Sables : *à 1 km du centre, en direction d'Akka, avt la station-essence. ☎ 05-28-80-23-01 ou 02. Fax : 05-28-80-23-00. Doubles 320-450 Dh selon taille, petit déj compris. Repas env 90 Dh.* *Sert de l'alcool.* Établissement dans les tons roses, qui fut longtemps le plus « moderne » de la ville. Toutes les chambres sont dotées d'une clim qu'on aimerait parfois plus discrète. Petite piscine. Resto sans charme en salle ou en terrasse, proposant néanmoins une bonne cuisine. Malgré les quelques points faibles, on est bien content que l'établissement existe...

Restaurant Al-Mansour : *dans la rue principale, à 100 m du camping municipal. Bon marché.* Quelques tables posées à l'ombre, sous les arcades, pour de simples mais copieux tajines, poulet frites. Un resto qui tourne bien.

Chez Abdallah : *pas d'enseigne. Depuis la rue principale, prendre la 1re à droite après l'*Attajiriwafa Bank, *la rue qui mène à la pl. de la Marche-Verte.* Haricots blancs, *kefta,* brochettes de poulet ou mouton : c'est archi-populaire, pas mauvais du tout et vraiment bon marché. On mange à l'intérieur ou dehors sur quelques tables entourées de chats attendant leur pitance.

De chic à beaucoup plus chic (plus de 400 Dh / 36,40 €)

Maison d'hôtes Dar Infiane : *à 1,5 km env de Tata, sur la route d'Akka (panneau sur la droite). 212 (0)6-61-44-16-43 ou 212 (0)6-61-61-01-70. • darinfiane.com • Doubles avec clim env 700-1 100 Dh, petit déj compris. Repas sur commande env 200 Dh.* Si on en a les moyens, voici une belle adresse : une ancienne *kasbah* tout en pierre qui daterait de 5 siècles, entièrement rénovée avec le souci des couleurs, des matériaux traditionnels et de la déco artisanale. Un vrai dédale de patios, de terrasses, de demi-paliers, de coins et de recoins. Chambres originales et toutes différentes. Les repas font bien sûr honneur à la cuisine marocaine. La terrasse, où l'on prend le petit déjeuner, est à elle seule un havre de paix qui jouit d'un panorama époustouflant. Et on peut partir en excursion : à pied, à dos de dromadaire, en 4x4 et même en *Cessna,* à prix très chic évidemment.

À voir dans les environs

Les grottes de Messalit : *à 7 km au nord de Tata, par la route goudronnée de Souk-Tleta-de-Tagmoute. Accès libre. Sur le côté droit de la route, après avoir traversé un plateau et avant d'atteindre les montagnes « plissées », on aperçoit un hameau abandonné. Se garer face aux maisons et marcher dans leur direction ; les grottes se trouvent en contrebas.* Jusqu'en 1986, l'oued coulait encore dans la partie que l'on parcourt désormais. Ces grottes constituent de véritables « salles » dans la pierre au milieu des stalagmites et stalactites. Attention aux guêpes en été.

Tazart : *au sud de Tata. Prendre la N 12 en direction d'Akka, 2 km après El-Khemis, prendre la piste (carrossable) à gauche en direction de Tazart (fléché). Le village se trouve 4 km plus loin.* Anciennement habité par les Juifs marocains, le village accueillit l'explorateur Charles de Foucauld en 1883 et 1884, qui voyageait au Maroc en se faisant passer pour un Juif. Aujourd'hui, Tazart se dégrade peu à peu, mais la promenade dans les ruelles avec son superbe *mellah* (quartier juif) et sa palmeraie, est bien agréable. Un sentier conduit jusqu'à ***Jebair*** et sa *kasbah* (en ruine).

DE TATA À ZAGORA

➢ Une bonne route goudronnée (la N 12) relie Tata à Foum-Zguid. Le premier village à 30 km, sur la gauche, est ***Akka-Iguiren*** : entrez-y pour voir de près une imposante maison fortifiée, accrochée à la montagne, qui servait de grenier collectif. Une piste endommagée conduit jusqu'à ***Akka-Ighèn*** (prononcer « Irène »), une belle oasis dans un paysage absolument dénudé. En voiture de location, pour rejoindre Akka-Ighèn, passer par ***Kasbah-el-Jouâd,*** village très pittoresque caché derrière une colline qui borde la route. On peut continuer jusqu'à Taliouine. Sinon, en poursuivant sur la N 12, très beau paysage canyonesque à partir du village de Tghit (ou Trit) jusqu'à Tissint.

➢ À 2 km avant Tissint (au niveau du panneau « 60 km/h »), laissez la voiture et allez voir à pied le profond canyon où se rejoignent deux oueds, l'un salé et l'autre d'eau douce. Vous pouvez éventuellement descendre en voiture jusqu'à l'oued et poursuivre à pied. En hiver, les flamants roses y font halte. La fraîcheur du site est particulièrement appréciable. Pour ceux qui en auraient les moyens, il y a un superbe campement de luxe non loin de là.

▲ ***Campement d'Akka Naït Sidi :*** *tourner à gauche au panneau « 60 km/h » à l'entrée de Tissint et descendre jusqu'au village Akka Naït Sidi ; le campement se trouve à env 3 km derrière le village ; accès en voiture de tourisme ; monter au village, puis traverser le plateau.* ☎ *212 (0)6-61-61-01-70. • cans-akkanaitsidi.com • Env 800 Dh en tente pour 2 pers, petit déj compris.* Même direction que la maison d'hôtes *Dar Infiane* à Tata. Dans un magnifique paysage désertique se dressent une quinzaine de tentes berbères de 2 à 4 personnes, espacées et confortables. Une grande tente salon-resto complète l'ensemble. C'est dépouillé mais superbe, et le calme y est évidemment garanti. Excursions et animations villageoises sur demande. Également des chambres d'hôtes ***Chez Lahcen,*** dans le village *(double 660 Dh, plus taxes).*

➢ De Tissint, il reste encore 70 km pour ***Foum-Zguid.*** Ici, possibilité de continuer pour Zagora (en 4x4) : prendre la route de Tazenakht et, après 7 km, tourner à droite (entrée de la piste cachée par des maisons). On a pris soin de mettre un panneau, où on lit « Zagora 120 km ». La piste N 12 coule dans un paysage un peu monotone, désertique, fréquenté par de rares nomades. En attendant la fin des travaux et le goudron prévu, le passage est parfois rendu difficile par les camions de chantier.
Ou bien continuer au nord, par la route goudronnée qui conduit à *Tazenakht* ou à *Agdz* (voir le chapitre concerné).

DE TATA À BOUIZAKARNE

Compter 245 km de bonne route bitumée. Le goudron de la N 12 recouvre l'ancienne piste qui reliait entre eux les « ports » où arrivaient les caravanes du Sahara : Akka, Tamdoult, Tisgui-el-Haratine, Foum-el-Hassan, Tagmoute, Guelmim. Attention : peu de stations-service ou simples dépôts d'essence (station *Ziz,* 13 km après Icht, au carrefour d'Aït-Herbil et station *Shell* à Timoulay avant Bouizakarne). Faites le plein à Tata, d'autant que les portables ne passent pas partout sur cette portion. Cette fois, on se sent vraiment à la limite du désert...

➢ ***Akka*** n'est qu'à 62 km de Tata, au milieu d'une belle palmeraie. Si ce n'est pas la saison des dattes, ce sera peut-être celle du raisin, des grenades ou des abricots. Tous ces fruits poussent ici en abondance. La région est riche en gravures rupestres. À Akka, poste disposant d'un distributeur de billets.

➢ Sur la route pour Icht (à 81 km d'Akka), on traverse ***Touzounine*** et ses maisons roses, puis ***Aït-Ouabelli,*** un village en terre accroché à la falaise. Juste avant Icht, bifurcation : continuez tout droit en direction de ***Foum-el-Hassan*** (ou Fam-el-Hisn), qui se situe environ 5 km plus loin. Ne vous arrêtez pas dans le premier village, mais continuez jusqu'à la palmeraie sur les abords de l'oued Tamanart et les ruines de l'ancien ksar en pisé : une légende raconte que le village fut fondé par les Phéniciens (il s'appelait aussi Agadir-n-Fniks) qui venaient sur les côtes marocaines et à l'intérieur du pays pour chercher le cuivre.
La région est surtout connue pour ses ***gravures rupestres.*** Hassan, gardien accrédité par le ministère de la Culture (mais pas guide), pourra vous les faire visiter (*212 (0)6-68-06-57-54*). Vous le rencontrerez, en principe, dans le magasin de photo ou au café, sur la place principale du village, avant l'oued.

➢ Pour Icht, regagner la bifurcation sur la N 12 où se trouve un poste de la gendarmerie royale. En poursuivant la N 12 vers l'ouest, on découvre sur la droite ***Icht,*** un village fortifié au milieu d'un bouquet de palmiers. La vieille *kasbah* peut se visiter avec Abdellah (*212 (0)6-50-68-46-59*), un jeune du village qui a créé un petit musée à l'intérieur. Il peut aussi vous balader dans les alentours.

Borj Biramane : *à 500 m au nord du village d'Icht, à env 300 m en retrait de la N 12 (fléché sur la droite), au pied du djebel Bani. 212 (0)6-10-46-99-33. • borj-biramane.com • En ½ pens, sous tente-bungalow (2-6 pers), avec de vrais lits, compter 280 Dh/pers ; 390 Dh/pers en chambre double avec sdb. Camping 80 Dh pour 2, douche chaude comprise. Resto ouv aux non-résidents. Pas de CB.* Dans un environnement aride, au milieu de nulle part, deux frères, Philippe et Paul, proposent des tentes *(khaïma)* simples mais au charme authentique, ainsi que des chambres originales aménagées dans des bâtisses construites avec des techniques et des matériaux traditionnels (pisé, *tadelakt*). La plupart sont climatisées. Une tente caïdale peut aussi servir de dortoir (selon dispo). Belle salle de resto et terrasse ombragée où l'on sert, entre autres, d'excellents tajines. Petite piscine. Ils organisent des excursions pour découvrir les alentours.

➢ Après Icht, il reste encore une cinquantaine de kilomètres avant de pouvoir emprunter, sur la droite, la route menant à Amtoudi et l'oasis d'Id-Aïssa, à 33 km de l'embranchement. La première bifurcation est située à une douzaine de kilomètres avant Taghjicht et indique Amtoudi à 26 km : on peut l'emprunter avec un véhicule de tourisme. La deuxième route part 2 ou 3 km avant Taghjicht (panneaux publicitaires des hôtels à l'entrée de la route). Compter une trentaine de kilomètres jusqu'à Amtoudi.

AMTOUDI (OASIS D'ID-AÏSSA)

Le village et ses environs sont célèbres pour leurs vieux greniers communautaires et fortifiés *(agadir)* qui servaient également de refuges en cas de menace. Celui d'Amtoudi était encore utilisé jusqu'à l'indépendance, en 1956. Mais la beauté du site relève aussi des superbes gorges avec leurs *gueltas* où l'on peut se baigner, et de cette falaise, parfaite pour une super rando. Le village est habité par une confédération tribale de Berbères chleuh. L'endroit est sublime, et ne faire qu'y passer serait vraiment dommage. Posez donc vos sacs, attachez vos lacets et allez crapahuter !

➢ ***Pour y aller :*** pas de transports en commun. Essayez le stop ! Mieux vaut donc être véhiculé.

Adresse utile

Boutiques Youssouf et Abdullah : *au bord de la petite route qui conduit à l'auberge Ondiraitlesud.* On y trouve de tout (ou presque). Des fruits et des légumes, mais aussi et surtout du super et du gazole à peine plus chers qu'ailleurs si vous craignez la panne sèche (lorsque l'approvisionnement est assuré, bien sûr !).

Où dormir ?
Où manger ?

Auberge et gîte d'étape Ondiraitlesud : *en arrivant dans le village, vous ne pouvez pas louper le panneau l'indiquant « à 576,50 m » à droite. ☎ 05-28-21-85-69. 212 (0)6-72-50-57-15. • ondiraitlesud.ma.free.fr • Résa indispensable pdt vac scol. Salle commune pour 12 pers (matelas et sac à viande fournis) ou tente berbère 50 Dh/pers ; chambres sans ou avec sdb 150-350 Dh ; les plus chères disposent d'une terrasse ou d'un jardin privatif ; petit déj en sus. ½ pens possible. Tajines (délicieux) env 80-120 Dh. Pas de CB.* Un havre de paix verdoyant au pied des falaises, où les voyageurs sont accueillis chaleureusement et simplement. Un lieu sans chichis, très convivial, et même si l'endroit ne ressemble ni à la Louisiane ni à l'Italie, c'est très joli... Chambres simples et décorées traditionnellement, grande cour agréable pour prendre ses repas. On vous mettra en contact avec des guides locaux (muletiers ou pas) et on vous indiquera moult balades, treks de durée variable et même voies d'escalade aménagées au-dessus de l'auberge. Organise aussi des excursions.

Auberge Id Aissa *(hôtel Amtoudi)* ***:*** *à l'entrée d'Amtoudi, sur la gauche. ☎ et fax : 05-28-21-65-40. • hotel-amtoudi.com • Env 50 Dh pour une tente ; électricité en sus. ½ pens env 190 Dh/pers en chambre double avec sanitaires communs. Plats env 60-80 Dh.* Petites chambres très simples et propres entourant le patio. Un ensemble correct mais sans charme particulier. Les douches fonctionnent plutôt mal et l'eau chaude est rare. Le grand terrain de camping dénudé côtoie l'auberge, qui fait aussi resto et café.

À voir

L'agadir d'Aït-Aguelouy : *au-dessus du village. Avt de monter (env 45 mn de grimpette), chercher le gardien qui a la clé pour éviter de trouver porte close (rens auprès de l'auberge Ondiraitlesud). Droit de visite : 15 Dh.* Fierté du village, cet ancien grenier collectif fortifié du XIIe s servait encore de refuge à la population dans les années 1950. Restauré, il est superbement planté sur un piton rocheux au-dessus du village et des gorges (très belle vue).

L'agadir d'Id-Aïssa : *compter 1h30 aller-retour avec la visite. Départ de l'auberge Ondiraitlesud. Là encore, avt de monter, trouver le gardien qui a la clé. Droit de visite : 15 Dh.* C'est l'autre *agadir,* nettement plus grand, que l'on aperçoit sur un grand promontoire rond et penché comme une soucoupe volante dès que l'on arrive à Amtoudi. Il daterait du XIIe s et a été récemment restauré. La marche est plus agréable en fin de journée. Sinon, sous le soleil, prévoir de l'eau. Le grenier compte 75 compartiments, un par famille, des ruches, des citernes et trois pièces qui étaient réservées aux gardiens. De l'orge, du blé, des dattes et des légumes séchés étaient stockés ici. Juste après quelques marches, on remarque des traces de balles sur les rochers. On s'entraînait sérieusement à défendre l'édifice ! Au sommet du promontoire, quelques gravures, dont un dromadaire et un fusil.

☆☆☆ Les superbes ***gorges*** qui commencent derrière le village sont l'occasion d'une balade géniale récompensée par une baignade dans de beaux ***guelta*** où coule le plus souvent une eau bien fraîche. Le tout au cœur d'un véritable jardin d'Éden avec une végétation variée : palmiers, amandiers, lauriers-roses, abricotiers, oliviers et arganiers... On aperçoit parfois quelques couples d'aigles survolant le site. Renseignez-vous sur le niveau de l'eau, mais les gorges valent de toute façon la balade. Si vous vous contentez des gorges, vous n'avez pas forcément besoin d'un guide. Comptez 45 mn-1h depuis le parking jusqu'aux *guelta*. Prévoyez un pique-nique et une serviette. Bien sûr, ne vous y aventurez pas en cas de fortes pluies récentes, ni si le mauvais temps menace.

DANS LES ENVIRONS D'AMTOUDI (OASIS D'ID-AÏSSA)

➢ À ***Taghjicht,*** juste en face de l'auberge, à l'entrée du village, vous pouvez descendre dans l'***oasis*** et vous promener dans la superbe palmeraie. Ambiance bucolique. De Taghjicht, il est possible de rejoindre Guelmim par une route goudronnée. À partir de Taghjicht, continuer la route principale qui va à Bouizakarne. Après la gendarmerie, rouler 800 m et prendre la petite route goudronnée à gauche (aucun panneau de signalisation). Cette route tranquille et sans camion mène à Fask. Beaux paysages et beaucoup de troupeaux de chèvres.

➢ Depuis ***Timoulay*** (à 23 km au nord-ouest de Taghjicht par la R 102), on peut rejoindre le col du Kerdous dans un décor de montagnes arides et rougeoyantes. La route goudronnée passe d'abord par ***Ifrane-de-l'Anti-Atlas*** (souk le dimanche), lieu d'établissement d'une des plus anciennes communautés juives du Maroc.

OUARZAZATE ET LES OASIS DU SUD

Ouarzazate est la porte du Grand Sud. Le long des oueds Drâa, Dadès et Ziz, ce ne sont que vergers, champs, palmeraies et jardins ourlés de roses, un long ruban fertile où les hommes possèdent la science de l'eau depuis la nuit des temps. Ouarzazate est le point de départ de cette route des oasis, mais c'est aussi le point de rencontre des différentes cultures de la région et de son artisanat. L'oued Drâa (« Le Coude » en arabe) égrène un chapelet continu de villages et de ksour ocre, qui domine la masse verte et compacte de la palmeraie jusqu'à Mhamid, avant de se perdre dans les sables du désert. En toile de fond, l'arête du djebel Kissane déroule sa muraille naturelle comme une immense meringue de pierre.

Dernière étape avant le désert, *Zagora* offre une ultime bouffée de verdure. C'est de là que les Saadiens conquirent le Sous au XVIe s, puis tout le Maroc, « avant de se lancer dans la grande aventure vers Tombouctou ». De nos jours, Zagora accueille un autre type d'envahisseurs, tournés cette fois vers les vastes étendues désertiques.

Plus au nord, la région du *Dadès* constitue un véritable enchantement avec sa « vallée des Mille-Kasbah », où l'oued se faufile entre deux hautes murailles. Ici, la nature se donne en spectacle. Palmeraies et jardins s'inscrivent telles des taches colorées sur le fond ocre et rouge des montagnes. Les *gorges du Todgha* ne sont pas moins impressionnantes, avec leurs deux hautes falaises de 300 m entre lesquelles on pénètre comme dans une gigantesque cathédrale dont la voûte se serait effondrée pour faire place au ciel. La *vallée du Ziz* nous conduit aux *dunes de Merzouga,* où la magie du désert et du sable est plus que jamais opérante. Un avant-goût de Sahara.

Enfin, pour bien comprendre le Sud, il est indispensable de connaître un peu la tradition architecturale des *kasbah,* si caractéristique et que l'on ne retrouve qu'en un seul autre endroit au monde : dans les vallées prédésertiques de l'Hadramaout, au fin fond de la péninsule Arabique (se reporter à la rubrique « Habitat » dans « Hommes, culture, environnement » en début de guide). Épaisseur et hauteur des murs, créneaux et meurtrières, tours de garde, tout, dans l'architecture des *kasbah,* témoigne de la nécessité de résister à l'envahisseur. Quand la *kasbah* sert de grenier, on dit *irherm* ; et quand, en plus de stocker les récoltes, elle a pour vocation de surveiller un territoire, on parle d'un *agadir* (*tagadirt* en berbère), et elle peut dans ce cas abriter une garnison. Quand il s'agit d'une maison d'habitation, on l'appelle *dar* en arabe ou *taddart* en berbère.

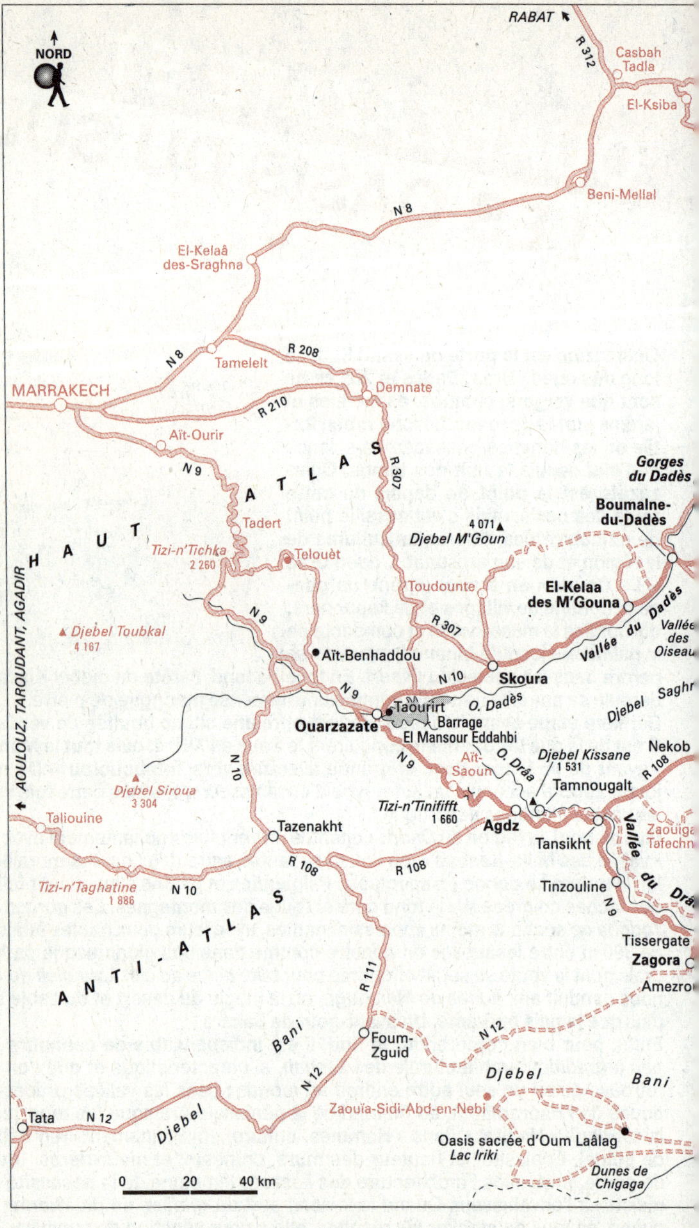

NORD
RABAT
R 312
Casbah Tadla
El-Ksiba
Beni-Mellal
N 8
El-Kelaâ des-Sraghna
N 8
Tamelelt
R 208
MARRAKECH
Demnate
R 210
Aït-Ourir
N 9
HAUT ATLAS
R 307
Gorges du Dadès
Boumalne-du-Dadès
4 071
Djebel M'Goun
Tadert
Tizi-n'Tichka
2 260
Telouèt
Toudounte
El-Kelaa des M'Gouna
Vallée du Dadès
Vallée des Oiseau
AOULOUZ, TAROUDANT, AGADIR
Djebel Toubkal
4 167
N 9
R 307
Aït-Benhaddou
N 10
Skoura
N 9
Taourirt
O. Dadès
Djebel Saghr
Ouarzazate
Barrage
El Mansour Eddahbi
Nekob
N 9
Aït-Saoun
O. Drâa
Djebel Kissane
1 531
R 108
N 10
Djebel Siroua
3 304
Tamnougalt
Tizi-n'Tinififft
1 660
Agdz
Taliouine
Tazenakht
Tansikht
Vallée du Drâ
Zaouïga Tafechn
R 108
R 108
Tizi-n'Taghatine
1 886
N 10
Tinzouline
N 9
ANTI-ATLAS
Tissergate
Zagora
Amezro
R 111
N 12
Foum-Zguid
Bani
N 12
Djebel
Bani
Zaouïa-Sidi-Abd-en-Nebi
Tata
N 12
Djebel
Oasis sacrée d'Oum Laâlag
Lac Iriki
Dunes de Chigaga
0
20
40 km

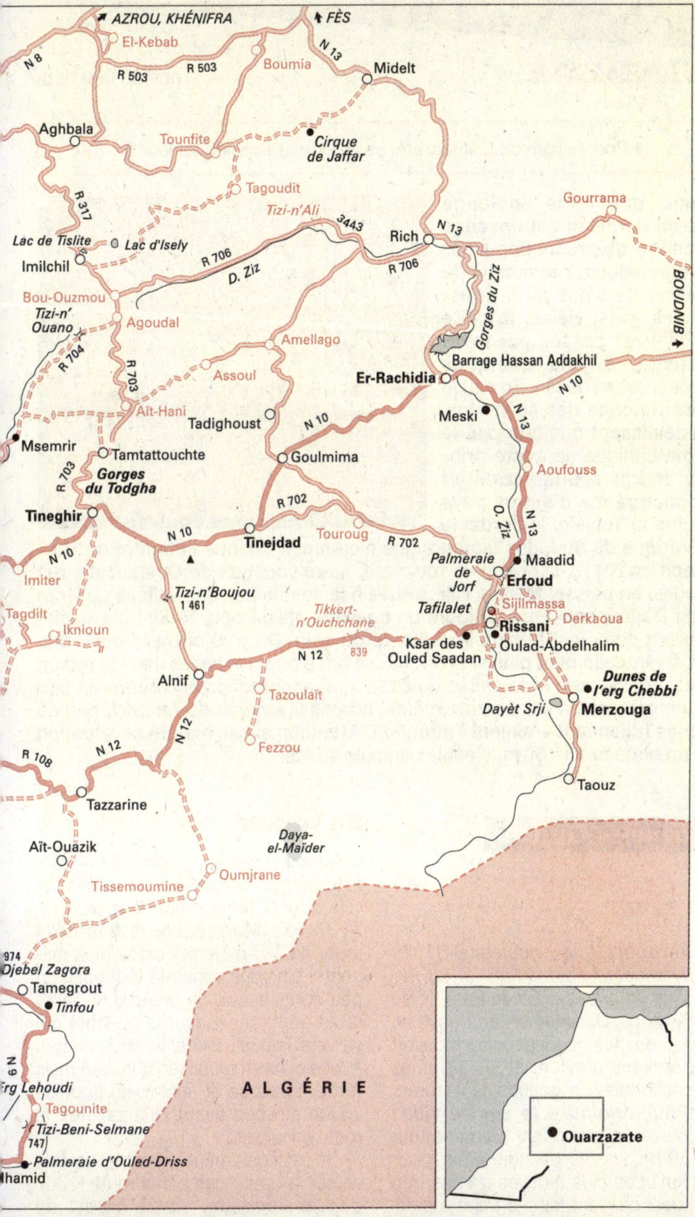

OUARZAZATE ET LES OASIS DU SUD

OUARZAZATE

env 60 000 hab.

▸ Pour le plan de Ouarzazate, se reporter au cahier couleur 2.

Depuis que cette ancienne ville de garnison est devenue un centre de production cinématographique, l'économie de Ouarzazate s'est senti pousser des ailes. Hélas, la crise de 2008 est passée par là, et l'activité, depuis quelques années, est en déclin. En cause aussi : la crise des scénarios, qui délaissent quelque peu le thème biblique (le genre principal tourné à Ouarzazate) et la concurrence d'autres pays comme la Tunisie, la Jordanie et l'Afrique du Sud, des facteurs que n'a en rien atténué l'attentat de Marrakech en 2011... Du coup, le tourisme, autre vocation de Ouarzazate, est lui aussi en baisse. Mais la ville, située à la confluence des vallées du Drâa et du Dadès, constitue toujours un passage obligé pour le Sud marocain, d'autant que c'est la plus importante du coin. On y séjournera donc une nuit, éventuellement plus si on en fait sa base pour rayonner dans la région (l'oasis de Skoura et la vallée du Drâa sont accessibles en voiture en peu de temps) mais, à Ouarzazate même, hormis la *kasbah de Taourirt,* peu de choses retiennent vraiment l'attention. Attention aussi, malgré sa situation sur un plateau à 1 160 m, c'est la canicule en été.

OUARZAZATE FAIT SON CINOCHE !

Malgré le déclin de l'activité cinématographique de Ouarzazate depuis quelque temps, la région demeure un centre de production de l'industrie du 7ᵉ art, et plusieurs grands films y ont été tournés, comme La Dernière Tentation du Christ, Gladiator, Kingdom of Heaven, Kundun, Astérix et Obélix : mission Cléopâtre... *En revanche, on ne compte même pas un cinoche en ville...*

Arriver – Quitter

En avion

✈ ***Aéroport*** *(plan couleur B1)* **:** *au nord du centre-ville.* ☎ *05-24-88-22-97.* Vols en provenance de Paris et de Casablanca. Dans le hall, on trouve un bureau de change (pas toujours ouvert aux arrivées d'avion) et les agences internationales de location de voitures.

➢ ***Pour rejoindre le centre-ville :*** la course en grand taxi tourne autour de 50 Dh, même de nuit. Cher pour 2-3 km ! Les plus motivés (et pas trop chargés) peuvent faire le trajet à pied. Compter 20 bonnes minutes depuis le centre-ville.

■ ***Royal Air Maroc :*** *à l'aéroport.* ☎ *05-24-89-91-45.*

En voiture

Une rocade située au nord de Ouarzazate permet de contourner le centre-ville, pour se rendre vers Tineghir.

➢ Depuis ***Marrakech,*** la très belle route du Tizi-n-Tichka est la plus évidente. On vous conseille toutefois, un peu après le col, de prendre la petite route goudronnée (sur la gauche) qui va vers Telouet. Elle est certes un peu étroite et pas toujours en bon état, mais fort pittoresque et rejoint, au bout de 75 km (un peu avant Ouarzazate), la route principale.

➢ Il est également possible de traverser le Haut Atlas par la route R 307 depuis ***Demnate,*** située à l'est de Marrakech. Pratique pour ceux qui viennent du Moyen Atlas ou qui s'y rendent. L'embranchement se trouve à 17 km de Ouarzazate en direction de Skoura, au niveau de l'oued Izerki. Cette route, étroite et sinueuse, qui passe par la haute vallée de la Tessaoute, est entièrement goudronnée et vraiment belle. Mais attention, il ne faut pas l'emprunter par temps de pluie : les oueds se retrouvent rapidement en crue, empêchant toute progression. De même, après un épisode pluvieux, une partie de la route peut être jonchée d'éboulis. Prudence, donc.

En bus

Bus CTM *(plan couleur B-C2,* ***2****) : av. Moulay-Rachid. ☎ 05-24-88-24-27. • ctm.ma •* Horaires réguliers. Liaisons avec :

➢ ***Casablanca :*** 3 bus/j., 11h-23h. Dans l'autre sens, 7h30-23h. Trajet : env 8h.

➢ ***Marrakech :*** 4 bus/j., 8h30-23h. Dans l'autre sens, 7h30-0h30. Trajet : 4h30.

➢ ***Zagora :*** 3 bus/j., 4h30-17h. Dans l'autre sens, 7h30-19h. Compter 3h.

➢ ***Mhamid :*** 1 bus/j. en milieu d'ap-m, retour de Mhamid tôt le mat. Compter 5h30.

➢ ***Agadir :*** 1 bus/j, vers midi. Trajet : 6h.

➢ ***Er-Rachidia :*** 1 bus/j. vers 12h, tôt le mat dans l'autre sens. Compter 5h de route.

Bus Supratours *(plan couleur A1,* ***3****) : av. Moulay-Abdellah. ☎ 05-24-88-85-66. • supratours.ma •* Liaisons avec :

➢ ***Marrakech :*** 3 bus/j., 8h-15h30.

➢ ***Zagora :*** 1 bus/j., vers 20h.

➢ ***Merzouga :*** 1 bus/j., vers 13h. Trajet : 8h. Intéressant pour les non-motorisés !

Gare routière *(plan couleur A1,* ***4****) : à l'ouest du centre-ville.* Offre davantage de possibilités via une dizaine de compagnies, mais le confort n'est pas le même et les horaires sont plus aléatoires. Snacks sur place pour patienter. Liaisons avec :

➢ ***Marrakech*** et ***Casablanca :*** presque ttes les heures en journée.

➢ ***Agadir*** *(via* ***Taroudant*** *et* ***Taliouine****) :* plusieurs bus, surtout en soirée.

➢ ***Erfoud :*** 2 bus/j.

➢ ***Skoura, El-Kelaa, Boumalne et Tineghir :*** nombreux bus, quasi ttes les heures.

➢ ***Zagora :*** env 2 bus/j.

➢ Également des liaisons pour ***Meknès, Rabat...***

En taxi collectif

Ils partent de la gare routière *(plan couleur B2)* et desservent toute la ***région.*** Ces « grands taxis » attendent d'être complets pour partir. Ils prennent 2 passagers à l'avant sur 1 seul siège et 4 passagers à l'arrière. Le véhicule se transforme vite en boîte à sardines (quant à vous, vous ferez de l'huile dans les virages et lorsque le chauffeur doublera !).

➢ Les taxis collectifs pour ***Tabounte*** (à 2 km de Ouarzazate, là où se trouvent la plupart des hôtels à prix moyens) partent d'une placette située derrière la place El-Mouahidine *(plan couleur B2).*

Adresses utiles

Infos touristiques

Délégation du tourisme *(plan couleur B2) : av. Mohammed-V ; en face de la poste. ☎ 05-24-88-24-85. • ouarzazate.com • Tlj sf w-e 8h30-16h30 ; juil-août, 7h30-15h.* Donne des infos assez générales et tient à votre disposition la liste des guides officiels. On y trouve aussi un plan de la ville.

Poste et télécommunications

✉ ***Poste*** *(plan couleur B2) : av. Mohammed-V. Tlj sf dim 8h-16h15 (12h sam).* Service *Western Union.*

@ ***Internet :*** *angle rue du Marché et av. Mohammed-VI (plan couleur B2,* ***5****). D'autres sur l'av. Mohammed-V et l'av. Moulay-Rachid. En principe, tlj 7h-minuit.*

■ ***Maroc Telecom*** *(plan couleur B2,* ***8****) : av. Moulay-Rachid, face au supermarché* Dadès.

Argent

■ ***Banques :*** *nombreuses sur l'av. Mohammed-V.* Possèdent toutes des

OUARZAZATE

distributeurs. *Également une agence de la **Banque populaire** (plan couleur C2, **11**), av. Moulay-Rachid. Lun-ven 8h30-12h, 14h30-18h ; sam 9h-12h, 15h-18h.* Change et distributeur.

Santé

■ ***Pharmacie Annour** (plan couleur B2, **7**) : av. Mohammed-V. ☎ 05-24-88-73-73.* Plusieurs autres sur l'av. Mohammed-V. Toutes affichent le nom des pharmacies de garde.
➕ ***Clinique Chifa** (plan couleur A2, **22**) : à côté du marché couvert. ☎ 05-24-88-52-76.* Clinique privée, la plus recommandable de la ville.
➕ ***Hôpital Sidi-Hsseine** (plan couleur B2, **9**) : av. Ibn-Sinaa. ☎ 05-24-88-21-22.*
➕ ***Hôpital Bougafer** (plan couleur C2, **10**) : av. Mohammed-V. ☎ 05-24-88-24-44.*

– Pour les autres ***urgences*** (pompiers, police), reportez-vous à la rubrique « Urgences » de « Maroc utile » en début de guide.

Excursions

Nous distinguons d'une part les agences de voyages, qui possèdent une licence et la responsabilité civile qui va avec ; de l'autre, les sociétés de transport touristique, dont les services sont censés se limiter au seul transport de personnes. Dans la pratique cependant, la plupart de ces sociétés proposent aussi, et même davantage que certaines « agences de voyages », des excursions complètes (avec repas et logement) ou bivouacs dans les endroits prisés par les touristes... sans que suivent nécessairement toutes les assurances. En général les choses se passent bien, mais n'hésitez pas à demander ce qui est couvert et ce qui ne l'est pas, histoire de savoir un peu où vous mettez les pieds...

Les agences de voyages

■ ***Désert et Montagne Maroc** (plan couleur D3, **44**) : à la Kasbah Dar Daïf (voir « Où dormir ? »). ☎ 05-24-85-49-49. • desert-montagne.ma •* Marié à Zineb (première Marocaine guide de montagne) Jean-Pierre Datcharry parcourt l'Atlas et le désert depuis des lustres. Son agence, sérieuse, propose des trekkings avec mulets, des randonnées à dos de chameau, ou encore des circuits en 4x4 partout au Maroc. En bref, tout est possible !
■ ***Leader Travel Services** (plan couleur B2, **12**) : rue Hay-el-Mansour-Eddahbi, en face de l'hôtel Berbère Palace. ☎ 05-24-88-66-54. • ltstravel.ma •* Autre agence fiable, spécialisée dans le tourisme d'entreprise mais qui répond également à la clientèle individuelle.
■ ***Ksour Voyages** (plan couleur A2, **13**) : 11, pl. du 3-Mars. ☎ 05-24-88-28-40. • ksour-voyages.com •* Cette agence représente la plupart des tour-opérateurs français. Excursions à la journée, en véhicule, vers Skoura, la vallée des Roses, la vallée du Dadès, la vallée du Drâa, Telouet, etc. Organise également des circuits et randonnées dans tout le Sud.

Les sociétés de transport touristique

■ ***Cherg Expéditions** (plan couleur B2, **15**) : 2, pl. El-Mouahidine. ☎ 05-24-88-79-08. 📱 212 (0)6-61-24-31-47. • cherg.com •* Les frères Sbai, originaires de Mhamid, militent pour un tourisme respectueux de l'environnement. Ils proposent des bivouacs en dehors des circuits habituels et soutiennent l'association *Zaila,* qui œuvre pour la protection du désert. L'une des agences les plus sérieuses.
■ ***Iriqui Excursions** (plan couleur A2, **14**) : av. Mohammed-V, à deux pas de la pl. du 3-Mars. ☎ 05-24-88-57-99. • iriqui.com •* Circuits à la carte, principalement dans le désert. Ils ont aménagé un campement à l'oasis sacrée d'Oum-Laâlag, à environ 60 km de Mhamid. Tentes, douches, sanitaires. Également un bivouac fixe au pied des dunes de Chigaga. Bon accueil de Labbas Sbaï et de son équipe.
■ ***Plein Désert** : pas de bureau fixe. 📱 212 (0)6-62-05-43-76. • pleindesert.com •* Daoud Oussakoute a travaillé pendant 15 ans avec un tour-opérateur français dans le Sahara, du Maroc à la Libye. Moniteur diplômé de conduite en 4x4, il possède maintenant sa propre licence de transport touristique et accompagne les groupes et les indi-

viduels dans le désert. Un Maroc hors des sentiers battus à découvrir.

■ ***Berbère Évasion Bretonne :*** *à Tifoultoute, à 11 km de Ouarzazate.* ☎ *05-24-88-70-14.* 📱 *212 (0)6-61-87-15-15.* • *berbere-evasion.com* • *Prendre la direction de Marrakech et, après les studios Atlas, la route qui va vers Zagora à gauche puis une piste à droite env 2 km plus loin.* Dans leur *kasbah* où ils accueillent aussi des hôtes (la *Kasbah Zitoune*), Claudie et Lahcen proposent de vous faire découvrir le Sud. Bivouacs, randonnées, balades, circuits en 4x4.

■ ***Idéal Tours*** *(plan couleur B2,* ***20****) : av. Moulay-Rachid.* ☎ *05-24-88-70-63.* • *idealtoursmaroc.com* • Une société de transport réputée pour sa compétence et son sérieux.

■ ***Transport touristique Ouhaddou*** *(plan couleur B2,* ***16****) : rue Hay-el-Mansour-Eddahbi.* ☎ *05-24-88-69-98.* • *ouhaddou-transport.com* • L'une des plus grosses flottes de transport touristique du Maroc (4x4, minibus), sérieuse. Circuits à la carte.

Transports

– ***Petits taxis :*** *comptez 4 Dh/pers pour un parcours intra-muros si vous les prenez dans la rue et non devant un hôtel (+ 2 Dh après 20h).* Attention, les petits taxis n'ont pas le droit de se rendre à Tabounte. Pour y aller, il faut prendre un ***grand taxi*** collectif derrière la pl. El-Mouahidine *(plan couleur B2).*

– ***Service de bus urbains :*** *ticket 2,50 Dh le trajet.* 2 lignes desservent la ville.

– ***Location de vélos et scooters :*** *au restaurant La Halte, av. El-Mouahidine (plan couleur B2,* ***53****). Voir plus loin « Où manger ? Bon marché ».* D'autres loueurs dans le centre.

Location de voitures

On trouve beaucoup d'agences locales mais, pour cette partie du pays, nous vous conseillons plutôt les agences internationales. Attention, en haute saison (vacances scolaires de février à mai et congé de décembre), il faut réserver très à l'avance, sous peine de se retrouver le bec dans l'eau... Faites-vous bien confirmer aussi le prix noir sur blanc, car les tarifs, selon la saison, peuvent passer du simple au double. Et renseignez-vous bien sur le montant de la franchise !

■ ***Avis*** *(plan couleur A2,* ***17****) : av. Mohammed-V, tt près de la pl. du 3-Mars.* ☎ *05-24-88-80-00.*

■ ***Hertz*** *(plan couleur B2,* ***18****) : 33, av. Mohammed-V.* ☎ *05-24-88-20-84.* 📱 *212 (0)6-63-61-42-10. Fax : 05-24-88-34-85.*

■ ***Budget*** *(plan couleur B2,* ***19****) : av. Mohammed-V.* ☎ *05-24-88-42-02. Fax : 05-24-88-81-52.*

■ ***Europcar*** *(plan couleur A2,* ***17****) : pl. du 3-Mars.* ☎ *05-24-88-20-35. Fax : 05-24-88-40-27.*

Toutes ces agences sont représentées à l'aéroport.

Loisirs

■ ***Presse française :*** on trouve des journaux (*Le Monde* et *Le Figaro* du jour, *Libé* et *L'Équipe* en décalage) et des magazines chez certains marchands de journaux (notamment celui en face du marché couvert), voire dans quelques grands hôtels.

■ ***Piscine municipale*** *(plan couleur C2,* ***21****) : en face du complexe culturel. Entrée : 20 Dh.* Fréquentée essentiellement par les enfants et les ados du coin. De plus, elle n'est ouverte que pendant les vacances scolaires d'été.

Divers

Marché couvert *(plan couleur A2,* ***22****) : av. Ibn-Sinaa. Tlj jusqu'à 21h.* Grande variété de produits, et même des fleurs.

Petit marché *(plan couleur B2) : rue du Marché (ben tiens !), en plein centre.* Beaucoup plus typique que le marché couvert. C'est ici que vous trouverez les quelques marchands de poteries, de bibelots et d'autres souvenirs.

Supermarché Dimitri *(plan couleur B2,* ***23****) : av. Mohammed-V. Tlj 8h30-20h30. CB acceptées.* Le seul à vendre de l'alcool.

Supermarché Dadès *(plan couleur B2,* ***24****) : av. Moulay-Rachid. Tlj 9h-22h.*

– **Souk :** *le sam à* ***Tabounte*** *(plan couleur B3,* ***25****). Dim, « grand souk » typique au fond de la zone industrielle (hors plan couleur par A2 ; accessible en bus de ville).*

Où dormir ?

Certaines de nos adresses se trouvent à Tabounte, situé à 2 km au sud du centre-ville, de l'autre côté de l'oued. Un jet de pierre pour les motorisés mais moins pratique pour les autres, d'autant que seuls les grands taxis ont le droit de s'y rendre depuis le centre de Ouarzazate.

Camping

Camping municipal *(plan couleur D2,* ***30****) : à droite à la sortie de la ville vers Tineghir, juste après le complexe touristique. ☎ 05-24-88-83-22. Env 50 Dh pour 2, avec véhicule et tente ; eau chaude payante. Également des chambres simples mais propres 40-70 Dh/pers sans ou avec sdb.* Essentiellement un repaire de camping-cars avec un peu d'ombre sous les rares bouquets d'arbres. Sol de graviers et terre battue. Sanitaires propres, en revanche, et accueil sympa. Vente de pain et d'eau minérale.

De bon marché à prix moyens (100-300 Dh / 9,10-27,30 €)

Hôtel Atlas *(plan couleur B2,* ***31****) : 13, rue du Marché. ☎ 05-24-88-77-45. Doubles 100-150 Dh, sans ou avec sdb. Douche payante.* Distribuées le long d'un couloir au rez-de-chaussée ou à l'étage, des chambres basiques mais plutôt propres, dotées de salles de bains spacieuses pour les plus chères. En hauteur, de petites fenêtres laissent percer le jour. Sans charme mais bien placé, dans une rue piétonne du centre.

Hôtel Amlal *(plan couleur B2,* ***33****) : 24-25, rue du Marché. ☎ 05-24-88-40-30. • hotelamlal.com • Double avec sdb 250 Dh. Petit déj offert sur présentation de ce guide.* Pour petits budgets amateurs de centre-ville, l'adresse idéale : rue tranquille, chambres très correctes, bien tenues, avec clim et, pour certaines, minibalcon. Au 1er étage, agréable salon maure. Accueil affable.

Hôtel-restaurant Bab Sahara *(plan couleur B2,* ***32****) : en plein centre-ville, donnant sur l'esplanade piétonne El-Mouahidine. ☎ 05-24-88-47-22. Fax : 05-24-88-44-65. Doubles 160-220 Dh sans ou avec douche ; avec petit déj. Repas env 80 Dh.* Ahmed réserve un bon accueil dans cet hôtel simple d'une quarantaine de chambres, sans charme particulier mais spacieuses et très propres. Elles s'ouvrent soit sur la grande place (qu'on observe depuis son balcon), soit sur l'arrière. Bon, une bonne rénovation ne serait pas du luxe (peinture, plomberie, etc.), mais à ce prix-là, ça reste une bonne option, surtout compte tenu de son emplacement : du toit-terrasse, la vue embrasse toute la ville.

Hôtel Nadia *(plan couleur B3,* ***34****) : à* ***Tabounte****. ☎ 05-24-85-49-40. • ouarzazate-hotel-nadia.jimdo.com • Double 300 Dh, avec petit déj.* Chambres impeccables et agréables, agencées autour d'un patio occupé par une piscine. Clim et TV. Évitez celles côté rue, bruyantes. Déco marocaine classique dans les parties communes. Bon accueil.

Hôtel Zaghro *(plan couleur B3,* ***35****) : à* ***Tabounte****. ☎ 05-24-85-41-35. • hotel-zaghro.com • Doubles sans ou avec clim 200-250 Dh, petit déj inclus.* Hôtel rénové et fonctionnel. Une cinquantaine de chambres à la déco marocaine, avec TV et dallage au sol. Couloirs ornés de fresques. Piscine intérieure et restaurant couvert de carreaux de faïence. Terrasse panoramique. Un assez bon rapport qualité-prix.

Hôtel Drâa *(plan couleur B3,* ***36****) : à* ***Tabounte****. ☎ 05-24-85-47-61. • ouarzazate.com/hoteldraa • Double 270 Dh, petit déj inclus.* Pas loin de l'hôtel *Zaghro*, même genre... en un peu moins bien. Chambres classiques, de bon confort, bien tenues, avec clim et TV. Piscine. Accueil pro.

De chic à plus chic (400-1 000 Dh / 36,40-91 €)

Les Jardins de Ouarzazate *(plan couleur B3,* ***37****) : à Tabounte. ☎ 05-24-85-42-00. • lesjardinsdeouarzazate.com • Double env 500 Dh en ½ pens.* Hôtel en forme de *kasbah*, qui a le mérite de disposer d'un grand jardin agréable et d'une belle piscine. L'ensemble est très coloré, parfois un peu kitsch, à l'image du hall immense façon iwan oriental, avec sa fontaine qui glougloute au centre. Les chambres sont confortables (clim) bien qu'un peu sombres. Attention, elles ne sont pas chauffées en hiver et il peut faire très froid. Personnel attentionné et de bon conseil pour la suite de votre périple. Resto en salle ou sous tente berbère. Excellent petit déj. Bon rapport qualité-prix.

Hôtel Azoul *(plan couleur A2,* ***14****) : av. Mohammed-V. ☎ 05-24-88-30-15. • hotelazoul.com • Double 440 Dh, suite 660 Dh, avec petit déj.* Dans un édifice ocre en bordure de l'avenue principale de la ville, 12 chambres (dont 4 suites) modernes et plutôt bien arrangées, avec des bas-reliefs aux murs et des armoires sculptées. Salle de bains à carreaux ou en *tadelakt*, clim, minibar et TV, bref, tout le confort. Terrasse sur le toit pour le petit déj, avec vue sur la région. Salle de massage. Un bon choix.

Fint Hôtel *(plan couleur C2,* ***38****) : av. Mohammed-V, presque en face de la kasbah de Taourirt. ☎ 05-24-88-48-86. • finthotel.com • Double 650 Dh, petit déj en sus.* Derrière ses allures de forteresse, cet hôtel dissimule des chambres de bon aloi et confortables (clim, TV), réparties autour d'un grand jardin très agréable tout planté d'arbres, avec piscine. Toutes s'ouvrent sur un balcon, et le resto profite d'une vaste terrasse donnant sur la *kasbah de Taourirt*. Partout, hamacs, balancelles, coins et recoins invitent au farniente.

Hôtel Ibis Moussafir *(plan couleur C2,* ***39****) : av. du Prince-Moulay-Rachid. ☎ 05-24-89-91-10. • ibishotel.com • Double 620 Dh, petit déj inclus. Souvent des promos sur Internet.* Un hôtel de chaîne, mais qui respecte l'architecture et la déco traditionnelles, en particulier le bâtiment et les espaces communs. Chambres impeccables (avec zelliges dans les salles de bains), offrant tout le confort d'un hôtel moderne. Grande piscine. Resto avec alcool. Un bel *Ibis* !

Hôtel Kenzi Azghor *(plan couleur B2,* ***40****) : av. du Prince-Moulay-Rachid. ☎ 05-24-88-65-01 à 05. • kenzi-hotels.com • Compter, en principe, 45-65 € pour 2 pers, petit déj inclus. Repas env 200 Dh.* Un établissement à l'architecture typique du Sud abritant une grosse centaine de chambres rénovées et fonctionnelles, avec TV et mobilier moderne. Espaces communs couverts de carrelage vernissé et, de la vaste terrasse où se trouve la piscine, belle vue sur la vallée. Centre de fitness, tennis, terrain omnisports. Grand resto et bar. Bon rapport prix-confort.

Maisons d'hôtes

Ici, le nombre de chambres peut varier, mais le propriétaire vous reçoit chez lui, ce qui rend tout de suite le lieu plus chaleureux et moins impersonnel que la plupart des hôtels. De fait, les adresses qui suivent sont des maisons de charme ! Côté tarifs, on se situe dans la catégorie « chic à plus chic ».

Le Petit Riad *(plan couleur C1,* ***41****) : 1581, Hay-Al-Wahda. Près de l'aéroport (mais on n'entend guère les avions). ☎ 05-24-88-59-50. • lepetitriad.com • Doubles 59-69 €, copieux petit déj inclus. Table d'hôtes 12 €.* Un véritable enchantement quand on pénètre dans le grand patio couvert à colonnes et fontaine, orné d'objets berbères authentiques et surtout de nombreuses peintures et photos de qualité, dont celles de Fatima (l'hôtesse). Son accueil vraiment chaleureux est au diapason. 6 chambres personnalisées, aux différentes couleurs et de grand confort (clim, salle de bains, TV sat). Pour se détendre, une jolie piscine dans un très agréable

OUARZAZATE

environnement. Et pour finir, une délicieuse cuisine, concoctée strictement à partir de légumes frais produits sur place ou grappillés sur les marchés locaux.

Riad Dar Barbara *(plan couleur C3, **42**)* **:** *douar Tajda, Tarmigte.* ☎ *05-24-85-49-30.* • *riaddarbarbara.com* • *Après avoir traversé le pont de l'oued, tourner à gauche. C'est à env 1 km. Doubles avec sdb et clim 500-700 Dh selon saison, petit déj inclus. ½ pens proposée.* En marge des champs maraîchers et de la palmeraie, loin de la route, un ravissant *riad* en pisé, dans le style traditionnel et en même temps très confortable. Fonctionne en partie à l'énergie solaire. Dès l'entrée, on est frappé par le côté chaleureux et coloré du cadre. 6 chambres de charme s'organisent autour d'un patio couvert. Grande et belle terrasse (sur laquelle donnent également 2 chambres) où l'on peut prendre le petit déj. Salle à manger avec cheminée pour une excellente cuisine (couscous aux 7 légumes, yaourt maison). Accueil pro et sympa.

Auberge de la Rose Noire *(plan couleur C2, **43**)* **:** *à côté de la mosquée Hay-Taourirt.* ☎ *05-24-88-20-16.* • *maisondhote-rosenoire.com* • *Doubles 850-950 Dh, petit déj compris.* Dans la vieille ville, une maison traditionnelle pleine de charme, notamment grâce à la maîtresse des lieux, Jmiaa, qui veille sur son petit monde avec bonne humeur, humour et chaleur. Au rez-de-chaussée, une salle à manger très agréable, avec une grande table conviviale. Aux étages, encadrant un puits de lumière, des chambres climatisées et décorées avec beaucoup de goût dans le plus pur style marocain, où l'on se croirait presque dans un conte des *Mille et Une Nuits* ! Tout, ici, respire la fraîcheur et le souci du détail. Et on ne vous parle pas des plats mitonnés sur place... Précision : les sommeils légers apprécieront le chant du muezzin, du haut du minaret voisin... Si vous n'y séjournez pas, demandez à voir la petite boutique d'artisanat tenue par Jmiaa, dont la vente des produits vient en soutien aux femmes célibataires.

Dar Daïf *(plan couleur D3, **44**)* **:** *à* ***Tamesla.*** ☎ *05-24-85-49-45.* • *dardaif.ma* • *Prendre la route de Zagora et, à Tabounte, emprunter la route sur la gauche (après le pont) ; continuer 3 km (c'est indiqué). Chambre 2-3 pers 83 €, suites 120-170 € ; petit déj inclus. Dîner (obligatoire) 20 €. Transfert gratuit de l'aéroport à partir de 2 nuits.* Agréablement situé à l'écart de Ouarzazate, dans un vieux village en pisé un peu hors du temps. Un endroit assez enchanteur, dissimulé derrière un gros mur, proposant une quinzaine de chambres et suites aux sol et murs couverts de carreaux vernissés et aux salles de bains parfumées à la fleur d'oranger. Le tout dans une architecture assez complexe sur plusieurs niveaux, avec parties communes couvertes de tapis et ornées de bibelots, bibliothèque et, au milieu de l'ensemble, une petite piscine... Un lieu vraiment reposant (malgré le chant du muezzin au petit matin...). Côté cuisine, plats traditionnels. Pas d'alcool servi, mais on peut en apporter. Enfin, les proprios (un Français marié à une Marocaine), qui tiennent l'agence *Désert et Montagne* (voir plus haut), proposent aussi de nombreuses activités.

Appartements

Maison Noura *(plan couleur C2, **45**)* **:** *98, douar Hay-Taourirt.* *212 (0)6-62-40-12-40. En France : 06-72-33-46-86.* • *maison-noura.com* • *Pas indiqué, téléphonez et demandez Florence, qui viendra vous chercher à l'entrée de la vieille ville. Pâques-fin juin et sept-nov, slt sur résa. Pour 2 nuits (séjour min), compter 100 € l'appart pour 2 et 130 € pour 3-4 pers. Paiement en euros slt.* Au cœur du quartier de la *kasbah* de Taourirt, dans une maison en pisé très joliment restaurée. Florence propose 2 super petits apparts pour 2 à 4 personnes, entièrement équipés (cuisine, sanitaires) avec terrasses (vue géniale sur la palmeraie !) et chambres adorables autour d'un petit puits de lumière. La maison fournit tout : draps, serviettes, torchons, ainsi que le café, le thé, les épices et les bons conseils !

Où manger ? Où prendre le petit déj ? Où boire un verre ?

Très bon marché (moins de 50 Dh / 4,50 €)

El Bajha *(plan couleur A2,* ***50****) :* *dans la rue derrière le palais des congrès.* Gargote très populaire pour ses bonnes grillades et son poulet rôti, le tout à prix plancher. Il y a du monde à toute heure ! Terrasse aérée et serveurs en blouse blanche. Animation assurée.

Bon marché (moins de 80 Dh / 7,30 €)

Aucun des restos de cette catégorie ne sert de l'alcool.

Boulangerie et Resto-Grill des Habous *(plan couleur B2,* ***51****) :* *pl. El-Mouahidine. Tlj 7h-22h.* D'un côté, vente de gâteaux, de viennoiseries et de pâtisseries délicieuses à accompagner d'un jus de fruits frais. De l'autre, carte variée, avec potages, sandwichs, tajines, grillades, salades, pâtes... On mange en terrasse ou dans un salon climatisé avec canapés en cuir. C'est propre, bien préparé et le service est souriant.

Restaurant 3 Thés *(plan couleur B2,* ***52****) :* *av. Moulay-Rachid. ☎ 05-24-88-63-63.* Très bon rapport qualité-prix pour ce resto idéal pour ouvrir ou terminer un voyage. Insatiable mangeur de tajine ou estomac sensible en quête de plats plus occidentaux (pizza, pâtes, côtes d'agneau, etc.), le choix ne manque pas. Pour le cadre, soit une terrasse ombragée donnant sur la rue, soit une salle cosy chauffée en hiver. Service attentionné.

La Halte *(plan couleur B2,* ***53****) :* *av. El-Mouahidine.* Resto prolongé d'une terrasse colorée et ombragée sur une rue piétonne. Grande fraîcheur des produits. Spécialités marocaines et pizzas. Sert aussi des petits déj. Propreté et accueil irréprochables.

Massinissa *(plan couleur B2,* ***54****) :* *rue du Marché (à côté du Hassania).* Cuisine traditionnelle et internationale très correcte, servie dans un cadre confortable. Service affable et pro. Terrasse et salle climatisée au 1er étage.

Chez Nabil *(plan couleur B2,* ***55****) :* *rue Moulay-Rachid.* Agréable terrasse fréquentée le midi par les touristes comme les locaux. Carte assez variée ; les brochettes et les hamburgers ne vous ruineront pas, mais qualité inégale. Accueil routinier.

Prix moyens (moins de 150 Dh / 13,60 €)

Restaurant Douirya *(plan couleur C2,* ***56****) :* *av. Mohammed-V, à côté de la kasbah de Taourirt. ☎ 05-24-88-52-88. CB acceptées. Sert de l'alcool.* Installé dans un édifice à l'architecture traditionnelle. 2 salles : au 1er étage, salon marocain au goût du jour. Au 2e, salle plus intime, dans les tons de rouge et de brun. Également quelques tables en terrasse bien agréables. La cuisine est particulièrement soignée, avec de belles associations viande-fruits : agneau aux abricots, poulet fermier aux citrons confits, bœuf aux pruneaux et, même, du dromadaire aux figues ! Service discret. On a bien aimé.

Chic (150-300 Dh / 13,60-27,30 €)

Tous ces restos servent de l'alcool.

Jardin des Arômes *(plan couleur B2,* ***57****) :* *69, av. Mohammed-V. ☎ 05-24-88-88-02.* De Fès à Marrakech, de Rabat à Essaouira, embarquez pour un voyage culinaire à la (re)découverte des classiques et des oubliés. Poulet *beldi au tride* couché sur crêpe et lentilles, *mrouzia* aux raisins secs sucrée-salée... Une cuisine douce, originale, raffinée, au diapason de ce lieu élégant, tamisé, tenu par des femmes. À expérimenter sur le toit-terrasse, entre étoles et étoiles... un rêve de dîner.

La Kasbah des Sables *(hors plan couleur par D2,* ***58****) :* *195, Aït-Ksif. ☎ 05-24-88-54-28. À l'est de la ville, env 800 m après l'hôtel* Le Zat, *au fond* *d'une ruelle sur la droite (panneau). CB acceptées.* Cachée dans un vieux quartier populaire, une découverte vraiment surprenante. Un vrai décor digne des *Mille et Une Nuits* ! 2 patios avec bassins illuminés par des lanternes et truffés de recoins décorés de pot d'épices ou de bibelots sous vitrines, avec aussi des salons berbère ou tout simplement privés permettant à chacun de choisir une ambiance particulière... Bien sûr, la cuisine n'est pas en reste : pro, savoureuse, elle se décline en plats traditionnels (ou oubliés) des différentes régions du pays et en mets classiques ou inspirés de l'Hexagone : fondant tajine d'agneau, lotte crème safranée, croustillant de rognon pomme et cumin... Et au bout, une addition encore raisonnable !

Le Saint-Exupéry *(plan couleur D1,* ***59****) : 13, bd Moulay-Abdellah, quartier El-Qods. ☎ 05-24-88-77-79. Menus complets 100-335 Dh.* Le *Saint-Ex'*, c'est d'abord un cadre soigné évoquant la grande épopée de l'Aéropostale (l'auteur du *Petit Prince* se serait posé devant le resto – qui n'existait pas encore – en 1936). Nombreux documents et photos originaux sur les murs. C'est ensuite une belle cuisine française et marocaine réalisée avec savoir-faire et un amour des beaux produits. Il faut obligatoirement prendre un menu, mais ceux-ci sont très complets, avec mise en bouche, 2 entrées, hors-d'œuvre, plat et dessert. Et puis, que dire de l'accueil de Jean-Pierre, personnage haut en couleur qui, à lui seul, justifie qu'on fasse le détour. Une adresse un peu à part à Ouarzazate.

Achats

Centre artisanal *(plan couleur C2,* ***70****) : tlj du mat au soir. Prix fixes.* Bâtiment regroupant des ateliers de sculpteurs sur pierre, sur bois, sur albâtre, sur cuivre et sur argent. On y trouve aussi des broderies et des tapis, principalement des *ouaouzquita,* qui se caractérisent par l'originalité de leurs dessins et de leurs coloris vifs. Ils sont tissés très serré avec des laines soyeuses par une tribu dont ils portent le nom.

Centre Horizon Artisanat *(plan couleur C1,* ***72****) : rue de la Victoire. Lun-ven 9h-18h.* L'association *Horizon Social* s'est fixé pour but de réinsérer de jeunes handicapés dans la vie active. Les objets d'artisanat fabriqués dans les ateliers de l'association sont en vente : poterie, bijoux, tissage... Le produit des ventes va, entre autres, à l'atelier orthopédique, ce qui permet d'appareiller plus d'enfants handicapés. Prix intéressants.

Centre Féminin de Commercialisation des Produits d'Artisanat *(plan couleur B2,* ***73****) : lun-sam 9h-13h, 15h-19h.* Broderie, épices, poterie, tapis... Cette allée couverte regroupe les productions des associations de femmes des environs. Choix modestes, mais prix fixes, plutôt intéressants.

À voir

La kasbah de Taourirt *(plan couleur C2) : entrée face au centre artisanal. Tlj 8h-18h. Entrée : 20 Dh.* Grandes ou petites, les *kasbah* ont de tout temps eu pour fonction première de protéger. Contre les intempéries, contre la poussière, le vent et la chaleur, et contre les agressions des seigneurs du désert, dont la pratique ancestrale du *rezzou* (pillage) était très codifiée. Elle fut sévèrement réprimée par les officiers des Affaires indigènes, alors que le Maroc était sous protectorat français. L'administration française prit donc fait et cause pour les « châtelains » au détriment de l'aristocratie des grands nomades *sanhadja* (le Berbère Aït Atta, entre autres). Véritable œil de Moscou à la solde des Français, le pacha El-Glaoui régnait alors en maître sur les provinces du Sud (lire plus haut l'histoire du Glaoui à Telouet dans le chapitre « La route du Tizi-n-Tichka »). La *kasbah* de Taourirt était l'une de ses nombreuses résidences. L'ensemble constitue en fait un ksar, un village fortifié habité, desservi par un réseau de ruelles. Le bâtiment de la résidence se dégrade malheureusement vite, et la restauration peine à suivre les agressions du temps et des intempéries. On vous recommande vivement de prendre un guide (demandez-le à l'entrée, quand vous payez) ; sinon, les pièces étant vides, la visite aura peu d'intérêt. Il vous conduira dans ce labyrinthe de pièces et d'escaliers en vous expliquant la fonction passée de chaque espace, les coutumes et les traditions locales.

On peut ensuite s'aventurer, avec ou sans guide, au hasard des ruelles en pisé du ***ksar*** *(plan couleur C2)* – la vieille ville encore habitée – entourant la *kasbah,* à condition que les jeunes du quartier vous laissent tranquille, ce qui est loin d'être évident. Ambiance « lourde », voire peu rassurante... Dommage. Si vous parveniez malgré tout à visiter le ksar, vous iriez à la découverte des quartiers arabes, juifs et berbères, qui permet de croiser la mosquée, traverser la placette où l'on fête les mariages, fouiner dans la pharmacie berbère et peut-être rencontrer la star locale, « l'homme à la barbe », figurant d'une dizaine de films. Enfin, dans ce qui fut le quartier juif, la synagogue a été transformée en minimusée gratuit, regroupant, façon boutique de brocanteur, des objets anciens déposés par les familles et loués comme accessoires aux producteurs de films. Ce modeste revenu permet de conserver le patrimoine plutôt que de le vendre. Dans l'arrière-salle, de beaux tapis artisanaux.

OUARZAZATE

Le musée du Cinéma *(plan couleur C2) : entrée face à la kasbah de Taourirt. Tlj 9h30-19h30 (pause ven 12h-15h30). Entrée : 30 Dh.* Complémentaire à la visite des studios *Atlas* (voir plus bas), il abrite, dans une sorte de labyrinthe, de nombreux décors intérieurs ayant servi au tournage de films dans la région, les téléfilms bibliques notamment. Également une section avec des costumes et une salle pleine de vieilles caméras. Pour les amateurs.

À la nuit tombée, Ouarzazate se réveille enfin. Des myriades de gamins envahissent la ***place Mouahidine*** *(plan couleur B2)* pour taper le ballon, déraper à vélo, laisser filer un yoyo sous l'œil des plus grands assis sur les escaliers, ou se rassemblent en chœur improvisé autour d'une paire de musiciens. Vivant et bon enfant. Autour de la place, tout plein de cafés pour profiter de l'animation en sirotant un thé.

DANS LES ENVIRONS DE OUARZAZATE

Le ksar d'Aït-Benhaddou : *à 33 km (voir plus haut le chapitre « Les montagnes du Haut Atlas occidental »).*

Atlas Corporation Studios : *à 5 km au nord de Ouarzazate en allant vers Marrakech. Bus jaune (ligne n° 2) de la compagnie* Stusid. *Achat du ticket dans le bus. Visite tlj (hors tournages), ttes les 20-25 mn 9h30-18h45. Entrée : 50 Dh. Durée : 35-40 mn.* C'est le principal studio de Ouarzazate. De nombreux films célèbres ont été tournés ici, surtout dans les années 1980 et 1990 : *Harem, Le Diamant du Nil, Banzaï, Gladiator, Kundun* ou encore *Astérix et Obélix : mission Cléopâtre.* Ces dernières années, l'activité a diminué, en particulier depuis la crise de 2008, et l'ensemble paraît par endroits un peu à l'abandon. D'autant que le numérique mène la vie dure au carton-pâte qui nécessite des mois de construction pour souvent une poignée de minutes de film ! La visite ne casse pas des briques mais permet de s'immiscer dans l'envers du décor. Ainsi, la façade du palais de Cléopâtre marque l'entrée d'un pseudo-temple de Karnak qui s'ouvre à son tour sur une salle du vieux Jérusalem... Illusion, quand tu nous tiens !

La kasbah de Tamesla *(« de la Cigogne » ; plan couleur D3) : à côté de la* Kasbah *Dar Daïf (voir « Où dormir ? »).* Abandonnée, cette *kasbah* en ruine s'est muée en repaire de cigognes, qui viennent y nicher face aux champs hérissés de palmiers bordant l'oued. À la fin du jour, en s'enfonçant entre les parcelles d'un vert intense tranché par l'ocre des clôtures de pisé, on embrasse du regard les lumières de Ouarzazate scintillant au loin.

L'oasis de Fint : *à env 15 km. Prendre vers Zagora et, à Tabounte, après le pont, bifurquer à droite juste après la station-service direction Marrakech ; à env 3 km, panneau sur la gauche ; suivre la route, qui devient vite une piste carrossable (en cours de bitumage), jusqu'à l'oasis. Attention ! gros projet immobilier à l'entrée de la route de Fint, avec des voies partant dans ts les sens. On a parfois un peu de mal à s'y retrouver.* Au bout de la piste apparaît, tel un mirage, la magnifique petite oasis de Fint, encadrée de falaises grises aux rochers tout ronds (de nombreux cinéastes ne s'y sont pas trompés !). *Fint* signifie « caché » en berbère. Comment en effet deviner son existence depuis le haut du plateau aride qui la surplombe ? Un millier de personnes vivent ici, réparties en quatre paisibles villages. Intéressant pour voir la vie traditionnelle, notamment le système d'irrigation mais aussi, dans le secteur des potiers, les *tafournout,* ces fours à pain traditionnels en terre cuite. Un endroit qui mérite vraiment le déplacement !

La Terrasse des Délices : *bien indiqué en arrivant dans l'oasis, mais le bout de la piste qui y mène est un peu délicat pour les voitures de tourisme (gué à traverser). ☎ 05-24-89-18-93. • terrassedesdeliceshotelouarzazate.com • Pour 2 pers en ½ pens, compter 500 Dh. Menu 80 Dh. Pas d'alcool.* Surplombant l'oasis, une grande bâtisse comprenant une douzaine de chambrettes coquettes et bien fraîches. 10 autour du patio et 2 sur une courette particulière. Le soir venu, on peut jouir de la quiétude de la petite vallée. Au resto, quelques plats traditionnels servis dans une grande salle agréable ou sur la terrasse plongeant dans l'oasis. Bon accueil du patron (le fils du chef du village) ou de son petit-fils, ou de son cousin, ou...

Auberge La Roche Noire : *fléché sur la droite en arrivant dans l'oasis. ☎ 05-26-40-57-48. • larochenoire-oasis-fint.com • Env 200 Dh/pers en ½ pens.* 6 chambres agréables autour d'une courette pour cette auberge simple mais accueillante. Salon avec cheminée pour les repas. Atmosphère très conviviale, la famille vous montrera comment elle prépare son pain, et sûrement d'autres choses...

AU SUD DE OUARZAZATE

AU SUD DE OUARZAZATE

LA VALLÉE DU DRÂA

La route goudronnée de 164 km jusqu'à Zagora longe en partie cet oued dans une vallée bordée de palmeraies, de champs et de superbes ksour bâtis en pisé. Faire l'aller et le retour à des heures différentes pour profiter pleinement des divers éclairages tout au long de cet itinéraire. Compter 4h sans se presser, la route est excellente. La première partie, splendide, est toutefois très sinueuse puisqu'elle passe par le col de Tizi-n-Tinififft (1 660 m). Montagnes dépouillées et ravins à vous couper le souffle.

Le Drâa (ou Dra), né dans le massif de l'Atlas, a bien du mal au début de son cours à se frayer un passage dans les montagnes, mais à partir d'Agdz jusqu'à Mhamid, son mince filet d'eau arrose une oasis sur près de 200 km avant de se perdre dans les sables. La distance de 750 km entre Mhamid et l'embouchure de l'Atlantique fait de ce « fleuve fantôme » le plus long cours d'eau du Maroc. Les textes anciens racontent que sur ses rives se prélassaient des crocodiles et que la région était prospère.

Le long de cette oasis, les arbres fruitiers (figuiers et grenadiers, notamment) abondent, au premier rang desquels les palmiers dattiers. Pas étonnant que

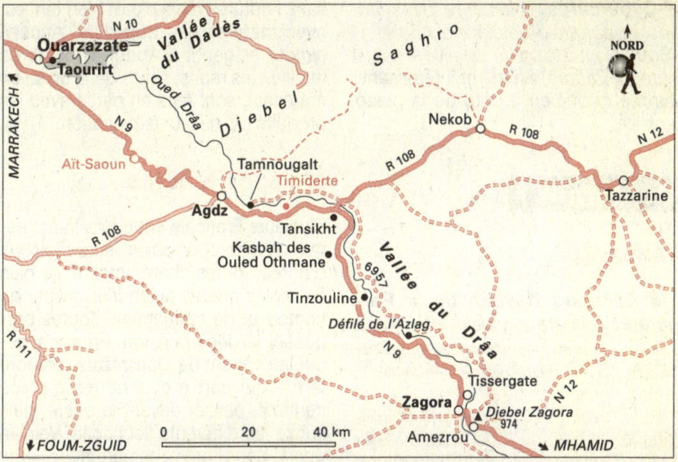

LE SUD DE OUARZAZATE

des vendeurs à la sauvette proposent des paquets de dattes sur le bord des routes. Sachez que la récolte a lieu en automne et qu'elles sont donc bien meilleures à cette période de l'année.

Insensiblement, le long du parcours, la peau des habitants devient plus foncée. Ce sont les Harratine, les premiers habitants qui ont peuplé les oasis quand le Sahara s'est asséché.

On croise pas mal de rabatteurs plutôt inventifs dans le coin ; ils opèrent même dans les bus. Quand la chasse aux touristes est ouverte, pas besoin de permis !

AGDZ

8 000 hab.

Située à 69 km de Ouarzazate, Agdz (prononcer « Agdès ») et sa palmeraie peuvent faire l'objet d'une brève halte. Cette cité est dominée par l'impressionnante arête rocheuse du djebel Kissane qui suit le cours du fleuve sur près de 40 km.

Arriver – Quitter

Bus CTM : *quasi sur la place, derrière la pharmacie.*

➢ ***Zagora :*** 3 bus/j., tôt le mat et en fin d'ap-m.

➢ ***Ouarzazate, Marrakech*** et ***Casa :*** 2 bus/j., le mat et le soir.

➢ ***Agadir :*** 1 bus/j., le mat.

Des taxis collectifs partent également de la place centrale.

Adresses et infos utiles

✉ ***Poste :*** *en venant de Ouarzazate, prendre la rue à gauche en arrivant sur la place centrale ; c'est à 100 m.* Service *Western Union.*

■ ***Banque :*** *distributeur* ***Banque populaire*** *sur la place centrale ou à la poste.*

■ ***Pharmacie :*** *sur la place centrale.*

AU SUD DE OUARZAZATE

@ **Cybercafés :** *plusieurs dans les rues qui partent de la place centrale.*
– **Souk :** *jeu, à la sortie de la ville, sur la route de Zagora.* Animé et intéressant. *Marché quotidien* à côté de la place centrale.

Où dormir ?

Camping

Camping Kasbah de la Palmeraie : *prendre à gauche dès qu'on entre sur la place centrale d'Agdz, c'est à 2 km.* ☎ *05-24-84-36-40.* • *casbah-caidali.net* • *Env 50 Dh pour 2 avec tente. Prévoir 220 Dh pour une double dans la kasbah, petit déj inclus. Menu 90 Dh.* Ombragé, à l'extrémité d'une palmeraie sur la propriété de l'ancienne *kasbah* du caïd Ali. Très calme. Possibilité de restauration sur demande. Sanitaires corrects. Piscine. Bon accueil. On peut aussi dormir sur les terrasses et dans les pièces de la *kasbah* qui servaient auparavant de lieu d'accueil aux hôtes du caïd. Chambres basiques mais authentiques. Jackie Kennedy, vous apprendra-t-on, y a même dormi dans les années 1960 !

De bon marché à prix moyens (100-400 Dh / 9,10-36,40 €)

Hôtel La Palmeraie : *sur la place centrale, à côté de la* Banque populaire *(on entre sur le côté par une allée, repérer le petit panneau).* ☎ *05-24-84-31-27 ou 87. Doubles 100-120 Dh.* À l'étage, un hôtel aux chambres assez basiques mais très propres. La plupart ont des fenêtres donnant sur le couloir. Douches chaudes et w-c communs. S'il n'y a personne à la réception, s'adresser à l'épicerie au rez-de-chaussée.

Auberge Berbère d'Ouriz : *à 2,5 km de la place centrale sur la route de Zagora.* 📱 *212 (0)6-62-40-42-97.* • *maison-ouriz.com* • *Compter 160-180 Dh/pers en ½ pens.* Dans une structure en pisé assez rustique, 6 chambres dont 4 avec salle de bains, sans fioritures mais plutôt bien tenues, avec matelas pas trop durs. Accueil simple et gentil d'Abdullah et de sa famille. Les repas, servis dans un salon marocain, sont faits en partie avec les produits bio de leur exploitation.

Maisons d'hôtes

Plusieurs Français ont choisi la palmeraie d'Agdz pour ouvrir leurs maisons d'hôtes, toutes charmantes mais plus ou moins chères selon leur niveau de confort et de raffinement. Toutes proposent la demi-pension. Pour y accéder, en venant de Ouarzazate, prendre la rue qui part à gauche de la place centrale, passer devant la poste, puis suivre les différents fléchages. Voici le quarté dans l'ordre, en partant de « Prix moyens ».

Riad Tabhirte : 📱 *212 (0)6-78-45-80-76.* • *riadtabhirte.com* • *Doubles 360-400 Dh (avec 2 petits lits ou un lit double), petit déj inclus. Dîner 90 Dh.* Autour d'un grand jardin, une poignée de chambres simples mais coquettes, avec salle de bains traditionnelle. Bon accueil.

Dar Laurli : ☎ *05-24-84-39-34.* • *laurli-location-sud-maroc.com* • *Double 55 € avec sdb et clim, petit déj inclus. Dîner 15 €.* De jolies chambres traditionnelles en pisé, réparties autour d'un patio prolongé d'une belle piscine en céramique verte de Tamegrout. Hôtes charmants. Une adresse très sympa !

Dar Qamar : ☎ *05-24-84-37-84.* • *locsudmaroc.com* • *Doubles 770-1 100 Dh selon taille, petit déj inclus. Repas 185 Dh.* Maison d'hôtes classieuse d'une demi-douzaine de chambres. Déco raffinée, subtil mélange de couleurs, chaleur des pièces communes, rien n'a été laissé au hasard. Piscine chauffée entourée de canapés et de matelas ombragés. On prend les repas (alcools servis) dans une très agréable salle de resto. Hammam et jacuzzi.

Kasbah Azul : ☎ *05-24-84-39-31.* • *kasbahazul.com* • *Double 80-120 €, petit déj inclus. Dîner 18 €.* Au bout du ksar, les pieds dans la palmeraie, Sylvie et Nasser ont ouvert une splen-

AU SUD DE OUARZAZATE

dide maison d'hôtes. Les chambres, spacieuses et très soignées, sont arrangées dans un style marocain contemporain vraiment réussi. Agréable salon avec cheminée. Beau jardin arboré, piscine. Bref, une halte de charme.

Où manger ?

Plusieurs ***cafés*** autour de la place centrale, où l'on mange sur le pouce pour quelques dirhams.

|●| ☕ *Café-restaurant Les Sables d'Or :* *sur la place centrale. Tajines et grillades à partir de 30 Dh.* Un resto simple et populaire qui bénéficie d'une terrasse aux tables colorées, avec vue sur la place et son animation. Honnête poulet rôti et bon petit déj complet pour 3 sous.

|●| *Café-restaurant Kasbah Draa :* *à 1 km avt Agdz en venant de Ouarzazate. ☎ 05-24-84-33-46. Ouv slt en journée. Plat env 80 Dh.* Un resto très propre, presque entièrement faïencé, qui propose un bon choix à la carte : potages, omelettes berbères, tajines végétariens et couscous tous les jours ! On peut aussi s'y arrêter pour un simple café (excellent). Également une terrasse à l'étage. Pas mal de groupes.

À voir

👥 *La kasbah du caïd Ali :* *quand on vient de Ouarzazate, prendre à gauche sur la place centrale ; l'accueil se fait au* Camping de la Palmeraie *(voir « Où dormir ? »). Visite guidée à 10h et 17h (16h nov-mars) pour 30 Dh. Compter 1h.* Cette *kasbah* bicentenaire mérite vraiment le coup d'œil si vous séjournez à Agdz. Elle bénéficie des soins des descendants du caïd qui, en plus d'y vivre pour certains, la restaurent avec l'aide de groupes d'étudiants étrangers et de la main-d'œuvre locale. Visite guidée très intéressante des salons d'accueil, des appartements et de l'intimidant bureau du caïd (pour le coup, il porte bien son nom). Superbe point de vue de la terrasse sur le toit. On peut aussi y dormir.

➢ Pour ceux qui souhaitent bifurquer vers l'ouest, en direction de Taroudant, emprunter depuis Agdz la route R 108, qui passe par Tazenakht. Tout le long, villages bien typiques et beaux paysages. On gagne un temps précieux en évitant Ouarzazate.

Fête

– ***Fête des Dattes :*** *fin oct, en principe.* Se renseigner auparavant.

D'AGDZ À ZAGORA

C'est à partir d'Agdz que commence vraiment la vallée dans toute sa splendeur. La route longe alors des *kasbah* et des palmeraies parmi les plus belles du Maroc. Ici, comme dans la grande majorité des oasis, ce sont les Harratine qui œuvrent dans les jardins. Leurs ancêtres, maîtres des palmeraies, ont été asservis à une époque, tant et si bien qu'on les qualifie le plus souvent d'*abid* (« esclave » en arabe), alors qu'en définitive, ils ont la plupart du temps le statut de métayer.
Vers les VIe-Ve s av. J.-C., le Drâa coulait avec suffisamment de force pour irriguer de grandes oliveraies. Les collines environnantes étaient encore plantées de forêts et de garrigue, et la région constituait alors une terre d'accueil sans pareille.
À la suite de la destruction du temple de Jérusalem en 586 av. J.-C., les premières colonies juives vinrent s'installer ici. Cette immigration se poursuivit

jusqu'au VIIe s sous la pression des Grecs, des Romains, des Arabes et des chrétiens. La présence judéo-arabe s'est donc affirmée pendant près de 12 siècles. Spécialistes des métiers d'art, les juifs ont contribué à faire perdurer certains savoir-faire (poterie, tressage des nattes, ferronnerie, sellerie, menuiserie, dinanderie, joaillerie), qu'on retrouve aujourd'hui dans les palmeraies.

À 6 km d'Agdz, le ***ksar de Tamnougalt*** se dresse dans une luxuriante oasis, de l'autre côté du fleuve. Le traverser pour aller visiter cette ancienne capitale du pays mezguita. On peut se dispenser de la visite du fort situé en haut de la colline, car l'intérieur n'est que ruines. Poursuivre plutôt jusqu'au ksar du village, très typique et où quelques *kasbah* sont encore habitées par une dizaine de familles *(entrée : 10 Dh).*
Le village de *Tamnougalt* raconte l'histoire du sud du Maroc à travers son architecture. C'est une étrange impression que de parcourir cette petite ville aux rues intactes et aux porches ouvragés. On visite la *kasbah du Caïd,* qui fut habitée jusqu'à la fin des années 1960, avec son puits de lumière qui éclaire jusqu'au sol ses murs de pisé. Ne pas manquer non plus le quartier juif abandonné. Balade mémorable, qu'il peut être intéressant de faire avec un guide *(compter 50 Dh).*

Au Jardin de Tamnougalt : *en venant d'Agdz, traverser l'oued direction Mezguita ; c'est sur la droite, un peu avt le village. ☎ 05-24-84-36-14. Camping 25 Dh/pers ; chambre double 250 Dh, petit déj compris.* Ismael est originaire du village. Il a aménagé dans une bâtisse assez récente une douzaine de chambres claires, simples, sans fioritures mais très propres, toutes avec douche et w-c (chauffage et eau chaude dans certaines). Possibilité de camper dans le jardin. Belle terrasse à l'ombre des oliviers pour le resto.

Kasbah Tamnougalt, Chez Yacob : *en venant d'Agdz, traverser l'oued direction Mezguita ; l'auberge se situe dans le ksar (fléché). ☎ 05-24-84-33-94. • lavalleedudraa.com • Compter 300 Dh/pers en ½ pens.* Une *kasbah* restaurée et pleine de cachet, qui surplombe la palmeraie et offre aussi une belle vue sur le djebel Kissane. Les chambres, alliant style traditionnel et confort moderne (clim, salle de bains), encadrent un joli puits de lumière. Celles à l'étage donnent sur les jardins. Restauration traditionnelle dans un grand salon reposant. N'hésitez pas à demander au dynamique gérant, Yacob, de vous faire visiter le vieux village.

➢ De ***Tansikht,*** la route goudronnée rejoint, soit Zagora, soit Nekob (à 40 km), Tazzarine (70 km) et Tineghir (216 km, par Alnif, route goudronnée aussi). Voir plus loin « Les routes au départ de Zagora ».

La kasbah des Ouled Othmane : *à env 40 km d'Agdz, sur la droite quelques km après Tansikht.* Un bel exemple d'architecture ksourienne. Petit estaminet au pied du site. Le proprio vous fera faire la visite. On peut aussi y dormir.

➢ Juste après ***Tinzouline*** (km 133), la route pénètre dans le défilé de l'Azlag avant d'arriver aux portes de Zagora.

ZAGORA

35 000 hab.

Dernière « vraie ville » sur la route du Sud, Zagora s'impose un peu comme un lieu d'étape, d'autant que les possibilités d'hébergement y sont nombreuses. Il faut savoir cependant que les premières dunes se situent à 26 km et qu'elles sont vraiment riquiqui. C'est dans la région de Mhamid, près de 100 km plus loin, que s'échelonnent les premiers ergs.

Ne vous trompez pas : les chèches noirs ou, parfois, blancs, sont portés par les guides de la région « pour faire comme » les « vrais » hommes bleus du Maroc. Ils vont tous vous dire que sans eux, vous allez vous perdre dans les sables. N'en croyez rien. Si vous voulez toutefois être tranquille et profiter au maximum de la découverte de la région avec un natif, faites appel au guide qui vous sera conseillé par l'établissement où vous êtes descendu. Il est généralement compétent.

Arriver – Quitter

En bus

Peu de bus. *La* ***CTM*** *(☎ 05-24-84-73-27 ; plan A3,* ***1****) opère sur l'av. Mohammed-V, presque à côté de la poste. Les autres bus quittent la ville depuis la* ***gare routière*** *(hors plan par A1,* ***2****), à 2,5 km du centre-ville en direction de Ouarzazate.* Prendre un petit taxi. Liaisons avec :

➢ ***Casablanca :*** 2 bus/j. avec la *CTM*, via ***Agdz, Ouarzazate*** et ***Marrakech.*** Sinon, plusieurs bus de la gare routière, la plupart en soirée ; certains poursuivent jusqu'à Rabat.
➢ ***Mhamid :*** en principe, 1 bus/j. avec la *CTM*. Départ de Zagora l'ap-m.
➢ ***Er-Rachidia :*** 1 bus/j. avec la *CTM*, tôt le mat de Zagora.
➢ ***Agadir :*** 1 bus/j. avec la *CTM*, le mat de Zagora.

En taxi collectif

Les taxis se prennent à côté du souk *(plan A2)*. Liaisons avec ***Ouarzazate*** et ***Mhamid.***

Adresses utiles

Services

✉ ***Poste*** *(plan A3)* ***:*** *av. Mohammed-V. Lun-ven 8h-18h ; sam 8h30-12h.* Distributeur de billets et service *Western Union*.
@ ***Internet*** *(plan A2,* ***3****)* ***:*** *dans une petite rue perpendiculaire à l'av. Mohammed-V. Quelques autres cybercafés en ville.*
■ ***Banques :*** *plusieurs sur l'av. Mohammed-V.* Distributeurs.

Santé

■ ***Pharmacies*** *(plan A2 et A3,* ***5****)* ***:*** *pharmacie* ***Assafare*** *et bien d'autres sur les av. Mohammed-V et Hassan-II.*
■ ***Hôpital Darrak*** *(plan A3)* ***:*** *av. Hassan-II. ☎ 05-24-84-72-26.*
■ ***Médecin : Dr Mustapha,*** *av. Hassan-II. ☎ 05-24-84-79-90.*

Loisirs, achats

■ ***Librairies El Majd et Yassine*** *(plan A1 et A2,* ***6****)* ***:*** *av. Mohammed-V. Tlj 7h-21h30.* Journaux et magazines récents en français, ainsi que quelques livres. Également des cartes postales et des timbres. Photocopies.
Grand souk *(plan A2,* ***7****)* ***:*** *av. Mohammed-V. Principalement mer et dim.* Marché aux femmes dans le souk les mêmes jours. Attendez, ce n'est pas ce que vous croyez ! Il s'agit d'ouvrages faits par des femmes et que celles-ci viennent vendre. Peu d'artisanat sinon, plutôt un marché alimentaire.

Divers

■ ***Atelier mécanique*** *(plan A1)* ***:*** *au* ***garage d'Ali,*** *en face de la police.*
■ ***Hammam :*** *à 1,5 km du centre-ville en allant vers Ouarzazate, dans la 2e rue à gauche après la station Shell. Enseigne en arabe. Tlj 5h-23h. Entrée : 10 Dh.* Un hammam très local et très propre, pour ceux qui recherchent l'authenticité.

Bivouacs et excursions

La plupart des bivouacs et excursions dans la région se déroulent plutôt du côté de Mhamid, aux portes du désert de dunes, mais beaucoup d'agences qui les organisent ont leur bureau à Zagora.
D'une journée à 2-3 semaines, les formules sont nombreuses. En moyenne,

comptez environ 350-400 Dh par personne pour un tour en dromadaire avec bivouac d'une nuit (repas compris) dans les dunes, et plutôt 1 000 Dh en version 4x4.

■ ***Reima Voyages-Croq'Nature*** (plan A2, **9**) **:** *av. Mohammed-V. ☎ 05-24-84-70-61. 📱 212 (0)6-61-34-83-88. • croqnature.com •* Le petit bureau ne paie pas de mine, mais il s'agit d'une agence tenue par la famille Azizi, qui, depuis des années, travaille dans le respect de la population et de la nature. Sur le prix de chaque voyage, elle ponctionne 6 % pour financer des projets de développement (école, formation, centre de santé...), qui sont suivis et contrôlés par l'association franco-touarègue. Équipe professionnelle et fort sympathique.

■ ***Caravane Cimes et Dunes*** (plan A-B2, **10**) **:** *av. Allal-ben-Abdellah, 50 m avt l'hôtel* La Rose des Sables. *☎ 05-24-84-82-54. 📱 212 (0)6-67-48-17-23. • cimesetdunes.free.fr •* Brahim, le gérant, propose des excursions dans la région, jusqu'à 10 jours. Il vous emmènera bivouaquer loin des hordes de touristes. Une adresse recommandée par nos lecteurs. Prix corrects.

■ ***Renard Bleu Touareg*** (plan A2, **11**) **:** *av. Mohammed-V. 📱 212 (0)6-61-34-84-13. • renard-bleu-touareg.org • Compter 90 €/j./pers.* Assez cher, mais cette agence propose une immersion complète dans la culture nomade, à travers des randonnées à dos de chameau de 2 jours et plus. Par ailleurs, 8 % des sommes perçues sont consacrés au financement de projets de développement durable (construction de puits, d'école, de dispensaire, etc.). Pour voyager autrement.

■ ***Caravane du Sud*** (plan B3, **12**) **:** *à* ***Amezrou,*** *au niveau du rond-point. ☎ 05-24-84-75-69. 📱 212 (0)6-61-34-83-83. • caravanedusud.com •* Grosse agence proposant des expéditions dans le désert de 1 jour à 3 semaines. Randonnées à pied, accompagnées de chameaux pour le portage, ou en 4x4. Possède plusieurs bivouacs. Guides compétents. Faites-vous tout de même préciser si vous partez seul ou avec un groupe.

■ ***Sahara Aventures*** (plan A3, **13**) **:** *☎ 05-24-84-70-26. 📱 212 (0)6-61-21-27-41. • saharaaventure.com •* Brahim el-Meddiki, ancien militaire dans la région, a formé son fils Mustapha à la connaissance des pistes. Outre leur grande expérience, ils sont tous deux très sympathiques, tout comme l'ensemble de l'équipe. Prix assez compétitifs.

■ ***Maroc Berbère Tours*** **:** *📱 212 (0)6-62-02-42-49 ou 06-22-28-04-45 (en France). • marocberberetour.com • Résa demandée quelques j. avt.* Une petite agence sympa et compétente animée par Ahmed, dont la famille est sédentarisée depuis le début des années 2000 (seulement). Il connaît

■ Adresses utiles

- **1** CTM
- **2** Gare routière
- **3** Internet
- **5** Pharmacies
- **6** Librairies El Majd et Yassine
- **7** Grand souk
- **9** Reima Voyages-Croq'Nature
- **10** Caravane Cimes et Dunes
- **11** Renard Bleu Touareg
- **12** Caravane du Sud
- **13** Sahara Aventures

Où dormir ?

- **20** Camping-restaurant Oasis Palmier
- **21** Camping Sindibad
- **22** Camping-auberge Les Jardins de Zagora
- **23** Camping de la palmeraie d'Amezrou
- **24** La Petite Kasbah, Dar Nekhla (maison d'hôtes), Dar Raha (maison d'hôtes) et Les Jardins du Drâa
- **25** Auberge-restaurant Chez Ali
- **26** Hôtel-restaurant Zagour
- **27** Hôtel La Palmeraie
- **28** La Fibule du Drâa
- **29** Riad de Rêve
- **30** Villa Zagora, maison d'hôtes
- **31** Riad Lamane
- **32** Dar Sofian

Où manger ? Où prendre un petit déj ?

- **25** Auberge-restaurant Chez Ali
- **28** La Fibule du Drâa
- **40** Café-snack El Khayma
- **41** Snack Al-Ghiwan
- **42** Café-restaurant Ennahda
- **43** Le Dromadaire Gourmand

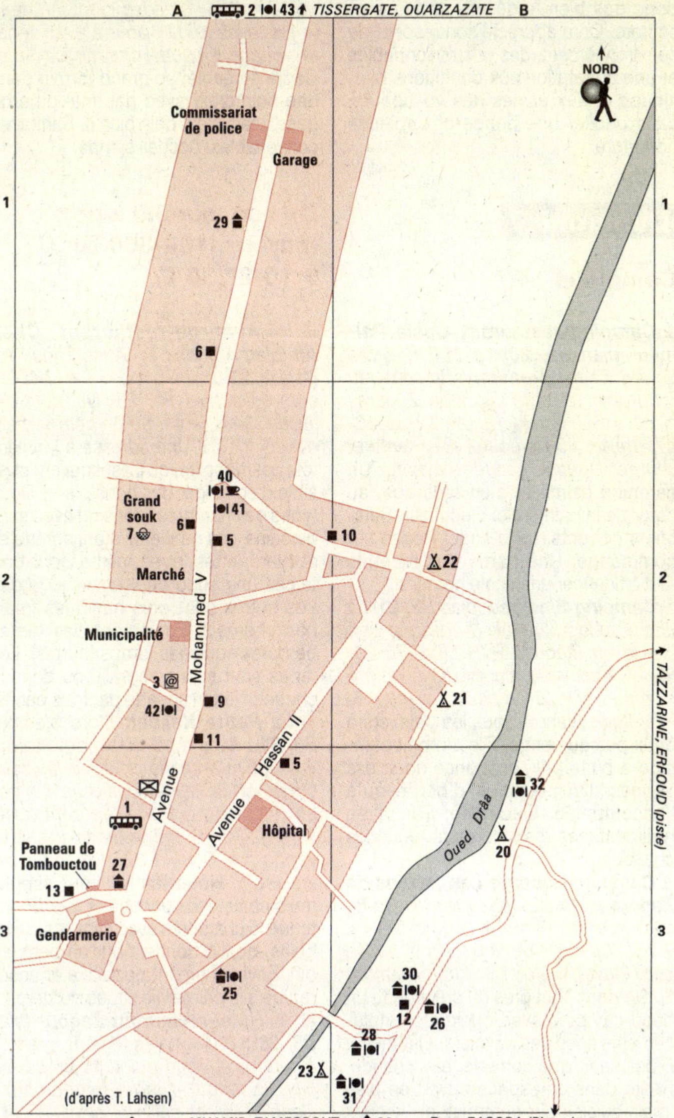
2 43 TISSERGATE, OUARZAZATE
NORD
Commissariat de police
Garage
29
6
40
41
Grand souk
7
6
5
10
22
Marché
Municipalité
Mohammed V
3
42
9
11
Avenue Hassan II
5
21
Avenue
1
Hôpital
32
Oued Drâa
20
Panneau de Tombouctou
27
13
Gendarmerie
25
30
12
26
28
23
31
(d'après T. Lahsen)
MHAMID, TAMEGROUT 24
ZAGORA (Piste de montagne)
TAZZARINE, ERFOUD (piste)
A
B
1
2
3

ZAGORA

donc très bien le désert, sa faune et sa flore. On a apprécié son respect de l'environnement, des prix raisonnables et une adaptation aux conditions physiques et aux envies des voyageurs, sans oublier une bonne et copieuse nourriture.

Où dormir ?

Campings

⛺ ***Camping-restaurant Oasis Palmier*** *(plan B3,* ***20****) : à 100 m après l'oued Drâa, prendre à gauche au rond-point la route du djebel Zagora ; c'est à 600 m. 📱 212 (0)6-12-25-56-47. Prévoir 45 Dh pour 2 avec tente et voiture. Douche chaude payante.* Un camping calme et bien ombragé, au cœur de la palmeraie. Électricité. Sanitaires corrects. Lave-linge. Repas sur commande. Une partie des recettes sert à financer une école nomade.

⛺ ***Camping Sindibad*** *(plan B2,* ***21****) : à l'orée de la palmeraie. Accès par l'av. Hassan-II (fléché). 📱 212 (0)6-73-20-88-44. • camping_sindibad@yahoo.fr • Compter env 40 Dh pour 2 avec tente et voiture.* Alangui sous les palmiers à deux pas du centre-ville, un p'tit camping à p'tits prix, ambiance *no stress Younès*. Un peu plus d'herbe qu'à l'accoutumée. Électricité. Sanitaires rudimentaires mais corrects (douches chaudes).

⛺ ***Camping-auberge Les Jardins de Zagora*** *(plan B2,* ***22****) : rue Hassan-II ; à gauche de l'hôtel* Ksar Tinzouline*. 📱 212 (0)6-68-96-17-01. Env 50 Dh pour 2 avec tente et voiture ; chambre 50 Dh/pers.* Tout près du précédent, un beau camping avec quelques emplacements sous des palmiers. Électricité. Blocs sanitaires corrects, eau chaude. Resto dans un espace ouvert en pisé (mais cuisine sur commande). Accueil tranquille.

⛺ ***Camping de la palmeraie d'Amezrou*** *(plan A3,* ***23****) : à 1 km au sud de Zagora en allant vers Mhamid. ☎ 05-24-84-74-19. Après le pont, prendre à droite juste après l'hôtel* La Fibule du Drâa *et longer le canal sur 300 m. Compter 40 Dh/pers sous l'une des 7 tentes nomades plantées dans le jardin ou 65 Dh pour 2 avec tente et voiture. Douche chaude payante.* Cadre agréable, un grand terrain dans une palmeraie avec pas mal d'herbe (rase, mais c'est déjà bien !). Sanitaires convenables. Accueil sympa.

De bon marché à prix moyens (100-300 Dh / 9,10-27,30 €)

🏠 🍽 ***Auberge-restaurant Chez Ali*** *(plan A3,* ***25****) : av. Atlas-Zaouit-el-Baraka. ☎ 05-24-84-62-58. • chez-ali.com • Doubles 140-250 Dh, petit déj inclus. Sous tente, 50 Dh/pers et petit déj en sus.* 📶 Une adresse à la clientèle cosmopolite, où il est souvent possible d'échanger des bons plans. Deux types de chambres : sans ou avec salle de bains, ces dernières étant agréables et bien nettes, avec même pour certaines une superbe vue sur le jardin. Les autres sont plus basiques (mais pas chères !). Également des tentes berbères équipées (draps fournis). Les repas sont servis en salle ou dans le chouette jardin squatté par trois paons.

🏠 ***La Petite Kasbah*** *(hors plan par B3,* ***24****) : dans la palmeraie d'Amezrou, env 500 m après le pont sur la droite et peu avt la* kasbah des Juifs*. Un poil en retrait de la route, en contrebas. ☎ 05-24-84-80-43. • petite_kasbah@yahoo.fr • Double 300 Dh, petit déj inclus.* 📶 Hôtel familial tout simple, mais chaleureux accueil et très bonne tenue. 5 chambres avec clim et salle de bains, dont 3 donnent sur un petit jardin. Environnement populaire et accès rapide à la palmeraie située derrière.

🏠 🍽 ***Hôtel-restaurant Zagour*** *(plan B3,* ***26****) : 100 m après le pont, prendre à gauche au rond-point. ☎ 05-24-84-61-78. • hotel-zagora-maroc.com • Double 300 Dh, petit déj inclus. ½ pens possible. Repas 90 Dh.* 📶 Belles chambres avec bains, AC et chauffage, à la déco assez raffinée. Un bon compromis entre confort et tradition. Certaines ont vue sur la palmeraie. Petite piscine. Salle à manger façon salon marocain ou plus sympa en terrasse. Personnel compétent.

Hôtel La Palmeraie *(plan A3, **27**) : av. Mohammed-V. ☎ 05-24-84-70-08. • lapalmerie-zagora.com • Double env 210 Dh, petit déj en sus. CB acceptées.* Le 1er hôtel construit à Zagora, dans les années 1950. Les parties communes très « mandat français » doivent dater de cette époque (!), mais les chambres sont confortables et propres, avec salle de bains et, pour certaines, clim et TV (TV5). Également quelques chambres sans sanitaires à prix plancher. Agréable terrasse en surplomb de la piscine (à l'entretien limité). Bon accueil.

De prix moyens à plus chic (300-1 000 Dh / 36,40-91 €)

La Fibule du Drâa *(plan B3, **28**) : après l'oued, sur la droite. ☎ 05-24-84-73-18. • zagora-desert.com • Doubles avec sdb 400-450 Dh, petit déj inclus. CB acceptées. Sert de l'alcool.* Un hôtel à taille humaine avec, à l'entrée, 2 tours de pisé s'ouvrant sur un jardin intérieur à la végétation luxuriante. Il abrite 24 chambres rénovées et colorées, avec tout le confort (clim, écran plat, frigo et même un petit bureau en carreaux de faïence) et vue sur les jardins ou la piscine. Espaces communs fort plaisants et patio flanqué d'un bar, tout simplement l'un des endroits les plus sympas pour descendre une bière bien fraîche le soir ! Fait aussi resto (voir « Où manger ? ») et organise des excursions dans le désert.

Riad de Rêve *(plan A1, **29**) : 353, Hay-Moulay-Rachid. 212 (0)6-77-19-13-37. • biabli_20@hotmail.fr • Non loin du commissariat de l'avenue principale. Pour repérer la rue, vous trouverez un photographe au coin (à défaut de plaque de rue). Monter env 150 m depuis l'avenue, arrivé sur une grande place, c'est à 10 m dans la rue à droite. Résa obligatoire. Doubles 300-500 Dh, avec petit déj. 10 % de réduc sur présentation de ce guide.* Petit *riad* pas loin de l'animation et en même temps au calme, bien inséré dans un quartier populaire. Abdesalam, qui a longtemps vécut en Suisse, connaît bien les goûts et habitudes des Européens. Il est revenu dans sa ville d'origine pour créer un lieu de rencontre et de convivialité, en proposant 8 chambres de bon confort (avec clim). Il a une grande connaissance de la région et offre une hospitalité hors pair (et fin cuisinier avec ça !). Intéressantes excursions organisées par son agence en des lieux peu fréquentés.

Villa Zagora, maison d'hôtes *(plan B3, **30**) : prendre à gauche au rond-point 100 m après le pont ; l'entrée se trouve dans une petite ruelle sur la gauche (fléché). ☎ 05-24-84-60-93. À Paris : ☎ 01-46-33-70-84. • mavillaausahara.com • Doubles sans ou avec sdb 560-730 Dh, petit déj inclus ; 2 suites plus chères. Également une tente avec de vrais lits pour 220 Dh/pers. La villa peut être louée dans son intégralité. ½ pens possible.* Belle maison d'hôtes, genre antre d'artiste garni de bouquins, située dans la palmeraie et tenue par une Française. 4 chambres élégantes, avec clim, miroir et petit bureau, et 2 suites dont une avec vue frontale sur un gros bouquet de palmiers. Grand jardin luxuriant, terrasse et piscine de poche. Salon avec cheminée où la maîtresse des lieux expose des tableaux d'art contemporain. Repas (avec alcool). Accueil chaleureux de Mohammed.

Dar Nekhla, maison d'hôtes *(hors plan par B3, **24**) : dans la palmeraie d'Amezrou, env 500 m après le pont sur la droite. 212 (0)6-68-88-63-94. Double 500 Dh, petit déj inclus. Menu 120 Dh.* Une véritable maison d'hôtes, décorée avec sobriété et une dominante de céramique de Tamegrout. Les salons sont au rez-de-chaussée, les chambres à l'étage, et le tout donne sur un patio d'où émergent deux palmiers dattiers, d'où le nom du lieu. Agréable petit jardin, jolie vue depuis la terrasse. Excellent accueil de Brahim. Bon rapport qualité-prix.

Dar Raha, maison d'hôtes *(hors plan par B3, **24**) : à Amezrou. ☎ 05-24-84-69-93. • darraha.com • À env 2 km après Zagora, sur la route de Mhamid ; être attentif, c'est indiqué par un petit panneau au sol sur la droite. Doubles 400-470 Dh avec petit déj. ½ pens proposée. CB acceptées.* Antoine a repris cette grande et belle demeure en pisé et au sol en terre, située au bord de l'ancien ksar d'Amezrou. Une dizaine de chambres simples avec sanitaires communs, plaisantes, au style brut, mais un brin sommaires pour le prix affiché. Elles sont toutefois chauffées l'hiver. Agréables salons-bibliothèques. Belle terrasse avec vue sur le djebel Zagora et la palmeraie. Petits déj copieux et repas faits avec des produits maison ou locaux. Antoine, qui réserve un accueil personnalisé à ses hôtes, pourra en outre vous faire visiter l'ancien ksar, sur lequel il a fait de très nombreuses recherches.

Riad Lamane (plan B3, **31**) : *à* ***Amezrou.*** ☎ *05-24-84-83-88.* • *riad lamane.com* • *Passer l'oued Drâa et prendre la piste à droite juste après l'hôtel* La Fibule du Drâa. *Double 900 Dh avec petit déj. ½ pens possible. CB acceptées sf* American Express. Un vrai bijou, serti d'une piscine au cœur d'une végétation luxuriante. Sous le bruissement des palmiers, une vingtaine de chambres tout confort, toutes différentes mais toutes très réussies : déco marocaine un peu déjantée, meubles ouvragés par-ci, plafond en coupole percé de petites ouvertures colorées par-là... Il y a même des tentes berbères (en dur, version luxe) et des maisonnettes avec lits *king size* et terrasse privée sur le toit. Cuisine délicieuse (le resto – avec alcool – est ouvert aux non-résidents), servie sous une tente nomade peinte au henné ou dans le *menzeh* (pavillon d'été ou salon d'hiver). Joli bar. Accueil charmant.

Les Jardins du Drâa (hors plan par B3, **24**) : *dans la palmeraie d'****Amezrou,*** *env 500 m après le pont sur la droite, accès par une ruelle assez étroite (mais ça passe en voiture et même en 4x4).* ☎ *05-24-84-67-66.* • *riad-zagora.com* • *Double 800 Dh en ½ pens. CB acceptées. Réduc de 20 % sur présentation de ce guide.* Dans un quartier plein de charme. Gérée par un couple de Français accueillant et très pro, une grande maison à la déco marocaine (mosaïques), proposant 5 chambres pouvant accueillir jusqu'à 3 personnes et 2 suites junior pour les familles. Elles sont toutes vastes, très bien tenues et même parfumées ! Intérieur comme un mini-*riad,* avec arcades et puits de lumière. Magnifique jardin fleuri hérissé de palmiers, avec belle piscine et calme absolu. VTT à disposition et excursions dans le désert, évidemment.

Dar Sofian (plan B3, **32**) : *à 100 m après l'oued Drâa, prendre à gauche au rond-point la route du djebel Zagora ; c'est après le camping* Oasis Palmier. ☎ *05-24-84-73-19.* • *riaddarsofian.com* • *Double 80 €, petit déj compris. Resto ouv aux non-résidents, menus 2-3 plats 160-200 Dh. Sert de l'alcool.* Un magnifique *riad* doté d'une superbe piscine entourée de palmiers. Les chambres, à la déco marocaine plutôt contemporaine, sont claires et très classe, avec douche à l'italienne, matelas orthopédiques et draps frais. Salon-cheminée, coin bibliothèque et tente à l'étage avec vue sur la palmeraie. Le resto (un peu cher) sert une bonne cuisine faisant la part belle aux plats du Sud (tajine aux coings, couscous aux choux de Zagora...). Excellent accueil.

Où manger ? Où prendre un petit déj ?

Pas grand-chose de renversant en matière de restauration à Zagora. Les endroits les plus sympas où manger le soir (pour le cadre et la qualité de la cuisine) sont les restos de certains hôtels et auberges un peu chic (si vous logez là, le choix sera vite fait !), où l'on peut, en outre, accompagner son repas de bière ou de vin. À part ça, la ville compte principalement des petits restaurants pas chers (sans alcool), la plupart sur l'avenue Mohammed-V, servant surtout des tajines et des brochettes (pour ces dernières, les estomacs fragiles feront un peu gaffe !).

De très bon marché à bon marché (moins de 80 Dh / 7,30 €)

Café-snack El Khayma (plan A2, **40**) : *av. Mohammed-V.* Très populaire et correct. Au menu : poulet grillé, brochettes, tajines, sandwichs, petit déj... Bonnes salades variées et jus frais. On mange en terrasse à l'ombre ou en salle pour trois fois rien. Service rapide, même pas le temps de grignoter les olives. Vend aussi à emporter.

|●| ***Snack Al-Ghiwan*** *(plan A2, **41**) : av. Mohammed-V, face au souk.* Pizzas, salades, brochettes, bons petits paninis et sandwichs variés, avec même du fromage fondu et de la merguez, pour changer... Bien pour casser la croûte mais pas la tirelire. Vend aussi à emporter.

|●| ***Café-restaurant Ennahda*** *(plan A2, **42**) : av. Mohammed-V.* Assez bien tenu, cadre plaisant, nappes et serviettes en tissu, terrasse protégée. Bon choix à la carte.

De bon marché à prix moyens (moins de 150 Dh / 13,60 €)

|●| ***La Fibule du Drâa*** *(plan B3, **28**) : voir « Où dormir ? ». Sert de l'alcool.* L'un des endroits les plus recommandables pour le dîner : on mange dans une grande salle colorée ou, plus agréable, sous les palmiers au bord de la piscine. Cuisine copieuse et pas très chère. Bon couscous (servi tous les jours) « au chou du bled », tajine berbère, brochettes.

|●| ***Auberge-restaurant Chez Ali*** *(plan A3, **25**) : voir « Où dormir ? ». Pas d'alcool.* On vous sert dans un salon marocain avec banquettes et tabourets. Possibilité de manger sous la tente ou de s'isoler au gré des allées du luxuriant jardin pour dîner à la bougie et aux lampions. Ali et sa famille font tout pour satisfaire leurs hôtes. Bonne cuisine. Couscous sur commande.

|●| ***Le Dromadaire Gourmand*** *(hors plan par A1, **43**) : av. Mohammed-V. 📱 212 (0)6-61-34-83-94. Sur la gauche à l'entrée de la ville en venant de Ouarzazate. Pas d'alcool.* Sur la terrasse en bord de rue ou dans une grande salle un peu pompeuse avec salon marocain, on sert l'intégralité des classiques du coin, allongée d'un émincé de veau au riz et légumes, histoire de sortir du trio infernal couscous-tajine-brochettes. Simple, prix modérés, bon et copieux.

|●| En principe vous pouvez aussi, même si vous n'y logez pas, aller manger au ***Riad Lamane,*** à la ***Villa Zagora*** ou encore au ***Dar Sofian*** (un peu plus cher). *(Voir « Où dormir ? ».)*

DANS LES ENVIRONS DE ZAGORA

➢ ***Le djebel Zagora :*** cette excursion est à faire au lever du soleil de préférence, si vous avez le courage de vous lever avant lui ! On peut accéder quasi jusqu'en haut avec un 4x4. Après le pont sur l'oued (direction Mhamid), prendre à gauche au rond-point la route qui longe la montagne. Après 3 km, bifurquer à droite sur une piste. Autre possibilité : prendre le sentier qui démarre face à l'agence *Caravane du Sud (plan B3, **12**).* Compter 1h de marche (aller-retour). Vous serez récompensé de votre petit effort : le panorama est superbe. Prévoyez une lampe de poche si vous y allez pour le coucher du soleil.

➢ ***Amezrou :*** *après le pont sur l'oued Drâa, à la sortie de Zagora, en direction de Mhamid.* Promenade à effectuer de préférence en fin d'après-midi. En suivant le canal principal à partir de l'hôtel *La Fibule du Drâa (plan B3, **28**)* on atteint, après environ 2 km via la luxuriante palmeraie, le village d'Amezrou qui longe un ancien *ksar* (accessible aussi par la route). Des jeunes se proposent de vous y guider. Se mettre d'accord sur le prix (à partir de 10 Dh et plus si satisfaction). Peut-être vous fera-t-on voir la petite synagogue (belle arcade à l'intérieur). À droite du village, la palmeraie vient mourir sur un ondoiement de dunettes.

Le ksar de Tissergate : *à 8 km au nord de Zagora.* Bâti au XVIᵉ s, il est encore habité par une cinquantaine de familles. Notez les figures gravées sur les tours : étoile du Maroc, cinq piliers de l'islam, lances symbolisant la bravoure des guer-

riers berbères. On y trouve les fameuses allées couvertes si typiques de cette partie du Maroc. Là aussi, des « guides » se proposeront de faire la visite.
Le ksar abrite le ***musée des Arts et Traditions de la vallée du Drâa*** *(tlj 9h-17h ; entrée : 20 Dh ; réduc enfants).* Ce musée s'est installé dans une ancienne *kasbah* qui vaut à elle seule le détour. Il retrace la vie quotidienne des habitants de la région à travers une riche exposition de bijoux, de vêtements, d'instruments de musique, de vieux manuscrits, d'objets usuels évoquant le travail des champs, la médecine, les coutumes observées en période de deuil ou de naissance (la salle d'accouchement laisse songeur), etc. Sur la terrasse, poterie, tressage, tapis, tentes, l'atelier du forgeron et l'ancienne cuisine. Le tout accompagné de commentaires en français très pédagogiques, complétant une visite guidée à elle seule éclairante. Une très belle initiative pour mieux découvrir et comprendre les tribus qui vivent ici. À ne pas manquer !

Où dormir ?

Kasbah Ziwana : *dans le ksar, à côté du musée des Arts et Traditions de la vallée du Drâa. ☎ 05-24-84-70-39. • kasbah-ziwana.com • Compter 50 € pour 2 en ½ pens.* Une maison d'hôtes traditionnelle et confortable, au cœur du ksar. Impossible de soupçonner lorsqu'on pénètre dans cette étroite ruelle couverte que l'on va découvrir cette adorable adresse. Très joli carrelage ancien, tissus chatoyants, puits de lumière, petites chambres de charme, tout est séduisant ici... et l'accueil n'est pas en reste !

Le Sauvage Noble : *juste avt le ksar en venant de Zagora. 212 (0)6-61-34-84-13. • sauvage-noble.org • Doubles 540-760 Dh selon taille, petit déj compris. ½ pens possible. Repas 120 Dh.* Une adresse pleine de charme, tenue par le même propriétaire que l'agence *Renard Bleu Touareg* (voir plus haut « Adresses utiles. Bivouacs et excursions »). Militant pour un tourisme en accord avec le développement durable, Abdellah a créé ce petit hôtel avec des matériaux et des produits d'artisans de la région. Chaque chambre est aménagée différemment, les meubles sont en marqueterie, les sols en céramique verte de Tamegrout, les salles de bains en *tadelakt*. Coin salon, terrasse avec vue sur la palmeraie et le ksar, piscine miniature, hammam. Que demander de plus ?

LES ROUTES AU DÉPART DE ZAGORA

VERS LE SUD : DE ZAGORA À MHAMID

TAMEGROUT

À une vingtaine de kilomètres de Zagora, Tamegrout est un ancien centre religieux célèbre pour la bibliothèque de sa zaouïa Naciri (école coranique). Elle rassemble près de 4 000 livres de sciences arabes et islamiques, écrits à la main entre le XIe et le XVIIe s. Visite menée à la cravache par le vieux bibliothécaire, contre un pourboire. On ne peut évidemment pas toucher les précieux bouquins. Du coup, si on ne lit pas l'arabe, l'intérêt de la visite est un peu limité.
Des gens sans ressources ou souffrant de maladie physique ou mentale viennent se recueillir à quelques mètres de là, près du mausolée du fondateur de la zaouïa. Photos formellement interdites.
L'autre attrait de Tamegrout, c'est son artisanat de céramiques vertes et brunes très caractéristiques (à base d'argile cuite émaillée au manganèse et à l'oxyde de cuivre), que l'on ne manquera pas de vous inviter à découvrir. C'est l'occasion de

visiter le vieux village, découpé en quartiers par métiers. Noter les pots en terre plantés au faîte de certains toits : ils indiquent que la maison compte une femme célibataire...

Jnane-Dar Diafa : *en face de la bibliothèque coranique. ☎ 05-24-84-06-22. • jnanedar.ch • Doubles 170-300 Dh avec ou sans sanitaires et clim ; 70 Dh/pers en tente nomade ; petit déj inclus. Repas 90 Dh. (réception).* Dans un grand jardin potager semé de tentes berbère pour lézarder. Au fond, une grosse bâtisse abrite une petite dizaine de chambres rustiques mais propres ; les plus sympas s'ouvrent sur un balcon en surplomb du jardin. Au centre, un bâtiment octogonal genre kiosque à musique fait office de salle à manger. Bonne cuisine typique (viande de dromadaire !), service souriant. Le personnel fera tout pour que votre séjour soit parfait. Une adresse routarde à prix doux.

➢ À 7 km de Tamegrout, en continuant vers Mhamid, on découvre, sur la gauche à proximité de la route, les modestes dunes de ***Tinfou,*** qui semblent s'être égarées au beau milieu d'une plaine aride. Très fréquentées par les agences de voyages qui, à certaines heures, y déversent leurs flots de clients pour leur donner un avant-goût du désert. Intérêt limité.

AU SUD DE OUARZAZATE

OULED-DRISS

Après la traversée d'une magnifique palmeraie, on atteint Ouled-Driss, dernier village avant Mhamid. On s'y sent déjà aux portes du désert, les premières dunes n'étant vraiment plus très loin. Le village semble s'être un peu spécialisé dans l'accueil des touristes venus voir le désert, puisqu'on y trouve des hébergements à tous les prix, du camping à l'hôtel en pisé chic. Bref, vous n'aurez que l'embarras du choix si c'est ici que vous avez décidé de faire étape. Et naturellement, toutes les adresses proposent des sorties et bivouacs du côté des dunes.

Où dormir ?
Où manger ?

De bon marché à prix moyens (moins de 400 Dh / 36,40 €)

Bivouac Mille et Une Nuits : *env 500 m après la sortie du village, sur la droite. ☎ 05-24-84-86-85. • croq nature.com/ouleddriss.htm • Résas auprès de Reima Voyages-Croq'Nature à Zagora (voir plus haut « Adresses utiles. Bivouacs et excursions » dans cette ville). Camping pour 2 pers 50 Dh ; en ½ pens, prévoir env 200 Dh/pers sous tente berbère et 300 Dh/pers en bungalow, hammam compris.* Éloignée de la route, cette petite oasis de 5 ha abrite, outre une aire de camping, des tentes nomades (un peu chaudes en été) pouvant accueillir chacune plusieurs personnes, ainsi que des bungalows (plus frais). Bloc sanitaire impeccable, hammam, resto. Piscine en projet. Organisation de randonnées chamelières. Le tout dans un souci de tourisme équitable.

Auberge Kasbah Touareg : *à 1 km après Ouled-Driss, puis 800 m de piste carrossable (départ de la piste face au Dar Azawad). 212 (0)6-72-36-49-70. Doubles sans ou avec sdb 300-400 Dh en ½ pens ; moins cher en camping ou sous tente berbère.* Une *kasbah* en pisé plus que centenaire, qui s'organise autour d'un patio en terre planté de palmiers. Une dizaine de chambres, avec ou sans salle de bains, des tentes berbères et, un peu plus loin, des emplacements pour tentes de camping. Sanitaires collectifs propres, l'ensemble est d'ailleurs bien tenu. Hammam. Également, dans la maison des proprios, un salon très traditionnel sous puits de lumière, pour les repas en été. Cuisine familiale et accueil très chaleureux ; un bon plan routard. Organise des randos chamelières.

De prix moyens à chic (400-800 Dh / 36,40-72,80 €)

Dar Talhaya : *dans le village (fléché). 212 (0)6-67-96-64-68. • dartalhaya.com • Double 500 Dh en ½ pens.* Au cœur du ksar, cette *kasbah* traditionnelle du XVIIe s, parfumée à l'encens, abrite une poignée de chambres simples avec sanitaires privés, réparties autour d'un puits de lumière. Salon marocain au rez-de-chaussée et terrasse sur le toit. Tranquillité garantie. Petit musée à côté, que le proprio peut vous faire visiter. Organise aussi des excursions de un à plusieurs jours, notamment du côté de la frontière algérienne. Bon accueil.

Le Drom'Blanc : *env 2 km après le village direction Mhamid, prendre une piste sur la gauche sur env 2 km (fléché). ☎ 05-24-84-68-52. • ledromblanc.com • Double 52 € ; tente 17 €/pers ; petit déj inclus. Repas 10 €.* Géré par une Française (le drom'blanc ?), cet hôtel-bivouac propose 4 chambres sombres et étroites mais plutôt confortables (salle d'eau privée) dans une maison non dénuée de caractère, ou des tentes nomades dans le jardin avec sanitaires communs. Terrasse sous les canisses pour prendre l'apéro. Hammam. Très bon accueil. Propose aussi des cours de macramé (une technique de nouage du Maghreb) et des excursions.

Hôtel Kasbah Caravanes : *à 500 m sur la gauche après le village. 212 (0)6-61-08-53-63 ou 212 (0)6-61-24-79-29. • hotelkasbahcaravane.com • Double 700 Dh en ½ pens.* Belle réalisation en forme de *kasbah* dotée de chambres agréables avec murs de terre, clim et salle de bains. À l'arrière, les palmiers se noient dans le sable. Jardin, petite piscine, ou bains de sable dans les dunes en été, pour les frileux qui voudraient soulager leurs rhumatismes. Bon accueil. Organisation de bivouacs et de nombreuses activités dans les environs.

Dar Azawad : *env 1 km après le village, sur la droite. ☎ 05-24-84-87-30. • darazawad.com • Compter 70 € la double et 110 € la suite, avec petit déj. Dîner 22 €.* Tenu par un Français, un bel hôtel de charme proposant des chambres impeccables et ravissantes (clim réversible, salle de bains en *tadelakt,* joli mobilier marocain) dans des petites *kasbah* individuelles posées autour d'une piscine. Espace bien-être avec hammam. L'hôtel organise aussi des excursions dans le désert et possède un bivouac isolé près des dunes de Chigaga. Bonne adresse dans cette catégorie.

MHAMID

Au kilomètre 96, c'est le bout du bitume et le début du désert. La frontière algérienne n'est qu'à 40 km, mais il n'y a pas de route. Le village fut fondé en 1919 avec l'arrivée des Français et n'offre pas d'autre intérêt que celui d'être proche des dunes. Pour les plus curieux, sa palmeraie prédésertique renferme quelques vestiges de l'époque saadienne. On y trouve aussi quelques hébergements et, bien sûr, des agences pour les excursions dans le désert, ainsi que des faux guides et rabatteurs, plus ou moins nombreux en fonction de la saison touristique.

Arriver – Quitter

➢ Taxis collectifs et minibus pour **Zagora.** Également un bus de la *CTM* qui part tous les jours tôt le mat (vers 6h) pour **Zagora** et **Ouarzazate** (départ l'ap-m dans l'autre sens). Arrêt à l'agence *Cherg Expéditions,* à l'entrée du village.

Adresses et infos utiles

Poste : *à l'entrée du village, et plusieurs* **cybercafés** *dans la rue principale.*

Kasbah Sahara Services : *un peu avt le village sur la droite. ☎ 05-24-42-06-76. 212 (0)6-61-77-67-66. • saha-*

raservices.info • L'une des agences les plus importantes du coin, très professionnelle, avec 1 bivouac à 14 km au nord de Mhamid et pas moins de 3 bivouacs – de différents standings – à Chigaga. C'est aussi un hôtel (voir « Où dormir ? »).

■ ***Cherg Expéditions :*** *bureau à l'entrée du village, dans le bâtiment des bus CTM (à gauche en arrivant).* ☎ *05-24-88-79-08.* 📱 *212 (0)6-61-24-31-47.* • *cherg.com* • Agence très sérieuse dont les bureaux sont à Ouarzazate (se reporter plus haut aux « Adresses utiles. Excursions » de cette ville). Elle possède un bivouac, *Le Petit Prince*, à 7 km de Mhamid.

■ ***Bivouac Sous les Étoiles :*** *au centre du village.* ☎ *05-24-84-61-75.* 📱 *212 (0)6-71-84-16-13.* • *bivouacsouslesetoiles.org* • Là aussi, une agence expérimentée. Propose surtout l'excursion de 2 jours et 1 nuit (en bivouac) en 4x4 aux dunes de Chigaga.

■ ***Agence Bivouac l'Erg :*** *face à la mosquée.* 📱 *212 (0)6-61-87-16-30.* • *mdaimin@yahoo.fr* • *Compter 250 Dh/pers en ½ pens pour 1 nuit en bivouac.* On vous accueille sous les tentes nomades au pied des dunes de l'erg Lehoudi. Le bivouac est équipé de douches et de sanitaires rudimentaires.

■ Voir également les agences citées à Zagora et Ouarzazate.

– ***Souk :*** *lun.* Le reste de la semaine, Mhamid retombe en léthargie.

Où dormir ?
Où manger ?

⛺ 🏠 🍽 ***Camping Relais Hamada du Drâa :*** *prendre à gauche sur la place principale.* ☎ *05-24-84-80-86.* • *hamada-sahara.com* • *Compter 60 Dh pour 2 avec tente et voiture. Case en pisé pour 2 avec sdb 200 Dh ; double avec sdb et clim 400 Dh ; petit déj inclus.* 📶 Dans un grand jardin, un camping très propre et une piscine convenable. Peu d'ombre. Bibliothèque d'ouvrages sur le désert et bouquins de vacances. Hammam. Resto (sert de l'alcool). Hassan, guide officiel, propose des formules d'initiation au désert (déjeuner chez l'habitant avec transport en charrette) et des excursions complètes, notamment vers un bivouac à 40 km de Mhamid *(compter 800 Dh/pers pour 2 j. et 1 nuit, tt compris).*

🏠 ***Hôtel El-Ghizlane :*** *au centre du village.* ☎ *05-24-88-56-10.* • *zbartravel.com* • *Doubles 70 Dh sans sdb ni petit déj, ou 150 Dh avec sdb et petit déj.* Chambres très simples mais pas chères. Accueil sympa. Organise des excursions.

🏠 🍽 ***Kasbah Sahara Services :*** *un peu avt le village, sur la droite.* ☎ *05-24-42-06-76.* 📱 *212 (0)6-61-77-67-66.* • *saharaservices.info* • *Compter 150-250 Dh/pers en ½ pens. Menus 80-160 Dh.* 📶 *Sert de l'alcool.* Ancienne maison de notable très joliment arrangée en minihôtel. 6 chambres très plaisantes aux murs d'argile, parfaitement tenues et de bon confort (clim, salle de bains en *tadelakt*). Derrière, d'autres chambres plus simples dans des espèces de bungalows en pisé avec sanitaires communs. Également 3 suites, plus chères bien sûr. Coin bibliothèque avec cheminée et resto servant une bonne cuisine (tajine de lapin ou de chevreau) dans une belle salle soignée. Accueil au diapason. C'est aussi une agence sérieuse (voir « Adresses utiles » plus haut).

À voir dans les environs

Pour visiter les environs de Mhamid, il est indispensable d'avoir un 4x4 et de se faire accompagner par un guide compétent (faute de quoi vous auriez vite fait de vous perdre !). Bien sûr, il y a aussi le dromadaire... pour ceux qui ont le temps. En fait, la plupart des touristes s'en remettent à une agence, qui fournit véhicule, guide, repas et hébergement (ce dernier étant généralement un bivouac). Les deux zones les plus visitées au départ de Mhamid sont l'erg Lehoudi, à 12 km, et, plus spectaculaire (plus loin aussi : 60 km), l'erg Chigaga, mais d'autres excursions sont possibles. En gros, il faut compter 40 à 100 € par personne l'excursion de 2 jours et 1 nuit dans le désert, selon le standing du bivouac et l'éloignement de celui-ci (les bivouacs les plus éloignés nécessitent un 4x4, plus cher que le dromadaire...).

L'erg Lehoudi *(« erg des Juifs »)* **:** *à env 12 km au nord de Mhamid, dans l'alignement du château d'eau (départ de la piste à 18 km de Mhamid sur la route de Zagora).* Ondulant au milieu d'un reg, ce joli tas de sable est très sympa hors saison (c'est-à-dire pendant la période la plus chaude), avec une demi-douzaine de bivouacs permanents. Le reste du temps, c'est parfois une autre histoire : les *khaïma* (bivouacs...) sont alors alignées comme des baraques à frites dans une fête foraine. Quoi qu'il en soit c'est l'occasion d'aller fouler le sable pieds nus. On peut en principe louer des chameaux pour une balade dans les dunes au coucher du soleil.

Les dunes de Chigaga : *à 60 km de Mhamid, compter 1h30 en 4x4.* Ces dunes, longues de 40 km (au moins), sont plus hautes, plus majestueuses et plus isolées que celles de l'erg Lehoudi. À moins d'avoir son 4x4 et de partir avec un bon guide, on s'y rend par l'intermédiaire d'une agence, qui possède ou non son propre bivouac dans les dunes. Comme toujours dans les ergs, les meilleures heures de la journée sont le lever et le coucher du soleil (mais ne le dites à personne !), la lumière y est beaucoup plus belle. Pour ceux qui veulent voir le vrai désert mais, à l'instar de l'erg Lehoudi ou de l'erg Chebbi à Merzouga, il peut y avoir du monde – pour un désert – en haute saison.

➢ Il est possible de relier ***Mhamid à Foum-Zguid par la piste*** (autrefois utilisée pour le Paris-Dakar, 4x4 obligatoire). Il existe en fait deux itinéraires. Le premier emprunte un reg désertique et très caillouteux au nord des ergs qui jalonnent l'oued Drâa jusqu'au lac d'Iriki. L'autre chemine au sud de la zone d'ergs en limite de l'oued Drâa. Renseignez-vous auprès d'une agence.

VERS LE TAFILALET : DE ZAGORA À RISSANI

De Zagora, remontez la vallée du Drâa jusqu'à Tansikht, puis tournez à droite en direction de Tazzarine. Cet itinéraire relie successivement Nekob, Tazzarine et Alnif jusqu'à Rissani. Prévoir 5 à 6h de trajet pour couvrir les 300 km du parcours. Ambiance désertique et paysages un peu lunaires, ponctués de palmeraies plus ou moins grandes. En bref, une superbe route !
– *ATTENTION :* si les principales villes traversées entre Zagora et Rissani possèdent des stations essence, il y a parfois des petits problèmes d'approvisionnement. Mieux vaut donc quand même partir avec le plein. Les piétons, quant à eux, pourront gagner les villages du parcours en minibus ou grand taxi depuis Zagora ou Rissani.

LE TRONÇON TANSIKHT-TAZZARINE PAR NEKOB

À 38 km de Tansikht, ***Nekob*** peut servir d'étape entre les vallées du Drâa et du Ziz. Comptant plus d'une quarantaine de *kasbah,* le village est planté dans le paysage lunaire du djebel Saghro, en surplomb d'une palmeraie où l'on peut se promener en toute tranquillité. Cerise sur le gâteau (au miel), un panel de jolies adresses où loger.
– Piste d'atterrissage naturelle pour les petits avions de tourisme et ULM. Parapente possible (pour ceux qui ont le leur) depuis le djebel Amoun.
– ***Souk :*** *sam et dim.*

Où dormir ? Où manger à Nekob ?

Bon marché (100-200 Dh / 9,10-18,20 €)

Auberge-camping Ouadjou : *à l'entrée du village en venant de Tansikht, côté droit. ☎ 05-24-83-93-14. • ouadjou.com • Compter 70 Dh pour 2 en camping (avec tente et voiture), 50 Dh/pers en tente berbère et 70 Dh/pers en dortoir de 4 lits. Également quelques doubles 170-250 Dh/pers en ½ pens, selon confort.* Pour routards à petit budget, un espace bien tenu et agréable, offrant toute une gamme d'hébergements, du camping sur parcelle engazonnée au lit en dortoir ou chambre. Piscine et resto.

Maison d'hôtes Aït Itto : *près de la rue principale et de la Kasbah Imdoukal. 212 (0)6-70-84-10-54. Compter 120 Dh/pers en ½ pens.* Grande demeure particulière offrant des chambres très simples (voire spartiates), mais bien tenues. Correct pour petits budgets.

De prix moyens à plus chic

Auberge Ennakhil : *☎ 05-24-83-97-19. • kasbah-nkob.com • Juste à la sortie de Nekob, sur la gauche, en allant vers Rissani. Doubles sans ou avec sdb 340-580 Dh en ½ pens. Menu 80 Dh.* Hôtel très animé, proposant une dizaine de chambres simples au rez-de-chaussée (sanitaire communs nickel), ou au style plus traditionnel et travaillé à l'étage, avec clim et balcon côté palmeraie. Bel effort de déco pour ces dernières, à l'image des douches, originales à défaut d'être pratiques : l'eau y coule d'un pot à miel ! Le tout est très bien tenu par une famille charmante et sympathique. De plus, vue exceptionnelle sur la palmeraie et la ville de la terrasse où l'on prend les repas, par ailleurs de qualité. Piscine. Organise aussi des excursions vers le massif du Saghro.

Baha Baha La Kasbah : *dans le centre du village ; fléché. ☎ 05-24-83-97-63. • kasbahababa.com • Doubles avec ou sans sdb 370-500 Dh, sans le petit déj ; 210 Dh pour 2 sous la tente. ½ pens possible.* La *kasbah* est articulée autour d'un grand jardin intérieur planté d'orangers, avec une piscine. Belles chambres vastes et traditionnelles, la plupart pouvant accueillir 4-5 personnes. Certaines ont vue sur le village. Inconvénient : les sanitaires communs se trouvent dans un autre bâtiment. Bibliothèque, terrasse panoramique. Le patron cherche avant tout à promouvoir la culture de sa région, ne pas manquer d'ailleurs son petit musée ethnographique sur les Aït-Atta, une grande tribu berbère. Bivouacs, excursions en 4x4, etc.

Kasbah Imdoukal : *dans une ruelle du village (qui part à 50 m de la poste) ; fléché depuis la rue principale. ☎ 05-24-83-97-98. • kasbahimdoukal.com • Doubles 500-700 Dh selon confort, petit déj compris ; également 2 suites (jusqu'à 4 pers). Menu 120 Dh.* Une *kasbah* traditionnelle pleine de charme. Notez les superbes portes anciennes. Elle offre une vingtaine de chambres à dominante ocre, murs en pisé, plafond en troncs de palmiers, le tout décoré avec sobriété. Sanitaires privés, clim et chauffage pour les plus chères. La terrasse solarium offre une vue à 360° sur toute la vallée et les toits de la ville. Cuisine berbère (pas mémorable, en revanche) servie dans un patio à ciel ouvert, sous les étoiles. Piscine.

Tazzarine : en plus d'une belle palmeraie, la région présente des sites de gravures rupestres ainsi que de nombreuses tombes préislamiques. Le plus beau site se trouve à ***Aït-Ouazik,*** à 26 km de Tazzarine (7 km seulement sont goudronnés). Un bel endroit, où sont représentés quelques rhinocéros et girafes. Le piquetage à gorge lisse témoigne de l'occupation de la région il y a 10 000 ans. On trouve dans la ville un complexe touristique, un camping, une poignée de gargotes où se restaurer pour trois fois rien, et on peut faire le plein d'essence à la station *Ziz.*

- ***IMPORTANT :*** dans le sens Rissani-Zagora, à la sortie de Tazzarine, ne suivez pas Zagora par la route de gauche. Selon les panneaux, c'est l'itinéraire le plus court, mais le goudron s'arrête au bout d'une trentaine de kilomètres ; ensuite, la piste est terriblement cassante. Préférez continuer jusqu'à Tansikht, via Nekob, pour aller sur Zagora.
- ***Souk :*** *mer.*

Où dormir ? Où manger à Tazzarine ?

De bon marché à prix moyens (100-400 Dh / 9,10-36,40 €)

⛺ 🍽 ***Camping Amasttou :*** *prendre à droite, à l'entrée de la ville quand on vient de Nekob (fléché).* ☎ *05-24-83-90-78.* • *amasttou.com* • *Compter 50 Dh pour 2 avec tente et voiture ; 150 Dh/pers en ½ pens sous tente berbère.* Mignon camping-jardin propre, fleuri, calme et ombragé, situé dans la palmeraie. Sanitaires nickel avec douches chaudes, et piscine dans un petit bassin. On peut aussi dormir dans des tentes berbères. Resto sous des paillotes. Bon accueil. Très sympa !

Chic (400-800 Dh / 36,40-72,80 €)

🏠 🍽 ***Village touristique Bougafer :*** *prendre à droite, à l'entrée de la ville quand on vient de Nekob (fléché).* ☎ *05-24-83-90-05. Double 420 Dh, petit déj compris.* Un complexe hôtelier d'une soixantaine de chambres, accueillant surtout des groupes. Hélas, l'ensemble souffre un peu de négligence, on vous l'indique pour vous dépanner si vous cherchez désespérément un endroit où passer la nuit dans le coin... Resto (avec alcool), piscine et grand jardin.

LE TRONÇON TAZZARINE-RISSANI PAR ALNIF

🚶 À 76 km de Tazzarine, on atteint le village-rue d'***Alnif*** et sa palmeraie, plutôt agréable. Alnif est appréciée des géologues du monde entier car des sols du précambrien (inférieur à 550 millions d'années) affleurent un peu partout dans la région. On y trouve, entre autres espèces fossilisées, les fameux *trilobites,* les premiers animaux à avoir été dotés de l'organe de la vue, à une époque où la vie ne régnait pas encore sur la terre ferme...
- Sur place, poste, cybercafé, station essence et une *Banque populaire* avec guichet de retrait automatique.

> **EH PATATE !**
>
> *La patate d'Alnif est renommée dans tout le Sud marocain. Elle est cultivée le long de la superbe palmeraie qui borde la piste au nord du village. C'est ici que vous mangerez les meilleures frites du Maroc !*

Où dormir ? Où manger ?

🏠 🍽 ***Kasbah-auberge-restaurant Météorites :*** *à 13 km avt Alnif en venant de Nekob (oasis de Tiguerna).* ☎ *05-35-78-38-09.* • *kasbahmeteorites.com* • *Env 300 Dh/pers en ½ pens. Menu touristique 100 Dh.* Une bonne trentaine de chambres très propres, spacieuses et confortables (salle de bains, TV, AC) mais sans charme particulier dans cet établissement récent de bord de route. La piscine située au fond du jardin, en revanche, est très belle. Licence d'alcool au resto, qui reçoit beaucoup de groupes le midi.

🏠 🍽 ***Hôtel-restaurant Palmiers :*** *à la sortie d'Alnif, côté droit en venant de Tizzarine.* ☎ *05-35-88-19-71. Double 300 Dh, petit déj inclus. En terrasse 60 Dh/pers.* Petit hôtel familial de village fort bien tenu. 6 chambres propres avec sanitaires privés. Possibilité de dormir en terrasse ou sous une grande tente. Cuisine très correcte, généreuse et bon marché. On y sert aussi de très bons cafés. Accueil très gentil.

Achats

Si un petit voyage dans le temps vous intéresse, ne manquez pas, parmi d'autres, les boutiques de fossiles ***Trilobites Center.***

Chez Mohand Ihmadi : *à l'entrée de la ville en venant de Zagora (à côté du resto* La Gazelle du Sud*).* 212 (0)6-66-22-15-93. • *trilobitesihmadi@yahoo.fr* • Mohand, qui est aussi géologue, partage avec passion toutes ses connaissances sur les fossiles. Sur réservation, il organise aussi des excursions vers les gisements de la région. Vraiment intéressant !

➢ D'Alnif, compter 90 km pour atteindre ***Rissani*** par la N 12. La route traverse des villages dans un paysage semi-désertique à la végétation arbustive éparse. Station *Ziz* à *M'Cissi.*

➢ Attention, si vous vous dirigez vers Zagora, à la sortie de la ville, au carrefour, bien prendre la route de gauche. Quant à la route de Tineghir, celle de droite donc, elle est désormais entièrement goudronnée. Elle longe la palmeraie sur la gauche au nord du village jusqu'au col de Tizi-n-Boujou, puis redescend vers la plaine environ 21 km avant ***Tineghir.***

VERS L'OUEST : DE ZAGORA À TATA PAR FOUM-ZGUID

➢ Longue de 120 km, la ***piste Zagora – Foum-Zguid*** est parfois cassante ; se renseigner avant de l'emprunter. C'est néanmoins un superbe raccourci qui permet de filer vers l'ouest sans repasser par Agdz. Les jours de souk à Zagora (mercredi et dimanche), possibilité de prendre place dans un camion qui dessert Foum-Zguid (5h de trajet). Prévoir des provisions.

Foum-Zguid compte quelque 10 000 âmes. Villages agréables dans les alentours. Peu de touristes.
- ***Souk :*** *jeu.* Animation garantie.
- ***Coopérative des tapis :*** bien indiquée. On vous laisse regarder tranquillement. Les prix, très inférieurs à ceux de Marrakech, sont fixés par l'État ; donc pas moyen de marchander, mais de toute façon, on est gagnant.

➢ ***La route Foum-Zguid – Tata :*** les 150 km qui séparent les deux localités se font sans difficulté, cette route goudronnée est même particulièrement agréable. Voir aussi plus haut « De Tata à Zagora » dans la partie « L'Anti-Atlas ».

À L'EST DE OUARZAZATE

SKOURA

23 000 hab.

Skoura est la première étape entre Ouarzazate (42 km) et le Tafilalet. C'est le début de la vallée du Dadès, bordée par une magnifique palmeraie et des cultures irriguées. Au printemps, avec l'Atlas enneigé en toile de fond, l'ensemble a beaucoup d'allure.

La fondation de Skoura par Yacoub el-Mansour au XIIe s appartient à la légende. Il est plus probable qu'elle ait été fondée au XVIIIe s par moulay Ismaïl. En tout cas, elle n'est pas décrite lors du passage de Léon l'Africain au XVIe s. Les habitants parlent l'arabe, quoique une partie importante soit d'origine berbère (Aït-Imegran). La palmeraie aurait peut-être été fondée par des Arabes et des nomades berbères s'y seraient sédentarisés plus tard. Par ailleurs, on dit que la plupart des habitants de Ouarzazate, ville récente, sont originaires de Skoura.

- ***Souk :*** *lun.* Très animé.
- ***Arrêt de bus CTM :*** *au café-resto* La Kasbah, *sur la rue principale.*

Où dormir ?

Deux zones où résider : d'abord, les collines surplombant l'oasis... On y retrouve la notion de grands espaces, un lumineux panorama et on plonge quand on veut dans la palmeraie. Ensuite, bien sûr, dans cette dernière, et c'est plutôt le mystère et l'intimité de l'oasis qu'on retrouve. À vous de choisir !

Très bon marché

⛺ ***Camping-Restaurant Amridil :*** *côté palmeraie.* ☎ *05-24-85-23-28.* • *camping.amridil@gmail.com* • *À 300 m de la route principale. On y accède par une petite piste sur la gauche en venant de Ouarzazate, un peu après l'hôtel* Kasbah Aït Ben-Moro. *Forfait camping env 50 Dh.* Récent, sanitaires impeccables. Loue aussi des bungalows très corrects.

De bon marché à prix moyens (100-400 Dh / 9,10-36,40 €)

🏠 ***Gîte d'étape - Auberge Migusta :*** *douar Ouled-Aârbya, Ouled-Yaâgoub (côté collines).* ☎ *05-26-86-60-38.* 📱 *212 (0)6-77-31-31-09.* • *migustaskoura.com* • *À 7 km avt Skoura en venant de Ouarzazate, prendre une piste à gauche sur un peu plus de 3 km ; c'est fléché. Double avec sdb 320 Dh en ½ pens.* Maison traditionnelle dans les collines dominant la palmeraie. Accueil adorable d'Hayat et de sa petite famille. Intérieur simple, chaleureux, méticuleusement tenu. Elle offre 3 chambres plaisantes et colorées (avec même des matelas pas trop durs !). Excellente cuisine familiale (et délicieux petits gâteaux maison). Terrasse protégée, panorama assuré.

🏠 ***Ferme d'hôtes Chez Slimani :*** *douar Magraman, Oulad-Yaâcoub, dans la palmeraie même, à 200 m de la* kasbah Amridil. ☎ *05-24-85-23-59.* • *chezslimani.com* • *On y accède par une petite piste sur la gauche en venant de Ouarzazate, un peu après l'hôtel* Kasbah Aït Ben-Moro *; on doit ensuite traverser un oued (devant la kasbah* Amridil*) ; suivre les flèches orange au début, puis le gîte est indiqué par un petit panneau. Double 120 Dh/pers et à partir de 160 Dh/pers en ½ pens.* 2 chambres au confort sommaire au rez-de-chaussée, dans une *kasbah* bien entretenue, bordée d'un grand jardin planté d'oliviers. Environnement naturel agréable. Sanitaires communs. Bonne cuisine et proprio sympa. Propose également 3 chambres d'hôtes au 1er étage. Un poil plus confortables.

🏠 ***Maison Dmana :*** *douar Rouda, Oulad-Yaâkoub (palmeraie).* ☎ *05-27-87-83-80.* • *auberge-skoura.com* • *Même chemin que pour le gîte* Chez Slimani. *Petite piste sur la gauche en venant de Ouarzazate, un peu après l'hôtel* Kasbah Aït Ben-Moro *(en principe indiqué, beaucoup de pancartes). Après l'oued, passer à gauche de la* kasbah Amridil, *c'est env 500 m plus haut. Double avec sdb 300 Dh ; suite (2-5 pers) 600 Dh ; petit déj en sus. Dîner 100 Dh.* Bien insérée dans le vieux village, une demeure traditionnelle offrant 7 chambres (2 communicantes) et 3 suites. Toutes de style local avec couleurs chatoyantes. Petit jardin pour les grillades et prendre le thé. La famille Meskini reçoit fort bien, atmosphère vraiment reposante.

🏠 ***Dar Panorama :*** *douar Ouled-Aârbya, Ouled-Yaâgoub (collines).* ☎ *05-24-89-10-32.* • *darpanorama.*

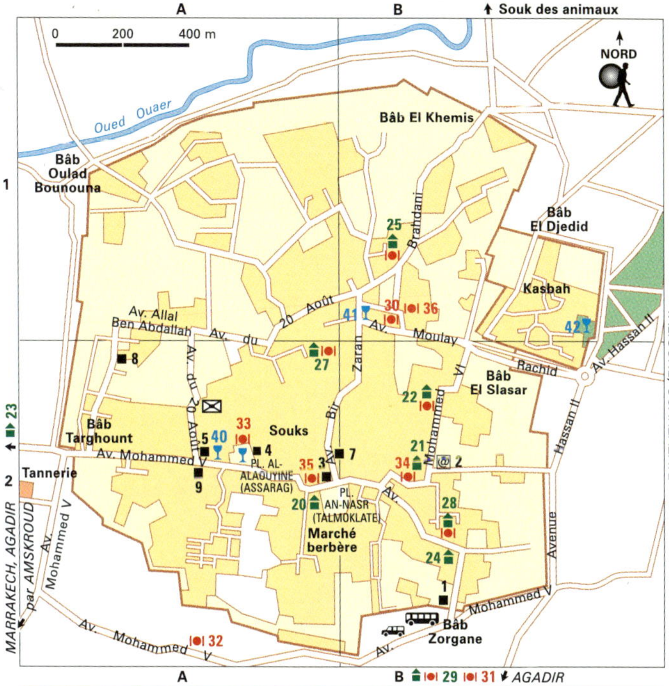

TAROUDANT

Adresses utiles

- Taxis
- 1 Agence CTM
- @ 2 Internet
- 3 Comptoir Iznegane Change
- 4 Pharmacie de Taroudant
- 5 Dentiste Omar El-Kaissi
- 7 Presse française
- 8 Hammam Chifaa
- 9 Hammam Tounsi

Où dormir ?

- 20 Hôtel El-Warda
- 21 Hôtel Indouzal
- 22 Riad Taroudant Palmiers
- 23 Chambres d'hôtes Les Amis
- 24 Hôtel Mini Atlas
- 25 Riad Tafilag
- 27 Le Palais Oumensour
- 28 Riad Al Anbara
- 29 Dar Zitoune

Où manger ?

- 30 Chez Nada
- 31 Vala
- 32 Jnane Soussia
- 33 Café Les Arcades
- 34 L'Agence

Où déguster une pâtisserie ?

- 35 Pâtisserie El Widad
- 36 Pâtisserie Ettais

Où boire un verre ?

- 40 Aït Matene
- 41 Espace Yacout
- 42 Palais Salam

■ **Adresses utiles**

1 Gare routière principale
2 Gare routière CTM
3 Gare routière Supratours
Taxis collectifs
16 Clinique Internationale de Marrakech
26 Atlas Sahara Trek
31 Galerie Tindouf
32 Dar d'Art
35 Mégarama, Carrefour
39 Piscine du Pacha
40 Oasiria
41 Ciel d'Afrique (vol en montgolfière)
42 Les Bains de Kabira
48 33 Rue Majorelle
51 Supermarché Aswak Assalam

Où dormir ?

72 Riad Douzi 1
77 Hôtel Kenzi Farah
79 Kenzi Menara Palace et Kenzi Club Agdal
92 Les Jardins de la Médina
102 Riad Al Jazira
105 Riad Al Karama
106 Riad des Anges

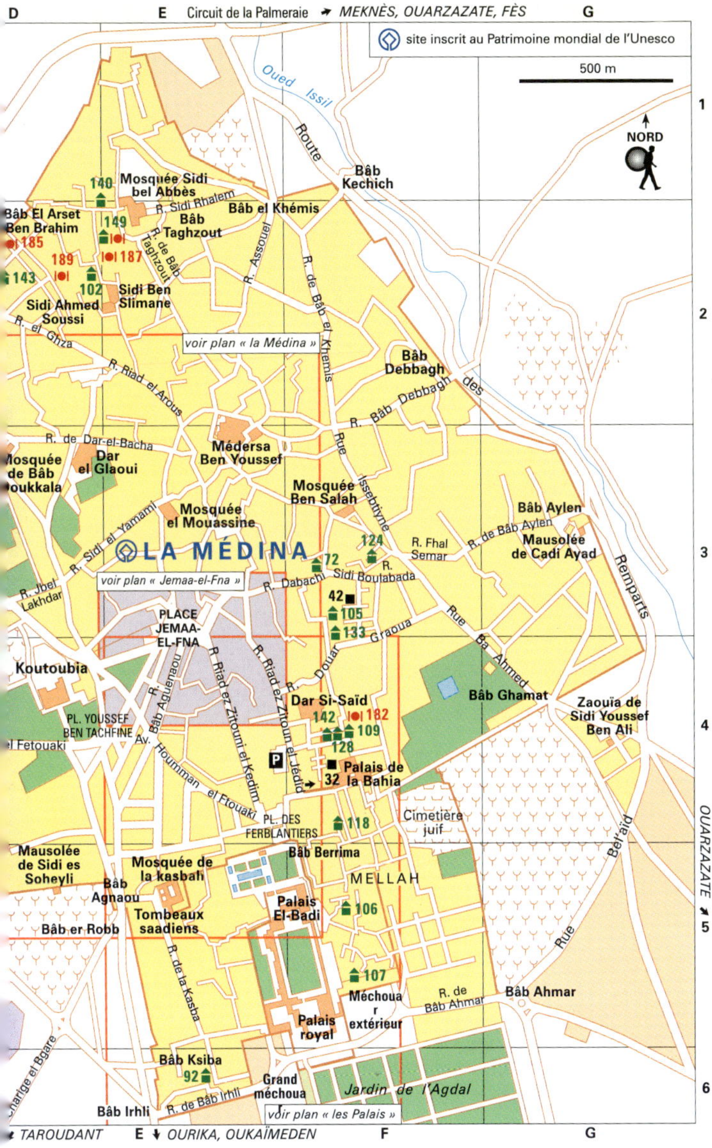

107 Riad Chamali
109 Riad Alisma
118 Riad Noos-Noos
124 Riad Miski
128 Riad El Grably
133 Riad Aguerzame
140 Les Clefs du Sud
142 Riad Mabrouka
143 Riad Clémentine
149 La Villa Nomade
152 Riad First

Où manger ?

35 Al Fassia Agdal
39 Le Crystal
149 Resto de La Villa Nomade
182 Mama Ti Lee
185 Le Riad des Mers
187 Le Dar Zellij
189 Dar Yacout
196 La Crêperie de Marrakech

Où sortir ?

35 Bô-Zin
39 Le Pacha
243 Le Théâtro et Casino

■ Adresses utiles

4 Brigade touristique
10 Magdaz Car
14 Dr Samir Belmezouar
33 Dar Chérifa et Marrakech Riads
43 Hammam Dar El Bacha
44 Les Bains de Marrakech
55 Bab
56 Riad Yima

Où dormir ?

71 Waka-Waka
91 La Maison Arabe
100 Dar Sara et Dar Sara Srira
101 Dar Baraka et Dar Karam
103 Riad Moulay
104 Dar Choumissa
108 Riad Dar Said
110 Riad Julia
111 Dar Ihssane
112 Riad Essaoussan
113 Dar El Qadi
115 Riad Berbère
116 Riad Dalla Santa
117 Riad Dalia
119 Dar Aman
120 Dar Touyir
121 Riad Nomades
122 Riad Opera
123 Maison Belbaraka
125 Riad Bayti
126 Dar Al-Kounouz
127 Riad Chraïbi
130 Riad Bamaga
131 Riad Aladdin
132 Riad Villa Harmonie
134 Riad du Chameau
135 Riad Aubrac
136 Dar Soukaina
137 Riad Tchaikana
138 Riad Dar Warda
139 Dar Zelda
141 Riad Ennafoura
144 Ryad Zouina
145 Dar Mouassine
146 Dar Pamella
147 Riad L'Orangeraie
148 Riad El-Assafir
150 Riad Camilia
151 Riad Les Yeux Bleus

Où manger ?

33 Dar Chérifa
91 La Maison Arabe
176 Chez Fatima Berbère
178 La Terrasse des Épices
179 Terrasse de la Médersa
180 Souk Café
181 Café Palais El-Badi
183 Dar Mima
184 Villa Flore
186 Le Foundouk
188 Dar Essalam
190 Ksar Essaoussan
191 Le Tobsil

Où prendre le petit déjeuner ?
Où manger une pâtisserie ?
Où déguster une glace ?

222 Marrakech Ground Zero

Où boire un verre ?

33 Dar Chérifa – Café Littéraire
230 Le Café des Épices
231 KosyBar
232 La Mamounia
234 Café Talaâ
237 Terrasse Ben Youssef

■ Où sortir ?

232 La Mamounia
242 Le Silver

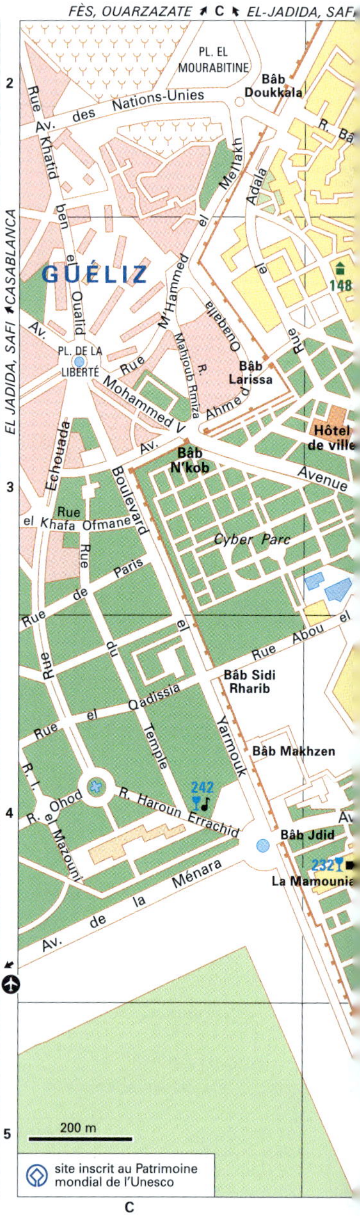

MARRAKECH – LA MÉDINA

MARRAKECH – LA MÉDINA

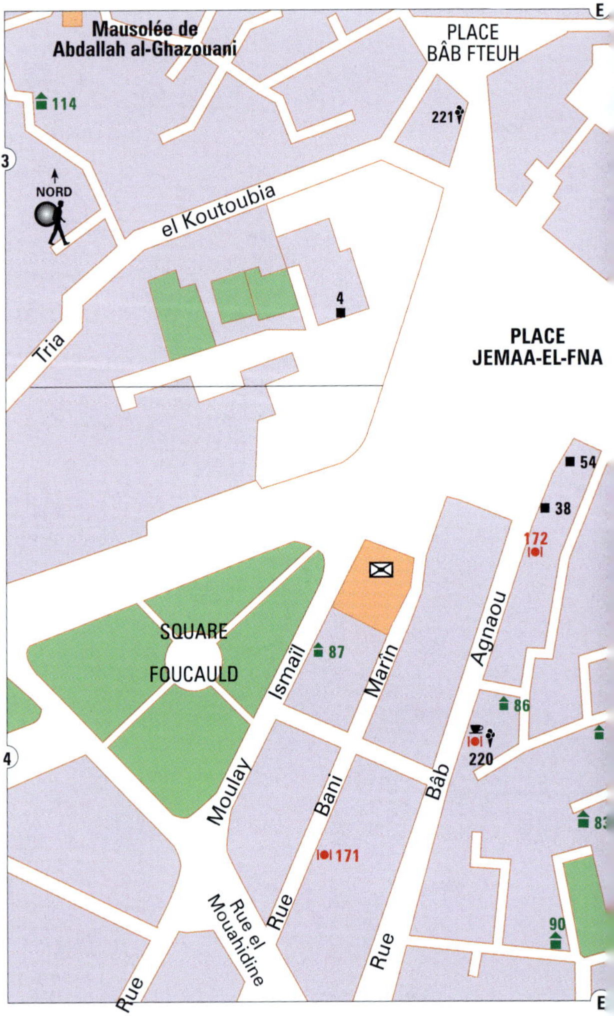

■ **Adresses utiles**

4 Brigade touristique
38 Librairie Ghazali
54 Pharmacie

Où dormir ?

80 Hôtel Essaouira
81 Hôtel Médina
82 Hôtel Aday
83 Hôtel El Amal
84 Hôtel Mimosa
85 Hôtel Imouzzer
86 Hôtel Central Palace
87 Hôtel Ali
88 Hôtel Jnane Mogador
89 Hôtel Sherazade
90 Hôtel Gallia
114 Riad Chouia Chouia
129 Riad Les Hibiscus

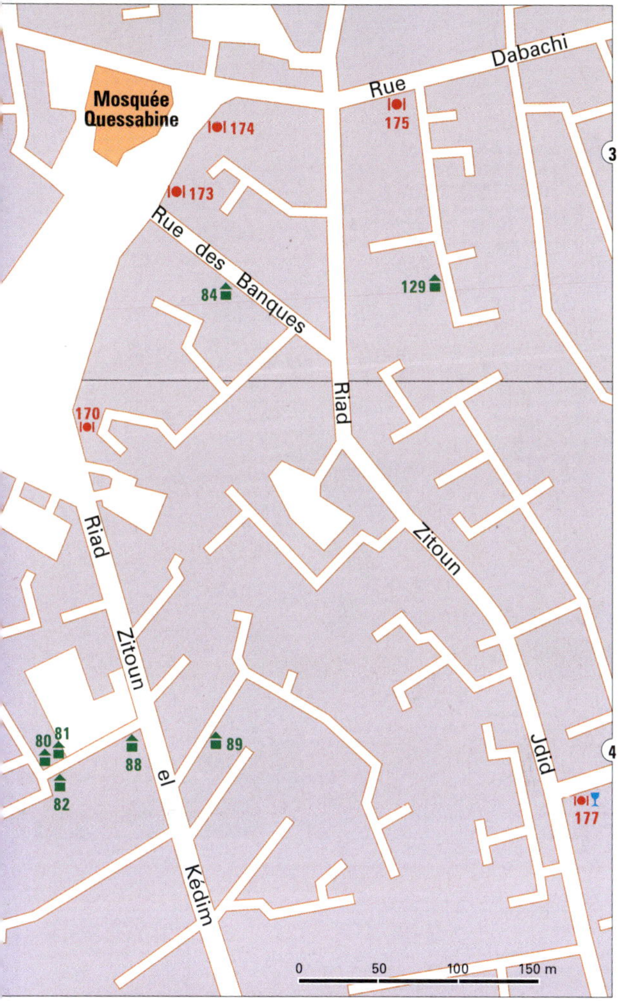

MARRAKECH – JEMAA-EL-FNA

Où manger ?

170 Snack Toubkal
171 Chez Haj Brik, El Bahja, Chez Ahmed et Restaurant Oscar Progrès
172 Snack La Lune d'Or
173 Chez Chegrouni
174 Café-restaurant Tiznit
175 Chez Brahim
177 Un Déjeuner à Marrakech

Où prendre le petit déj ? Où déguster une pâtisserie ou une glace ?

220 Pâtisserie des Princes
221 Le Vôtre

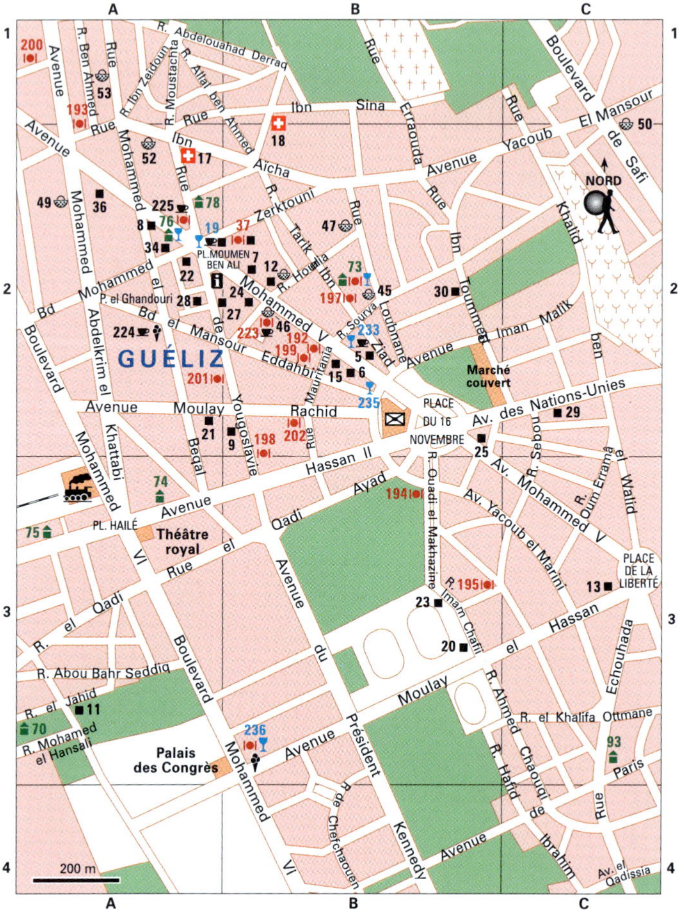

MARRAKECH – GUÉLIZ

■ **Adresses utiles**

- ℹ Office national de tourisme marocain – Délégation régionale du tourisme
- 5 Loc2roues
- 6 Pampa Voyage Maroc
- 7 Concorde Car
- 8 Najm Car
- 9 Lune Car
- 11 Consulat de France
- 12 Pharmacie Centrale, Atika et Artes Mundi
- 13 Dr Frédéric Reitzer
- 15 Gastro-entérologue, dentiste et Royal Air Maroc
- 17 Polyclinique du Sud
- 18 Clinique Ibn-Tofail
- 19 Dentiste
- 20 Jet4you
- 21 Garage Rachid Filali
- 22 Cobratours-Cobracars
- 23 VDM Maroc
- 24 Atlas Voyages
- 25 Erg Tours
- 27 Galerie Noir sur Blanc
- 28 Matisse Art Gallery
- 29 Galerie Lawrence-Arnott
- 30 Galerie Rê
- 34 Cinéma Colisée
- 36 Librairie Chatr Ahmed
- 37 Librairie ACR
- 45 Naturelle d'Argan
- 46 Place Vendôme et l'Orientaliste
- 47 Scènes de Lin
- 49 ACIMA
- 50 ACIMA (derrière la gare)
- 52 Alcools
- 53 L'Atelier du Vin

Où dormir ?

- 70 Auberge de jeunesse
- 73 Hôtel Toulousain
- 74 Hôtel Corail
- 75 Hôtel Ibis Moussafir
- 76 Hôtel Amalay
- 78 Hôtel Diwane
- 93 Hôtel Akabar

Où manger ?

- 37 Al Fassia
- 192 Snack-bar de l'Escale
- 193 Restaurants populaires : Chez Bej Gueni et Chez Ouazzani
- 194 Les Jardins de Guéliz
- 195 La Grillardière
- 197 Catanzaro
- 198 Le Chat qui Rit et Azar
- 199 Top Ladid
- 200 La Cuisine de Mona
- 201 Bagatelle
- 202 Al Bahrya

Où prendre le petit déj ? Où déguster une pâtisserie ou une glace ?

- 223 Al Jawda
- 224 Amandine
- 225 Al Jawda, chez Mme Alami Hakima

Où boire un verre ?

- 19 Café Les Négociants
- 73 Le Café du Livre
- 76 Bar de l'Hôtel Renaissance
- 233 Solaris
- 235 Le Grand Café de la Poste
- 236 Cafés-brasseries : L'Hivernage et L'Opéra

Adresses utiles

- Gare routière principale
- Gare routière Supratours
- Délégation du tourisme
- Station de petits taxis
- 1 Royal Air Maroc
- @ 2 Espace Internet Mogador
- 3 Essaouira Change
- 4 Banque BMCE
- 5 Crédit du Maroc
- 6 Wafabank
- 7 Société Générale et galerie des arts Frédéric-Damgaard
- @ 8 Espace Internet Mogador et Dr Saïd El-Haddad
- 9 Dr Mohammed Taddrarat
- 10 Dr Sayegh
- 11 Commissariat de Police et Pharmacie Hamad Ismail
- 12 Pharmacie de nuit
- 13 Chez Bounar Saïd (location de vélos)
- 14 Essaouira Wind Car et Tassourte Cars
- 15 Essaouira Travel Car
- 17 Bleu Kite
- 18 Photo Service Mogador
- 19 Hôtel Al Arboussas (location de vélos)
- 20 Base nautique de l'Océan Vagabond
- 22 Gipsysurfer
- 23 Le Bolisi
- 24 Hamman Mounia
- 25 Hammam Pabst
- 26 UCPA
- 27 Hammam du Riad Al Madina
- 28 Les Massages Berbères
- 29 Espace Taros
- 30 Coiffeur-barbier Hamdoune
- 31 Librairie La Fibule
- 32 Espace Othello Galerie d'art

Où dormir ?

- 16 Jack's Apartments
- 19 Résidence Hôtel Al Arboussas
- 40 Les Terrasses d'Essaouira
- 41 Hôtel-pension Smara
- 42 Hôtel Chakib
- 43 Les Matins Bleus
- 44 Hôtel Souiri
- 45 Hôtel Tafraout
- 46 Hôtel Beau Rivage
- 47 Hôtel Cap Sim
- 48 Hôtel Riad Nakhla
- 49 Résidence El Mehdi
- 50 Chez Brahim
- 51 Dar Al Bahar
- 52 Hôtel Dar El Qdima, L'Ancienne Maison
- 53 Emeraude Hotel
- 54 Riad Lyon-Mogador
- 55 Dar Nafoura
- 56 Riad Marosko
- 57 Hôtel Al Fath
- 58 Villa Garance
- 59 Riad Le Grand Large
- 60 Riad Al Zahia
- 61 Riad Asmitou
- 62 La Maison des Artistes
- 63 Dar Adul
- 64 Hôtel Palazzo Desdemona
- 65 Dar Loulema
- 66 Dar Ness
- 67 Riad Mimouna
- 68 Madada Mogador
- 69 Villa Maroc
- 70 Dar L'Oussia
- 71 Riad Essalam
- 72 Hôtel Vent des Dunes et Riad Zahra
- 73 Hôtel-restaurant Océan Vagabond
- 74 Riad El Mess

Où manger ?

- 18 Tawrirt
- 20 Océan Vagabond
- 29 Taros
- 41 Les Alizés
- 42 Le Dauphin
- 52 Elizir
- 60 M'Riste Jouhar
- 63 D'Orient et d'Ailleurs
- 71 Essalam
- 80 Laâyoune
- 81 Dar Jeeling
- 82 Le Nectar
- 83 Crêperie Mogador
- 84 Superbe Pastilla
- 85 Chez El Ouazzani
- 86 Barbecues de poisson grillé
- 87 Le Sirocco
- 88 Ferdaouss
- 89 Beldy
- 90 La Licorne
- 91 Le Patio
- 92 El Minzah
- 94 Dar Loubane
- 95 L'Heure Bleue
- 96 La Découverte
- 100 Triskala Café
- 101 La Clé de Voûte
- 102 Pasta Baladin
- 103 Restaurant Silvestro
- 104 Caravane Café

Où prendre le petit déj ? Où déguster une pâtisserie ou une glace ? Où boire un verre ?

- 4 Pâtisserie Chez Driss
- 29 Taros
- 97 Café de l'Horloge – Chez Kanane
- 98 Cafés-salons de thé du marché aux grains
- 99 Il Mare

Où sortir ?

- 6 Café des Arts
- 29 Taros
- 91 Le Patio
- 93 Aigue Marine
- 99 Il Mare
- 100 Triskala Café

Achats

- 48 Azurette
- 110 Coopérative artisanale des marqueteurs
- 111 Artisans de la sqala
- 112 Produits naturels
- 113 Poteries berbères Chez Aïcha et Chez Makki
- 114 Atelier de tissage – Chez Elahri
- 115 Côté Orientale
- 116 Galerie Aïda
- 118 Galerie La Kasbah
- 119 Galerie Jama
- 120 Rafia Craft
- 121 Au P'tit Bonhomme La Chance
- 122 Chez Rafia Style

À faire

- 33 Association féminine de bienfaisance
- 68 Atelier Madala

ESSAOUIRA – REPORTS DU PLAN

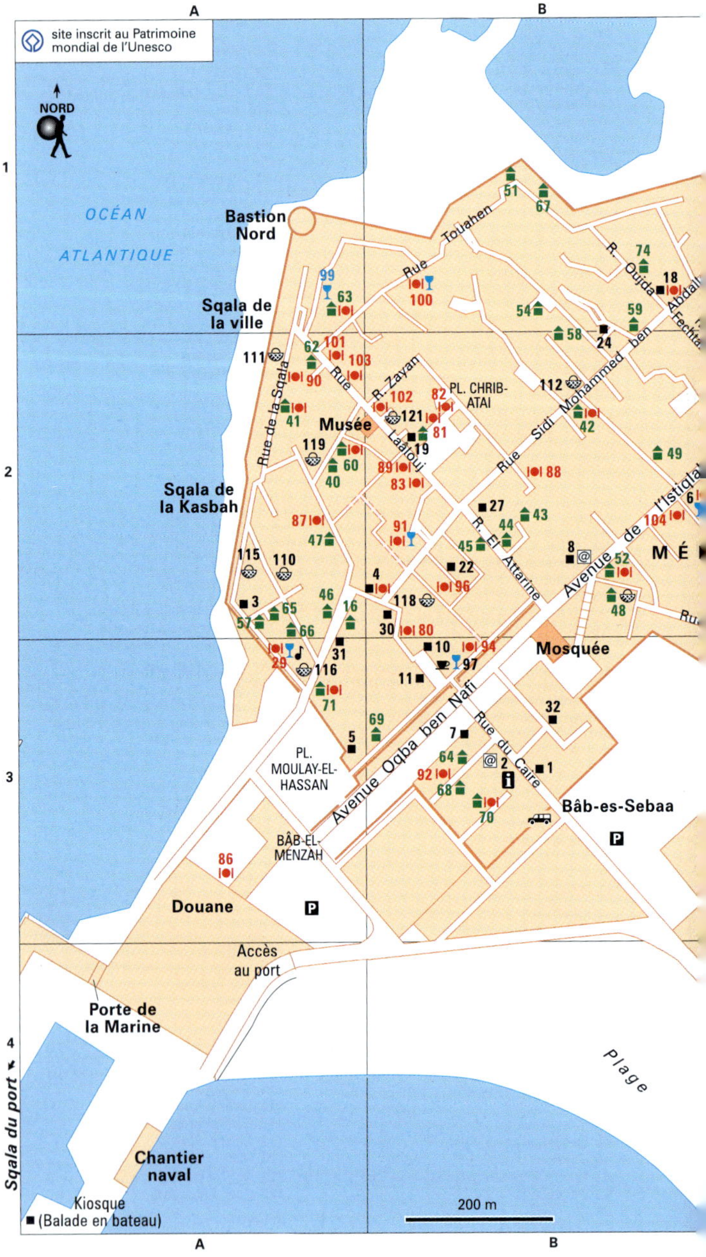

A
B
site inscrit au Patrimoine mondial de l'Unesco
NORD
1
2
3
4
OCÉAN
ATLANTIQUE
Bastion Nord
Sqala de la ville
Sqala de la Kasbah
Rue de la Sqala
Rue Touahen
R. Oujda
Fechtal
Rue Sidi Mohammed ben Abdallah
R. Zayan
Rue Laâlouj
PL. CHRIB-ATAI
Musée
Rue El Attarine
Avenue de l'Istiqlal
Mosquée
Avenue Oqba ben Nafi
Rue du Caire
PL. MOULAY-EL-HASSAN
BÂB-EL-MENZAH
Bâb-es-Sebaa
Douane
Accès au port
Porte de la Marine
Plage
Chantier naval
Sqala du port
Kiosque (Balade en bateau)
200 m

C
D
Les vieux cimetières juif et chrétien
La place des Artistes
Bâb Doukkala
(pour Sidi-Kaouki)
MELLAH
Avenue Mohammed Zerktouni
Rue Zair
Boulevard Moulay Youssef
Avenue Al Massira Al Khadra
25
23
Souk
Puces locales
61
98
114
PL. DU MARCHÉ AUX GRAINS
55
113
Rue Ibn Khaldoun
33
Gare routière principale
15
12
Municipalité
Rue Mohammed el Qorry
84
N A
Rue d'Irak
R. d'Algérie
85
53
50
13
28
122
d'Agadir
56
95
120
Bâb Marrakech
Aïcha
Bastion Sud
Hôpital Sidi Mohammed Ben Abdellah
Boulevard de l'Hôpital
Lalla
Supratours
Rue Laqwa
9
Avenue
73
Avenue Al Mougawama
Boulevard Mohammed V
Église
26
1
2
3
4
AGADIR, MARRAKECH
14, 72, 93, 20, 17

Adresses utiles

- Délégation régionale du tourisme
- 1 CTM
- 2 Supratours et Pressing des 4 Saisons
- 3 Station Batouar des bus locaux et des grands taxis
- 4 Royal Air Maroc
- @ 5 Adrar Net
- 6 Chez Tito-Clinique Automobile
- @ 7 Cybercafé Ouarti
- 8 Consulat honoraire de Belgique
- 9 Dr Bouziane Ouaritini et Kerbid et Cie
- 10 Clinique Assoulil
- 11 Polyclinique CNSS
- 12 Consulat de France
- 13 Location de voitures
- 14 Auto Cascade
- 15 LPS
- 16 Institut français du Maroc
- 17 Magasin Fuji Photo
- 18 Librairie Al Mouggar
- 19 Supermarché Sawma
- 20 Carrefour Market

Où dormir ?

- 30 Camping international
- 31 Hôtel Tiznine
- 32 Hôtel Tamri
- 33 Hôtel Moderne
- 34 Hôtel du Sud
- 35 Hôtel El-Bahia
- 36 La Tour du Sud
- 37 Hôtel Sindibad
- 38 Hôtel de la Petite Suède
- 39 Atlantic Hotel et Résidence Asaka
- 40 Hôtel Kamal
- 41 Hôtel Aferni
- 42 Hôtel Kenzi Europa
- 43 Riad Villa Blanche
- 44 Résidence Sacha
- 45 Résidence Fleurie

Où manger ?

- 50 Gargotes de poisson et Le Miramar
- 51 Restos du souk Al-Had
- 52 Café-snack Riyad Yacout
- 53 Rôtisserie Annahda
- 54 Le Sésame
- 55 Mille et Une Nuits
- 57 Little Italy
- 60 Mezzo-Mezzo
- 62 Jour et Nuit, Au Parasol Bleu et Mimi La Brochette
- 63 Les Blancs
- 64 La Scala

Où déguster une pâtisserie ? Où prendre le petit déj ?

- 52 Café-snack Riyad Yacout
- 70 Salon de thé La Véranda
- 71 Boulangerie-pâtisserie Tafarnout
- 72 La Tour de Paris

Où prendre un verre en soirée ? Où sortir ?

- 80 English Pub et l'Orange Bleue

AGADIR – REPORTS DU PLAN

A
B
200 m
NORD
1
2
3
ESSAOUIRA, AOURIR, TAMRAGHT, Kasbah
50, 63
Port
62
ANCIEN TALBORJ
Oued Tildi
Avenue Al Mokhtar Soussi
Bd Mohammed Cheikh Saadi
QUARTIER RÉSIDENTIEL
R. des Nations Unies
R. du Caire
Rue Chouhada
R. de Paris
R. de Madrid
Av. Kettani
Bd Hassan II
Av. des Forces Armées Royales
Av. Moulay Youssef
11
53
34
33
20
1
37
55
Ensemble artisanal
Musée
Jardin du Portugal
NOUVEAU TALBORJ
R. de l'OUA
4
41
38
54
Mosquée
16
R. de Tarfaya
32
35
R. Mehdi ben Abdellah
R. El Mansour
R. Ibn Toumert
Cinéma Sahara
18 Février
R. Saadyne el Idrissi
72
2
15
Av. du Général
Boulevard
13
Tribunal
Marché central
57
R. Chenguit
R. de l'Entraide
R. Allal
Président
31
@ 7
36
29
Mosquée
NOUVEAU TALBORJ
12
6
CENTRE
Vallée des Oiseaux
PL. MOHAMMED VI
Hôtel de ville
52
R. Ibn Battuta
R. Imam Al Jazouli
Kennedy
Av. du Prince Moulay
Av. Mohammed VI
Av. Hassan
40
39
44
19
18
@ 5
17
Jardin Ibn Zaïdoun
Av. du 18 Novembre
Rue Abdallah
R. de la Jeunesse
70
71
R. de la Foire
Synagogue
45
42
20 Août
Boulevard du
Boulevard Mohammed V
Tennis
Musée municipal du Patrimoine amazighe
Théâtre
P. Aït Sous
60
10
Stade
Av. Ahmed Oulhaj Akhnouch
R. Sidi b. Abbas
Rue de Meknès
Rue de Fès
Rue d'Oujda
Souk, Église Sainte-Anne
51
9
Plage
80
Club Méditerranée
Chemin de l'Oued Souss
14
Av. el Mouqawama
3
Hassan II
OCÉAN ATLANTIQUE
SECTEUR BALNÉAIRE
64
Boulevard Mohammed V
Boulevard du 20 Août
Domaine royal
8
INEZGANE, TIZNIT, TAROUDANT
Centre commercial Marjane
Complexe Kasbah Souss,
Médina d'Agadir
Oued Lahouar
43

AGADIR

A
B
1
2
3
Avenue Moulay Abdellah
Avenue Av. Mohammed VI
Moulay Abdellah
Avenue Bir Inzarene
Av. Abdelkbir ben Taher
Av. Bir Inzarene
Av. A. Sahraoui
PL. DU 3 MARS
Avenue Mohammed V
Av. Ibn Sinaa
Avenue Mohammed VI
Av. Moulay Rachid
PLACE EL-MOUAHIDINE
CENTRE-VILLE
Rue de l'ONEP
Av. Hassan
Oued Ouarzazate
TABOUNTE
Studios Atlas ↗ MARRAKECH, AGADIR
Oasis de Fint ↙
3
4
50
13
17
14
22
9
33
5
31
54
19
18
57
23
51
32
53
52
15
7
8
73
24
12
55
16
20
37
34
35
36
25

C
D
NORD
SKOURA, TINGHIR, ER-RACHIDIA
Avenue Moulay Abdellah
41
Avenue Al Maghreb Al Arabi
Avenue Al Maghreb Al Arabi
Avenue Annasr
72
59
58
Avenue Mohammed V
Parc zoologique
Stade municipal
30
Erraha
21
11
Moulay Rachid
Musée du Cinéma
70
38
56
Kasbah de Taourirt
39
43
45
Mohammed V
10
VIEILLE VILLE
1
2
44
Kasbah de Tamesla
42
3
500 m
ZAGORA
C
D

OUARZAZATE

Adresses utiles

- Taxis collectifs
- Délégation du tourisme
- 2 Bus CTM
- 3 Bus Supratours
- 4 Gare routière
- 5 Internet
- 7 Pharmacie Annour
- 8 Maroc Telecom
- 9 Hôpital Sidi-Hsseine
- 10 Hôpital Bougafer
- 11 Banque Populaire
- 12 Leader Travel Services
- 13 Ksour Voyages
- 14 Iriqui Excursions
- 15 Cherg Expéditions
- 16 Transport touristique Ouhaddou
- 17 Avis et Europcar
- 18 Hertz
- 19 Budget
- 20 Idéal Tours
- 21 Piscine municipale
- 22 Clinique Chifa et marché couvert
- 23 Supermarché Dimitri
- 24 Supermarché Dadès
- 25 Souk Tabounte
- 44 Désert et Montagne Maroc
- 53 Location de vélos et scooters

Où dormir ?

- 14 Hôtel Azoul
- 30 Camping municipal
- 31 Hôtel Atlas
- 32 Hôtel-restaurant Bab Sahara
- 33 Hôtel Amlal
- 34 Hôtel Nadia
- 35 Hôtel Zaghro
- 36 Hôtel Drâa
- 37 Les Jardins de Ouarzazate
- 38 Fint Hôtel
- 39 Hôtel Ibis Moussafir
- 40 Hôtel Kenzi Azghor
- 41 Le Petit Riad
- 42 Riad Dar Barbara
- 43 Auberge de la Rose Noire
- 44 Dar Daïf
- 45 Maison Noura

Où manger ? Où prendre le petit déj ? Où boire un verre ?

- 50 El Bajha
- 51 Boulangerie- et Resto-Grill des Habous
- 52 Restaurant 3 Thés
- 53 La Halte
- 54 Massinissa
- 55 Chez Nabil
- 56 Restaurant Douirya
- 57 Jardin des Arômes
- 58 La Kasbah des Sables
- 59 Le Saint-Exupéry

Achats

- 70 Centre artisanal
- 72 Centre Horizon Artisanat
- 73 Centre Féminin de Commercialisation des Produits d'Artisanat

OUARZAZATE – REPORTS DU PLAN

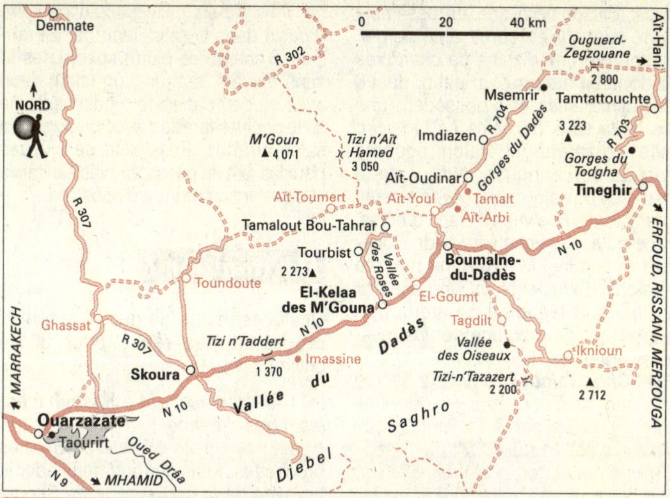

À L'EST DE OUARZAZATE

com • Double 400 Dh, petit déj inclus ; suite (2-5 pers) 650 Dh. Repas 100 Dh. Dans le même coin que le *Migusta* et *Chez Talout*. Seule sur son piton, cette petite *kasbah* proprette offre, bien entendu, une belle vue sur l'oasis. Bon accueil. Chambres et suite plaisantes et de bon confort.

Kasbah La Datte d'Or (chez Abdellatif) **:** *du centre de Skoura, prendre direction Toundounte, puis suivre le fléchage, c'est bien indiqué. 212 (0)6-66-93-40-39. • dattedor@hotmail.com • kasbahladattedor.com • Doubles sans ou avec sdb 210-250 Dh, petit déj inclus. ½ pens possible.* Guide touristique, Abdellatif a créé une maison d'hôtes chez lui, dans une authentique *kasbah.* L'ensemble est frais et aménagé avec sobriété. On y trouve 6 chambres très propres, dont 4 avec douche et w-c. et 3 avec la clim. Charmant petit salon marocain, terrasse panoramique. Accueil chaleureux. Organise des excursions. Excellent resto ouvert aux gens extérieurs. Une adresse appréciée de nos lecteurs.

Gîte du café-restaurant La Kasbah : *sur la route principale, à Skoura même. ☎ 05-24-85-20-78. Doubles sans ou avec sdb 150-200 Dh.* À l'étage de leur restaurant (voir « Où manger ? »), les frères Jebrane ont aménagé une petite maison d'hôtes. Chambres simples mais bien tenues, petit salon pour converser. L'été, le toit accueille une tente berbère. Service aux petits soins.

Gîte Kasbah La Palmeraie : *du centre de Skoura, prendre direction Toundounte, c'est un peu après La Datte d'Or. 212 (0)6-62-15-30-49. • mohamed.elgharbi@laposte.net • Env 170 Dh/pers en ½ pens.* Grande maison d'hôtes sans grand confort mais agréable, avec un vaste salon aux murs très épais au rez-de-chaussée. 9 chambres en tout, avec ou sans sanitaires privés, certaines donnant sur une terrasse. Accueil très gentil et repas faits avec les produits bio du jardin, même la viande vient de la petite exploitation familiale. Une adresse simple mais authentique.

Chic (400-800 Dh / 36,40-72,80 €)

Auberge-kasbah Tiriguioute : *à 4 km au nord de Skoura, sur la route de Toundoute. ☎ 05-24-85-23-39 ou 20-68. • bouarif_elhachmi@hotmail.com • Double 500 Dh, petit déj* *inclus.* Maison de village qui ressemble à une *kasbah,* entourée d'un verger. On compte une dizaine de chambres s'ordonnant autour d'un patio, dont 6 sont climatisées et 5 possèdent une très belle salle de bains en *tadelakt.* Salle commune et salon décorés d'objets authentiques. Autour de la cheminée du salon rustique, on se sent comme dans une vraie maison d'hôtes, grâce à l'accueil chaleureux de Bouarif et sa famille. Mini-piscine pour se rafraîchir. Excellente cuisine à partir des fruits et légumes du jardin. Bon rapport qualité-prix, une de nos meilleures adresses.

Chez Talout : *à 7 km avt Skoura en venant de Ouarzazate. Prendre une piste à gauche sur 3 km vers Oulad-Arbia ; c'est indiqué. ☎ 05-24-85-26-66. • talout.com • Double 500 Dh, petit déj compris ; suite 600 Dh.* Un gîte-hôtel couleur sable, surplombant la palmeraie. Il abrite une douzaine de chambres (dont 7 suites) dans le style local (plafond berbère), d'excellent confort, une piscine avec transats et hamacs donnant sur le désert, une grande tente dans un agréable jardin, et 2 salons de thé panoramiques avec une vue superbe sur la région ! Le petit déj (ou le dîner) pris sur la terrasse se révèle un régal. Bon accueil.

Dar Lorkam : *en plein cœur de la palmeraie. ☎ 05-24-85-22-40. • darlorkam.com • De Skoura, prendre la direction de Toundoute, puis suivre une piste sur la gauche (fléché) pdt 4 km (traverser l'oued à sec) ; indiqué par des triangles verts. Fermé en janv. Compter 380 Dh/pers en ½ pens.* Une sorte d'oasis dans l'oasis. Tenu par 2 Français. 6 chambres plutôt spacieuses et sans chichis, autour d'un jardin fleuri avec sa petite piscine. Également une suite pour les familles, avec balcon. Coin salon au frais. Possibilité de bivouac pour les 4x4 de passage, avec sanitaires et douche communs à disposition.

Où manger ?

Quelques restos de qualité similaire, proposant des repas pour 60 Dh environ.

Café-restaurant La Kasbah *(chez les frères Jebrane) : sur la route principale. ☎ 05-24-85-20-78.* Bonnes brochettes. Mais surtout, demander le fromage de la coopérative de Skoura accompagné de miel et de cumin... un régal. Agréable terrasse sous les frondaisons et très bon accueil sans harcèlement (rare dans la contrée), qui font oublier le service parfois un peu long. Les frères Jebrane proposent également quelques chambres à prix intéressant (lire plus haut « Où dormir ? »).

Café-restaurant La Palmeraie : *au centre même du village de Skoura.* Pour nos lecteurs pressés ou les plus « urbains », une salle ornée de fresques de ksour pour déguster parmi les meilleures tajines « skoura » (bœuf et légumes parfumés) du coin et le délicieux fromage de brebis fabriqué par les femmes de la coopérative. Accueil sympa du patron barbu.

À voir. À faire

La palmeraie : *plusieurs accès possibles aux abords de Skoura, notamment face au Musée Théâtre, à 2,5 km de l'entrée de la ville en venant de Ouarzazate (par une piste sur la gauche).* Vaste (52 km²), la palmeraie est constituée d'un ensemble de douars et de constructions en pisé, dont certaines sont exceptionnelles. Les plus belles *kasbah* sont celles de *Dar-Sidi-el-Mati* (piste à 2,5 km avant l'entrée de la ville sur la gauche en venant de Ouarzazate, puis traverser l'oued) et celle d'*Amridil,* un peu plus loin du même côté (lire ci-après).

Suivre un itinéraire précis dans ce lacis de chemins étroits desservant des parcelles cultivées relève de l'impossible. Si vous vous égarez, sachez que les châteaux d'eau sont d'excellents points de repère. Mais vous pouvez aussi choisir de vous perdre, après tout, c'est l'un des grands plaisirs du découvreur ! Et puis, il y aura toujours quelqu'un, quelque part, pour vous indiquer la sortie... Autrefois, des jardins de roses apparaissaient de-ci, de-là, à l'ombre des palmiers.

Le Musée Théâtre : *à env 2,5 km avt Skoura en venant de Ouarzazate, côté droit de la route. Tlj 8h-17h. Entrée : 20 Dh, visite guidée comprise.* Ce nouveau musée, tenu par Abdelmoula, un passionné de traditions, renferme dans une grande salle toutes sortes d'objets sous vitrines illustrant le patrimoine berbère de la région : actes de droit coutumier écrit en berbère, manuscrit vieux de deux siècles expliquant comment lire le Coran, grosses serrures en bois, outils, anciennes *djellabas* (les gros capuchons servaient à recueillir les dattes), soufflet de forgeron tricentenaire... Bonnes explications données par Abdel, qui propose aussi des visites thématiques de la palmeraie.

La kasbah d'Amridil : *à env 2 km avt Skoura en venant de Ouarzazate. On y accède par une petite piste sur la gauche un peu après l'hôtel* Kasbah Aït Ben-Moro. *Tlj de 8h au coucher du soleil. Entrée : 10 Dh. Visite guidée en sus.* Cette construction fortifiée, impressionnante par sa taille et remarquable par sa décoration, a été bâtie par le maître du Coran du Glaoui. C'est elle qui figure sur les anciens billets de 50 Dh avec la figure d'Hassan II (et sur certains packs de jus d'orange !). Hélas, elle est désormais environnée de constructions en béton dont une, non terminée, juste derrière, qui dépasse en hauteur la *kasbah* ! On ne peut évidemment que déplorer cette dilapidation – à nos yeux irresponsable – d'un tel patrimoine. Mais retour à la *kasbah,* dont la visite guidée offre l'occasion de comprendre les subtilités et les règles en communauté d'un tel édifice : les cinq fenêtres de la salle de prière symbolisant les cinq piliers de l'islam ; les quatre tours servant aux quatre femmes du pacha !

Les artisans d'Ouled-Arbia : les oasis ont depuis toujours été le lieu d'une riche production artisanale. À Skoura, il reste seulement six familles de potiers. Au village d'Ouled-Arbia, la famille Kabbour s'adonne depuis des générations à cet art. Ici, pas de tour, l'argile est montée au colombin comme au Néolithique pour produire jarres, tajines et *canoun* qui seront ensuite vendus au souk. Un peu plus loin dans la palmeraie, vous verrez peut-être des forgerons et des femmes qui tissent la feuille du palmier pour en faire des nattes. Faites-vous accompagner d'un guide sérieux, quelqu'un qui vous aura été recommandé par votre auberge, par exemple.

➢ En continuant la route principale en direction d'El-Kelaa, on franchit le Tizi-n-Taddert et, 16 km après Skoura, sur le côté droit, on aperçoit la *kasbah d'Imassine,* sorte de forteresse qui aurait, selon la légende, servi de caserne à une garnison d'esclaves noirs. Ce qui est certain, c'est que toute cette région mérite bien son nom de « ***vallée des Mille-Kasbah*** ».

EL-KELAA DES M'GOUNA

14 000 hab.

Situé à la jonction des vallées du M'Goun et du Dadès, El-Kelaa est un gros village-rue sans grand intérêt, si ce n'est celui de pouvoir s'y ravitailler. Ici, à 1 450 m d'altitude, les températures peuvent osciller de - 3 °C à + 37 °C. C'est radical !
Toute la région est célèbre pour sa rose, en pleine floraison de mi-avril à mi-mai. Mais la fleur est ici discrète, elle ourle simplement les jardins. Voir plus loin ce qu'on en dit dans « La vallée des Roses ». L'été, la

LA PRISON DES ROSES

Fermée en 1991, la forteresse du M'Goun fut l'une des prisons secrètes les plus dures du royaume. Y furent en effet détenus arbitrairement près de 300 « politiques » et Sahraouis (la plus jeune avait à peine 12 ans) durant 9 à 16 ans. Une cinquantaine d'entre eux n'en sortirent jamais, victimes des privations, de la torture, des bastonnades régulières, du manque d'hygiène aussi... Interrogé sur cet enfer par Anne Sinclair en 1993, Hassan II répondra laconiquement : « Non madame, Kelaat M'Gouna, c'est la capitale des roses. »

région regorge aussi de fruits : figues, prunes, pêches, abricots, pommes, poires (et des scoubidoubidous...). Quant aux ceps de vigne, ils y atteignent 10 à 15 m de hauteur !

Arriver – Quitter

En voiture, en arrivant de Skoura, pour rejoindre la vallée des Roses, prendre à gauche au grand rond-point.

Bus privés : *arrêt face à la poste.* Plusieurs bus/j. pour Marrakech, 2 bus/j. pour Erfoud et 1 bus/j. pour Zagora. Billetterie sur place, à côté du café *Rendez-vous des Amis.*

Grands taxis : *départ 50 m plus haut, au niveau de la fourche pour la vallée des Roses.*

Adresses et infos utiles

Presque toutes nos adresses sont distribuées le long de la rue principale (av. Mohammed-V).

Poste : *au début de la rue principale en venant de Skoura. Lun-ven 8h-16h15.* Service *Western Union.*

■ ***Banques :*** *plusieurs dans la rue principale, après la fourche en venant de Skoura.* Change et distributeur.

@ ***Internet :*** *plusieurs cybercafés dans la rue principale, dont* ***Kela@net,*** *au 1er étage d'un immeuble en haut de la rue.*

■ ***Pharmacies :*** *nombreuses dans la rue principale.*

■ ***Cabinets médicaux :*** ***Dr Lhoussaïn Amjoud,*** *☎ 05-24-83-65-06.* ***Dr Brahim Charaf,*** *☎ 05-24-83-61-18.*

■ ***Bureau des guides et accompagnateurs de montagne :*** *un peu avt le village venant de Skoura, sur la droite. 212 (0)6-62-13-21-92 (Aziz). • vallee_mgoun@hotmail.fr •* On le trouve souvent fermé. Mieux vaut vraiment le contacter avant.

■ ***Piscines :*** *à l'****hôtel Kelaa M'Gouna*** *(à la sortie de la ville en allant vers la vallée des Roses ; c'est fléché sur la gauche) ou au complexe touristique* ***Ksar Kaissar*** *(voir « Où dormir ? »). Accès : 50 Dh.*

■ ***Gendarmerie :*** *à la sortie du village en direction de Boumalne.*

Supermarché : *à côté de la* Banque populaire, *près du grand rond-point.*

– ***Souk :*** *mer.*

Où dormir ?

À moins de faire juste une étape, on ne voit pas trop l'intérêt de loger à Kelaa même, l'attrait principal du coin étant la vallée des Roses (qui commence à quelques kilomètres de la ville), où l'on trouve de belles adresses pour dormir (voir plus bas notre sélection).

Camping

Ksar Kaissar : *à 2-3 km du centre en allant vers Boumalne. ☎ 05-24-83-67-76. Prévoir 60 Dh pour 2 avec voiture et env 500 Dh la chambre double avec petit déj.* Camping-parking, surtout adapté aux camping-cars donc. Malgré les maigres arbres et les tonnelles, l'ombre manque un peu. Sanitaires assez modernes. Le camping fait partie d'un hôtel (aux chambres rénovées et assez luxueuses) avec bar-resto et une belle piscine (payante, sauf pour les clients de l'hôtel). Un ensemble fonctionnel mais sans beaucoup d'âme.

Bon marché (100-200 Dh / 9,10-18,20 €)

Hôtel Aflafal : *av. Mohammed-V. ☎ 05-24-83-68-00. • hotel-aflafal.com • À la sortie de la ville en direction de Boumalne ; en face de la distillerie des roses. Doubles 130-200 Dh selon confort.* Petit hôtel-étape très propre abritant une bonne quinzaine de chambres claires, avec ou sans douche et TV. Mobilier en pin avec armoires qui ferment à clé. Bruyant côté rue. Pratique quand on arrive tard par le bus. Café au rez-de-chaussée. Accueil sympa.

Où manger ?

Pas vraiment de resto qui se démarque un peu dans cette petite ville, ils sont tous bon marché et prévisibles. On vous conseille plutôt de manger, le soir, à l'endroit où vous logerez, il y a toutes les chances que vous y fassiez meilleure chère...

Café-restaurant Rendez-vous des Amis : *menu complet 50 Dh.* Cuisine simple (brochettes, tajines...), à consommer sur une petite terrasse. Rien de renversant côté papilles, mais pour le prix, on n'est pas volé et le service des deux compères, en veston de garçon de café parisien, est fort sympathique.

À côté, le café-resto ***Errabiaa*** sert la même chose au même prix.

Achats

Rosargane : *à env 1 km avt Kelaa venant de Skoura, sur la droite. Tlj 9h-17h.* C'est l'une des distilleries artisanales que l'on peut visiter dans le coin. À la différence des usines, qui produisent un mélange d'eau de rose et d'huile de rose mais aussi de l'huile de rose pure (par distillations multiples), les distilleries ne produisent que le mélange (une seule distillation). On peut assister au processus et, bien sûr, acheter tous les produits qui en sont dérivés : savons, crèmes, laits pour le corps, etc.

À voir

Les usines des Roses : *la première se situe face à l'hôtel* Aflafal, *en haut de la rue principale direction Boumalne ; la seconde en dehors de la ville, sur la route de Boumalne.* Elles se visitent quand elles fonctionnent, au moment de la récolte des roses, de mi-avril à fin mai environ. Venir aussi après 15h, quand l'arrivage des fleurs a eu lieu. De grands alambics et autres instruments de cuivre géants servent à fabriquer l'eau de rose et ses dérivés.

Traverser le pont piéton qui enjambe l'oued à la sortie de la ville en direction de Skoura. Là, au pied des *kasbah,* dans un dédale de chemins, on découvre une mosaïque de petits champs verts irrigués d'eau fraîche. Les ***citadelles,*** en surplomb, furent bâties par des chefs locaux. Elles rappellent les luttes d'influence qui eurent lieu dans cette région, véritable carrefour de communication. Les épaisses murailles de pisé et leurs tours tronquées sont un bel exemple d'art berbère.

Fête

– **Fête des Roses :** *en principe, 1er w-e de mai.* 3 jours de fête, avec chants et danses folkloriques, défilés et vente d'artisanat...

DANS LES ENVIRONS D'EL-KELAA DES M'GOUNA

Les populations juives, qui ont définitivement quitté la région après la guerre des Six Jours (1967), ont laissé derrière elles de nombreux vestiges, comme en témoignent les divers ***mellahs*** des environs. Celui de ***Tylit,*** situé sur la droite, à 7 km d'El-Kelaa des M'Gouna sur la route de Boumalne, est le plus facile à visiter. Laisser la voiture sur la place devant la mosquée. Visite à pied de 1h. Sur la route de Boumalne, un vieux cimetière juif également (gardien avec la clé à côté).

➢ Outre la vallée des Roses, El-Kelaa des M'Gouna est le point de départ pour découvrir les gorges du M'Goun, les cascades Ameskur et Khebach, le « chemin des Ornithologues » (ou vallée des Oiseaux), les jardins marocains du désert, ou pour se lancer à l'ascension du M'Goun (4 071 m).

LA VALLÉE DES ROSES

Cette vallée est l'une des plus belles du Sud marocain, et présente en plus le gros avantage d'être assez préservée du tourisme à grande échelle. Ici, point d'hôtels collés les uns aux autres comme à certains endroits des gorges du Dadès. On se trouve, tout au long de la route, au bord d'une vallée dégagée offrant un dégradé d'ocre, de rouge et de... rose (tout de même !), qui tranchent avec le vert intense des champs bordant l'oued. Ici, alors que la région était peuplée de dinosaures, la surrection du Haut Atlas a vigoureusement plissé les dépôts sédimentaires de l'ère secondaire, façonnant d'étranges montagnes aux reliefs ondulés, telles d'immenses vagues de boue. C'est ce qui fait la majesté des lieux. On y cultive bien des roses, mais elles ne fleurissent qu'un mois et demi par an, de mi-avril à fin mai. Ne vous attendez donc pas à trouver des champs de fleurs, à moins d'être là à cette époque et de vous lever très tôt, avant leur cueillette par les femmes.
On en récolte en moyenne un millier de tonnes par an. La moitié de la production est séchée, l'autre moitié distillée pour faire de l'eau de rose ou des onguents, le tout exporté majoritairement vers l'Europe. 4 tonnes de roses sont nécessaires pour obtenir 1 kg d'extrait.

LE NOM DE LA ROSE

On dit de la très odorante Rosa damascena *qu'elle aurait été introduite au Maroc il y a longtemps par des pèlerins en provenance de Damas (d'où son nom)... même si certains affirment que c'est l'inverse : ce serait la fameuse rose de Damas qui viendrait d'ici !*

Arriver – Quitter

D'El-Kelaa des M'Gouna, prendre à gauche au grand rond-point, et suivre la route qui s'enfonce dans la vallée. Aucune difficulté, elle est goudronnée jusqu'à Tamalout Bou-Tahrar.
D'autres itinéraires sont aussi possibles, notamment au départ de la vallée du Dadès (voir plus loin ce chapitre).
Compter 1h-1h30 pour faire les 35 km pour atteindre Tamalout Bou-Tahrar, car les occasions de s'arrêter sont nombreuses.

Où dormir dans la vallée ?

Kasbah Itran (Maison des Étoiles) **:** *à 3 km au nord d'El-Kelaa, sur la route de la vallée des Roses. En téléphonant d'El-Kelaa, quelqu'un peut venir vous chercher. ☎ 05-24-83-71-03. • kasbahitran.com • Doubles sans ou avec sdb 400-550 Dh en ½ pens.* Perchée en nid d'aigle sur un coude de la route, cette *kasbah* traditionnelle d'une dizaine de chambres agréables et chaleureuses (mais aux lits un peu durs...) embrasse de ses multiples terrasses et balcons vertigineux le panorama sur les 2 vallées. D'un côté, la *Kasbah Mirna* au cœur de son verger ; de l'autre, une seconde *kasbah* en surplomb de l'oued M'Goun, avec les monts de l'Atlas en toile de fond... Vraiment une situation privilégiée ! De plus, la cuisine est bonne et copieuse. Jusqu'à l'accueil de Mohammed Taghda, tout ici est conçu pour que l'on n'ait plus envie de repartir.

Kasbah Assafar : *dans un petit village à 5 km au nord d'El-Kelaa, fléché depuis la route de la vallée des Roses. ☎ 05-24-83-65-77. 212 (0)6-62-13-21-92. • kasbahassafar.com • Double sans sdb 400 Dh en ½ pens.* Aziz, guide de la région, a restauré la maison familiale au cœur de ce village niché dans la montagne pour y accueillir les voyageurs. Et c'est réussi ! Les chambres, à différents étages, sont simples mais douillettes ; les nombreux tapis et la décoration haute en couleur confèrent au lieu beaucoup de chaleur. Toit-terrasse avec vue sur la vallée. À l'arrivée, on vous offrira sans doute un thé au thym frais. On peut aussi dormir dans le gîte attenant, plus rudimentaire (matelas au sol), pour 100 Dh/pers.

Les Jardins de M'Goun : *à env 8 km au nord d'El-Kelaa, fléché sur la gauche. 212 (0)6-61-68-56-62. • aitichou_lahcen@yahoo.fr • Doubles sans ou avec sdb 400-500 Dh en ½ pens.* Une authentique maison traditionnelle en pisé dans un petit village. Elle abrite 4 chambres agréables et propres. Salon pour prendre les repas et petite terrasse avec une belle vue sur l'oued et la vallée. Également une petite cuisine, pour ceux qui voudraient faire leur popote. Sympa et très tranquille, en dehors des sentiers battus.

Dar Timitar : *Agoulzi, **Aït-Ouassif.** ☎ 05-46-05-16-95. • dartimitar.com • À env 10 km d'El-Kelaa. Bien indiqué sur la droite, depuis la route. Doubles avec sdb 40-50 €, petit déj compris.* Après 2 km de piste caillouteuse (faisable avec une voiture normale à petite allure), on parvient à ce petit *dar* totalement isolé sur un piton sans arbre. Plaira aux amateurs de grande solitude et surtout aux contemplateurs de panoramas grandioses (là, c'est le top !). Divisé en 2 parties : d'abord, une mini-*kasbah* de charme (murs en pisé, plafond berbère) avec 4 chambres de bon confort et joliment décorées... Ensuite, une dizaine de chambres identiques autour d'un patio (et confort égal). Bon accueil. Crépuscule de légende sur une terrasse de rêve, ça va sans dire !

Perle de M'goun : ***Aït-Ouassif.*** *À env 10 km d'El-Kelaa. ☎ 05-24-83-01-98. • laperledemgoun.com • Dans le village même. Laisser la voiture au petit parking, une grande pancarte en bord de route indique ensuite la marche à suivre. Double avec sdb 500 Dh, petit déj inclus.* Une authentique *kasbah* restaurée, en bord de rivière, dans un hameau brut de forme, tenue par un Français et son épouse marocaine. Originalité : seul un petit chemin de 350 m serpentant dans le verger potager y mène. Les hôtes viennent chercher les bagages avec une mule. Un véritable havre de paix au milieu des chants d'oiseaux. Grand jardin arboré au bord de l'oued, avec tente berbère. 7 chambres pas très grandes mais joliment décorées. Le tout géré dans un vrai souci de l'environnement. Plein d'excursions possibles à faire. Fort bonne cuisine bio et accueil affable en prime.

Kasbah Agoulzi : *à env 12 km au nord d'El-Kelaa, sur la gauche. 212 (0)6-18-26-78-95. • kasbahagoulzi@gmail.com • Compter 50 € pour 2 en ½ pens.* Encore une impressionnante *kasbah,* superbement restaurée et fièrement posée, en hauteur, face à l'oued. On entre par une authentique vieille porte en bois. Intérieur clair et très soigné à la déco marocaine plutôt sobre, avec des chambres aux lits confortables, murs et sols imitation *tadelakt* et fenêtres encadrées de bois sculpté. Plusieurs terrasses aménagées, sur différents niveaux, avec vue sur la vallée. Repos garanti.

À voir. À faire

La kasbah Mirna : *à 2-3 km au nord d'El-Kelaa, au milieu d'un superbe verger. On y accède en 15 mn à pied depuis la* Kasbah Itran, *située au bord de la route à 3 km au nord d'El-Kelaa.* Très belle *kasbah,* toujours habitée mais visitable.

➢ À environ 8 km au nord d'El-Kelaa, on recommande de faire halte au village de ***Tazroute,*** pour ses vieilles *kasbah* peuplées de cigognes. Quelques kilomètres plus loin, au départ du petit bourg d'Hadidda, balade possible jusqu'à ***Tourbist,*** un ancien village juif offrant une superbe vue sur la vallée !

TAMALOUT BOU-TAHRAR

Le village a conservé son architecture traditionnelle. Il surplombe l'oued M'Goun et tire la plupart de ses ressources de la récolte de fruits : noix, amandes, pêches. Les femmes du village, comme plus loin dans la vallée en allant vers Amjgag, portent de superbes tatouages, ont les yeux fardés au khôl, et leur coiffure se caractérise par de fines nattes ramenées en anse de panier sous les oreilles. Arrivé à Tamalout, descendez jusqu'au bord de l'oued, il y fait bon et vous pourrez abandonner là votre véhicule et partir faire une randonnée pédestre ou à dos de mulet.

Où dormir ? Où manger ?

Gîte d'étape Tamaloute *(chez El-Houssine Azabi) :* *à l'entrée du village. ☎ 05-24-83-11-26. • tamaloutte.com • Doubles 340-480 Dh en ½ pens selon confort ; 4 dortoirs 130 Dh/pers en ½ pens. Repas 70-100 Dh.* Grande bâtisse à l'entrée du village, aux chambres simples mais harmonieuses. Large utilisation des matériaux locaux et joli contraste des pisés blanc et brun. Préférez celles qui donnent sur la terrasse, avec vue sur la vallée et la montagne qui se dresse toute proche. Bonne cuisine préparée avec les produits du potager. Méchoui sur commande. Accueil chaleureux et patron toujours à l'écoute des clients. Possibilité de louer des mules.

Kasbah Chems : *à l'entrée du village, sur la droite. ☎ 05-24-83-12-68. • kasbahchems.free.fr • Double 400 Dh en ½ pens ; réduc enfants. Tente et camping 30 Dh/pers.* Kasbah accrochée à la montagne, tenue par l'adorable famille de Hassan. À l'étage, 7 chambres avec salle de bains (dont 2 familiales) s'ordonnent autour d'un atrium sur arcades en fer à cheval. 2 autres en bas. Reliefs décoratifs des parties communes et des chambres particulièrement recherchés. 2 terrasses avec panorama privilégié sur la vallée (dont l'une en loggia). L'autre accueille une grande tente-dortoir. Possibilité de camper également. Délicieuse cuisine familiale (produits et amandes du jardin) servie dans la jolie salle à manger. Accueil de la qualité des prestations.

Riad Berbère *(famille Moulay) :* *au centre du village (traverser l'oued). 212 (0)6-73-59-14-59. • riad_berbere@hotmail.com • Doubles sans ou avec sdb 300-440 Dh en ½ pens.* Idéalement située au cœur du vieux village, cette maison traditionnelle en pisé accueille ses hôtes pour le repas sur des banquettes disposées autour d'une cour arborée. À l'étage, une douzaine de chambres basiques (matelas au sol) mais propres, aux prix un peu surévalués.

Randonnée et excursion

➢ De Tamalout, plusieurs randonnées aussi sont envisageables. On recommande de suivre l'oued M'Goun. Cette randonnée de 2h environ vous permettra de rejoindre le village d'***Aït-Saïd*** situé en amont de Tourbist en longeant les jardins qui bordent l'oued. C'est l'occasion de vous mêler aux habitants de la vallée qui travaillent dans les champs.

➢ Pour la visite des ***gorges du M'Goun,*** compter 2 jours. Cette excursion n'est possible que d'avril à novembre. Un accompagnateur est indispensable, ainsi qu'un 4x4 pour se rendre jusqu'à l'entrée des gorges. Le reste du circuit s'effectue à pied. D'une profondeur imposante, les gorges sauvages et escarpées vous laisseront un grand souvenir. Se munir de bonnes chaussures de marche qui résistent à l'eau et d'un maillot de bain.

BOUMALNE-DU-DADÈS

15 000 hab.

Située au débouché de la haute vallée du Dadès, la petite ville de Boumalne-du-Dadès, lieu de rencontre entre les Berbères Aït-Atta du djebel Saghro

et les Aït-Sedrat du Haut Dadès, est un centre administratif important de la région. Très animée le mercredi, jour du souk, la rue centrale voit converger les montagnards se rendant à Ouarzazate. Si vous recherchez le calme, mieux vaut toutefois dormir dans les gorges.

Arriver – Quitter

Bus et grands taxis : *arrivées et départs au niveau de la mosquée, sur le bd Mohammed-V qui traverse la ville.*
➢ Bus (au moins 1 départ/j.) pour **Tineghir, Er-Rachidia, Erfoud, Zagora, Marrakech, Casablanca** et **Ouarzazate.**

Adresses utiles

✉ **Poste :** *dans la ville haute, dans une rue sur la gauche après le virage direction Tineghir (fléché). Lun-ven 8h-16h15.* Service *Western Union.*
@ **Internet :** nombreux petits cyber dans le centre. La plupart possèdent le haut débit.
■ **Crédit Agricole :** *sur le bd Mohammed-V, près du souk.* Change et distributeur.
■ **Dr Maajoub Berdouzi :** ☎ *05-24-83-13-94.* Très compétent.
■ **Pharmacies :** *bd Mohammed-V.*
Supermarché : *à 200 m dans la rue qui part sur la gauche juste avt la mosquée (venant de l'ouest).*
■ **Gendarmerie :** *juste avt la poste.*
■ **Bureau des guides :** *sur le bd Mohammed-V, avt la mosquée (venant de l'ouest).* Représenté par Hamou (*212 (0)6-67-35-18-60*), guide de longue date dans la région, qui possède aussi une maison d'hôtes pas chère à l'entrée des gorges du Dadès.
– **Souk :** *mer. À la sortie de la ville, en allant vers Tineghir, en face de la station-service* Inov.

Où dormir ?

De prix moyens à chic (400-800 Dh / 36,40-72,80 €)

Comme souvent dans le Sud marocain, les routards n'hésiteront pas à demander aux hôtels une place au salon en hiver, ou un matelas en terrasse en été. Les prix d'une nuitée, douche comprise, varient entre 15 et 30 Dh par personne.

Hôtel Kasbah du Dadès-Chems : *dans la ville haute, sur la droite en allant vers Tineghir.* ☎ *05-24-83-00-41.* • *kasbahdedades.com* • *Doubles sans ou avec clim en ½ pens 500-550 Dh. CB acceptées.* Établissement d'une petite trentaine de chambres un peu basiques mais propres, avec salle de bains individuelle et petit balcon. Belle piscine. Les petits budgets peuvent aussi dormir en terrasse. Eau chaude garantie. Fait aussi resto (voir « Où manger ? »).

Le Soleil Bleu : *dans la ville haute, après l'hôtel du Dadès-Chems.* ☎ *05-24-83-01-63.* • *hotelsoleilbleu.com* • *Prendre à gauche avt la station Shell, un peu avt la sortie vers Tineghir. Doubles en ½ pens 500-700 Dh. Emplacement tente 40 Dh, douche chaude en sus. Menu 70 Dh. CB acceptées.* Une adresse égarée au milieu de nulle part, qui bénéficie d'un beau panorama sur la vallée. Les chambres sont toutefois inégales. Préférez celles à l'étage, plus chères mais plus nettes et plus luxueuses. Les nos 25 et 26 ont leurs lits posés sur un socle en *tadelakt* et une déco amusante un peu farfelue. Bon petit déj. Prix parfois inférieurs aux tarifs affichés. Le camping, lui, est une espèce de parking clos sans ombre et sur gravier... Sanitaires impeccables, en revanche.

Où dormir dans les environs ?

Chambres d'hôtes La Perle du Dadès : *à* **Souk-el-Khemis,** *à env 5 km de Boumalne.* ☎ *05-24-85-05-48.* • *perledudades.com* • *Venant de Kelaa, pancarte à droite et faire env*

À L'EST DE OUARZAZATE

1 km, avec un p'tit oued au milieu facile à traverser. Itinéraire bis en cas de crue : traverser Boumalne, monter la côte, passer devant l'hôtel Kasbah du Dadès-Chems *et prendre tt de suite une piste de 5 km à droite (pancartes, piste roulante à petite allure). Compter 55-105 € pour 2 selon confort, avec petit déj. Réduc de 10 % sur présentation de ce guide (à annoncer au moment de la résa).* Vous allez être récompensé de votre effort : *kasbah* superbement restaurée dans un environnement naturel réjouissant. Autour d'un grand patio central tout planté de verdure, une douzaine de chambres de charme et vraiment personnalisées : déco raffinée, beaux objets, plancher en bois précieux, salles de bains originales en *tadelakt,* etc. Entre autres, la chambre « Amazir », sur 2 niveaux avec une chambre pour enfant et 2 salles de bains ; la « Touareg », en bois clair et avec une insolite mezzanine ; la « Yacouba », avec son sommier encastré dans le sol ; 3 chambres troglodytiques en étoile autour d'un salon (pas de porte mais des rideaux, on ne loue que l'ensemble d'ailleurs). Excellente cuisine. Superbe piscine et bien d'autres qualités encore. Un vrai coup de cœur !

La kasbah Aït-Kassi : *à* ***Souk-el-Khemis,*** *à env 9 km avt Boumalne en venant d'El-Kelaa (c'est indiqué). La* kasbah *fait également maison d'hôtes. Doubles en ½ pens 450-600 Dh selon période.* Ahmed Maghiouzi a aménagé dans cette *kasbah* un tout petit *musée d'Art berbère*. On y trouve des poteries, des outils, d'anciens loquets, dont l'un présente l'étoile de David, des bijoux et toutes sortes d'ustensiles de la vie de tous les jours.

Où manger ?

La plupart des petits restos se trouvent entre le pont qui marque l'entrée de la ville en venant de Ouarzazate et la mosquée au pied de laquelle se situe la gare routière. Mais hygiène parfois limite.

Restaurant de l'hôtel Kasbah du Dadès-Chems : *voir « Où dormir ? ». Plats 20-90 Dh.* Un bon plan de secours lorsqu'il fait frisquet. La salle super kitsch ne casse pas des briques, mais les plats sont soignés et copieux : omelettes, couscous, tajines, poulet au citron... En outre, accueil cordial. Cheminée. Immense terrasse panoramique avec piscine.

À faire

La plupart des hôtels vous proposeront les services d'un guide si vous voulez découvrir les environs. La région offre de nombreuses possibilités pour pratiquer la randonnée pédestre ou le VTT.

LA VALLÉE DES GORGES DU DADÈS

L'une des plus intéressantes du Sud marocain. La route, goudronnée sur environ 90 km, longe l'oued Dadès et traverse des paysages splendides, où les constructions en pisé prennent la teinte des roches qui les entourent. Elle serpente d'abord le long de la haute vallée jusqu'à Aït-Oudinar (km 25), égrenant un chapelet de ksour au milieu de cultures et de petits vergers. Ensuite, sur un peu moins de 10 km, elle s'enfonce dans des gorges majestueuses, avant de déboucher sur les plateaux calcaires du Haut Atlas central et d'atteindre Msemrir. Le soir, à l'heure où le soleil décline, l'ensemble du parcours prend des allures de féerie.

Arriver – Quitter

➢ ***Minibus*** entre ***Boumalne*** et la vallée. À Boumalne, départs fréquents de la place près de la mosquée.

Où dormir ?

Comme dans tous les endroits hyper touristiques du Sud marocain, la haute vallée du Dadès présente une foultitude de petites auberges toutes plus adorables et kitsch les unes que les autres. Des émigrés (nationaux) s'installent (ou investissent) aussi dans la région en construisant dans un style pas toujours très heureux, certains allant jusqu'à écrire en gros le nom de leur auberge sur le flanc de la montagne...
Presque tous les établissements proposent des excursions ou des guides pour randonner dans les environs. L'accueil y est en général très sympathique. Nous vous indiquons notre sélection dans l'ordre où ces établissements apparaissent le long de la route, sachant qu'une majorité d'entre eux se pressent autour du km 27, à l'entrée des gorges, placés à la queue leu leu en bord de route, soit côté falaise, soit côté oued. Pas le coin le plus tranquille donc...

Campings

⛺ ***Camping d'Aït-Oudinar*** *(Auberge des Gorges du Dadès)* **:** *à* ***Aït-Oudinar,*** *à 23 km de Boumalne, juste après le pont sur la gauche. ☎ 05-24-83-02-21. • aubergeaitoudinar.com • Compter 40 Dh en tente. Douche chaude.* L'un des plus beaux endroits pour camper dans le Dadès. Une terrasse gazonnée et calme sous les peupliers en bordure de l'oued. Resto.
⛺ ***Camping Berbère de la Montagne :*** *au km 34, au bout des gorges ; 1er camping en venant de Msemrir. ☎ 05-24-83-02-28. • berbere-montagne.ift.fr • Compter 45 Dh en tente.* Environnement magnifique au bord de l'oued, sous les peupliers, avec quelques espaces gazonnés. Propreté exemplaire et bon accueil. Tout est impeccable. Resto.
⛺ Plusieurs établissements, autour des km 27-28, permettent également aux campeurs de s'installer et d'utiliser leurs sanitaires.

De bon marché à prix moyens (100-400 Dh / 9,10-36,40 €)

🏠 ***Gîte de Tamchachate*** *(chez Mbarek Bouguenoun)* **:** *au km 6, à Aït-Mouted (au pied de la grande kasbah du Glaoui). ☎ 05-24-83-14-59. En ½ pens, compter 150 Dh/pers en dortoir et 250 Dh en chambre double avec sdb.* Sorte de refuge où l'on dort sur des matelas à même le sol ou sur des banquettes. 2 chambres doubles (au confort spartiate) pour plus d'intimité. Belle vue sur les champs et les montagnes depuis le toit. Bons repas. Une adresse appréciée des randonneurs. Profitez-en pour visiter la *kasbah* du Glaoui attenante (entrée : 10 Dh), qui, une fois n'est pas coutume, ne tombe pas en ruine.
🏠 ***Auberge Miguirne :*** *au km 14, juste avt Tamlalt. 📱 212 (0)6-68-76-38-04. • hôtel_ali@voila.fr • Doubles avec sdb 300-360 Dh en ½ pens.* Une auberge super bien tenue proposant 9 chambres simples mais mignonnes et agréables. Les repas, copieux, sont servis sur la terrasse qui bénéficie d'une vue imprenable, ou dans le grand salon plein de tissus colorés. Accueil tout sourire d'Ali, qui loue également des VTT.
🏠 ***Auberge Isabel :*** *à* ***Tamlalt,*** *au km 16. 📱 212 (0)6-71-81-73-28. • auberge-isabel.ch • Env 125 Dh/pers en ½ pens.* Petit et intime, à peine 3 chambres toutes simples (avec sanitaires communs) mais très propres et pas chères du tout. Petite terrasse et salle mignonne pour manger, le tout donnant sur la vallée. Bon accueil.
🏠 ***Kasbah Ait Arbi :*** *au km 18. ☎ 05-24-83-17-23. 📱 212 (0)6-73-18-27-03. • asrirnarinre@hotmail.com • Env 170 Dh/pers en ½ pens.* Une douzaine de chambres petites mais douillettes, avec salle de bains, matelas pas trop

durs et une vue sur la vallée (évitez toutefois celles à l'étage, moins sympas). Un sentier descend vers la rivière, qu'on peut traverser pour aller explorer les « Doigts de singe ». Accueil charmant de Lahcen et Ahmed.

Riad des Vieilles Charrues : *au km 24. 212 (0)6-70-63-41-76. • riad vieillescharrues.com • Double 500 Dh en ½ pens (ou 300 Dh avec petit déj). Également 2 familiales.* Saïd, musicien percussionniste, est un ami des organisateurs du festival des Vieilles Charrues. Du goût, Saïd en a eu aussi pour l'aménagement de son *riad,* décoré avec des objets d'artisanat local. Les 7 chambres, bigarrées, en ciment peint, pisé et *tadelakt* (et beaucoup de tissus), sont très coquettes. Certaines possèdent même une petite cheminée. Terrasse avec hamac et jolie vue. Un vrai coup de cœur !

Auberge des Gorges du Dadès *(chez Youssef) :* *à Aït-Oudinar, au km 25, juste après le pont sur la gauche. ☎ 05-24-83-02-21. • aubergeai toudinar.com • Double 320 Dh, petit déj inclus. Repas 80 Dh. CB acceptées.* Une grosse auberge élégante, comptant une trentaine de chambres avec bains et w-c, très propres et décorées avec soin, la moitié avec vue sur le Dadès. Chauffage individuel l'hiver. Bonne table avec terrasse les pieds dans l'oued. Essayez l'assiette berbère, c'est un régal ! Service rapide et attentionné. Une bonne adresse. Camping (voir plus haut).

Auberge Argane : *au km 26, juste avt l'entrée des gorges. ☎ 05-24-89-17-87. 212 (0)6-66-44-98-82. • auber geargane-gorgesdades.com • Double avec sdb 460 Dh en ½ pens.* En surplomb de l'oued, cette petite auberge accueillante et très bien tenue abrite 5 chambres charmantes, avec plafonds en roseaux et croisées de bois, tapis, motifs berbères et lampes en fer forgé. Elles ont vue sur la vallée. Du toit, joli point de vue sur les falaises marquant l'entrée des gorges. Et en bas, une 2e terrasse côtoie un jardin dont les produits viennent garnir, le soir, une excellente cuisine locale. Service aux petits soins.

Auberge La Fibule – Chez Ijoud : *au km 27, côté falaise. ☎ 05-24-83-17-31. • ijoudmustapha@yahoo.fr • En ½ pens, 180-200 Dh/pers.* Petite auberge intime et agréable. 4 chambres simples mais joliment décorées et très soignées, avec sanitaires, eau chaude et chauffage individuel. Cuisine familiale et ambiance musicale assurée. Excursions.

Auberge des Peupliers : *au km 27, côté falaise. ☎ 05-24-83-17-48. • hoteldespeupliers.com • Double avec sdb 300 Dh en ½ pens. Nuit sur la terrasse 10 Dh ; camping au bord de l'oued 15 Dh.* Un excellent rapport qualité-prix que cette auberge tenue par Mohammed et son fils, tous deux très accueillants. Chambres charmantes utilisant largement le bois clair et décorées de beaux reliefs. Salon chaleureux, plafond abondamment mouluré. Au fait, ne cherchez pas en vain, il n'y a pas de peupliers...

Hôtel La Gazelle du Dadès : *au km 27, côté falaise. ☎ 05-24-83-17-53. • lagazelledudades@gmail.com • Compter 130-200 Dh/pers en ½ pens, sans ou avec vue sur la vallée et clim. Possibilité de dormir dans le salon, sur la terrasse ou de camper pour 20-25 Dh/pers.* Une adresse simple, sympa et de bon confort. De plus, l'accueil du patron, Touffi Anbark, est extrêmement chaleureux. Resto avec cheminée offrant de bons petits plats marocains. Belle terrasse.

La Kasbah de Victor : *au km 31, côté oued. ☎ 05-24-83-16-80. 212 (0)6-22-29-02-68. • lakasbahde victor.com • Double 580 Dh en ½ pens.* Accrochée au-dessus de l'oued, une *kasbah* intime et isolée. Salle commune joliment carrelée. 3 chambres confortables d'une blancheur immaculée. Outre l'accueil particulièrement affable du couple français, on y a dégusté l'une des meilleures cuisines du voyage : tajine au citron confit, mouton aux pommes, mais surtout un succulent bœuf aux dattes, figues et miel... Terrasse plaisante, petite piscine et tente berbère donnant sur la gorge. Organise également des excursions et randonnées avec guides sérieux.

Hôtel Berbère de la Montagne : *au km 34, à la fin des gorges. ☎ 05-24-83-02-28. • berbere-montagne.ift.fr • En ½ pens, doubles 400-560 Dh, sans* *ou avec sdb.* Environnement magnifique, vaste et paisible, au débouché des gorges. La plupart des chambres (convenables et agréables) ont une clim réversible (qui fait chauffage). Terrasse sous les peupliers argentés. Camping (voir plus haut).

Chic (400-800 Dh / 36,40-72,80 €)

Maison d'hôtes Chez Mimi : *au km 12, dans le douar d'Aït-Ibrirne. ☎ 05-24-83-05-05. • mimi.kasbah@laposte.net • Résa obligatoire. Compter 400 Dh/pers en ½ pens, min 2 nuits.* Très bel endroit en contrebas de la route (la descente est raide). Véritable maison de charme, comportant 4 chambres fort bien décorées, créée par un couple de pianistes-concertistes à la retraite. Ici, Mimi, la patronne, a soigné l'ambiance. C'est elle-même qui œuvre aux fourneaux et propose à ses hôtes une cuisine à dominante méditerranéenne. Petite piscine surplombant les champs. Multiples recoins pour lézarder au soleil au gré d'un jardin élégant, presque japonisant.

Où manger ?

Voici quelques adresses, sélectionnées du sud au nord, que nous préférons signaler pour la restauration, même si elles offrent aussi l'hébergement. N'oubliez pas non plus que les auberges et hôtels cités plus haut proposent tous la demi-pension, quand ils ne font pas aussi resto, ouvert à tous...

Kasbah de la Vallée : *km 27. ☎ 05-24-83-17-17. Sert de l'alcool.* Un hôtel-resto qui travaille surtout avec des agences. Carte classique, on le signale surtout parce que c'est (officiellement...) l'un des seuls à servir de l'alcool dans la vallée. Certains apprécieront !

Auberge Tissadrine : *km 27. ☎ 05-24-83-17-45.* On l'indique surtout pour sa terrasse, idéale pour déjeuner au bord de l'eau. Parfois désert, cela dit, passez et vous verrez !

Restaurant panoramique Timzzillite : *au km 29, en haut du col. ☎ 05-24-83-05-33.* Le resto le mieux situé de toute la vallée : une véritable cascade de terrasses jetées au-dessus des gorges depuis le haut du grand canyon. Vue spectaculaire, qui attire évidemment pas mal de monde. Côté cuisine, c'est assez classique. Propose aussi 8 chambres, certaines avec balcon privé, qui valent surtout pour la... vue.

Restaurant-auberge Le Nom de la Rose : *km 34, au niveau du village d'**Imdiazen**. ☎ 05-24-83-13-65. Menus 75-115 Dh.* Excellents tajines et méchouis dans cet établissement décoré avec soin. Terrasse mignonnette, avec gazon et parasols en paille. Loue également une poignée de chambres claires et propres. Accueil gentil.

À voir. À faire

Dans la vallée des gorges du Dadès

La meilleure façon de visiter la vallée est de s'y promener à pied en suivant le cours de l'oued, s'il n'est pas trop haut. La plupart des hôtels vous proposeront les services d'un guide pour aller découvrir les gorges et autres recoins de la vallée. Ceux qui ont un véhicule seront avantagés : ils pourront s'arrêter fréquemment pour descendre visiter les parties les plus intéressantes. À ***Aït-Mouted,*** dans un virage de la route, à 6 km de Boumalne, se dresse encore une ***kasbah du Glaoui*** que l'on peut visiter. Elle est magnifique et bien entretenue. Son occupant actuel en a fait aussi un gîte d'étape (lire plus haut « Où dormir ? *Gîte de Tamchachate* »).

Au km 10, au niveau de l'*hôtel des Cascades,* un petit sentier bucolique s'enfuit sur la droite à travers champs pour rejoindre le lit de l'oued. En remontant ce dernier sur 50 m, on atteint de modestes mais rafraîchissantes ***cascades.*** En escaladant les rochers, les cabris rejoindront des gorges miniatures fermées par d'autres cascades. En escaladant encore, les supercabris jetteront un œil sur le départ du canal d'irrigation qui alimente les cultures de la petite vallée, avant de poursuivre leur périple jusqu'au prochain obstacle... Jusqu'aux premières chutes, comptez 45 mn de marche aller-retour. Faites-vous expliquer la route par les sympathiques gérants de l'hôtel.

La gorge de Sidi-Boubkar : *une magnifique balade de 1h30, réalisable au départ de l'auberge* Miguirne, *au km 14 ; l'accès se trouve en contrebas. À éviter en période de crues ou s'il a plu récemment, ça peut être très dangereux.* Le patron de l'auberge, Ali, vous expliquera quel chemin suivre. En principe, pas d'accompagnateur nécessaire, mais mieux vaut demander conseil à Ali. La gorge de Sidi-Boubkar, très peu connue et à l'écart des circuits classiques, a conservé son aspect sauvage. Quel spectacle magique ! Possibilité de pique-niquer sur place. Attention à ne pas laisser de déchets derrière soi. Vous pourrez vous faire préparer un casse-croûte à l'auberge.

La falaise de Tamlalt : *au km 16.* Composée de roches érodées aux formes arrondies, on la nomme la « vallée des Doigts de singe » ou encore la « vallée des Corps humains ».

Le circuit des canyons : *randonnée pédestre de 5h30 env. Pour bon marcheur. Il faut être accompagné. Partir de préférence avt 9h. Départ Aït-Ouffi, Aït-Idir km 25, face à* La Kasbah de la Vallée. On suit d'abord le lit de l'oued avant de grimper dans la montagne et d'atteindre, au bout de 1h30, un lieu où vivent des nomades. En continuant, on entre dans un couloir étroit, pour ensuite poursuivre jusqu'au village d'Imdiazen. Retour par un chemin différent, soit par la piste carrossable, soit par le lit du grand canyon. Pour les pressés, il est possible de faire la balade en 3h, sans pousser jusqu'à Imdiazen.

LA VALLÉE DES CORPS HUMAINS

Selon une légende locale, lors d'un mariage, les invités s'étaient rassemblés sur le chemin que la jeune promise devait parcourir sur sa mule pour s'installer chez son mari, comme le veut la tradition. À son passage, la foule se mit à jeter de la nourriture en l'air pour célébrer l'événement, geste que Dieu considéra comme un sacrilège. Il punit alors d'un coup tous ces gens en les pétrifiant à jamais. Faudrait qu'il pense à un sortilège pour ceux qui jettent leurs ordures...

Dans les gorges du Dadès

➢ La partie la plus étroite et impressionnante des gorges commence à ***Aït-Oudinar*** au km 25, et s'étend sur une dizaine de kilomètres. La route grimpe alors en lacet jusqu'à surplomber le vide de plus d'une centaine de mètres. Aït-Oudinar est un très bon point de départ pour des randonnées pédestres de 1h ou d'une demi-journée dans la vallée. Possibilité de louer des ânes au village d'Aït-Oudinar.

➢ Après un passage très encaissé, la route débouche au village d'***Imdiazen*** (km 34). Les gorges font place à une paisible vallée verdoyante ponctuée de villages et bordée de monts pelés peignés de longues stries, telles des courbes de niveau d'une carte IGN. Un peu avant ***Msemrir*** (km 60) apparaît en contrebas « la Tortue du Dadès », un plissement géologique de toute beauté. Msemrir est le chef-lieu des tribus des Aït Moghrad, des Aït Haddidou et des Aït Atta, et le point de départ de nombreuses randonnées. La gendarmerie royale pourra vous renseigner sur l'état des pistes et les chemins à prendre. Au printemps, pêche à la truite dans l'oued Boukoula. Visite de grottes qui servaient de refuge. Les gens du coin sont plutôt hospitaliers.
– ***Souk :*** *sam.* Très animé.

Où dormir à Msemrir ?

Hôtel Agdal : *au centre du village. 212 (0)6-76-72-73-39. Double 100 Dh.* Vraiment modeste, mais cependant assez bien tenu. Peinture refaite, certaines chambres ont même des plafonds moulurés. Sanitaires communs. Bon accueil.

Auberge El-Warda : *dans le village. 212 (0)6-76-83-90-47 et 51-62-66-96. Nuit 30 Dh/pers avec sdb. Repas sur commande et sandwichs.* Gîte d'étape rustique mais aux prix imbattables. Quelques conseils sur l'état des pistes et les possibilités de balades.

➢ ***La boucle par les gorges du Todgha :*** de Msemrir jusqu'à Tamtattouchte, compter 45 km de mauvaise piste, ***praticable seulement en 4x4.*** Il est fortement conseillé de partir avec un guide, car il y a plusieurs embranchements. De Tamtattouchte jusqu'aux gorges du Todgha, la route est à nouveau goudronnée bien qu'en mauvais état. On boucle enfin le parcours en passant par la N 10 avec Tineghir, Boumalne et en remontant par les gorges du Dadès. Cette boucle est exceptionnelle, vu la beauté des paysages traversés, et plus encore parce qu'elle permet de « sentir » les ambiances qui règnent au cœur de la montagne. C'est aussi l'occasion d'aller à la rencontre des nomades berbères Aït Moghrad et de leurs troupeaux. À ne pas manquer si vous disposez d'un 4x4.
Renseignez-vous dans la vallée ***avant de partir,*** car la piste peut être coupée par la neige en hiver (on passe un col à plus de 2 800 m), ou parfois même après l'été, quand les orages ont fait leurs ravages. Le mieux est de se faire accompagner d'un guide connaissant le coin et qui pourra même prendre le volant pour vous permettre de profiter au maximum des paysages qui, nous ne le répéterons jamais assez, sont exceptionnels.

La vallée des Roses depuis le Dadès

Ceux qui disposent d'une pleine journée de détente dans le Dadès en profiteront pour aller faire un tour dans la vallée des Roses. Le départ de la piste se situe au niveau de la *kasbah* du Glaoui, dans le village d'Aït-Youl à environ 7 km de Boumalne sur la route des gorges. Comptez environ 1h de piste pour vous rendre à Tamalout Bou-Tahrar. Attention, ça passe tout juste avec une voiture de tourisme (et vous n'êtes pas assuré). Avoir l'expérience des pistes et se faire expliquer la route (ou prendre un guide), pour éviter de tourner en rond (plusieurs pistes). En chemin, passez donc serrer la pogne aux nomades troglodytes. Ensuite, vous pourrez prendre la direction d'El-Kelaa en continuant par la route le long de l'oued vers Tourbist, et enfin boucler par Boumalne avant de revenir dans les gorges.
Les paysages rappellent un peu ceux du Grand Canyon (toutes proportions gardées, bien évidemment), la terre rouge, verte ou jaune suivant le sol est ravinée sous l'effet des pluies torrentielles déversées par les orages (c'est d'ailleurs pourquoi nous vous déconseillons de faire cette boucle quand l'orage menace). La meilleure période est avril-mai pour les lauriers-roses et le passage des cigognes.

TINEGHIR

36 000 hab.

Tineghir (prononcer « Tinerhir ») est réputée pour sa palmeraie. Vous la découvrirez du belvédère situé à 2,5 km de la ville en allant vers les gorges du Todgha. Quel panorama ! De quoi faire pâlir tous les réalisateurs de ciné ! La palmeraie s'étend jusqu'aux contreforts de l'Atlas. C'est l'une des plus riches du Maroc.

À Tineghir, la communauté juive est encore très présente dans les esprits ; on lui doit, entre autres, l'art de confectionner des bijoux d'argent comme à Tiznit.
À noter que la ville se situe à 1 340 m d'altitude : les nuits y sont fraîches en hiver, alors que l'été, la température est si élevée qu'il est préférable de dormir sur les terrasses, comme le font la plupart des habitants d'ailleurs.

Arriver – Quitter

*Départs des **bus** devant la mosquée, à côté de la station-essence* Total *(plan A-B1). Billets à l'agence* Al-Fath *ou l'une de ses voisines, sur la place de la mosquée. Les **taxis collectifs** partent de la place de la mosquée.*
Liaisons avec :
➢ ***Tamtattouchte et les gorges du Todgha :*** taxis collectifs et minibus. Départs fréquents, tte la journée.
➢ ***Er-Rachidia :*** bus fréquents ou taxis collectifs. Trajet : 2h30.
➢ ***Erfoud :*** 3-4 bus/j (le mat et l'ap-m).
➢ ***Marrakech (via Ouarzazate) :*** 8 bus/j., 5h30-20h30. Trajet : 3h pour Ouarzazate et 8h pour Marrakech.
➢ ***Fès :*** 2 bus/j., l'ap-m et le soir de Tineghir.
➢ ***Meknès :*** 5 bus/j.
➢ ***Casablanca :*** 1 bus de nuit. Trajet : env 11h.
➢ ***Agadir :*** 3 bus de nuit (au départ de Tineghir).
➢ ***Tan-Tan :*** 1 bus/j., départ de Tineghir en fin d'ap-m.

Adresses et infos utiles

✉ ***Poste*** *(plan B1)* **:** *av. Hassan-II. Lun-ven 8h-18h, sam 8h30-12h.*
@ ***Internet*** *(plan B1)* **:** ***Futurnet,*** *à côté de la poste.*
■ ***Banques :*** *nombreuses sur l'av. Mohammed-V, non loin de la mosquée.* Toutes possèdent un distributeur de billets. Change possible aussi à l'hôtel *Tomboctou*.
■ ***Pharmacies Todghra et Saghro :*** *av. Mohammed-V, en face de la poste.*
■ ***Réparateurs de pneus :*** *nombreux le long de Mohammed-V (plan A2), où l'on trouve aussi plusieurs **garages mécaniques.***
■ ***Presse française*** *(plan B1,* ***1****)* **:** *au kiosque près de la mosquée.* C'est ici que vous aurez le plus de chance de trouver un hebdo ou quotidien français (pas toujours récent, cela dit). Bon choix de cartes postales.
Supermarché et vente de boissons alcoolisées *(hors plan par A2)* **:** *chez **Michèle,** bd Mohammed-V. Tlj 9h-13h, 16h-20h.* Petite supérette tenue par une Française. On y trouve même du camembert.
– ***Marchés :*** *le **souk hebdomadaire** a lieu lun à l'entrée de la ville en venant de Ouarzazate. Les autres jours, **souk Fokani** (plan B1, **2**) et **souk Tahtani** (plan B2, **3**).*

Où dormir ?

De bon marché à prix moyens (100-400 Dh / 9,10-36,40 €)

Camping et bungalows Ourti *(hors plan par A2,* ***15****)* **:** *à l'entrée de la ville à droite (venant de Ouarzazate). ☎ 05-24-83-32-05. Forfait camping 60 Dh pour 2. Chambres 150 Dh, petit déj en sus.* Vaste camping, avec un terrain en terre planté de quelques arbres. Également des chambres très bien tenues, avec salle de bains et balcon. Cuisine traditionnelle soignée et servie dans une sympathique salle à manger. Piscine en saison. Un bon camping.
Hôtel-restaurant de l'Avenir *(plan B1,* ***12****)* **:** *27, rue Zaïd-Ouhmed. 212 (0)6-72-52-13-89. Sur une placette donnant sur le souk central (et à 100 m de la poste). Double 150 Dh. Tente 30 Dh/pers.* Petit hôtel bien tenu et bien placé. 11 chambres (de la double à la quadruple) simples mais propres, avec sanitaires communs. Certaines sont intérieures, et donc un

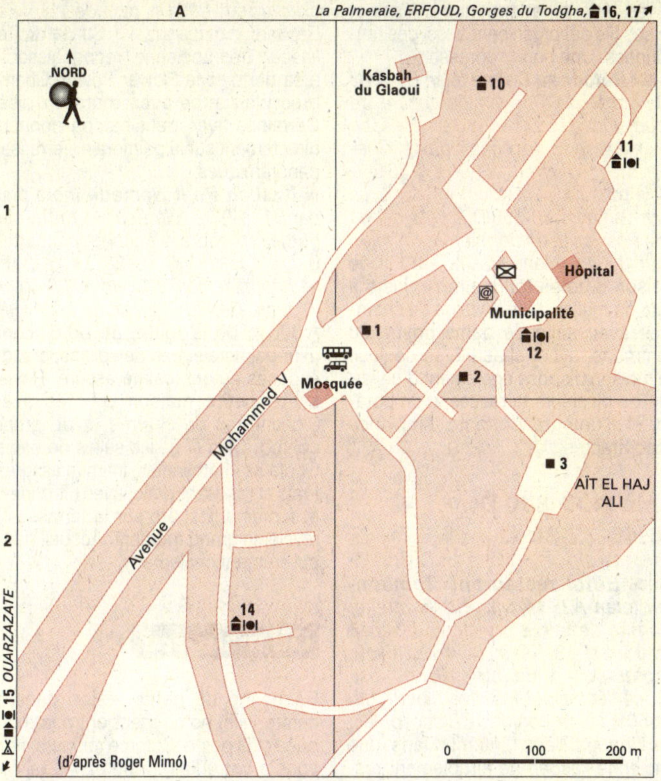

TINEGHIR

■ **Adresses utiles**

Taxis collectifs
@ Futurnet
1 Presse française
2 Souk Fokani
3 Souk Tahtani

Où dormir ?

10 Chez Aïssa
11 Retour au Calme
12 Hôtel-restaurant de l'Avenir
14 Hôtel-restaurant Tomboctou
15 Camping et bungalows Ourti
16 Kasbah Omari
17 Kasbah Petit Nomade

Où manger ?

12 Hôtel-restaurant de l'Avenir
14 Hôtel-restaurant Tomboctou

peu sombres mais plus calmes. Possibilité également de dormir en terrasse sous la tente. Atmosphère relax et conviviale, vue sympa sur le petit marché. Bon resto. Une adresse routarde. Voir également « Où manger ? ».

Chez Aïssa *(plan B1, **10**) : en contrebas de la kasbah. ☎ 05-24-83-49-62. • chezaissa.com • Prendre à gauche après la pharmacie Todghra, puis à droite (c'est indiqué). Double 180 Dh. ½ pens possible.* Belle maison traditionnelle en plein cœur de la vieille ville. Elle comprend une dizaine de chambres sans fioritures mais bien tenues. Sanitaires impeccables, mais sur le palier. Travaux en cours pour, à terme, offrir des chambres avec salle de bains privée. Accueil attentionné d'Aïssa et de ses fils qui organisent aussi des randonnées. Une bonne adresse.

Retour au Calme (plan B1, **11**) : *à la sortie de Tineghir en venant de Boumalne, au bord de la palmeraie, ne pas manquer le panneau à droite. Chemin d'accès étroit. ☎ 05-24-83-49-24. • retouraucalme.com • Chambres pour 2-5 pers 80-250 Dh, petit déj en sus. Possibilité de dormir dans le salon pour 30 Dh. Menu 60 Dh.* Une maison d'hôtes toute simple, juste à côté du mellah. Une huitaine de chambres avec salle de bains privée ou commune, ayant chacune sa couleur. La maison dispose également d'un jardin, de plusieurs terrasses, d'un potager et d'une grande tente. Ambiance décontractée.

Chic (400-800 Dh / 36,40-72,80 €)

Hôtel-restaurant Tombouctou (plan A2, **14**) : *av. Bir-Anzarane, à droite de la rue principale (fléché). ☎ 05-24-83-51-91. • hoteltombouctou.com • En hte saison, résa conseillée. Doubles avec petit déj 34-50 € selon confort. CB acceptées. Parking gardé à 200 m.* Dans une ancienne *kasbah* admirablement restaurée et arrangée sur le thème de l'Afrique subsaharienne. Une vingtaine de chambres, les plus chères étant vraiment très agréables : beau carrelage, murs ocre, sanitaires nickel, clim et une jolie déco, avec des peintures marocaines. Mais les autres, avec ventilo, sont très convenables aussi. Jardin avec piscine. Le resto, en revanche, ne casse pas des briques (mais on y sert de l'alcool...). Organisation d'excursions et de bivouacs. Un bel établissement !

Où dormir dans les environs proches ?

Kasbah Omari (hors plan par B1, **16**) : *à env 2,5 km sur la route des gorges du Todgha, côté droit. ☎ 05-24-83-59-67. • kasbahomari.com • Double avec sdb 280 Dh, petit déj compris. Repas sur demande.* Sur la droite, *kasbah* très ancienne, reconnaissable à sa porte style *Flower Power*. Chambres plaisantes avec murs en pisé. Certaines avec petit balcon donnant directement sur la palmeraie. Terrasses panoramiques.

Kasbah Petit Nomade (hors plan par B1, **17**) : *à 3 km sur la route des gorges, prendre à gauche (pancarte). 212 (0)6-68-49-58-38. • kasbahpetitnomade.com • Double 600 Dh en ½ pens. Réduc à partir de la 2e nuit.* À 300 m de la route, au bord d'une mini-palmeraie. Peu de voisins, grands espaces autour, calme assuré. Ravissante petite maison d'hôtes avec 3 chambres de charme et de grand confort. Clim et belles salles de bains. Couleurs chatoyantes, intimité assurée. Frais et reposant patio, avec citronniers et fontaine. L'apéro sur la terrasse se révèle un grand moment. Accueil particulièrement chaleureux.

Où manger ?

Beaucoup de petits restos dans le centre-ville, notamment entre la mosquée et la poste. Comme toujours, fiez-vous à votre flair, préférez les tajines « frais » qui mijotent devant vous, et mangez « à la berbère », en trempant votre pain dans le jus de cuisson.

Hôtel-restaurant de l'Avenir (plan B1, **12**) : *voir « Où dormir ? ». 06-72-52-13-89. Au 1er étage.* Cadre simple, cuisine honnête et à prix doux.

Inass Welcome (hors plan par B1) : *à la sortie de la ville, à env 2 km du centre en direction des gorges du Todgha. 212 (0)6-66-66-47-98. Menu 110 Dh.* Accueil chaleureux. Dans l'assiette, un régal de cuisine traditionnelle. Côté cadre, une salle à la déco typique et une jolie terrasse en escalier sous la tonnelle. Cheminée en hiver.

Hôtel-restaurant Tombouctou (plan A2, **14**) : *voir « Où dormir ? ». Plats 50-130 Dh.* L'un des seuls restos où l'on peut accompagner son repas de vin ou d'une bonne bière.

À voir. À faire

Le point de vue sur la palmeraie : *prendre la direction des gorges (en allant vers Tinejdad puis en prenant à gauche à la fourche ; c'est indiqué) ; à env 2,5 km, on arrive à un belvédère, côté droit (immanquable).* Chameaux et « hommes du désert » (en tenue de Touaregs) y attendent les touristes. Magnifique vue sur le village d'Aït-Boujane. De là, possibilité de descendre à pied dans la palmeraie, d'où les plus courageux continueront jusqu'aux gorges du Todgha (voir plus loin). Compter 15 km (4h de marche), mais la route est très belle.

➢ **La promenade à pied dans la palmeraie :** *accès depuis le point de vue sur la palmeraie (voir ci-dessus).* Vous y découvrirez tout un petit monde travaillant dans les vergers, près des canaux d'irrigation. La palmeraie, irriguée par l'oued Todgha, est magnifique. Il faut s'y promener le matin ou en fin d'après-midi. Très intéressant pour observer la vie quotidienne et comprendre le système d'irrigation, où pas une goutte d'eau n'est perdue. Petite mise en garde : c'est un vrai labyrinthe où l'on peut passer beaucoup de temps dans les culs-de-sac. Suivre le canal d'irrigation principal permet, d'après un lecteur, de dérouler le fil d'Ariane sans trop de heurts. Sinon, se faire accompagner par un guide, à demander à son hôtel.

L'ancien village Aït El-Haj Ali *(plan B2)* **:** c'est la vieille ville de Tineghir, un remarquable ensemble architectural en pisé semé de bazars populaires, où l'on se plaît à errer jusqu'à s'y perdre. Au milieu se trouve le *mellah,* l'ancien quartier des Juifs. Si on vous invite à prendre un thé, à faire le henné ou à prendre les femmes qui tissent en photo, prudence, car ce n'est pas toujours désintéressé...

La mosquée-médersa Ikelane : *dans le village d'****Afanour****, juste après le pont en sortant de Tineghir. Droit d'entrée : 20 Dh.* Abandonné à la fin du XXe s mais en grande partie rénové depuis, le site offre une occasion rare pour les non-musulmans de pénétrer dans une mosquée.

El-Hart : *à 14 km. On s'y rend en empruntant la route d'Er-Rachidia puis en suivant ensuite une piste de 4 km, ou par l'av. Bir-Anzarane et en tournant ensuite à gauche à la fin du goudron.* Là, quelques potiers travaillent d'une manière tout à fait artisanale au milieu d'une magnifique palmeraie.

LES GORGES DU TODGHA

À la sortie de Tineghir, en direction d'Er-Rachidia, prendre à gauche avant le pont, puis compter 15 km. Découpées dans l'épaisse couverture calcaire du Haut Atlas, les gorges du Todgha (prononcer « Todra »), plus étroites que celles du Dadès, comptent parmi les plus belles du Sud marocain.

Pour vous mettre l'eau à la bouche, vous pouvez (re)voir trois films dont certaines scènes ont été tournées dans ces gorges : *Lawrence d'Arabie* (encore et toujours !), *La Poudre d'escampette* et *Cent Mille Dollars au soleil.* L'eau y coule toute l'année.

LA LÉGENDE DES POISSONS SACRÉS

L'histoire raconte qu'il y a fort longtemps, en traversant les gorges, un saint homme assoiffé aurait frappé un rocher avec son bâton. Une source aurait jailli de la pierre. La frappant de nouveau, des poissons en seraient sortis à leur tour. Voilà pourquoi ces derniers ne sont jamais pêchés et font toujours l'objet d'un pèlerinage.

➢ Si vous n'avez pas de véhicule, vous trouverez des taxis collectifs et des minibus, toute la journée, au départ de Tineghir.
➢ ***En voiture,*** l'accès des gorges est payant (5 Dh). À l'entrée des gorges, des gamins vous feront peut-être signe de vous arrêter, prétextant qu'il est impossible de continuer. Ils proposeront ensuite de garder votre voiture...
Évitez d'y aller le week-end en saison, à moins d'aimer les embouteillages et le hurlement des autoradios ! Le reste de l'année, il arrive que des cars stationnent pendant que les groupes déjeunent ; alors, pour apprécier les lieux, allez-y tôt le matin ou en fin d'après-midi. L'idéal est de dormir sur place, et ce ne sont pas les hébergements qui manquent !

Où dormir ? Où manger ?

Dans la palmeraie

Campings

Les campings suivants se valent à peu près. Situés les uns à la suite des autres, à environ 8 km de Tineghir en allant vers les gorges, ils se trouvent en bordure de l'oued, donc en zone inondable ! Prudence en cas d'orage violent. Plusieurs excursions à pied dans la palmeraie sont possibles. On peut aussi louer des ânes.

Hôtel-restaurant-camping Le Soleil : *au km 8, sur la gauche dans un virage. ☎ 05-24-89-51-11. Compter 70 Dh pour 2 avec tente et voiture, 95 Dh avec électricité. Doubles 200-300 Dh selon confort. Menus à partir de 80 Dh.* Grand terrain de camping bien ombragé, un peu plus en hauteur que les autres. Bloc sanitaire, laverie. Une dizaine de chambres correctes, certaines avec salle de bains. Piscine.

Camping L'Auberge Atlas : *au km 9. ☎ 05-24-89-50-46. Compter 70 Dh pour 2 avec tente et voiture. Double 150 Dh avec petit déj. Menu 70 Dh.* Petit camping intime et plaisant, bien ombragé et calé dans un joli site, au pied d'un gros rocher au bord de l'oued. Une passerelle de bois permet de rejoindre la palmeraie. Patron très sympa. Sanitaires communs avec eau chaude, très bien tenus. Lave-linge. Également une dizaine de chambres pas très grandes mais fraîches et propres. Le petit resto sert une bonne cuisine. Possibilité de bénéficier de la piscine de l'hôtel *Amazir,* à 400 m.

Camping du Lac (Jardin de l'Éden) **:** *juste après le camping L'Auberge Atlas. ☎ 05-24-89-50-05. Compter 40 Dh pour 2 avec tente et voiture. Chambres avec sdb 150-200 Dh (sans ou avec clim), petit déj inclus ; les fauchés peuvent dormir dans un salon ou sur la terrasse.* Petit camping tout proche de l'oued, avec un espace de terre aménagé pour les tentes. Électricité, lave-linge. Bon accueil.

Camping-auberge de la Source des Poissons Sacrés : *juste après le précédent. 212 (0)6-68-25-53-09. Compter 60 Dh pour 2 avec tente et voiture. Sous la tente berbère, compter 30 Dh/pers. Menus 65-75 Dh.* Les poissons qui barbotent dans le bassin, à l'eau très limpide, sont effectivement sacrés pour les gens du coin (lire plus haut l'encadré « La légende des poissons sacrés »). Cadre romantique (un terrain de terre sous une profusion de palmiers) et bonne cuisine. Sanitaires sommaires, en revanche. Pas d'accès en camping-car.

Prix moyens (200-400 Dh / 18,20-36,40 €)

Maison d'hôtes La Palmeraie : *à Aït-Chaïb, à 7 km de Tineghir en allant vers les gorges. ☎ 05-24-89-52-09. • palmeraiehouse.com • Doubles en ½ pens 350-400 Dh, sans ou avec sdb.* Une maison traditionnelle légèrement en contrebas de la route des gorges, en lisière de la palmeraie. Elle compte une bonne demi-douzaine de chambres très soignées et agréables, la moitié avec douche et w-c. Celles sans salle de bains, au sous-sol, sont sombres (pas de fenêtre) mais plaisantes également et plus fraîches en été. Terrasse avec tente berbère donnant sur la palmeraie, grand salon marocain, et un petit salon aménagé avec goût par Doreen, la maîtresse de maison anglaise. Une belle adresse, doublée d'un excellent rapport qualité-prix ! On peut rejoindre les gorges depuis la maison en filant à travers la palmeraie. Compter 1h30 à 2h d'agréable balade. Excursion à dos d'âne possible également.

Maison d'hôtes Anissa : *à 10 km de Tineghir, sur la route des gorges. ☎ 05-24-89-52-37. • abdeloua hid10@hotmail.com • Double avec sdb 200 Dh, petit déj inclus. ½ pens possible.* Au bord de l'oued, cette haute maison abrite des chambres carrelées, coquettes et très bien tenues, avec quelques tentures en guise de déco. Salon avec vue sur la palmeraie, et terrasse au rez-de-chaussée pour accéder à cette dernière.

À proximité immédiate des gorges

Les adresses suivantes, catégories « Bon marché » ou « Prix moyens », se sont installées au cœur du village pittoresque d'Aït-Baha, à deux pas de l'entrée des gorges.

Kasbah Dar Ahlam : *au cœur du village (fléché). ☎ 05-24-89-59-84. 212 (0)6-67-58-33-11. • dar_ahlam@ hotmail.fr • Compter 50 Dh/pers.* Difficile de faire plus pittoresque. Au cœur du village, cette maison familiale en pisé dispose d'une poignée de chambres toutes simples mais bien tenues, avec sanitaires communs. Quelques tapis colorent les courettes et une tente berbère fait de l'ombre dans le fond. De la terrasse, on partage la vue sur la palmeraie avec les moutons parqués sur un toit (!) voisin, tandis que, tout près, meugle une vache. Rustique mais non dénué de charme.

Maison d'hôtes Valentine : *au cœur du village (fléché). ☎ 05-24-89-52-25. • hotelsvalentine.com • Une dizaine de chambres avec sdb 400 Dh pour 2 en ½ pens.* Située à l'écart de la route, au milieu du village et en bordure de la palmeraie, cette petite auberge est accueillante et très bien tenue. Au rez-de-chaussée, un petit salon marocain. Agréable petite salle à manger bigarrée donnant sur l'oued. Ne pas manquer de monter à la terrasse pour admirer la vue.

Maison d'hôtes Riad Toudra : *au cœur du village (fléché). ☎ 05-24-89-50-31. • riad_toudra@live.fr • Double 150 Dh/pers en ½ pens ; 30-40 Dh pour un matelas et une couverture en dortoir ou sur la terrasse dominant l'oued.* Belle petite auberge (mais qui n'a rien d'un *riad*) aménagée autour d'une courette ombragée par une treille. 2 dortoirs et 10 chambres avec ou sans douche et w-c (préférer celles au dernier étage, plus lumineuses et spacieuses). Intéressantes chambres communicantes (salle de bains au milieu) pour les familles. Terrasse-salle à manger colorée donnant directement sur l'oued et les jardins. Une adresse conçue visiblement pour se détendre ; ici, la référence, c'est Bob Marley !

Maison d'hôtes Le Ciel Bleu : *dans le village. 212 (0)6-73-09-91-54 ou 212 (0)6-70-88-58-70. • maison-lecielbleu.com • Double 500 Dh en ½ pens.* Quelques escaliers à gravir avant d'arriver à cette grosse maison d'hôtes accrochée à la montagne. Le souffle court certes, mais quelle vue ! Après une élégante entrée (murs ocre en pisé et carreaux au sol), on découvre des chambres plaisantes, avec de belles salles de bains. Bonne cuisine et terrasse panoramique.

Dar Ayour : *au cœur du village (fléché). ☎ 05-24-89-52-71. • dara your.com • Double 600 Dh en ½ pens. Menu 100 Dh. Sert de l'alcool.* Cette belle maison au bord de l'eau abrite 13 chambres climatisées aux couleurs fauves, très coquettes bien qu'un peu étroites pour certaines. Préférer celles avec balcon dominant l'oued. On apprécie les finitions artisanales, les chaleureuses tonalités rouges, roses et orange de la maison, les petites salles de bains en *tadelakt* et les attentions comme le coin bibliothèque avec des guides à disposition. Belle terrasse sur le toit avec vue de tout côté. Élégante salle de resto. Accueil sympa.

L'Instant Présent : *à l'entrée du village (côté gauche). 212 (0)6-54-47-24-49. • charles.lazzarina21@orange.fr • Double 250 Dh, avec petit déj.* Tenue par le souriant Charles, qui a beaucoup roulé sa bosse, cette petite auberge compte 3 chambres réalisées dans de joyeux coloris et équipées de sanitaires nickel. Petite salle à manger à la déco similaire, et un gentil jardin. Pour les résidents, cuisine française au menu : bœuf aux morilles, salade de roquefort. Ça vous changera !

Restaurant La Petite Gorge : *à l'entrée du village (côté gauche), juste après* L'Instant Présent. *212 (0)6-70-22-30-76. Menus 120 Dh.* Enfin un vrai resto ! Dans un salon marocain soigné et confortable, avec de beaux tissus et de profonds fauteuils. Accueil familial (dites hello aux adorables jumelles de la maison). Cuisine faite avec cœur. De bonnes salades, des tajines bien mitonnés et une délicieuse omelette berbère. La carte affiche uniquement des menus, mais on peut ne prendre qu'un seul plat. Quelques tables dehors.

À faire

➢ **Randonnées équestres :** *chez* **Assettif Aventure,** *dans la rue principale du village, à 1 km avt l'entrée des gorges. ☎ 05-24-89-50-90.* Driss organise des bivouacs de plusieurs jours *(compter 100 €/j./pers, tt inclus),* ainsi que des balades à la journée *(50 € sans le repas).* Loue aussi du matériel d'escalade, des VTT et propose 3-4 chambres d'hôtes très correctes *(25 €/pers en ½ pens).*

– Ces gorges sont un véritable paradis pour les amateurs d'***escalade.*** Location du matériel possible chez *Assettif Aventure* (voir coordonnées ci-dessus). Renseignements et location également à l'hôtel *La Vallée,* à l'entrée des gorges, ainsi qu'à l'hôtel *Tomboctou* de Tineghir, qui possèdent tous deux les documents sur les voies d'accès. Nombreuses voies équipées pour niveaux 5 + à 8c (les spécialistes comprendront), de 20 à 300 m. Attention, assurez-vous avant toute escalade que tout est bien en place où vous comptez grimper, la plaquette et l'écrou du premier point d'assurage, ou même le maillon rapide fixe du sommet, pouvant faire défaut sur certaines voies.

TAMTATTOUCHTE

Village de rocaille perdu à 1 800 m d'altitude sur un col aride, Tamtattouchte voit son offre en matière d'hébergement exploser depuis que le goudron a gagné la vallée. Prudence cependant : endommagée par des crues, la route est par endroits en mauvais état.

Où dormir ?
Où manger ?

Presque toutes ces adresses proposent un terrain aux campeurs.

De bon marché à prix moyens (100-400 Dh / 9,10-36,40 €)

Auberge Bougafer : *juste en face de l'auberge* Baddou. *212 (0)6-70-22-35-36. • aubergebougafer.com • Doubles 300 Dh (chambres les plus anciennes, mais correctes, sanitaires communs) et 400 Dh (rénovées, avec sdb et clim) en ½ pens. Possibilité de pension complète.* Un établissement un peu en retrait, un peu austère aussi, mais les prix sont intéressants et la vue sur la vallée splendide. Accueil souriant.

Le Campagnard : *en plein centre du village. 212 (0)6-76-00-57-36. • dihyaguide@hotmail.com • Nuitée 70 Dh/pers. Camping également et possibilité de dormir sur la* *terrasse.* Une auberge rustique tenue par Ali et son fils Karim, des projets plein la tête pour faire bouger son village. Il ambitionne ainsi de transformer *Le Campagnard* en café littéraire ; de Bourdieu à Platon, sa petite bibliothèque est déjà bien fournie. Les chambres sont basiques, mais propres. Sanitaires communs nickel. Couloirs décorés d'étonnants tableaux peints par Karim. Bonne cuisine à partir du potager bio et des moutons que la famille possède dans la montagne. Terrasse agréable avec belle vue sur la *kasbah.* L'adresse routarde par excellence !

Gîte Aït Daoud : *dans le village d'**Aït Daoud,** au nord de Tamtattouchte, juste après Aït Hani sur la route d'Agoudal. 212 (0)6-62-08-33-35. • association-atlas.com • Env 250 Dh/pers en ½ pens. Déj à partir de 40 Dh.* À 2 000 m d'altitude, le gîte s'inscrit dans un magnifique environnement. Architecture et déco traditionnelles, chambres à la fois sobres et confortables, équipées de salle de bains. Cuisine à base de légumes du potager. Accueil adorable de Saïd et Malika, qui proposent aussi des balades à la rencontre des habitants de la région.

Auberge Baddou : *dans le village (facilement repérable car très coloré). 212 (0)6-72-52-13-89. • aubergebaddou.com • Doubles 130-200 Dh selon confort ; 400 Dh pour 2 en ½ pens. Repas env 70 Dh.* Ensemble hôtelier d'une douzaine de chambres, très propre et aménagé avec soin. Les chambres, confortables, donnent toutes sur le grand jardin (dont 5 avec sanitaires communs nickel). Lave-linge à disposition. On apprécie la cuisine berbère et la succulente spécialité du *Baddou,* le *timlilay* (sorte de poulet au curry avec des petits légumes coupés en dés). Bons conseils et suggestions pour des randonnées dans les environs. Bref, un accueil particulièrement pro et un excellent rapport qualité-prix. Les mêmes proprios louent également un gîte pour randonneurs, le ***gîte Taymat*** *(env 40 Dh/pers la nuit en dortoir),* aménagé dans une *kasbah* en pierres sèches à l'écart de la route, dans le centre du village.

Hôtel Addoud : *traverser totalement le village (bien indiqué). 212 (0)6-6-19-33-68. Double 120 Dh, sanitaires communs.* Petit hôtel situé sur une colline à la sortie du village et livrant, bien sûr, une vue intéressante sur la vallée. Structure récente, chambres spartiates, mais propres. Strictement pour petits budgets souhaitant s'isoler et prendre de la hauteur.

Prix moyens (200-400 Dh / 18,20-36,40 €)

Auberge Les Amis : *à l'entrée du village à droite, en venant de Tineghir. 212 (0)6-70-23-43-74 et 212 (0)6-77-55-68-59. • amistamtt.wg.vu • Double 350 Dh, petit déj inclus.* Grande bâtisse en pierre bien aménagée. Quelques chambres, grandes et propres, en majorité avec douche et w-c. Chambres plus récentes à l'étage. Possibilité de camper. Une étape sympathique pour déjeuner et séjourner. Bon accueil.

À faire

➢ ***De Tamtattouchte,*** on peut se rendre à ***Imilchil*** par une route désormais goudronnée. L'itinéraire est décrit à partir d'Imilchil. Également une route goudronnée jusqu'à Rich (via Assoul et Amellago) pour rejoindre le Nord à travers l'Atlas.

➢ Entre ***Tamtattouchte*** et ***Msemrir*** (dans les gorges du

LE TABAC TIERS

À Imilchil, on ne fait pas que tresser des pulls, on roule aussi des cigares. Commercialisé par un riche Américain basé à Miami, le barreau de chaise Imilchil contient près d'un tiers de tabac cultivé dans le douar d'Assif Melloul. Il coûte une petite fortune et ne s'achète que via Internet.

Dadès), compter 60 km de piste sans aucun village. Le point le plus élevé de la route est le *col d'Aguerd N'Zegzdoun,* à 2 639 m. On décrit la boucle gorges du Dadès – gorges du Todgha plus haut dans la rubrique « À voir » de « La vallée des gorges du Dadès ».

TINEJDAD

7 500 hab.

À une cinquantaine de kilomètres de Tineghir, un gros bourg en bordure de la palmeraie du Ferkla, qui a bien perdu de sa luxuriance à cause de la sécheresse. Pas d'hôtel, mais une maison d'hôtes remarquable à proximité ; sinon, une gentille auberge où se réfugier chez l'habitant. La région semble dédiée au patrimoine ksourien. En effet, c'est ici que vous trouverez les musées les plus intéressants pour expliquer la relation entre l'eau, les sédentaires et les nomades. À ne pas manquer donc : le *musée des Sources de Lalla Mimouna* et le *musée des Oasis,* aménagé dans le ksar d'El-Khorbat. On y apprend tout – ou presque – sur la culture berbère, loin des clichés habituels.

– Dans la poussiéreuse rue principale, on trouve plusieurs *cybercafés,* une *poste* et une *station de bus.*

– ***Souk :*** *mer et dim.*

Où dormir ? Où manger ?

Auberge Bon Accueil : *rue principale.* *212 (0)6-68-88-65-15.* ● *gite marocco.e-monsite.com* ● *Venant de Tineghir, à droite (1,5 km avt le terminus des grands taxis). Résa conseillée en saison. Double 250 Dh, petit déj inclus. Possibilité de ½ pens.* Auberge intime offrant 4 chambres aux fraîches couleurs. Sanitaires communs nickel. Possibilité de dormir en terrasse dans une tente nomade (4 personnes). Excellente cuisine familiale à partir des bons produits du marché. Pain cuit aux branches de palmier dans un four traditionnel. Agréables petits salons. Propose de faire découvrir la région hors des sentiers battus, à pied ou à vélo. Accueil charmant de l'hôtesse. Une bien bonne adresse !

Gîte-restaurant El Khorbat : *à 5 km avt Tinejdad en venant de Tineghir, prendre une piste sur la droite sur 800 m.* ☎ *05-35-88-03-55.* ● *elkhorbat.com* ● *Compter 800 Dh la ½ pens (menu à la carte) pour 2. Repas à partir de 70 Dh. Pas d'alcool.* Créée à l'initiative de l'écrivain espagnol Roger Mimo, spécialiste de la culture berbère et du tourisme de randonnée au Maroc, cette maison d'hôtes possède vraiment beaucoup de cachet. Une dizaine de chambres (pour 3 à 6 personnes) avec salle de bains, certaines avec une petite terrasse ou un patio, toutes aménagées au cœur d'un ksar en pisé encore habité par des dizaines de familles et entièrement restauré conformément à son origine. Atmosphère des *Mille et Une Nuits* et dépaysement garanti ! L'endroit est frais en été grâce à ses murs épais, et il y a même une piscine. Dans une salle à manger typique ou en terrasse, sous les palmiers, on vous servira une cuisine de qualité. De plus, œuvrant dans le sens du tourisme équitable, le responsable, originaire du village, a mis sur pied une coopérative de tissage avec l'aide des femmes. Leur production artisanale est proposée aux visiteurs. Organise aussi des excursions pédestres dans la palmeraie.

Café-restaurant Le Panorama : *juste après le pont à l'entrée de la ville en venant de Tineghir. Menu 70 Dh.* Bons petits plats à prix corrects à piocher dans une carte bien fournie. Pour finir, espresso bien noir, ça change. Cadre assez simple, flanqué d'une terrasse agréable en surplomb de la route. Bon accueil.

À voir. À faire

Le musée des Sources de Lalla Mimouna : *9 km avt d'arriver à Tinejdad venant de Tineghir, à gauche.* ☎ *05-35-78-67-98.* • *sourcesmimouna.com* • *Entrée : 50 Dh.* La mention « Grandiose » peinte sur la pancarte d'accès indiquant le lieu peut faire sourire en arrivant. En repartant, en revanche, vous serez conquis ! Musée créé à l'initiative de Zaïd Abbou autour d'une source résurgente laissée à l'abandon, et qui donne un aperçu authentique de la culture marocaine. Laissez-vous guider par la visite, qui commence par la préhistoire (nombreux bifaces accheuléens et haches en pierre polie du Néolithique), et qui se poursuit par une section sur la vie nomade et un éventail des métiers artisanaux : travaux des champs, cordonnerie, dinanderie, menuiserie, poterie, forge. Intéressante partie traitant du textile et des bijoux. Celle sur le thème de l'eau également : vous y verrez, entre autres, la fameuse *tanast*, l'horloge hydraulique que les maîtres de l'eau contrôlaient pour répartir équitablement l'irrigation dans les jardins. Isolez-vous aussi quelques instants pour écouter l'eau chanter dans l'atrium de la grande source... et notez, çà et là, les maximes, sur l'eau toujours, empruntées aux grands textes religieux ou poétiques. Petite boutique. Bistrot et casse-croûte. Peintre calligraphe, Zaïd Abbou tient également une galerie d'art en ville (lire plus loin).

Le musée des Oasis : *à côté de la maison d'hôtes* El Khorbat *(s'adresser à eux pour le visiter). Entrée : 20 Dh.* Une visite incontournable pour celles et ceux qui veulent en savoir plus sur les conditions de vie des Berbères du Maroc à travers les siècles. Dans une grande demeure du ksar, 23 salles exposent les différents aspects de la vie traditionnelle dans les oasis : agriculture, élevage, artisanat, commerce, habitat, religion, etc. Des objets anciens, mais aussi des cartes, des photos, des maquettes et des croquis. En bref, une expo complète et vraiment bien faite, et qui déboulonne un certain nombre de lieux communs sur l'histoire des Berbères. On en profitera pour vous faire visiter le ksar, à l'ambiance mystérieuse, qui vaut vraiment le coup d'œil avec ses allées couvertes empruntées par les habitants dont on ne distingue souvent que la silhouette furtive...

Les amateurs d'art et d'antiquités locales pourront s'arrêter à la ***galerie d'art Chez Zaïd*** *(dans le centre-ville ;* ☎ *05-35-78-67-98).* Grand connaisseur des traditions et de la culture de son pays, peintre et maître du *calame* (« la plume », « la calligraphie » et, par extension, « la poésie »), Zaïd expose une sélection de ses œuvres dans sa petite galerie flanquée d'un joli jardin. D'autres pièces renferment un bric-à-brac d'objets anciens et traditionnels. Bien entendu, tout est à vendre. Les prix sont fixes et étiquetés. Toilettes et café.

➢ ***De Tinejdad,*** deux solutions : soit poursuivre sur la N 10 pour monter vers ***Goulmima*** et ***Er-Rachidia,*** soit emprunter la route récemment goudronnée et, en fait, plus intéressante en direction d'***Erfoud.*** Elle traverse, sur la fin du trajet, une succession de ksour, d'oasis et de palmeraies.

– Avant d'arriver à la palmeraie de Jorf, vous verrez un astucieux ***système d'irrigation*** appelé ***khettara.*** Connue dès l'Antiquité, cette technique persane consiste à capter l'eau de la nappe phréatique. La série de puits que l'on aperçoit en surface sert à entretenir les galeries souterraines. Par une faible pente, ce système permet de limiter l'évaporation et la lourde tâche de puisage. À l'extrémité du réseau, l'eau est distribuée dans les jardins par l'intermédiaire de petits canaux *(seguia)* régulés par un peigne en bois ou en terre cuite. On trouve des *khettara* dans la plupart des pays arabes ainsi que dans d'autres parties du monde.
Se méfier des tornades qui peuvent subitement dresser un rideau de sable opaque et couper toute visibilité. Ce sable charrié par le vent recouvre parfois des portions de route et rend la conduite dangereuse. Prudence jusqu'à Erfoud.

DANS LES ENVIRONS DE TINEJDAD

GOULMIMA

Ceux qui poursuivent vers le nord par la N 10 traverseront Goulmima, une petite bourgade assoupie plantée dans l'oasis du Gheris. Elle ne comporte pas moins d'une vingtaine de ksour entourés de puissantes enceintes jadis destinées à les protéger des attaques des tribus berbères. Ses habitants sont très fiers de leur région et entretiennent encore aujourd'hui un art de vivre qui leur est propre.
➢ Bus et grands taxis s'arrêtent sur l'avenue principale, à environ 1,5 km du vieux ksar (lire ci-après) et de nos adresses.

Le vieux ***ksar de Goulmima*** mérite vraiment une visite. C'est, pour certains, le plus impressionnant de toute la région. Pour y accéder, petite route de 2 km à droite (venant de Tinejdad) depuis le grand rond-point. Véritable forteresse de pisé, le ksar est encore habité par des paysans. Empruntez les ruelles, franchissez les passages couverts, vous aurez sûrement droit à l'une ou l'autre scène de vie presque biblique... Profitez-en aussi pour faire un tour dans la palmeraie tout autour.

Où dormir ? Où manger ?

Camping Les Tamaris (chez Michèle) **:** *sur l'av. principale à l'entrée de la ville en venant de Tinejdad, près de la gare routière. ☎ 05-35-88-54-13. • chez-michele.com • Compter 60 Dh pour 2 avec tente et voiture.* Un grand camping plutôt bien ombragé par les fameux tamaris. Sanitaires bien tenus. Restauration (avec quelques plats originaux comme les sardines berbères et le... sanglier caramélisé !) et vente de confitures maison. Piscine, pas toujours en eau.

***Les Palmiers* :** *dans la palmeraie, prendre à droite au grand rond-point, c'est fléché plus loin. ☎ 05-35-78-40-04. • palmiersgoulmima.com • Double 270 Dh/pers en ½ pens.* Maison d'hôtes tenue par une Française et son mari. 5 chambres spacieuses, fraîches et reposantes, dont 2 avec clim. Bonne tenue générale. On vous fournira un accompagnateur pour visiter les ksour avoisinants et la palmeraie.

TADIGHOUST

À 18 km au nord de Goulmima, le village et la palmeraie de Tadighoust baignent dans une tranquillité absolue. La végétation est abondante et ses ksour abritent une population qui ne paraît pas trop se soucier de l'agitation touristique des vallées voisines. Les vestiges d'un ancien fort français semblent même veiller sur tout ce petit monde. Tadighoust peut être un bon point de départ pour des randonnées dans les gorges de l'Amced, moins vertigineuses que celles du Todgha ou du Dadès mais pas moins belles et beaucoup plus tranquilles.

***Gîte rural Chez Pauline* :** *dans la palmeraie, à 1,5 km de la route principale (c'est fléché). ☎ 05-35-88-54-25. • gitechezpauline.com • Double 450 Dh avec petit déj, ½ pens possible.* Ce couple de Français, qui a pas mal bourlingué en Afrique de l'Ouest, a posé ses valises dans cette ferme un peu loin de tout pour accueillir randonneurs et autres amoureux de la nature. Des magnifiques masques africains au mobilier en bois d'ébène, tout donne l'impression de séjourner dans un musée d'Art primitif. Le gîte dispose d'une demi-douzaine de chambres climatisées avec salles de bains, très soignées et pleines de cachet, toutes situées au rez-de-chaussée. Parties communes tout aussi élégantes. Également une tente berbère et un hammam, entre lopins de terre et enclos pour les chèvres. Vaste jardin où l'on peut planter sa tente ou garer son camping-car. Accueil en or. Bref, un vrai coup de cœur.

ER-RACHIDIA

77 000 hab.

L'ancienne Ksar-es-Souk, ville militaire servant de base à la Légion étrangère, fut construite de toutes pièces, au début du XXe s, suivant un quadrillage qui lui enlève tout charme. Depuis, on joue toujours aux boules, mais l'armée marocaine a remplacé les képis blancs et occupe les casernes qui jalonnent l'avenue Moulay-Ali-Chérif. Seul intérêt de la ville : être un point de ravitaillement et une étape sur la route des gorges et de la vallée du Ziz, très intéressantes.
Er-Rachidia, chef-lieu de la province du Tafilalet, est en outre un grand marché agricole et un centre d'échanges important. Il est aisé de s'y repérer : la ville est traversée de part en part par l'avenue Moulay-Ali-Chérif, et nos adresses se situent surtout autour du croisement de celle-ci et de la rue qui va vers la gare routière.

Arriver – Quitter

En bus

Gare routière : *en plein centre-ville, av. Moulay-Ali-Chérif.* Café pas désagréable *(Al-Andalous)* pour patienter. Liaisons avec :
➢ ***Casa et Rabat :*** 5 bus/j., en soirée surtout.
➢ ***Fès et Meknès :*** env 10 bus/j.
➢ ***Agadir :*** 3 bus/j. (17h-minuit).
➢ ***Marrakech :*** 4 bus/j. (7h-19h45).
➢ ***Midelt :*** 1 bus/h jusqu'à minuit.
➢ ***Ouarzazate :*** 6 bus/j. via Tineghir, et 1 bus/j. via Zagora.
➢ ***Erfoud et Rissani :*** nombreux bus.

En grand taxi

Station des grands taxis : *de l'avenue principale (Moulay-Ali-Chérif), descendre la rue qui longe la gare routière sur sa gauche, puis prendre la 1re à gauche et continuer tt droit ; c'est à 200 m.*
➢ Liaisons avec ***Erfoud, Rissani, Fès, Meknès, Midelt*** et ***Tineghir*** (via ***Goulmima*** et ***Tinejdad***).

Adresses utiles

Délégation provinciale du tourisme : *44, bd du Prince-Moulay-Abdallah, lot. Boutalamine. ☎ 05-35-57-09-44. • errachidia@tourisme.gov.ma • Dans une rue qui part sur la gauche à l'entrée de la ville en venant de Goulmima. Tlj sf w-e 8h30-16h30.* Bon accueil et infos de base sur la région.
✉ ***Poste :*** *av. Moulay-Ali-Chérif ; à côté de la gendarmerie. À l'entrée de la ville en venant de Goulmima. Mêmes horaires que la Délégation du tourisme.*
@ Beaucoup de ***cybercafés*** dans la rue principale.
■ Nombreuses ***banques,*** qui possèdent toutes un guichet automatique.
✚ ***Polyclinique du Tafilalet :*** *à l'entrée de la ville en venant de Midelt.* Clinique privée. Urgences 24h/24.
✚ ***Hôpital Moulay-Chérif :*** *à la sortie de la ville (après le pont) en allant vers Erfoud. ☎ 05-35-57-25-75.*
■ ***Pharmacie de nuit :*** ***Croissant Rouge,*** *à côté de la station de bus.*
■ ***Complexe artisanal :*** *à l'entrée de la ville en venant d'Erfoud, juste après le pont sur la droite. Fermé le w-e.*
– ***Souk :*** *dim (fléché), et également mar et jeu dans le centre-ville.*

Où dormir ?

De bon marché à prix moyens (100-400 Dh / 9,10-36,40 €)

Er-Rachidia ne compte que des hôtels plutôt fonctionnels. Ceux qui sont motorisés iront dormir ailleurs, en quête d'un peu de charme.

Hôtel M'Dagha : *rue M'Dagha. ☎ 05-35-57-40-47. En plein centre-ville, dans la rue qui longe la gare routière sur la droite. Double avec sdb env 180 Dh, petit déj en sus.* Hôtel central situé dans une rue animée. Une petite trentaine de chambres propres, sur 3 étages. Préférez celles donnant sur l'arrière. Café au rez-de-chaussée.

Hôtel Er-Rachidia : *rue Ibn-Battouta, juste derrière la gare routière. ☎ et fax : 05-35-57-04-53. Double 320 Dh, avec petit déj.* Hôtel récent, sobre et central, à deux pas du précédent. Ici encore, des chambres propres, réparties sur plusieurs étages, avec douche, w-c et TV (la moitié avec AC et un petit balcon). Petite particularité : le petit déj y est servi 24h/24 !

Chic (400-800 Dh / 36,40-72,80 €)

Hôtel Kenzi Rissani : *av. Moulay-Ali-Chérif, à droite juste après le pont en partant vers Erfoud. ☎ 05-35-57-25-84 ou 21-86. • kenzi-hotels.com • Double 750 Dh (mais réduc de 25 % généralement accordée), petit déj en sus. Menu 120 Dh. CB acceptées. Sert de l'alcool.* Situé en surplomb de l'oued au milieu d'un jardin avec piscine, cet hôtel entièrement climatisé propose des chambres d'un bon niveau, équipées d'un frigo et de la TV sat. Bon accueil, bon service. Au resto, cuisine marocaine ou internationale très correcte.

Où manger ? Où déguster une pâtisserie ?

Nombreux ***cafés-snacks et vendeurs de brochettes*** sur l'avenue principale.

Restaurant Sijilmassa : *116, av. Moulay-Ali-Chérif. En plein centre-ville.* Grande terrasse couverte dans l'avenue principale. Clientèle populaire, exclusivement masculine (moustache de rigueur). Cuisine simple et bon marché mais bonne. Excellent couscous le vendredi. Non loin de là, l'***Atlanta*** dispose d'une terrasse sur le toit.

Café Le France : *dans le centre-ville, rue Cheich-el-Esllame (rue à droite juste avt l'hôtel* M'Dagha*).* Dans un cadre style années 1920, juste un peu kitsch. Très bon café (assez rare pour être noté) et bon petit déj. Propose aussi des chambres pas chères avec TV sat et sanitaires communs.

Café-pâtisserie Sindibad : *un peu avt l'hôtel* M'Dagha. Agréable terrasse sur la rue animée pour prendre un verre ou déguster une bonne pâtisserie (belle sélection). Pas mal de choix aussi en face, chez ***Rotana.***

Où dormir ? Où manger dans les environs ?

Hôtel Palma Ziz : *voir plus haut « Dans les environs de Rich. Où dormir ? Où manger dans les gorges du Ziz ? » dans le chapitre « Le Moyen Atlas et le Haut Atlas central ».*

Camping de la Source Bleue de Meski : *à 18 km, sur la route d'Erfoud. ☎ 05-35-57-43-95. Emplacement 40 Dh pour 2 avec tente et voiture.* Intégré à la piscine du même nom (voir plus bas « Dans les environs d'Er-Rachidia »), beau camping ombragé par des palmiers, très fréquenté le week-end. Une seule douche (payante) par sexe. Cuisine correcte. Beaucoup de petits vendeurs tenaces autour de la source. Bureau de poste. Promenade sympa jusqu'à une vieille *kasbah* en ruine surplombant l'oued ; on l'aperçoit du toit des sanitaires.

Vue Panoramique : *au belvédère d'**Aoufous,** sur la route d'Erfoud, env 10 km après la source Bleue de Meski.* Un petit café-resto sous une tente berbère posée en haut de la falaise qui domine la palmeraie de la vallée du Ziz. Vue évidemment... à la hauteur de la situation. Salades, omelettes, toutes sortes de thés et vente de produits du terroir. Idéal pour une petite halte.

Camping Tissirt : *à 30 km sur la route d'Erfoud, après le belvédère d'Aoufous dans la palmeraie d'Ouled-Cheker. 📱 212 (0)6-62-14-13-78. • tissirtziz@yahoo.fr • Compter 60 Dh* *pour 2 avec tente et voiture. Double 150 Dh. Possibilité de ½ pens.* Petit camping au bord de la palmeraie (mais assez peu d'ombre). Branchement électrique, cuisine à dispo. Douches chaudes et propres. Également une poignée de chambres basiques mais bien tenues. Bon accueil de Mohammed.

Maison d'hôtes Zouala : *après le belvédère d'Aoufous (à 30 km au sud d'Er-Rachidia), descendre dans la palmeraie, c'est fléché. ☎ 05-35-57-81-82. • zouala2000@yahoo.fr • En ½ pens, doubles sans ou avec sdb 200-250 Dh/pers et dortoir 150 Dh/pers.* Dans un ancien caravansérail, cette maison d'hôtes en pisé entièrement rénovée ravira les amateurs d'authentique. Hami propose une demi-douzaine de chambres, 2 dortoirs et 1 appartement pour 6 personnes. Sanitaires communs nickel. Grande salle à manger, avec des banquettes disposées autour d'un puits toujours en activité. Magnifiques tapis, petit jardin où viennent se réfugier les oiseaux. Cuisine traditionnelle et ambiance familiale. Pain fabriqué sous vos yeux. Une adresse de charme à prix corrects et une superbe occasion de découvrir la palmeraie loin des sentiers battus.

Maison Vallée du Ziz : *sur la route d'Erfoud, à quelques km après le belvédère d'Aoufous. ☎ 05-35-88-21-76. • gite-detape.com • Compter 300 Dh/pers en ½ pens. Resto accessible aux non-résidents.* Dans une maison en pisé au bord de la route, 8 chambres agréables et bien finies, avec clim et sanitaires impeccables. Superbe vue sur la palmeraie de la terrasse à l'arrière. Joli jardin (avec piscine en projet). Et bon resto, dans une belle petite salle au mobilier clair (ou, pour les groupes, une autre en sous-sol). Bien pour une étape.

À voir

Le soir, allez vous balader dans le ***souk*** (au bout de la rue M'Dagha), on y trouve de tout : légumes, vêtements, épices, et même des porteurs d'eau et du pop-corn. Populaire, le souk n'est pas fréquenté par les touristes qui, en général, se contentent du marché aux légumes situé à côté de la gare routière.

L'ancien ksar de Targa : *à 500 m du centre-ville.* Toujours habité. Ce ksar, avec son enceinte en pisé, est caractéristique de l'architecture de la vallée du Ziz.

DANS LES ENVIRONS D'ER-RACHIDIA

Les oasis oubliées : itinéraires à emprunter uniquement si vous nous jurez de ne rien donner aux enfants le long des pistes...

➢ D'Er-Rachidia, prenez la route en direction de Boudnib ; environ 20 km avant Boudnib, au niveau d'un radier bétonné sur un oued, suivez la piste qui remonte au nord sur le village de Tazouguerte ; ensuite, continuez vers le nord pour ressortir à Gourrama. Cet itinéraire vous permettra de découvrir de splendides palmeraies et des paysages volcaniques.

La source Bleue de Meski : *à 18 km vers le sud en direction d'Erfoud ; c'est indiqué. Entrée : 5 Dh ; gratuit si l'on est au camping (voir plus haut « Où dormir ? Où manger dans les environs ? »).* C'est en quelque sorte la « piscine municipale » d'Er-Rachidia, même si elle héberge quelques poissons... Bondée le week-end en période chaude ; la baignade y est en revanche agréable en mi-saison. On l'a nommée la « source Bleue » car c'était une escale des hommes bleus. En tout cas, elle est sacrée pour les habitants de la région ; le noir que l'on voit le long des parois de la grotte d'où jaillit la source est produit par les cierges qu'on y allume. Une petite Lourdes du désert, en fait ! Café-resto sur place.

Er-Rachidia est au centre de la superbe vallée du Ziz. De là, deux possibilités : aller vers le nord et découvrir les ***gorges du Ziz*** (à 30 km), ou aller vers le sud (direction Erfoud) et longer la ***vallée du Ziz*** proprement dite.

➢ Pour la première option, sortir d'Er-Rachidia par la route de Midelt (P 21). Après 12 km, on longe le lac de retenue du barrage Hassan-Addakhil, contenu par une imposante digue de terre rouge contrastant avec la belle couleur verte de l'eau. Le Ziz se faufile capricieusement entre les parois de gorges encaissées. Beaux villages fortifiés. La partie la plus intéressante se situe à proximité du tunnel du Légionnaire.
➢ Pour la seconde option, prendre la direction d'Erfoud. Environ 10 km après la source Bleue (28 km d'Er-Rachidia), on atteint le ***belvédère d'Aoufous.*** Panorama grandiose sur la rivière de palmiers de la vallée du Ziz qui coule entre les monts couleur terre. On arrive ensuite sur le ***Tafilalet,*** la plus vaste oasis du Maroc, empruntée jadis par toutes les caravanes du Sud. Juste avant Erfoud s'élève le ***ksar de Maadid*** (lire plus loin « Dans les environs d'Erfoud »).

ERFOUD

23 000 hab.

Gros bourg assez vivant, à une vingtaine de kilomètres de Rissani. Les bâtiments, peints en ocre, datent pour la plupart de l'époque où la garnison française, installée en 1917, gardait les portes du Tafilalet. La résistance au protectorat devait se manifester par des actions sporadiques jusque dans les années 1930. Quelques tamaris tentent d'égayer les trottoirs des rues, trop larges et taillées au cordeau, qui rappellent leur origine militaire. Avant la construction de la route goudronnée reliant Rissani à Merzouga, Erfoud était la base de départ pour les dunes de l'erg Chebbi. Aujourd'hui, on s'y arrête moins. C'est un peu dommage car la ville, qui accueille une école hôtelière, s'enorgueillit de compter quelques-unes des meilleures tables de la région.
La plupart de nos adresses se répartissent autour du carrefour formé par les avenues Moulay-Ismaïl (axe Er-Rachidia-Rissani) et Mohammed-V (qui coupe la première à angle droit au niveau de la poste).

Arriver – Quitter

Arrêt CTM : *av. Mohammed-V, en face du resto Dadani.* Liaisons avec :
➢ ***Fès et Meknès :*** 1 bus en principe en soirée dans les 2 sens.

Gare routière : *pl. des FAR, au bout de l'av. Mohammed-V... en attendant de s'installer sur la route de Tineghir.* Liaisons avec :
➢ ***Tineghir :*** 2-3 bus/j. Trajet : 2h30.
➢ ***Er-Rachidia :*** plusieurs trajets tlj dans les 2 sens.
➢ ***Zagora*** *(via* ***Alnif****)* **:** 1 bus/j. le mat dans le sens Erfoud-Zagora. Trajet : 7h.
➢ ***Ouarzazate :*** 2 bus/j. Trajet : 7h.
➢ ***Marrakech*** *(via* ***Beni-Mellal****)* **:** 1-2 bus/j. Départ en début de soirée (et parfois le mat). Trajet : env 12h.
➢ ***Tanger :*** 1 bus/j., en fin d'ap-m.
➢ ***Également Fès, Meknès, Rabat, Nador et Casablanca :*** 2 bus/j.

Taxis collectifs : *départs en face du commissariat de police, non loin de la pl. des FAR (prendre à droite au bout de Mohammed-V, c'est 200 m plus loin).* Ils assurent le gros du trafic de la région, notamment vers Merzouga.

Adresses utiles

✉ ***Poste :*** *av. Moulay-Ismaïl, angle av. Mohammed-V.*
@ ***Internet :*** *plusieurs cybercafés en ville, notamment sur l'av. Moulay-Ismaïl (juste après la station-service Ziz), ou dans la rue perpendiculaire à Moulay-Ismaïl juste après le Crédit du Maroc (venant d'Er-Rachidia).*
■ ***Banques :*** *plusieurs sur l'av. Moulay-Ismaïl.* Distributeurs.
■ ***Gendarmerie royale :*** *av. Mohammed-V, un peu plus bas que la poste.*

Hôpital régional : *av. Moulay-Ismaïl, à deux pas de la poste.*
Pharmacies : *plusieurs sur l'av. Moulay-Ismaïl.*
Mécanicien : *juste avt le pont, à droite, en direction de l'ancienne piste de Merzouga. 212 (0)6-62-40-42-64.* Un bon mécanicien, ça peut toujours servir dans la région ! Nordine Erraji fait des miracles avec 3 fois rien et, en outre, se révèle fort sympathique.
Alimentation : *plusieurs boutiques sur l'av. Moulay-Ismaïl, dont une supérette très bien fournie,* **Chez Adil.** On trouve également de l'alcool à emporter au bar de l'hôtel *Tafilalet.*
- **Souk quotidien :** *dans une vaste enceinte à côté de la pl. des FAR.*
- **Souk hebdomadaire :** *même endroit, le sam.* Mieux approvisionné.

Où dormir ?

Camping

Camping Tifina : *à 8 km d'Erfoud en allant vers Rissani. 212 (0)6-10-23-14-15. • tifina-maroc.com • Pour 2 pers, 80 Dh en camping, 110 Dh sous tente berbère ou 280 Dh en bungalow ; petit déj en sus. ½ pens possible.* Grand camping (une centaine de places) d'un bon standing, qui propose différents types d'emplacements : sous des tonnelles pour faire un peu d'ombre, avec ou sans électricité et... sanitaires privés (si, si !). Belles et grandes douches. Piscine. Café-resto.

Bon marché (100-200 Dh / 9,10-18,20 €)

Hôtel-restaurant Canne : *av. Moulay-el-Hassan (perpendiculaire à Moulay-Ismaïl, à gauche juste après le Crédit du Maroc en venant d'Er-Rachidia). ☎ 05-35-57-86-95. Attention, pas d'enseigne autre que « Hôtel ». Double avec sdb et clim 180 Dh ; petit déj en sus.* Très central. Hôtel dans un bloc en béton, sans charme particulier, mais disposant d'une vingtaine de chambres claires et propres. Tout est carrelé et bien tenu. Salle de resto. L'accueil est sympa.

De chic à plus chic (400-1 000 Dh / 36,40-91 €)

Ces adresses organisent toutes des excursions vers Merzouga (4x4, bivouac, dromadaires...).

Hôtel Jnane La Kasbah : *route d'Er-Rachidia, à 3 km d'Erfoud, au village de* **Maadid.** *☎ 05-35-57-88-36. • jnanelakasbah.com • Sur présentation de ce guide, double 600 Dh (au lieu de 900 Dh), petit déj inclus. Également 3 suites. Repas 180 Dh ; petite carte moins chère.* Au cœur d'une palmeraie de 2 ha, superbe hôtel dans le style traditionnel, qui s'intègre totalement dans le paysage. Chambres très spacieuses, pimpantes et réalisées dans de jolis tons et de beaux matériaux (carrelage, salle de bains en *tadelakt,* etc.). Bon confort aussi (clim, TV sat...). Vue extra sur la palmeraie. L'ensemble possède beaucoup de charme et l'accueil est au diapason. Grande piscine. Bar et snack. Au resto, noter le superbe travail du plafond, puis goûter le meilleur de la cuisine marocaine, mitonné à partir de bons produits. Organise des excursions avec une équipe pro.

Hôtel Kasbah Tizimi : *à 1 km du centre, sur la route de Tineghir (à côté de la station Afriquia). ☎ 05-35-57-61-79 ou 73-74. • kasbahtizimi.com • Double 685 Dh, petit déj inclus ; également 4 suites. ½ pens possible. CB acceptées. Sert de l'alcool.* Architecture traditionnelle qui utilise toutes les ressources du pisé. Les chambres, bien nettes et plutôt bien arrangées, sobrement dans le style local, avec clim et TV, sont distribuées le long de couloirs extérieurs et autour de petits patios fleuris. Agréable piscine, précédée d'une cour intérieure ornée de vieux objets, et vaste terrasse. Personnel aimable.

Auberge Merzane : *à 14 km en direction de Derkaoua (ancienne piste pour Merzouga). D'Erfoud, prendre la rue du souk, puis traverser l'oued Ziz (direction « Dunes de sable ») ; poursuivre sur la route goudronnée, puis suivre une piste sur la gauche (fléché). 212 (0)6-62-64-07-87 ou 212 (0)6-61-91-40-61. • aubergemerzane.com •*

Fermé en juil-août. Double 970 Dh en ½ pens. Chambres avec sanitaires communs 280 Dh/pers. Possibilité de bivouac. Réduc de 10 % sur présentation de ce guide. Agnès et Étienne se sont posés depuis quelques années dans cette maison en pisé au milieu de nulle part, perdue entre Erfoud et l'erg Chebbi, à l'écart du tumulte de Merzouga. L'auberge comprend 5 chambres d'inspiration africaine (ravissante « Oualata »), agencées autour d'un jardin accueillant 2 bassins. Propose également 4 chambrettes avec petits lits (moins chères). Coin enfants au resto (ici, on les aime). Idéal pour faire un break confortable.

Où manger ?

De bon marché à prix moyens (moins de 150 Dh / 13,60 €)

Restaurant Dadani : *103, av. Mohammed-V. ☎ 05-35-57-79-58.* L'un des restos les plus sympas d'Erfoud. Terrasse abritée donnant sur la rue, et un petit salon marocain à l'étage. En apparence, il pourrait ressembler à beaucoup d'autres, mais le service attentionné et la qualité des plats vous feront vite changer d'avis. Tajine aux figues fondant, brochettes aux légumes cuites à point, yaourts frais et pâtisseries sablées succulentes, spécialité de *kalia*... On se régale de bout en bout. Mohamed, le sympathique patron, loue également un appart (2-4 personnes) au-dessus pour 350 Dh. Organise aussi des bivouacs et des excursions.

Café-restaurant des Dunes : *av. Moulay-Ismaïl ; en face de la station Ziz, à l'entrée de la ville en venant d'Er-Rachidia. ☎ 05-35-57-67-93.* On déjeune à l'intérieur dans une caverne intime et chaleureuse (clim), dans le petit salon à l'étage, sous les bougainvillées dans la cour, ou en terrasse sur la rue. Les pizzas au feu de bois changent du tajine mais risquent de laisser les ogres sur leur faim. On peut les emporter.

Chez Zineb : *126, rue Mohammed-Zerktouni (parallèle à Moulay-Ismaïl). Difficile à trouver : en venant de Rissani (av. Moulay-Ismaïl), tourner à droite au petit panneau « Chez Zineb » juste avt l'hôtel* Tafilalet *; remonter la rue, prendre au bout à droite puis de suite à gauche jusqu'à croiser une grande rue : c'est là ; pas de panneau, c'est la porte à droite du portail « Dar Elhara ». ☎ 05-35-57-84-99. Résa obligatoire. Menus 130-180 Dh.* L'adresse la plus intimiste d'Erfoud. Légumes et viandes du jour mijotent dans les tajines avant d'être servis dans de très beaux plats. Les desserts maison varient en fonction des saisons. Et on déguste tout ça dans un petit salon marocain, confortablement assis dans de grands canapés. L'après-midi, Zineb transforme son resto en salon de thé.

À voir

Le borj : *à 1 km, sur la route de Merzouga. Franchir le Ziz et tourner à gauche à 500 m ; la piste monte jusqu'au parking.* Le *borj* est un terrain militaire. Du haut de ses 937 m, on a une chouette vue sur toute la palmeraie et sur le désert, à condition qu'il n'y ait pas de vent de sable.

Fête

– **Fête des Dattes :** *en principe, 3e sem d'oct, en fonction de la récolte.* Au programme : expositions, vente des différentes variétés de dattes et spectacles.

DANS LES ENVIRONS D'ERFOUD

Le ksar de Maadid : *à 3 km d'Erfoud en direction d'Er-Rachidia.* Un exemple type de l'architecture ksourienne en pisé. Tout ici est conçu pour se protéger des vents de sable et des attaques de pillards.

Le ksar des Ouled Zohra : *à env 8 km d'Erfoud en direction de Rissani (départ de la route – qui devient piste – en face de l'hôtel* El Aati*).* L'un des plus célèbres décors de cinéma du Sud marocain. Une tour de guet typique du Tafilalet dominant quelques ruines au milieu de nulle part. De là, on peut poursuivre la piste vers Rissani.

D'ERFOUD À RISSANI

Une vingtaine de kilomètres séparent Erfoud de Rissani, par la N 13. La route traverse une région constellée de puits révélant un ancien système d'irrigation souterraine, les *khettara*, que l'on peut également voir sur la route entre Tinejdad et Erfoud (on en parle plus haut dans « Tinejdad. À voir. À faire »). Elles n'ont pas résisté aux longues périodes de sécheresse alternant avec des crues dévastatrices. On voit aussi, parfois, des puits à *delou*, où l'eau est puisée dans de grandes outres en peau de chèvre et déversée dans un canal. Des animaux ou des hommes en assurent la traction.

D'ERFOUD À MERZOUGA

Avec la route goudronnée qui relie Rissani à Merzouga, seuls les aventuriers choisiront la piste longeant l'erg. Un 4x4 est alors totalement conseillé, ainsi qu'une bonne connaissance de la conduite sur piste. D'Erfoud, prendre la rue du souk, puis traverser l'oued Ziz (direction « Dunes de sable ») ; poursuivre ensuite sur la route goudronnée puis sur la piste.

ATTENTION : surtout, ne pas s'engager sur des pistes isolées si une tempête de vent de sable menace : tous les repères seraient alors impossibles à voir.

La carrière des fossiles : *d'Erfoud, prendre la rue du souk, puis traverser l'oued Ziz (direction « Dunes de sable ») ; poursuivre ensuite sur la route goudronnée, c'est fléché (immanquable !).* Cet affleurement rocheux se caractérise par une roche noire patinée sous l'action combinée du vent et du sable. Dans cette masse minérale se sont retrouvés piégés de nombreux mollusques marins. La zone d'extraction des dalles (qui seront ensuite envoyées à Erfoud pour y être débitées en plateaux) est accessible en véhicule de tourisme.

RISSANI

6 000 hab.

Le Tafilalet a été de tout temps un des hauts lieux du commerce transsaharien. Dès l'arrivée des Arabes au VIIe s, la ville de Sijilmassa (Rissani) connut un formidable essor, grâce au contrôle des Berbères *meçûfa* sur tous les itinéraires vers le Soudan (l'actuel Mali). Du Sud, on y acheminait de l'or, de l'ivoire et des esclaves ; le Nord y expédiait des produits manufacturés, des perles, des étoffes et des métaux. Les routes passaient par les salines de Theghazza, où les caravaniers chargeaient des plaques de sel pour les échanger contre de l'or à

BERCEAU ROYAL

Mohammed VI vient de... Rissani, du moins ses ancêtres. C'est en effet ici que la dynastie des Alaouites, dont il fait partie, a été fondée au XVIIe s par moulay Ali Chérif. Rien à voir avec les Alaouites de Syrie comme ce criminel de Bachar El-Assad. Heureusement !

Tombouctou. Au XVIe s, Léon l'Africain faisait de Sijilmassa cette description : « Sa grande rue est longue d'une demi-journée de marche, chacune de ses maisons est entourée d'un jardin et d'un verger, la ville possède de prestigieuses mosquées et médersas de renommée... »
Aujourd'hui, Rissani est une petite ville aux portes du désert, dont il ne reste du faste d'antan que des murs en torchis. Elle vit au rythme que lui impose la palmeraie.
Grâce à la route goudronnée, la ville sert désormais de point de départ vers les dunes de Merzouga (erg Chebbi). Inutile de prendre un guide, tout est impeccablement fléché et il n'y a aucun risque de se perdre, n'en déplaise aux rabatteurs.

Arriver – Quitter

Bus CTM : *départs de la place principale, en dessous de l'hôtel* El-Filalia. Liaisons avec :
➢ ***Fès et Meknès :*** 1 bus en soirée de ou à destination des villes impériales.

Gare routière : *juste avt l'entrée de la ville en venant d'Erfoud.* Liaisons avec :
➢ ***Casablanca :*** 2 bus/j. le soir. Trajet : 12h.
➢ ***Marrakech :*** 1 bus/j. en fin d'ap-m. Trajet : 12h.
➢ ***Tineghir :*** 1 bus le mat.
➢ ***Zagora :*** 1 bus le mat.
➢ ***Fès :*** 3 bus/j. 6h-22h env.
➢ ***Meknès :*** 5 bus/j. 7h30-22h env.
➢ ***Tanger :*** 1 bus/j. en fin d'ap-m.
➢ ***Rabat :*** 2 bus/j. en fin d'ap-m.

Également des taxis collectifs pour ***Merzouga, Er-Rachidia*** et ***Zagora,*** qui partent en face de l'hôtel *Sijilmassa.*

Adresses utiles

Poste : *juste après l'entrée de la ville, sur la droite en face de la mosquée. Lun-ven 8h-16h15.*
■ ***Banques :*** *sur la place principale, près du souk.* Retrait par carte de paiement possible pendant les heures d'ouverture.
@ ***Internet :*** *à côté de l'hôtel* Panorama, *au 1er étage, et à côté de l'entrée du souk.*
■ ***Pharmacie centrale :*** *sur la place principale.*
– ***Souk :*** *mar, jeu et dim. Lire plus loin « À voir ».*

Où dormir ?
Où manger ?

Prix moyens (200-400 Dh / 18,20-36,40 €)

Hôtel Sijilmassa : *en venant d'Erfoud, passer la porte de la ville et prendre la 1re à gauche après la mosquée. ☎ 05-35-57-50-42. Assez proche de la gare routière. Doubles 200-250 Dh selon taille. Menu 60 Dh.* Établissement proposant une dizaine de chambres plutôt bien aménagées (tapis et jolis dessus-de-lit), la plupart avec clim mais toutes avec salle de bains individuelle et TV. Le meilleur rapport qualité-prix de la ville, même si l'accueil peut sembler un peu nonchalant.

Kasbah Asmaa : *à 5 km avt Rissani venant d'Erfoud, au bord de la route. ☎ 05-35-77-40-83. • asmaabivouac@yahoo.com • Double env 320 Dh, petit déj en sus. Menu env 120 Dh. Sert de l'alcool.* Un établissement d'une trentaine de petites chambres un peu vieillottes mais assez confortables, avec AC et salle de bains (plutôt étroite). Demander à en voir plusieurs. On apprécie surtout son beau jardin avec ses bougainvillées, rosiers et autres arbres fruitiers. Grande piscine. Très bon accueil.

Chic (400-800 Dh / 36,40-72,80 €)

Kasbah Ennasra : *à côté de la station Ziz, 3 km avt la ville en venant d'Erfoud. ☎ 05-35-77-44-03. • hotel* *kasbahennasra.com • Double 60 €, petit déj inclus ; également quelques familiales. Menu 150 Dh. 💻 📶 Sert de l'alcool.* Un bel établissement en pisé aménagé dans le style du pays, comportant une douzaine de chambres très élégantes et tout confort, dont certaines possèdent un lit à baldaquin. Toutes donnent sur un patio privé. Petite piscine (avec un bar) et tente nomade dans une vaste cour intérieure très bien aménagée. Beau resto. Une bien belle adresse, pour le dire en un mot.

À voir

Le souk : *mar, jeu et dim (le plus important), au centre du village. On peut s'y faire guider pour env 10 Dh.* Le dimanche, les nomades descendent de la montagne ou remontent du désert pour vendre et acheter ici, pendant que leurs centaines d'ânes patientent sur un terrain vague. Montagnes de dattes (le casse-croûte idéal du nomade en transhumance), fruits et légumes, mille et une plantes de la pharmacie berbère, viande débitée à la hachette, cordonniers qui aiguisent leurs outils sur des meules à pédales, vaches, moutons entravés le long d'une corde qui tient lieu d'étalage... Qu'ils sont loin les souks à touristes de Marrakech !

DANS LES ENVIRONS DE RISSANI

La palmeraie de Tafilalet : un parcours très touristique et fléché (« Circuit touristique de Rissani ») d'une vingtaine de kilomètres, qui traverse la palmeraie. C'est la plus grande du Maroc, avec ses 40 ksour et ses 700 000 palmiers dattiers. Mais pour combien de temps encore ? Le parasite du *bayoud* et la sécheresse causent en effet d'importants dégâts, et l'ombre des palmiers se fait de plus en plus rare. Pour effectuer ce circuit, désormais entièrement asphalté, il peut être utile d'être accompagné (demandez un guide à votre hôtel), notamment pour visiter les ksour. Après Moulay-Ali-Chérif, on passe par le ***ksar Oulad-Abdelhalim,*** l'un des plus beaux et des mieux conservés. Celui d'Akbar, à 500 m d'Ali-Chérif, est très délabré, mais il abritait autrefois le trésor royal des Alaouites. À Ouirhlane, prendre la piste à gauche pour Tinrheras, dont le ksar est perché sur un piton. On domine alors toute la palmeraie.

Le ksar des Ouled Saadan : *à 2 km de la ville en direction d'Alnif, sur la gauche.* Un village typique sur les bords de l'oued. Non loin de là se trouve la montagne ronde, où ont été tournées des scènes du film *La Momie.*

Le mausolée de moulay Ali Chérif : *à 2 km du centre (fléché).* Le mausolée du fondateur de la dynastie des Alaouites fut reconstruit ici en 1965 à la demande d'Hassan II, après que les inondations de 1964 eurent ravagé le mausolée originel. Les non-musulmans ont, en principe, seulement accès à la cour principale et au jardin, pas à la mosquée attenante. Dans celle-ci, les femmes viennent déposer une pièce pour solliciter la baraka.

MERZOUGA ET LES DUNES DE L'ERG CHEBBI

Si le temps est clément (pas trop de vent de sable), nous vous conseillons d'aller dormir au pied des dunes de l'erg Chebbi. Le coin compte pas moins de 70, voire 80 endroits où loger. Autant dire que le désert ne l'est plus

vraiment ! C'est à qui proposera la plus belle situation et la meilleure excursion, à pied, à dos de chameau, en quad ou en 4x4. L'erg Chebbi est devenu en peu de temps un haut lieu du tourisme. Il faut dire que ça en vaut le détour ! Un erg avec des dunes impressionnantes qui changent de couleur en fonction de la lumière du jour. Bref, un petit Sahara en miniature. S'isoler et écouter le silence, en revanche, peut relever de l'exploit en pleine saison, mais vous pouvez toujours aller camper de l'autre côté des dunes, à condition, bien sûr, de ne le dire à personne...

Cette concentration touristique, outre les nuisances et pollution engendrées par tout ce qui roule et fait du bruit, a aussi conduit certains enfants du village à être déscolarisés. Il était d'un seul coup devenu plus facile d'aider sa famille en demandant de l'argent, des bonbons ou des stylos aux touristes que de continuer à aller à l'école. On le répète : ne rien donner aux enfants. Outre le fait que leur image de l'étranger s'en trouve complètement déformée, cette pratique les empêche d'envisager un avenir constructif. D'ailleurs, chez vous, vous distribuez des euros aux gosses dans la rue ? Si vous souhaitez laisser quelque chose, regroupez vos dons et distribuez-les auprès des instituteurs (lire la rubrique « Enfants et éducation » dans « Hommes, culture, environnement » en début de guide).

LE CHANT DES DUNES

En plein été, lorsqu'il fait très chaud, les dunes émettent un étrange son que les trop sérieux scientifiques expliquent par une fluidification du sable : à partir de 60 °C, les grains se désagrègent et « coulent » alors vers le bas de la dune. Pourtant, la vérité est ailleurs. Car sous l'erg Chebbi vivent des Gnaoua (originaires de Guinée). Ils ont été ensevelis il y a bien longtemps par Allah, furieux de les avoir surpris à s'amuser avec de la nourriture. Et sous leur tas de sable, ils s'ennuient ferme, les Gnaoua. Alors, de temps à autre, ils se réveillent et jouent un petit air...

LE BON PRIX...

Tout le monde au pied des dunes vous affirmera qu'il est issu d'une famille de nomades (vous aussi d'ailleurs, mais il y a belle lurette que vos ancêtres se sont sédentarisés), et qu'il faut absolument passer une nuit dans le désert. Pour éconduire les rabatteurs, affirmez nonchalamment que vous avez déjà tout fait : le désert, le bivouac, le chameau...

Côté formules, vous avez le choix : à dos de dromadaire, en 4x4, à pied, sous tente nomade, à la belle étoile, avec ou sans repas. La plupart du temps néanmoins, on vous proposera une méharée de 2h jusqu'à l'endroit du bivouac, repas, nuit et petit déj sur place (ou au retour à l'auberge, le petit déj). Le tout pour 300 à 400 Dh par personne, suivant le prestataire et la saison. Certains bivouacs sont plus isolés que d'autres, n'hésitez pas à vous renseigner sur ce genre de détails (se retrouver, en saison, avec 100 ou 200 autres voyageurs venus bivouaquer comme vous n'est pas la meilleure façon d'expérimenter le désert...). Pour le tour de l'erg en 4x4 (qui se fait en quelques heures), compter aux alentours de 1 000 Dh, pour 1 à 6 personnes, avec chauffeur. Là encore, l'excursion est proposée par tous les hôtels, auberges et maisons d'hôtes.

Arriver – Quitter

➢ ***En voiture*** depuis Erfoud, emprunter la N 13 jusqu'à Rissani, franchir la porte de la ville et continuer tout droit. Au bout de cette route, prendre à gauche (fléché). La route goudronnée conduit directement au village de Merzouga (37 km), et même au-delà

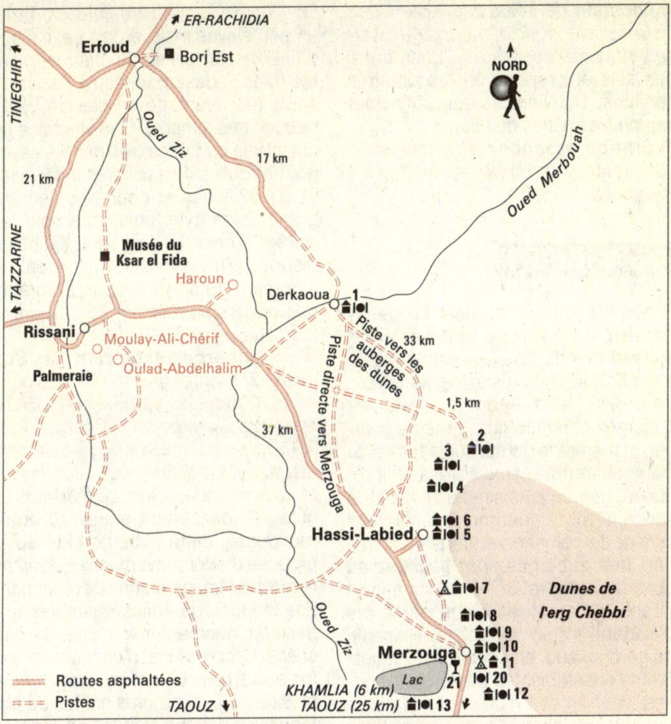

MERZOUGA ET LES DUNES DE L'ERG CHEBBI

Où dormir ?

1 Auberge Kasbah Derkaoua Oasis
2 Auberge-restaurant du Sud
3 Les Dunes d'Or
4 Auberge La Baraka
5 Riad Mamouche
6 Maison Merzouga Guesthouse
7 Kasbah Mohayut
8 Auberge Kasbah Azalay
9 Ksar Bicha et Chez Tonton
10 Chez Julia et Riad Nezha
11 Auberge Le Petit Prince et Auberge Les Roches
12 Auberge La Tradition
13 Nomad Palace

Où manger ? Où boire un verre ?

2 Auberge-restaurant du Sud
6 Maison Merzouga Guesthouse
7 Kasbah Mohayut
9 Chez Tonton
10 Chez Julia
20 Super Shop-Chez Adil et Dakar
21 Complexe touristique de Merzouga

jusqu'à Taouz (25 km plus loin). Pas besoin de guide donc.

➢ Si vous n'êtes pas motorisé, des ***taxis collectifs*** assurent la liaison entre Merzouga et Rissani. La compagnie ***Supratours*** propose aussi une ligne Fès-Merzouga et Ouarzazate-Merzouga.

Adresses utiles

✉ ***Poste :*** *à l'entrée de Merzouga, un peu avt l'arche.*

@ ***Internet :*** *dans le village de Merzouga, sur la place principale.* Pour surfer dans le désert !

■ ***Location de vélos :*** *au resto* ***Chez Fatima,*** *dans le village de Hassi-Labied. Compter 50 Dh/j.* Loue aussi des skis et propose un tas d'autres services. Convient aux sportifs pour explorer les pistes du désert.

■ ***Station-essence :*** *à l'intersection de la route pour Hassi-Labied, peu avt Merzouga.*

Où dormir ?

N'hésitez pas à choisir la demi-pension, les restos ne sont pas légion au pied des dunes et, de toute façon, c'est là que vous mangerez le mieux. Pour les petits budgets, certaines auberges offrent la possibilité de camper, et même de dormir sur la terrasse. Pour se rendre aux adresses indiquées, rien de plus simple : il suffit de suivre la route goudronnée, qui vous servira de colonne vertébrale. La plupart des auberges sont fléchées au bord de cette route. Nous vous indiquons les établissements par ordre d'apparition (en venant de Rissani), du nord au sud, en direction de Taouz. Dans l'ensemble, les pistes sont bonnes, sauf en cas d'intempéries ou de tempêtes de sable. Mais, à force, il y a plusieurs pistes parallèles à la dune... Pour éviter les passages sablonneux, toujours emprunter la plus extérieure à la dune !

Enfin, sachez que pratiquement tous les hébergements proposent des randonnées à dos de chameau (oui, on sait... de dromadaires !). Mais tous ne possèdent pas leur propre bivouac à l'écart des groupes.

Au nord

🏠 🍽 ***Auberge Kasbah Derkaoua Oasis*** *(plan,* ***1****) :* *à Derkaoua, en fait entre Erfoud et Merzouga mais slt accessible à partir de la route Rissani-Merzouga (à 12 km de Rissani, prendre à gauche au panneau et faire 5,5 km de piste). ☎ 05-35-57-71-40. 📱 212 (0)6-61-34-36-37. ● aubergederkaoua.com ● Fermé janv et juin-août (et pdt le ramadan). Compter 550 Dh/pers en ½ pens (obligatoire). Réduc de 50 % pour les moins de 12 ans. Menus 95-250 Dh. 💻 Sert de l'alcool.* Tarifs un peu élevés mais, à part ça, il s'agit d'une *kasbah* pleine de charme, plantée dans le désert, un peu à l'écart du sable (un avantage en cas de vent). Accueil très aimable. Une vingtaine de chambres ou bungalows décorés avec goût et dotés de sanitaires individuels et d'AC. Allées et courettes fleuries, grand salon avec cheminée pour les soirées d'hiver. Et pour l'été, l'auberge dispose d'une piscine. Également un hammam. Enfin, les repas à l'ombre des oliviers se révèlent être un grand moment.

🏠 🍽 ***Auberge-restaurant du Sud*** *(plan,* ***2****) :* *accès par 10 km de piste en tôle ondulée. ☎ 05-35-57-86-31. ● aubergedusud.com ● Doubles 250-350 Dh/pers en ½ pens ; également des suites à 400 Dh/pers ; 220 Dh sous tente nomade. 💻* Non, ce n'est pas un mirage ! Idéalement située au creux des dunes, cette auberge bien isolée propose d'abord une magnifique architecture (à l'image du hall de réception). Elle dispose de belles chambres à la déco typiquement marocaine, les plus chères décorées selon un thème précis (on adore celle du potier). Dans l'aile la plus récente, chambres hautes de plafond avec douche et w-c bien séparés. Et puis, il y a aussi les suites, avec une terrasse donnant directement sur les dunes... Agréable salle de resto, où l'on sert une excellente cuisine. Piscine au design recherché. Très bon accueil de Moha, qui dispose d'un 4x4 et organise des excursions à la journée ou pour passer la nuit dans un de leurs bivouacs.

🏠 🍽 ***Les Dunes d'Or*** *(plan,* ***3****) :* *📱 212 (0)6-61-35-06-65 ou 212 (0)6-61-09-71-61. ● aubergedunesdor.com ● En ½ pens, 200-350 Dh/pers selon confort. 💻 📶* Une grande auberge située au pied des dunes, avec une succession de patios. Chambres avec salle de bains et clim, les plus chères disposant d'un frigo et d'une terrasse avec vue sur les dunes. Préférez celles donnant sur le joli patio avec piscine. Nourriture simple mais correcte. Musique le soir sous les étoiles. Nombreuses excursions proposées, dont un bivouac au cœur des dunes.

Auberge La Baraka *(plan, 4) : 212 (0)6-12-23-91-15. • aubergela baraka.com • En ½ pens, 200-250 Dh/ pers sans ou avec sdb. Possibilité de dormir sur le toit ou en tente.* Cette auberge familiale au pied des dunes abrite des chambres simples mais propres, simplement arrangées. Énergie et eau chaude fournies en majorité par panneaux solaires. Accueil gentil, sympathique esprit *roots*. Bivouacs.

Dans le village de Hassi-Labied

Un petit village typique et sa palmeraie, reliés à la route principale par une route goudronnée (sur la gauche, 3 km avant Merzouga). Faites-vous expliquer par votre hôte le système traditionnel de distribution d'eau en « lanières » dont bénéficie une cinquantaine de familles du village pour leur potager.

Riad Mamouche *(plan, 5) : dans le village. ☎ 05-35-57-60-77. • riad mamouche.com • Double 600 Dh en ½ pens. Familiales (5 pers) 1 000 Dh.* Élégante architecture, grand patio à arcades encadrant la piscine, chambres d'excellent confort (clim). Large utilisation des matériaux locaux, marbres fossilisés, cloisons ajourées. Une chambre familiale possède même des surprenantes et confortables toilettes « à la japonaise »... Bonne cuisine traditionnelle. Excursions, bivouacs *as usual* !

Maison Merzouga Guesthouse *(plan, 6) : ☎ 05-35-57-72-99. • merzouga-guesthouse.com • Doubles 70-110 € en ½ pens.* Dans une demeure traditionnelle avec murs en pisé, la famille Seggaoui propose une dizaine de chambres superbes et fraîches, avec sanitaires individuels et clim réversible. Quelques suites en *tadelakt*. 2 patios, l'un avec jardin, l'autre pour la piscine. Hammam (payant). Tout est propre et beau. Joli panorama sur le village, la palmeraie et les dunes depuis la terrasse. Accueil chaleureux de Lahcen, intarissable dès qu'on évoque sa région et la vie locale. Excursions à dos de dromadaire, ski dans les dunes, voire initiation à la cuisine. À propos de cuisine, celle d'Aïcha est fabuleuse, à la hauteur du lieu.

Kasbah Mohayut *(plan, 7) : à la sortie du village, par la piste qui rejoint Merzouga. ☎ 05-35-57-78-61. • mohayut.com • En ½ pens, compter 300 Dh/pers la double et 350 Dh la suite. Camping possible pour 30 Dh sous tente (gratuit si vous mangez au resto !).* Au fil d'une succession de patios et couloirs superbement décorés, des chambres splendides et très soignées, toutes différentes et pleines de couleurs, certaines avec terrasse et vue sur les dunes. Outre les grandes qualités architecturales du lieu, la *kasbah* dispose d'un jardin intérieur fleuri et arboré. L'ensemble est impeccablement tenu. Les dîners à la bougie dans le jardin ou dans la magnifique salle sont un régal, tout comme le petit déj, copieux. Piscine. Très bon accueil de Moha, le propriétaire. Il dispose de son propre petit bivouac dans l'erg. Une de nos meilleures adresses dans cette gamme de prix.

À Merzouga village

Auberge Kasbah Azalay *(plan, 8) : avt le village. 212 (0)6-67-25-99-52 ou 212 (0)6-62-08-55-73. • kasba hazalay.com • Compter 250 Dh/pers en ½ pens.* Un peu en dehors de Merzouga en allant vers Hassi-Labied, une *kasbah* en bordure du sable abritant une dizaine de chambres climatisées et bien agréables, toutes de couleurs différentes, à la déco un peu *Mille et Une Nuits*, avec salle de bains en *tadelakt* intégrée. Elles donnent toutes sur l'erg. Resto-salon de thé et terrasse (piscine en projet), avec toujours cette même vue sur les dunes, pour prendre ses repas ou se détendre. Excellent accueil et bonne cuisine.

Ksar Bicha *(plan, 9) : sur la gauche un peu avt l'entrée du village. ☎ 05-35-57-71-13. • ksarbicha.com • En ½ pens, compter 300 Dh/pers ; suite 700 Dh ; 100 Dh sous la tente berbère ou sur la terrasse. CB acceptées.* Une quinzaine de chambres très soignées, organisées autour d'un patio au décor traditionnel, toutes avec clim et salles de bains privées. L'énorme porche d'entrée (façon château fort), abrite 4 superbes suites. Piscine. Repas berbère dans un beau salon (berbère lui aussi) ou en terrasse. C'est maman qui aide en cuisine. Les sympathiques frères Ali et Youssef proposent leur propre bivouac dans le désert à l'écart des sentiers battus.

Chez Tonton (plan, **9**) : *sur la gauche un peu avt l'entrée du village. 212 (0)6-66-66-04-61. • cheztonton-merzouga.com • Doubles sans ou avec clim 200-250 Dh/pers en ½ pens.* Petite maison d'hôtes tenue par une famille charmante. Enfant de Merzouga, Hmad a privilégié la convivialité et l'authenticité dans son auberge d'une demi-douzaine de chambres (vraiment mignonnes !) ordonnées autour d'un petit patio. Jolies salles d'eau. Excellente cuisine pas chère du tout (accepte les non-résidents). Organise aussi bivouacs et excursions. Un de nos coups de cœur !

Chez Julia (plan, **10**) : *à deux pas de la rue principale (bien indiqué). ☎ 05-35-57-31-82. Double 250 Dh/pers en ½ pens.* Dans une pittoresque demeure traditionnelle, Julia Günther, artiste peintre d'origine autrichienne, a aménagé de petites chambres pleines de charme. Atmosphère cosy et festival de clins d'œil décoratifs, de couleurs douces. Sanitaires communs nickel. En outre, chaleureux salon rose et intime pour une délicieuse cuisine berbère. Et, pour les amateurs d'exotisme ou saturés de tajines, l'occasion de déguster un bon goulasch ou une *Wiener Schnitzel* ! Adorable adresse, vraiment.

Riad Nezha (plan, **10**) : *au cœur du village (bien fléché). ☎ 05-35-57-65-89. • riadnezha.com • Double 400 Dh/pers en ½ pens. Réduc en basse saison.* Une très chouette *kasbah* bien placée. Superbe architecture traditionnelle, uniquement à base de matériaux locaux. Intérieur et chambres de charme et de grand confort. Élégant porche d'entrée. Et pour couronner le tout, super vue sur la palmeraie toute proche depuis la terrasse aménagée. Accueil pro.

Auberge Le Petit Prince (plan, **11**) : *dans le village (fléché). 212 (0)6-62-19-12-18. • lepetitprince4@yahoo.com • En ½ pens, chambres 150-200 Dh/pers, avec ou sans sdb. Compter 30 Dh, douche incluse, pour dormir sous une tente berbère ou à la belle étoile en terrasse, et 30 Dh/pers en camping.* Dans cette auberge d'architecture traditionnelle, les frères Anaam proposent des chambres coquettes et très bien tenues, agrémentées de tableaux et tentures, certaines avec clim. Celles sans salle de bains sont plus simples. Vue sur les dunes depuis la terrasse. Grand terrain de camping sans ombre. Les repas sont délicieux et préparés sur commande. Organisation d'excursions.

Auberge Les Roches (plan, **11**) : *212 (0)6-70-36-27-84 ou 212 (0)6-72-76-51-81. • auberge-merzouga.com • En ½ pens, doubles sans ou avec clim et sdb 150-250 Dh/pers. Forfait camping 50 Dh pour 2.* Propose quasi les mêmes prestations que *Le Petit Prince.* Style *kasbah* également. Bien tenu. Tarifs négociables en basse saison.

Au sud

Auberge La Tradition (plan, **12**) : *à 2 km de Merzouga, sur la route de Taouz. ☎ 05-35-57-80-05. Compter 120-150 Dh/pers en ½ pens ; nuit en terrasse 20 Dh/pers, douche incluse. Repas 60 Dh.* Auberge très propre et « les pieds dans le sable », avec de grands espaces intérieurs. Les chambres, avec carrelage et murs de brique (certaines avec clim), sont simples mais très correctes. Celles du fond s'ouvrent directement sur les dunes. Il y règne une ambiance nonchalante. Bara, le patron, vous recevra comme des amis. Une adresse d'un excellent rapport qualité-prix, recommandée par nos lecteurs. Excursions.

Nomad Palace (hors plan, **13**) : *à env 6 km de Merzouga. ☎ 05-35-88-20-89. • hotelnomadpalace.com • En ½ pens, 300-350 Dh/pers.* Isolée au sud de l'erg (juste avant le petit village de Khamlia), une auberge aux allures de fort. Les chambres (une bonne trentaine) sont agréables et climatisées, avec murs en pisé, plafond en torchis, lits sur socle de pierre et grand miroir ; les plus grandes sont immenses, avec un lit *king size* et une douche où l'on pourrait se laver à 8. Elles donnent toutes sur le jardin. Belle salle de resto haute en couleur. Piscine.

Où manger ?
Où boire un verre ?

Plusieurs petits snacks et restos sur la place principale (passé la porte de la ville ; *plan*, **20**) ou dans la rue commerçante, comme le ***Super Shop-Chez Adil*** (petit snack bien tenu offrant des sandwichs corrects et pas chers) ou le resto ***Dakar.***

Le soir, on vous conseille de manger à l'endroit où vous logez, mais sachez que la majorité des hôtels (et même certaines auberges mais, là, mieux vaut prévenir à l'avance) possèdent un resto ouvert aux non-résidents. Nos préférences, entre autres, vont à l'***Auberge-restaurant du Sud*** (*plan*, **2**), la ***Maison Merzouga Guesthouse*** (*plan*, **6**), la ***Kasbah Mohayut*** (*plan*, **7**), ou encore ***Chez Tonton*** (*plan*, **9**) ou ***Chez Julia*** (*plan*, **10**).

Complexe touristique de Merzouga (*plan*, **21**) **:** *au bout de la route, passé la porte de la ville.* ☎ *05-35-57-63-22.* L'un des plus anciens hôtels du village a doucement vieilli, on ne vous le recommande pas pour ses chambres mais plutôt pour son bar, l'endroit le plus animé pour descendre une bière bien fraîche. Vous y rencontrerez peut-être, pour une sympathique conversation, M. Sadoq, le malicieux et affable patron.

Pour boire un verre (bière, vin), également les hôtels chic ***Dar al Janoub*** et ***Tombouctou,*** entre Hassi-Labied et Merzouga.

À voir. À faire

L'erg Chebbi : c'est l'attraction du coin. Difficile de ne pas le voir, il s'agit d'un gros tas de sable d'environ 27 km de long sur 6 à 7 km de large. Il résulte de la désagrégation des sols due aux pluies torrentielles qui se sont abattues sur la région à l'époque quaternaire. Le vent s'est ensuite chargé de mettre en tas tout le sable charrié par les puissants systèmes hydrauliques qui descendaient de l'Atlas (oueds Ziz et Rheris actuels). Profitez de la fraîcheur matinale pour grimper au moins en haut de la grande dune, qui s'élève au bout de la rue qui traverse Merzouga. La plupart des auberges et hôtels peuvent aussi vous y emmener en dromadaire en fin d'après-midi. Vue sur la hamada du Guir, la région qui sépare le Maroc de l'Algérie et sur ***Taouz,*** au sud. Aux abords du village, le sable est malheureusement semé de détritus.

UN BON BAIN DE... SABLE

Non, nous ne plaisantons pas ! Pendant la saison d'été, sèche et très chaude (en juillet principalement), les Marocains viennent à Merzouga prendre des bains de sable pour lutter contre les rhumatismes. Le résultat des bains est, paraît-il, très efficace si l'on reste enterré au moins une heure, suivie d'une séance de transpiration intensive enroulé dans une couverture sous une tente berbère.

➢ ***Le tour de l'erg Chebbi :*** si vous n'avez pas peur de briser le mythe merveilleux de Merzouga, celui annoncé par les tour-opérateurs : « Merzouga, ici commence l'infini des sables du Sahara... », vous pouvez toujours entreprendre le tour de l'erg Chebbi... en 4x4, une excursion de 3h ou 4h proposée par la plupart des hôteliers et aubergistes. Compter 1 000 Dh (parfois un peu moins ou un peu plus), mais le véhicule peut prendre jusqu'à 6 personnes.
De l'autre côté de la dune, le sable cède la place à un immense reg, un plateau de roches noires où vivent quelques familles nomades. Derrière l'extrémité sud de la dune, une ***mine à ciel ouvert*** datant du mandat français borde le village abandonné de ***M'Fis,*** où vivaient les ouvriers. Les Français sont partis en emportant leurs machines ; câbles rouillés, murs effondrés, cuves de lavage ensablées confèrent une atmosphère fantomatique au lieu. Riche en divers minerais, quartz

notamment, la mine est aujourd'hui exploitée artisanalement, à coups de pioche dans de profondes tranchées saignant les collines.

– Certains jours, du côté nord de l'erg, on peut assister à l'arrivée d'un rallye dès 4h30 du matin, essentiellement en provenance d'Erfoud. Très vite, on se croirait sur un parking de supermarché où les clients seraient venus faire leurs emplettes en 4x4, en quad et à moto. Difficile alors de s'isoler : Anglais à gauche, Japonais à droite, Allemands, Espagnols et Français devant. Les dunes se transforment en véritable tour de Babel, et lorsque le soleil paraît, il est salué par les déclics de centaines d'appareils photo, en batterie. Profiter du site dans ces moments-là relève évidemment de la gageure !

Merzouga : le village de Merzouga, avec sa palmeraie typique des oasis sahariennes, mérite aussi une petite visite. L'arrivée permanente de l'eau de source permet une agriculture des quatre saisons, grâce à un ingénieux système d'irrigation appelé *khetarra,* mis en place il y a plus d'un siècle par les habitants de Merzouga (voir plus haut le paragraphe qui lui est consacré à la fin de Tinejdad).

DANS LES ENVIRONS DE MERZOUGA

Le lac Dayèt Srji : *à env 3 km de Merzouga. Prendre la piste qui part face à la rue pénétrant dans Merzouga. Accessible en voiture de tourisme, mais mieux vaut partir accompagné d'un guide.* Non, ce lac-ci n'est pas un mirage, il ne se dérobe pas lorsqu'on l'approche. Alimenté par les débordements de l'oued Ziz voisin, il se remplit généralement à partir d'avril et reste plein pendant quelques mois. Des centaines de flamants roses, cigognes, tadornes, etc., viennent alors y trouver refuge. C'est là aussi que se ressourcent les dromadaires las des méharées dans le désert. On ne s'attend pas à voir autant de vie dans un environnement aussi désertique.

Khamlia : *à 6 km au sud de Merzouga sur la route de Taouz.* Ce village est habité par des Gnaoua, des descendants d'esclaves d'Afrique noire. On peut venir y écouter un des trois groupes locaux de musique traditionnelle. Le plus régulier est *Pigeons des Sables,* bien indiqué, au centre du village. (*212 (0)6-66-14-67-13.)* Souvent des 4x4 de groupes devant, c'est qu'ils sont en train de jouer. Sachez en profiter. Ils se produisent aussi dans les bivouacs et lors d'un festival, une fois par an.
Accueil sympa à la galerie de peinture *Laoun* et, pour se restaurer, la gentille petite auberge au centre du village (à droite, à 100 m de la route). Déco traditionnelle, bien tenu, bon accueil et repas correct.
Enfin, pousser jusqu'à ***Taouz*** ne présente pas un grand intérêt. Petit café-snack à l'entrée, une caserne au fond du village et un vieux centre de demeures modestes. C'est bien tout.

Auberge Itrane Sahara : *à 17 km de Taouz, via la piste des gravures rupestres (à côté du château d'eau), ou téléphoner pour qu'on vienne vous chercher. 212 (0)6-66-21-86-67 ou 212 (0)6-61-33-21-87. • itranesahara.com • ½ pens 250 Dh/pers en chambre double ou 220 Dh sous tente berbère, douche incluse.* Une demi-douzaine de chambres aménagées avec les matériaux de la région (clim naturelle). L'ensemble est propre et bien décoré. Cuisine familiale. Excellent accueil de Mohammed Karraoui, qui organise des séjours à la carte et des excursions à pied, en 4x4 ou à dos de chameau dans les parages.

les ROUTARDS sur la FRANCE 2013-2014

(dates de parution sur • *routard.com* •)

DÉCOUPAGE de la FRANCE par le *ROUTARD*

Autres guides nationaux

- Les grands chefs du routard
- Nos meilleures chambres d'hôtes en France
- Nos meilleurs campings en France
- Nos meilleurs hôtels et restos en France
- **Nos meilleurs sites pour observer les oiseaux en France (nouveauté)**
- Tourisme responsable

Autres guides sur Paris

- Paris
- Paris à vélo
- Paris balades
- Restos et bistrots de Paris
- Le Routard des amoureux à Paris
- Week-ends autour de Paris

les ROUTARDS sur l'ÉTRANGER 2013-2014

(dates de parution sur • **routard.com** •)

Europe

Pays européens

- Allemagne
- Andalousie
- Angleterre, Pays de Galles
- Autriche
- Baléares
- Belgique
- Budapest, Hongrie
- Catalogne (+ Valence et Andorre)
- Crète
- Croatie
- Danemark, Suède
- Écosse
- Espagne du Nord-Ouest (Galice, Asturies, Cantabrie)
- Finlande
- Grèce continentale
- Îles grecques et Athènes
- Irlande
- Islande
- Italie du Nord
- Italie du Sud
- Lacs italiens
- Madrid, Castille (Aragon et Estrémadure)
- Malte
- Norvège
- Pologne
- Portugal
- République tchèque, Slovaquie
- Roumanie, Bulgarie
- Sardaigne
- Sicile
- Suisse
- Toscane, Ombrie

Villes européennes

- Amsterdam et ses environs
- Barcelone
- Berlin
- Bruxelles
- **Copenhague (mai 2013)**
- **Dublin (nouveauté)**
- Florence
- Lisbonne
- Londres
- **Milan (décembre 2012)**
- **Moscou (avril 2013)**
- Prague
- Rome
- **Saint-Pétersbourg (avril 2013)**
- **Stockholm (mai 2013)**
- Venise
- **Vienne (mars 2013)**

Amériques

- Argentine
- Brésil
- Californie
- Canada Ouest
- Chili et île de Pâques
- Équateur et les îles Galápagos
- États-Unis Nord-Est
- Floride
- Guatemala, Yucatán et Chiapas
- Louisiane et les villes du Sud
- Mexique
- **Miami (nouveauté)**
- **Montréal (mars 2013)**
- New York
- Parcs nationaux de l'Ouest américain et Las Vegas
- Pérou, Bolivie
- Québec, Ontario et Provinces maritimes

Asie

- Bali, Lombok
- **Bangkok (nouveauté)**
- Birmanie (Myanmar)
- Cambodge, Laos
- Chine
- Inde du Nord
- Inde du Sud
- Israël, Palestine
- Istanbul
- Jordanie
- Malaisie, Singapour
- Népal, Tibet
- **Shanghai (avril 2013)**
- Sri Lanka (Ceylan)
- Thaïlande
- Tokyo, Kyoto et environs
- Turquie
- Vietnam

Afrique

- Afrique de l'Ouest
- Afrique du Sud
- Égypte
- Kenya, Tanzanie et Zanzibar
- Maroc
- Marrakech
- Sénégal, Gambie
- Tunisie

Îles Caraïbes et océan Indien

- Cuba
- Guadeloupe, Saint-Martin, Saint-Barth
- Île Maurice, Rodrigues
- Madagascar
- Martinique
- République dominicaine (Saint-Domingue)
- Réunion

Guides de conversation

- Allemand
- Anglais
- Arabe du Maghreb
- Arabe du Proche-Orient
- Chinois
- Croate
- Espagnol
- Grec
- Italien
- Japonais
- Portugais
- Russe
- G'palémo (conversation par l'image)

Adresses utiles

1 Office [redacted]

44 Restaura [redacted]

Où dormir ?

11 Pension [redacted]

24 H [redacted]

25 Ho [redacted] Melo

Où boire un verre ?

61 Carua [redacted] Bar

62 Bar d [redacted]

76 Es [redacted] rde

Où manger ?

30 Restaurante F [redacted]

38 [redacted] Pedro

39 C [redacted]

40 C [redacted]

Où sortir?

83 Pingo [redacted] do Norte

84 Pav [redacted]

88 Ca [redacted]

À voir

90 Palacio do [redacted]

91 Pavilh [redacted]

92 Ce [redacted]

93 M [redacted]

94 [redacted]

LOOK!
Le guide du routard
Disponible sur iPhone
Randonnée à dos de ...
Riding a...
Pour vous faire comprendre partout dans le monde !
Achetez l'application sur l'App Store 2,99 €

Espace offert par l'annonceur – Avec le soutien de l'agence EURO RSCG C&O
RÉPARER LES VIES
HANDICAP
INTERNATIONAL

INDEX GÉNÉRAL

A

B

C

D

E

F

G

H

I

J

K

L

M

N

O

P

R

S

INDEX GÉNÉRAL

T

U-V

INDEX GÉNÉRAL

Z

OÙ TROUVER LES CARTES ET LES PLANS ?

Les **Routards** *parlent aux* **Routards**

Faites-nous part de vos expériences, de vos découvertes, de vos tuyaux. Indiquez-nous les renseignements périmés. Aidez-nous à remettre l'ouvrage à jour. Faites profiter les autres de vos adresses nouvelles, combines géniales... On adresse un exemplaire gratuit de la prochaine édition à ceux qui nous envoient les lettres les meilleures, pour la qualité et la pertinence des informations. Quelques conseils cependant :

– Envoyez-nous votre courrier le plus tôt possible afin que l'on puisse insérer vos tuyaux sur la prochaine édition.
– N'oubliez pas de préciser l'ouvrage que vous désirez recevoir.
– Vérifiez que vos remarques concernent l'édition en cours et notez les pages du guide concernées par vos observations.
– Quand vous indiquez des hôtels ou des restaurants, pensez à signaler leur adresse précise et, pour les grandes villes, les moyens de transport pour y aller. Si vous le pouvez, joignez la carte de visite de l'hôtel ou du resto décrit.
– N'écrivez si possible que d'un côté de la lettre (et non recto verso).
– Bien sûr, on s'arrache moins les yeux sur les lettres dactylographiées ou correctement écrites !

En tout état de cause, merci pour vos nombreuses lettres.

Les Routards parlent aux Routards :
122, rue du Moulin-des-Prés, 75013 Paris

e-mail : ● ***guide@routard.com*** ●
Internet : ● ***routard.com*** ●

Le Trophée du voyage humanitaire ROUTARD.COM s'associe à VOYAGES-SNCF.COM

Ils ont aidé à la création d'un poste de santé autonome au Sénégal, à la reconstruction d'un orphelinat à Madagascar... Et vous ?
Envie de soutenir un projet qui favorise la solidarité entre les hommes ? Le Trophée du Voyage Humanitaire Routard.com est là pour vous ! Que votre projet concerne le domaine culturel, artisanal, écologique, pédagogique, en France ou à l'étranger, le *Routard* et Voyages-sncf.com soutiennent vos initiatives et vous aident à les réaliser ! Si vous aussi vous voulez faire avancer le monde, inscrivez-vous sur ● *routard.com/trophee* ● ou sur ● *tropheesdutourismeresponsable.com* ●

Routard Assurance *2013*

Routard Assurance et Routard Assurance Famille, c'est l'Assurance Voyage Intégrale. Dépenses de santé et frais d'hôpital pris en charge directement sans franchise jusqu'à 300 000 € + caution + défense pénale + responsabilité civile + tous risques bagages et photos. Assurance personnelle accidents : 75 000 €. Très complet ! Tarif à la semaine pour plus de souplesse. Tableau des garanties et bulletin d'inscription à la fin de chaque *Routard* étranger. Pour les départs en famille (4 à 7 personnes), demandez le bulletin d'inscription famille. Pour les longs séjours, contrat Plan Marco Polo « spécial famille » à partir de 4 personnes. Pour un voyage éclair de 3 à 8 jours dans une ville de l'Union européenne, bulletin d'inscription adapté dans les guides villes avec des garanties allégées et un tarif « light ». Également un nouveau contrat Seniors pour les courts et longs séjours. Si votre départ est très proche, vous pouvez vous assurer via Internet ● *avi-international.com* ● ou par fax : 01-42-80-41-57, en indiquant le numéro de votre carte de paiement. Pour en savoir plus : ☎ 01-44-63-51-00.

Édité par Hachette Livre (43, quai de Grenelle, 75905 Paris Cedex 15, France)
Photocomposé par Jouve (45770 Saran, France)
Imprimé par Lego SPA Plant Lavis (via Galileo Galilei, 11, 38015 Lavis, Italie)
Achevé d'imprimer le 30 novembre 2012
Collection n° 13 - Édition n° 01
24/5618/4
I.S.B.N. 978-2-01-245618-1
Dépôt légal : novembre 2012

PAPIER À BASE DE FIBRES CERTIFIÉES

hachette s'engage pour l'environnement en réduisant l'empreinte carbone de ses livres. Celle de cet exemplaire est de : 650 g éq. CO_2
Rendez-vous sur www.hachette-durable.fr